Hungarian Authors
A Bibliographical Handbook

Hungarian Authors

A Bibliographical Handbook

by *Albert Tezla*

THE BELKNAP PRESS
of HARVARD UNIVERSITY PRESS
CAMBRIDGE, MASSACHUSETTS · 1970

To
János Horváth
(1878–1961)
for his illumination and inspiration

Preface

This bibliography is an extension of my *Introductory bibliography to the study of Hungarian literature* (1964), and is to be used in conjunction with that work. The earlier volume endeavored chiefly to cover reference works, general works on literary history and fields related to its study, and surveys and studies of literary periods and genres. It reported only selected editions and a few biographies for the 101 authors it noted—all of them writers whose careers were well established by 1945. The present bibliography aims at a complete record of first editions, provides a more extensive list of later editions, and notes the most important bibliographical, biographical, and critical materials for each of the 162 authors included—representative writers from the beginnings of Hungarian literature to the present. The authors treated have been selected on the basis of their contributions to the literature of a period and to the development of the literature as a whole. My hope is that this handbook will further open the subject of Hungarian literature to librarians building collections in the field and, especially, to the increasing numbers of university students in the United States engaged in its study.

I am deeply indebted to a number of sources for financial support of my research. A fellowship from the Inter-University Committee on Travel Grants and the cooperation of the Cultural Relations Institute of Hungary made it possible for me to spend the academic year 1963–64 in that country. I am most grateful to them for the opportunity I had to examine the rich resources of the National Széchényi Library, the Library of the Institute of Literary History, and the Library of the Hungarian Academy of Sciences, and to consult with many Hungarian scholars. The substantial progress accomplished that year would not have been possible without their generous support. During the year, the members of the Institute of Cultural Relations assisted my work most thoughtfully, and the hospitality they extended to my family and their cooperation with everyday matters made the stay most memorable for us all. I could not have completed the final stages of my investigations without the opportunity for further work in Hungary made available to me in the summer of 1965 by a grant from the Office of International Programs at the University of Minnesota and the financial assistance of the Institute of Cultural Relations. I especially appreciated their help at a critical point of my research. I am also most grateful to the American Council of Learned Societies for the grant that enabled me to complete the canvass of library holdings and to defray the cost of clerical assistance.

To the University of Minnesota I owe a special debt for its continuous support of the project. The University made a number of sources available to me in addition to the previously mentioned grant from the Office of International Programs. The Graduate School sustained my efforts with periodic grants from its General Research Fund, and I have also benefited from the University's Single-Quarter Leave and Summer Research Appointment Programs. I consider myself most fortunate to be a member of the faculty of a University that constantly encourages humanistic research, even when it is some distance away from the main current of interest.

I cannot possibly acknowledge individually all those who have contributed to the preparation of this work through so many generous acts of time and spirit. Though I am solely responsible for every detail, I am especially indebted to the following for their criticisms and recommendations: Ida Bognár, Gyula Haraszthy, Béla Holl, Tibor Klaniczay, Aladár Komlós, József Kovács, Sándor V. Kovács, Sándor Kozocsa, Sándor Lukácsy, László Rigó, Erzsébet Sinka, József Szauder, Miklós Szentesi, Klára Szerb, and Kálmán Vargha. My debt is also very great to László Országh and John Lotz for their encouragement of my efforts, to Siegfried Feller for his criticism as a professional librarian, to August J. Molnar for his evaluation of the biographical sketches, to Robert C. Hart, Lewis D. Levang, and Robert R. Owens for their criticisms and proof reading of the biographical sketches and the annotations, to May Gardner for permission to use her *Proposed location symbols for all countries of the world*, and to all those who canvassed the holdings of libraries.

To Kálmán Bor and his staff at the Library of the Institute of Literary History and to Mária Németh and her staff at the National Széchényi Library I am very grateful for making the examination of holdings convenient for me. Without their assistance I could not have completed the review of the literature. The extent of this cooperation is best represented by the duplication for my personal use of those parts of the Széchényi's public catalogue dealing with all the authors included in the bibliography. These entry cards are now at hand in my study for easy reference.

To Pál Bélley I owe special thanks for so many kinds of invaluable assistance that I cannot possibly enumerate them all. He continued to contribute to the bibliography's genesis after my return home by answering endless questions and rechecking countless details of the manuscript. I wish he had permitted me to acknowledge his assistance by placing his name on the title page.

I mourn the passing of two distinguished scholars whose humanity I shall always cherish. Rabán Gerézdi was always ready to help me, and his geniality and the humorous anecdotes of his that brightened my moments of relaxation in Hungary have imbedded him deep in my memory. William Juhasz, whose life far from his home remains in many ways an image of many Hungarian intellectuals today, virtually took me by the hand and led me through Hungarian literature and scholarship. He stands before me—gray and bent, but eyes alive with warmth and voice gentle as he unlocked his scholarly experiences for me. The death of these men came too soon, too abruptly, for those of us who loved them.

To my wife, Olive, and my children, Michael and Kathy, again my thanks for their patience, understanding, and devotion.

ALBERT TEZLA

University of Minnesota, Duluth

Contents

PART I

AUTHORS FROM 1450 TO 1945

PART II
AUTHORS FROM 1945 TO THE PRESENT

APPENDIXES

PART II

Abbreviations, Symbols, and Hungarian
Abbreviations and Bibliographical,
Learned and Literary Terms and Phrases

ABBREVIATIONS

ed: edition
n.d.: no date of publication
no., nos.: number, numbers
n.p.: no publisher
p., pp.: page(s), pages

pt., pts.: part, parts
q.v., qq.v.: which see
T: volume(s)
v: volume(s)
vol.: volume(s)

SYMBOLS

p.[130]: page not numbered
1927[1]: first publication of an author's work(s) in book form under *Editions*
1953[13]: later issue of an author's work(s) under *Editions*
MnU: item on microfilm or photostat at library designated
[MnU]: item incomplete in the holdings of the library designated
1912+: item still being published or periodical holdings in the designated library continuous from the year given
*v*1+: periodical holdings in the designated library continuous from the volume number given
[1921–1922]: years of a periodical incomplete in the holdings of the designated library
v[11–12]: volumes of a periodical incomplete in the holdings of the designated library

HUNGARIAN ABBREVIATIONS, TERMS, AND PHRASES

ábrándkép(ek): daydream(s), fantasy(ies), vision(s)
adalék(ok): contribution(s) [of article to]; plural also data
adat(ok): datum (data), item(s); entry(ies), contribution(s)
adoma(ák): anecdote(s)
adta közre: issued by

alak(ok): character(s) [in literary work]
alapítvány: [Baumgarten] foundation
alkalmazott: adapted [for Hungarian stage]
alkalmazta: adapted [to contemporary Hungarian] by

alkalmi költemény: occasional poem

alkony: twilight, closing years [of author's life]

alkotó: creator, author

állambölcselet: political science

államirat(ok): political science writing(s)

álláspont: viewpoint, attitude

állatmese(ék): animal fable or story

álnév: pseudonym

általtette: [edition prepared] with help of

antikvitás: antiquity

anyag: material, subject matter, theme

anyanyelv: mother-tongue, native language, vernacular

apró: minor, short [novels]

apróbb: shorter [fiction]

arckép(ek): character sketch(es), portrait(s)

arcképvázlat(ok): general sketch(es) [of author's character]

árnyékrajzolat(ok): [character] silhouette(s)

átdolgozás: revision, reworking, rewriting

átdolgozott: revised, reworked [edition]

átdolgozta: rewritten, revised by

átírta: rewritten by

átköltésében: in a rewriting, adaptation by

átnézés: recension, revision

bábszínjáték(ok): play(s) for puppet-show

befejezetlen: uncompleted [work]

befejezett: finished, completed [work]

belügy: domestic, interior affairs [of nation]

beszéd(ek): speech(es), address(es), oration(s)

beszély(ek): tale(s), [archaic:] short story(ies)

betűivel: [set] with type of [particular press]

betűrendes: alphabetical

betyár(ok): highwayman(men), outlaw(s)

bevezetés: preface, introduction

bevezetésével: with introduction, preface by

bevezetéssel ellátta: introduced by

bevezető: introductory, prefatory; introduction, preface

bevezető tanulmányt írta: introductory study by

bevezetővel ellátta: introduction by

bevezette: preface, introduction by

bírálat(ok): criticism(s), book review(s), critique(s)

bizottság: [editorial] board

bő: long [introduction]

bohózat: farce, burlesque, musical comedy

bohózatos: farcical, comical [fairy play]

bölcseleti: philosophical

bölcsészeti: philosophical

bölcsészettudori: doctoral [thesis]

bővített: enlarged [edition]

cikk(ek): [newspaper] article(s)

cím: [book] title

címjegyzék: list, catalog of titles of writings

című: [work] entitled

családtörténet: genealogy

csapat: group [of short stories]

csatakép(ek): battle scene(s)

csevegések: small talk

csillagászat: astronomy

csöndélet: [literary] still life [of village]

csonka: unfinished, uncompleted [literary work]

dal(ok): song(s), lay(s)

daloskönyv: songbook

darab(ok): piece(s), fragment(s) [of writings]

diák(ok): pupil(s), student(s)

diákcsíny: student prank or escapade

diákregény: novel about students

doktori: doctoral [thesis]

dolgozat(ok): dissertation(s), paper(s)

ébresztés: awakening [of interest in author]

eddig: to date, as in "eddig három kötet," "3 volumes to date"

egybegyűjtötte: collected by

egybeszedett: collected by

egyéb: other [works]

egyetemi: university [lecture]

egyfelvonásos: one-act play

egyházi beszéd(ek): sermon(s)

egykorú: contemporaneous [manuscripts]

elbeszélés(ek): short story(ies), novelette(s)

elbeszéli: related, narrated by

elbeszélő(k): narrative(s), epic [poem(s)]; narrator

elegyes: miscellaneous [writings]

elem(ek): element(s) [of poetry]

elemzés(ek): analysis(es), examination(s)

életbölcsesség: practical philosophy

élete: [author's] life, biography

életkép(ek): portrait(s) [of writer(s) usually in relation to times or personality]

életmű(vek): lifework(s)

életrajza: [author's] life, biography

életrajzokkal kísérte: biographical sketches prepared by

élettan: physiology, biology

élettörténetéhez: [contribution] to [author's] biography

ellenforradalom: counter-revolution

ellentmondás(ok): contradiction(s), opposition(s)

elmélet(ek): theory(ies), hypothesis(es)

elmélkedés(ek): meditation(s), reflection(s)

élő: live [series]

előadás(ok): lecture(s), address(es); stage presentation(s)

előbeszéd(ek): preface(s), introduction(s), prologue(s), prefatory discourse(s)

előjáték(ok): prelude(s), prologue(s) [to plays]

előszó: preface, foreword, introduction

előszóval ellátta: preface, introduction by

előtanulmány(ok): preliminary study(ies)

előzmények: antecedents

első: first [complete edition]

elv(ek): principle(s), maxim(s)

emlék(ek): remembrance(s) [of author]

emlékbeszéd(ek): memorial(s), commemorative speech(es), sermon(s), address(es)

emlékezés(ek): remembrance(s), recollection(s), memoir(s)

emlékezet(ek): memorial(s), remembrance(s)

emlékirat(ok): memorial(s), memoir(s)

emlékkönyv: memorial or presentation volume

emlékszám: memorial or commemorative issue [of periodical]

emlény: memorial verses or lines

ének(ek): song(s), hymn(s)

énekes: musical [pastoral play]

epigon: imitator, derivative [poet]

epika: epic poetry

epikus: epic [poet]

eposköltő(k): epic poet(s)

eposz: epic, heroic poem

eredeti: original [text]

erkölcsi: moral, ethical [lectures]

erkölcsrajz: [literary] picture of morality

ertékelés(ek): appraisal(s), évaluation(s)

értekezés: dissertation, treatise, discourse, [doctoral] thesis

értelmező: explanatory [dictionary]

értesítő: bulletin [of school, society]

érzékeny: sentimental, tender [songs]

esemény(ek): event(s), occurrence(s), happening(s)

és később: and later [other authors]

és többen: and others

esszéíró: writer of essays

eszköz(ök): instrument(s), means

eszmefuttatások: intellectual "races"

eszményei: ideals of [author]

észrevételek: observations, remarks, comments, reflections

év(ek): year(s)

évfolyam: volume [of periodical]

évfordulója: anniversary of [author's birth, death]

évkönyv(ek): almanac(s), year-book(s), annual(s)

fajkép(ek): sketch(es) [of Hungarian] types

falusi: [play] about village

fejezet(ek): chapter(s) [of book]

fejlődés: development, growth, evolution

fejtegetés(ek): expounding(s), explication(s), comment(s)

félbenmaradt: unfinished, uncompleted [poems]

feldolgozta: prepared by

felelet: answer, reply

felfogás(ok): [critical] comprehension(s), understanding(s), opinion(s), turn(s) of mind

felhasználásával: with use of [author's writings]

felhívás(ok): request(s) [for subscriptions]

feljegyzés(ek): note(s), notice(s)

felkutatta: [materials] unearthed by

felolvasások: lectures

felszabadulás után: [literature] after Liberation of 1945

felszólalások: speeches, remarks, objections

felújítás: revival [of play]

felvonás: act, [5] acts

felvonásban: in [5] acts

felvonásos: one-act [play]

festő(k): painter(s), artist(s)

fiatalkori: [poems] of [author's] youth

fiatal lányok számára: [written] for young girls

fiúknak: [written] for young boys

fogadtatás: reception [given to book, author]

fohászai: supplications of [author]

főiskola: college, academy

folyam: series, year [of periodical]

folyóirat(ok): periodical(s), review(s), journal(s)

folytatása: continuation of [literary work]

fordítás(ok): translation(s)

fordította: translated by

forgatókönyv: scenario, script

formaművész: artist of form

formanyelv: form of expression, idiom

forradalom: revolution

forrás(ok): [literary, historical]
source(s)

forrásjegyzet(ek): source note(s)

főszerkesztő: chief editor

függelék(ek): appendix(es),
supplement(s), addendum(a)

függelékkel ellátta: appendix(es),
supplement(s) prepared by

furcsa: funny, whimsical, antic
[character]

füzet(ek): issue(s), fascicle(s)

gáláns költészet: amatory poetry

genreképek: genre pictures

glosszárium: glossary, gloss

gondolat(ok): thought(s), reflec-
tion(s), idea(s)

gondolatvilág: [author's] world of
thought

gondozásában: under editorship of

gondozta: under editorship of

gyermekek számára: [written] for
children

gyermekversek: nursery rhymes

gyűjtemény(ek): collection(s)

gyűjtés(ek): collection(s)

gyűjtögette: collected by

gyűjtötte: collected by

hadtudomány: military science,
tactics

hadügy: military affairs

hagyaték(ok): literary remains,
posthumous papers

halotti beszéd: funeral oration,
sermon

hang(ok): tone(s), voice(s)

hangjáték: radio play

három felvonásban: in three acts

hasonmás: facsimile

hatás(ok): effect(s), influence(s)

hátrahagyott: posthumous [works],
[literary] remains, sometimes
work not in specific previously
published edition

háttér: background [of period]

hazafias: patriotic [poems]

hazai: native, Hungarian [drama]

helyesírás: orthography

helyzetkép: general survey, state
of affairs, situation report

hírlap(ok): newspaper(s)

hírlapíró: journalist, newspaperman

história: story, tale, history

históriás énekek: verse-chronicle,
rhymed chronicle lay, epic or
historical songs

hitrege(ék): myth (mythology)

hősköltemény(ek): heroic epic(s),
poem(s), lay(s)

hozzákötve: [literary study] bound
with

humoreszk(ek): humorous
sketch(es), writing(s)

id. (idősb): older, elder, Senior

idegennyelvű: [written] in foreign
language

idézet(ek): quotation(s), citation(s),
extract(s) [from book]

ifj. (ifjabb): younger, Junior

ifjabbkori: [poems] from
[author's] early years

ifjúság: [books for] the young

ifjúsági: juvenile [literature]

igaz: true [stories]

ima(ák): prayer(s), devotions

imádság: prayer, devotions

imádságos könyv: prayerbook

indulás: beginning, start [of
author's career]

irányítás: direction, guiding

írás(ok): writings, works

írásművészet: art of writing

irat(ok): writing(s), document(s)

író(k): writer(s), author(s)

íróbarát(ok): author friend(s),
colleague(s)

irodalmi: literary

irodalom: literature, letters, bibliography

irodalomszemlélet: view of literature

irodalomtörténet: history of literature, literary history

irodalomtudomány: literary scholarship

írói: literary

írta(ák): written by (more than one author)

ismeretlen: unknown [letters, works]

ismert: know [poems]

ismertetés(ek): review(s), critique(s)

ismerteti: [work] being made known by

ismertető: informative [study]

ízlés: [literary, artistic] taste

játék(ok): play(s), acting, performance(s)

játékos: playful, sportive [scenes]

játékszíni: [antecedents] of theater

javítás: improvement, betterment [of text]

jegyzés(ek): note(s), notetakings

jegyzet(ek): note(s), annotation(s)

jegyzeteket írta: notes, annotations, or glosses prepared by

jegyzetekkel ellátta: notes, annotations, or glosses prepared by

jegyzetekkel kísérte: notes, annotations, or glosses prepared by

jegyzetelte: annotated by

jegyzetezte: annotated by

jegyzetszótár: dictionary of notes

jelenés: [play] scene

jelenet(ek): play scene(s)

jelenkori: contemporary

jelentés(ek): report(s), announcement(s)

jellegű: [work] with character of [autobiography]

jellem: character, personality [of author]

jellemrajz(ok): character portrayal(s), study(ies), sketch(es)

jóslás(ok): prediction(s)

jutalom: [literary] prize, award

jutányos kiadás: inexpensive, cheap edition

kabaréjelenetek: cabaret scenes

kaland(ok): adventure(s)

kalandos: adventure [novel]

kalauz: guide, manual, compendium, handbook

kapcsolat(ok): connection(s), relation(s), relationship(s)

kapcsos könyv: book, album with clasp

karcolat(ok): [literary] sketch(es)

karikatura(ák): [literary] caricature(s)

katonai: military [poem, song]

keletkezési: [year] of [work's] origin

képanyag: illustrations

képben: [drama] in [six] scenes

képek: scenes

képes: illustrated

képletek: formulae

képszerűség: pictorial, imagistic quality

képzelet: [author's] imagination, fancy

képzőművészeti: [academy] of fine arts

kérdés(ek): question(s), problem(s), issue(s)

későbbi: later or changed [title]

készítette: [notes, materials] prepared by

kétes hitelűek: writings of questionable or doubtful authorship kezdetei: beginnings of [Hungarian poetry]

kézikönyv(ek): handbook(s), manual(s), reference book(s)

kézirat(ok): manuscript(s), typescript(s)

kiadás(ok): edition(s), impression(s)

kiadása: publication of [individual, press]

kiadatlan: unpublished, unedited, unprinted; uncollected [in book]

kiadja(ák): published, issued by

kiadó: publisher, publishing house

kiadója: [work's] publisher

kiadott: published [works]

kiadóvállalat: publishing firm, house

kiadta: published, issued by

kialakulás: formation, development, evolution [of work]

kibocsájtja: released by

kidolgozás: [second] draft

kiegészítette: completed by, supplemented [work] with

kiegészítő: supplementary

kinyomtatás: [second] printing, impression

kinyomtatta: had [work] printed

kisebb: shorter [poems, works]

kíséret(ek): accompaniment(s)

kísérlet(ek): experiment(s), improvisation(s)

kísérő tanulmány: accompanying study

kísérte: [work] accompanied [by study] by

kispajtásoknak: [story] for little friends, fellows

kisregény(ek): short novel(s), novelette(s), romance(s)

kiválasztás: selection

kiszemelve s itt-ott módosítva: selected and modified here and there

költemény(ek): poem (poetry)

költeményei: poems of [author]

költészet: poetry, poesy

költő(k): poet(s), bard(s)

költői: poetic

könyv(ek): book(s), volume(s)

könyvdíszítés: decoration of books

könyvecske: booklet

könyvesbolt: bookstore, bookshop

könyvészet: bibliography

könyvjegyzet(ek): book note(s)

könyvkiadó: publisher, publishing house

könyvnyomtatás: printing of books

könyvtár(ak): library(ies)

könyvtáros: librarian

kor: age, epoch, period, times

kora: [author's] times

korábbi címe: earlier, former title of

korhatások: influences, effects of period

korrajz(ok): sketch(es) of [literary] period

korszak: period, age, era, epoch, times

kortárs(ak): a contemporary(ies)

kortörténet: history of period, age

körvonalazás: outlining, delineation

köt. (kötet): volume(s)

kötet(ek): volume(s)

kötetbe nem foglalt: [poems] not contained in previous volume

kötetben: in [number of] volumes, as in "négy kötet három kötetben," "4 volumes in 3 volumes"

követjelentések: [parliamentary] delegate reports

középiskola: secondary school, high school, gymnasium

közlemények: communications, notices, announcements

közli: published by

közlöny: gazette, journal, bulletin

közmondás(ok): proverb(s), saying(s), adage(s)

köznapi: everyday [occurrences]

közrebocsájtja: published by

közreműködésével: with collaboration, cooperation, assistance of

közreműködött: with cooperation, assistance of

köztük: [Shakespeare translations] included among [other works in edition]

közzéteszi(k): edited, published by

kritika(ák): criticism(s), critique(s), review(s)

kritikai: critical [study]

kritikus: critic, reviewer

krónika: chronicle

krónikás: chronicle [play]

külföldi: foreign; foreigner

külföldön: [Hungarian literature] abroad, overseas

különféle: diverse, various [kinds of writings]

különvélemények: dissenting opinions

kultúra: civilization, culture

látványos bohóság: spectacular buffoonery

legszebb: most beautiful [poems]

legújabb: newest, latest [poems]

lenyomat: imprint, impression

levél (levelek): [author's] letter(s)

levelesláda: muniments chest, family archives or correspondence

levelezése: [author's] letters, correspondence

levélíró: letter-writer, correspondent

levélregény: epistolary novel

levéltár: archive

levéltári: archival [notes]

levonásban: in [four] printings

líra: lyric poetry, lyric poems

lírikus: lyric [style]; lyric poet

magyarázat(ok): explanation(s), explication(s)

magyarázó: explanatory [study]

magyarázta: explained, annotated, commented upon by

magyarázza: explained, explicated by

mai: today's [Hungarian novel]

maradványai: [author's literary] remains

maradvány(ok): remaining work(s) [of author]

másféle: different, dissimilar [kinds of writings]

másik: other [volume]

második: second [edition]

megbízásából: publication commissioned by [Hungarian Academy of Sciences]

meg-bővítve közre botsátotta: enlarged edition released by

megfigyelés(ek): observation(s)

megjegyzés(ek): remark(s), observation(s), comment(s)

meg-magyarította: [text] magyarized by

megyei: county [speeches]

mese(ék): tale(s), fable(s)

mesejáték(ok): fairy play(s)

mesekönyv: story-book

mesemondás: art in narration

meséskönyv: story-book

minden: complete [works]

minta(ák): pattern(s), design(s) [of work]

miráklum: miracle play

misztérium: mystery, miracle play

mívelődés: culture, civilization, education, improvement

módszertan: methodology

monda(ák): legend(s), saga(s), myth(s)

mondás(ok): saying(s), expression(s)

mozgóképjáték: motion picture play

mű(vek): work(s), writing(s), composition(s)

műbölcselet: philosophy of writing

műfaj(ok): literary form(s), genre(s)

műfordítás(ok): translation(s) [of literary work]

műhely: [author's] workshop, workroom

működése: activity, functioning [of author]

mulattató-könyv: entertaining book

munka: [literary] work

munkái: [author's] writings, works

munkája: [author's] work

munkálkodás: activity, working

munkásjellemek: characteristics of worker, laborer

munkásság: [author's literary] activity

munkásügy: worker's, laborer's question, affairs, matters

musikára tette: set to music by

mutató(k): index(es)

mutogatja: displayed by

művei: works, writings of [author]

művelődés: culture, civilization, education, improvement

művelődéstörténet: history of culture

művész: artist

művészet: [author's] art, artistry

művészetfilozófia: philosophy of art

nagyobb: larger, longer [poems]

napló: diary, journal

naplójegyzetek: diary notes, memoranda

naptár: calendar, almanac

néhány: some, few, several [poems]

nemesítő próza: prose for [moral] improvement

nemzedékrend: genealogy

nemzeti: national [edition]

népballada(ák): folk ballad(s)

népdal(ok): folk song(s)

népies: popular [poem]

népiesség: popular characteristics, popularity [of poem]

népi játék(ok): traditional children's game(s) accompanied by music

népköltés: popular poetry, folk poetry

népköltészet: folk poetry, popular poetry

népmese(ék): folk tale(s), story(ies)

népmonda(ák): popular legend(s), saga(s)

néprajztudomány: ethnography

népszínmű(vek): 19th-century play(s) about peasants

név(nevek): name(s)

neveléstörténet: history of education, pedagogy

névmutató: name index

névsor: list of names

nézetei: views of [author]

néző(k): onlooker(s), spectator(s), audience

nézőjáték: play for audience

novella(ák): short story(ies), novelette(s)

novellista(ák): short-story writer(s), story-writer(s)

növendék(ek): pupil(s), student(s)

nyájas: amiable, friendly [poems]

nyelv(ek): language(s)

nyelvemlék(ek): language remains, relic(s)

nyelvi: lingual, linguistic [phenomenon]

nyelvművelő: language-cultivating [study]

nyelvtan: grammar

nyelvtudomány: linguistics, philology

nyelvújítás: language reform, neology, neologism

nyelvújító: language reformer

nyílt levél: open letter
nyomda: printing office, press
nyomán: in the steps of [author]
nyomában: in the steps of [author]
nyomtatvány(ok): printed paper(s),
 book(s)

okirat(ok): document(s), deed(s),
 instrument(s), paper(s)
oklevél(oklevelek): charter(s),
 document(s), deed(s)
okmány(ok): document(s), record(s),
 deed(s), certificate(s)
oktatás: teaching, instruction
olvasmány: piece of reading
olvasó(k): reader(s)
olvasótár: repository for reader
önarckép: self-portrait [of author]
önbírálat: self-criticism
önéletírás: autobiography
önéletrajz: autobiography
országgyűlési: parliamentary
 [speeches]
összeáll. (összeállító[k]):
 compiler(s)
összeállította: compiled, collected by
összefoglaló: comprehensive,
 recapitulative, summary [study]
összegyűjtött: collected [works]
összegyűjtötte: collected by
összekötő szövegek: linking texts,
 running commentaries, bridging
 title
összekötve: inter-connected
 [writings]
összes: complete, collected [works]
összeválogatta: selected by
ősszöveg: original text
összevetette: collated by
öszveszedte: collected by
ötlet(ek): ingenious thought(s),
 inspiration(s)
óvilági: old-world [tale]

pálya: career, calling, profession
pályafordulat: turning-point in
 career
pályakép: picture of [author's]
 career
pályakezdés: start of career
parasztság: peasantry, peasants
párbeszéd(ek): dialogue(s),
 colloquy(ies)
párhuzam(ok): parallel(s) [in],
 comparison(s) [between two
 authors' works]
páros: paired [scene]
pásztorjáték(ok): pastoral play(s),
 pastorale(s)
példa(ák): example(s)
példabeszéd(ek): parable(s)
példázat: parable, apologue,
 allegory
per: dispute
portré: [literary] portrait
pótkötet: supplementary volume
pótlás(ok): addendum(a), supple-
 ment(s)
pótlék(ok): substitute(s)
pótló: additional, supplementary
prédikáció(k): sermon(s)
programmbeszéd(ek): policy-making
 speech(es)
prózaíró: prose-writer
publicista: publicist, political writer
publicisztikai: [writings] about
 public, current affairs
pusztai: [novel] about the plains

rajz(ok): sketch(es), portrayal(s),
 description(s)
rajzolat: outline, tracery
reflexiók: remarks, reflections
rege(ék): tale(s) saga(s), legend(s),
 myth(s)
regény(ek): novel(s)
regényalakok: characters in novel

regény-dramatizálások: dramatiza-
tions of novels
regényes: romantic [drama]
regényítészet: criticism of novel
regényke: short novel, novelette
regénytárgyak: subject matter of
novel
regényvázlat: novel-sketch
régészeti: archeological [study]
régi: ancient, old, early [work]
régibb: earlier [stories]
remek(ek): masterpiece(s) [of
author]
rendezte: organized by, prepared
for press by
rendszeres: systematic [aesthetics]
rész: part(s) [of work]
részlet(ek): detail(s), particulars,
fragment(s), portion(s)
részletes: detailed [table of
contents, index]
rím(ek): rhyme(s)
rímjáték(ok): play(s) in rhyme
riport(ok): [newspaper] report(s),
story(ies), write-up(s)
riportsorozat: reportage
ritmika: rhythm
ritmikai: [principles] of rhythm
ritmus: rhythm
rögtönzés(ek): improvisation(s),
extemporization(s)
röpirat(ok): leaflet(s), pamphlet(s)
röplap(ok): leaflet(s), handbill(s)
rövid: short [poem]
r.t. (részvénytársaság): company,
ltd.

sajtó alá rendezte: prepared, edited
for press by
segédszerkesztő: assistant editor
serdülő ifjúság számára: [novel]
for adolescent youth
sorozat: series, serial

sorrend: [chronological] order,
sequence [of poems]
sors: state, lot [of book-printing in
Hungary]
stb. (s a többi): et cetera
stilisztika: style
stilisztikai: [studies] of style
stílművészet: art of style
stílus: style
studium(ok): treatise(s), essay(s),
dissertation(s), study(ies)
szabadon átdolgozva: freely revised
szabadon fordította: freely trans-
lated by
szakaszban: [play] in [five]
sections, parts
szakirodalom: technical literature,
special bibliography
szám: number, issue [of periodical]
szavalókórus: speaking choir,
choral speaking
század(ok): century(ies)
szedte: collected by
székfoglaló: inaugural [address]
szélén: [author] on edge [of career]
szellemidezés: conjuration [of
author's spirit, character]
szemelvény(ek): selection(s)
személyiség: personality
széphistória: literary account of
history
szépirodalom: belles-lettres,
literature
szépliteratúra: belles-lettres,
literature
széppróza: [artistic] prose, [works
of] fiction
széptan: aesthetics
széptani: aesthetic
szerepe: role of [author]
szerk. (szerkesztő [k]): editor(s)
szerkesztette(ék): edited by
szerkeszti: being edited by
szerkesztő(k): editor(s)

szerkesztőbizottság: editorial board

szerkesztői üzenetek: replies to readers' letters

szerzelék: [supporting] material attached [to document]

szerző(k): author(s), writer(s), composer(s)

szeszélyes regény: capricious, whimsical, fanciful novel

színdarab(ok): play(s), drama(s), playlet(s)

színészélet: actor's life

színészeti: [studies] of theater, drama, acting

színház: theater, playhouse

színházi: [studies] of theater, stage, playhouse

színikritikus: dramatic critic

színjáték(ok): drama(s), play(s)

színmű(vek): drama(s), play(s), dramatic piece(s)

színpad: stage

színpadi: theatrical, [scenes] for stage

szó(szavak): word(s)

szóhangulat: emotional element in words

szómagyarázat: explanation of words, gloss

szomorújáték(ok): tragedy(ies)

szónoki: oratorical [works]

szótár: dictionary, word-book, vocabulary

szótár író: lexicographer

szöveg(ek): text(s)

szöveghagyomány: literary remains

szövegjavító: [notes] emending text

szövegkönyv: libretto, script

szövegrész: passage [from text]

születése: birth, origin of [Hungarian prose]

tájmúzeum: country museum

tájszóhasználat: use of dialect words

tanács: advice, counsel

tanácsadás(ok): offer(s) of advice, counsel

tanár: professor, teacher

tanító(k): teacher(s)

tanítóregény: didactic novel

tanítvány(ok): student(s), pupil(s)

tanköltemény(ek): didactic poem(s)

tankönyv(ek): textbook(s)

tanulmány(ok): study(ies), treatise(s), dissertation(s)

tanúság: evidence, proof

tanregény: didactic novel

tár(a): [author's] depository, collection

tárca(ák): feuilleton(s); special article(s), short story(ies) in newspaper

tárcacikk(ek): special article(s) in newspaper

tárcanovella(ák): short story(ies) in newspaper

tárgy(ak): subject(s), subject matter

tárgymutató: subject index

tárgytörténeti: [notes] on history of subjects

tárgyú: with [Rumanian] subject matter

társadalmi regény: novel of manners

társadalmi vígjáték: comedy of manners

társadalomrajz: sketch of society

társaság: society, company, association

társulat: society, association, company, union

tartalomjegyzék: table of contents, index, register, repertory

teljes: complete [works]

teljesebb: more complete [edition]

temetési: funeral [orations]

természeti: [views] of nature

természetrajz: natural history

terv(ek): plan(s), scheme(s), design(s)

tollrajz(ok): [literary] pen sketch(es)

töredék(ek): [literary] fragment(s)

történelem: history

történelemszemlélet: view of, attitude toward history

történelmi regény(ek): historical novel(s)

történet(ek): story(ies), tale(s), narrative(s); history

történetfilozófia: philosophy of history

történeti: historical [drama]

történetíró(k): historian(s), historiographer(s)

történettudomány: historical scholarship or science, history

továbbá: [studies] besides, in addition to [author's works]

tréfa(ák): funny story(ies), anecdote(s)

tréfás: funny, droll [story]

tudomány: learning, knowledge

tudományos: scientific, scholarly, learned [periodical, society]

tudomány-történelem: history of learning, knowledge

tudori: doctoral [thesis]

tudós(ok): man(men) of learning, letters, or science

tudósítas(ok): information, advice, notice(s), news report(s)

új: new [edition]

újabb: newer, more recent [poems]

újabb életre hozta: [novel] newly revived by

újjólag kinyomattak: newly printed, published by

új lenyomat: reprint

újonnan: newly [printed]

újra szerkesztette: newly edited by

újság(ok): newspaper(s)

újságcikk(ek): newspaper article(s)

újságíró(k): journalist(s), newspaperman(men)

újságírói: journalistic, publicistic [work]

újságmágnás(ok): newspaper magnate(s)

ünnep(pek): holiday(s), celebration(s), ceremony(ies)

ünnepi beszéd(ek): festal address(es), official or inaugural speech(es)

után: [translation prepared] on basis of [someone else's work]

utasítás(ok): command(s), order(s), directive(s), instruction(s)

úti: travel [notes]

úti élmények: travel experiences

útijegyzetek: travel notes

útinapló: travel diary, journal

útirajz(ok): account(s) of journey, travel sketch(es)

útja: [author's] journey [to Budapest], course of [author's career]

útmutató: guide-book, guide [to archives]

utóélete: course of [author's posthumous reputation]

utójáték: epilogue [of play]

utófohászok: supplementary supplications

utolsó: last

utószó: epilogue [to edition]

utószót írta: epilogue, postscript or introductory essay (placed at end of volume) by

válasz: answer, reply

vallásfilozófia: religious philosophy, philosophy of religion

vallásos: religious [poetry]

vallomás(ok): confession(s)

való: real, true

válogatása: selection made by
válogatott: selected [works]
válogatta: selected by
válogatva kiadta: selected and
  published by
változat(ok): version(s), variant(s)
városi: [novel] about city
vázlat(ok): sketch(es), outline(s)
végezte: completed by
vegyes: unclassified, miscellaneous
  [poems]
vélemény(ek): opinion(s), view(s),
  belief(s)
vers(ek): verse(s), poem(s), piece(s)
  of poetry
versekbe foglalt: put into verse [by]
verselés: versification, metrics,
  prosody
verses: [written] in verse
versművészet: art, artistry of verse
vezércikk(ek): editorial(s), lead
  article(s)
vidám: gay, mirthful, cheerful
  [story]
vidéki: rural [play]
víg: gay, mirthful, jolly, merry
  [story]
vígjáték(ok): comedy(ies)

vígjátékíró: comedy-writer
világkép(ek): world concept(s)
világnézet: world view,
  Weltanschauung
virágének(ek): love or flower songs
visszaemlékezés(ek): remem-
  brance(s), recollection(s)
vita(ák): debate(s), discussion(s),
  dispute(s)
vitairat(ok): polemical essay(s), or
  treatise(s), controversial
  pamphlet(s)
vonalai: [main] outlines, contours
  of [author's works]
vonás(ok): trait(s), feature(s),
  lineament(s)
vonatkozás(ok): connection(s),
  relation(s) [of author with period]

zenével: [play] with music
zenével és kar énekkel: with
  orchestra and choral songs
zsebkönyv: pocket manual,
  handbook
zsenge(ék): first [literary] fruit(s)
zsoltárénekszerző: psalm-writer
zsoltárvers(ek): psalm(s)

Introduction

Selecting authors from the vast literature of Hungary since its beginnings has not been an easy task. It has been complicated by the necessity of giving representation to twentieth-century emigré writers whose reputations were established before they left Hungary as well as to recent writers who have been contributing significantly to Hungarian literature in Czechoslovakia, Rumania, and Yugoslavia. The chief difficulty in selection has been the choice among authors of secondary rank, in my endeavor to report on all writers essential to the study of the various facets and trends of each period. The problem of selection according to this criterion became increasingly difficult as the development of the national literature accelerated with the opening of the nineteenth century, and became even more complex with the richness of literary growth in the twentieth century. The years since 1945 have posed the special problem of proximity; I have indicated the tentativeness of my decisions by placing the authors of this period in Part II.

The authors treated are arranged alphabetically in the two parts of the handbook, but those in Part I are grouped by literary periods in Appendix D: six from 1450 to 1630, thirteen from 1630 to 1772, twenty-nine from 1772 to 1849, twenty-three from 1849 to 1905, sixteen from 1905 to 1918, fifty-two from 1919 to 1945, and twenty-three from 1945 to the present. Some arbitrariness has necessarily attended the grouping; some might well have been included in the period immediately before or after the one to which I have assigned them. In the *Introductory bibliography* I included some writers omitted here; they are Mátyás Bél, Péter Bod, István Geleji Katona, Péter Ilosvai Selymes, Lajos Kossuth, István Magyari, Péter Melius, Jenő Péterfy, Frigyes Riedl, Gyula Sárosi, István Széchenyi, Ferenc Toldy, and Gereben Vas.

The systematic review of both primary and secondary sources is based almost entirely on the holdings in the National Széchényi Library, the Library of the Institute of Literary History, and the Library of the Hungarian Academy of Sciences, and it concludes with August 1, 1965. A few items published after that date are cited, but they are only those I encountered by chance after I had completed my research in Hungary. All the editions recorded, whether numbered or not, except those for which I have cited a bibliographical source, have been examined, and the annotations of secondary sources are all based on my examination.

As a means of helping the student obtain titles through inter-library loan or some photographic process, I have included location symbols for num-

1

bered items known to be available in selected libraries in the United States and Europe. The locations are based on searches of the National Union Catalog housed in the Library of Congress, the catalogues of all the European libraries listed in Appendix E, and the holdings of the following libraries in the United States: the Columbia University Library, the New York Public Library, the University of Minnesota Library, the Harvard College Library, the Cleveland Public Library, the University of Chicago Library, and the Chicago Public Library. I regret that several months of effort to arrange for the search of the holdings of the Bibliothèque Nationale, the Bibliothèque de la Sorbonne, and the Institut Hongrois in Paris proved fruitless. I am pleased to note, however, that the results of searching the still uncatalogued acquisitions of the British Museum, numbering about 5000 titles, are reported in the text. Because of the limited numbers of libraries searched, the possibilities of error in searching library catalogues, and the continuing growth of collections of Hungarian literature in the United States and Europe, the student should be encouraged to check the holdings of both reported and unreported libraries in his quest for the works he needs. For acquisitions by United States libraries since 1965, he should also be urged to examine the supplements to the *National union catalog* and to *New serial titles*.

The entries for each author are preceded by a biographical sketch and are listed chronologically by date of publication under the headings *Editions*, *Bibliography*, *Biography*, and *Criticism* respectively. The biographical sketch provides basic data about the author's life, some general comments about his writings and his place in the literature, and mention of foreign languages in which his works have been published in book form. The data on translations are derived principally from Tibor Demeter's mimeographed *Magyar szépirodalom idegen nyelven* (Budapest: Tibor Demeter, 1957–1958; 11 vols.) and *Magyar irodalmi lexikon* (Budapest: Akadémiai Kiadó, 1963–1965; 3 vols.). For information on more recent translations, the student should consult the *Index translationum* (Paris: UNESCO, 1949+). My time in Hungary did not allow for the examination or recording of all the works the authors translated, edited, or compiled, or those for which they prepared introductory materials. I have, however, made a special effort to provide as nearly complete a record as possible of the first publication in book form of their original writings.

The data on these first editions are presented in various ways. The first publication of a book by an author whose writings have been gathered posthumously into a complete or nearly complete collection is cited in a paragraph headed *First Editions*. On the other hand, first publications in the case of a living author, an author whose writings were first published in book form after his death, or an author for whom there is no comprehensive posthumous edition are listed under *Editions* and identified by a superior figure one ([1]) after the date of publication. Sometimes the record of first publications is continued from *First Editions to Editions*. This practice is followed when an incomplete but still important collection of an author's works was published during his lifetime. In such a case, that collection and the works succeeding it are listed under *Editions* and first publication is identified by the raised numeral after the date, while titles published earlier are shown in the paragraph headed *First Editions*. Separate reprints from periodicals are not identified as first editions because I have reserved that term for first publication in book form.

Among the numbered later editions I have sought to include the best editions available and to report all the writings of the authors published in book form. My selection of editions issued after the author's death has been governed by their reliability. The quality of the edition is designated in brackets at the end of the citation: *A*, a text meeting all the requirements of modern textual criticism; *B*, a reliable text, often containing some critical apparatus; and *C*, a popular edition, sometimes containing works not available in other editions listed. In some instances, however, an edition has been selected not because of its critical reliability but because of the importance of its preface or introduction. Occasionally such introductory material has been annotated among the secondary sources in the biographical or critical sections. When I have been able to compare the contents of editions containing more than one work by an author, I have distinguished individual titles specifically as first or later publication, or by a raised numeral after the date of publication.

The absence of a date of publication, a painfully frequent occurrence in Hungarian publishing, has posed an especially thorny difficulty. After consulting many basic bibliographical sources, and depending very heavily on the catalogue of the National Széchényi Library, I have recorded the most reliable date without enclosing it in brackets. I have often used bibliographical sources, especially the catalogue of the National Széchényi Library, for identification of the genre, noting it in brackets if it was not named on the book's title page.

The sections on secondary sources for each author are based on a careful survey of bibliographies, monographs, articles in periodicals, and collections of scholarly and critical studies. They are arranged under the headings *Bibliography*, *Biography*, and *Criticism*, chronologically by date of first publication in order to provide a historical perspective of the development of opinion concerning the author treated. Studies cited from collections have been traced in almost every case to their first publication and compared with the original version, and bibliographical data on the first appearance have been added at the end of the entry.

The secondary sources represent works which, in my view, are essential to beginning the study of each author. The biographical and critical studies are mainly of a general nature, but are sometimes concerned with special problems. I have also kept an eye out for short studies which summarize an author's importance at a particular historical time or mark a change in attitude toward him and his writings. In the absence of substantial scholarly studies I have sometimes turned to reviews. In classifying the items under the headings of *Biography* and *Criticism*, I have exercised the utmost care, but the fine distinction between them requires that both sections be examined. To assist the student, I have noted the presence of both kinds of material in the annotations under each of the headings.

Appendix A updates my *Introductory bibliography* by including primary and secondary material of value published between 1960 and 1965. Appendix B provides information about most of the literary awards, learned and literary societies, newspapers, and periodicals mentioned in the biographical sketches. Appendix C lists the periodicals from which numbered items are cited. Since in the Hungarian language the surname always precedes the given name, my practice has been to record these names in that order when they appear in Hungarian texts, but to reverse them when they appear in non-Hungarian texts, as in annotations and foreign titles.

For students not completely at home in the Hungarian language, I have provided a glossary of Hungarian bibliographical, literary, and learned terms and phrases that frequently recur in the citations.

I. Authors from 1450 to 1945

ADY ENDRE

Born November 22, 1877 in Érmindszent; died January 27, 1919 in Budapest. Poet, critic, journalist. Son of a member of the gentry making his living as a peasant. Completed elementary gymnasium studies in Érmindszent, attended Piarist Gymnasium in Nagykároly 1888–1892 and then Calvinist College in Zilah 1892–1896, where he started a literary periodical and wrote poems for it. Began law studies in Debrecen in September 1896. Entered University of Budapest for second year of law studies but did not attend lectures. Junior clerk in Temesvár for four months; then, after stays in Budapest, Érmindszent and Zilah, returned to Debrecen in September 1898 to resume law studies. Soon left Református Kollégium and became staff member of *Debreceni Főiskolai Lapok*, *Debreceni Ellenőr*, *Debreceni Hírlap*, and *Debrecen*. Poems, short stories, and criticism appeared in Debrecen newspapers. In 1900 accepted post with *Szabadság* in Nagyvárad and decided, contrary to wishes of family, to pursue career as journalist and writer. Disregarded diagnosis that he was suffering from syphilis. Attack on clericalism in article resulted in three days' imprisonment. Left *Szabadság* and joined staff of *Nagyváradi Napló* in May 1901. Became acquainted with Adél Brüll, wife of Ödön Diósi and "Léda" of his poems, in summer of 1903 in Nagyvárad, and began ten-year liaison with her that deeply affected both their lives. Decided to go to Paris to begin new life. Spent fall of 1903 in Érmindszent studying French and preparing for journey to Paris. Arrived in France in January 1904, where he spent nearly a year in Paris and on Riviera. Sent articles about experiences to *Budapesti Hírlap* and *Budapesti Napló*. Deeply affected by French culture, radical ideas. Left Paris in mid-January 1905, returned to Budapest, and became staff member of *Budapesti Napló*. Poems became center of literary controversy. Returned to Paris in June 1906; visited Naples, Venice, and Monaco. Sent poems and articles to *Budapesti Napló*. Returned to Budapest in summer 1907. Poor financial situation forced him to live in Érmindszent. Became life-long contributor and leading spirit of *Nyugat* in 1908, year of its founding. Returned to Paris in January 1909, rested on Riviera, and visited Italy in spring and summer. Syphilitic condition worsened; controversy about his poetry intensified. Spent more than a month in psychiatric clinic in Kolozsvár during summer 1909. Relations with Adél Brüll worsened. Lived in Paris again from December 1909 to summer 1910. Lived in Érmindszent periodically 1910–1912 but visited Italy and Paris with Adél Brüll in search of health. Hospitalized in Budapest sanitorium in spring 1912. Severed relationship with Adél Brüll in summer 1912. Spent some months in sanitorium in 1913. Lived in Érmindszent for a time and then returned to Budapest. In April 1914 went to Csucsa to visit Berta Boncza, who had first written to him in 1911 at age sixteen. Saddened by outbreak of World War I; spent fall 1914 in Csucsa, Budapest, and Érmindszent. Marriage to Berta Boncza, opposed by her father, took place on March 27, 1915. Lived in Csucsa but was hospitalized in Budapest sanitorium in 1916. Moved to Budapest in 1917. Already fatally ill during period of October Revolution in 1918. Named president of newly established Vörösmarty Academy but was hardly able to deliver acceptance speech. Suffered attack of pneumonia at beginning of December and long history of bad health led to his death the following month in Park Sanitorium. ¶ One of the greatest of Hungarian poets, he began a revolution in lyric poetry and was the leading figure in its development. Style symbolistic. Modes of expression new but contain biblical and rural elements of earlier centuries. Themes range over all aspects of Hungarian life and problems. Poems of personal nature deal with love, death, dissipation, mysticism, and God. Opposed Hungarian ruling classes for their insensitivity to need for social progress and for their materialism. Performed important role in acquainting Hungarians with French culture and literature. Wrote fiction, but his poems are vastly superior. His writings on literature are very valuable to understanding of literature during the early 20th century. ¶ Editions of his poems are available in Croatian, Czech, Dutch, English, French, German, Hebrew, Italian, Rumanian, Russian, Slovakian, and Spanish, and some poems in Arabian, Bulgarian, Finnish, Japanese, and Portuguese.

FIRST EDITIONS: *Versek*. Ábrányi Emil előszavával. Debrecen: Hoffmann-Kronovitz, 1899. 68p. – *Még egyszer*. [Versek] Nagyvárad: Láng, 1903. 93p. – *Új versek*. Budapest: Pallas, 1906. 127p. – *Sápadt emberek és történetek*. [Novellák] Budapest: Lampel Róbert, 1907. 62p. – *Vér és arany*. [Újabb versek] Budapest: Franklin-Társulat, 1908. 203p. – *Az Illés szekerén*. Legújabb versek. Budapest: Singer és Wolfner, 1909 [1908]. 171p. – *Új csapáson*. Novellák. Budapest: Mozgó Könyvtár, 1909. 64p. – *A forradalmár Petőfi*. [Petőfi Sándor válogatott forradalmi költeményei] Összeállította és elüljáró írással ellátta Ady Endre. Budapest: Pallas, 1910. 208p. – *Így is történhetik*. [Novellák] Budapest: Nyugat, 1910. 142p. – *A Minden Titkok verseiből*. Budapest: Nyugat, 1910. 104p. – *Szeretném, ha szeretnének*. [Versek] Budapest: Nyugat, 1910 [1909]. 127p. – *A tízmilliós Kleopátra és egyéb elbeszélések*. Budapest: Lampel Róbert, 1910. 64p. – *Vallomások és tanulmányok*. Budapest: Nyugat, 1911. 101p. – *Vitéz Mihály ébresztése*. Vers. Budapest, 1911. [From Gulyás, I, 225] – *A menekülő élet*. [Versek] Budapest: Nyugat, 1912. 141p. – *A magunk szerelme*. [Versek] Budapest: Nyugat, 1913. 120p. – *Muskétás tanár úr*. Novellák. Békéscsaba: Tevan, 1913. 58p. – *Három március*.

1911–13. Három ünnepi verse. Budapest, 1914. [From Gulyás, I, 225] – *Ki látott engem?* [Versek] Budapest: Nyugat, 1914. 151p. – *Gyűjtemény Ady Endre verseiből.* Budapest: Pallas, 1918. 109p. – *A halottak élén.* [Versek] Budapest: Pallas, 1918. 202p. – *A zsidóságról.* Fehér Dezső előszavával. Nagyvárad, 1919. [From Gulyás, I, 226] – *Az új Hellász.* [Karcolatok] Budapest: Amicus, 1920. 110p. – *Margita élni akar.* Verses história. Sajtó alá rendezte és bevezette Földessy Gyula. Budapest: Amicus, 1921. 76p. [C] – *Márkó király.* Ballada. Közzéteszi Ady Lajos. Budapest, 1923. [From Gulyás, I, 226] – *Rövid dalok egyről és másról.* Összegyűjtötte Földessy Gyula. Budapest: Amicus, 1923. 149p. [C] – *Az utolsó hajók.* Versek 1914–1918. Sajtó alá rendezte Földessy Gyula. Budapest: Athenaeum, 1923. 158p. [C] – *Levelek Párizsból.* Összegyűjtötte és kiadta Földessy Gyula. Budapest: Amicus, 1924. 176p. [C] – *Párisi noteszkönyve.* [Gondolatok, ötletek] Sajtó alá rendezte és bevezette Ady Lajos. Budapest: Amicus, 1924. 61p. [C] – See also nos. 4 and 13.

EDITIONS

See also nos. 35 (letters), 42 (letters), 43, 46 (letters), 48 (letters), 51, 60, and 65. Annotated works: nos. 1695, 2693, and 3006.

1. *Válogatott versei.* Összeválogatta Dóczy Jenő. Budapest: Pallas, 1921. 234p. [C]   MH NNC OCl GyGNSU

2. *Sápadt emberek és történetek.* [Novellák] Sajtó alá rendezte Földessy Gyula. Budapest: Athenaeum, 1925. 194p. [C]   DLC MH NNC GyGGaU

3. *Antológia Ady Endre verseiből.* Összeállította Szabó Lőrinc. Budapest: Athenaeum, 1927. 264p. [C]   MH MiD MnU NB NNC GyBDS

4. *"Ha hív az acélhegyű ördög . . ."* Ady Endre újságírói és publicisztikai írásai. Összeállította és kortörténeti ismertetésekkel bevezette Fehér Dezső. Oradea: Szent László, 1927[1]. 256p. [From catalogue of National Széchényi Library]

5. *Összes versei.* Budapest: Athenaeum, 1929. 544p. [C]   DLC IC MH MiD NNC OCl AsWN FiHI GeLBM GyGGaU

6. *Jóslások Magyarországról.* [Tanulmányok és jegyzetek a magyar sorskérdésről] Szerkesztette és bevezette Féja Géza. Budapest: Athenaeum, 1936. 312p. [C]   IC ICU MH MnU NN NNC AsWN GeLBM GeLU GyBH GyGNSU

7. *Összegyűjtött novellái.* [Bibliographical notes, pp. 509–511] Budapest: Athenaeum, 1939. 517p. [C]   DLC NN GeLBM

8. *A tegnapi Páris.* [Cikkek, tanulmányok] Az anyagát összegyűjtötte és sajtó alá rendezte Kovách Aladár. [Bibliographical notes, pp. 117–121] Budapest: Bolyai Akadémia, 1942. 128p. [C]   MH NN NNC GeLBM GeLU

9. *Vallomások és tanulmányok.* Magyar és külföldi irodalom. Sajtó alá

rendezte Földessy Gyula. Budapest: Athenaeum, 1944. 420p. [C]   MnU
NN NNC GeCU

10. *A forradalmi Ady.* [Antológia] Szakasits Árpád előszavával, a versek és
cikkek kiválasztását Erdődy János és Szalai Sándor végezte. Budapest:
Népszava, 1945. 227p. [C]   MH NNC

11. *Párizsban és Napfényországban.* [Tanulmányok] Sajtó alá rendezte
Földessy Gyula. Budapest: Athenaeum, 1949. 355p. [C]   DLC IC MH
MiD NN NNC GeLBM GyBH

12. *Összes versei.* Földessy Gyula kísérő soraival. Budapest: Szépirodalmi
Kiadó, 1950. 707p. [C] 1953[13]   DLC DLH InU MiDW NN GeCU GeLBM
GeLU GyBDS

13. *Földrengés előtt.* Válogatott kiadatlan novellák. Szentimrei Jenő bevezető
tanulmányával. Bukarest: Állami Irodalmi és Művészeti Kiadó, 1952[1].
158p. [C]

14. *Válogatott versei.* Szerkesztette Bölöni György, Bóka László, stb., sajtó
alá rendezte Vargha Kálmán. [Poems in order of composition] Budapest:
Szépirodalmi Könyvkiadó, 1952. 339p. [C]   DLC GyBH

15. *Válogatott cikkei és tanulmányai.* Sajtó alá rendezte Földessy Gyula.
Budapest: Szépirodalmi Könyvkiadó, 1954. 503p. [C]   DLC MH AsWU
GeLBM GeLU GyBDS GyBH GyGNSU

16. *Összes prózai művei.* [Újságcikkek, tanulmányok] Eddig I–IV., VI. kötet.
Budapest: Akadémiai Kiadó, 1955+. [A]
1. kötet: 1897–1901. Szerkesztette Földessy Gyula. 1955. 560p.
2. kötet: 1901–1902. Szerkesztette Földessy Gyula. 1955. 491p.
3. kötet: 1902 március–december. Szerkesztette Koczkás Sándor és Vezér
   Erzsébet. 1964. 470p.
4. kötet: 1903 január–december. Szerkesztette Koczkás Sándor és Vezér
   Erzsébet. 1964. 502p.
6. kötet: 1905 január–szeptember. Sajtó alá rendezte Varga József. 1966.
   482p.
[DLC] [MH] [MnU] [NN] [NNC] [AsWN] [FiHU] [GeLBM] [GeLU]
[GyBDS] [GyBH] [GyGNSU]

17. *Összes versei.* Sajtó alá rendezte Földessy Gyula. I–II. kötet. Budapest:
Szépirodalmi Könyvkiadó, 1955. [B]
1. kötet: *Új versek, Vér és arany, Az Illés szekerén, Szeretném, ha szeret-
   nének, A Minden-Titkok versei, A menekülő élet, Margita élni akar.*
   544p.
2. kötet: *A magunk szerelme, Ki látott engem?, A halottak élén, Az utolsó
   hajók, Versek* (Debrecen, 1899), *Még egyszer.* A kötetekben meg nem
   jelent versek. 598p.
CoU CtY DLC IC MH MnU NNC OCl TxU AsWN FiHI FiHU GeLBM
GyBH GyGNSU

18. *Összes költeményei.* Noviszád: Testvériség-Egység, 1956. 599p. [C] C CU IC

19. *Válogatott levelei.* Válogatta és sajtó alá rendezte, bevezette és jegyzetekkel ellátta Belia György. [Bibliography, pp. 555–611] Budapest: Szépirodalmi Könyvkiadó, 1956. 643p. [B] DLC MnU NNC AsWN GeCU GyBDS GyBH GyGNSU

20. *Novellák.* Összeállította, bevezette és jegyzetekkel ellátta Bustya Endre. I–II. kötet. Marosvásárhely: Állami Irodalmi és Művészeti Kiadó, 1957. [C] DLC IC MH NNC AsWN AsWU FiHI GeLBM

21. *Vallomás a patriotizmusról.* Cikkek. [1900–1915] A könyv szerkesztője Sőni Pál. Bukarest: Állami Irodalmi és Művészeti Kiadó, 1957. 349p. [C] GyBDS

22. *Ifjú szívekben élek.* Válogatott cikkek és tanulmányok. Válogatta és az Ady-tanulmányt írta Koczkás Sándor, jegyzetekkel ellátta Bessenyei György. Budapest: Móra, 1958. 472p. [B] DLC NNC AsWN GeLBM GyGNSU

23. *A nacionalizmus alkonya.* [Válogatott cikkek] Összeállította Koczkás Sándor. Budapest: Kossuth, 1959. 302p. [B] DLC NN NNC GeLBM GeOB GyBH GyGNSU

24. *A fekete lobogó.* [Cikkek] Összeállította és bevezette Földessy Gyula és Király István. [Bibliographical notes, pp. 240–267] Budapest: Kossuth, 1960. 271p. [B] NN NNC AsWN GyBDS GyBH GyGNSU

25. *Versek.* Bevezette Szemlér Ferenc. I–II. kötet. Bukarest: Irodalmi és Művészeti Kiadó, 1960. [C]
  1. kötet: *Új versek* (1906), *Vér és arany* (1907), *Az Illés szekerén* (1908), *Szeretném, ha szeretnének* (1909), *A minden titkok versei* (1910), *A menekülő élet* (1912). 596p.
  2. kötet: *A magunk szerelme* (1913), *Ki látott engem?* (1914), *A halottak élén* (1918), *Az utolsó hajók* (1923), *Versek* (Debrecen, 1899), *Még egyszer* (Nagyvárad, 1903). A kötetekben meg nem jelent versek. 652p. GyBDS

26. *Az irodalomról.* Szerkesztette Varga József és Vezér Erzsébet, a bevezető tanulmány Varga József munkája. [Bibliographical notes, pp. 401–421] Budapest: Magvető, 1961. 450p. [A] DLC InU MnU NN NNC GeCU GeLBM GeLU GyBDS GyBH

27. *Összes novellái.* Sajtó alá rendezte és jegyzetekkel ellátta Bustya Endre. Budapest: Szépirodalmi Könyvkiadó, 1961. 1406p. [B] NN NNC GeCU GeLU GyBDS GyBH GyGNSU

28. *Összes versei.* Sajtó alá rendezte Koczkás Sándor és Krajkó András. I–II. kötet. Budapest: Szépirodalmi Könyvkiadó, 1962. [B]
  1. kötet: *Új versek* (1906), *Vér és arany* (1907), *Az Illés szekerén* (1908), *Szeretném, ha szeretnének* (1909), *A minden titkok versei* (1910), *Margita élni akar* (1912), *A magunk szerelme* (1913), *Ki látott engem?* (1914). 766p.

2. kötet: *A halottak élén* (1918), *Az utolsó hajók* (1923), *Versek* (Debrecen, 1899), *Még egyszer* (Nagyvárad, 1903). A kötetekből kimaradt versek. Zsengék, Alkalmi versek, Rögtönzések, Rigmusok. 815p.
GeLBM GyGNSU

BIBLIOGRAPHY

See also nos. 7, 8, 19, 24, 26, 68, 72, 76, 80, 81, 85, 93, and 2966.

29. Pintér Jenő. "Az Ady-irodalom," *Nyugat*, XII (February 1, 1919), 285–303.

An annotated bibliography of reviews and studies of his works published from 1899 to 1918. Data: for books, author, title, place and date of publication, total pages; for articles, the year of publication. MnU NN NNC FiHU GeLBM GyBH

30. Dóczy Jenő (összeáll.). "Ady-irodalom," *Ady-múzeum*. Szerkesztette Dóczy Jenő és Földessy Gyula. I–II. kötet. Budapest: Athenaeum, 1924–1925. II, 31–71.

Monographs and articles published from 1908 to 1919, quoting material from each. Data: for monographs, author, title, place and date of publication, and total pages; for articles, also volume and number. MnU NN NNC AsWN GeLBM GyBH

31. Földessy Gyula (összeáll.). "Ady verseinek időrendje," *Ady-múzeum*. Szerkesztette Dóczy Jenő és Földessy Gyula. I–II. kötet. Budapest: Athenaeum, 1924–1925. II, 13–30.

A chronological list of his poems from March 10, 1900, to 1915, giving the dates of their publication and the works or periodicals in which they appeared for the first time. MnU NN NNC AsWN GeLBM GyBH

32. Gulyás Pál (összeáll.). *Ady Endre élete és munkái. Bibliográfiai tanulmány.* Budapest: Lantos, 1925. 160p.

A separate publication from Gulyás's continuation of the Szinnyei bibliography in the following parts: (1) his life, (2) his writings in periodicals and newspapers, (3) translations of his poems, (4) independently published works, (5) his pseudonyms and initials, and (6) studies of his life and works. GeLBM

BIOGRAPHY

See also nos. 328, 332, 3910, and 4634.

33. Ady Lajos. *Ady Endre.* Budapest: Amicus, 1923. 245p.

By intention records only those events with which the author, Ady's brother, was most familiar and which were within his own experience. Record of Ady's travels, including a map and calendar, pp. 242–245. MH MnU NNC AsWN FiHI GeLBM GeLU GyBH

34. Révész Béla. *Ady Endre tragédiája. A háború, a házasság, a forradalom évei.* I–II kötet. Budapest: Athenaeum, 1924.

The last years of his life by a friend: the break with Léda, the relations of the bachelor with the women around him, his meeting his wife, the development of masculine devotion, the lyric poet's new period, his marriage, the Revolution, and his death. Portraits and facsimiles. Vol. I, *ca.* 1911 to the War years; Vol. II, War years to 1919. DLC MH MnU NN NNC OCl GeLBM [GyBH]

35. Hatvany Lajos. *Ady a kortársak közt. Ady Endre levelei és levelek Ady Endréhez.* Budapest: Révai, 1928. 255p. [1934²]

Mainly a collection of the correspondence between Ady and Hatvany. MH NN OCl GeLBM GyBH

36. Bölöni György. *Az igazi Ady.* Budapest: Magvető, 1955³. 359p. [1934¹, 1947²]

Based on Bölöni's personal experiences with Ady and devoted to the last 14 years of his life, beginning with Ady's first visit to Paris. Seeks to correct misconceptions of him. Illustrations. DLC IC MH MnU NN NNC FiHI FiHU GeCU GeLBM GeOB GyBDS GyBH GyGNSU

37. Schöpflin Aladár. *Ady Endre.* Budapest: Nyugat, 1945². 188p. [1934¹]

A delineation of the man and the poet through his poetry and through the views of Ady, developed by Schöpflin after years of reflection on Ady and readings of his poetry. DLC MnU NN NNC GeLBM GeLU GyBH GyGNSU

38. Révész Béla. *Ady trilógiája.* A három könyv egy kötetben. Budapest: Nova, 1938. 365p. [1935¹]

An intimate biography beginning with Révész's first acquaintance with him. Medical documents, pp. 318–337. Numerous illustrations, portraits, and facsimiles. MnU NNC GeLBM GyBH

39. Dénes Zsófia. *Élet helyett órák. Egy fejezet Ady életéből.* Budapest: Pantheon, 1939. 269p.

Memoirs of her relations with and knowledge of the poet from November 29, 1913, to his death, mainly through 1915. MH MnU NN NNC OCl GeLU GyBH

40. K[ardos] L[ászló]. *Az Ady-Rákosi-vita. Egy irodalmi per aktái 1915–1916-ból.* Debrecen: Pannonia, 1940. 84p.

More than 60 documents from the years 1915–1916 dealing with the literary controversy between Ady and Jenő Rákosi. Arranged chronologically, with sources identified.

41. Ady Lajosné. *Az ismeretlen Ady, akiről az érmindszenti levelesláda beszél.* Budapest: Béta, 1942. 412p.

An informal and intimate biography by his sister-in-law. Illustrations and facsimiles. MnU NN NNC GyGNSU

42. Révész Béla. *Ady Endre összes levelei Lédához és a nagy regény teljes története.* Budapest: Az Író, 1942. 608p.

A detailed account of his relationship with Adél Brüll. Contains all the letters and documents throwing light on this connection and its effect on both Ady and Mrs. Brüll. Illustrations, portraits, and facsimiles. NNC GeLBM

43. Kovalovszky Miklós. *Ady Endre önképzőköri tag.* Budapest: Fischof Henrik, 1943. 71p.

His debating and literary activities at Zilahi College. Seeks to evaluate their effect on his development. Provides a record of those minutes of the Debating Society in which his name appears, 1893–1896, and a number of poems from this school period. NNC GeLBM

44. Bóka László. *Ady Endre élete és művei. Ady Endre pályakezdése.* I. kötet. Budapest: Akadémiai Kiadó, 1955. 319p.

From 1877 to 1905, giving attention to his works and to his concern for social reform. Survey of previous scholarship on Ady in the introduction. The 2d vol., which is to complete the life and to include the bibliography for the entire work, has not yet been published. DLC MH NN NNC FiHU GeCU GeLBM GyBDS GyBH GyGNSU

45. *Ady Endre 1877–1919.* Szerkesztették Sári Péter és Pölöskei Ferencné, a bevezetőt írta Bóka László. Budapest: Magyar Helikon, 1957. 169p.

A picture book of persons, places, and events connected with his life. Facsimiles of documents, letters, and poems. DLC InU MH FiHI GeLBM GyBH GyGNSU

46. Dénes Zsófia. *Akkor a hársak épp szerettek . . .* Budapest: Magvető, 1957. 294p.

Mrs. Dezső Fehér's recollections of Ady's life in Nagyvárad as written by Zsófia Dénes and documented by her own research. Contains previously unpublished letters by Adél Brüll, Ady himself, Berta Boncza, Mrs. Török, and Lőrinc Ady. Illustrations. DLC MnU NNC GeLBM GyGNSU

47. Hegedüs Nándor. *Ady Endre nagyváradi napjai.* Budapest: Akadémiai Könyvkiadó, 1957. 463p.

A detailed treatment of his almost daily activities in Nagyvárad, from January, 1900, to October, 1903. Purpose: to correct errors in previous accounts of events and occurrences during this period. Appendix: Chronological catalogue of Ady's activities during the period covered by the study. Plates, portraits, and facsimiles. DLC MH MnU NN NNC AsWN GeLBM GyBDS GyGNSU

48. Lengyel Géza. *Ady a műhelyben.* Budapest: Szépirodalmi Könyvkiadó, 1957. 394p.

His activities as a journalist from 1900 to 1908 by one who was associated with him during the period. Much attention to characterization of the times. Evidence often drawn from previously unpublished letters containing biographical and literary information. DLC MH MnU NNC GeLBM GeLU GyBDS GyBH GyGNSU

49. Hegedüs Nándor. *Ady elnyeri a főváros szépirodalmi díját.* Budapest: Adadémiai Kiadó, 1959. 58p.

The background for and the circumstances of his receiving the Ferenc József literary award in 1909. Plates, portraits, and facsimiles. DLC MH MnU NN NNC FiHI GyBDS GyBH GyGNSU

50. *Emlékezések Ady Endréről.* Gyűjtötte, sajtó alá rendezte és magyarázatokkal kiegészítette Kovalovszky Miklós. I. kötet. [Only vol. published] Budapest: Akadémiai Kiadó, 1961. 659p.

Recollections from many hands arranged under periods of his life beginning with his family and childhood and closing with his student years in Zilah. Introductory essays to each section; connecting links within sections. Pt. IV: Chronological table of the Ady family's history, including a genealogical table and a map of Hungary showing the most important places connected with the poet in the text. DLC MnU NNC

CRITICISM

See also nos. 195, 199, 348, 1242, 1485, 1537, 1628, 1653, 2174, 2420, 2864, 3099, 3184, 3280, 3435, 3515, 3944, 3971, 3977, 4081, 4149, 4618, 4624, and 4644.

51. "Ady Endre-emlékszám," *Nyugat,* II (June 1, 1909), 511–596.
An issue devoted to separate studies of various aspects of his life, thought, and literary works. Contains his autobiography. MnU NN NNC FiHU GeLBM GyBH

52. Horváth János. *Ady és a legújabb magyar líra.* Budapest: Benkő Gyula, 1910. 69p.
Examines his poetry in the light of the Hungarian literary tradition of János Arany and Sándor Petőfi, and concludes that its morality and taste do not measure up to the requirements of this national tradition, that his use of forms is entirely new, and that, nevertheless, he is a great poet.

53. "Ady Endre-emlékszám," *Nyugat,* XII (February 1, 1919), 223–361.
The greater part of an issue on the occasion of his death devoted to separate studies of his life, character, and works by several hands. MnU NN NNC FiHU GeLBM GyBH

54. "Ady Endre-emlékszám," *Huszadik Század,* XX (August, 1919), 1–136.
A memorial issue on the occasion of his death, consisting of separate studies of various aspects of his life, character, and writings, by several hands. GyBH

55. Földessy Gyula. *Ady Endre. (Tanulmány és ismertetés).* Budapest: Hungária, 1919. 96p. [Reprinted from *Huszadik Század,* XX (August, 1919); see no. 54]

The acceptance and criticism of his writings during his lifetime; his attitude toward life and his ideological views; his "Hungarian qualities and his being a prophet of Hungarians and humanity"; and the "difficulties" in understanding his poems. GyBH GyGGaU

56. Szabó Dezső. *A forradalmas Ady*. Budapest: Táltos, 1919. 32p.
A study of his revolutionary spirit and aims linking him to the European "heroic romanticism" of the early 19th century and to the development of the forces in Hungary beginning with Csokonai that shaped his political and social revolutionary character. NNC GeLBM GyBH

57. Földessy Gyula. *Ady-tanulmányok*. Budapest: Ethika, 1921. 189p.
In three parts: (1) Ady and his poetry (both a study and a reply to Mihály Babits), (2) a tabulation of the verse forms and lines of 100 of his poems, (3) a summarizing essay on his life and poetry, and (4) a commentary on and notes to individual poems to be used in understanding them. NNC AsWN FiHI GeLBM GyBH

58. Kardos László. *A huszonegyéves Ady Endre*. Gyoma: Kner Izidor, 1922. 88p.
An account of his literary and journalistic activities, and an assessment of his creative achievement over his earlier writings during his 21st year, prior to the publication of his first volume of poems. MnU NNC GeLBM

59. Révész Béla. *Ady Endre életéről, verseiről, jelleméről*. Budapest: Béta, 1924. 160p. [1922[1]]
A summary of his life, the nature of his personality, and the characteristics of his poetry. CoU MH NN NNC OCl AsWN FiHI GeLBM GeLU GyBH

60. *Ady-könyv. Dokumentumok az Ady-kérdéshez*. Összegyűjtötte és sajtó alá rendezte Reiter László. I. kötet. [Only vol. published] Budapest: Amicus, 1924. 128p.
Contains (1) a number of his early letters and excerpts from his journal and some early essays, (2) documents showing the reception given his writings, and (3) a number of miscellaneous essays dealing with his life and works. Introduction to each section. Illustrations and facsimiles. MnU NN NNC GeLBM GyBH

61. Benedek Marcell. *Ady-breviárum*. I–II. kötet. Budapest: Dante, 1924.
His life, character, importance as a poet; the qualities of his prose; his literary development; and the characteristics of his writings from his *Új versek* to *Utolsó hajók*. Vol. I, His life, character, significance as a poet, and his prose writings; Vol. II, Commentaries on his works.

62. Hatvany Lajos. *Ady világa: Isten könyve*. I–II. rész. Wien: Pegasus, 1924. [Also in no. 91, Vol. II]
A tracing of the evolution of Ady's feelings and ideas about God as they are expressed in his poems. Finds beliefs instead of a belief and numerous world views instead of a single, central one; considers Ady to be a "true

experimenter with God whose tenacity reminds one mostly of the tenacity of the true experimenter in science." Pt. I, Encounter with God; pt. II, Struggle with God. MH NNC GeLBM GyBH

63. Hatvany Lajos. *Ady világa: Szerelem könyve.* I–II. rész. Wien: Pegasus, 1924. [Also in no. 91, Vol. II]

A study of the loves of Ady and the poems stemming from these loves. Purpose: to portray his love life and views of women in their "eternal connections," instead of "intimacies and indiscretions." Pt. I, Encounter; pt. II, Ady and Adél Brüll. MH NN NNC GyBH

64. Zulawski Andor, ifj. *Írás Adyról.* Budapest: Renaissance, 1924. 160p.

His literary works in the light of their patriotic and moral substance, as a defense against his critics.

65. *Ady-múzeum.* Szerkesztette Dóczy Jenő és Földessy Gyula. I–II. kötet. Budapest: Athenaeum, 1924–1925.

A collection of studies of his life, writings, and viewpoints by many hands. Also some materials from his notebooks, letters, and three previously unpublished poems ("Intermezzo," 1906, "Kleopátra hivása," 1906, and "Barna ég alatt," 1909). See nos. 30 and 31 for bibliographies. MnU NN NNC AsWN GeLBM GyBH

66. Földessy Gyula. *Újabb Ady-tanulmányok.* Berlin: Ludwig Voggenreiter, 1927. 190p.

Five separate studies, four of them previously published: *The mysticism of Ady* (*Új Magyar Szemle,* December 1921), *Az Özvegy legények tánca,* or how Ady is to be read (*Ady-múzeum,* I. kötet; see no. 65), Földessy's friendship with Ady (*Nyugat,* August 16, 1923), János Vajda as Ady's predecessor (*Kolozsvári Ellenzék Vasárnap,* March–April 1927), and the recognition of Ady in 1927 and a discussion of Sándor Makkai's book on Ady, *Magyar fa sorsa* (see no. 67). GeLBM GyBH GyGGaU

67. Makkai Sándor. *Magyar fa sorsa. A vádlott Ady költészete.* Budapest: Soli Deo Gloria, 1927. 142p.

A defense of his poetry against the charges of his detractors emphasizing his religious feelings and patriotism. MnU NNC GyBH

68. Nagy Sándor. *Ady Endre költészete.* Budapest: A Szerző, 1927. 129p.

Purpose: to provide an objective picture of his spirit as it is revealed in his poetry. Opens with a discussion of his poetic ability, then examines his poems by genres, and concludes with discussions of his stylistic and formal art, the chief attributes of his poems, and the merits of his poetry. Bibliography, p. [130]. NN NNC GeLBM GyBH

69. *Az Ady-kérdés története. Idézetekben.* A felnőtt ifjúság számára összeállította Zsigmond Ferenc. Mezőtúr: Török, 1928. 143p.

An effort to trace the genesis of the major controversial viewpoints of Ady's poetry by placing them alongside each other in the chronological

order of their development, so that the reader can understand the problems
and settle them for himself according to his own views. Frequent use of
quotations. Bibliographical footnotes.

70. Fodor Árpád János. *Ady a modern individualizmus sodrában.* Budapest:
Pallas, 1928. 83p.

After characterizing the essential qualities of classical Hungarian literature
and of the spirit of the modern age—the former as cultivating men's spirit
toward society and the latter as creating individualism and a liberal
democracy in society—seeks to find that "seed" which makes his life and
poetry individualistic. Maintains that Ady fails to achieve harmony
between social principles and individualism. Bibliographical footnotes.
DLC DSI

71. Horváth Cyrill. *Ady Endre hite, erkölcse, magyarsága.* Budapest: Hírlap,
1928. 79p.

The nature of his religious beliefs, morality, and attitude toward Hungary
based on an examination of his poems. GyBH

72. Sík Sándor. "Ady Endre," *Gárdonyi, Ady, Prohászka. Lélek és forma a
századforduló irodalmában.* Budapest: Pallas, 1928; 404p. Pp. 131–291.

The internal and many-layered complexities of his views of the world and
his environment as leading him to the creation of a "new, monumental,
and tragic" form of the lyric at the turn of the century. Discussion of his
roots, "decadence," "tragical quality," the internal form of his lyrics, his
imagination, dual lyrical style, rhythms, etc. Bibliographical notes, pp. 289–
291. [See no. 75 for a reply] CoU MH NNC GeLBM GyBH

73. Vajthó László. "Én, Ady Endre," *Széphalom*, II (1928), 186–189,
266–277, 347–360, 439–444; III (1929), 27–38, 103–116. [Also a reprint]

A four-part study: his attitude toward women, his view of his country, his
concept of God, and his originality. DLC NN [OCl] AsWN [FiHI]
GyBH

74. *Arcok és harcok Ady körül.* Írták Földessy Gyula, Gaál Gábor, Csécsi
Imre, Balázs Béla, stb. Budapest: Lantos A., 1929?. 136p.

Ten separate studies by his friends and associates dealing with aspects of
his life and works, including a long article by Gyula Földessy on the
reception of Ady's works during his lifetime, his outlook on life, his
Hungarian quality and prophetic character, and the "difficulties" of
understanding his poetry. Among the others: Ady's mythology, his
German translators, Ady and Goethe, the Ady cult, Ady's various
"masks."

75. Földessy Gyula. *Ady-problémák.* Budapest: Századunk, 1929. 23p.

The author's reply to Sándor Sík's criticisms of Ady (see no. 72). Contrasts
the world outlooks of the two men; discusses the role of "decadence" in
Ady's poetry, and his mysticism. GyBH

76. Büky Katalin. *A fiatal Ady költői fejlődése.* Karcag: Turul, 1939. 54p.
An analysis of changes in his poetic style in the period from his leaving
the Zilahi Gymnasium to the years in Paris (1904–1906): his early style,
the destruction of form and the movement toward a new style, and the
beginnings of a new form and style. Bibliography, pp. 53–54.

77. Földessy Gyula. *Ady értékelése az Új versek megjelenésétől máig.
Kosztolányi és Babits szerepe az Ady-problémában.* Budapest: Kelet Népe,
1939. 62p.
The critical controversies raging around him from the publication of his
Új versek to the 1930's with considerable attention to the roles of Dezső
Kosztolányi and Mihály Babits. MnU NNC GeLBM

78. Hegedüs Lóránt. *Ady és Tisza.* Budapest: Nyugat, 1940. 120p.
An attempt to explore and explain the great differences in political
outlooks that existed between Ady and István Tisza. By one who knew
both men. Illustrations and facsimiles. DLC NN NNC GeLBM GeLU
GyBH

79. Földessy Gyula. *Az ismeretlen Ady.* Budapest: Debreceni Ady-Társaság,
1941. 45p.
The greatness of his poetic individuality as it emerged from the outlooks
and styles of the intellectual and cultural elements of his times. MnU
GeCU

80. Reminiczky Erzsébet. *Ady hatása líránkra.* Budapest: Grafika, 1941. 84p.
His influence on Hungarian lyrists. Characterizations of his poetry followed
by a discussion of his influence on writers, among them: Margit Kaffka,
Oszkár Gellért, Mihály Babits, Gyula Juhász, Dezső Kosztolányi, Árpád
Tóth, Lajos Kassák, Lőrinc Szabó, Gyula Illyés, and Attila József.
Bibliography, pp. 75–81.

81. Szetey András. *A másik Ady.* Budapest: Nógrádvármegyei Madách-
Társaság, 1941. 104p.
Purpose: to correct misconceptions of Ady and his poetry by not limiting
the evaluation to his early poems, on which these opinions are based, but
by tracing his "remarkable development" from his first verse to his last,
mainly through an examination of his ideas on moral questions and issues.
Bibliography, p. 104. NNC GeLBM

82. Halász Előd. *Nietzsche és Ady.* Budapest: Danubia, 1942. 223p.
Examines the thought of Nietzsche and Ady and finds numerous parallels.
Considerable exposition of their ideas through textual examination.
Bibliographical footnotes.

83. Földessy Gyula. *Ady, az ember és a költő.* Budapest: Exodus, 1943. 192p.
Fourteen previously published articles on Ady dealing with his life, friends
and relatives, motifs, and writings.

84. Révai József. *Ady*. Budapest: Szikra, 1952[3]. 129p. [1945[1], 1949[2]]
Views him as the democratic revolutionary and the critic of bourgeois democracy, examines the political and social symbolism in his poetry, and treats the aesthetic and political struggles that ranged around him prior to World War I. Also includes memorials on the 27th and 30th anniversaries of his death, which seek to point up his significance to Hungary. DLC InU MH NNC FiHI GeLBM GyBH GyGNSU

85. Szabó Richárd. *Ady Endre lírája*. Budapest: Ady Könyvkiadó, 1945. 213p.
A detailed study of his lyric poetry tracing the emergence of the "váteszi" words of his final development from his first "groping surmises" through his "visionary and rich personal experiences." Bibliographical notes, pp. 209–211. DLC MH MnU NNC GeLBM GyGNSU

86. Rónay György. " 'Még egyszer' (Jegyzetek a fiatal Ady költészetéről)," *Magyarok*, II (1946), 270–280.
Notes on various earlier poems and some of his prose placing their times of origin, discussing their motifs, and linking them with his life, thought, development, and later poems. DLC MnU NNC

87. Földessy Gyula. *Ady minden titkai*. Budapest: Athenaeum, 1949. 318p. [1962[2]]
A series of commentaries on his lyrics giving attention to their motifs and to the time, circumstances, and causes of their creation, and determining their character in relation to other writers, both Hungarian and foreign. DLC IC MH MiD MnU NN NNC GeCU GeLBM GeLU GyBDS GyGNSU

88. Lukács György. *Ady*. Budapest: Szikra, 1949. 31p.
The effect of the "age of imperialism" on his place in literature; his Hungarian, political, and revolutionary verses as the key to his lyrics. GeLBM GyGNSU

89. Bölöni György. *Ady az újságíró*. Budapest: Magvető, 1956. 68p.
An examination of his newspaper articles especially as a reflection of and a key to understanding the social and political injustices of his times and the conditions leading to the 1918 Revolution. Illustrations and facsimiles. MH NNC GeLBM GyBDS

90. Zolnai Béla. "Ady és Paul Verlaine álma," *Nyelv és stílus. Tanulmányok*. Budapest: Gondolat, 1957; 349p. Pp. 313–342.
A very detailed examination of his translation of Verlaine's "Mon rêve familier" comparing it with the original and determining the qualities he introduced into the translation which also make it one of "the most beautiful Hungarian poems," for "in it Ady presented himself as if he wanted to accelerate Verlaine's slow film." Bibliographical footnotes. DLC MH AsWN FiHU GyBDS GyBH GyGGaU GyGNSU

91. Hatvany Lajos. *Ady. Cikkek, emlékezések, levelek*. I–II. kötet. Budapest: Szépirodalmi Könyvkiadó, 1959.

A series of studies defending him against his detractors and concentrating on the exposition of his poems. Bibliographical footnotes. [No clear division of contents into volumes] DLC MH NN NNC AsWN GeCU GeLBM GeLU GyBDS GyGNSU

92. Komlós Aladár. "A fiatal Ady nyomában," *Irodalomtörténeti Közlemények*, LXIV (1960), 17–33.

Seeks to explain the difference in the quality of his poetry between 1898 and 1905 (between *Versek* and *Új versek*), finding that his genius is apparent in the early poems but that it did not truly fulfill itself until 1904–1905. Summary in Russian, pp. 32–33. DLC MnU NN NNC AsWU GeLBM GyBH

93. Csukás István. *Ady Endre a szlovák irodalomban*. Budapest: Akadémiai Kiadó, 1961. 147p.

Traces the development of Slovakian knowledge of his writings from 1910 to 1957 through translations of his poems and studies of his works. Finds 250 poems in translation, numerous studies, reviews, criticisms, and the development of an Ady "cult" after 1945. List of translations published to 1957, pp. 133–142. Summary in Russian, pp. 143–144. DLC MH NNC GeLBM GyBDS GyBH GyGNSU

94. Varga József. *Ady útja az "Új versek" felé*. Budapest: Magyar Tudományos Akadémia Irodalomtörténeti Intézete, 1963. 92p.

Examines his poetic development from 1899, to characterize the various forces that influenced his literary and philosophical viewpoints and poetic character prior to *Új versek*, with emphasis on the year 1905, when he first worked in Budapest on the *Budapesti Napló*. Centered on finding his Hungarian voice: the birth of the motif of the Hungarian land and Hungarian "messiah." Bibliographical footnotes. MH AsWN GeLBM GeLU GyBDS GyBH GyGNSU

95. Vatai László. *Az Isten szönyetege*. (*Ady lírája*) Washington, D.C.: Occidental, 1963. 390p.

The development of the "prophetic poet and his inner self" through an examination of his lyrics; an evaluation of the qualities of his lyrics. Some biographical data. DLC NNC AsWN GeLBM GeLU

96. Kovalovszky Miklós. *Egy Ady-vers világa. Új, tavaszi seregszemle*. Budapest: Akadémiai Kiadó, 1965. 72p.

An extensive analysis of his poetry showing the inner connections between his creative method and his poems. Employs the most mature of his poems to determine how he infuses their form with language and how the subject matter, the times, the situation, the opportunity, and the public affect the construction of the poems and his use of poetic instruments. AsWN GeLBM GyBH GyGNSU

97. Varga József. *Ady Endre. Pályakép-vázlat.* Budapest: Magvető, 1966. 633p.

Both a biographical and literary study based on research to date and on Varga's own investigations to show the view of Ady that has emerged through succeeding generations and evaluations. Extensive bibliographical footnotes. CLU DLC GeLBM GyBH GyGNSU

AMADE LÁSZLÓ

Born July 26, 1704 in Bős; died December 22, 1764 in Felbár. Poet. Descendant of landowning family. Published *Victor in proelio S. Ivo*, a disputatious religious speech, in 1722 at his father's expense. In 1725 completed studies in Graz begun in Jesuit schools in Győr and Nagyszombat, receiving doctorate in philosophy. Served at court of Bishop of Esztergom 1727–1729. Married Zsuzsanna Orczy in 1729; marriage very unhappy. Began military career in 1734 and spent 1734–1736 in Italy. In 1736, after death of first wife, made second unfortunate marriage, to Mária Paulina Weltzl. Became captain in 1742, general-adjutant in 1744. Wife left him in 1746, never returned, and died in 1754. Ended military career in 1750 and became adviser to court chamber at Pozsony; divided remaining time between estate and court. Appeared at parliamentary session in Pozsony at Maria Theresa's request in 1764 despite poor health. ¶Greater part of poems concerned with subject of love and written with artful solutions and rococo facility. Only his religious poems were published during his lifetime: *Buzgó szivnek énekes fohászkodásai* (1755). ¶Some of his poems have been translated into Italian and German.

FIRST EDITIONS: *Victor in proelio S. Ivo.* [Hitvitázó beszéd] Nagyszombat, 1722. [From Pintér, IV, 239] – *Buzgó szivnek énekes fohászkodásai.* [Vallásos versek] Bécs: Kurtzböck, 1755. 32p. [From catalogue of National Széchényi Library] – *Versei.* Pest, 1836. [From Pintér, IV, 240]

EDITION

See also nos. 99 and 101.

98. *Versei.* Összegyűjtötte, bevezette és jegyzetekkel kísérte Négyesy László. Budapest: Franklin-Társulat, 1892. 575p. [B]   MnU GeLBM GyBH

BIBLIOGRAPHY

See no. 100.

BIOGRAPHY

99. Vértessy Jenő. "Adalékok Amade László életéhez," *Irodalomtörténeti Közlemények*, XII (1902), 77–100, 216–232, 350–368, 502–535.

Provides a biographical discussion and some comment on the character of his poetry, and includes the texts of some of his poems and most interesting letters to be found in the archives of the Hungarian National Museum, some being published for the first time. DLC MH MnU NNC AsNW AsWU FiHI GeLBM [GeLU] GyBH

100. Gálos Rezső. *Báró Amade László*. Pécs: Dunántúl Pécsi Egyetem, 1937. 226p.

Very brief discussion of his poetry. Genealogical tables. Bibliographical notes, pp. 181–226. List of his published works, p. [227]. MH MnU NNC AsWU GeLBM

CRITICISM

101. Erdélyi Pál. "Várkonyi báró Amade László költészetéhez," *Egyetemes Philologiai Közlöny*, XXXI (1907), 81–93, 201–213.

The texts of 28 previously unpublished songs and a discussion of the sources in which they were found. IU MnU OClW OCU FiHU GyBH

102. (Koltay) Kastner Jenő. "Amade gáláns versei," *Egyetemes Philologiai Közlöny*, XLVI (1922), 55–58.

Finds similarities in structure between his amatory poetry and that of the second Silesian school of German poets, who derived their uses of the form from Italian poets. Poems cited as showing parallels. IU MnU OClW OCU FiHU GyBH

AMBRUS ZOLTÁN

Born February 22, 1861 in Debrecen; died February 28, 1932 in Budapest. Novelist, short-story writer, critic, translator. Father a railroad official. Family moved frequently, to Pest in 1871. Completed gymnasium studies in Debrecen and Budapest. Studied law in Budapest. Father's death made him sole support of family when 18. First tutored, then contributed criticisms and articles on theater to *Fővárosi Lapok*, *Pesti Napló*, and later, with help of Pál Gyulai, *Budapesti Szemle*; also employed by Hungarian Mortgage Bank, where László Arany (qq.v.) encouraged his pursuit of a literary career. In 1885 went to Paris, where he engaged in life of artists and studied French literature and related subjects at Collège de France and the Sorbonne. Especially interested in French theater. On return to Pest he became a major contributor to *A Hét*; published many short stories. Considered an intellectual leader by young writers. Became editor of *Új Magyar Szemle* in 1900, and contributed to *Nyugat*. Member of Kisfaludy-Társaság and Petőfi-Társaság. Named corresponding member of Academy in 1911. Lived solely on writing income 1897–1917. Co-edited Klasszikus Regénytár series with Géza Voinovich and wrote many introductions for this series. Dramaturge of National

Theater for some time, its director 1917–1922. Had trouble maintaining himself. After series of illnesses died in home where he had lived 40 years. ¶ Central figure among young writers of 1880's. Development of intellectual viewpoint much affected by experiences in Paris. Considered to be first real writer about big-city life in Hungarian literature. Novels and short stories deal with changes occurring in Hungarian society in decades after Compromise of 1867. *Midás király* (1906), his most important novel, strongly naturalistic but also has impressionistic strain; also a landmark in development of Hungarian fiction in its psychological analysis and Art Nouveau tendencies. Short stories often considered to be best. Influenced by Bergson's philosophy and Freud's concepts in *Ámor és a halálfej,* a collection of stories, and *Tóparti gyilkosság,* a novel. Satirical vein in *Kultúra füzértánccal,* a short-story cycle, and in some stories in *A kém és egyéb elbeszélések.* Translated mostly French literature, particularly Flaubert, Cherbuliez, Maupassant, Anatole France, and Balzac; also Grillparzer and Ibsen. Many writings still not published in book form. ¶ *Szeptember* has been translated into French, *Midás király* and *A gyanú* into French and Italian, and some of his short stories into French, German, Italian, Portuguese, Russian, Spanish, and Swedish.

FIRST EDITIONS: *Holdenis Meta.* Írta Victor Cherbuliez. [Fordítás] Budapest, 1888. [From Gulyás, I, 507] – *Miss Ravel.* Írta Victor Cherbuliez. [Fordítás] Budapest, 1890. [From Gulyás, I, 507] – *Három novella.* Budapest, 1893. [From Gulyás, I, 507] – *Ninive pusztulása és egyéb történetek.* [Elbeszélések] Budapest: Athenaeum, 1895. 171p. – *Szeptember.* Regény. Budapest: Athenaeum, 1897. 168p. – *Francia elbeszélők tára.* [Fordítások] I–III. füzet. Budapest, 1897–1900. [From Gulyás, I, 508] – *Az agglegények.* Vígjáték 5 felvonásban. Írta Victorien Sardou. [Fordítás] Budapest, 1898. [From Gulyás, I, 508] – *Az államtitkár.* Vígjáték 3 felvonásban. Írta Alexandre Bisson. [Fordítás] Budapest, 1898. [From Gulyás, I, 508] – *Hajótöröttek.* Nyolc elbeszélés. Budapest: Lampel Róbert, 1898. 63p. – *Medea.* Szomorújáték 5 felvonásban. Írta Franz Grillparzer. [Fordítás] Budapest, 1898. [From Gulyás, I, 508] – *Pókháló kisasszony.* Tíz elbeszélés. Budapest: Athenaeum, 1898. 166p. – *Régi dolgok.* Írta Anatole France. [Fordítás] Budapest, 1899?. [From Gulyás, I, 508] – *A gyanú és más elbeszélések.* Budapest: Singer és Wolfner, 1900. 163p. – *Árnyék alakok.* Hét elbeszélés. Budapest, 1901?. [From Gulyás, I, 508] – *Giroflé és Girofla.* Regény. I–II. kötet. Budapest: Singer és Wolfner, 1901. – *Berzsenyi báró és családja.* Tollrajzok a mai Budapestről. Budapest: Lampel Róbert, 1902. 79p. – *Kevélyek és lealázottak.* Elbeszélések. Budapest: Lampel Róbert, 1903. 80p. – *Bováryné.* Írta Gustave Flaubert. [Fordítás] Budapest, 1904. [From Gulyás, I, 509] – *Gyöngykisasszony és egyéb elbeszélések.* Írta Guy de Maupassant. [Fordítások] Budapest, 1905?. [From Gulyás, I, 509] – Continued under EDITIONS.

EDITIONS

103. *Munkái.* I–XVI. kötet. Budapest: Révai Testvérek, 1906–1913.

1–2. kötet: *Midás király.* [Regény] 1–2. kötet. 1906[1].

3. kötet: *Álomvilág.* [Elbeszélések] 1906[1]. 329p.

4. kötet: *Berzsenyi báró és családja.* [Tollrajzok a mai Budapestről] 1906[2].

5. kötet: *Solus eris.* [Regény] 1907[1]. 288p.

6. kötet: *A Berzsenyi leányok tizenkét vőlegénye.* [Tollrajzok a mai Budapestről] 1907[1]. 285p.

7. kötet: *Törpék és óriások.* [Elbeszélések] 1907[1]. 336p.

8. kötet: *Őszi napsugár.* (1st) *A gyanú.* (2d) [Elbeszélések] 1907. 313p.

9. kötet: *Giroflé és Girofla.* (2d) [Regény] *A türelmes Grizeldisz.* (1st) [Elbeszélés] 1908. 272p.

10. kötet: *Leányok, asszonyok.* [Elbeszélések] 1908[1]. 336p.

11. kötet: *Budapesti mesék.* [Elbeszélések] 1908[1]. 362p.

12. kötet: *Furcsa emberek.* [Elbeszélések] 1908[1]. 318p.

13. kötet: *A tegnap legendái.* [Tollrajzok] 1913[1]. 288p.

14. kötet: *Vezető elmék.* [Irodalmi karcolatok] 1913[1]. 384p.

15. kötet: *Nagyvárosi képek.* [Tollrajzok] 1913[1]. 295p.

16. kötet: *Régi és új világ.* [Elbeszélések] 1913[1]. 416p.

[NN] [NNC] [OCl] [GeLBM]

104. *Ámor és a halálfej.* Elbeszélések. Budapest: Lampel R., 1909[1]. 62p. GyBH

105. *Kegyelemkenyér és egyéb elbeszélések.* Budapest: Engel S. Zsigmond, 1909[1]. 64p.

106. *Ismerd meg magadat!* Írta Paul Hervieu. [Fordítás] Budapest, [1910][1]. [From Gulyás, I, 509]

107. *Jancsi és Juliska és egyéb elbeszélések.* Budapest: Lampel R., 1910[1]. 63p.

108. *Kultúra füzértánccal.* Elbeszélések. Budapest: Nyugat, 1910[1]. 193p. NNC OCl

109. *Téli sport és egyéb elbeszélések.* Budapest: Lampel R., 1910[1]. 61p. IC GeLU

110. *Az utolsó jelenet.* [Novellák] Budapest: Schenk Ferenc, 1910[1]. 64p.

111. *Ifjúság.* Elbeszélések. Budapest: Nyugat, 1911[1]. 74p.

112. *Lillias.* [Elbeszélések] Budapest: Lampel R., 1911[1]. 63p.

113. *Az ízlés fiziológiája.* Írta Brillat-Savarin. Fordította Ambrus Gizellával. Budapest, 1912[1]. [From Gulyás, I, 509]

114. *Mozi Bandi kalandjai.* [Ifjúsági elbeszélés] Budapest: Magyar Kereskedelmi Közlöny, 1913[1]. 185p.

115. *Színházi esték.* [Tanulmányok] Budapest: Élet, 1914[1]. 400p. NN OCl AsWN GyBH

116. *Régi és új színművek.* Színházi bírálatok. I–II. füzet. Budapest: Lampel R., 1914–1917[1]. [NN] GyBH

117. *A tóparti gyilkosság és egyéb elbeszélések.* Budapest: Athenaeum, 1915[1]. 206p. [1918] GeLU GyBH GyGNSU

118. *A kém és egyéb elbeszélések.* Budapest: Athenaeum, 1918[1]. 160p. CSt CSt–H IC MH GyBH

119. *A kritikáról.* Budapest: Genius, 1920[1]. 101p. NNC GyBH

120. *Költők és szerzők.* Irodalmi karcolatok. Budapest: Athenaeum, 1923[1]. 165p. GeLBM GyBH

121. *Elbeszélések.* Budapest: Magyar Bibliophil Társaság, 1926[1]. 83p.

122. *A Berzsenyi dinasztia.* [Tollrajzok a mai Budapestről; 1st but variation of *Berzsenyi család*] Budapest: Révai, 1928. 207p. IC NNC OCl

123. *Őszi napsugár.* [Regény] Budapest: Közművelődési r.t., 1929[1]. 138p. OCl

124. *Elbeszélések.* Írta Maupassant. Többekkel fordította és bevezetéssel ellátta. Budapest, [1930][1]. [From Gulyás, I, 510]

125. *Rosmersholm.* Színmű 4 felvonásban. Írta Ibsen Henrik. [Fordítás] Németből. Budapest, [1930][1]. [From Gulyás, I, 510]

126. *Válogatott elbeszélések.* Voinovich Géza válogatása. Budapest: Révai' 1944. 265p. [C] GyBH

127. *Berzsenyi báró és családja.* Tollrajzok a mai Budapestről. 1–2. sorozat. Budapest: Lampel R., 1947. [C] FiHI

128. *Régi és új színművek.* Színházi bírálatok. Budapest: Lampel R., 1947. 103p. [C]

129. *Kultúra füzértánccal.* Elbeszélések, karcolatok. Budapest: Szépirodalmi Könyvkiadó, 1951. 195p. [C] DLC MH NN NNC OCl GeLBM

130. *Giroflé és Girofla.* Regény és válogatott elbeszélések. Válogatta és sajtó alá rendezte Fallenbüchl Zoltán, a bevezetőt írta Gyergyai Albert. Budapest: Szépirodalmi Könyvkiadó, 1959. 738p. [C] CtY MH NN NNC AsWN GeCU GeLBM GyBH GyGNSU

131. *A tóparti gyilkosság.* Kisregények és válogatott elbeszélések. Sajtó alá rendezte Fallenbüchl Zoltán. Budapest: Szépirodalmi Kiadó, 1961. 387p. [C] DLC IC NN NNC AsWN GeLBM GyBH GyBDS

132. *Levelezése.* Sajtó alá rendezte és a jegyzeteket írta Fallenbüchl Zoltán, az előszót írta Diószegi András. Budapest: Akadémiai Kiadó, 1963[1]. 527p. [B] CU MH MnU NN NNC AsWN FiHI GyBDS GyBH GyGNSU

BIBLIOGRAPHY

See nos. 135, 139, and 141.

BIOGRAPHY

133. Basch Lóránt. "Ambrus és a Baumgarten-alapítvány. Halála 25. évfordulójára," *Irodalomtörténet*, XLV (1957), 203–206.

His viewpoints and judgments in decisions about the literary prize of the Baumgarten Foundation as chairman of the selection committee, especially his independence and his use of literary criteria in the deliberations. CU DLC MH MnU NN NNC AsWU GeLBM GeLU GyBDS GyBH

134. Fallenbüchlné Ambrus Gizella. "Ambrus Zoltánról," *Irodalomtörténet*, XLIX (1961), 143–154. [Also a reprint]

His life and literary activity, his dramatic criticism, his work with journals, and his problems as director of the National Theater. By his daughter. CU DLC MH MnU NN NNC AsWU GeLBM GeLU GyBDS GyBH

CRITICISM

See also nos. 1428, 2553, and 4624.

135. Szinnyei Ferenc. "Ambrus Zoltán," *Irodalomtörténet*, VII (1918), 6–30, 105–127.

A brief summary of his life and literary activities followed by a four-part discussion of his writings: his novels and short stories; his art as a narrator; his sketches, drama criticism, and literary studies; and his world outlook. Bibliography of his writings and studies about him, pp. 7–10. DLC MnU NNC AsWN AsWU GeLBM GyBH GyGNSU

136. Gyergyai Albert. "Ambrus Zoltán," *Nyugat*, XXIV (March 1, 1931), 339–341.

Seeks to explain the bases of his value to three generations of the Ambrus cult. MnU NN NNC [FiHI] FiHU GeLBM [GeLU] GyBH

137. Kárpáti Aurél. "Ambrus Zoltán," *Tegnaptól máig. Válogatott irodalmi tanulmányok*. Budapest: Szépirodalmi Könyvkiadó, 1961; 427p. Pp. 153–163. [Appeared in *Pesti Napló*, no. 149 (March, 1932), 1–2]

His literary career, the qualities of his writings, and his place in the literature of his times. DLC NN AsWN GyBDS GyBH GyGNSU

138. Schöpflin Aladár. "Ambrus Zoltán," *Nyugat*, XXV (March 16, 1932), 297–299.

An explanation of why he never became widely known and popular with the reading public. MnU NN NNC FiHU GeLBM [GeLU] GyBH

139. Dávidné Angyal Paula. *Ambrus Zoltán*. Budapest: Kertész József, 1934. 46p.

A brief biographical discussion followed by an examination of his writings. Chapters on *Midás király* and on Ambrus as novelist, short-story writer, and critic. Bibliography, pp. 43–46.

140. Csiszár Béla. "Ambrus Zoltán," *Budapesti Szemle*, CCXXXVII, nos. 689, 690, 691 (1935), 80–97, 201–217, 343–356. [Also a reprint]

The characteristics of the works; the career of the author who "expressed the highest artistic level of the turn of the century"; and his place in Hungarian literature. Presented within the framework of the literary, social, and economic forces of his times that affected his career and literary activity. Bibliographical footnotes. CtY DLC AsWN FiHI GeLBM GyBH

141. Faludi István. *Ambrus Zoltán elbeszélő művészete.* Szeged: Athenaeum, 1941. 118p.
After a brief discussion of his life and of his career and characteristics as a writer, his novels (3) and short stories (11) are examined as to the development of unity between their form and substance. Uses materials from his critical and aesthetic writings. Closes with comment on his place in Hungarian literature. Bibliography of both his works and studies about him, pp. 103–113.

142. Dénes Tibor. "Ambrus Zoltán," *Ködlovagok. Írói arcképek.* Szerkesztette Thurzó Gábor, Márai Sándor előszavával. Budapest: Szent István-Társulat, 1942; 347p. Pp. 9–33. [1st publication]
The failure of his desire to give leadership to a needed literary current through his works; the development of the novelist from the critic; and, mainly, his introduction of a new literary form, the *roman à thèse*, into Hungarian literature, and his inability to create classic and further enjoyable works of this type. Some attention to characterizations of his other works.

143. Voinovich Géza. "Ambrus Zoltán," *Budapesti Szemle*, CCLXIV, no. 786 (May, 1943), 257–270.
Details of his literary career and characterizations of the subject matter and form of his writings, with special attention to his short stories as his most distinctive form of expression. DLC NNC FiHI GyBH

144. Fallenbüchlné Ambrus Gizella. "Ambrus Zoltán, a színikritikus," *Irodalomtörténet*, XLVI (1958), 31–35.
The subject matter and critical viewpoints of his drama reviews. CU DLC MH NN NNC AsWU GeLBM GeLU GyBDS GyBH

145. Gyergyai Albert. "Előszó," *Ambrus Zoltán: Giroflé és Girofla.* Regény és válogatott elbeszélések. Válogatta és sajtó alá rendezte Dr. Fallenbüchl Zoltán. Budapest: Szépirodalmi Könyvkiadó, 1959; 738p. Pp. 5–55. [Major part also published in *Kortárs*, III (1959), 575–591]
His youthful years and his journalistic efforts and the environment in which they took place; an examination and evaluation of his writings. CtY MH NN NNC AsWN GeCU GeLBM GyBH GyGNSU

146. Diószegi András. "Ambrus Zoltán," *Ambrus Zoltán levelezése.* Sajtó alá rendezte Fallenbüchl Zoltán. Budapest: Akadémiai Kiadó, 1963; 527p. Pp. 5–24.
A survey of his literary career, the characteristics of his novels and short

stories, his journalistic activities, and his relations with his times. Attention to his short stories as realism and to their superiority over his novels. CU MH MnU NN NNC AsWN FiHI GyBDS GyBH GyGNSU

ÁNYOS PÁL

Born December 28, 1756 in Esztergár; died September 5, 1784 in Veszprém. Poet. Descendant of ancient aristocratic family in Trans-Danubian region. Completed studies in Komárom, Győr, Veszprém, and later Pápa, where he attended a well-known Pauline school. Joined Pauline Order in 1772. Received doctorate in philosophy in 1776. Was already writing poetry. Continued university studies at Nagyszombat, where he was much influenced by István Katona, András Dugonics (q.v.), and Ábrahám Barcsay, whose regiment was stationed there. Also became acquainted with Benedek Virág and writings of István Gyöngyösi and György Bessenyei (qq.v.); developed lasting interest in Tacitus, Cicero, Ovid, and Gyöngyösi. Completed studies in Buda, whither University of Nagyszombat moved in 1777. Ordained in 1780, and lived in Pauline monastery in Felsőelefánt. Taught in Pauline gymnasium in Székesfehérvár in 1782, where he was closely associated with Virág for almost two years. Troubled by strictness of his Order and isolation from social and literary life. He spent his last months seriously ill in Veszprém, where he died. He was highly esteemed by Virág, Bessenyei, and Lőrinc Orczy (q.v.), who included him in their literary and literary-political plans, including the intended establishment of Hazafiúi Magyar Társaság.   ¶ First important figure in development of Hungarian sentimental poetry. Wrote love lyrics, political satire, and, mainly, verse letters; notable for powerful lyrical expression of his emotions. Left 40 poems, about 50 poetic letters, and some prose. Dominant theme in sentimental poems: the meaninglessness and transitoriness of life.   ¶ Some of his works are available in 19th-century English and German anthologies.

FIRST EDITIONS: *Igaz haza-fi, azaz . . . gróf Károly Antal úrnak . . . jeles példával megmutatott hazája szerelme.* [Vers] Pest: n.p., 1778. [12]p. – *Az orvosi oktatások szerzőjéhez.* [Rácz Sámuelhez] Pest, 1778. [From Ványi, p. 55] – *Kártigám nevezetes írójához.* [Dobokai Sárközi István álnév alatt] Sine loco, n.d. [From Ványi, p. 55] – *A szép tudományoknak áldozott versek a budai királyi universitásnak felszentelése alkalmatosságával.* Buda, 1780. [From Szinnyei, I, 198] – *Nagy mélt. gróf Eszterházy Pálnak püspökségre lett emeltetését ünneplő versek.* Pest, 1781. [From Ványi, pp. 55–56] – *Énekek könyve szükséges litaniákkal és imádságokkal.* Pest: Füskúti Landerer Mihály, 1785. 320p. [An anthology containing some of his poems and others by Benedek Virág, Ferenc Verseghy, and Imre Kreskay] – *Munkáji.* Sajtó alá rendezte Batsányi János. Életrajzzal és arcképpel. Bécs: Özvegy Alberti Ignátzné, 1798. 260p. – *Ányos Pálnak a Budapesti Királyi Magyar Tudomány-*

egyetem 1780-ban történt újjáalakíttásának ünnepélyes beiktatása alkalmából megjelent költeménye. Budapest: Magyar Királyi Egyetem Könyvnyomdája, 1880. 2p. [C] – *Elmélkedései melyeket a székesfehérvári királyi oskolákbeli ifjúsággal . . . tartott 1783-ban.* Sajtó alá rendezte s előszóval és függelékkel ellátva közrebocsátotta Csaplár Benedek. Budapest: Szent-István-Műintézet, 1889. 48p. [B]

EDITIONS

See also no. 149.

147. *Költeményei.* Jegyzetekkel és életrajzi essayvel ellátott bővített új kiadás. Kiadja Abafi Lajos. Budapest: Aigner, 1875. 119p. [B]

148. *Versei.* Bevezetéssel és jegyzetekkel kísérve kiadta Császár Elemér. [Bibliographical notes, pp. 227–317] Budapest: Franklin-Társulat, 1907. 303p. [B]   NNC AsWN FiHI GeLBM

BIBLIOGRAPHY

See no. 148.

BIOGRAPHY

149. Koltai Virgil. *Ányos Pál élete és költészete. Bölcsészettudori értekezés.* Budapest: Idősb Poldini Ede és Társa, 1882. 61p.

Both a biography and a study of his poetry leading to a view of his character and personality. Attention to his relations with writers of his times. Appendixes: (1) Nine previously unpublished poems and (2) Letter to him from General Orczy. MnU GyBH

150. Császár Elemér. *Ányos Pál. (1756–1784)* Budapest: Magyar Történelmi Társulat, 1912. 255p.

A biography detailing his development as a writer, the nature of his poems, and his relations with literary figures of his time, in an effort to throw light on the course of his life and to understand his inner life and poetry on the basis of already uncovered materials and the analysis of his poetry. Bibliographical footnotes. Illustrations and facsimiles. MH NN AsWN GeCU GeLBM GeLU GyBH GyGGaU GyGNSU

CRITICISM

151. Gellért Jenő. *Ányos Pál.* Budapest: Lampel Róbert, 1895. 85p.

After a brief sketch of his life, examines his writings by genre as to their subject matter and form, their distinctive character, and their revelation of his feelings and thoughts. Bibliographical footnotes. GyBH

152. Horváth Dezső. *Ányos Pál. (1756–1784) Doktori értekezés.* Budapest: Molnárok Lapja, 1906. 53p.

The development of his poetry in relation to the influences of the age, other writers, and the events of his life. Bibliographical footnotes.

153. Kelemen Béla. *Ányos Pál. Irodalomtörténeti tanulmány.* Székesfehérvár: Számmer Imre, 1906. 48p.

In two parts: (1) a life sketch and (2) a study of the nature and motifs of his poetry.

154. Bóka László. "Ányos Pál emlékezete," *Magyar Tudományos Akadémia Nyelv- és Irodalomtudományi Osztályának Közleményei*, XI (1957), 73–94.

His sensitivity, or sentimentality, as a poet (responsiveness to both sorrow and joy, intelligent use of his perception, etc.); the development of his creative career. DLC MnU NNC GyBDS GyBH GyGNSU

155. Kovács Győző. "Az érzékenység poétája (Ányos Pál, az első magyar szentimentális költő)," *Irodalomtörténeti Közlemények*, LXII (1958), 37–43.

A characterization of his literary works and development as Hungary's first writer of sentimental poetry. Summary in German, p. 43. DLC MnU NN NNC AsWU GeLBM GyBH

APÁCAI CSERE JÁNOS

Born 1625 in Apáca; died December 31, 1659 in Kolozsvár. Pedagogical writer, philosopher. Name has various forms: Apáczai, Apácai, Csere, Cseri, Cserei. Parents were serfs. Completed studies at Reformed Church schools in Kolozsvár and Gyulafehérvár and then went to Holland on fellowship (1648–1653), where in addition to other subjects he studied oriental languages. Attended University of Utrecht and then University of Harderwijk, where he received doctorate in philosophy and theology in 1651. In Holland also became acquainted with ideas of Descartes, which were to affect all his writings. Traveled in England, France, and Belgium. Married in 1651. Summoned home by Bishop György Csipkés in 1652 but did not arrive in Gyulafehérvár with wife and child until August 1653 because his major work, *Magyar encyclopaedia* (1655), was in press. Began to teach in Gyulafehérvár November 2: poetry, Hebrew and Greek languages, and Latin classics. In 1654 published *Tanács*, a pedagogical work. Controversy with Izsák Basire in 1655 created much difficulty for him. In 1656 assigned to Kolozsvár to teach theology, philosophy, mathematics, and law. On November 20, 1656, presented famous Kolozsvár inaugural address: *De summa scholarum necessitate.* Already lacked strength to undertake preparation of any substantial scholarly or creative work, but in 1658 worked out plan for establishment of university in Transylvania and presented views of state of Protestant schools to György Rákóczi, new Prince of Transylvania. His "Philosophia naturalis" remained in manuscript because of his death and has not been published to date. ¶ Significance of his learning lies in directing attention to necessity of disseminating knowledge about the human environment in order to improve Hungary. His place in Hungarian literary history was established by his efforts to formulate progressive pedagogical and philosophical ideals in the Hungarian language.

FIRST EDITIONS: *Disputatio theologica de introductione ad philologiam sacram.* Utrecht, 1650. [From Pintér, III, 174] – *Disputatio theologica inauguralis de primi hominis apostasia.* Harderwijk, 1651. [From Pintér, III, 175] – *Magyar encyclopaedia.* Azaz minden igaz és hasznos bölcseségnek szép rendbe foglalása és magyar nyelven világra bocsátása Apáczai Csere János által. Utrecht, 1653 [1655]. [From Pintér, III, 175] – *Oratio de studio sapientiae.* Gyula-Fehérvár, 1653. [From Szinnyei, I, 201] – *Magyar logikácska, melyet kicsindedek számára írt Apáczai János, egy a tudomány dolgában megkivántatott tanáccsal egyetemben.* Gyulafehérvár: Fejérvár Major Marton, 1654. 32p. [Based on a photostatic copy in National Széchényi Library] – *Disputatio de politica ecclesiastica.* Kolozsvár, 1658. [From Pintér, III, 175] – *Disputatio philosophica de mente humana.* Nagyvárad, 1658. [From Pintér, III, 175] – *Catechesis secundum dogmata Calvini.* Amstelodami, n.d. [From Szinnyei, I, 201] – *A magyar nemzetben immár el végtére egy académia felállításának módja és formája.* Pest, 1872. [From Szinnyei, I, 201] – See also no. 159.

EDITIONS

156. *Magyar encyclopaedia, az az: Tudománytárkönyv, avagy minden igaz és hasznos böltseségnek szép rendbe foglalása.* Győr: Streibig József, 1803. 520p. [C]

157. *Bölcsészeti dolgozatai.* Kiadja Horváth Cyrill. Pest: Eggenberger Ferdinánd, 1867. 160p. [C] MnU GeLBM

158. *Apáczai Cséri János Barcsai Ákos Fejedelemhez benyújtott terve a magyar hazában felállítandó első tudományos egyetem ügyében.* Közli Szabó Károly. Pest: Eggenberger, 1872. 18p. [B] AsWU GeLBM

159. *Oratio de summa scholarum necessitate earumque inter Hungaros barbariei causis.* Cum praefatione Ludovici Felméri. Claudiopoli: Typis Alberti Kovács, 1894[1]. 27p. [B]

160. *Pedagógiai munkái.* Fordította és kiadta Hegedüs István. Budapest: Franklin-Társulat, 1899. 161p. [C]

161. *Szemelvények Apáczai Csere János paedagógiai műveiből.* Összegyűjtötte és bevezette Neményi Imre. Budapest: Singer és Wolfner, 1900. 92p. [C]

162. *Válogatott pedagógiai művei.* Összeállította, bevezette, jegyzetezte, a latin szövegeket fordította Orosz Lajos. Budapest: Tankönyvkiadó, 1956. 217p. [C] DLC MnU GeOB

163. *Magyar enciklopédia.* Sajtó alá rendezte Bán Imre, a jegyzeteket összeállította Gyenis Vilmos. Budapest: Szépirodalmi Könyvkiadó, 1959. 441p. [B] DLC MH MnU NN NNC GeLBM GeOB GyBDS GyBH GyGNSU

164. *Művei.* Kiadja Lázár György, Molnár József és Orosz Lajos. Eddig I–II. kötet. Budapest: Akadémiai Kiadó, 1959+. [A]

   1. kötet: *Magyar enciklopédia. I. Logika.* 1959. 159p.

   2. kötet: *Magyar enciklopédia. II. Matematika.* 1961. 198p.

   [CoU] DLC [MH] MnU NNC GeOB GyBDS GyBH [GyGNSU]

BIBLIOGRAPHY

See also nos. 166 and 169.

165. Gyalui Farkas. *Apáczai Cseri János életrajzához és műveinek bibliográfiájához. Tanulmány.* Kolozsvár: Ajtai K. Albert, 1892. 43p.

A study of sources dealing with his life and works which are not known in literary history or bibliography. Citations of sources used in text provided in footnotes.

BIOGRAPHY

166. Kremmer Dezső. *Apáczai Cseri János élete és munkássága.* Budapest: Politzer Zsigmond és Fia, 1911. 203p.

Gives attention to his learned works, and relates him to the currents of his times. Closes with comment on him as a man and a pedagogue. Bibliography, pp. 201–203. MnU

167. Neményi Imre. *Apáczai Csere János. Születésének háromszázadik évfordulójára.* Budapest: Lampel Róbert, 1925. 179p.

Considerable attention to his writings, especially their subject matter. Bibliographical footnotes. NNC

CRITICISM

168. Neményi Imre. *Apáczai Csere János mint paedagógus. Neveléstörténeti tanulmány.* Budapest: Lampel Róbert, 1893. 71p.

A discussion of his concepts of teaching and education as revealed in his writings. Shows him to be a champion of national culture, the first to advocate the use of the Hungarian language in teaching, the "apostle and martyr" in the reform of Hungarian education, and a model for all teachers. NNC

169. Király István. *Apácai Cseri János művelődéstörténeti jelentősége. Bölcsészetdoktori értekezés.* Maros-Vásárhely: Révész Béla, 1911. 71p.

A study of his attitudes toward learning and knowledge and of his importance to the advancement of Hungarian culture. Bibliography, pp. 69–71. GyBH

170. Tavaszy Sándor. *Apáczai Cseri János személyisége és világnézete.* Cluj-Kolozsvár: Minerva, 1925. 56p.

An examination of the events of his life and his writings to determine the characteristics of his personality and the nature of his world outlook.

Attention to his connection with the thought of Descartes and Sir Francis Bacon. Bibliographical footnotes.

171. Bán Imre. *Apáczai Csere János.* Budapest: Akadémiai Kiadó, 1958. 606p.

His lifework from the viewpoint of the literary historian and philologist. Concerned with the learned sources of his works, the relations of his works with the intellectual movements of his day, the characteristics of his style, and his contributions toward the creation of the Hungarian language. Bibliographical footnotes. Summary in French, pp. 563–585. DLC MH MnU NNC FiHU GeCU GeLBM GyBDS GyBH GyGNSU

APOR PÉTER

Born 1676; died 1752. Historian, poet. Descendant of ancient aristocratic family. Related to Mihály Cserei, historian. Beginning in 1686 studied at Jesuit schools in Kolozsvár and Nagyszombat. In 1695 received doctorate in philosophy and in 1696 doctorate in jurisprudence from University of Nagyszombat. Returned to Transylvania and engaged in public activity. During Ferenc Rákóczi II's War of Independence fled to Brassó on January 4, 1704, and then to Walachia. Returned to Transylvania by July 1705 and shortly joined Kuruc Movement. Captured in 1706 and imprisoned in Brassó. Released in July 1707 but did not gain complete freedom till November 10. Faithful service and strong Catholicism gained him high positions: lord lieutenant of Küküllőmegye in 1699 and captain-general of Háromszék in 1708. Became baron in 1713. Led opposition to Tartar invasion of 1717 in Székelyföld. Driven from home in Altorja by plague in 1718 and 1719. Lived in Galacz in 1722. Declined post as adviser to governor-general in 1744. Became blind in 1747. ¶Mainly of historical interest in development of Hungarian literature and culture. His *Lusus mundi* is concerned with the history of his family and others related to it; *Synopsis mutationum notabiliorum* records contemporary events in Transylvania. Both of these works were first published in Gábor Kazinczy's 1863 edition. In 1736 completed his major work, *Metamorphosis Transylvaniae*, in which he intended to preserve ancient Hungarian values and social life of Transylvania. He believed his poetry to be better than his *Metamorphosis*, but his real importance lay in his historical writings. His Latin and Hungarian works in verse and prose were not published during his lifetime.

EDITIONS

172. *Munkái.* Közli Kazinczy Gábor. Pest: Magyar Tudományos Akadémia, 1863[1]. 484p. [B] MB MH MnU NN NNC AsWU GeCU GeLBM GeOB GyBH GyGNSU

173. *Szemelvények Apor Péter Metamorphosisából.* (*Metamorphosis Transylvaniae*) Budapest: Lampel Róbert, 1890. 76p. [C]

174. *Verses művei és levelei.* (1676–1752) Szerkesztette Szádeczky Lajos. I–II. kötet. Budapest: Magyar Tudományos Akadémia, 1903. [B]
1. kötet: Versei fogságáról 1706-ban. *Metamorphosis Transylvaniae.* Versei a nemes famíliákról. Cserey Mihály névsora kortársairól. Versei kora történetéről, 1712–1743. Az Apor családra és rokonaira vonatkozó levelek. 591p.
2. kötet. Levelezése, 1687–1752. Keletnélküli levelek. Gyermekeire vonatkozó levelek. Függelék: Gyalakutai Lázár György naplója a Rákóczi forradalom idejéből; Háromszék lakósi hűségesküje II. Károlynak s a lófők és puskások névsora 1713–ból. Tervezet Erdély közállapota reformálásáról. 754p.

MH [NN] NNC AsWN AsWU [GeCU] GeLBM

175. *Lusus mundi.* Az Apor és azzal vérrokon családok története és nemzedékrendje. Fordította Szász Ferenc. Kolozsvár: Stief Jenő és Társa, 1912. 64p. [C]

176. *Metamorphosis Transylvaniae.* (*Erdély változása*) Cserei Mihály pótló megjegyzéseivel, a szöveget gondozta és jegyzetekkel ellátta Wildner Ödön, sajtó alá rendezte Sugár Jenő. Budapest: Rózsavölgyi és Társa, 1927. 104p. [C] NNC GeCU GeLU GeOB

177. *Metamorphosis Transylvaniae, azaz Erdélynek régi együgyű alázatos idejében való gazdagságából e mostani kevély, cifra, felfordult állapotjában koldusságra való változása.* Gyoma: Kner Izidor, 1941. 10p. [C]

BIOGRAPHY AND CRITICISM

178. Balló István. *Altorjai báró Apor Péter élete és működése.* (*1676–1752*) Csik-Szereda: Györgyjakab Márton, 1897. 112p.
Both a biography and a study of the characteristics and development of his writings, closing with a discussion of their qualities. Chapters on: *Lusus mundi, Synopsis*, and *Metamorphosis Transylvaniae.* Bibliographical footnotes. GeLBM GyBH

ÁPRILY LAJOS

Born November 14, 1887 in Brassó; died August 7? 1967 in Budapest. Poet, translator. Original name: Lajos Jékely. Zoltán Jékely (q.v.) is his son. Completed schooling at Reformed Gymnasium in Székelyudvarhely and his studies with philosophy faculty at University of Kolozsvár. Taught in gymnasium in Nagyenyed 1909–1926, Kolozsvár 1926–1929, and in Reformed gymnasium in Budapest 1929–1934. Director of Baár-Madas School in Budapest 1934–1943. Edited *Protestáns Szemle* at various times. Awarded

Attila József Prize for translation of Pushkin's *Onyegin* in 1954. ¶ Poems set him apart from experimentations of 20th-century poets. Follows poetic traditions of Csokonai and Berzsenyi (qq.v.) but with diction of contemporary world. Beauties of nature, especially those of Transylvania, very strong in poems. Humanistic in outlook. Translations important, especially Ibsen's *Peer Gynt* and Pushkin's *Onyegin*. Also translated Tudor Arghezi, Gheorghe Coşbuc, Lermontov, Turgenev, Gogol, and Nekrasov. ¶ Some of his poems have been translated into English, French, German, Polish, Rumanian, and Slovakian.

EDITIONS

See also no. 836 for editorial work. Material in edition: no. 3440.

179. *Falusi elégia*. Versek. Cluj-Kolozsvár: Minerva, 1921[1]. 91p.

180. *Esti párbeszéd*. Versek. Dicsőszentmárton: A Szerző, 1923[1]. 78p.

181. *Versek*. Budapest: Athenaeum, 1924[1]. 90p. FiHI

182. *Rasmussen hajóján*. [Versek] Berlin: Ludwig Voggenreiter, 1926[1]. 62p.

183. *Vers vagy te is*. Antologia és új versek. [Műfordítások; *Áprily Lajos költészete*, by Aladár Kuncz] Cluj-Kolozsvár: Erdélyi Szépmíves Céh, 1926[1]. 156p. OCl

184. *Idahegyi pásztorok*. Dráma egy felvonásban. Kolozsvár: Erdélyi Szépmíves Céh, 1929[1]. 81p.

185. *Az aranymosó balladája*. [Versek: *Falusi elégia*, *Esti párbeszéd*, *Rasmussen hajóján*, *Rönk a Tiszán* (1st), and *Idahegyi pásztorok*] Kecskemét: Első Kecskeméti Hírlapkiadó, 1934. 298p.

186. *Úti jegyzetek*. Egy pedagógiai vándorlás megfigyelései. [Tanulmány] Budapest: Sylvester, 1936[1]. 30p.

187. *A láthatatlan írás*. Versek. Kolozsvár: Erdélyi Szépmíves Céh, 1939[1]. 91p. NNC GeLU

188. *Ábel füstje*. Válogatott versek. Drámák. [About one-third new, including *Oedipus Korinthosban*, one-act play] Budapest: Szépirodalmi Könyvkiadó, 1957. 396p. [1965[2]] DLC MH NNC OCl GyBDS GyGNSU

189. *Az aranyszarvas*. Válogatott versfordítások. Budapest: Európa, 1964. 447p. MH MnU GeLBM GyGNSU

190. *Fecskék, őzek, farkasok*. Elbeszélések. Budapest: Móra, 1965[1]. 159p. DLC MnU GeLBM GyBDS GyGNSU

191. *Jelentés a völgyből*. [Versek] Budapest: Magvető, 1965[1]. 239p. CLU NNC GeLBM GyBDS GyBH GyGNSU

192. *Fegyvertelen vadász*. [Válogatás gyermekek számára korábbi verseiből] Budapest: Móra, 1966. 38p. MnU GeLBM

CRITICISM

See also no. 3102.

193. Alszeghy Zsolt. "Áprily Lajos," *Élet*, XV (1924), 301–303.
A study of his poetry finding his major roots to be recollections and the natural beauty of Transylvania. MnU GyBH

194. Kiss Ernő. "Áprily Lajos," *Pásztortűz*, XII (1926), 170–172.
Examines him as a member of the "decadent school" of poetry, maintaining that his insistence on belief prevents him from becoming entirely a member of that school; surveys the spirit of his writings, finding an "artistic aristocratism" probably originating in Gerhart Hauptmann. GyBH

195. Németh László. "Áprily Lajos," *Protestáns Szemle*, XXVI (1927), 504–507.
A study of his poetry finding it easier to read than that of Endre Ady, expressing a melancholy attitude toward life, representing a new intimacy between man and nature in Hungarian literature, and moving from the "elegiac face" to the "tragic grimace" that gives true expression to his poems. CtY NjP NNC NNUT GeLBM GeLU GyBH

196. Péterffy László. "Áprily mint formaművész," *Debreceni Szemle*, I (1927), 396–399.
A study of his use of imagery, sounds, and meters leading to praise of his artistry. MnU GyBH

197. Szondy György. "Áprily Lajos," *Debreceni Szemle*, I (1927), 377–395.
The nature of his life, his ideas, and his feelings and attitudes toward life as shown by his poems. Attention to his use of nature and to his style. Bibliographical footnotes. MnU GyBH

198. Gáldi (Gőbl) László. "Áprily és a parnasszisták," *Vasárnap*, XVII (1934), 181–183.
A dissent from Gábor Tolnai's view of Áprily as a "Transylvanian flowering of the Parnassians" (in *Napkelet*, April 1934). Maintains that his roots lie in German literature, that his forms, intonation, and poetic program link him with Stephan George, that his lyric poems are connected with the impressionism of Hugo von Hoffmanstahl, and that the classicism of Babits, the impressionism of Kosztolányi, and the "guarded polishing" of János Arany affected his poetry.

199. Németh László. "Áprily Lajos," *Készülődés. A Tanú előtt.* I–II. kötet.
Budapest: Magyar Élet, 1942. I, 99–104.
Maintains that after the revolution in poetry begun by Endre Ady, Áprily chose not to become a pioneer in the use of new verse forms, that he has a melancholy feeling for life, that this melancholy is rooted in German sentimentalism and is comparable to that of Gyula Juhász, and that his

descriptions of nature express the new intimacy between man and nature.
InU NNC FiHI GyBH GyGNSU

ARANY JÁNOS

Born March 2, 1817 in Nagyszalonta; died October 22, 1882 in Budapest.
Poet, critic, literary historian, translator. Child of Protestant parents. Father
of László Arany (q.v.). Completed early schooling in Nagyszalonta. Entered
Debreceni Református Kollégium in November 1833 but forced to leave for
lack of funds. Became assistant teacher in Kisújszállás in fall 1834. Returned
to Kollégium in Debrecen in 1835 but left in fall 1836 and became actor in
traveling company. Soon returned to Nagyszalonta, where he again became
assistant teacher. Appointed assistant notary in 1839, later deputy clerk.
Married Juliánna Ercsey in 1840. Resumed friendship with István Szilágyi,
who had been fellow student in Debrecen and had become rector of Latin
School in Nagyszalonta in 1842. In Vienna on official business for four days
in 1843. Received Kisfaludy-Társaság Prize in 1846 for *Az elveszett alkot-
mány*, a narrative poem; awarded prize again the following year for *Toldi*
which placed him at center of literary interest. Began friendship with Sándor
Petőfi (q.v.) in 1847. In 1849 he became junior clerk in Interior Ministry of
Kossuth government and went to Debrecen. Returned to Nagyszalonta at
beginning of July but was forced to hide on August 8 when the city was
occupied by Cossacks. Became tutor in Domokos Tisza family in 1850 and
teacher in Reformed gymnasium in Nagykőrös in October 1851. Mihály
Tompa (q.v.) visited him in February 1852, and Arany made first of several
visits to Tompa in 1855. Awarded Academy Prize for 2 vol. edition of shorter
poems in 1856. Member of Academy in 1858, its secretary in 1866, and its
general secretary 1871–1877. In 1860 elected director of Kisfaludy-Társaság;
moved to Budapest. Began and edited *Szépirodalmi Figyelő* 1860–1862;
began and edited *Koszorú* 1863–1865. Sought to improve health at baths in
Karlsbad in 1869 and 1876. Awarded Academy Prize for 6 vol. edition of
complete works in 1873. In 1875 declined university professorship because
of poor health. Summered on Margitsziget in 1877. Awarded Academy Prize
for *Toldi szerelme* in 1880. Died week after participating in unveiling of
Petőfi statue. ¶ Hungary's greatest narrative poet and, along with Petőfi,
creator of realistic poetry grounded in folk traditions. Applied wide know-
ledge of European culture to writings. All writings show power of intelligence
and skill in composition and use of language. Especially rich poetic diction.
Wrote many kinds of lyric poems, but his epic poetry is better, especially
his ballads, which surpass any written in Hungarian literature and some-
times had symbolic significance (e.g., "A walesi bárdok"). His epic poetry
presents the legendary and historical past as a place of everyday happenings
like those occurring in his own times, and seeks to define the Hungarian
spirit so that the nation can confront the trials of the contemporary period.

Told trilógia often considered to be fullest flowering of his genius and best narrative poem in Hungarian literature. Criticism and studies in Hungarian literature, in best traditions of scholarship, remain useful. Translations of Shakespeare's *Midsummer Night's Dream* (1864), *Hamlet* (1867), and *King John* (1867) and of Aristophanes' comedies (1880) are landmarks in history of translations in Hungary. ¶Editions of his poems are available in Chinese, Czech, English, Finnish, French, German, Italian, Japanese, Rumanian, Russian, Serbian, Slovakian, and Wendish; *Toldi* has been translated into Arabian, Chinese, English, Finnish, French, German, Italian, Japanese, Rumanian, Serbian, Slovakian, and Wendish; *Toldi szerelme* into German; *Toldi estéje* into English, Finnish, German, and Italian; *Buda halála* into Czech and English; and some of his poems into English, French, German, and Hebrew.

FIRST EDITIONS: *Toldi.* [Költői elbeszélés] Pest: Eggenberger, 1847. 120p. – *Murány ostroma.* [Költői] beszély. Pest: Emich Gusztáv, 1848. 127p. – *Katalin.* Tizenhárom énekben. [Elbeszélő költemény] Pest: Szilágyi, 1850. 47p. – *Nagyidai czigányok.* Hősköltemény négy énekben. Pest: Müller Gyula, 1852. 120p. – *Toldi estéje.* [Költői elbeszélés] Pest: Heckenast Gusztáv, 1854. 142p. – *Kisebb költeményei.* I–II. kötet. Pest: Heckenast Gusztáv, 1856. – *Széchenyi emlékezete.* Olvastatott az akadémia Széchenyi-ünnepélyen. Pest, 1860. [From Szinnyei, I, 229] – *Buda halála.* [Költői elbeszélés] Pest: Ráth Mór, 1864. 248p. – *A Szent-Iván éji álom.* Írta Shakespeare. [Fordítás] Pest, 1864. [From Szinnyei, I, 229] – *Hamlet, dán királyfi.* Írta Shakespeare. [Fordítás] Pest, 1867. [From Szinnyei, I, 229] – *János király.* Írta Shakespeare. [Fordítás] Pest, 1867. [From Szinnyei, I, 229] – *Összes költeményei.* I–VI. kötet. Pest: Ráth Mór, 1867. – *Prózai dolgozatai.* Budapest: Magyar Tudományos Akadémia, 1879. 518p. – *Toldi szerelme.* [Költői elbeszélés] Budapest: Franklin-Társulat, 1879. 392p. – *Aristophanes vígjátékai.* [Fordítás] I–III. kötet. Budapest, 1880. [From Szinnyei, I, 230] – See also nos. 202 and 209 and p. 172.

EDITIONS

See also nos. 230 (letters), 240, 242, 244 (letters), 252, 3001 (no. 9), and 3356. Editorial work: no. 3867. Material in edition: nos. 1848 and 1195 (vol. 1). Annotated works: nos. 483, 1192, 1204, 1857, 2871, 3040, 3884, and 4271.

200. *[Munkái]. Összes költeményei. Prózai dolgozatai. Shakespere fordításai.* I–VI. kötet. Budapest: Ráth Mór, 1882–1885. [C]
  1. kötet: Kisebb költemények. 1885[7]. 473p.
  2. kötet: *Toldi. Toldi estéje. Buda halála.* [Költői elbeszélések] 1882–1884. 116, 107, 96p.
  3. kötet: *Toldi szerelme.* Elbeszélés. 1883[4]. 434p.
  4. kötet: Furcsa és elegyes költeményei. 1884. 522p.

C

5. kötet: Prózai dolgozatai. 1885³. 466p.
6. kötet: Shakespere fordítások: *A Szent-Iván éji álom, Hamlet, dán királyfi, János király.* 1884. 106, 208, 133p.

201. *Összes munkái.* [1st collected ed.] I–VIII. kötet. Budapest: Ráth Mór, 1883–1885. [B]

1. kötet: Kisebb költemények. [1848–1880] 1883³. 448p.
2. kötet: Elbeszélő költemények: *Toldi, Toldi szerelme, Toldi estéje.* 1883. 654p.
3. kötet: Elbeszélő költemények: *Buda halála, Murány ostroma, Katalin, Szent László füve, Első lopás, Keveháza, Bolond Istók.* 1884. 464p.
4. kötet: Elbeszélő és elegyes költemények: *Az elveszett alkotmány, A nagyidai cigányok, Rózsa és Ibolya, Losonczi István, Jóka ördöge, Kóbor Tamás.* Elegyes darabok [1847–1861]. 1884. 453p.
5. kötet: Prózai dolgozatai: *Zrínyi és Tasso, Bánk bán, Írói arcképek* (Gyöngyösi István, Orczy Lőrinc, Gvadányi József, Szabó Dávid, Ráday Gedeon), *A magyar verselésről, Naiv eposzunk.* Cikkek, bírálatok. 1884². 548p.
6. kötet: Shakspere színműveiből: *A Szent-Iván éji álom, Hamlet, János király.* 1884. 475p.
7. kötet: Aristophanes vígjátékai: *A lovagok, A felhők, A darázsok, A béke, Az Acharnaebeliek, A madarak.* 1. kötet. 1885. 591p.
8. kötet: Aristophanes vígjátékai: *A békák, Lysistrate, A nők ünnepe, A nőuralom, Plutos.* 2. kötet. 1885. 520p.

IC MnU NNC AsWN [AsWU] GeLU

202. *Hátrahagyott iratai és levelezése.* Összeállította és bevezette Arany László. I–IV. kötet. Budapest: Ráth Mór, 1888–1889¹. [B]

1. kötet: Versek. [Önéletrajz, *Őszikék* (1877–1880), Kisebb költemények (köztük: Moore- és Burns-fordítások), *Csaba királyfi, Daliás idők,* stb.] 1888¹. 556p.
2. kötet: Prózai dolgozatok. [*A magyar népdal az irodalomban, Irodalmi hitvallásunk,* Bírálatok] 1889¹. 575p.
3. kötet: Levelek. A forradalom végéig, 1845–1849. A forradalom után, 1850–1851. Nagy-Kőrösön, 1851–1860. 1. kötet. 1888¹. 494p.
4. kötet: Levelek. Nagy-Kőrösön, 1851–1860. Szerkesztői és akadémiai évek, 1861–1876. Alkonyat, 1877–1882. 2. kötet. 1889¹. 475p.

IC ICU MnU [NN] [NNC] [AsWN] [AsWU] [GeLU] [GyBH] GyGNSU

203. *Arany János—Petőfi Sándor levelezése.* Budapest: Ráth Mór, 1894. 221p. [C] NNC GeLBM

204. *Hátrahagyott költeményei. Őszikék,* költemények régiebb évekből, *Csaba királyfi.* Arany László bevezetésével és a költő önéletrajzával. Új, eredeti kiadás. Budapest: Ráth Mór, 1899. 207p. [C]

205. *Balladái.* Magyarázza Greguss Ágost. [Bővített kiadás] Budapest: Franklin-Társulat, 1900³. 159p. [B] MiD FiHI GeLBM

206. *Hátrahagyott prózai dolgozatai.* Új lenyomat. Budapest: Franklin-Társulat, 1900. 575p. [B]   NNC

207. *Művei.* Új kiadás hat kötetben. Budapest: Franklin, 1900. [C]
1. kötet: Kisebb költemények és elegyes darabok. 532p.
2. kötet: *Toldi. Toldi szerelme. Toldi estéje.* [Költői elbeszélések] 564p.
3. kötet: Elbeszélő költemények. 541p.
4. kötet: Hátrahagyott versek. Bevezette Arany László. 390p.
5. kötet: Shakespere-fordítások: *A Szent-Iván éji álom, Hamlet, János király.* [Drámák] 436p.
6. kötet: Prózai dolgozatok. 496p.

CtY MH GeLBM

208. *Munkái.* Sajtó alá rendezte és bevezette Riedl Frigyes. I–VI. kötet. Budapest: Franklin-Társulat, 1902–1907. [C]
1. kötet: Kisebb költemények, 1847–1854. 1902. 323p.
2. kötet: Kisebb költemények, 1854–1882. 1902. 300p.
3. kötet: *Toldi. Toldi szerelme. Toldi estéje.* [Költői elbeszélések] 1903. 428p.
4. kötet: *Buda halála. Csaba királyfi. Az utolsó magyar. Édua. Öldöklő angyal. Daliás idők. Murány ostroma.* [Regék, epikus költemények] 1905. 344p.
5. kötet: Önéletrajz. Költői elbeszélések. 1907. 287p.
6. kötet: Prózai dolgozatok. 1907. 377p.

DLC MH MnU NNC OCl FiHI

209. *Magyar irodalomtörténete.* Közzéteszi és bevezetéssel ellátta Pap Károly. Budapest: Franklin-Társulat, 1911[1]. 222p. [B]   AsWU FiHI GyBH

210. *Toldi.* Költői elbeszélés. Magyarázta Lehr Albert. Budapest: Franklin-Társulat, 1918[14]. 272p. [B]   OCl FiHI GeLU

211. *Toldi estéje.* Költői elbeszélés. Magyarázta Lehr Albert. Budapest: Franklin-Társulat, 1918. 339p. [B]   NcU OCl FiHI GeLU

212. *Novellái.* Kiadta és bevezetéssel ellátta Gálos Rezső. Budapest: Franklin-Társulat, 1923. 48p. [C]   GyBH

213. *Összes munkái.* Sajtó alá rendezte Voinovich Géza. I–V. kötet. Budapest: Franklin-Társulat, 1924?. [C]
1. kötet: Kisebb költeményei. Bevezetésül: Gyulai Pál Emlékbeszéde és Nekrológja, Arany János önéletrajzi levele. Arany László jegyzeteivel. 232p.
2. kötet: Elbeszélő költeményei: *Az elveszett alkotmány, Toldi, Toldi szerelme, Toldi estéje, Daliás idők: első dolgozat, A földrengés: második dolgozat.* A költő jegyzetei, glossarium. 235p.
3. kötet: Elbeszélő költeményei: *Rózsa és Ibolya, Szent László füve, Losonczi István, Katalin, Bolond Istók, A Jóka ördöge, A nagyidai czigányok, Az első lopás, Keveháza, Buda halála, Csaba királyfi* (első,

második és harmadik dolgozat). Töredékek. Shakespere fordításai: *Szent-Iván éji álom, Hamlet, János király.* 357p.

4. kötet: Műfordításai. Aristophanes vígjátékai: *A lovagok, A felhők, A darázsok, A béke, Az Acharnaebeliek, A madarak, A békák, Lysistrate, A nők ünnepe, A nőuralom, Plutos.* 356p.

5. kötet: Prózai dolgozatai: tanulmányok, írói arcképek, elbeszélések, bírálatok, elegyes cikkek, *Nyelv és irály.* 382p.

NN

214. *Összes kisebb költeményei.* Bevezetéssel és jegyzetekkel kiadja Voinovich Géza. Budapest: Franklin-Társulat, 1925. 308p. [B]   PP

215. *Összes költői művei.* Budapest: Franklin-Társulat, 1937. 1768p. [C] MnU NNC OCl GeCU GeLBM GeLU GyBDS GyBH

216. *Összes prózai művei.* Budapest: Franklin-Társulat, 1938. 1594p. [C] DLC MnU NN FiHI GeLBM GyBDS

217. *Összes prózai művei és műfordításai.* Budapest: Franklin-Társulat, 1938. 2211p. [C]   NNC

218. *Toldi.* A bevezető tanulmány Karácsony Sándor munkája. Budapest: Exodus, 1941. 60p. [C]

219. *Toldi.* [Költői elbeszélés] Keresztury Dezső bevezető tanulmányával. Budapest: Budapest Székesfőváros, 1947. 91p. [C]   GyBDS

220. *Összes művei.* Szerkesztette Keresztury Dezső. Eddig I–X., XII., XIV. kötet. Budapest: Akadémiai Kiadó, 1951+. [A]

1. kötet: Kisebb költemények. Sajtó alá rendezte Voinovich Géza. 1951. 569p.

2. kötet: *Az elveszett alkotmány. Toldi. Toldi estéje.* Sajtó alá rendezte Voinovich Géza. 1951. 293p.

3. kötet: Elbeszélő költemények. Sajtó alá rendezte Voinovich Géza. 1952. 352p.

4. kötet: *Keveháza. Buda halála.* A hún trilógia töredékei. Sajtó alá rendezte Voinovich Géza. 1953. 288p.

5. kötet: *Toldi szerelme. A Daliás idők első és második dolgozata.* Sajtó alá rendezte Voinovich Géza. 1953. 581p.

6. kötet: Zsengék, töredékek, rögtönzések. Sajtó alá rendezte Voinovich Géza. 1952. 267p.

7. kötet: Drámafordítások. Shakespeare: *A Szent-Iván éji álom, Hamlet, dán királyfi, János király.* Sajtó alá rendezte Ruttkay Kálmán. 1. kötet. 1961. 421p.

8. kötet: Drámafordítások. Arisztophanész: *A lovagok, A felhők, A darázsok, A béke, Az Acharnaebeliek.* Sajtó alá rendezte Kövendi Dénes. 2. kötet. 1961. 463p.

9. kötet: Drámafordítások. Arisztophanész: *A madarak, A békák, Lysistrate, A nők ünnepe, A nőuralom, Plutos.* Sajtó alá rendezte Kövendi Dénes. 3. kötet. 1961. 612p.

10. kötet: Prózai művek: eredeti szépprózai művek, fordítások, kisebb cikkek, tanulmányok, iskolai jegyzetek. Sajtó alá rendezte Keresztury Mária. 1962. 673p.

12. kötet: Prózai művek: 3. glosszák, szerkesztői üzenetek, szerkesztői megjegyzések, előfizetési felhívások. Sajtó alá rendezte Németh G. Béla. 1963. 651p.

14. kötet: Hivatali iratok: 2. Akadémiai évek (1859–1877), Akadémikusi iratai az Akadémiához (1859–1864), Akadémiai titoknoki iratai (1865–1869), Akadémiai főtitkári iratai (1870–1877). Összeállította Gergely Pál. 1964. 778p.

[DLC] [MH] [NN] [NNC] AsWU FiHU [GeLBM] [GeLU] GyBDS GyBH GyGNSU

221. *Népdalgyűjteménye.* Közzéteszi Kodály Zoltán és Gyulai Ágost, szerkesztette Szabolcsi Bence. Budapest: Akadémiai Kiadó, 1952. 204p. [A] DLC NN NNC FiHU GeLBM GyGNSU

222. *Toldi. Toldi szerelme. Toldi estéje.* [Elbeszélő költemények] Bevezette Barta János. Budapest: Szépirodalmi Kiadó, 1953[13]. 418p. [C] DLC MH OC OCl

223. *Összes költeményei.* Szerkesztette Keresztury Dezső. I–III. kötet. Budapest: Szépirodalmi Kiadó, 1955. [C]
  1. kötet: Lírai költemények, műfordítások. 1847–1882. 795p.
  2. kötet: Elbeszélő költemények. 786p.
  3. kötet: *Toldi trilógia* és változatai. *Daliás idők. A földrengés.* 725p.
DLC MH NB NN NNC OCl AsWN GeLBM GyBDS GyBH

224. *Balladái.* A függelék Sőtér István munkája: *Arany János balladái*; sajtó alá rendezte Erdős Magda. Budapest: Magyar Helikon, 1957. 177p. [C] DLC NN NNC AsWN FiHI GyGNSU

225. *Arany [János]—Petőfi [Sándor] levelezése.* Sajtó alá rendezte Szíjgyártó László, Hatvany Lajos előszavával. Budapest: Móra, 1959. 255p. [C] CU DLC MH NN NNC GeLBM GyBDS GyGNSU

226. *Összes versei.* Sajtó alá rendezte Keresztury Mária, a bevezető tanulmányt írta Keresztury Dezső. Budapest: Szépirodalmi Könyvkiadó, 1961. 775p. [C] DLC NNC

227. *Toldi.* Trilógia. [Elbeszélő költemények] Az utószót írta Sőtér István. Budapest: Magyar Helikon, 1961. 507p. [C] DLC NN NNC

228. *Költemények.* Kapcsos könyv. Hasonmás kiadás. Budapest: Akadémiai Kiadó, 1962. 96, 30p. DLC NNC AsWN

BIBLIOGRAPHY

See also nos. 233, 235, 237, 241, 248, 257, 265, 275, 277, 278, 279, 280, 281, 282, 283, 284, 288, 292, 2966, and 2976.

229. *Arany János levelezésének czímjegyzéke.* Összeállította Jónás Károly. Budapest: Magyar Tudományos Akadémia, 1899. 38p.

The place, date, writers, and other data on 1331 of his letters arranged in the following parts: (1) Petőfi's letters to Arany, (2) letters to and from Arany, (3) his correspondence regarding "rendjel," (4) letters written to him from abroad in French, English, and Italian, and (5) miscellaneous letters. DLC

BIOGRAPHY

See also nos. 301 and 3879.

230. Ercsey Sándor. *Arany János életéből.* Gyulai Pál előszavával és Arany János hatvan levelével. Budapest: Ráth Mór, 1883. 211p. [1885, 1899]

A view of Arany, the man, by his brother-in-law based on relations with him, the things he heard about him, things Arany told him, and, mainly, letters written to him by Arany. No attempt at completeness, more an assembling of recollections and letters to reveal the poet's personality. Completed some weeks after Arany's death. MnU NNC AsWU GeLU

231. Gyöngyösi László. *Arany János ifjúsága.* Eger: Egri Nyomda, 1897. 150p.

An account of the first thirty years of his life, with chapters on *Toldi*, Petőfi and Arany, and Arany's humor. NNC

232. Kolozsvári Aladár. *Arany János élete.* Második bővített kiadás. Mezőtúr: Török Ignác, 1907. 188p. [1897[1]]

Closes with a 101-page discussion and analysis of his poetry. NNC

233. Gyöngyösy László. *Arany János élete és munkái.* Budapest: Franklin-Társulat, 1901. 391p.

Attention to his relations with literary figures (chapters on Petőfi and Tompa) and to his writings (chapters on *Toldi*, *Buda halála*, and *Toldi szerelme*). Bibliographical notes, pp. 385–391. Illustrations, portraits, and facsimiles. MnU NN NNC AsWN GeLBM GyBH

234. Szinnyei Ferenc. *Arany János.* Budapest: Franklin-Társulat, 1909. 166p.

Considerable attention to his works and literary development and to his relationships with other writers. Chapters on *Toldi estéje*, his ballads, his shorter epics, *Buda halála*, and *Toldi szerelme*. MH MnU NNC GeLBM GyBH GyGGaU

235. Dóczy Jenő. *Arany János. Életképek.* Budapest: Genius, 1929. 276p.

Six imaginative "pictures of his life" to show his individuality and his responses to and the influences of his times on him: the first two dealing with his boyhood, the third with the struggling young man, the fourth with his meeting Petőfi, the fifth with his life as a teacher at the Kőrösi gymnasium, and the sixth with his student years as recollected by one of his students. Bibliographical notes, pp. 261–276. IC MH MnU NN NNC OCl AsWU GeLBM GyBH

236. Voinovich Géza. *Arany János életrajza.* I–III. kötet. Budapest: Magyar Tudományos Akadémia, 1929–1938.

Major attention to his works, literary principles and characteristics, and other creative activities. Vol. I, 1817–1849; Vol. II, 1849–1860; Vol. III, 1860–1882. DLC MH [MnU] NNC [OCl] AsWN FiHI GeLBM [GyBH] GyGNSU

237. Rolla Margit. *Arany estéje.* Budapest: Királyi Magyar Egyetemi Nyomda, 1944. 182p.

The last years of his life, especially as they were affected by his relations with his daughter, Júlia, and with his only grandchild, Piroska Széll. Bibliographical notes, pp. 179–182. Illustrations and facsimiles. DLC MH MnU NNC GeLBM

238. Barta János. *Arany János.* Budapest: Művelt Nép, 1953. 190p.

Major attention to his writings—their ideas and literary characteristics—and to the influence of his environment and times on his development. DLC MH MnU NNC GeLBM GyBDS GyBH GyGNSU

239. *Arany János. 1817–1882.* Szerkesztette Keresztury Dezső, V. Nyilassy Vilma és Illés Lászlóné. Budapest: Magyar Helikon, 1957. 155p.

A memorial book containing a summary of his life and literary career, excerpts from his letters, and numerous illustrations and facsimiles. DLC MH GyGNSU

240. Gergely Pál. *Arany János és az Akadémia.* Budapest: Akadémiai Kiadó, 1957. 144p.

A detailed account of his participation in the activities of the Hungarian Academy of Sciences as secretary, 1866–1869, and as secretary-general, 1871–1877. Closes with a brief discussion of his relationship with the organization from 1878 to 1882. Appendix: Copies of original drafts of correspondence, reports, and announcements by Arany. Bibliographical footnotes. Facsimiles. DLC MnU NN NNC AsWN GeLBM GeOB GyBDS GyGNSU

241. Hegedüs András. *Arany János a katedrán.* Budapest: Tankönyvkiadó, 1957. 177p.

An account of his teaching activities at the gymnasium in Nagykőrös, based on an examination of his comments on and criticisms of students' papers, on the works of literary history and aesthetics he prepared for secondary school students, and on the principles and practices of his own literary training and disciplining procedures. Bibliographical notes, pp. 167–177. DLC NN NNC GeLBM GyGNSU

242. D. Szemző Piroska. *Arany János napjai. Képzelt napló Arany írásainak felhasználásával.* Budapest: Magvető, 1957. 516p.

A journal constructed by the author from Arany's letters, March 2, 1845, to October 28, 1882. DLC IC MnU NN NNC ViU GyBDS GyBH GyGNSU

243. Megyer Szabolcs. *Arany János és Budapest.* Budapest: Akadémiai Kiadó, 1958. 52p.

His years in Budapest: his relationships with the city and the background of his poems dealing with the city. Illustrations. MnU NNC GeLBM GyBDS

244. Sáfrán Györgyi. *Arany János és Rozvány Erzsébet.* Budapest: Magyar Tudományos Akadémia, 1960. 178p.

An account of the relations between Arany and the Rozványs giving previously unknown details about his youth and the start of his literary career. Appendixes: (1) Letters dealing with the relationship, (2) Arany's first attempts to translate German artistically, and (3) Notes of György Rozvány dealing with the young Arany. Bibliographical footnotes. Illustrations and facsimiles. DLC MH MnU NN NNC AsWN GeOB GyBDS GyBH GyGNSU

245. Keresztury Dezső. "Arany János nagyszalontai világáról," *Irodalomtörténeti Közlemények,* LXIX (1965), 34–53.

His life in Nagyszalonta from 1836 to 1845: his education and his activities as a civil servant, his marriage to Júlia Ercsey, his environment, his relations with others, the development of his individuality, and the character of his wife. DLC MnU NN NNC AsWU GeLBM GyBH

246. Szilágyi Ferenc. *Mint ha pásztortűz ég . . . Arany János élete.* Budapest: Móra, 1965. 279p.

A fictional biography of his childhood, youth, and the period of his earlier literary successes. To 1850. CU DLC MnU NNC FiHI GyBDS

CRITICISM

See also nos. 52, 198, 340, 1486, 1962, 2015, 3001 (no. 9), 3007, 3093, 3099, 3150, 3155, 3378, 3835, 3883, 3892, 3975, 4133, 4298, 4326, 4618, 4624, and 4644.

247. Greguss Ágost. *Arany János balladái.* Budapest: Franklin-Társulat, 1877. 204p.

Analyses of his ballads published in 1865 and in 1869, in the second volume of the *Kisfaludy-Társaság Évlapjai*: the subject, the thought, the meter, the development of each ballad with line-by-line explication and introduction of language or cultural knowledge required for understanding the verses. MH GeLBM

248. Riedl Frigyes. *Arany János.* Sajtó alá rendezte, a bevezetést és a jegyzeteket írta Balassa László. Budapest: Gondolat, 1957[7]. 335p. [1887[1]; 2d, enlarged, 1893; 1904[3]; 4th, partly revised, 1920]

The chief characteristics of his writings and the way in which his writings relate to his life, personality, and environment. Begins with an examination of his life and personality, respectively, in order to analyze his work in their light. Appendixes: (1) Tables on the composition of *Toldi szerelme* and on the four periods of his ballad writing and (2) Summaries of important biographical and bibliographical sources on his life, his works, and the appearance of his writings in textbooks. Bibliographical notes, pp. 295–300; bibliography of Arany for the years 1917 to 1957, pp. 315–317. DLC InU MH MnU NN NNC AsWN FiHU GeCU GeLBM GeLU GeOB GyBDS GyBH GyGGaU GyGNSU

249. Hantz Jenő. *A humor és Arany János humora.* Budapest: Aigner Lajos, 1888. 70p.

A discussion of the meaning of humor and its use by Arany. Bibliographical footnotes.

250. Péterfy Jenő. "Arany János Őszikéi," *Összegyűjtött munkái.* I–II. kötet. Budapest: Franklin-Társulat, 1901–1903. I, 248–258. [Appeared in *Budapesti Szemle*, LIII, no. 133 (1888), 152–157]

The short poems written in his last years viewed as expressions of his own feelings, thoughts, and attitudes. MH MnU NNC OCl GeLBM GeLU GyBH

251. Gyulai Pál. "Arany János," *Emlékbeszédek.* I–II. kötet. Budapest: Franklin-Társulat, 1914[3]. I, 225–284. [1890[1]]

His creative objectives and character and his literary development. A speech delivered a year after Arany's death, by one who knew him. MH MnU NNC GyBH

252. Dittrich Vilmos. *A nagy-idai cigányok.* Budapest: Hornyánszky Viktor, 1898. 102p.

Attempts to determine the source of his epic, the influences on and the circumstances of its composition, and its place in the epic literature of Hungary, and, in connection with these considerations, discusses the content of the work itself. Reports on its mixed critical reception, and gives historical and legendary background on the Siege of Nagyida Castle, on which the narrative is based. Appendix: The major variants in the two editions of the work. Bibliographical footnotes. NN NNC GeLBM GyBH

253. Offenbeck Frigyes. *Arany János Buda haláláról.* Budapest: Rózsa Kálmán és Neje, 1901. 64p.

Briefly examines Hun-Magyar legends and the users of such myths prior to Arany in Hungary, then turns to the study of various aspects of *Buda halála*: Arany's plans for the Hun epic, its history and legend, the characteristics of Etele and Buda in foreign tradition and in Arany's epic, the characteristics of Gyöngyvér and Ildikó, the nature of the lesser characters and the Huns in the poem, and its structure and language and its place in Hungarian literature. Bibliographical footnotes. NNC GyBH

254. Pap Illés. *Arany János hún eposza.* Budapest: Márkus Samu, 1902. 107p.

Mainly a study of *Buda halála* in relation to its genesis and circumstances of publication, reception, character, and place in Hungarian epic poetry. Bibliographical footnotes. GyBH

255. Kont, Ignác. *Jean Arany. (1817–1882)* Paris: F. R. de Rudeval, 1904. 86p.

A brief biography followed by chapters on his poetry by types: Les Poésies, Lyriques, Les Épopées, Les Contes Épiques. Attention to the contents of most important works, often accompanied by French translations. FiHI GeLBM

256. Pollák Miksa. *Arany János és a Biblia.* Budapest: Magyar Tudományos Akadémia, 1904. 194p.

Purpose: to show the extent to which the Bible influenced his language, materials and techniques, and the spirit and thought in his works. Discussion by individual works, examined first for external and then for internal influence. AsWU FiHI GeLBM GyBH

257. Staud János. *A Toldi szerelmének keletkezése. Irodalomtörténeti tanulmány.* Érsekújvár: Winter Zsigmond, 1904. 70p.

The genesis of *Toldi szerelme*, with attention to the two revisions of the work and its sources. Bibliography, p. [73].

258. Babits Mihály. "Petőfi és Arany," *Nyugat*, III (November 16, 1910), 1577–1590.

Takes a position against the bases on which the orthodox and the moderns have established their estimates of the relative merits of Petőfi and Arany. Maintains that Arany was the greater because, unlike Petőfi, he was not a "healthy" spirit, a member of the middle class, or "a simple mirror of the present," but "a soul who suffered and possessed a deep aristocratic sense of the past." MnU NN NNC FiHU GeLBM GyBH

259. Haraszti Gyula. *Arany János.* Budapest: Athenaeum, 1912. 118p.

An analytical study of his narrative poetry in relation to diction, methods of narration, subject matter, and, mainly, the direction of his treatment of intense emotion and passion. Last section concerned with his political and social ideas, his inner life and the Revolution of 1849, and his *Weltschmerz*. MnU NNC OCl GeLBM GyBH

260. Kozák Lajos. *A metafora és Arany metaforái.* Budapest: Markovits és Garai, 1912. 74p.

After a discussion of the metaphor, examines his metaphors to determine their sources and what they reveal about his imagination. Bibliographical footnotes. GyBH

261. Moiret Gusztáv. *Arany János: Murány ostroma.* Budapest: Süsz D., 1913. 59p.

A study of *Murány ostroma* dealing with its genesis, sources, characters, structure, humor, language and style, reception, and influence.

262. Helle Ferenc Hugó. *Arany János Bolond Istókja. (Humora, mintái, életrajzi adatai)* Kassa: Szent Erzsébet, 1914. 68p.

A study of *Bolond Istók*: its humor, the influences on it (particularly Byron and Petőfi), its autobiographical content. Also attention to his own humor, the origin of the type, aesthetic evaluation of the work, and explanations for the work's not having been completed. Bibliographical footnotes.

263. Kardos Lajos. *Arany János Bolond Istókja. Irodalomtörténeti tanulmány.* Debrecen: Szabad Királyi Város Könyvnyomda, 1914. 148p.

A study of *Bolond Istók* with respect to (1) the circumstances of its creation, its editions, and its reception, (2) its aesthetic characteristics, (3) the influence of Byron's *Don Juan* and Petőfi, (4) its autobiographical elements, and (5) its place in the development of Hungarian narrative poetry. Bibliographical footnotes. NNC FiHI

264. Földessy Gyula. *Arany János, az ember és a költő.* Budapest: Toldi Lajos, 1917. 54p.

Develops the thesis that Arany, in contrast to Petőfi, is conservative in nature, spirit, and outlook, and that this outlook is apparent in, and affected his poetry, especially the epics. NNC GyBH GyGGaU

265. Kéky Lajos. *Tanulmányok Arany János epikájáról.* Budapest: Franklin-Társulat, 1917. 123p.

Four separate studies of his epic poetry: his epic poetry, the beginning of his career, the influence of Petőfi's *János vitéz* on *Toldi*, and the effectiveness of "Az utolsó magyar." An extensive bibliography of studies concerned with Arany's narrative poetry to January 1, 1917, arranged by works on his life and poetry, his narrative poetry, by title of the epic poem with which they are concerned, and then by type, pp. 106–123. NNC GyBH

266. Radnai Oszkár. *Arany János nőalakjai.* Budapest: Benkő Gyula, 1917. 254p.

Delineates his view of women in his lyrics and shorter epic poems, and describes individual female characters in his works.

267. Beöthy Zsolt. *Arany János.* Budapest: Bethlen Gábor, 1923. 59p.

Some biographical discussion, mainly of his early years, but primarily an examination of his literary development and the characteristics and merits of his literary works. NNC GyBH

268. Mitrovics Gyula. *Arany János esztétikája.* Debrecen: Csáthy Ferenc, 1925. 28p.

A study of his aesthetics based on his various writings on literary matters and his critical treatises. Considers him to be concerned with beauty as to form, the good, and, especially, the true. Bibliographical footnotes. GyBH

269. Szabó István. *Arany János nyelvének elemzése.* Kecskemét: Hungária, 1927. 197p.

Analyses of the major attributes of his language under such chapter headings as: its dialectical qualities, archaisms, conciseness, etc. Discussion followed by specific examples from his writings. GeLBM GyBH

270. Boda István. "Arany János 'különös természete' és az Arany balladák megrendült lelkű hősei," *Egyetemes Philologiai Közlöny*, LI (1927), 89–104; LII (1928), 81–94; LIII (1929), 13–25, 100–109. [Also a reprint]

A study of his personality and that of the protagonists in his ballads. Seeks to illuminate the deeper aspects of his inner life through the application of psychological analysis to the heroes of the ballads. [CU] CtY MnU NjP NNC OCl OCU AsWN FiHU GyBH

271. Trencsény Károly. *Arany János és az eposzi közvagyon*. Budapest: Pallas, 1928. 50p.

The various influences on the technical structure and content of his epics which are generally to be found as a part of the genre. Bibliographical footnotes. MH GeLBM

272. László Irma. *Arany János angol irodalmi kapcsolatai*. Pécs: Dunántúl Pécsi Egyetemi Könyvkiadó és Nyomda, 1932. 102p.

A study of his life and writings to determine his relationships with English literature and the extent to which they influenced his mode of poetic expression and theoretical ideas. Chapters on Byron and Arany's Shakespeare edition. Evidence of considerable influence without loss of individuality. Bibliographical footnotes. DLC GeLBM GyBH

273. Négyesy László. "Arany geniusza," *Budapesti Szemle*, CCXXVII, no. 660 (1932), 139–157.

The nature of his genius and the strengths that make "his writings constantly secure against the effects of time." Among the characteristics: the artistry of his narrative methods, his dramatic quality, the psychological power of his subject matter and characters, the tensions between his points of polarity, and the harmony between his individuality and that of the Hungarian people. DLC AsWN FiHI GeLBM GyBH

274. Ember Gyula. *Arany gondolatvilága*. Pécs: Dunántúl Pécsi Egyetemi Könyvkiadó és Nyomda, 1933. 66p.

The nature of his thought in two parts: (1) the development of his world viewpoints (their roots and the forces affecting them) and (2) a discussion of his world outlook (political views, attitudes toward society, moral view, concept of the family, philosophy of life). Bibliographical footnotes. GyBH

275. Sós Margit. *Arany János irodalmi ellenzéke*. Pécs: Pécsi Irodalmi és Könyvnyomdai r.t., 1933. 90p.

The opposition to his writings and critical principles, led by János Vajda and Gyula Reviczky. A record of the controversy by literary type and title, and an exploration of the opposition between Arany and Petőfi. Appendix: Texts of some of the criticisms and parodies written in the controversy. Bibliography, pp. 85–88. MnU NNC GyBH

276. Sík Sándor. "Arany János stílművészetéről," *Szegedi Füzetek*, I (1934), 42–57. [Also a reprint]

Seeks to show that his mastery of formal techniques gives him the power to express effectively whatever he wished at a particular moment. DLC MH MiU AsWN FiHI GeLBM GyGNSU

277. Halász Viola. *Goethe és Arany*. Budapest: Mérnökök, 1935. 79p.

The similarities and differences between the lives, ideas, aesthetics, and works of two "highly individualistic" poets. Bibliography, pp. 76–77. GeLBM GyBH

278. Nagy Sándor. *Arany Toldija. Irodalomtörténeti és széptani tanulmány.* Budapest: Királyi Magyar Egyetemi Nyomda, 1935. 117p.

A study of *Toldi*: its sources and genesis, structure, narrative technique, style, and language. Bibliography, p.[118]. GyBH

279. Gelencsér Károly. *Arany János folyóiratai*. Budapest: Spitzer Aladár, 1936. 50p.

A discussion of two periodicals, *Szépirodalmi Figyelő* (1860–1862) and its continuation, *Koszorú* (1863–1865), both edited by Arany: their history, their character as learned and critical journals, their treatment of the question of folk poetry, and the significance of their literary undertakings. Appendix: An alphabetical author list of the contributions to the two periodicals. Bibliography, pp. 49–50. NNC GyBH

280. Keresztury Dezső. *Arany János*. Budapest: Magyar Szemle, 1937. 78p.

An effort to define the character of his poetry and his individuality by showing the various changes that occurred in his works during his development. Bibliography, pp. 77–78. DLC MH NN NNC GeLBM GeLU

281. Császár Elemér. *Arany János*. (*Egyetemi előadás*) Budapest: Királyi Magyar Egyetemi Nyomda, 1938. 159p.

Slight biographical discussion; extensive examination of his works, especially his legends, ballads, and chronicles, with respect to their character and aesthetic quality. Maintains that in no other Hungarian poet is there such an effective merging of the aesthetic and the moral. Bibliographical notes, pp. 149–158. MH MnU NNC GeLBM GyBH

282. Vámosgyörki Kerékgyártó Imre. *Arany költői iskolája*. (*Az Arany-hagyományok élete*) Budapest: Stephaneum, 1940. 81p.

After discussing the literary controversies at the end of the 19th century and the development of the "Arany School" of poets, examines the Arany tradition in the epic, in the lyric, in societal and moral concepts, and in views of Hungarian nationality. Bibliography, pp. 79–81.

283. Hajdu Hilda. *A lírikus Arany-kör*. Budapest: Kis Gyula és Társa, 1941. 240p.

The age of Arany characterized through the lyric poems of János Arany, Pál Gyulai, Károly Szász, József Lévay, and Ferenc Mentovich. Neither a critical definition nor an individual portrait of each writer but a reconstruction of the entire period based mainly on the manner in which the last four lyrists grouped together especially around Arany, who was the focus of this period. Bibliography, separately numbered as I–III at end. MH NNC GeLBM

284. Kasza Györgyi. *Arany János és a francia irodalom.* [Disszertáció] Pécs: Rákóczi, 1941. 68p.

A study of his first readings of French literature, his knowledge of the French language, his acquaintance with French literature of the 17th, 18th, and, especially, the 19th century, the evidence of French influence on his writings (Victor Hugo, Béranger), his use of Amadée Thierry's *Histoire d'Attila et de ses succeseurs* as a source for his Hun trilogy, and *Revue des Deux Mondes* as a pattern for his editing of *Szépirodalmi Figyelő* and *Koszorú.* Bibliography, pp. 67–68. AsWN GyBH

285. Lukács György. "A százéves Toldi," *Forum*, II (1947), 489–503.

Develops the view that the Toldi cycle, by placing the peasant as a class within the national ideals of Hungary, fails to achieve its effect because the subject cannot be dealt with adequately within the form of the epic. Maintains that Arany shows his awareness of this fact when he deals with matters more appropriate to epic form in *Toldi szerelme* instead of the theme in the first and third parts. Also discusses Petőfi's connection with the question. [CSt-H] [NN] [FiHI] GeLBM GeLU GyBH

286. Bóka László. "A lírikus Arany," *Tegnaptól máig. Válogatott tanulmányok, esszék, cikkek.* Budapest: Szépirodalmi Könyvkiadó, 1958; 580p. Pp. 238–289. [Appeared in *A Magyar Tudományos Akadémia Nyelv- és Irodalomtudományi Osztályának Közleményei*, III (1952), 95–126]

The merits of his lyrics and the whole question of the nature of his relationships with Petőfi from a societal, revolutionary viewpoint. DLC MH MnU NNC FiHI GeLBM GyBDS GyGGaU GyGNSU

287. Sőtér István. "Arany János," *Romantika és realizmus. Válogatott irodalmi tanulmányok.* Budapest: Szépirodalmi Könyvkiadó, 1956; 611p. Pp. 155–216. [Version appeared in *Csillag*, VI (1952), 1360–1364, 1482–1490; VII (1953), 221–232]

The characteristics of his writings viewed by types and by periods of creativity, mainly after 1847 and primarily in relation to the problems of the times and the extent of their realistic style. DLC MnU NNC AsWN FiHI GeCU GeLBM GyGNSU

288. Hermann István. *Arany János esztétikája. (Az elveszett alkotmánytól a Buda haláláig)* Budapest: Kossuth Könyvkiadó, 1956. 285p.

A Marxist–Leninist study of the development of his aesthetics, mainly from 1849 to 1863, and its effect on his writings of the period. Pt. I: the similarities and differences between the views of Petőfi and Arany (prior to

1849); Pt. II: the development of Arany's aesthetic views and practices after 1849. Seen as major barrier to his development: his feeling the need to change his principles and poetic practices in the light of the social and historical changes occurring after the failure of the Revolution and thus becoming unfaithful to the "people's aesthetics" of the earlier period. Bibliography, pp. 283–285. DLC MH NNC AsWN GeCU GeLBM GeLU GyBDS GyBH GyGNSU

289. Horváth János. "A nemzeti klasszicizmus irodalmi ízlése," *Tanulmányok* Budapest: Akadémiai Kiadó, 1956; 638p. Pp. 272–458. [University lectures given 1928–1930 and 1945–1948; 1st publication]

The development of classical tastes in Hungarian literature from Petőfi, through the classical pattern in his poetry and its reception, through modifications of that pattern by Mihály Tompa and János Arany. Special attention to Petőfi's friendship with and influence on Arany; an examination of Arany's literary responses to the results of 1848–1849. DLC MH MnU NNC GeLBM GeLU GyBDS GyBH GyGGaU GyGNSU

290. Baránszky Jób László. *Arany lírai formanyelvének fejlődéstörténeti helye.* Budapest: Akadémiai Kiadó, 1957. 104p.

Examines the societal viewpoints of Petőfi and Arany and their consequences on their forms of expression, then turns to the characterization of Arany's lyrical style as it is affected by his changing attitudes toward society and of its relationship with the literary forms of the period. Bibliographical footnotes. Plates, portraits, and facsimiles. DLC MH NN NNC GyBDS GyGNSU

291. Ferenczy Géza. "Arany János, nyelvünk búvára és művelője," *Magyar Nyelvőr*, LXXXI (1958), 387–402; LXXXII (1959), 1–14, 133–149. [Also a reprint]

After a general discussion of Arany's research in and cultivation of the Hungarian language, of the principles underlying his attitudes and of his views of the questions of language, the major theses and elements he used in his language teaching are developed. Bibliographical footnotes. CU DLC NN NNC FiHI GyBDS GyBH

292. Sőtér István. *Nemzet és haladás. Irodalmunk Világos után.* Budapest: Akadémiai Kiadó, 1963. 781p.

The development of new democratic and liberal trends in Hungarian literature from 1849 to the threshold of the Compromise of 1867, with the lifework of János Arany providing the fulcrum of the study. Also discusses the literary careers of János Vajda, Imre Madách, Mór Jókai, Zsigmond Kemény, Pál Gyulai and János Erdélyi with respect to these principles, and examines the new tendencies of the democratic and liberal ideology and their major subjects as they are manifested in the literature of the times. Bibliographical notes, pp. 735–745. Summary in French, pp. 747–756. ICU NN NNC AsWN FiHU GeLBM GyBDS GyBH GyGNSU

293. Keresztury Dezső. "A Toldi néhány tanulsága," *Kortárs*, IX (1965), 896–906.

The circumstances concerning the writing of *Toldi*, Arany's and his contemporaries' concept of the nation and the people, the popular characteristics of *Toldi*, and the reception given to it. DLC MH FiHU GeLBM GyBH

ARANY LÁSZLÓ

Born March 24, 1844 in Nagyszalonta; died August 1, 1898 in Budapest. Poet, collector of folk tales, literary historian, translator. Son of János Arany (q.v.). Completed schooling at Reformed gymnasium in Nagykőrös, where father instructed him in prosody, writing poetry, and literary history, and at University of Budapest. Lawyer and bank official. Employed as clerk in Hungarian Mortgage Bank in 1866, where he encouraged Zoltán Ambrus (q.v.) to follow literary career; secretary to one of directors in 1870, one of directors in 1880. Awarded Kisfaludy-Társaság Prize for "Elfrida" in 1867, "Szökevény" in 1868, and *A délibábok hőse* in 1873. Visited Italy in 1870, England in 1871, and Constantinople in 1874. Married Gizella Szalay in 1875. Member of Kisfaludy-Társaság in 1867, corresponding member of Academy in 1874. Edited Magyar Népköltési Gyűjtemény, a very important collection of folk poetry, with Pál Gyulai (q.v.) 1872–1883. Parliamentary representative 1887–1892. Articles appeared mainly in *Koszorú*, *Pesti Napló*, *Budapesti Szemle*, and *Budapesti Közlöny*. ¶ Major contributor to development of verse novel in Hungary. Showed exceptional skill in use of irony. *A délibábok hőse*, a verse novel, his most important original work. Also wrote satirical poems, odes, and lyric poetry, and made significant contributions to knowledge of folklore with collections of tales and poems. Translated works of Pushkin, Lermontov, Shakespeare, and Molière with distinction. Critical studies concerned mainly with Hungarian folktales, political poetry, and theories of prosody ("Hangsúly és ritmus" an important source for today's Hungarian versification).

First editions: *Eredeti népmesék*. Összegyűjtötte Arany László. Pest: Heckenast Gusztáv, 1862. 328p. – *A két veronai ifjú*. Írta Shakespeare. [Fordítás] Pest, 1865. [From Szinnyei, I, 234] – *Tévedések játéka*. Írta Shakespeare. [Fordítás] Pest, 1866. [From Szinnyei, I, 234] – *A tudós nők*. Írta Molière. [Fordítás] Pest, 1869. [From Szinnyei, I, 234] – *Sok hűhó semmiért*. Írta Shakespeare. [Fordítás] Pest, 1871. [From Szinnyei, I, 234] – *A délibábok hőse*. [Elbeszélő költemény] A Kisfaludy-Társaságnál jutalmat nyert költemény. Budapest: Ráth Mór, 1873. 182p. – *Bérczy Károly emlékezete*. Budapest: Magyar Tudományos Akadémia, 1876. 12p. – *Költeményei*. [*A délibábok hőse* és más költemények] Az előszót írta Gyulai Pál. Budapest: Franklin-Társulat, 1899. 333p. [C]

EDITIONS

See also no. 303. Editorial works: nos. 202 and 204. Material in edition: nos. 207 (vol. 4) and 213 (vol. 1).

294. *Összes művei.* Közrebocsájtotta Gyulai Pál. I–V. kötet. Budapest: Franklin-Társulat, 1900–1901. [B]

1. kötet: Költemények. 1900. 409p.
2–3. kötet: Tanulmányok. 1–2. kötet. 1901.
4. kötet: Magyar népmesék gyűjteménye. 1901. 304p.
5. kötet: Műfordításai Shakspere és Molièreből. 1901. 355p.
ICU NNC GeLU GyBH GyGNSU

295. *Munkái.* [Költői művek és tanulmányok] Sajtó alá rendezte és bevezette Kozma Andor. Budapest: Franklin-Társulat, 1904. 315p. [C] DLC MnU NNC OCl AsWU GeLBM

296. *Magyar népmese gyűjtemény.* Kiadja Arany László. Budapest: Franklin-Társulat, 1914⁵. 302p. [C] DLC NN NNC OCl AsWU

297. *A magyar emigráció mozgalmai.* Hegedüs Géza bevezetésével és jegyzeteivel. Budapest: Budapest Székesfőváros, 1947. 115p. [C] DLC GeLBM

298. *Magyar népmesék.* Budapest: Móra, 1958. 215p. [C] DLC OCl GeLBM GyGNSU

299. *Válogatott művei.* Sajtó alá rendezte és a jegyzeteket írta Németh G. Béla. Budapest: Szépirodalmi Könyvkiadó, 1960. 547p. [C] DLC NN NNC AsWN GeLU GyBDS GyGNSU

BIBLIOGRAPHY

See no. 304.

CRITICISM

300. Gyulai Pál. "Magyar népmesék," *Bírálatok.* 1861–1903. Budapest: Magyar Tudományos Akadémia, 1911; 434p. Pp. 15–26. [Appeared in *Budapesti Szemle*, XV (1862), 386–392]

A review of his *Eredeti népmesék* (1862), and a discussion relating it to previous collections of Hungarian folk tales. MH MnU NN AsWN AsWU FiHI FiHU GeCU GeLBM GeLU GyBH

301. Kozma Andor. *Arany László. Emlékbeszéd.* Budapest: Franklin-Társulat, 1899. 44p.

His relations with his father (János Arany), the development of his literary career, and the characteristics of his works. GeLU

302. Voinovich Géza. "Arany László," *Új Magyar Szemle*, IV (1900), 357–376.

Characterizations of his poetry (especially *A délibábok hőse*) and his prose (literary and linguistic studies, historical and economics treatises, and shorter criticism). GyBH

303. Komlós Aladár. "Arany László," *Tegnap és ma. Irodalmi tanulmányok.* Budapest: Szépirodalmi Könyvkiadó, 1956; 359p. Pp. 81–101. [Appeared as introduction to *A délibábok hőse.* Budapest: Anonymous, 1946; 157p. Pp. 5–19.]

Traces the dualism toward life present in him from his youthful years: his sympathy with the revolutionary ideal and his desire for material wealth. *A délibábok hőse* examined as an expression of this conflict, not as a personal one but as that of the generation of his day. DLC MH MnU NNC AsWN GeLBM GeOB

304. Somogyi Sándor. *Arany László.* Budapest: Művelt Nép, 1956. 143p.

Some biographical material but mainly concerned with tracing his literary career and development through an examination of the subject and characteristics of his writings, in the belief that not enough materials are yet available for the preparation of a complete biography. Bibliography of his works and studies about him, pp. 134–140. DLC MH MnU NNC AsWU FiHI GeOB GyGNSU

305. Németh G. Béla. "Bevezetés," *Arany László válogatott művei.* Sajtó alá rendezte és a jegyzeteket írta Németh G. Béla. Budapest: Szépirodalmi Könyvkiadó, 1960; 547p. Pp. 5–109.

His life and writings examined not as "a psychological case history" in relation to his father's position but as an explanation of how he became "a sacrifice and at the same time a symbol of his times." DLC NN NNC AsWN GeLU GyBDS GyGNSU

BABITS MIHÁLY

Born November 26, 1883 in Szekszárd; died August 4, 1941 in Budapest. Poet, essayist, critic, aesthetician, translator. Father a judge in Szekszárd and then judge of Court of Appeals in Budapest and Pécs. Attended elementary schools in Budapest 1889–1891 and in Pécs 1891–1893, Cistercian gymnasium in Pécs 1893–1901, and University of Budapest 1901–1905, where he specialized in Hungarian and Latin and became acquainted with Dezső Kosztolányi and Gyula Juhász (qq.v.). Apprentice teacher in Cistercian gymnasium in Baja 1905–1906. Obtained teacher's certificate in 1906 and taught in gymnasium in Szeged 1906–1908 and then in Fogaras 1908–1911. Poems and translations began to appear in various newspapers in 1902. Contributed to *Nyugat* in 1908; became its editor in 1916. Taught at Kálmán Könyves Gymnasium in Újpest in 1911 and in Budapest 1912–1918. Approved of October Revolution in 1918, and early in 1919 was named professor of world literature and modern Hungarian literature at University of Budapest. Lost position after failure of Revolutionary Government. In 1921 married Ilona

Tanner, who later published her own poetry, fiction, and studies as Sophie Török. His influence on direction of development of *Nyugat* increased. Purchased house in Esztergom in 1923 and summered there with wife. Became administrator of Baumgarten Foundation in 1927 and, when awards began in 1929, he was often attacked for decisions, in which he always had strong voice. Member of Kisfaludy-Társaság in 1929. Suffered attack of polyarthritis in 1932 and was treated in János Sanitorium in spring 1933. Visited Switzerland in 1934. Diagnosed as having cancer of larynx in early 1937 and underwent partially successful throat surgery in 1938. In 1940 awarded San Remo Prize by Italian government for translation of Dante's *Divine comedy*. Named member of Hungarian Academy of Sciences in that year. Died in Siesta Sanitorium after several months of pain. ¶ Among the most important contributors to development of 20th-century Hungarian literature. A very learned and versatile writer; noted mainly for lyric poems. Influenced by impressionism and symbolism and by many literary forces from Greek classicism to modern English poetry. Possessed strong standards of criticism and adhered to aesthetic principles despite nationalistic pressures for propaganda and didacticism. Showed deep compassion and humanistic outlook. Popularized discursive essay. Exerted considerable influence on the literature emerging in 1930's. Translated numerous works from English, French, German, Greek, Italian, and Latin. ¶ *A gólyakalifa* has been translated into German and Italian; *Az európai irodalom története* into German and Turkish; *Halálfiai* into Italian; *Hatholdas rózsakert* into Italian and Serbian; *Kártyavár* into German and Italian; *Timár Virgil fia* into French, German, and Italian; and some of his poems and short stories into Bulgarian, English, French, German, Italian, Japanese, Polish, Rumanian, Russian, Slovakian, Spanish, and Swedish.

FIRST EDITIONS: *Levelek Írisz koszorújából*. [Versek] Budapest: Nyugat, 1909. 94p. – *Herceg, hátha megjön a tél is!* [Versek] Budapest: Nyugat, 1911. 104p. – *Két kritika*. [*Petőfi és Arany, Az irodalom halottai*] Budapest: Nyugat, 1911. 66p. – *Dante komédiája. I. A Pokol*. [Fordítás] Budapest, 1913. [From Gulyás, I, 956] – *Gólyakalifa*. Regény és néhány novella. Budapest: Athenaeum, 1916. 320p. – *Recitativ*. [Versek] Budapest: Nyugat, 1916. 131p. – *A vihar*. Írta Shakespeare. [Fordítás] Budapest, 1916. [From Gulyás, I, 956] – *Wilde Oszkár verseiből*. [Fordítás] Budapest, 1916. [From Gulyás, I, 956] – *Irodalmi problémák*. [Tanulmányok] Budapest: Nyugat, 1917. 285p. – *Az örök béke*. Írta Immanuel Kant. [Fordította és bevezette] Budapest, 1918. [From Gulyás, I, 957] – *Dante komédiája. II. A Purgatorium*. [Fordítás] Budapest, 1920. [From Gulyás, I, 956] – *Karácsonyi Madonna*. [Elbeszélések] Budapest: Táltos, 1920. 246p. – *Nyugtalanság völgye*. [Költemények] Budapest: Táltos, 1920. 87p. – *Pávatollak*. Műfordítások. Budapest: Táltos, 1920. 134p. – *Erato*. Wien, 1921. [From Gulyás, I, 957] – *Laodameia*. [Dráma] Budapest: Táltos, 1921. 84p. – *A napló*. Írta Goethe. [Fordítás] Budapest, 1921. [From

Gulyás, I, 957] – *Az önző*. Írta George Meredith. [Fordítás] I–II. kötet. Budapest, 1921. [From Gulyás, I, 957] – *Gondolat és írás*. Budapest, 1922. [From Gulyás, I, 957] – *Kleopatra egy éjszakája*. Írta Théophile Gauthier. [Fordítás] Budapest, 1922. [From Gulyás, I, 957] – *Timár Virgil fia*. [Novellák] Budapest: Athenaeum, 1922 [1921]. 179p. – *Aranygaras*. Mesék. Budapest: Athenaeum, 1923. 143p. – *Dante komédiája. III. A Paradicsom*. [Fordítás] Budapest, 1923. [From Gulyás, I, 956] – *Kártyavár*. Egy város regénye. Budapest: Athenaeum, 1923. 356p. – *Romlás virágai*. Írta Charles Baudelaire. [Fordította Szabó Lőrinc- és Tóth Árpáddal] Budapest, 1923. [From Gulyás, I, 958] – *Halálfiai*. [Regény] Budapest: Athenaeum, 1927. 695p. – *Groteszkek és arabeszkek*. Írta Edgar Poe. [Fordítás] Budapest, 1928. [From Gulyás, I, 958] – *Versek. 1902–1927*. Budapest: Athenaeum, 1928. 414p. – *Élet és irodalom*. [Tanulmányok] Budapest, 1929. [From Gulyás, I, 958] – *Az istenek halnak, az ember él*. Versek. Budapest: Athenaeum, 1929. 61p. – *Dante*. Bevezetés a Divina comedia olvasásához. Budapest, 1930. [From Gulyás, I, 959] – *Oedipus király és egyéb műfordítások*. Budapest, 1931. [From Gulyás, I, 959] – *A torony árnyéka*. Mesék és novellák. Budapest: Athenaeum, 1931. 248p. – *Új anthológia*. Fiatal költők 100 legszebb verse. [Összeállítás] Budapest, 1932. [From Gulyás, I, 959] – *Amor sanctus*. Középkori himnuszok latinul és magyarul. [Fordítás és magyarázat] Budapest, 1933. [From Gulyás, I, 959] – *Elza pilóta vagy a tökéletes társadalom*. Regény. Budapest: Nyugat, 1933. 362p. – *Versenyt az esztendőkkel!* Új költemények, 1928–1933. Budapest: Nyugat, 1933. 128p. – *Az európai irodalom története*. Budapest: Nyugat, 1934. 355p. – *Hatholdas rózsakert*. [Novellák] Budapest: Athenaeum, 1937. 157p. – Continued under EDITIONS.

EDITIONS

See also nos. 349, 354, and 2203. Material in editions: p. 271 and no. 1718. Annotated works: nos. 258, 1486, 1488, 1742, 1748, 2168, 2203, 2828, 2832, 3007, 3375, 3940, and 4141.

306. *Összegyűjtött munkái*. I–X. kötet. Budapest: Athenaeum, 1937–1939.

1. kötet: Összes versei, 1902–1937. 1937. 491p.
2. kötet: *Írás és olvasás*. Tanulmányok. 1938. 389p.
3. kötet: *Ezüstkor*. Tanulmányok. 1938. 350p.
4–5. kötet: *Halálfiai*. [Regény] 1–2. kötet. 1939.
6. kötet: *Timár Virgil fia*. [Regény] *Kártyavár*. [Regény] 1937. 368p.
7. kötet: *A gólyakalifa*. [Regény] *Elza pilóta*. [Regény] 1939. 365p.
8. kötet: Összes novellái. 1938. 399p.
9. kötet: Kisebb műfordításai. 1939. 387p.
10. kötet: *Dante Komédiája*. [Teljes fordítás] 1939. 519p.

[DLC] [ICU] MnU [NN] [NNC] [AsWN] AsWU [GeLBM] GyBH GyGNSU

307. *Jónás könyve*. [Verses elbeszélés] Budapest: Nyugat, 1939[1]. 40p.

308. *Keresztül kasúl az életemen.* [Önéletrajzi feljegyzések] Budapest: Nyugat, 1939[1]. 199p.

309. *Hátrahagyott versei.* Sajtó alá rendezte Illyés Gyula. Budapest: Nyugat, 1941[1]. 54p. [B]   MH MnU NNC OCl FiHI GeLBM

310. *Írók két háború közt.* [Irodalmi tanulmányok] Budapest: Nyugat, 1941[1]. 287p. [C]

311. *A második ének.* [Dráma] Budapest: Nyugat, 1942[1]. 103p. [C]   NN NNC OCl GyBH

312. *Ünnepi beszédei.* Születése hatvanadik évfordulójának emlékére. Budapest: Baumgarten Ferenc Irodalmi Alapítvány, 1943[1]. 60p. NNC

313. *Jónás könyve.* [A verses elbeszélés kéziratának hasonmáskiadása] Budapest: Nyugat, 1947. 16p. DLC MH MiD NN OCl AsWN GyBH GyGNSU

314. *Hatholdas rózsakert.* Vidéki komédia. [Elbeszélés] Újvidék: Testvériség-Egység, 1952. 75p. [C]   GeLU GyBH GyGGaU

315. *Az európai irodalom története.* Budapest: Európa, 1957. 554p. [C] DLC MH NNC OCl FiHI GeLU GyBDS GyGNSU

316. *Művei.* [Élő sorozat?] [I–VII.] kötet. Budapest: Európa, 1957–1964. [B] [Volumes not numbered; arranged chronologically]
 1. *A gólyakalifa. Kártyavár.* [Regények] 1957. 403p.
 2. Drámafordítások. Sajtó alá rendezte Rozgonyi Iván. 1958. 331p.
 3–4. *Halálfiai.* Regény. Az utószót írta Ungvári Tamás. 1–2. kötet. 1959.
 5. Versfordításai. Sajtó alá rendezte Rozgonyi Iván. 1961. 358p.
 6. Összegyűjtött versei. Sajtó alá rendezte Rozgonyi Iván, a bevezető tanulmányt írta Szauder József. 1961. 553p.
 7. Novellák. 1964. 357p.
 [DLC] [InU] [MH] [NN] [NNC] [OCl] [AsWN] GyGNSU

317. *Válogatott versei.* Válogatta Illyés Gyula, sajtó alá rendezte és jegyzetekkel ellátta Belia György. Budapest: Móra, 1957. 274p. [C]   DLC MH GyBDS

318. *Babits—Juhász [Gyula]—Kosztolányi levelezése.* Török Sophie gyűjtése alapján sajtó alá rendezte és a jegyzeteket írta Belia György. Budapest: Magyar Tudományos Akadémia Irodalomtörténeti Intézete, 1959[1]. 347p. [A]   MH MnU NNC GeCU GeLBM GyBH GyGNSU

319. *Válogatott művei.* Válogatta és bevezette Keresztury Dezső, sajtó alá rendezte Ungvári Tamás, jegyzetekkel ellátta Belia György. I–II. kötet. Budapest: Szépirodalmi Könyvkiadó, 1959. [C]
 1. kötet: Versek, nagyobb költemények, műfordítások. 327p.
 2. kötet: Szépprózai művek, tanulmányok. 449p.
 CU CtY IC MnU NB NN NNC AsWN GeCU GeLBM GyBDS GyBH GyGGaU

320. *Jónás könyve.* [Verses elbeszélés] Az utószót írta Ungvári Tamás. Budapest: Magyar Helikon, 1961. 69p. [C]   NNC GyBDS GyBH

BIBLIOGRAPHY

See also nos. 338, 348, 349, and 358.

321. Sárkány Oszkár (összeáll.). "Babits-bibliográfia," *Babits emlékkönyv.* Szerkesztette Illyés Gyula. Budapest: Nyugat, 1941; 311p. Pp. 287–308.

Lists his works by year of publication. Data: title, publisher, place of publication and total pages for books; title, periodical, volume, and inclusive pages for articles. DLC MnU NN NNC AsWN FiHI GeCU GeLU GyBH GyGNSU

BIOGRAPHY

See also no. 2203.

322. Móricz Zsigmond. "Babits Mihály," *Irodalomról, művészetről.* 1899–1942. Sajtó alá rendezte Szabó Ferenc. I–II. kötet. Budapest: Szépirodalmi Könyvkiadó, 1959. II, 468–471. [Appeared in *Babits-emlékkönyv*, pp. 139–141; see no. 344]

A view of his character and personality based on Móricz's recollections; appreciations of his writings. DLC MH MnU NB NNC AsWN AsWU FiHI GeCU GyBDS

323. Móricz Zsigmond. "Babits Mihállyal a Garda-tón," *Irodalomról, művészetről.* 1899–1942. Sajtó alá rendezte Szabó Ferenc. I–II. kötet. Budapest: Szépirodalmi Könyvkiadó, 1959. II, 442–459. [Appeared in *Kelet Népe*, VII (August 15, 1941), 1–5]

An account of Móricz's discussions and experiences with Babits in Italy. DLC MH MnU NB NNC AsWN AsWU FiHI GeCU GyBDS

324. Belia György. "Két fejezet Babits Mihály életrajzából," *Dunántúl*, IV (1955), 58–67.

Details of his life in two parts: (1) his family and (2) his years of schooling in the Pécsi gymnasium and his first verses.

325. Belia György. "Babits Mihály Baján," *Irodalomtörténeti Közlemények*, LX (1956), 138–151.

Details of his activities and writings at Baja, 1905–1906, and a list of the 39 poems he wrote while a teacher at the gymnasium. Bibliographical footnotes. DLC MnU NN NNC AsWN GeLBM GyBH

326. Bisztray Gyula. "Babits fogarasi évei," *Irodalomtörténeti Közlemények*, LX (1956), 300–310, 431–446.

His life and activities in Fogaras based in part on personal recollections and in part on data from documents. In several unrelated sections: Bisztray's, Sophie Török's, and Pál Ambrózy's recollections; the significance of the years to his lifework; topography and local color; the

Gymnasium; his teaching activities. DLC MnU NN NNC AsWU GeLBM
GyBH

327. Basch Lóránt. "Egy literáris pör története," *Irodalomtörténet*, XLVII
(1959), 408–433. [Also a reprint]
Explores the probable causes of the opposition between Babits and Attila
József. Bibliographical footnotes. Facsimiles. CU DLC MH MnU NN
NNC AsWU GeLBM GeLU GyBDS GyBH

328. Kardos Pál. "Ady és Babits kapcsolata 1919-ig," *Acta Universitatis
Debreceniensis*, VII (1961), 45–59. [Also a reprint]
The relationships between Ady and Mihály Babits until 1919—primarily
the views of Babits towards Ady's poetry and its place in the development
of the literature of the period. Shows that the two respected each other
more than previously believed by Gyula Földessy. NN FiHI FiHU
GeLBM GeOB GyBDS GyBH

329. Basch Lóránt. "A halál pitvarában. (Emlékezéseimből Babits Mihály
utolsó éveire)," *Jelenkor*, V (1962), 90–99.
Accounts of episodes during the last years of his life based on Basch's
recollections: the burial of Dezső Kosztolányi, the course of Babits's
illness, and details about the publication of the complete edition of his
poems. Illustrations. CU DLC InNd NN GeLBM GyBH

330. Éder Zoltán. "Adalékok Babits újpesti és budapesti középiskolai
tanárságának éveihez," *Irodalomtörténet*, L (1962), 138–146. [Also a reprint]
The major occurrences in his teaching activities at the Újpest and Budapest
high schools from 1911 to 1918. Bibliographical footnotes. CU DLC MH
MnU NN NNC AsWU GeLBM GeLU GyBDS GyBH

331. Kiss Ferenc. *A beérkezés küszöbén. Babits, Juhász és Kosztolányi
ifjúkori barátsága*. Budapest: Magyar Tudományos Akadémia Irodalom-
történeti Intézete, 1962. 153p.
The details of the first stage of friendship among the three writers, from
1904 to 1907, when they enjoyed intimate and genuinely friendly relations
and shared their creativity. Bibliographical footnotes. MH GyBDS
GyGNSU

332. Kardos Pál. "Babits viszonya Adyhoz 1919 után," *Studia Litteraria*,
I (1963), 123–139. [Also a reprint]
Finds that, again contrary to Gyula Földessy's view, Babits considered
Ady to be a great poet and revolutionary after the events of 1919. Summary
in Russian, p. 138, in German, pp. 138–139. MnU AsWN FiHI GeOB
GyBDS GyBH GyGNSU

333. Éder Zoltán. *Babits a katedrán*. Budapest: Szépirodalmi Könyvkiadó,
1966. 273p.
A study of his career as a teacher and writer of pedagogical works from
1905 to 1917, when he taught secondary school in Baja, Szeged, Fogaras

(in Transylvania), Újpest, and Budapest. Emphasis on his teaching activity but attention to the special character of his pedagogical views and to the connections between his development as a poet and writer and his teaching and his pedagogical concepts. Based on documents in the Babits archives in the National Széchényi Library and in the records of the schools where he taught. DLC NNC GeLBM GyBH GyGNSU

CRITICISM

See also nos. 57, 77, 80, 198, 841, 1428, 1485, 1629, 1962, 2829, 3093, 3099, 3941, 3944, 3952, 4551, and 4624.

334. Kosztolányi Dezső. "Babits Mihály," *Írók, festők, tudósok. Tanulmányok magyar kortársakról.* Gyűjtötte, sajtó alá rendezte, az utószót és a jegyzeteket írta Réz Pál. I–II. kötet. Budapest: Szépirodalmi Könyvkiadó, 1958. I, 226–263. [Appeared in *Auróra*, I (April 8, 1911), 37–38; *Élet*, no. 41 (October 13, 1912), 1287; *Nyugat*, IX (June 1, 1916), 644–645; *Új Magyar Szemle*, II (1920), 235–242; *Nyugat*, XV (January 16, 1922), 155–156]
Five articles dealing with the characteristics and merits of his various writings and the quality of the writer himself. DLC MH NjN NN NNC AsWN GeCU GyBH GyGNSU

335. Schöpflin Aladár. "Babits Mihály," *Magyar írók. Irodalmi arcképek és tollrajzok.* Budapest: Nyugat, 1917; 236p. Pp. 186–193. [Appeared in *Nyugat*, VII (June, 1914), 801–805]
The writer as he is to be found in his works, and the merits of his writings. InU MnU NNC GeLBM GyBH GyGGaU

336. Szabó Lőrinc. "Nyugtalanság völgye (Babits Mihály legújabb versei. Táltos, 1920)," *Nyugat*, XIV (January 1, 1921), 47–51.
A review of the 1920 edition of newest poems discussing their form and motif ("yearning for simplicity") and the character of his free verse. MH MnU NNC FiHU GeLBM GyBH

337. "Babits Mihály-szám," *Nyugat*, XVII (April 1, 1924), 482–573.
A memorial issue consisting of separate studies of various aspects of his life, character, and writings, by several hands. MH MnU NNC FiHU GeLBM GyBH

338. Juhász Géza. *Babits Mihály.* Budapest: Studium, 1928. 47p.
A biography and a study of the subject matter and distinguishing characteristics of his writings. Bibliography, including lists of translations of his works, pp. 43–45. MH NNC FiHI GeLBM GyBH

339. Illyés Gyula. "Két bevezető Móricz Zsigmond és Babits Mihály szerzői estjeihez," *Nyugat*, XXV (December 16, 1932), 621–627.
Two short discussions: (1) Móricz's natural gifts as a writer and his redirecting the attention of Hungarian poets to the Hungarian people, their poverty and their present conditions out of which their future is to develop,

and (2) a general characterization of Babits's creative efforts in poetry. MnU NN NNC FiHU GeLBM [GeLU] GyBH

340. Oláh Gábor. *Babits Mihály 25 éve.* Szeged: Szeged Városi Nyomda, 1932. 12p.

The development of his individuality as a poet in three periods: to 1914 ("the age of beauty"), the five years of World War I ("the age of goodness"), and the period after the 1919 Revolution ("the age of truth"). Opens with a discussion of the roots of his poetry in Mihály Vörösmarty and János Arany. MnU

341. Halász Gábor. "Egy ízlésforma önarcképe. Jegyzetek Babits Mihály irodalomtörténetéhez," *Válogatott írásai.* Szerkesztette, az utószót és a jegyzeteket írta Véber Károly. Budapest: Magvető, 1959; 801p. Pp. 258–266. [Appeared in *Nyugat*, XXVIII (August, 1935), 117–121]

Maintains that *Az európai irodalom története* is not a genuine literary history but a reflection of Babits's own personal tastes. DLC NNC GeLBM GeLU GyBDS GyBH GyGNSU

342. Illés Endre. "Babits Mihály," *Krétarajzok.* Budapest: Magvető, 1957; 554p. Pp. 58–76. [Appeared in *Nyugat*, XXX (May, 1937), 357–359 and XXXI (August, 1938), 125–128; *Magyar Csillag*, III (December, 1943), 709–711]

Three separate articles: Illés's recollections of Babits, Babits's qualities as a novelist, and commentary on *Hatholdas rózsakert.* DLC MH GeLBM GeLU GyBDS GyBH GyGNSU

343. Halász Gábor. "Babits, az eszéíró," *Válogatott írásai.* Szerkesztette, az utószót és a jegyzeteket írta Véber Károly. Budapest: Magvető, 1959; 801p. Pp. 402–409. [Appeared in *Nyugat*, XXXI (March, 1938), 226–230]

The character of the thought in his essays, especially the connection between the art and the ideas of the writer. DLC NNC GeLBM GeLU GyBDS GyBH GyGNSU

344. *Babits emlékkönyv.* Szerkesztette Illyés Gyula. Budapest: Nyugat, 1941. 311p.

A memorial volume of studies arranged under subject headings: his works, his thought, his artistry, the man, his last days. Illustrations. DLC MnU NN NNC AsWN FiHI GeCU GeLBM GeLU GyBH GyGNSU

345. Brisits Frigyes. *Babits Mihály.* Budapest: Magyar Irodalomtörténeti Társaság, 1941. 10p.

An evaluation of his contributions to Hungarian literature and a characterization of his various kinds of writings. On the occasion of his death.

346. Kárpáti Aurél. *Babits Mihály életműve.* Budapest: Athenaeum, 1941. 72p.

The characteristics and merits of his works by genres: poetry, novels, short stories, essays, translations. Most attention to his essays. MnU NN AsWN GeLBM GyBH

347. Kolozsvári Grandpierre Emil. "Babits prózája," *Legendák nyomában.* Az utószó Horváth Zsigmond munkája. Budapest: Szépirodalmi Könyvkiadó, 1959; 380p. Pp. 198–206. [Appeared in *Babits-emlékkönyv*, pp. 68–72; see no. 344]

Characterizes the qualities of his use of words, sentences, and music in his prose. DLC MH MnU NB NNC AsWN GeLBM GeOB GyBH GyGNSU

348. Ferenczy Piroska. *Babits és Ady. Két költőtipus a "Nyugat"-ban.* Budapest: A Szerző, 1942. 94p.

Examines Babits and Ady as representing different schools contributing to the periodical *Nyugat*, and discusses the adherents of each, all in separate chapters. Bibliographical notes, pp. 85–90; bibliography, pp. 91–92.

349. Gál István. *Babits és az angol irodalom.* Debrecen: Dunántúl Pécsi Egyetemi Könyvkiadó és Nyomda, 1942. 140p.

His relations with English and American literature, primarily the former: his knowledge of the language, his English library, his translations, his activities in behalf of English culture in Hungary, the influence on his writings. Appendixes: (1) English books in his library, (2) His first Shakespearian study, (3) Principles and drafts of his translations, (4) His unknown translations, and (5) Complete list of his English translations. Bibliographical footnotes. Summary in English, pp. 136–140. CoU DLC MH MnU NIC NNC FiHU GeLBM GeOB GyBH

350. Illyés Gyula. "Babitsról—külföldieknek," *Válasz*, IX (1949), 133–135.

A preface to the German edition of *Az európai irodalom története* (1949) characterizing it as the work of a literary writer who, since his childhood, mastered the languages required to know the writers in the book through their own language and who has made the largest contribution toward acquainting Hungarians with the literature of Europe. DLC

351. Rónay György. "Jegyzetek Babitsról," *Vigilia*, XIV (1949), 13–23.

Discusses his attitudes toward the relationship of the self with the cosmos and his movement toward a relationship with man under the influence of his experiences, especially those during World War I, and the resolution of the problem on the basis of Catholicism. DLC NN NNC

352. Pósa Péter. *Babits Mihály: "Kártyavár."* Szeged: Szegedi Nyomda, 1956. 22p.

An analysis of *Kártyavár* and an effort to establish its place among Hungarian novels of the 20th century: the art of its character portrayal, its composition, its style, and the meaning of its symbols.

353. Keresztury Dezső. "Babits Mihály," *Babits Mihály válogatott művei.* Válogatta Keresztury Dezső, sajtó alá rendezte Ungvári Tamás, a jegyzeteket összeállította Belia György. I–II. kötet. Budapest: Szépirodalmi Könyvkiadó, 1959. I, vii–xci.

His literary development, his concepts of literature, and the strengths and shortcomings of his writings. CU CtY IC MnU NB NN NNC AsWN GeCU GeLBM GyBDS GyGGaU

354. Ungvári Tamás. "Adalékok Babits Mihály pályaképéhez (1918–1919)," *Irodalomtörténeti Közlemények*, LXIII (1959), 235–250.

Individual sections dealing with his support of and change in attitude toward the "bourgeois revolution of October, 1918" based on previously unknown notes, drafts, and texts for lectures, which are published for the first time. Bibliographical footnotes. Summary in English, p. 250. DLC MnU NN NNC AsWU GeLBM GyBH

355. Hatvany Lajos. "Vázlatok Babits Mihályról," *Irodalmi tanulmányok*. I–II. kötet. Budapest: Szépirodalmi Könyvkiadó, 1960. I, 131–235. [Based on an unpublished manuscript dated Vienna, 1921–1922]

A critical attack on almost every aspect of his creativity and thought. MnU NN NNC AsWN GeLBM GyBDS GyGNSU

356. Rába György. "Világirodalmi hatások a fiatal Babits költészetében," *Világirodalmi Figyelő*, VI (1960), 419–438.

Finds some of his early poems influenced by such poets as: Baudelaire, Poe, Swinburne, Jean Richepin, and Detlev Liliencron. Examination of parallel passages. Bibliographical footnotes. Summary in French, p. 438. DLC NN NNC FiHI FiHU GeLBM GyBDS GyBH

357. Rába György. "Babits Dante-fordítása," *Filológiai Közlöny*, VII (1961), 43–68. [Also a reprint]

Compares his translation of the *Divine Comedy* with that of Károly Szász, and examines his translation for its distinctive qualities, often comparing it with the original. Bibliographical footnotes. DLC MH NN AsWN GeLBM GeOB GyBDS GyBH

358. J. Soltész Katalin. *Babits Mihály költői nyelve*. Budapest: Akadémiai Kiadó, 1965. 387p.

An analysis of his poetic language in his verse, prose, and translations leading to characterizations of his style: phonetics, morphology, syntax, and means of poetic expression. Appendix: A registry of the poems according to the verse forms he used classified by Hungarian, West European, classical, free verse, and mixed meters. Bibliography, pp. 382–384. CU DLC InU MH MnU AsWN GeLBM GeOB GyBDS GyGNSU

BAJZA JÓZSEF

Born January 31, 1804 in Szücsi; died March 3, 1858 in Pest. Poet, critic, editor, translator, publicist. Descendant of landowning family. Completed gymnasium studies in Gyöngyös and Pest and university studies in Pest, where he formed a lasting friendship with Ferenc Toldy, to whom he wrote letters from 1821 to 1830 revealing the development of his individuality and world view. Sought a literary career. First poem published in 1822. Knew Latin and German. Gained early recognition from Károly Kisfaludy (q.v.); became member of Kisfaludy's inner circle, to which Mihály Vörösmarty (q.v.) and Toldy also belonged, with whom he formed the "triász," or triad, of 1830's. Read law and served in barrister's office in Pozsony and Heves County 1823–1824. Clerk of delegate from Heves County to meetings of Parliament in Pozsony 1825–1827. Law student in Pest 1827–1828. Passed bar examination in 1829, but continued to pursue literary career. Married Juliánna Csajághy. Edited several periodicals: *Kritikai Lapok*, 1831–1836; *Aurora* (yearbook), 1832–1837; *Athenaeum*, 1837–1843; *Ellenőr*, 1847 (a political handbook published in Germany to evade the censor); *Kossuth Hírlapja*, July–December 1848; and *Futár*, July 1849, of which only one number appeared. Corresponding member of Academy in 1831, regular member in 1832. Director of National Theater August 1837–June 1838 and October 1847–May 1848. Engaged mainly in historical writing 1844–1847. Forced to flee to provinces in 1849 during Revolution; returned to Pest permanently in 1851. Economic circumstances worsened and troubled him the rest of his life. ¶ Helped to establish song as genre in Hungarian poetry and was especially successful in use of lyrical ballad. His poems with patriotic and political themes are generally considered his best. His literary criticism was deeply influenced by classical and German theories, and his writings on dramaturgy form the most lasting part of his literary activity. He translated works by Goethe, Uhland, Immermann, Herder, Anastasius Grünn, and Schiller. ¶ Some of his poems have been translated into Bulgarian, English, German, Hebrew, Italian, Rumanian, and Russian; "Sóhajtás" most frequently translated.

FIRST EDITIONS: *Külföldi játékszín*. Kiadja Bajza József. [*A gyűrű*, vígjáték németből Schröder után Bajza; s Lessing és Schröder irodalmi arcképeik a kiadótól] I. kötet. Pest, 1830. [From Szinnyei, I, 350] – *Toldalék*. Észrevételek a Conversations-lexikoni pörhöz gróf Dezsewffy József ellen. [Vita] Székes-Fehérvár: Számmer Pál, 1830. 50p. – *Válasz Döbrentei Gábornak a Conversations-Lexicon ügyében*. Pest: n.p., 1830. 20p. – *Replica, vagy mellyik a valódi Aurora törvény és józan ész előtt?* Feleletül Horváth Istvánnak. [Vita] Pest: n.p., 1834. 8 leaves. – *Versei*. Buda, 1835. [From Pintér, VI, 642] – *Az éjszakamerikai egyesült országok történetei*. Írta Hermann Lardner. [Csak részben az ő fordítása] II. kötet. Pest, 1836. [From Szinnyei, I, 351] – *Pillangó*. Külföldi válogatott elbeszélések zsebkönyve. Kiadta Széplaki Erneszt. [Fordítás] Buda, 1836. [From Szinnyei, I, 351] – *Pesti magyar színésztársaság törvényei*. Pest, 1837. [From Szinnyei, I, 351] – *Munkácsy János huszonhat hazugsága*. Orosz Százada 79. számában. [Vita] Pest: Athenaeum, 1838. 4p. – *Szózat a Pesti Magyar Színház ügyében*. [Röpirat] Buda: Magyar Királyi Egyetemi Nyomda, 1839. 91p. – *Az angol forradalom története*. Dahlmanntól.

[Fordítás] Buda, 1844. [From Szinnyei, I, 351] – *Az emberi mívelődés történetei.* Kolb után németből szabadon fordította. Buda, 1844. [From Szinnyei, I, 351] – *Új Plutarch.* A szöveg német eredetijét magyarázta. I–II/1–2. kötet. Buda, 1845–1847. [From Szinnyei, I, 351] – *Világtörténet a legrégibb időktől korunkig.* I. kötet: *A hajdankor.* Pest: Hartleben K. Adolf, 1846. 931p. – *Összegyűjtött munkái.* I–II. kötet. Pest: Emich Gusztáv, 1851. [2d, enl. ed., 1861–1863, 6 vols.]

EDITIONS

See also no. 378. Editorial work: p. 621.

359. *Összegyűjtött munkái.* Sajtó alá rendezte Badics Ferenc. I–VI. kötet. [Bővített kiadás] Budapest: Franklin-Társulat, 1899–1901[3]. [B]

1. kötet: Költeményei. [Eredeti és fordítások] 1901. 363p.
2. kötet: Eredeti regék és elbeszélések. Külföldi válogatott elbeszélések (Irving Washington, Scott Walter, Bulwer, Head Richard, Goethe). *A gyűrű.* Vígjáték. *A megholt unoka.* Vígjáték. 1899. 476p.
3. kötet: Kisebb történeti írások. Történeti és írói arcképek (Zrínyi Miklós, Dante, Tasso, Cervantes, Shakespeare, Milton, Byron, Molière, Racine, Marmontel, Lessing, Schiller, Goethe, Wieland, Uhland, stb.). 1899. 402p.
4. kötet: Széptani és kritikai írások. Vitairatok. 1899. 610p.
5. kötet: Dramaturgiai írások. 1900. 404p.
6. kötet: Levelei. [Toldy Ferenchez, Kazinczy Ferenchez, stb.] 1900. 487p.

DLC ICU InU MnU NN NNC GeLU

360. *Költeményei.* Budapest: Franklin-Társulat, 1904[6]. 197p. [C] GeLU

361. *Munkái.* Sajtó alá rendezte és bevezetéssel ellátta Badics Ferenc. Budapest: Franklin-Társulat, 1904. 344p. [C] DLC MH MnU NNC OCl FiHI GeLBM GeLU GyBH

362. *Művei.* Kiadja Szücsi József. I. kötet: költemények, novella, kritikák. [Only vol. published] Budapest: Franklin-Társulat, 1914. 278p. [B] AsWN GeLBM

363. *Munkái.* Költemények. Tanulmányok. Négyesy László bevezetésével. Budapest: Franklin-Társulat, 1928. 220p. [C] MH NNC

364. *Dramaturgiája.* Összeállította Lóránd Lajos. Budapest: Színháztudományi Intézet, 1949. 40p. [C]

365. *Válogatott cikkek és tanulmányok.* Válogatta, bevezette és az útmutatót írta Lukácsy Sándor. Budapest: Szépirodalmi Könyvkiadó, 1954. 304p. [B] DLC MnU FiHU GyBDS GyBH

366. *Válogatott művei.* Sajtó alá rendezte Kordé Imre, válogatta, bevezette és a jegyzeteket készítette Tóth Dezső. Budapest: Szépirodalmi Könyvkiadó, 1959. 526p. [B] DLC NN NNC GeCU GeLBM GyBDS GyBH GyBNSU

BIBLIOGRAPHY

See nos. 368 and 380.

BIOGRAPHY

367. Toldy Ferenc. "Emlékbeszéd Bajza József felett," *Irodalmi beszédei.* I–II. kötet. Pest: Ráth Mór, 1870–1872. II, 3–28. [Read to the Magyar Tudományos Akadémia on December 22, 1861; appeared in *Magyar Tudományos Akadémia Évkönyvei*, X, no. 7 (1862), 1–15]

Significant elements of his life and literary and critical development in relation to the age and its writers. Based on Toldy's personal recollections. GeLBM GyBH

368. Szántó Zsigmond. *Bajza József. Irodalomtörténeti tanulmány.* Esztergom: Laiszky János, 1884, 152p.

Considerable attention to his relationships with writers, to literary and language questions of his times, and to his writings. Bibliography, pp. 151–152.

369. Baló József. "Bajza József dramaturgiai munkálkodása," *Egyetemes Philologiai Közlöny*, XV (1891), 841–860, 951–967. [Also a reprint]

His dramaturgical activities from 1829 to 1847: editor of a drama collection, drama critic, and his involvement in the National Theater and eventual acceptance of its directorship (1847). Bibliographical footnotes. IU MH MnU NNC OCIW OCU AsWU FiHI GyBH

370. Szücsi József. *Bajza József.* Budapest: Magyar Tudományos Akadémia, 1914. 497p.

Major attention to his writings by chapters. Appendix: Three branches of the family tree. Bibliographical footnotes. ICU MH MnU NNC AsWN AsWU GeLBM

CRITICISM

See also no. 4153.

371. Péterfy Jenő. "Bajza József (1821–1828)," *Összegyűjtött munkái.* I–III. kötet. Budapest: Franklin-Társulat, 1901–1903. I, 160–219. [Appeared in *Budapesti Szemle*, XXXI, no. 69 (1882), 321–355]

Concerned with the emergence of the poet and the development of the critic from the poet during his early years, 1821–1828. MH MnU NNC OCl GeLBM GeLU GyBH

372. Ruik László. *Bajza József kritikai működése. Bölcsészet doktori értekezés.* Kassa: Ries Lajos, 1896. 134p.

A three-part study of his critical career: (1) from 1828 to his beginning the *Kritikai Lapok* in 1831, (2) from 1830 to the beginning of the *Athenaeum* in 1837, and (3) to his editorship of the *Athenaeum* in 1843. Bibliographical footnotes.

373. Kürti Menyhért. *Bajza mint költő*. Budapest: Stephanaeum, 1899. 100p.
A study of his poems: details of their publication, their development in his career, their form and thought, their melancholy, their use of nature, the influences upon them. Attention to his translations. Views his poetry as a significant part of his creativity. MnU GyBH

374. Pfeiffer János. "Bajza aesthetikai dolgozatai," *Irodalomtörténeti Közlemények*, X (1900), 287–321. [Also a reprint]
An examination of his aesthetics based on "Az epigramma theoriája," "A románköltésről," and his activities as a drama critic. Attention to foreign influences. Bibliographical footnotes. DLC MH MnU NNC AsWN AsWU FiHI GeLBM [GeLU] GyBH

375. Móricz Zsigmond. "Bajza nagy polémiái (1828–1831)," *Válogatott irodalmi tanulmányok*. A kötetet összeállította Vargha Kálmán. Budapest: Művelt Nép, 1952; 380p. Pp. 25–60. [Appeared in *Uránia*, IV (April, 1903), 146–154; (May, 1903), 202–208]
His individuality on the basis of the critical controversies in which he engaged from 1828 to 1831, and his connection with the significant internal literary revolution which ran from the founding of the *Aurora* (1832) to the cessation of the *Athenaeum* (1843) and which transformed Hungarian literary life and established today's literary society. DLC MH MnU NB NNC AsWN AsWU FiHI GeCU GyBDS

376. Bajza József. "Bajza József költői nyelvéről," *Magyar Nyelvőr*, XXXVII (1908), 13–25. [Also a reprint]
An effort to determine the individual character of his diction by means of the psychological method: its gentleness and "irrealitás." MH NN NNC AsWN FiHI GyBH

377. Patai József. "Bajza és Lessing," *Egyetemes Philologiai Közlöny*, XXXII (1908), 33–47, 205–223, 354–369. [Also a reprint]
Traces the influence of Lessing's writings on his works by literary genres, and maintains that he was a student of Lessing and accompanied by him in all stages of his work. Bibliographical footnotes. IU MH MnU NNC OCIW OCU [AsWN] FiHU GyBH

378. Lóránd Lajos (összeáll.). *Bajza József dramaturgiája*. Budapest: Színháztudományi Intézet, 1949. 40p.
Records with brief comment Bajza's views about the drama: acting, directing, aesthetics, opinions of great actors (Gábor Egressy, Márton Lendvay, Mrs. Anikó Lendvay, Zsigmond Szentpétery, Károly Megyeri, Lajos Fáncsy, János Bartha).

379. Lukácsy Sándor. "Bajza József (1804–1858)," *Bajza József: Válogatott cikkek és tanulmányok*. Válogatta, a bevezetőt és az útmutatót írta Lukácsy Sándor. Budapest: Szépirodalmi Könyvkiadó, 1954; 304p. Pp. 5–26.
The development of his critical and political principles, the character of

his critical writings, and his literary career from 1828 to 1849. DLC MnU FiHU GyBDS GyBH

380. Forgács László. *Bajza és Belinszkij.* Budapest: Akadémiai Kiadó, 1955. 103p.

Purpose: to clarify his critical patterns and major creative points by examining the connections of his works with the Age of Reform and Belinskii's critical viewpoints. Finds that all the complexities of the Hungarian Revolution in 1848–1849 are mirrored in Bajza's criticism and aesthetic principles. Bibliographical notes, pp. 90–94. Summaries: Russian, pp. 97–98; German, pp. 99–101. DLC MH AsWN GyBDS GyGGaU GyGNSU

381. Cushing, G. F. "József Bajza," *Slavonic and East European Review* (University of London), XXXVII (1958), 99–112.

After a biographical discussion examines his writings by genres to link him to the times and its literary development and to reveal their distinctive characteristics. Viewed as a writer who sought to establish a sound native tradition through the imitation of the best foreign models but who insisted on linking the newly-rooted literature to the increasing nationalism of the times. Bibliographical footnotes. Widely available in U.S.

382. Tóth Dezső. "Bevezetés," *Bajza József válogatott művei.* Sajtó alá rendezte Kordé Imre, válogatta, bevezette és a jegyzeteket készítette Tóth Dezső. Budapest: Szépirodalmi Könyvkiadó, 1959; 526p. Pp. 7–48.

His literary career: his beginning in the 1820's with his poetry; the commencement of his work in criticism with the appearance of "Az epigramma teóriája" in 1828; his views of criticism and dramaturgy; his editorship of *Kritikai Lapok* and *Athenaeum*; the emergence of his patriotic poetry in the 1840's; and his activities in 1848–1849 and after 1849. DLC NN GeCU GeLBM GyBDS GyBH GyGNSU

BALASSI BÁLINT

Born October 20, 1554 in Zólyom; died May 30, 1594 in Esztergom. Poet. Name also written Balassa. Descendant of aristocratic family. Beginning in 1562, was tutored by Péter Bornemisza (q.v.), whose Lutheranism gave a religious cast to Balassi's mind; sent to Nürnberg at 14 to study. Attended parliamentary session in Pozsony with father in 1572. Lived in Egervár and environs in 1574 and fell in love with Anna Losonczi, an unfortunate youthful love affecting his whole life. Much troubled by legal actions involving estate and by frequent unhappy love affairs. Began military career in 1575 in Transylvania. Joined court of István Báthory in Poland in 1576. Knew Turkish and Italian well. Returned home in 1577. Wanted to return to Poland but joined military forces as lieutenant in cavalry in Eger in 1579, where he served till 1582. Participated in Siege of Hanva in 1580. Entered into short-lived and unfortunate marriage with Krisztina Dobó in 1585. Became Catholic in 1586. Accepted assignment in Érsekújvár in 1588 but lost post because of love affair with commander's wife. Entered voluntary exile in Poland in 1589. Lived on grounds of Hungarian College in Braunsberg about 1590. Returned to Hungary in 1591 on hearing of renewed battles between Hungarian and Turkish forces. Died of severe wounds during Siege of Esztergom three years later. ¶ First to write distinguished lyric poems in Hungarian. Love poems best part of his writings. Love verses of youth written 1575–1584, among which a group of poems known as "Anna versek" stand out. "Júlia-ciklus" written 1588–1589, addressed to Anna Losonczi. These two groups represent the highest level of his poetic art, blending, in a highly individual way, the love poetry of European humanism, under the influence of Angerianus and Marullus, with many elements of traditional Hungarian folk poetry. His "Vitézi-énekek" express beauties he found in soldierly life; *Istenes énekek*, religious views. Broke new ground in Hungary by employing Renaissance form of drama, also written in Hungarian. Of two dramas, only *Szép magyar comoedia* (1588–1589) remains; *Jephte* is lost. His prose shows mature Renaissance style; especially apparent in a translation of Campianus, published after his death. ¶ Some of his poems have been translated into Bulgarian, English, Finnish, French, Italian, Japanese, Russian, and Swedish.

FIRST EDITIONS: *Beteg lelkeknek való füves kertecske*. [Vallásos elmélkedés] Krakkó, 1572. [From Pintér, II, 261] – *Campianus Edmondnak okai*. Bécs, 1607. [From Pintér, II, 261] – *Gyarmati Balassa Bálintnak Istenes énekei*. [Versek] A kiadást gondozta Ferenczffy Lőrinc és Nyéki Vörös Mátyás. Bécs: n.p., 1632–1635 között. 190p.

EDITIONS

See also no. 411.

383. *Balassa Bálint, Gyarmati—Rimai János Istenes éneki*. [Hozzákötve:] Egynéhány oktató régulák által vezérlő úta minden útonjáró igaz izraélitának. Most újobban e kisformában ki-botsátatott. Pozsony és Pest: Landerer, 1806. 357, 9, 42p. [C]

384. *Költeményei*. Szerkesztette, jegyzetekkel és bevezetéssel ellátta Szilády Áron. Budapest: Magyar Történelmi Társulat, 1879. 354p. [B] NNC AsWN GeLBM

385. *Balassa Bálint, báró—Zrínyi Miklós, gróf [munkái]*. Sajtó alá rendezte és bevezetéssel ellátta Széchy Károly. Budapest: Franklin-Társulat, 1905. 366p. [C] DLC MnU NN NNC OCl FiHU GeLBM GyBH GyGNSU

386. *Minden munkái*. Életrajzi bevezetéssel és jegyzetekkel ellátva kiadta Dézsi Lajos. I–II. kötet. Budapest: Genius, 1923. [B]

1. kötet: *Istenhez tött keresztény buzgó könyörgések vagy Istenes énekek*.

D

Egyeledett állapotrul való elvegyült énekek. Júliáról szerzett énekek. Coelia dalok. 212p.

2. kötet: Balassának tulajdonított költemények. Az *Istenes énekek* függelékében közölt énekek. A Radvánszky-kódex vegyes énekei. A Kékkői kézirat Balassa-énekei. *Eurialusnak és Lucretiának szép históriája. Credulus és Júlia.* Balassa-levelek és okiratok. A két Balassa halálra írt költemények. Bibliográfia (see no. 398). 796p.

CtY MH MnU NN NNC GeLU

387. *Balassa Bálint, Gyarmati Istenes énekei, melyek az 1632–1635 között kinyomatott bécsi első editióbul most hasonmásban újonnan kibocsáttattak Varjas Béla által.* [Facsimile] Budapest: Rózsavölgyi és Társa, 1941. 190p.

388. *Összes költeményei.* E kiadást sajtó alá rendezte Kovách Aladár. Budapest: Stádium, 1942. 216p. [C]

389. *Balassa-kódex.* Bevezetéssel és jegyzetekkel közzéteszi Varjas Béla. [Also contains poems by János Rimay and Miklós Zrínyi] Budapest: Magyar Tudományos Akadémia, 1944. 196p. [A] DLC InU MH WaU FiHU GeCU GyGNSU

390. *Összes művei.* Összeállította Eckhardt Sándor. I–II. kötet. Budapest: Akadémiai Kiadó, 1951–1955. [A]

1. kötet: Költemények, drámatöredékek, emlékiratok, levelezés. 1951. 427p.
2. kötet: Prózai művek. Pótlások az 1. kötethez: újonnan előkerült versek, levelek, iratok. 1955. 159p.

CtY DLC MH MnU [NN] NNC TxU FiHU [GeCU] GeLBM GyBDS GyBH GyGNSU

391. *Összes versei.* Sajtó alá rendezte Bóta László, bevezette Fekete Sándor. Budapest: Szépirodalmi Könyvkiadó, 1954. 272p. [B] DLC FiHI FiHU GyBDS GyBH

392. *Összes versei és levelei.* Sajtó alá rendezte Eckhardt Sándor. Budapest: Szépirodalmi Könyvkiadó, 1955. 398p. [A] MH MnU FiHU GyBDS GyGNSU

393. *Válogatott versei.* Válogatta és az előszót írta Nagy László. Budapest: Móra Ferenc, 1957. 157p. [C] DLC GyBDS GyBH

394. *Balassi Bálint szép magyar komédiája. A Fanchali-Jób-kódex magyar és szlovák versei.* Szerkesztette Jan Mišianik, Eckhardt Sándor és Klaniczay Tibor. Budapest: Magyar Tudományos Akadémia Irodalomtörténeti Intézete, 1959; 207p. Pp. 33–126. [A] DLC MH NNC AsWN GyBDS GyGNSU

395. *Gyarmathi Balassa Bálinthnak Thirsisinek Angelicával, Sylvanusnak Galatheával való szerelmekrül szép magyar comoedia.* A költő nyelvére és a mai helyesírásra átírta s a hiányokat kiegészítette Eckhardt Sándor. Budapest: Akadémiai Kiadó, 1960. 115p. [A] DLC NN NNC GeCU GeLBM GyBH

396. *Összes versei és a Szép magyar komédiája.* Sajtó alá rendezte Eckhardt Sándor, az utószót írta Klaniczay Tibor. Budapest: Magyar Helikon, 1961. 253p. [B] DLC NN NNC FiHU GeCU GeLU GyBDS GyGGaU GyGNSU

BIBLIOGRAPHY

See also nos. 402, 403, 404, 409, and 413.

397. Dézsi Lajos (összeáll.). "Balassa és Rimay 'Istenes énekei'-nek bibliographiája," *Rimay János munkái.* A Radvánszky- és a Sajókazai-codexek szövege szerint kiadja báró Radvánszky Béla. Budapest: Magyar Tudományos Akadémia, 1904; 380p. 104p.

This bibliography of Balassa's and Rimay's *Istenes énekei* is a separately numbered appendix of the work cited. Descriptions of the editions from the first to the 1806 edition of Pozsony. Transcriptions and facsimiles of editions to 1704 and of page 95 from the 1635–40 edition, the latter so that defective copies could be determined. Also contains editions which are known only through recollection, so that search for them could be assisted. Provides library locations. Descriptions of 39 editions. Closing section lists editions in chronological order. DLC MH AsWN GeLBM GeLU GyBH GyGNSU

398. Dézsi Lajos (összeáll.). "Bibliográfia," *Balassa Bálint minden munkái.* Életrajzi bevezetéssel és jegyzetekkel ellátva kiadta Dézsi Lajos. I–II. kötet. Budapest: Genius, 1923. II, 665–779.

Bibliographical data on individual writings and the sources in which they are originally to be found. CtY MH MnU NN NNC GeLU

399. Waldapfel József. *Balassi költeményeinek kronológiája.* Budapest: Pallas, 1927. 43p.

An establishment of the chronological order of the composition of his poems: (1) evidence from the text of the Radvánszky-kódex, (2) the love songs, (3) the *Istenes énekek* not to be found in the Radvánszky-kódex, and (4) the development of his practices in versification as a basis for establishing their chronology. Bibliographical footnotes. MnU GyBH

BIOGRAPHY

See also no. 3161.

400. Erdélyi Pál. *Balassa Bálint. 1551 [1554]–1594.* Budapest: Magyar Történelmi Társulat, 1899. 251p.

Aims to remove the romantic image of the poet and to place his lyrics in a clearer light by constructing a historically sound characterization of the man, his relations with others, and his times. Appendix: The background for his oil portrait, and the discovery of the fragment of the *Comoedia.* Bibliographical footnotes. Illustrations and facsimiles. CoU NN NNC GeLBM GyBH

401. Kálmán Sámuel. *Báró Gyarmati Balassa Bálint költészetéből.* (*Katonai, természeti, hazafias és Istenes énekei*) Budapest: Berkovits-Nyomda, 1906. 59p.

Mainly a characterization of the poet based on the examination of his military, nature, patriotic, and religious lyrics poems. Bibliographical footnotes.

402. Eckhardt Sándor. *Balassi Bálint.* Budapest: Franklin-Társulat, 1941. 224p.

Underlying purpose: to bring closer to the contemporary Hungarian the clearly perceptible but complex contradictions of Balassi's inner burdens, whose lifework effectuated the first synthesis of Hungarian and European intellectual life. Views the whole of the poet's life, and his writings and their relationships with his life. Not concerned with matters of style and diction. Bibliographical notes, pp. 219–224. MnU NNC GeLBM GeLU

403. Eckhardt Sándor. *Az ismeretlen Balassi Bálint.* Budapest: Magyar Szemle Társaság, 1943. 313p.

Based on new primary sources. Bibliographical notes, pp. 221–304. Illustrations. NN NNC GeLBM GeLU

404. Eckhardt Sándor. *Új fejezetek Balassi Bálint viharos életéből.* Budapest: Akadémiai Kiadó, 1957. 104p.

Additions to his life based on materials in Western Slovakian archives, especially the archive in Semelcbánya, and on visits to places in Czechoslovakia where the poet had stayed. Bibliographical notes, pp. 71–102. Illustrations. DLC MnU NNC AsWN FiHI GeCU GeLBM GyBDS GyGNSU

CRITICISM

405. Csillagh Mór. *Balassa Bálint báró virágénekeiről.* Budapest: Franklin-Társulat, 1890. 87p.

A study of "Virág énekek" as to their connections with the circumstances of his life, in an effort to face existing disagreements among scholars about the lyrics. Closes with a discussion of their form and foreign influences on them. Bibliographical footnotes. GeLBM

406. Eckhardt Sándor. "Balassi Bálint irodalmi mintái," *Irodalomtörténeti Közlemények*, XXIII (1913), 171–192, 405–450. [Also a reprint]

Purpose: to show the general and particular connections between his love lyrics and the literature of his age. In three parts: (1) the international pattern (humanistic love poetry, Italian [French] love poetry, German song collections, Turkish love poetry), (2) the influence of international poetry on his lyrics, and (3) his use of formal patterns. Bibliographical footnotes. CtY DLC MH MnU NNC AsWN AsWU FiHI GeLBM GyBH

407. Zolnai Béla. "Balassi és a platonizmus," *Minerva*, VII (1928), 153–214.

An effort to link his individuality with 16th-century humanism and its new ideal of life—a spiritualism leading back to Platonic philosophy. Provides the background for the problem in Balassi and the milieu of the age in Europe and Hungary, and examines his poems for evidences of Platonism. Maintains that his entire attitude, spiritual ideals, and poetic motifs are within the European modes of Platonism. Bibliographical footnotes. DLC NjP NN NNC FiHU GyBH

408. Imre Ilma. *Balassa Bálint hatása a XVII. sz. névtelen költőire.* (*A Vásárhelyi daloskönyv alapján*) Budapest: Dunántúl Könyvkiadó, 1930. 153p.

A study of 60 songs in the *Vásárhelyi songbook* to show Balassi's influence on unidentified poets. Bibliographical footnotes. DLC NN GeLBM GyBH

409. Sáfrány István. *Balassa-probléma.* [Bölcsészetdoktori értekezés] Pécs: Pannonia, 1931. 94p.

Discusses the problem of spelling his name, the character of his poetry and critical views of his poems, the nature of his verse forms, the chronology of his writings, and the qualities of "Cantio alia." Bibliography, pp. [95–96]. MnU

410. Waldapfel József. "Balassi és az olasz irodalom," *Irodalmi tanulmányok. Válogatott cikkek, előadások, glosszák.* Budapest: Szépirodalmi Könyvkiadó, 1957; 555p. Pp. 104–134. [Appeared as "Balassi, Credulus és az olasz irodalom" in *Irodalomtörténeti Közlemények*, XLVII (1937), 142–154, 260–272, 354–365]

The influence of Italian literature on his lyrics and on *Credulus és Júlia.* Attention to previous studies and viewpoints on the question. Believes him to be strongly affected by Italian literature. Bibliographical footnotes. DLC MH NN NNC AsWN GyBDS GyBH GyGNSU

411. Eckhardt Sándor. "Jegyzetek a Balassi-verskézirathoz," *Irodalomtörténet*, XLII (1954), 274–282.

A discussion of five recently discovered epigrams in manuscript containing titles and texts in his hand: two of them previously unknown, three of them parts of longer poems States that they seem to indicate that he wanted to develop the form in Hungary. CU DLC MH MnU NN NNC AsWU GeLBM GyBDS GyBH GyGNSU

412. Reményi Joseph *Three Hungarian poets: Bálint Balassa, Miklós Zrínyi, Mihály Csokonai Vitéz.* Washington, D.C.: Hungarian Reformed Federation of America, 1955. 64p.

Individual essays on Balassi, Zrínyi, and Csokonai giving attention to biographical materials and commenting on the literary merits and characteristics of their works. DLC ICU IU MH MiU MnU NcU NNC OCl OClW PLF and others; GyGGaU

413. Klaniczay Tibor. "Hozzászólás Balassi és Rimay verseinek kritikai kiadásához," *Magyar Tudományos Akadémia Nyelv- és Irodalomtudományi Osztályának Közleményei*, XI (1957), 265–338.

Purpose: to examine critically the manuscripts and printed works of the two poets and establish their correct texts and the chronological order of their composition, beyond points already established by scholarship, as a means of helping their study by literary historians and critics. Bibliographical footnotes. DLC MnU NNC GyBDS GyBH GyGNSU

414. Eckhardt Sándor. "Balassi Bálint írói szándéka," *Irodalomtörténet*, XLVI (1958), 339–349.

Purpose: to throw light on the influences which led him to become a poet. Attention to his views of his poetry and to his relations with Rimay. CU DLC MH MnU NN NNC AsWU GeLBM GeLU GyBDS GyBH

415. Eckhardt Sándor. "Balassi Bálint Szép magyar comoediája," *Balassi Bálint Szép magyar komédiája*. Sajtó alá rendezte Jan Mišianik, Eckhardt Sándor és Klaniczay Tibor. Budapest: Magyar Tudományos Akadémia Irodalomtörténeti Intézete, 1959; 207p. Pp. 33–48.

Primarily his departures from the original of Cristoforo Castelletti's *Amarilli* (1587) and these changes as revealing his own views and attitudes, especially on his giving himself over to love not solely in his poetry but in his life, and as showing his contributions to the development of the Hungarian language. DLC MH NNC AsWN GyBDS GyGNSU

416. Klaniczay Tibor. "A szerelem költője," *Reneszánsz és barokk. Tanulmányok a régi magyar irodalomról*. Budapest: Szépirodalmi Könyvkiadó, 1961; 595p. Pp. 183–295. [Appeared in *Magyar Tudományos Akadémia Nyelv- és Irodalomtudományi Osztályának Közleményei*, XVII (1961), 165–246]

After discussing the love lyrics of the Renaissance and those of Hungary in the same period, examines his love lyrics as to their form and content, their expression of the humanism of his times and the Renaissance, their development and background, and the literary influences upon them. DLC MnU NN AsWN GeLBM GeLU GyBDS GyGNSU

417. Vujicsics D. Sztoján. "Balassi Bálint délszláv versformái," *Filológiai Közlöny*, VII (1961), 117–126. [Read to the Hungarian Literary Institute, Hungarian Academy of Sciences, in fall 1958]

After discussing Balassi's knowledge of and connection with Serbo-Croatian culture, shows his use of Southern Slav verse forms in two poems: "Aenigma" (1577) and "Bécsi Zuzsannáról s Anna-Máriáról szerzette" (1589). Bibliographical footnotes. DLC MH NN AsWN GeLBM GeOB GyBDS GyBH

BALÁZS BÉLA

Born August 4, 1884 in Szeged; died May 17, 1949 in Budapest. Poet, short-story writer, novelist, dramatist, film aesthetician. Original name: Herbert Bauer. Father teacher in gymnasium. Completed schooling in Szeged and Lőcse, where family lived until father died, when mother returned with children to Szeged. With help of father's friends he attended Eötvös Kollégium in Budapest, where he became especially interested in Hungarian and German literature and philosophy and formed friendships with Géza Laczkó, Dezső Szabó (qq.v.), and Zoltán Kodály. Spent year on fellowship in Berlin in 1906; also visited Paris. Became teacher in higher elementary school on return. After 1908 he associated himself with new trends in Hungarian literature, and some of his poems were published in 1908 and 1909 volumes of the anthology, *A Holnap*. Traveled in Berlin, Paris, Switzerland, and Italy 1911–1912. Afterwards obtained position with Fővárosi Pedagógiai Szeminárium. Served in army during World War I. Supported Revolutionary Government in 1918–1919 and held number of posts: member of literary directorate, head of literary department of Közoktatásügyi Népbiztosság, and director of theater activities. After failure of Revolutionary Government he emigrated to Vienna, where he participated in literary activities of Communist writers. Went to Berlin in 1926, where he published some of his works and was, briefly, director of Association of Workers' Theater, but devoted most attention to directing motion pictures and writing movie scripts. Left Berlin in 1931 settling in Moscow, where he became a teacher in the Moscow Film Academy, directed several motion pictures, and played an important part in publishing Hungarian periodicals there and in the work of the Organization of Revolutionary Writers. Returned to Hungary in September 1945. Edited *Fényszóró*, worked for revival of Hungarian motion pictures. Taught at Színművészeti Főiskola and became director of Filmtudományi Intézet. Lived for few months in Szeged in 1946. Awarded Kossuth Prize for past contributions to literature. Wrote very little after return to Hungary. ¶ His poems, short stories, and dramas show movement from symbolism to realism. Poems written during emigration are concerned with struggles of Hungarians and longings of exiled Hungarians for home, often with intonations of folk song; those composed during World War II are often considered to be the most lasting. Writings on aesthetics and theory of motion pictures significant. Béla Bartók used his *A kékszakállú herceg vára* as operatic libretto. ¶ *Álmodó ifjúság* and *Hét mese* have been translated into German; *Csodálatosságok könyve* into Slovakian; *Az igazi égszínkék* into Czech, English, German, Russian, and Slovakian; and some of his poems into French, German, and Russian.

EDITIONS

See also no. 74 for annotated work.

418. *Halálesztétika*. Budapest: Deutsch Zsigmond és Társa, 1908[1]. 60p. NNC

419. *Dr. Szélpál Margit*. Tragoedia három felvonásban. Budapest: Nyugat, 1909[1]. 142p. NNC

420. *Hebbel Frigyes pantragizmusa, mint a romantikus világnézet eredménye*. Budapest, 1909. [From Gulyás, I, 1166; reprinted from *Egyetemes Philologiai Közlöny*, 1909]

421. *A csend.* Novellák. Budapest, 1911[1]. [From Gulyás, I, 1166]

422. *A vándor énekel.* Op. II. [Versek] Budapest: Nyugat, 1911[1]. 87p. [1918[2]]
NNC GeLBM GyBH

423. *Misztériumok.* Három egyfelvonásos. [*A kékszakállú herceg vára, A tündér, A szent szűz vére*] Budapest: Nyugat, 1912[1]. 119p. [1918] NN NNC
GyBH

424. *Dialogus a dialogusról.* Budapest: Athenaeum, 1913[1]. 52p.

425. *Történet a Lógody-utcáról, a tavaszról, a halálról és a messzeségről.*
[Novella] Budapest: Athenaeum, 1913[1]. 32p. GyBH

426. *Az utolsó nap.* Dráma négy felvonásban. Budapest: Athenaeum, 1913[1].
86p. GyBH

427. *Lélek a háborúban.* Balázs Béla honvédtizedes naplója. Gyoma: Kner
Izidor, 1916[1]. 154p. NNC AsWN GeLBM

428. *Tristan hajóján.* [Versek] Gyoma: Kner Izidor, 1916[1]. 78p. GyBH

429. *Halálos fiatalság.* Dráma. Gyoma: Kner Izidor, 1917[1]. 128p. DLC
GeLBM GyBH

430. *Hét mese.* [*A három hűséges királyleány, Mosolygó Tündér Ilona,
Muzsikus mese, A szent rabló legendája, A csend, Kis gyermekeknek kell ezt
mesélni, Wan-Hur-sen könyve*] Gyoma: Kner Izidor, 1917[1]. 200p. IC MiD
NNC GeLBM GyBH

431. *Játékok.* [*A fából faragott királyfi, A halász és a hold ezüstje*] Gyoma:
Kner Izidor, 1917[1]. 59p. NNC GeLBM GyBH

432. *Kísértet-históriák.* Idegen írók novellái. Fordította Balázs Béla. [Bálint
Aladárral] Gyoma: Kner Izidor, 1917[1]. 200p. IC NNC GyBH

433. *Doktor Szélpál Margit.* Tragédia. Átdolgozott új kiadás. Gyoma: Kner
Izidor, 1918. 97p. NN NNC

434. *Dramaturgia.* Budapest: Benkő Gyula, 1918[1]. 47p.

435. *Kalandok és figurák.* Vázlatok. Gyoma: Kner Izidor, 1918[1]. 203p.
IC NNC OCl

436. *A kékszakállú herceg vára.* Opera [szövegkönyv]. Budapest: Globus,
1918[1]. 32p.

437. *Testvérország.* A jó gyermekeknek mesélte Balázs Béla. [Mese] Gyoma:
Kner Izidor, 1918[1]. 59p. OCl GeLBM GyBH

438. *A fekete korsó.* Új játékok. [*A fekete korsó, A királynő komornája,
Napsugár és kígyó, A könnyű ember*] Gyoma: Kner Izidor, 1919[1]. 95p. NN
NNC

439. *Isten tenyerén.* Regény. Kolozsvár, 1921[1]. [From Gulyás, I, 1167]

440. *Túl a testen.* Regény. Wien, 1921[1]. [From Gulyás, I, 1167]

441. *Férfiének.* Új versek. Wien: Elbemühl, 1923[1]. 58p. AsWN AsWU GyBDS

442. *Der Mantel der Träume.* Märchen. Wien, 1923[1]. [From Gulyás, I, 1168]

443. *Sörensen Frida.* Regény. Írta H. Courts-Mahler. [Fordítás] Kolozsvár, 1923[1]. [From Gulyás, I, 1168]

444. *Der sichtbare Mensch oder die Kultur des Films.* Essay. Wien, 1924[1]. [From Gulyás, I, 1168]

445. *Der Phantasie-Reiseführer das ist ein Baedeker der Seele für Sommerfrischler.* [Erzählungen] Berlin, Wien und Leipzig: Paul Zsolnay, 1925[1]. 99p.

446. *Das richtige Himmelsblau.* 3. Märchen von Kindern. München, 1925[1]. [From Gulyás, I, 1168]

447. *Achtung, Aufnahme! Katastrophe.* Sine loco, 1929[1]. [From Gulyás, I, 1168]

448. *Hans Urian geht nach Brot.* Eine Kindermärchenkomödie von heute. [Dráma] Freiburg im Breisgau: Max Richard, 1929[1]. 74p.

449. *Der Geist des Films.* Halle, 1930[1]. [From Gulyás, I, 1168]

450. *Unmögliche Menschen.* Roman. Frankfurt am Main: Rütten und Loening, 1930[1]. 447p. DLC GyBDS

451. *Intellektüel aggályoskodás.* Praha, 1932[1]. [From Gulyás, I, 1168]

452. *Tábortűz mellett.* Versek. Moszkva: Mezsdunarodnaja Kniga, 1940[1]. 62p.

453. *Két dráma.* [*Mozart, Hazatérés*] Moszkva: Mezsdunarodnaja Kniga, 1941[1]. 138p.

454. *Repülj szavam!* Versek. Moszkva: Idegennyelvű Irodalmi Kiadó, 1944[1]. 43p. NN

455. *Az én útam.* Összegyűjtött versek. Budapest: Athenaeum, 1945. 278p. NNC

456. *Karcsi kalandjai.* Egy német gyerek története. [Ifjúsági regény] Budapest: Athenaeum, 1945[1]. 162p.

457. *Mikor Karcsiból Károly lett.* Egy német ifjú kalandjai. [Ifjúsági regény] Budapest: Athenaeum, 1945[1]. 198p.

458. *Álmodó ifjúság.* Regény. Budapest: Athenaeum, 1946[1]. 314p. DLC IC NN OCl GyBH

459. *Az igazi égszínkék.* Mesék. Budapest: Új Idők, 1946[1]. 157p.

460. *Cinka Panna balladája.* [Dráma] Budapest: Dolgozók Kultúrszövetsége, 1948[1]. 106p. DLC NN

461. *Csodálatosságok könyve.* Budapest: Révai, 1948[1]. 163p. NN

462. *Filmesztétikai gondolatok.* Budapest: Filmtudományi Intézet, 1948[1]. 26p. DLC AsWN

463. *Filmkultúra.* (A film művészetfilozófiája) Budapest: Szikra, 1948[1]. 255p. DLC NN GyGNSU

464. *Emberek a határon.* [Regény] Budapest: Szikra, 1949[1]. 188p. DLC

465. *30 év vörös őrségen.* Válogatott versek. Budapest: Athenaeum, 1949[1]. 84p. DLC NN

466. *Az én utam.* Versek. Válogatta és az előszót írta Komlós Aladár. Budapest: Szépirodalmi Könyvkiadó, 1958. 254p. [C] DLC MH NN NNC GeCU GyBDS

467. *A látható ember. A film szelleme.* Bevezették és az életrajzot írták Kertész Pál és Péreli Gabriella. Budapest: Bibliotheca, 1958. 216p. [C] DLC GyBDS

468. *Mesék a szerelemről.* [Eredeti címe: *Hét mese*] Sajtó alá rendezte Erdős Magda. Budapest: Magyar Helikon, 1958. 182p. [C] DLC IC NNC FiHI GyBDS GyBH

469. *A kékszakállú herceg vára.* [Verses dráma] Az utószót írta Bóka László, a zenei anyagot válogatta Kroó György. Budapest: Magyar Helikon, 1960. 74p. [C] NNC GyBDS GyBH GyGNSU

470. *A film.* [Eredeti címe: *Filmkultúra*] A bevezetőt és a jegyzeteket írta Nemeskürty István. Budapest: Gondolat, 1961. 270p. [C] GeLBM

471. *A hét királyfi.* [Mesék] Budapest: Móra, 1963. 81p. [C] GyBH

472. *Karcsi kalandjai.* [Regény] Bukarest: Ifjúsági Könyvkiadó, 1963. 140p. [C]

BIBLIOGRAPHY

See no. 480.

CRITICISM

See also no. 3940.

473. Kaffka Margit. "Balázs Béla: A vándor énekel," *Hullámzó élet. Cikkek, tanulmányok.* A válogatás, az előszó és a jegyzetek Bodnár György munkája. Budapest: Szépirodalmi Könyvkiadó, 1959; 342p. Pp. 90–93. [Appeared in *Nyugat*, IV (January 1, 1911), 117–118]

The characteristics and merits of the work based on an examination of 20 poems considered to be the best by the critic. CU DLC NN AsWN GeLBM GyBH GyGNSU

474. Kaffka Margit. "Balázs Béla: Tristán hajóján," *Hullámzó élet. Cikkek, tanulmányok.* A válogatás, az előszó és a jegyzetek Bodnár György munkája. Budapest: Szépirodalmi Könyvkiadó, 1959; 342p. Pp. 93–99. [1st publication; manuscript dated 1916?]

An evaluation of the poems maintaining that he does not belong among the great poets of Hungary but that he has written eight to ten "really beautiful" poems. CU DLC NN AsWN GeLBM GyBH GyGNSU

475. Bölöni György. "Balázs Béla: Lélek a háborúban, Halálos fiatalság, Hét mese, Tristán hajóján," *Magyarság, emberség*. Budapest: Magvető, 1959; 539p. Pp. 165–173. [Appeared in *Világ*, no. 120 (April 30, 1916), 22; no. 358 (December 24, 1916), 33; no. ? (1917), p. ?; no. 106 (May 5, 1918), 18]

Discussions of these various editions of his works characterizing their qualities and the creative power apparent in them. DLC NN NNC GeLBM GyBDS GyGNSU

476. Lukács György. *Balázs Béla és akiknek nem kell. Összegyűjtött tanulmányok*. Gyoma: Kner Izidor, 1918. 121p.

Outlines the opposition to Balázs's writings and explains his own critical position, then presents individual studies of seven of Balázs's works analyzing their substance and form as a means of showing his strengths as a writer: *A vándor énekel, Tristán hajóján, Misztériumok, Doktor Szélpál Margit, Az utolsó nap, Halálos fiatalság*, and *Hét mese*. NNC GyBH

477. Bölöni György. "A jubiláló Balázs Béla," *Magyarság, emberség*. Budapest: Magvető, 1959; 539p. Pp. 174–176. [Appeared in *Forum*, II (April, 1947), 306–307]

Characterization of his forty years of activity as a writer: his expression of political and social views for the advancement of the Hungarian people and his ceaseless activity as a writer involved in his own age. DLC NN NNC GeLBM GyBDS GyGNSU

478. Trencsényi-Waldapfel Imre. "A dialektikus költő," *Magyarok*, III (1947), 289–292.

The characteristics of his "contrapuntal poetry" and its part in his development. His *Férfiének* as representing the peak of his development as a poet. [CSt-H] MnU [NN] [NNC]

479. Gyertyán Ervin. "Balázs Béla és a film," *Kortárs*, II (October, 1958), 583–593.

The strengths and weaknesses of his concepts of the cinematic art as expressed in his two studies on the subject, *A látható ember* and *A film szelleme*, to indicate his place in film aesthetics in Hungary as a way of confronting the excessive praisers and detractors of his views. DLC MH FiHU GeLBM GyBH

480. Szabolcsi Miklós. "Balázs Béla 1884–1949," *Magyar Tudományos Akadémia Nyelv- és Irodalomtudományi Osztályának Közleményei*, XXI (1964), 161–181. [Also a reprint]

Biographical details and characterization of various phases of his literary development. Shown as moving from middle-class to socialistic artistry and from isolation to community. Two-part bibliography: editions of his works and studies about him, pp. 180–181. DLC MnU NNC GyBDS GyBH GyGNSU

BARÓTI SZABÓ DÁVID

Born April 10, 1739 in Barót; died November 22, 1819 in Virt. Poet, translator. Descendant of ancient Székely family. Entered Jesuit Order in 1757, studied in Nagyszombat; ordained in 1770. After the decentralization of his Order in 1773 taught in Székesfehérvár, Eger, Kassa, Besztercebánya, Várad, Kolozsvár, and Komárom. With Ferenc Kazinczy and János Batsányi (qq.v.) was a co-founder of *Magyar Museum* in Kassa in 1787. Began writing poetry at Besztercebánya in 1773. Retired to Virt in 1799. Experimented with quantitative meter with József Rájnis, but the collaboration failed. ¶ Founder of the Classical School with publication of his *Új mértékre vett külömb versek* (1777). Considered generally to be the best of the classical "triász" formed with Rájnis and Miklós Révai. Wrote mostly poetry and perpetuated the use of ancient verse forms in Hungarian poetry. Interested in linguistic problems. His translations of Vanière's *Praedium rusticum*, Milton's *Paradise lost* (based on a Latin version), and Virgil's *Aeneid* are among the notable achievements of the period.

FIRST EDITIONS: *Új mértékre vett külömb verseknek három könyvei.* Kassa: Landerer Mihály, 1777. 287p. – *Vanière: Paraszti majorság, mellyet Vanierből hat lábbal mérséklett magyar versbe foglalt . . . Baróthi Szabó Dávid.* I–II. rész. Pozsony és Kassa: Landerer Mihály, 1779–1780. – *Kisded szótár, melly a ritkább magyar szókat az A.B.C. rendi szerént emlékeztető versekben előadja.* Kassa: Landerer Mihály, 1784. 104p. – *Vers-koszorú, mellyet az új mértékre vett, s üdövel megegyengetett, és későbben készültt verseiből kötött Baróti Szabó Dávid.* 1–3. szakasz. [Vol. I, a revised and enl. ed.] Kassa: Füskúti Landerer Mihály, 1786. – *Ki nyertes az hang-mérséklésbenn?* Az erdélyiek nyelvek járása szerént. [Prozódiai vitairat] Kassa: Füskúti Landerer Mihály, 1787. 100p. – *Költeményes munkáji.* Utolsó kiadás. [Contains his translation of Milton's *Paradise lost*] I–II. kötet. Kassa: Ellinger János, 1789. – *Méltóságos báró generalis Orczy Lőrinc úrnak halálára. A bús hazához.* Pest, 1789. [From Szinnyei, I, 608] – *Örvendező vers. t.n. Szabolcs vármegye örömünnepére.* Kassa, 1791. [From Szinnyei, I, 609] – *Szabad kir. Kassa városhoz, midőn királyi főherczeg József Magyarország nádorispánja a Tiszán innen felkelt nemes vitézeket megtekintvén, abba legelőször beszállana.* Kassa, 1797. [From Szinnyei, I, 609] – *Ortographia- és grammaticabéli észrevételek a magyar prosodiával együtt.* Komárom: Weinmüller, 1800. 131p. – *Megjobbított, s bővített költeményes munkáji.* I–III. kötet. Komárom: Weinmüller Klára, 1802. – *A magyarság virági.* [Nyelvtudomány: stílus-szólás példák gyűjteménye] Komárom: Özvegy Weinmüllerné, 1803. 493p. – *Virgilius Énéisse.* Fordította Baróti Szabó Dávid. I–II. kötet. Bécs és Pest: Doll Antal és Trattner, 1810–1813. – See also p. 82.

EDITIONS

See also no. 482.

481. *Deákos költők.* Rájnis, Baróti Szabó, Révai versei. Kiadja Császár Elemér. I. kötet. [Only vol. published] Budapest: Franklin-Társulat, 1914. 351p. [B]   MnU NNC AsWN GeLBM

BIOGRAPHY

See also no. 499.

482. Horváth Balázs. *Baróti Szabó Dávid és néhány kiadatlan költeménye.* Kassa: Ries Lajos, 1888. 136p.

Some attention to the content of his works and critical comments on them. Closes with 42 pages of previously unpublished poems. Bibliographical footnotes.

CRITICISM

483. Arany János. "Szabó Dávid," *Összes prózai művei és műfordításai.* Budapest: Franklin-Társulat, 1938; 2211p. Pp. 491–500. [Appeared in *Koszorú* II (June 12, 1864), 553–557]

The changes in his diction and metrics in relation to their origins and to the other schools of his times. NNC

484. Oláh Béla. "Baróti Szabó Dávid. Tudori értekezés," *Figyelő,* XV (1883), 67–78, 92–114. [Also a reprint]

A brief biographical account and a discussion of his writings and relations with other authors of his day. Attention to contents of specific works. Closes with an evaluation of his writings and philological efforts. Bibliographical footnotes. MnU GeLBM GyBH

485. Császár Elemér. "A deákos iskola," *Irodalomtörténeti Közlemények,* XIV (1904), 16–44, 147–163.

The poets of the Classical School: József Rájnis, Dávid Baróti Szabó, Miklós Révai. The emergence and character of the group, the influence of classical Latin literature on their poetry, the influence of 18th-century Latin literature on their writings (especially that of the Jesuits), the connection of cultural and political matters and national ideas with their poetry, occasion poems as the style of the age, and the characteristics and significance of their poetry. DLC MH MnU NNC AsWN AsWU FiHI GeLBM [GeLU] GyBH

486. Klemm Antal. *Baróti Szabó nyelve nyelvújítási szempontból.* Budapest: Athenaeum, 1908. 70p.

His language as showing his efforts in language reform. Observations and evidence under four major headings: phonetics, semantics, morphology, and syntax. GyBH

487. Császár Elemér. "Baróti Szabó Dávid versei," *Deákos költők.* I. kötet. [Only vol. published] Budapest: Franklin-Társulat, 1914; 351p. Pp. 63–196. A selection of his shorter poems preceded by a survey of his life and a discussion of his literary career and of the characteristics and merits of his poetry, especially his lyrics. MnU NNC AsWN GeLBM

488. Rónay György. "Baróti Szabó Dávid," *Irodalomtörténet*, XLII, (1955), 304–326.

His poetic style: its characteristics and innovations, its development. His views of Rájnis and Révai, and his life and poetic activity in the 1790's. [CU] DLC MH MnU NN NNC AsWU GeLBM GyBDS GyBH

BATSÁNYI JÁNOS

Born May 9, 1763 in Talpoca; died May 12, 1845 in Linz, Austria. Poet. Descendant of middle-class family. Attended schools in Keszthely, Veszprém, and Sopron. Studied law at University of Pest, where he supported himself by tutoring the son of Lőrinc Orczy (q.v.). In 1785 he obtained position as junior clerk to director of treasury in Kassa, where he met Ferenc Kazinczy and Dávid Baróti Szabó (qq.v.), with whom he founded *Magyar Museum* in 1787. Lost his position and was supported by Miklós Forgách, lord-lieutenant of Nyitra. Showed strong sympathy for French Revolution; was removed from his post and editorship because of his revolutionary poem, "A franciaországi változásokra." Was arrested in 1794 for alleged participation in Jacobin movement of Ignác Martinovics. In 1797, after release from imprisonment in Buda and Kufstein, settled in Vienna as bank employee. Married Gabriella Baumberg. Moved to Paris, where he received an annual pension from Napoleon, whom he had assisted during the French occupation of Vienna in 1809. Captured after fall of Napoleon in 1815 and imprisoned in Dijon, France, Brün, Bohemia, and then Spielberg, Germany. Released in 1816 after constant intercession by his wife. From 1817 lived in Linz under surveillance, supported by a generous pension from the French government. Continued literary activity away from Hungary. ¶ Considered to be among the most distinguished poets of the Literary Revival. Showed combinations of determined political views and outstanding literary ability, and gave best expression to Hungarian nationalist feelings of period. While abroad, also wrote political work in German and a literary history of Hungary in French. Translated *Ossian* from the German; most of it lost [surviving fragments in *Magyar Museum*, I (1787), 38–50, 197–200; *Erdélyi Múzeum*, V (1916), 93–99]. ¶ Some of his poems have been translated into Bulgarian, French, German, Italian, Polish, and Russian.

FIRST EDITIONS: *A magyaroknak vitézsége régiek példáival megvilágosítva.* [Fordítás] Pest, 1785. [From Pintér, IV, 673] – *Két magyar hazafi érzékenységei, tekintetes nemes Abauj vármegye öröm-ünnepén.* [Orczy László bárót üdvözlik Bacsányi és Baróti Szabó Dávid] Sine loco, 1790. [From Szinnyei, I, 322] – *Ode ad inclytos SS. et OO. regni Hungariae.* [Költemény] Viennae,

1796. [From Szinnyei, I, 322] – *A magyar tudósoknak*. [Tanulmányok] Pest: Trattner János Tamás, 1821. 75p. – *Versei*. I. kötet. [Only volume published] Pest: Petrózai Trattner Mátyás, 1827. 129p. – *Poétai munkáji*. Buda: Királyi Universitás Betűivel, 1835. 218p. [2d, enl. ed.]

EDITIONS

See also nos. 493, 495, 496, 497, and 498. Editorial work: p. 27. Annotated work: no. 967.

489. *Költeményei, válogatott prózai írásaival egyetemben*. Kiadta Toldy Ferenc. Pest: Heckenast Gusztáv, 1865. 268p. [B]   GeLBM

490. *Összes művei*. Sajtó alá rendezte és jegyzetekkel ellátta Keresztury Dezső és Tarnai Andor. Eddig I–III. kötet. Budapest: Akadémiai Kiadó, 1953+. [A]

1. kötet: Versek. Magyar- és idegennyelvű versek, Ossian fordítások. 1953. 591p.
2. kötet: Prózai művek. Magyar- és idegennyelvű iratok, kb. 1798-ig. 1. kötet. 1960. 653p.
3. kötet: Prózai művek. Befejezett művek, töredékek. Jegyzetek és pótlások. 2. kötet. 1961. 779p.

[MH] [MnU] NNC AsWN GeCU GeLBM GyBDS GyBH

491. *Válogatott művei*. Bevezette Keresztury Dezső, sajtó alá rendezte Keresztury Dezső és Tarnai Andor. Budapest: Szépirodalmi Könyvkiadó, 1956. 359p. [B]   DLC NN FiHI GeLBM GyBDS GyGNSU

492. *"Hazámnak akartam szolgálni."* A felségsértéssel és hazaárulással vádolt költő a maga ügyében. Sajtó alá rendezte, bevezette és magyarázta Keresztury Dezső, németből Keresztury Dezső, és latinból Kövendi Dénes fordította. Budapest: Magvető, 1960. 156p. [B]   DLC NNC AsWN GeLBM GyBDS GyGNSU

BIBLIOGRAPHY

See nos. 495, 496, 498, and 504.

BIOGRAPHY

493. Szinnyei Ferenc. *Bacsányi János*. Budapest: Magyar Történelmi Társulat, 1904. 210p.

His life and works, stressing his role in striving for the strengthening of the Hungarian language and the creation of a true Hungarian literature. Appendixes: (1) Previously unpublished poems, (2) Aesthetic work, "Értékezések" (1817), written in Linz at the age of 74, and (3) Facsimiles of various texts. Illustrations. MH MnU NN AsWN GeCU GeLBM GeLU GyBH GyGGaU GyGNSU

494. Horánszky Lajos. *Bacsányi János és kora.* Budapest: Hornyánszky Viktor, 1907. 535p.

After providing a historical and cultural background for the preceding hundred years, turns to a discussion of his life and works in relation to the political, social, and literary activities of the times. Much explication of background. Concludes with an account of his criticisms and revisions of Sándor Kisfaludy's *Himfy.* DLC MH MnU NNC AsWN GeLBM GyBH

495. Vajda Ilona. *Batsányi János és Baumberg Gabriella. I. 1799–1809.* Budapest: Királyi Magyar Egyetemi Nyomda Könyvesboltja, 1938. 124p.

His relations with Gabriella Baumberg from their first meeting to her joining her husband in Paris, 1799–1809. Much evidence from their letters. Bibliography, pp. 122–124. MnU GeLBM GyBH

496. Zadányi Éva. *Batsányi János és Johannes von Müller.* Budapest: Danubia, 1941. 96p.

The relations between Batsányi and the Swiss historian based on their letters to each other written from January, 1797, to April, 1808. Letters throw light on their views of learning and politics, questions of love and existentialism, publishers, paintings, political pamphlets, critics, friends, and enemies, especially on Batsányi's. Bibliography, pp. 95–96. MH MnU AsWN AsWU GeLBM GeOB

497. Sz. Nemes Éva Margit. *Batsányi Párizsban. Találkozás Gabriellával. 1810–1811.* Budapest: Danubia, 1942. 57p.

His activities in Paris, 1810–1811, and his meeting with Gabriella Baumberg based on their correspondence. Bibliographical footnotes. MnU NNC

498. Pál Margit. *Batsányi Párizsban. 1810.* Budapest: Danubia, 1943. 63p.

Details about his activities in Paris in 1810, including his relationship with Gabriella Baumberg. Much evidence from letters. Bibliography, p. [66]. MH AsWN GeLBM GeOB GyBH

499. Keresztury Dezső és Tarnai Andor. "Batsányi és Baróti Szabó," *Irodalomtörténet,* XL (1952), 69–93.

His role as an organizer in editorial and literary activities, his relations with Baróti Szabó, the work with Kassai Magyar Társaság and the periodical *Magyar Museum,* and a comparison of their literary principles. CU DLC [MH] MnU NN NNC AsWU GeLBM GyBH [GyGNSU]

CRITICISM

See also no. 969.

500. Császár Elemér. "Batsányi János," *Budapesti Szemle,* CLV, no. 440 (1913), 192–215.

The major events of his life and character as affecting the tragic course of his failure to fulfill the great promises of his early creative life, and his work as an aesthetician, editor, translator, and poet. CtY DLC NN [NNC] AsWN GeLBM GyBH

501. Halász Gábor. "Bacsányi," *Nyugat*, XXVIII (February, 1935), 108–112. After accounting for Batsányi's troubles mainly as stemming from his own personality, develops the view that only his year's imprisonment in Kufstein and the suffering he knew there brought out momentarily the greatness of his poetic creativity. MnU NN NNC FiHU GeLBM [GeLU] GyBH

502. Keresztury Dezső. "Bevezetés," *Batsányi János válogatott művei*. Sajtó alá rendezte Keresztury Dezső és Tarnai Andor. Budapest: Szépirodalmi Könyvkiadó, 1956; 359p. Pp. 7–72.

The development of his literary career through an examination of the interaction between his individuality and environment, his purposes and abilities, and his plans and works as a means of dissolving apparent inconsistencies and of showing, in general outlines, the deeper connections of his fragmented lifework. DLC NN FiHI GeLBM GyBDS GyGNSU

503. Kókay György. "Batsányi és a magyar újságírás kezdetei," *Irodalom-történeti Közlemények*, LXVI (1962), 705–719. [Also a reprint]

His recognition of the definite connection between writing and contributions to newspapers as a means of developing the Hungarian language and literature, and his writing activities as showing his expression of the concept. Bibliographical footnotes. Summary in French, p. 719. DLC MnU NN NNC AsWU GeLBM GyBH

504. Némedi Lajos. "Forradalom és kultúra. (Batsányi János 1793–95-ben)," *Az Egri Tanárképző Főiskola Tudományos Közleményei*, IX (1963), 139–166. [Also a reprint]

His ideas of revolution in his "Mentőírás" and "Apologia," especially their interpretation of the French Revolution, and his concept of the connection between culture and politics, from 1793 to 1795. Bibliographical notes, pp. 163–166. GeLBM GyBDS

BERZSENYI DÁNIEL

Born May 7, 1776 in Egyházashetye; died February 24, 1836 in Nikla. Poet. Descendant of aristocratic family. Father taught him classics. Entered Sopron Lyceum about 1790, where, though unhappy, he acquired the basis of his knowledge, especially in Latin and German poetry. Left Lyceum in 1795, became soldier for month in Keszthely, then went to relative in Nikla, where he spent four months learning agriculture, and returned home to practice farming. Married Zsuzsanna Dukai Takács in 1799, moved to Sömjén, and returned to Nikla 1804–1805. Dedicated himself to literary activity prior to 1803. Discovered by Ferenc Kazinczy (q.v.), who started him on preparation of an edition of his poems. Aroused much opposition with his virulent attack on Ferenc Kölcsey (q.v.), whose unfriendly review of the 1816 edition of his poems had appeared in 1817 in *Tudományos Gyűjtemény*;

his reply, "Antirecensió Kölcsey recensiójára," was rejected by editors of the periodical. Resided in Sopron from 1819 to 1820. Wrote few poems in second stage of career, mostly aesthetic works seeking to provide a basis for his negative evaluation of Kölcsey's writings. Became a regular member of Academy in 1830. Plan to settle in Pest failed. Near end of his life he returned to study of agriculture. ¶ Outstanding lyric poet with strong current of romanticism in poems. Followed classical verse forms, especially those of Horace, but used them to give expression to thoughts and emotions originating in "ecstasy," "inspiration," and word association rather than by plan or decision on part of poet. Master in use of Greek and Latin verse forms, assimilating them with Hungarian poetry far beyond the point reached by members of the Classical School. Odes especially praised for perfection of form and gravity of statement. Major theme: the transitoriness of all things; first Hungarian writer to see permanence in dynamism of change. Predecessor of romantic poets, especially Vörösmarty (q.v.). ¶ An edition of his poems is available in Latin, and some of his poems have been translated into Bulgarian, English, French, German, Japanese, Rumanian, Russian, and Swedish.

FIRST EDITIONS: *Versei*. Kiadta Helmeczi Mihály. Pest: Trattner, 1813. 174p. – *Versei*. Kiadta egy kalauz értékezéssel megtoldva barátja Helmeczi Mihály. [Második, bővített kiadás] Pest: Trattner János, 1816. 203p. – *Összes művei*. Költelem s folyóbeszéd. Közre bocsátá meghagyása szerint Döbrentei Gábor. 3. kiadás kéziratban maradott még nem ismertekkel. I–III. kötet. Buda: Magyar Királyi Egyetemi Sajtóval, 1842. [C] – See also no. 512.

EDITIONS

See also nos. 527, 530, and 1755.

505. *Versei*. A megrongált szöveget az eredeti kéziratok és kiadásokhoz egyengetve, kiadatlanokkal és életrajzzal bővítve, a költő örökösei megbízásából kiadta Toldy Ferenc. Pest: Heckenast Gusztáv, 1860. 363p. [B] AsWN AsWU GeLBM

506. *Munkái*. Újra átnézett kiadás a költő örökösei megbízásából Toldy Ferenc által. I–II. kötet. Pest: Heckenast Gusztáv, 1864. [B]
  1. kötet: Költemények. 192p.
  2. kötet: Prózai munkák. 239p.
  NNC GeLBM

507. *Versei*. A költő életrajzával Toldy Ferenctől. Budapest: Franklin-Társulat, 1901[7]. 268p. [B]   AsWU GyBH

508. *Munkái*. Sajtó alá rendezte Bánóczi József, bevezette Váczy János. Budapest: Lampel Róbert, 1902. 344p. [C]   DLC NNC OCl GeLBM

509. *Munkái*. Költemények. Poétai harmonistika. Kapi Béla bevezetésével. Budapest: Franklin-Társulat, 1928. 205p. [C]   MH NNC

510. *A magyarországi mezei szorgalom némely akadályairul.* [Tanulmány] Tanítványaival sajtó alá rendezte Merényi Oszkár. Budapest: Királyi Magyar Egyetemi Nyomda, 1933. 58p. [B]   GeLBM

511. *Költői művei.* Bevezetéssel és jegyzetekkel ellátta és kiadta Merényi Oszkár. [Bibliographical notes, pp. 307–428] Budapest: Magyar Tudományos Akadémia, 1936. 438p. [A]   MnU NNC AsWN AsWU FiHI GeCU GeLBM GyGGaU GyGNSU

512. *Ismeretlen és kiadatlan levelei.* Kiadta, bevezetéssel és jegyzetekkel ellátta Merényi Oszkár. [Bibliographical notes, pp. 96–115] Budapest: Magyar Tudományos Akadémia, 1938[1]. 121p. [A]   NN NNC AsWU GeLBM GyGNSU

513. *Versei.* Az 1808. évi ősszöveg. Kiadta, bevezette és jegyzetekkel ellátta Merényi Oszkár. Budapest: Magyar Tudományos Akadémia Irodalomtörténeti Bizottság, 1938. 91p. [A]   AsWN AsWU GeLBM GyGNSU

514. *Prózai munkái.* Kiadta, bevezetéssel és jegyzetekkel ellátta Merényi Oszkár. Kaposvár: Dunántúl Pécsi Egyetemi Könyvkiadó és Nyomda, 1941. 340p. [A]   MH NNC AsWN AsWU GeCU GyBDS GyBH GyGNSU

515. *Levelei Kazinczy Ferenchez.* Kiadta, bevezette és jegyzetekkel ellátta Merényi Oszkár. Debrecen: n.p., 1942. 91p. [A]

516. *Összes művei.* Merényi Oszkár gondozásában. Budapest: Szépirodalmi Könyvkiadó, 1956. 925p. [B]   CtY DLC MnU NNC OCl GyBDS GyGNSU

517. *Válogatott művei.* Bevezette Mezei Márta, sajtó alá rendezte és a jegyzeteket írta Mayer Erika. Budapest: Szépirodalmi Könyvkiadó, 1961. 536p. [C]   NNC AsWN GyBDS

BIBLIOGRAPHY

See nos. 511, 512, 519, 527, and 530.

BIOGRAPHY

518. Váczy János. *Berzsenyi Dániel életrajza.* Budapest: Magyar Tudományos Akadémia, 1895. 432p.

Considerable attention to his poetic and critical works. DLC MH MnU NNC AsWN AsWU FiHI GeCU GeLBM GyBH

519. Vargha Balázs. *Berzsenyi Dániel.* Budapest: Gondolat, 1959. 289p.

A biography beginning with his school days that delineates his world outlook, his literary development and the connection between his poetry and the politics of his times, and attempts to solve the contradictions of influences and purposes apparent in him. Bibliography, pp. 271–273; bibliographical notes, pp. 275–[290]. DLC MH MnU NN NNC AsWN FiHI GeCU GeLBM GeLU GyBDS GyBH GyGNSU

CRITICISM

See also nos. 1062, 1900, 1908, 2111, and 3197.

520. Kalencsik Lajos. *Berzsenyi és Horáczius metaforáiról.* Budapest: Merkur, 1897. 34p.

Purpose: to compare their metaphors and uncover the degree to which Berzsenyi's imagination followed Horace's metaphors. Finds influence but freedom of his imagination. GyBH

521. Szabó Dezső. "Berzsenyi Dániel," *Nyugat,* V (January 16, 1912), 113–119.

Characterizations of his poetic creativity, poetry, and poetic language. MnU NN NNC FiHU GeLBM GyBH

522. Cselőtei Lajos. *Berzsenyi és Horáczius metaforáiról.* Budapest: Stephaneum, 1920. 39p.

A comparison of Berzsenyi's and Horace's metaphors for the purpose of determining the extent to which his imagination followed Horace's. Decides that the similarities add support to the view that Horace influenced him but that the direct borrowing is very rare and that his imagination is highly individualistic.

523. Füst Milán. "Berzsenyi Dániel (1775–1836)," *Emlékezések és tanulmányok.* Budapest: Magvető, 1956; 539p. Pp. 277–294. [Appeared in *Nyugat,* XIII (November, 1920), 1020–1027]

His personality and viewpoints, and the individuality of his poetic voice as distinguished from those who influenced his development (Matthisson and Horace, especially the former). DLC MnU NNC

524. Horváth János. "Egy fejezet a magyar irodalmi ízlés történetéből, Berzsenyi Dániel," *Tanulmányok.* Budapest: Akadémiai Kiadó, 1956; 638p. Pp. 143–153. [Appeared in *A Kisfaludy-Társaság Évlapjai,* LVI (1924)]

His directing the classicism of the age of Kazinczy toward the romanticism of Ferenc Kölcsey and Mihály Vörösmarty. DLC MH MnU NNC GeLBM GeLU GyBDS GyBH GyGGaU GyGNSU

525. Halász Gábor. "Berzsenyi lelki-világa," *Symposion,* II (1926), 77–107.

The influence of the idea of reason and morality from the Enlightenment on his poetry; the character of his individuality; his attachment to Horace; and the nature of his beliefs, Hungarian quality, and world outlook.

526. Szerb Antal. *Az ihletett költő.* Szeged: Szeged Városi Nyomda, 1929. 23p. [Also in *Gondolatok a könyvtárban,* no. 3516]

Develops the thesis that "in the classicism of the classical Berzsenyi is to be found the romanticism of the romantic Berzsenyi." In two parts: (1) Berzsenyi and pre-romanticism and (2) his source of inspiration, the latter being characterized as "a wonderful interweaving of the conscious and the unconscious, the willed and the involuntary, the personal and the historical powers." GyBH

527. Merényi Oszkár. *Berzsenyi tanulmányok*. Budapest: Magyar Egyetemi Nyomda, 1936. 256p.

Concerned with the development of his poetic career, his poetic individuality and outlook, the characteristics of his poetry, the course of his reputation, and a history of the editions of his writings. Closes with notes to his poetical works: (1) the manuscript of a poem, its first publication and a notation as to which text is followed in the new edition, (2) variants between the manuscript and the text in the edition, (3) its sources, (4) comment on the text and its subject, origin, development, publication, first reception and representative critical views of its qualities, and (5) an occasional comment from a noted critic. MnU

528. Waldapfel József. "Berzsenyi megítélésének történetéhez," *Irodalmi tanulmányok*. Budapest: Szépirodalmi Könyvkiadó, 1957; 555p. Pp. 234–240. [Part of the original article in *Irodalomtörténeti Közlemények*, XLVI (1936), 348–352]

An account of the criticisms of his 1816 volume of poetry involving Benedek Virág, Pál Szemere, and Ferenc Kölcsey as illuminated particularly by a previously unknown 1817 "Notice" to the members of the periodical *Tudományos Gyűjtemény* on the question. DLC MH NN NNC AsWN GyBDS GyBH GyGNSU

529. Németh László. *Berzsenyi*. Budapest: Franklin-Társulat, 1937. 144p.

A study dealing with his writings—their subject and literary character and the influences on them—and his relationships with various writers of the period. MnU GeLBM GeLU

530. Merényi Oszkár. *Berzsenyi Dániel*. Kaposvár: Új-Somogy Nyomda, 1938. 240p.

A brief account of his life followed by (1) an analysis of his poetical works with respect to their order of composition, the general stimuli of his poetic creativity, their subject matter, language and form, and the nature of his dramas, (2) the character of his prose writings, and (3) the development of his reputation. Appendix: Texts of eight of his fragments. Bibliographical notes to the biographical section, p. 236. MnU AsWN GeLBM

531. Kerényi Károly. *Az ismeretlen Berzsenyi*. Budapest, Debrecen és Pécs: Ady-Társaság, 1940. 36p.

His development as a poet, the influence of Horace and Gessner on his writings, and the role of Hellenic culture and the Greek ideal of beauty in his poetry. GeLBM

532. Horváth János. *Berzsenyi Dániel és íróbarátai*. Budapest: Akadémiai Kiadó, 1960. 293p.

A study of his prose and poetry (mainly) and of his relations with Kazinczy and with his literary friends (János Kis, József Péteri [Téti] Takáts, Judit Dukai Takách, and József Elek Horváth). His poetic style, the influence of Horace on his poems, and the genesis of his poems; his view of life in his prose works, his writings on aesthetics, and his literary criticism. DLC MH MnU NNC GeCU GeLBM GyBDS GyBH GyGNSU

533. Keresztury Dezső. "Berzsenyi Dániel," *Irodalomtörténet*, XLIX (1961), 225–235. [Also a reprint]

The nature of his response to the societal and literary circumstances of his age; the major outlines of his poetical development in the direction of merging antique classicism with Hungarian materials. CU DLC MH MnU NN NNC AsWU GeLBM GeLU GyBDS GyBH

534. Mezei Márta. "Bevezetés," *Berzsenyi Dániel válogatott művei.* Sajtó alá rendezte és a jegyzeteket írta Mayer Erika. Budapest: Szépirodalmi Könyvkiadó, 1961; 536p. Pp. 7–80.

An analysis of his creative period from 1809 to 1815, with attention to earlier and later periods, as to its relationship with the world outlooks and social movements of the Age of Enlightenment. NNC AsWN GyBDS

535. Merényi Oszkár. "Berzsenyi-problémák," *Irodalomtörténet*, L (1962), 245–268.

In two parts: (1) the individual characteristics of his poetry and (2) the forces affecting his poetic development during his youth. Bibliographical footnotes. CU DLC MH MnU NN NNC AsWN GeLBM GeLU GyBDS GyBH

536. Merényi Oszkár. *Berzsenyi Dániel.* Budapest: Akadémiai Kiadó, 1966. 471p.

Purpose: to portray the history of his development by searching for the determining factors of his life and art in connection with his times. Detailed analysis of his writings leads to some new information about his life and psychological matters. Points up his place between classicism and romanticism in Hungarian literature. Summary of the results of previous research. Bibliographical footnotes. NNC GeLBM GyGNSU

BESSENYEI GYÖRGY

Born 1747? in Bercel; died February 24, 1811 in Pusztakovácsi. Prose writer, dramatist, poet, translator. Descendant of landowning family of middle aristocracy. Seventh of eight sons. Attended Sárospataki Református Kollégium for five years but was withdrawn for lack of funds. In 1765 joined Maria Theresa's Royal Hungarian Guards in Vienna, to which two of his brothers belonged. Taught himself Latin, German, and French, obtained a wide knowledge of English rationalism and the French Enlightenment (Pope, Locke, Voltaire, Rousseau, and Holbach especially), and became acquainted with the German culture in Vienna. Became familiar with older Hungarian writers through the Royal Library: Péter Bornemisza, Gáspár Heltai, Sebestyén Tinódi, Miklós Zrínyi, and István Gyöngyösi (qq.v.). Gained the friendship of Maria Theresa through Ádám Kollár, director of the Royal Library, and Countess Frigyes Grass, a lady-in-waiting. First works published in 1772. Resigned from Royal Guards near end of 1773 with pension and became representative of Hungarian Protestant churches to 1778. Dissatisfaction with his performance developed among church officials. Became Catholic in 1779. Named honorary librarian of Royal Library. Cancellation of his pension by Joseph II in 1782 worsened his economic situation, and he left for home, going to Bercel and then to Feketetó, where he undertook the management of his estates. In 1787 settled in Pusztakovácsi (today Bakonszeg) and farmed until the end of his life. After 1790 participated in county affairs occasionally, and continued to write. Spent last years in difficult economic circumstances, withdrawn and forgotten. ¶ Period of Literary Revival dated from the publication of his *Ágis tragédiája* in 1772. Greatly influenced by spirit and ideas of writers of French Enlightenment, especially by Voltaire. Did not master literary forms of poetry, drama, and philosophical expression, but all his writings show his intelligence and spirit at work, often in ironical and humorous vein, and they served to bring new concepts to Hungary. He described natural scenes effectively and often expressed the melancholy associated with pre-romanticism. His best literary style is found in his reports, writings on cultural and educational programs, and shorter studies. He urged the use of the Hungarian language instead of Latin and German in schools and called for reform of the language. Devised a plan for the establishment of a Hungarian Academy of Sciences in 1781: *Egy magyar társaság iránt való jámbor szándék* (1790), his last work published in his lifetime. Translated English (in other languages), French, and German works. During his life only his works on educational and cultural programs and *A filozófus* (in the character of Pontyi) had important historical influence. The full importance of his lifework to the history of Hungarian culture and literature became clearer in the 1930's on the basis of new research.

FIRST EDITIONS: *Ágis tragédiája.* [Dráma] *Agiaris keserve.* [Epilogus] Bécs: Kaliwoda Leopóld, 1772. 158p. – *Az embernek próbája.* [Filozófiai költemény, Alexander Pope *Essay on man* átdolgozása] Bécs: Kaliwoda Leopóld, 1772. 187p. – *Az eszter-házi vigaságok. Delfén.* [Elbeszélő költemények] Bécs: n.p., 1772. 25p. – *Hunyadi László tragédiája.* Három játékban és versekben. [Dráma] Bécs: Kaliwoda Leopóld, 1772. 104p. – *Buda tragédiája.* Öt játékban. [Dráma] Pozsony: Landerer Mihály, 1773. 152p. – *A Szent Apostol Tamás mint ellene állhatatlan bizonysága a Jesus Kristus istenségének* ... [Vallásos fordítás] Pozsony: Landerer Mihály, 1773. 70p. – *Die Amerikaner.* [Elbeszélés] Bécs, 1774. [From Pintér, IV, 397] – *Lucanus első könyve.* [Fordítás] Pozsony, 1776. [From Pintér, IV, 397] – *Anyai oktatás.* [Erkölcsi levelek egy anyának leányához] Bécs: n.p., 1777. 83p. – *Bessenyei György társasága.* [A testőrírók verseinek gyűjteménye] Bécs, 1777. [From Pintér, IV, 384] – *Futó darabok.* [Költemények] Bécs, 1777. [From Pintér, IV, 384] – *Die*

Geschäfte der Einsamkeit. [Bölcseleti tartalommal] Bécs, 1777. [From Pintér, IV, 398] – *A magyar néző.* [Tanulmányok] Bécs, 1777. 62p. [From catalogue of National Széchényi Library] – *A mi urunk Jesus Kristusnak haláláról való gondolatok.* [Vallásos fordítás] Pozsony: Landerer Mihály, 1777. 48p. – *A philosophus.* Vígjáték. Pest, 1777. [From Pintér, IV, 374] – *Hunyadi János élete és viselt dolgai.* [Tanulmány] Bécs: Nemes Trattner Tamás, 1778. 72p. – *Magyarság.* [A magyar nyelv védelme] Bécs: n.p., 1778. 14p. – *Galant levelek.* [Levélregény] Bécs, 1779. [From Pintér, IV, 399] – *A hármas vitézek vagy triumvirátus.* Szomorújáték 5 felvonásban. Bécs, 1779. [From Pintér, IV, 366] – *A holmi.* [Bölcseleti, irodalmi és költői tartalommal] Bécs: n.p., 1779. 378p. – *Attila* [1st] *és Buda tragédiája* [2d]. [Drámák] Pozsony és Kassa: Landerer Mihály, 1787. 152p. – *Egy magyar társaság iránt való jámbor szándék.* [Tanulmány] Bécs: Révai Miklós, 1790. 46p. – See also nos. 538, 540, 541, 546, 548, 554, and 555.

EDITIONS

537. *A philosophus.* Kiadta Gyulai Pál. Budapest: Franklin-Társulat, 1881. 118p. [C] GeLBM

538. *A bihari remete, vagy a világ így megyen. Holmi* [only its basic structural plan, published for 1st time]. Kiadta Széll Farkas. Debrecen: Városi Könyvnyomda, 1894[1]. 168p. NNC GyBH

539. *Ágis tragédiája. Bécs 1772.* [Dráma; *Agiaris keserve*] Kiadta Lázár Béla. Budapest: Franklin-Társulat, 1898. 130p. [A] MnU FiHI GeLBM

540. *A természet világa.* Sajtó alá rendezte Bokor János. Budapest: Franklin-Társulat, 1898[1]. 408p. [B] AsWN FiHI GeLBM GyBH

541. *Lais, vagy az erkölcsi makacs.* Kiadta Lázár Béla. Budapest: Franklin-Társulat, 1899[1]. 100p. [B] NNC AsWN FiHI GeLBM GyBH

542. *Az embernek próbája.* Kiadta Harsányi István. Budapest: Magyar Tudományos Akadémia, 1912. 196p. [B] AsWN AsWU FiHI GeLBM

543. *Az amerikai Podocz és Kazimir keresztén vallásra való megtérése.* [Kazinczy Ferenc fordítása] Bessenyei német eredetijével együtt kiadta és bevezetéssel ellátta Weber Arthur. Budapest: Magyar Tudományos Akadémia, 1914. 58p. [B] NN NNC GeLBM

544. *Hunyadi.* [Tragédia] Budapest: Berzsenyi Dániel Reálgimnázium VII. Osztálya, 1929. 63p. [B] MnU NNC GyBH GyGGaU

545. *Tarimenes utazása.* Szatirikus állambölcseleti regény. Szerkesztette a Berzsenyi Gimnázium. Budapest: Athenaeum, 1930. 438p. [C] ICU MnU NN NNC GeCU GeLBM GeLU GyBH GyGNSU

546. *Kisebb költeményei.* Eredeti XVIII. századi nyomtatványok alapján. Nyíregyháza: Nyíregyházi Evangelikus Kossuth-Reálgimnázium, 1931[1]. 96p. [B] ICU FiHI GyBH

547. *Egy magyar társaság iránt való jámbor szándék.* Kiadta Révai Miklós. Budapest: Királyi Magyar Egyetemi Nyomda, 1931². 44p. [B]   ICU AsWN GeLBM GyBH

548. *A törvénynek útja. Tudós társaság.* Szerkeszti Vajthó László. Budapest: Királyi Magyar Egyetemi Nyomda, 1931¹. 84p. [C]   ICU MnU NNC GeLBM GyBH

549. *Anyai oktatás.* Tanítványaival sajtó alá rendezte Sebestyén Erzsébet. Budapest: Királyi Magyar Egyetemi Nyomda, 1932. 80p. [B]   MnU NNC GeLBM GyBH

550. *Magyarság. Magyar Néző.* Kiadta Vajthó László. Budapest: Királyi Magyar Egyetemi Nyomda, 1932. 72p. [B]   AsWN FiHI GeLBM GyBH

551. *Hunyadi László tragédiája.* Három játékban és versekben. A bevezetést írta Belohorszky Ferenc. Nyíregyháza: n.p., 1935. 34p. [C]   NN

552. *Eszterházi vigasságok. Delfén. Magyarország törvényes állása.* Budapest: Királyi Magyar Egyetemi Nyomda, 1941. 148p. [B]   AsWN

553. *Galant levelek.* Kiadta a Szolnoki Községi Kereskedelmi Középiskola ifjúsága. Tanítványaival sajtó alá rendezte Kisfaludi Sándor. Budapest: Királyi Magyar Egyetemi Nyomda, 1941. 48p. [B]   GeLBM

554. *A magyar nemzetnek szokásairól, erkölcseiről, uralkodásának módjáról, törvényeiről és nevezetesebb dolgairól.* 1. könyv. Első száz. Egész Európa formája a XI-ik században. Sajtó alá rendezte Vajda László. Budapest: Királyi Magyar Egyetemi Nyomda, 1942¹. 133p. [B]   GeLU

555. *A társaságnak eredete és országlása.* [Tanulmány] Kiadta a Szatmárnémeti Református Gimnázium, tanítványával sajtó alá rendezte Nagy Béla. Budapest: Királyi Magyar Egyetemi Nyomda, 1942¹. 155p. [C]   GeLBM

556. *Válogatott művei.* Sajtó alá rendezte és bevezette Szauder József. Budapest: Szépirodalmi Könyvkiadó, 1953. 465p. [C]   DLC MnU NN GeCU GyBDS GyBH GyGNSU

557. *A világ így megyen.* [Válogatott írások] Összeállította, bevezető tanulmánnyal és jegyzetekkel ellátta Tordai Zádor. Bukarest: Állami Irodalmi és Művészeti Kiadó, 1953. 237p. [C]

558. *Válogatott írásai.* Válogatta és az utószót írta Vajthó László. Budapest: Magyar Helikon, 1961. 261p. [C]   NNC GeLU GyBDS GyGGaU GyGNSU

BIBLIOGRAPHY

See also nos. 562, 565, 566, 567, 572, 576, 578, 579, and 581.

559. *A Bessenyei-irodalom.* Összeállította Belohorszky Ferenc. Nyíregyháza: Bessenyei-Társaság, 1941. 31p

In three parts: (1) his works, (2) his letters, and (3) studies of his works, the latter divided into those dealing with his writings generally and those examining individual works. Appendixes: (1) Studies dealing with his period and (2) The literature of the Bessenyei cult. Data: for monographs, author, title, place and date of publication; for articles, author, title, name of periodical, date and inclusive page numbers.

BIOGRAPHY

560. Császár Elemér. *Bessenyei akadémiai törekvései. Székfoglaló értekezés.* Budapest: Magyar Tudományos Akadémia, 1910. 78p.

Inquires into the causes that brought to a head his plans for an academy in 1781 and the continuous phases of this development. Bibliographical footnotes. NNC AsWU GeCU GeLBM GyBH GyGNSU

561. Waldapfel József. "Adatok Bessenyei életéhez és munkásságához," *Irodalomtörténeti Közlemények*, XL (1930), 86–93.

New information about the problems of the Bessenyei family concerning the litigation over the estate, and about the censor's view of his "Podrokotz krónikája," a lost satirical novel, and "A kedvetlen okos," a lost comedy. Bibliographical footnotes. DLC MH MnU NNC [OCl] AsWN AsWU GeLBM [GeLU] GyBH GyGNSU

562. Csóka J. Lajos. "Bessenyei György és a bécsi udvar," *Pannonhalmi Szemle*, XI (1936), 126–137. [Also a reprint]

His indebtedness to Baroness Teréz Grass and Ádám Kollár for the awakening of his intellectual and creative efforts. Bibliography, p. 14. KyBgW NN FiHU GyBH

563. Halász Gábor. "A bihari remete," *Nyugat*, XXIX (June, 1936), 413–427.

His early tendencies toward isolation from friends and society: their probable causes and their effect on his works and his connection with the problems of his age. MnU NN NNC [FiHI] FiHU GeLBM [GeLU] GyBH

564. Vajthó László. *Bessenyei.* (*1747–1947*) Budapest: Dante, 1947. 119p.

Much attention to his personality and character, to the factors affecting his life and works, and to his literary development and the thought and characteristics of his writings. Mainly from 1767. Bibliographical footnotes. CoU InU MH MiD MnU NNC GeLBM

565. Gálos Rezső. *Bessenyei György életrajza.* Budapest: Közoktatásügyi Kiadóvállalat, 1951. 425p.

Claims to be the first biography of Bessenyei in 80 years that summarizes all the research done on the subject. Chronological table of his life and works. Bibliographical notes, pp. 381–412. DLC MnU NNC FiHI GeCU GyBDS GyGNSU

566. Szauder József. *Bessenyei.* Budapest: Művelt Nép, 1953. 155p.

Mainly his years in Vienna (1765–1782) and the period after his return to Hungary (1782–1811). Stress on the development of his views and writings.

Chronology of his life. Bibliography, p. 153. DLC MH MnU NNC FiHI
GeLBM GyBH

See also no. 2832.

567. Závodszky (Széchy) Károly. *Bessenyei György. Irodalmi tanulmány.*
Pest: Athenaeum, 1872. 200p.

A biographical discussion followed by an examination of his literary works,
activities, and development. Bibliography of his writings by genres, pp.
194–200. MnU NNC GyBH

568. Lázár Béla. "Ágis a világirodalomban," *Egyetemes Philologiai Közlöny*,
XIV (1890), 92–106.

After accounting for the 18th-century's attraction to Plutarch's *Agis* and
discussing Gottsched's handling of the theme and its significance, charac-
terizes Bessenyei's *Ágis* and concludes that its importance lies in his having
brought historical interest to the subject. CU IU MH MnU NNC OCIW
OCU AsWN FiHU GyBH

569. Császár Elemér. *Bessenyei György természetérzéke.* Budapest: Magyar
Tudományos Akadémia, 1911. 77p.

Summarizes the development of views toward nature in European and in
Hungarian literature, especially those of Ferenc Faludi, then examines
Bessenyei's poetry to determine the manner in which it mirrors nature.
Concludes that though he falls short of expectations, he uses the materials
of nature with affection and observes its characteristics accurately.

570. Eckhardt Sándor. "Bessenyei és a franczia gondolat," *Egyetemes
Philologiai Közlöny*, XLIII (1919), 192–220; XLIV (1920), 42–53; XLV
(1921), 19–34.

The sources of his thought in French learning and their influence on him:
geography, history, religion, metaphysics, moral philosophy, social history,
and politics. Also English learning through French translations. Among
thinkers: Voltaire, Millot, Vaissette, Robinet, Rousseau, Locke, Hobbes.
Bibliographical footnotes. [CU]   IU MnU OCIW OCU FiHU GyBH

571. Belohorszky Ferenc. *Bessenyei és A philosophus.* Budapest: Dunántúl,
1929. 42p.

Several questions dealing with the comedy: its originality in relation to
sources (Destouches's *L'homme singulier* and *La fausse Agnès*), the philo-
sopher as a type in French and German comedy and in the 18th century
and Bessenyei's philosopher, *A philosophus* and his *Galant levelek*, and
Bessenyei as man and writer and the origin of *A philosophus*. Bibliographical
footnotes. NNC

572. Fischer Júlia. *A nevelés gondolata Bessenyei munkáiban.* [Bölcsészetdok-
tori értekezés] Szeged: Árpád, 1934. 96p.

A study of his views of educating and nurturing the youth of Hungary based on an examination of his writings. Summary of the scholarship on the subject in the introduction. Bibliography of his works and studies about him, pp. 86–91. Table of contents and summary in German, pp. 92–96.

573. Merényi Oszkár. "Bessenyei György," *Irodalom és nemzeti közösség. Adalékok és tanulmányok.* II. rész. Nyíregyháza: Garab József, 1943; 135p. Pp. 1–67. [1st publication]

In five parts: (1) the development of his intellectual and spiritual life in response to his life and times, (2) his ideals of man, (3) his utopia, based on an examination of *Tarimenes utazása,* (4) his search for God, and (5) the origin of his desire to advance Hungarian culture. MnU AsWN GeLBM GyBH

574. Szauder József. "Bevezetés," *Bessenyei György válogatott művei.* Sajtó alá rendezte Szauder József. Budapest: Szépirodalmi Könyvkiadó, 1953; 465p. Pp. 7–58.

His three periods of creativity with respect to the circumstances attending them and their characteristics and merits: 1769–1772, 1777–1781, 1782–1811. DLC MnU NN GeCU GyBDS GyBH GyGNSU

575. Bruckner János. "Bessenyei és kora politikai filozófiája (1772–1780)," *Irodalomtörténeti Közlemények,* LVIII (1954), 21–42.

His relations with the political and societal currents of his time and the manner in which he makes them distinctively his own, alters, or repeats the principles and concepts current in Europe. Based on his writings during his years in Vienna, 1772–1780. Bibliographical footnotes. DLC MnU NN NNC AsWU GeLBM GyBH

576. Némedi Lajos. "Bessenyei György és a magyar nyelv," *Az Egri Pedagógiai Főiskolai Évkönyve,* II (1956), 332–376. [Also a reprint]

An account of his ideas and plans for the Hungarian language and advancing its development and use. Bibliography of his works concerned with the subject, pp. 375–376. Illustrations. GeLBM

577. Elek Oszkár. "Ágis tragédiája," *Filológiai Közlöny,* III (1957), 193–209, 393–413.

The influence of Plutarch's *Agis* on the work; the building-up, structure, and character of the drama; the ideals of the Enlightenment in it; the effect of the *Encyclopédie* and Voltaire upon it; and the parallels between the *Agis* of Gottsched and Alfieri and that of Bessenyei. DLC MH NN NNC AsWN FiHU GeLBM GeOB GyBDS GyBH GyGNSU

578. Némedi Lajos. "Bessenyei elődei és kortársai. Adalékok a magyar felvilágosodás történetéhez," *Az Egri Pedagógiai Főiskola Évkönyve,* III (1957), 87–109. [Also a reprint]

Those who prepared the way for his activities and those of his own times who had ideas and purposes similar to his without either necessarily knowing about the other. To Csokonai. Bibliographical notes, pp. 19–23. GeLBM GyBH

579. Némedi Lajos. "Bessenyei György és a német felvilágosodás," *Az Egri Pedagógiai Főiskola Évkönyve*, VI (1960), 261–286.

Seeks to establish the threads linking him as a writer and educator to the German Enlightenment he encountered in Vienna and to trace some of the parallels between German and Hungarian developments in the Enlightenment. Attention to the characteristics of the German Enlightenment, to his knowledge of Gottsched, and to Austrian culture in the first half of the 18th century and its acceptance of Gottsched's principles. Bibliographical notes, pp. 283–285. Summary in German, p. 286. GeLBM GyBDS GyBH

580. Némedi Lajos. "Bessenyei György és a magyar nemzeti művelődéspolitika," *Magyar Pedagógia*, LXI (1961), 398–416. [Also a reprint]

The nature of his thought and efforts in advancing public education in Hungary. Bibliographical footnotes. Summaries in Russian and English, p. 416. DLC GeLBM GyBDS

581. Némedi Lajos. "Bessenyei utóélete (I. 1772–1790)," *Az Egri Pedagógiai Főiskola Évkönyve*, VII (1961), 355–390.

Concerned with connecting his literary efforts with the reception given to them from 1772 to 1790: his readers, opinions of his writings, his influence on his contemporaries and successors, the place given him in the current of literature, his position in the eyes of public opinion. Bibliographical notes, pp. 389–390. Summary in German, p. 390. GyBH

582. Vajthó László. "Utószó," *Bessenyei György válogatott írásai*. Válogatta és az utószót írta Vajthó László. Budapest: Magyar Helikon, 1961; 261p. Pp. 217–240.

Biographical treatment; information about his works; the development of his literary career; the nature, content, and merits of his most significant writings; and his place in Hungarian literature. NNC GeLU GyBDS GyGGaU GyGNSU

583. Baróti Dezső. "Ágis tragédiája," *A Petőfi Irodalmi Múzeum Évkönyve*, IV (1962), 15–32.

The influence of 17th-century classical tragedy, especially that of Corneille, on the work; the controversies surrounding the evaluation of its political statements; and the idealism and characteristics of the work. AsWN GeLBM GyBDS GyBH GyGNSU

BETHLEN MIKLÓS

Born September 1, 1642 in Kis-Bún, Transylvania; died October 17, 1716 in Vienna. Autobiographer, political writer, statesman. His father was a historian and chancellor of Transylvania. Received excellent education; János

Apácai Csere (q.v.) was among his teachers. Began study-tour abroad in 1661. Attended universities of Heidelberg, Utrecht, and Leyden till 1663, when he visited England and France. Returned home in November 1664 to enter service of Miklós Zrínyi (q.v.), who died two weeks after Bethlen's arrival. Fought against Turks in 1665. After declaration of peace went to Venice and learned Italian. On return home became court commissioner. Lived on his estate in Betlenszentmiklós. Married twice. Imprisoned in Fogaras as partisan of Pál Béldi; released in 1677. Sergeant in 1681 campaign; leader of district army in 1682. Became chancellor and lord-lieutenant and then, in 1689, confidential adviser of Máramaros County. After victory of Zernyest went to Vienna, where he prepared "Leopoldinum-diploma," a plea in behalf of Transylvania. Participated in 1690 Parliament. Back in Vienna in 1695. Named count by Leopold I in 1696. Seized in 1704 by court in Vienna for "Olajágat viselő Noe galambja," which advocated an independent Transylvanian principality. Imprisoned in Szeben 1704–1708 and in Vienna 1708–1716. During imprisonment wrote *Imádságoskönyv* in Transylvania and *Önéletírás* in Vienna. Released shortly before death. ¶ Abilities many-sided. Engaged in architecture and designed his own manor-house. Wrote political pamphlets in support of independent Transylvania. His main work, *Önéletírás*, an autobiography, is distinguished by the presentation of his personality and by its general characterizations of his times. It contributed to the development of Hungarian narrative prose.

FIRST EDITIONS: *Falsitas toti mundo detecta*. Kolozsvár, 1672. [From Szinnyei, I, col. 1026] – *Justi de Palma Florentini Austriae austeritatis, ejusdemque continuationis confirmatio*. Venetiis (Kolozsvár): n.p., 1672. 145p. – *Apologie ministrorum evangelicorum ad innocentiam suam orbi christiano declarandam*. Kolozsvár: n.p., 1677. [31] leaves. – *Epistola ad ministros exulens*. Sine loco, 1677. [From Szinnyei, I, col. 1026] – *Corona muralis Josepho I. a regio gubernio et toto populo Transylvanico oblata*. Claudiopolii: Samuel P. Telegedi, 1703. [2] leaves. – *Önéletírása*. Kiadta Szalay László. I–II. kötet. Pest: Heckenast Gusztáv, 1858–1860. [C]

EDITIONS

See also nos. 586 and 587.

584. *Önéletírása*. Bevezette és sajtó alá rendezte Tolnai Gábor. Budapest: Ardói, 1943. 623p. [C] NN NNC

585. *Önéletírása*. Bevezette Tolnai Gábor, sajtó alá rendezte és jegyzetekkel ellátta V. Windisch Éva. I–II. kötet. Budapest: Szépirodalmi Könyvkiadó, 1955. [A]

  1. kötet: Önéletrajz 1689-ig. 407p.
  2. kötet: Önéletrajz 1690–1704. [Also *Imádságoskönyv*] 426p.

DLC MH MnU NNC FiHU GeCU GeLBM GyBDS GyBH GyGNSU

BIOGRAPHY

586. Gyárfás Elemér. *Bethlen Miklós kancellár. 1642–1716.* Dicsőszent-márton: Erzsébet Könyvnyomda, 1924. 226p.

A presentation of his individuality, life, and "tragic political fate" in sketchy form. Appendix of documents connected with his activities: Instructio, the Diploma Leopoldianum, "A Noé galambja," Supplicatio, Júlia Rédei's letter, and his letters to his wife and son from prison. Bibliographical footnotes. NNC GeLBM

CRITICISM

587. Szádeczky K. Lajos. "Gróf Bethlen Miklós két kiadatlan műve," *Budapesti Szemle,* CXCIII, no. 554 (1923), 1–34. [Also a reprint]

After comment on his age, the sources of his historical bent, and his historical writings and activities, discusses the background, content, and character of two of his unpublished works: "Sudores et Cruces" and prayers from his own hand. CtY AsWN GeLBM GyBH

588. Köpeczi Béla. "Bethlen Miklós francia emlékiratai," *Irodalomtörténeti Közlemények,* LIX (1955), 296–304.

Purpose: to show that the French edition of his *Mémoires* (Amsterdam, 1736) was written by Dominique Rèvèrend, not Bethlen, on the grounds that it contains numerous obvious errors of fact, and that it is based on conversations Rèvèrend had with him. Bibliographical footnotes. DLC MnU NN NNC AsWU GeLBM GyBH

589. Tolnai Gábor. "Előszó," *Bethlen Miklós önéletírása.* Az előszót írta Tolnai Gábor, sajtó alá rendezte és a jegyzeteket írta V. Windisch Éva. I–II. kötet. Budapest: Szépirodalmi Könyvkiadó, 1955. I, 5–28.

His life and the political and historical events of his times, especially those in Transylvania, as influencing the autobiography; his ideology and the light it throws on his style and literary merits; and the characteristics of his style and method of composition. DLC MH MnU NNC FiHU GeCU GeLBM GyBDS GyBH GyGNSU

590. Gyenis Vilmos. "Bethlen Miklós Imádságoskönyve," *Irodalomtörténeti Közlemények,* LXI (1957), 63–78.

His *Imádságoskönyv* as to themes, content, form, style, and connection with his *Önéletírás* and as an expression of his country's condition. Bibliographical footnotes. DLC MnU NN NNC AsWU GeLBM GyBH

BORNEMISZA PÉTER

Born February 22, 1535 in Pest; died before June 24, 1584 in Rárbok. Prose writer; Lutheran minister and superintendent. Descendant of middle-class family, whose prosperity was much reduced by Turkish invasions. Orphaned in 1541, and brought up in Felső-Vidék. Studied in Kassa 1548–1553. First sought out Hungarian cities and cultural centers and later attended universities in Italy, France, and Germany (1557–1559). Melanchthon's student in Wittenberg. On return engaged in printing business in Kassa and Debrecen. Became Lutheran clergyman in 1564 and, with certain interruptions, served Balassi family and tutored Bálint Balassi (q.v.) in Zólyom. Charged with celebrating Mass with bread in 1564. In Ungvár in 1565 on diplomatic mission to army of Menyhért Balassi and Lázár Schwendi. Known to be in Zólyom in 1567. Appointed Superintendent of Mátyusföld in 1570. Minister in Galgócz in 1572 and preacher in Sempte by 1573. Began literary activity with Hungarian reworking of Sophocles' *Elektra* (1558). His most productive years began in 1570 with publications issued regularly from his own press at Sempte. Seized for concepts expressed in *Ördögi kísértetek* and imprisoned in Vienna. Escaped after three weeks and returned to Sempte. Driven from Sempte in January 1579. Went to Beczkóvár and from there to Detrekővár, where he again came under protection of Balassi family. Completed *Énekek három rendbe* in 1582 and *Prédikációk*, a collection of his new sermons, in 1584. ¶ Generally considered to be the most cultured and humanistically erudite Protestant preacher-writer in 16th-century Hungary: he united contemporary Italian-German culture and knowledge of Greek and Latin classics with Hungarian learning. ¶ Some of his poems have been translated into English and Russian.

FIRST EDITIONS: *Tragédia magyar nyelven a Sophocles Elektrájából*. Átdolgozta Bornemisza Péter. Wien: n.p., 1558. [68] leaves. – *Cantio de Szent János latasarol*. [Vers] Debrecen: Komlós, [1570–1573]. [4] leaves. – *Első része az evangéliomokból és az epistolákból való tanuságoknak*. [Postilla 1.] Komját és Sempte: Huszár Gál, 1573. 455 leaves. – *Másik része az evangéliomokból és az epistolákból való tanuságoknak*. [Postilla 2.] Sempte: Bornemisza Péter, 1574. 718 leaves. – *Harmadik része az evangéliomokból és az epistolákból való tanuságoknak*. [Postilla 3.] Sempte: Bornemisza Péter, 1575. 657, 308 leaves. – *Négy könyvetske a keresztényi hitnec tudományáról*. Sempte: Bornemisza Péter, 1577. [289] leaves. – *Igen szép és szükséges prédikáció az Istennek irgalmasságáról és a mi egymáshoz való irgalmasságinkról*. Sempte: Bornemisza Péter, 1578. [120] leaves. – *Negyedik része az evangéliomokból és az epistolákból való tanuságoknak*. [Postilla 4.] Sempte: Bornemisza Péter, 1578. 930 leaves. – *Ordögi kísértetekről avagy röttenetes utalatosságáról ez meg ferteztetet világnak*. [Prédikációk] Detrekő: Bornemisza Péter, 1579. [950] leaves. [Based on a few facsimile pages in National Széchényi Library] – *Ötödik és utolsó része az evangéliomokból és az epistolákból való tanúságoknak*. [Postilla 5.] Sempte és Detrekő: Bornemisza Péter, 1579. 672 leaves. – *Énekek három rendbe, különb-különbfélék*. [Egykorú vallásos költemények gyűjteménye] Detrekő: Bornemisza Péter, 1582. 344 leaves. [Based on facsimile edition] – *Prédikációk egész esztendő által minden vasárnapra rendeltetett evangéliomból*. Detrekő és Rarbok: Bornemisza Péter, 1584. 715 leaves.

EDITIONS

See also no. 596.

591. *Tragoedia magiar nelvenn, az Sophocles Electraiabol. Nagiob reszre forditatot, ez az kerezteneknek erkoeczoknek iobitasokra rendeltetet Bornemizza Peter deak altal. 1558.* [Facsimile] Sajtó alá rendezte és utószóval ellátta Ferenczi Zoltán. Budapest: Rényi, 1923. 136p. MH MnU GyBH

592. *Tragédia magyar nyelven Sophocles Elektrájából pesti ... diák által.* Sajtó alá rendezte és kiadta Diószeghy Erzsébet. Budapest: Királyi Magyar Egyetemi Nyomda, 1933. 66p. [C]   MnU AsWN GyBH

593. *Ördögi kísértetek.* Jegyzetekkel ellátta Eckhardt Sándor. Budapest: Akadémiai Kiadó, 1955. 239p. [A]   DLC MnU NNC GeLBM GyBDS

594. *Válogatott írások.* 1553–1584. Összeállította és jegyzetekkel ellátta Nemeskürty István. Budapest: Magvető, 1955. 327p. [C]   DLC MH FiHU GyGNSU

595. *Enekec harom rendbe: kuloemb kueloem felec. Detrekoe 1582.* [Facsimile] A kísérő tanulmányt írta Kovács Sándor Iván, a fakszimile szövegét gondozta Varjas Béla. Budapest: Akadémiai Kiadó, 1964. [353] leaves. DLC InU MnU FiHU GeCU GeLBM GeOB GyBH GyGNSU

BIBLIOGRAPHY

See no. 596.

BIOGRAPHY

596. Schulek Tibor. *Bornemisza Péter. 1535–1584. A XVI. századi magyar művelődés és lelkiség történetéből.* Sopron, Budapest és Győr: Keresztyén Igazság, 1939. 450p.

Much attention to his ideas and writings and to the intellectual and religious problems of the times. Interested in dealing with both Catholic and Protestant elements of the period. Appendixes: (1) Chronological table of Bornemisza's life and important events, (2) Family trees, (3) Collection of his letters, (4) Texts of his songs, and (5) Excerpts from his writings dealing with his life and from his preachings of the Gospel. An annotated bibliography of works containing material on Bornemisza, pp. 426–440. Illustrations. MnU NNC AsWN GyBH

597. Nemeskürty István. *Bornemisza Péter. Az ember és az író.* Budapest: Akadémiai Kiadó, 1959. 558p.

Claims to be the first biography to bring the man and the writer before the reader. Appendix: List of his works requiring further research. Bibliographical footnotes. Summary in German, pp. 526–530. Illustrations. DLC MH MnU NNC AsWN FiHU GeCU GeLBM GyBDS GyGNSU

E

CRITICISM

See also no. 4630.

598. Móricz Zsigmond. "Bornemisza Péter Elektrája," *Válogatott irodalmi tanulmányok.* Összeállította Vargha Kálmán, bevezette Bóka László. Budapest: Művelt Nép, 1952; 380p. Pp. 220–234. [Appeared in *Nyugat*, XXIII (December, 1930), 811–822]

Examines his translation of Sophocles' *Elektra* to show that he did not attempt to preserve its Greek character but gave it the Hungarian qualities of his own times as a way of showing the universality of the original's motifs and problems. DLC MnU AsWN GyBH GyGNSU

599. Koltay-Kastner Jenő. "Bornemisza Péter humanizmusa," *Irodalomtörténet*, XLI (1953), 91–124.

A clarification of the connection between his writings and humanism. Maintains that he became acquainted with humanistic works during his study at the University of Vienna, that he received his interest in the human mind, the manifestations of life, and the world morality to be found in pagan writings from humanism and then later pursued them further only in his first prose works in Hungary. Bibliographical footnotes. CU DLC MH MnU NN NNC AsWU GeLBM GyBDS GyBH GyGNSU

600. Borzsák István. *Az antikvitás XVI. századi képe.* (*Bornemisza tanulmányok*) Budapest: Akadémiai Kiadó, 1960. 558p.

An examination of his writings from the viewpoint of classical philology to clarify not only his works, but the general aspects of 16th-century Hungarian life, and to throw light on the relations between Hungarian humanistic writers and those in Europe. In two parts: (1) the translator of *Elektra* and (2) the preacher. Bibliographical footnotes. Summary in German, pp. 531–542. Facsimiles. DLC MH NN NNC AsWN GeCU GeLBM GeOB GyBDS GyBH GyGNSU

BRÓDY SÁNDOR

Born July 23, 1863 in Eger; died August 12, 1924 in Budapest. Novelist, short-story writer, journalist. Father a businessman who moved family to Pest in 1870's after failure of several enterprises. Attended schools in Eger and Budapest. Writings appeared in periodicals while he was still a gymnasium student. First interested in becoming art teacher and painter, but financial problems forced the end of his schooling and acceptance of employment in uncle's law office in Békés-Gyula. Publication of *Nyomor* (1884) brought him immediate fame. Edited *Erdélyi Képes Újság* and *Kolozsvári Élet*, its supplement, and *Magyarság* in Kolozsvár, Transylvania, 1888–1890. Married after hasty courtship. Returned to Budapest in 1890 and pursued writing and journalistic career. Joined editorial staff of *Magyar Hírlap* in

1892 and then *Az Újság*, but writings were also published in other periodicals. In 1902 he founded *Fehér Könyv*, which he wrote entirely by himself. In 1903 founded *Jövendő*, predecessor of *Nyugat*, with Zoltán Ambrus and Géza Gárdonyi (qq.v.). Attempted suicide in Semmering in 1905. ¶ His efforts to reconcile romantic and naturalistic styles, as well as other experimentations, were an important influence on later generation of writers, especially those connected with *Nyugat* (Móricz [q.v.] and Ady [q.v.]). Championed modern literature. Greatly affected by Zola's *Nana*. His writings portray slander and maliciousness and contain psychological observations and social criticism. Much of writing of historical importance only, but among novels, *A nap lovagja*, *Hófehérke*, and *Az ezüst kecske* and among dramas, *A dada*, *A tanítónő*, and *A medikus*, as well as some 30 short stories, are considered to have lasting value. ¶ *A nap lovagja*, *A tanítónő*, *Emberek*, *Faust orvos*, *Hófehérke*, and *Királyfi és koldusleány* have been translated into German; *Két szőke asszony* into Czech; *A kétlelkű asszony* into Czech and German; *Az egri diákok* into Polish; *Az ezüst kecske* into Italian; *Rembrandt* into English; and some of his short stories into French, German, Rumanian, and Serbian.

EDITIONS

See also no. 669.

601. *Nyomor.* [Elbeszélések] Budapest: Révai Testvérek, 1884[1]. 209p. NNC OCl

602. *"Don Quixote" kisasszony.* [Regény] I–II. kötet. Budapest: Révai Testvérek, 1886[1]. [1905[3]] MH OCl GyBH

603. *Emberek.* Elbeszélések. Budapest: Singer és Wolfner, 1888[1]. 146p. NNC OCl GeLU

604. *A két szőke asszony.* Regény. Kolozsvár, [1888 or 1889][1]. [From Szinnyei, I, 1349]

605. [Művei]. [I–XX.] kötet. Budapest: Singer és Wolfner, 1888–1914. [An untitled collection]

[Volumes not numbered; arranged chronologically]

1. *Faust orvos.* Regény. 1888[1]. 167p.
2. *Apró regények.* 1893[1]. 159p.
3. *Éjszaka.* [Elbeszélések] 1893[1]. 152p.
4. *Hófehérke.* Regény. 1894[1]. 137p.
5–6. *Rejtelmek.* [Elbeszélések] 1–2. kötet. 1894[1].
7. *Egy férfi vallomásai és életképek.* Elbeszélések. 1899[1]. 232p.
8. *Emberek.* [Elbeszélések] 190?. 143p.
9. *A dada.* [Színmű] 1902[1]. 111p.
10. *Erzsébet dajka és más cselédek.* [Elbeszélések] 1902[4]. 150p.
11. *Az ezüst kecske.* [Regény] 1902[2]. 284p.
12–13. *A nap lovagja.* [Regény] 1–2. kötet egy kötetben. 1902[1].

14. *Nyomor.* [Elbeszélések] 1903[6]?. 155p.
15. *Királyidillek és egyéb vázlatok.* 1904[1]. 174p.
16. *Egy rossz asszony természetrajza.* Erkölcsrajz. 1904[1]. 138p.
17. *Don Quixote kisasszony.* [Regény] 1905[3]. 347p.
18. *Tündér Ilona.* [Regény] 1905[2]. 144p.
19. *Regényalakok.* [Elbeszélések] 1906[1]. 158p.
20. *Két szőke asszony.* [Regény] 1914[3]. 136p.
[MH] [NN] [NNC] [OCl]

606. *Színészvér. Két szőke asszony* (2d). [Regények és más elbeszélések: *A bölény, A halott, Tanulmányfejek, A boldog szerelemről*] Budapest: Pallas, 1891[1]. 426p. IC NNC OCl GeLBM GyBH

607. *Regénytárgyak.* [Novellák] Budapest: Szépirodalmi Könyvtár, 1892[1]. 155p. GeLBM

608. *A kétlelkű asszony.* [Regény] Budapest: Magyar Nyomda, 1893[1]. 182p. [1918] MH OCl GeLBM

609. *Az egri diákok.* Két magyar Robinson története. [Regény] az ifjúság számára. Budapest: Singer és Wolfner, 1894[1]. 152p.

610. *Az asszonyi szépség.* [Karcolatok] Budapest: Pallas, 1897[1]. 173p.

611. *Az ezüst kecske.* [Regény] Budapest: Pallas, 1898[1]. 150p. OCl GeLBM GeLU

612. *Tündér Ilona.* Elbeszélés. Budapest: Singer és Wolfner, 1898[1]. 205p. [1905] IC OCl GeLBM GyBH

613. *Dina.* [Regény] Budapest: Fehér Könyv, 1900[1]. 102p. OCl

614. *Emberfejek.* [Elbeszélések] Budapest: Lampel Róbert, 1900[1]. 65p. OCl

615. *Fehér könyv.* [Elbeszélések, regények, színművek] I–XII. kötet. Budapest: Az Iró, 1900[1]. [MiD] [NNC] [GeLU] GyBH

616. *Erzsébet dajka és más cselédek.* [Elbeszélések] Budapest, 1901[1]. [From Gulyás, IV, 82]

617. *Hófehérke.* Regényes színmű 3 felvonásban előjátékkal. Budapest, 1901[1]. [From Gulyás, IV, 82]

618. *Két feleség.* [Regény] Budapest: Magyar Hírlap, 1901[1]. 126p.

619. *Király idyllek: Lajos király válik, Mátyás király házasít, A fejedelem.* [Három egyfelvonásos] Budapest: Pallas, 1902[1]. 123p.

620. *A nagy regény alakjai.* [Karcolatok] Budapest: Magyar Hírlap, 1902[1]. 151p.

621. *Egy rossz asszony természetrajza.* Erkölcsrajz. Budapest: Singer és Wolfner, 1904[1]. 138p. OCl

622. *A muskátlis kisasszony és egyéb elbeszélések.* Budapest: Érdekes Könyvtár, 1905[1]. 63p.

623. *Színésznők.* [Karcolatok] Budapest: Jövendő, 1905[1]. 120p. GyBH

624. *Az automobil és egyéb elbeszélések.* Budapest: Lampel R., 1906[1]. 78p.

625. *Királyfi és koldusleány.* Erkölcsrajz. [Elbeszélések] Budapest: Singer és Wolfner, 1906[1]. 142p. OCl GyBH

626. *A hercegkisasszony és más elbeszélések.* Budapest: Singer és Wolfner, 1907[1]. 151p. OCl

627. *A tanítónő.* Falusi életkép. [Színmű] Budapest: Singer és Wolfner, 1908[1]. 140p. GeLBM GyBH

628. *A villamos. Andornakiné.* [Két regény] Budapest: Grill Károly, 1909[1]. 275p. GeLBM

629. *Rembrandt fejek.* [Karcolatok] Budapest: Singer és Wolfner, 1910[1]. 226p. OCl GeLBM GyBH

630. *Jegyzetek a szerelemről.* [Tanulmány] Budapest: Singer és Wolfner, 1911[1]. 205p. OCl GyBH

631. *Komédia.* [Elbeszélések] Budapest: Singer és Wolfner, 1911[1]. 222p. IC OCl GyBH

632. *Lárvák.* [Kritikák] Budapest: Nyugat, 1911[1]. 62p.

633. *Lyra.* [Elbeszélések] Budapest: Singer és Wolfner, 1911[1]. 206p. [1912] OCl GeLBM

634. *A medikus.* Életkép 3 felvonásban. Budapest: Singer és Wolfner, 1911[1]. 132p. NN NNC OCl GeLBM GeLU GyBH

635. *Novella.* [Elbeszélések] Budapest: Singer és Wolfner, 1911[1]. 221p. IC OCl GeLBM

636. *Imre herceg.* Elbeszélések. Budapest: Singer és Wolfner, 1912[1]. 189p. IC NNC OCl GyBH

637. *Húsevők.* Kis regények. Budapest: Singer és Wolfner, 1913[1]. 206p. CtY AsWN GyGNSU

638. *Árnyékok.* Drámai kísérlet egy felvonásban. Budapest: Singer és Wolfner, 1914[1]. 34p.

639. *Elmélkedések.* Budapest: Lampel R., 1914[1]. 83p. GeLU

640. *Fehér könyv.* Új évfolyam. I. kötet. Budapest: A Szerző, 1914[1]. 158p. CSt CSt-H AsWN

641. *A felboncolt szív.* Elmélkedések. Budapest: Athenaeum, 1914[1]. 28p. GyBH

642. *A hercegkisasszony és más elbeszélések.* Budapest: Singer és Wolfner, 1914. 149p. GyBH

643. *Timár Liza.* Erkölcsrajz. [Színmű] Budapest: Singer és Wolfner, 1914[1]. 124p. DLC NN AsWN GeLBM GyBH

644. *Fehér könyv. A háborúról az asszony.* [Novellák] Új évfolyam. II. kötet. 1915 március. Budapest: A Szerző, 1915[1]. 157p. CSt CSt-H

645. *Fehér könyv.* 1916. november. [Novellák] Budapest: A Szerző, 1916[1]. 208p.

646. *A kőtörő.* Budapest, 1917[1]. [From Gulyás, IV, 84]

647. *A szerető.* Regényes színjáték. Budapest: Athenaeum, 1917[1]. 135p. DLC MH GeLBM

648. *Szenvedély.* Írta Arcübasev. Dráma négy felvonásban. Fordította és átdolgozta. Budapest, 1918[1]. [From Gulyás, IV, 84]

649. *A szerelem élettana.* Studiumok. Wien: Pegazus, 1922[1]. 187p. AsWN AsWU

650. *A nász.* [Kisregény] Budapest: Singer és Wolfner, 1923[1]. 31p.

651. *Rembrandt.* Egy arckép fényben és árnyban. Budapest: Athenaeum, 1925[1]. 175p. MnU

652. *Két nő.* [Elbeszélések; regény: *Andornakiné,* 2d] Budapest: Grill Károly, 1927[1]. 244p.

653. *Legszebb írásai.* [Elbeszélések] Budapest: Athenaeum, 1935. 351p. [C]

654. *A sas Pesten.* Válogatott írások. Sajtó alá rendezte Szauder József, bevezette Kárpáti Aurél. Budapest: Szépirodalmi Könyvkiadó, 1954. 516p. [C]   DLC MnU NN FiHI

655. *Az ezüst kecske. A nap lovagja.* [Regények] Sajtó alá rendezte, az előszót és a jegyzeteket írta Vajda Miklós. Budapest: Szépirodalmi Kiadó, 1956. 348p. [C]   NNC OCl

656. *Rembrandt.* Egy arckép fényben és árnyban. Összeállította és az utószót, jegyzeteket írta Bródy András. Budapest: Magvető, 1957. 195p. [C]   DLC GyBDS

657. *Válogatott színművek.* [*A dada, A tanítónő, A medikus, A szerető, Mátyás király házasít, Lajos király válik*] Sajtó alá rendezte Geréb Béláné, a jegyzeteket írta Bródy András. Budapest: Szépirodalmi Könyvkiadó, 1957. 423p. [C]   DLC MH NNC GeCU GeLBM GyBDS GyGNSU

658. *Cilinderes Tiborc.* Válogatott cikkek és tanulmányok. Szerkesztette, az előszót és a jegyzeteket Bródy András írta. Budapest: Magvető, 1958. 617p. [C]   DLC NN NNC

659. *Két szőke asszony és más regények.* Szerkesztette és a jegyzeteket írta Bródy András, bevezette Bóka László. Budapest: Magvető, 1959. 615p. [C] CU IC NN NNC

660. *Húsevők.* [Novellák] Válogatta és a függeléket írta Bródy András, az előszót írta Czine Mihály. I–II. kötet. Budapest: Magvető, 1960. [C]

    1. kötet: Novellák, 1882–1900. 687p.

    2. kötet: Novellák, 1901–1926. 540p.

NN NNC GyBDS GyBH

661. *Rembrandt.* [Életrajzi regény] *Rembrandt.* Színmű. *Az ezüst kecske.* [Regény] Az utószókat írta Bródy András és Vajda Miklós. Budapest: Szépirodalmi Könyvkiadó, 1963. 379p. [C]   IC GeLBM

662. *Színház.* Drámák. [*A dada, Királyidillek, A tanítónő, A medikus, Rembrandt, Timár Liza, A szerető*] A bevezető tanulmányt Illés Jenő írta, a jegyzeteket Bródy András állította össze. Budapest: Szépirodalmi Könyvkiadó, 1964. 526p. [B]   CU InU MH MnU NN GeLBM GyBDS

BIBLIOGRAPHY

See no. 663.

BIOGRAPHY

663. Földes Anna. *Bródy Sándor.* Budapest: Gondolat, 1964. 187p.
A study of his life and works devoting separate chapters to the analysis of his dramas, novels, and the posthumously published *Rembrandt fejek.* Bibliography of his works by genre, and bibliographical notes by chapters, pp. 179–[188]. MH MnU GeCU GeLBM GyGNSU

CRITICISM

664. Hatvany Lajos. "Bródy Sándor," *Irodalmi tanulmányok.* I–II. kötet. Budapest: Szépirodalmi Könyvkiadó, 1960. I, 269–333. [Appeared in *Nyugat,* III (May 16, 1910), 683–686; VIII (October 1, 1915), 1027–1032; *Pesti Napló,* no. 263 (October 24, 1917), 7; no. 265 (October 26, 1917), 1–3; *Századunk,* VI (January, 1931), 6–24; manuscript dated Budapest, 1954]
Six short studies dealing with individual or several works and including a discussion of his abilities as a dramatist, his writings, a memorial address examining his illness, and his place in Hungarian literature, by one who knew him. MnU NN NNC AsWN GeLBM GyBDS GyGNSU

665. Komlós Aladár. "Bródy Sándor," *Írók és elvek. Irodalmi tanulmányok.* Budapest: Nyugat, 1937; 245p. Pp. 26–48. [Appeared in *Toll,* VI (March, 1934), 100–120]
His personality, friendships with other writers, the characteristics and themes of his works (love, the fear of death, social criticism), his place as the first expression of the worship of life in Hungarian literature, his discontent with great success, and comments on other problems posed by his life and writings. MH MnU NN AsWN GeLBM GeLU GyGNSU

666. Kardos László. "Bródy Sándor legszebb írásai," *Nyugat,* XXVIII (November, 1935), 380–381.
His connection with five important related changes in the character of the Hungarian novel after the 1880's and the 1890's. MnU NN NNC FiHU GeLBM [GeLU] GyBH

667. Rónay György. "Bródy Sándor: *A kétlelkű asszony* (1893), *Erzsébet*

dajka (1901)," *A regény és az élet. Bevezetés a 19–20. századi magyar regényirodalomba.* Budapest: Káldor György, 1947; 376p. Pp. 193–203.

The two novels primarily as expressions of the weaknesses of society at the end of the 19th century. Also maintains that the first is made unbelievable by its poor artistry and that the author is among the first to show that the people's life is not idyllic and is poisoned by middle-class society. Considers *Erzsébet dajka* to be his best work. NN GeLBM GyBDS

668. Kárpáti Aurél. "Bródy Sándor: a regényíró," *Tegnaptól máig. Válogatott irodalmi tanulmányok.* Budapest: Szépirodalmi Könyvkiadó, 1961; 427p. Pp. 135–152. [Appeared as introductory study, "Bródy Sándor, 1863–1924," to *A sas Pesten,* pp. 5–23; see no. 654]

His literary career, his introduction of the "proletariat theme" in the Hungarian novel, his writing habits, the characteristics of his novels, and his literary development as revealed by the genre. DLC NN NNC AsWN GyBDS GyBH GyGNSU

669. Bóka László. "A tanítónő," *Tegnaptól máig. Válogatott tanulmányok, esszék, cikkek.* Budapest: Szépirodalmi Könyvkiadó, 1958; 580p. Pp. 458–475. [Appeared as introduction to *Bródy Sándor: A tanítónő.* Budapest: Művelt Nép, 1955; 89p. Pp. 3–16]

The drama as an excellent union of form and substance and as a work that continues to live and attract an audience and that can teach something to contemporary dramatists. Discussed as his attempt to speak with a new voice in the literary and artistic battle that had become ineffectual because of the schematism of reactionism with idealism and progressivism with naturalism. DLC MH MnU NNC FiHI GeLBM GyBDS GyGGaU GyGNSU

670. Bóka László. "Bródy kisregényei," *Arcképvázlatok és tanulmányok.* Budapest: Akadémiai Kiadó, 1962; 543p. Pp. 313–322. [Appeared as introduction to *Két szőke asszony és más regények,* pp. 5–18; see no 659]

His short novels as showing the major stages in the development of his world view—from moral severity and romantic passion to his realization that there is no real possibility of reconciliation between antagonistic social classes. MH MnU NNC AsWN GeCU GeLBM GyBDS GyBH

671. Czine Mihály. "Bródy Sándor novellái," *Kortárs,* IV (1960), 725–734.

After tracing the changing attitudes toward the literary merits of his writings, maintains that he made major contributions to Hungarian literature at the turn of the century and that every major writer benefited from him; discusses his short stories as being the most distinctive of his creations. DLC MH [FiHU] GeLBM GyBH

672. Sőtér István. "Bródy Sándor," *Kortárs,* VIII (1964), 111–118.

His importance in the development of the 20th-century novel, not in the works he created but in the innovations of his style: his new prose style and his development and use of fresh modes of expression. DLC MH FiHU GeLBM GyBH

CSIKY GERGELY

Born December 8, 1842 in Pankota; died November 19, 1891 in Budapest. Dramatist, translator. Father a physician; family from lower aristocracy without landed estates. Completed gymnasium studies in Arad; known for translations of English and French short stories before graduation. Knew Latin, Greek, Hebrew, French, German, English, Italian, and Spanish well. Entered Catholic seminary in Temesvár in 1859 to study for priesthood. In third year of studies sent to seminary in Pest for two years. Ordained in 1865. Studied at Augustineum in Vienna for nearly four years. Obtained doctorate in theology and returned to Temesvár near end of 1868. Became chaplain in village for six months, then professor of theology at gymnasium in Temesvár. Beginning in mid-1870 served for eight years as professor of ethics, church law, and church history at seminary in Temesvár. Awarded Academy Prize for *Jóslat* in 1875, *Janus* in 1877, and *Az ellenállhatatlan* in 1878. Moved to Budapest in 1878. In 1879 named member of Academy and Kisfaludy-Társaság and spent some months in Paris studying French theater. Served as second secretary of Kisfaludy-Társaság. His success as dramatist led to his resignation from priesthood in 1880; became Lutheran of Augustinian Confession. Married Amanda Bakody in 1881. ¶ Plays were great stage successes, nearly 50 being presented. Dramas important landmark in creation of Hungarian realistic drama and in stimulating development of Hungarian drama after Ede Szigligeti (q.v.). Also wrote short stories and novels. His translations were also important, especially of Sophocles and Plautus. ¶ *A nagymama* has been translated into Danish, German, and Portuguese; *Az első és a második* and *Az elvált asszony* into German; *Buborékok* into Slovakian; *A proletárok* into Czech, Danish, French, German, Persian, Slovakian, and Turkish; *Sisyphus munkája* into Danish; and some of his short stories into German and Russian.

FIRST EDITIONS: *Két kis színmű.* Wisemann Miklós után fordította. Pest, 1864. [From Szinnyei, II, 360] – *Az életből.* Beszélyek. [*A patak hídja, A szegény asszony öröksége, Egy nagy szellem története*] Pest: Aigner Lajos, 1872. 218p. – *Fényképek.* Beszélyek. [*Hogyan lett Görög úr gazdag emberré, Az amazon*] Temesvár: Magyar Testvérek, 1872. 178p. – *Az egyházjog tankönyve.* I–III. kötet. Temesvár, 1873. [From Szinnyei, II, 360] – *Egyházügyekre vonatkozó magyarországi törvények és kormányrendeletek 1867–1873.* [From Szinnyei, II, 360] – *Katholikus házasságjogtan.* Tekintettel a magyarországi jogviszonyokra s a gyakorlatra. Temesvár, 1874. [From Szinnyei, II, 360] – *A jóslat.* Vígjáték öt felvonásban. Temesvár: Csanád Egyházmegyei Könyvnyomda, 1875. 114p. – *Antigone.* Sophokles tragédiája. [Fordítás] Pest, 1876. [From Szinnyei, II, 360] – *Athalia.* Tragoedia öt felvonásban. Racine után fordította. Pest, 1876. [From Szinnyei, II, 360] – *Beszélyek.* [*A szegény asszony öröksége* (2d), *Szép hajnal, szép csillag, Az amerikai örökség, A régiségbúvár leánya, Egy nagy szellem története* (2d)] Temesvár: Csanád Egyházmegyei Könyvnyomda, 1876. 166p. – *A trachisi nők.* Sophokles tragédiája. [Fordítás] Temesvár, 1876. [From Szinnyei, II, 360] – *A vad ember.* Regény. Temesvár: Csanád Egyházmegyei Nyomda, 1876. 158p. – *Janus.* Tragédia öt felvonásban. Temesvár: Csanád Egyházmegyei Könyvnyomda, 1877. 112p. – *Oedipus Kolonosban.* Sophokles tragoediája. [Fordítás] Budapest, 1877. [From Szinnyei, II, 360] – *Thalia megváltása.* Drámai epilogus az aradi színház megnyitására. Temesvár, 1877. [From Szinnyei, II, 360] – *Az ellenállhatatlan.* Vígjáték három felvonásban. Budapest: Tettey Nándor és Társa, 1878. 156p. – *A mágusz.* Tragédia egy felvonásban. Temesvár: Csanád Egyházmegyei Könyvnyomda, 1878. 39p. – *Elbeszélések.* Budapest: Franklin-Társulat, 1880. 410p. – *Sophokles tragoediái.* [Fordítások] Budapest, 1880. [From Szinnyei, II, 361] – *Az angol irodalom története.* Taine Hypolit után franciából fordította. I–V. kötet. Budapest, 1881–1885. [From Szinnyei, II, 361] – *Barátságból.* Vígjáték. Taylor Tamás után fordította. Budapest, 1882. [From Szinnyei, II, 361] – *Pry Pál.* Vígjáték 5 felvonásban. Poole János után angolból fordította. Budapest, 1882. [From Szinnyei, II, 361] – Continued under EDITIONS.

EDITIONS

673. *Színművei.* I–XVIII. kötet. Budapest: Athenaeum, 1882–1892.

1. kötet: *Czifra nyomorúság.* Színmű. 1882[1]. 143p.

2. kötet: *A proletárok.* Színmű. 1882[1]. 162p.

3. kötet: *Mukányi.* Színmű. 1882[1]. 146p.

4. kötet: *Szép leányok.* Színmű. 1882[1]. 106p.

5. kötet: *A kaviár.* Bohózat. 1882[1]. 142p.

6. kötet: *A Stomfay család.* Színmű. 1884[1]. 132p.

7. kötet: *Bozóti Mártha.* Színmű. 1884[1]. 122p.

8. kötet: *Cecil házassága.* Színmű. 1884[1]. 100p.

9. kötet: *Nora.* Dráma. 1884[1]. 152p.

10. kötet: *Buborékok.* Vígjáték. 1885[1]. 109p.

11. kötet: *A sötét pont.* Dráma. 1886[1]. 111p.

12. kötet: *Spartacus.* Tragédia. 1886[1]. 132p.

13. kötet: *Petneházy.* Történeti színmű. 1886[1]. 119p.

14. kötet: *Királyfogás.* Operette. 1886[1]. 127p.

15. kötet: *A jó Fülöp.* Vígjáték. 1892[1]. 102p.

16. kötet: *A vadrózsa.* Színmű. 1887[1]. 91p.

17. kötet: *A vasember.* Tragédia. 1892[1]. 100p.

18. kötet: *Divatkép.* Színmű. 1888[1]. 99p.

[NN] [NNC] [GeLBM]

674. *Anna.* Dráma egy felvonásban. Budapest: Franklin-Társulat, 1883[1]. 44p. OCl AsWU GeLBM

675. *Az első és a második.* Elbeszélés. Budapest: Franklin-Társulat, 1883[1]. 156p. AsWU GeLBM

676. *A nő.* Dráma négy felvonásban. Budapest: A Szerző, 1883[1]. 37p.

677. *Rosenkranz és Güldenstern.* Vígjáték 4 felvonásban. Klapp Mihály után fordította. Budapest, 1883[1]. [From Szinnyei, II, 361]

678. *Kisebb színművek.* Coppée Franz után franciából fordította. Budapest, 1884.[1]. [From Szinnyei, II, 361]

679. *Görög-római mythologia.* Összeállította Csiky Gergely. Budapest: Franklin-Társulat, 1885[1]. 232p. [1902] OCl

680. *Két házaspár.* Vígjáték. Picard után franciából fordította. Budapest, 1885[1]. [From Szinnyei, II, 361]

681. *Plautus vígjátékai.* [Fordítások] I–IV. kötet. Budapest, 1885[1]. [From Szinnyei, II, 361]

682. *A szégyenlős.* Vígjáték 2 felvonásban. Moncrieff után angolból fordította. Budapest, 1885[1]. [From Szinnyei, II, 361]

683. *Dramaturgia.* Az Országos Színész-Iskola növendékeinek használatára. [Tankönyv] I–II. füzet. Budapest: Athenaeum, 1885–1886[1].

684. *Flipper és Nobbler.* Vígjáték egy felvonásban. Brough William után angolból fordította. Budapest, 1886[1]. [From Szinnyei, II, 362]

685. *Clermont, vagy a művész neje.* Scribe és Vander-Burch után franciából fordította. Budapest, 1887[1]. [From Szinnyei, II, 362]

686. *Severo Torelli.* Dráma 5 felvonásban. Coppée Ferenc után franciából fordította. Budapest, 1887[1]. [From Szinnyei, II, 362]

687. *Arnold.* Regény. Budapest: Franklin-Társulat, 1888[1]. 250p. AsWN GeLBM

688. *Az elvált asszony.* Regény. I–II. kötet. Budapest: Singer és Wolfner, 1888[1]. OCl

689. *Az esernyő.* Vígjáték egy felvonásban. Bayle Bernárd után fordította. Budapest, 1888[1]. [From Szinnyei, II, 362]

690. *Az öreg tánczmester.* [Monolog] Budapest, 1888[1]. [From Szinnyei, II, 362]

691. *Pindár szelleme és a lantos költészet.* Villemain után franciából fordította. Budapest, 1888[1]. [From Szinnyei, II, 362]

692. *A walkür.* Írta Richard Wagner. [Fordítás] Budapest, 1889[1]. [From Gulyás, IV, 963]

693. *Az Atlasz-család.* Regény. Budapest: Franklin-Társulat, 1890[1]. 297p. FiHI GeLBM

694. *Kyklops.* Euripides satyr drámája. [Fordítás] Budapest, 1890[1]. [From Szinnyei, II, 362]

695. *Örök törvény.* Színmű. Budapest: Pfeifer Ferdinánd, 1890[1]. 77p.

696. *Az atyafiak.* Regény. Budapest: Franklin-Társulat, 1891[1]. 262p. GeLBM

697. *A nagymama.* Vígjáték három felvonásban. Budapest: Franklin-Társulat, 1891[1]. 162p. [1905, 1911, 1922] OCl AsWN FiHI GyBH

698. *A nagyratermett.* Vígjáték. Budapest: Franklin-Társulat, 1891[1]. 175p. OCl AsWU GeLBM GyBH

699. *A római költészet története.* Ribbeck Ottó után fordította. Budapest, 1891[1]. [From Szinnyei, II, 362]

700. *A zokoli uraság két leánya.* Elbeszélés. Budapest: Franklin-Társulat, 1891[1]. 112p. GeLBM GyBH

701. *Két szerelem.* Szomorújáték. Budapest: Kisfaludy-Társaság, 1892[1]. 149p. NN GeLBM GyBH

702. *Sisyphus munkája.* Regény. Budapest: Franklin-Társulat, 1892[1]. 158p. GeLBM GyBH

703. *Árnyképek.* Elbeszélések. Budapest: Franklin-Társulat, 1895[1]. 293p. NN OCl AsWU GeLBM GyBH

704. *Színművei.* [*A proletárok, Buborékok, A vasember*] Sajtó alá rendezte és bevezetéssel ellátta Vadnay Károly. Budapest: Franklin-Társulat, 1902. 293p. [C] DLC MnU NN NNC OCl AsWU FiHI

705. *Az Atlasz-család.* Regény. Bevezette Mikszáth Kálmán. Budapest: Franklin-Társulat, 1904. 266p. [C] NN OCl AsWU

706. *Válogatott művei.* [*A proletárok, Mukányi, Cifra nyomorúság, A Stomfay család, Buborékok, Sisyphus munkája*] Válogatta és bevezette Hegedüs Géza, sajtó alá rendezte Bereczky Erzsébet. Budapest: Szépirodalmi Könyvkiadó, 1955. 611p. [B] DLC InU MH FiHU GyBDS GyBH GyGNSU

707. *Három színdarab:* [*Ingyenélők, A proletárok, Mukányi*]. Az utószót írta Török-Szabó József. Bukarest: Állami Irodalmi és Művészeti Kiadó, 1957. 325p. [C] NN

BIBLIOGRAPHY

See nos. 713, 714, and 717.

BIOGRAPHY

708. Janovics Jenő. *Csiky Gergely élete és művei.* I–II. kötet. Kolozsvár: Ny. Gombos F., 1900; Budapest: Lampel Róbert, 1902.
Extensive attention to his development as a dramatist, to discussions of his works, and to characterizations of his style. Written by an actor. Vol. I, to *A proletárok*; Vol. II, from *A proletárok* to his death in 1891. GeLBM GyBH

CRITICISM

709. Gyulai Pál. "Csiky Gergely újabb színművei," *Dramaturgiai dolgozatok.* I–II. kötet. Budapest: Franklin-Társulat, 1908. II, 453–469. [Appeared in *Budapesti Szemle*, XVIII, no. 36 (1878), 401–410]

Characterization of his dramatic abilities based on the examination of
A mágusz, Jánus, and *Az ellenállhatatlan.* DLC MnU NN NNC FiHI
GeCU GeLBM

710. Gyulai Pál. "Bartók Legszebbje és Csiky Proletárjai," *Dramaturgiai
dolgozatok.* I–II. kötet. Budapest: Franklin-Társulat, 1908. II, 473–510.
[Appeared in *Budapesti Szemle,* XXIV, no. 47 (1880), 196–215]
The contrast between the two plays, leading to praise of Csiky's turning
to his own times for subject matter. DLC MnU NN NNC FiHI GeCU
GeLBM

711. Péterfy Jenő. "Czifra nyomorúság," *Összegyűjtött munkái.* I–III. kötet.
Budapest: Franklin-Társulat, 1901–1903. III, 399–411. [Appeared in
Egyetértés, no. 299 (October 30, 1881)]
A review of the play characterizing his abilities as a playwright. MH MnU
NNC OCl GeLBM GeLU GyBH

712. Gedeon Alajos. *Csiky Gergely mint drámaíró.* Budapest: Buschmann F.,
1899. 51p.
After a brief biographical sketch, examines his development as a dramatist
in two categories: his youthful dramas and his dramas of manner. Finds
his dramatic technique to be his brightest side.

713. Volenszky Béla. *Csiky Gergely társadalmi drámái. Bölcsészdoktori
értekezés.* Budapest: Fritz Ármin, 1917. 74p.
A brief discussion of his development followed by an examination of his
comedies of manners: their sources, his artistry and patterns, their views
of society, Hungarian society in them, their significance. Bibliography,
pp. 73–74. NN GyBH

714. Gáspár Margit. *Csiky Gergely és a franciák.* Debrecen: Város és a
Tiszántúli Református Egyházkerület, 1928. 57p.
Establishes French drama as the major source of influence on his dramas.
His main influences: Emile Augier, Henri Becque, Dumas *fils,* Edmund
Gondinet, Eugène Labiche, Victorien Sardou, Eugène Scribe, Emile Zola,
and Victor Hugo. Appendix: Chronological list of performances he saw in
Paris from December 7, 1878, to April 19, 1879. Bibliography, p. 3.
Illustrations. GyBH

715. (Solt) Speneder Andor. *Csiky Gergely a regényíró.* Budapest: Pallas,
1928. 20p.
An examination of his novels concluding that though not as successful as
Kemény, Jókai or Mikszáth, he is one of the most expert narrators of his
age because of a serious ambition to realize great artistic aims. Biblio-
graphical footnotes. GyBH GyGGaU

716. Galamb Sándor. "Csiky Gergely színművei," *Budapesti Szemle,*
CCLXII, no. 774 (1942), 265–287, 341–367.
The characteristics, techniques and merits, and development of his dramas.

Finds their greatest contribution to be the creation of a Hungarian comedy of manners. Bibliographical footnotes. NNC FiHI GyBH

717. Hegedüs Géza. *Csiky Gergely*. Budapest: Művelt Nép, 1953. 116p.
Some biographical discussion but mainly an examination of his literary contributions to Hungarian literature: their subject matter, style, and literary quality. Bibliography, p. 115. DLC MnU NNC AsWN FiHU GeLBM GyBH

718. Póth I. "Gergely Csikys Dramen auf den Serbischen Bühnen," *Studia Slavica Academiae Scientiarum Hungaricae*, IX (1963), 283–309. [Also a reprint]
An account of the performances of his dramas on the Serbian stage in the 1880's and 1890's and of the critical reception given to them. Preceded by reports on the plays of István Balog, Károly Kisfaludy, Ede Szigligeti, Lajos Kövér, József Szigeti, Kálmán Tóth, Sándor Lukácsy, Károly Obernyik, and Lajos Dóczi. Bibliographical footnotes. CSt-H IU KU LU MH NjP NN RPB WaU WU AsWN FiHI FiHU GeCU GeLBM GyBDS GyBH GyGNSU

CSOKONAI VITÉZ MIHÁLY

Born November 17, 1773 in Debrecen; died January 28, 1805 in Debrecen. Poet, dramatist. Descendant of middle-class family. Father's death in 1786 left family in permanent dire circumstances. Began schooling when six; entered gymnasium at ten, where teachers, e.g. József Háló Kovács, Gerzson Fodor, and Ézsaiás Budai, recognized his ability and influenced his later development. Entered Debreceni Református Kollégium in 1788, and completed studies in philosophy and theology. Read widely beyond assignments, especially writings of István Gyöngyösi (q.v.), András Dugonics (q.v.), and József Gvadányi (q.v.). Learned Italian and read most Italian writers of 17th and 18th centuries, especially Zappi, Rolli, Maffei, and Metastasio; the latter greatly influenced his skill in versification. When 18 wrote *Békaegérharc*, a humorous narrative poem based on Latin version of Homer's *Batrachomyomachia*. First poems published in 1793 in *Uránia*, edited by József Kármán (q.v.). Became teacher at Debreceni Református Kollégium, but barred from classes in 1795 because of school's dissatisfaction with his performance and alleged Jacobin sympathies. In summer 1795 he went to Sárospatak to study law, but left in 1796 without career plans to stay with friend in Bicske in Transdanubian region. Went from there to view parliamentary session in Pozsony, where he began *Diétai Magyar Múzsa*, a verse periodical, which ceased with 11th number. Met Juliánna Vajda, "Lilla" of his poems, in Komárom in 1797, but her father prevented marriage. In March 1798 went to Somogy County and lived at István Sárközy's home, serving as substitute teacher from May 1799 to end of school year. Left Somogy County in spring 1800 and walked to Debrecen, arriving in middle of May. Visited

Ferenc Kazinczy (q.v.) in Alsóregmerc, who had just been released from
Kufstein prison. Never in good health. Poverty and limited success in
publication worsened his condition. Caught cold delivering funeral sermon in
Nagyvárad, Transylvania; developed pneumonia and died, revising writings
and planning future ones to very end.   ¶ Best lyric poet of Literary Revival.
Poems show characteristics of classicism, folk poetry, pre-romanticism, and,
mainly, rococo style, of which he is last major representative in period.
Pre-romantic in worship of solitude and nature, in manner of Rousseau,
whom he admired. Displayed versatility and artistry in versification new in
Hungarian poetry, and was first true researcher and specialist in Hungarian
verse forms and meters. Influenced by Italian versification. His use of forms
of folk poetry anticipated future refinements by Sándor Petőfi and János
Arany (qq.v.). Also wrote plays. First Hungarian translator of Mozart's *Die
Zauberflöte*. Majority of poems published posthumously. Poets of Nyugat
School drew new attention to his significance in early 1910's.   ¶ *Dorottya*
has been translated into German and Rumanian, *Békaegérharc* into
Rumanian, and some of his other poems into Bulgarian, English, French,
German, Italian, Japanese, Polish, Rumanian, Russian, Slovakian, and
Swedish.

FIRST EDITIONS: *Serkentés a nemes magyarokhoz.* [Versfordítás] Pozsony,
1796. [From Pintér, V, 334] – *A nemes magyarságnak felülésére.* [Vers]
Komárom, 1797. [From Pintér, V, 334] – *A haza templomának örömnapja.*
Pécs, 1798. [From Pintér, V, 334] – *A szépség ereje a bajnoki sziven.* Debrecen,
1800. [From Szinnyei, II, 399] – *A tavasz.* Írta Kleist. Fordította Csokonai
Vitéz Mihály. Hozzájárulnak Kleistnak némely apróbb darabjai. Komárom,
1802. [From Pintér, V, 335] – *Amaryllis.* Idyllium Schraud király tanátsosné
halálára. Pest: Trattner Mátyás, 1803. 16p. – *Dorottya.* [Komikus eposz]
Nagyvárad: Gottlieb, 1804. 126p. – *Halotti versek.* Nagyvárad: Gottlieb,
1804. 39p. – *Alkalmatosságra írt versek.* Nagyvárad, 1805. [From Pintér, V,
335] – *Lilla.* Érzékeny dalok III könyvben. Nagyvárad: Gottlieb, 1805. 182p.
– *Ódák.* Nagyvárad: Gottlieb, 1805. 136p. – *Anakreoni dalok.* Bécs, 1806.
[From Pintér, V, 337] – *Galatea.* Szerző Metastasio Péter. [Fordítás] Nagy-
várad, 1806. [From Szinnyei, II, 399] – *A pásztorkirály.* Énekes pásztorjáték
3 felvonásban. Szerző Metastasio Péter. [Fordítás] Nagyvárad, 1806. [From
Szinnyei, II, 399] – *Poétai munkái.* Kiadta Márton József. I–IV. kötet. Bécs:
Pichler Antal, 1813. [C]

EDITIONS

See also no. 740 (letters).

719. *Minden munkái.* A szerző saját kéziratai s az első kiadáshoz gondosan
egyengetve, számos kiadatlanokkal bővíte, jegyzetekkel világosítva s életrajz-
zal bevezetve kiadta D. Schedel [Toldy] Ferenc. Pest: Hartleben K. Adolf,
1844. 960 col. [B]   AsWN GeLBM

720. *Válogatott munkái.* Kéziratok s eredeti kiadások alapján Toldy Ferenc által. I–II. kötet. Pest: Heckenast, 1864. [B] CtY NNC AsWN

721. *Válogatott munkái.* Kiadta, bevezetéssel és jegyzetekkel ellátta Bánóczi József. Budapest: Lampel Róbert, 1904. 376p. [C] CtY DLC NN NNC OCl GeLU

722. *Munkáiból.* Sajtó alá rendezte és bevezetéssel ellátta Bánóczi József. Budapest: Franklin-Társulat, 1905. 276p. [C] DLC MnU NN NNC OCl AsWU FiHI

723. *Összes művei három kötetben.* Bevezetéssel ellátta és kiadta Harsányi István és Gulyás József. Budapest: Genius, 1922. [A]

1/1. kötet: *Homerus Batrachomiomachiája vagy a béka és egér-harcz.* [Travesztia]. Alkalmatosságra írt versek. *Diétai Magyar Musa. Anakreoni dalok.* Pp. 1–369.

1/2. kötet: Ódák. *Lilla. Dorottya. A tavasz* (Kleist). Pp. 370–702.

2/1. kötet: Hátrahagyott elegyes versek. Szétszórtan megjelent versek. Eddig kiadatlan és ismeretlen versek. Vegyes, szintén kiadatlan versek. Töredékek. Pp. 1–400.

2/2. kötet: Prózai művek és levelek. Pp. 401–824.

3/1–2. kötet: 1. kötet: kiadott színművek. 2. kötet: kiadatlan színművek. 397p.

ICU MH MnU NN NNC GeCU GeLBM GeLU GyBH

724. *Összes művei.* Budapest: Franklin-Társulat, 1942. 1742p. [C] NNC AsWN GeCU GeLBM GyGNSU

725. *Válogatott művei.* Sajtó alá rendezte Vargha Balázs. I–II. kötet. Budapest: Szépirodalmi Könyvkiadó, 1950. [B]

1. kötet: Versek 1796-ig. *Az állatok beszélgetése. Békaegérharc. Tempefői. Az özvegy Karnyóné és két szeleburdiak. Dorottya.* 338p.

2. kötet: *Lilla. Anakreoni dalok.* Ódák. Alkalmatosságra írt versek. Zsengék és hátrahagyott versek. *Árpádiász.* Prózai művek. Levelek. 356p.

DLC MiD NN NNC GyBH

726. *Elegyes poétai munkái, mellyeket mint debretzeni deák írt.* (1789–1795) Szerkesztette és a szükséges jegyzeteket írta Juhász Géza. Debrecen: Alföldi Könyvnyomtató, 1955. 314p. [B] DLC GyBH

727. *Négy színjáték: A méla Tempefői, Gerson du Malheureux, A cultura, Karnyóné.* Sajtó alá rendezte és az utószót írta Vargha Balázs. Budapest: Szépirodalmi Könyvkiadó, 1956. 271p. [C] GeLBM GyGNSU

728. *Összes versei.* Sajtó alá rendezte Vargha Balázs, a latin verseket fordította Muraközy Gyula. I–II. kötet. Budapest: Szépirodalmi Könyvkiadó, 1956–1957. [B]

1. kötet: Költemények. 714p.

2. kötet: Költemények. Zsengék. Latinnyelvű költemények. Fordítások és átdolgozások. 655p.
NNC OCl AsWN FiHU GeLBM GyBH GyGNSU

729. *Válogatott művei.* Sajtó alá rendezte és a bevezetőt írta Jancsó Elemér. Bukarest: Állami Irodalmi és Művészeti Kiadó, 1959. 530p. [C] NNC

730. *Válogatott versei.* Válogatta és az előszót írta Juhász Ferenc, az életrajz és a szómagyarázat Szíjgyártó László munkája. Budapest: Móra, 1959. 203p. [C] NNC AsWN FiHU

BIBLIOGRAPHY

See also nos. 739 and 753.

731. Barcsa János. "A Csokonaira vonatkozó irodalom és kéziratok," *Irodalomtörténeti Közlemények,* XVIII (1908), 95–111.
In three parts: (1) editions of works published separately and works and letters published in periodicals, (2) studies dealing with Csokonai and portraits of him, and (3) his manuscripts and also manuscripts of works dealing with him arranged by the library in which they are to be found. Entries listed chronologically. Complete data for each entry. DLC MH MnU NNC AsWN AsWU FiHI GeLBM [GeLU] GyBH

732. *Csokonai Vitéz Mihály. (Bibliográfia) 1945–1954.* Összeállította az Országos Széchényi Könyvtár Bibliográfiai Osztálya. Budapest: Országos Széchényi Könyvtár, 1955. 15p.
In two parts for the period 1945 to 1954: (1) editions of his works and (2) a chronological list of studies about him, both monographs and articles. Data: for books, author, title, place and date of publication, publisher, and total pages; for articles, author, title, name of periodical, number, and inclusive pages.

BIOGRAPHY

733. Domby Márton. *Csokonai élete és kortársak emlékezései Csokonairól.* Sajtó alá rendezte és a jegyzeteket írta Vargha Balázs. Budapest: Magvető, 1955. 147p. [1817¹]
Attention to his personality and the character of his works. DLC MH MnU NNC GyBDS GyGNSU

734. Szana Tamás. *Csokonai életrajza.* Debrecen és Nyíregyháza: Ifj. Csáthy Károly, 1869. 163p. [1871²]
Concerned almost exclusively with tracing the events of his life. MnU

735. Haraszti Gyula. *Csokonai Vitéz Mihály.* Budapest: Aigner Lajos, 1880. 362p.
Also concerned with his works and the background of his times. MnU NNC

736. Ferenczi Zoltán. *Csokonai.* Budapest: Franklin-Társulat, 1907. 160p.
Attention to the characteristics and development of his literary works.
MH MnU NNC FiHI GeLBM GyBH GyGGaU

737. Tápay-Szabó László. *Csokonai. Regényes életrajz.* Budapest: Dante, 1941. 335p.
In the form of a novel containing numerous facts about his life and works
and including chapters on *Lilla* and *Dorottya.* Begins with the history of
his family. MnU NNC GyBH

738. Révész Ferenc. *Csokonai Vitéz Mihály.* Budapest: Művelt Nép, 1951.
127p.
After characterizing the Hungary of Csokonai's time, examines his life
and literary activities, with much attention to the latter, so that "we can
draw strength from his writings for the building of our new life and show
the depth from which we have risen as the result of the Soviet Union's
historical victory." MnU NNC FiHI GyBDS

739. Vargha Balázs. *Csokonai Vitéz Mihály.* Budapest: Művelt Nép, 1954.
114p. [1960²]
Major attention to his thought, literary development, and the charac-
teristics of his poetry. Chapter on his love poetry. Chronological table of
his life and works, pp. 110–112. Chronological bibliography of editions of
his works and most important studies about him, pp. 113–114. AsWN
GyBDS GyBH

740. *Csokonai emlékek.* Összeállította és jegyzeteket írta Vargha Balázs.
Budapest: Akadémiai Kiadó, 1960. 666p.
A collection of letters and verses to the poet, of documents connected with
his life, and of many other memorials of his life and literary career. First
publication of the letters written to him in the collection of the manuscript
section of the Hungarian Academy of Sciences. Also includes numerous
materials not easily available. Organized by periods of his life. Illustrations
and facsimiles. MH NN NNC GeCU GeLBM GeOB GyBH GyGNSU

CRITICISM

See also nos. 56, 412, 840, 1908, 2111, and 3005.

741. *Csokonai-album.* Szerkeszti és kiadja Kulini Nagy Benő. Debrecen:
Város Könyvnyomda, 1861. 317p.
Numerous poems. Also contains several studies of his life, the characteris-
tics of his poetry, and his relationship with his age.

742. *Csokonai-emlény.* Szerkeszti s kiadja Hamar László. Debrecen: Ifj.
Csáthy Károly, 1871. 97p.
Contains several short studies of his life, poetry, and thought. Also
numerous memorial verses. Illustrations.

743. Szőcs Géza V. *Csokonai és az olasz költők. Irodalom-történeti tanulmány.* Szentes: Stark Nándor, 1893. 49p.

After discussing his knowledge of Italian and Italian authors and his translations of Metastasio and other Italian writers, examines their influence on his works. Much attention to Metastasio. Maintains that Csokonai's individuality is impressed on his translations. MH

744. Móricz Zsigmond. "Csokonai Vitéz Mihály (1773–1805)," *Válogatott irodalmi tanulmányok.* A kötetet összeállította Vargha Kálmán, az előszót írta Bóka László. Budapest: Művelt Nép, 1952; 380p. Pp. 61–83. [Appeared in *Uránia*, VI (January, 1905), 3–13]

His poetical development and the forces affecting it: primarily his schooling, his personality, the difficulties in his life, and his love for Júlia Vajda. Closes with an evaluation of his writings. DLC MnU AsWN GyBH GyGNSU

745. Pásztory Endre. *Csokonai és Catullus. Párhuzam.* Szabadka: Kladek és Hamburger, 1906. 39p.

Intended as an introduction to the influence of Catullus on Csokonai by drawing a number of parallels.

746. Koltay-Kastner Jenő. "Csokonai lírája és az olasz költők," *Irodalom‾ történeti Közlemények*, XXXII (1922), 39–55.

The influence of Metastasio, Tasso, Guarini, and Morini on his lyric poetry; his translations of Italian poetry; and his readings of Italian literature. Bibliographical footnotes. MH MnU NNC [OCl] AsWN AsWU FiHI GeLBM [GeLU] GyBH

747. Oláh Gábor. *Csokonai.* Budapest: Pallas, 1928. 27p.

In five parts: major factors affecting his life, his emotions, his imagination, his language, and his significance in Hungarian literature. GeLBM GyBH

748. Dorogi-Ortutay Gyula. *Csokonai utóélete.* Pécs: Dunántúl Pécsi Egyetemi Könyvkiadó és Nyomda, 1936. 76p.

The development of critical attitudes towards and characterizations of his · poetry: the various evaluations and their causes from Kazinczy to the 1930's. Bibliographical footnotes. MH GyBH

749. Horváth János. *Csokonai. Csokonai költő-barátai: Földi és Fazekas.* Budapest: Kókai Lajos, 1936. 84p.

A study of his life, his outlook, and the character of his poetry. Brief treatments of two of his poet friends: János Földi and Mihály Fazekas. CoU MH MnU NNC GeCU GeLBM GyBH

750. Klenner Ferenc. *Csokonai és a preromantika.* Pécs: Dunántúl Pécsi Egyetemi Könyvkiadó és Nyomda, 1938. 45p.

After discussing the development of European pre-romanticism and defining terms, examines his poetry and concludes that though many of his motifs are those of the rococo, the presence of emotions and introspection and feelings toward life shows him to be a pre-romantic. Bibliographical footnotes. NNC GyBH

751. Elek István. *Csokonai versművészete*. Budapest: Királyi Magyar Egyetemi Nyomda, 1942. 114p.

A three-part analytical study of his verse forms and techniques: stanza structure, rhythm, and rhyme. MnU

752. Pukánszkyné Kádár Jolán. *A drámaíró Csokonai*. Budapest: Akadémiai Kiadó, 1956. 84p.

After discussing his knowledge of dramatic principles and his attempts as a writer of dramas, examines *Tempefői*, *Gerson du Malheureux*, *Cultura*, and *Karnyóné*, with attention to influences apparent in them. Closes with a discussion of the critical reception given to his dramas by his own times and posterity. Bibliographical footnotes. MH MnU NNC AsWN FiHI GeLBM GyBDS GyGNSU

753. Juhász Géza. "Csokonai verselése," *Studia Litteraria*, I (1963), 49–67. [Also a reprint]

His experimentations with various classical and West European rhythms under the influences of his times, and a comparison of his work on the theory of verse with that of János Földi. Bibliographical notes, pp. 65–66. Summaries in Russian and German, p. 67. MnU AsWN FiHI GeOB GyBDS GyBH GyGNSU

CZUCZOR GERGELY

Born December 17, 1800 in Andód; died September 9, 1866 in Pest. Poet, linguist. Given name: István. Father a peasant. After his birth family moved to Szemő and then to Érsekújvár. Schooling obtained at Szemő, Érsekújvár, Esztergom, Nyitra, and Pozsony. Learned German, Slovakian, and Latin. Became member of Benedictine Order and served probationary year in Pannonhalma under name Gregory. Studied philosophy in Győr for two years and theology at Pest seminary. Wrote poetry before ordination in 1824. Discovered by Károly Kisfaludy (q.v.). Affiliated with group consisting of Mihály Vörösmarty, József Bajza (qq.v.), and Ferenc Toldy. On staff of *Aurora* and *Athenaeum*. Taught in Győr in 1824, later in Komárom. Edited almanacs. Learned Hungarian linguistics by himself. Corresponding member of Academy in 1831, its secretary in 1835, regular member in 1836. Returned to Pest when secretary. At this time difficulties began with ecclesiastical censor, who placed his writings on Index. Forced to resign from Academy. Expelled from Pest by church authorities in 1837 and spent most of next eight years in Pannonhalma engaged in learned studies and translating. Assigned editorship of Hungarian dictionary by Academy in 1845. Returned to Pest. Poems in 1848 urged revolution against Austria. After failure of Revolution he was imprisoned for long period in Buda, Pest, and Kufstein; released in 1851 after repeated requests from Academy. Spent remaining 15 years working on dictionary, occasionally acting as dramaturge for National Theater. Wrote very few poems during this period. ¶ One of the outstanding and influential representatives of romanticism in the Age of Reform. Used numerous verse forms, most of them important to an understanding of period. Among lyric poems, his folk songs are of especial interest and express feelings of the people in forms of Czuczor's own invention resembling those of traditional folk poetry. Wrote first truly Hungarian romantic epic: "Augsburgi ütközet" (in *Aurora*, 1834). Translated hymns from Middle Ages and works of Cornelius Nepos and Horace. Many writings concerned with linguistics. *Magyar nyelv szótára*, completed by János Fogarasi, remains a major contribution to Hungarian learning. Wrote works on history, geography, and other learned subjects. ¶ Some of his poems have been translated into English, French, German, Italian, Rumanian, Russian, and Serbian.

FIRST EDITIONS: *Aradi Gyűlés*. Hősköltemény öt énekben. Pest, 1828. [From Ványi, p. 195] – *Örömének, melyet fő tisztelendő Horváth Pál úrnak, ... tihanyi apátnak ... tiszteletére, midőn áldazó papságának félszázadát ünneplené, énekelt a Szt. Benedek szerzete ...* [Vers] Győr, 1828. [From Ványi, p. 195] – *Hunyadi János viselt dolgai Engel és Fesslerből.* [Prózai fordítás az ifjúság számára] Buda, 1832. [From Ványi, p. 195] – *Poetai munkái.* Sajtó alá rendezte Kazinczy Ferenc. I–III. könyv. Buda: Magyar Királyi Egyetem Betűivel, 1836. 243p. – *Cornelius Nepos fennmaradt minden munkái.* [Fordítás] Buda, 1841. [From Ványi, p. 195] – *Fiúi hódolat, mellyel ... Rimely Mihály Urat ... üdvözlé a győri növendék-szerzetes ifjúság.* [Vers] Győr, 1843. [From Ványi, p. 195] – *Körének, mellyet Méltóságos és főtiszteletű Rimely Mihály Úrnak ... beigtatása ünnepén énekelt.* [Vers] Győr, 1843. [From Ványi, p. 195] – *Szívhangok.* Méltóságos és főtiszteletű Rimely Mihály Úrnak üdvözletére. [Vers] Pest, 1843. [From Ványi, p. 195] – *Washington élete.* Sparks Jared után szabadon átdolgozva. Pest, 1845. [From Ványi, p. 195] – *P. Corn. Tacitus könyve Germania helyzete, erkölcsei és népeiről.* [Fordítás] Pest, 1851. [From Ványi, p. 195] – *Bibliai történetek.* [Vallásos próza fordítás] Pest, 1853. [From Ványi, p. 195] – *Népies költeményei.* Összeszedte és kiadta Friebeisz István. Pest: Müller, 1854. 221p. – *Mesék.* Újra szerkeszté Czuczor Gergely. Pest: Heckenast Gusztáv, 1857. 111p. – *Költeményei.* I–III. kötet. Pest: Heckenast Gusztáv, 1858. – *A magyar nyelv szótára.* A Magyar Tudományos Akadémia megbízásából készítették Czuczor Gergely és Fogarasi János. I–VI. kötet. Pest: Emich Gusztáv (I–IV. kötet), 1862–1867; Athenaeum (V–VI. kötet), 1870–1874. – *Horatius: A költészetről.* Levél a Pisókhoz. [Fordítás] Budapest, 1877. [From Ványi, p. 196] – *Botond.* [Regényes elbeszélés, versben] Budapest, 1888. [From Ványi, p. 196] – *Paprikás versek.* Budapest, 1896. [From Ványi, p. 196]

EDITIONS

754. *Összes költői művei.* Első teljes kiadás. Életrajzzal és jegyzetekkel ellátta, sajtó alá rendezte Zoltvány Irén. I–III. kötet. Budapest: Franklin-Társulat, 1899. [A]

1. kötet: Czuczor Gergely élete. Bibliographia (Czuczor Gergely művei, Repertorium), pp. 99–121. Lyrai és vegyes költemények. Műfordítások. 331p.
2. kötet: Népdalok. Népies vegyes költemények. 278p.
3. kötet: Kisebb elbeszélések. Hősköltemények. Mesék. 335p.

DLC GeLBM GyBH

755. *Költői munkái.* Sajtó alá rendezte és bevezetéssel ellátta Zoltvány Irén. Budapest: Franklin-Társulat, 1903. 320p. [C] DLC MnU NN NNC OCl RP

756. *Munkái.* Költemények. Lányi József bevezetésével. Budapest: Franklin-Társulat, 1928. 228p. [C] MH NNC FiHI

757. *Válogatott művei.* A válogatás, az előszó és a jegyzetek Hegedüs Géza munkája. Budapest: Szépirodalmi Könyvkiadó, 1956. 173p. [C] DLC MiD MnU GyGNSU

BIBLIOGRAPHY

See nos. 754, 760, and 763.

BIOGRAPHY

758. Bayer Ferenc. *Czuczor Gergely élete és költészete.* Budapest: Aigner Lajos, 1879. 72p.

A biography dealing mainly with his relations with other writers of his times and with his poetical works. AsWN FiHI GeLBM

759. Kelemen Károly. *Czuczor Gergely életrajza. Tudori értekezés.* Mohács: Taizs Mihály, 1880. 80p.

Attention to his literary works and activities, to the movements of the period, and to his efforts in linguistics. Bibliographical footnotes.

760. Koltai Virgil. *Czuczor Gergely élete és munkái.* Budapest: Kilián Frigyes, 1885. 232p.

A study of his life and an examination of his writings: his development and the merits of his works. Mostly concerned with his poetry, but attention to his *Magyar nyelv szótára* and his linguistic activities. Bibliography of his works, pp. 228–230.

CRITICISM

761. Beöthy Zsolt. "Czuczor Gergely emlékezetére," *Akadémiai Értesítő,* VII (1896), 503–506.

The major outlines of his literary development and an evaluation of his most important literary efforts. NNC PU AsWU GeLBM GyBH GyGNSU

762. Tell I. Anasztáz. *Czuczor Gergely költészete.* Győr: Győregyházmegye Könyvsajtója, 1900. 70p.

An aesthetic analysis of his use of particular literary forms: lyrics, satires, and epic poems. Closing comment on him as a poet, on his language, and on his character as a man. Bibliographical footnotes.

763. György Zsigmond. *Czuczor Gergely pályája.* Kolozsvár: Gombos Ferenc, 1903. 73p.

Some biographical material but mainly a study of his development as a poet. Bibliography, pp. [74–75]. NNC

764. Dobó Sándor. *Czuczor Gergely népies lírája.* Budapest: Sárkány, 1932. 29p.

After discussing the history and characteristics of the folk song in Hungary at the end of the 18th and the beginning of the 19th century, discusses his folk lyrics with respect to their connection with folk tradition, their individuality, and their having been set to music. Discussion of the distinguishing qualities of the folk song as a type. GeLBM

765. Tóth Dezső. "Két Vörösmarty-epigon," *Irodalomtörténeti Közlemények,* LXIV (1960), 633–651.

A comparative study of the lives, writings, and political views of Czuczor and János Garay in relation to Vörösmarty. Much attention to the form and substance of their poems and their literary development. Summary in German, p. 651. DLC MnU NN NNC AsWU GeLBM GyBH

DAYKA GÁBOR

Born March 21, 1769 in Miskolc; died October 20, 1796 in Ungvár. Poet. Father's death in 1771 brought poverty to the family. Mother died in 1790. Began schooling in Miskolc with Minorites in 1779 and continued it in Eger with Cistercians in 1782. Education made possible by financial aid from philanthropists and teachers. At end of 1784 went to Kassa to study for ministry at Eger seminary, where he was ill for a year with incipient tuberculosis. Apparently became acquainted with Dávid Baróti Szabó (q.v.) in Kassa. Went to Pest near end of 1787 upon disestablishment of county seminaries. Continued studies at Pest Seminary, where he distinguished himself in theology and languages. Besides German and classical languages, read English, French, and Italian. Dedicated himself to the development of Hungarian culture; organized society for advancement of Hungarian language and literature among associates. Formed permanent friendship with Ferenc Kazinczy (q.v.). In 1790 returned to Eger upon reopening of county seminaries, but trouble with church authorities over his views led him to

resign before ordination. Spent 1791 in Szikszó with Imre Vitéz and then lived
for short time in Méra composing poems. Marriage to Zsuzsanna Reich in
August 1792 was an unhappy one. Taught at gymnasium in Lőcse 1792–1795,
where Kazinczy visited him. Obtained chair in humanities at Catholic
gymnasium in Ungvár. On December 20, 1795, arrived seriously ill with
pulmonary consumption. Hardly able to speak by April 1796. Resigned and
died six months later. ¶ The outstanding representative of Hungarian
sentimental poetry. Noted for artistic form of lyrics. Verses called "poems of
pain." Major theme: the evanescence of life and its approaching end.
Expressed feelings without the artificiality usually attending sentimental
poetry. Early user of anacreontic form in Hungary. Few of his poems were
published during his life, but he influenced Kazinczy, Csokonai, and Ber-
zsenyi (qq.v.). ¶Some of his poems have been translated into English and
German.

FIRST EDITIONS: *II. Leopold koronázására.* Bárdosy János latin versének
fordítása. Lőcse, 1790. [From Szinnyei, II, 665] – *Versek felséges I. Ferencz
magyar királynak koronáztatására.* Lőcse, 1792. [From Szinnyei, II, 665] –
*Versek tekintetes nemes nemzetes lomniczai Horváth Kissevits Mária asszony-
nak . . . Bárdosy János úrnak a lőcsei gymnasium directorának néhai kedves
élete párjának . . . halálára.* Lőcse, 1792. [From Szinnyei, II, 665] – *Versei.*
Öszveszedte s életrajzi bevezetéssel kiadta Kazinczy Ferenc. Hozzányomva:
Kazinczy poetai berke. Pest: Trattner Mátyás, 1813. 243p. [B]

EDITIONS

See also nos. 768 and 769.

766. *Versei.* Öszveszedte Kazinczy Ferenc. Második bővített kiadás. Buda:
Magyar Királyi Egyetem Bötűivel, 1833. 192p. [B]

767. *Költeményei.* Budapest: Franklin-Társulat, 1917[2]. 112p. [C]   GeLU
GyBH

BIBLIOGRAPHY

See nos. 769 and 771.

BIOGRAPHY

See also no. 1895.

768. Kazinczy Ferenc. "Dayka élete," *Újhelyi Dayka Gábor versei.* Öszve-
szedte s kiadta barátja: Kazinczy Ferenc. Pest: Trattner Mátyás, 1813; 136p.
Pp. iii–xlvii.
    A sketch of his life and character based on the recollections of Kazinczy,
    a friend.

769. Balogh Árpád Ányos. *Újhelyi Dayka Gábor.* Kassa: Szent Erzsébet,
1913. 125p.

A brief characterization of Hungarian literature during his age followed by a biographical account that gives considerable attention to his literary works. Closes with a discussion of his value and place among the lyric poets of the second half of the 18th century. Appendixes: (1) An extract of his talk given in the "Szerviták" Church, July 2, 1791; (2) His farewell letter on taking leave of the seat of the Bishopric of the Holy See, July 18, 1791; and (3) His character reference from the Eger gymnasium. Bibliography, pp. 124–125.

CRITICISM

770. Gálos Rezső. "Dayka Gábor költészete," *Egyetemes Philologiai Közlöny*, XXXVII (1913), 145–154, 226–240. [Also a reprint]

The influences on the development of his poetry, and the development of his individuality within the framework of those influences. CU IU MH MnU NNC OClW OCU AsWN FiHU GyBH

771. Lőkös István. "Dayka Gábor utóélete (1787–1800)," *Az Egri Pedagógiai Főiskola Évkönyve*, VIII (1962), 291–306.

Dayka as a cultivator of language and as a translator, and his activities as such echoing the society of his times; Kazinczy's efforts to popularize Dayka's writings in the 1790's; and Dayka and contemporary criticism. Bibliographical notes, pp. 304–306. GeLBM GyBDS

DÉRY TIBOR

Born October 18, 1894 in Budapest of a well-to-do family. Novelist, short-story writer, dramatist, translator. Completed his studies at Kereskedelmi Akadémia, and spent a year in Switzerland studying languages. On returning to Hungary became an official in a lumbering company. His first published short story appeared in *Nyugat* in 1917. Led fight for higher wages in 1918. Member of Communist party and Writers' Directorate in 1919. Imprisoned for a time after failure of Revolutionary Government. Emigrated to Czechoslovakia with first wife in 1920, then settled in Vienna for two years, where he became staff member of *Bécsi Magyar Újság* and *Panoráma*. In 1923 he went to Bavaria and then to Paris, where he held various jobs, including that of stamp dealer. Lost all funds at roulette in Monte Carlo and went to Perugia with help of friends. Returned to Budapest in 1926. Helped to edit *Dokumentum* with Lajos Kassák (q.v.), Gyula Illyés (q.v.), Andor Németh, and József Nádass December 1926–May 1927. Unable to publish his own writings, he lived on earnings from translations of English, French, German, and Italian authors. Visited southern Italy, Scandinavia, and Transylvania in 1931, and settled in Berlin, where he worked as journalist until fall of 1932. Returned to Hungary, then went to Dubrovnik, where he wrote *Szemtől szembe*. Moved to Vienna in 1933, where he began to write

Befejezetlen mondat. Participation in February 1934 workers' uprising forced departure from Vienna. Traveled through Hungary on way to Spain, where he remained for year, then returned to Budapest. Imprisoned for two months for translation of Gide's journal of visit to Soviet Union. During World War II lived underground and joined movements in opposition to government. Joined Communist party after 1945. Past and new works published. Awarded Kossuth Prize for literary contributions in 1948. Participated in debate of Petőfi-Kör in June 1956 and barred from Communist party because of criticism of leaders in debate. Opposed government in Revolution of 1956 and sentenced to prison for nine years at beginning of 1957. Released on April 1, 1961, and cleared of all charges and consequences in 1962. ¶ His prose fiction is more important than his poetry and dramas. Much use of autobiographical materials. Greatly influenced by surrealism in earlier writings. Development shows transition to realism without surrender of individual viewpoint. Developed prose fiction toward patterns of European fiction by breaking with traditional methods of Mikszáth and Tersánszky (qq.v.), using form of narration more like that of parable than of anecdote. Much concerned with giving expression to transformations occurring in contemporary Hungarian society. Deeply humanistic in outlook. ¶ *A befejezetlen mondat* and volume one of *Felelet* have been translated into German; *Niki* into Danish, Dutch, English, Finnish, French, German, Italian, Norwegian, Polish, and Swedish; and a volume of his short stories is available in Dutch, French, German, and Portuguese.

EDITIONS

See also no. 824. Annotated work: no. 4463.

772. *A két nővér.* [Elbeszélés] Wien: Pegazus, 1921[1]. 80p. AsWN AsWU

773. *A két hangú kiáltás.* [Elbeszélés] Wien: Fischer, 1922[1]. 75p. AsWN AsWU

774. *Ló, búza, ember.* (Versek, 1921–1922) Wien: Verlag Julius, 1922[1]. 45p. AsWU

775. *A Kriska.* [Regény] Arad: Agronomul, 1924.[1] 74p.

776. *Naulahka.* Írta Rudyard Kipling. [Fordítás] Budapest, 1927[1]. [From Gulyás, V, 634]

777. *Énekelnek és meghalnak.* [Versek] Budapest: Genius, 1928[1]. 61p.

778. *Ébredjetek fel!* [Elbeszélés] Budapest: Genius, 1929[1]. 30p.

779. *A nyugati ablak.* Írta Gustav Meyrink. [Fordítás] Budapest, 1929[1]. [From Gulyás, V, 634]

780. *A repülőtiszt.* Írta Joseph Kessel. [Fordítás] Budapest, 1929[1]. [From Gulyás, V, 634]

781. *Az éneklő szikla.* Regény. Budapest: Pesti Napló, 1930[1]. 192p.

782. *Maga nevetni fog!* Írta Dolly Bruck. [Fordítás] Budapest, 1930[1]. [From Gulyás, V, 634]

783. *A nyugati ablak angyala.* Írta Gustav Meyrink. [Fordítás] Budapest, 1930[1]. [From Gulyás, V, 634]

784. *Országúton.* [Regény] Budapest: Athenaeum, 1932[1]. 216p. OCl

785. *Az átutazó.* [Regény] Budapest, 1933[1]. [From Gulyás, V, 634]

786. *Tisztítótűz.* Írta Vicki Baum. [Fordítás] Budapest, 1933[1]. [From Gulyás, V, 634]

787. *Mattia Pascal két élete.* Írta Luigi Pirandello. [Fordítás] Budapest, 1934[1]. [From Gulyás, V, 634]

788. *A világ legszebb asszonya.* Írta Salvator Gotta. [Fordítás] Budapest, 1934[1]. [From Gulyás, V, 634]

789. *Musungu.* Írta Attilio Gatti. [Fordítás] Budapest, 1935[1]. [From Gulyás, V, 634]

790. *A kék hold völgye.* Írta James Hilton. [Fordítás] Budapest, 1936[1]. [From Gulyás, V, 634]

791. *Materassi nővérek.* Írta Aldo Palazzeschi. [Fordítás] I–II. kötet. Budapest, 1936[1]. [From Gulyás, V, 634–635]

792. *A Nilus.* Írta Emil Ludwig. [Fordítás] Budapest, 1936[1]. [From Gulyás, V, 636]

793. *A róka-asszony. Ember az állatkertben.* Írta David Garnett. [Fordítás] Budapest, 1936[1]. [From Gulyás, V, 635]

794. *Utazásom a Szovjetunióban.* Írta André Gide. [Fordítás] Budapest, 1937[1]. [From Gulyás, V, 635]

795. *A kitaszított.* Írta Luigi Pirandello. [Fordítás] Budapest, 1938[1]. [From Gulyás, V, 635]

796. *Találkozás.* Írta John O'Hara. [Fordítás] Budapest, 1938[1]. [From Gulyás, V, 635]

797. *A farm.* Írta Louis Bromfield. [Fordítás] Budapest, 1940[1]. [From Gulyás, 635]

798. *Hova lettél drága völgyünk?* Regény. Írta Richard Llewellyn. [Fordítás] Budapest, 1940[1]. [From Gulyás, V, 635]

799. *Az ismeretlen tanítvány.* Regény. Írta Francesco Perri. [Fordítás] Budapest, 1940[1]. [From Gulyás, V, 635]

800. *Napoleon magánélete.* Írta Octave Aubrey. [Fordítás] Budapest, 1941[1]. [From Gulyás, V, 635]

801. *Szemtől szembe.* [Regény] Budapest: Révai, 1945[1]. 262p. MnU NNC OCl GeLU GyGNSU

802. *A tengerparti gyár.* Elbeszélés. Budapest: Szikra, 1945[1]. 66p.

803. *Alvilági játékok.* [Regény] Budapest: Szikra, 1946[1]. 132p. NN GeLU

804. *Pesti felhőjáték.* [Regény] Budapest: Budapest Székesfőváros, 1946[1]. 159p. DLC NN FiHI GeLU

805. *A befejezetlen mondat.* [Regény] I–III. kötet. Budapest: Hungária, 1947[1]. [1949[2], 1957[3], 1963[4]] DLC IC MnU NN NNC AsWN FiHI GeLU GyBDS GyGGaU GyGNSU

806. *Jókedv és buzgalom.* [Novellák] Budapest: Szikra, 1948[1]. 220p. DLC MnU FiHI GeLBM

807. *A tanuk. Tükör. Itthon.* [Színművek] Budapest: Hungária, 1948. 311p. DLC MnU NNC GeLBM

808. *Felelet.* I. kötet: *A gyermekkor felelete.* Regény. Budapest: Révai Könyvkiadó Nemzeti Vállalat, 1950[1]. 416p. [1951[3]] DLC NN FiHI GeLBM GyBDS GyBH

809. *Felelet.* II. kötet: *Az ifjúkor felelete.* Regény. Budapest: Szépirodalmi Könyvkiadó, 1952[1]. 472p. GyBDS

810. *Bálint elindul.* Irodalmi forgatókönyv. Budapest: Szépirodalmi Könyvkiadó, 1953. 88p. DLC GeLU

811. *Simon Menyhért születése.* Elbeszélés. Budapest: Szépirodalmi Könyvkiadó, 1953[1]. 71p. DLC GyBDS GyBH

812. *Felelet.* 1. *A gyermekkor felelete*; 2. *Az ifjúkor felelete.* Regény. I–II. kötet. Budapest: Szépirodalmi Könyvkiadó, 1954. [1965] MH MnU NjN NNC FiHU GeLU GyGGaU

813. *Hazáról, emberekről.* Útijegyzetek. Budapest: Szépirodalmi Könyvkiadó, 1954[1]. 220p. DLC MH GyBDS GyBH GyGNSU

814. *A talpsímogató.* Diákcsíny. [Jelenet] Bevezette Abody Béla. Budapest: Népszava, 1954[1]. 60p. GyBDS GyBH

815. *Emlékeim az alvilágból.* Budapest: Békebizottságok Kiskönyvtára, 1955[1]. 78p.

816. *Két emlék.* Budapest: Szépirodalmi Könyvkiadó, 1955[1]. 136p. DLC MH AsWN GeLBM GyBDS GyGNSU

817. *A ló meg az öregasszony.* Válogatott elbeszélések. Szerkesztette Füsi József, bevezette Lukács György. Budapest: Magvető, 1955. 515p. [C] MH MnU NNC GeLBM GyBDS GyBH

818. *Niki.* [Egy kutya története] Budapest: Magvető, 1956[1]. 168p. DLC MnU NNC GeLBM AsWN GeLBM GyGGaU

819. *Útkaparó.* [Tanulmányok] Budapest: Magvető, 1956[1]. 393p. DLC MH OCl GeLBM

820. *Vidám temetés és más elbeszélések.* Mészáros István tanulmányával. London: Magyar Könyves Céh, 1960. 176p. DLC IC InU MH NNC AsWN GeLBM

821. *Szerelem és más elbeszélések.* Budapest: Szépirodalmi Könyvkiadó, 1963[1]. 307p. IC MH NN NNC OCl AsWN FiHI FiHU GeCU GyBDS GyBH GyGNSU

822. *G. A. úr X.-ben.* Regény. Budapest: Szépirodalmi Könyvkiadó, 1964[1]. 550p. CLU CSf CoFS InU IC MnU NNC AsWN FiHU GeLU GyBDS GyBH GyGGaU GyGNSU

823. *A kiközösítő.* [Történelmi regény] Budapest: Szépirodalmi Könyvkiadó, 1966[1]. 379p. MnU GeLBM GyBH

BIOGRAPHY

824. Déry Tibor. "Önéletrajz," *Új Hang,* IV (October, 1955), 20–24.
An autobiographical sketch to 1945 giving attention to the development of his character and ideas. DLC NN GyBH

CRITICISM

See also no. 1056.

825. Illyés Gyula. "Déry Tibor regénye," *Nyugat,* XXXI (August, 1938), 139–140.
A discussion of the then unpublished *Befejezetlen mondat* describing its concern with the problem of the proletariat in society and maintaining that the barrier to its publication was its literary style, which lies between the styles of Proust and Joyce, and that Déry's fortunes in previous publication were affected by the proletariat's drawing back from his literary and psychological boldness. MnU NN NNC [FiHI] FiHU GeLBM [GeLU] GyBH

826. Keszi Imre. "Alvilági játékok: Déry Tibor könyve," *Magyarok,* II (1946), 801–803.
Sees the work as his distinctive fictional cycle as to genre, its visionary character given credence by its realism, and its movement between realism and expressionism giving it its true style. DLC MnU NNC

827. Kardos László. "A befejezetlen mondat: Déry Tibor regénye," *Magyarok,* III (1947), 790–792.
A review maintaining that his fresh mode of description reflects the innovations of the 20th-century novel and that his treatment of a society described with "puritanical socialism" in the refined style of the "middle class" assists the reader in an understanding of the development of a socialistic outlook. [CSt-H] MnU [NN] [NNC]

828. Németh Andor. "Szövegértelmezés. Déry Tibor: Jókedv és buzgalom," *Csillag,* III (January, 1949), 47–52.
Examines some of the short stories in the edition to show the means he uses to support the sensitive balance of incident and meaning and the kind of structural grasp with which he fulfills the self-contained purpose of the

stories, the subjects of which he relates symbolically. [DLC] MnU NNC [GeLBM] GyBH [GyGGaU]

829. Nagy Péter. "A 'Felelet' második kötetéről," *Mérlegen*. Budapest: Művelt Nép, 1955; 309p. Pp. 29–50. [Appeared in *Csillag*, V (1952), 723–735] The second volume of the novel as to the nature of and the connections between the characters, and the connection between the composition of the work and its intellectual content. Maintains that its greatness lies in the portrayal of the working class and its typical members and that his artistic modes realize themselves in that portrayal. MnU AsWN GeLBM

830. Keszi Imre. "Déry Tibor. Hogyan ajánlja a könyvtáros az író műveit?" *A Könyvtáros*, IV (October, 1954), 46–48.
A brief summary of his literary career and a discussion of two of his novels, *Befejezetlen mondat* and *Felelet*, as portraits of the times and the workers' movement. AsWN

831. Zelk Zoltán. "Déry Tiborról," *Csillag*, VIII (1954), 2183–2184.
An appreciative essay on Déry's 70th birthday about his being neglected until after 1945, his "selfless involvement" in the problems of man and his continuing belief in humanity and friendship, and his efforts in behalf of young writers. [DLC] MnU [NN] NNC [GeLBM] GyBH [GyGGaU]

832. Lukács György. "Bevezető," *Déry Tibor: A ló meg az öregasszony*. Válogatott elbeszélések. Budapest: Magvető, 1955; 515p. Pp. 5–8.
Comments on his place in literature and the difficulties he encountered in gaining recognition; discusses the *Befejezetlen mondat* and *Felelet* with respect to their place in his career and as portraits of the Horthy period, his active concern with the betterment of society, and his viewing and constructing his characters with more intensity than with the certainty with which he can judge them. MH MnU NNC GeLBM GyBDS GyBH

833. Mészáros István. "Déry Tibor munkássága," *Déry Tibor: Vidám temetés és más elbeszélések*. Sajtó alá rendezte és a tanulmányt írta Mészáros István. London: Magyar Könyves Céh, 1960; 176p. Pp. 167–[177].
Mainly an effort to trace the development of "his philanthropic socialism into a real socialism under the power and intensity of his concrete experience with life." DLC MH NNC AsWN

834. Ungvári Tamás. "Déry Tibor," *Kritika*, II, no. 12 (1964), 12–22.
Biographical details, but primarily his literary development as established by the analysis of individual works in the various stages of his career: (1) from his first book of poems, *Ló, búza, ember* (1922) to *Szemtől szembe* (1932) as a period mainly expressionistic in character, and the turning point of 1932 to 1934 as being marked by *Szemtől szembe*, (2) *Befejezetlen mondat* (1947) as showing sympathy with the workers' movement but with reservations, his opposition to the aesthetic and political principles of the Party as represented by the novel *Felelet* (1950–1952), and the following

years as showing his ethical restlessness in *Niki* (1956) and *G.A. úr X-ben* (1964). Maintains that he is an individualistic creator and that his career and development are open. CU CoU DLC MH NN AsWN FiHI GeLBM GyBDS GyBH GyGNSU

DSIDA JENŐ

Born May 17, 1907 in Szatmár; died June 7, 1938 in Kolozsvár, Transylvania. Poet. Poems appeared in *Cimbora* while a child and in *Ellenzék* when 19. Completed law studies at University of Kolozsvár. Moved to Kolozsvár and was editorial staff member of *Keleti Újság* and *Pásztortűz* until death caused by heart disease. Visited Italy. ¶ His poetry extended traditions of the Nyugat School into the period between two World Wars. Strongly humanistic in outlook. Pessimistic in tone, and his poems dealing with the state of mind prior to death are considered to be among the most detailed and direct of such confrontations. He was one of the most skillful poets in varied use of verse techniques during the period. His translations and interpretations of Chinese, Latin, Rumanian, and German poets are important. ¶ Some of his poems have been translated into French, German, and Italian.

FIRST EDITIONS: *Leselkedő magány.* Versek. Cluj-Kolozsvár: Minerva, 1928. 96p. – *Magyar karaván Itálián keresztül.* [Útirajz] Nagyvárad: Erdélyi Lapok, 1933. 102p. – *Nagycsütörtök.* Versek. Kolozsvár: Erdélyi Szépmíves Céh, 1933. 96p. – *Angyalok citeráján.* Versek. Cluj-Kolozsvár: Minerva, 1938. 209p.

EDITIONS

835. *Válogatott versek.* Rónay György bevezető tanulmányával. Budapest: Révai, 1944. 119p. [C]   NNC GyBH

836. *Tóparti könyörgés.* Válogatott versek. A válogatás és az előszó Áprily Lajos munkája. Budapest: Szépirodalmi Könyvkiadó, 1958. 260p. [C] DLC GyBDS

837. *Arany és kék szavakkal.* [Versek] Az utószót írta Katona Tamás. Budapest: Magyar Helikon, 1965. 167p. [C]   DLC MnU GeLBM GyBDS

838. *Versek.* Bevezette Szemlér Ferenc. Bibliográfia: Réthy Andor. [Most complete edition] Bukarest: Irodalmi Kiadó, 1966. 566p. [From catalogue of National Széchényi Library]

BIBLIOGRAPHY

See no. 838.

CRITICISM

839. Rónay György. "Dsida Jenő," *Dsida Jenő: Válogatott versek.* Rónay György bevezető tanulmányával. Budapest: Révai, 1944; 119p. Pp. 5–13.

An analysis of his poetry finding sadness basic in his first and the playfulness of neo-rococo forms and a deepening of thought in his second work. Maintains that he was the only Transylvanian writer who created his surrealism without predecessors and influences, that *Angyalok citeráján* turned to lyrical realism by bringing "wonder" into everyday matters, and that the broader forms of the narrative lyric poem appeared in his poetry. NNC GyBH

840. Lengyel Balázs. "Dsida Jenő," *A mai magyar líra.* Budapest: Officina, 1948; 116p. Pp. 97–100.

A study of his poetry maintaining that given his Transylvanian origins, his links with the Nyugat School and the poetic practices of Kosztolányi are probably the strongest in Hungarian literature; that he is the "predecessor of that angelicism mixed with the grotesque" to be found in the poetry of Sándor Weöres; and that his facility in use of forms is reminiscent of Csokonai's art.

841. Földes László. "Dsida Jenő költészete," *Útunk,* XI (1957), no. 38, 8–9; no. 39, 4–5; no. 40, 8–9; no. 41, 4–6.

A Marxist effort to settle the opposing views regarding his poetry prevailing among Transylvanian writers in 1956: those who saw him as a revolutionary and those who rejected his political lyric poetry. Concludes that his aesthetics is the product of Sándor Makkai's study of Ady (see no. 67), that he considers the poetry of Kosztolányi and Babits to be the new development, and that his poetic art arrives at impressionism but falls behind the ideals and subject matter of most of his contemporaries. Views him as one whose artistic skill never found its proper subject matter.

DUGONICS ANDRÁS

Born October 18, 1740 in Szeged; died July 25, 1818 in Szeged. Novelist, dramatist, historian, and mathematician. Parents emigrated to Szeged from Dalmatia; father an established tradesman. Completed first six forms at Piarist's gymnasium. Entered Order in 1756 in Privigye, where he spent two of his probationary years. As novitiate, taught in Nyitra in 1758, studied philosophy for two years at Nagykároly, and taught in Szeged in 1761, where he began to experiment with the writing of drama. Began study in theology in 1762; ordained in 1765. After ordination he taught successively in Vác, in Medgyes, Transylvania, where he instructed in speech and poetics, again at Vác, became professor of philosophy in Nyitra in 1770, was named professor of mathematics at University of Nagyszombat in 1774. Accompanied University of Nagyszombat in its move to Buda in 1777 and became distinguished teacher and writer. His delivery of lectures mainly in Hungarian aroused much opposition. During 1790's he wrote mostly dramas. Retired to Szeged in 1808, where he lived quietly among relatives and friends, and worked until his death on *Magyar példabeszédek és jeles mondások*, his collection of nearly 10,000 proverbs. ¶ Wrote dramas, poems, and historical studies, but best noted for fiction. Creator of romantic historical novel in Hungary. *Etelka*, a novel, was an important event in pre-romanticism in its turning to Hungarian past and its unquestioning support of nation and people, but not in its style. His style was patterned after modes of expression in Szeged area and those of Pázmány (q.v.) Collection of proverbs are of most lasting interest.

FIRST EDITIONS: *Trója veszedelme*. Mellyeket a régi vers-szerzőknek írásaiból egybe szedett és versekbe foglalt Dugonics András. [Elbeszélő költemény] Pozsony: Landerer Mihály, 1774. 280p. – *Argonauticorum, sive de vellere aureo libri XXIV*. [Tanítóregény] Posonii et Cassoviae: Ioannem Michaelem Landerer, 1778. 754p. – *Ulissesnek, ama híres és nevezetes görög királynak csudálatos történeti . . .* [Elbeszélő költemény] Pest, 1780. [From Pintér, IV, 729] – *A tudákosságnak első könyve, mellyben foglaltatik a bető-vetés*. (Algebra) *A tudákosságnak második könyve, mellyben foglaltatik a föld-mérés*. (Geometria) [Tankönyv] I–II. kötet. Pest: Landerer Mihály, 1784. – *Etelka, egy igen ritka magyar kis-asszony Világos-váratt, Árpád és Zoltán fejedelmeink ideikben*. [Regény] I–II. kötet. Pozsony és Kassa: Füskúti Landerer Mihály, 1788. – *Az arany pereczek*. Szomorú történet öt szakaszokban. [Regény] Pozsony és Pest: Füskúti Landerer Mihály, 1790. 453p. – *A gyapjas vitézek*. [Regény] I–II. kötet. Pozsony és Pest: Füskúti Landerer Mihály, 1794. – *Jeles történetek*. Mellyeket a magyar játék-színre alkalmazott Dugonics András. [*Toldi Miklós, Kún László, Bátori Mária, Etelka Karjelben*] I–II. kötet. Pest: Füskúti Landerer Mihály, 1794–1795. – *A szerecsenek*. [Regény] Újabb életre hozta Dugonics András. I–II. kötet. Pozsony és Pest: Füskúti Landerer Mihály, 1798. – *A tudákosságnak III. könyve: A három szögellések (trigonometria) és IV. könyve: a csucsos szelésekről (de sectionibus conicis)*. [Tankönyv] Pozsony és Pest, 1798. [From Szinnyei, II, 1116] – *Római történetek*. [Történelmi tanulmány] Pozsony és Pest: Füskúti Landerer Mihály, 1800. 475p. – *A magyaroknak uradalmaik, mind a régi, mind a mostani üdőkben*. [Történelmi tanulmány] Pest és Pozsony: Füskúti Landerer Mihály, 1801. 180p. – *Jolánka, Etelkának leánya*. [Regény] I–II. kötet. Pozsony és Pest: Füskúti Landerer Mihály, 1803–1804. – *Szittyiai történetek*. [Történelmi tanulmány] I–II. kötet. Pozsony és Pest: Füskúti Landerer Mihály, 1806–1808. – *Cserei*. Egy honvári Herceg. [Regény] Meg-magyarosította Dugonics András. Szeged: Grünn Orbán, 1808. 280p. – *Radnai történetek*. [Vallásos elbeszélések] Szeged: Grünn Orbán, 1810. 144p. – *Nevezetes hadi-vezérek*. [Történelmi tanulmány] Összeszedte Dugonics András . . . 1767-ben. Pest: Trattner János Tamás, 1817. 220p. – *Magyar példabeszédek és jeles mondások*. I–II. rész. Szeged: Grünn Orbán, 1820. – See also nos. 842, 843, and 850.

F

EDITIONS

See also p. 192 for editorial work.

842. *Tárházi.* Víg szabású játék. Az eredeti kéziratból kiadta és bevezette Háhn Adolf. Budapest: Eggenberger, 1882[1]. 71p. [B]   NN GeLBM

843. *Följegyzései.* Budapest: Franklin-Társulat, 1883[1]. 143p. [C]   FiHI GeLBM GyBH

844. *Kún László.* Szomorú történet négy szakaszokban. Bevezetéssel Heinrich Gusztávtól. Budapest: Franklin-Társulat, 1885[2]. 224p. [B]   AsWU GeLBM GyBH

845. *Bátori Mária.* Szomorú történet öt szakaszokban. Bevezetéssel Heinrich Gusztávtól. Budapest: Franklin-Társulat, 1887[3]. 346p. [B]   AsWU GeLBM

846. *Toldi Miklós.* Szomorú történet három szakaszokban. Bevezetéssel Heinrich Gusztávtól. Budapest: Franklin-Társulat, 1894[2]. 272p. [B]   AsWU

847. *Az arany perecek.* Kiadja Bellaagh Aladár. Budapest: Franklin-Társulat, 1898[3]. 368p. [B]   NNC AsWN FiHI GeLBM GyBH

848. *Etelkája.* (Szemelvényekkel) Összeállította és bevezetéssel ellátta Prónai Antal. Budapest: Szent-István-Társaság, 1906. 95p. [C]

849. *Magyar példabeszédek és jeles mondások című gyűjteményéből.* Sajtó alá rendezte és kiadta Szabó Béla. Budapest: Királyi Magyar Egyetemi Nyomda, 1932. 55p. [C]

850. *Téténynek ékessége.* Aż eredeti kézirat szerint nyomtatásban kibocsájtja Baróti Dezső. Szeged: Dugonics Társaság, 1941[1]. 59p. [B]

BIBLIOGRAPHY

See nos. 852, 853, 856, and 858.

BIOGRAPHY

851. Prónai Antal. *Dugonics András életrajza.* Szeged: Dugonics-Társaság, 1903. 239p.

His life and activities with attention to the life of Szeged at the time and with chapters on his works: *Etelka,* his other novels, his plays, and his historical writings. Bibliographical footnotes. MnU NNC

CRITICISM

852. Endrődi Sándor. *Dugonics András. Irodalomtörténeti tanulmány.* Budapest: Aigner Lajos, 1881. 199p.

After a brief treatment of historical background, the rebirth of Hungarian literature, and his life, examines his writings by type, in chapters, including one on *Etelka.* Appendix: (1) Documents relating to the efforts of the Dugonics family to be recognized as nobility, (2) List of his works, and (3) List of his manuscripts in the National Museum, Budapest. FiHI

853. Perényi József. *Dugonics András színművei.* Sátorlja-Újhely: Zemplén, 1903. 57p.

Assembles previous findings on his dramas, and after discussing the founders of Hungarian drama, discusses the subject matter, sources, and characteristics of his plays. Finds him to be the originator of the historical drama in Hungary. Much summarizing of plays and many quotations. Contains a table of his plays giving their genre, number of performances, and date of first performance. GyBH

854. Simai Ödön. *Dugonics András mint nyelvújító.* Budapest: Athenaeum, 1904. 58p.

Some discussion of his language reform but mainly a glossary of words and his uses of them. MH GeLBM

855. Berthóty Ilonka. *Dugonics és Barclay. Bölcsészet-doktori értékezés.* Budapest: Hornyánszky Viktor, 1909. 40p.

Finds significant parallels between Dugonics's *Etelka* and Barclay's *Argenis.* FiU GyBH

856. Baróti Dezső. *Dugonics András és a barokk regény.* Szeged: Szegedi Fiatalok Művészeti Kollégiuma, 1934. 70p.

Explores his relationship with the Hungarian baroque tradition, and decides that his novels are the only important baroque novels in Hungary, that he is familiar with pre-romanticism, and that he points to the romanticism of Vörösmarty and his fellow writers of epics. Bibliography, pp. 66–68. MH NN NNC GyBH

857. Zsigmond Ferenc. *Dugonics stílusa.* Debrecen: Dr. Bertók Lajos, 1936. 28p.

A characterization of the individuality of his style as it is to be found from his first to last work: the amassing of synonyms, use of synonyms, playing with words, use of dialect, avoidance of foreign words, metaphors, spelling. Bibliographical footnotes.

858. Diósi Géza. *A százötvenéves "Etelka."* (*Irodalomtörténeti tanulmány*) Szeged: Juhász István, 1938. 36p. [Reprinted from *Szegedi Városi Római Katholikus Dugonics András Gimnázium 1938. évi Értesítője,* pp. 15–47]

The development, reception and sources of *Etelka,* and a critical analysis of the work. Closes with a description of the first edition. Bibliography, pp. 34–35.

EÖTVÖS JÓZSEF

Born September 3, 1813 in Buda; died February 2, 1871 in Pest. Novelist, story writer, poet, publicist, politician. Family obtained barony from Maria Theresa. Studied at home, mostly on his mother's estate in Ercsi, before entering fifth form of gymnasium in Buda in 1824. Since his family language was German, his Hungarian was weak. Began studies when 13 at University of Pest in 1826, where he distinguished himself and considered István Horvát his favorite teacher. Began writing poems, dramas, and aphorisms when a university student. Visited Benedek Virág (q.v.) in Buda. Attended parliamentary session in Pozsony in 1832 with father, where he saw Ferenc Kölcsey (q.v.) and later formed a lasting friendship with him. Served as deputy clerk of Fehér County. Became member of Academy in 1835. Visited Switzerland, England, France, and Germany 1836–1837. Then spent time on family estate in literary activity; also serving as junior clerk in chancellery in Vienna and as judge in Eperjes. Became member of Kisfaludy-Társaság in 1838. Already known as author, he increased his political activities in support of liberalism. Married Ágnes Rosty in 1842. In 1844 he played an influential role in Upper Chamber of Parliament and as staff member of *Pesti Hírlap*. Was named first Minister of Religion and Public Education in Hungary on April 7, 1848; resigned in September and fled to Vienna, then to Munich. In 1851 returned to villa in Buda, engaged in literary activity, and served the interests of literature and learning through Academy and Kisfaludy-Társaság. Visited Transylvania in 1859 and 1860. In 1867 he entered the government of Count Gyula Andrássy as Minister of Religion and Public Education; visited Transylvania in 1869 to examine its school curricula. Remained in post until death despite sectarian and political opposition to his ideas. Accomplished orator. ¶ In addition to works on politics and law he wrote dramas, poems, and novels. The creator of the realistic novel in Hungary. Gave novels social purposes as instruments of agitation and political propaganda. *A falu jegyzője* first large effort to provide a view of cross-section of Hungarian society. *A karthausi* greatest publishing success since *Etelka*, by Dugonics (q.v.). Most important novels: *A falu jegyzője* and *Magyarország 1514-ben*, both containing strong criticisms of society. ¶ *A falu jegyzője* has been translated into Danish, English, French, German, Italian, Rumanian, and Slovakian; *A karthausi* and *A nővérek* into German; *Gondolatok* into German and Turkish; *Magyarország 1514-ben* into German and Slovakian; some of his short stories into German; and some of his poems into Bulgarian, English, French, German, Hebrew, Italian, Japanese, Rumanian, and Russian.

FIRST EDITIONS: *A kritikus apotheosisa*. [Vitairat] Pest, 1831. [From Pintér, VI, 243] – *A házasulók*. [Színmű] Pest: Hartleben Konrád Adolf, 1833. 119p. – *Bosszú*. Szomorújáték. Pest: Trattner és Károlyi, 1834. 104p. – *Angelo*. Victor Hugo drámája. Fordította Eötvös József. Pest, 1836. [From Pintér, VI, 243] – *Vélemény a fogházjavítás ügyében*. Pest, 1838. [From Szinnyei, II, 1352] – *Die Emancipation der Juden*. Pest, 1840. [From Szinnyei, II, 1352] – *Kelet népe és a Pesti Hírlap*. Pest, 1841. [From Szinnyei, II, 1352] – *Emlékbeszéd Kőrösi Csoma Sándor felett*. Budapest, 1842. [From Szinnyei, II, 1352] – *A karthausi*. [Regény] I–II. kötet. Pest: Hartleben Konrád Adolf, 1842. – *A falu jegyzője*. Regény. I–III. kötet. Pest: Hartleben Konrád Adolf, 1845. – *Reform*. [Tanulmány] Lipcse: Köhler Károly Ferenc, 1846. 297p. – *Magyar-*

ország 1514-ben. Regény. I–III. kötet. Pest: Hartleben Konrád Adolf, 1847. *– A XIX. század uralkodó eszméinek befolyása az álladalomra.* [Tanulmány] I–II. kötet. Bécs: Jasper, Hügel, Manz, 1851; Pest: Emich, 1854. *– A nővérek.* Regény. I–II. kötet. Pest: Heckenast Gusztáv, 1857. *– Elbeszélések.* Pest: Heckenast Gusztáv, 1859. 202p. *– Die Garantien der Macht und Einheit Oesterreichs.* Leipzig, 1859. [From Szinnyei, II, 1353] *– Die Sonderstellung Ungarns vom Standpunkte der Einheit Deutschlands.* Leipzig, 1859. [From Szinnyei, II, 1353] *– Emlékbeszéd gróf Széchenyi István felett.* Pest, 1860. [From Szinnyei, II, 1353] *– Felelet báró Kemény Gábor néhány szavára.* Pest, 1860. [From Szinnyei, II, 1353] *– 1861. máj. 17. tartott országgyűlési beszéde.* Pest, 1861. [From Szinnyei, II, 1353] *– Gondolatok.* Pest: Ráth Mór, 1864. 336p. *– A nemzetiségi kérdés.* [Tanulmány] Pest: Ráth Mór, 1865. 158p. *– Költeményei.* Budapest: Ráth Mór, 1868. 73p. *– A vallás és közoktatás m. k. miniszternek az országgyűlés elé terjesztett jelentése a népiskolai közoktatás állapotáról.* I–II. rész. Buda, 1870–1871. [From Szinnyei, II, 1354] *– Für den Glanz des Hauses.* Wien, 1873. [From Szinnyei, II, 1354]

EDITIONS

See also nos. 867 (letters), 868 (letters), 880, and 881 (letters). Editorial work: no. 2089.

859. *Összes munkái.* [Első teljes kiadás] I–XIII. kötet. Budapest: Ráth Mór, 1886–1893. [C]

1. kötet: Beszédek: 1840. február 26–1867. március 21. 1. kötet. 1886[2]. 456p.
2. kötet: Beszédek: 1867. április 8–1870. május 9. 2. kötet. 1886[2]. 369p.
3–5. kötet: *A falu jegyzője.* Regény. 1–3 kötet. 1891[4].
6. kötet: Költemények. Elbeszélések. 1. kötet. 1891[3]. 294p.
7. kötet: *Egy gazdasszony levelei* (regénytöredék). Színművek: *Éljen az egyenlőség* (vígjáték), *Bosszú* (szomorújáték). 2. kötet. 1891[3]. 315p.
8–9. kötet: *A karthausi.* Regény. 1–2 kötet. 1892[10].
10–12. kötet: *Magyarország 1514-ben.* Regény. 1–3. kötet. 1892[3].
13. kötet. Emlék- és ünnepi beszédei. 1893[3]. 381p.
[NN] GyBH

860. *Összes munkái.* I–XX. kötet. Budapest: Révai, 1901–1903. [B]

1. kötet. *A karthausi.* [Regény] 1901. 520p.
2–3. kötet: *A falu jegyzője.* [Regény] 1–2. kötet. 1901.
4–5. kötet: *Magyarország 1514-ben.* [Regény] 1–2. kötet. 1901.
6. kötet: *A nővérek.* [Regény]. 1902. 512p.
7. kötet: Elbeszélések. 1902. 460p.
8. kötet: Beszédek. 1. kötet. Emlék- és ünnepi beszédek. [Irodalmi és irodalom-politikai vonatkozású valamennyi] 1902. 313p.
9. kötet: Beszédek. 2. kötet. Politikai beszédek. 1. kötet. 1902. 304p.
10. kötet: Beszédek. 3. kötet. Politikai beszédek. 2. kötet. 1902. 408p.

11. kötet: *Kelet népe és Pesti Hírlap. Reform.* [Tanulmányok] 1902. 326p.

12. kötet: Tanulmányok. [Társadalmi és irodalmi tanulmányok, Victor Hugo, Bacon, Petőfi, stb.] 1902. 275p.

13-15. kötet. *A XIX. szádad uralkodó eszméinek befolyása az álladalomra.* [Tanulmány] 1-3. kötet. 1902.

16. kötet: *A nemzetiségi kérdés.* 1903. 288p.

17. kötet: Kisebb politikai cikkek. 1903. 366p.

18. kötet: Költemények, színművek. 1903. 422p.

19. kötet: *Gondolatok.* [Hit és vallás, állam és politika, irodalom és tudomány, stb.] 1903. 340p.

20. kötet: Levelek. Életrajz. 1903. 328p.

DLC [MH] MnU NNC [GeCU] GeLU GyBH GyGNSU

861. *Munkáiból.* Sajtó alá rendezte és bevezetéssel ellátta Voinovich Géza. I–II. kötet. Budapest: Franklin-Társulat, 1905–1907. [C]

1. kötet: Szépirodalmi művek: költemények (1833–1863); *Éljen az egyenlőség* (vígjáték, 1840); elbeszélések (*A molnár-leány, Puszta-lak*); *Gondolatokból* (*Ember és világ*). 1905. 309p.

2. kötet: Irodalmi beszédek. Politikai beszédek. Tanulmányok. A "Reform" című műből. 1907. 319p.

DLC MH MnU NN NNC OCl AsWU FiHI GeLBM

862. *Naplójegyzetek, gondolatok.* 1864–1868. Közzéteszi, bevezetéssel és jegyzetekkel ellátta Lukinich Imre. Budapest: Magyar Tudományos Akadémia, 1941. 335p. [A]   DLC MH NNC GeLBM GyGNSU

863. *A falu jegyzője.* [Regény] Sajtó alá rendezte B. Tamás Anna, az előszót írta Sőtér István. I–II. kötet. Budapest: Állami Szépirodalmi Könyvkiadó, 1950. [B]   DLC GeCU GyBDS GyBH GyGNSU

864. *Magyarország 1514-ben.* Regény. Bevezette Szigeti József, jegyzetekkel ellátta Bruckner János és Dümmerth Dezső. I–II. kötet. Budapest: Szépirodalmi Könyvkiadó, 1952. [C]   NNC GyBDS

865. *Válogatott pedagógiai művei.* Összeállította, a bevezetést és a jegyzeteket írta Felkai László. Budapest: Tankönyvkiadó, 1957. 341p. [C]   DLC MH GyBDS

BIBLIOGRAPHY

See nos. 870, 874, 875, 877, 880, and 2966.

BIOGRAPHY

866. Csengery Antal. "Eötvös József," *Történeti tanulmányok és jellemrajzok.* I–II. kötet. Pest: Ráth Mór, 1870. II, 153–188. [Appeared in *Magyar szónokok és statusférfiak.* Pest: Heckenast Gusztáv, 1851; 561p. Pp. 205–227. See no. 2111]

Biographical details and the major outlines of his political, journalistic, and literary careers, with comment on his works and evaluation of his writings and activities. AsWN AsWU GeLU

867. Falk Miksa. "Báró Eötvös József életéből," *Kor- és jellemrajzok.* Bevezetéssel ellátta Wekerle Sándor, sajtó alá rendezte Falk Ernő. Budapest: Révai Testvérek, 1903; 455p. Pp. 205–240. [A paper presented to the Aradi Kölcsey-Egyesület in 1891]

Major details of his life characterizing his personality. Attention to the environment of his youth and its manifestation in his character, intellectual ability and modes of feeling and thought. Discussion of his friendships and his political activities and concepts. Contains several of his letters to Falk. NNC

868. Falk Miksa. "Báró Eötvös József és az 1867-iki kiegyezés," *Kor- és jellemrajzok.* Bevezetéssel ellátta Wekerle Sándor, sajtó alá rendezte Falk Ernő. Budapest: Révai Testvérek, 1903; 455p. Pp. 241–268. [Appeared in *Magyar Szalon,* XVII (1892), 234–251]

His attitude toward the Compromise of 1867 with the Hapsburgs as shown by a number of letters written to Falk from 1866 to 1867. NNC

869. Ferenczi Zoltán. *Báró Eötvös József. 1813–1871.* Budapest: Magyar Történelmi Társulat, 1903. 304p.

Attention to his literary activity and creativity. Appendix: Copies of his birth certificate and school report cards. Illustrations and facsimiles. MH NN NNC GeLBM GyBH

870. Sőtér István. *Eötvös József.* Budapest: Akadémiai Kiadó, 1953. 418p.

Emphasizes his role and participation in the social and political currents and reforms of his times intended to elevate the status of the Hungarian people. Bibliographical notes, pp. 397–403. DLC InU MH MnU NNC AsWN FiHI FiHU GeCU GeLBM GyBDS GyBH GyGNSU

CRITICISM

See also nos. 1364, 1930, and 4624.

871. Gyulai Pál. "B. Eötvös József," *Emlékbeszédek.* I–II. kötet. Budapest: Franklin-Társulat, 1913–1914[3] [1879[1]]. I, 49–84. [A paper presented to the Kisfaludy-Társaság February 11, 1872]

The character and effect of his literary and political activities and development on his age. MH MnU NNC GyBH

872. Péterfy Jenő. "Báró Eötvös József, mint regényíró," *Összegyűjtött munkái.* I–III. kötet. Budapest: Franklin-Társulat, 1901–1903. I, 1–58. [Appeared in *Budapesti Szemle,* XXV, no. 49 (1881), 1–33]

An examination of selected novels from an aesthetic and psychological point of view leading to an evaluation of his creativity and specific works. A section on *A karthausi.* MH MnU NNC OCl GeLBM GeLU GyBH

873. Milhoffer Sándor. *Báró Eötvös József.* Kecskemét: Gallia, 1903. 80p.

His learned, poetic, and political activities and their effect on his times.

874. Berkovics Miklós. *Báró Eötvös József és a franczia irodalom.* Budapest: Stephaneum, 1904. 96p.

Purpose: to determine the extent to which French literature contributed to his development and agitation and the degree to which he gave it his individual expression. Mostly concerned with the influence of Chateaubriand upon him and of Chateaubriand's *René* on *Karthausi.* Bibliographical notes, pp. 88–93. MH GyBH

875. Voinovich Géza. *B. Eötvös József.* Budapest: Révai Testvérek, 1904. 110p.

After brief attention to his early development, discusses him as a poet and a political writer. Maintains each affected the other. Bibliographical notes, pp. 99–101; bibliography, pp. 103–108. MH MnU NN FiHI GeLBM

876. Bodnár Zsigmond. *Eötvös és Kemény.* Budapest: Eggenberger, 1905. 262p.

Separate critical studies of the writings of Eötvös and Zsigmond Kemény concerned with their literary and world outlook. Discussion by individual works or types. MnU NNC

877. Lázár Piroska. *Eötvös József br. nőalakjai.* Budapest: Pesti Könyvnyomda, 1905. 117p.

The traits of his female characters—their thoughts, feelings, power of imagination and world outlook—leading to a definition of his concept of the ideal woman. Bibliography, p. 119. GyBH

878. Kiss Gyula. *Br. Eötvös József és A nővérek.* Budapest: Kultúr, 1912. 43p.

A study of *A nővérek* as a work in which his individuality as a writer emerges. Attention to the character of his past writings and to influences on the work under examination. Concludes with discussions of its originality and importance. GyBH.

879. Koltai-Kastner Jenő. *A Karthausi helye a szentimentális regényirodalomban.* (*Eötvös és Sainte-Beuve*) Budapest: Németh József, 1913. 36p.

After a brief discussion of the novel's place among the sentimental novels in Hungary, examines the question of the influence of Sainte-Beuve's *Volupté* and Goethe's *Werther* on it. Finds that the former greatly affected its major thought and form and the latter some of its technique, but that Eötvös created an original work unmatched in the richness of its thought. Bibliographical footnotes.

880. Bihari Károly. *Báró Eötvös József politikája.* Budapest: Magyar Tudományos Akadémia, 1916. 386p.

His political views in two parts: (1) an analysis of his *Uralkodó eszmék* with respect to his development and its concepts and (2) an assembling of the contents of that work to present an organized view of his political concepts. Bibliography, pp. 367–369. MH-L NNC AsWN AsWU FiHU GyBH

881. Concha Győző. *Eötvös és Montalembert barátsága. Adalék a magyar katholikusok autonomiájának kezdeteihez.* Budapest: Szent István Társulat, 1918. 333p.

Their friendship, the influence of Montalembert's thought on *A karthausi,* and the similarities of their political-religious struggles. Appendix: His letters to Montalembert. Bibliographical footnotes. DLC NN GeLBM GyBH

882. Novák László. *Az ifjú Eötvös és a francia irodalom.* Budapest: Eggenberger, 1930. 76p.

After a brief chapter on his intellectual development, examines the influence of Victor Hugo on the young Eötvös and the influence of other French sources on *A karthausi.* Bibliographical footnotes. NN GeLBM GyGNSU

883. Gyergyai Albert. "A falu jegyzőjéről," *Egyetemes Philologiai Közlöny.* LXI (1937), 88–95.

A characterization of the novel as world literature, the work and the contemporaneous political novel of purpose, especially the French; and French motifs of the novel in it. Bibliographical footnotes. CU CtY DLC IU MH MnU NjP NN NNC OCl OCU AsWN FiHI FiHU GyBH

884. Pulay Laura. *Báró Eötvös József világnézete. Bölcsészdoktori értekezés.* Budapest: Csaba, 1937. 28p.

His view of life: man, God, morality, society, nationhood, learning. GyBH

885. Szigeti József. "Bevezető," *Eötvös József: Magyarország 1514-ben.* Jegyzetekkel ellátta Bruckner János és Dümmerth Dezső. I–II. kötet. Budapest: Szépirodalmi Könyvkiadó, 1952. I, vii–l.

His views of revolution in the light of the problems of his age, his originating the realistic Hungarian historical novel, and his power to create universality in his writings—all of these placed within the framework of the Peasant Revolution, which forms the substance of the novel. Discusses the character and merits of the novel as well as other points from a socialistic point of view. NNC GyBDS

EÖTVÖS KÁROLY

Born March 11, 1842 in Mezőszentgyörgy; died April 13, 1916 in Budapest. Anecdotist, short-story writer, politician. Descendant of landed aristocracy. Attended school in Pápa and Sopron, where he studied German. Completed law studies at University of Pest. Became deputy clerk in Veszprém in 1864. Involved in intrigue against Austria with Pál Almássy, and imprisoned in Komárom for a few months. In 1865 became professor at Law Academy in Pápa and edited *Veszprém.* County deputy clerk in fall 1865. Married Etelka

Fromm in 1867. Public prosecutor in Veszprém in 1871. Chosen parliamentary representative of Veszprém District in 1872 as supporter of Ferenc Deák. Speeches and articles attracted attention of all political parties. In 1875 left Parliament and farmed estate in Veszprém, frequently participating in county meetings. In 1878 re-elected to Parliament from Veszprém with independent program and became chief speaker of 1848 party. Opened law office in Pest in 1878. Edited party's *Egyetértés*. Became parliamentary representative of Nagykőrös in 1881. In 1883 became famous for defense of Jews charged with ritual murder. Leader of Independence and 1848 party in 1892. Left Independence party in 1893 and founded own party in 1894. Gradually withdrew from public life; almost forgotten by time of death. ¶ His writings stand alone in Hungarian literature in skillful use of recollection. Materials come from own life and events of 1848–1849. Highly anecdotal. Character sketches of contemporaries are noteworthy. Works on areas of Dunántúl are among the best he wrote. Short stories were influenced by romanticism of Jókai (q.v.). ¶ Some of his short works have been translated into French, German, and Italian.

EDITIONS

See also no. 1552 for annotated work.

886. *Kerkapoly az új pénzügyminiszter*. Tollrajz. Pest: Aigner Lajos, 1870[1]. 84p.

887. *A földadó és a kataszter az 1875. VII. törvényczikk szerint*. [Jogtudomány] Budapest: Athenaeum, 1875[1]. 155p. DLC

888. *Munkái*. I–XXIV. kötet. Budapest: Révai Testvérek, 1901–1909.
  1–2. kötet: *Utazás a Balaton körül*. [Útirajz] 1–2. kötet. 1901[1]. [1932[9]]
  3. kötet: *A ki örökké bujdosott és egyéb elbeszélések*. 1901[1]. 319p. [1910[6]]
  4. kötet: *A két ördög vára és egyéb elbeszélések*. 1901[1]. 338p. [1910[6]]
  5. kötet: *Magyar alakok*. [Kortörténeti rajzok] 1901[1]. 316p. [1932[6]]
  6. kötet: Emlékezések. 1901[1]. 340p. [1932[6]]
  7–8. kötet: *Gróf Károlyi Gábor följegyzései*. 1–2. kötet. 1902[1]. [1932[6]]
  9. kötet: *A nazarénusok*. 1904[1]. 310p. [1909[5]]
  10–12. kötet: *A nagy per, mely ezer éve folyik s még sincs vége*. [A tiszaeszlári antiszemita pör története] 1–3. kötet. 1904[1]. [1929[3]]
  13–14. kötet: *Deák Ferencz és családja*. 1–2. kötet. 1905[1].
  15. kötet: *Tünemények*. [Elbeszélések] 1905[1]. 320p.
  16. kötet: *A nagy év*. [Regény] 1905[1]. 311p.
  17. kötet: *Szilágyi és Káldy*. [Arcképek] 1906[1]. 328p.
  18. kötet: *A Jókay-nemzetség*. [Családtörténet] 1906[1]. 311p.
  19. kötet: *Nagyokról és kicsinyekről*. [Arcképek és emlékezések] 1906[1]. 322p.
  20. kötet: *Harcz a nemzeti hadseregért*. [Beszédek] 1906[1]. 322p.
  21–22. kötet: *A Bakony*. [Elbeszélések] 1–2. kötet. 1909[1].

23. kötet: *A balatoni utazás vége.* [Útirajz] 1909[1]. 318p.

24. kötet: *Harcz az alkotmányért.* [Politikai beszédek] 1909[1]. 322p.
DLC [IC] [NN] [NNC] [FiHI] GeLBM [GeOB]

889. *Böthök uram szerencséje.* Színmű. Budapest: Szerzői Jog Értékesítő Központ, 1916[1]. 87p.

890. *Házassági viszontagságok és egyéb elbeszélések.* Budapest: Athenaeum, 1918[1]. 155p. [C] GyBH

891. *Megakad a vármegye.* Elbeszélések. Válogatta és a bevezető tanulmányt írta Lukácsy Sándor. Budapest: Szépirodalmi Könyvkiadó, 1952. 407p. [C] DLC

892. *Házassági viszontagságok.* Elbeszélések. Válogatta és az utószót írta Kónya Judit. Budapest: Szépirodalmi Könyvkiadó, 1956. 320p. [C]

893. *Utazás a Balaton körül.* [Útirajz] Sajtó alá rendezte István Marian. Budapest: Szépirodalmi Könyvkiadó, 1957[10]. 780p. CtY DLC MH NN OCl FiHU GyBDS GyGNSU

BIBLIOGRAPHY

See no. 894.

CRITICISM

894. Herczegh Matild. *Eötvös Károly.* Budapest: A Szerző, 1928. 46p.
A brief biographical sketch, an analysis of the subject matter and form of his writings, and a characterization of his literary individuality. Bibliography of his works and studies about him, pp. 39–46. GyBH

895. Németh Béla. *Emlékbeszéd Eötvös Károlyról.* Budapest: Budapesti Nyomda, 1943. 31p. [A memorial address delivered to the Budapesti Református Férfiszövetség, December 1942; 1st publication]
A discussion of his life, activities, and writings mainly for the purpose of describing his importance to Hungarian public life. Commentary on his works and discussions of his relations with his friends and the events of his times. By one who knew him.

ERDÉLYI JÁNOS

Born April 1, 1814 in Kiskapos; died January 23, 1868 in Sárospatak. Poet, critic, aesthetician, philosopher, collector of Hungarian folk poetry. Descendant of peasant family. At 10 entered Sárospataki Kollégium. Learned French, German, and classical languages. Education interrupted by father's death in 1832, forcing him to tutor to provide means for return to school. Completed studies in 1835 and became tutor to Máriássy family in Berzéte. Already acquainted with many literary and political figures and widely recognized as writer through poems published in periodicals. Corresponding member of Academy in 1839, the year he moved to Pest. Married Nelli Vahot, who died barely a year after marriage; daughter died shortly thereafter. Obtained law certificate but lived exclusively on income from literary activites. Edited *Regélő Pesti Divatlap* 1842–1844 with János Garay (q.v.). Became member of Kisfaludy-Társaság in 1842, its secretary 1843–1850. Two extensive trips abroad: in 1841 (?) to Italy and in 1844–1845 to western and central Europe. Edited *Magyar Szépirodalmi Szemle* in 1847. Director of National Theater 1848–1849, during Revolution. In summer 1849 edited *Respublica*, of which only few numbers appeared. Fled to provinces after Revolution; returned to Pest in 1851. Became teacher at Sárospataki Kollégium in November 1851, first of philosophy and then, when appointed librarian in 1863, of literature. Founded and edited *Sárospataki Füzetek* 1857–1859 and 1864–1866. ¶ Influenced greatly by Hegel, later by positivism. First known as poet. Wrote three dramas but only *Velencei hölgy* was published; projected a world literary history, but completed only the section on ancient eastern literature. His major place in Hungarian literature is based on writings on aesthetics and a collection of folk poetry. Aesthetic sensitivity and command of philosophy make his literary and dramaturgical studies the most lasting of his writings. ¶ Some of his poems have been translated into English, French, German, and Hebrew.

FIRST EDITIONS: *Pártfoglalás*. Vígjáték 5 felvonásban. Scribe után franciából fordította. Pest, 1840. [From Szinnyei, II, 1392] – *Költeményei*. Buda: Magyar Királyi Egyetem Betűivel, 1844. 320p. – *Népdalok és mondák*. A Kisfaludy-Társaság megbízásából szerkeszti és kiadja Erdélyi János. I–III. kötet. Pest: Beimel József, 1846–1848. – *Szabad hangok*. [Költemények] Pest: Lukács és Társa, 1849. 35p. – *Magyar közmondások könyve*. Szerkeszti és kiadja Erdélyi János. Pest: Kozma Vazul, 1851. 461p. – *A velencei hölgy*. Dráma öt felvonásban. Pest: Kozma Vazul, 1851. 127p. – *Magyar népmesék*. Pest, 1855. [From Szinnyei, II, 1393] – *Mit várhat a nőtül a ház, haza, egyház?* Emlékbeszéd Bónis Pogány Karolina asszony felett Nagyfaluban 1855. dec. 20. Sárospatak, 1856. [From Szinnyei, II, 1393] – *A hazai bölcsészet jelene*. [Tanulmány] Sárospatak: Főiskola Betűivel, 1857. 176p. – *Válogatott magyar népdalok*. Sárospatak, 1857. [From Szinnyei, II, 1393] – *Kisebb prózái*. I–II. kötet. [I.: *Népköltészetről, A magyar népdalok, Népköltészetünk a külföldön, Népköltészet és kelmeiség, Barcsai, ó székely ballada*; II.: *Egy száznegyed a magyar szépirodalomból, A színi hatásról, Egyéni és eszményi, A khínaiak színháza*] Sárospatak: Forster Rezső, 1865. – *Egyetemes irodalomtörténet*. I–III. füzet. Pest: Ráth Mór, 1868. 283p. – *A nép költészete*. Népdalok, népmesék és népmondások. I–III. kötet. Pest, 1869. [From Szinnyei, II, 1393] – *A bölcsészet Magyarországon*. [Filozófia-történeti tanulmány] Budapest: Franklin-Társulat, 1885. 156p. [From catalogue of National Széchényi Library] – *A költészetről*. Tanköltemény 4 énekben. Írta Boileau. Franciából fordította. Budapest, 1885. [From Szinnyei, II, 1393] – See also nos. 896, 897, 898, 900, and 902.

See also no. 2991 for annotated work.

896. *Pályák és pálmák.* [Tanulmányok] Kiadja a Kisfaludy-Társaság. Budapest: Franklin-Társulat, 1886[1]. 503p. MnU NNC GeLBM GeLU GyBH

897. *Aesthetikai előtanulmányok.* Budapest: Franklin-Társulat, 1888[1]. 97p. [C] GeLBM

898. *Tanulmányok.* Kiadja a Kisfaludy-Társaság. Budapest: Franklin-Társulat, 1890[1]. 539p. MH MnU NNC GeLBM GyBH GyGGaU

899. *Szemelvények Erdélyi János kritikáiból és tanulmányaiból. XIX. századi líránk történetéhez.* Kiadta Erdélyi Pál. Budapest: Franklin-Társulat, 1901. 236p. [C] FiHI

900. *Útinaplója és úti levelei.* Sajtó alá rendezte T. Erdélyi Ilona. Budapest: Közoktatásügyi Kiadóvállalat, 1951[1]. 266p. [B] DLC GyBDS

901. *Válogatott esztétikai tanulmányok.* Összeállította, bevezette és a jegyzeteket írta Heller Ágnes. Budapest: Művelt Nép, 1953. 127p. [B] DLC GyBH

902. *Levelezése.* Sajtó alá rendezte és jegyzetekkel ellátta T. Erdélyi Ilona. I–II. kötet. Budapest: Akadémiai Kiadó, 1960–1962[1]. [A]

   1. kötet: 1832–1849. 1960[1]. 520p.
   2. kötet: 1850–1867. 1962[1]. 641p.

[DLC] MH MnU NN GeCU GeLBM GeLU GeOB GyBDS GyBH

903. *Válogatott művei.* Sajtó alá rendezte és a jegyzeteket írta Lukácsy Sándor, bevezette Wéber Antal. [Section of notes, pp. 587–602, begins with a bibliography of his works and studies about him] Budapest: Szépirodalmi Könyvkiadó, 1961. 619p. [B] NNC AsWN GeCU GyGNSU

BIBLIOGRAPHY

See no. 903.

BIOGRAPHY

904. Minay Lajos. *Erdélyi János.* (*1814–1868*) Budapest: Lampel Róbert, 1914. 88p.

Attention to his works, with emphasis on a historical and comprehensive presentation rather than explanation or elucidation. Bibliographical footnotes.

CRITICISM

See also no. 292.

905. Bartók György. "Erdélyi János gondolkozása. (Adalékok a magyar gondolkozás történetéhez)," *Erdélyi Múzeum*, XXXII (1915), 7–25. [Also a reprint]

An examination of his philosophy and aesthetics to determine the nature of his intellectual structure and foundation. CtY IU

906. Husztiné Révhegyi Rózsa. "Erdélyi és Hegel," *Budapesti Szemle,* CLXX, no. 484 (1917), 97–177. [Also a reprint]
The influence of Hegel on his concepts of aesthetics, philosophy and literary history, and his individualized application of Hegelian ideas and method in his writings. CtY DLC NN [NNC] AsWN GeLBM GyBH

907. Beöthy Zsolt. "Erdélyi János műbölcselete," *Romemlékek. Tanulmányok, beszédek, cikkek.* I–II. kötet. Budapest: Franklin-Társulat, 1923. I, 299–320. [A paper presented to the Kisfaludy-Társaság, February 7, 1897]
Certain aspects of his philosophy and aesthetics of literature and their continuing effect on the development of Hungarian literature. NNC GyBH

908. K. Posonyi Erzsébet. "Erdélyi János és a népköltészet," *Ethnographia-Népélet,* XXXVIII (1927), 81–118, 165–192. [Also a reprint]
Discusses the concept of folk poetry in Hungary from the middle of the 18th century to the time of Erdélyi. Examines his literary career and contributions in relation to folk poetry, his concept of the subject, the folk song as a "mirror of the Hungarian soul," and the editorial principles he used in *Népdalok és mondák.* Bibliographical footnotes. CtY DLC [NjP] NN NNC OCl AsWN FiHI GeLBM

909. Schöner Magda. *Erdélyi János élete és művei.* Budapest: Magyar Királyi József-Műegyetem, 1931. 111p.
A critical study of his works. Discussion by types: poetry, collections of folk poetry, literary criticism, philosophical works. Includes biographical materials; bibliographical footnotes. DLC NN GyBH

910. Haraszthy Gyula. *Erdélyi János irodalomszemlélete.* Budapest: Pallas, 1940. 48p.
The sources and characteristics of his views of literature: romantic interlude, the changes after 1849, technique and literary form, cultural ideals. Bibliographical footnotes. MnU NNC AsWN

911. Heller Ágnes. "Erdélyi János," *Filozófiai Évkönyv,* I (1952), 403–476.
His portrait as philosopher, aesthetician, and critic prior to and following the Revolution of 1848–1849. As a means of placing him within the currents of his times, discusses the philosophical trends in Hungary prior to 1848 and the aesthetic and critical antecedents of his times. Dialectical point of view.

912. Wéber Antal. "Bevezetés," *Erdélyi János válogatott művei.* Sajtó alá rendezte és a jegyzeteket írta Lukácsy Sándor. Budapest: Szépirodalmi Könyvkiadó, 1961; 619p. Pp. 5–45.
After a general characterization of his achievements and a summary of the phases of his life, examines the feelings, thoughts, and ideals in several of his poetic genres to throw light on the unraveling of his views and the

origin of many of his opinions. Finds his chief life and artistic effort to be in creating conditions for a new and progressing art and learning of a high order. NNC AsWN GeCU GyGNSU

ERDÉLYI JÓZSEF

Born December 30, 1896 in Újbátorpuszta. Poet. Original name: Árgyelán. Father was a peasant who worked as servant and steward. Completed schooling in Nagyszalonta, Déva, and Mezőtúr. Entered army in 1915 and fought on Russian front. Studied law for a time in Debrecen during 1918. After participating in some battles in Upper Northern Hungary during October Revolution, moved to Budapest. Made walking tour of Hungary at beginning of 1920's; also went to Rumania in 1921, where he was imprisoned in Fogaras. First poem published in *Nyugat* in 1921. Became staff member of Az Est Publications in 1923. Began active support of peasant cause. Often brought to court for tendentious poems. Lived under very difficult circumstances during early 1930's. Worked as news vendor and hawked copies of own poems in front of National Theater for pennies. Awarded Baumgarten Prize in 1929, 1931, and 1933, and contributed to *Nyugat*, *Válasz*, and *Magyar Csillag*. In second part of 1930's he published anti-semitic poems and joined rightist political parties. Fled to West in 1944, later hid in Rumania. Returned to Budapest in 1947 and was sentenced to three years in prison. Resumed participation in literary life in 1954. ¶ Important to revival of simple diction and traditional Hungarian verse forms in 1920's. Seeks simplicity and directness in expression of thought and emotion in tradition of Petőfi (q.v.) and folk poetry. Uses simple forms of folk song. Also concerned with study of linguistics. ¶ An edition of his poems is available in German, and some of his poems have been translated into English, French, Italian, Polish, and Slovakian.

EDITIONS

913. *Ibolyalevél*. Versek. Budapest: Táltos, 1922[1]. 64p. NNC

914. *Világ végén*. Költemények. Budapest: Athenaeum, 1924[1]. 152p. NN NNC GyBH

915. *Délibáb és szivárvány*. Erdélyi József költeményei. Pápa: A Szerző, 1927[1]. 18p.

916. *Az utolsó királysas*. Erdélyi József költeményei, 1924–1928. Pápa: A Szerző, 1928[1]. 102p. NN OCl

917. *Kökényvirág*. Költemények. Pápa: Főiskolai Könyvnyomda, 1930[1]. 30p. NNC

918. *Tarka toll*. Költemények. Pápa: A Szerző, 1931[1]. 29p.

919. *Felkelt a nap*. Erdélyi József 36 verse. Budapest: Napvilág, 1932[1]. 8p.

920. *Teli rapszódia és három mese: Két koldus, Az obsitos, A zenélő kecske.* Versek. Pápa: A Szerző, 1934[1]. 46p. NNC

921. *Negyedik rapszódia. Ribizli kisasszony. Örök kenyér.* Versek. Budapest: Válasz, 1937[1]. 34p. GeLBM

922. *Eb ura fakó.* Egy költő gondolatai a magyar nyelvről. [Nyelvészeti tanulmány] Budapest: Kelet Népe, 1938[1]. 58p. FiHU GeLBM

923. *Fehér torony.* Erdélyi József válogatott versei, 1913–1938. Budapest: Bartha Miklós, 1938. 388p. NNC GeLBM

924. *Halad az ék.* Versek. Budapest, 1938[1]. [From Pintér, VIII, 925]

925. *Kiáltás a Dunán.* Rapszódia 25 részben. Budapest: Bartha Miklós, Társaság, 1938[1]. 25p. NNC

926. *Örök kenyér.* [Költői] elbeszélések. Budapest: A Harc, 1938[1]. 70p. GyBH

927. *Árdeli szép hold.* Egy költő gondolatai a magyar nyelvről. [Nyelvészeti tanulmány] Budapest: Magyar Élet, 1939[1]. 158p. MH NNC GyBH

928. *Mutató.* Versek. Budapest: Bólyai Akadémia, 1939[1]. 47p.

929. *Emlék.* [Összegyűjtött versek] Budapest: Magyar Élet, 1940. 512p. NN NNC GyBH

930. *Niobe.* Hitregék. [Versek] Kecskemét: A Szerző, 1941[1]. 35p.

931. *Villám és virág.* Versek. Budapest: Turul, 1941[1]. 268p. NNC AsWN GyBH

932. *Zenélő kecske.* Verses mesék. Budapest: Magyar Élet, 1941[1]. 104p. NNC GyBH

933. *Fegyvertelen.* Önéletrajz. Budapest: Turul, 1942[1]. 204p.

934. *A harmadik fiú.* Önéletrajz. Budapest: Turul, 1942[1]. 242p. MH NNC

935. *Örökség.* Versek. Budapest: Stádium, 1943[1]. 143p.

936. *Visszatérés.* Új versek, 1945–1954. Budapest: Szépirodalmi Könyvkiadó, 1954[1]. 122p. DLC GyBDS GyBH GyGNSU

937. *Arany ménes.* [Költemények] Budapest: Magvető, 1959[1]. 275p. DLC NN NNC FiHI FiHU GeLBM GyBDS GyBH GyGNSU

938. *Csillag és tücsök.* [Költemények] Budapest: Magvető, 1963[1]. 295p. NNC GyGNSU

939. *Szőlőfürt.* [Versek] Budapest: Magvető, 1965[1]. 117p. GeLBM GyBDS GyBH GyGNSU

CRITICISM

See also no. 3277.

940. Tóth Aladár. "Erdélyi József," *Nyugat*, XVII (November 16–December 1, 1924), 623–629.

States that he bestows cosmic significance on his every mood and observes experience through the culture of his people, and that his mythical world gives life an "unreal and often mystical cast" in which his "peasant common sense" and "true Hungarian wisdom" do not believe. Claims that he expresses longings that only his recollections of childhood can confront and that he finds the real source of freedom in nature. MH MnU NNC FiHU GeLBM GyBH

941. Németh László. "Erdélyi József," *Nyugat*, XXIV (July 1, 1931), 37–41. Finds him avoiding the experimentations of the poets of his times and writing in an individualistic way in the tradition of Hungarian folk poetry, characterizes his poetry as economical in imagination and classical in its expression, and claims that he is the "poet of remembrances recalling the wretchedness of life in vivid episodes." MnU NN NNC [FiHI] FiHU GeLBM [GeLU] GyBH

942. Illyés Gyula. "Tarka toll: Erdélyi József költeményei," *Nyugat*, XXV (February 16, 1932), 220–222.

A review of the poems maintaining that the power of their simplicity lies in Erdélyi's own restrained emotion and humility and not in their use of traditional verse forms, and that they are composed by a poet and man in whom reality itself vibrates the "string." MnU NN NNC FiHU GeLBM [GeLU] GyBH

943. Szegi Pál. "Erdélyi József," *Nyugat*, XXXI (July, 1938), 15–21.

His failure to follow the experimentations of other poets of his times, his choice of the purity and simplicity of folk poetry as his form of expression, his pessimism, and the characteristics of his poetry. MnU NN NNC [FiHI] FiHU GeLBM [GeLU] GyBH

944. Juhász Géza. "Erdélyi József: Emlék. Versek. 1940," *Sorsunk*, I (1941), 273–282.

A review of the poems giving most attention to placing his poetry in the tradition of Hungarian folk poetry, to marking the point at which he introduced his own special qualities in the tradition, and to characterizing his style (especially his sentences and rhythms, language, use of recollection, themes). Comparisons with past and present poets throughout to describe his poetry. MH MnU [AsWN] GyBH

945. Makay Gusztáv. "Örökség: Erdélyi József versei," *Magyar Csillag*, III (1943), 428–431.

A review maintaining primarily that naïveté is basic to his character and poetry and that this naïveté is successful in the poems of youthful recollections but becomes grotesque in those treating cosmic topics. MnU NNC AsWN [FiHI] FiHU [GyBH]

FÁBRY ZOLTÁN

Born 1897 in Stósz. Critic, publicist. Attended Rozsnyó gymnasium and University of Budapest. Joined army in 1915 and was much affected by horrors of World War I. Tuberculosis contracted during war forced his return to Stósz in 1920, where he has lived ever since. First studies and criticisms were concerned with Hungarian, French, and German literature. Articles appeared in *Kassai Napló, A Reggel, Esti Újság, Prágai Magyar Hírlap*, and *Génius* (1924–1925). Became a member of Communist party, staff member of *Kassai Munkás* and *Korunk* (beginning in 1926), eventually served as Slovakian editor of latter. Edited *Az Út* for Czechoslovakian Communist party until 1936 and participated in Sarló Movement. Increased connections with Hungarian and Rumanian literary life. Strongly opposed fascism beginning in 1933 and gave voice to "socialistic humanism" in numerous articles and essays. Imprisoned for anti-fascism in Illava in 1941. After 1945 became leader of Hungarian literary life in Czechoslovakia. ¶ Most articles, studies, and essays are characterized by literary lyricism and oratorical quality. Publicist essays often claimed to be among best in Hungarian in Czechoslovakia. Chief importance lies in stimulation of Hungarian literary activities in Czechoslovakia. ¶ Many of his writings have been translated into Czech.

EDITIONS

See also no. 1230 for material in edition. Annotated work: no. 1238.

946. *Az éhség legendája.* Kárpátalja: 1932. [Riport] Pozsony és Bratislava: Az Út, 1932[1]. 46p.

947. *Korparancs.* [Esszék] Bratislava: Az Út, 1934[1]. 210p. GyBH

948. *Fegyver s vitéz ellen.* [Cikkek] Moravská Ostrava: Magyar Nap, 1937[1]. 254p. NNC

949. *A gondolat igaza.* [Tanulmányok] Bratislava: Csehszlovákiai Magyar Kiadó, 1955[1]. 298p. GyGNSU

950. *A béke igaza.* [A tanulmánytrilógia 1. része *A gondolat igaza* címen jelent meg] Bratislava: Szlovákiai Szépirodalmi Könyvkiadó, 1956[1]. 328p.

951. *Hídak és árkok.* [Esszék] Bratislava: Szlovákiai Szépirodalmi Könyvkiadó, 1957[1]. 360p.

952. *Palackposta.* [Cikkek] Az utószót írta Juraj Spitzer. Bratislava: Szlovákiai Szépirodalmi Könyvkiadó, 1960[1]. 336p. GyBDS

953. *Emberek az embertelenségben.* (Cikk- és tanulmánygyűjtemény) Az utószót írta Turczel Lajos. Bratislava és Budapest: Szlovákiai Szépirodalmi Könyvkiadó, 1962[1]. 330p. NNC GeLBM GyBH

954. *Harmadvirágzás.* Szlovákiai magyar irodalmi adalékok. [Cikkek.

tanulmányok] Bratislava: Szlovákiai Szépirodalmi Könyvkiadó, 1963[1]. 298p.
NNC FiHI GyBDS GyBH

955. *Kúria, kvaterka, kultúra.* Adalékok a csehszlovákiai magyar kultúra
első fejezetéhez. (1918–1938) [Cikkek, tanulmányok] Bratislava és Budapest:
Slovenské Vydavatelstvo Krásnej Literatúry, 1964[1]. 317p. MnU GeLBM
GyGNSU

CRITICISM

956. Dobossy László. "Fábry Zoltán: A gondolat igaza," *Irodalomtörténet,*
XLIV (1956), 475–477.

A review of the volume of studies which, besides commenting on the
subject matter of the work, briefly surveys his previous writings and
emphasizes the literary quality of his essays and his development of the
essay as a genre in Czechoslovakia. [CU] DLC [MH] MnU NN NNC
AsWU GeLBM GeLU GyBDS GyBH

957. Varga Rózsa. "Fábry Zoltán és a magyar irodalom," *Magyar Tudo-
mányos Akadémia Nyelv- és Irodalomtudományi Osztályának Közleményei,*
XXI (1964), 391–394.

His works and activities as indicative of his anti-fascism and international
communism and of his efforts to create a Hungarian intellectual and
literary life in Czechoslovakia. Commentary on individual works and the
substance and form of his writings. DLC MnU NNC GyBDS GyBH
GyGNSU

FALUDI FERENC

Born March 25, 1704 in Némétújvár; died December 18, 1779 in Rohonc.
Poet, writer of moralistic prose, translator. Descendant of lower nobility.
After schooling in Kőszeg and Sopron entered Jesuit Order in 1720. Served
two probationary years in St. Anne Monastery in Vienna; then studied
philosophy in Graz for three years, where László Amade (q.v.) was also a
student. Obtained doctorate in theology. On return to Vienna lectured at
University on humanities 1725–1729, on geometry in 1730, and then on
theology for four years. Ordained in 1734. Began duties in Buda as preacher
in German. Spent last probationary period in Beszterczebánya in 1735.
Taught in Graz; served in Vienna 1736–1737 as priest to students in Páz-
maneum and as teacher of Catholic ethics at University; in Graz 1737–1740
as teacher of philosophy, in Linz 1740–1741 as teacher of geometry. Service
as confessor in St. Peter's, Rome, 1741–1745, had an important effect on his
life. Acquainted himself with Italian and French literature. Returned to
Hungary as professor of Scriptures at University of Nagyszombat 1746–1747
and director of its press 1748–1751. Directed affairs of Jesuit parish hall
1751–1754 and Jesuit College 1754–1757 in Nagyszombat, and of Jesuit hall

in Pécs 1757–1759. Director of Jesuit library in Pozsony 1759–1773, when the Order was disbanded. In 1774 went to live on estate of Batthány family in Rohonc, where he died. ¶ Most noteworthy for his translation of Virgil's *Aeneid*, his poems in the spirit of the late baroque, and the Hungarian quality of his prose style. Wrote school dramas: *Caesar* (presented in 1749; first published in 1931) and *Constantinus Porphyrogenitus* (presented in 1754; first published in 1787 in vol. 2 of the Révai edition). Also translated works from Italian and some stories from Spanish. ¶ Some of his poems have been translated into English, French, German, and Italian.

FIRST EDITIONS: *Elementa geometriae.* Ign. Gaston Paradies recudi curavit Graecii, 1738. [From Szinnyei, III, 107] – *Collectiones mathematicae ex architectura militari.* Graecii, 1739. [From Szinnyei, III, 108] – *De itinere in provincias exteras.* Graecii, 1739. [From Szinnyei, III, 107–108] – *Istenes jóságra és szerencsés boldog életre oktatott nemes ember.* Írta ánglus nyelven Dorel József. [William Darrell: *The gentleman instructed in the conduct of a virtuous and happy life* című művének fordítása] Fordította olaszból. Nagyszombat: Académiai Nyomda, 1748. 236p. – *Istenes jóságra, és szerentsés boldog életre oktatott nemes asszony.* A hadi és udvari embereket néző közbeszédek. (Dorel Josef [Recte: William Darrell] *A word to the ladies . . .* című művének fordítása) [Olaszból] Nagyszombat: Académiai Bötűkkel, 1748. 232p. – *Bölcs és figyelmetes udvari ember.* Írta spanyol nyelven Grácián Boldizsár. Fordította németből Faludi Ferenc. I–III. kötet. Nagyszombat és Pozsony, 1750–1771. [From Pintér, IV, 334] – *Istenes jóságra és szerencsés boldog életre oktatott nemes úrfi.* Írta Dorel József [William Darrell]. Fordította olaszból. Nagyszombat: Académiai Nyomda, 1771. 211p. – *Szent ember vagy-is szent életre vezérlő istenes oktatások.* [Erkölcs nemesítő próza] Pozsony: Patzko Ágoston Ferenc, 1773. 160p. – *Bölts ember vagy is az erköltses böltseségre vezérlő rövid oktatások.* [Erkölcs nemesítő próza] Pozsony: Patzko Ágoston Ferenc, 1778. 160p. – *Költeményes maradványi.* Egybe szedte, s elő-beszédekkel, jegyzésekkel . . . meg-bővítve közre botsátotta Révai Miklós. I–II. kötet. Győr: Strajbig József, 1786–1787. [C] – *Téli éjtszakák, vagy is a téli időnek unalmait enyhítő beszédek.* Faludi Ferenc maradvány munkája. [Novellagyűjtemény] Közre botsátotta Révai Miklós. Pozsony: Patzko Ágoston Ferenc, 1787. 331p. [C]

EDITIONS

See also nos. 967 and 974.

958. *Minden munkái.* A szerző életrajzával kiadta Toldy Ferenc. Pest: Emich Gusztáv, 1853. 940 col. [B]   MnU AsWN AsWU

959. *Nemes úrfi.* [Darrel William művét] olaszból fordította Faludi Ferenc. [Életbölcsesség, próza] Bevezetéssel, magyarázatokkal és szótárral szerkesztette Bellaagh Aladár. [Contains Miklós Révai's *Faludi élete és munkái* and also a bibliography, pp. 17–18] Budapest: Franklin-Társulat, 1892. 196p. [B] GyBH

960. *Téli éjtszakák vagy is a téli est időnek unalmait enyhítő beszédek.* Kiadta Rupp Kornél. Budapest: Franklin-Társulat, 1900. 182p. [B]

961. *Versei.* Összeszedte és jegyzetekkel kísérte Négyesy László. Budapest: Franklin-Társulat, 1900[6]. 182p. [B] GyBH

962. *Versei.* Bevezetéssel s jegyzetekkel ellátta Ferenczi Zoltán. Budapest: Lampel Róbert, 1902. 79p. [C]

963. *Szent ember.* [Elmélkedések] Bevezetéssel, magyarázatokkal és szótárral szerkesztette Bellaagh Aladár. Budapest: Szent-István-Társulat, 1907. 104p. [B]

964. *Caesar Aegyptus földjén Alexandriában.* Szomorújáték. Kéziratból kiadta és bevezetéssel ellátta Gálos Rezső. Győr: Győri Hírlap, 1931. 46p. [B] (Reprinted from *Győri Női Felső Kereskedelmi Iskola Értesítője*) GyGGaU

BIBLIOGRAPHY

See nos. 959, 967, and 975.

BIOGRAPHY

965. Gyárfás Tihamér. "Faludi Ferencz élete. Irodalomtörténeti tanulmány," *Irodalomtörténeti Közlemények*, X (1911), 1–15, 129–141, 398–427. [Also a reprint]

In outline form. Provides information about the publication of his works and about his writings in manuscript form, including two Pannonhalma manuscripts not recorded elsewhere. Bibliographical footnotes. DLC MH MnU NNC AsWN AsWU FiHI GeLBM [GeLU] GyBH

966. Géfin Gyula. *Faludi Ferenc. 1704–1779.* Budapest: Pray Rendtörténetíró Munkaközösség, 1942. 22p.

His school years, joining the Jesuits, years in Rome, return to Hungary, leaving the Jesuits, years in the almshouse at Rohonc. Closes with his characteristics as a man and writer. AsWN GeLBM

CRITICISM

See also no. 569.

967. Batsányi János. "Faludi Ferentz versei," *Összes művei.* Sajtó alá rendezte Keresztury Dezső és Tarnai Andor. I–III. kötet. Budapest: Akadémiai Kiadó, 1953–1961. III, 113–191. [Appeared as "Toldalékok" in *Faludi Ferentz versei.* Pest: P. Trattner János, 1824; 264p.]

After a brief survey of his life, lists his published works and those in manuscript and discusses the textual problems they present, the qualities and merits of his poetry, and his use of meters. (See no. 969) [MH] [MnU] [NNC] AsWN GeCU GeLBM GyBDS GyBH [GyGNSU]

968. Toldy Ferenc. "Faludi Ferenc. 1704–1779," *Magyar költők élete.* I–II. kötet. Pest: Ráth Mór, 1870–1871. I, 143–160. [Appeared as "Faludi élete" in *Faludi Ferentz minden munkái*; see no. 958]

The major outlines of the life and development of the "reviver of Hungarian prose and the father of the new Hungarian lyric," and the characteristics of his writings. Data about the publications and codexes of his works. GyBH

969. Császár Elemér. "Faludi Ferencz költészete," *Egyetemes Philologiai Közlöny*, XXVII (1903), 15–32, 113–127. [Also a reprint]

An effort to link his inner world and his poetry, to remove a shortcoming of János Batsányi, who evaluated his poetry only aesthetically (see no. 967). Bibliographical footnotes. IU MH MnU NNC OCIW OCU AsWN FiHU GyBH

970. Graber Emma. *Faludi stílusáról*. Budapest: Rothberger és Weisz, 1911. 48p.

A study of his conversational style in the manner of Mózes Rubinyi's work on Mikszáth (no. 2556). A dictionary of his metaphors, phrases, and modes of expression important in his use of language. Based on the works of William Darrell. FiHI GyBH

971. (Turóczi) Trostler József. "Faludi és a német gáláns költészet," *Egyetemes Philologiai Közlöny*, XXXVII (1914), 201–206.

Purpose: to establish the character of his extensive borrowings from German amorous poetry at the end of the 17th and the beginning of the 18th century. Evidence from parallel passages, especially from *Phyllis.* Bibliographical footnotes. CU IU MH MnU NNC OCIW OCU AsWN FiHU GyBH

972. Kastner Jenő. "Faludi Ferenc olasz versformái," *Irodalomtörténeti Közlemények*, XXXIV (1924), 19–27.

Seeks to establish the influence of Italian verse forms on his rhythms and verse forms. Finds Metastasio influential. Paralleling of scanned meters and of forms. Bibliographical footnotes. DLC MH MnU NNC [OCl] AsWN AsWU FiHI GeLBM [GeLU] GyBH

973. Szauder József. *Faludi udvari embere*. Pécs: Dunántúl Pécsi Egyetemi Könyvkiadó és Nyomda, 1941. 66p.

The courtier in his prose writings within the background of the history of the courtier. In two parts: (1) the effect of his five-year stay in Rome and (2) the courtly ideal and his courtier. Bibliographical footnotes. GeLBM

974. Nagy Elemér. *Faludi Ferenc Omniáriumának latin költeményei és jegyzetei*. Ipolyság: Dunántúl Pécsi Egyetemi Könyvkiadó és Nyomda, 1943. 69p.

The contents of the codex; the content, originality, and value of the notes; the notes as showing his areas of interest, his connection with the learning of his times, and the characteristics and themes of his knowledge; the connection between the book of notes and his published works; and the value of his Latin poetry on the basis of the notes and verses in the codex. GyBH

975. Szauder József. "Faludi Ferenc és Itália," *Magyar századok. Irodalmi műveltségünk történetéhez.* Budapest: Egyetemi Nyomda, 1948; 325p. Pp. 164–176. [1st publication]

Purpose: to throw light on his knowledge of contemporary Italian culture by examining those of his notes in the Omniarium that deal with contemporary or near-contemporary occurrences, Italian culture and works of literature, and fine arts. Much attention to Goldoni. Bibliographical notes, pp. 175–176. MH MnU AsWN GyBDS GyGNSU

FALUDY GYÖRGY

Born 1913 in Budapest. Poet, translator, publicist. His free translation of Villon's ballads in 1937 created much controversy. Emigrated to France in 1939, from where he went to Africa in 1940 and to the United States in 1941. Returned to Hungary in 1946, where poems written during emigration were published the following year. Imprisoned in early 1950's and released in 1953. Again linked himself to literary life through publication of articles and poems. Defected in 1956 and went to London, where he became editor of *Irodalmi Újság.* ¶ His writings are deeply concerned with problems of contemporary Hungary.

EDITIONS

976. *Heinrich Heine: Németország.* [*Deutschland*] Téli rege. Faludy György átköltésében. Cluj: Korunk, 1937[1]. 77p.

977. *Villon balladái.* Faludy György átköltésében. Budapest: Officina, 1937[1]. 90p. MH AsWN

978. *Európai költők antológiája.* Szerkesztette Faludy György. Budapest: Cserépfalvi, 1938[1]. 317p. [2d, rev. and enl. ed. 1946]

979. *A pompeji strázsán.* [Versek] Budapest: Officina, 1938[1]. 91p. [1945[2]]

980. *Őszi harmat után.* [Versek] Budapest: Officina, 1947[1]. 146p. NN NNC GeLBM

981. *Rabelais: Pantagruel.* Fordította. Budapest, 1948[1]. 304p. [From Kozocsa, 1945–1949]

982. Faludy, György, Mária Tatár und György Pálóczi-Horváth: *Tragödie eines Volkes.* Ungarns Freiheitskampf durch die Jahrhunderte. [Tanulmány] Wien: Europa, 1957[1]. 166p. CoU DLC ICU MH NN TxU AsWN GyGNSU

983. *Emlékkönyv a rőt Bizáncról.* London: Magyar Könyves Céh, 1961[1]. 207p.

984. *My happy days in Hell.* Autobiography. Translated by Kathleen Szász. London: Andre Deutsch, 1962[1]. 468p. [1963] DLC IC MH NN NNC OCl GeCU GeLBM GeOB

CRITICISM

985. Komlós Aladár. "Teremtő hamisítás," *Tegnap és ma. Irodalmi tanulmányok.* Budapest: Szépirodalmi Könyvkiadó, 1956; 359p. Pp. 317–320.

A defense of his translations of Villon against the charge of inaccuracy maintaining that they are not "falsifications" but an individualistic form of poetic self-expression in the line of Macpherson, Chatterton, Friedrich Martin von Bodenstedt, and others. DLC MH MnU NNC AsWN GeLBM GeOB

FÁY ANDRÁS

Born May 30, 1786 in Kohány: died July 26, 1864 in Pest. Novelist, writer of stories and tales, dramatist. Descendant of illustrious family of nobility of Protestant faith. Completed schooling at Sárospatak Reformed College and spent 1798–1802 at Evangelical College in Pozsony to perfect his use of German. Also knew French and Latin. Studied law, and after completing studies went to Pest, at 18. First work, *Bokréta*, published in 1807 in Pest with help of Ferenc Kazinczy (q.v.). Served 1810–1818 as district administrator of Pest County, first in Pest and then in Vác. Left post and turned to farming, community affairs, and literary activity in Nógrád County. In 1823 returned to Pest, where home became meeting place for Mihály Vitkovics, István Horvát, Pál Szemere, Ferenc Kölcsey (q.v.), Károly Kisfaludy (q.v.), and Mihály Vörösmarty (q.v.). In 1831 was named honorary member of Academy, youngest of 16 so chosen; in 1845 became its acting president. Married Zsuzsanna Sziráki in 1831. Elected representative of Pest District to parliamentary sessions in Pozsony regularly 1832–1836. Associate director of National Theater with Gábor Döbrentei 1834–1835. Director of Kisfaludy-Társaság 1837–1840. In 1840 established Pesti Hazai Első Takarékpénztár, a savings bank. After Revolution of 1848 withdrew from public life and devoted himself to writing. ¶ Tales, short stories, and early novels considered to be the most important antecedents of social criticism in fiction. *A Bélteky ház* was first Hungarian novel of manners. Wrote dramas and political works. His stories considered to have the most lasting value.

FIRST EDITIONS: *Bokréta, melyel hazájának kedveskedik F. Fáy András.* [Versek, elbeszélések] Pest: Trattner Mátyás, 1807. 148p. – *Próbatél a mai nevelés két nevezetes hibáiról.* Pest, 1816. [From Szinnyei, III, 211] – *Friss bokréta, mellyel hazájának kedveskedik Fáy András.* [Versek, elbeszélések] Pest: Trattner János Tamás, 1818. 134p. – *Eredeti meséi és aphorizmái.* Bécs: Pichler Antal, 1820. 182p. – *Kedv-csapongások.* [Színmű: *A régi pénzek;*

elbeszélések] I–II. kötet. Pest: Füskúti Landerer Lajos, 1824. – *Újabb eredeti meséi és aphorizmái.* Pest: Füskúti Landerer János, 1824. 184p. – *Hasznos házi jegyzetek.* [Gazdasági tanácsok, próza] Gyűjtögette Fáy András. Pest: Füskúti Landerer Lajos, 1826. 175p. – *A két Báthory.* Históriai szomorújáték. Pest: Füskúti Landerer Lajos, 1827. 174p. – *A Bélteky ház.* Román. I–II. kötet. Pest: Füskúti Landerer, 1832. – *Jutalmazott felelet a Magyar Tudós Társaság ezen kérdésére: Miképpen lehetne a magyar játékszínt Budapesten megalapítani?* [Tanulmány] Buda: Magyar Királyi Egyetem Betűivel, 1834. 51p. – *Terve a pest-megyei köznép számára felállítandó takarék-pénztárnak.* [Tanulmány] Buda: Magyar Királyi Egyetem Betűivel, 1839. 82p. – *Javaslat egy Pesten állítandó református főiskola tárgyában.* Pest, 1840. [From Szinnyei, III, 212] – *Nőnevelés és nőnevelő-intézetek hazánkban.* Pest, 1841. [From Szinnyei, III, 212] – *Kelet népe Nyugaton.* 2., bővített kiadás. Pest: Kilian György, 1842. 81p. – *Óra-mutató.* Jóakaratú hitfeleinek mutogatja Fáy András. Pest: Trattner és Károlyi, 1842. 149p. – Continued under EDITIONS.

EDITIONS

986. *Szépirodalmi összes munkái.* I–VIII. kötet. Pest: Geibel Károly, 1843–1844.

1–2. kötet: Mesék és allegóriák. 1–2. kötet. 1843. 256p.

3–5. kötet: *A Bélteky-ház.* Regény. 1–3. kötet. 1844.

6. kötet: Vígjátékok. [*A régi pénzek, vagy erdélyiek Magyarországon, A közös ház, A hasznosi kincskeresés*] 1844. 239p.

7. kötet: Elbeszélések és színművek. [Elbeszélések: *A különös végrendelet, Az elkésések, Sió;* Színművek: *A jó szív bajjal is jár, Mire szántam a fiamat*] 1844. 175p.

8. kötet: Elbeszélések. [*Érzelgés és világ folyása, A velenczeiek, Ész- és szív-kalandok*] 1844. 248p.

MnU NNC [AsWN] GeLBM GyBH

987. *A jelenkorban megjelent öszveállítások a hon legközelebb teendői köröl.* [Tanulmány] Pest: Beimel József, 1846[1]. 86p. GeLBM GyBH

988. *Búza-virágok és kalászok.* I–II. kötet. Pest: Beimel J. és Kozma Vazul, 1853[1].

1. kötet: *Szádvár és vidéke, A könyvbúvár, A külföldiek, Öreg Bakonyszegi barátka, A viharok.* [Beszélyek] 266p.

2. kötet: *Tétényi éjszaka, Eszmeburkok és szikrák.* [Beszélyek] 337p.

GeLBM

989. *Adatok Magyarország bővebb ismertetésére.* [Tanulmány] Pest: Beimel J. és Kozma Vazul, 1854[1]. 88p. [1943] DLC NNC GeLBM

990. *Jávor orvos és szolgája, Bakator Ambrus.* Szeszélyes regény. I–II. kötet. Pest: Heckenast Gusztáv, 1855[1]. MH AsWU GeLBM GyBH

991. *A legegyszerűbb, természet- és tapasztalathűbb s gyakorlatibb nevelési rendszer.* [Tanulmány] Pest: Beimel J. és Kozma Vazul, 1855[1]. 48p. AsWU

992. *A szutyogfalviak.* Magyar fajképek. [Regény] I–II. kötet. Pest: Heckenast Gusztáv, 1856[1]. NN AsWU GeLBM

993. *A Halmay-család.* Erkölcsi és tudományos olvasmány, növendékek és nem növendékek számára. I–II. kötet. Pest: Heckenast Gusztáv, 1858[1]. NNC

994. *Oskolai és házi növendék-élet.* Erkölcsi és tudományos olvasmány, hazai élet apróbb eseményeivel, történelmi vázlatokkal és fejtegetésekkel, mindkét nemen lévő növendékek számára. Pest: Pfeifer Ferdinánd, 1860[1]. 301p. GeLBM

995. *Hulló virágok.* [Vígjáték: *A mátrai vadászat*; Beszélyek: *A művész és barátai, Rekettyési Borgay Kálmán utazása a világ egyik féloldalán, A szép Katinka, vagy a szívnek tévelyei*] Pest: Beimel J. és Kozma Vazul, 1861[1]. 323p. NNC GeLBM

996. *Az elszegényedések.* Emberbaráti, hazafiúi és politikai vázlatok. Pest: Engel és Mandello, 1862[1]. 103p.

997. *Összes beszélyei.* I–III. kötet. Budapest: Franklin-Társulat, 1883. [C]
1. kötet: *A különös végrendelet.* [Elbeszélés] *Az elkésések. A hasznosi kincskeresés. Érzelgés és világ folyása.* [Levelekben] *Mire szántam a fiamat?* [Bohózat] *A tétényi éjszaka. A jó szív is bajjal jár.* 289p.
2. kötet: *Sió.* [Tündéres rege] *A velenczeiek.* [Történeti beszély] *Ész- és szív-kalandok. A könyv-búvár. Öreg Bakonyszegi és barátjai. A viharok.* 389p.
3. kötet: *A művész és barátai, Rekettyési Borgay Kálmán utazása, A szép Katinka, Flóris deák, A szulioták.* 374p.
NNC

998. *Válogatott meséi.* Rendezte és bevezetéssel ellátta Badics Ferenc. Budapest: Lampel Róbert, 1898. 60p. [C] GeLBM GeLU

999. *A Bélteky-ház.* [Regény] Sajtó alá rendezte Mikszáth Kálmán. I–II. Budapest: Franklin-Társulat, 1908. [C] DLC MnU NNC OCl AsWU FiHI GyBH

1000. *Eredeti meséi és aphorismái.* I–II. kötet. Budapest: Franklin-Társulat, 1913[5]. [C]

1001. *A különös végrendelet.* Elbeszélés. Békéscsaba: Tevan, 1922. 81p. [C] NNC OCl

1002. *Színészeti tanulmányai.* Sajtó alá rendezte Staud Géza. Budapest: Egyetemi Nyomda, 1941. 103p. [C] MnU AsWN GeLBM

BIBLIOGRAPHY

See no. 1010.

BIOGRAPHY

1003. Findura Imre. *Fáy András élete és művei.* Budapest: Eggenberger, 1888. 123p.

An outline study of his life and works. Chapters on his political reports, novels and short stories, dramas, and tales. Bibliographical footnotes. MnU GeLBM

1004. Koltai Virgil. *Fáy András élete és működése.* Győr: Surányi János, 1888. 141p.

An effort to report fully on his public and literary activities but also major emphasis on the examination of his literary works. Much attention to his relations with his times. Bibliographical footnotes. MnU GeLBM

1005. Badics Ferenc. *Fáy András életrajza.* Budapest: Magyar Tudományos Akadémia, 1890. 671p.

A biography stressing the relationship of his literary activities to the age and the influence of others on his works. Bibliographical footnotes. DLC MH MnU NNC

1006. Erdélyi Pál. *Fáy András élete és művei.* Budapest: Neuwald Illés, 1890. 351p.

Considerable attention to his involvement in the social and political affairs of his times and to the subject matter and style of his various writings. MnU GeCU

CRITICISM

1007. Vadnai Károly. *Az első magyar társadalmi regény. Székfoglaló.* Pest: Eggenberger, 1873. 62p.

Discussion of *A Bélteky ház* as the first Hungarian novel of manners, a survey of Fáy's literary career, and an evaluation of the novel. AsWU GeLBM GyGNSU

1008. Merényi O. Ernő. *Fáy András meséi, különös tekintettel a műfaj- és kortörténeti vonatkozásokra.* [Disszertáció] Pécs: Kaposvár Steiner, 1931. 32p.

Provides a history of the development of the fable in Hungary (Gáspár Pesti, Gáspár Heltai, János Haller, Kelemen Mikes, József Péczeli, Mihály Vitkovics), and then analyzes the characteristics of Fáy's tales as representing the genre and as relating to his times. MnU GyBH

1009. Bánrévy György. "Fáy András Bélteky-háza és August Lafontaine regényei," *Irodalomtörténeti dolgozatok. Császár Elemér hatvanadik születésnapjára.* Szerkesztette Gálos Rezső. Budapest: n.p., 1934; 292p. Pp. 1–18.

Strong parallels between the structure, details, and subject matter of *A Bélteky ház* and the novels of Lafontaine. However, the intellectual substance, central ideas, typical characters with their life-like qualities are deemed to be unique to Fáy. MH MnU NNC GeCU GyGNSU

1010. Almásy György. *Fáy András a magyar józanság nevelője.?:* Betűmíves Nyomda, 1943. 80p.

His educational views such as the age at which a child should begin school, the purposes of education, and the nature of the curriculum. Bibliographical notes, pp. 77–78; bibliography, p. 79.

FAZEKAS MIHÁLY

Born January 6, 1766 in Debrecen; died February 23, 1828 in Debrecen. Poet, botanist. Descendant of well-to-do family originally of aristocracy; father was a bonesetter and veterinarian. Attended Debreceni Református Kollégium till 1782. Average student but showed ability in literature and botany. Much affected by ten-year friendship with János Földi, whom he considered his master in poetry and botany. Left school and became hussar. Soldier for 14 years (second lieutenant after eight years, first lieutenant in 1796). Served seven years in Galicia. Participated in campaigns against Turks and French. Traveled in Belgium, southern Holland, and western Germany. Resigned commission at end of 1796 and returned to Debrecen. Never married. Learned men of the town, including Mihály Csokonai Vitéz (q.v.), visited him frequently. Increased his participation in community affairs in 1804. Worked to rebuild Nagy Templom, a Protestant church destroyed by 1802 fire. Sent manuscript of *Ludas Matyi* to Ferenc Kazinczy (q.v.) for criticism in 1804. Opposed Kazinczy in Arcadia dispute in 1806. Became town treasurer, member of several organizations, and captain of civil guard. Helped to establish botanical garden in Debrecen. Lived by farming, did not consider writing poetry main occupation. Wrote some lyric poems between 1804 and 1819. Reworked and enlarged *Ludas Matyi* in 1814, which was published in 1815 without his knowledge. Founded, edited, and wrote most of *Debreceni Magyar Kalendárium* until his death. Died of consumption. ¶ Early poems have rococo quality. *Ludas Matyi* is of lasting interest; historically, it is first literary work to use the techniques, instruments and tone of the folktale successfully and to place peasant (in character of Döbrögi) above nobleman in Hungarian literature. An essential predecessor of the revolutionary and populist tendencies of Petőfi (q.v.). With Sámuel Diószegi he prepared *Magyar füvész könyv*, first book on Hungarian botany and based on Linnaeus. ¶ *Ludas Matyi* has been translated into Chinese, Czech, German, Rumanian, Russian, and Slovakian, and some of his verses into Bulgarian, French, and German.

FIRST EDITIONS: Diószegi Sámuel és Fazekas Mihály: *Magyar füvész könyv, melly a két magyar hazábann található növevények megismerésére vezet, a Linné alkotmánya szerént.* [Botanika] Debrecen: Csáthy György, 1807. 608p. – Diószegi Sámuel és Fazekas Mihály: *Magyar füvész könyv praktika része.* Diószegi Sámuel: *Orvosi füvész könyv. A füvészek és nem füvészek számára.* [Botanika] Debrecen: Csáthy György, 1813. 396p. – *Ludas Matyi. Eredeti rege.* Nagyvárad: n.p., 1815. 24p. – *Ludas Matyi. Egy eredeti magyar rege. Négy levonásban.* Bécs: n.p., 1817[2]. 16p. [Author involved in preparation of this edition but not the 1815 edition] – *Tsillag óra, mellyből a ki a jelesebb álló tsillagokat esmeri, az esztendőnek minden tiszta éjjelénn, és annak minden részeibenn, megtudhatja hány óra és fertály légyen.* [Csillagászat] Debrecen:

Tóth Ferenc, 1826. 12p. [1st ed?] – *Versei.* Összeszedte Lovász Imre. Pest: Beimel József, 1836. 134p.

EDITIONS

See also nos. 1016, 1020, 1184, 1188, and 1194.

1011. *Versei.* Bevezette és kiadta Tóth Rezső. Budapest: Franklin-Társulat, 1900. 206p. [B]   MnU FiHI GyBH

1012. *Ludas Matyi.* Bevezetéssel és jegyzetekkel ellátta Havas István. *Magyar füvész könyv (szemelvények).* Bevezetéssel ellátta Pénzes Antal. Budapest: Pátria, 1938. 96p. [C]   GeLBM

1013. *Ludas Matyi.* Komikai elbeszélés. Az 1817-iki kiadás rajzaival. Bevezette Tóth Rezső. Budapest: Franklin-Társulat, 1941. 55p. [C]   MnU FiHI GeLU

1014. *Összes versei.* Illyés Gyula bevezető tanulmányával. Budapest: Fehér Holló, 1948. 128p. [C]   DLC NNC GeLBM

1015. *Összes művei.* Sajtó alá rendezte Julow Viktor és Kéry László. I–II. kötet. Budapest: Akadémiai Kiadó, 1955. [A]
1. kötet: Kisebb költemények. Műfordítások. *Ludas Matyi.* [Bibliographical notes, pp. 177–317] 327p.
2. kötet: Prózai munkák, vegyes munkák, levelek, kétes hitelességű írások. [Bibliographical notes, pp. 295–376] 387p.
DLC MH MnU NN NNC AsWU GeLBM GyBDS GyBH GyGNSU

BIBLIOGRAPHY

See also nos. 1007, 1015, 1019, 1021, and 1023.

1016. S. Szabó József. "Fazekas Mihály ismeretlen versei," *Egyetemes Philologiai Közlöny,* XXXII (1908), 673–686.
After providing the background of the history of the manuscripts and authenticating them, provides the original texts of nine previously unpublished poems. IU MH MnU NNC OClW OCU [AsWN] FiHU GyBH

1017. Kozocsa Sándor. "A Ludas Matyi-kiadások története," *Magyar Könyvszemle,* LXII (1938), 123–130. [Also a reprint]
The history of the editions of *Ludas Matyi* from 1815. Descriptions of the earliest editions. Bibliographical footnotes. Illustrations. CtY [ICU] MiU NjP NN NNC PU AsWN FiHU GeLBM GyBDS

BIOGRAPHY

1018. Csűrös Ferenc. *A debreceni Füvész könyv és írói.* Debrecen: Debrecen Szabad Királyi Város Könyvnyomda, 1907. 43p.
Contains a sketch of his life using some new data, pp. 14–21.

1019. Julow Viktor. *Fazekas Mihály.* Budapest: Művelt Nép, 1955. 222p.
Attention to the content and development of his writings. Bibliography, pp. 208–220. DLC MnU NNC AsWN AsWU GyBDS

CRITICISM

See also no. 749.

1020. Mátray Lajos. *Fazekas Mihály élete és munkái.* Debrecen: Debreczeni Ellenőr, 1888. 180p.

After a brief biographical discussion, examines him as a writer, his *Ludas Matyi*, the adapters of the *History of Ludas Matyi*, and the author as a natural scientist. Closing sections: (1) Texts of his unknown poems and (2) Texts of his "Rejtett szavai" and "Találós meséi." MnU NNC

1021. Tóth Rezső. "Fazekas Mihály," *Irodalomtörténeti Közlemények*, VI (1897), 16–39, 176–208, 312–328. [Also a reprint]

In three parts: (1) his life, (2) his poetry, the Arcadia dispute and the *Mondolat*, and the *Füvész könyv*, and (3) *Ludas Matyi*. Writings examined as to their content and literary characteristics. *Ludas Matyi* viewed as to genesis, editions, democratic and humorous qualities, poetic characteristics, style and language, sources, and support of the freedom of the people and the improvement of their circumstances. Bibliography, pp. 325–328. DLC MH MnU NNC AsWN AsWU FiHI GeLBM [GeLU] GyBH

1022. Tóth Rezső. "Bevezetés," *Fazekas Mihály versei.* Bevezette és kiadta Tóth Rezső. Budapest: Franklin-Társulat, 1900; 206p. Pp. 4–94.

Contains biographical details but mainly concerned with characterizing the form and substance of his poetry. Closes with a discussion of the democratic tendencies in his works. Bibliographical footnotes. MnU FiHI GyBH

1023. Kovács Máté. *Fazekas Mihály, a rokoko költő.* Debrecen: Studium, 1940. 53p.

A study of his rococo qualities based on: an examination of the particular characteristics of his mentality and personal outlook, evidence of his creative imagination and formative art, the secret of the blends of his tastes, and judgments of his poetry by succeeding ages. Bibliography, p. 55. DLC MH NNC AsWN FiHI GeLBM GyBH

1024. Szauder József. "Fazekas Mihály, a Ludas Matyi költője," *Új Hang*, II (1953), 87–92.

His place in the history of the orientation of Hungarian literature to popular tastes; the love of nature and the introduction of the people's condition in his poetry; and popular tendencies and realism in his works. DLC GyBH

FÜST MILÁN

Born July 17, 1888 in Budapest; died July 1967 in Budapest. Poet, aesthetician, dramatist, novelist, short-story writer. Father a civil servant. Orphaned early. After obtaining doctorate in jurisprudence taught economics in commercial gymnasium in Budapest. During October Revolution in 1918 became one of directors of Alkotó Művészek és Tudományos Kutatók Szövetsége and legal adviser to Vörösmarty Academy. Placed on pension after failure of Revolutionary Government. Traveled extensively between World Wars I and II: Austria, Germany, Poland, Italy, and Greece. Named privat docent of aesthetics at University of Budapest in 1947. Awarded Kossuth Prize in 1948. Beginning of literary career coincides with founding of *Nyugat* on January 1, 1908, to which he contributed until it ceased publication on August 1, 1941. ¶ Author of dramas and fiction but most important as poet and aesthetician. His poems show pessimistic attitude toward life and world and rebellion against fate, and affection and sympathy for human condition and destiny. Continually concerned with basic questions of life; developed motifs with pathos and in biblical and Greek style. One of creators of free verse in Hungarian poetry. Influenced succeeding generation of poets: Gyula Illyés, György Sárközi, Miklós Radnóti, and Sándor Weöres (qq.v.). ¶ *A feleségem története* has been translated into French and Polish, *Nevetők* into German, and some of his poems into French, German, Hebrew, Italian, and Rumanian.

EDITIONS

See also no. 1143 for editorial work. Annotated works: nos. 523, 1152, 1153, 1160, 1743, 1745, 2195, 2767, and 3935.

1025. *Változtatnod nem lehet.* Versek. Budapest: Athenaeum, 1914[1]. 123p. NNC GyBH

1026. *Nevetők.* Elbeszélés. Budapest: Athenaeum, 1920[1]. 119p. NNC OCl

1027. *Az aranytál.* Regény. Az Athenaeum regény pályázatán jutalomdíjjal kitüntetett munka. Budapest: Athenaeum, 1921[1]. 105p. OCl

1028. *Az elmulás kórusa.* [Versek] Budapest: Amicus, 1921[1]. 68p.

1029. *Advent.* [Kisregény] Budapest: Amicus, 1923[1]. 118p. NNC GyBH

1030. *Boldogtalanok.* Dráma négy felvonásban. Budapest: Világirodalom, 1923[1]. 94p.

1031. *Válogatott versei.* [Only vol. of planned edition of collected works] Budapest: Nyugat, 1934. 157p. MnU NN

1032. *Egy ember élete.* Naplójegyzetek. Budapest, 1939. [From Várkonyi, p. 226] (A reprint)

1033. *Amine emlékezete. Szakadék.* Két novella. Budapest: Almanach, 1940[1]. 131p.

1034. *Negyedik Henrik király.* [Dráma] Budapest: Almanach, 1940[1]. 67p.

1035. *A feleségem története.* Störr kapitány feljegyzései. Regény. Budapest: Hungária, 1942[1]. 479p. [1957[3]] IC MH NN NNC OCl PP GeLBM GyBDS GyGNSU

1036. *Látomás és indulat a művészetben.* Tizenkét esztétikai előadás. Budapest: Egyetemi Nyomda, 1948[1]. 419p.

1037. *Szellemek utcája.* Füst Milán versei. Budapest: Dante, 1948[1]. 178p. NN NNC GeLBM GeLU

1038. *Véletlen találkozások.* [Elbeszélések] Budapest: Dante, 1948[1]. 201p. IC NN

1039. *Szakadékok.* Öt kisregény. [*Advent, Amine emlékezete, Nevetők, Szakadék, Az aranytál*] Budapest: Révai Könyvkiadó Nemzeti Vállalat, 1949. 409p. NNC OCl

1040. *Őszi vadászat.* [Elbeszélések] Budapest: Magvető, 1955[1]. 267p. MH NNC GeLBM GyBH GyGNSU

1041. *Emlékezések és tanulmányok.* Budapest: Magvető, 1956[1]. 539p. DLC MnU NNC GyBDS GyBH

1042. *Ez mind én voltam egykor.* Feljegyzések az út mentén. [Napló] Budapest: Bibliotheca, 1957[1]. 258p. DLC InU MH MiD NN NNC GyBDS GyGNSU

1043. *A sanda bohóc.* Goldnágel Efraim csodálatos kalandjai. [Szatirikus regény] Budapest: Magvető, 1957[1]. 198p. AsWN GyBDS

1044. *Zsiráfkönyv.* [Mese] Budapest: Móra, 1957[1]. 16p.

1045. *Hábi-Szádi küzdelmeinek könyve.* (*Ez mind én voltam egykor* 2. [része]) Budapest: Bibliotheca, 1958[1]. 441p. NNC GyGNSU

1046. *Kisregények.* I–II. kötet. Budapest: Magvető, 1958.
  1. kötet: *Advent, Amine emlékezete, Nevetők, Szakadék, Az aranytál.* 572p.
  2. kötet: *Őszi vadászat, Pilli története, Mit tudom én!, Egy magány történet, A sanda bohóc, Goldnágel Efraim csodálatos kalandjai, Önvallomás a pálya végén* [Essay]. 557p.
DLC IC NNC FiHI GeCU GeLU GyBDS GyBH GyGNSU

1047. *Konstantin úrfi fiatalsága.* Elbeszélések. Budapest: Móra, 1958[1]. 195p. DLC NNC GyBDS GyBH

1048. *Összes versei.* Budapest: Magvető, 1958. 203p. DLC MH NNC GeLBM GyBDS GyGNSU

1049. *Boldogtalanok. Negyedik Henrik király.* [Drámák] Szerkesztette és jegyzetekkel ellátta Esti Béla. Budapest: Magyar Helikon, 1959. 214p. [C] NN NNC GeLU GyBDS GyGNSU

1050. *Öröktüzek.* Összegyűjtött elbeszélések. Budapest: Magvető, 1961. 727p. C DLC NN NNC AsWN GyBDS GyGNSU

1051. *A Parnasszus felé.* [Regény] Budapest: Magvető, 1961[1]. 478p. C IC NN NNC GeLBM GyBDS GyBH GyGNSU

1052. *Látomás és indulat a művészetben.* [Esztétikai előadások] Második bővített kiadás. Szerkesztette Ungvári Tamás. Budapest: Akadémiai Kiadó, 1963. 518p. [B]

BIOGRAPHY

See nos. 1152, 1153, 1743, 1745, 2195, 2767, and 3935.

CRITICISM

1053. Karinthy Frigyes. "Füst Milán," *Nyugat*, IV (July 1, 1911), 63–65.

An analysis of his lyric poetry: the presence of an objective character along with its strong subjectivism, his pessimism as originating in his search for the absolute in everything, his use of light and darkness, and his somber and tragic outlook. MnU NN NNC FiHU GeLBM GyBH

1054. Kosztolányi Dezső. "Füst Milán," *Írók, festők, tudósok. Tanulmányok magyar kortársakról.* Gyűjtötte, sajtó alá rendezte, az utószót és a jegyzeteket írta Réz Pál. I–II. kötet. Budapest: Szépirodalmi Könyvkiadó, 1958. II, 5–22. [Appeared in *Világ*, no. 93 (April 19, 1914), 41; *Nyugat*, XV (March 16, 1922), 399–403; XXVII (April 1, 1934), 355–357]

Two studies and one address, commenting on his works and literary development: his "gloomy, puritan, and intimate pathos," his being the first to use free verse in Hungarian poetry, his development, the individuality of his lyrics, the characteristics of his prose fiction, the appearance of the methods of Italian writers in his style, the rigor of his artistic morality, the many-sidedness of his writing and humanity, and the traits of his individuality. DLC MH NjN NN NNC AsWN GeCU GyBH GyGNSU

1055. Kassák Lajos. "Füst Milán," *Nyugat*, XX (August 16, 1927), 279–284.

Several points: that he cannot be placed in any of the new schools of Hungarian poetry, that a strong passion is discernible behind the affectation of his poetry, that a feeling of fear emerges with the most elemental power in his lyric poetry, and that the strict construction of his verses has no organic continuation for the poet. Also examines his prose works, maintaining that the drama *Boldogtalanok* is "the demonic struggle of spectral strength among unbreakable boundaries" and that *Advent*, which presents the occurrences of his spirit in epic form, is the most successful. MnU NNC FiHU GeLBM GyBH

1056. Vas István. "Füst Milán olvasásakor. Füst Milán válogatott versei," *Nyugat*, XXVII (December 1–16, 1934), 568–572.

Examines his poetry as subjective poetic experiences. Finds his poetic world single and closed, his sensuousness linked to the painters of the German Lowlands; discusses the visionary quality of his poems; considers

G

his world to be that of a sensuous phantom world and his poems to contain a strong nostalgia for the Middle Ages. Maintains that his free verse is held together by powerful rhythms, that a special belief emerges from his disbelief, that he consciously accepts not only his being a Jew but the entire formal artistry of that culture, and that he created the best Hungarian free verse and influenced its use by Gyula Illyés, László Fenyő, and Tibor Déry. MnU NN NNC [FiHI] FiHU GeLBM [GeLU] GyBH

1057. Halász Gábor. "Új verseskönyvekről," *Válogatott írásai.* Szerkesztette, az utószót és a jegyzeteket írta Véber Károly. Budapest: Magvető, 1959; 801p. Pp. 224–239. [Appeared in *Nyugat,* XXVIII (April, 1935), 317–326]
Critical comments on the form and substance of several poets' writings, among them: Oszkár Gellért, Milán Füst, Lőrinc Szabó, and Attila József. DLC NNC GeLBM GeLU GyBDS GyBH GyGNSU

1058. Vajda Endre. "Füst Milán világa," *Újhold,* II (1947), 189–196.
Mainly the delineation of his themes, characters, style, and attitudes toward life in his writings. [DLC] MH

1059. Keszi Imre. "Füst Milán költészete," *Csillag,* II (May, 1948), 57–60.
The unchanging characteristics of the formal principles of his poetry, and the pessimism of the world view and the tragic feeling it expresses. [DLC] MnU NNC [GyGGaU]

1060. Thurzó Gábor. "Füst Milán: Véletlen találkozások," *Magyarok,* V (1949), 150–151.
A review linking his short stories with the art of the secession at the beginning of the 20th century, finding much outmoded in their artistry, maintaining that his art is related to the works of Viktor Cholnoky and Dezső Szomory but that it has not developed beyond that of his contemporaries, and stating that what is to be felt in his stories is not poetry but "the excessive decorative fashion of the past." DLC MnU NN NNC [FiHI]

1061. Ungvári Tamás. "Arcképvázlat Füst Milánról," *Csillag,* X (May, 1956), 1006–1013.
His relations with the writers of his generation; his pessimism as a rejection of the illusions behind the efforts to solve the social problems during his early years; his dealing with a cosmic rather than a personal tragedy; his transferring his creativity from poetry to the drama and novel, and the characteristics of his prose fiction in relation to those of his poetry; and his motif of the unattainability of complete happiness and the humanity lying at its center. Purpose: to show that he is not the pessimist, the denier of life, the cynic, and the aristocrat that some believe him to be. [DLC] MnU [NN] NNC [GeLBM] GyBH [GyGGaU]

1062. Kardos László. "Füst Milán," *Vázlatok, esszék, kritikák. Új magyar irodalom.* Budapest: Szépirodalmi Könyvkiadó, 1959; 463p. Pp. 331–338.

[Appeared in *Magyar Nemzet*, no. 35 (October 18, 1957) and *Élet és Irodalom*, II, no. 29 (July 18, 1958), 7]

Praise is given to *Ez mind én voltam egykor* for its merging of "emotion and wisdom, unrestrained extravagance and crystalline judgment, and theatrical agility and devout sincerity" and its "reflective consistency and emotional humanism." Comparisons are made of his earlier and later poems from the complete edition, noting their differences, the echoes of Vörösmarty and Berzsenyi in the diction and verse techniques, his humanism, and his writings as an "instructive example of conscious responsibility in art." DLC MnU NN AsWN GeLBM GyBDS GyBH GyGNSU

GÁBOR ANDOR

Born January 17, 1884 in Új Nép; died January 21, 1953 in Budapest. Poet, publicist, critic. Father a chandler. Family moved to Budapest after 1890, where they experienced great poverty. During university years he was employed by several dailies and literary periodicals: *A Polgár, Egyenlőség, A Hét*, and *Pesti Napló*. Read English, French, German and Italian, and gained notice as translator: *Song of Roland*, works of Keller, Mistral, Storm, Verhaeren, Ada Negri, and others. Built reputation quickly with satirical verses, cabaret writings, and articles on public and current affairs. Became increasingly radical in political views and participated during World War I in anti-militaristic movement developed by *Világ* and led by Ervin Szabó. Welcomed October Revolution in 1918 and joined Revolutionary Government in 1919. After its failure he emigrated to Vienna, where he joined staff of *Bécsi Magyar Újság* and *Proletár*, in which he attacked the Horthy government and Oszkár Jászi. Beginning in fall of 1924 he made many trips to Paris and northern France for the Communist party. Political activities led to his banishment from Vienna in early 1926. Moved to Berlin and served as staff member of Vörös Segély public relations office and *Rote Fahne* and as Berlin correspondent of *Ogonyok* and *Pravda*. Joined editorial staff of *Linkskurve* in 1929. Went to Prague, then to Moscow in 1933, where he continued to write in German. In 1938 he resumed connections with Hungarian literature in Moscow and edited *Új Hang*. Staff member of *Igaz Szó* and Kossuth Radio during World War II. Returned to Hungary in April 1945. Worked for number of dailies: *Szabad Nép, Új Szó, Szabadság*, and *Világosság*; edited *Ludas Matyi*. Awarded Kossuth Prize for writings in 1953. ¶ Many-sided in use of literary forms. In first two decades, his writings were strong in use of traditional forms; later writings prepared the way for socialistic literature in Hungary. Poetry of Vienna period generally considered to be his best. Translated dramas of Hauptmann, Chekhov, Gorky, and living Soviet authors. Mainly a humorous and satirical writer. ¶ Editions of his writings are available in German, Italian, Polish, and Russian; *Dr.*

Senki has been translated into German, and some of his poems and short stories into Bulgarian, French, Hebrew, Portuguese, Rumanian, and Spanish.

FIRST EDITIONS: *Fehér dalok.* Versek. Sine loco, 1910. [From Várkonyi, p. 346] – *Jaj, a feleségem! és egyéb jelenetek.* Budapest: Dick Manó, 1912. 111p. – *Pesti sirámok.* Könyv a beteg városról. [Karcolatok] Budapest: Dick Manó, 1912. 159p. – *A sarkantyú.* Dráma. Liptay Imrével. Budapest, 1912. [From Várkonyi, p. 346] – *Petúr meg a dinnye és más 30 humor.* Budapest: Dick Manó, 1913. 159p. – *Tarka rímek.* 77 vers. Budapest: Dick Manó, 1913. 128p. – *Mit ültök a kávéházban?* [Tárcák] Budapest: Dick Manó, 1914. 256p. – *Ciklámen.* Színjáték három felvonásban. Budapest: Dick Manó, 1915². 135p. [Earliest known edition] – *A kozák és egyéb jelenetek.* Budapest: Dick Manó, 1915. 159p. – *Mancika, tündér.* Vidám és szomorú jelenetek. Budapest: Dick Manó, 1915?. 144p. – *Palika.* Színmű. Budapest: Dick Manó, 1915. 135p. – *Untauglich úr.* Regény az itthonmaradtakról. Budapest: Dick Manó, 1915. 169p. – *A kanári és egyéb vadállatok.* [Jelenetek] Budapest: Dick Manó, 1916. 160p. – *A polgőr és egyéb jelenetek.* Budapest: Dick Manó, 1916. 159p. – *Szépasszony.* Vígjáték 3 felvonásban. Budapest: Dick Manó, 1916. 101p. – *Dollár-papa.* A pénz komédiája 4 felvonásban. Budapest: Dick Manó, 1917. 155p. – *Duó.* Tréfás versek és verses tréfák. Budapest: Dick Manó, 1917. 158p. – *A hatalmas vadász és egyéb figurák.* [Humoreszkek] Budapest: Dick Manó, 1917. 147p. – *Meghalni jobb.* [Elbeszélés] Budapest: Érdekes Újság, 1917. 48p. – *Doktor Senki.* Regény. I–II. kötet. Budapest: Dick Manó, 1918. – *Harminchárom.* [Versek] Budapest: Újságüzem, 1918. 111p. – *Hét pillangó.* Regény. [Péterfy Jenő életének regénye] Budapest: Dick Manó, 1918. 286p. – *Majd a Vica.* Vígjáték. Budapest: Dick Manó, 1918. 106p. – *Öregszem mégis . . .* [Elbeszélések] Budapest: Légrády Testvérek, 1918. 146p. – *A princ.* Vígjáték 3 felvonásban. Budapest: Dick Manó, 1918. 151p. – *A vágyak valcere és egyéb elbeszélések.* Budapest: Légrády Testvérek, 1918. 154p. – *Vidám könyv.* [Humoros elbeszélések] Budapest: Légrády Testvérek, 1918. 151p. – *Egerszeg.* Három kép a magyar életből és a magyar halálról. Wien: Ama, 192?. 166p. – *Mert szégyen élni s nem kiáltani.* [Versek] Wien: Ama, 192?. 126p. – *Az én hazám.* Versek az emigrációból. Bécs: Bécsi Magyar Kiadó, 1920. 112p. – *Ezt izenem.* [Politikai cikkek] Bécs: Bécsi Magyar Kiadó, 1920. 128p. – *Halottak arcai.* [Próza] Wien: A Szerző, 1922. 162p. – *Világomlás.* Új versek. Bécs: A Szerző, 1922. 126p. – See also nos. 1064, 1065, 1066, and 1068.

EDITIONS

1063. *Összegyűjtött költeményei.* Moszkva: Nemzetközi Könyv, 1940. 198p.

1064. *Hazámhoz.* [Versek] Moszkva: Idegennyelvű Irodalmi Kiadó, 1943¹. 45p.

1065. *Rehákné lelkem!* Két pesti szomszédasszony beszélgetései. Első sorozat.

1942. nyarától Mussolini bukásáig. Moszkva: Idegennyelvű Irodalmi Kiadó, 1943[1]. 66p. DLC

1066. *Így kezdődött*... [Riportok] Budapest: Hungária, 1945[1]. 200p. DLC NN

1067. *Versei.* Budapest: Athenaeum, 1947. 256p. GeLBM

1068. *Bécsi levelek.* [Cikkgyűjtemény] Budapest: Athenaeum Könyvkiadó Nemzeti Vállalat, 1950[1]. 408p. DLC IC

1069. *Összegyűjtött művei.* Szerkesztő bizottság: Gergely Sándor, Gábor Andorné, Goda Gábor, Illés Béla, Komor Imre, Lányi Sarolta, Sándor Kálmán, Tolnai Gábor. Eddig [I–XVI.] kötet. Budapest: Szépirodalmi Könyvkiadó, 1953+. [B]

[Volumes not numbered; arranged chronologically]

1. Válogatott cikkek. 1953. 332p.
2. Válogatott versek. 1953. 267p.
3. Novellák. Az előszót írta a Szerkesztő Bizottság. 1954. 563p.
4. Összegyűjtött versek. Az előszót írta Bölöni György. 1954. 535p.
5. Összegyűjtött cikkek. 1920–1921. Az előszót írta Illés Béla. 1. kötet. 1955. 502p.
6. Irodalmi tanulmányok. Sajtó alá rendezte, az előszót és a jegyzeteket írta Diószegi András. 1957. 486p.
7–8. *Mirèio-Roland ének és kisebb műfordítások.* Sajtó alá rendezte, az előszót és a jegyzeteket írta Diószegi András. 1–2. kötet. 1957.
9. *Ahogy én látom.* [Cikkek, 1938–1941] Sajtó alá rendezte, az előszót és a jegyzeteket írta Diószegi András. 1958. 404p.
10. *Pesti sirámok.* Tárcák. Sajtó alá rendezte, bevezetéssel és jegyzetekkel ellátta Diószegi András. 1958. 511p.
11. *Untauglich úr.* Regény az itthonmaradtakról. *Dr. Senki.* [Regény] Sajtó alá rendezte és az előszót írta Diószegi András. 1958. 419p.
12. Színművek. [*A sarkantyú, Palika, Ciklámen, Dollárpapa, Egerszeg*] Sajtó alá rendezte és az előszót írta Diószegi András. 1959. 476p.
13. *Véres augusztus.* [Politikai cikkek] Sajtó alá rendezte, az előszót és a jegyzeteket írta Diószegi András. 1959. 469p.
14. *Berlini levelek.* [1928–1932] Sajtó alá rendezte, az előszót és a jegyzeteket írta Diószegi András. 1960. 525p.
15. *Tarka rímek.* [Sanzonok, verses szatírák, humoreszkek, novellák, jelenetek, verses tréfák] Sajtó alá rendezte, az előszót és a jegyzeteket írta Diószegi András. 1962. 555p.
16. *Igen, kollégáim.* Publicisztikai írások. Sajtó alá rendezte, az előszót és a jegyzeteket írta Diószegi András. 1964. 590p.

[DLC] [IC] [MH] [MnU] [NN] [NNC] [FiHI] [FiHU] GyBDS GyGNSU

1070. *Válogatott művei.* Válogatta, sajtó alá rendezte, a bevezetőt és a jegyzeteket írta Diószegi András. Budapest: Szépirodalmi Könyvkiadó, 1961. 699p. [C] NN NNC AsWN GeLU GyBDS GyBH GyGNSU

BIBLIOGRAPHY

See also no. 1073.

1071. *Gábor Andor.* (*1884. január 24–1953. január 20*) Összeállította Polgár Erzsébet. Budapest: Fővárosi Szabó Ervin Könyvtár, 1959. 6p.

His writings in three parts: (1) those published to 1919, (2) those published between 1920 and 1945 in the Hungarian language, and (3) those published after 1945 in the Hungarian language. Grouped by genres in each section. GyGNSU

BIOGRAPHY

1072. Diószegi András. "Gábor Andor életútja: Pesttől Bécsig," *Irodalom-történeti Közlemények*, LXIII (1959), 19–41.

His life and literary activities from 1884 to 1925, covering his emigrant years in Vienna, which began in January, 1920, and giving attention to his thought and to his relations with the political currents of the times. Bibliographical footnotes. Summary in German, p. 41. DLC MnU NN NNC AsWU GeLBM GyBH

1073. Diószegi András. *Gábor Andor*. Budapest: Gondolat, 1966. 185p.

A summary of his career tracing the development of his literary activities from those of the humorist in Pest during the years preceding World War I to those of the militant and political publicist in Vienna, Berlin, and Moscow. Separate chapter on his activities after 1945 in Budapest. Bibliography of his *Összegyűjtött művek* (see no. 1069) and the most important studies of his life and writings, pp. 179–183. AsWN GeLBM GyBH

CRITICISM

1074. Diószegi András. "Gábor Andor (1884–1953)," *Tanulmányok a magyar szocialista irodalom történetéből*. Szerkesztette Szabolcsi Miklós és Illés László. Budapest: Akadémiai Kiadó, 1962; 672p. Pp. 163–222. [Appeared as introduction to *Válogatott művei*, pp. 7–85; see no. 1070]

A study of his life and works: the circumstances of his life, the form and thought of his writings, his literary development, and the characteristics of his works. Much attention to his connection with the political and social problems of his times. Seen to be developing as a communist writer who prepared the way for a new socialistic literature in Hungary. Bibliographical footnotes. DLC NNC AsWN GeCU GeOB GyBDS GyBH GyGNSU

GARAY JÁNOS

Born October 10, 1812 in Szekszárd; died November 5, 1853 in Pest. Poet, newspaper editor. Descendant of middle-artistocratic family in difficult financial circumstances. Made own schooling possible in Szekszárd, Pécs, and Pest with earnings from tutoring. Entered University of Pest in 1829; became medical student three years later. Some poems published while a student. Left medical training for writing career in 1833. Became assistant editor of *Regélő* in 1833 and developed into prolific writer: reports, poems, short stories, historical articles, literary criticism, and translations. Married Márta Pap in 1836; she died six months after marriage. Married Mária Babocsay in 1837. Wife often ill. Edited supplement to *Conversations lexikon* with Péter Vajda (q.v.) and Endre Kunoss; also *Hajnal*, an almanac for 1837, 1839. After four years with *Regélő* became editor of *Rajzolatok*. Founded Pesti Drámai Egyesület to encourage the writing and acting of Hungarian dramas. Early in 1838 moved to Pozsony and became newspaperman with *Hírnök*. Disagreed with conservative editorial viewpoint and wrote translations of foreign news exclusively. Returned to Pest in 1839 and worked on editorial staffs of *Jelenkor* and *Társalkodó*. In 1842 began to edit *Regélő Pesti Divatlap*, successor to *Regélő*, with János Erdélyi (q.v.). Resigned editorship in 1844 because of poor health and became librarian at University with help of Ferenc Toldy. Became corresponding member of Academy in 1839 and member of Kisfaludy-Társaság in 1843. Works receiving awards: his poetry (1843) from Academy, *Frangepán Kristófné* (1846) from Kisfaludy-Társaság, and *Bosnyák Zsófia* (1847). Wrote column in *Életképek* beginning in 1845. Named professor of Hungarian language and literature at University of Pest in April 1848. Assistant editor of *Kossuth Hírlapja* August–September 1848. Poor health prevented his participation in Revolution. After Revolution he was arrested for revolutionary poems but quickly released. Retired from professorship and was named officer in University of Pest library. Despite worsening health and failing eyesight, he continued to write; dictated last works to family. ¶ Best known for poems. Wrote successful historical narrative poems, especially ballads, which are romantic in their turning to Hungarian past. *Az obsitos* (1843), like most of his writings, enjoyed great popularity, and János Háry, its hero and Hungarian Munchhausen, became famous. Poetry influenced by Vörösmarty (q.v.). Dramas are rhetorical and romantic; not as important as criticism and writings on theater. Wrote studies of Shakespeare and pointed to French romantic drama as model for Hungarian dramatists. Translated French plays, wrote many articles on contemporary affairs, and left uncompleted a university textbook on Hungarian literary history and linguistics. ¶ Two editions of his poems are available in German; *Az obsitos* has been translated into German, and some of his other poems into English, French, German, Italian, Polish, Russian, and Serbian.

FIRST EDITIONS: *Tisztelet-oltára, mellyet ... gróf Cziráky úrnak ... midőn a pesti királyi tudományok egyetemében kormány- s előlülőji-székébe iktatnék, emelt ...* [Vers] Pest: Petrózai Trattner J. M. és Károlyi István, 1829. 7p. – *Csatár. Hősköltéményi rajzolat.* Pest: Trattner és Károlyi, 1834. 179p. –

Árbocz. Szomorújáték öt felvonásban, egy előjátékkal. Pest: Heckenast
Gusztáv, 1837. 105p. – *Országh Ilona.* Szomorújáték öt felvonásban. Pest,
1837. [From Pintér, VI, 663] – *Bátori Erzsébet.* Történeti dráma. Buda:
Egyetemi Nyomda, 1840. col. 409–444. [From catalogue of National Szé-
chényi Library] – *Magyar és német beszélgetések kézikönyve . . . Bővítve a
társas életben legszokottabb szólásmódok . . . gyűjteményével.* Pest: Heckenast
Gusztáv, 1840. – *Versei.* Pest: A Szerző, 1843. 290p. – *Csapó Dániel.* Sine
loco, 1844. [From Szinnyei, III, 1011] – *Emlény Földi János sírhalmának
ákászültetésseli megtiszteltetésére . . .* Sine loco, n.d. [From Szinnyei, III,
1012] – *Frangepán Kristófné.* Költői beszély. Pest: Emich Gusztáv, 1846.
58p. – *Tollrajzok.* I-III. kötet. Pest: Hartleben Konrád A., 1846. – Arany
János: *Toldi.* Tompa Mihály: *Szuhay Mátyás.* Garay János: *Bosnyák
Zsófia.* Legenda. Költői pályaművek, mellyeket 1847-ben koszorúzott és
kitüntetett a Kisfaludy-Társaság. Pest: Eggenberger és Fia, 1847. 120p. –
Az Árpádok. Történeti balladák- s mondákban. Pest: Emich Gusztáv, 1847.
234p. – *Balatoni kagylók.* Költemény-füzér. Budapest: A Szerző, 1848.
60p. – *Újabb versei.* 1843–1847. Pest: Beimel, 1848. 288p. – *Szent László.*
Történeti költemény. I–II. kötet. Eger: Érseki Főtanoda, 1851–1852. –
Összes költeményei. Egy kötetben. Baráti megbízásból kiadta Ney Ferenc.
Pest: Müller Emil, 1854. 1062p. – *István főherczeg körútja.* Garay János
hátrahagyott költeménye. Budapest, 1874. [From Szinnyei, III, 1012]

EDITIONS

See also no. 1083 (letters).

1075. *Összes munkái.* Teljes kiadás. Sajtó alá rendezte, jegyzetekkel és
életrajzokkal kísérte Ferenczy József. I–V. kötet. Budapest: Méhner Vilmos,
1886–1887. [B]

   1. kötet: Lírai és vegyes költemények. [1828–1844] *Az obsitos.* 1886. 360p.
   2. kötet: Lírai és vegyes költemények. [1845–1853] 1886. 478p.
   3. kötet: Elbeszélő költemények: *Az Árpádok, Ős vezérek, Királyok, Szent
      László.* 1886. 520p.
   4. kötet: Drámai költemények. 1886. 355p.
   5. kötet: Prózai dolgozatok (novellák, irodalmi és dramaturgiai dol-
      gozatok). 1887. 432p.

DLC MnU NN NNC GeLBM GeLU GyBH

1076. *Munkái.* Válogatva kiadta és bevezetéssel ellátta Ferenczi Zoltán.
Budapest: Franklin-Társulat, 1902. 323p. [C]   DLC MH MnU NN OCl
AsWU FiHI GeLBM GyBH

1077. *Válogatott költeményei.* Kiadta és bevezetéssel ellátta Angyal Dávid.
Budapest: Lampel Róbert, 1904. 328p. [C]   DLC MH NN NNC OCl GeLU

1078. *Költemények.* Sajó Sándor bevezetésével. Budapest: Franklin-Társulat,
1928. 199p. [C]   MH NNC GyGGaU

1079. *Az obsitos.* Az utószót írta Czibor János. Budapest: Ifjúsági Könyv-kiadó, 1956. 34p. [C] NNC

1080. *Válogatott művei.* Sajtó alá rendezte és életrajzi bevezetővel ellátta Kovács Antal. Szekszárd: Tolna Megyei Tanács, 1956. 208p. [C]

BIBLIOGRAPHY

See no. 1082.

BIOGRAPHY

1081. Ferenczy József. *Garay János életrajza.* Budapest: Franklin-Társulat, 1883. 237p.

Considerable attention to his writings.

1082. Jeney János. *Garay János.* [Doktori értekezés] Budapest: 'Juventus', 1936. 106p. [1932[1]]

Also deals with his works by types. Appendix: Dictionary of words with meanings different from today's and those that have disappeared from use. Bibliography, pp. 103–106. MnU GeLBM GyBH

1083. Kozocsa Sándor. "Garay János levelezése atyjával és öccsével," *Irodalomtörténeti Közlemények*, L (1940), 61–76, 159–170, 269–283.

The texts of 27 letters he wrote to his father and his brother Alajos. With commentary. MnU NNC AsWN AsWU GeLBM GyBH

CRITICISM

See also no. 765.

1084. *Garay-album. Garay János emlékszobrának leleplezése ünnepére.* Szerkesztette Bodnár István. Budapest: Franklin-Társulat, 1898. 159p.

In addition to memorial verses, contains a number of studies concerned with his life and writings.

1085. Császár Elemér. "Garay János," *Budapesti Szemle*, CLI, no. 428 (1912), 252–260.

A reappraisal of his poetry, especially his lyrics, leading to the view that his expressions of feeling for humanity, freedom, and democracy make him valuable reading. Attention to his effect on other poets. CtY DLC NN NNC AsWN GeLBM GyBH

1086. Pornai Gyula. *Garay János költészetének forrásai.* Budapest: Sárkány, 1933. 118p.

Identifies the sources of his poems, often with quotations: shorter poems prior to *Csatár* (1828–1834), *Csatár* (1834), shorter poems (1834–1854), dramas (1837–1844), *Az Árpádok* (1841–1847), and *Szent László* (1853). DLC MnU GeLBM

GÁRDONYI GÉZA

Born August 3, 1863 in Agárdpuszta; died October 30, 1922 in Eger. Novelist, short-story writer, dramatist, poet. Father, Sándor Ziegler, an engine-fitter in Vienna, returned to Hungary in 1848 on hearing of Revolution. Gárdonyi began studies in Sály. Entered gymnasium of Református Kollégium in Sárospatak in 1874 but left in February 1875 for Reformed gymnasium in Budapest. Registered at Catholic teacher-training institution in Eger in 1878. Became assistant teacher and choir master in Karád in 1881. Received teaching certificate in 1882. Became assistant teacher in Devecser in 1883, Sárvár in 1884, and Dabrony in 1885. Contributed to *Hazánk* in Győr in 1885 and to *Győri Közlöny* 1885–1888. Published *Tanítóbarát* and *Néptanítók Naptára* 1886–1888. Moved from Győr to Szeged in 1888. Edited *Szegedi Híradó* 1888–1889 and *Szegedi Napló* 1889–1891. Left Szeged for Arad in summer 1891 and worked on staff of *Arad és Vidéke*. Moved to Budapest in December 1891. Joined editorial staff of *Magyar Hírlap* in 1892, and name gradually became known. Moved to Eger in 1897, where he devoted energies solely to writing. Visited Paris in 1900, and Italy, Switzerland, Austria, and Turkey on other occasions. Member of Petőfi-Társaság and Kisfaludy-Társaság in 1903; corresponding member of Academy in 1910, honorary member in 1920. Also member of Dugonics-Társaság and, because of Dante translation, member of the Unione Operaia Umberto I de Napoli and Reale Accademia la Stella d'Italia. Awarded prize in contest conducted by *Le Journal* in Paris for "Mari néni meg a Pista bácsi," a short story, in 1899. ¶ Used nearly all literary forms. Very popular during lifetime, and many writings are still being read, especially by children. Realist with romantic overtones. Simple style with ability to characterize and dramatize. Researched materials for writings. Short stories and social novels important, but historical novels were most significant for their reconstruction of Hungarian past and for their grasp of inner spirit of earlier times. Most of his works use village life as their theme, and even historical novels give attention to peasants. Works generally considered to be most lasting: *A láthatatlan ember*, a historical novel; *A bor*, a play; and *Az én falum*, stories and sketches. ¶ *A bor* has been translated into Finnish, Italian, Polish, and Rumanian; *Az a hatalmas harmadik* into Croatian, French, Italian, and Turkish; *Két katica-bogár* into Dutch, Esthonian, Finnish, German, Spanish, and Turkish; *A láthatatlan ember* into Bulgarian, Dutch, Esthonian, Finnish, German, Spanish, and Turkish; *Annuska* into German; *Egri csillagok* into Bulgarian, Esthonian, Finnish, German, Russian, and Slovakian; *Isten rabjai* into Italian; and some of his short stories and poems into Bulgarian, English, French, German, Italian, Polish, Portuguese, Russian, Slovakian, and Swedish.

FIRST EDITIONS: *Szerelmes történetek*. Győr, 1886. [From Pintér, VIII, 468] –

Zendülés a pokolban. Látványos bohóság, három felvonásban. [Bohózat] Győr: Özvegy Sauervein Gézáné, 1887. 60p. – *Száz novella.* I–II. füzet. Győr, 1888. [Only 20 short stories published; from Pintér, VIII, 468] – *A Kátsa.* Budapest: Singer és Wolfner, 189?. 154p. – *Figurák.* Furcsa emberekről furcsa históriák. Bevezette Mikszáth Kálmán. Budapest: Singer és Wolfner, 1890. 239p. – *A báró lelke.* Regény. Tolnai Lajos: *Borzasztó úr stafirungja.* [Elbeszélés] Budapest: Könyves Kálmán, 1893. 172p. – *Április.* Költemények. Budapest: Singer és Wolfner, 1894. 143p. – *Egész életre való naptár.* Budapest: [From Szinnyei, III, 1019] – *A házassági ajánlat.* Monolog. Budapest, 1894. [From Szinnyei, III, 1019] – *Novellák.* Budapest: Magyar Nyomda, 1894. 105p. – *Örök naptár.* Budapest, 1894. [From Szinnyei, III, 1019] – *Tárczák.* Budapest: Magyar Nyomda, 1894. 112p. – *A világjáró angol.* Kalandos regény. Budapest: Rozsnyai Károly, 1894. 123p. – *A lámpás.* Regény. Budapest: Rozsnyai Károly, 1895. 149p. – *A Pöhölyék életéből.* [Kisregény és néhány elbeszélés] Budapest: Singer és Wolfner, 1895. 131p. – *Az erdő élete.* Ballet-szerű álomkép 3 változatban. Budapest: Magyar Nyomda, 1896. 8p. – *Göre Gábor bíró úr könyve.* Mindönféle levelei, kalandozásai és tapasztalattyai és Katufrék sógorral, Durbints sógorral mög az Maros kutyával. Versök is vagynak az könyvbe. Új darabokkal mögszaporított kieresztés. Budapest: Singer és Wolfner, 1896. 183p. – *Ygazság a földön.* Legenda. [Elbeszélő költemény] Szeged: Engel Lajos, 1896. 72p. – *Két menyasszony és más elbeszélések.* Budapest: Singer és Wolfner, 1897. 157p. – *Az én falum.* Egy tanító följegyzései márciustól decemberig. [Elbeszélések] I–II. kötet. Budapest: Légrády Testvérek, 1898. – *Durbints sógor vagy más szóval ez a könyv főképpen a Durbints sógorral foglalatoskodik, benne van a sógor tzethalála is mög máseféle köserves történetek.* Budapest: Singer és Wolfner, 1899. 155p. – *Göre Martsa lakodalma.* Más esetök is vagynak az könyvbe. Budapest: Singer és Wolfner, 1899?. 157p. – *A kékszemű Dávidkáné.* Regény. Budapest: Singer és Wolfner, 1899. 152p. – *Veszödelmek más szóval nem matska ugrás ide Amerika se.* Ebbe a könyvbe van mögirva mitsoda sok veszödelöm környéközött benünnket mikor Durbints sógorral, Börtsökkel mög a Kátsával fődön és vizön Amerikába indultunk oszt a puszta szigetöt is möglaktuk. Budapest: Singer és Wolfner, 1899. 176p. – *Bojgás az világba mög más mindönféle vagyis ez a nyótzadik könyvem, de ugy is vagyok már evvel mint akinek a nyótzadik gyermöke születik, hogy aszondi ez lögyön az utolsó.* Budapest: Singer és Wolfner, 1901. 141p. – *A bor.* [Színmű] Budapest: Singer és Wolfner, 1901. 179p. – *Egri csillagok.* [Bornemisza Gergely élete; regény] I–II. kötet. Budapest: Légrády Testvérek, 1901. – *A pesti úr.* Evvel kezdődik oszt ebbe van a zöreg Tátrán szörzött tapasztalat is mög a pötsétfaragásrul szörzött tapasztalat is. Más szóval ebbe a könyvbe is van mindenféle mint a többibe. Budapest, Singer és Wolfner, 1901. 159p. – *Tapasztalok.* [Humoros elbeszélések] Budapest: Singer és Wolfner, 1901. 160p. – *Karácsonyi álom.* Betlehemes-játék 3 felvonásban. Budapest: Singer és Wolfner, 1902. 143p. – *A láthatatlan ember.*

Regény. Budapest: Singer és Wolfner, 1902. 437p. – *Annuska*. Vígjáték három felvonásban. Budapest: Singer és Wolfner, 1903. 182p. – *Az a hatalmas harmadik*. Regény. Budapest: Singer és Wolfner, 1903. 197p. – *A zöld erszény és más elbeszélések*. Budapest: Singer és Wolfner, 1903. 54p. – *Fűzfalevél, nyárfalevél* ... Költemények. Budapest: Singer és Wolfner, 1904. 142p. – *Az öreg tekintetes*. Regény. Budapest: Singer és Wolfner, 1905. 171p. – *Fehér Anna*. Betyár történet 3 felvonásban. [Színmű] Budapest: Singer és Wolfner, 1906. 121p. – *Fekete nap*. Történet a szabadságháborúból 3 felvonásban. [Színmű] Budapest: Singer és Wolfner, 1906. 139p. – *Két katicabogár*. [Elbeszélések] Budapest: Singer és Wolfner, 1906. 260p. – *Ábel és Eszter*. Regény. Budapest: Singer és Wolfner, 1907. 244p. – *Átkozott józanság!* [Elbeszélések] Budapest: Singer és Wolfner, 1907. 207p. – *Isten rabjai*. Regény. Budapest: Singer és Wolfner, 1908. 461p. – *Falusi verebek*. Köznapi történet három felvonásban. [Színmű] Budapest: Singer és Wolfner, 1909. 140p. – *Mi erősebb a halálnál?* [Elbeszélések] Budapest: Singer és Wolfner, 1909. 238p. – *Hosszúhajú veszedelem*. Az agglegény-elbeszélések. I–II. kötet. Budapest: Singer és Wolfner, 1912. – *Messze van odáig*. [Elbeszélések] Budapest: Singer és Wolfner, 1913. 235p. [From catalogue of National Széchényi Library] – *Szunyoghy miatyánkja*. Regény. Budapest: Singer és Wolfner, 1916. 254p. – *Ki-ki a párjával*. Regény. Budapest: Légrády Testvérek, 1923. 192p. – *Arany, tömjén, mirha*. Legendák, evangéliumi álmok. [Elbeszélések] Budapest: Németh József, 1924. 183p. – *Ida regénye*. [Regény] Budapest: Légrády, 1924. 428p. – *No még öggyet*. [Humoros elbeszélések] Budapest, 1924. [From Pintér, VIII, 469] – *Szentjánosbogárkák*. Tíz kisebb színmű. [*Az új lámpás, Művészbimbó, Sekszpir költözése, Koszorúkötés, Betlehemes játék* (not 1st), *Előjáték az egri színháznak, Paradicsom, Színészek érkezése, Árgyrus királyfi, Az erdő élete* (not 1st)] Budapest: Légrády, 1924. 205p. [C] – *Vakarts vagyis a zutósó könyvem* ... *Írtam én magam* ... *Göre Gábor*. [Humoros elbeszélések] Budapest: Dante, 1924. 112p. [C] – Continued under EDITIONS. See also no. 3815.

EDITIONS

See also no. 1121 (letters).

1087. *Munkái*. [I–XLV.] kötet. Budapest: Dante, 1924–1933. [B]
[Volumes not numbered; arranged chronologically]
1. *Ábel és Eszter*. Regény. 1924[4]. 202p.
2. *A kürt*. Regény. 1924[1]. 247p.
3. *Ki-ki a párjával*. [Regény] 1924?[2]. 176p.
4. *Aggyisten, Biri*. Regény. 1925[1]. 209p.
5. *Te, Berkenye!* Regény. 1925[1]. 201p.
6. *Április*. Költemények. *Fűzfalevél, nyárfalevél* ... Költemények. *December*. [1st] Költemények. 1926. 139, 132, 119p.
7–8. *Az én falum*. Elbeszélések. 1–2. kötet. 1926[6].
9–10. *Egri csillagok*. Regény. 1–2. kötet. 1926[7].

44. *Veszödelmek, más szóval nem matska ugrás ide Amerika se. Göre Martsa lakodalma.* [Humoros elbeszélések] 1930?. 127, 106p.

45. *A bor.* Falusi történet. [Színmű] *Pöhölyék.* [Elbeszélések] 1933[6]. 116, 125p.

[DLC] [IC] [MH] MnU NN [NNC] GyGNSU

1088. *Leánynézőben. Julcsa kutja.* Két regényke. Budapest: Dick Manó, 1925[1]. 178p. [C]   NNC OCl

1089. *Mai csodák.* A természet mindenségéből. [Tanulmányok, karcolatok] Budapest: Dick Manó, 1925[1]. 216p. [C]   NNC OCl

1090. *Emlékezetes napok a magyar történelemből.* Magyar fiúknak. [Történelmi elbeszélések] Budapest: Dante, 1929[3]. 96p. [Earliest known edition; from catalogue of National Széchényi Library] OCl

1091. *Mindentudó Gergely bácsi második könyve.* [Játékos könyv] I–II. kötet. Budapest: Dante, 1929[2]. [Earliest known edition]

1092. *Nevető könyv.* [Játékos könyv] Budapest: Dante, 1929[2]. 77p. [C] (Earliest known edition)

1093. *Aranymorzsák.* [Anekdoták: Írói arcképek, tanulmányok; irodalmi vonatkozásúak: Bársony István, Eötvös Károly, Goethe, Petőfi, Gorkij, Gyulai Pál, Jókai Mór, Lévay József, Maupassant, Pósa Lajos, Prohászka Ottokár, Rákosi Jenő, Szabolcska Mihály, Szemere Miklós, Tárkányi Béla, Thaly Kálmán, Tolsztoj, Tóth Béla, Vajda János] 1935[1]. 255p. [C]   NNC GeLBM GyBH

1094. *Én magam.* [Gondolatok] Budapest: Dante, 1935[1]. 239p. [C]   IC NNC GeLBM

1095. *Magyarul így!* [Nyelvművelő cikkek] Budapest: Dante, 1938[1]. 364p. [C]   MH NNC GeLBM

1096. *Nagyapó 100 tréfája.* [Játékok, mesék] I–II. rész. Budapest: Dante, 1940[1]. [C] GyBH

1097. *Barátaink, az állatok.* [Mesék] Budapest: Dante, 1942[1]. 156p. [C]

1098. *Bolond Istók és más efféle bolondos történetek.* [1st. ?] Budapest: Dante, 1942. 76p. [C]

1099. *Az arany srapnel.* Regény. [1st ?] Budapest: Dante, 1943. 80p. [C]

1100. *Az én falum.* [Elbeszélések] I–II. kötet. Budapest: Dante, 1948. [C] DLC

1101. *Gyermekmeséi: Tarka-barka történetek, Bolond Istók, Tihanyi Pista.* Budapest: Dante, 1948. 80, 78, 80p. [C]   OCl

1102. *A bor.* Falusi történet. [Színmű] Bevezette Karcsai Kulcsár István. Budapest: Művelt Nép, 1954. 96p. [B]   DLC FiHU GyBDS GyBH

1103. *Fehér Anna.* Betyár-történet 3 felvonásban. Bélley Pál bevezetőjével. Budapest: Művelt Nép, 1955. 71p. [B]

1104. *Annuska.* Színmű. Bevezette Hunyadi József. Budapest: Művelt Nép, 1956. 102p. [B]

1105. *Isten rabjai.* [Regény] Graz: Magyar Könyvbarátok, 1957. 461p. [C] CU CtY MnU OCl FiHU

1106. *Tüzek és árnyékok.* Válogatott novellák. Válogatta és az utószót írta Nagy Pál. Bukarest: Állami Irodalmi és Művészeti Kiadó, 1957. 353p. [C]

1107. *Versei.* A verseket válogatta és az előszót írta Bóka László. Budapest: Magyar Helikon, 1958. 78p. [C]   CtY DLC NNC OCl AsWN FiHI GyBDS GyBH GyGNSU

1108. *Kék pille.* Válogatott elbeszélések, 1888–1922. Válogatta és sajtó alá rendezte Oláh László. Budapest: Szépirodalmi Könyvkiadó, 1961. 579p. [C] DLC InU NN NNC TxU FiHI FiHU GeCU GeLBM GyBH

1109. *Láthatatlan ember.* Történelmi regény. Az utószót Tóth László írta. Budapest: Móra, 1961. 310p. [C]   IC NN OCl FiHI GeLBM

1110. *Ábel és Eszter. Te Berkenye. Szunyoghy miatyánkja.* Kisregények, 1905–1913. Sajtó alá rendezés és az utószó Z. Szalai Sándor és Tóth Gyula munkája. Budapest: Szépirodalmi Könyvkiadó, 1962. 491p. [C]   IC NNC FiHU GeLBM GeLU

1111. *Dávidkáné.* Kisregények, 1894–1904. A sajtó alá rendezés és az utószó Z. Szalai Sándor és Tóth Gyula munkája. Budapest: Szépirodalmi Könyvkiadó, 1962. 371p. [C]   DLC IC NNC OCl FiHU GeLBM GyBDS GyBH

1112. *Aggyisten, Biri.* Kisregények, 1914–1922. A sajtó alá rendezés és az utószó Z. Szalai Sándor és Tóth Gyula munkája. Budapest: Szépirodalmi Könyvkiadó, 1963. 430p. [C]   IC NNC FiHU GeLBM GyBDS GyBH

1113. *Egri csillagok.* (Bornemissza Gergely élete) Regény. A sajtó alá rendezés, a bibliográfia, a szövegegybevetés és a forrásjegyzet Z. Szalai Sándor és Tóth Gyula munkája. Budapest: Szépirodalmi Könyvkiadó, 1963. 593p. [B]   FiHI GeLBM

1114. *Ida regénye.* A háború előtt való időből. [Regény] Sajtó alá rendezés és az utószó Z. Szalai Sándor és Tóth Gyula munkája. Budapest: Szépirodalmi Könyvkiadó, 1963. 356p. [C]   MH OCl GeLBM GyBDS GyBH

1115. *Szunyoghy miatyánkja.* (A háború előtt való időkből) Regény. Az utószót Tóth Gyula írta. Budapest: Szépirodalmi Könyvkiadó, 1963. 312p. [C]   DLC FiHU

1116. *Hosszúhajú veszedelem.* Agglegény-elbeszélések. Sajtó alá rendezte és az utószót Z. Szalai Sándor és Tóth Gyula írta. Budapest: Szépirodalmi Könyvkiadó, 1964. 435p. [C]   IC NNC GeLBM GeLU GyBH

1117. *Isten rabjai.* [Történelmi regény] Sajtó alá rendezés és az utószó Z. Szalai Sándor és Tóth Gyula munkája. Budapest: Szépirodalmi Könyvkiadó, 1964. 392p. [C]   CLU IC GeLBM GyGNSU

1118. *Szegény ember jó órája.* Elbeszélések. Sajtó alá rendezte és az utószót írta Z. Szalai Sándor és Tóth Gyula. I–II. kötet. Budapest: Szépirodalmi Könyvkiadó, 1964. [C] CLU InU MH FiHU GeCU GeLBM GyBDS GyBH

1119. *Tükörképeim.* Önéletírások, karcolatok, esszék. Sajtó alá rendezte és az utószót írta Z. Szalai Sándor és Tóth Gyula. Budapest: Szépirodalmi Könyvkiadó, 1965. 702p. [C] MnU NNC AsWN FiHU GyBDS GyBH GyGNSU

1120. *Versek, drámák.* Sajtó alá rendezte és az utószót írta Z. Szalai Sándor és Tóth Gyula. Budapest: Szépirodalmi Könyvkiadó, 1966. 494p. [C] MnU GeLBM

BIBLIOGRAPHY

See nos. 1113, 1125, 1126, 1127, 1131, 1133, 1134, 1135, 1136, 1139, and 1140.

BIOGRAPHY

1121. Szabolcska László. *Gárdonyi Géza élete és költészete. Tanulmány.* Timişoara: Helicon, 1925. 133p.

His life, personality, religion, beliefs, writings, and "Hungarianness." Based on the recollections of the author's father (Mihály Szabolcska) and the letters received by him during a thirty-year friendship. Appendix: Five letters not appearing in the text. MnU OCl GeLBM GyBH

1122. Hofbauer László. "Gárdonyi Géza szegedi újságíróskodásának története, 1888–1891," *Debreceni Szemle,* VI (1932), 21–28. [Also a reprint]

His life and activities as editor for the *Szegedi Híradó* from February 1888 to May 5, 1889, and for the *Szegedi Napló* from May 5, 1889, to July 30, 1891. Bibliographical footnotes. GeLBM GyBH

1123. Gárdonyi József. *Az élő Gárdonyi.* I–II. kötet. Budapest: Dante, 1934. [1938²]

An intimate reconstruction of his life by his son, often in Gárdonyi's own words. Attention to details surrounding the composition of his works. Mostly brief sketches arranged chronologically, in the manner of a journal. Vol. I, to 1897; Vol. II, 1897–1922. IC MH MnU NN NNC OCl GeLBM GyBH GyGNSU

1124. Payr Sándor. *Gárdonyi apja és a Ziegler család Sopronban és Nemeskéren. Az evangélikus Zieglerek és Gárdonyi vallásos lelkülete. Újabb adatok Nemeskér történetéhez és Gárdonyi életéhez.* Sopron: Székely és Társa, 1934. 46p.

Information about the Ziegler family in Nemeskér and, mainly, a discussion of Gárdonyi's becoming a Catholic and the factors affecting his decision. By one who became acquainted with Gárdonyi during his time as a journalist in Győr. Bibliographical notes. MnU

1125. Hegedüs András. *Robot és szolgálat.* (*Gárdonyi Géza Győrött*) *1886–1888.* Győr: Hazafias Népfront Győr Városi Bizottsága, 1965. 131p.

An account of the years 1886 to 1888 in Győr showing how the circumstances of his life and the tastes and values of society in Győr compelled him to write poorly and, mostly, how the real writer emerged through his use of the periodical *Tanítóbarát* as a means of expressing his ideas in his own distinctive way. Bibliographical notes, pp. 127–130. MnU GyBDS

CRITICISM

See also nos. 2648, 3862, and 4624.

1126. Vértessi Aranka. *Gárdonyi nyelvéről.* Budapest: Markovits és Garai, 1910. 76p.

An analysis of his langugage in following parts: phonetics, vocabulary, semantics, compound words, word formations, declensions, syntax, and characteristic popular phrases, sayings, and oaths. Chronological list of his works, pp. 73–74. MnU NNC FiHI GyBH

1127. Zsigmond Ferenc. "Gárdonyi Géza," *Irodalomtörténet,* X (1921), 97–115.

The thought in and the techniques and style of his works. Evaluations of their literary merits and their relationship with romanticism. Bibliography of his works and studies about him, pp. 97–99. DLC MnU [NNC] AsWN AsWU GeLBM GyBH GyGNSU

1128. Schöpflin Aladár. "Gárdonyi Géza," *Írók, könyvek, emlékek.* Budapest: Franklin-Társulat, 1925; 135p. Pp. 81–97. [Appeared in *Nyugat,* XV (November 1, 1922), 1245–1248]

The source of his peasant characters in the youthful years he spent in the Dunántúl, the value of his characterizations in his portrayal of the intimate aspects of the "peasant-soul," his strength as a short-story writer, the characteristics of his writings, his naïveté as a source of his power, and his ability to portray the relations between husband and wife. GyBH

1129. Schöpflin Aladár. "Gárdonyi Géza," *Nyugat,* XV (1922), 1245–1248.

A survey of his major characteristics as a writer faithful to himself and to his art maintaining that he was primarily a writer of short stories and stating that he liked to search the philosophical and metaphysical questions of life and that he drew intimate portraits of man. Written on the occasion of his death. MH MnU NNC FiHU GeLBM GyBH

1130. Voinovich Géza. "Gárdonyi Géza," *Budapesti Szemle,* CXCII, no. 551 (1923), 69–75.

A summary of the major currents of his creativity with characterizations of his writings and style and with critical comments on various works during different periods of his development. CtY DLC AsWN GeLBM GyBH

1131. Kéky Lajos. *Gárdonyi Géza*. Budapest: Pallas, 1926. 40p.

A study of his literary career dealing with his development and the forces affecting it, with the subject matter, form and merit of his novels, with his world outlook, with his spirit, and with the qualities of his imagination. Bibliography of his works and their reviews, and studies about him, pp. 36–40. NNC GyGGaU

1132. Perényi József. "Gárdonyi Géza színművei," *Irodalomtörténet*, XVII (1928), 197–219.

The characteristics and merits of his plays and their place in Hungarian drama. Most attention to *A bor*, *Karácsonyi álom*, and *Annuska*. Maintains that the plays after *A bor*, the first, did not live up to its promise, that their quality is uneven, and that he still created a new path in the development of the peasant play in Hungary. Bibliographical footnotes. DLC MnU NjP NN NNC AsWN AsWU GeLBM GyBH GyGNSU

1133. Sík Sándor. "Gárdonyi Géza," *Gárdonyi, Ady, Prohászka. Lélek és forma a századforduló irodalmában*. Budapest: Pallas, 1928; 404p. Pp. 13–130.

His estrangement from his environment, his "strange and deep soul," and his individualistic view of the world and of his surroundings leading to the creation of a new form in the Hungarian novel at the turn of the century. Discussion of the "hermit," his imagination, the nature of his characters, the form of his narratives, and his style. Bibliographical notes, pp. 129–130. CoU MH NNC GeLBM GyBH

1134. Kelemen Ferenc. *Gárdonyi nevelői személyisége "Az én falum" tükré-ben*. Makó: Horváth Ferenc, 1929. 59p.

His teaching views, attitudes, and personality as shown in *Az én falum*. Bibliography, p. 59. GeLBM

1135. Futó Jenő. *Gárdonyi Géza*. Hódmezővásárhely: Erdei Sándor, 1930. 259p.

After a brief biographical sketch, traces the development of his literary course, and discusses his world outlook, creative art, humor, and modes of presentation. Bibliography, pp. 253–259. MH NNC AsWN GeLBM GyBH GyGGaU

1136. Schvertsig Antal. *Gárdonyi Géza regényköltészete*. Budapest: Sárkány, 1930. 59p.

A study of his development toward a poetic lyricism in his novels: his search for a literary course, and the literary value and significance of the novels written during his seclusion at Eger and containing lyrical elements. Discussion of latter by type: historical novels and novels of manners. Bibliography of his works and their reviews, and studies about him, pp. 54–59. GeLBM

1137. *Az egri remete. Tanulmányok Gárdonyi Gézáról halálának tíz éves*

évfordulója alkalmából. Szerkesztette Simon Lajos. Budapest: Országos Gárdonyi Géza Irodalmi Társaság, 1932. 195p.

Studies by several hands of various aspects of his personality, writings, and contributions to Hungarian literature. On the 10th anniversary of his death. MH

1138. Bóka László. "Bevezetés," *Gárdonyi Géza: Egri csillagok.* Regény. Sajtó alá rendezte és a jegyzeteket írta Tóth László. I–II. kötet. Budapest: Szépirodalmi Könyvkiadó, 1951. I, vii–xliv.

His literary development and an examination of the subject matter and characteristics of his works, mainly as an expression of realism. IC FiHU GeLU GyBDS GyBH

1139. Hegedüs András. *Gárdonyi, a néptanító.* Budapest: Tankönyvkiadó, 1962. 167p.

An account of his teaching activities and attitudes toward teaching based on an examination of his teaching career, his writings on the subject, and his belles-lettristic works. List of major sources, p. 159. Bibliographical notes, pp. 160–166. NNC GeLBM GyBH

1140. Nagy Sándor. " 'A bor' szerepe a magyar dráma fejlődésében. (Részlet egy készülő Gárdonyi-tanulmányból)," *Az Egri Pedagógiai Főiskola Évkönyve,* VIII (1962), 307–320.

Maintains that the play established the peasant drama as an independent form in Hungarian drama and gave a more realistic character to the genre. Bibliographical notes, pp. 319–320. GeLBM GyBDS

1141. *Emlékkönyv Gárdonyi Géza születésének 100. évfordulójára.* A bevezetőt írta Bóka László. Eger: Tudományos Ismeretterjesztő Társulat Heves Megyei Szervezete, Heves Megye Tanácsa V. B. Művelődésügyi Osztálya, Eger Város Tanácsa V. B. Művelődésügyi Osztálya, 1963. 190p.

A memorial volume for the 100th anniversary of his birth containing individual studies of various aspects of his life, thought, and writings. Illustrations. GyBDS GyGNSU

1142. Mezei József. "Gárdonyi pszichologizmusa," *Irodalomtörténeti Közlemények,* LXVIII (1964), 449–456.

Analyses of his treatment of the moral and spiritual problems of man in the novels written after 1905. DLC MnU NN NNC AsWU GeLBM GyBH

GELLÉRI ANDOR ENDRE

Born March 30, 1907 in Budapest; died May 5, 1945 in Wells, Germany. Short-story writer, novelist. Father a master locksmith. Much information about early life based on self-created legends. Experienced many hardships as a child. Studied at Árpád Gymnasium but attended trade school after sixth form. Completed trade school and worked at various trades until age 30. First short story published in *Az Est* in August 1924. Travelled in Germany 1928–1929 on fellowship from *Az Est*. Awarded Mikszáth Prize for *Nagymosoda* in 1931. Widely acclaimed for ability to blend vision and reality in his writings. Honored at 25th anniversary of founding of *Nyugat* in 1932. Awarded Baumgarten Prize in 1932 and 1934 and Nyugat Prize for "Ukránok kivégzése," a short story, in 1935. Obtained position in Kistext Customhouse Store in 1933. Praised by such figures as Dezső Kosztolányi, Milán Füst, László Németh, Lőrinc Szabó (qq.v.), György Bálint, and Gábor Halász. Never joined revolutionary movements. Beginning in 1941 served in forced labor camps in Nagykáta and Gyertyánliget and during free time worked on autobiography published posthumously. Remained in Pest through last days of World War II. Became ill and was taken to Germany when hospital was evacuated. Sent first to concentration camp in Mauthausen and then to Günskirchen in spring of 1945. Believed to have died of typhoid fever in Wells two days after liberation by American army. ¶ His writings show movement from romantic to realistic outlook. Subject material is autobiographical. His fiction full of sorrow and outlook characterized by human sympathy and brotherhood for masses. ¶ Some of his short stories have been translated into English, French, German, Italian, Polish, Portuguese, and Serbian.

FIRST EDITIONS: *A nagymosoda*. Regény. Budapest: Révai, 1931. 219p. – *Szomjas inasok*. Elbeszélések. Budapest: Nyugat, 1933. 163p. – *Hold ucca*. [Elbeszélések] Debrecen: Nagy Károly és Társai, 1935. 68p. – *Kikötő*. Novellák. Budapest: Athenaeum, 1935. 152p. – *Villám és esti tűz*. [Novellák] Budapest: Almanach, 1940. 95p. – See also no. 1147.

EDITIONS

1143. *Téli kikötő*. Elbeszélések. Válogatta és bevezette Füst Milán. Budapest: Szikra, 1946. 159p. [C] NN

1144. *A szállítóknál*. Válogatott elbeszélések. Válogatta és a bevezető tanulmányt Kardos László írta. Budapest: Révai Könyvkiadó Nemzeti Vállalat, 1950. 175p. [C] DLC GeCU

1145. *Elmulás*. Novellák. Bevezette B. Szabó György. Noviszád: Testvériség-Egység, 1955. 124p. [C]

1146. *Ház a telepen*. Válogatott elbeszélések. Válogatta Zelk Zoltán, bevezette Ungvári Tamás. Budapest: Szépirodalmi Könyvkiadó, 1955. 352p. [C] DLC MH MnU

1147. *Egy önérzet története*. [Önéletrajz] Sajtó alá rendezte és bevezette Gelléri Judit. Budapest: Szépirodalmi Könyvkiadó, 1957[1]. 328p. [C] DLC MH GeLBM GyBDS GyBH

1148. *A nagymosoda*. [Regény] Budapest: Szépirodalmi Könyvkiadó, 1958[2]. 215p. [C] NNC FiHI GyBH

1149. *Varázsló, segíts!* [Összegyűjtött novellák] Szerkesztette Ungvári Tamás és Sz. Lódi Gabriella. Budapest: Magvető, 1959. 745p. [B] DLC NNC FiHl GeLBM GyBDS GyBH GyGNSU

1150. *Keserű fény.* Elbeszélések. Válogatta és az előszót írta Moldova György, az életrajz és a jegyzetszótár Szíjgyártó László munkája. Budapest: Móra, 1960. 261p. [C] C NNC AsWN GyGNSU

1151. *Összegyűjtött novellái.* Az előszót írta Sőtér István, szerkesztette Sz. Lódi Gabriella és Ungvári Tamás, a jegyzetek Sz. Lódi Gabriella munkája. I–II. kötet. Budapest: Szépirodalmi Könyvkiadó, 1964. [B] CLU CU MH MnU NN GeLBM GyBDS GyBH GyGNSU

BIBLIOGRAPHY

See no. 1159.

BIOGRAPHY

1152. Füst Milán. "A valóság álmodója. (Emlékezés Gelléri Andor Endréről)," *Emlékezések és tanulmányok.* Budapest: Magvető, 1956; 539p. Pp. 84–92. [Appeared in *Irodalom-Tudomány*, no. 5 (July, 1946), 29–36]

A study of his character as a young man based on recollections of visits with him. DLC MnU NNC GyBDS GyBH

1153. Füst Milán. "Emlékezés egy zseniális fiatalemberre. (Gelléri Andor Endre emlékezete)," *Emlékezések és tanulmányok.* Budapest: Magvető, 1956; 539p. Pp. 93–97. [Appeared in *Csillag*, IX (1955), 435–437]

Recounts a personal visit with the author who spoke of his fears about his capacity and unhappy life, and characterizes his works as a search for truth as he writes about workers and their poverty. DLC MnU NNC GyBDS GyBH

CRITICISM

See also no. 4447.

1154. Németh László. "Három elbeszélő," *Tanú*, I (1932–1933), 228–231. Maintains that some may criticize him for using such a narrow range of characters, that of the artisan class, but that the molding and shaping of these characters is very fortunate and that his "dream-infused reality" is effective. [MH] GyBH

1155. Halász Gábor. "Gelléri Andor Endréről," *Válogatott írásai.* Szerkesztette, az utószót és a jegyzeteket írta Véber Károly. Budapest: Magvető, 1959; 801p. Pp. 130–135. [Appeared in *Nyugat*, XXVII (March 17, 1934), 325–328]

The characteristics of his works, his treatments of workers and their problems, and his individuality. DLC NNC GeLBM GeLU GyBDS GyBH GyGNSU

1156. Illés Endre. "A Szomjas inasoktól a Hold uccáig," *Nyugat*, XXVIII (April, 1935), 331–333.

Notes the change in his writings from the *Szomjas inasok* to the new volume of his short stories, *Hold ucca*—his ranging between "heaven and earth" to his settling on earth with all its sorrows and pains. MnU NN NNC FiHU GeLBM [GeLU] GyBH

1157. Kardos László. "Gelléri Andor Endre novellái," *Nyugat*, XXIX (January, 1936), 64–66.

The nature of the style and the characters in his short stories, and his innovations in the genre. MnU NN NNC [FiHI] FiHU GeLBM [GeLU] GyBH

1158. Vas István. "Gelléri Andor Endre: Kikötő," *Válasz*, III (1936), 54–56.

A review of the short stories maintaining that they show improvement over his first volume in the genre, but that they still lack the charm of language and a sense of form. Finds similarity between his characters and those of Gyula Krúdy. FiHI [GeLBM]

1159. Sz. Lódi Gabriella. "Gelléri Andor Endre," *Irodalomtörténeti Közlemények*, LVIII (1954), 393–405.

A summary of his life, a discussion of his only novel (*A nagymosoda*, 1931), and his literary development as shown by his short stories. Bibliography, p. 105. DLC MnU NN NNC AsWU GeLBM GyBH

1160. Füst Milán. "Gelléri emléktáblája előtt," *Emlékezések és tanulmányok*. Budapest: Magvető, 1956; 539p. Pp. 98–100. [Appeared as "Emlékbeszéd Gelléri Andor Endréről" in *Művelt Nép*, VI, no. 7 (February 13, 1955)]

The sources of his materials in Óbuda and the lyrical qualities in his fiction. DLC MnU NNC GyBDS GyBH

1161. Ungvári Tamás. "Gelléri Andor Endre," *Dunántúl*, IV (1955), 53–63.

Some details about his life but mainly an examination of the characteristics and merits of his works. Maintains that he tried to find just two stories to tell during his entire literary career: one showing "a man heading downward from above" and the other "a man heading upward from below."

1162. Galsai Pongrác. "Gelléri Andor Endre (1908–1945)," *Társtalanok. Írói arcképek*. Pécs: Dunántúli Magvető, 1957; 135p. Pp. 113–135.

Details of his life; his character, his literary career, and the characteristics of his literary works. DLC GeLBM

GULÁCSY IRÉN

Born September 9, 1894 in Lázárföldpuszta; died January 1945 in Budapest. Novelist, short-story writer, dramatist. Descendant of ancient nobility.

Completed schooling in Szeged. When 16, married Jenő Pálffy, an engineer assigned to building roads in Hanság Province. Moved to Nagyvárad at beginning of World War I, where husband became engineer to Chapter of Catholic Church. Spent many years nursing husband who became bedridden shortly after arrival in Nagyvárad. Forced to earn living. Became staff member of *Nagyvárad*, for which she wrote lead articles and fiction. Name widely known throughout Transylvania by early 1920's. Awarded prize by *Zord Idő* for *Förgeteg* in 1925 and about the same time she received a prize for "Napáldozat," an unpublished drama. A number of plays were successfully produced in Nagyvárad, Kolozsvár, and Arad. Continued writing during widowhood. Served as president of Szigligeti-Társaság and vice president of Erdélyi Irodalmi Társaság and became member of Erdélyi Katolikus Akadémia. Eventually moved to Budapest, where she died during siege. ¶ Novels and dramas deal with social life and problems of people of plains and Transylvania. *Fekete vőlegények* considered to be her best work; after its publication she turned to historical novels with indifferent success. ¶ *Fekete vőlegények* has been translated into German and Italian, and some of her short stories into French, German, Italian, and Polish.

EDITIONS

See no. 3849 for material in edition.

1163. *Kincs.* Színmű. Nagyvárad, 1923[1]. [From Pintér, VIII, 1333]

1164. *Kobra.* Színmű. Kolozsvár, 1923[1]. [From Pintér, VIII, 1333]

1165. *Valuta.* Színmű. Kolozsvár, 1923[1]. [From Pintér, VIII, 1333]

1166. *Förgeteg.* Regény. Cluj-Kolozsvár: Minerva, 1925[1]. 248p. [1936[2], 1937[3], 1938[4]] OCl GyGGaU

1167. *Hamueső.* Regény. Kolozsvár: Erdélyi Szépmíves Céh, 1925[1]. 161p. [1928[2], 1929, 1932[10]] N OCl FiHI GyBH

1168. *Ragyogó Kovács István.* Falusi csöndélet. [Novellák] Targul-Mures-Marosvásárhely: Révész Béla, 1925[1]. 159p. [1929[4], 1944[5]] OCl GeLBM GyBH

1169. *Átal a Tiszán.* Elbeszélések. Cluj-Kolozsvár: Erdélyi Szépmíves Céh, 1927[1]. 147p. N

1170. *Fekete vőlegények.* Regény. I–III. kötet. Budapest: Singer és Wolfner, 1927[1]. [1932, 1943[24]] DLC MH NN OCl GeLBM GeLU

1171. *Pax vobis.* Regény. I–III. kötet. Budapest: Singer és Wolfner, 1931[1]. [43–45th thousand, 1943] NNC OCl AsWN GeLBM GyBH

1172. *A kállói kapitány.* Regény. I–II. kötet. Budapest: Singer és Wolfner, 1934[1]. [1935, 1943[10]] NNC OCl FiHI GeLBM

1173. *Nagy Lajos király.* Regény. I–III. kötet. Budapest: Singer és Wolfner, 1936[1]. [1937; 31–34th thousand, 1943] DLC OCl AsWN GeLBM GyBH

1174. *Történelmi miniatűrök*. Elbeszélések. Budapest: Singer és Wolfner, 1937[1]. 94p. GeLBM

1175. *Tegnap és régmult*. Elbeszélések, rajzok. Budapest: Singer és Wolfner, 1939[1]. 238p. OCl

1176. *Erdély jogán és más dolgok*. [Elbeszélések] Budapest: Singer és Wolfner, 1940[1]. 171p. GyBH

1177. *Jezabel*. Történelmi regény. I–III. kötet. Budapest: Új Idők, 1941–1944[1]. [DLC] GyBH

1178. *A magyar család*. [Tanulmány] Szeged: Szeged Városi Nyomda, 1942[1]. 91p.

CRITICISM

1179. Biczó Ferenc. *Pálffyné Gulácsy Irén. Irodalmi ismertetés*. Kaposvár: Szabó Lipót, 1930. 24p. [Reprinted from *Kaposvári Egyesületi Leányliceum 1929–30. évi Értesítője*]

Discussion of her life and personality, analysis of her novels (especially *Förgeteg, Hamueső*, and *Fekete vőlegények*), and characterizations of her short stories.

1180. Bujdos Balázs. *P. Gulácsy Irén*. Sopron: Vitéz Tóth Alajos, 1934. 8p.

The sudden flight of her genius as represented by *Fekete vőlegények* and its slight descent in *Pax vobis*, possibly for a higher ascent in her next work.

1181. Bánhegyi Jób. "P. Gulácsy Irén regényei," *Pannonhalmi Szemle*, XXII (1937), 180–187. [Also a reprint]

An analysis of her historical novels maintaining, primarily, that they are marred by their excessive historical details and psychological analysis but that her greatness results from the way she views man's life. KyBgW NN FiHU GyBH

GVADÁNYI JÓZSEF

Born October 26, 1725 in Rudabánya; died December 21, 1801 in Szakolca. Poet. Descendant of aristocratic Italian family established in Hungary in 17th century during war with Turks. Until age 10, he studied at home, especially Cicero, Livius, and Horace. Entered Jesuit gymnasium in Eger in 1734. Spoke Latin and wrote Latin verses. Began study of philosophy at University of Nagyszombat in 1740. Graduated with distinction in 1743 and began military career. Participated in campaigns in Czechoslovakia, France, and then Italy, where he was captured by French at Piedmont in 1746, exchanged in 1747, and then badly wounded near Nice. Became first lieutenant in 1747, and on return to Hungary at end of war in 1748 was promoted to captain. Married Frances Horeczky in 1752, who died a few years later, leaving him with two children. Participated in Seven Years War, including siege of Berlin. Named a major by Maria Theresa in 1758. Returned to

Hungary at end of war in 1763, and served in various parts of Felvidék, then in Szatmár and Zajta, and later in Galicia for eight years. Was frequently in Nagy-Peleske. Lieutenant colonel in 1765, colonel in 1773. Retired as general of cavalry in 1783 to Szakolca. Married Katalin Szeleczky in 1785; happy marriage. Attended parliamentary sessions in Buda and Pozsony in 1790. Corresponded with Dávid Baróti Szabó (q.v.), who visited him in 1799. Intensified long held interest in literature in 1763 but wrote most seriously only during years in Szakolca. ¶ His writings were among favorites of public during period. His most distinguished works, narrative poems, deal with notary of Peleske, a traveling hero used as vehicle for humorous observations of Hungarian life, especially its German characteristics. *Aprekaszión* the first Hungarian experiment in parody. Wrote letters in verse. Translated Voltaire's historical biography of Charles XII and wrote history of Hungary, of which first six volumes are translation of Millot's history. ¶ Some of his poems have been translated into English and Russian.

FIRST EDITIONS: *Pöstényi förödés* . . . [Verses elbeszélés] Pozsony: n.p., 1787. 45p. – *Egy falusi nótáriusnak budai utazása, mellyet önnön maga abban esett viszontagságaival egygyütt az el aludt vérű magyar szivek fel serkentésére és mulatságára e versekbe foglalt.* [Elbeszélő költemény] Pozsony és Komárom: Wéber Simon Péter, 1790. 158p. – *A mostan folyó török háborúra tzélozó gondolatok* . . . [Hadtudomány] Pozsony és Komárom: Wéber Simon Péter, 1790. 308p. – *Nándor Fejér várnak meg vétele* . . . [Alkalmi költemény] Pozsony és Komárom: Wéber Simon Péter, 1790. 62p. – *A nemes magyar dámákhoz és kis asszonyokhoz szólló versek* . . . Pozsony és Komárom: Wéber Simon Péter, 1790. 6 leaves. – *Rettentő látás, rettentőbb történet, a melyet Erzsébet herczegasszony véletlen halálának alkalmatosságával 1790. versekbe foglalt.* Pozsony és Komárom, 1790. [From Szinnyei, III, 1578] – *Aprekaszión.* [Verses huszár-tréfa] Pozsony: Wéber Simon Péter, 1791. 15p. – *A mostan folyó ország gyűlésnek satyrico critice való leírása* . . . Lipsia: Wéber Simon Péter, 1791. 290p. – *Tizenkettődik Károly, Svétzia ország királlyának élete és* . . . *vitézségének* . . . *leírása* . . . [Életrajz] Pozsony és Komárom: Wéber Simon Péter, 1792. 386p. – *Rontó Pálnak egy magyar lovas közkatonának és gróf Benyovszky Móricznak életek* . . . [Életrajz] Pozsony és Komárom: Wéber Simon Péter, 1793. 548p. – *Unalmas órákban, vagy-is a téli hoszszu estvéken való időtöltés.* [Verses levelek] Pozsony: Wéber Simon Péter, 1795. 232p. – *Egy a Rhenus vize partján táborozó magyar katonának Pozsony városba egybegyűlt rendekhez írott levele.* Pozsony, 1796. [From Pintér, IV, 464] – *A falusi nótáriusnak elmélkedései, betegsége, halála és testamentoma.* Pozsony: Wéber Simon Péter, 1796. 266p. – *A világnak közönséges históriája* . . . I–IX. kötet. Pozsony: Wéber Simon Péter, 1796–1814. – Gvadányi József és Fábián Juliánna: *Verses levelezés* . . . Pozsony: Wéber Simon Péter, 1798. 140p. – *Donits Andráshoz írt levelei válaszaikkal.* [Verses levelek] Nagyszombat: Wachter Bódog, 1834. 63p.

EDITIONS

1182. *Egy falusi nótárius budai utazása* . . . [Elbeszélő költemény] Budapest: Franklin-Társulat, 1878⁴. 160p. [C] GeLBM GyBH

1183. *A peleskei nótárius.* [Elbeszélő költemény] Sajtó alá rendezte Kardos Albert. Budapest: Lampel Róbert, *ca.*1900. 108p. [C] MnU NN GeLU

1184. *Gvadányi József, gróf—Fazekas Mihály [munkái].* Sajtó alá rendezte és bevezetéssel ellátta Négyesy László. Budapest: Franklin-Társulat, 1904. 303p. [C] DLC MnU NN NNC OCl GeCU GeLBM GyBH

1185. *Egy falusi nótárius budai utazása.* [Elbeszélő költemény] Békéscsaba: Tevan, 1918. 157p. [C]

1186. *Aprekaszión. Mellik mek sinálik fersben mikor mek tartatik Szent Francz Xavér neve . . . Pozsonyban. 1791. Wéber Simon Péter betűivel.* [Facsimile] Budapest: Wodianer F. és Fiai, 1921. 15p. MnU GyBH

1187. *Pöstényi förödés a mellyet egy magyar lovas ezeredbül való százados az ottan történt mulatságos dolgokkal, élő magyar nyelven, versekbe foglalt, 1787. esztendőbe, Rák Havának 12. napján.* [Facsimile] Budapest: Rózsavölgyi és Társa, 1921. 45p. GeLU GyBH

1188. Gvadányi József, gróf: *Egy falusi nótáriusnak budai utazása.* Kármán József: *Fanni hagyományai.* Fazekas Mihály: *Ludas Matyi.* Kéky Lajos bevezetésével. Budapest: Franklin-Társulat, 1934. 190p. [C]

1189. *Rontó Pál.* [Szemelvényes] Sajtó alá rendezte és a bevezetést írta Kovács Máté. Budapest: Magyar Népművelők, 1941. 94p. [C]

1190. *Egy falusi nótarius budai utazása.* Sajtó alá rendezte, utószóval és jegyzetekkel ellátta Geréb László. Budapest: Magyar Helikon, 1957. 222p. [C] DLC MH FiHI GyGGaU GyGNSU

BIOGRAPHY

1191. Széchy Károly. *Gr. Gvadányi József. 1725–1801.* Budapest: Magyar Történelmi Társulat, 1894. 320p.

Attention to an analysis of *Egy falusi nótárius* and to the anti-Germanism in it, to the characteristics of *Rontó Pál*, and to the significance of his literary activities. DLC AsWN GeCU GeLBM GyGNSU

CRITICISM

1192. Arany János. "Gvadányi József," *Összes prózai művei és műfordításai.* Budapest: Franklin-Társulat, 1938; 2211p. Pp. 475–491. [Appeared in *Koszorú*, I (December 20, 1863), 577–580; (December 27, 1863), 601–605]

Maintains that he does not significantly share in the literary movements of his times nor merit lasting attention on the whole, but that two products of his imagination, *Peleskei nótárius* and *Rontó Pál*, are more successful than anything written by his predecessors or contemporaries. Some attention to other writings and details of his life. NNC

1193. Kovács Dénes. *Gróf Gvadányi élete és munkái. Irodalomtörténeti tanulmány.* Budapest: Révai Testvérek, 1884. 85p.

After a study of his life, turns to a discussion of the subject matter and characteristics of his writings. Chapters on *Egy falusi nótáriusnak budai utazása* and his pamphlets, *Rontó Pálnak . . . és gróf Benyovszky Móricznak életek*, and his historical writings and verse letters. FiHI GyBH

1194. Négyesy László. "Bevezetés: Gróf Gvadányi József. 1725–1801," *Gróf Gvadányi József és Fazekas Mihály [munkái].* Sajtó alá rendezte és bevezetéssel ellátta Négyesy László. Budapest: Franklin-Társulat, 1904; 303p. Pp. 5–66.

An introduction dealing with details of his family history and his life, his military career, his literary development, the characteristics of his poetry, and his connection with the literature of his times. DLC MnU NN NNC OCl GeCU GeLBM GyBH

GYÖNGYÖSI ISTVÁN

Born 1629 in Ungvár; died July 24, 1704 in Rozsnyó. Narrative poet. Descendant of Protestant family of lower nobility. About 1650 completed schooling at Sárospataki Református Kollégium, where Comenius was director. Named judge of court in Gömör County in 1653. Married Ilona Baranyai, who died in 1658. Assistant judge at Fülekivár 1658–1663. Married Zsófia Békényi; marriage unhappy. In 1663 became private secretary to Ferenc Wesselényi and Mária Széchy, about whom he wrote a verse novel, *Murányi Vénus*, which established his fame. Wrote another large work while in their service, *Porábul meg-éledett Phoenix* (1693). Received estate from Wesselényi in 1666, and from Mária Széchy, as reward for services. After death of Wesselényi made trip to Poland in 1667 to dispose of patron's Polish holdings. Entered service of Miklós Andrássy in Gömör in 1672. Married in 1674 to Judit Görgei, who died in 1691. Parliamentary delegate of Gömör County to session in Sopron in 1681. Delegate of Gömör County to Upper Hungary Meeting in 1683. Moved to Krasznahorkaváralja in 1685. Became first subprefect of Gömör County in 1686. Moved to Csetnek in 1697. Divided remaining years between county duties and writing. ¶ Most popular epic poet of older Hungarian literature. Exerted much influence on later writers. Often adapted works to meet changing political conditions: dedicated *Kesergő Nympha* (1683) to Palatine Pál Eszterházy; upheld cause of insurrectionists in *Thököly Imre és Zrínyi Ilona házassága* (1683), retracted his support in *Rózsakoszorú*. Near end of life he preferred to versify mythological themes: *Csalárd Cupidó* (1695), *Chariclia* (1700). ¶ Some of his poems have been translated into English and Russian.

FIRST EDITIONS: *Márssal társalkodó Murányi Vénusz.* [Elbeszélő költemény] Kassa: n.p., 1664. [86]p. – *Rózsakoszorú.* [Vallásos költemények] Lőcse:

Brewer S., 1690. 228p. – *Porábul meg-éledett Phoenix, avagy . . . Kemény János . . . emlékezete.* [Elbeszélő költemény] Lőcse: Brewer S., 1693. 210p. – *Palinodia Prosopopoeia Hungariae.* [*Kesergő Nympha*] Lőcse, 1695. [From *RMK, I, no.* 1476] – *Új életre hozatott Chariclia.* [Széphistória] Lőcse: Brewer Samuel Özvegye, 1700. 439p. – *Cuma várasában épitetett Dedalus temploma . . .* Széphistória. [Verses fordítás] Sine loco: n.p., 1724. 32p. – *A tsalárd Cupidonak kegyetlenségét meg-esmérő és mérges nyilait kerülő tiszta életnek geniussa . . .* [Tanköltemény] Komárom: Turoczi Mihály, 1734. 99p. – *Igaz barátságnak és szives szeretetnek tüköre . . .* [Dráma] Pozsony: n.p., 1762. 128p. – *Költeményes maradványai.* Mellyeket egybe-szedett és leg-régibb nyomtatványok és kéz-írások szerént hibáiból ki-mentett Dugonics András. I–II. kötet. Pozsony és Pest: Füskúti Landerer Mihály, 1796. [B] – "Páris Helenának," Nagy Sándor, "Gyöngyösi István műfordításai, 1–2. rész," *Egyetemes Philologiai Közlöny,* XI (1887), 31–43, 335–350. [B] – *Ismeretlen levelei.* Bevezető tanulmánnyal és jegyzetekkel kiadta Badics Ferenc. Budapest: Athenaeum, 1913. 36p. [B] (Reprinted from *Irodalomtörténeti Közlemények*) – See also no. 1196.

EDITIONS

1195. *Válogatott poétai munkái.* Az eredeti kiadások alapján közli Toldy Ferenc. I–II. kötet. Pest: Heckenast Gusztáv, 1864–1865. [C]

    1. kötet: *Murányi Vénus. Palinodia* [*Kesergő Nympha*]. Életrajz Toldy Ferenctől; Arckép Arany Jánostól; Gyöngyösi korának világában. 1864. 169p.

    2. kötet: *Porábúl megéledett Phoenix.* 1865. 203p.

NNC AsWN GeLBM GyBH

1196. *Ének Thököly Imre és Zrínyi Ilona házasságáról.* (1683) Egykorú kéziratból kiadta és jegyzetekkel kísérte Háhn Adolf. Budapest: Franklin-Társulat, 1884[1]. 114p. [A] AsWU GyBH

1197. *A csalárd Cupidonak kegyetlenségét megismerő és annak mérges nyilait kerülő életnek geniusa.* A költő kéziratából kiadta Rupp Kornél. Budapest: Franklin-Társulat, 1898. 194p. [A] AsWN FiHI GeLBM

1198. *Porából megéledett Phőnix.* Kiadta, bevezette és jegyzetekkel ellátta Koltai Virgil. Budapest: Lampel Róbert, 1903. 83p. [C]

1199. *Munkái.* Sajtó alá rendezte és bevezette Badics Ferenc. Budapest: Franklin-Társulat, 1905. 382p. [C] DLC MnU NN NNC OCl RP FiHI GeLBM GyBH

1200. *Murányi Vénus.* [Elbeszélő költemény] Sajtó alá rendezte, bevezette és jegyzetekkel kísérte Badics Ferenc. Budapest: Franklin-Társulat, 1906[3]. 225p. [B] GyBH

1201. *Márssal társalkodó Murányi Vénus.* Az első 1664-iki kiadás alapján sajtó alá rendezte, bevezette, szövegjavító jegyzetekkel, név- és tárgymutatóval s teljes szójegyzékkel ellátta Badics Ferenc. Budapest: Magyar Tudományos Akadémia, 1909. 456p. [A]   DLC MH NNC AsWN FiHI GeLBM GyBH GyGNSU

1202. *Összes költeményei.* Közzéteszi Badics Ferenc. I–IV. kötet. Budapest: Magyar Tudományos Akadémia, 1914–1937. [A]

1. kötet: Műfordítások Ovidiusból. *Dédalus templuma. Márs és Bacchus. A jó vitézeknek tüköre. Murányi Vénusz. Igaz barátságnak és szives szeretetnek tüköre.* 1914. 528p.
2. kötet: *Kemény János emlékezete, Kesergő Nympha, Thököly Imre és Zrínyi Ilona házassága.* 1921. 503p.
3. kötet: *Rózsakoszorú, Csalárd Cupido.* 1935. 212p.
4. kötet. *Chariclia,* 1–13. rész. 1937. 432p.

[MB] [MH] MnU [AsWN] [AsWU] [FiHI] [GeLBM] GeLU [GyBH] GyGNSU

BIBLIOGRAPHY

See nos. 1203 and 1211.

BIOGRAPHY

1203. Badics Ferenc. *Gyöngyösi István élete és költészete.* Budapest: Gyöngyösi István Társaság, 1939. 263p.

In two parts: the first a detailed biography of Gyöngyösi, and the second an examination of his writings. Concludes with two chapters on the effect of his poetry on his own age and an account of the attitudes towards his writings in the 18th and 20th centuries. A chronological table of his life and works, including the dates of important scholarly studies. A genealogical table of his immediate descendants through his two marriages. Bibliographical footnotes. MB MnU NN NNC GeLBM

CRITICISM

See also nos. 4277 and 4298.

1204. Arany János. "Gyöngyösi István," *Összes prózai művei.* Budapest: Franklin-Társulat, 1938; 1594p. Pp. 433–460. [Appeared in *Koszorú,* I (June 7, 1863), 529–534; (June 14, 1863), 553–559]

Details of his life and a characterization of his poetry, finding his poems weak in composition, not sufficiently careful of matters of form, and weak in characters. Considers the value of his works to be in the texture of plot, in lyricism, in solid rhythms, and in poetic language. NNC

1205. Fülep Imre. "Gyöngyösi István," *Egyetemes Philologiai Közlöny,* XIII (1889), 83–127.

In two parts: (1) details of his life and literary career and (2) analyses of his works and characterizations of his forms, style, and language. Bibliographical footnotes. CU IU ICU MnU OClW OCU AsWN FiHU GyBH

1206. Rupp Kornél. "Ovidius és Gyöngyösi. Irodalomtörténeti tanulmány," *Egyetemes Philologiai Közlöny*, XV (1891), 361–410. [Also a reprint]

Notes the similarity in thought and spirit between Ovid and Gyöngyösi and numerous parallels between their poems. IU MH MnU NNC OCIW OCU AsWN FiHU GyBH

1207. Peczkó Ernő. *Gyöngyösi költészetének vallás-erkölcsi oldala.* Kassa: Bernovits G., 1894. 42p.

A construction of his religious viewpoint based on *Rózsakoszorú* and his moral ideas based on *Chariklia.* MnU

1208. Hetyei E. Szende. *Gyöngyösi István nyelve a nyelvújítás szempontjából.* Győr: Győregyházmegye Könyvsajtója, 1899. 56p.

Some grammatical and vocabulary changes introduced by him in his poetry. Many of his usages arranged alphabetically. GyBH

1209. Szőke Lőrinc. *Gyöngyösi István. Irodalom-történeti tanulmány.* Kaposvár: Hagelmán Károly, 1903. 44p.

In two parts: (1) a sketch of his life and (2) a critical discussion of his poetry as to subject matter, motifs, baroque elements, and influences. Closes with a brief discussion of his style and diction. Bibliographical footnotes. MH

1210. Prónai Lajos. *Gyöngyösi István Rózsakoszorúja.* Selmeczbánya: Joerges A. Özvegye és Fia, 1909. 73p.

The genesis, sources, subject matter, verse form, and diction of *Rózsakoszorú.*

1211. Badics Ferenc. *Gyöngyösi István ismert és ismeretlen költeményei.* Budapest: Magyar Tudományos Akadémia, 1912. 96p.

His known and previously unknown verses classified with respect to the area of his creativity, the identification of certain poems as coming from his hand, and their distinctive contribution to the literature of the 18th century. Shows his poetic creativity to be, not sporadic, but lifelong. Table of his writings arranged by periods of his life. Bibliographical footnotes. NNC AsWN AsWU GyBH

1212. Horváth János. "Barokk ízlés irodalmunkban," *Tanulmányok.* Budapest: Akadémiai Kiadó, 1956; 638p. Pp. 72–90. [Appeared in *Napkelet*, 1924]

The characteristics of the baroque in Hungarian literature as represented by the writings of Péter Pázmány, Miklós Zrínyi, and Gyöngyösi. DLC MH MnU NNC GeLBM GeLU GyBDS GyBH GyGGaU GyGNSU

1213. Nagy László. *Gyöngyösi és a barokk.* Budapest: Sárkány, 1929. 56p.

Manifestations of the baroque synthesis of the Middle Ages and the Renaissance in his poetry, first in the descriptive forms of its eroticism and religiosity and then in its composition and style. Bibliographical footnotes. GeLBM

1214. Waldapfel Imre. *Gyöngyösi-dolgozatok.* Budapest: Pallas, 1932. 32p.
The antecedents and the development of his epic genres and of the sources
of *Rózsakoszorú.* Bibliographical footnotes. MnU GeLBM

1215. Tóth Béla. *Gyöngyösi István költészete.* Debrecen: Dr. Bertók Lajos,
1936. 54p.
The "roots" of his poetry in the beginnings of Protestantism and its
"leaves" in the Counter-Reformation: the poet and humanism, the poet
and the Counter-Reformation, the poet and the baroque. Attention to
Hungarian writers of Humanism and the Counter-Reformation prior to
Gyöngyösi. Closes with comment on his role in and importance to Hun-
garian literature. Bibliographical footnotes. NNC

1216. V. Windisch Éva. "Gyöngyösi és a Porábul megéledett Phoenix,"
Irodalomtörténeti Közlemények, LXIV (1960), 535–557.
Purpose: to examine the *Phoenix,* its sources and content, for the poet's
political concepts and attitudes toward the problems of his times. Finds
him to be anti-Hapsburg and concerned with improving the state of
Hungarian affairs. Bibliographical footnotes. Summary in French, p. 557.
DLC MnU NN NNC AsWU GeLBM GyBH

GYŐRY DEZSŐ

Born 1900 in Rimaszombat. Poet, novelist. Name: Wallentinyi. Attended
school in Rimaszombat. Wanted to paint but attended Eötvös College
in Budapest for a time. First poems published in 1917. In 1919 he became
a journalist with a succession of several Hungarian newspapers and periodicals
in Czechoslovakia. Served in Red Army briefly. Became managing editor
of *Kassai Napló* in 1925. Founded literary supplement of *Prágai Magyar
Hírlap* in 1926 but was soon dismissed because of leftist political
activities. Publication of *Újarcú magyarok* in 1927 made his name widely
known. Participated in establishment of Sarló Movement in 1928. Served as
managing editor of *Magyar Újság* 1933–1938 and meanwhile as president of
Csehszlovákiai Újságírók Unió. With Dezső Vozári he founded Hungarian
Democratic Writers' Circle of Czechoslovakia in 1937. Spoke out strongly
against fascism in writings 1939–40. Moved to Hungary in 1940. Seclusion
in Beregszász, in Carpathian Ukraine, 1945–1949. Has lived in Budapest
since 1949 on income from writings and work as journalist. Awarded Attila
József Prize in 1956 and 1959. ¶ Poems strongly humanistic. Early poetry
much affected by thought and poetic form of Endre Ady (q.v.). Lyric poems
vigorous and somber expression of scenes in Upper Northern Hungary.
Since 1950 he has written popular romantic historical novels and tales.
¶ Some of his writings have been translated into German and Slovakian.

EDITIONS

1217. *Hangulatok és gondolatok dalban és prózában.* Vers és próza. [Wallentinyi Dezső néven] Galánta: Mátyusföldi Lapok, 1921[1]. 96p.

1218. *Százados adósság.* Győry Dezső versei. Rimaszombat: Rábely Károly, 1923[1]. 160p. GyGGaU

1219. *A láthatatlan gárda.* Versek. Rimaszombat: Gömör, 1927[1]. 39p.

1220. *Újarcú magyarok.* Versek. Berlin: Ludwig Voggenreiter, 1927[1]. 109p. GyGGaU

1221. *Hol a költő?* Versek. Kassa: Kazinczy, 1932[1]. 92p. NN GeLBM GyBH

1222. *A hegyek árnyékában.* Versek. Bratislava-Pozsony: Litera, 1936[1]. 59p.

1223. *Zengő Dunatáj.* Versek. Eperjes, 1938[1] [1937?]. [From Várkonyi, p. 431]

1224. *Embergi hang.* [Költemény] Bratislava-Pozsony: Toldy Kör, 1940[1]. 16p.

1225. *Magyar hegyibeszéd 1940.* [Költemény] Budapest: Királyi Magyar Egyetemi Nyomda, 1940[1]. 46p.

1226. *A veszedelmes ember.* [Regény] Budapest: Athenaeum Könyvkiadó Nemzeti Vállalat, 1950[1]. 246p. DLC GyBH

1227. *Ismerd meg hazádat.* Képes honismertetés. Budapest, 1953[1]. [From *Magyar irodalmi lexikon*, I, 420]

1228. *Viharvirág.* Regény. Budapest: Katonai Kiadó, 1955[1]. 726p. [1956[2], 1956[3], 1961[4], 1964[5]] DLC GeLBM GyBDS

1229. *Vérehulló szerelem.* [Történelmi elbeszélések] Budapest: Zrínyi Honvéd, 1957[1]. 558p. DLC AsWN

1230. *Zengő Dunatáj.* Válogatott versek. Bevezette Fábry Zoltán. Budapest: Zrínyi Honvéd, 1957. 359p.

1231. *Sorsvirág.* Regény a szabadságharcot követő évekből. [A *Viharvirág* folytatása] Budapest: Zrínyi, 1959[1]. 660p. [1960[2], 1965[3]] DLC AsWN GyBDS GyBH GyGNSU

1232. *Gömöri rengeteg.* Regény. Budapest: Zrínyi, 1960[1]. 353p. DLC GyBDS GyBH GyGNSU

1233. *A nagy érettségi.* Regényes visszaemlékezések. Bevezette Halasi Andor. Budapest: Magvető, 1960[1]. 354p. DLC GeLBM GyBDS GyGNSU

1234. *Szarvasbőgés.* [Regény az 1944-es szlovákiai felkelés idejéből] Budapest, 1960[1]. [From *Magyar irodalmi lexikon*, I, 420]

1235. *Az élő válaszol.* Válogatott és új versek. Bevezette Dobossy László. Budapest: Szépirodalmi Könyvkiadó, 1964. 263p. MnU NNC GyBDS GyGNSU

1236. *Veronika.* Regény. [*A vérvörös Vár* című regénynek 2., átdolgozott kiadása] Budapest: Szépirodalmi Könyvkiadó, 1965. 198p. [Unable to determine date of 1st ed.] CU DLC GeLBM GyBDS GyGNSU

1237. *Tűzvirág.* [Regény; *Száz esztendő* regénytrilógiának 3. kötete] Budapest: Magvető, 1966[1]. 825p. GeLBM GyBDS

CRITICISM

1238. Fábry Zoltán. "Elégtétel a költőnek," *Győry Dezső: Zengő Dunatáj.* Válogatott versek. Bevezette Fábry Zoltán. Budapest: Zrínyi, 1957; 359p. Pp. 5–10.

His poetry as giving consummate expression to socialism, democracy, and humanism to all of Europe in the spirit of the developing tendencies of Hungarian intellectual life in Upper Northern Hungary.

1239. *i.p.*, "Kortársi utalások egy költői életműhöz," *Győry Dezső: Zengő Dunatáj.* Válogatott versek. Bevezette Fábry Zoltán. Budapest: Zrínyi, 1957; 359p. Pp. 11–40.

His poetry within the events of his life, his links with the cultural life of Hungarians in Slovakia, and an aesthetic evaluation of his poetry.

1240. Halasi Andor. "A regényíró," *A jövő felé. Válogatott kritikai írások.* 1905–1963. Budapest: Szépirodalmi Könyvkiadó, 1964; 523p. Pp. 245–249. [Appeared in *Élet és Irodalom,* July 18, 1958]

Maintains that in 1949, when he returned to Hungary from Sub-Carpathia and felt an incomprehensibility and confinement in his poetry, he turned to prose. Surveys his novels; finds his short novels showing the writer of history and the original novelist working with new means; and states that he is both a realist and a romantic and that he has entered the history of the Hungarian historical novel. CU DLC MnU GeLBM

1241. Kovács Endre. "Győry Dezső," *A Könyvtáros,* VIII (1958), 444–446.

A summary of his literary career: his difficulties in obtaining publication of his works and the slowness with which they received critical acceptance; his not participating in the nationalistic and chauvinistic tendencies between the two World Wars, and his socialistic humanism; and his turning toward an involvement in the battles for the people throughout Europe.

1242. Kardos László. "Győry Dezső. Hol a költő?" *Vázlatok, esszék, kritikák. Új magyar irodalom.* Budapest: Szépirodalmi Könyvkiadó, 1959; 463p. Pp. 400–402.

Maintains that his creative and poetic strength is uneven, his vocabulary somewhat mannered and quite stilted, and his poetry influenced by Endre Ady. DLC MnU NN AsWN GeLBM GyBDS GyBH GyGNSU

1243. Turczel Lajos. "Győry Dezső: Az élő válaszol," *Irodalmi Szemle,* VII (1964), 932–935.

H

A review seeking to determine his importance and the value of his poetry in Hungarian literary history. States that he is the most important figure in Czechoslovakian-Hungarian lyric poetry between the two World Wars, that though he produces no new voice or forms, his poetry grows directly out of the life of the Hungarian community in Czechoslovakia, that his lifework reflects an age, that he views things as a European finding similarities in the condition and cares among peoples, and that he became a model of Slovakian-Hungarian lyric poetry and has something to express for all of Hungarian literature.

GYULAI PÁL

Born January 25, 1826 in Kolozsvár, Transylvania; died November 9, 1909 in Budapest. Critic, literary historian, poet. Descendant of civil servants with aristocratic origins. Supported himself at 16. First published work, an epigram, appeared in *Athenaeum* in 1842. Completed studies in law and philosophy at Református Kollégium in Kolozsvár in 1846. Appointed teacher at same college following graduation. Also tutor in János Bethlen family 1846–1848 and contributor to *Erdélyi Híradó*. In 1848 he became secretary to Count Domokos Teleki and lived in Pest and Transylvania while so employed. Resigned in 1852 to accept teaching post in private school in Pest. Founded *Szépirodalmi Lapok* with Albert Pákh in 1853, but periodical failed. Founded *Vasárnapi Újság* with Pákh and Mór Jókai (q.v.) in 1854. Spent 1855 in Berlin, Paris, and Munich with Count Tamás Nádasdy; tried to study but was weak in French and German. Married Mária Szendrey in 1858 and moved from Pest to Kolozsvár. In 1858 became professor of Hungarian and Latin languages at Református Kollégium in Kolozsvár and member of Academy. Member of Kisfaludy-Társaság in 1860. In 1862 moved to Pest, became teacher at Reformed gymnasium in Pest and assistant editor to János Arany (q.v.) on *Szépirodalmi Figyelő*. Resigned teaching post in 1864 to become vice-principal and teacher of dramaturgy at newly founded National School of Dramatic Art. Secretary of Section on Language and Aesthetics of Academy in 1870. Revived *Budapesti Szemle* in 1873. Received honorary doctorate from University of Kolozsvár in 1876. Became professor of Hungarian literature at University of Pest in 1876; president of Kisfaludy-Társaság in 1879. Raised to peerage by Francis Joseph I in 1885. Resigned as president of Kisfaludy-Társaság in 1899. Retired as professor in 1902. ¶ His works on dramaturgy, aesthetics, and literary history establish him in Hungarian literature. Structured and organized literary concepts. Believed function of writers was to place models of behavior before Hungarians. Verses not very successful and tales aimed not at originality but at effect of inner truth as means of stirring thought in reader. His influence extended well into the 20th century. Edited numerous literary series and texts. ¶ *Eötvös József* has been translated into Italian; some of his short stories into Danish,

French, German, Italian, Polish, Rumanian, and Turkish; and some of his poems into English, French, German, Hebrew, Italian, Rumanian, and Serbian.

FIRST EDITIONS: *Kolozsvártt márcz. 21-én.* Költemény az unió érdekében. Kolozsvár, 1848. [From Szinnyei, IV, 156] – Gyulai Pál, Mentovics Ferenc és Szász Károly: *Nemzeti színek.* [Versek] Kolozsvár: Barra és Stein, 1848. 49p. – *Vörösmarty életrajza.* Pest: Ráth Mór, 1866. 216p. – *Vázlatok és képek.* [Elbeszélések: *A vén színész, Egy anya, A nők a tükör előtt, A fösvény halála, Az első magyar komikus, Glück-Szerencse úr, Egy régi udvarház utolsó gazdája*] I–II. kötet. Pest: Pfeifer Ferdinánd, 1867. – *A népszerűség.* Szatíra. [Székfoglaló] Pest, 1868. [From Szinnyei, IV, 157] – *Költeményei.* [1846–1862] Pest: Ráth Mór, 1870. 336p. – *Emlékbeszéd Toldy Ferencz felett.* Pest, 1876. [From Szinnyei, IV, 157] – *Emlékbeszédek.* Budapest: Franklin-Társulat, 1879. 324p. – *B. Eötvös József.* Emlékbeszéd. Budapest: Franklin-Társulat, 1880. 36p. – *Költeményei.* [1846–1881] 2. bővített kiadás. Budapest: Franklin-Társulat, 1882. 495p. – *Katona József és Bánk Bánja.* Budapest: Franklin-Társulat, 1883. 309p. – *Szilágyi és Hajmási.* Költői beszély. Budapest: Franklin-Társulat, 1883. 29p. – *Arany János.* Emlékbeszéd. Budapest: Franklin-Társulat, 1891. 56p. – *Gróf Széchenyi István mint író.* Budapest: Franklin-Társulat, 1892. 48p. – *Összes munkái.* I–VI. kötet. Budapest: Franklin-Társulat, 1894–1902. – *Petőfi Sándor és lyrai költészetünk.* Budapest: Kunossy, Szilágyi és Társa, 1908. 126p. – See also nos. 1248, 1251, 1252, 1254, and 1259.

EDITIONS

See also nos. 1273 and 1276. Editorial works: nos. 294, 537, 1915, 1917, 1918, 2317, 2948, 2954, 3867, 4108, 4109, and 4110. Material in editions: nos. 213 (vol. 1), 230, p. 52, and no. 3578. Annotated works: nos. 251, 300, 709, 710, 871, 1561, 1562, 1584, 1858, 1927, 2016, 2292, 3589, 3883, and 4125.

1244. *Dramaturgiai dolgozatok.* I–II. kötet. Budapest: Franklin-Társulat, 1908.

1. kötet: 1850–1863. 586p.
2. kötet: 1864–1881. 575p.

DLC MnU NN NNC FiHI GeCU GeLBM

1245. *Kritikai dolgozatok.* 1854–1861. Budapest: Magyar Tudományos Akadémia, 1908. 404p. DLC MH MnU NN NNC AsWN AsWU FiHI FiHU GeCU GeLBM GeLU GyBH GyGGaU

1246. *Bírálatok.* 1861–1903. Budapest: Magyar Tudományos Akadémia, 1911. 434p. [B] MH MnU NN AsWN AsWU FiHI FiHU GeCU GeLBM GeLU GyBH

1247. *Egy régi udvarház utolsó gazdája.* [Regény] *Nők a tükör előtt. A vén színész.* [Elbeszélések] Bevezette Schöpflin Aladár. Budapest: Franklin-Társulat, 1911. 312p. [C] (1921⁴) OCl AsWU FiHI GeLU GyBH GyGGaU

1248. *Varjú István.* Elbeszélés. Budapest: Franklin-Társulat, 1912[1]. 151p. [C] GyBH

1249. *Vázlatok és képek.* [Elbeszélések] Harmadik bővített kiadás. Budapest: Franklin-Társulat, 1913. 560p. [C]   IC MnU NNC AsWU

1250. *Emlékbeszédek.* I–II. kötet. Budapest: Franklin-Társulat, 1913–1914[3]. [C]
  1. kötet: Kazinczy Ferenc, Eötvös József, Toldy Ferenc, Szigligeti Ede, Kemény Zsigmond, Arany János, stb. 1913. 450p.
  2. kötet: Mészáros Lázár, Kossuth, Deák, Lukács Móric, Arany László; irodalmi beszédek; kisebb beszédek irodalmi ünnepélyeken. 1914. 445p.
  MH MnU NNC GyBH

1251. *Erdélyi úti benyomások.* Sajtó alá rendezte Papp Ferenc. Budapest: Franklin-Társulat, 1921[1]. 46p. [C]

1252. *Jó éjszakát!* Elbeszélés. Kiadta és bevezetéssel ellátta Galamb Sándor. Budapest: Franklin-Társulat, 1922[1]. 152p. [C]   GyBH

1253. *Apróbb gyermekmesék.* Budapest: Athenaeum, 1923. 157p.

1254. *Irodalmi emlékei.* Sajtó alá rendezte, bevezetéssel és jegyzetekkel ellátta Papp Ferenc. Budapest: Franklin-Társulat, 1920[1]. 185p. [C]   GeLBM

1255. *Kritikai dolgozatainak újabb gyűjteménye.* 1850–1904. Budapest: Magyar Tudományos Akadémia, 1927. 425p. [B]   MnU NNC AsWN AsWU FiHI GeLBM GeLU GyBH

1256. *Munkái.* Kozma Andor bevezetésével. I–IV. kötet. Budapest: Franklin-Társulat, 1928. [C]
  1. kötet: Költemények. 244p.
  2. kötet: Elbeszélések. 227p.
  3. kötet: Irodalmi tanulmányok. 241p.
  4. kötet: Dramaturgiai tanulmányok és emlékbeszédek. 226p.
  DLC MH NNC AsWN

1257. *Válogatott művei.* Sajtó alá rendezte és a bevezetést írta Hermann István. I–II. kötet. Budapest: Szépirodalmi Könyvkiadó, 1956. [C]
  1. kötet: Költemények, széppróza, tanulmányok és kritikák, dramaturgiai dolgozatok. 573p.
  2. kötet: Emlékbeszédek, irodalomtörténeti monográfiák (*Katona József és Bánk bánja, Vörösmarty életrajza*). 446p.
  DLC MH MiD GyBDS GyBH

1258. *Bírálatok. Cikkek. Tanulmányok.* Sajtó alá rendezte és jegyzetekkel ellátta Bisztray Gyula és Komlós Aladár. Budapest: Akadémiai Kiadó, 1961. 685p. [A]   DLC MH NN AsWN FiHI GeCU GeOB GyBDS GyBH GyGNSU

1259. *Levelezése 1843-tól 1867-ig.* Sajtó alá rendezte és a jegyzeteket írta Somogyi Sándor. Budapest: Akadémiai Kiadó, 1961[1]. 723p. [A]   DLC MH MnU NNC AsWN GeGU GyBDS GyBH GyGNSU

BIBLIOGRAPHY

See no. 1273.

BIOGRAPHY

1260. Papp Ferenc. *Gyulai Pál és Pataki Emilia.* Budapest: Pallas, 1928. 22p.
The details of his relations with Emilia Pataki from their beginnings in
1843 to their end in 1851. Bibliographical footnotes. MnU AsWN GyBH

1261. Papp Ferenc. *Gyulai Pál.* I–II. kötet. Budapest: Magyar Tudományos
Akadémia, 1935–1941.
An extensive delineation of both his life and literary activities. Biblio-
graphical footnotes. Vol. I, to 1862; Vol II, 1863–1909 (name and title
indexes). MH [NN] NNC AsWN GeCU GeLBM GeLU GyGNSU

1262. Somogyi Sándor. "Meditáció és felkészülés (Gyulai Pál Gernye-
szegen)," *Irodalomtörténet,* XLVIII (1960), 29–40.
The effect of his stay at Gernyeszeg from May, 1851, to November, 1852,
and his writings during the period. CU DLC MH MnU NN NNC AsWU
GeLBM GeLU GyBDS GyBH

CRITICISM

See also nos. 283, 292, 1492, 3196, and 3839.

1263. Móricz Zsigmond. "Gyulai Pál mint költő," *Irodalomról, művészetről.*
1899–1942. A gyűjteményt Szabó Ferenc rendezte sajtó alá. I–II. kötet.
Budapest: Szépirodalmi Könyvkiadó, 1959. I, 125–148. [Appeared in
Uránia, V (January 1, 1904), 1–8]
His poetry as the product of simplicity, wholesomeness, and integrity.
Finds its exterior free of ornament and its structure strictly handled, its
treatment of his country powerful, its feelings unchanging, and its dominant
tone always accompanied by overtones occasionally so strong that they
supplant the basic tone. Much examination of verses. DLC MH NB NNC
AsWN AsWU FiHI GeCU GyBDS

1264. Schöpflin Aladár. "A fiatal Gyulai," *Magyar írók. Irodalmi arcképek
és tollrajzok.* Budapest: Nyugat, 1917; 236p. Pp. 19–29. [Appeared in
Nyugat, II (January 16, 1909), 57–65]
His early attempts to solve questions about Petőfi and the central literary
problems of the times, in which his basic critical principles are already
apparent. InU MnU NNC GeLBM GyBH GyGGaU

1265. Riedl Frigyes. *Gyulai Pál.* Budapest: Franklin-Társulat, 1911. 48p.
In five parts: his character, his life, the critic, the lyrist, and the short-story
writer. Characterizations of his individuality in each of the genres. Chrono-
logical table of events in his life, pp. 47–48. GeLU GyBH

1266. Angyal Dávid. *Gyulai Pál.* (*1825–1909*) Budapest: Franklin-Társulat,
1912. 106p.

An examination of his literary career, individuality, and literary development beginning with his early years. All aspects of his literary and critical activities, and his involvement in the literary controversies of his times. GyBH

1267. Gyomlay László. *Gyulai Pál mint költő.* Budapest: Németh József, 1912. 150p.

His poetry and the influence of his times and Hungarian and foreign writers on him, aiming to show his Hungarian spirit and his absorbing all forces into an expression of that spirit. Bibliographical footnotes.

1268. Kozma Andor. *Gyulai Pál, az ember és a költő.* Budapest: Lampel R., 1913. 51p.

The man and his poetry. By one who knew him intimately.

1269. Galamb Sándor. "Gyulai Pál novellái," *Irodalomtörténeti Közlemények*, XXIX–XXXI (1919–1921), 99–141.

After discussing the characteristics of the short story and its development in Hungary, examines his short stories for the purpose of determining what he borrowed from the tradition and developed further, and what he gives purer form or at least a more special color or mode. Bibliographical footnotes. DLC MnU NNC [OCl] AsWN AsWU FiHI GeLBM [GeLU] GyBH

1270. Dóczy Jenő. *Gyulai Pál kritikai elvei.* Budapest: Pallas, 1922. 32p.

A characterization of the bases on which he evaluated Hungarian literature and especially that of his own times.

1271. Beöthy Zsolt. "Gyulai Pál és költészetünk," *Romemlékek. Tanulmányok, beszédek, cikkek.* I–II. kötet. Budapest: Franklin-Társulat, 1923. II, 241–246. [A paper presented to the Kisfaludy-Társaság, February 11, 1912]

Discusses him as one who gave expression to the spirit and thought of the literature of his times. NNC GyBH

1272. Angyal Dávid. "Gyulai Pál, a kritikus," *Budapesti Szemle*, CCII, no. 584 (1926), 321–332.

The emergence of his criticism, and the merits and weaknesses of his critical principles and practices. DLC AsWN FiHI GeLBM GyBH

1273. Mitrovics Gyula. *Gyulai Pál esztétikája.* Budapest: Franklin-Társulat, 1926. 163p.

A long introductory essay on aesthetics precedes a selection of quotations from his works that give an idea of his aesthetic principles and views. Bibliographical notes, pp. 154–163. GyBH

1274. Szász Károly. "Gyulai Pál emléke," *Irodalomtörténet*, XV (1926), 125–135.

Surveys his career, especially his contributions to Hungarian literature as a literary historian. DLC MnU NjP [NN] NNC [OCIW] AsWN AsWU GeLBM GyBH GyGNSU

1275. Voinovich Géza. "Gyulai Pál emlékezete," *Akadémiai Értesítő*, XXXVII, no. 434 (1926), 95–113. [Also a reprint]

A memorial address characterizing his personality, his importance to Hungarian literature, the nature of his literary activities, his poetry, and his criticism and dramaturgy. NNC OCl AsWU GeLBM GeLU GyBDS GyBH GyGNSU

1276. Horváth Lehel. *Gyulai Pál magyar irodalomtörténete.* Budapest: Sárkány, 1933. 34p.

Discusses Gyulai as a literary historian and marks his place and importance in the development of Hungarian literary history. Assembles materials from his university lectures and various studies and treatises to show his view of Hungarian literature in the first half of the 19th century. GyBH

1277. Hermann István. "Bevezetés," *Gyulai Pál válogatott művei.* Sajtó alá rendezte Hermann István. I–II. kötet. Budapest: Szépirodalmi Könyvkiadó, 1956. I, 7–72.

Various problems by subject headings: his life, the Bach period and the Deák party, the sources of his aesthetics, his relation with the problem of realism, the theory of realism and the theory of the novel, realism in poetry, his literary characteristics, his works on literary history, his writings on the drama, and his political literature. DLC MH MiD GyBDS GyBH

1278. Hatvany Lajos. *Gyulai Pál estéje. Tanulmányok, emlékezések.* Budapest: Gondolat, 1960. 125p.

Four previously published essays: (1) his views of poetry, (2) the critic, (3) the short-story teller, and (4) Hatvany's recollections of Gyulai in his late years. DLC MH MnU NN NNC AsWN GeLBM GyBDS GyBH GyGNSU

1279. Kovács Kálmán. *Fejezet a magyar kritika történetéből. Gyulai Pál irodalmi elveinek kialakulása, 1850–1860.* Budapest: Akadémiai Kiadó, 1963. 303p.

The development of his literary principles, 1850–1860, from a dialectical viewpoint. Concerned with the background and intellectual atmosphere of the Bach Period, the hidden possibilities in the beginnings of Gyulai's thoughts, the roots of his realism, and his views of popular tendencies and literary forms. Bibliographical footnotes. DLC ICU NN NNC FiHU GeLBM GeLU GyBDS GyBH GyGNSU

HELTAI GÁSPÁR

Born 1510? in Nagydisznód; died 1574 in Kolozsvár, Transylvania. Prose writer, preacher, printer. Descendant of a Saxon family in Transylvania. Did not begin study of Hungarian language until 1536 but became one of the most important writers of the period. Studied at Wittenberg in 1543 under Melanch-thon. Returned to Transylvania in 1544 and became clergyman of Reformed, Evangelical, and Unitarian denominations successively. Became Unitarian about 1569 and in that year defended Unitarianism during a debate with representatives of the Reformed Church in Gyulafehérvár. Took on other responsibilities and produced literary works. In 1550 he became partner of György Hoffgreff in printing establishment in Kolozsvár. Two years later the press was functioning under Heltai's name, and after his death his widow continued its operation. From 1560 on owned paper mill. ¶ His press and his writings aimed at meeting standards of world literature. Most of his works were based on German and Latin originals but are more than pure translations. Among them are *A részegségnek és tobzódásnak veszedelmes voltáról való dialogus* (1552), an attack on drunkenness and luxurious living; *Háló* (1570), an attack on the Inquisition; and *Chronica* (1575), a translation of Bonfini's Latin work containing many of Heltai's interpolations. His most important work is *Száz fabula* (1566), a collection of Aesop's fables, whose episodes he converted into miniature short stories.

FIRST EDITIONS: *Agenda, azaz szentegyházi cselekedetek.* Kolozsvár: Heltai Gáspár, 1550. [108] leaves. – *Catechismus minor, azaz: A keresztyéni tudománynak röviden való summája.* [Martin Luther után átdolgozás] Kolozsvár: Heltai Gáspár és Hoffgreff György, 1550. [31] leaves. – *Evangeliumok és epistolák.* Kolozsvár: Heltai és Hoffgreff, 1550–1552. [223] leaves. [Based on very defective copy at National Széchényi Library] – *A Bibliának első része, azaz Mózesnek öt könyve.* [Gyulai István, Ozorai István és Vizaknai Gergely közreműködésével fordította Heltai Gáspár] Kolozsvár: Heltai Gáspár és Hoffgreff György, 1551. [416] leaves. – *A Jesus Sirah könyve magyar nyelven.* [Fordítás] Kolozsvár: Heltai Gáspár és Hoffgreff György, 1551. [114] leaves. – *A Bibliának negyedik része, azaz a prófétáknak írásuk.* [Fordítás] Kolozsvár: Heltai Gáspár és Hoffgreff György, 1552. [434] leaves. – *A bölcs Salamon királynak könyvei.* 1. Proverbia, 2. Ecclesiastes, 3. Canticum canticorum, 4. Sapientiae. [Fordítás] Kolozsvár: Heltai Gáspár és Hoffgreff György, 1552. 143 leaves. – *A részegségnek és tobzódásnak veszedelmes voltáról való dialogus.* Kolozsvár: Heltai Gáspár és Hoffgreff György, 1552. [96] leaves. – *Catechismus, melybe a menynyei tudománynak sommája . . . egybe szerzettetett.* Kolozsvár: Heltai Gáspár, 1553. [88] leaves. – *A keresztyéni tudománynak fundamentuma . . . kérdésekbe befoglaltatott.* [Ábécés káté] Kolozsvár: Heltai G., 1553. [?] leaves. [Based on microfilm of ten-leaf fragment at National Széchényi Library] – *Vigasztaló könyvecske . . . miképen kelljen az embernek készülni e világból való kimulásához.* [Szerkesztette Johannes Spangenberg nyomán Heltai Gáspár] Kolozsvár: Heltai Gáspár, 1553. [129] leaves. – *Confessio de mediatore generis humani Jesu Christo, vero Deo et homine.* Wittenberg: Veit Kreutzer, 1555. [31] leaves. – *[Biblia.]* Zsoltár, azaz Szent Dávidnak és egyéb prófétáknak psalmusinak . . . könyve. Fordította Heltai Gáspár. Kolozsvár: Heltai Gáspár, 1560. 299 leaves. – *A Jesus Christusnak új testamentoma.* [Fordította Heltai Gáspár] Kolozsvár: Heltai Gáspár, 1561. 532 leaves. – *A Bibliának második része.* Históriás könyvek. Fordította Heltai Gáspár. Kolozsvár: Heltai Gáspár, 1565. [366] leaves. – *Historia inclyti Matthiae Hunnyadis, regis Hungariae augustissimi, ex Antonii Bonfinii ... libris ... congesta ac disposita a Caspare Helto.* Kolozsvár: Heltai Gáspár, 1565. [136] leaves. – *Száz Fabula, mellyeket Ezopusból, és egyéb ünnen egybe gyütet, és öszve szörzet, a fabulaknac értelmével egyetembe.* Kolozsvár: Heltai Gáspár, 1566. [244] leaves. – *Disputatio in causa sacrosanctae ... Trinitatis.* Kolozsvár: Heltai Gáspár, 1568. [147] leaves. – *[Isteni dicséretek és könyörgések]* Imák. Kolozsvár: Heltai G., *ca.* 1568. [92] leaves. [Based on microfilm of very defective copy at National Széchényi Library] – *Disputatio de Deo ...* Kolozsvár: Heltai Gáspár, 1570. [147] leaves. – *Háló, mellyel a megtestesült ördög, a pápa Antikrisztus, Hispániába az együgyü ... keresztyéneket ... megfogja és ... megöli. A hispániai vadászság.* Reginaldus Gonsalvius Montanus nyomán. [Vallásos vitairat] Kolozsvár: Heltai G., 1570. [183] leaves. – *Decretum, azaz Magyar és Erdély Orszagnac Töruény Könyue.* Heltai Gáspártól wyonnan meg nyomtatott. Kolozsvár: Heltai Gáspár, 1571. [164] leaves. – *Poncianus históriája.* Kolozsvár: Heltai, 1571–1574 között. [144?] leaves. – *Cancionale, azaz históriás énekeskönyv.* [Temesvári János, Tinódi Sebestyén, stb. munkái. Sajtó alá rendezte Heltai Gáspár] Kolozsvár: Heltai G., 1573–1574. [232] leaves. [Based on facsimile copy at National Széchényi Library] – *Chronica a magyaroknak dolgairól.* [Antonio Bonfini és mások után] Kolozsvár: Heltai Gáspár és Özvegy Heltai Gáspárné, 1575. 208 leaves.

EDITIONS

1280. *Magyar krónika.* I–II. kötet. Nagy-Győr: Streibig József, 1789. [C]
  1. kötet: Német Lászlótól királyig. 472p.
  2. kötet: Mátyás királytól Lajos királyig. 384p.
  NNC AsWN GeLBM

1281. *Tizenhatodik századbeli magyar történetírók.* 1. *Székely István Magyar krónikája. 1558.* 2. *Heltai Gáspár Magyar krónikája. 1575.* Szerkesztette Toldy Ferenc. Pest: Emich Gusztáv, 1854. 618 col. [B]

1282. *Esopusi meséi [A bölcs Esopusnak és másoknak fabulái].* Kiadta Imre Lajos. Budapest: Franklin-Társulat, 1897. 304p. [B] MH MnU AsWN GeLBM GyBH

1283. *Háló.* Kiadta Trócsányi Zoltán. Budapest: Magyar Tudományos Akadémia, 1915. 192p. [B] MH MnU AsWN GeLBM GyBH

1284. *Canticum Canticorum az az a bölcs Salamon király által szerzett Énekek Éneke, mellyet a régi és igaz szent könyvekből magyar nyelvre fordította Heltai Gáspár kolozsvári predikátor Anno D. MDLII.* Gyoma: Kner Izidor, 1921. 14p. [C] NNC

1285. *Magyar krónika.* Kiadta Varjas Béla. Budapest: Ardói, 1943. 488p.
[B]

1286. *Száz fabula, melyeket Aesopusból és egyebünnen egybegyűjtött és összeszerzett a fabulának értelmével egyetemben Heltai Gáspár.* (*Kolozsvár 1566*) Mai nyelvre átírta Lengyel Dénes. Budapest: Szent Hilárius, 1943. 154p. [C]

1287. *A részegségnek és tobzódásnak veszedelmes voltáról való dialogus.* Az 1552. évi kiadás hasonmása. Sajtó alá rendezte és a bevezetést írta Stoll Béla. Budapest: Közoktatásügyi Kiadó Vállalat, 1951. Unnumbered pages. MH GyBDS GyGNSU

1288. *Válogatott írások.* 1552–1575. Kiadta Nemeskürty István. Budapest: Magvető, 1957. 275p. [C]   DLC MH MnU NN NNC AsWN GyGNSU

1289. *A bölcs Esopusnak és másoknak fabulái és oktató beszédei valamint azoknak értelme melly fabulákat egybeszerzette és Kolosvárott anno MDLXVI. kiadta Heltai Gáspár.* Most pedig a mai kegyes olvasónak átírta és átnyújtja Keleti Arthur. Budapest: Európa, 1958. 158p. [C]   NNC GyBH

1290. *Válogatott munkái.* Szerkesztette és bevezetővel ellátta Székely Erzsébet. Bukarest: Állami Irodalmi és Művészeti Kiadó, 1958. 392p. [C]

1291. *Cancionale azaz históriás énekeskönyv.* Az 1574. évi kiadás hasonmása. A kísérő tanulmányt írta és a fakszimile szövegét gondozta Varjas Béla. Budapest: Magyar Tudományos Akadémia Irodalomtörténeti Intézete, 1962. Unnumbered pages. NNC AsWN FiHU GeCU GeLBM GeLU GeOB GyBDS GyBH GyGNSU

BIBLIOGRAPHY

See no. 1295.

BIOGRAPHY

1292. Borbély István. *Heltai Gáspár.* Budapest: Athenaeum, 1907. 79p.
An assembling of previous research on Heltai into a single study, not so much to draw his portrait as to mark the events and activities in which he participated. Bibliographical footnotes. GyBH

CRITICISM

See also nos. 1008, 4146, and 4630.

1293. Czóbel Ernő. *Heltai Gáspár dialogusa a részegségről és tobzódásról.* (*1552*) *A magyar társadalom lelki és anyagi válsága a reformáció korában.* Budapest: Lampel R., 1911. 59p.
Provides the social and economic background of the Hungarian Reformation as a means of understanding his dialogue on drunkenness and luxury, examines the content and character of the work, and describes the Hungarian society mirrored in it. Bibliographical footnotes. GyBH

1294. Waldapfel József. "Heltai Gáspár forrásai," *Irodalomtörténeti Közlemények*, XLIV (1934), 234–250, 356–365. [Also a reprint]

The sources of his hundred fables and *A részegségnek és tobzodásnak veszedelmes voltáról való dialogus*, the latter's source being Sebastian Franck's *Von dem grewlichen laster der drunckenhait: so in diesen letsten Zeit erst schier mit den Frantzosen auffkommen* . . . . Also the date of his birth, fixing it around 1490. Bibliographical footnotes. DLC MH MnU OCl AsWN AsWU GeLBM [GeLU] GyBH

1295. Székely Erzsébet. "Heltai Gáspár," *Heltai Gáspár válogatott munkái*. Szerkesztette és bevezetővel ellátta Székely Erzsébet. Bukarest: Állami Irodalmi és Művészeti Kiadó, 1958; 392p. Pp. 5–65, 372–379.

An introduction dealing with his life and literary activities, his thought, and his literary development. Sections on *Dialogus*, *Száz fabula*, *Háló*, and *Magyar krónika*, and on his language and style. Bibliographical notes, pp. 372–379.

HELTAI JENŐ

Born August 11, 1871 in Budapest; died September 3, 1957 in Budapest. Novelist, short-story writer, dramatist, translator. After completing gymnasium, began career in law but left it for journalism in 1890. On staff of *Magyar Hírlap*, *Pesti Hírlap*, *A Hét*, and others. First poem published when 14. Beginning in 1890 he served as secretary of Vígszínház for a time. Became president of Magyar Színpadi Szerzők Egyesülete and director of Athenaeum Publishers. Lived in Paris, London, Vienna, Berlin, and Constantinople. Awarded Kossuth Prize in 1957. ¶ Wrote humorous works, poems, serial stories, novels, plays, cabaret skits, and operettas. Careful portrayer of Budapest and Parisian life in romantic-ironic vein. Much attention to Bohemian life in spirit of Henri Murger. His novels and plays generally not as valued as his other writings, especially humorous ones. Humor not merely playful but critical of society, man, and ideas. Comedies greatly influenced by French spirit. Unconventional use of words; introduced many new words. One of the creators of music hall song in Hungary. Songs in *János vitéz* among most widely known of his works. Translated numerous plays for Hungarian stage. ¶Several of his novels have been translated into French, German, Italian, Rumanian, Russian, Slovakian, Spanish, and Swedish; *A néma levente* into English, German, Russian, and Slovakian; *A tündérlaki lányok* into Italian; and some of his short stories and poems into English, French, German, Hebrew, Italian, Japanese, Polish, Portuguese, Rumanian, Slovakian, Spanish, and Swedish.

FIRST EDITIONS: *Bakfis álmok*. Monológ. Budapest: Singer és Wolfner, 1892. 8p. – *Modern dalok*. [Versek] Budapest: Mezei Antal, 1892. 93p. – *Kató*. Versek. Budapest; 1894 [1893?]. [From Pintér, VIII, 898] – *Hoffmanné meséi.* Regény. Budapest: Magyar Hírlap, 1895. 111p. – *A hét sovány esztendő.* [Regény] Budapest: Kunosy Vilmos és Fia, 1897. 105p. – *Kalandos történetek.* [Elbeszélések] Budapest: Kunosy Vilmos és Fia, 1898. 108p. – *Egyiptom gyöngye.* Operett. Budapest, 1899. [From Várkonyi, p. 230] – *Bábjáték.* Páros jelenet. Budapest: Singer és Wolfner, 190?. 8p. – *Karácsonyi vers.* Vígjáték. Budapest: Singer és Wolfner, 190?. 19p. – *A nagy nő!* Tréfa. Budapest: Singer és Wolfner, 190?. 16p. – *A szivar.* [Vidám jelenet] Budapest: Singer és Wolfner, 190?. 8p. – *Lou és egyéb elbeszélések.* Budapest: Kunosy Vilmos és Fia, 1900. 151p. – *Gertie és egyéb történetek.* Budapest: Lampel Róbert, 1901. 54p. – *Az obsitos.* Vitéz Háry János újabb ... tettei. [Költői elbeszélés] Budapest: Rákosi Jenő, 1903. 158p. – *A száműzöttek.* [Regény] Budapest: Singer és Wolfner, 1903. 168p. – *Vitéz Háry János.* Verses történetek. Budapest, 1903. [From Pintér, VIII, 1147] – *János vitéz.* Kacsóh Pongrác operettjének szövege. Budapest, 1904. [From Várkonyi, p. 230] – *Madmazel.* [Novellák] Budapest: Singer és Wolfner, 1905. 254p. – *A titokzatos herczegnő.* [Kisregény] *A tűzbogár.* Egy detektiv naplójából. [Elbeszélés] Budapest: Magyar Kereskedelmi Közlöny, 1905. 152p. – *A Vénusz-bűnügy és egyéb elbeszélések.* Budapest: Lampel Róbert, 1905. 64p. – *Nyári rege.* Regény. Budapest: Singer és Wolfner, 1907. 155p. – *Az asszony körül.* [Elbeszélések, jelenetek] Budapest: Grill Károly, 1908. 255p. – *Naftalin.* Bohózat három felvonásban. Budapest: Mozgó Könyvtár, 1908. 68p. – *Madár Matyi.* Bohózat. Budapest, n.d. [From Várkonyi, p. 230] – *Elbeszélés.* Budapest, 1910. [From Várkonyi, p. 230] – *Írók, színésznők és más csirkefogók.* [Novellák] Budapest: Nyugat, 1910. 150p. – *Kis meséskönyv.* Budapest: Nyugat, 1911. 120p. [2d, enl. ed., 1920] – *Scherzo.* [Elbeszélések] Budapest: Singer és Wolfner, 1911 [1910?]. 190p. – *Színes kövek.* [Elbeszélések] Budapest: Singer és Wolfner, 1911. 187p. – *Az utolsó bohém.* Regény. Budapest: Nyugat, 1911. 145p. – *Versei.* Budapest: Nyugat, 1911. 123p. – *Végeladás.* [Elbeszélések] Budapest: Lampel Róbert, 1911–1920 között. 61p. – *Az én második feleségem.* Regény. Budapest: Singer és Wolfner, 1912. 189p. – *A ferencvárosi angyal.* Karácsonyi játék. [Molnár Ferenccel] Budapest: Lampel Róbert, 1912. 34p. – *Bernát.* Kis komédiák egy székesfővárosi polgár életéből. [Énekes bohózat] Budapest: Nyugat, 1913. 192p. – *VII. Emánuel és kora.* [Regény] Budapest: Singer és Wolfner, 1913. 191p. – *Family-Hotel.* Regény. Budapest: Singer és Wolfner, 1913. 174p. – *Fűzfasíp.* [Versek] Budapest: Nyugat, 1913. 190p. – *Kis komédiák.* Budapest: Lampel Róbert, 1913. 94p. – *A masamód.* Vígjáték három felvonásban. Budapest: Lampel Róbert, 1913 [1910?]. 80p. – *Jaguár.* [Regény] Budapest: Franklin. Társulat, 1914. 234p. – *Egy operette története.* Kis komédiák. Budaepst: Lampel Róbert, 1914. 77p. – *A tündérlaki lányok.* [Elbeszélések és vígjáték] Budapest: Franklin-Társulat, 1914. 183p. – *Lim-lom.* [Elbeszélések] Budapest: Lampel Róbert, 1915. 82p. – Heltai Jenő és Makai Emil: *A királyné apródja.* [1899[1]?] Vígjáték. Heltai Jenő: *Akik itthon maradtak.* Jelenet. Budapest: Lampel Róbert, 1916. 43p. – *Mese az ördögről.* Novellák. Budapest, 1920.

[From Pintér, VIII, 1147] – *A 111-es*. [Regény] Budapest: Athenaeum, 1920 [1919?]. 243p. [1957[8]] – *A vörös pillangó*. [Elbeszélések] Budapest: Lampel Róbert, 1921. 93p. – *Mese az ördögről*. Harmincegy elbeszélés. Budapest: Singer és Wolfner, 1922. 207p. – *A kis cukrászda*. Vígjáték. Színpadi kiadás. Budapest: Athenaeum, 1923 [1922?]. 106p. – *Versek*. 1892–1923. Budapest: Athenaeum, 1923. 215p. – *Arcok és álarcok*. Hat kis vígjáték. *Karácsonyi vers, A nagy nő, Az asszonyi ravaszságok*. [1st]: *Amerikai párbaj, Az orvos és a halál, Menazséria*. Budapest: Athenaeum, 1925. 172p. – Continued under EDITIONS.

EDITIONS

1296. *Munkái*. I–X. kötet. Budapest: Athenaeum, 1926–1927.

1. kötet: *Versek*, 1892–1923. 1927[2]. 215p.
2. kötet: *Az asszony körül*. Elbeszélések. 1927[3]. 256p.
3. kötet: *Írók, színésznők és más csirkefogók*. 1926[4]. 174p.
4. kötet: *Family hotel*. [Regény] 1927[4]. 162p.
5. kötet: *Színes kövek*. [Elbeszélések, emlékezések] 1927[3]. 170p.
6. kötet: Színdarabok. *A kis cukrászda*. Vígjáték 3 felvonásban. *Arcok és álarcok*. [*Karácsonyi vers, A nagy nő, Az asszonyi ravaszságnak könyve, Amerikai párbaj, Az orvos és a halál, Menazséria*] 1927[2]. 112, 152p.
7. kötet: *Az utolsó bohém*. Regény. 1927[4]. 157p.
8. kötet: *Jaguár*. [Regény] 1927[3]. 196p.
9. kötet: *A 111-es*. [Regény] 1927[3]. 243p.
10. kötet: *Papírkosár*. [Elbeszélések] 1927[1]. 153p.

NNC GyBH

1297. *Vénuszlakók*. Budapest, n.d.[1]. [From Várkonyi, p. 230]

1298. *Álmokháza*. Regény. Budapest: Athenaeum, 1929[1]. 352p. [1945[2]] OCl GeLBM GeLU

1299. *Életke*. Regény. Budapest: Athenaeum, 1930[1]. 192p. [1934] IC OCl GeLBM

1300. *A 111-es szoba*. Regény. Budapest, 1932[1]. [From Várkonyi, p. 231]

1301. *Ifjabb*. Regény. Budapest: Athenaeum, 1935[1]. 242p. NN OCl

1302. *Utazás enmagam körül*. [Tárcák, rajzok, életképek] Budapest: Athenaeum, 1935[1]. 164p. IC MH MiD OCl FiHI GyBH

1303. *Hol hibáztam el?* [Elbeszélések] Budapest: Athenaeum, 1936[1]. 151p. IC GeLBM GyBH

1304. *A néma levente*. Vígjáték három felvonásban. Budapest: Athenaeum, 1936[1]. 165p. DLC NN AsWN FiHI GeLBM GyBH GyGNSU

1305. *Az ezerkettedik éjszaka*. Mesejáték. Budapest: Athenaeum, 1939[1]. 193p. [1958[2]] DLC IC MH NjN NN NNC AsWN

1306. *A gyilkos is ember*. [Elbeszélések] Budapest: Athenaeum, 1939[1]. 152p. GeLBM

1307. *Egy fillér.* Álomjáték. [Színmű] Budapest: Széchenyi, 1941[1]. 102p. DLC GeLBM

1308. *Ismeretlen ismerősök.* Kis történetek. Budapest: Új Idők, 1943[1]. 161p.

1309. *Lumpáciusz Vagabundusz vagy a három jómadár.* Nestroy bohózatos mesejátéka után a mai színpadra átírta és versbe szedte Heltai Jenő. Budapest: A Szerző, 1943[1]. 163p. MiD NNC GeLBM

1310. *Ötven elbeszélés.* Budapest: Új Idők, 1946[1]. 358p. DLC NN GeLU

1311. *Elfelejtett versek.* Budapest: Új Idők, 1947[1] [1946?]. 127p. NN GeLBM

1312. *Szerelem és vidéke.* Novellák. Budapest: Cserépfalvi, 1947[1]. 61p. GeLBM

1313. *Talált pénz.* Válogatott elbeszélések. Budapest: Szépirodalmi Könyvkiadó, 1951. 158p. NN GeLBM

1314. *Öt mesejáték.* Budapest: Szépirodalmi Könyvkiadó, 1955. 174p. NNC

1315. *Színes kövek.* Elbeszélések, emlékezések. Válogatta és sajtó alá rendezte Gábor György. I–II. kötet. Budapest: Szépirodalmi Könyvkiadó, 1957. [C] DLC IC NjN NNC AsWN FiHU GeCU GyBDS GyGNSU

1316. *Tollforgatók. Az utolsó bohém. Jaguár. Hét sovány esztendő.* [Kisregények] Budapest: Szépirodalmi Könyvkiadó, 1957. 443p. [C] DLC IC MH NjN NN NNC OCl GeLU GyBDS GyBH GyGNSU

1317. *Az ezerkettedik éjszaka.* Mesejáték. Budapest: Magyar Helikon, 1958. 204p. [C] NNC

1318. *Pesti madarak.* Karcolatok, kis komédiák. Válogatta és szerkesztette Gábor György és Bélley Pál, az utószót írta Bélley Pál. Budapest: Szépirodalmi Könyvkiadó, 1958. 684p. [C] DLC IC NNC AsWN GeCU GyBDS GyGNSU

1319. *A bölcsek köve.* Mesék. Válogatta és sajtó alá rendezte Bélley Pál. Budapest: Szépirodalmi Könyvkiadó, 1959. 333p. [C] DLC IC NN NNC GeLBM GyGNSU

1320. *Versei.* Válogatta és sajtó alá rendezte Gábor György. [Bibliography, p. 559] Budapest: Szépirodalmi Könyvkiadó, 1959. 570p. [C] [1962[2]] MH NN NNC GeLBM GyBDS GyBH

1321. *A néma levente és más színművek.* [*Tündérlaki lányok, A néma levente, Az ezerkettedik éjszaka, Egy fillér, Szépek szépe* (1st?)] Budapest: Szépirodalmi Könyvkiadó, 1960. 711p. [C] DLC NB NN NNC AsWN GeCU GyBDS

1322. *Kiskirályok. Family Hotel. VII. Emánuel és kora.* [Kisregények] Budapest: Szépirodalmi Könyvkiadó, 1961. 303p. [C] NNC OCl GeLBM GyGNSU

1323. *Menazséria.* [Egyfelvonásosok, mesejátékok] Budapest: Szépirodalmi Könyvkiadó, 1962. 467p. [C] NN OCl GeLBM GyBDS

1324. *Második feleségem. Életke.* [Kisregények] Budapest: Szépirodalmi Könyvkiadó, 1963. 284p. [C] NN NNC GyBDS GyBH

BIBLIOGRAPHY

See no. 1320.

CRITICISM

See also nos. 2015 and 2600.

1325. Juhász Gyula. "Heltai Jenő: Életke. Regény," *Napkelet*, XVII (1931), 165–167.

A review summarizing the action and thought of the novel and finding in it, among other things, a clear expression of the importance of the soul over the body, swiftness and clarity of character portrayal, a poetic unity, and a looseness but clarity of style. GyBH

1326. Kárpáti Aurél. "A néma levente," *Főpróba után. Válogatott színibírálatok.* 1922–1945. Budapest: Magvető, 1956; 436p. Pp. 267–272.

A review of the play calling it the most flawless Hungarian comedy in recent decades and maintaining that it will last both as poetry and drama. DLC GyBH

1327. Kárpáti Aurél. "Heltai Jenő: Budapest költője," *Tegnaptól máig. Válogatott irodalmi tanulmányok.* Budapest: Szépirodalmi Könyvkiadó, 1961; 427p. Pp. 179–182.

Considers him to have been the historian of middle-class life in Budapest, and maintains that he is a moralist without attempting to be one, that his humor is warm, that he describes man's superior airs, and that like his masters, the best French writers, he leaves the deduction of his moral to his reader. DLC NN NNC AsWN GyBDS GyBH GyGNSU

1328. Benedek Marcell. "Heltai Jenő," *Könyv és színház.* Budapest: Szépirodalmi Könyvkiadó, 1963; 495p. Pp. 323–327.

A survey of his 70-year literary career showing that he tried nearly every genre and characterizing his efforts: his giving expression to the bohemians of Pest around 1890; his becoming the poet of the people of Pest with his chansons and of the peasantry with *János vitéz*; his light essays as enlarging his audience; his sharp portrayals of the world in his short stories; his experiments with the novel as if searching for the limits of his capacity; his dramas as showing his abilities most manifoldly; and his importance in Hungarian literary history in giving new life to the verse comedy through *A néma levente*. MH NN NNC AsWN GeLBM GyBDS GyBH GyGNSU

HERCZEG FERENC

Born September 22, 1863 in Versec; died February 24, 1954 in Budapest. Novelist, short-story writer, and dramatist. Family emigrated to Hungary

from Silesia. Father mayor of Versec. Attended Piarist gymnasiums in
Temesvár 1874–1876 and in Szeged 1876–1878, and National Gymnasium
in Fehértemplom 1878–1881. Knew German well. Studied law at University
of Budapest 1881–1884 but spent much time in Versec. Probationary lawyer
in Budapest, Versec, and Temesvár but unhappy with profession. Some
of his articles and short stories were published in *Pesti Hírlap* in 1886.
Imprisoned three months in 1889 for killing an army officer in a duel. Publi-
cation of *Fenn és lenn* (1890) caused literary sensation. Abandoned law
studies. Member of Petőfi-Társaság and staff member of *Budapesti Hírlap*
in 1891. Member of Kisfaludy-Társaság in 1893. Founded *Új Idők* in 1895
and edited it until 1944. Corresponding member of Academy in 1899,
regular member in 1903, honorary member in 1914. Parliamentary representa-
tive from Versec 1896–1901 and 1910–1918. Vice president of Petőfi-
Társaság in 1903, president in 1904 after death of Mór Jókai (q.v.). Married
Júlia Grill in 1906; separated during World War I. Moved from Budapest to
Vác; returned in 1912. Founded *Magyar Figyelő* in 1911 in support of
István Tisza's political views. Appointed director of Army Welfare Service
in 1914 by Tisza. Government of Hungarian Soviet Republic removed him
from *Új Idők* in 1919. Academy submitted his name for Nobel Prize in 1925.
At work on memoirs shortly before death.   ¶ One of the most popular
short-story writers and novelists of his time. Conservative in political out-
look. Portrayed world of gentry and supported their views. Ease of presenta-
tion and closely knit structure characterize writings. Social novels deal with
contemporary life. Novels with historical subject and dramas considered by
some to be the best expression of his genius.   ¶ Many of his novels have
been translated into Bulgarian, Czech, Danish, Dutch, English, Esthonian,
Finnish, French, German, Italian (mainly), Polish, Rumanian, Serbian,
Spanish, and Turkish, and some of his short stories into Bulgarian, Czech,
French, German, Italian, Polish, Portuguese, Russian, Slovakian, Spanish,
and Swedish.

FIRST EDITIONS: *Fenn és lenn.* [Regény] I–II. kötet. Budapest: Singer és
Wolfner, 1890. – *Mutamur.* Huszonkét elbeszélés. Budapest: Singer és
Wolfner, 1892. 264p. – *A Gyurkovics-lányok.* [Regény] Budapest: Singer és
Wolfner, 1893. 214p. – *A dolovai nábob leánya.* Színmű 5 felvonásban.
Budapest: Singer és Wolfner, 1894. 155p. – *A három testőr.* [Színmű] Buda-
pest: Singer és Wolfner, 1894. 151p. – *Simon Zsuzsa.* Regény. I–II. kötet.
Budapest: Singer és Wolfner, 1894. – *A Gyurkovics-fiúk.* [Regény] Budapest:
Singer és Wolfner, 1895. 303p. – *Napnyugati mesék.* [Elbeszélések] Budapest:
Singer és Wolfner, 1895. 243p. [2d ed?] – *Az első fecske és egyéb elbeszélések.*
Budapest, 1896. [From Fitz, p. 260] – *Szabolcs házassága.* [Regény] Budapest:
Singer és Wolfner, 1896. 196p. – *Honthy háza.* Színmű három felvonásban.
Budapest: Singer és Wolfner, 1897. 136p. – *Az új nevelő.* Elbeszélés. Buda-
pest: Singer és Wolfner, 1898. 47p. – *Az első vihar.* Színmű négy felvonásban.

Budapest: Singer és Wolfner, 1899. 144p. – *Gyurka és Sándor.* Újabb adatok a Gyurkovics-fiúk történetéhez. Budapest, 1899. 223p. [From Fitz, p. 285] – *Egy leány története.* [Regény] Budapest: Singer és Wolfner, 1899. 255p. – *Idegenek között.* Regény. Budapest, 1900. [From Pintér, VIII, 387] – *Arianna.* Tizenhat elbeszélés. Budapest: Singer és Wolfner, 1901. 278p. – *Elbeszélések.* Budapest: Lampel Róbert, 1901. 63p. – *Ocskay brigadéros.* [Színmű] Budapest: Singer és Wolfner, 1901. 164p. – *A tolvaj.* Színmű egy felvonásban. Budapest: Singer és Wolfner, 1901. 32p. – *Balatoni rege.* Regényes vígjáték. Budapest: Singer és Wolfner, 1902. 158p. – *Német nemzetiségi kérdés.* 4 újságcikk. Budapest: Singer és Wolfner, 1902. 63p. – *Pogányok.* Regény. Budapest: Singer és Wolfner, 1902. 334p. – *Álomország.* [Regény] Budapest: Singer és Wolfner, 1903. 205p. – *Andor és András.* Budapesti történet. Budapest: Singer és Wolfner, 1903. 205p. – *Bizánc.* [Színmű] Budapest: Singer és Wolfner, 1904. 155p. – *Elbeszélések.* Budapest: Singer és Wolfner, 1904. 238p. – *A honszerző.* Regény. Budapest: Singer és Wolfner, 1904. 281p. – *Kéz kezet mos.* Vígjáték. Budapest: Singer és Wolfner, 1904. 160p. – *Böske, Erzsi, Erzsébet.* [Novellák] Budapest: Singer és Wolfner, 1905. 249p. – *Szelek szárnyán.* [Útirajzok] Budapest: Singer és Wolfner, 1905. 113p. – *Lélekrablás.* Regény. Budapest: Singer és Wolfner, 1906. 223p. – *Déryné ifjasszony.* Színjáték. Budapest: Singer és Wolfner, 1907. 139p. – *Kaland és egyéb elbeszélések.* Budapest: Singer és Wolfner, 1908. 221p. – *A királyné futárja.* Regényes történet. Budapest: Singer és Wolfner, 1909. 190p. – *A kivándorló.* Színmű. Budapest: Singer és Wolfner, 1909. 122p. – *Szerelmesek.* (*Férfiszív, Huszti Huszt*) [Regények] Budapest: Singer és Wolfner, 1909. 247p. – *A fehér páva.* Kisvárosi történet. [Regény] Budapest: n.p., 1910. 190p. [From Fitz, p. 284] – *Éva boszorkány.* Színjáték. Budapest: Singer és Wolfner, 1912. 124p. – *Mesék.* Budapest: Singer és Wolfner, 1912. 206p. – *Napváros.* [Novellák] Budapest: Singer és Wolfner, 1912. 212p. – *Az ezredes.* Vígjáték három felvonásban. Budapest: Singer és Wolfner, 1914. 135p. – *Az arany hegedű.* [Regény] Budapest: Singer és Wolfner, 1916. 218p. – *A hét sváb.* [Regény] Budapest: Singer és Wolfner, 1916. 205p. – *Magdaléna két élete.* Regény. Budapest: Singer és Wolfner, 1916. 160p. – *Gyurkovics Milán mandátuma.* [Elbeszélés] Budapest: Singer és Wolfner, 1917. 32p. – *A kék róka.* [Színmű] Budapest: Singer és Wolfner, 1917. 96p. – *Tűz a pusztában.* [Elbeszélések] Budapest: Singer és Wolfner, 1917. 178p. – *Az élet kapuja.* [Novella] Budapest: Singer és Wolfner, 1919. 134p. – *Színházavatás.* A Kolozsvári Nemzeti Színház új épületének felavatására. Budapest, 1919. [From Fitz, p. 296] – *Tilla.* Hét jelenés. Budapest: Singer és Wolfner, 1919. 78p. – *A fekete lovas.* Színmű három felvonásban. Budapest: Singer és Wolfner, 1920. 96p. – *Két arckép.* Tisza István, Károlyi Mihály. Budapest: n.p., 1920. 32p. [From Fitz, p. 298] – *A holicsi Cupido.* Vígjáték. Budapest: Rózsavölgyi, 1921. 158p. – *Violante és a bíró.* Drámai jelenet. Budapest: Singer és Wolfner, 1921. 8p. – *A fogyó hold.* Regény. Budapest: Singer és Wolfner, 1922. 149p. – *A Gyurkovics-leányok.* Életkép négy szakaszban. Budapest: Singer és Wolfner, 1922. 144p. – *Aranyborjú*. Színmű két részben, előjátékkal. Budapest: Singer és Wolfner, 1923. 143p. – *A költő és a halál*. Színjáték egy felvonásban. Budapest: Singer és Wolfner, 1923. 48p. – *Sirokkó*. Vígjáték három felvonásban, előjátékkal. Budapest: Singer és Wolfner, 1923. 96p. – *Két ember a bányában*. Drámai jelenet. Budapest: Singer és Wolfner, 1924. 20p. – *Péter és Pál*. Drámai jelenet. Budapest: Singer és Wolfner, 1924. 19p. – *A híd*. [Színmű] Budapest: Singer és Wolfner, 1925. 112p. – *Majomszínház*. Komédia három felvonásban. Budapest: Singer és Wolfner, 1925. 93p. – Continued under EDITIONS.

EDITIONS

See also no. 2641 for material in edition.

1329. *Munkái*. Gyűjteményes díszkiadás. I–XLI. kötet. Budapest: Singer és Wolfner, 1926–1930.

1. kötet: *Pogányok*. Regény. 1926. 261p.
2. kötet: *Az arany hegedű*. Regény. 1926. 215p.
3. kötet. *A honszerző*. Regény. 1926. 214p.
4. kötet: *Szerelmesek*. [Elbeszélések] 1926. 216p.
5. kötet: *Az élet kapuja. A fogyó hold*. Elbeszélések. 1926. 134, 149p.
6. kötet: *Szelek szárnyán*. [Útirajz] *Andor és András*. [Elbeszélés] 1926. 140, 147p.
7. kötet: *A hét sváb*. Regény. 1926. 206p.
8. kötet: *Simon Zsuzsa*. Regény. *Idegenek között*. A nevelőnő naplója. 1926. 168, 106p.
9. kötet: *A Gyurkovics-lányok*. [Regény] *A Gyurkovics-lányok*. Életkép. [Színmű] 1926. 119, 118p.
10. kötet: *A Gyurkovics-fiúk*. Regény. *Gyurka és Sándor*. [Regény] 1926. 204, 131p.
11. kötet: *Álomország*. Regény. 1926. 202p.
12. kötet: *Lélekrablás*. Regény. *A királyné futárja*. [Regény] 1928. 145, 142p.
13. kötet: *Szabolcs házassága*. Regény. *Egy leány története*. [Regény] 1928. 138, 166p.
14. kötet: *Magdaléna két élete*. Regény. *A fehér páva*. [Regény] 1928. 119, 161p.
15. kötet: *Fenn és lenn*. Regény. 1928. 233p.
16. kötet: *Az első fecske és egyéb elbeszélések*. 1926. 238p.
17. kötet: *Napnyugati mesék*. 1926. 262p.
18. kötet: *Mutamur és egyéb elbeszélések*. 1926. 231p.
19. kötet: *Arianna és egyéb elbeszélések*. 1926. 258p.
20. kötet: *Napváros*. [Elbeszélések] 1928. 227p.
21. kötet: *Tűz a pusztában*. [Elbeszélések] 1928. 273p.
22. kötet: *Árva László király*. Szomorújáték. *Éva boszorkány*. [Színjáték] 1926. 125, 79p.

23. kötet: *Déryné ifjasszony. Kéz kezet mos. Első vihar.* Színjátékok. 1926. 80, 87, 77p.

24. kötet: *Bizánc. Ocskay brigadéros.* Színművek. 1928. 108p.

25. kötet: *A híd. A fekete lovas.* Színjátékok. 1928. 112, 110p.

26. kötet: *A dolovai nábob leánya. A három testőr.* Színművek. 1928. 95, 94p.

27. kötet: *Honthy háza. Aranyborjú.* Színművek. 1928. 71, 111p.

28. kötet: *Balatoni rege. Az ezredes. Tilla.* [Színművek] 1926. 92, 97, 75p.

29. kötet: *Sirokkó. Kék róka. Kivándorló.* [Színművek] 1926. 86, 82, 67p.

30. kötet: *A költő és a halál és kilenc egyfelvonásos.* 1926. 245p.

31. kötet: *Északi fény.* Regény. 1930². 268p.

32. kötet: *A politikus. Második szerelem.* Regények. 1930¹. 139, 84p.

33. kötet: *A milói Vénusz karja.* Regény. *A cserebőrűek.* [Elbeszélés] 1930¹. 169, 36p.

34. kötet: *A Lánszky-motor.* Regény. *Mesék.* 1930. 141, 130p.

35. kötet: *Emberek, urak és nagyurak.* Elbeszélések. 1930¹. 269p.

36. kötet: *Mink és ők.* Elbeszélések. 1930¹. 256p.

37. kötet: *Huszonhat elbeszélés.* 1930¹. 264p.

38–39. kötet: Tanulmányok. 1–2. kötet. 1930¹.

40. kötet: *Szendrey Júlia. Majomszínház* [not 1st]. *Ünnepi játék.* Színművek. 1930¹. 89, 93, 16p.

41. kötet: Surányi Miklós: *Herczeg Ferenc.* 1930. 103p. [See no. 1353] [MnU] NNC GeCU GyGNSU

1330. *A bujdosó bábuk.* [Elbeszélések] Budapest: Singer és Wolfner, 1927¹. 48p.

1331. *A Lánszky-motor.* Regény. Budapest: Singer és Wolfner, 1927¹. 148p.

1332. *Mikszáth Kálmán t. tag emlékezete.* [Emlékbeszéd] Budapest: n.p., 1928¹. 21p. [From Fitz, p. 299]

1333. *Északi fény.* Regény. Budapest: n.p., 1929¹. 268p. [From Fitz, p. 284]

1334. *Arcképek.* [Karcolatok] Budapest: Singer és Wolfner, 1930¹. 229p.

1335. *A nap fia.* Regény. Budapest: Singer és Wolfner, 1931¹. 176p.

1336. *Anci doktor lesz.* [Regény] Budapest: Singer és Wolfner, 1933¹. 226p.

1337. *Válogatott munkáinak emlékkiadása.* I–XL. kötet. Budapest: Singer és Wolfner, 1933–1936.

1. kötet: *Az arany hegedű.* [Regény] 1934. 215p.

2. kötet: *Az élet kapuja.* [Elbeszélés] *A fogyó hold.* [Regény] 1934. 134, 149p.

3. kötet: *Álomország.* [Regény] 1934. 202p.

4. kötet: *A hét sváb.* [Regény] 1934. 206p.

5. kötet: *Északi fény.* [Regény] 1934. 268p.

6. kötet: *A Gyurkovics-fiúk. Gyurka és Sándor* (újabb adatok A Gyurkovics-fiúk történetéhez). [Regények] 1934. 204, 131p.

7. kötet: *A fehér páva.* [Kisvárosi történet] *Magdaléna két élete.* [Regény] 1934. 161, 119p.

8. kötet: *Pogányok.* [Regény] 1934. 266p.

9. kötet: *Szelek szárnyán.* [Útirajz] *Andor és András.* 1934. 139, 147p.

10. kötet: *A híd.* [Színjáték] *A fekete lovas.* [Színmű] *A költő és a halál.* [Színjáték] 1934. 112, 110, 36p.

11. kötet: *Árva László király.* [Szomorújáték] *Majomszínház.* [Komédia] 1934. 125, 93p.

12. kötet: *Bizánc.* [Színmű] *Ocskay brigadéros.* [Történelmi színmű] 1934. 97, 108p.

13. kötet: *Szendrey Júlia.* [Színmű] Kilenc egyfelvonásos: *A bujdosók, Karolina, A holicsi Cupido, Baba-hu, Két ember a bányában, Az árva korona, Violante és a bíró, Péter és Pál, A költő és a halál.* 1934. 89, 211p.

14. kötet: *Arianna és egyéb elbeszélések.* 1934. 258p.

15. kötet: *Napváros.* [Elbeszélések] 1934. 227p.

16. kötet: *Mink és ők.* [Elbeszélések] 1934. 256p.

17. kötet: *Tűz a pusztában.* [Elbeszélések] 1934. 273p.

18. kötet: *Arcképek.* [Tanulmányok] 1934. 229p.

19. kötet: *Harcok és harcosok.* [Tanulmányok] 1934[1]. 251p.

20. kötet: Mesék. [Hozzákötve: Surányi Miklós, *Herczeg Ferenc.* Életrajz] 1934. 130, 103p.

21. kötet: *A Gyurkovics-lányok.* [Regény] *Idegenek között.* 1935. 118, 106p.

22. kötet: *Simon Zsuzsa. Második szerelem.* 1936. 168, 84p.

23. kötet: *A honszerző.* 1936. 214p.

24. kötet: *Szerelmesek.* 1936. 216p.

25. kötet: *Szabolcs házassága. Egy leány története.* [Elbeszélés] 1935. 136, 166p.

26. kötet: *Lélekrablás. A királyné futárja.* 1936. 145, 142p.

27. kötet: *A milói Vénusz karja. A cserebőrűek.* [Elbeszélés] 1936. 169, 36p.

28. kötet: *Kaland és egyéb elbeszélések.* 1933. 247p.

29. kötet: *Fenn és lenn.* 1933. 233p.

30. kötet: *Mutamur és egyéb elbeszélések.* 1936. 231p.

31. kötet: *Napnyugati mesék.* 1936. 262p.

32. kötet: *Az első fecske és egyéb elbeszélések.* 1936. 238p.

33. kötet: *Emberek, urak és nagyurak.* [Elbeszélések] 1936. 269p.

34. kötet: *Huszonhat elbeszélés.* 1936. 264p.

35. kötet: *Déryné ifjasszony.* [Színjáték] *Kéz kezet mos.* [Vígjáték] *Első vihar.* [Színmű] 1936. 80, 88, 78p.

36. kötet: *A dolovai nábob leánya.* [Színmű] *A három testőr.* [Bohózat] 1936. 95, 94p.

37. kötet: *Éva boszorkány.* [Színjáték] *A Gyurkovics-lányok.* [Vígjáték] 1936. 118p.

38. kötet: *Kék róka.* [Színjáték] *Sirokkó.* [Vígjáték] *A kivándorló.* [Színmű] 1936. 82, 86, 68p.

39. kötet: *Balatoni rege.* [Vígjáték] *Az ezredes.* [Vígjáték] *Tilla.* [Dráma] 1936. 92, 97, 75p.

40. kötet: *Honthy háza.* [Színmű] *Aranyborjú.* [Színmű] *Ünnepi játék Szigligeti Ede születésének 100-ik évfordulóján.* 1936. 71, 111, 16p.

NNC

1338. *Emlékezései.* I–II. kötet. Budapest: Singer és Wolfner, 1933–1939.

1. kötet: *A várhegy.* 1933[1]. 264p.

2. kötet: *A gótikus ház.* 1939. 341p.

[DLC] [IC] [MH] [NN] NNC [OCl] AsWN FiHI GeLBM GyBH GyGnSU

1339. *Ádám hol vagy?* Regény. Budapest: Singer és Wolfner, 1935[1]. 189p.

1340. *Pro libertate!* Regény. I–II. kötet. Budapest: Singer és Wolfner, 1936[1].

1341. *Napkelte előtt.* Gondolatok Nagymagyarországról. [Tanulmányok] Budapest: Singer és Wolfner, 1937[1]. 238p.

1342. *Utolsó tánc.* Színjáték négy felvonásban. Budapest: Singer és Wolfner, 1938[1]. 82p.

1343. *Művei.* I–X. kötet. Budapest: Singer és Wolfner, 1939.

1. kötet: *Fenn és lenn, A Gyurkovics-lányok, A Gyurkovics-fiúk, Simon Zsuzsa, A cserebőrűek, Szabolcs házassága, Második szerelem, A politikus.* Regények. 234, 120, 204, 168, 36, 138, 84, 139p.

2. kötet: *Gyurka és Sándor, Egy leány története, Idegenek között, Pogányok, Andor és András, A honszerző.* Regények. 131, 166, 106, 261, 147, 214p.

3. kötet: *Lélekrablás, Szerelmesek, A királyné futárja, Álomország, Az arany hegedű.* Regények. 145, 216, 142, 161, 202, 215p.

4. kötet: *A hét sváb, Magdaléna két élete, Az élet kapuja, A fogyó hold, A Lánszky-mótor, A milói Vénusz karja, Északi fény.* Regények. 206, 119, 134, 149, 141, 169, 268p.

5. kötet: *A nap fia, Ádám, hol vagy?, Pro libertate.* Regények. 178, 189, 340, 287p.

6. kötet: *A dolovai nábob leánya, A három testőr, Honthy háza, A Gyurkovics-lányok, Az első vihar, Ocskay brigadéros, Balatoni rege, Kéz kezet mos, Bizánc, Déryné ifjasszony, A kivándorló, Éva boszorkány, Az ezredes, Ünnepi játékok.* Színművek. 95, 94, 71, 118, 77, 108, 92, 87, 97, 80, 67, 79, 97p.

7. kötet: *A kék róka, Árva László király, Tilla, A fekete lovas, A költő és a halál, Az aranyborjú, Sirokkó, A híd, Majomszínház, Kilenc egyfelvonásos, Szendrey Júlia, Utolsó tánc.* Színművek. 82, 125, 75, 110, 36, 111, 86, 112, 93, 211, 89, 82p.

8. kötet: *Mutamur, Napnyugati mesék, Az első fecske, Arianna, Napváros.* Elbeszélések. 231, 262, 238, 258, 227p.

9. kötet: *Tűz a pusztában, Anci doktor lesz, Huszonhat elbeszélés, Mink és ők, Emberek, urak, nagyurak.* Elbeszélések. 273, 226, 264, 256, 269p.

10. kötet: *Tanulmányok. Szelek szárnyán. Napkelte előtt. Mesék.* 229, 251, 140, 232, 130p.

MnU NNC

1344. *Ellesett párbeszédek.* Budapest: n.p., 1940[1]. [From Fitz, p. 311; 2d, enl. ed., 1941] NN NNC GyBH

1345. *Császár Elemér.* [Emlékbeszéd] Budapest: Singer és Wolfner, 1941[1]. 26p.

1346. *Száz elbeszélés.* [Contains 12 stories not published previously in any collection] Budapest: Singer és Wolfner, 1942. 978p. NN OCl AsWN

1347. *Gondok és gondolatok.* [Tanulmányok] Budapest: Singer és Wolfner, 1943[1]. 308p.

1348. *Magyar történelmi drámái: Árva László király, Ocskay brigadéros, A híd, A fekete lovas.* Budapest: Singer és Wolfner, 1943. 125, 108, 112, 110p.

1349. *Arany szárnyak.* Színmű három felvonásban, egy előjátékkal. Budapest: Új Idők, 1944[1]. 66p.

1350. *Fecske és denevér.* Három felvonás. [Színmű] Budapest: Új Idők, 1944[1]. 63p.

1351. *A fogyó hold.* Regény. *Hazatérés.* Elbeszélés. Cleveland, O.: Magyar Könyvtár, 195?. 154p. [C]   IC

BIBLIOGRAPHY

See also nos. 1356, 1357, 1360, and 1363.

1352. Fitz József. (összeáll.) "Könyvészet," *Herczeg Ferenc.* Szerkesztette Kornis Gyula. Budapest: Új Idők, 1943; 367p. Pp. 253–367. [Also separately, 1944]

In three parts: (1) his writings by genres, (2) studies of his life and works, and (3) translations of his works arranged by languages. Data: for monographs, author, title, publisher, date of publication, and total pages; for articles, author, title, name of periodical, date, number, and inclusive pages. Appendixes: (1) Films of his writings, (2) Bibliographies of his writings and studies about him, (3) Forms of his name, initials and pseudonyms, and (4) Lists of his portraits. MnU NNC

BIOGRAPHY

1353. Surányi Miklós. *Herczeg Ferenc. Életrajz.* Budapest: Singer és Wolfner, 1930. 103p.

Considerable attention to characterizations of his works and to evaluations of their qualities. NN NNC FiHU GeLU GyBH

CRITICISM

See also nos. 2553 and 4624.

1354. Hamvai Erzsébet. *Herczeg Ferenc stílusa és nyelve.* Huszt: Nagyági, 1911. 47p.

An analysis of his style and diction in the manner of Rubinyi's study of Mikszáth (no. 2556). GyBH

1355. Madarász Flóris. *Herczeg Ferenc drámai.* Eger: Érseki Liceumi Nyomda, 1913. 27p. [Reprinted from *Az Ciszterci Rend Egri Katholikus Főgimnázium Értesítője az 1912–1913 tanévről* (1913), pp. 3–27]

The major characteristics of his dramas; the degree to which their individuality ties in with the development of Hungarian literature.

1356. Horváth János. *Herczeg Ferenc.* Budapest: Pallas, 1925. 28p.

The emergence and development of his literary career, and the content and character of his *Élet kapuja.* Biographical and literary sketch at end. Bibliography of his works and their reviews and of their translations in foreign languages, pp. 22–28. The recommendation of the Hungarian Academy of Sciences to the Nobel Prize Committee. MnU AsWN

1357. Futó Jenő. "Herczeg Ferenc," *Irodalomtörténet,* XVI (1927), 1–29, 82–121, 181–210, 277–313. [Also a reprint]

A psychological study of his literary career seeking to find the "master" who appears in his life and works by searching out the psychological causes and factors of his personal life in which his works originated and those motifs which developed from his most "distinctive self" and subjectively entered his writings. Preceded by a brief summary of his life. Bibliography of his works and studies about him, pp. 4–5. DLC MnU NjP NN NNC AsWN AsWU GeLBM GyBH GyGNSU

1358. Zsigmond Ferenc. *Herczeg Ferenc.* Budapest: Studium, 1928. 44p.

A three-part discussion: his themes, creative art, and style. Bibliography of his writings, p. 43. MH MnU NNC GyBH

1359. Schöpflin Aladár. "Herczeg Ferenc hetven éves," *Nyugat,* XXVI (October 1, 1933), 306–308.

Describes him as an author whose ideals were in harmony with the leading social values of the urban gentry of his times and as one who never knew opposition because of politics or taste. Attention to his themes. MnU NN NNC FiHU GeLBM [GeLU] GyBDS

1360. Szabó József. *Herczeg Ferenc a drámaíró.* Debrecen: Debreceni Református Kollégiumi Tanárképző, 1937. 48p.

A discussion of his dramas by types, especially their content and motifs. Closes with a characterization of his dramas. Bibliography, pp. 44–46. FiHU GyGNSU

1361. Kornis Gyula. *Herczeg Ferenc.* Budapest: Singer és Wolfner, 1941. 98p.

A study of his writings: their subject and style, influences upon them, their aesthetics, and their ethics. Views him as one who always retained his Hungarian character. DLC GyGGaU

1362. *Herczeg Ferenc.* Szerkesztette Kornis Gyula. Budapest: Új Idők, 1943. 367p.

Individual studies of his life and works prepared in honor of his 80th birthday by 17 authors. Illustrations. See no. 1352 for bibliography. MH NNC

1363. *Az írófejedelem életregénye. A 80 éves Herczeg Ferenc.* Szerkesztette Hertelendy István. Budapest: Hungária, 1943. 248p.

A collection of separate essays on various aspects of his life and writings by friends and admirers for his 80th birthday. Herczeg-bibliography, including translations of his works, prepared by Ferenc Baráth, pp. 222–246. NNC GyBH

1364. Rónay György. "Herczeg Ferenc: Simon Zsuzsa (1894) és Az élet kapuja (1919)," *A regény és az élet. Bevezetés a 19–20. századi magyar regényirodalomba.* Budapest: Káldor György, 1947; 376p. Pp. 183–192.

Finds the first novel to be naturalistic and its flow of action independent of the characters revealing the social paradox of the times; considers the second novel to be weak because it merely shows pictures instead of causes, as did József Eötvös, who was also able to see the roots of the present in the events of the 16th century which form the scene of the work. NN GeLBM GyBDS

1365. Barta János. "Herczeg Ferenc—mai szemmel," *Alföld*, VI (1955), 59–69.

A brief summary of his life followed by a discussion of the most important inner elements and problems of his literary career concentrating on establishing his individuality and the world of his writings. Maintains that he sought primarily to portray an upper-class Hungary through clear anecdotes, that his sole purpose was to entertain, and that with that world gone from Hungary, only his smaller humorous and satirical works are still deserving of attention. [NNC]

ILLÉS BÉLA

Born March 22, 1895 in Kassa. Novelist, short-story writer, publicist. Father a merchant. Attended schools in Beregszász and Szolyva, where he learned Ukrainian. Family moved to Budapest in 1909 following failure of father's business. On completion of gymnasium, studied law at University of Budapest and obtained doctorate in 1916. Writings began to appear in

Nyugat in 1916. Enlisted in army in 1916 and served on Rumanian, Albanian, and Italian fronts. Became member of Revolutionary Soldiers' Council in 1918. Served as director of cultural programs and as political commander of armed forces in Újpest for Revolutionary Government. Following its demise, he went to Vienna for a short time, then to the Carpathian Ukraine. Became staff member of *Kassai Munkás*. Forced to leave because of communistic activities and went again to Vienna, where he remained for a year and a half, earning a living as nightwatchman, newsdealer, and movie extra. Ordered to leave Austria in 1923 and went to Moscow. First worked as helper in factory, then participated in cultural activities. Became one of the secretaries of the Soviet Writers' Federation; engaged in international movements of writers. Served as the secretary of World Proletariat Writers for eleven years and then as its general secretary and as editorial board member of *Oktyabr* and *Literatura Postu*. Participated in defense of Moscow during World War II and later in campaigns in southeastern Europe with rank of major. Returned to Hungary with Soviet Army in 1945 and participated actively in literary life. Became member of board of directors of Magyar Írók Szövetsége and then chief editor of *Irodalmi Újság* for many years. Discharged from army as lieutenant colonel in 1949. Awarded Kossuth Prize in 1950 and 1955. Now serving as a member of Presidium of Hungarian Writers' Federation. ¶ Pioneer of Hungarian socialist realism. Early writings showed influence of expressionism, but realism, in tradition of Kálmán Mikszáth (q.v.), appeared and took on character of socialist realism. His novels are generally considered to be the best expression of his ideas and style. ¶ Several of his novels have been translated into Bulgarian, Chinese, Czech, Dutch, English, German, Hebrew, Lithuanian, Polish, Rumanian, Russian, Slovakian, and Spanish; and editions of his short stories are available in Czech, Polish, Rumanian, and Russian.

EDITIONS

See also nos. 1069 (no. 5) and 2543 for editorial works.

1366. *Doktor Utrius Pál honvédbaka hátrahagyott írásai.* [Kisregény] Sajtó alá rendezte Illés Béla. Budapest: Világosság, 1917[1]. 96p. AsWN

1367. *Spartacus élete.* [Tanulmány] Budapest: Táltos, 1919[1]. 39p. [1945[3]] NN GyBH

1368. *A szellemi munkások és a szocializmus.* [Tanulmány] Budapest: Táltos, 1919[1]. 31p.

1369. *Ruszin Petra temetése.* Illés Béla novellái. Bratislava: Elbemühl, 1921[1]. 88p.

1370. *Die Generalprobe.* Der Roman der ungarischen Revolution. Berlin, Wien und Zürich: Internationaler Arbeiter, 1929 [1st?]. 358p. MH NcD NN AsWN GyBDS

1371. *Ég a Tisza.* [Regény] Kun Béla előszavával. I–III. rész. Moszkva és Leningrád: Szovjetunióban Élő Külföldi Munkások, 1930–1933[1]. [1954, 1957, 1958, 1962] DLC MH NN NNC AsWN FiHU GeLBM GyBDS GyBH

1372. *Nem mese.* Moszkva: Külföldi Munkások Kiadóvállalata a Szovjet Unióban, 1932[1]. 15p.

1373. *Erdei emberek.* Regény. [*Kárpáti rapszódia* 2. kötete] Budapest: Új Idők, 1945[1]. 240p.

1374. *Új bor.* Regény. [*Kárpáti rapszódia* 1. kötete] Budapest: Új Idők, 1945[1]. 255p. GeLU

1375. *Zalka Máté.* [Tanulmány] Budapest: Officina, 1945[1]. 30p.

1376. *Szkipetárok.* Regény. Budapest: Új Idők, 1946[1]. 203p. [1948] DLC IC GeLBM

1377. *Találkozások.* [Emlékezések] Budapest: Athenaeum, 1946[1]. 53p. [1952[2]] DLC FiHI GeLBM

1378. *Zsatkovics Gergely királysága.* Regény. Budapest: Új Idők, 1946[1]. 298p. GeLBM

1379. *A Guszev-ügy.* [Elbeszélés] Budapest: Budapest Székesfőváros, 1947[1]. 16p.

1380. *Tűz Moszkva alatt.* Elbeszélés. Budapest: Athenaeum, 1947[1]. 63p. [1949] DLC GeLBM

1381. *Emberek vagyunk.* Novellák, rajzok. Budapest: Szikra, 1948[1]. 115p.

1382. *A derűlátás hatalma.* Novellák. Budapest: Székesfőváros, 1949[1]. 65p.

1383. *Fegyvert s vitézt éneklek.* [Novellák] Budapest: Révai Könyvkiadó Nemzeti Vállalat, 1949[1]. 158p. [1950, 1954, 1955, 1960[9]] DLC MH NN NNC FiHU GeLBM GyBDS GyBH

1384. *Mit jelent a győzelmes októberi szocialista forradalom a magyar dolgozó parasztságnak.* [Tanulmány] Budapest: Magyar Dolgozók Pártja Központi Vezetősége, 1949[1]. 40p.

1385. *Sztálin a dolgozó parasztságért.* [Tanulmány] Budapest: Népművelési Minisztérium Oktatási Osztálya, 1949[1]. 38p.

1386. *Kerekes Pista világkörüli utazása.* [Ifjúsági kisregény] Budapest: Athenaeum, 1950[1]. 80p.

1387. *A szovjet hadsereg—a szabadság és béke fegyveres ereje.* [Tanulmány] Budapest: Honvédelmi Minisztérium Politikai Főcsoport-főnöksége és Magyar-Szovjet Társaság, 1950[1]. 47p.

1388. *A vígszínházi csata.* [Regény] Budapest: Révai Könyvkiadó Nemzeti Vállalat, 1950[1]. 124p. DLC GeLBM GyBDS GyBH

1389. *Lenin és a magyar dolgozó parasztság.* [Tanulmány] Budapest: Magyar Dolgozók Pártja Központi Vezetősége, 1951[1]. 39p.

1390. *Sztálin és az irodalom.* [Tanulmány] Budapest: Magyar-Szovjet Társaság, 1951[1]. 14p. DLC

1391. *Válogatott elbeszélések.* Budapest: Szépirodalmi Könyvkiadó, 1951[1]. 139p. DLC MH NN GeLU GyBH

1392. *Honfoglalás.* Regény. 1. kötet: *1943.* Budapest: Szépirodalmi Könyvkiadó, 1952[1]. 213p. DLC GeLBM

1393. *Népünk szabadságáért.* Rákosi Mátyás elvtárs életéből. [Életrajz] Budapest: Szikra, 1952[1]. 50p. DLC

1394. *Történelmi lecke.* Cikkek, tanulmányok. Budapest: Művelt Nép, 1952[1]. 204p. DLC GyBH

1395. *Honfoglalás.* Regény. 2. kötet: *1944.* Budapest: Szépirodalmi Könyvkiadó, 1953[1]. 208p. DLC GeLBM

1396. *Tűz Moszkva alatt.* *Katona-beszéd* [1st?]. Két elbeszélés. Budapest: Ifjúsági Könyvkiadó, 1953. 47p. DLC

1397. *Honfoglalás.* Regény. 3. kötet: *Új esztendő.* Budapest: Szépirodalmi Könyvkiadó, 1954[1]. 271p. [1955] GeLBM GyBDS GyBH

1398. *Háztűznéző.* Elbeszélések. Budapest: Szépirodalmi Könyvkiadó, 1955[1]. 119p. GeLBM

1399. *Harminchat esztendő.* [Novella-gyűjtemény] Budapest: Szépirodalmi Könyvkiadó, 1956. 519p. MH GeLBM GyBDS GyBH

1400. *Válaszúton.* [Elbeszélések] Budapest: Magvető, 1958[1]. 163p. NNC GeLBM GyGNSU

1401. *Anekdoták könyve.* Budapest: Szépirodalmi Könyvkiadó, 1959[1]. 198p. NNC GyBH

1402. *Szivárvány.* Színmű. Budapest: Szépirodalmi Könyvkiadó, 1959[1]. 110p. NN NNC GeLBM GyGNSU

1403. *Anekdoták könyve és újabb egészen rövid történetek.* Budapest: Szépirodalmi Könyvkiadó, 1960. 310p. NNC GyBH

1404. *Ahogy a kortárs látta.* Cikkgyűjtemény. Budapest: Szépirodalmi Könyvkiadó, 1961. 565p. DLC NNC GeLBM GyBDS GyGNSU

1405. *Kenyér.* Novellák (1920–1960) Bevezette Diószegi András: *A novellista Illés Béla.* Budapest: Magvető, 1961. 349p. NNC FiHI GeLBM GyBDS GyBH GyGNSU

1406. *Válogatott elbeszélések.* Válogatta Szalontai Mihály. Budapest: Szépirodalmi Könyvkiadó, 1962. 271p. [C]

1407. *Vér nem válik vizzé.* *Szkipetárok, Fegyvert s vitézt éneklek!, A Vígszínházi csata.* [Kisregények] Budapest: Szépirodalmi Könyvkiadó, 1962. 371p. GyGNSU

1408. *Honfoglalás.* Történelmi regény. Budapest: Szépirodalmi Könyvkiadó, 1963. 725p. DLC InU MH NN NNC

1409. *Kárpáti rapszódia.* Az utószót Diószegi András írta. I–II. kötet. Budapest: Szépirodalmi Könyvkiadó, 1963[15]. DLC IC MH NN PP FiHI GeLBM GyBDS GyBH

1410. *Anekdoták, találkozások, történetek.* Összegyűjtötte és szerkesztette Jászberényi József. Budapest: Szépirodalmi Könyvkiadó, 1964[3]. 375p. [C] CLU DLC InU MH MnU NNC GyBDS

1411. *Az aranyliba.* Összegyűjtött elbeszélések, 1920–1964. [Some for first time in collection] Összegyűjtötte és szerkesztette Jászberényi József. Budapest: Szépirodalmi Könyvkiadó, 1965. 622p. [C] CU DLC InU MH MnU NN NNC GeLBM GyBDS GyBH GyGNSU

1412. *A 339-es szoba. Új esztendő.* [Kisregények] Budapest: Szépirodalmi Könyvkiadó, 1966[1]. 197p. GeLBM GyBDS GyBH

CRITICISM

1413. Kun Béla. "Előszó Illés Béla Ég a Tisza című könyvéhez," *Irodalmi tanulmányok.* Budapest: Magvető, 1960; 174p. Pp. 30–34. [First appeared in Russian in *Na literaturnom Posztu,* no. 1 (1929), 72–73. See also no. 1371]

A view of the work as illustrating the true significance of the revolution of the Hungarian proletariat. DLC NN GyBDS GyBH GyGNSU

1414. Diószegi András. "Fantázia és emberábrázolás. (A novellista Illés Béla)," *Illés Béla: Kenyér.* Novellák (1920–1960). Budapest: Magvető, 1961; 349p. Pp. 5–16.

The sources in his personal experience from which his themes and short stories are selected, and the characteristics of his art in the genre. NNC FiHI GeLBM GyBDS GyBH GyGNSU

ILLÉS ENDRE

Born June 4, 1902 in Csütörtökhely. Dramatist, short-story writer, critic. Obtained medical degree but immediately pursued literary career. Became staff member of *Az Est,* later of *Budapesti Hírlap,* for which he edited its literary supplement. Served as director of Révai Irodalmi Intézet for 14 years. Writings began to appear in *Nyugat* in 1930's. Director of Szépirodalmi Kiadó since 1949 and now president of prose section of Írószövetség. Awarded Attila József Prize in 1962 and Kossuth Prize for literary contributions and *Kettős kör* in 1963. ¶ Stories and dramas based largely on his experiences as medical student and on the life of intellectuals. Catholic and strongly humanistic in outlook. Style simple and direct. Portraits of writers in critical essays are important. Helped to create modern Hungarian social drama by using conventions of salon drama to depict society and to treat his themes satirically. Translated some works of Martin du Gard, Maupassant, Mauriac, Stendhal, and André Stil. ¶ Some of his short stories have been translated into French and German.

EDITIONS

See also nos. 1543 (nos. 8–10), 1546, 2177 (vol. 11), 2541, 2666, 2668 (nos. 6–7, 11), and 4586 for editorial works. Material in edition: no. 1734. Annotated works: nos. 342, 1156, 2606, 2699, 3436, 3631, 3773, 3837, and 4249.

1415. *Zsuzsa.* [Novellák] Budapest: Franklin-Társulat, 1942[1]. 169p. GeLBM

1416. *Kevélyek.* [Elbeszélések] Budapest: Franklin-Társulat, 1947[1]. 265p. DLC GeLU

1417. *Hazugok.* Vígjáték. Budapest: Franklin-Társulat, 1949[1]. 152p. DLC

1418. *Krétarajzok.* [Tanulmányok] Budapest: Magvető, 1957[1]. 554p. DLC MH GeLBM GeLU GyBDS GyBH GyGNSU

1419. *Történet a szerelemről és a halálról.* [Mese] Budapest: Móra, 1957[1]. 65p. GyGNSU

1420. *Trisztán.* Dráma. Vas Istvánnal. Budapest: Magvető, 1957[1]. 164p. GyGNSU

1421. *Hamisjátékosok.* [Novellák] Budapest: Magvető, 1958[1]. 509p. MH NNC GyBDS GyGNSU

1422. *Homokóra.* Komédia és erkölcsrajz. Három felvonás. Budapest: Szépirodalmi Könyvkiadó, 1962[1]. 107p. NNC GeLBM GyGNSU

1423. *Kettős kör.* [Novellák, emlékezések, színmű három felvonásban: *Türelmetlen szeretők*] Budapest: Magvető, 1962[1]. 318p. [1963[2]] NNC GeLBM GyBDS GyBH GyGNSU

1424. *Rendetlen bűnbánat.* [Színmű] Vas Istvánnal. Budapest: Magvető, 1963[1]. 121p. NNC GyBDS

1425. *Gellérthegyi éjszakák.* [Tanulmányok, arcképek] Budapest: Szépirodalmi Könyvkiadó, 1965[1]. 449p. CU MH MnU AsWN FiHU GeCU GeLBM GeLU GyBDS GyBH GyGNSU

1426. *Az idegen.* Dráma. Budapest: Magvető, 1965[1]. 121p. GyBDS GyBH GyGNSU

BIOGRAPHY

See nos. 342 and 2699.

CRITICISM

1427. Rónay György. "Az olvasó naplója. Illés Endre: Krétarajzok." *Vigilia,* XXII (1957), 117–118.
A review examining the content and method of his criticism and describing his attitude and method as the construction of the character of each of the authors he discusses. NN NNC GyBH

1428. Kolozsvári Grandpierre Emil. "Egy kritikus arcképe," *Kortárs,* VII, no. 5 (1963), 765–767.
A review of *Krétarajzok* calling attention to his connections with *Nyugat*

and *Magyar Csillag*, maintaining that his criticism is unlike the "obdurate" critical outlook of Pál Gyulai and the "sterile juridical" spirit of Zoltán Ambrus but like that of Jenő Péterfy in its "painstaking" quality. States that his literary studies are in the spirit of Mihály Babits and Aladár Schöpflin, moving on a smaller scale of comprehension but being better written than the latter's critiques. DLC MH FiHU GeLBM GyBH

1429. Nagy Péter. "Az elbeszélő Illés Endre," *Új Írás*, III (1963), 245–246.

States that the short stories show the unity of his voice and viewpoint but that they also contain something new: a relaxation of the "spasm of modesty" which lay in his feelings and judgments behind the detachment of his stories and characters. Commentary on his anti-romanticism and on the economy of his style. DLC MH FiHI GeLBM GyBDS GyBH

1430. Illés Jenő. "Két műfaj vonzásában. Jegyzetek Illés Endréről," *Mai dráma, mai dramaturgia. Tanulmányok*. Budapest: Szépirodalmi Könyvkiadó, 1964; 340p. Pp. 57–71.

A study of his short stories and dramas maintaining that the natural expression of his individuality is to be found in these two genres with the inner structuring of his dramas being short-story-like in manner and that of his short stories being dramatic; that his intellectual attitude and his fondness for paradoxical situations connect him with Shaw; that his objectivity separates him from his themes and characters; and that the intent and belief of a moralist can be observed in the accurate delineations of his new short stories and dramas. MnU NNC AsWN GeLBM GyBDS

ILLYÉS GYULA

Born November 2, 1902 in Rácegrespuszta. Poet, dramatist, critic, translator. Father a manorial machinist. Spent early school years in villages and small towns in Dunántúl. Sent to school in Budapest in 1916. Participated in leftist student movements. Attended meetings of Galilei Circle and Socialist Students' Association. Continued to participate in workers' movement after failure of Revolutionary Government. Forced to leave Hungary in 1920. Went to Vienna, Berlin, and France. Settled in Paris. Participated in workers' movement and literary avant-gardism. Worked as miner, bookbinder, and teacher; also studied literature and psychology at Sorbonne. First writings appeared in short-lived Hungarian emigrant periodicals in Paris. Returned to Rácegrespuszta in 1926, later moved to Budapest. Contributed to *Dokumentum*; poems began to appear in *Nyugat* in 1928. Became close friend of Mihály Babits (q.v.). Numerous publications brought him recognition as member of new generation of writers. Awarded Baumgarten Prize four times between 1931 and 1936. Through poems and articles he became one of the founders of the populist writers' movement in early 1930's. Formed friendship with Attila József (q.v.). Increasing involvement in populist movement resulted in his imprisonment. Helped to edit *Válasz* during 1930's. Attended Moscow Writers' Conference in 1934 with Lajos Nagy (q.v.). Became joint editor of *Nyugat* in 1937 and its editor after death of Babits; then edited its successor, *Magyar Csillag*, until April 1944. During World War II spent long periods of time hiding in provinces. After 1945 served as parliamentary representative of Nemzeti Parasztpárt. Edited newly revived *Válasz* 1946–1948. Awarded Kossuth Prize in 1948 and 1953. Occasionally a member of Írószövetség but gradually withdrew from public scene. Opposed government in October 1956. Now devoting time entirely to writing. ¶ One of the most important poets in 20th-century Hungarian literature. Poems blend realism and modern verse trends in highly individual manner. Extends poetic language and themes to everyday occurrences. Prose contains images from the folk songs and setting of Transdanubia. His writings are permeated by his experiences with environment of his home village. Strong humanistic outlook and sympathy for the poor. Often struggles with hopes and reality emerging in Hungarian society since end of World War II. Dramas reflect a search for a better life for man. Among the best translators in Hungarian literature; translated works of Eluard, Aragon, and other modern French poets as well as Hugo, Burns, Villon, and Ben Jonson. Made significant contributions to the sociography of peasants. ¶ *Puszták népe* has been translated into Bulgarian, Croatian, Czech, English, French, German, and Slovenian; *Két férfi* into Polish; *Petőfi* into Bulgarian, Croatian, Czech, French, Serbian, and Slovenian; *Magyar népmesék* into Bulgarian; an edition of his poems is available in French; and some of his writings have been translated into Italian, Rumanian, Russian, and Slovakian.

EDITIONS

See also no. 1482. Editorial works: nos. 309, 316 (nos. 3–4), 317, 321, 344, 2177 (vol. 1–10), 2178, and 3202, and p. 531. Material in edition: nos. 1014 and 2183. Annotated works: nos. 339, 350, 825, 942, 2484, 2772, 2773, 2774, 2779, 2977, 3210, 3306, 3378, 4081, 4177, and 4209.

1431. *Nehéz föld.* [Versek] Budapest: Nyugat, 1928[1]. 86p. MH OCl GyBH

1432. *Három öreg.* Illyés Gyula verse. Budapest: A Szerző, 1931[1]. 44p. NN FiHU GyBH

1433. *Sarjúrendek.* [Versek] Budapest: Nyugat, 1931[1]. 76p. MH GyBH

1434. *Hősökről beszélek.* [Költemény] Cluj-Kolozsvár: Korunk, 1933[1]. 45p.

1435. *Ifjúság.* [Költemény] Debrecen: Nagy Károly és Társai, 1934[1]. 40p.

1436. *Oroszország.* [Úti jegyzetek] Budapest: Nyugat, 1934[1]. 221p. OCl OO GeLU

1437. *Szálló egek alatt.* Versek. Budapest: Nyugat, 1935[1]. 116p. MH FiHU GeLBM GyBH

1438. *Petőfi.* Budapest: Nyugat, 1936[1]. 311p. [Numerous editions; see no.

2977] DLC MH MnU NN NNC OCl AsWN AsWU FiHI FiHU GeCU GeLBM GeLU GyBDS GyBH GyGGaU

1439. *Puszták népe.* [Szociográfia] Budapest: Nyugat, 1936[1]. 287p. [1937, 1955[12], 1962[15], 1964] DLC IC ICU InU MH NN NNC OCl FiHI FiHU GeLBM GeLU GyBH GyGNSU

1440. *Rend a romokban.* [Versek] Budapest: Nyugat, 1937[1]. 219p. MH NN NNC GeLBM GyBH

1441. *Magyarok.* Naplójegyzetek. I–II. kötet. Budapest: Nyugat, 1938[1]. DLC MH MnU NN NNC OCl FiHI GeLBM GyBH

1442. *Ki a magyar?* Budapest: Mefhosz, 1939[1]. 48p. DLC NN GeLBM GyBH

1443. *Külön világban.* [Versek] Budapest: Cserépfalvi, 1939[1]. 113p. GeLBM

1444. *Lélek és kenyér.* [Szociológiai tanulmány] Budapest: Nyugat, 1939[1]. 262p. NN OCl GeLBM

1445. *Összegyűjtött versei.* Budapest: Nyugat, 1940[1]. 460p. MH NN NNC OCl GeLU GyBH

1446. *Csizma az asztalon.* [Tanulmány] Budapest: Nyugat, 1941[1]. 161p. DLC MnU NN GeLBM

1447. *Kora tavasz.* Regény. I–II. kötet. Budapest: Révai, 1941[1]. [1944[2]] MH FiHI GeLBM GyBH

1448. *Mint a darvak.* [Rajzok] Budapest: Nyugat, 1942[1]. 94p. GeLBM

1449. *A nép nevében.* [Válogatott versek] József Attilával. Pestszentlőrinc: Mátyás, 1942[1]. 32p.

1450. *Válogatott versek.* Budapest: Révai, 1943. 155p.

1451. *A tű foka.* [Drámai példázat három felvonásban] Budapest: Nyugat, 1944[1]. 100p. [1966] GeLBM

1452. *Egy év.* Versek. 1944. szeptember-1945. szeptember. Budapest: Sarló, 1945[1]. 77p. MH MnU GeLBM

1453. *Honfoglalók között.* Riportsorozat a dunántúli földosztásról. Kolozsvár: Sarló, 1945[1]. 34p.

1454. *Húnok Párizsban.* Regény. [A költő emlékei, naplója] Budapest: Révai, 1946[1]. 463p. DLC IC MH MnU NNC FiHI GeLBM GyBH

1455. *Kiáltvány a parasztság művelődése ügyében!* [Tanulmány] Budapest: Egyetemi Nyomda, 1946[1]. 4p.

1456. *Franciaországi változatok.* [Karcolatok] Budapest: Nyugat, 1947[1]. 147p. DLC GeLBM GeLU GyBH

1457. *Összes versei.* I–III. kötet. Budapest: Nyugat és Révai, 1947.
 1. kötet: 1928–1935: *Nehéz föld, Sarjúrendek, Három öreg, Ifjúság, Szálló egek alatt, Hősökről beszélek.* Pp. 1–242.

2. kötet: 1936–1940: *Rend a romokban, Hűtlen a jövő, Külön világban, Új versek (1930–1940).* Pp. 247–465.

3. kötet: *Szembenézve (1947).* Pp. 471–665p.

DLC MH NN NNC GeLU GyBDS GyGGaU GyGGNSU

1458. *Szembenézve.* [Versek] Budapest: Révai, 1947[1]. 173p. DLC NN

1459. *Tizenkét nap Bulgáriában.* [Versek] Budapest: Budapest Székesfőváros, 1947[1]. 39p. GeLBM

1460. *Lélekbúvár.* Szatíra. [Színmű] Budapest: Révai, 1948[1]. 136p. NN NNC GeLBM

1461. *Két férfi.* Regény. [Petőfi Sándor és Bem József] Budapest: Révai Könyvkiadó Nemzeti Vállalat, 1950[1]. 172p. [1957] DLC MH NN GeLBM GyBDS GyBH

1462. *Két kéz.* [Költemény] Budapest: Athenaeum, 1950[1]. 39p. DLC MH MnU NN GeCU GeLBM

1463. *Ozorai példa.* Színmű három felvonásban. Budapest: Szépirodalmi Könyvkiadó, 1952[1]. 111p. DLC MH GeLBM GyBDS GyBH

1464. *Tűz—víz.* Dráma. Budapest: Művelt Nép, 1952[1]. 43p.

1465. *Válogatott versei.* Budapest: Szépirodalmi Könyvkiadó, 1952. 422p. DLC MH MnU NNC AsWU FiHU GeLBM

1466. *Fáklyaláng.* Dráma két felvonásban, utójátékkal. [A *Tűz—víz* átdolgozása] Budapest: Szépirodalmi Könyvkiadó, 1953[1]. 83p. [1958] DLC MH GyBDS

1467. *Hetvenhét magyar népmese.* Válogatta Katona Imre, feldolgozta Illyés Gyula. Budapest: Ifjúsági Könyvkiadó, 1953[1]. 476p. [4th, rev. ed., 1957, 1964] CSf DLC MH NNC OCl FiHU GeLBM GyBDS GyBH

1468. *Tűvé-tevők.* Parasztkomédia. [Jelenet] Budapest: Művelt Nép, 1953[1]. 40p. GyBH

1469. *A csodafurulyás juhász.* Verses mesék és műfordítások. Budapest: Ifjúsági Könyvkiadó, 1954[1]. 38p. DLC GyBH

1470. *Dózsa György.* Dráma három felvonásban. Budapest: Szépirodalmi Könyvkiadó, 1956[1]. 156p. DLC MH NNC GeLBM GeLU GyBH GyGNSU

1471. *Kézfogások.* [Versek] Budapest: Magvető, 1956[1]. 223p. DLC MB GeLBM GyBDS GyBH GyGNSU

1472. *Három dráma.* [*Dózsa György, Fáklyaláng, Ozorai példa*] Budapest: Szépirodalmi Könyvkiadó, 1957. 257p. GyBDS GyBH

1473. *Kínai szelence.* Antológia. Fordította, a jegyzeteket és a bevezetést írta Illyés Gyula. Budapest: Európa, 1958[1]. 174p. CtY DLC MnU NNC GeLBM GyBDS

1474. *Új versek.* Budapest: Szépirodalmi Könyvkiadó, 1961[1]. 222p. MH NNC GeCU GeLBM GeLU GyBH

I

1475. *Balaton.* [Fényképalbum és szöveg] A szöveg Illyés Gyula munkája. Budapest: Corvina, 1962[1]. 177p. GyBH

1476. *Ebéd a kastélyban.* Egy életregény fejezetei. Budapest: Szépirodalmi Könyvkiadó, 1962[1]. 337p. IC MH MnU NNC FiHU GeLBM GyBDS GyBH GyGNSU

1477. *Nem volt elég . . .* Válogatott versek. Budapest: Szépirodalmi Könyvkiadó, 1962[1]. 691p. DLC MH NNC GeLBM GyBDS GyBH GyGNSU

1478. *Másokért egyedül: A kegyenc, A különc.* Két dráma. Budapest: Szépirodalmi Könyvkiadó, 1963[1]. 291p. MH NNC GeLBM GeLU GyBDS GyBH GyGNSU

1479. *Nyitott ajtó.* Válogatott versfordítások. Budapest: Európa, 1963[1]. 674p. NNC FiHI GeLBM GyBDS GyBH

1480. *Ingyen lakoma.* Tanulmányok, vallomások. I–II. kötet. Budapest: Szépirodalmi Könyvkiadó, 1964[1].

  1. kötet: 1927–1945. 434p.
  2. kötet: 1948–1964. 423p.

  CLU DLC MnU NB FiHU GeCU GeLBM GyBDS GyGNSU

1481. *Dőlt vitorla.* Versek. Budapest: Szépirodalmi Könyvkiadó, 1965[1]. 204p. MnU NNC FiHU GeLBM GyBDS GyBH GyGNSU

BIBLIOGRAPHY

See no. 1482.

BIOGRAPHY

See also no. 2779.

1482. Gara László. *Az ismeretlen Illyés.* Washington, D.C.: Occidental, 1965. 178p.

A biography based on little known or unknown documents as illustrations of Illyés's artistic career, on which the study centers most of its attention. Also contains some previously unpublished poems as supporting evidence. By one who has known him intimately since the early fall of 1924. Bibliographical notes, p. [179] CLU MnU NNC AsWN GeLBM GyGNSU

CRITICISM

See also nos. 80, 1056, 3209, 4326, and 4624.

1483. Németh László. "Illyés Gyula: Nehéz föld," *Nyugat,* XXII (March 16, 1929), 376–382.

A review of the first edition of poems characterizing their tone, the quality of his imagination, and the nature of their free verse. MnU NN NNC [FiHI] GeLBM GyBH

1484. Sárközi György. "Illyés Gyula versei: Sarjúrendek," *Nyugat,* XXIV (February 16, 1931), 262–263.

A review of the edition of poems characterizing him as a poet who recognizes himself through the outer world, and discussing the poems as reflecting this fact. MnU NN NNC [FiHI] FiHU GeLBM [GeLU] GyBH

1485. Németh László. "Illyés Gyula," *Nyugat*, XXIV (August 1, 1931), 174–178.

Discusses the way in which his poetry differs from that of the 1908 generation of poets (Ady, Babits, Kosztolányi, Gellért). Considers the effect of his poetic temperament, the Hungarian people's fate, and Hungarian folk poetry on his verses. MnU NN NNC [FiHI] FiHU GeLBM [GeLU] GyBH

1486. Babits Mihály. "Illyés Gyula verse: Három öreg," *Nyugat*, XXV (March 1, 1932), 281–283.

A review praising his humor and use of form in the poems and linking him with János Arany and Petőfi. MnU NN NNC FiHU GeLBM [GeLU] GyBH

1487. Török Sophie. "Illyés Gyula könyve: Szálló egek alatt," *Nyugat*, XXVIII (September, 1935), 199–202.

A review of the edition of poems characterizing the folk qualities of his poetry and the nature of his imagination. MnU NN NNC FiHU GeLBM [GeLU] GyBH

1488. Babits Mihály. "Illyés Gyula: Puszták népe," *Nyugat*, XXIX (June, 1936), 409–411.

A review of the work discussing mainly the unhappy state of the workers of the Hungarian landed estates and praising the work for its style and genuine nativeness. MnU NN NNC [FiHI] FiHU GeLBM [GeLU] GyBH

1489. Szegi Pál. "Illyés Gyula: Rend a romokban," *Nyugat*, XXX (November, 1937), 356–371.

A review tracing his experiments with form and his literary and stylistic development from his first book to the one being reviewed. MnU NN NNC [FiHI] FiHU GeLBM GyBH

1490. Halász Gábor. "Az új Illyés," *Válogatott írásai*. Szerkesztette, az utószót és a jegyzeteket írta Véber Károly. Budapest: Magvető, 1959; 801p. Pp. 393–401. [Appeared in *Nyugat*, XXXI (January, 1938), 36–40]

Discusses new stylistic qualitites that reveal developing strengths which will enable him to probe more deeply and to give more of himself to the reader. DLC NNC GeLBM GeLU GyBDS GyBH GyGNSU

1491. Ortutay Gyula. "Illyés Gyula kétkötetes könyve: Magyarok," *Nyugat*, XXXII (January, 1939), 1–7.

A review very critical of his pessimistic and gloomy view of Hungary. MnU NN [NNC] [FiHU] GeLBM GyBH

1492. Schöpflin Aladár. "Illyés Gyula, a költő," *Nyugat*, XXXIII (June 1, 1940), 276–279.

States that he remains a part of his origins, that he is more than a socialist poet, that he is not the poet of happiness. Discusses the development of his verse techniques. MnU NN NNC FiHU GeLBM GyBH

1493. Béládi Miklós. "Dózsa. Illyés Gyula új drámája," *Új Hang*, V (April, 1956), 65–68.

After viewing previous treatments of György Dózsa in Hungarian literature and Illyés's own handling of the figure in his earlier writings, discusses the play in detail linking the revolutionary and patriot with the people's movement in contemporary Hungary. Some comment on the aesthetic manner in which he expresses the power of the characters and events. DLC NN GyBH

1494. Czine Mihály. "Illyés Gyula: Kézfogások," *Új Hang*, V (August, 1956), 55–56.

The qualities of the poems, and his discovery of hope and acceptance of a political role after 1945. DLC NN GyBH

1495. Hermann István. "Történelmünk elmulasztott lehetőségei. Illyés Gyula drámáiról," *Csillag*, X (April, 1956), 759–771.

A discussion of his dramas' growing awareness of the class oppositions and contradictions in society between "leaders and followers" until he recognizes, after 1945, that the problems of the people and nation can be solved by "leaders who dare to appeal to the masses" and his plays begin to show this conception. Much evidence from *Dózsa*. [DLC] MnU [NN] NNC [GeLBM] GyBH [GyGGaU]

1496. Rónay György. "Illyés Gyula: Kézfogások," *Dunántúl*, V (1956), 85–89.

Maintains that in these poems he has stopped speaking from behind a mask, that he does not stand some distance from the experience, and that he speaks from his heart. [DLC] NN

1497. Béládi Miklós. "Illyés Gyula és a szürrealizmus," *Irodalomtörténeti Közlemények*, LXV (1961), 682–709.

His joining the movement in Paris (1921–1926), his work with Lajos Kassák's surrealistic periodical *Dokumentum*, his verses with a surrealistic character, and his poem "Újra föl" as a link between his early surrealistic verses and his development toward realism. Bibliographical footnotes. Summary in French, p. 709. DLC MnU NN NNC AsWU GeLBM GyBH

1498. Czine Mihály. "Illyés Gyula: Ebéd a kastélyban," *Új Írás*, II (1962), 784–786.

A review which relates his prose style to that of his predecessors, considers it to be probably the best Hungarian prose being written, and describes its characteristics. Maintains that the work giving the volume its title probably shows his richest humor and irony. DLC MH

JANUS PANNONIUS

Born August 29, 1434 in Csezmicze; died March 27, 1472 in Medvevár. Poet.
Hungarian name: János Csezmiczei. Took Latin name from Pannonia, an
area south and west of Danube. Descendant of lesser aristocracy in poor
economic circumstances. Raised for a time by widowed mother; beginning in
1447 he attended famous humanistic universities of Ferrara, Padua, and
Venice with support of János Vitéz, Bishop of Várad. Studied under Guarino
da Verona at Ferrara. Spent 14 years in Italy with interruptions. Began to
write poetry while in Italy, mainly panegyrics. Named canon of Várad in
1454. Obtained doctorate and went on tour of Italy before his return to
Hungary in 1458, where he received post in Royal Chancellery in Buda and
soon became Bishop of Pécs (1459–1472). Headed delegation to Rome in
1465 to seek help from Pope Paul II against Turks. Accompanied King
Mátyás on military expedition to Czechoslovakia in 1468 and then assumed
responsibility for defense of southern Hungary. Appointed viceroy of Slavonia
about 1470. Participated in plot against King Mátyás and died during escape.
¶ Had a very significant role in the development of Hungarian literature.
Strong humanist, Hungary's first lyric poet of contemporary note. First to
give individuality high place and to view mainly reality and lyricism of
Hungarian life. Preserved many experiences of his daily life in numerous
epigrams. Expression of personal thoughts highly lyrical. Today his elegiac
poetry is more valuable than his earlier poetic creations. He also translated
Homer, Plutarch, and Demosthenes into Latin. A volume of his collected
works became part of the library of King Mátyás. ¶ Some of his poems
have been translated into Italian.

FIRST EDITIONS: *Polybius: Historiae*. Lat. trad. Nicolaus Perottus. *Janus
Pannonius: Ad divam Faeroniam Naiadum Italicarum principem carmen*.
Venezia: Bernardinus de Vitalibus, 1498. [102] leaves. – *Panegyricus in
laudem Guarini Veronensis praeceptoris sui conditus*. Ed. Paulus Crosnensis
Ruthenus. Wien: Hieronymus Vietor et Johann Singriener, 1512. 22 leaves.
– *Elegiarum aureum opusculum*. Ed. Johannes Camers. Wien: Hieronymus
Vietor et Johann Singriener, 1514. 16 leaves. – *Epigrammata, antea non
impressa*. Kraków: Hieronymus Vietor, 1518 (August). [6] leaves. – *Pane-
gyricus Jacobo Antonio Marcello Patritio Veneto*. Ed. Adrianus Wolphardus.
Bologna: Hieronymus de Benedictis, 1522 (December 1). [60] leaves. –
Plutarchus: Quibus modis ab inimicis iuvari possimus. Lat. interpr. Janus
Pannonius. Cum aliis eiusdem translationibus. Ed. Adrianus Wolphardus.
Bologna: Hieronymus de Benedictis, 1522 (December 10). [30] leaves. –
Elegiarum liber unus. Ed. Adrianus Wolphardus. Bologna: Hieronymus de
Benedictis, 1523. [32] leaves. – *Opera, multo nunc demum quam unquam antea
et auctiora et emendatiora, in lucem edita*. Basel: Johannes Oporinus, 1555.
256 leaves. – *Lusus quidam et epigrammata, nunc primum inventa et excusa*.

Ed. Johannes Sambucus. Padova: n.p., 1559. [30] leaves. – Sámboky János: *Reges Ungariae ab an. Christi 401 usq[ue] ad 1567*. [Versiculi] Janus Pannonius: *Eranemus*. [Poema] Nunc repertus et ed. a Joanne Sambuco. Wien: Kaspar Stainhofer, 1567. [16] leaves.

EDITIONS

See also no. 1509 for a Hungarian translation.

1499. *Libri III. poematum elegiarium et epigrammatum*. Budae: Typis Leopoldi Francisci, 1754. 318p. [C]   AsWN GeLBM

1500. *Jani Pannonii . . . poemata quae uspiam reperiri potuerunt omnia*. Kiadta Teleki Sámuel. I–II. kötet. Traiecti ad Rhenum: Bartholomaeus Wild, 1784. [B]

    1. kötet: Silva panegyrica. Carmen pro pacanda Italia. Diomedis et Glauci Congressus. Carmen ad Ludovicum Gonzagam. Eranemus. Libri Elegiarum. Libri Epigrammatum. Appendix Carminum. 414p.

    2. kötet: Plutarchi Chaeronei philosophi libellus. Orationes tres. Epistolae. Vita Jani Pannonii. Dedicationes et praefationes. Testimonia et judicia selecta. Variantes lectiones. 691p.

MnU NNC [PPL] AsWN AsWU GeLBM GeOB GyBH GyGNSU

1501. *Dicsének Jacobus Antonius Marcellusra*. Magyarra fordította, bevezetéssel és jegyzetekkel ellátta Hegedüs István. Budapest: Magyar Tudományos Akadémia, 1897. 119p. [B]   AsWN AsWU GeLBM

1502. *Magyar költő magyarul: Janus Pannonius*. Fógel József előszavával, Berczeli A. Károly fordításai. Szeged: Prometheus, 1934. 62p. [C]   NN GyBH

1503. *Panegyricus in Guarinum Veronensem*. Sajtó alá rendezte Ladislaus Juhász. Budapest: Királyi Magyar Egyetemi Nyomda, 1934. [15]p. [A]   MH NNC GeOB

1504. *Költeményei*. Hegedüs István fordításában. Budapest: Magyar Tudományos Akadémia, 1938. 238p. [B]   MnU AsWN GyBH GyGNSU

1505. *A Duna mellől*. Magyarul Geréb László. Budapest: Officina, 1940. 115p. [C]

1506. *Itáliai évek*. [Versek] Geréb László fordításai, bevezette Kardos Tibor. Budapest: Vajda János Társaság, 1943. 79p. [C]

1507. *Válogatott versei*. Magyar fordításban. Sajtó alá rendezte Gerézdi Rabán és Kálnoky László, bevezette Gerézdi Rabán. Budapest: Szépirodalmi Könyvkiadó, 1953. 195p. [C] DLC ICU InU MH MnU NN NNC OCl GyBH

BIBLIOGRAPHY

See nos. 1508, 1510, and 1513.

BIOGRAPHY

1508. Huszti József. *Janus Pannonius.* Pécs: Janus Pannonius Társaság, 1931. 448p.

A biography giving extensive attention to his works, emphasizing his role as a humanistic poet and translator, and closing with a chapter on his importance in Hungarian literature, especially in relation to his place in Hungarian Latin poetry. Bibliographical notes, pp. 299–414; bibliography, pp. 415–432. CoU MnU NNC AsWN GeLBM GyBH GyGNSU

CRITICISM

1509. Hegedüs István. *Guarinus és Janus Pannonius.* Budapest: Magyar Tudományos Akadémia, 1896. 87p.

After a characterization of the classical attitudes and spirit of Italian humanism at the time and some discussion of Baptista Guarinus's life and works, examines his relationship with Janus Pannonius and the account of Guarinus provided in the panegyric Janus Pannonius wrote about him. Some discussion of the form itself. Provides a Hungarian translation of the poem. Bibliographical footnotes. AsWU GeLBM

1510. Zalai János. *Janus Pannonius mint utánzó.* (*Nyelvi szempontból tekintettel a klasszikus költőkre és prózairókra*) Fogaras: Thierfeld Dávid, 1905. 102p.

Records his borrowings of words and phrases from such Latin writers as Virgil, Ovid, Martial, and Cicero, and his own use of Latin words and expressions to show his classical bent and roots. Bibliography, p. 3. GyBH

1511. Pais Dezső. "Janus Pannonius Eranemusa és a latin klasszikusok," *Egyetemes Philologiai Közlöny*, XXXIV (1910), 760–776.

The individual motifs of his youthful poems and the pictures and expressions in them as going back largely to the writings of Virgil, Ovid, and Lucan. Bibliographical footnotes. IU MH MnU NNC OCIW OCU [AsWN] FiHU GyBH

1512. Kardos Tibor. "Janus Pannonius bukása," *Pannonia*, I (1935), 115–138. [Also a reprint]

Examines his humanistic poetry and thought, as derived from his years in Italy and his Italian humanism, to show the effect of Italian humanism on him as forming the basis for his falling out with King Mátyás. NNC GyBH

1513. Feniczy György. *Claudius Claudianus és Janus Pannonius panegyricus költészete.* Budapest: Dunántúl Pécsi Egyetemi Könyvkiadó és Nyomda, 1943. 92p.

His movement toward the writing of panegyrics, their character, and the influence of Claudianus upon them. Bibliography, pp. 87–88. Summary in Latin, pp. 84–86.

1514. Gerézdi Rabán. "Janus Pannonius," *Irodalomtörténet*, XXXVIII (1950), 14–30.

The first part of a series concentrating on the author and his lifework: his years in Italy, and his views and the content and form of his writings during the period, especially the panegyric. [CU] DLC [MH] MnU NN NNC OCl AsWU GeLBM GyBH GyGNSU

1515. Gerézdi Rabán. "Janus Pannonius (1434–1472)," *Janus Pannonius válogatott versei*. Szerkesztette Gerézdi Rabán és Kálnoky László, a bevezetőt és a jegyzeteket Gerézdi Rabán írta. Budapest: Szépirodalmi Könyvkiadó, 1953; 195p. Pp. 5–30.

After a brief characterization of the humanism of the times, especially in Italy, examines his literary career and political activities, and comments on the three periods of his poetic creativity: Ferrara (1447–1454), Padua (1454–1458), and Hungary (1458–1472). DLC ICU InU MH MnU NNC OCl GyBH

1516. Gerézdi Rabán. "Egy költői hírnév története (A Janus-hagyomány sorsa a Jagello-korban)," *Irodalomtörténeti Közlemények*, LXVI (1962), 720–731.

The course of his literary reputation during the first three decades of the 16th century. Attention to editions of his works and attitudes toward them. Bibliographical footnotes. Summary in German, pp. 731–732. DLC MnU NN NNC AsWU GeLBM GyBH

JÉKELY ZOLTÁN

Born April 24, 1913 in Nagyenyed. Poet, novelist, translator. Father was Lajos Áprily (q.v.). Attended schools in Nagyenyed and Kolozsvár. Family moved to Budapest in 1924. Completed studies in Hungarian and French at Eötvös Kollégium. Obtained position at National Széchényi Library in 1935. Poems appeared in *Nyugat*, *Erdélyi Helikon*, *Válasz*, and *Szép Szó* in 1930's. Visited Paris and Italy in 1937 and Rome in 1940. Awarded Baumgarten Prize in 1939. Moved to Kolozsvár in 1941 and employed by library of University of Kolozsvár. Worked as staff member of *Világosság* 1944–1946. Returned to Budapest and again obtained post at National Széchényi Library. At present devoting entire time to writing. ¶ Member of so-called third generation of Nyugat School. Poems elegiac and nostalgic. Concerned with philosophical questions. Early novels based on autobiographical materials, later ones on adventure. Among the best translators in Hungary; has translated some of the works of Dante, Racine, Shakespeare, and Rumanian poets. ¶ Some of his poems have been translated into German and Polish.

EDITIONS

See also no. 4178 for annotated work.

1517. *Az erdélyi magyar irodalom kezdetei a háború után és Kuncz Aladár.* [Tanulmány] Budapest: Sylvester, 1935[1]. 35p. GyBH

1518. *Éjszakák.* [Versek] Budapest: Mikes Kelemen Akadémia, 1936[1]. 48p.

1519. *Kincskeresők.* [Regény] Budapest: Franklin-Társulat, 1937[1]. 227p. OCl GyBH

1520. *Medárdus.* [Regény] Budapest: Franklin-Társulat, 1938[1]. 180p. IC GyBH

1521. *Új évezred felé.* Versek. Budapest: Cserépfalvi, 1939[1]. 96p.

1522. *Zugliget.* [Regény] I–II. kötet. Budapest: Franklin-Társulat, 1940[1]. OCl GyBH

1523. *A házsongárdi föld.* Kisregények. Kolozsvár: Erdélyi Szépmíves Céh, 1943[1]. 176p.

1524. *Mérföldek, esztendők . . .* Versek. Budapest: Franklin-Társulat, 1943[1]. 131p.

1525. *Angalit és a remeték.* Versesdráma. Kolozsvár: Erdélyi Szépmíves Céh, 1944[1]. 98p.

1526. *Minden mulandó.* [Két elbeszélés] Marosvásárhely, 1946[1]. [From *Magyar irodalmi lexikon*, I, 525]

1527. *A halászok és a halál.* Regényes halászvallomások. Kolozsvár: Józsa Béla Athenaeum, 1947[1]. 107p.

1528. *Csunyinka álma.* [Verses mese] Budapest: Ifjúsági Könyvkiadó, 1955[1]. 46p.

1529. *Felséges barátom.* [Kisregény] Budapest: Magvető, 1955[1]. 198p.

1530. *A fekete vitorlás vagyis Ördögh Artur csodálatos regénye.* Budapest: Magvető, 1957[1]. 218p. DLC MH GyBDS GyGNSU

1531. *Tilalmas kert.* Versek, 1931–1956. Budapest: Magvető, 1957. 374p. DLC GyBDS GyBH GyGNSU

1532. *Keresztút.* Válogatott műfordítások. Budapest: Európa, 1959[1]. 315p. DLC GeLBM GyBDS GyGNSU

1533. *Bécsi bolondjárás.* Regény. Budapest: Magvető, 1963[1]. 319p. GyBDS GyBH GyGNSU

1534. *Lidérc-űző.* [Versek, 1st] *Angalit és a remeték.* Verses dráma. Budapest: Magvető, 1964. 189p. CU DLC InU MnU GeCU GeLBM GyBDS GyBH GyGNSU

CRITICISM

1535. Weöres Sándor. "Éjszakák: Jékely Zoltán versei," *Nyugat,* XXX (March, 1937), 228–229.

A review discussing the power of the fascination in his poetry, characterizing his poetry as romantic, with day-dreaming as its basic trait, as speaking of his childhood recollections in Transylvania, of his childhood's anguish, of fanciful loves and, above all, of death. Maintains that he sees death as horrible and completely negative and that the monotony of the volume is the very element that gives it its magical quality. Expects him to give a larger projection to his voice. MnU NN NNC [FiHI] FiHU GeLBM GyBH

1536. Halász Gábor. "Új évezred felé: Jékely Zoltán versei," *Nyugat*, XXXIII (February, 1940), 106–107.

A review finding his voice to be unmistakably individualistic. Characterizes the richness of his words and pictures as inclining toward romanticism, maintaining that he can transmit "the innermost metaphysical bewilderment of the soul" and stating that if "the ode of emotion' can conquer "the elegy of his voices," his future success is assured. MnU NN NNC FiHU GeLBM GyBH

1537. Lengyel Balázs. "Jékely Zoltán," *Vigilia*, XXII (1957), 205–209.

His use of death and evanescence as motifs in his poetry, the characteristics of his ballads, and his movement after 1940 through experimentation with Ady's voice, followed by a return to his earlier voice, to the maturing of an "apocalyptic vision" in some of the longer poems in the last part of *Tilalmas kert*. NN NNC

1538. Rónay György. "Jékely Zoltán: Tilalmas kert," *Irodalomtörténet*, XLVI (1958), 281–288.

A review outlining his literary career and maintaining that his voice is distinctive to his generation. Analyzes his poetic method in detail, stating that the danger of his being a slave to a morbid "death-lyric" was affected by "the irresistible power of the reality of life." Calls attention to the emotions of Transylvania in his poetry, and states that his poetry echoes the influence of Krúdy and that nostalgia is at the center of his spiritual way of life. CU DLC MH MnU NN NNC AsWU GeLBM GeLU GyBDS GyBH

JÓKAI MÓR

Born February 18, 1825 in Komárom; died May 5, 1904 in Budapest. Novelist, short-story writer, poet, dramatist. Father a lawyer; aristocratic family. Attended Reformed gymnasium in Komárom. In 1835 was sent to school in Pozsony, where he learned German. Resumed studies at home in 1837. Short poem published in *Társalkodó* in 1834. Began studies at Református Kollégium in Pápa in 1841, where his skills in writing and painting distinguished him and he began friendship with Sándor Petőfi (q.v.). Studied law in Kecskemét 1842–1844. Law apprentice in 1845; passed examination in 1846, but after winning first case, the success of his first novel caused him to abandon law career. Undertook editorship of *Életképek* in 1847, with

Petőfi as best known associate. Became one of leaders in youth activities during March 1848. Married Róza Laborfalvi in summer 1848. Fled to Debrecen with Kossuth government in 1849. After collapse of Revolution he hid for a time in Tardona in Bükk mountains. Returned to Pest in 1850, where he devoted himself to political, editorial, newspaper, and literary activities. Founded *Nagy Tükör* in 1856, *Üstökös* in 1858, and *A Hon* in 1863. Member of Academy in 1858, Kisfaludy-Társaság in 1860. Parliamentary representative in 1861 and 1865–1896 but lessened political and editorial activities in 1880's. Visited Paris twice and Italy several times. Elected first President of Petőfi-Társaság in 1876. Greatly depressed by wife's death in 1886; his care was undertaken for a time by adopted daughter. Married Bella Grosz in 1899. Warmly received by French writers and artists during visit to Paris Exposition in 1900. Continued to write during last years. ¶ Most distinguished writer of romantic fiction in Hungary. Established novel as genre in Hungarian literature. So prolific that his works are still not collected into a complete edition. Novels and short stories filled with exotica and fantasy from all ages and parts of world; portray ideal world and express optimistic view to sustain hopes of Hungarians for better life. Power to build legends responsible for romantic views of leading 19th-century figures in Hungary and participants in Revolution of 1848–1849 by which succeeding generations remember them. Does not seek to penetrate character or situation but to weave delightful impressions and to decorate with ever richer colors. Noted for variety and richness of themes, descriptive and structural artistry, and skillful use of language. His short stories are excellent, his poetry, mostly political, inferior; his dramas are of little interest, though numerous. ¶ Many of his novels have been translated into Armenian, Bulgarian, Chinese, Croatian, Czech, Danish, Dutch, English, Esthonian, Finnish, French, German (mainly), Hebrew, Italian, Latvian, Lithuanian, Polish, Rumanian, Russian, Ruthenian, Serbian, Slovakian, Slovenian, Spanish, Swedish, Turkish, and Ukrainian; editions of his short stories are available in Czech, English, Esthonian, Finnish, French, German, Italian, Polish, Serbian, and Swedish.

FIRST EDITIONS: *Hétköznapok.* Regény. I–II. kötet. Pest: Hartleben C. A., 1846. – *Vadon virágai.* Novellák. I–II. kötet. Pest: Heckenast Gusztáv, 1848. – *Forradalmi és csataképek 1848 és 1849-ből.* [Elbeszélések] I–II. kötet. Pest: Heckenast Gusztáv, 1850. – *Egy bujdosó naplója.* Novellák a forradalom utáni időkből. Pest: Geibel Ármin, 1851. 212p. – *Erdély aranykora.* Regény. I–II. kötet. Pest: Emich Gusztáv, 1852. – *Hangok a vihar után.* [Novellák] Pest, 1852. [From Szinnyei, V, 582] – *Újabb novellái.* [*A varchoniták, Shirin, Fortunatus Imre, A Kalóz-király, A kétszarvú ember*] I–III. kötet. Pest: Emich és Eisenfels, 1852. – *Egy magyar nábob.* Regény. I–IV. kötet. Pest: Emich Gusztáv, 1853. – *Török világ Magyarországon.* Történeti regény. I–III. kötet. Pest: Müller Gyula, 1853. – *Erdélyi képek.* Novellák. I–II. kötet. Pest: Emich Gusztáv, 1854. – *Janicsárok végnapjai.* Regény. Pest: Számvald

240 JÓKAI

Gyula, 1854. 506p. – *Kárpáthy Zoltán.* Regény. I–IV. kötet. Pest: Emich Gusztáv, 1854. – *Török mozgalmak 1730-ban.* [*Janicsárok végnapjai*] Regény. Pest: Számvald Gyula, 1854. 362p. – *A magyar nemzet története.* [Regényes elbeszélések] I–III. kötet. Pest és Budapest: Heckenast Gusztáv és Franklin-Társulat, 1854–1890. – *A magyar előidőkből.* [Elbeszélések] Pest: Heckenast Gusztáv, 1855. 342p. – *Véres könyv.* Csataképek a jelenkori háborúból. [Elbeszélések] I–III. kötet. Heckenast Gusztáv, 1855. – *Tarka élet.* [Regény] I–II. kötet. Pest: A Szerző, 1855–1856. – *Délvirágok.* [Elbeszélések] Pest: Emich Gusztáv, 1856. 327p. – *A legvitézebb huszár.* Pest, 1856. [From Szinnyei, V, 584] – *A magyar nép adomái.* Összegyűjté Jókai Mór. Pest: Heckenast Gusztáv, 1856. 272p. – *Novellái.* Árnyképek. I–II. kötet. Pest: Emich Gusztáv, 1856. – *Óceania.* Egy elsüllyedt világrész története. Pest: Heckenast Gusztáv, 1856. 177p. – *A régi jó táblabírák.* Regény. I–IV. kötet. Pest: Emich Gusztáv, 1856. – *Szomorú napok.* Regény. I–II. kötet. Pest: Emich Gusztáv, 1856. – *Népvilág.* Elbeszélések. I–II. kötet. Pset: Heckenast Gusztáv, 1857. – *Novellák.* Pest: Beimel J. és Kozma Vazul, 1857. 129p. – *Az elátkozott család.* Regény. I–II. kötet. Pest: Heckenast Gusztáv, 1858. – *Regék.* Pest, 1858. [From Szinnyei, V, 585] – *Dekameronja.* Száz novella. I–X. kötet. Pest: Heckenast Gusztáv, 1858–1860. – *Kakas Márton tolltaraja.* Összekötve kiválogatott versei, levelei és apróbb elbeszéléseiből. I–II. kötet. Pest: Heckenast Gusztáv, 1860. – *A magyar néphumorról.* [Székfoglaló] Pest, 1860. [From Szinnyei, V, 585] – *Szegény gazdagok.* Regény. I–IV. kötet. Pest: Emich Gusztáv, 1860. – *Színművek.* [*A szigetvári vértanuk, Könyves Kálmán, Dózsa György, II. Manlius Sinister, Dalma, A murányi hölgy*] I–III. kötet. Pest: Heckenast Gusztáv, 1860. – *Jókai és báró Podmaniczky Frigyes beszédei.* Pest, 1861. [From Szinnyei, V, 586] – *Országgyűlési beszéd.* Pest, 1861. [From Szinnyei, V, 586] – *Kakas Márton politikai költeményei.* Pest: Emich Gusztáv, 1862. 254p. – *Politikai divatok.* Regény. I–IV. kötet. Pest: A Szerző, 1862–1863. – *Szélcsend alatt.* Elbeszélések. I–II. kötet. Pest: Heckenast Gusztáv, 1862–1863. – *Felfordult világ.* [Regény] I–II. kötet. Pest: Heckenast Gusztáv, 1863. – *Az új földesúr.* Regény. I–III. kötet. Pest: Emich Gusztáv, 1863. – *Milyenek a férfiak?* Elbeszélések. Pest: Heckenast Gusztáv, 1865. 184p. – *Milyenek a nők?* Elbeszélések. I–II. kötet. Pest: Heckenast Gusztáv, 1865. – *Mire megvénülünk.* [Regény] I–IV. kötet. Pest: Heckenast Gusztáv, 1865. – *Kakas Márton Albuma.* I–II. kötet. Pest, 1866. [From Szinnyei, V, 587] – *Virradóra.* Legújabb novellák és genreképek. I–III. kötet. Pest: Emich Gusztáv, 1868. – *Szerelem bolondjai.* Regény. I–IV. kötet. Pest: Athenaeum, 1868–1869. – *Beszéde a pest-terézvárosi választókhoz febr. 28. 1869.* Pest, 1869. [From Szinnyei, V, 588] – *A kőszívű ember fiai.* Regény. I–VI. kötet. Pest: Athenaeum, 1869. – *A malom alatt.* [Apróbb elbeszélések] Pest, 1869. [From Szinnyei, V, 588] – *Mit akar az ellenzék, forradalmat vagy reformot?* Pest, 1869. [From Szinnyei, V, 588] – *Fekete gyémántok.* [Regény] I–V. kötet. Pest, 1870. [From Pintér, VII, 328] – *Az arany ember.* Regény. I–V. kötet. Pest: Athenaeum, 1872. – *A baloldal igazi reform párt.* Képviselői jelentés Pest-Terézváros polgáraihoz. Pest, 1872. [From Szinnyei, V, 588] – *Föld felett és víz alatt.* Regények. [*Párbaj istennel, A magyar Faust: Hatvani tanár, A nők tűzhely mellet, Két léghajós, A csigák regénye*] Pest: Athenaeum, 1872. 283p. – *Ha az ellenzék többségre jut.* Programmbeszéd. Pest, 1872. [From Szinnyei, V, 588] – *A véres kenyér.* Egy ifjú hős naplójából. [Elbeszélés] Pest: Athenaeum, 1872. 87p. – *Eppur si muove. És mégis mozog a föld.* [Regény] I–VI. kötet. Pest: Athenaeum, 1872–1873. – *A jövő század regénye.* I–IX. kötet. Pest: Athenaeum, 1872–1874. – *A fekete sereg.* [Történelmi elbeszélés] *A sajtó és a censura Magyarországon.* [Emlékezés] Pest: Athenaeum, 1873. 126p. – *Kis dekameron.* Válogatott beszélyek a serdülő ifjúság számára kiszemelve s itt-ott módosítva. Pest: Heckenast Gusztáv, 1873. 370p. – *Egy ember, a ki mindent tud.* Egy darab regény. Budapest: Athenaeum, 1874. 175p. – *A szegénység útja.* [Elbeszélések] Budapest: Athenaeum, 1874. 151p. – *Elbeszélő költeményei és satyrái.* Budapest: Athenaeum, 1875. 332p. – *Emlékeim.* I–II. kötet. Budapest: Ráth Mór, 1875. – *Enyim, tied, övé.* Regény. I–VI. kötet. Budapest: Athenaeum, 1875. – *Forradalom alatt írt művei 1848–1849.* [Újságcikkek] Budapest: A Szerző, 1875. 274p. – *A debreczeni lunátikus.* Elbeszélés. Budapest: Athenaeum, 1876. 141p. – *Egész az északi polusig! Vagy: mi lett tovább a Tegetthoffal?* Regény. I–II. kötet. Budapest: Athenaeum, 1876. – *Az élet komédiásai.* Regény. I–VII. kötet. Budapest: Athenaeum, 1876. – *Egy az Isten.* Regény. I–VI. kötet. Budapest: Athenaeum, 1877. – *Milton.* Dráma négy felvonásban. Budapest, 1877. [From Szinnyei, V, 590] – *Névtelen vár.* Történelmi regény. Budapest: Athenaeum, 1877. 810p. – *Szép Mikhál.* Regény. I–III. kötet. Budapest: Athenaeum, 1877. – *Egy asszonyi hajszál.* Történelmi regényvázlat. Budapest: Athenaeum, 1878. 232p. – *Az életből ellesve.* Beszélyek. I–III. kötet. Budapest: Athenaeum, 1878. – *Észak honából.* Muszka rajzok. [Elbeszélések] Budapest: Petőfi-Társaság, 1878. 178p. – *Görög tűz.* Elbeszélések mindenféle igazhívő népek történetéből. I–III. kötet. Budapest: Athenaeum, 1878. – *Jókai Mór programmbeszéde, tartatott a józsefvárosi választók előtt július 21.* Budapest, 1878. [From Szinnyei, V, 591] – *Mondjuk ki az igazat.* [Politikai röpirat] Budapest: A Szerző, 1878. 46p. – *Egy hírhedett kalandor a XVII. századból.* Regényes korrajz. I–III. kötet. Budapest: Athenaeum, 1879. – *Hős Pálfy.* Drámai jelenetek 3 képben. Budapest, 1879. [From Szinnyei, V, 591] – *Rab Ráby.* Regény. I–III. kötet. Pozsony: Stampfel, 1879. – *Szabadság a hó alatt, vagy a zöld könyv.* Történelmi regény. I–IV. kötet. Budapest: Athenaeum, 1879. – *Beszéde a költségvetési ügyben a képviselőház 1880. febr. 26. üléséből.* Budapest, 1880. [From Szinnyei, V, 591] – *A kik kétszer halnak meg.* Regény. I–IV. kötet. Budapest: Athenaeum, 1881. – *Asszonyt kísér, Istent kísért.* [Regény] Budapest: Aigner Lajos, 1881. 187p. – *Beszéde a váczi szabadelvű párt értekezletén máj. 1.* Budapest, 1881. [From Szinnyei, V, 592] – *Páter Péter.* Regény. Budapest: Révai Testvérek, 1881. 217p. – *Egy játékos, aki nyer.* Regény két kötetben. Budapest: Révai Testvérek, 1882. – *A ma.* Regény. Folytatása az "A kik

kétszer halnak meg" regénynek. I–III. kötet. Budapest: Athenaeum, 1882.
– *Mátyás diák és Bente úr.* Néprege Mátyás királyról. Versbe szedte. Budapest, 1882. [From Szinnyei, V, 592] – *Mátyás király és a szegény varga. A czinkotai kántor.* Két verses elbeszélés. Budapest, 1882. [From Szinnyei, V, 592] – *Szeretve mind a vérpadig.* Regény. I–V. kötet. Budapest, 1882. [From Pintér, VII, 332] – *Targallyak.* [Elbeszélések] Budapest: Athenaeum, 1882. 312p. – *Bálványos-vár.* Történeti regény. I–II. kötet. Budapest: Athenaeum, 1883. – *A Damokosok.* Regényes történet. I–II. kötet. Budapest: Athenaeum, 1883. – *Minden poklokon keresztül.* Történeti regény. I–II. kötet. Budapest: Révai Testvérek, 1883. – *Oroszlánhűség.* Költői elbeszélés. Budapest, 1883. [From Szinnyei, V, 593] – *A pénz betegségei.* Elbeszélés. Budapest: Franklin-Társulat, 1883. 62p. – *A puskás Kalári.* Székely monda. [Költemény] Budapest, 1883. [From Szinnyei, V, 592] – *Beszéde a budget-törvényjavaslat fölött a képviselőház 1880. decz. 4. ülésében.* Budapest, 1884. [From Szinnyei, V, 593] – *Magyarország története a népiskolák számára.* Budapest, 1884. [From Szinnyei, V, 593] – *Negyven év visszhangja.* [Gondolatok] Budapest: Franklin-Társulat, 1884. 384p. – *A lőcsei fehér asszony.* Regény. I–V. kötet. Budapest: Révai Testvérek, 1884–1885. – *Az arany ember.* Dráma öt felvonásban. Budapest: Révai Testvérek, 1885. – *A czigánybáró.* Regény. Budapest: Révai Testvérek, 1885. 166p. – *A kis királyok.* Regény. I–V. kötet. Pest: Révai Testvérek, 1885–1886. – *Aki a szívét a homlokán hordja.* Rege, regény és való. Budapest: Singer és Wolfner, 1886. 167p. – *Fekete gyémántok.* Dráma 5 felvonásban. Budapest, 1886. [From Szinnyei, V, 594] – *Még egy csokort.* Elbeszélések. Budapest: Athenaeum, 1886. 280p. – *Életemből.* Igaz történetek. Humor. Örök emlékek. Útleírás. I–III. kötet. Budapest: Ráth Mór, 1886–1887. – *A három márványfej.* Regény, kritikával elegy. I–III. kötet. Budapest: Révai Testvérek, 1887. – *Keresd a szived.* Dráma négy felvonásban. Budapest: Révai Testvérek, 1887. 180p. – *A Magláy-család. A ki holta után áll bosszút.* Két elbeszélés. Budapest: Révai Testvérek, 1887. 168p. – *Olympi verseny.* Ábrándkép a budapesti Nemzeti Színház ötven éves fennállásának ünnepére. [Jelenet] Budapest: Révai Testvérek, 1887. 29p. – *Gróf Benyovszky Móricz életrajza.* I–II. kötet. Budapest: Ráth Mór, 1888. – *Jocus és Momus.* [Anekdoták] Budapest: Révai Testvérek, 1888. 191p. – *Lenczi fráter.* Regény. Budapest: Révai Testvérek, 1888. 150p. – *A lélekidomár.* Regény. I–V. kötet. Budapest: Révai Testvérek, 1888–1889. – *Utazás egy sírdomb körül.* [Regény] Budapest: Révai Testvérek, 1889. 199p. – *A gazdag szegények.* Regény. I–II. kötet. Budapest: Révai Testvérek, 1890. – *Napraforgók.* Újabb elbeszélések. I–II. kötet. Budapest: Révai Testvérek, 1890. – *A tengerszemű hölgy.* Regény. I–III. kötet. Budapest: Révai Testvérek, 1890. – *Thespis kordéja vagy a földön járó csillagok.* Színjáték két felvonásban. Budapest: Légrády Testvérek, 1890. 112p. – *Nincsen ördög.* Regény. I–II. kötet. Budapest: Légrády Testvérek, 1891. – *A fekete vér.* Regény. Budapest: Révai Testvérek, 1892. – *Rákóczi fia.* Regény. I–III. kötet. Budapest: Révai Testvérek, 1892. – *Fráter György.* Történelmi regény. I–V. kötet. Budapest:

Révai Testvérek, 1893. – *Házasság éhségből és egyéb elbeszélések*. Budapest, 1893. [From Szinnyei, V, 595] – *A két Trenk*. Történeti regény. I–II. kötet. Budapest: Révai Testvérek, 1893. – *Kétszer kettő négy és egyéb elbeszélések*. Budapest, 1893. [From Szinnyei, V, 595] – *Sárga rózsa*. Regény. Budapest: Révai Testvérek, 1893. 167p. – *Színművek*. [*Szép Mikhál, A bolondok grófja, Milton, Hős Pálffy, Világszép leányok, A gazdag szegények, Földön járó csillagok*; a III. kötet 1860-ban is megjelent] I–III. kötet. Budapest, 1893. [From Szinnyei, V, 596] – *A Kráó*. Regény. Budapest: Révai Testvérek, 1895. 131p. – *Magnéta*. Regény. Budapest: Révai Testvérek, 1895. 116p. – *Tégy jót*. Regény négy szakaszban. Budapest: Révai Testvérek, 1895. 176p. – *Trenk Frigyes*. Regény. Budapest: Révai Testvérek, 1895. 136p. – *Budapestnek emlékül*. Budapest versekben. Budapest, 1896. [From Szinnyei, V, 596] – *De kár megvénülni!* Egy vén öcsém-uram élményei után írta Jókai Mór. [Regény] Budapest: Révai Testvérek, 1896. 354p. – *Kertészgazdászati jegyzetek*. Budapest, 1896. [From Szinnyei, V, 596] – *A barátfalvi lévita*. Újabb elbeszélések. Budapest: Révai Testvérek, 1898. 191p. – *Öreg ember nem vén ember*. Novella-ciklus. Budapest, 1898. [From Pintér, VII, 334] – *Az én életem regénye. A hajdani Nemzeti Színházról*. [Emlékezések] Budapest: Révai Testvérek, 1901. 196p. – *Sírkő-album. Kathlánneth*. Újabb elbeszélések. Budapest: Révai Testvérek, 1901. 194p. – *Egetvívó asszonyszív*. Történelmi regény. Budapest: Révai Testvérek, 1902. 263p. – *A mi lengyelünk*. Regény. Budapest, 1903. [From Pintér, VII, 334] – *A hol a pénz nem Isten*. [Regény] Budapest: Révai Testvérek, 1904. 165p. – *Három királyné*. [Elbeszélés] Budapest: Országos Irodalmi r.t., 1904. 29p.

EDITIONS

See also nos. 1551 and 1554. Material in editions: no. 1845, p. 395, and nos. 2951 (vol. 1) and 2968.

1539. *Összes művei*. Nemzeti kiadás. I–C. kötet. Budapest: Révai Testvérek, 1894–1898. [B]

1. kötet: *Erdély aranykora*. Regény. 1894. 282p.

2–3. kötet: *Törökvilág Magyarországon*. Történeti regény. 1–2. rész. 1894.

4–5. kötet: *Egy magyar nábob*. [Regény] 1–2. rész. 1894.

6. kötet: *Kárpáthy Zoltán*. Regény. 1894. 491p.

7. kötet: *A janicsárok végnapjai*. [Regény] *A fehér rózsa*. [Regény] 1894. Pp. 1–206, 207–256.

8. kötet: *Hétköznapok*. Regény. 1894. 270p.

9. kötet: *A régi jó táblabírák*. [Regény] 1894. 410p.

10. kötet: *Csataképek a magyar szabadságharcból*. [Novellák] *Egy bujdosó naplója*. [Kisregény] 1894. Pp. 1–200, 201–304.

11–13. kötet: *Dekameron*. Száz novella. 1–3. rész. 1894.

14. kötet: *Árnyképek*. [Kisregények] 1894. 254p.

15. kötet: *Szegény gazdagok*. Regény. 1894. 410p.

16. kötet: *Népvilág*. Elbeszélések. 1894. 219p.

17. kötet: *Politikai divatok*. Regény. 1894. 454p.

18. kötet: *Szomorú napok*. Regény. 1894. 219p.

19. kötet: *Véres könyv*. Csataképek a keleti háborúból. [Elbeszélések] 1894. 314p.

20. kötet: *Délvirágok*. [Elbeszélések] *Óceania*. [Kisregény] 1894. Pp. 1–220, 221–290.

21. kötet: *Hangok a vihar után*. [Kisregény] 1895. 258p.

22. kötet: *Vadon virágai*. [Elbeszélések] 1895. 254p.

23. kötet: *Erdélyi képek*. [Elbeszélések] 1895. 207p.

24. kötet: *Az új földesúr*. Regény. 1895. 328p.

25. kötet: *Milyenek a nők?* Elbeszélés. *Milyenek a férfiak?* Elbeszélés. 1895. Pp. 1–236, 237–345.

26–27. kötet: *Egy az Isten*. Regény. 1–2. rész. 1895.

28. kötet: *Mire megvénülünk*. Regény. 1895. 420p.

29–30. kötet: *A kőszívű ember fiai*. Regény. 1–2. rész. 1895.

31. kötet: *Az elátkozott család*. Regény. 1895. 258p.

32–33. kötet: *Névtelen vár*. Történeti regény. 1–2. rész. 1895.

34. kötet: *Felfordult világ*. [Kisregény] *A debreceni lunátikus*. [Kisregény] *Éjszak honából*. [Elbeszélések] 1895. Pp. 1–204, 205–280, 281–403.

35. kötet: *Szélcsend alatt*. [Elbeszélések] *Az életből ellesve*. [Elbeszélések] 1895. Pp. 1–204, 205–289.

36. kötet: *A magyar előidőkből*. [Elbeszélések] *Egy asszonyi hajszál*. [Kisregény] 1895. Pp. 1–174, 175–314.

37. kötet: Novellák. 1895. 376p.

38. kötet: Színművek: *A zsidófiú, A szigetvári vértanúk, Könyves Kálmán, Dózsa György, Manlius Sinister, Dalma, A murányi hölgy, Az aradi hősnők*. 1. rész. 1895. 434p.

39. kötet: Színművek: *Milton, Hős Pálffy, Szép Mikhál, A bolondok grófja, Világszép leányok, A gazdag szegények*. 2. rész. 1895. 352p.

40. kötet: Színművek: *Thespis kordéja, Földönjáró csillagok, Olympi verseny, A fekete gyémántok, Az arany ember, Keresd a szived*. 1895. 332p.

41. kötet: *Szerelem bolondjai*. Regény. 1896. 428p.

42. kötet: *Fekete gyémántok*. Regény. 1896. 500p.

43–44. kötet: *Eppur si muove. És mégis mozog a föld*. Regény. 1–2. rész. 1896.

45–46. kötet: *Az arany ember*. Regény. 1–2. rész. 1896.

47–48. kötet: *Enyim, tied, övé*. Regény. 1–2 rész. 1896.

49. kötet: *Virradóra*. [Elbeszélések] 1896. 394p.

50. kötet. *Föld felett és víz alatt*. Regény. *A véres kenyér. Egy ifjú hős naplója*. [Kisregény] *A szegénység útja*. [Elbeszélések] 1896. Pp. 1–148, 149–200, 201–289.

51. kötet: *Rab Ráby*. Regény. 1896. 479p.

52–53. kötet: *A jövő század regénye.* 1–2. rész. 1896.

54–55. kötet: *Az élet komédiásai.* Regény. 1–2. rész. 1896.

56. kötet: *A Damokosok.* Regényes történet. 1896. 194p.

57. kötet: *Szép Mikhál.* Regény. 1896. 295p.

58. kötet: *Targallyak.* Elbeszélések. 1896. 204p.

59. kötet: *Egész az északi pólusig.* [Kisregény] *Aki a szívét a homlokán hordja.* [Kisregény] 1896. Pp. 1–168, 169–277.

60. kötet: *Bálványosvár.* Történeti regény. 1896. 214p.

61. kötet: *Megtörtént regék.* [Beszélyek] 1897. 398p.

62–63. kötet: *Akik kétszer halnak meg.* Regény. 1–2. rész. 1897.

64. kötet: *Görögtűz.* Elbeszélések. Mindenféle igazhívő népek történetéből. 1897. 262p.

65. kötet: *Egy hírhedett kalandor a XVII. századból.* [Regény] 1897. 288p.

66. kötet: *Szabadság a hó alatt, vagy a zöld könyv.* Történelmi regény. 1897. 484p.

67–68. kötet: *Szeretve mind a vérpadig.* Történelmi regény a Rákóczi-korból. 1–2. rész. 1897.

69. kötet: *Még egy csokrot.* Elbeszélések. 1897. 222p.

70. kötet: *Egy játékos aki nyer.* Regény. 1897. 219p.

71–72. kötet: *A lőcsei fehér asszony.* Regény. 1–2. rész. 1897.

73. kötet: *A három márványfej.* Regény kritikával elegy. 1897. 356p.

74–75. kötet: *A kis királyok.* Regény. 1–2. rész. 1897.

76. kötet: *A tengerszemű hölgy.* Regény. 1897. 283p.

77–78. kötet: *A lélekidomár.* Regény. 1–2. rész. 1897.

79. kötet: *A gazdag szegények.* Regény. 1897. 267p.

80. kötet: *Rákóczi fia.* Regény. 1897. 368p.

81–82. kötet: *Fráter György.* Regény. 1–2. rész. 1898.

83. kötet: *Páter Péter.* Regény. *Asszonyt kísér, Istent kísért.* Regény. 1898. Pp. 1–146, 147–274.

84. kötet: *A czigánybáró.* Regény. *Minden poklokon keresztül.* Történeti regény. 1898. Pp. 1–92, 93–289.

85. kötet: *Nincsen ördög.* Regény. *A Magláy-család.* [Kisregény] *Aki holta után áll bosszút.* [Kisregény] 1898. Pp. 1–224, 225–270, 271–323.

86. kötet: *A fekete vér.* Regény. *Lenczi fráter.* Regény. 1898. Pp. 1–186, 187–273.

87. kötet: *A két Trenk.* Történeti regény. *Trenk Frigyes.* Történeti regény. 1898. Pp. 1–226, 227–360.

88. kötet: *Sárga rózsa.* Pusztai regény. *A Kráó.* Regény. *A három királyok csillaga.* Regény. 1898. Pp. 1–102, 103–206, 207–288.

89. kötet: *Margaréta.* Regény. *Tégy jót.* [Kisregény] 1898. Pp. 1–92, 93–245.

90. kötet: *De kár megvénülni.* Regény. Egy vén öcsémuram élményei után. 1898. 304p.

91. kötet: *Napraforgók.* Újabb beszélyek. 1898. 227p.

92. kötet: *Őszi fény.* Újabb elbeszélések. 1898. 347p.

93. kötet: Mesék és regék. [Elbeszélések] 1898. 261p.

94. kötet: *A barátfalvi lévita.* [Regény] *Újabb elbeszélések.* 1898. Pp. 1–146, 147–274.

95. kötet. *Levente.* [Színmű] *Utazás egy sírdomb körül.* [Kisregény] 1898. Pp. 1–168, 169–293.

96–97. kötet: *Életemből.* Igaz történetek, örök emlékek, humor, útleírás. 1–2. rész. 1898.

98–99. kötet: Költemények. 1–2. rész. 1898.

100. kötet: A Jókai jubileum és a nemzeti díszkiadás története. Az előfizetők névsorával és a 100 kötet részletes tartalomjegyzékével, valamint az összes írásainak bibliographiájával. 1898.
DLC MH MnU NN NNC [AsWU] GeLU GyBH

1540. *Önmagáról.* Önéletrajz és egyéb emlékezések. 1825–1904. Beöthy Zsolt bevezetésével. Budapest: Franklin-Társulat, 1904. 384p. NNC GeCU GeLBM GyBH

1541. *Válogatott munkái.* I–L. kötet. Budapest: Franklin-Társulat, 1905–1915. [C]

1–3. kötet: *Politikai divatok.* Regény. 1–3. kötet. 1910–1912[7].

4–6. kötet: *Egy magyar nábob.* Regény. 1–3. kötet. 1907[12].

7–9. kötet: *Kárpáthy Zoltán.* Regény. 1–3. kötet. 1904–1907[12].

10–12. kötet: *Egy az Isten.* Regény. 1–3. kötet. 1907[6].

13–15. kötet: *A kőszívű ember fiai.* Regény. 1–3. kötet. 1908–1914[14]. [Vol. 3, 10th edition, 1914]

16–17. kötet: *Mire megvénülünk.* Regény. 1–2. kötet. 1907[8].

18–20. kötet: *Névtelen vár.* Történelmi regény. 1–3. kötet. 1908[7].

21–22. kötet: *Szegény gazdagok.* Regény. 1–2. kötet. 1905[6].

23. kötet: *Népvilág.* Elbeszélések. 1908[9].

24. kötet: *Sonkolyi Gergely. Isten nyugosztalja meg a szegényt!* Novella. 1909[9]. 103p. *Délvirágok.* [Novellák] 1907[5]. 291p. *A varchoniták.* [Elbeszélés] 1908[9]. 140p.

25. kötet: *Hétköznapok.* Regény. 1–2. kötet. 1910[8].

26. kötet: *A magyar nép élcze szép hegedűszóban.* Összegyűjtötte Jókai Mór. 1907[10]. 279p. *Az életből ellesve.* [Elbeszélések] 1907[4]. 130p. *A Kalóz-király.* Történeti novella. 1907[8]. 116p.

27. kötet: *Felfordult világ.* [Novellák] 1907[5]. 269p. *A legvitézebb huszár.* [Elbeszélés] 1907[5]. 101p. *Fortunatus Imre. Shirin.* [Elbeszélések] 1907[8]. 128p.

28. kötet: *Magyarhon szépségei.* [Útirajzok] 1907[7]. 140p. *A magyar előidőkből.* [Novellák] 1907[8]. 226p.

29–31. kötet: *Dekameronja.* Száz novella. 1–6. kötet. 1907–1910[7].

32. kötet: *A kétszarvú ember.* [Elbeszélések] 1907[8]. 224p. *Koronát szerelemért.* [Elbeszélések] 1908[8]. 127p. *Petki Farkas leányai.* [Elbeszélések] 1909[8]. 121p.

33. kötet. *A serfőző*. Elbeszélések. 1907[7]. 110p. *Carinus*. Históriai novella. *A nagyenyedi két fűzfa*. Beszély. 1907[6]. 129p. Regék. 1907[8]. 93p. *A bűntárs*. [Novellák] 1909[7]. 111p.

34. kötet: *Milyenek a nők?* Elbeszélések. 1909[7]. 317p. *Milyenek a férfiak?* Elbeszélések. 1908[6]. 143p.

35. kötet: *Csataképek a magyar szabadságharczból*. [Novellák] 1–2. kötet. 1907[10].

36. kötet: *Észak honából*. Muszka rajzok. 1909[6]. 166p. *Szélcsend alatt*. Elbeszélések. 1–2. kötet. 1909[6].

37. kötet: *A janicsárok végnapjai*. Regény. 1909[11]. 270p. Elbeszélések. 1907[5]. 151p.

38. kötet: *Erdély aranykora*. Regény. 1–2. kötet. 191?[14].

39. kötet: *Árnyképek*. [Elbeszélés] 1–2. kötet. 1908[7]. *Óceania*. Egy elsülyedt világrész története. 1907[5]. 127p.

40. kötet: *Az új földesúr*. Regény. 1–2. kötet. 1909[11].

41. kötet: *A fehér rózsa*. Humoristicus papírszeletek. [Elbeszélések] 1910[6]. 231p. *Egy asszonyi hajszál*. Történelmi regényvázlat. 1911[6]. 202p.

42. kötet: *Az elátkozott család*. Regény. 1–2. kötet. 1915[10].

43. kötet: *Szomorú napok*. Regény. 1907[10]. 291p. *Bujdosó naplója. Megölt ország*. [Elbeszélések] 1907[9]. 156p.

44. kötet: *Véres könyv*. Csataképek a keleti háborúból. [Elbeszélések] 1–2. kötet. 1906[6].

45. kötet: *A debreczeni lunátikus*. Elbeszélés. 1907[5]. 110p. *Egy ember aki mindent tud*. Egy darab regény. 1909[6]. 178p. *Asszonyt kísér, Istent kísért*. Regény. 1908[6]. 200p.

46. kötet: *Török világ Magyarországon*. 1–2. kötet. 1905[8].

47. kötet: *A régi jó táblabírák*. Regény. 1–2. kötet. 1914[13].

48–50. kötet: Színművek. 1–3. kötet. 1907–1909[3].

[NN]

1542. *Hátrahagyott művei*. A Jókai Mór ötvenéves írói jubileuma alkalmából közrebocsátott nemzeti kiadás kiegészítő sorozata. I–IX. kötet. Budapest: Révai Testvérek, 1912. [B]

1. kötet: *Van még új a nap alatt*. [Regény] 287p.

2. kötet: *Túl a láthatáron*. [Regény] 302p.

3. kötet: *Öreg ember nem vén ember*. [Regény] 243p.

4. kötet: *Emlékeimből*. 280p.

5. kötet: *Az én életem regénye*. 340p.

6. kötet: *Forradalom alatt írt művek*. [Újságcikkek] 320p.

7. kötet: *Félistenek bolondságai. Sírkő album*. 127p.

8. kötet: *A mi lengyelünk*. [Regény] 430p.

9. kötet: *Egetvívó asszonyszív*. [Regény] 261p.

NN GyBH

1543. *Válogatott művei.* [I–XLI] kötet. Budapest: Szépirodalmi Könyvkiadó, 1954–1962. [C]

[Volumes not numbered; arranged chronologically]

1. *Az élet komédiásai.* Regény. Sajtó alá rendezte és jegyzetekkel ellátta Bisztray Gyula, az utószót írta Hegedüs Géza. 1954. 631p.

2. *Eppur si muove.* És mégis mozog a föld. Regény. Sajtó alá rendezte Domokos Mátyás. 1954. 682p.

3. *Erdély aranykora.* Regény. Sajtó alá rendezte Szücs Jenő. 1954. 279p.

4. *A kőszívű ember fiai.* Regény. Sajtó alá rendezte Ruttkay Kálmán. 1954. 580p.

5. *Szegény gazdagok.* Regény. Sajtó alá rendezte Kozma Géza. 1954. 395p.

6. *Török világ Magyarországon.* Regény. *A kétszarvú ember.* Históriai beszély. Sajtó alá rendezte Szücs Jenő. 1954. 495p.

7. *A lőcsei fehér asszony.* Regény. Sajtó alá rendezte Szabó Ferenc. 1955. 511p.

8–10. Válogatott elbeszélések. Válogatta Illés **Endre,** sajtó alá rendezte Domokos Mátyás. 1–3. kötet. 1955.

11. *Kárpáthy Zoltán.* Regény. Sajtó alá rendezte Szücs Jenő. 1956. 479p.

12. *Egy magyar nábob.* Regény. Sajtó alá rendezte Szücs Jenő. 1956. 511p.

13–14. *A kiskirályok.* Regény. Sajtó alá rendezte Teleki László. 1–2. kötet. 1957.

15–16. Kisregények. Az utószót írta Nagy Miklós, sajtó alá rendezte Nagy Miklósné és Nagy Miklós. 1–2. kötet. 1957.

17. *Mire megvénülünk.* Regény. Sajtó alá rendezte Szabó József. 1957. 444p.

18. *Szerelem bolondjai.* Regény. Sajtó alá rendezte Vécsei Irén. 1957. 452p.

19. *Bálványosvár. A tengerszemű hölgy.* Regények. Sajtó alá rendezte Lengyel Dénes. 1958. 531p.

20. *Politikai divatok.* Regény. Sajtó alá rendezte Kónya Judit. 1958. 487p.

21. *Az elátkozott család. A barátfalvi lévita.* Regények. Sajtó alá rendezte Belia György. 1959. 432p.

22–23. *Enyim, tied, övé.* Regény. Sajtó alá rendezte és jegyzetekkel ellátta Kónya Judit. 1–2. kötet. 1959.

24. *Fekete gyémántok.* Regény. Az utószót írta Nagy Miklós. 1959. 559p.

25. *A gazdag szegények.* Regény. Sajtó alá rendezte Lukácsy Sándor. 1959. 311p.

26. *A két Trenk. Trenk Frigyes.* Regények. Sajtó alá rendezte Lengyel Dénes. 1959. 385p.

27. *Az aranyember.* Regény. Az utószót írta Nagy Miklós, jegyzetekkel ellátta Lengyel Dénes. 1960. 591p.

28. *Egy az Isten.* Regény. Sajtó alá rendezte és jegyzetekkel ellátta Szekeres László, az utószót írta Nagy Miklós. 1960. 639p.

29. *Írások életemből.* Önéletrajzi írások. Válogatta, sajtó alá rendezte, bevezette és az utószót írta Hegedüs Géza. 1960. 502p.

30. *Akik kétszer halnak meg.* Regény. Sajtó alá rendezte Vécsei Irén. 1961. 704p.

31. *A mi lengyelünk.* Regény. Sajtó alá rendezte Görög Livia. 1961. 439p.

32. *De kár megvénülni. Öreg ember nem vén ember.* [Regények] Sajtó alá rendezte Nagy Miklós. 1961. 590p.

33. *Egy játékos, aki nyer. Három márványfej.* [Regények] Sajtó alá rendezte Kónya Judit. 1961. 633p.

34. *Rab Ráby.* Regény. Az utószót írta Sőtér István. 1961. 525p.

35. *A régi jó táblabírák.* Regény. Sajtó alá rendezte Horváth Zsigmond. 1961. 435p.

36. *Szép Mikhál. Egy hírhedett kalandor a XVII. századból.* [Regények] Sajtó alá rendezte Téglás Tivadar. 1961. 589p.

37. *Névtelen vár.* Regény. Sajtó alá rendezte és jegyzetekkel ellátta Domokos Mátyás. 1962. 527p.

38. *Nincsen ördög. Egetvívó asszonyszív.* [Kisregények] Sajtó alá rendezte és a jegyzeteket írta Csikós Lászlóné. 1962. 519p.

39. *Szabadság a hó alatt.* [Regény] Függelékben Puskin: *A cigánylány.* Elbeszélő költemény. Fordította Jókai Mór. Sajtó alá rendezte Gondos Ernő. 1962. 492p.

40. *Szeretve mind a vérpadig.* Történeti regény a Rákóczi korból. Sajtó alá rendezte Szabó József. 1962. 587p.

41. *Az új földesúr.* Regény. Sajtó alá rendezte Kulcsár Adorján, az utószót Nagy Miklós írta. 1962. 358p.

[C] [CU] [CoU] [IC] [MH] [NN] [NNC] [AsWU] GyBDS

1544. *Írói arcképek.* [Tanulmányok] Sajtó alá rendezte, bevezette és jegyzetekkel ellátta Bisztray Gyula. Budapest: Művelt Nép, 1955. 390p. [C]   DLC MH NNC OCl GyBDS GyGNSU

1545. *Összes művei.* Szerkeszti Nagy Miklós. Eddig I–XVII., XX–XXI., XXIV–XXV., XXVII–XXX., XXXII., XXXVI–XXXVII., XLI–XLII. kötet. Budapest: Akadémiai Kiadó, 1962+. [A]

1. kötet: *Hétköznapok.* (1846) [Regény] Sajtó alá rendezte Szekeres László. 1962. 441p.

2. kötet: *Szomorú napok.* (1848–56) [Regény] Sajtó alá rendezte Szekeres László. 1963. 371p.

3. kötet: *Erdély aranykora.* (1851) [Regény] Sajtó alá rendezte Oltványi Ambrus. 1962. 435p.

4. kötet: *Török világ Magyarországon.* (1852–1853) [Regény] Sajtó alá rendezte Oltványi Ambrus. 1963. 538p.

5–6. kötet: *Egy magyar nábob.* (1853–1854) [Regény] 1–2. kötet. Sajtó alá rendezte Szekeres László. 1962. 463p.

7. kötet: *A fehér rózsa.* (1854) *A janicsárok végnapjai* (1854) [Regények] Sajtó alá rendezte Gergely Gergely. 1962. 491p.

8–9. kötet: *Kárpáthy Zoltán.* (1854) [Regény] Sajtó alá rendezte Szekeres László. 1–2. kötet. 1963.

10. kötet: *A régi jó táblabírák.* (1856) [Regény] Sajtó alá rendezte Nacsády József. 1963. 598p.

11. kötet: *Az elátkozott család.* (1858) [Regény] Sajtó alá rendezte Harsányi Zoltán. 1963. 334p.

12. kötet: *Szegény gazdagok.* (1860) [Regény] Sajtó alá rendezte Téglás Tivadar. 1962. 535p.

13. kötet: *Az új földesúr.* (1862) [Regény] Sajtó alá rendezte Kulcsár Adorján. 1963. 497p.

14. kötet: *Politikai divatok.* (1862–1863) [Regény] Sajtó alá rendezte Szekeres László. 1963. 632p.

15. kötet: *Felfordult világ.* (1863) [Regény] Sajtó alá rendezte Orosz László. 1963. 266p.

16. kötet: *Mire megvénülünk.* (1865) [Regény] Sajtó alá rendezte Orosz László. 1963. 571p.

17. kötet: *Szerelem bolondjai.* (1869) [Regény] Sajtó alá rendezte Harsányi Zoltán. 1963. 530p.

20–21. kötet: *Fekete gyémántok.* (1870) [Regény] Sajtó alá rendezte Nacsády József. 1–2. kötet. 1964.

24–25. kötet. *Az arany ember.* (1872) [Regény] Sajtó alá rendezte Oltványi Ambrus. 1–2. kötet. 1964.

27–28. kötet: *A kőszívű ember fiai.* (1869) [Regény] Sajtó alá rendezte Szekeres László. 1–2. kötet. 1964.

29–30. kötet: *Enyim, tied, övé.* (1875) [Regény] Sajtó alá rendezte Gergely Gergely. 1–2. kötet. 1964.

32. kötet: *Szép Mikhál.* (1877) [Regény] Sajtó alá rendezte Téglás Tivadar. 1964. 413p.

36–37. kötet: *Szabadság a hó alatt vagy a Zöld könyv.* (1879) [Regény] Függelék: Puskin, *A cigányleány.* Elbeszélő költemény. [Fordítás] Sajtó alá rendezte D. Zöldhelyi Zsuzsa. 1–2. kötet. 1965.

41–42. kötet: *Szeretve mind a vérpadig.* (1882) [Regény] Sajtó alá rendezte Téglás Tivadar. 1–2. kötet. 1965.

?. kötet: Cikkek és beszédek. (1847. január 2–1848. március 12) Összeállította és sajtó alá rendezte Szekeres László. 1. kötet. 1965. 894p.

[DLC] [IC] [MH] FiHI FiHU GyBH GyGNSU

1546. *Válogatott novellái.* Válogatta és az utószót Illés Endre írta. Budapest: Móra, 1964. 459p. [C]   MnU

BIBLIOGRAPHY

See also nos. 1539 (vol. 100), 1550, 1566, 1570, 1571, 1575, and 2966.

1547. Szinnyei József. *Jókai Mór.* Budapest: Hornyánszky Viktor, 1898. 212p.

The section on Jókai from Szinnyei's *Magyar írók élete és munkái*. In three parts: (1) his life, (2) bibliography of the first publication of his writings in periodicals, and (3) bibliography of independently published works and studies about him and his writings. Also his pseudonyms and portraits. MnU NNC

1548. Jókai Mór. *(1825–1904) Bibliográfia életrajzi adatokkal, Jókai műveinek ismertetésével, illusztrációkkal.* Budapest: Fővárosi Szabó Ervin Könyvtár, 1954. 100p.

Provides the following data: (1) contents by volume of the 100-volume edition published by Révai, 1894–1898, (2) contents by volumes of his remaining works published in ten volumes by Révai, 1912, (3) studies about him and his works, and (4) works published since 1945. Also: (1) an arrangement of titles by historical motif, (2) the number of works translated into foreign languages, (3) his plays and their premières, (4) plays based on his writings, (5) films of his works, (6) periods of his editorship of various journals, (7) first publications of his works abroad, (8) poems and statements about him by other authors, and (9) summaries of his works published since 1945 and citations of their reviews. AsWN GeLU GyBDS

BIOGRAPHY

See also nos. 2547 and 4634.

1549. Ferenczy József. *Jókai mint hírlapíró.* Győr: Gross Testvérek, 1894. 29p.

His activities as an editor of and contributor to various periodicals.

1550. Kőrösi László. *Jókai Mór.* Budapest: Hazánk, 1894. 307p.

Attention to his literary development and the characteristics of his works (in Pt. II). Bibliography of his works, pp. 126–131.

1551. Szabó László. *Jókai élete és művei.* Budapest: Rákosi Jenő, 1904. 367p.

Not an effort to write a critical history or to inject personal critical comment. Based on previously unused materials from the hand of Jókai—his recorded views, comments, and accounts of his life. MH MnU NNC GyBH

1552. Eötvös Károly. *A Jókay-nemzetség.* Budapest: Révai Testvérek, 1906. 311p.

A history of the Jókai family and its members, mainly that of his father. Contains a genealogical table and comments on it. IC GyGGaU

1553. Mikszáth Kálmán. *Jókai Mór élete és kora.* Budapest: Művelt Nép, 1954. 398p. [1907[1]]

Both a biography and a study of his relationship with the tendencies of his times. Considerable attention to his writings. Contains a glossary of foreign words used by Jókai. DLC MH MnU NN NNC AsWN FiHI FiHU GyBDS GyBH

1554. *Jókai album. Képek, adatok, okmányok Jókai Mór életéből.* Budapest: Pesti Napló, 1910. 140p.

Consists of 10 studies, mainly biographical, and of numerous illustrations. Also his political activities and his place in world literature. Contains "Az én dolgom a Pesti Naplónál," by Jókai. MnU

1555. Kristóf György. *Jókai Mór élete és művei.* Cluj-Kolozsvár: Minerva, 1925. 103p.

Not intended as a literary or critical study but as a summary of the most interesting facets of his life and writings, for readers in Rumania. GeLBM GyGGaU

1556. *Jókai és Laborfalvi Róza. Hegedüs Sándorné, Jókay Jolán emlékiratai.* Sajtó alá rendezték gyermekei. Budapest: Singer és Wolfner, 1927. 371p.

The relations between Jókai and his wife as recollected by Mrs. Hegedüs *née* Jolán Jókay, NNC

1557. Szini Gyula. *Jókai. Egy élet regénye.* Budapest: Genius, 1928. 235p.

Details of his life and the nature of his creativity, with fictional reconstructions of episodes. MnU NN OCl GeLBM

1558. Erdélyi Pál. *Jókai útja Rév-Komáromtól Pestig, a bölcsőtől a babérig.* Komárom: Komáromi Jókai Egyesület, 1939. 139p.

An account of his life to the 1830's emphasizing the influences of Komárom and his times on his writings, ideas, and character. Two threads developed: literary and political activities. Considered in relation to the critics and authors of the times. Bibliographical footnotes. MnU

1559. Váli Mari. *Emlékeim Jókai Mórról.* Az előszót írta és sajtó alá rendezte Lukácsy Sándor. Budapest: Szépirodalmi Könyvkiadó, 1955. 459p.

Events of his life, beginning with his childhood, based on the personal recollections of his niece. Illustrations. DLC MnU FiHU GeLBM GyBDS GyGNSU

1560. Szekeres László. "Jókai és Petőfi szakítása," *Irodalomtörténet,* XLV (1957), 413–452.

Explores the course and causes of the break between Jókai and Petőfi in 1848–1849 by examining the details of their relationship and their connections with the historical events of their times. Bibliographical footnotes. CU DLC MH MnU NN NNC AsWU GeLBM GeLU GyBDS GyBH

CRITICISM

See also nos. 292, 715, 1930, 1935, 2555, 2557, 2570, 4618, and 4624.

1561. Gyulai Pál. "Dózsa György," *Dramaturgiai dolgozatok.* I–II. kötet. Budapest: Franklin-Társulat, 1908. I, 273–309. [Appeared in *Budapesti Szemle,* I (1857), 466–474]

The play as not meeting the requirements of a tragedy and as lacking fidelity to history; also his reply to Jókai's defense against the charges. DLC MnU NN NNC FiHI GeCU GeLBM

1562. Gyulai Pál. "Újabb magyar regények," *Bírálatok.* 1861–1903. Budapest: Magyar Tudományos Akadémia, 1911; 434p. Pp. 100–131. [Appeared in *Budapesti Szemle*, I, no. 1 (1873), 224–245]

Contains a criticism of his *Eppur si muove* charging that the novel shows his general weaknesses—that though he is an outstanding narrator and stylist and chooses his subjects well, he has relatively little to narrate. MH MnU NN NNC AsWN AsWU FiHI GeCU GeLBM GeLU GyBH

1563. Péterfy Jenő. "Jókai Mór," *Összegyűjtött munkái.* I–III. kötet. Budapest: Franklin-Társulat, 1901–1903. I, 59–105. [Appeared in *Budapesti Szemle*, XXVI, no. 52 (1881), 1–27]

Develops the view that the reality of Jókai's characters is an optical illusion by examining representative characters in relation to his psychology and modes of realism. MH MnU NNC OCl GeLBM GeLU GyBH

1564. Vnutsko Berta. *Jókai Mór drámai munkássága.* Budapest: Neuwald Illés Utódai, 1914. 71p.

A study of his dramas identifying the elements which contributed to their stage success and those elements which were not fully developed in the plays. Bibliographical footnotes. GyBH

1565. Zsigmond Ferenc. *Jókai.* Budapest: Magyar Tudományos Akadémia, 1924. 415p.

After a brief biographical sketch, discusses the development of his literary characteristics, his world outlook and poetic motivations, the protagonists in his novels, his humor, his creative methods, and his literary criticism. MH MnU NNC OCl AsWN FiHI GeLBM GeLU GyBH

1566. Gál János. *Jókai élete és írói jelleme. Rákosi Jenő előszavával.* Berlin: Ludwig Voggenreiter, 1925. 303p.

Biographical, but mainly concerned with the characteristics of his writings by genres, an appraisal of his literary style, the nature of his critical works, and his place in Hungarian literature. A concluding discussion of the reception of his works abroad and a list of translations into foreign languages. DLC MH GyBH GyGNSU

1567. Tolnai Vilmos. "Jókai és a magyar nyelv," *Magyar Nyelv*, XXI (1925), 85–100, 232–246.

Description of his vocabulary, his uses of the Hungarian language, and his "few learned views" of the language. Bibliographical footnotes. CU CtY DLC MH NjP NNC OCl AsWN AsWU FiHI GeLBM GyGNSU

1568. Beöthy Zsolt. "Jókai Mór emlékezete," *Munkái. Irodalmi tanulmányok.* Kéky Lajos bevezetésével. Budapest: Franklin-Társulat, 1928; 222p. Pp. 194–222. [A paper presented to the Kisfaludy-Társaság, May 31, 1905]

A memorial address characterizing his connections with the Hungarian spirit, the evolution of Hungarian poetry, and the advancement of the national public life. MH NNC GyGGaU

1569. Rajka László. *Jókai román tárgyú novellái.* Cluj: Minerva, 1935. 17p.

The subject matter and literary qualities of his short stories using Rumanian subject matter. Bibliographical footnotes. GyBH

1570. Hankiss János. *Jókai, a nagy magyar regényíró.* Budapest: Királyi Magyar Egyetemi Nyomda, 1938. 69p.

Aspects of his attitudes toward Hungary and its spirit, as shown in his writings, mainly after 1848. A chronological table of events in his life, and a chronological list of his most important novels and books of short stories, pp. 68–69. GeLBM

1571. Sőtér István. *Jókai Mór.* Budapest: Franklin-Társulat, 1941. 173p.

After summarizing the literary controversies that developed around him and tracing the critical attitudes toward him, turns to a construction and appraisal of his personality and views affecting his creative spirit, and to his works and elements of form as a distinctive expression of Jókai himself. Shows Jókai as a writer with serious flaws in whose works are to be found the most ambitious undertakings and most heroic adventures, a writer in whom the boundaries of fact and poetry overlap and, more, one whose pictures of the "eternal" Hungary serve the "sweetest solace and most bitter pangs" of Hungarians. Bibliography, by chapters, pp. 170–173. MH MnU AsWN GeLU

1572. Barta János. "Jókai és a művészi igazság," *Irodalomtörténet,* XLII (1954), 401–417.

Reviews recent studies of Jókai as a realist. Takes the position that though he is a precursor of realism, his artistic creativity is made up of non-realistic elements and that he is a great artist even when he is not realistic in manner. CU DLC MH MnU NN NNC AsWU GeLBM GyBDS GyBH GyGNSU

1573. Sőtér István. "Jókai útja," *Romantika és realizmus. Válogatott irodalmi tanulmányok.* Budapest: Szépirodalmi Könyvkiadó, 1956; 611p. Pp. 365–466. [Appeared in *Csillag,* VIII (1954), 2341–2356; IX (1955), 145–157, 389–405, 574–587]

After summarizing the critical attitudes toward his novels, develops his relationship with the inheritance from Petőfi, and examines his literary development in the light of the romanticism and realism in his works and the determining effect of this dualism and the social and political conditions of his times on the evolution of the art in his novels. DLC MnU NNC AsWN FiHI GeCU GeLBM GyGNSU

1574. Szebényi Géza. "Jókai és a Fekete gyémántok néhány kérdése," *Irodalomtörténet,* XLII (1954), 24–60.

Answers István Király's monograph on Mikszáth (no. 2548) and Miklós Nagy's introduction to the edition of the novel by producing evidence on several questions regarding the novel: its importance and place in Jókai's development, its historical background, its romantic and realistic characteristics, Jókai's world view and the role of objective reality in its delineations, its characters. Marxist-Leninist point of view. CU DLC MH MnU NN NNC AsWU GeLBM GyBDS GyBH GyGNSU

1575. Nagy Miklós. "Két százéves Jókai-regény. (Az *Egy magyar nábob* és *a Kárpáthy Zoltán*)," *Magyar Tudományos Akadémia Nyelv- és Irodalomtudományi Osztályának Közleményei*, VII (1955), 65–89.

The two novels considered as the first examples of the interweaving of romanticism and realism in Hungarian literature and as reflections of the Age of Reform. Analyzes their structure and style, and concludes that "their realism is veiled by the illusions of liberalism, that their anecdotal humor blurs it occasionally, and that their romanticism does not form many-sided individuals from their reform-minded characters." Bibliography, p. 89. DLC MnU NNC GeLBM GyBDS GyBH GyGNSU

1576. Sőtér István. "Jókai pályafordulata (a Rab Ráby)," *Romantika és realizmus. Válogatott irodalmi tanulmányok*. Budapest: Szépirodalmi Könyvkiadó, 1956; 611p. Pp. 467–549. [Appeared as "Jókai és a Rab Ráby" in *Irodalomtörténet*, XLIV (1956), 1–39]

The novel as it is affected by his outlook on the political situation in the 1870's; his art in the same decade; the differences between the novel's hero and the historical Rab Ráby; and his inability to adhere to historical reality as evidence of his preference for illusion. DLC MnU NNC AsWN FiHI GeCU GeLBM GyGNSU

1577. Nagy Miklós. "'A kőszívű ember fiai,'" *Irodalomtörténet*, LXII (1958), 231–246.

The novel discussed as to its circumstances of creation, sources, political views, attitudes toward the Revolution of 1848, epic quality and historical fidelity, structure, characters, etc. Maintains that the work marks a new point in his distinctive use of the anecdotal novel of purpose; that it is derived from the political and moral views of the period; and that epic quality and anecdotal character merge in it with principles of different kinds of romantic novels and the realistic style. CU DLC MH MnU NN NNC AsWU GeLBM GeLU GyBDS GyBH

1578. Nacsády József. *Jókai műveinek lengyel alakjai*. Szeged: Szegedi Tudományegyetem Magyar Irodalomtörténeti Intézete, 1961. 18p. [Reprinted from *In memoriam Gedeon Mészöly*. Szeged: Szegedi Nyomda, 1961. Pp. 97–114]

Purpose: to delineate the traits of the Polish characters in the novels of one who connected the Hungarian and Polish questions in his novels and who is the Hungarian novelist giving most attention to the Polish question. Finds the characters generally to be blurred, abstract, and without their national characteristics but showing the embodiment of every true ideal. MH GyGNSU

JÓSIKA MIKLÓS

Born April 28, 1794 in Torda; died February 27, 1865 in Dresden, Germany. Novelist, short-story writer, dramatist. Descendant of ancient aristocratic family. Left studies at Piarist gymnasium in Kolozsvár in 1811 with father's permission to become army officer candidate. In 1812 he left Transylvania with cavalry regiment to campaign against Napoleon in Poland and Italy. Became lieutenant in 1813, first lieutenant in 1814, captain at time of Congress of Vienna. On duty in Paris in 1815. Experimented unsuccessfully with writing dramas in German. Married Erzsébet Kállay in 1818. Resigned from army in 1818 and returned to Torda. Lived in Transylvania and Napkor. Marriage was unhappy. Sought escape in farming and revelry. After 1824 he lived mostly on family estates in Branyicska and Szurdok. During 1828–1829 his first poems appeared in *Felső-Magyarországi Minerva* under pseudonym, Gábor F. Marosközi. Lived in Pest for six months in 1831 where he became acquainted with famous writers and politicians, some of whom encouraged him to publish novels he had already written at Szurdok. Attended parliamentary session in Transylvania in 1834. Became corresponding member of Academy in 1835 on publication of *Irány* and *Vázlatok*. After success of first published novel, *Abafi* (1836), devoted energies mainly to writing fiction and occasional drama. Became member of Kisfaludy-Társaság in 1836, its president in 1842. Became Protestant, and granted divorce in 1847; he married Júlia Podmaniczky. When Transylvania declared union with Hungary in 1848 he was member of committee named to carry out action. Attended parliamentary session called for July 4, 1848, and became delegate to Upper House. Went to Debrecen with government at end of 1848, and followed it to Szeged and Arad. After failure of Revolution fled with wife to Galicia, then to Leipzig. Escaped capture by going to Brussels in May 1850, and lived there under difficult financial circumstances. Wife sold lace; he translated novels into German for income. Moved to Dresden in 1864. ¶ Among first important novelists in Hungary. Twenty-five years of creativity produced mainly historical novels, which gained great popularity in period. Also experimented with romantic, adventurous historical novel. Used narrative techniques of Sir Walter Scott. Sought to recreate environment of past. Wrote many dramas and short stories, some in French and German. Complete works in German published in Pest 1839–1844. ¶ *A csehek Magyarországon*, *A szegedi boszorkányok*, *Jósika István*, and *Zrínyi, a költő* have been translated into German; *Abafi* into German and Turkish; *A hűtlen hív* into Czech; *Az utolsó Bátori* into German and Polish; and *Jő a tatár* into English; and some of his short stories into German.

FIRST EDITIONS: *Irány*. [Politikai röpirat] Kolozsvár: Barra Gábor, 1835. 246p. – *Vázlatok*. [Politikai röpirat] Kolozsvár: Tilsch és Fia, 1835. 195p. – *Abafi*. [Regény] I–II. kötet. Pest, 1836. [From Pintér, VI, 768] – *Zólyomi*.

[Regény] Pest: Heckenast Gusztáv, 1836. 216p. – *A könnyelműek*. [Regény] I–IV. rész. Pest: Heckenast Gusztáv, 1837. – *Az utolsó Bátori*. [Regény] I–III. rész. Pest: Heckenast Gusztáv, 1837. – *A csehek Magyarországban*. Korrajz I. Mátyás király korából. I–IV. rész. Pest: Heckenast Gusztáv, 1839. – *Élet és tündérhon*. Kisebb regények. [*A beduin leánya, A hűtlen hív, A szuttin, Decebal, Merkur Vid*] I–III. rész. Pest: Heckenast Gusztáv, 1840. – *Zrínyi a költő*. Regényes krónika a XVII-ik századból. I–IV. rész. Pest: Heckenast Gusztáv, 1843. – *Az élet útjai*. [Regény] Pest: Heckenast Gusztáv, 1844. 294p. – *Egy házasság a nagyvilágban*. Tryvelian szerzőjétől (Miss Burney). Fordítás. I–II. kötet. Pest, 1844. [From Szinnyei, V, 664] – *Visszhangok*. [Elbeszélések] I–II. rész. Pest: Heckenast Gusztáv, 1844. – *Toussaint*. Regény. Írta Mügge Tivadar. Fordítás. I–VIII. kötet. Pest, 1844–1845. [From Szinnyei, V, 664] – *Ifjabb Békesi Ferenc kalandjai*. [Regény] I–II. kötet. Budapest: Emich Gusztáv, 1845. – *A két Barcsai*. Dráma IV. szakaszban. Pest: Emich Gusztáv, 1845. 142p. – *Szív rejtelmei*. [Elbeszélések és *Adolfine* című regénye] I–II. rész. Pest: Heckenast Gusztáv, 1845. – *Akarat és hajlam*. Regény. I–II. kötet. Pest: Heckenast Gusztáv, 1846. – *Jósika István*. Regény. I–V. kötet. Pest: Heckenast Gusztáv, 1847. – *Egy kétemeletes ház Pesten*. Novella. Pest: Heckenast Gusztáv, 1847. 195p. – *Regényes képletek*. I–III. kötet. Pest: Heckenast Gusztáv, 1847. – *Die Familie Mailly*. Original Roman. I–II. rész. Leipzig, 1850. [From Szinnyei, V, 666] – *Zur Geschichte des ungarischen Freiheitskampfes*. Authentische Berichte. I–II Bände. Leipzig: Arnoldische Buchhandlung, 1851. – *Egy magyar család a forradalom alatt*. Korrajz. I–X. kötet. Braunschweig: Meyer János Henrik, 1852–1862. – *Eszther*. Regény. I–III. kötet. Pest: Heckenast Gusztáv, 1853. – *A gordiusi csomó*. [Regény] I–III. kötet. Pest: Heckenast Gusztáv, 1853. – *Nagy-szebeni királybíró*. Regény az Eszther szerzőjétől. I–III. kötet. Pest: Heckenast Gusztáv, 1853. – *A szegedi boszorkányok*. Regény. I–III. kötet. Pest: Heckenast Gusztáv, 1854. – *A zöld vadász*. Regény. I–III. kötet. Pest: Heckenast Gusztáv, 1854. – *A tudós leánya*. [Regény] I–III. kötet. Pest: Heckenast Gusztáv, 1855. – *Hunyadi Mátyás király*. [Népies életrajz] Pest, 1856. [From Szinnyei, V, 666] – *Jő a tatár*. Regény. I–IV. kötet. Pest: Heckenast Gusztáv, 1856. – *Pygmaleon, vagy egy magyar család Párisban*. [Regény] I–II. kötet. Pest: Heckenast Gusztáv, 1856. – *A rom titkai*. Regény. I–II. kötet. Pest: Heckenast Gusztáv, 1856. – *Két királynő*. Regény. I–III. kötet. Pest: Heckenast Gusztáv, 1857. – *A rejtett seb*. Regény. I–III. kötet. Pest: Heckenast Gusztáv, 1857. – *A hat Uderszki leány*. [Regény] I–VI. kötet. Pest: Heckenast Gusztáv, 1858. – *Regény és regényítészet*. [Tanulmány] Pest: Emich Gusztáv, 1858. 172p. – *Elbeszélések*. Pest: Heckenast Gusztáv, 1859. 110p. – *Régibb és újabb novellák az Eszther szerzőjétől*. I–IV. kötet. Pest: Heckenast Gusztáv, 1859. – *Az első lépés veszélyei*. [Regény] I–II. kötet. Pest: Heckenast Gusztáv, 1860. – *A két barát*. Történelmi regény. I–IV. kötet. Pest: Heckenast Gusztáv, 1860. – *A magyarok őstörténelme*. [Történelmi tanulmány] I–III. kötet. Pest: Heckenast Gusztáv, 1861. – *Második Rákóczi Ferencz*. [Életregény] I–VI. kötet. Pest:

Heckenast Gusztáv, 1861. – *Két élet.* Szeszélyes regény. I–II. kötet. Pest: Heckenast Gusztáv, 1862. – *A két mostoha.* Történelmi regény. I–II. kötet. Pest: Heckenast Gusztáv, 1863. – *Klára és Klári.* Regény az Anjou-királyok korából. I–II. kötet. Pest: Hartleben Adolf, 1863. – *A magyar kényurak.* Regény az Anjou-királyok korából. I–IV. kötet. Pest: Hartleben Adolf, 1863. – *A mi késik, nem múlik.* Regény. I–II. kötet. Pest: Emich Gusztáv, 1864. – *A szegény ember dolga csupa komédia.* Regény. I–IV. kötet. Pest: Hartleben Adolf, 1864. – *Sziklarózsa.* Regény Apafi Mihály erdélyi fejedelem korából. I–IV. kötet. Pest: Ráth Mór, 1864. – *A végváriak.* Regény Bethlen Gábor korából. I–III. kötet. Pest: Heckenast Gusztáv, 1864. – *Emlékirat.* I–IV. kötet. Pest: Heckenast Gusztáv, 1865. – *Várt leány, várat nyer.* Regény. I–III. rész. Pest: Hartleben Adolf, 1865. – See also no. 1579 (vol. 48–49)

EDITIONS

See also no. 1583 (letters).

1579. *Regényei.* Új olcsó kiadás. I–CXXIV. füzet. Pest: Heckenast Gusztáv, 1852–1871; Franklin-Társulat, 1874–1898. [C]

1–2. füzet: *Abafi.* [Regény] 1–2. kötet. 1857[4].

3. füzet: *Zólyomi.* [Regény] 1854[3].

4–6. füzet: *Az utolsó Bátori.* [Regény] 1891[7].

7–10. füzet: *A csehek Magyaroszágban.* Korrajz I. Mátyás király idejéből. 1895[6].

11–14. füzet: *Zrínyi a költő.* Regényes krónika a tizenhetedik századból. 1887[4].

15–16. füzet: *A könnyelműek.* [Regény] 1889[5].

17–24. füzet: *II. Rákóczi Ferenc.* 1852. [Regény] 1–4. kötet. 1891[3].

25–26. füzet: *Eszther.* 1853. Regény. 1901[4].

27–28. füzet: *A rom titkai.* Regény. (1856). 1901[4].

29–32. füzet: *A hat Uderszki lány.* Regény. 1–4. kötet. 1894[4].

33–35. füzet: *A két barát.* Történelmi regény. (1860) 1900[3].

36–40. füzet: *Jósika István.* Regény. (1847) 1–2. kötet. 1901[3].

41–43. füzet: *A zöld vadász.* Regény. 1892[3].

44–47. füzet: *A magyar kényurak.* Regény az Anjou-királyok korából. 1–2. kötet. 1898[2].

48–49. füzet: *Egy néger szabadsághős.* Regény. 1–6. kötet. 1872[1].

50–51. füzet: *Két királynő.* Regény. (1857) 1899[3].

52. füzet: *Egy kétemeletes ház Pesten.* Novella. (1847) 1874[3].

53–55. füzet: *A szegedi boszorkányok.* Regény. 1897[3].

56–57. füzet: *A nagyszebeni királybíró.* Regény. (1853) 1901[3].

58–59. füzet: *Az első lépés veszélyei.* Regény. (1860) 1900[3].

60–61. füzet: *Akarat és hajlam.* Regény. (1846) 1900[3].

62–64. füzet: *Jő a tatár.* Regény. 1895[3].

65–66. füzet: *Pygmaleon vagy egy magyar család Párisban.* Regény. 1–2. kötet. 1881[2].

67–68. füzet: *A rejtett seb.* Regény. (1857) 1899[3].

69–71. füzet: *A tudós leánya.* [Regény] (1855) 1901[3].

72–74. füzet: *A gordiusi csomó.* Regény. (1853) 1900[3].

75–76. füzet: *Szív rejtelmei.* Kisebb regények. 1886[3].

77–80. füzet: Régibb és újabb novellák. 1886[2].

81–82. füzet: *A két mostoha.* Történelmi regény. 1890[2].

83–84. füzet: *Két élet.* Szeszélyes regény. 1890.

85–86. füzet: *A végváriak.* Regény Bethlen Gábor fejedelem korából. 1891[2].

87–88. füzet: *Visszhangok.* Kisebb regények. (1844) 1900[4].

89–90. füzer: *Regényes képletek.* [Elbeszélések] 1–2. kötet. 1895[2].

91. füzet: *Az élet útjai.* Regény. 1895[3].

92–93. füzet: *Élet és tündérhon.* Kisebb regények. 1–2. rész. 1895[4].

94–95. füzet: *Klára és Klári.* Regény az Anjou-királyok korából. 1896[2].

96–98. füzet: *Várt leány várat nyer.* Regény. 1896[2].

99–100. füzet: *A mi késik, nem múlik.* Regény. 1897[2].

101–104. füzet: *Sziklarózsa.* Regény Apafi Mihály erdélyi fejedelem korából. 1–2. kötet. 1897[2].

105–116. füzet: *Egy magyar család a forradalom alatt.* Korrajz. 1–4. kötet. 1897[3].

117–120. füzet: *A szegény ember dolga csupa komédia.* Regény. 1–2. kötet. 1896[2].

121–124. füzet: *A magyar kényurak.* Regény az Anjou-királyok korából. 1–2. kötet. 1898[2].

[CtY] [DLC] [IC]

1580. *Összes művei.* Sajtó alá rendezte Badics Ferenc. [I–XXXI.] kötet. Budapest: Franklin-Társulat, 1900–1911. [B] (Collection never completed) [Volumes not numbered; arranged chronologically]

1. *Akarat és hajlam.* Regény. (1846) 1900[3]. 269p.

2. *A két barát.* Történelmi regény. (1860) 1900[3]. 370p.

3. *Két királynő.* Regény. (1857) 1900[4]. 278p.

4. *A rejtett seb.* Regény. (1857) 1900[3]. 257p.

5. *Az első lépés veszélyei.* Regény. (1860) 1901[4]. 260p.

6. *A gordiusi csomó.* Regény. (1853) 1901[4]. 324p.

7–8. *Jósika István.* Regény. (1847) 1–2. kötet. 1901[4].

9. *A nagyszebeni királybíró.* Regény. (1853) 1901[4]. 260p.

10. *A tudós leánya.* [Regény] (1855) 1901[4]. 391p.

11. *Visszhangok.* Kisebb regények. (1844) 1901[5]. 222p.

12. *Eszther.* Regény. (1853) 1902[5]. 319p.

13. *A rom titkai.* Regény. (1856) 1902[5]. 215p.

14. *Abafi.* Regény. (1836) *Zólyomi.* Regény. (1836) 1903[8]. 340p.

15. *Pygmaleon vagy egy magyar család Párisban.* Regény. (1856) 1903⁴. 227p.

16. *Egy kétemeletes ház Pesten.* Novella. (1847) 4. kiadás. *A mi késik, nem múlik.* Regény. (1864) 3. kiadás. 1904. 335p.

17–18. *Zrínyi a költő.* Regényes krónika a tizenhetedik századból. (1843) 1–2. kötet. 1904⁵.

19–20. *Az utolsó Bátori.* Regény. (1837) 1–2. kötet. 1905⁹.

21. *Szív rejtelmei.* Kisebb regények. (1845) 1906⁵. 273p.

22–23. *A csehek Magyarországon.* Korrajz I. Mátyás király idejéből. (1839) 1–2. kötet. 1909⁸.

24–26. *II. Rákóczi Ferenc.* Regény. (1852) 1–3. kötet. 1909⁵.

27–28. Régibb és újabb novellák. (1859) 1–2. kötet. 1910–1911⁴.

29. *A két mostoha.* Történelmi regény. (1863). 1911³. 242p.

30. *A könnyelműek.* Regény. (1837). 6. kiadás. *Az élet útjai.* Regény. (1844) 4. kiadás. 1911. 325p.

31. *A zöld vadász.* Regény. (1854) 1911⁵. 367p.

[IC] GyBH

1581. *Abafi. II. Rákóczi Ferenc.* Sajtó alá rendezte és bevezetéssel ellátta Wéber Antal. Budapest: Szépirodalmi Könyvkiadó, 1960. 637p. [C] C DLC NN AsWN FiHI GeCU GyBDS GyBH GyGNSU

BIBLIOGRAPHY

See nos. 1582 and 1589.

BIOGRAPHY

1582. Szaák Luiza. *Báró Jósika Miklós élete és munkái.* Budapest: Franklin-Társulat, 1891. 374p.

Both a biography and a study of his writings giving attention to their subject and character, to the influences of the age and other writers, in an effort to complete the background for his work and to add to the appreciation of his writings. Bibliography, pp. 361–366. MnU NNC

1583. Dézsi Lajos. *Báró Jósika Miklós.* Budapest: Athenaeum, 1916. 451p. Uses his previously unpublished letters. Appendix: Letters from the Jósika Memorial Album. Bibliographical footnotes. MH MnU NNC GeLBM GeLU GyBH GyGGaU GyGNSU

CRITICISM

See also nos. 1930 and 4624.

1584. Gyulai Pál. "B. Jósika Miklós," *Emlékbeszédek.* I–II. kötet. Budapest: Franklin-Társulat, 1913–1914³. I, 405–450. [Part 2 appeared as "Emlékirat" in *Budapesti Szemle,* III (1859), 319–320; Part 3 as "Néhány szó a kritikáról" in *Szépirodalmi Figyelő,* I (1867), 257–261, 273–276; Part 1 as "B. Jósika Miklós" in *Koszorú,* III (1865), 536–538]

In three parts: (1) necrology concerned with his life, literary career, and the characteristics of his works and the influences on them, especially that of Walter Scott, (2) his memoirs, and (3) his concepts of criticism and the role of the critic. MH MnU NNC GyBH

1585. Ferenczi Zoltán. "Adalékok Jósika Miklós írói működéséhez," *Erdélyi Múzeum*, III (1886), 41–101.

The major outlines of his life, the characteristics and nature of his works, his literary development, and his role in language reform. Attention to the age. Evidence from his *Memoir*. Bibliographical footnotes. GyBH

1586. Papp Ferenc. "B. Jósika Miklós és B. Kemény Zsigmond," *Budapesti Szemle*, CXL, no. 394 (1909), 1–25; no. 395, 199–229.

Explores the similarities and differences between their lives, personalities, and literary works to determine the basic individuality of each and their contributions to Hungarian literature. CtY DLC NN NNC AsWN GeLBM GyBH

1587. Zsigmond Ferenc. "Scott és Jósika," *Irodalomtörténet*, II (1913) 129–142.

Compares the two authors with respect to subject matter, techniques, methods of composition, and concepts of the art of the novel. Finds considerable influence of Scott on Jósika, especially in the first half of his literary career. Bibliographical footnotes. DLC MnU NNC AsWN GeLBM GyBH GyGNSU

1588. Szinnyei Ferenc. *Jósika Miklós.* (*Székfoglaló*) Budapest: Magyar Tudományos Akadémia, 1915. 117p.

Only one chapter devoted to his novels and short stories written after the Revolution of 1848–1849 on grounds that they are unimportant and without influence. Twelve chapters on those prior to the Revolution: six examine each of the works by literary type, and six draw general characterizations of their technique, descriptions, pictures of the age, manner of characterization, ways of revealing the inner life of characters, foreign influences. Bibliographical footnotes. MnU NNC AsWN FiHI GyBH

1589. Zsigmond Ferenc. *Jósika Miklós.* Budapest: Pallas, 1927. 39p.

Discusses his life with emphasis on the forces affecting his intellectual development; examines the development of the Hungarian novel; discusses Jósika's relationships with other writers of his times, the character of his novels, the influence of Sir Walter Scott on his writings, and his romanticism. Bibliography, pp. 38–39. MH GeLBM GyBH

1590. Wéber Antal. "Jósika Miklós," *Jósika Miklós: Abafi. II. Rákóczi Ferenc.* Sajtó alá rendezte és bevezetéssel ellátta Wéber Antal. Budapest: Szépirodalmi Könyvkiadó, 1960; 637p. Pp. 5–36.

Problems in the Hungarian novel prior to the publication of *Abafi* in 1836; his literary development and the role of that novel in his literary career;

K

the influence of Sir Walter Scott; and an analysis of *II. Rákóczi Ferenc*.
C DLC NN NNC AsWN FiHI FiHU GeCU GyBDS GyBH GyGNSU

JÓZSEF ATTILA

Born April 11, 1905 in Budapest; died December 3, 1937 in Balatonszárszó.
Poet, translator. Father a soapmaker who left family in 1908 to go to the
United States to make money for support of family but got only as far as
Rumania and never returned. Mother soon forced to board József and a
sister with peasant family in Öcsöd through Országos Gyermekvédő Liga.
József was seven when mother was able to support the family herself with
earnings from domestic work. Family lived under continuing difficult
circumstances, and children were forced to earn money through odd jobs.
During World War I mother's health worsened, and children were often in
care of other families. In summer 1918 József spent a few weeks in Abbazia
on organized holiday for children. He was writing poetry regularly by this
time. Went to relatives in Szabadszállás for food; mother dead by the time
he returned. At this time his sister, Jolán, married Ödön Makai and under-
took care of József and his younger sister. Tried to become deck boy for a
time. József was sent to boarding school in Makó to resume studies, where
he was an outstanding student. Worked guarding cornfields during summer.
Attempted suicide and abandoned school studies. His poetry gained attention
of Gyula Juhász (q.v.), who helped him to publish poems in periodicals and
wrote introduction to his first published volume, *Szépség koldusa* (1922).
Became independent financially through work as tutor and laborer, com-
pleted gymnasium studies, and entered University of Szeged to study Hun-
garian and French. Left university when professor vowed to use any means
to bar him from teaching career because of attitude. Went to Vienna in 1925
with help of brother-in-law to study at university. Became acquainted with
emigrant writers: Lajos Kassák, Tibor Déry, Béla Balázs (qq.v.), György
Lukács, Andor Németh (who became best friend), and Lajos Hatvany.
Shortly after return to Budapest went to Paris in 1926 with help of Lajos
Hatvany. Studied at Sorbonne, became acquainted with works of Marx,
Hegel and Lenin and with workers' movement, and joined Union Anarchiste-
Communiste. Returned to Budapest in 1927. Poems were published in many
periodicals and dailies, including *Népszava*, *Pesti Napló*, *Nyugat*, *A Toll*, and
Korunk. Resumed studies briefly at University of Budapest. Formed firm
friendship with Gyula Illyés (q.v.). Knew French and German, shorthand,
and typing but could not obtain steady employment. Loved girl from middle-
class family, but marriage did not take place. Hospitalized at this time
because of neurasthenia. Increased political activities at end of 1920's. Joined
Socialist party in 1929 and Communist party in 1930, for which he conducted
seminars and lectures in Újpest, Angyalföld, Rákospalota, and Ferencváros.

Attended illegal meetings and supported workers' cause by his writings. Participated in revolutionary mass demonstration on September 1, 1930. Founded periodical, *Valóság*, in 1932, which was quickly banned by police. Often arrested for political activities. Insisted on combining ideas of Marx and Freud in lectures. Severed connection with Communist party in 1935 because of differences in views. Already considered as outstanding poet by Dezső Kosztolányi, Mihály Babits (qq.v.), György Bálint, and Gábor Halász. Broke friendship with Judit Szántó. Love affairs continued to be unhappy. Became editor of newly founded *Szép Szó* in 1936. Obtained grants from Baumgarten Foundation in 1936 and 1937. Grew increasingly despondent, with sense of being abandoned in alien world. Spent several months in hospital with help of friends. Care undertaken by sisters in Balatonszárszó. Gave up hope of cure in this isolation and ended life by throwing himself under wheels of passing freight train. Awarded Kossuth Prize for lifework in 1948. ¶ One of the most important lyric poets in 20th-century Hungarian literature. Individuality emerged over long period of time through numerous Hungarian and foreign literary influences. Poems are full of humanism and will power and of desire for unity with outer world. Socialistic themes stem from love of mankind. Used great variety of poetic forms and techniques with skill. Translated numerous authors, as well as European and African folk poetry: among them, J. Hora, P. Bezruč, J. Wolker, Mayakovsky, S. Yesenin, A. Blok, Verhaeren, Rimbaud, and Villon (probably his best). ¶ Editions of his poems are available in Bulgarian, Chinese, Croatian, Czech, French, German, Italian, Polish, Rumanian, and Russian; and some of his poems have been translated into Arabian, English, Finnish, Hebrew, Slovakian, and Swedish.

FIRST EDITIONS: *A szépség koldusa.* Versek. Szeged: Koroknay, 1922. 48p. – *Nem én kiáltok.* [Versek] Szeged: Koroknay, 1925. 110p. – *Nincsen apám se anyám.* Versek. Budapest: Genius, 1929. 61p. – *Döntsd a tőkét ne siránkozz!* [Versek] Budapest: Új Európa, 1931. 48p. – *Külvárosi éj.* [Versek] Budapest: A Szerző, 1932. 32p. – *Medvetánc.* Válogatott költemények 1922–1934. Budapest: Révai, 1934. 108p. – *Nagyon fáj.* [Versek] Budapest: Cserépfalvi, 1936. 95p. – See also nos. 1449 and 1592.

EDITIONS

See also nos. 1601, 1606, 1607 (in French translation), and 1621. Annotated work: no. 2200.

1591. *Összes versei és válogatott írásai.* [1st collected ed.] Sajtó alá rendezte Németh Andor. Budapest: Cserépfalvi, 1938. 567p. [C]   IC NN GeLU

1592. *Költészet és nemzet.* E munka anyagát József Attila hátrahagyott írásai közül Sándor Pál válogatta ki és rendezte sajtó alá. Budapest: Dokumentum Könyvek, 1941[1]. 63p. [C]   NNC

1593. *Összes versei és műfordításai.* Sajtó alá rendezte Bálint György. Budapest: Cserépfalvi, 1945. 544p. DLC IEN LU MH MiD NN NNC OCl FiHI GyBDS GyBH GyGNSU

1594. *Összes verse.* Sajtó alá rendezte Kardos László. Budapest: Révai Könyvkiadó Nemzeti Vállalat, 1950. 637p. [C] DLC NN FiHI GeLBM GyGGaU

1595. *Összes művei.* Sajtó alá rendezte Waldapfel József és Szabolcsi Miklós. Eddig I–III. kötet. Budapest: Akadémiai Kiadó, 1952+. [A]

    1. kötet: Versek, 1922–1928. 1952. 462p.

    2. kötet: Versek, 1929–1937. 1952. 511p.

    3. kötet: Cikkek, tanulmányok, vázlatok. 1958. 468p.

DLC MH MnU NNC FiHI FiHU [GeLBM] GyBH GyGNSU

1596. *Válogatott művei.* Sajtó alá rendezte Szabolcsi Miklós. Budapest: Szépirodalmi Könyvkiadó, 1952. 462p. [C] DLC NN GyBDS

1597. *Összes művei.* Sajtó alá rendezte Waldapfel József és Szabolcsi Miklós. 2., javított és bővített kiadás. Eddig I–II. kötet. Budapest: Akadémiai Kiadó, 1955+. [A]

    1. kötet: Versek, 1922–1928. 480p.

    2. kötet: Versek, 1929–1937. Zsengék, töredékek, rögtönzések. 531p.

DLC GyBDS GyBH

1598. *Összes versei és műfordításai.* Sajtó alá rendezte Szabolcsi Miklós. Budapest: Magyar Helikon, 1963. 973p. [C] NNC GeLBM GyBDS

BIBLIOGRAPHY

See also nos. 1605, 1609, 1611, 1622, and 1625.

1599. *Írások József Attiláról. Bibliográfia.* Összeállította Reguli Ernő. Szeged: Szegedi Egyetemi Könyvtár, 1955. 40p.

    Studies to July 1, 1954, in two parts: (1) those that were published separately and (2) those that appeared in journals and newspapers, with the citations under each by date of publication. Data: for monographs, author, title, place and date of publication, publisher, and pages; for periodicals, name of periodical, volume and date, and page numbers. Indexes: name, titles of journals and newspapers, titles of his works and their reviews, and illustrations. DLC

BIOGRAPHY

See also nos. 327, 1645, and 2885.

1600. József Jolán. *József Attila élete.* Budapest: Szépirodalmi Könyvkiadó, 1955[4]. 327p. [1940[1]]

    An intimate biography based on the recollections of his sister. DLC ICU MH MnU NN NNC FiHI GeCU GeLBM GyBDS GyBH GyGNSU

1601. Galamb Ödön. *Makói évek. József Attila élete nyomában I.* Budapest: Cserépfalvi, 1941. 173p.

An account of his school years in Makó (1920–1923) and his visits and letters to the town after his departure, commenting on his early literary creativity at school and his relationships with his teachers and schoolmates. Contains letters written by the poet to the author. Appendix: 35 previously unpublished poems written from 1922 to 1926. MnU GeLBM

1602. Bányai László. *Négyszemközt József Attilával.* Budapest: Körmendy, 1943. 279p.

Intended neither as a novel nor as a biography of the poet but as a "confession of everything that occurred between and around Attila and me, and, not the least, of what happened simultaneously within us." MH MnU NNC

1603. Németh Andor. *József Attila.* Budapest: Cserépfalvi, 1944. 219p.

An intimate account of his life and works based on Németh's personal recollections. CoU DLC InU MH MnU NNC AsWN GeLBM GyGNSU

1604. Bóka László. *József Attila. Essay és vallomás.* Budapest: Anonymus, 1947. 105p.

A study concentrating on the emergence and development of his poetic individuality for the purpose of encouraging attention to the whole through short analyses of some of his poems. DLC NN

1605. Fövény Lászlóné. *József Attila.* Budapest: Művelt Nép, 1953. 190p.

His life and works from a Marxist–Leninist viewpoint. Characterizes him as a communistic poet whose works are concerned with the "battle of the people against imperialism and fascism and with the struggles and eventual victory of the workingman." Bibliographical notes, pp. 188–190. Facsimiles. DLC MH MnU NN NNC GeLBM GyBDS GyBH GyGNSU

1606. *József Attila.* Összeállította Szántó Judit és Kovács Endréné. Budapest: Magyar Helikon, 1958. 229p.

Mainly illustrations, facsimiles of correspondence and manuscripts, sketches of the poet, and other matters connected with his life and writings. An introductory essay on his poetry by József Révai (see no. 1623). A *curriculum vitae* from the poet's own hand. DLC MH NNC GeLBM GyBDS GyBH GyGNSU

1607. Rousselot, Jean. *Attila József (1905–1937). Sa vie, son oeuvre avec une suite de poemès du hongrois par Jean Rousselot d'après les traductions de Ladislas Gara.* Paris: Les Nouveaux Cahiers de Jeunesse, 1958. 119p.

Attention to the details of his life but mainly concerned with the nature of his poetry and the development of his attitudes and ideas of literature and of his relation to his times through evidence from his poems. Contains 25 poems in French translation. DLC GyBH

1608. Imre Katalin. "A Szép Szó és József Attila," *Irodalomtörténeti Közlemények,* LXVI (1962), 40–58.

His connection with the periodical and the times, the circumstances surrounding the development of these connections and their causes, and the nature and significance of his role. Bibliographical footnotes. Summary in Russian, p. 58. DLC MnU NN NNC AsWU GeLBM GyBH

1609. Szabolcsi Miklós. *Fiatal életek indulója. József Attila pályakezdése.* Budapest: Akadémiai Kiadó, 1963. 634p.

A detailed biography and study of his literary activities and development to 1923. Attention to other young writers, 1919–1923. Bibliographical notes, pp. 6–7. Illustrations, family trees, facsimiles. MH NNC AsWN GeLBM GyBDS GyBH GyGNSU

1610. Saitos Gyula. *József Attila Makón.* Budapest: Magvető, 1964. 199p.

His life, environment, friends, and other matters which gave his career its impetus and initial strength during his student days at Makó, 1920–1923. By a journalist who knew him during those years. Illustrations. DLC InU MnU NNC AsWN FiHI FiHU GeLBM GyBDS GyGNSU

1611. Vértes György. *József Attila és az illegális kommunista párt.* Budapest: Magvető, 1964. 174p.

The six stages of his movement toward participation and membership in the Hungarian Communist party, from 1928 to the end of 1935, when he joined the communist periodical *Gondolat.* Bibliography, pp. 166–[175]. CU DLC InU MH MnU GeLBM GyBDS GyBH GyGNSU

CRITICISM

See also nos. 80, 1057, 1645, 1653, 2756, 4322, 4380, 4624, 4633, 4644, and 4646.

1612. Scheiber Sándor. *József Attila istenes verseinek tárgy- és képzettörténeti háttere.* Budapest: Magyar Irodalomtörténeti Társaság, 1946. 15p.

A documentation of six folklore motifs in his "istenes versek" showing that the presence of these ancient eastern legends is not accidental in a cultured modern poet. Bibliographical footnotes.

1613. Bóka László. "József Attila," *Arcképvázlatok és tanulmányok.* Budapest: Magyar Tudományos Akadémia Irodalomtörténeti Intézete, 1962; 543p. Pp. 209–267. [First published: Budapest: Athenaeum, 1947; 105p.]

Purpose: not to evaluate him and his poetry but to penetrate his verses and to "sweep away the oblivion" and the misunderstandings about his poetry. Analysis governed by three "inseparable criteria" in the following order of importance: language, the work as a product of society, and aesthetics. MH MnU NNC AsWN GeCU GeLBM GyBDS GyBH

1614. Fejtő Ferenc. *József Attila, az útmutató.* Budapest: Népszava, 1947. 29p.

His efforts to awaken the conscience of those around him by using his poetical power and ideas to achieve socialistic aims in Hungarian society. Based on evidence in his poems and on Fejtő's personal recollections.

1615. Németh Andor. "József Attila és kora," *Csillag*, I (December, 1947), 2–7; II (January, 1948), 9–17, (February, 1948), 17–25, (March, 1948), 26–34, (April, 1948), 23–31, (May, 1948), 23–30, (June, 1948), 10–19, (July, 1948), 28–35, (August, 1948), 34–42, (September, 1948), 1–9.

His life and writings, literary development, and the elements of his life and times that affected him. Based on Németh's personal recollections. Much attention to the content of his poems. [DLC] MnU NNC [FiHI] [GyGGaU]

1616. Komlós Aladár. "József Attila és kritikusai," *Magyarok*, IV (1948), 2–12.

An examination of the criticism of his works by his contemporaries to understand why he was first considered to be a second-rate writer and why he was discovered later. DLC MnU NN NNC

1617. Sík Sándor. "József Attila Istenélménye," *Vigilia*, XIII (1948), 582–589. His views of his relationships with God as expressed in his poems. Described as "child-like in intimacy, concrete in human experience, and strongly intellectual in character." DLC NN NNC

1618. Bóka László. "József Attila költői eszközei," *Irodalomtörténet*, XXXIX (1952), 287–301.

His search for new means of expression through free verse and folk poetry resulting in a verse form that he could use to explain his feelings and in a lyricism that could distill his complicated emotions. CU DLC [MH] MnU NN NNC AsWU GeLBM GyBDS GyBH [GyGNSU]

1619. Gáldi László. "József Attila a műfordító," *Irodalomtörténeti Közlemények*, LIX (1955), 155–177.

Examines his translations of French, Russian, Belgian, and Rumanian authors, and compares them with the originals. Tended to translate works of lesser known poets and works not translated by his or the preceding generation. Among poets: Villon, Rimbaud, Verhaeren, Mayakovsky, Alexander Blok, Sergei Yesenin, Bezruč, Josef Hora, Jiři Wolker, Mihail Săulescu, Tudor Arghezi, V. Ciocâltău, Aron Cotruş, Gheorghe Coşbuc. Bibliographical footnotes. DLC MnU NN NNC AsWU GeLBM GyBH

1620. Horváth István Károly. "József Attila és a klasszikus metrum," *Irodalomtörténeti Közlemények*, LIX (1955), 178–191.

An analysis of the classical meter of time in his poetry, from his experimental and long developmental period following his youth to the period 1935–1937, when he attains a "flawless handling of the classical meter." Much scanning of his verses. DLC MnU NN NNC AsWN GeLBM GyBH

1621. Péter László. "József Attila Szegeden," *Irodalomtörténet*, XLIII (1955), 115–163.

An account of his early creative years in Szeged to provide definite bases for the evaluation of his works or, at least, to provide "road signs" which will simplify the task of surveying and connecting his lifework and literary activities. Evidence from his letters. Bibliographical footnotes. [CU] DLC MH MnU NN NNC AsWU GeLBM GyBDS GyBH

1622. *József Attila emlékkönyv.* Szerkesztette Szabolcsi Miklós. Budapest: Szépirodalmi Könyvkiadó, 1957. 496p.

A memorial book consisting of 71 studies dealing with various aspects of his life, character, and writings. Arranged chronologically to parallel his life. Bibliographical notes for the author and title of each study, pp. 487–493. Closes with numerous illustrations.

1623. Révai József. "Bevezetés: József Attila költészetéről," *József Attila. 1905–1937.* Szerkesztették Szántó Judit és Kovács Endréné. Budapest: Magyar Helikon, 1958; 229p. Pp. 5–40.

His poetic development and the characteristics of his poetry. DLC MH NNC GeLBM GyBDS GyBH GyGNSU

1624. Diószegi András. "József Attila öröksége és a mai líra," *Magyar Tudományos Akadémia Nyelv- és Irodalomtudományi Osztályának Közleményei,* XIV (1959), 65–81. [Also a reprint]

His influence on the course followed by Hungarian lyrists after 1954; their use of his socialistic themes, ideas, and forms. Bibliographical footnotes. DLC MnU NNC GyBDS GyBH GyGNSU

1625. Szabolcsi Miklós. "József Attiláról," *Költészet és korszerűség.* Budapest: Magvető, 1959; 266p. Pp. 7–122.

Separate studies dealing with his life and works, his relations with Gyula Derkovits and Béla Bartók, his father's life, and technical matters in his verses. Bibliographical notes, p. 264. NN NNC GeLBM GyBDS GyBH GyGGaU GyGNSU

1626. Tamás Attila. "Eszmélet (József Attila költői világképe)," *Tanulmányok a magyar szocialista irodalom történetéből.* Szerkesztette Szabolcsi Miklós és Illés László. Budapest: Akadémiai Kiadó, 1962; 676p. Pp. 372–398. [Appeared in *Irodalomtörténeti Közlemények,* LXV (1961), 32–49, 179–192]

Characterizations of the various motifs and conceptions that make up the world view in his poetry and poetic traits and means, according to the dialectical method. Bibliographical footnotes. DLC NNC AsWN GeCU GeOB GyBDS GyBH GyGNSU

1627. "József Attila-emlékszám," *Kortárs,* VI (1962), 1785–1862.

A memorial issue containing numerous separate studies of his life and works, by several hands. DLC MH FiHU GeLBM GyBH

1628. Szabolcsi Miklós. "A Szépség koldusa-kötet," *Irodalomtörténeti Közlemények,* LXVI (1962), 540–563.

Finds that his first volume of poetry shows the influence of many poets (Endre Ady, Gyula Juhász, Lajos Kassák, Árpád Tóth, and Charles Baudelaire), and that though the poems in the volume reveal his lassitude, despair, and futility, they show the beginnings of his revolt against the world he knew and his desire to reform it. Bibliographical footnotes. Summary in French, p. 563. DLC MnU NN NNC AsWU GeLBM GyBH

1629. Tamás Attila. "József Attila és a Nyugat költői," *Irodalomtörténeti Közlemények*, LXVI (1962), 564–579.

Seeks to show what the "proletariat-lyrist" borrowed from the most important Hungarian poets of the preceding generation, especially from Dezső Kosztolányi and to a lesser extent from Mihály Babits. Bibliographical footnotes. Summary in German, p. 579. DLC MnU NN NNC AsWU GeLBM GyBH

1630. Gyertyán Ervin. *Költőnk és kora. József Attila költészete és esztétikája.* Budapest: Szépirodalmi Könyvkiadó, 1963. 305p.

A two-part effort to determine the characteristics of his poetry and concepts that elevate him to the forefront of 20th-century "revolutionary" poetry: (1) an analysis of his aesthetics and poetry and (2) an analysis of his theories and concepts of creativity. AsWN GeLBM GyBDS GyBH GyGNSU

1631. Forgács László. *József Attila esztétikája.* (*Tanulmánygyűjtemény*) Budapest: Magvető, 1965. 658p.

An introduction to his poetic art in which Forgács attempts an extensive unravelling of Marxist aesthetic categories. Forgács takes issue with Marxist interpretations to date (e.g. by György Lukács) as well as bourgeois aesthetic thought. Bibliographical notes for each chapter. MnU NNC AsWN GeLBM GyBH GyGNSU

1632. Lotz, John. *The structure of the sonetti a corona of Attila József.* Stockholm: Almqvist and Wiksell, 1965. 22p.

A detailed analysis of the "sonnet wreath" as exemplified by that of József. Accompanied by a design using Hungarian art-motifs in a way that presents an isomorphic projection of certain features of József's poem. Bibliographical footnotes. MnU NNC GeLBM

JUHÁSZ GYULA

Born April 4, 1883 in Szeged; died April 6, 1937 in Szeged. Poet, journalist, teacher. Father an official in telegraph office. Spent most of life in Szeged. Completed studies at Piarist gymnasium in Szeged and in 1899 entered Piarist novitiate in Vác. First poems already appearing in *Szegedi Napló*. Left novitiate after six months because of interest in poetry and unhappy experiences as novice. After year's lapse resumed schooling. Father's death strongly affected him, and he again considered becoming priest. With financial help of relatives studied Hungarian and Latin at University of Budapest 1902–1906. Became friend of Mihály Babits, Dezső Kosztolányi (qq.v.), and Gábor Oláh at university and prepared for career as poet. Met

Endre Ady (q.v.) in 1905. Obtained teaching position at Piarist gymnasium in Máramarossziget in fall 1906. Disappeared from city in February 1790 with apparent intention, unfulfilled, to commit suicide. Nervous condition, which first appeared in summer 1903, kept recurring throughout life. On obtaining teaching certificate he took position with Piarist gymnasium in Léva in fall of 1907 but after four months left for Budapest without notice. Returned to Szeged, lost teaching position, and again considered becoming a priest. Obtained temporary position with Premonstratensian gymnasium in Nagyvárad, where he became co-founder of *A Holnap* anthology and met Anna Sárvári, an actress, who inspired much of his love poetry. Lost position in 1911 and obtained position with high school in Szakolca. Isolation damaged health; he was greatly depressed at time of transfer to high school in Makó in fall 1913. Shot himself in chest in hotel in Pest on March 6, 1914, but recovered in Rókus Hospital, where he was visited by Júlia Eőrsi, a writer, who inspired his poems for several years. Became melancholy again at end of 1916, and in 1917 spent nine months in Moravcsik Clinic in Budapest. Recovered slowly at home in Szeged and resumed writing at end of February 1918. Participated actively in support of October Revolution in 1918. After failure of Revolutionary Government he was forced to earn living entirely from writings and newspaper work. Became member of Social Democratic party. Articles and poems appeared in *Munka*. Became president of Munkásdalkör in Szeged and lecturer for workers' seminars. Member of Petőfi-Társaság in 1920. Brought to court in 1925 because of newspaper article he wrote, but charge was dismissed. Visited Vienna in 1926. At end of 1928, he received pension with help of friends; awarded Baumgarten Prize in January 1929. Melancholia intensified, and he spent most of 1929 in Schwartzer Sanitorium and then in psychiatric clinic in Szeged. Awarded Baumgarten Prize again in 1930 and 1931 but withdrew increasingly into himself. Spent last years between home and psychiatric clinic in Szeged. Thoughts turned increasingly to suicide and he ended life by taking veronal. ¶ One of the most important lyric poets in 20th-century Hungarian literature. Poems characterized by conflict between Christian consciousness of guilt and pagan longing for life. Early world outlook influenced by Nietzsche, Ibsen, and Tolstoy. Saw sorrow in his human condition and that of man. Poems also contained wonder at and longing for life and love for man which sometimes counteracted his pessimism. Used wide variety of verse forms and made ballad form of Villon native in Hungarian poetry. Most important poet of workers' life before Attila József (q.v.). ¶ An edition of his poems is available in Russian, and some of his poems have been translated into Bulgarian, English, French, German, Italian, Japanese, Rumanian, Serbian, and Slovakian.

FIRST EDITIONS: *Versei*. [1905–1907] Szeged: Dugonics, 1907. 77p. – *Atlanta*. Zenés játék. Nagyvárad, 1909. [From Várkonyi, p. 212] – *Szép csöndesen*.

Idyll. Nagyvárad, 1909. [From Várkonyi, p. 212] – *Új versek*. 1908–1914. Békéscsaba: Tevan, 1914. [48]p. – *Késő szüret*. [Versek] Budapest: Táltos, 1918. 111p. – *Ez az én vérem*. Versek. Szeged: Endrényi, 1919. 55p. – *Nefelejcs*. [Versek] Szeged: Délmagyarország, 1921. 80p. – *Testamentom*. [Versek] Szeged: Délmagyarország, 1925. 110p. – *Orbán lelke*. Kis regény és elbeszélések. Budapest, 1926. [From Várkonyi, p. 212] – *Szögedi színház Gyalu műsorával*. Tragikomédiák és komitragédiák. Szeged: Délmagyarországi Nyomda, 1926. 111p. – *Hárfa*. [Versek] Budapest: Révai, 1929. 188p. – *Holmi*. [Novellák, aforizmák, írói arcképek] Budapest: Genius, 1929. 160p. – *Fiatalok, még itt vagyok!* [Versek] Babits Mihály előszavával. Szeged: Magyar Téka, 1935. 78p. – See also nos. 1634 and 1639.

EDITIONS

See also nos. 318 (letters), 1645 (letters), 1649, and 1655. Material in edition: no. 2641. Annotated works: nos. 1325, 3857, and 3861.

1633. *Összes versei*. 1905–1929. Sík Sándor előszavával, sajtó alá rendezte Paku Imre. [Bibliography, pp. 367–371] Kecskemét: Szukits, 1940. 384p. [C] NNC GeLBM GyBH

1634. *Összes versei*. Hírlapi és kézirati vershagyaték. Sajtó alá rendezte Paku Imre. [Bibliography, pp. 357–376] Szeged: Szukits, 1941[1]. 392p. [C] DLC NNC GyBH

1635. *Összegyűjtött versei*. Budapest: Szukits, 1943. 399p. [C] NN OCl GeLBM GeLU

1636. *Válogatott versei*. A válogatás Ertsey Péter munkája. Budapest: Szukits, 1947. 192p. [C] OCl

1637. *Juhász Gyula—Tóth Árpád válogatott művei*. Sajtó alá rendezte Bóka László és László Imre, bevezette Kardos László. Budapest: Szépirodalmi Könyvkiadó, 1951. 363p. [C] DLC MH NN NNC GeLU GyBDS GyBH GyGNSU

1638. *Válogatott versek*. Válogatta, az előszót és a jegyzeteket írta Péter László. Budapest: Szépirodalmi Könyvkiadó, 1956. 425p. [C] NNC GeLU

1639. *Örökség*. Válogatott prózai írások. Válogatta, az előszót és a jegyzeteket írta Péter László. I–II. kötet. Budapest: Szépirodalmi Könyvkiadó, 1958[1]. [C]

1. kötet: Élet és irodalom. Cikkek, tanulmányok. 359p.
2. kötet: Tárcák, novellák, riportok; *Orbán lelke, A tékozló fiú, Tömörkény István élete és művei, Szakállszárító*. 337p.

DLC MH MiD NjN NNC GyBH GyGNSU

1640. *Összes versei*. Sajtó alá rendezte Ilia Mihály és Péter László. Budapest: Szépirodalmi Könyvkiadó, 1959. 1239p. [C] CtY DLC MH MnU NN NNC GeLU GyBDS GyGNSU

1641. *Összes művei.* Szerkeszti Péter László. Eddig I–III. kötet. Budapest: Akadémiai Kiadó, 1963+. [A]

    1. kötet: Versek, 1898–1911. 1963. 534p.

    2. kötet: Versek, 1912–1925. 1963. 611p.

    3. kötet: Versek, 1926–1934. 1963. 510p.

    MH IC NN NNC FiHU GeLBM GeLU GyBDS GyBH GyGNSU

1642. *Összes versei.* Sajtó alá rendezte Péter László. I–II. kötet. Budapest: Szépirodalmi Könyvkiadó, 1964. [C] (No clear division of contents into volumes)   DLC MnU OCl GyGGaU

BIBLIOGRAPHY

See also nos. 1633, 1634, 1646, 1649, 1651, 1652, and 1654.

1643. Grezsa Ferenc és Paku Imre. "Írások Juhász Gyuláról (bibliográfia)," *Juhász Gyula. 1883–1937.* Szerkesztette, a kísérő szöveget és a jegyzeteket írta Paku Imre. Budapest: Magvető, 1962; 733p. Pp. 606–675.

In three parts, each organized chronologically: (1) 2074 books, studies, articles, and notices; (2) 85 poems about Juhász; and (3) eight of his verses set to music. Data: author, title, publisher, place and date of publication, and number of pages for books; author, title, name of periodical, date, volume and number, and inclusive pages for periodicals. Also an index of names to the bibliography, pp. 691–699. FiHU GeLBM GyBDS GyBH GyGNSU

BIOGRAPHY

See also nos. 331 and 3861.

1644. Magyar László. *Milyen volt szőkesége . . . Juhász Gyula remeteévei.* Tabéry Géza előszavával. Nagyvárad: Erdélyi Egyetemes Könyvtár, 1942. 70p.

A view of his retirement to Nagyvárad, 1907–1911, as a period "when his life was already in decline and his mood entered ever darker clouds." By one who knew him at the time. NNC

1645. Péter László. *Espersit János (1879–1931). Ismeretlen adatok Juhász Gyula és József Attila életéhez, költészetéhez.* Budapest: Akadémiai Kiadó, 1955. 87p.

A study of the life and activities of János Espersit mainly centered on the life and poetry of Attila József and Gyula Juhász as the two were affected by their relations with him in Makó. Much use of their correspondence. Bibliographical footnotes. DLC MH NNC GeLBM GyBDS

1646. Kispéter András. *Juhász Gyula.* Budapest: Művelt Nép, 1956. 247p.

A biography entirely concerned with summing up the major lines of his career and with building knowledge of his most important writings. Bibliographical notes, pp. 234–244. DLC MnU NN NNC AsWN GeLBM

1647. Ur György. *Juhász Gyula ifjúsága.* Szeged: Szegedi Nyomda, 1958. 61p. [Appeared in *Délmagyarország,* April and May, 1958]

An intimate, narrative portrait of his youth in Szeged to 1899. Attention to his family and school life and his first poems. GyGNSU

1648. Péter László. *Juhász Gyula a munkásmozgalomban.* Szeged: Hazafias Népfront Szegedi Bizottsága, 1961. 39p.

His support of the workers' movement, mainly from 1918 to 1925, on the basis of evidence from his writings. Major attention to his contributions to the periodical *A Munka.* MnU NNC AsWN GeLBM GyBDS

1649. Szalatnai Rezső. *Juhász Gyula hatszáz napja.* Budapest: Magvető, 1962. 278p.

An account of his six hundred days in Szakolca, during which climactic changes occurred in the poet. Discusses his activities and writings in this period, the environment, and his friends. Introduces the 120 poems written in Szakolca. Bibliographical notes, pp. 269–278. IC MnU NNC AsWN GeLBM GyBDS GyBH GyGNSU

1650. Grezsa Ferenc. *Juhász Gyula egyetemi évei. 1902–1906.* Budapest: Akadémiai Kiadó, 1964. 111p.

A portrait of the poet, his ideas, literary activities, and development during his years at the University of Budapest, 1902–1906. His search for new ideals through the study of Nietzsche, Tolstoy, Heredia, and Ibsen, and the special influence of the first two on his thought. His continuation of traditional Hungarian poetry and his entrance into the world of modern poetry. Bibliographical footnotes. InU MH AsWN GeLBM GyGNSU

1651. Péter László. *Juhász Gyula a forradalmakban.* Budapest: Akadémiai Kiadó, 1965. 340p.

A study of his life, activities as a publicist, and his poetry from 1918 to 1919 to show his movement toward and his activities in the revolutions of those years. A chronological table of his activities, January 1918–December 1919. Bibliography, by chapters, pp. 297–308. CU DLC NNC AsWN GeLBM GyBDS GyGNSU

CRITICISM

See also nos. 80, 199, 1628, 2213, and 4624.

1652. Baróti Dezső. *Juhász Gyula. Tanulmány.* Szeged: Prometheus, 1933. 80p.

Some biographical information but almost entirely an analysis of his literary development, the characteristics of his poetry, and the influences that affected him. Bibliography of his works and of a few reviews and articles and studies about him, pp. 67–69. GyBH

1653. Péter László. "Juhász Gyula (1883–1937)," *Juhász Gyula: Válogatott versek.* Válogatta, az előszót és jegyzeteket írta Péter László. Budapest: Szépirodalmi Könyvkiadó, 1956; 425p. Pp. 5–39.

The major details of his life and literary activity, and the characteristics and thought of his poetry. Viewed as a revolutionary poet, coming after Ady and before Attila József. NNC GeLU

1654. Grezsa Ferenc. *Juhász Gyula. Pályakép*. Budapest: Művelődésügyi Minisztérium és Tudományos Ismeretterjesztő Társulat, 1962. 38p.

Principally concerned with showing the revolutionary and realistic spirit and substance of his poetry, by chronological periods. Bibliography, p. 38. FiHI

1655. *Juhász Gyula. 1883–1937*. Szerkesztette, a kísérő szöveget és a jegyzeteket írta Paku Imre. Budapest: Magvető, 1962. 733p.

A memorial book containing numerous articles on various aspects of his life and works by many hands, including Juhász himself, arranged by periods of his life. Contains a genealogical table of the family and a chronological table of events in his life. See no. 1643 for bibliography. Illustrations. FiHU GeLBM GyBDS GyBH GyGNSU

JUSTH ZSIGMOND

Born February 16, 1863 in Pusztaszenttornya; died October 9, 1894 in Cannes, France. Novelist, short-story writer. Descendant of aristocratic family with landed estates. Completed upper gymnasium and university studies in Budapest and law studies in Paris. Spent many years in Paris, where he attended Hippolyte Taine's lectures and became acquainted with Coppée, Daudet, Anatole France, and Sully-Prudhomme. Search for cure of tuberculosis took him to shores of Mediterranean. Visited Africa and Asia and lived in India for time. In Szenttornya established library for use of villagers and theater with peasants forming company of actors, who performed plays of Shakespeare and Molière. For time he was a staff member of *A Hét*, edited by József Kiss (q.v.). In 1894 dedicated permanent building for Peasant Theater in Szenttornya. In fall of same year, suffering severely from tuberculosis, he went to Paris and then, in own words, to Cannes "to die." ¶ His early writings were much influenced by French literature, especially Balzac and Zola. Planned 14 vol. novel cycle on Hungarian society with title *A kiválás genezise*, but completed only *A pénz legendája*, *Gányó Julcsa*, and *Fuimus*. Most of his works are concerned with social reform. Novels and short stories deal with landowning aristocracy and peasants. Saw major hope for Hungary in reformation of aristocracy but viewed its members with skepticism and irony. Among the first to express inner tensions of peasants and their desire for improvement of their condition. ¶ *A puszta könyve* has been translated into French, and some of his short stories into German.

EDITIONS

See also no. 1669 (letters).

1656. *Káprázatok*. [Elbeszélések] Budapest: Pallas, 1887[1]. 261p. GyGGaU

1657. *Művészszerelem.* [Regény] Budapest: Pallas, 1888[1]. 183p.

1658. *Páris elemei.* [Karcolatok] Budapest: Révai Testvérek, 1889.[1] 110p. GeLBM

1659. *A puszta könyve.* [Elbeszélések] Budapest: Singer és Wolfner, 1892[1]. 129p. GeLBM GeLU

1660. *A kiválás genezise. Tanulmányok. A pénz legendája.* [Regény] Budapest: Singer és Wolfner, 1893[1]. 157p.

1661. *A kiválás genezise. Tanulmányok. Gányó Julcsa.* [Regény] Budapest: Singer és Wolfner, 1894[1]. 133p.

1662. *Delelő és egyéb elbeszélések.* Budapest: Athenaeum, 1895[1]. 129p. [C]

1663. *A kiválás genezise. Tanulmányok. Fuimus.* Regény. Malonyay Dezső és Pekár Gyula bevezetésével. Budapest: Singer és Wolfner, 1895[1]. 269p. DLC

1664. *A pénz legendája. Gányó Julcsa.* [Regények] Szerkesztette és a bevezetést írta Mikszáth Kálmán. Budapest: Franklin-Társulat, 1905. 246p. [C] DLC OCl AsWU FiHI GyBH

1665. *Fuimus.* Regény. Szerkesztette és a bevezetést írta Mikszáth Kálmán. Budapest: Franklin-Társulat, 1906. 268p. [C] DLC AsWU FiHU GeLU GyBH

1666. *Ádám.* Regény. Sajtó alá rendezte Kozocsa Sándor. Budapest: Athenaeum, 1941[1]. 120p. [C] NN

1667. *Naplója.* [*Magyarországi napló, Párizsi napló*] Sajtó alá rendezte és jegyzetekkel ellátta Halász Gábor. Budapest: Athenaeum, 1941[1]. 429p. [C] MH NN GeLBM

1668. *Fuimus.* Sajtó alá rendezte és bevezette Benkő László. Budapest: Szépirodalmi Könyvkiadó, 1957. 304p. [C] DLC MH NN NNC GyBDS GyBH GyGNSU

BIBLIOGRAPHY

See nos. 1669, 1671, 1672, and 1676.

BIOGRAPHY

1669. Gálos Magda. *Sigismond Justh et Paris. Contributions à l'histoire relations littéraire franco-hongroises dans la deuxième moitié du XIXe siècle.* Budapest: Sárkány Société Anonyme, 1933. 119p.

A study of his life in Paris, his reaction to the milieu, and its effect on his writings. Finds that he remained a Hungarian novelist desirous of bringing about social reform and was fortified by his love for his people and country. Appendixes: (1) thirty-three of his letters to Mme. de Coudekerque-Lambrecht, Étienne Apáthy, Jules de Pekár, (2) twenty letters from Marie Jászai, G. Huysmans, Pierre de Coubertin, François Coppée, Jean de

Néthy, Ruth Mercier, Louise Read, Marquise de Grouchy, Duchesse de Luynes, Contesse Diane, Paul Bourget, Sully-Prudhomme, Rupert Bunny, Hippolyte Taine, Comte de Tocqueville, René Maizeroy, and Henriette Batthyány, and three letters of Melchior Polignac to Mme. Marguerite de Coudekerque-Lambrecht about Justh. Two-part bibliography, pp. 112–119: (1) chronological list of his works and (2) works and articles consulted in the preparation of the study. MnU GyBH GyGNSU

1670. [Anonymous]. "Emlékezés Justh Zsigmondra. Halálának negyvenedik évfordulója alkalmából," *Budapesti Szemle*, CCXLI, no. 703 (1936), 264–292. [Also a reprint]

The major currents of his life by periods and a concluding characterization of his literary activities. On the 40th anniversary of his death. CtY DLC AsWN FiHI GeLBM GyBDS GyBH

1671. Bertha Zoltán. *Justh Zsigmond*. Budapest: Bokor és Fischer, 1941. 86p.

Purpose: to discuss those elements of his life and works that have not received adequate attention: his Parisian connections, youth, and relations with Hungarian writers. His works discussed by types rather than chronologically: essays, short stories, novels, journal. Closes with a discussion of his literary art. Bibliography, pp. 83–86. GeLBM

1672. Kozocsa Sándor. "Justh Zsigmond parasztszínháza," *Válasz*, VII, no. 2 (November, 1947), 428–435.

Details of various activities connected with the Körszínház drawn from his letters and from the accounts of others. Provides the program of the première, "Botcsinálta doktor" (Molière's *Le médecin malgré lui*). Bibliography, p. 435. [CSt-H] DLC [NNC] [FiHI] GeLU [GeOB]

1673. Kovács István. *Justh Zsigmond munkássága*. Budapest: Kossuth, 1963. 15p.

In three parts: (1) important details of his life, (2) his literary activities, and (3) his establishment of the Peasant Theater, and its productions.

1674. Elek László. *Justh Zsigmond*. Gyula: Békés Megyei Tanács Végrehajtó Bizottsága Művelődésügyi Osztálya, 1964. 195p.

Both a biography and a study of his writings. Concerned with the influence of Taine, Schopenhauer, and Reviczky on the beginning of his career, the first period of his literary efforts (1885–1889), his organizational support and patronage of literature, and the expansion of his literary activities (1890–1894). Bibliographical footnotes. Illustrations. MnU NNC GyBDS GyGNSU

CRITICISM

See also nos. 2947 and 3914.

1675. Szinnyei Ferenc. "Justh Zsigmond," *Budapesti Szemle*, CLXXIII, no. 495 (1918), 372–407.

A portrait of the writer as one whose life and works interlock and whose surroundings strongly affected his literary development and activities. His creativity viewed in three categories on the basis of his familiarity with each milieu: the world of the writer and artist, the peasant of the Hungarian plain, and the aristocrat. CtY DLC [NN] AsWN GeLBM GyBDS GyBH

1676. Kiss Gizella. *Justh Zsigmond.* Budapest: A Szerző, 1932. 36p.
A biographical sketch and a survey of the characteristics of his writings. Bibliography of his works and studies about him, pp. 33–36.

1677. Halász Gábor. "Justh Párizsban," *Válogatott írásai.* Szerkesztette, az utószót és a jegyzeteket írta Véber Károly. Budapest: Magvető, 1959; 801p. Pp. 573–588. [Appeared as introduction to *Justh Zsigmond naplója*; see no. 1667]
A characterization of the Paris of the 1880's known by Justh, followed by an examination of his *Napló* showing his effective and creative portrayals of the people and the events of the times. DLC NNC GeLBM GeLU GyBDS GyBH GyGNSU

1678. Kozocsa Sándor. "Justh Zsigmond, a regényíró," *Irodalomtörténet,* XXXVI (1947), 55–59.
Examines the form and content of his novels, beginning with *Ádám* (written in 1885) and closing with *Fuimus* (1895), and finds them concerned with psychological and social problems. Notes Justh's interest in learning what advancement society can provide, and also the influence of the French realists on his early efforts. [CU] DLC [MH] MnU [NjP] [NN] [NNC] [OClW] AsWU GeLBM GeLU GyBH GyGNSU

1679. Rónay György. " 'Fuimus,' " *A regény és az élet. Bevezetés a 19–20. századi magyar regényirodalomba.* Budapest: Káldor György, 1947; 376p. Pp. 151–163.
Compares him with Ödön Iványi and discusses the content and themes of *A pénz legendája* and *Gányó Julcsa.* Examines *Fuimus* with respect to its subject and characters, and states that the author, like his age, created a false image of the peasant, mistaking the peasants' terror under the ruling class for harmony and balance and not recognizing the signs of serious organic difficulties appearing in the middle- and upper-class culture. NN GeLBM GyBDS

1680. Diószegi András. "Justh Zigmond," *Irodalomtörténeti Közlemények.* LXIV (1960), 651–673. [Also a reprint]
Primarily concerned with characterizing his views and literary qualities, mainly through an examination of *Párizsi napló, A pénz legendája, Gányó Julcsa,* and *Fuimus.* Comments on his impressionism and neo-romanticism, and discusses his view of the peasant. Bibliographical footnotes. Summary in French, p. 673. DLC MnU NN NNC AsWU GeLBM GyBH

KAFFKA MARGIT

Born June 10, 1880 in Nagykároly; died December 1, 1918 in Budapest. Novelist, short-story writer, poet. Descendant of family of gentry, which was poor by time of her birth; father a lawyer. After father's death, when she was six, she lived with mother in Szatmár, where she completed her schooling and obtained teaching certificate in 1898. Taught in charitable institute in Miskolc 1898–1899 and then registered in Erzsébet Nőiskola, from which she obtained certificate to teach in higher elementary schools in 1902. Devoted most of her time for 15 years to teaching in Miskolc and Budapest. Married Brunó Fröhlich in 1905; divorced him in 1910. Her poems began to appear in *Magyar Géniusz* in 1901. She was associated with *Nyugat* from its founding in 1908, and began to publish fiction in 1905. In 1914 married Ervin Bauer, physician and younger brother of Béla Balázs (q.v.). During World War I lived in Budapest and Temesvár, where her husband was stationed. Gave up teaching to devote time to literary career in 1915, including various kinds of publicist writings. Both she and son died of influenza near end of war. ¶ Wrote poetry, but her novels and short stories make her the foremost woman writer in Hungarian literature and place her on a level with major literary figures of her own times. Central themes: decay of gentry and problems of women in period of great social change. Strongly humanitarian toward those seeking to hold on to past but disapproving of their reasons and pointing toward need for change without becoming didactic. *Színek és évek* considered to be her best work. Also wrote children's literature. ¶ *Színek és évek* has been translated into Czech, German, and Polish, and some of her poems and short stories into French, German, Italian, Portuguese, Rumanian, Russian, and Serbian.

FIRST EDITIONS: *Versek*. Budapest: Lampel Róbert, 1903. 82p. – *Levelek a zárdából. Nyár*. [Elbeszélések] Budapest: Lampel Róbert, 1905 [1904?]. 62p. – *A gondolkodók és egyéb elbeszélések*. Budapest: Athenaeum, 1906. 164p. – *Könyve*. [Versek] Budapest: Athenaeum, 1906. 131p. – *Képzelet-királyfiak*. *Mese*. Budapest: Lampel Róbert, 1909. 62p. – *Csendes válságok*. Novellák. Budapest: Nyugat, 1910. 237p. – *Csonka regény és novellák*. Budapest: Politzer Zsigmond és Fia, 1911. 58p. – *Tallózó évek*. Versek. Budapest: Nyugat, 1911. 38p. – *Süppedő talajon*. Elbeszélések. Budapest: Lampel Róbert, 1912. 87p. – *Színek és évek*. Regény. Budapest: Franklin-Társulat, 1912. 322p. – *Mária évei*. Regény. Budapest: Nyugat, 1913. 207p. – *Utólszor a lyrán*. Új versek. Anthologia a régebbi versekből. Budapest: Athenaeum, 1913. 48p. – *Szent Ildefonso bálja*. Novellák. Békéscsaba: Tevan, 1914. 72p. – *Két nyár*. Novellák. Budapest: Nyugat, 1916. 104p. – *Állomások*. Regény. Budapest: Franklin-Társulat, 1917. 448p. – *Hangyaboly*. Regény. Budapest: Nyugat, 1917. 130p. – *Az élet útján*. Válogatott gyűjtemény Kaffka Margit régi és legújabb költeményeiből. Budapest: Nyugat, 1918. 97p. – *Kis emberek*, *barátocskáim.* [Mesék] Budapest: Pallas, 1918. 193p. – *A révnél.* Elbeszélések. Budapest: Franklin-Társulat, 1918. 238p. – See also nos. 1681 and 1686.

EDITIONS

See also nos. 473 and 474 for annotated works.

1681. *Álom.* Kaffka Margit kiadatlan elbeszélései. Budapest: Franklin-Társulat, 1942[1]. 200p. [C] AsWN GyBH

1682. *Összes versei.* Budapest: Franklin-Társulat, 1943. 173p. [C] (1947) IC MnU GeCU GeLBM GeLU

1683. *Kis emberek, barátocskáim.* [Mesék] Budapest: Franklin Könyvkiadó, 1949. 156p. [C] DLC

1684. *Válogatott művei.* Válogatta és bevezette Bodnár György, sajtó alá rendezte Szücs Éva. Budapest: Szépirodalmi Könyvkiadó, 1956. 556p. [C] IC MH NB FiHU GeLBM GyBDS GyBH GyGNSU

1685. *Állomások.* Regény. Az utószót írta és sajtó alá rendezte Kozocsa Sándor. Budapest: Szépirodalmi Könyvkiadó, 1957. 546p. [C] DLC InU MH NN NNC GyBH GyGNSU

1686. *Hullámzó élet.* Cikkek, tanulmányok. A válogatás, az előszó és a jegyzetek Bodnár György munkája. [Bibliographical notes, pp. 321–340] Budapest: Szépirodalmi Könyvkiadó, 1959[1]. 342p. [B] CU DLC NN NNC AsWN GeLBM GyBH GyGNSU

1687. *Lázadó asszonyok.* Összegyűjtött elbeszélések. Sajtó alá rendezte Kozocsa Sándor. Budapest: Szépirodalmi Könyvkiadó 1961. 540p. [B] DLC IC MH NN NNC AsWN FiHU GeLBM GyBDS GyBH GyGNSU

1688. *Összes versei.* Sajtó alá rendezte és a jegyzeteket írta Kozocsa Sándor, a kísérő tanulmány Radnóti Miklós Kaffka Margitról írt munkájának részlete. [Bibliographical notes, pp. 221–239] Budapest: Magyar Helikon, 1961. 253p. [C] MnU NN NNC AsWN GeLBM GyBH GyGNSU

1689. *Regényei.* I–II. kötet. Budapest: Szépirodalmi Könyvkiadó, 1962. [B]
  1. kötet: *Állomások, Lírai jegyzetek egy évről, Két nyár.* A bevezető tanulmány Bodnár György munkája. 588p.
  2. kötet: *Színek és évek, Mária évei, Hangyaboly.* A bevezető tanulmány Bodnár György munkája. 674p.
MH [NB] NN NNC [GeLBM] [GyBDS] [GyBH] [GyGNSU]

1690. *Színek és évek.* Az utószót Bodnár György írta. Budapest: Szépirodalmi Könyvkiadó, 1963. 302p. [C]

BIBLIOGRAPHY

See nos. 1686, 1688, 1697, 1698, 1699, and 2966.

BIOGRAPHY

1691. Schöpflin Aladár. "Kaffka Margit most tíz éve halt meg," *Nyugat,* XXI (December 1, 1928), 710–712.

An account of Schöpflin's last visit with her, discussion of the problems she faced, and comment on her creative capacity. MnU NN NNC [FiHI] FiHU GeLBM GyBH

CRITICISM

See also nos. 80 and 4624.

1692. Móricz Zsigmond. "Kaffka Margit," *Válogatott irodalmi tanulmányok.* A kötetet összeállította Vargha Kálmán. Budapest: Művelt Nép, 1952; 380p. Pp. 116–122. [Appeared in *Nyugat,* V (February 1, 1912), 212–217]

A review of *Színek és évek* stating that she is the foremost woman writer in Hungary and that the work shows it could have been created only by a woman. DLC MnU NNC AsWN GyBH GyGNSU

1693. Schöpflin Aladár. "Kaffka Margit," *Magyar írók. Irodalmi arcképek és tollrajzok.* Budapest: Nyugat, 1917; 236p. Pp. 164–174. [Appeared in *Nyugat,* V (December 16, 1912), 933–944]

The qualities and merits of two of her novels, *Színek és évek* and *Mária évei,* and evidence of her having found the genre which best suits her voice. InU MnU GeLBM GyBH GyGGaU

1694. Tóth Árpád. "Kaffka Margit új regényeiről," *Bírálatok és tanulmányok.* Debrecen: Debreceni Zsidó Gimnázium VIII. Osztálya, 1939; 111p. Pp. 61–72. [Appeared in *Nyugat,* X (November 16, 1917), 792–798]

A review of *Hangyaboly* and *Állomások* maintaining that these novels mark a new point in her creative development wherein she no longer searches for themes as she writes. Records the flow of her mind clearly without giving time to polishing words into fine expressions. Each novel examined for its particular character and merit.

1695. Ady Endre. "Kaffka Margit versei," *Nyugat,* XI (May 1, 1918), 789–790. Criticizes her arrogance and pomposity as a poetess on the occasion of her volume *Az élet útján,* but finds value in her poetry and would consider it "near meanness on my part if I were to tell her to return to her novels and short stories." MnU [NN] NNC FiHU GeLBM GyBH

1696. Király György. "Kaffka Margit. Évfordulóra," *Nyugat,* XIII (January 1920), 4–12.

The literary characteristics and themes of her poetry and novels, with her novels giving "real life" to the tendencies in her poetry. Some attention to influences and techniques. [CSt-H] MH MnU NNC FiHU GeLBM GyBH

1697. Bánhegyi Jób. "Kaffka Margit," *Pannonhalmi Szemle,* VII (1932), 244–254.

Details of her life, the characteristics of her writings, and her literary development to evaluate her importance as a writer. Related to the literary currents of her times. Believes that she was an original writer with great potential but that her unfavorable surroundings kept her from developing adequately. Bibliography, p. 244. KyBgW NN FiHU GyBH

1698. Dénes Tibor. *Kaffka Margit.* Pécs és Budapest: Danubia, 1932. 59p.
Intended as an introduction to her prose works: the characteristics of their
subject matter, the nature of the characters, the kinds of problems they
concern themselves with, and the artistic aspects of their prose. Opens with
a biography. Bibliography of her writings and studies about her, pp. 57–59.
MnU

1699. Ágoston Julián. *Kaffka Margit.* Budapest: Heinrich J., 1934. 163p.
A critical analysis of her writings to show the emergence of her freedom
and power to write novels. Mostly concerned with her productive years as
her creativity moved from lyric poetry to short stories to novels. Appendix:
Comments on her criticism, articles, and two books of short stories.
Bibliography, pp. 157–161. CSt-H MiU MnU NNC GyBH

1700. Radnóti Miklós. "Kaffka Margit művészi fejlődése," *Tanulmányok,
cikkek.* E kötetet összeállította Réz Pál. Budapest: Magvető, 1956; 284p.
Pp. 5–104. [First published: Szeged, 1934; 85p. See also no. 1688]
Purpose: to determine her literary qualities by examining the development
of spirit and form in her art. DLC MH MiD FiHI GeLBM GyGNSU

1701. Rónay György. "Kaffka Margit," *A regény és az élet. Bevezetés a
19–20. századi magyar regényirodalomba.* Budapest: Káldor György, 1947;
376p. Pp. 267–278.
Analyses of three novels: *Színek és évek* (1912), *Mária évei* (1913), and
Két nyár (1916): the first as combining the past with the present as a living
element in the inner life of the characters in the manner of Virginia Woolf
and Proust; the second as expressing the effect of daily reality on a
generation seeking to be independent for the first time at the beginning of
the 19th century; the third as showing greatness in its simplicity, disciplined
realism, the accuracy of its character portrayal, the absence of devices, and
its "deeply moving" humanity. NN GeLBM GyBDS

1702. Bodnár György. "A publicista Kaffka Margit," *Irodalomtörténeti
Közlemények,* LXV (1961), 286–298.
A survey of her political articles characterizing the development of her
outlook, especially the effect of World War I on her, and her support of
social revolution in Hungary. Bibliographical footnotes. Summary in
Russian, p. 298. DLC MnU NN NNC AsWU GeLBM GyBH

KARINTHY FRIGYES

Born June 24, 1887 in Budapest; died August 29, 1938 in Siófok. Humorist,
short-story writer, novelist, poet, critic, translator. Father a clerk in Ganz
factory. Family experienced economic hardships. Completed gymnasium
studies in Budapest. Began writing early; his *Nászutazás a Föld középpontja
felé,* a novel, was published in *Magyar Képes Világ* in 1902; writings appeared

regularly in periodicals from 1906 on, including *Az Újság, Budapesti Napló, Borsszem Jankó* (humor magazine), and *Budapesti Hírlap*. Entered University of Budapest to study mathematics and natural science and then medicine, but wide-ranging interests made strict regimen unendurable and he decided to become journalist. Formed friendship with Dezső Kosztolányi (q.v.) at university in 1906. His short stories and poems appeared in *Nyugat*, with which he was associated until his death. Widely known as humorist mainly until outbreak of World War I. During war he openly opposed inhumanity and destructiveness of war. Supported October Revolution in 1918. At beginning of 1920's his writings were morbid and not many were published. In closing years of 1920's, he resumed attacks on society in poems, fiction, and articles. Underwent partially successful surgery for brain tumor in Stockholm in 1936. ¶ Very prolific and popular writer. Wrote poetry and criticism but best known for humorous writings. First true humorist in 20th-century Hungarian literature, and his caricatures of Hungarian and foreign writers in *Így írtok ti* remain his most popular work. His thought was strongly affected by developments of science and all fields of learning, and he believed that man would establish world order based on peaceful uses of knowledge. Criticized all forms of existing governments and societies. Viewed himself as rationalist and encyclopedist. Influenced by ideas of Freud. Noted for translations of Swift and Milne. ¶ *Capillária* has been translated into Czech and French; *Görbe tükör* into Slovakian; *A bűvös szék* into Chinese and Slovakian; *Tanár úr kérem* into Czech, Esthonian, German, Hebrew, and Polish; *Utazás a koponyám körül* into English, Danish, French, Italian, Spanish, and Swedish; *Utazás Faremidóba* into Czech, German, and Spanish; and some of his poems and short stories into Czech, English, French, German, Italian, Japanese, Polish, Portuguese, Rumanian, Serbian, and Slovakian.

FIRST EDITIONS: *Ballada a néma férfiakról*. Novellák. Budapest: Athenaeum, 1912. 30p. – *Együgyű lexikon*. [Humoreszkek] Békéscsaba: Tevan, 1912. 69p. – *Esik a hó*. Novellák. Budapest: Nyugat, 1912. 140p. – *Görbe tükör*. [Humoreszkek] Budapest: Athenaeum, 1912. 287p. – *Így írtok ti*. Irodalmi karikaturák. Budapest: Athenaeum, 1912. 191p. – *Budapesti emlék*. Meséskönyv. Képeskönyv. Budapest: Athenaeum, 1913. 157p. – *Találkozás egy fiatalemberrel*. Elbeszélések. Budapest: Athenaeum, 1913. 60p. – *Grimasz*. Szatirák és humoreszkek. Budapest: Athenaeum, 1914. 128p. – *Írások írókról*. Kritikák. Békéscsaba: Tevan, 1914. 87p. – *Beszéljünk másról*. Újabb karcolatok. Budapest: Athenaeum, 1915. 122p. – *Két hajó*. Novellák. Budapest: Athenaeum, 1915. 204p. – *A repülő ember*. Wittman Viktor emlékére. [Tanulmány] Budapest: Athenaeum, 1915. 47p. – *Vándor katona*. Emőd Tamással. Budapest, 1915. [From Várkonyi, p. 270] – *Aki utoljára nevet*. [Humoros elbeszélések] Budapest: Galantai Gyula, 1916. 61p. – *Holnap reggel*. Tragikomédia. Békéscsaba: Tevan, 1916. 120p. – *Ó nyájas olvasó!* Mindenféle dolog. [Humoreszkek] Budapest: Dick Manó, 1916. 223p. – *Tanár úr kérem.* Képek a középiskolából. [Humoros elbeszélések] Budapest: Dick Manó, 1916. 185p. – *Utazás Faremidóba.* Gulliver ötödik útja. [Regény] Budapest: Athenaeum, 1916. 126p. – *Így láttátok ti.* A háborús irodalom karrikaturája. Budapest: Dick Manó, 1917. 212p. – *Legenda az ezerarcú lélekről és egyéb elbeszélések.* Budapest: Lampel Róbert, 1917. 66p. – *A bűvös szék.* Komédia egy felvonásban. Budapest: Athenaeum, 1918. 28p. – *Hogy tesz a gránát?* [Jelenetek] Budapest: Tábori Levél, 1918 [1917?]. 212p. – *Krisztus és Barabbás.* Háború és béke. [Karcolatok] Budapest: Dick Manó, 1918. 155p. – *Gyilkosok.* Novellák. Budapest: Dick Manó, 1919. 178p. – *Kacsalábon forgó kastély.* [Mese-paródia a magyar humoristákról és színházakról] Budapest: Kultúra, 1920?. 89p. – *Kolombuc tojása. Az álomkép.* [Tréfás jelenetek] Budapest: Kultúra, 1920. 77p. – *Capillária.* Regény. [Riport Gulliver hatodik útjáról] Budapest: Kultúra, 1921 [1922?]. 162p. – *Hököm-színház.* Kis tréfák és jelenetek. Budapest: Athenaeum, 1921. 167p. – *Jelbeszéd.* Válogatott novellák. Budapest: Dick Manó, 1921. 158p. – *Ne bántsuk egymást.* Újabb tréfák. Budapest: Pallas, 1921. 216p. – *Zsuzsa Berengócziában.* Elbeszéli Kozma László, versbe szedte Karinthy Frigyes. Budapest, 1921. [From Várkonyi, p. 270] – *Két mosoly.* Elbeszélések. Sine loco: Pegazus, 1922 [1920?]. 77p. – *Visszakérem az iskolapénzt.* [Humoros jelenetek] Budapest: Franklin-Társulat, 1922. 83p. – *Vitéz László színháza.* Új jelenetek. Karinthy Frigyes előszavával, Gömöri Jenő bevezetésével. Bécs: Új Modern Könyvtár, 1922. 101p. – *Fából vaskarika. A csokoládékirály meséi.* Budapest, 1923. [From Várkonyi, p. 270] – *Két álom.* Mozgóképjáték három felvonásban és három filmben. Budapest: Franklin-Társulat, 1923 [1922?]. 45p. – *Kötéltánc.* Regény. Budapest: Dick Manó, 1923. 192p. – *Nevető dekameron.* Száz humoreszk. Budapest: Athenaeum, 1923. 272p. – *Harun al Rasid.* Kis novellák. Budapest: Athenaeum, 1924. 136p. – *Egy tucat kabaré.* [Kabaréjelenetek és karcolatok] Budapest: Tolnai Világlapja, 1924. 157p. – *Drámák ecetben és olajban.* [Humoreszkek] Békéscsaba: Tevan, 1926?. 205p. – *Írta ... Színházi karikaturák.* Budapest: Kultúra, 1926. 93p. – *Ki kérdezett?* [Cikkgyűjtemény] Budapest, 1926. [From Várkonyi, p. 271] – *Panoráma.* [Humoros elbeszélések] Budapest: Grill Károly, 1926 [1921?]. 237p. – *Heuréka.* [Vidám rajzok] Budapest: Singer és Wolfner, 1927. 186p. – *Lepketánc.* Fantasztikum egy felvonásban. Budapest: Athenaeum, 1927. 56p. – *A másik Kolumbusz és egyéb elbeszélések.* Budapest: Lampel Róbert, 1927. 68p. – *Notesze.* [Gondolatok] Budapest: Singer és Wolfner, 1927 [1928?]. 110p. – *Nem tudom a nevét. Ott ki beszél? Kísérleti módszer.* [Kis vígjátékok] Budapest: Singer és Wolfner, 1928. 33p. – Continued under EDITIONS.

EDITIONS

See also nos. 1752 (in English translation), 2644, and 3934 (vol. 2) for a translation. Material in edition: no. 2644. Annotated works: nos. 1053, 2201, 2480, and 2643.

1703. *Munkái.* Gyűjteményes kiadás. I–X. kötet. Budapest: Athenaeum, 1928–1929.

1. kötet: *Így írtok ti.* [Irodalmi karikaturák] 2., bővített kiadás. 1928. 373p.
2. kötet: *Capillária.* [Regény] 1928³. 161p.
3. kötet: *Tanár úr kérem.* Képek a középiskolából. [Humoros elbeszélések] 1928⁴. 178p.
4. kötet: *Gyilkosok.* [Novellák] 1928². 178p.
5. kötet: *Krisztus vagy Barabbás.* Háború és béke. [Tárcák] 1928². 156p.
6. kötet: *Harun al Rasid.* [Novellák] 2., bővített kiadás. 1928. 208p.
7. kötet: *Új görbe tükör.* [Humoreszkek] 1928¹. 259p.
8. kötet: *Színház.* [Színmű és kisebb színpadi jelenetek] 1928¹. 321p.
9. kötet: *Esik a hó.* [Novellák] 1928². 151p.
10. kötet: *Két hajó.* [Novellák] 2., bővített kiadás. 1929. 191p.

[MH] MnU NN [NNC]

1704. *Földnélküli János.* Vígjáték. Lengyel Menyhérttel. Budapest, 1929¹. [From Várkonyi, p. 271]

1705. *Minden másképpen van.* Ötvenkét vasárnap. [Humoreszkek] Budapest: Athenaeum, 1929¹. 326p. MnU NNC OCl

1706. *Nem mondhatom el senkinek.* Versek. Budapest: Athenaeum, 1930¹. 64p. NN AsWN GyBH

1707. *Polgári kiáltvány a társadalom megmentéséről.* Többekkel. Budapest, 1932¹. [From Várkonyi, p. 271]

1708. *Haditanács Anthroposban.* Élettan-politikai dráma és tudomány-történelem. Előjátékkal, utójátékkal, happy enddel. Budapest: Révai, 1933¹. 31p. MH

1709. *Hasműtét.* Novellák. Budapest: Athenaeum, 1933¹ [1932?]. 185p. OCl GeLBM

1710. *Vendéget látni, vendégnek lenni . . .* Gundel Károly tanácsaival. [Tanulmány] Budapest: Cserépfalvi, 1933¹. 74p.

1711. *Még mindig így írtok ti.* Karinthy Frigyes új karikaturái. Kosztolányi előszavával. Budapest: Nyugat, 1934¹ [1933?]. 192p. GeLBM

1712. *100 új humoreszk.* Budapest: Nyugat, 1934¹. 224p. OCl

1713. *Barabbás.* [Elbeszélés] Budapest: Hungária, 1935¹. 18p. MH NN NNC GeLBM

1714. *Nevető betegek.* [Novellák] Budapest: Athenaeum, 1936¹. 163p. IC NN OCl

1715. *Mennyei riport.* [Regény] Budapest: Nova Irodalmi Intézet, 1937¹ [1934?]. 240p. IC NN OCl GeLBM

1716. *Utazás a koponyám körül.* Egy életmentő műtét története. [Regény] Budapest: Athenaeum, 1937¹. 239p. CtY DLC IC OCl GyBH

1717. *Amiről a vászon mesél.* Jegyzetek a filmről. [Humoreszkek] Budapest: Singer és Wolfner, 1938[1]. 78p. NNC OCl GeLBM

1718. *Kiadatlan naplója és levelei.* Babits Mihály bevezetésével sajtó alá rendezte Ascher Oszkár. Budapest: Nyugat, 1938[1]. 201p. [From catalogue of National Széchényi Library] IC

1719. *Üzenet a palackban.* [Versek] Budapest: Cserépfalvi, 1938[1]. 80p. [1947] DLC GeLBM

1720. *Betegek és bolondok.* Elbeszélések. Budapest: Új Idők, 1946[1]. 244p. [C] GeLBM

1721. *Az emberke tragédiája Madách Imrike után Istenkéről, Ádámkáról és Luci Ferkóról.* A versikéket írta Karinthy Frigyes. [A csonkán fennmaradt kézirat kiegészítő részeit írta Karinthy Ferenc] Budapest: Új Idők, 1946[1]. 42p. [C]

1722. *Martinovics [Ignác.]* [Költemény] Budapest: Új Idők, 1947. 30p. [C] NN

1723. *Így írtok ti.* [Irodalmi paródiák] Válogatta, sajtó alá rendezte és bevezetéssel ellátta Szász Imre. Budapest: Szépirodalmi Könyvkiadó, 1954. 684p. [C] (1959) DLC IC MH MnU NN OCl AsWN FiHI GyBH GyGNSU

1724. *Omnibusz.* Humoreszkek, jelenetek. A válogatás Abody Béla munkája. Budapest: Szépirodalmi Könyvkiadó, 1954. 224p. [C] DLC InU GeLU GyBDS

1725. *Nem nekem köszöntek.* Válogatott humoreszkek. A válogatás Abody Béla munkája. Budapest: Szépirodalmi Könyvkiadó, 1955. 191p. [C]

1726. *Cirkusz.* Válogatott írások. Válogatta és az előszót írta Kolozsvári Grandpierre Emil, sajtó alá rendezte és az utószót írta Vajda Miklós. I–II. kötet. Budapest: Szépirodalmi Könyvkiadó, 1956. [C]
    1. kötet: *Tanár úr kérem, Humoreszkek, Így írtok ti, Kabaré.* 789p.
    2. kötet: Versek. Novellák. *Utazás a koponyám körül. "Ki kérdezett? . . ."* (cikkek, tanulmányok). 613p.
DLC InU NNC AsWN

1727. *Hököm-színház.* [Drámák] Sajtó alá rendezte és az utószót írta Kellér Andor. I–III. kötet. Budapest: Szépirodalmi Könyvkiadó, 1957. [C] C DLC IC NNC AsWN FiHI GeCU GyBDS GyGNSU

1728. *A lélek arca.* Összegyűjtött novellák. Szerkesztette Abody Béla és Szalay Károly. I–II. kötet. Budapest: Magvető, 1957. [C] CU DLC IC MH NNC OCl AsWN FiHU GeCU GeLBM GyBDS GyGGaU GyGNSU

1729. *Számadás a tálentomról.* [Versek] Összeállította és bevezette Abody Béla. Budapest: Magvető, 1957. 216p. [C] DLC MH MiD NN FiHI FiHU GeCU GyBDS GyGNSU

1730. *Utazás Faremidóba. Capillária.* [Kisregények] Budapest és Bukarest: Szépirodalmi Könyvkiadó—Állami Irodalmi és Művészeti Kiadó, 1957. 209p. [C] DLC IC InU MH NN NNC OCl AsWN GeLBM GyGNSU

1731. *Az egész város beszéli.* Karcolatok. Összegyűjtötte és az utószót írta Abody Béla. I–IV. kötet. Budapest: Szépirodalmi Könyvkiadó, 1958. [C] DLC MnU NN NNC GeLBM GyBDS GyGNSU

1732. *Kötéltánc.* [Regény] A bevezetést írta Szalay Károly. Budapest: Magvető, 1958². 227p. [C] MH NNC WaU GyGNSU

1733. *Mennyei riport.* Regény. Budapest: Magvető, 1958². 250p. [C] DLC MH MnU AsWN GyBDS

1734. *Tanár úr kérem.* Humoreszkek. Bevezette Illés Endre. Budapest: Ifjúsági Kiadó, 1959⁵. 81p. [C] DLC MH NN NNC AsWN GeCU GeLU GyBH GyGGaU

1735. *Az író becsülete.* Válogatott írások. Az utószót írta Erdős Magda. Budapest: Magyar Helikon, 1962. 229p. [C] NN NNC GeLBM GyBDS GyBH GyGNSU

1736. *Utazás a koponyám körül.* [Regény] Az utószót írta Szalay Károly. Budapest: Szépirodalmi Könyvkiadó, 1962. 230p. [C] GeLBM

1737. *Válogatott művei.* Válogatta, sajtó alá rendezte és a jegyzeteket összeállította Kardos László. Budapest: Szépirodalmi Könyvkiadó, 1962. 770p. [C] NB NN NNC AsWN FiHU GeCU GeLBM GyBDS GyBH GyGNSU

1738. *Így írtok ti.* [Paródiák] Sajtó alá rendezte és jegyzetekkel ellátta Szász Imre. I–II. kötet. Budapest: Szépirodalmi Könyvkiadó, 1963. [B]
  1. kötet: Magyar írók. 494p.
  2. kötet: Idegen írók. 516p.
  NN OCl GyBDS

1739. *Hátrálva a világ körül.* Válogatott cikkek. Összegyűjtötte, az utószót és a jegyzeteket írta Szalay Károly. Budapest: Szépirodalmi Könyvkiadó, 1964¹. 716p. [B] CLU CSf DLC IC InU MH MnU NB AsWN GeLBM GyBDS GyBH GyGNSU

1740. *Naplóm, életem.* [Önéletrajzi irások: *Gyerekkor, Noteszlapok, Útinaplók vonaton és repülővel,* Levelek, *A nagy műtét, Epizódok*] Válogatta és bevezette Szalay Károly. [Bibliographical notes, pp. 859–861] Budapest: Magvető, 1964. 876p. [C] C DLC IC MH MnU NB NNC AsWN FiHU GeLBM GeLU GyBDS GyBH GyGNSU

1741. *Miniatűrök.* [Kritikák, esszék] Összeállította és bevezette Szalay Károly. Budapest: Gondolat, 1966. 364p. [From catalogue of National Széchényi Library]

BIBLIOGRAPHY

See nos. 1740, 1746, and 1752.

BIOGRAPHY

1742. Babits Mihály. "Karinthy, szellemidézés," *Nyugat*, XXXI (October, 1938), 233–235.

A perspective of Karinthy, his surroundings, and his relationships with literature. On the occasion of his death. MnU NN NNC [FiHI] FiHU GeLBM [GeLU] GyBH

1743. Füst Milán. "Néhány fájdalmas szó Karinthy Frigyesről," *Emlékezések és tanulmányok*. Budapest: Magvető, 1956; 539p. Pp. 56–61. [Appeared in *Nyugat*, XXXI (October, 1938), 244–247]

A sketch of his character and personality based on Füst's personal recollections. On the occasion of Karinthy's death. DLC MnU NNC GyBDS GyBH

1744. Karinthy Ferenc. *Szellemidézés*. Budapest: Hungária, 1946. 139p.

A son's memories of his father and the life of the family in narrative form. Karinthy's life when he was past fifty. Conversations recreated in dialogue form. DLC NNC GeLBM

1745. Füst Milán. "Találkozásom egy fiatalemberrel. (A fiatal Karinthy Frigyes emlékezete)," *Emlékezések és tanulmányok*. Budapest: Magvető, 1956; 539p. Pp. 62–69. [Appeared in *Csillag*, IX (1955), 1275–1279]

Füst's account of his first meeting with the young Karinthy. DLC MnU NNC GyBDS GyBH

1746. Szalay Károly. *Karinthy Frigyes*. Budapest: Gondolat, 1961. 365p.

Considerable analytical and critical attention to his writings and literary development. Bibliographical notes, pp. 301–339; chronological list of his publications, pp. 341–343; chronological bibliography of studies about Karinthy and his works, pp. 345–355. MnU NN NNC AsWN GeLBM GyBDS GyBH GyGNSU

CRITICISM

See also no. 4624.

1747. Kosztolányi Dezső. "Karinthy Frigyes," *Írók, festők, tudósok. Tanulmányok magyar kortársakról*. Gyűjtötte, sajtó alá rendezte, az utószót és a jegyzeteket írta Réz Pál. I–II. kötet. Budapest: Szépirodalmi Könyvkiadó, 1958. I, 281–312. [Appeared in *Világ*, no. 50 (February 28, 1912), 17; *Nyugat*, VIII (April 16, 1915), 459–460, IX (December 1, 1916), 797–798; *Délmagyarország*, no. 35 (February 11, 1917), 5; *Pesti Napló*, no. 117 (May 6, 1917), 12; *Nyugat*, XI (September 16, 1918), 393–395, XIV (February 1, 1921), 240–241, XXVI (February 1, 1933), 190–196]

Eight reviews of separate works commenting on their characteristics and content and analyzing their humor, style, caricatures, etc. DLC MH NjN NN NNC AsWN GeCU GyBH GyGNSU

1748. Babits Mihály. "Könyvről könyvre: Karinthy és új novellái," *Nyugat*, XXVI (April 16, 1933), 486–487.

A review of the short stories commenting on his humor and intellectual imagination and pointing out the new characteristics that emerge in some of the stories. MnU NN NNC FiHU GeLBM [GeLU] GyBH

1749. Kardos László. *Karinthy Frigyes. Tanulmány.* Budapest: Anonymous, 1946. 78p.

The philosophical view of idealism and relativism in his writings. Seeks to show that he belongs in the ranks of those who feel the power of absolutism but who rebuff philosophical conjectures by using analytical intelligence. NN

1750. Rónay György. "Karinthy Frigyes," *A regény és az élet. Bevezetés a 19–20. századi magyar regényirodalomba.* Budapest: Káldor György, 1947; 376p. Pp. 334–341.

Analyses of two novels: *Utazás Faremidóba* (1916) and *Capillária* (1922?). The humorous-philosophical aspects of the first, and the failure of the criticism hidden within the parody in the second. NN GeLBM GyBDS

1751. Kolozsvári Grandpierre Emil. "Karinthy," *Irodalomtörténet*, XLIV (1956), 397–423.

His humor as not stemming from folk or anecdotal sources but as touching the concerns of 20th-century man, his use of paradox, his view of the relationship between the individual and society, his philosophical outlook, and individual examinations of the ideas and content of *Tanár úr kérem* (as psychological humor), *Így írtok ti* (as caricature), and *Utazás Faremidóba* (as his confrontation of reality). [CU] DLC [MH] MnU NN NNC AsWU GeLBM GeLU GyBH

1752. Vajda, Miklós. "Frigyes Karinthy," *New Hungarian Quarterly*, III (April–June, 1962), 42–67.

After outlining the emergence of a new generation of Hungarian writers in the first two decades of the 19th century, characterizes the development of his writings, the form and thought of his various kinds of humorous writings, and his aims. Comment on the content of his major works. [Same issue contains English translations of selections from his works, pp. 68–95]. DLC IaU MnU NNC AsWU FiHU GyBDS GyBH GyGNSU

KÁRMÁN JÓZSEF

Born March 14, 1769 in Losonc; died June 3, 1795 in Losonc. Writer of novellas, essayist. Descendant of family of Protestant ministers. Completed schooling in Losonc. Entered University of Pest in 1785 to study law. Transferred to University of Vienna in 1788 and took position in attorney's office. Correspondence with Countess Miklós Markovich revealed literary bent. Returned to Pest in fall 1791 with lawyer's diploma but did not practice law. Became member of Freemason chapter in Pest in 1792. Formed connections with number of aristocratic families to gain support for center of literature in Pest. Founding of *Uránia* grew out of these relationships. Periodical reached three volumes 1794–1795, which he edited and published and to which he contributed much material. Returned to Losonc in April 1795, possibly fearing detention because of Jacobin sympathies. ¶ *Fanni hagyományai*, first published in *Uránia* (1794), is considered to be the best sentimental work in Hungarian literature and, though linked with Goethe's *Werther*, is original and has distinctive Hungarian style. Its story of a young girl's unhappy love affair and her fading away brings to Hungarian literature the pre-romantic turning inward for revelation of inner personality. Essays on advancement of Hungarian literature advocated establishment of intellectual center where literary salons could develop and, unlike Kazinczy, he maintained that original writings were more needed than translations. Ability not noted until Ferenc Toldy published biographical sketch and edition in 1872. ¶ *Fanni hagyományai* has been translated into German.

FIRST EDITIONS: *Írásai és Fanni hagyományai*. Újra kiadta és bevezette Schedel [Toldy] Ferenc. Pest: Hartleben Konrád Adolf, 1843. 148p. – See also no. 1753.

EDITIONS

See also nos. 1188, 1758 (letters), and 1759.

1753. *Kármán [József] és M[arkovich Miklósné] grófné levelei.* Kiadja Székely József. Pest: Hartleben Konrád Adolf, 1860[1]. 147p. [C] (1941)   MH MnU NNC AsWN AsWU GeLBM

1754. *Művei.* Kiadja Abafi Lajos. I–II. kötet. Budapest: Aigner Lajos, 1879–1880. [B]

1. kötet: *Fanni hagyományai, A nemzet csinosodása,* stb., szépirodalmi művek. 1879. 263p.
2. kötet: Vegyes iratok, levelezés. Abafi Lajos: *Kármán József életrajza,* i–lxxp. 1880. 132, 154p.

DLC GeLBM GyBH GyGGaU

1755. *Kármán József—Berzsenyi Dániel [munkái.]* Sajtó alá rendezte és bevezetéssel ellátta Heinrich Gusztáv. Budapest: Franklin-Társulat, 1906. 294p. [C]   DLC MH MnU NNC OCl AsWU FiHI GyBH

1756. *Válogatott művei.* Válogatta és a bevezetést írta Némedi Lajos, sajtó alá rendezte Némediné Dienes Éva. Budapest: Szépirodalmi Könyvkiadó, 1955. 280p. [C]   DLC GyBH GyGNSU

BIBLIOGRAPHY

See no. 1759.

BIOGRAPHY

1757. Bodnár Zsigmond. *Uránia. Kármán és Pajor. Irodalomtörténeti értekezés.* Budapest: Aigner Lajos, 1880. 86p.

Discussion of the periodical *Uránia*, its history and content, and the lives and contributions of its two editors, Kármán and Gáspár Pajor. Attention to problems of the times. CtY GyBDS

1758. Szalóky Mária. *Gróf Markovich Miklósné és Kármán József levelezése. 1789.* Budapest: Danubia, 1941. 87p.

Sixty-six letters covering the six-month relationship between Kármán and Countess Markovich. Comment and information preceding each letter. MH MnU GeLBM GyBH

1759. Gálos Rezső. *Kármán József.* Budapest: Művelt Nép, 1954. 193p.

Seeks to illuminate the circumstances of his life and also examines his writings. Summary of previous studies of Kármán in the introduction. Appendixes: (1) Connections between the Kármán and Ráday families and (2) Texts of his previously unpublished works. Bibliographical notes, pp. 167–193. DLC MH MnU NNC FiHI GeCU GeLBM GyBDS GyBH GyGNSU

CRITICISM

1760. Szinnyei Ferenc. *Kármán József és az Uránia névtelenjei.* Budapest: Magyar Tudományos Akadémia, 1924. 36p.

His style determined through an examination of *Fanni hagyományai.* Seeks to identify a number of unsigned writings in the periodical *Uránia* as being from Kármán's hand. Bibliographical footnotes. MnU NNC AsWN AsWU GyGNSU

1761. Némedi Lajos. "Bevezetés," *Kármán József válogatott művei.* Válogatta Némedi Lajos, sajtó alá rendezte Némediné Dienes Éva. Budapest: Szépirodalmi Könyvkiadó, 1955; 280p. Pp. 7–62.

After a brief survey of his life, discusses his relations with *Uránia*, the character of his more important works (including a section on his shorter writings), his style, and the critical reception given his works in his own times. Attention to the currents of the age. DLC GyBH GyGNSU

KASSÁK LAJOS

Born March 21, 1887 in Érsekújvár; died July 22, 1967 in Budapest. Novelist, short-story writer, poet, painter. Father an assistant technician in pharmaceutical laboratory. Difficult financial circumstances forced him to work early in life. Left school when 12 and became apprentice locksmith. Worked at trade for few months in Győr and then went to Budapest, where he was employed as ironworker in various factories in Angyalföld. Joined Munkás-egylet and participated in many strikes and demonstrations. First poem published in 1908, and poems appeared regularly in *Független Magyarország* by 1909. In 1909 he went on walking tour of Austria, Germany, and Belgium, and visited Paris until he was deported as vagrant. Made literary career his objective on return to Budapest. Joined Social Democratic party but affiliated himself with anarchical-antimilitary group in 1913. Founded *A Tett* in 1915, which became center for young writers seeking new literary forms and opposing war; among them were Aladár Komját, József Révai, and Tibor Déry (q.v.). *A Tett* was banned in fall of 1916 but soon revived as *Ma*. Welcomed October Revolution in 1918 and participated in formation of Revolutionary Government. Member of Vörösmarty Academy in 1918. Also member of Writers' Directory and directorial board of Writers' Union. Worked for Közoktatásügyi Népbiztosság. Did not join Communist party and opposed Béla Kun publicly in summer of 1919. Imprisoned after failure of Revolutionary Government. Emigrated to Vienna. Continued to edit *Ma* in Vienna and founded *2×2* with Andor Németh in 1923. Returned to Budapest in 1927. Published and edited *Dokumentum* for short time and then in 1928 founded *Munka*, which ceased in 1939. Withdrew from active life during World War II. Edited *Alkotás* 1947–1948 and the short-lived *Kortárs*. Awarded Kossuth Prize in 1965. Also a recognized member of constructivist school of painting; exhibits held in Vienna (1921), Berlin (1922), Budapest, and Paris (1960). ¶ Important advocate of avant-gardism in Hungarian literature. Early writings showed strong avant-gardism and socialistic themes. Turned next to realism, then abandoned social motifs for highly subjective expression of private and individual thoughts and emotions. His viewpoints much affected by attachment to proletarian class. Novels and short stories are very didactic. Poetry influenced by Walt Whitman. Intended his writings to help with the establishment of a just society in Hungary. ¶ Some of his poems have been translated into English, French, German, Italian, Japanese, Polish, Rumanian, Russian, Serbian, and Slovakian.

EDITIONS

See also nos. 1055 and 2485 for annotated works.

1762. *Életsiratás.* [Elbeszélések] Budapest: Benkő, 1912[1]. 155p.

1763. *Isten báránykái.* Három egyfelvonásos. [*Fehér éjszakák, Isten báránykái, Ólom vitézek*] Budapest: Grill, 1914[1]. 71p. NNC

1764. *Éposz Wagner maszkjában.* [Költemény] Budapest: Hunnia, 1915[1]. 28p.

1765. *Khalabresz csodálatos púpja.* Novellák. Budapest: Táltos, 1918[1]. 157p. OCl GyBH

1766. *Misilló királysága.* Regény. Budapest: Athenaeum, 1918[1]. 167p. AsWN GyBH

1767. *Egy szegény lélek megdicsőülése és még hét novella.* Budapest: Athenaeum, 1918[1]. 76p.

1768. *Hirdetőoszloppal.* 1914–1918. [Versek] Budapest: Szellemi Termékek Országos Tanácsa, 1919[1]. 100p.

1769. *Levél Kun Bélához a művészet nevében.* [Tanulmány] Budapest: Ma, 1919[1]. 24p. CSt-H

1770. *Tragédiás figurák.* Regény. Bécs: Ma, 1919[1]. 111p. MnU GeLBM GyBH

1771. *[Bildarchitektur]* Deutsch von Paul Acél. [Tanulmány] Wien: Elbemühl, [1920?][1]. [20]p.

1772. *Máglyák énekelnek.* Eposz. Wien: Bécsi Magyar Kiadó, 1920[1]. 119p. OCl AsWN GyBH

1773. *Ma.* I. [Versek] Wien: Elbemühl, 1921[1]. [16]p. NN AsWU

1774. *Novelláskönyv.* Válogatott novellák, 1911–1919. Wien: Bán, 1921. 123p. CSt CSt-H GyGGaU

1775. *Világanyám.* Kassák Lajos összes versei. Első könyv. 1915. Wien: Bán, 1921. 145p. CSt-H AsWN AsWU

1776. *Ma-Buch.* Gedichte von Ludwig Kassák. Deutsch mit einem Vorwort von Andreas Gáspár. Wien: Elbemühl, 1923[1]. 62p.

1777. *Új versei.* Wien: Írók Könyvtára, 1923[1]. 26p.

1778. *Álláspont.* Tények és új lehetőségek. [Tanulmány] Wien: Ma, 1924[1]. 47p. AsWN

1779. *Tisztaság könyve.* 1926. május. [Versek, novellák, műfordítások] Budapest: n.p., 1926[1]. 114p. AsWU GyBH

1780. *Az új művészet él.* [Tanulmány] Cluj-Kolozsvár: Korunk, 1926[1]. 47p.

1781. *Napok, a mi napjaink.* Regény. Budapest: Pantheon, 1928[1]. 348p. MnU NNC OCl

1782. *Egy ember élete.* [Önéletrajz] I–VIII. kötet. Budapest: Dante és Pantheon, 1928–1939[1]. [Only complete edition]
  1. kötet: *Gyermekkor.* 1928[1]. 192p.
  2. kötet: *Kamaszévek.* 1928[1]. 227p.
  3. kötet: *Csavargások.* 1928[1]. 202p.
  4. kötet: *Vergődés.* 1932[1]. 233p.
  5. kötet: *Kifejlődés.* 1932[1]. 221p.
  6. kötet: *Háború.* 1932[1]. 237p.
  7. kötet: *Károlyi forradalom.* 1935[1]. 228p.
  8. kötet: *Kommün.* 1939[1]. 231p.
IC NN NNC OCl GyBH

1783. *Angyalföld.* Regény. Budapest: Pantheon, 1929[1]. 356p. [1958] DLC MH NNC OCl FiHI GeLBM GyGNSU

1784. *Marika, énekelj!* Regény. Budapest: Pantheon, 1930[1]. 318p. IC OCl AsWN GyBH

1785. *35 verse.* Budapest: Munka, 1931[1]. [56]p. NN GyBH

1786. *Gorkij.* Dráma egy felvonásban. Nádass Józseffel. Budapest, 1932[1]. [From *Magyar irodalmi lexikon*, II, 313]

1787. *Megnőttek és elindulnak.* Regény. Budapest: Pantheon, 1932[1]. 338p. IC OCl GyBH

1788. *Munkanélküliek.* Regény két kötetben. Budapest: Nyugat, 1933[1]. [1962] NN NNC OCl AsWN GeLBM GyBDS GyBH GyGNSU

1789. *A telep.* [Regény] Budapest: Pantheon, 1933[1]. 248p. OCl GyBH

1790. *Menekülők.* Elbeszélések. Debrecen: Nagy Károly és Társai, 1934[1]. 75p. AsWN GyBH

1791. *Napjaink átértékelése.* [Tanulmány] Budapest: Munka, 1934[1]. 61p.

1792. *Az utak ismeretlenek.* Regény. Budapest: Nyugat, 1934[1]. 190p. NNC OCl GyBH

1793. *Földem, virágom.* Kassák Lajos válogatott versei, 1915–1935. Az előszót írta Gyergyai Albert. Budapest: Pantheon, 1935. 127p. NN

1794. *Három történet.* [Elbeszélések] Budapest: Cserépfalvi, 1935[1]. 308p. IC NN OCl GeLU

1795. *Ajándék az asszonynak.* [Versek] Budapest: Cserépfalvi, 1937[1]. [48]p. NN NNC GeLBM GyBH

1796. *Akik eltévedtek.* [Regény] Budapest: Cserépfalvi, 1937[1]. 353p. IC MnU NN

1797. *Anyám címére.* [Elmélkedések] Budapest: Cserépfalvi, 1937[1]. 257p. MnU GeLBM GeLU GyBH

1798. *Fújjad csak furulyádat.* [Költemények] Budapest: Cserépfalvi, 1939[1]. 59p.

1799. *Egy kosár gyümölcs.* Regény. Budapest: Dante, 1939[1]. 223p. IC GyGGaU

1800. *Azon a nyáron.* Regény. Budapest: Dante, 1940[1]. 311p. GeLU

1801. *Sötét egek alatt.* Versek. Budapest: Hungária, 1940[1]. [64]p.

1802. *Szombat este.* Új versek. Budapest: Kelet Népe, 1941[1]. 59p. MnU

1803. *Egy emlék hálójában.* [Elbeszélés] Budapest: Áchim András, 1942[1]. 31p.

1804. *Hídépítők.* Regény. Budapest: Singer és Wolfner, 1942[1]. 268p. OCl GeLU

1805. *Két fiatal élet.* [Kisregény] Budapest: Áchim András, 1942[1]. 63p.

1806. *Vallomás tizenöt művészről.* [Tanulmány] Budapest: Popper Ernő, 1942[1]. 128p. NNC

L

1807. *Virág Balázs.* [Elbeszélés] Budapest: Áchim András, 1942[1]. 32p.

1808. *Egy álom megvalósul.* Regény. Budapest: Singer és Wolfner, 1943[1]. 306p. GeLU

1809. *Dráma az erdőben.* [Elbeszélés] Budapest: Áchim András, 1943[1]. 48p.

1810. *Emberek, sorsok.* [Elbeszélések] Budapest: Stílus, 1943[1]. 316p. MnU GeLU

1811. *Közelgő viharok.* [Elbeszélés] Budapest: Áchim András, 1943[1]. 31p.

1812. *Karácsonyiék.* Regény. I–II. kötet. Budapest: Új Idők, 1944[1]. GeLU

1813. *Kis könyv haldoklásunk emlékére.* [Elbeszélések és naplójegyzetek] Budapest: Új Idők, 1945[1]. 110p. IC MiD OCl GeLU

1814. *Összegyűjtött versei.* Budapest: Singer és Wolfner, 1946. 470p. GeCU GeLBM GeLU GyBDS

1815. *Hatvan év összes versei.* Budapest: Új Idők, 1947. 516p.

1816. *Képzőművészetünk Nagybányától napjainkig.* [Tanulmány] Budapest: Magyar Műkiadó, 1947[1]. 93p. IEN NNC GyBH

1817. *Egy lélek keresi magát.* Regény. Budapest: Új Idők, 1948[1]. 203p. [1965] DLC MH MnU NN OCl GeLBM GyBDS GyGNSU

1818. *Mögötte áll az angyal.* Regény. Budapest: Új Idők, 1948[1]. 229p. GeLBM

1819. *Szegények rózsái.* [Versek] Budapest: Új Idők, 1949[1]. 122p.

1820. *Válogatott versei.* 1914–1949. A bevezetőt Gyergyai Albert írta. Budapest: Magvető, 1956. 513p. DLC MH GyBDS GyGNSU

1821. *Boldogtalan testvérek.* Válogatott elbeszélések. Budapest: Szépirodalmi Könyvkiadó, 1957. 358p. DLC MH GyBH GyGNSU

1822. *Csillagok csillogjatok, virágok virágozzatok . . .* [Gyermekversek] Budapest: Móra, 1957[1]. 70p.

1823. *Azon a nyáron. Hídépítők.* [Regények] Budapest: Magvető, 1958. 558p. DLC NNC GyGNSU

1824. *Költemények, rajzok.* 1952–1958. Budapest: Szépirodalmi Könyvkiadó, 1958[1]. 273p. DLC MH NNC GeCU GeLBM GyBDS GyGNSU

1825. *Mélyáram.* [Kisregények és elbeszélések] Budapest: Magvető, 1960. 618p. DLC NNC AsWN GyBDS GyBH GyGNSU

1826. *Marika, énekelj! Egy kutya emlékiratai* [1st?]. [Regények] Budapest: Magvető, 1961. 477p. DLC NNC GeLBM GyBH GyGNSU

1827. *Misilló királysága. A telep. Éjjel az erdőben* [1st?]. Budapest: Magvető, 1961. 531p. AsWN GeCU GeLBM GyBDS GyBH GyGNSU

1828. *Szerelem, szerelem.* Versek, rajzok. Budapest: Szépirodalmi Könyvkiadó, 1962[1]. 20 leaves. NNC AsWN GeCU GyBDS GyBH GyGNSU

1829. *Az út vége.* [Regény] Budapest: Magvető, 1963[1]. 329p. NNC GyBDS GyGNSU

1830. *Vagyonom és fegyvertáram.* [Költemények] Budapest: Magvető, 1963[1]. 361p. MH NNC GeLBM GyBH GyGNSU

1831. *A tölgyfa levelei.* [Versek] Budapest: Magvető, 1964[1]. 166p. CLU InU MnU NNC GeLBM GyBH GyGNSU

1832. *Mesterek köszöntése.* [Versek] Budapest: Magvető, 1965[1]. 34p. CLU GeLBM GyBH

CRITICISM

See also nos. 80, 1497, 1628, 2316, 2756, 3940, and 4624.

1833. Kürti Pál. "Kassák Lajos," *Nyugat,* XI (September 1, 1918), 375–376. A review of the novel *Misilló királysága* and the collection of short stories published at the same time calling attention to the naturalism of the novel and the difference between the first short story and the novel in the former's resembling his poetry in its central subject which the reader can use to tie the material to the atmosphere of his world. Maintains that his fiction does not show the unity between form and substance to be found in his poetry. MnU [NN] NNC FiHU GeLBM GyBH

1834. Komlós Aladár. "A költő Kassák," *Nyugat,* XX (September 1, 1927), 338–346.
His poetry as showing him to be carrying on contrary tasks: purifying his spirit of all that does not belong to today's reality and then mixing the remaining principles of reality into illogical and unreal trains of thought, "on the one hand confronting the decadent, symbolic, and impressionistic lyric, and on the other, continuing what he has begun even more radically." MnU NNC FiHU GeLBM GyBH

1835. Schöpflin Aladár. "Kassák," *Nyugat,* XXV (September 1, 1932), 164–167.
Traces the changing characteristics of his poetic style, with attention to his thought and view of man, from *Éposz Wagner maszkjában* to the poems written after 1920: his highly objective description, his naturalism and impressionism, and his symbolism and irrationalism. Evaluations of the various phases of his development. MnU NN NNC FiHU GeLBM [GeLU] GyBH

1836. Lesznai Anna. "A romantikus Kassák. Kassák Lajos új regénye: Az utak ismeretlenek," *Nyugat,* XXVII (March 1, 1934), 271–274.
A review supporting the critics' contention of 22 years earlier that Kassák is a romantic, even though his style differs from traditional romanticism. MnU NN NNC [FiHI] FiHU GeLBM [GeLU] GyBH

1837. Halász Gábor. "Kassák, a költő. Válogatott versek, 1915–1935," *Nyugat,* XXVIII (September, 1935), 202–205.

Gives evidence of the "oscillations, sideroads, and dead-end streets" his poetic development followed as he was led not by his successes but by his searchings. Traces and describes the character of his poetry, especially through his contributions to the periodicals *Tett* and *Ma* as they related to events from World War I to the end of his emigration. MnU NN NNC FiHU GeLBM [GeLU] GyBH

1838. Szegi Pál. "Kassák, a költő," *Nyugat*, XXX (June, 1937), 442–445.
Characterizations of the tone and rhythms of his poetry from his first volume to his new collection, *Ajándék az asszonynak*. Maintains that his poetry is the "lyric of passivity." MnU NN NNC [FiHI] FiHU GeLBM GyBH

1839. Radnóti Miklós. "Kassák Lajos költészete," *Nyugat*, XXXII (July, 1939), 49–52.
Traces the changing and emerging characteristics of his tone, language, and attitude from his beginning to his latest verses, showing that the "ancient tradition's ever new properties lean out of Kassák's tradition in personal hues and aroma." MnU NN [NNC] [FiHU] GeLBM GyBH

1840. Gyergyai Albert. "Bevezetés," *Kassák Lajos válogatott versei*. 1914–1949. Budapest: Magvető, 1956; 513p. Pp. 5–30.
The major outlines of his poetic development and of the age, and the connections between them. DLC MH GyBDS GyGNSU

1841. Rónay György. "Kassák és az izmusok," *Irodalomtörténet*, XLVII (1959), 43–53.
His participation in the movement against the symbolists, the viewpoints and activities of the periodical *Tett* which he edited for the new literature he and his fellow writers wanted to create, and the birth and character of expressionism as expounded by *Egy ember élete* and its connection with the other "isms" of the period. Concludes that after wandering through these "isms" Kassák returns to his own voice and forms of composition. Bibliographical footnotes. CU DLC MH MnU NN NNC AsWU GeLBM GeLU GyBDS GyBH

KATONA JÓZSEF

Born November 11, 1791 in Kecskemét; died April 16, 1830 in Kecskemét. A dramatist, poet, historian, and translator. He was a descendant of an ancient but poor family: father was a well-educated and extremely successful weaver. Completed studies in Piarist schools in Pest (1802–1803), Kecskemét (1804–1807), and Szeged (1807–1808). Knew Latin and German well. Entered University of Pest in 1808. After two years in philosophy he studied law. Spent much time in University library. Especially interested in history. Worked in attorney's office while a law student. Passed law examination in 1815 but did not open own law office until 1820. Beginning in January 1812 engaged in theater activity as actor and as translator and adapter of foreign dramas for second theatrical society formed in Pest and Buda, to distress of parents. Unrequited infatuation with Róza Széppataki, noted actress. Independent attorney January 1–November 1, 1820, in Pest. First draft of *Bánk bán* was not even mentioned among entries in Kolozsvár competition. *Bánk bán* published as subscribed supplement to November 16, 1820, issue of *Tudományos Gyűjtemény*; not presented until February 15, 1833, in Kassa. Returned as deputy prosecutor to Kecskemét on December 1, 1820; prosecutor in 1826. Died suddenly of heart stroke after very tiring court session. ¶ Wrote poems, critical and historical studies, but best known as a dramatist. Reputation based on *Bánk bán*, which deals with conspiracy at court of King Endre II. Katona represented *Sturm und Drang* of pre-romanticism in Hungarian literature, and success of *Bánk bán* attributed to presence of this spirit in its language. He was a major force in encouragement of Hungarian theater. Translated and reworked many foreign plays, including some by Kotzebue. ¶ *Bánk bán* has been translated into Czech, French, German, and Turkish.

FIRST EDITIONS: *Bánk bán.* [Dráma] Pest: Trattner, 1821. 141p. – *Szabados Kecskemét alsó Magyar ország első mező várossa történetei.* [Történelmi tanulmány] Hiteles levelekből öszveszedte néhai Katona József. Pest: Trattner és Károlyi, 1834. 144p. – See also no. 1843.

EDITIONS

See also no. 1855 (letters).

1842. *Bánk-bán.* A szerző életrajzával kiadta Horváth Döme. Kecskemét: Szilády Károly, 1856. 164p. [C]   NNC AsWN AsWU GeLBM

1843. *Összes művei.* Kiadja Abafi Lajos. I–III. kötet. Budapest: Aigner Lajos, 1880–1881. [C]

   1. kötet: *Bánk bán, Jeruzsálem pusztulása* [1st], *Luca széke* [1st]. Drámák. 1880. 306p.

   2. kötet: *Ziska, Ziska a táboriták vezére, Monostori Veronka, István király.* Drámák. 1880[1]. 335p.

   3. kötet: *A borzasztó torony, Aubigny Clementia, A Mombelli grófok.* Drámák. Költemények. 1881[1]. 312p.

NNC GeLBM

1844. *Bánk bánja.* Magyarázta Péterfy Jenő. Budapest: Franklin-Társulat, 1897[2] [1883[1]]. 173p. [A]

1845. *Bánk bán.* Dráma öt felvonásban. A dráma magyarázatát írta Jókai Mór, Katona József életrajzát Zilahi Kiss Béla, a Nemzeti Színház Bánk bán előadásainak történetét Tábori Róbert. Budapest: Pesti Napló, 1899. 167p. [C]

1846. *Válogatott munkái.* Szerkesztette és bevezetéssel ellátta Bayer József. Budapest: Lampel Róbert, 1907. 268p. [C]   IC NN NNC OCl GeCU GeLU

1847. *Bánk bán.* Első kidolgozás 1815-ből. [Történelmi dráma] Kiadja és bevezetéssel ellátta Császár Elemér. Budapest: Athenaeum, 1913. Pp. 193–314. [A]

1848. *Bánk bán.* Dráma. Arany János jegyzeteivel és tanulmányával. Budapest: Franklin-Társulat, 1916³ [1898¹]. 262p. [B] FiHI

1849. *Bánk bán.* [Dráma] Kiadta és az utószót írta Mészöly Gedeon. Budapest: Rózsavölgyi és Társa, 1920. 185p. [C]   OCl GeLU

1850. *Bánk bán.* [Dráma] A költő dramaturgiai értekezésével és néhány versével. Bevezette és magyarázta Waldapfel József. Budapest: Budapest Székesfőváros, 1946. 192p. [C]   FiHU GyBH

1851. *Válogatott művei.* Válogatta és bevezette Molnár Miklós, sajtó alá rendezte Solt Andor. Budapest: Szépirodalmi Könyvkiadó, 1953. 394p. [B]   DLC GyBDS GyBH

1852. *Összes művei.* Sajtó alá rendezte és jegyzetekkel ellátta Solt Andor. I–II. kötet. Budapest: Szépirodalmi Könyvkiadó, 1959. [B]

   1. kötet: Eredeti drámák: *Aubigny Clementia, Ziska a Calice, Ziska, A rózsa, Jeruzsálem pusztulása, Bánk bán,* Regény-dramatizálások, átdolgozások: *A borzasztó torony, Monostori Veronka, A Luca széke karácsony éjszakáján, István király.* 937p.

   2. kötet: Versek, dramaturgiai dolgozatok. A *Bánk bán* első kidolgozása. Drámafordítások. *A kecskeméti pusztákról.* 721p.

DLC MH MnU NN NNC AsWN GeCU GeLBM GyBDS GyBH GyGNSU

BIBLIOGRAPHY

See also nos. 1865 and 1868.

1853. Hajnóczy Iván. "Katona életének és műveinek bibliográfiája," *Katona emlékkönyv.* Szerkesztette Hajnóczy Iván. Kecskemét: Kecskeméti Katona József Kör, 1930; 130p. Pp. 67–95.

In three parts: (1) 33 editions of *Bánk bán,* (2) six translations of *Bánk bán,* and (3) 461 studies of his life and works. Complete bibliographical data for editions, monographs, and articles. AsWU GeLBM GyGNSU

1854. *Katona József. 1792–1830. Ajánló bibliográfia.* Összeállította és az előszót írta Fenyvessiné Góhér Anna. Kecskemét: Bácsmegyei Nyomda, 1957. 7p.

In three parts and based on the Katona collection in the Kecskeméti Megyei Library: (1) editions of *Bánk bán,* (2) studies about him and his works, and (3) editions of his other writings. Data: for books, author, title, place and date of publication, publisher, and total pages; for articles, author, title, name of periodical, year, and inclusive pages. DLC

BIOGRAPHY

See also no. 1980.

1855. Miletz János. *Katona József családja, élete és ismeretlen munkái.* Budapest: Hornyánszky Viktor, 1886. 314p.

An account of the Katona family's history and his life. Examines two of his previously unknown plays, "A rózsa" and "A tündér álma." Last section: Historical notes, letters, and chronological data to Katona's monograph on Kecskemét. MnU AsWN GyBH

1856. Molnár Miklós. *Katona József.* Budapest: Művelt Nép, 1952. 66p.

Much attention to the currents prior to and during his times and to the origin of *Bánk bán* in the times before the Age of Reform and to its subject matter. GyBH GyGNSU

CRITICISM

See also no. 4624.

1857. Arany János. "Bánk-bán tanulmányok. Töredék," *Összes prózai művei és műfordításai.* Budapest: Franklin-Társulat, 1938; 2211p. Pp. 66–141.

A series of studies dealing with various aspects of *Bánk bán:* the historical background of its events, its subject matter, the character of Bánk and Gertrud, and the nature of other characters discussed in their connection with Bánk, Gertrud, and Endre. NNC

1858. Gyulai Pál. *Katona József és Bánk bánja.* Budapest: Franklin-Társulat, 1883. 309p. [1907²]

After a brief biographical account and a discussion of Katona as a dramatist during the years 1811–1815, examines *Bánk bán:* its genesis, connections with the age, significance in Hungarian drama, critical reception, characters, qualities and techniques. MH MnU NN NNC FiHU GyBH

1859. Zoltvány L. Irén. "Katona József 'Bánk bán'-ja vonatkozással a tragikum elméletre," *Katholikus Szemle,* III (1889), 313–358, 487–520. [Also a reprint]

After surveying the concepts of tragedy in Europe and Hungary, examines *Bánk bán* with respect to its fulfillment of the principles of dramatic tragedy. NNC AsWU GyBH

1860. Pollák Á. József. *Katona József stílusa és nyelve.* Budapest: Ruzsnák és Türk, 1911. 64p.

Characterizations of the individualities of his dramatic style as expressions of the man and of his diction in *Bánk bán.* Semantic characteristics of his diction provided in alphabetical order. Contains an analysis of his use of grammar. FiHU

1861. Horváth János. "Jegyzetek Bánk bán sorsáról," *Tanulmányok*. Budapest: Akadémiai Kiadó, 1956; 638p. Pp. 207–244. [Appeared in *Napkelet*, 1926]

An effort to explain why one of the "greatest classics in Hungarian poetry" was not noted or evaluated even by the best writers of Katona's own times. Provides an account of major contemporary writers' relationships with the work, and finds, mainly, that the work did not receive the two main demands imposed by its very character: (1) its dramatic objectivity requiring the best actors for its performance and (2) its depth of psychological details requiring that it be read. Maintains that only time could meet these requirements. DLC MH MnU NNC GeLBM GeLU GyBDS GyBH GyGGaU GyGNSU

1862. Hegedüs Zoltán. *Katona József lírai költészete*. Budapest: A Szerző, 1927. 56p.

An analysis of the emotional world of his lyric poems giving particular attention to the first complete edition and manuscript, the question of when they were written, the relation between their thought and emotion, the mirroring of his love life in his lyric poetry and dramas, and the place of his lyric poems in the tradition of Hungarian poetry. Bibliographical footnotes. GyBH

1863. *Katona emlékkönyv*. Szerkesztette Hajnóczy Iván. Kecskemét: Kecskeméti Katona József Kör, 1930. 130p.

Festschrift on his life and works. See no. 1853 for bibliography. AsWU GeLBM GyGNSU

1864. Waldapfel József. *Idézetek a Bánk-bánban*. Budapest: Győregyházmegyei Alap, 1934. 27p.

Notes on the sources of *Bánk bán* in Schiller, Wieland, and especially Veit Weber's *Sagen der Vorzeit* and *Die Brüder des Bundes*. Use of parallel passages.

1865. Németh Antal. *"Bánk bán" száz éve a színpadon*. Budapest: Budapest Székesfőváros, 1935. 279p.

An account of the stage presentations of *Bán bán* in Hungary during the one hundred years since its première. Appendix: Performances given in the National Theater, providing the date of performance and the names of actors by roles. Bibliographies at opening of each chapter. Illustrations. Summaries of the tragedy and history: French, pp. 247–257; Italian, pp. 259–269; German, pp. 271–278. MH AsWN GyBH GyGNSU

1866. Waldapfel József. *Katona József és a filozófia*. Budapest: Királyi Magyar Egyetemi Nyomda, 1935. 28p.

A study of his neglected lyric poetry as a means of determining his philosophical views. Section on Schopenhauer. Summary in German, pp. 27–28.

1867. Horváth János. *Katona József. Játékszíni és drámairodalmi előzmények. Katona drámaíró kortársai.* Budapest: Kókai Lajos, 1936. 103p.

After a brief discussion of the antecedents of the theater and dramatic literature in Hungary from 1772 to 1790, provides a brief biography of Katona, and discusses his translations of dramas, his tragedies, his single comedy, and, especially, *Bánk bán.* Closes with accounts of his associates in the drama: László Gorove, Mihály Vándza, Imre Gombos, Farkas Bolyai, Ádám Pálóczi Horváth, and László Ungvárnémeti Tóth. MH NNC AsWN GyBH GyGNSU

1868. Waldapfel József. *Katona József.* Budapest: Franklin-Társulat, 1942. 200p.

Some biographical treatment but mainly a tracing of his literary development by examining the subject matter and form of his writings. Bibliographical notes, pp. 195–200. MH MnU NN NNC AsWN GeLBM

1869. Orosz László. "A történetíró Katona József," *Irodalomtörténet,* XLVII (1959), 266–281. [Also a reprint]

His historical writings analyzed by period and place of origin. Discussion of their characteristics (especially "Pusztaszer") and his historical viewpoint. Bibliographical footnotes. CU DLC MH MnU NN NNC AsWU GeLBM GeLU GyBDS GyBH

1870. Tóth Dezső. "Katona József emlékezete," *Alföld,* XIII (1962), 107–115.

Points up his anticipation of future trends in the development of Hungarian problems and independence and social reform in his works, especially *Bánk bán.* [NNC]

KAZINCZY FERENC

Born October 27, 1759 in Érsemlyén; died August 23, 1831 in Széphalom. Organizer of literary activities, poet, essayist, letterwriter, translator, language reformer. Descendant of Protestant landed gentry. Lived and educated in home of maternal grandfather until 1767; in home of parents 1767–1768 in Alsóregmec, where he studied Latin, German, Bible, and religion. Spent year following in Késmárk studying German. Began studies in Sárospatak in September 1769, where he developed strong interest in writings of classical authors, Gessner, István Gyöngyösi (q.v.), György Bessenyei (q.v.) and Ignác Mészáros, learned French, and practiced visual arts and drawing. Published a geography of Hungary in 1775. Turned to literary activity. His translation of Bessenyei's *Der Amerikaner,* published in 1776, brought personal acquaintance with leader of the Literary Revival. Studied visual arts in Vienna 1777–1778 but continued to be drawn to literature. Completed studies at Sárospataki Kollégium in 1779. Studied law in Eperjes 1781–1782. In September 1782 in Pest as law student, where he became acquainted with

Gedeon Ráday (q.v.). Returned to Regmec in 1783 to help his widowed mother, and sought help of Lőrinc Orczy (q.v.) in obtaining position, at first without success. Became Freemason in 1784 under the name of Orpheus. Obtained position as honorary deputy clerk in October 1784 through Orczy's intercession and soon became vice notary. Lived in Kassa. Became district superintendent of elementary schools in 1786. Founded *Magyar Museum* in 1788 with Dávid Baróti Szabó and János Batsányi (qq.v.) but resigned from staff in spring 1788. Did much translating between 1787 and 1791. Began *Orpheus*, of which eight numbers appeared 1790–1792. Stirred patriotic feelings 1791–1792, especially through activity in theater and translations (Rousseau's *Contrat social*, Shakespeare's *Hamlet*, Lessing's *Emilia Galotti*, Wieland's *Diogenes*). Lost school position and returned to Regmec in 1791 and engaged in writing and agriculture. Arrested for Jacobin activity on December 14, 1794, imprisoned, and released on June 28, 1801, after spending terms in Brünn, Obrovic, Kufstein, and Munkács. Lived in Érsemlyén. In 1803 went to Vienna (also in 1777, 1786, 1788, 1789, 1791, 1792, 1808, 1812, and 1815); stopped in Pest on way home to visit noted writers. Married Sophie Török in 1804. Attended funeral of Mihály Csokonai Vitéz (q.v.), in 1805. In 1806 settled on estate in Széphalom, where he devoted himself to agriculture and literary career. Visited Transylvania in 1816. Assigned task of organizing archives of Zemplén County in 1820, which he carried on until his death. Near the end of his life he visited Pannonhalma, Esztergom, and Pest. Died of cholera. ¶ Important leader of Literary Revival for many years through numerous translations, voluminous correspondence, original works, and efforts to reform Hungarian language. Helped to shape the course of literary development and taste in the period. Most important writings are his letters and his memoirs, *Pályám emlékezete* and *Fogságom naplója*, which reveal his personality and attitudes. Most prolific letter writer in world literature. Maintained that translations of important European works would develop quality of Hungarian literature more than original Hungarian works. Edited works of Miklós Zrínyi (q.v.), Sándor Báróczi, Gábor Dayka (q.v.), János Batsányi (q.v.), and János Kis. ¶ Some of his poems have been translated into English, French, German, Italian, Russian, Swedish, and Turkish.

FIRST EDITIONS: *Magyar ország geographica, az az, földi állapotjának lerajzolása* ... Kassa: Landerer Mihály, 1775. 71p. – *Az amerikai Podocz és Kazimir keresztyén vallásra való megtérése.* [Bessenyei György műve] Németből magyarra fordítatott Kazinczi Kazinczy Ferenc által. Kassa, 1776. [From Pintér, V, 252] – *Geszner idylliumi.* Fordította Kazinczy Ferentz. Kassa: Füskúti Landerer Mihály, 1788. 280p. – *Bácsmegyei öszveszedett levelei.* Költött történet. Kassa: Ellinger János, 1789. 264p. – *Hivatalba vezető beszéd, mellyet a Kassai Tudománybeli Megye Nemzeti Oskoláinak leg-első királyi visitoraihoz tartott Kazinczy Ferentz.* Kassa: Ellinger János

Jósef, 1789. 30p. – *Rede bei der Einsetzung der Königlichen Nationalschulen Visitatoren des Kaschauer Litterärbezirkes in ihr Ahmt* . . . Kaschau: Johann Joseph Ellinger, 1789. 29p. – *Külföldi játszószín.* I. kötet: *Hamlet.* [Fordítás] Kassa: Ellinger János, 1790. 125p. [Only vol. published] – *Heliconi virágok 1791 esztendőre.* [Antológia] Szedte Kazinczy Ferenc. Pozsony és Komárom: Wéber Simon Péter, 1791. 112p. – *Herdernek Paramythionjai.* Általtette Kazinczy Ferenc. Széphalom: Széphalmy Vincze, 1793. 62p. – *Lanaszsza.* Szomorújáték 4 felvonásban németből. Pest, 1793. [From Szinnyei, V, 1276] – *Wieland: Sókratés Mainomanos az az a Szinopei Diogenesz dialogusai.* [Fordítás] Pest: Trattner Mátyás, 1793. 297p. – *Goethe: Sztella.* Dráma öt felvonásban. Göthe után Kazinczy Ferenc. (Hozzá: *A vak lantos.* Regéje a hajdan kornak. Veit Weber után) Pozsony: Wéber Simon Péter, 1794. 119p. – *Kazinczynak fordított egyveleg írásai.* [Marmontel: *Szívképző regék*] I–II. kötet. Széphalom: n.p., 1808. – *Magyar régiségek és ritkaságok.* I. kötet. Pest, 1808. [From Szinnyei, V, 1277] – *Báró Wesselényi Miklós* . . . [Vers] Széphalom: Magyar Királyi Egyetem Betűivel, 1809. 8p. – *Cserei Farkas úrhoz* . . . [Vers] Kolozsvár: Református Collégyom, 1810. 7p. – *A nagyság és szépség diadalma.* Napóleonnak és Luizának mennyegzőjöknél. Sárospatak: n.p., 1810. 2 leaves. – *Rochefoucauld maximái és morális reflexiói* . . . Németre fordította [Friedrich] Schultz, magyarra Kazinczy Ferentz. Az előbeszédet írta Kis János. Bécs és Triest: Geisztinger, 1810. 202p. – *Dessewffy József, Cserneki és Tárkői gróf és Kazinczy Ferenc, Kazinczi: Vélemények* . . . *a Győrnél 1809* . . . *elesett vitézeknek állítandó emlék dolgában.* Sárospatak: Szentes József, 1811. 20p. – *Hat sonett.* Kazinczytól és Szemerétől. Kiadta Horvát István. Pest: Trattner Mátyás, 1811. [10]p. – *Poetai epistola Vitkovics barátomhoz.* [Vers] Széphalom: n.p., 1811. 16p. – *Tövisek és virágok.* [Költemények] Széphalom [Sárospatak]: Nádaskay, 1811. 52p. – *Özvegy Kazinczy Józsefné született Bossányi Susánna emlékezete.* Sárospatak, 1813. [From Szinnyei, V, 1278] – *Munkái.* Szépliteratura. [Fordítások: 1. Marmontel: *Szívképző regék*, Herder: *Paramythek*; 2–3. Gessner munkái; 4. Sterne: *Yorick levelei Elizához és viszont, Érzékeny utazások*, Goethe: *A római karneval*; 5. Goethe: *Esztelle, Clavigo, A testvérek*; 6–7. Ossziánnak minden énekei; 8. Wieland: *A szalamandrin és a képszobor*, Goethe: *Egmont*; 9. Veit Weber: *Bácsmegyeinek gyötrelmei, A vak lantos*, Herder: *A repülő szekér*, Brydon: *Etna*, Lessing: *Mesék, Phaedrus*] I–IX. kötet. Pest: Trattner János Tamás, 1814–1816. – *Fegyverneki s Felső-Pénczi Vida László úrhoz* . . . *Széphalom, dec. 11-én 1815.* [Vers] Pest: Trattner János Tamás, 1816. 6p. – *Előbeszéde az általa fordított Sallustiushoz.* A Cicero első Catilinariájának első fejezetével. Kassa, 1824. [From Szinnyei, V, 1279] – *Nicolas Zrinyi in Szigeth.* Frei nach dem Ungarischen des Franz von Kazinczy. Wien: Ben Ch. Kaulfuss und W. Krammer, 1825. 29p. – *Lessing: Galotti Emilia.* [Fordítás] Pest, 1830. [From Pintér, V, 258] – *A szent hajdan gyöngyei.* Felsőőri Pyrker J. László után. Prózában, bő előszóval. Buda, 1830. [From Szinnyei, V, 1279] – *A hajdan Garázda-, ma már Teleki-ház, leágazása.*

Kassa, 1831. [From Szinnyei, V, 1279] – *Szent történetek az ó- és új-testamentom könyvei szerint*. Sárospatak, 1831. [From Szinnyei, V, 1279] – *Útja Pannonhalmára, Esztergomba, Váczra*. Pest: Landerer Mihály, 1831. 58p. – *Lessing: Barnhelmi Minna, vagy A katona-szerencze*. Vígjáték öt felvonásban. Fordította Kazinczy Ferenc. Buda: Magyar Királyi Egyetem Betűivel, 1834. 146p. – *Molière: A bot-csinálta doktor*. Vígjáték három felvonásban. Molière után Kazinczy Ferenc. Buda: Magyar Királyi Egyetem Betűivel, 1834. 74p. – *Sallustius: Épen maradt minden munkái*. Magyarra Kazinczy Ferenc. Buda: Magyar Királyi Egyetem Betűivel, 1836. 245p. – *Eredeti munkái*. [1. Eredeti poetai munkái; 2. Utazásai; 3–4. Levelei Kis Jánoshoz (1793–1830); 5. Levelei Szentgyörgyi Józsefhez, Ifj. Szilágyi Sámuelhez, Csokonaihoz és Ercseihez] Összeszedték Bajza József és Toldy Ferenc. I–V. kötet. Buda és Pest: Magyar Királyi Egyetem Betűivel és Kilián György, 1836–1845. – *M. T. Ciceróból beszédek, levelek és Scipio álma*. Fordítá Kazinczy Ferenc. Buda: Magyar Királyi Egyetem Betűivel, 1837. 218p. – *A kénytelen házasság*. Vígjáték egy felvonásban. M[olière] után fordította. Buda, 1839. [From Szinnyei, V, 1280] – *Miss Sara Sampson*. Szomorújáték öt felvonásban. Lessingtől. Fordítá Kazinczy Ferenc. Buda: Magyar Királyi Egyetem Betűivel, 1842. 141p. – *Levelei Sipos Pálhoz 1806–1816*. Lipcse: Grunow F. W., 1846. 136p. – *Kazinczy Ferencz levelezése Berzsenyi Dániellel 1808–1831*. Kiadta Kazinczy Gábor. Pest: Heckenast Gusztáv, 1860. 274p. [C] – *Kazinczy Ferencz levelezése Kisfaludy Károlylyal és ennek körével*. Kiadta Kazinczy Gábor. Pest: Emich Gusztáv, 1860. 323p. [C] – *Kazinczy Ferencz és Guzmics Izidor közti levelezés 1822-től 1831-ig*. Közli Gulyás Elek. Pest: Aigner Lajos, 1861. 282p. [C] – *Magyar regék, mondák és népmesék*. Gróf Majláth János után fordította. Kiadta Kazinczy Gábor. Pest, 1864. [From Szinnyei, V, 1281] – *Kazinczy Glottomachusai*. Kiadta Kazinczy Gábor. Budapest, 1873. [From Szinnyei, V, 1281] – See also nos. 1873 (vol. 3), 1874, 1876, 1879, 1881, 1883, and 1884.

EDITIONS

See also p. 121, and nos. 766 and 4251 for editorial work. A translation: no. 543. Annotated works: nos. 768 and 3036.

1871. *Bácsmegyeinek gyötrelmei*. [Regény] Németből átdolgozta Kazinczy Ferenc. Bevezetéssel és jegyzetekkel Heinrich Gusztávtól. Budapest: Franklin-Társulat, 1878. 175p. [B]   GeLBM GyBH

1872. *Magyarországi utak*. [Útleírás] Budapest: Franklin-Társulat, 1878. 90p. [C]   GeLBM GyBH

1873. *Összes munkái*. Kiadja Abafi Lajos. I–V. kötet. Budapest: Aigner Lajos, 1879–1884. [B]

1. kötet: Dalok, ódák, vegyesek; sonettek; epigrammák; *Tövisek és virágok*; *Virágok és gyomok*; alkalmi költemények; töredékek. 1879. 289p.

2. kötet: Költői levelek, Poetai berek, töredékek. 1879. 307p.

3. kötet: *Pályám emlékezete*. [Önéletrajz] 1879[1]. 371p.

4. kötet: *Erdélyi levelek*. 1880. 388p.

5. kötet: *Magyar Pantheon*. Életrajzok és életrajzi jegyzetek. 1884. 405p.
DLC NNC GeLBM

1874. *Szirmay Antal*. A magyar Jacobinusok története. Jegyzetekkel ellátva.
Budapest, 1889[1]. [From Szinnyei, V, 1281]

1875. *Összes művei*. Harmadik osztály. Levelezés. Közzéteszi Váczy János.
I–XXI. kötet. Budapest: Magyar Tudományos Akadémia, 1890–1911. [A]
(See also nos. 1880 and 1889)

1. kötet: 1763–1789. 1890. 618p.

2. kötet: 1790–1802. 1891. 626p.

3. kötet: 1803–1805. 1892. 574p.

4. kötet: 1806. jan. 1.–1807. ápr. 30. 1893. 644p.

5. kötet: 1807. máj. 1.–1808. jún. 30. 1894. 592p.

6. kötet: 1808. júl. 1.–1809. szept. 30. 1895. 607p.

7. kötet: 1809. okt. 1.–1811. jún. 30. 1896. 620p.

8. kötet: 1810. júl. 1.–1811. jún. 30. 1898. 692p.

9. kötet: 1811. júl. 1.–1812. jún. 30. 1899. 614p.

10. kötet: 1812. júl. 1.–1813. júl. 31. 1900. 592p.

11. kötet: 1813. aug. 1.–1814. júl. 31. 1901. 378p.

12. kötet: 1814. aug. 1.–1815. jún. 30. 1902. 652p.

13. kötet: 1815. júl. 1.–1816. feb. 29. 1903. 603p.

14. kötet: 1816. márc. 1.–1816. dec. 31. 1904. 587p.

15. kötet: 1817. jan. 1.–1818. márc. 31. 1905. 687p.

16. kötet: 1818. ápr. 1.–1819. dec. 31. 1906. 652p.

17. kötet: 1820. jan. 1.–1821. dec. 31. 1907. 671p.

18. kötet: 1822. jan. 1.–1823. dec. 31. 1908. 568p.

19. kötet: 1824. jan. 1.–1826. márc. 31. 1909. 667p.

20. kötet: 1826. ápr. 1.–1828. dec. 31. 1910. 657p.

21. kötet: 1829. jan. 1.–1831. aug. 20. 1911. 787p.
DLC MnU NNC AsWN FiHI GeLBM GyBH GyGGaU

1876. *Marmontel: A szép Anikó*. Elbeszélés Marmontel után. Átdolgozta
Kazinczy Ferenc. Bevezetéssel Veszely Ödöntől. Budapest: Franklin-Társulat, 1893[1]. 69p.

1877. *Tövisek és virágok*. *Széphalom* 1811. A Tövisek és virágok egykorú
bírálataival kiadta Balassa József. Budapest: Franklin-Társulat, 1902. 100p.
[B] FiHI GeLBM GyBH

1878. *Műveiből*. Sajtó alá rendezte és bevezetéssel ellátta Váczy János.
Budapest: Franklin-Társulat, 1903. 372p. [C] DLC MH MnU NNC OCl
GeLU GyBH

1879. *Tübingai pályaműve a magyar nyelvről*. *1808*. Kiadta Heinrich Gusztáv.

Budapest: Magyar Tudományos Akadémia, 1916[1]. 194p. [A] MnU FiHI GeLBM GyBH

1880. *Összes művei.* Pótkötet. [Levelezés] Közzéteszi Harsányi István. XXII. kötet: 1764. dec. 3.–1831. aug. 15. Budapest: Magyar Tudományos Akadémia, 1927. 555p. [A] (See also nos. 1875 and 1889) DLC MnU NNC AsWN GeLBM GyBH GyGGaU

1881. *Árnyékrajzolatok.* 1784–1814. [Rajzok és levélrészletek] Összeállította, sajtó alá rendezte, tervezte és gondozta Rexa Dezső. Budapest: Királyi Magyar Egyetemi Nyomda, 1928.[1] 156p. [C] MH NNC GyBH

1882. *Munkái.* Költemények. *Pályám emlékezete.* Dézsi Lajos bevezetésével. Budapest: Franklin-Társulat, 1928. 240p. [C] MH FiHI

1883. *Pestre.* [Útleírás] Töredék Kazinczy Ferenc pesti útleírásából. Írta ezernyolcszázhuszonnyolcban. A könyvet sajtó alá rendezte és gondozta Rexa Dezső. Budapest: Budapest Székesfőváros, 1929[1]. 72p. [C] NNC OCl GeLBM GyBH

1884. *Fogságom naplója.* [Önéletrajz] Sajtó alá rendezte Alszeghy Zsolt. Budapest: Genius-Lantos, 1931[1]. 139p. [B]

1885. *Világa.* Szerkesztette Vajthó László. [Bibliography, pp. 4–5] Budapest: Királyi Magyar Egyetemi Nyomda, 1932. 190p. [C] MnU NNC

1886. *Erdélyi levelek.* Bevezetéssel ellátta Kristóf György. I–II. kötet. Kolozsvár: Minerva, 1944. [B] MH GeLU

1887. *Fogságom naplója.* [Önéletrajz] Bevezette és sajtó alá rendezte Tolnai Gábor. Budapest: Szépirodalmi Könyvkiadó, 1951. 176p. [B] DLC GyBH GyGGaU GyGNSU

1888. *Pályám emlékezete.* [Önéletrajz] Sajtó alá rendezte és a jegyzeteket írta Orosz László. Budapest: Magvető, 1956. 281p. [C] InU MH MnU GeLBM GeOB GyBH

1889. *Összes művei.* Pótkötet. [Levelezés] Közzéteszi Berlász Jenő, Busa Margit, Cs[apodiné] Gárdonyi Klára és Fülöp Géza. XXIII. kötet: 1927 óta előkerült és kötetbe nem foglalt gyűjteménye. Budapest: Magyar Tudományos Akadémia, 1960. 594p. [A] (See also nos. 1875 and 1880) DLC NNC

1890. *Válogatott művei.* Sajtó alá rendezte Szauder Józsefné, válogatta s a jegyzeteket írta Szauder József. I–II. kötet. Budapest: Szépirodalmi Könyvkiadó, 1960. [C]

1. kötet: *Pályám emlékezete, Fogságom naplója, Erdélyi levelek, Magyarországi utak.* 509p.
2. kötet: Versek. Verses műfordítások. Prózai műfordítások. *Orpheus.* Cikkek és tanulmányok. Levelek. 704p.

NN NNC AsWN GeLBM GeLU GyBDS GyBH

BIBLIOGRAPHY

See nos. 1885, 1891, 1892, 1900, 1903, 1907, 1908, 1910, 1912, and 2966.

BIOGRAPHY

See also nos. 532, 768, 771, 2870, and 3036.

1891. Toldy Ferenc. *Kazinczy Ferenc és kora.* Pest: Magyar Tudományos Akadémia, 1859. 211p.

His life and works to 1794. Attention to his relations with writers and the age. Bibliographical footnotes, separate numbering, pp. v–xxx; bibliographical notes, also separately numbered, pp. iii–v. MnU AsWN AsWU GeLBM GyBH GyGNSU

1892. Baros Gyula. *Kazinczy Ferencz és Radvánszky Teréz.* Budapest: Franklin-Társulat, 1908. 44p. [Reprinted from *Kisfaludy-Társaság Évlapjai,* XLII (1908)]

An account of the friendship between Kazinczy and Teréz Radvánszky. Most attention to the life and character of the latter. Bibliographical notes, pp. 43–44. NNC GyBH

1893. Váczy János. *Kazinczy Ferencz.* Budapest: Franklin-Társulat, 1909. 188p.

Chapters on Kazinczy and language reform and on Kazinczy the poet and the prosewriter. NNC GeLBM GyGGaU

1894. Váczy János. *Kazinczy Ferencz és kora.* I. kötet. [Only vol. published] Budapest: Magyar Tudományos 1915. 639p.

His early years. Considerable attention to his times prior to the 19th century. Bibliographical footnotes. CoU MH MnU NNC AsWN FiHI GeLBM GeLU GyBH GyGNSU

1895. Borz Gyula. *Kazinczy írói összeköttetései fogsága idejéig.* Esztergom: Laiszky János, 1916. 103p.

Individual accounts of those writers with whom he was intimately connected in his efforts to advance Hungarian literature and language prior to his imprisonment: Gedeon Ráday, János Földi, Ádám Pálóczi Horváth, György Aranka, Károly Döme, Gábor Dayka, M. György Kovachich, Károly Fejérváry, and László Prónay. Describes their relationships with Kazinczy. GyBH

1896. Czeizel János. *Kazinczy Ferenc élete és működése.* I. kötet. [Only vol. published] Budapest: Királyi Magyar Egyetemi Nyomda, 1930. 296p.

To 1803. Much attention to his writings, to his relations with writers who affected his development, and to his pursuit and encouragment of the growth of Hungarian language and literature. Evidence from his letters. GyBH

1897. Négyesy László. *Kazinczy pályája.* Budapest: Magyar Tudományos Akadémia, 1931. 170p.

Much attention to his writings and his contributions to the literary ferment of his times. MnU NNC AsWN GeLBM GyBH GyGGaU GyGNSU

1898. Rácz Lajos. *Kazinczy és a sárospataki főiskola.* Debrecen: Studium, 1931. 24p.

His school years at Sárospatak and his associations with the teaching staff of the college while he lived at Széphalom following his release from prison. Attention to his influence on the teachers and students. AsWN FiHI GyBH

CRITICISM

See also nos. 524, 748, 2001, 2107, 2112, 3038, 3041, 3042, 3296, and 4624.

1899. Aigner Lajos. *Kazinczy Ferencz mint szabadkőműves.* Budapest: Weiszmann, 1879. 44p.

A talk devoted to an account of Kazinczy's connection with Freemasonry.

1900. Beöthy Zsolt. *Horatius és Kazinczy.* Budapest: Franklin-Társulat, 1890. 70p.

Establishes the influence of Horace's *Epistle to the Pisos* on his critical principles mainly through the exposition of a letter he wrote to Berzsenyi in October, 1809. Bibliographical notes, pp. 67–70. GeLBM

1901. Borzsák József. *Az ókori classicusok és Kazinczy.* Budapest: Nagy Elek, 1906. 134p.

A notation and discussion of Greek and Latin authors and quotations from their works appearing in his published writings, especially with respect to his comments on their language. GyBH

1902. Schweighoffer Tamás. *Kazinczy Ferenc aesthetikája. Levelezése és összes munkái alapján.* Nagykanizsa: Ifj. Wajdits József, 1909. 105p.

Characterizes his world of thought and emotion. Discusses his views of aesthetic matters based on his letters and complete works: nature of beauty, acts of the artist, substance and form, poetics, criticism, development and usefulness of delight in art. Bibliographical footnotes.

1903. Zánkay Cornelia. *Kazinczy Ferenc művelődéstörténeti jelentősége.* Pécs: Wessely és Horváth, 1913. 68p.

His activities as a reformer of the language, author, founder of journals, critic, etc., and their significance in opening the way for the emergence of Hungarian literature, particularly because of his help in creating a literary language. Bibliography, p. [69]. MnU

1904. Hencze Béla. *Kazinczy és a francia felvilágosodás.* Budapest: Eggenberger, 1928. 76p.

The extensive influence of two writers of the French Englightenment upon his thought: Rousseau and Voltaire. Bibliographical footnotes. MH GyBH

1905. Mitrovics Gyula. *Kazinczy Ferenc esztétikai törekvései.* Debrecen és Budapest: Csáthy Ferenc, 1929. 53p.

His various efforts in aesthetics: the development of his knowledge, outlook, views of beauty, desire to develop taste, etc. Bibliographical footnotes. GyBH

1906. Horváth János. "Kazinczy emlékezete," *Budapesti Szemle*, CCXXIII, no. 648 (1931), 166–190.

His high and biased view of himself and his values and viewpoints, and its connection with his contributions to his times and to Hungarian literature. CtY DLC AsWN FiHI GeLBM GyBH

1907. Sziklay László. *Kazinczy az irodalom kérdéseiről.* Košice-Kassa: Universum, 1934. 71p.

An exposition of his viewpoints of literature based on his statements about questions involving literature. Makes a point of his being an aristocrat seeking to elevate Hungarian literature in various forms. Attention to his contemporaries. Bibliographical notes, pp. 67–71. DLC MH MnU NNC GyBH

1908. Zimándi Pius. *Kazinczy véleménye kora irodalmáról.* Budapest: Sárkány, 1936. 126p.

His views of various Hungarian literary movements and figures from 1772 to 1831: among others, by chapters, the French, National, Classical and German Schools, Csokonai, Berzsenyi, Kölcsey, the period of the *Aurora*, and periodicals and yearbooks. Bibliography, pp. 119–120. MnU GeLBM GyBH

1909. Báró Dániel Tiborné. *Kazinczy Ferenc esztétikai törekvései.* Budapest: Hornyánszky Viktor, 1940. 58p.

His aesthetic endeavors in literature and the fine arts. NNC

1910. Habis György. *Goethe utókora. I. Kazinczy nemzedéke.* Budapest: Dunántúl Pécsi Egyetem, 1942. 77p.

The knowledge of Goethe and his influence on the writers of Kazinczy's generation, closing with Károly Kisfaludy. Chronological list of events and activities relating to Goethe during the period of the study, pp. 72–77. Bibliography, pp. 71–72. MnU

1911. Szauder József. "A kassai 'Érzelmek iskolája,' " *A romantika útján. Tanulmányok.* Budapest: Szépirodalmi Könyvkiadó, 1961; 486p. Pp. 90–114. [Appeared in *Irodalomtörténet*, XLVI (1959), 394–407]

Details of his relations with women in the society in Kassa primarily from 1785 to 1788 and the lasting effect of the feelings and sentimentalism experienced at this time on his writings. Links the names of women in his poems with those he knew at this time. NNC

1912. Szauder József. "Kazinczy útja a jakobinus mozgalom felé," *A romantika útján. Tanulmányok.* Budapest: Szépirodalmi Könyvkiadó, 1961;

486p. Pp. 115–141. [Appeared in *Irodalomtörténeti Közlemények*, LXIII (1959), 388–402]

The ideals and feelings of his fundamental revolutionary views, and the stage-by-stage development of his support of Jacobinism from 1779 to 1793. Bibliographical notes, pp. 139–141. NNC

1913. Szauder József. "Bevezetés," *Kazinczy Ferenc válogatott művei*. Sajtó alá rendezte Szauder Józsefné, válogatta s a jegyzeteket írta Szauder József. I–II. kötet. Budapest: Szépirodalmi Könyvkiadó, 1960. I, v–cxxvii. Details of his life, the development and characteristics of his literary efforts and his outlook, and his involvement in the political, literary, and language problems of his times in three periods: 1759–1801, 1801–1820 (given the most attention), and 1820–1830 (Epilogue). NN NNC AsWN GeLBM GeLU GyBDS GyBH

1914. Ruzsiczky Éva. *Irodalmi nyelvi szókincsünk a nyelvújítás korában. Kazinczy tájszóhasználata alapján*. Budapest: Akadémiai Kiadó, 1963. 450p. A study of Kazinczy's basic views and uses of dialect words in relation to the literary vocabulary of the period of language reform. Major sections: (1) An examination of dialect words by the individual works in which they appear and a discussion of his use of such words in relation to the dictionaries extant at the end of the 18th and the early 19th century and their literary use at the time and (2) The literary vocabulary of Kazinczy, the time and its developmental tendencies, and his use of dialect words in both unifying and diversifying the literary language of the time. Bibliographical notations within the text. Index of words. ICU AsWN FiHI FiHU GeLBM GeOB GyBDS GyBH GyGGaU GyGNSU

KEMÉNY ZSIGMOND

Born June 12?, 1814 in Alvinc, Transylvania; died December 22, 1875 in Pusztakamarás, Transylvania. Novelist, essayist, publicist. Descendant of ancient aristocratic family. Entered Catholic gymnasium in Zalatna in fall 1820 and Református Kollégium in Nagyenyed in 1823. Father's death in December 1823 created extended disputes over estate between children from two marriages. He was taken by his mother from Alvinc to Pusztakamarás estate in 1824, from Pusztakamarás to Alvinc in 1826 to carry on claims to inheritance, and from Alvinc to Magyarkapud in 1830. Completed studies in law and philosophy at Kollégium in Nagyenyed in 1834. Attended parliament in Kolozsvár in 1834. Lived with mother in Magyarkapud 1835–1836. Moved to Marosvásárhely in 1837, where he became apprentice lawyer, and then to Kolozsvár in 1838, where he became clerk in governor-general's office. In 1839 went to Vienna, where he spent a year and a half attending lectures at the University and forming plans for literary career. Returned to Kolozsvár in 1841 and became affiliated with *Erdélyi Híradó*, from which he resigned in June 1843. Began affair with Otilia Wass in 1843; did not lead to marriage because of her mother's objection. Met Mihály Vörösmarty (q.v.) and Ferenc Deák during visit with Miklós Wesselényi in Zsibó in 1845. Became acquainted with István Széchenyi and Lajos Kossuth in 1847. Went to Pest in 1847 and become staff member of *Pesti Hírlap*. Became honorary member of Academy in December 1847. Visited Venice in 1847. Parliamentary representative of Kolozsvár District in 1848. Resigned from *Pesti Hírlap*. Fled to Debrecen with Kossuth government in 1849. Moved with government, as adviser to Ministry of Interior, to Pest, Szeged and Arad, and hid in Szatmár County before surrendering to Austrian authorities in Pest, who dismissed his case in 1851. Unhappy love affair with Mária Lónyay terminated in 1855. Became editor of *Pesti Napló* in 1855, for which he wrote numerous lead editorials; left editorship in December 1856 because of financial hardships. Visited Dresden and Munich in 1857. Resumed editorship of *Pesti Napló* in December 1857. Visited Munich and Switzerland in 1859. Became member of Kisfaludy-Társaság in 1860, its president in 1867. Visited Turkey, Greece, and Italy in 1865. Resigned managing editorship of *Pesti Napló* in favor of Lajos Urváry in 1868 but remained an editor until 1873. Last articles appeared in 1870. Supported Ferenc Deák against Lajos Kossuth. Resigned as president of Kisfaludy-Társaság in 1873. Life was always unsettled and troubled. ¶ Made special contribution to artistry of historical novel in Hungary; those dealing with Transylvania are of most lasting interest. Much influenced by German romanticism. Writings occupied with agonizing human situations. Novels, including social, bear upon present rather than past, upon psychology of characters rather than external events. Deterministic and pessimistic in outlook. Viewed each human personality as under control of particular emotion, and was pessimistic about capability of Hungarians to face inevitability of their unhappy reality with stoicism, as he recommended. Essays and historical portraits believed by some to be the forms best suited to his ability. ¶ *Özvegy és leánya* has been translated into Turkish, *Zord idő* into German, and parts of his novels into French and especially Italian.

FIRST EDITIONS: *Korteskedés és ellenszerei*. [Politikai tanulmány] 1–2. füzet. Kolozsvár: n.p., 1843. – *Gyulai Pál*. [Történeti regény] I–V. kötet. Pest: Hartleben C. A., 1847. – *Forradalom után*. [Politikai tanulmány] Pest: Heckenast Gusztáv, 1850. 214p. – *Még egy szó a forradalom után*. [Tanulmány] Pest, 1851. [From Szinnyei, V, 1451] – *Férj és nő*. [Regény] I–II. kötet. Pest: Szilágyi Sándor és Emich Gusztáv, 1852. – *Ködképek a kedély láthatárán*. [Regény] Pest: Szilágyi Sándor és Emich Gusztáv, 1853. 361p. – *Szerelem és hiúság*. [Regény] Pest: Szilágyi Sándor és Emich Gusztáv, 1854. 172p. – *Szív örvényei*. [Regény] *Erény és illem*. [Elbeszélés] Pest: Szilágyi Sándor és Emich Gusztáv, 1854. 206, 51p. – *Özvegy és leánya*. [Regény] I–III. kötet. Pest: Szilágyi Sándor és Emich Gusztáv, 1855–1857. – *A rajongók*. Történeti regény. I–IV. kötet. Pest: Pfeifer Ferdinánd, 1858. –

Az Unio-törvényekről. [Politikai tanulmány] Pest: Emich Gusztáv, 1861. 28p. [Reprinted from *Pesti Napló*] – *Zord idő.* Történeti regény. I–III. kötet. Pest: Pfeifer Ferdinánd, 1862. [1st vol. also in 1858] – *Tanulmányai.* [1. *A két Wesselényi, Széchenyi István*; 2. *Erdély közélete 1791–1848, Eszmék a regény és a dráma körül, Arany "Toldi"-ja, Színművészetünk ügyében, Szalay "Magyarország története"-című munkájáról, Macaulay Anglia története című munkájáról, Idősb Szász Károly, Vörösmarty Mihály*] Kiadja Gyulai Pál. I–II. kötet. Pest: Ráth Mór, 1870. [C] – See also nos. 1915 and 1919.

EDITIONS

1915. *Élet és irodalom.* [Beszédek, előadások, essayk] Kiadja Gyulai Pál. Budapest: Franklin-Társulat, 1883[1]. 123p. [C]   NNC AsWU GeLBM

1916. *Összes beszélyei.* I–II. kötet. Budapest: Kisfaludy-Társaság, 1893. [C]

1. kötet: *A szív örvényei* (1851). *Két boldog* (1852). 251p.
2. kötet. *Szerelem és hiúság* (1853). *Alhikmet, a vén törpe* (1853). *Erény és illem* (1853). 307p.

GeLBM

1917. *Összes művei.* Közrebocsátja Gyulai Pál. I–XII. kötet. Budapest: Franklin-Társulat, 1896–1908. [B]

1–2. kötet: *Gyulai Pál.* Regény. 1–2. kötet. 1896.
3. kötet: *Férj és nő.* Regény. 1896. 296p.
4–5. kötet: Beszélyek és regénytöredékek. 1–2. kötet. 1897.
6. kötet: *Özvegy és leánya.* Regény. 1897. 364p.
7. kötet: *A rajongók.* Regény. 1897. 503p.
8. kötet: *Zord idő.* Történelmi regény. 1897. 472p.
9. kötet: Történelmi és irodalmi tanulmányok: *A mohácsi veszedelem, Emlékirat 1849-ből, Széchenyi.* 1. kötet. 1906. 343p.
10. kötet: Történelmi és irodalmi tanulmányok: *A két Wesselényi Miklós, Erdély közélete, Eszmék a regény és a dráma körül, Élet és irodalom, Arany "Toldi"-ja.* 2. kötet. 1907. 354p.
11. kötet: Történelmi és irodalmi tanulmányok: *Színészetünk ügyében, Macaulay, Idősb Szász Károly, Vörösmarty Mihály, Klasszicizmus és romanticizmus.* 3. kötet 1907. 216p.
12. kötet: *Forradalom után. Még egy szó a forradalom után.* Két politikai tanulmány. 1908. 398p.

DLC [MH] [MnU] [NNC] [GeCU] GyBH [GyGNSU]

1918. *Munkáiból.* [Tanulmányok: *A két Wesselényi Miklós, Eszmék a regény és dráma körül, Arany Toldija, Erdély közélete 1791–1848, Vörösmarty Mihály, emlékbeszéd*] Sajtó alá rendezte és bevezetéssel ellátta Gyulai Pál. Budapest: Franklin-Társulat, 1905. 301p. [C]   DLC MH MnU OCl AsWU FiHI GyBH

1919. *Hátrahagyott munkái.* Sajtó alá rendezte, bevezetéssel ellátta Papp Ferenc. Budapest: Franklin-Társulat, 1914[1]. 501p. [B] IC MH NN GeLBM GyBH

1920. *Rajongók.* Regény. Móricz Zsigmond átírásában. Németh László bevezetésével. I–II. kötet. Budapest: Athenaeum, 1940. [C] OCl GyBH

1921. *Özvegy és leánya.* Regény három részben. Bevezette Keresztury Dezső. Budapest: Ardói, 1943. 391p. [C]

1922. *A rajongók.* Regény. Sajtó alá rendezte és a bevezetést írta Nagy Miklós. Budapest: Szépirodalmi Könyvkiadó, 1958. 498p. [C] IC MH NNC GyBDS GyGGaU GyGNSU

1923. *Özvegy és leánya.* Regény. Sajtó alá rendezte Szabó József. Budapest: Szépirodalmi Könyvkiadó, 1959. 458p. [C] C NN NNC GyBDS GyGNSU

1924. *Zord idő.* [Történelmi regény] Az utószót és a jegyzeteket írta Véber Károly. Budapest: Magyar Helikon, 1959. 403p. [C] CtY NNC FiHI GeCU GyBDS GyBH

BIBLIOGRAPHY

See nos. 1925, 1930, 1937, 1938, and 1942.

BIOGRAPHY

1925. Pitroff Pál. *Kemény Zsigmond. Élet- és jellemrajz.* I. rész. Kolozsvár: Stief Jenő és Társa, 1907. 83p.

A biography and character sketch giving some attention to the subject matter and form of his writings and to the times. Bibliography, p. 81. MH GyBH

1926. Papp Ferenc. *Báró Kemény Zsigmond.* I–II. kötet. Budapest: Magyar Tudományos Akadémia, 1922–1923.

Considerable attention to his literary works and activities. Bibliographical footnotes. Vol. I, 1814–1848; Vol. II, 1849–1875 (index to both volumes). MH MnU NNC OCl AsWU FiHI GeCU GeLBM GeLU [GyBH]

CRITICISM

See also nos. 292, 715, 876, 1586, 2421, and 4624.

1927. Gyulai Pál. "Kemény Zsigmond," *Emlékbeszédek.* I–II. kötet. Budapest: Franklin-Társulat, 1913–1914[2]. I, 161–189. [A paper read to the Magyar Tudományos Akadémia May 25, 1879]

A memorial address discussing the difficulties of his life and his emergence as a writer, the forces influencing his development, his writing of tragedies in the form of novels, the characteristics of his works, and his political activities. By one who knew him. MH MnU NNC GyBH

1928. Péterfy Jenő. "Báró Kemény Zsigmond, mint regényíró," *Összegyűjtött munkái.* I–III. kötet. Budapest: Franklin-Társulat, 1901–1903. I, 106–159. [Appeared in *Budapesti Szemle*, XXVIII, no. 59 (1881), 161–191]

His individual traits as a novelist: the nature of the struggle between his mind and heart, the extent to which he is a poet, the differences between his first and last novels, the dramatic qualities of his works, his imagination, and the world produced by his imagination. MH MnU NNC OCl GeLBM GeLU GyBH

1929. Beksics Gusztáv. *Kemény Zsigmond, a forradalom és a kiegyezés.* Budapest: Athenaeum, 1883. 340p.

His political and pamphleteering activities during the period of the Compromise of 1867. NNC AsWN FiHI GeLBM GyBH

1930. Langheim Irma. *Kemény Zsigmond nőalakjai. Doctori dissertatio.* Komárom: Schönwald Tivadar, 1909. 74p.

The nature of the female characters in his writings, to learn what kinds he dealt with. Attention to those drawn by Miklós Jósika, József Eötvös, Mór Jókai, Sir Walter Scott, Victor Hugo, and Honoré de Balzac. Bibliography, p. 3.

1931. Dengi János, ifj. "Kemény és Balzac," *Budapesti Szemle*, CXL, no. 400 (1910), 72–97; no. 401, 243–266. [Also a reprint]

Surveys the links established between the writings of Balzac and Kemény, then turns to the question of the influence of Balzac upon the latter. Finds similarities, especially in *Férj és nő*, but the differences so great that there is little justification for calling him the "Hungarian Balzac." CtY DLC NN NNC AsWN GeLBM GyBH

1932. Pais Dezső. "Báró Kemény Zsigmond és az irodalmi élet," *Irodalomtörténeti Közlemények*, XXI (1911), 32–57, 170–186, 312–327. [Also a reprint]

Purpose: to determine the influences of literary society upon his literary development and, especially, to define his role in the literary societies and movements of his times. From the 1830's to 1875. Bibliographical footnotes. MH MnU NNC AsWN FiHI GeLBM [GeLU] GyBH

1933. Ferenczi Zoltán. "Kemény Zsigmond emlékezete," *Budapesti Szemle*, CLIX, no. 451 (1941), 1–25; no. 452 (1914), 179–214.

Opens with a discussion of the emergence of the Hungarian novel and the foreign influences affecting it. Examines Kemény's historical character sketches and literary treatises to determine his concept of the novel as a way of understanding his own artistic practices. Discusses the view in his writings that man's basic characteristic is vanity and its counterpart, ambition. CtY DLC NN [NNC] AsWN GeLBM GyBH

1934. Pitroff Pál. "Kemény Zsigmond aesthetikája," *Uránia*, XV (May, 1914), 214–221; (June–August, 1914), 258–261. [Also a reprint]

An analysis of his aesthetic principles based on his writings followed by a discussion of his "real-idealism" and his psychology. GyBDS

1935. Kárpáti Aurél. "Élő Jókai, halott Kemény," *Tegnaptól máig. Válogatott irodalmi tanulmányok.* Budapest: Szépirodalmi Könyvkiadó, 1961; 427p. Pp. 87–94. [Appeared as "Az élő Jókai és a halott Kemény" in *Pesti Napló,* no. 14 (January 18, 1925), 33]

Contrasts their literary development and the characteristics of their writings. DLC NN NNC AsWN GyBDS GyBH GyGNSU

1936. Haraszthy Gyula. *Kemény Zsigmond irodalomszemlélete.* Budapest: Győregyházmegyei Nyomda, 1934. 19p. [Reprinted from *Irodalomtörténeti dolgozatok. Császár Elemér születésnapjára.* Szerkesztette Gálos Rezső. Budapest: Győregyházmegyei Nyomda, 1934. 292p.]

His views of literature: their origins, development, and importance. Bibliographical footnotes. MH MnU NNC GeCU GyGNSU

1937. Martinkó András. *Báró Kemény Zsigmond pályafordulata.* Pécs: Kultúra, 1937. 109p.

After characterizing him prior to 1848, describes the consequences of 1848–1849 on his literary activities. Bibliography, pp. 107–109. MnU GyBH

1938. Székely Anna Klára. *Báró Kemény Zsigmond művészi felfogása és kritikai álláspontja.* Esztergom: Laiszky János, 1938. 77p.

His views of poetry and the importance of the poet; his critical viewpoint, his aesthetic concepts, his opinions of the tragedy and of other aesthetic categories, and his viewpoints of the large questions concerning the artist, man, and humanity. Bibliography, pp. 75–77.

1939. Nagy Sándor. "Kemény Zsigmond és az erkölcsi világ," *Irodalomtörténeti Közlemények,* LIII (1943), 29–42, 93–122, 205–217. [Also a reprint]

His moral viewpoints and the forces that affected their development. Large part devoted to the moral world to be found in his novels. Bibliographical footnotes. MnU NNC AsWN AsWU GeLBM GyBH

1940. Nagy Miklós. "Bevezetés: Kemény Zsigmond és A rajongók," *Kemény Zsigmond: A rajongók.* Regény. Sajtó alá rendezte Nagy Miklós. Budapest: Szépirodalmi Könyvkiadó, 1958; 498p. Pp. 5–58.

His political activity prior to and after 1848, his articles for the *Pesti Napló,* his indecision about choosing a political or literary life for himself, the development of his style during various periods, and a clarification of the problem of tragedy, history, modernization, and historical fatalism present in his creative works. IC MH NNC GyBDS GyGGaU GyGNSU

1941. Barta János. "Kemény Zsigmond mint szépíró," *Irodalomtörténet,* XLIX (1961), 236–254.

Detailed analyses of his tone. His psychological-moral viewpoint as forming the basis of the aesthetic value in his novels and as being the important element in their artistic effect. An address and the discussion that followed. CU DLC MH MnU NN NNC AsWU GeLBM GeLU GyBDS GyBH.

1942 Sőtér István. "Kemény Zsigmond történelemszemlétete," *Magyar Tudományos Akadémia Nyelv- és Irodalomtudományi Osztályának Közleményei*, XVII (1961), 47–101.

Summarizes the attitudes of Jenő Péterfy, János Horváth and others toward Kemény's historical view, then traces his view of history, moral attitude, and political ideas through their changes and development in relation to his "tragic principle." Bibliographical notes, p. 101. DLC MnU NNC GyBDS GyBH GyGNSU

1943. Barta János és Pándi Pál. "A politikus Kemény," *Irodalomtörténet*, L (1962), 269–285.

The positions of Barta and Pándi in separate articles on questions of whether an adequate Marxist-Leninist evaluation of Kemény has been formulated, and the relationship between the aestheticism and the didacticism in the evaluation of his or any other literary work. CU DLC MH MnU NN NNC AsWU GeLBM GeLU GyBDS GyBH

KÉPES GÉZA

Born 1909 in Mátészalka. Poet, translator. Father a blacksmith. Attended school in Sárospatak, where he was already translating Greek and Latin poets and writing poetry in Latin, and poems were being published in *Erő*, *Új Idők*, and *Napkelet* as well as in number of periodicals in Kassa and Kolozsvár. Completed studies in Hungarian and German at University of Budapest as member of Eötvös Kollégium, but also learned, in addition to European and classical languages, Russian, Finnish, Esthonian, Vogul, Bulgarian, and Persian. Taught in Sárospatak; became translator for Ministry of National Guard. Awarded Baumgarten Prize for literary efforts in 1943 and 1949. After 1945 became member of Literary Department of Rádió, later its director. Awarded Attila József Prize in 1952. Established Magvető Könyvkiadó in 1954. Has served as secretary of Hungarian Writers' Federation. At present he is a researcher at the Institute of Literary History. ¶ Early poems greatly influenced by folk poetry, impressionism, and Greek and Latin poets. Intellectual quality of his poems increased. Uses great variety of verse forms and techniques. Later poems show strong satirical bent. Develops historical philosophy in poems of 1960's. Epigrams generally praised. Has translated numerous works from many languages and contributed to understanding of lyric poetry through philological studies. ¶ Some of his criticism and studies have been translated into Finnish, and some of his poems into Bulgarian, Esthonian, and Russian.

EDITIONS

See also p. 483 for editorial work.

1944. *Márványba véslek.* Képes Géza versei. Budapest: Első Kecskeméti Hírlap, 1933[1]. 47p.

1945. *Napnyugati madarak.* Fordítások. Budapest, 1937[1]. [From Várkonyi, p. 442]

1946. *Szerelmes versek.* Fordítás. Radnóti Miklós, Szemlér Ferenc és Vas Istvánnal. Budapest, 1941[1]. [From Várkonyi, p. 442]

1947. *Észt rokonaink irodalma.* [Műfordítások] Szerkesztette és a bevezetést írta Képes Géza. Budapest: Stádium, 1944[1]. 127p. AsWN

1948. *Gorgó mereng.* Versek. Budapest: Dante, 1944[1]. 119p. AsWN

1949. *A sziget énekel.* Angol költők. Fordítás. Budapest, 1947[1]. [From *Magyar irodalmi lexikon*, I, 623]

1950. *A szabadság magvetői.* Puskin-tól Szimonov-ig. Versfordítások. Budapest: Révai Könyvkiadó Nemzeti Vállalat, 1949[1]. 119p. GeLBM

1951. *Válogatott műfordítások.* Budapest: Szépirodalmi Könyvkiadó, 1951. 383p. GyBDS

1952. *Vajudó világ.* Válogatott és új versek. Budapest: Szépirodalmi Könyvkiadó, 1954. 148p. DLC MB FiHI GyBDS GyBH

1953. *Napkelte Mongóliában.* [Verses útinapló] Budapest: Szépirodalmi Könyvkiadó, 1955[1]. 40p. GeLBM

1954. *Ének Igor hadáról.* Fordítás. Budapest, 1956[1]. [From *Magyar irodalmi lexikon*, I, 623]

1955. *Só és bors.* Epigrammák. Budapest: Szépirodalmi Könyvkiadó, 1956[1]. 138p.

1956. *Finn versek és dalok.* Válogatta és fordította Képes Géza. Budapest: Európa, 1959[1]. 233p. CtY DLC NNC FiHI GyBH

1957. *Háfiz: Versek.* Fordítás. Budapest, 1960[1]. [From *Magyar irodalmi lexikon*, I, 623]

1958. *Quasimodo válogatott költeményei.* Fordítás. Budapest, 1960[1]. [From *Magyar irodalmi lexikon*, I, 623]

1959. *Szádi: Rózsáskert.* Fordítás. Budapest, 1960[1]. [From *Magyar irodalmi lexikon*, I, 623]

1960. *A mindenség énekei.* Új versek. Budapest: Magvető, 1961[1]. 99p. DLC NNC FiHU GyBDS GyGNSU

CRITICISM

1961. Gáldi László. "Költői nyelvünk szókészletéhez. Képes Géza: Vajudó világ," *Magyar Nyelvőr*, LXXVIII (1954), 365–369.

A review concerned solely with the characteristics of his vocabulary: his use of the language of the people and his commingling of special and intimate conversational language with dialect words in the same sentence. CU DLC NN FiHI GyBDS GyBH GyGNSU

1962. Hatvany Lajos. "Vajudó világ. Képes Géza válogatott új versei," *Csillag*, VIII (1954), 2193–2196.

A review discussing his development as affected by János Arany, Babits and the *fin de siècle* poetry of France and England, his links with impressionism, the Marxist characteristics of his verses, his world as being held together by the "binding power" of poetry, the source of his ideas and words in himself and his true "Hungarianness" rather than in his readings and translations, and the qualities of his literary sketches. [DLC] MnU [NN] NNC [GeLBM] GyBH [GyGGaU]

1963. Rónay György. "Az olvasó naplója. Képes Géza: A mindenség énekei," *Vigilia*, XXVII (1962), 109–111.

A review stating that these poems, like his earlier ones, show him to be one who composes with skill and a polyphonic art, and that they reveal the growth of his lyricism during the past 10 or 12 years as his awareness of the cosmos blends with his individual feelings. MH NN GyBH

KISFALUDY KÁROLY

Born February 5, 1788 in Tét; died November 21, 1830 in Pest. Dramatist, poet. Descendant of landed gentry. Brother of Sándor Kisfaludy (q.v.). Attended Benedictine gymnasium in Győr in 1798. Poor student, dismissed in 1804. Immediately entered newly established officer training institute in Győr and became member of infantry regiment as cadet, paying own expenses. Fought against French at Caldiero in 1805. Served as border guard in Slavonia 1806–1809. Second lieutenant in 1809. Again fought against French around Munich; was captured and escaped. Returned with regiment to Pest in 1809. Resigned from army in 1811 and returned to Tét in August. Rejected by father; found refuge in sister's home in Vönöck. Went to Vienna in February 1812 to study at Academy of Fine Arts but wasted money, attended theater. Saw his limitations in painting. Learned engraving in 1813. Visited Italy in 1815. Back in Vienna in 1816, but went to friend's home in Pozsony; returned to Pest in spring 1817. Father continued to refuse support. Unable to obtain employment. Turned increasingly to writing. Presentation of *Tatárok* on April 18, 1819, in Székesfehérvár and on May 3 in Pest brought him immediate fame, and he began ten years of highly productive creativity. Began to edit *Aurora* in 1820 but unable to finance its publication until 1821. Became center of younger writers of Pest, among them József Bajza (q.v.), Ferenc Toldy, and Mihály Vörösmarty (q.v.). Received Marczibányi Prize in 1826. Health steadily declined at end of 1829; died of pneumonia.

¶ Leader of first generation of romantic writers in Hungary. Poems show influence of German traditions and effect of instructions of Kölcsey and Kazinczy (qq.v.), and deal with love and patriotism. Stories, mainly between 1822–1825, are both tragic and comic, the former dealing with Middle Ages, the latter with contemporary situations. Most important as a dramatist. Wrote mainly comedies dealing with contemporary characters and situations. The comedies introduced characters from patriarchal life, used original humor and novel situations, created natural dialogue in Hungarian drama, and showed the influence of Kotzebue in structure and techniques. ¶ Some of his poems and plays are available in anthologies in Bulgarian, English, French, German, Hebrew, Italian, Japanese, and Russian.

FIRST EDITIONS: *Ilka vagy Nándorfehérvár bevétele.* Eredeti hazai dráma négy felvonásban. Buda, 1819. [From Pintér, V, 529] – *A tatárok Magyarországban.* Egy eredeti hazai költemény öt felvonásban. [Történelmi dráma] Pest: Trattner János Tamás, 1819. 78p. – *Iréne.* Szomorújáték öt felvonásban. Pest: Müller, 1820. 121p. – *Kemény Simon.* Eredeti hazai dráma hét felvonásban. *Barátság és nagylelkűség.* Eredeti dráma. Pest: Trattner János Tamás, 1820. 61p. – *A kérők.* Eredeti vígjáték három felvonásban. Pest: Trattner János Tamás, 1820. 123p. – *A pártütők.* Vígjáték. *Mikor pattant nem hittem volna.* Vígjáték. Pest: Trattner János Tamás, 1820. 109p. – *Stibor vajda.* Eredeti dráma négy felvonásban. Pest: Trattner János Tamás, 1820. 118p. – *Szécsi Mária vagy Murányvár ostromlása.* Eredeti hazai dráma négy felvonásban. Pest: Trattner János Tamás, 1820. 59p. – *Minden munkái.* [1. Versei (1st); 2–6. Színjátékai: *Stibor vajda, Kemény Simon, Barátság és nagylelkűség, Iréne, Szilágyi szabadulása* (1st), *Nelzor és Amida* (keleti dráma, 1st), *A kérők, A pártütők, A vígjáték* (1st), *Mátyás diák* (1st), *Mikor pattant nem hittem volna, A leányőrző* (1st), *A betegek* (1st), *A hűség próbája* (1st), *Kénytelen jószívűség* (1st), *Szeget szeggel* (1st), *Csalódások* (vígjáték, 1st), *A fösvény* (vígjáték, 1st), *Áltudósok* (vígjáték, 1st), *Három egyszerre* (1st); 7–8. Elbeszélései (all 1st): *Tihamér, Barátság és szerelem, Sok baj semmiért, A fejér köpönyeg, Sulyosdi Simon, A vérpohár, Bajjal ment, vígan jött, Tollagi Jónás viszontagságai, Mit csinál a gólya;* Vegyes kötetlen iratai (all 1st): Allegoriák, Paródiák, Keleti közmondások, Különféle; 9. Pótlékok: *A tatárok Magyarországban, Ilka;* 10. *Szécsi Mária, Csák Máté* (históriai tragédia, 1st), *Zách nemzetség* (szomorújáték, 1st), *Versek a költő ifjabb korából* (1st), *Élete*] Öszveszedte Toldy Ferenc. I–X. kötet. Buda: Egyetemi Nyomda, 1831.

EDITIONS

1964. *Minden munkái.* Szerkesztette Toldy Ferenc. I–VIII. kötet. Pest: Heckenast Gusztáv, 1859–1860. [C]

1. kötet. Lyrai költemények. Népdalok. Tan és Gúnyor. Balladák. Költői beszélyek. 1859. 200p.

2–6. kötet: Drámák. 1859–1860.

7. kötet: Elbeszélések. 1860. 193p.

8. kötet: Elbeszélések. Allegoriák. Parodiák. Különféle. 1860. 211p.

InU MH NNC GeLBM

1965. *Minden munkái.* Sajtó alá rendezte Bánóczi József. I–VI. kötet. Budapest: Franklin-Társulat, 1893. [B]

1. kötet: Lírai költemények; drámák, 1811–1812. 421p.

2. kötet: Drámák, 1819–1820. 439p.

3. kötet: Drámák, 1820–1827. 434p.

4. kötet: Drámák, 1827–1829. 413p.

5. kötet: Elbeszélések, 1822–1825. Zsengék és töredékek. 414p.

6. kötet: Vegyes iratok, 1821–1828. Fordítások, 1812–1828. Levelek, 1808–1830. 482p.

Cty DLC IC MH MnU GeLBM GyBH

1966. *Válogatott munkái.* Bevezetéssel ellátta Bánóczi József. I–II. kötet. Budapest: Lampel Róbert, 1902–1903. [C]

1. kötet: Költemények, népdalok, újabb népdalok, prózai munkák. 1902. 414p.

2. kötet: Drámák, elbeszélések, vegyes iratok. 1903. 407p.

CtY DLC IC MnU NNC OCl [GyGNSU]

1967. *Munkái.* Sajtó alá rendezte és bevezetéssel ellátta Heinrich Gusztáv. I–II. kötet. Budapest: Franklin-Társulat, 1905–1907. [C]

1. kötet: Költemények. *Iréne. Kemény Simon.* 1905. 296p.

2. kötet: Vígjátékok. *Tihamér.* Elbeszélések. 1907. 333p.

DLC MnU NN NNC OCl FiHI GeCU GeLBM GyBH

1968. *Munkái.* Galamb Sándor bevezetésével. I–II. kötet. Budapest: Franklin-Társulat, 1928. [C]

1. kötet: Költemények. *Tollagi Jónás viszontagságai.* 218p.

2. kötet: Színművek. 266p.

MH NNC

1969. *A kérők.* [Vígjáték] A bevezetést írta Hegedüs Géza. Budapest: Szépirodalmi Könyvkiadó, 1952. 68p. [C] FiHI

1970. *Válogatott művei.* Sajtó alá rendezte és a bevezetőt írta Szauder József. Budapest: Szépirodalmi Könyvkiadó, 1954. 452p. [C]. DLC MH FiHU GyBDS GyBH

BIBLIOGRAPHY

See nos. 1971, 1977, and 1982.

BIOGRAPHY

1971. Toldy Ferenc. *Kisfaludy Károly élete.* Buda: Magyar Királyi Egyetem Betűivel, 1832. 60p.

Attention to the appearances of his plays and publications of his poems and to his character and significance in Hungarian literature. Chronological list of his published works, pp. 56–60. AsWN

1972. Bánóczi József. *Kisfaludy Károly és munkái.* I–II. kötet. Budapest: Franklin-Társulat, 1882–1883.

An attempt to explore both his life and works in great detail. Sections on the periodical *Aurora*, his role in the development of Hungarian romanticism, his comedies, and his prose. Attention to the lateness of Hungarian response to European romanticism. Appendix, Vol. II: Catalogue of the performances of his dramas on the Hungarian stage. Vol. I, 1788–1821; Vol. II, 1822–1830. MH MnU NNC GeLBM GyBH

1973. (Solt) Speneder Andor. *Kisfaludy Károly.* Budapest: Magyar Egyetemi Nyomda, 1930. 121p.

Based on a synthesis of the biographical, formal, and cultural approaches, and aimed at characterizing his individuality. After a biographical sketch, examines his individuality, dramas, and activities with the periodical *Aurora*. Closes with a discussion of his significance in terms of the final synthesis. Bibliographical footnotes. Summary in German, pp. 104–121. NNC AsWN FiHI GeCU GyBH

1974. Horváth János. *Kisfaludy Károly és íróbarátai.* Budapest: Művelt Nép, 1955. 182p.

In two parts: (1) his life and his works by literary types and (2) his relationships with Hungarian writers, those who wrote in German and those who were connected with the periodical *Aurora* during the Age of Reform. Concludes with a discussion of the antecedents of epics dealing with ancient Hungarian settlers. DLC MH MnU NN NNC FiHI FiHU GeCU GeLBM GyBH GyGNSU

CRITICISM

See also nos. 718, 1910, 1994, 1999, 3590, and 3595.

1975. (Prém) Peterdi József. *Kisfaludy Károly és Iréné-je. Tanulmány.* Budapest: Aigner Lajos, 1880. 100p.

After discussing the period and his poetic development, examines the drama's subject matter, inventions in plot and character over Bolyai's *Mahomed*, the tragic character of Iréne and the nature of individual characters, and the play's plot, technique, and diction. Bibliographical footnotes.

1976. Stefanie József. *Kisfaludy Károly és Bolyai Farkas.* Budapest: A Szerző, 1908. 58p.

Establishes numerous parallels between their dramas and shows the extent to which he used materials from Bolyai. AsWN GyBH

1977. Szinnyei Ferenc. *Kisfaludy Károly.* Budapest: Pallas, 1927. 43p.

His literary development, the character of his works by genres, and his contributions to the growth of Hungarian drama, short story, folk and ballad poetry, and romanticism during his 14 creative years. Attention to his relations with the age. Bibliography of his works and studies about him, pp. 42–43. MnU NN NNC GeLBM GyBH

1978. Horváth János. *Kisfaludy Károly. Egyetemi előadásaiból.* Budapest: Kókai Lajos, 1936. 81p.

After discussing his life and literary career, examines his writings for their characteristics and subject matter by genres: serious dramas, short stories, comic plays, and poetry. Also contrasts him with Sándor Kisfaludy. MnU GeCU GeLBM GyBH GyGNSU

1979. Horváth János. *Kisfaludy Károly évtizede. Az 1820-as évek kisebb írói.* Budapest: Kókai Lajos, 1936. 74p.

Accounts and characterizations of numerous lesser writers of the 1820's who were associated with him. MH MnU NNC GeCU GeLBM GyBH GyGNSU

1980. Horváth János. *Kisfaludy Károly. Játékszíni és drámairodalmi előzmények. Katona drámaíró kortársai.* Budapest: Kókai Lajos, 1936. 81p.

His life and literary career, and an analysis of his writings by genres: serious plays, short stories, comedies, and poems. Much specific data about the works. Bibliographical information inserted within the text. NNC GeLBM

1981. Szauder József. "Bevezetés," *Kisfaludy Károly válogatott művei.* Sajtó alá rendezte Szauder József. Budapest: Szépirodalmi Könyvkiadó, 1954; 452p. Pp. 5–76.

His life, his literary development and the forces affecting it, and the characteristics of his writings in three periods: 1788–1819, 1820–1826, and 1827–1830. DLC MH FiHU GyBDS GyBH

1982. Benkő László. "Kisfaludy Károly elbeszélései," *A Szegedi Pedagógiai Főiskola Évkönyve,* III (1958), 3–29. [Also a reprint]

An examination of his short stories commenting on their form and substance and evaluating their qualities and their contribution to that form in Hungarian literature. Sees their major contribution to be that of all his writings: the creation of activity leading to a serious popularization of literature. Bibliographical notes, pp. 27–29. Summaries in Russian and in German, p. 29. NNC GeLBM GeOB

KISFALUDY SÁNDOR

Born September 27, 1772 in Sümeg; died October 28, 1844 in Sümeg. Poet, dramatist, writer of tales. Descendant of landed gentry. Brother of Károly Kisfaludy (q.v.). Studied in Győr 1783–1788, then read philosophy and law at Királyi Katolikus Akadémia in Pozsony 1788–1791. Studied law at home 1791–1792. Knew German. Joined army in 1792. Lived in Vienna 1793–

1796. Sought to marry Róza Szegedy in 1796; she refused because of his relations with Mária Medina, then consented in 1800. Fought against French in Milan and captured in 1796. Imprisoned in Draguignan but released after two months through intercession of Karolina d'Esclapon, who had met him during her visit with relatives in Hungary. Went to Klagenfurt and then to Württemberg, where he fought against French for about two years. Lived on wife's estate in Kám 1800–1805. Increased writing activity. Involved in political matters after 1808. Among the defenders of Hungary against Napoleon's invasion in 1809 and wrote *Hazafiúi szózat* to rouse his countrymen to action. Opposed ideas of Ferenc Kazinczy (q.v.) with respect to language reform. Received Marczibányi Prize in 1820. Wife died in 1820; two years later married 20-year-old Amália Vajda, who died shortly after. Became member of Academy in 1830. Shared 1834 Academy Prize with Mihály Vörösmarty (q.v.). Became member of Kisfaludy-Társaság in 1835. Resigned from Academy in 1835. Withdrew increasingly from public activity. ¶ Poet of Hungarian aristocracy. Like Dugonics and Gvadányi (qq.v.), he was closely connected with European pre-romanticism: creation of his poetry a product of genius rather than learning. His lyric poetry was influenced by French pre-romanticism, in addition to Petrarch, and his narrative poems by German pre-romanticism. His stories taking place in castles introduced the shorter narrative poem to Hungarian literature and dealt romantically with Hungarian past. His dramas were unsuccessful but informative about views and attitudes of aristocratic class. Fame rests on the immensely popular epic-lyric cycle, *Himfy*, which tells of Himfy's unrequited love, the narrative interspersed with songs describing nature, praising beauty of women, and complaining of hopeless love; used new stanza form. ¶ Some of his poems have been translated into English, French, German, Italian, Japanese, Russian, and Swedish.

FIRST EDITIONS: *Himfy szerelmei: A kesergő szerelem.* Buda: Királyi Universitás Betűivel, 1801. 302p. – *Himfy szerelmei: A boldog szerelem.* [Also: *A kesergő szerelem*, 2d ed] Buda: Királyi Magyar Universitás Betűivel, 1807. 299p. – *Regék a magyar előidőből.* [Verses elbeszélések] Buda: Királyi Magyar Universitás Betűivel, 1807. 264p. – *Hazafiúi szózat a magyar nemességhez.* [Röpirat] Pest: Hartleben Konrád Adolf, 1809. 120p. – *Hunyady János.* Históriai dráma. Buda: Királyi Magyar Universitás Betűivel, 1816. 308p. – *Gyula szerelme.* Rege. Buda: Királyi Magyar Universitás Betűivel, 1825. 366p. – *Eredeti magyar játékszín.* [1. *Az emberszívnek örvényei* (szomorújáték öt felvonásban), *A Dárday ház* (magyar nemesházi rajzolat öt felvonásban), 1825; 2. *Zala vármegyéhez* (költemény), *Kún László* (históriai dráma öt felvonásban), *A lelkes magyar leány* (magyar nemesházi rajzolat négy felvonásban), 1826] I–II. kötet. Buda: Királyi Magyar Universitás Betűivel, 1825–1826. – *Munkái.* [1–2. *Himfy szerelmei*; 3–8. Regék: *Dobozy Mihály és hitvese* (1st), *Kemend* (1st), *Döbrönte* (1st), *A megbosszúlt hitszegő*

(1st), *A magyar előidőből* (2d), *A szentmihályhegyi remete* (1st), *Miczbán* (1st), *Szigliget* (1st), *Frangepán Erzsébet* (1st), *Csobáncz* (1st), *Tátika* (1st), *Somló* (1st), *Gyula szerelme* (2d), *A somlai vérszüret* (1st), *Eseghvár* (1st), *Balassa Bálint* (1st)] I–VIII. kötet. Pest, 1833–1838. [From Pintér, V, 407] – See also nos. 1983 and 1989.

EDITIONS

See also nos. 1991, 1993, 1996, and 1997.

1983. *Hátrahagyott munkái.* Kiadta Toldy Ferenc. I–IV. kötet. Pest: Heckenast Gusztáv, 1870–1871[1]. [C]

1. kötet. *Regeköltőnek hattyúdala XVI énekben, Antiochus* (óvilági rege). 1870[1]. 216p.
2. kötet: Elegyes versei, irodalmi zsengéi. *Az elmés özvegy* (vígjáték egy felvonásban), *Seneca tragédiája* (három felvonásban), *Rinaldó és Armida* (Tasso után szabadon). 1870[1]. 240p.
3. kötet: Irodalmi zsengéi. *Két szerető szivnek története* (levélregény). 1871[1]. 228p.
4. kötet: Önéletrajza, Levelei hitveséhez az 1809. insurrectio korából, Nyílt levél Kossuth Lajoshoz az 1809. insurrectio ügyében. 1871[1]. 240p.

1984. "Naplója," *Kisfaludy-Társaság Évlapjai*, XV (1883), 166–278. [From Szinnyei, XVI, 422] NNC AsWN GyBH

1985. *Minden munkái.* Kiadja Angyal Dávid [1st to be edited by him] I–VIII. kötet. Budapest: Franklin-Társulat, 1892–1893. [B]

1. kötet: Himfy szerelmei. 1892. 494p.
2. kötet: Kisebb költemények. Regék. 1892. 572p.
3. kötet: Regék. 1892. 474p.
4. kötet: Drámák, drámatöredékek. 1892. 590p.
5. kötet: Drámák, drámatöredékek. 1892. 615p.
6. kötet: Drámák, verses és prózai elbeszélések. 1892. 589p.
7. kötet: Vegyes költői és prózai munkák. 1892. 592p.
8. kötet: Vegyes politikai iratok. Levelek. 1893. 740p.

DLC MnU NN NNC GyBH GyGNSU

1986. *Összes regéi.* I–II. kötet. Budapest: Franklin-Társulat, 1898–1899. [C]

1. kötet: *Csobáncz, Tátika, Somló, Dobozi Mihály és hitvese, A szentmihályhegyi remete, A megbosszúlt hitszegő, Gyula szerelme.* 421p.
2. kötet: *Kemend, Döbrönte, Szigliget, A somlai vérszüret, Eseghvár, Miczbán, Frangepán Erzsébet, Balassi Bálint, Viola és Pipacs, Antiochus.* 365p.

1987. *Munkái.* Sajtó alá rendezte és bevezetéssel ellátta Heinrich Gusztáv. I–II. kötet. Budapest: Franklin-Társulat, 1903–1905. [C]

1. kötet: *Himfy szerelmei.* 1903. 331p.
2. kötet: Regék. 1905. 306p.
DLC MnU NNC OCl FiHI GeCU GeLBM GeLU GyBH

1988. *Hátrahagyott munkái.* Kéziratból, bevezetéssel és jegyzetekkel kiadta Gálos Rezső. Győr: Győregyházmegyei Alap, 1931[1]. 628p. [A] MH MnU NNC AsWN GeLBM GyBH GyGNSU

1989. *Napló és Francia fogságom.* Szerkesztette, sajtó alá rendezte és jegyzetekkel ellátta az Eötvös Lóránd Tudományegyetem Apáczai Csere János Gyakorló Iskolájának Munkaközössége. Budapest: Magyar Helikon, 1962[1]. 200p. [C] DLC NNC AsWN GeLBM GyBDS GyBH GyGNSU

BIBLIOGRAPHY

See nos. 1994, 2000, and 2001.

BIOGRAPHY

1990. Császár Elemér. *Kisfaludy Sándor.* Budapest: Franklin-Társulat, 1910. 167p.

Attention to the substance and characteristic of his writings. InU MH MnU NNC AsWN FiHU GeCU GeLBM GyBH GyGGaU

1991. *Szegedy Róza levelei Kisfaludy Sándorhoz a győri csata idejéből.* Bevezetéssel ellátta és kiadja Horváth Konstantin. Győr: Győri Szemle Társaság, 1930. 42p.

The texts of 31 of her letters to the poet from June 16, 1809, to March 10, 1810. GeLBM GyBH

1992. Gálos Rezső. "Húsz év története Kisfaludy Sándor életéből," *Kisfaludy Sándor hátrahagyott munkái.* Kéziratból, bevezetéssel és jegyzetekkel kiadta Gálos Rezső. Győr: Győregyházmegyei Alap, 1931; 628p. Pp. 1–62.

A three-part study of his life and creative activity from 1790 to 1810 showing the emergence of the poet: (1) his youth, (2) the Liza cycle, and (3) his participation in the insurrection of the nobles and his writings of the time. Bibliographical footnotes. MH MnU NNC AsWN GeLBM GyBH GyGNSU

1993. Poupé, Edmond. *Alexandre Kisfaludy à Draguignan. Thermidor-Fructidor an IV (Juillet-Septembre 1796).* Draguignan: Imp. Olivier-Joulian, 1937. 116p.

His imprisonment at Draguignan from July to September, 1796, including his journal for the period, in French. A chapter on Karolina d'Escaplon. A copy of "Le chant du cygne." Bibliographical footnotes at ends of chapters. Illustrations and facsimiles. ICU

1994. Fenyő István. *Kisfaludy Sándor.* Budapest: Akadémiai Kiadó, 1961. 446p.

Both a biography and a delineation of the literary creativity of Kisfaludy.

M

Concludes that Kisfaludy, though limited in his contribution to the present, is important to his own period and to Károly Kisfaludy, Kölcsey, and Vörösmarty, in his preparing the way for the flowering of literature with his powerful treatments of personal feelings, his creation of a patriotic ideal, and his artistic statements of a national tragic attitude toward life. Bibliographical notes, pp. 424–426. Summary in French, pp. 427–431. DLC MH MnU NNC AsWN FiHI FiHU GeCU GeLBM GeLU GyBDS GyBH GyGNSU

CRITICISM

See also nos. 494, 1978, and 3527.

1995. Rényi Rezső. *Petrarca és Kisfaludy Sándor. Irodalomtörténeti tanulmány.* Budapest: Aigner Lajos, 1880. 91p.

After discussing the character of Petrarch's poetry and his relationship to his age, turns to the close connection of Kisfaludy with him: as Kisfaludy's source of materials, as the school to which Kisfaludy's intellectual and spiritual similarity directs him, and especially the "Himfy songs" and their links with the sonnets of Petrarch, without considering the question of imitation. Attention to other sources. MnU NIC NNC AsWN

1996. Werner Adolf. *Kisfaludy Sándor levélregénye.* Budapest: Franklin-Társulat, 1890. 55p.

A study of his epistolary novel, *Két szerető szív története,* especially with respect to foreign influences, particularly that of Rousseau, and its relationship with *A kesergő szerelem.* Appendixes: (1) Identification of the most frequently occurring proper nouns in the novel and (2) Two letters from Róza Szegedy. Bibliographical footnotes.

1997. *Himfy-album.* Budapest: Pesti Napló, 1900. 144p.

Besides the text of *Himfy szerelmei,* contains a biography by Béla Zilahi Kiss, a study of Himfy's songs by Árpád Berczik, and a discussion of Himfy's life by Elek Londesz. Illustrations. NNC

1998. Bitzó Sarolta. *Kisfaludy Sándor mint drámaíró.* Budapest: Athenaeum, 1909. 95p.

A study of his development as a dramatist based on examination of the subject matter and character of his plays. Attention to the state of the theater and the dominant interests at the time.

1999. Gálos Rezső. *A Dunántúl a két Kisfaludy költészetében.* Budapest: Pallas, 1927. 74p.

A study of the manner in which Sándor and Károly Kisfaludy use the Dunántúl in their poetry. Finds most attention to this early environment in the former, using all but the last seven pages to provide evidence. GyBH

2000. Szabó Mihály. *Kisfaludy Sándor és Petrarca.* Budapest: Eötvös-Kollegium Volt Tagjainak Szövetsége, 1927. 48p.

Evidence of his borrowings from Petrarch in *Kesergő szerelem.* Also discussion of the circumstances attending its creation, the sources of the work, the characteristics of its form, the poet's individuality, its verse form. Bibliography, p. [49]. GyBH

2001. Szimon Béla. *Kisfaludy Sándor írói köre.* Budapest: Juventus, 1933. 130p.

The Dunántúl writers in the time of Sándor Kisfaludy with respect to their attitudes toward Kazinczy's language reform and critical course and the connection between their national feelings and their ideas of cultivating Hungarian language and literature. In two parts: (1) language reform and (2) criticism. Bibliography, pp. 127–128. NNC GeLBM GyBH GyGNSU

2002. Horváth János. *Kisfaludy Sándor.* Budapest: Kókai Lajos, 1936. 84p.

A study of his life, outlook, literary principles, and the character and style of his writings. InU MH MnU NNC GeLBM GyBH

2003. Pais Károly. *A két Kisfaludy Sándor.* Cegléd: Simon és Garab, 1937. 53p.

The poet as a writer and a patriot and his role in the literary life of his age. MH MnU GeLBM GyBH

2004. Kunszery Gyula. "A Himfy-vers nyomában," *Irodalomtörténet,* XLV (1957), 3–10. [Also a reprint]

The prosody of the poem and its place in the history of Hungarian verse in relation to its Hungarian antecedents and those of German baroque lyric poetry. Bibliographical footnotes. CU DLC MH MnU NN NNC AsWU GeLBM GeLU GyBDS GyBH

KISS JÓZSEF

Born November 30, 1843 in Mezőcsát; died December 31, 1921 in Budapest. Poet, editor. Father a shopkeeper. Family moved to Tiszacsege in 1846 and to Serke in 1850. Pursued Judaic studies at Miskolc, Csorna, and Jánosháza, but did not want to become rabbi. Left home for Vienna when 13. Entered Protestant gymnasium in Rimaszombat in 1858 and continued studies at Református Kollégium in Debrecen in 1861. On death of father in 1862 he left school to earn living as itinerant teacher for five years. Moved to Pest in 1867 in hope of publishing poems. Became proofreader with Deutsch Publishing House. Published *Zsidó dalok* in 1868 at own expense. Undertook editorship of *Képes Világ* in 1873, which failed. Married daughter of poor relative in 1873. Position as reporter for *Nemzeti Hírlap* improved circumstances. Lived in Temesvár 1876–1882 as secretary of Jewish religious community. Became member of Petőfi-Társaság in 1877, honorary member in 1897. Returned to Budapest in 1882 and served as official of Hungarian-French Insurance Society 1882–1889. Founded *A Hét* in 1890, which became influential voice of new literature in Hungary. Member of Kisfaludy-Társaság in 1914. Forced by financial problems to surrender *A Hét* to another editor and publisher in 1919. ¶ One of the most distinguished representatives of Hungarian lyric poetry at end of 19th century. Especially noted for ballads. Subjects came from emotional life of Jews and Hungarians, and language was extension of tradition of János Arany (q.v.). Experimentations showed strong Art Nouveau tendencies. Virtuosity in rhyme patterns and creation of distinctive quantitative meters make him precursor of versification of 20th-century Nyugat School. ¶ Editions of his poems and *Mese a varrógépről* are available in German, and some of his poems have been translated into Bulgarian, English, French, Hebrew, Italian, Japanese, Polish, Rumanian, Russian, Slovakian, and Swedish.

FIRST EDITIONS: *Zsidó dalok*. [Versek] Pest: Deutsch, 1868. 29p. – *Budapesti rejtelmek*. Regény. I–II. kötet. Budapest: Weiszmann, 1874. [From catalogue of National Széchényi Library] – *Költeményei*. Budapest: A Szerző, 1876. 158p. – *Költeményei*. 1868–1882. Kiadta a Petőfi-Társaság. Budapest: Grill Károly, 1882. 207p. [2d enl. ed] – *Mese a varrógépről*. [Elbeszélő költemény] Budapest: Dobrowsky és Franke, 1884. 63p. – *Mesék a hó alól*. Jó gyermekek számára. [Versek] Budapest: Singer és Wolfner, 1885. [7] leaves. – *Ünnepnapok*. [Templomi énekek a zsidók számára] Budapest: Révai Testvérek, 1888. 125p. – *Újabb költeményei*. 1883–1889. Budapest: Révai Testvérek, 1891. 143p. – *Költeményei*. Budapest: Révai Testvérek, 1897. 191p. – *Összes költeményei*. Budapest: Singer és Wolfner, 1897. 296p. – *Levelek hullása*. [Újabb költemények] Budapest: Singer és Wolfner, 1908. 87p. – *Legendák a nagyapámról*. [Versek] Budapest: Hét, 1911. 100p. [1929] – Continued under EDITIONS.

EDITIONS

See also nos. 2022 and 2166.

2005. *Összes költeményei*. I–II. kötet. Budapest: Singer és Wolfner, 1914.
   1. kötet: 1868–1897: *De profundis, Keletiek, Regény, Dalok az utcáról, Mese a varrógépről, Noémi, Az Ünnepnapok-ból, Jehova*. 286p.
   2. kötet: 1898–1913: *Levelek hullása, Mécsvilág, Az utolsó évekből, Legendák a nagyapámról*. 204p.
   NNC GyBH GyGGaU

2006. *Háborús versei*. Budapest: Hét, 1915[1]. 71p. CSt CSt-H GeLBM

2007. *Avar*. [Újabb versek] Budapest: Athenaeum, 1918[1]. 88p. GyBH

2008. *Esteledik, alkonyodik*. Versek, 1918–1920. Budapest: Pantheon, 1920[1]. 73p. NN GyBH

2009. *Összes költeményei*. I–III. kötet. Budapest: Singer és Wolfner, 1922–1930. [C]
   1. kötet: Versciklusok: *De profundis, Keletiek, Regény, Dalok az utcáról, Mese a varrógépről, Noémi, Az Ünnepnapok-ból, Jehova*. 1922. 239p.

2. kötet: Versciklusok: *Levelek hullása, Mécsvilág, Az utolsó évek-ből, Legendák a nagyapámról, Intermezzo.* 1898–1913. 1924. 138p.

3. kötet: Versciklusok: *Háborús versek, Avar, Esteledik, alkonyodik, Legendák a nagyapámról, Ünnepnapok.* 1914–1920. 1930. 234p.
MnU [NN] [NNC] OCl [PP] AsWN

2010. *Utolsó versek.* 1920–1921. [Hátrahagyott versek] Fia Kiss Jenő Sándor bevezetésével. Budapest: Athenaeum, 1924[1]. 92p. [C]   NN NNC

2011. *Jokli.* [Elbeszélés] Budapest: Garai, 1925[1]. 47p. [C]

2012. *Kiss József és kerek asztala.* A költő prózai írásai és kortársainak visszaemlékezései. Budapest: Kiss József Prózai Munkáinak Kiadóvállalata, 1934. 255p. InU MH NN NNC GyBH

2013. *Költeményei.* Válogatta és bevezette Milton Smith. [English introduction and several poems in English translation] New York: Joseph Kiss Memorial Publishing Co., 1954. 184p. [C]   DLC MH NN NNC AsWN

2014. *Tüzek.* Válogatott versek. Válogatta, sajtó alá rendezte és a bevezető tanulmányt írta Komlós Aladár. Budapest: Szépirodalmi Könyvkiadó, 1961. 298p. [C]   IC NN NNC GeCU GyBDS GyGNSU

BIBLIOGRAPHY

See nos. 2015 and 2966.

BIOGRAPHY

2015. Rubinyi Mózes. *Kiss József élete és munkássága.* Budapest: Singer és Wolfner, 1926. 160p.

A characterization of the man, and a critical examination of his lyric poems, epics, poetic technique, style, and diction. Concludes with a discussion of those who influenced him (János Arany, Heine, János Vajda) and those who learned from him (Emil Makai, Jenő Heltai, and others). Bibliographical notes, pp. 155–156. NN OCl GeLBM GeLU GyBH

CRITICISM

2016. Gyulai Pál. " 'Mese a varrógépről,' " *Bírálatok.* 1861–1903. Budapest: Magyar Tudományos Akadémia, 1911; 434p. Pp. 289–294. [Appeared in *Budapesti Szemle*, XI, no. 96 (1884), 488–491]

A review of the poem leading to the view that with further development he may provide "entertaining" poetry for the reader. MH MnU NN AsWN AsWU FiHI FiHU GeCU GeLBM GeLU GyBH

2017. Glatz Károly. *Kiss József. Irodalmi tanulmány.* Budapest: Politzer Zsigmond és Fia, 1904. 176p.

After a brief biographical sketch, examines the subject matter and literary qualities of his writings. Finds that neither of the currents of idealism nor the realism that pervade his poetry gained ascendancy. NNC GeLBM GyBH

2018. Pogány József. "Kiss József," *Kultúra, álkultúra.* Szerkesztette, az életrajzot és a jegyzeteket írta Geréb László. Budapest: Magvető, 1962; 367p. Pp. 63–74. [Appeared in *Szocializmus*, II (1907–1908), 273–280]

Characterizes him as a poet of the past, and examines his meaning in terms of the inhabitants of villages and towns and his ideology of life as it was during his times. Maintains that he did not recognize the new emerging Hungary. DLC MnU GeLBM

2019. Oláh Gábor. "Kiss József," *Írói arcképek.* Budapest: Singer és Wolfner, 1910; 147p. Pp. 107–118. [1st publication]

The tone, themes, and qualities of his poetry. Praises his lyricism. NNC GeLBM GyBH

2020. Kosztolányi Dezső. "Kiss József," *Írók, festők, tudósok. Tanulmányok magyar kortársakról.* Sajtó alá rendezte és a jegyzeteket írta Réz Pál. I–II. kötet. Budapest: Szépirodalmi Könyvkiadó, 1958. I, 351–367. [Appeared in *A Hét*, XXIV (November 30, 1913), 761–762; *Szeged és Vidéke*, no. 293 (December 17, 1915), 4; *Nyugat*, XV (January 16, 1922), 77–79; *Pesti Hírlap*, no. 235 (October 15, 1933), 6]

Four studies dealing with Kosztolányi's relationship with Kiss, with his views of Kiss's importance to Hungarian poetry, and with the characteristics of his poetical works. DLC MH NjN NN NNC AsWN GeCU GyBH GyGNSU

2021. Kárpáti Aurél. "Kiss József: a szerkesztő," *Tegnaptól máig. Válogatott irodalmi tanulmányok.* Budapest: Szépirodalmi Könyvkiadó, 1961; 427p. Pp. 107–111. [Appeared as "Kiss József, *A Hét* szerkesztője" in *Kiss József és kerek asztala*, pp. 167–171; see no. 2022]

His characteristics as an editor of *A Hét* and an account of the Kárpáti's first meeting with him. DLC NN NNC AsWN GyBDS GyBH GyGNSU

2022. *Kiss József és kerek asztala. A költő prózai írásai és kortársainak visszaemlékezései.* Budapest: Kiss József Prózai Munkáinak Kiadóvállalata, 1934. 255p.

Besides selections of his prose writings, contains 58 brief recollections of the author dealing with various aspects of his life, character, and writings— by persons who knew him. InU MH NN GyBH

2023. Rubinyi Mózes. "Kiss József. (A költő 90. születésnapja alkalmából tartott előadás," *Emlékezések és tanulmányok.* Budapest: Gondolat, 1962; 235p. Pp. 192–205. [Appeared in *Múlt és Jövő* (1934), 44–47]

His distinctive contributions to Hungarian poetry: the placement of the life of the village in Hungarian life, the new rhythms in his ballads and lyrics. The influence of Heine, his love motif, the characteristics of his poetry, and his influence on younger poets. On the 90th anniversary of his birth. NNC GeLBM GyBDS GyGNSU

2024. Komlós Aladár. "Kiss József," *Tegnap és ma. Irodalmi tanulmányok.*

Budapest: Szépirodalmi Könyvkiadó, 1956; 359p. Pp. 139–168. [Appeared as part of the introductory essay, "A századvég költői," in *Kiss József, Reviczky Gyula, Komjáthy Jenő válogatott művei*. Pp. 10–36; see no. 2166] The major elements of his life and literary development, the characteristics of his writings, and the nature of his individuality. DLC MH MnU NNC AsWN GeLBM GeOB

KODOLÁNYI JÁNOS

Born March 13, 1899 in Telki; died August 10, 1969 in Budapest. Novelist, short-story writer, dramatist, sociographic writer. Father was forestry counsellor. Attended gymnasium in Pécs and Székesfehérvár. Opposed family's middle-class views and left home for Budapest in 1922. Led very difficult life in pursuit of ideals and literary career for many years. Member of Communist writer's group 1922–1923. Staff member of many periodicals, sometimes as chief editor. Secretary of Írók Gazdasági Egyesület 1932–1944; then its general secretary. Made study tours of Finland in 1936, 1937, and 1938. Became co-president of Janus Pannonius Társaság in 1941, and chief editor of *Tiszántúl* in Debrecen in same year. Spent time in concentration camp for support of workers and strong nationalism. Silent for time after 1946. ¶ His prose fiction often draws on autobiographical materials. Populist author seeking reform in imaginative and sociographic writings. Socialistic but highly independent. Has recently turned to Hungarian past as subject for historical novels, in which he seeks to discover lasting characteristics of Hungarian people. ¶ *Julianus barát* has been translated into Italian, and some of his short stories into English, French, German, Italian, and Serbian.

EDITIONS

2025. *Hajnal*. Költemények. Pécs: Wessely és Horváth, 1915[1]. 41p.

2026. *Kitárt lélekkel*. Versek. Budapest, 1918[1]. [From Pintér, VIII, 1209]

2027. *Üzenet enyéimnek*. Versek. Budapest: Magyar Írás, 1921[1]. 45p.

2028. *Börtön*. Regény. Budapest: Athenaeum, 1925[1]. 127p. IC GyBH

2029. *Szép Zsuzska*. Regény. Budapest: Athenaeum, 1925[1] [1924?]. 112p. IC NN OCl GyBH

2030. *Kántor József megdicsőülése*. Regény. Budapest: Athenaeum, 1926[1]. 197p. IC MH NNC OCl GyBH

2031. *Tavaszi fagy*. Egy foglalkozásnélküli ifjú Pesten. [Regény] Budapest: Grill Károly, 1926[1]. 254p. DLC NNC OCl

2032. *A hazugság öl*. Memorandum Huszár Károlyhoz, a parlament alelnökéhez. Budapest: Élőszó, 1927[1]. 15p.

2033. *A kék hegy*. Regény. Budapest, 1927[1]. [From Várkonyi, p. 452]

2034. *Fehér fecske*. Színmű. Budapest, 1928[1]. [From Várkonyi, p. 453]

2035. *Akik nem tudnak szeretni.* Regény. Budapest: Magyarság, 1929[1]. 204p.

2036. *Futótűz.* [Regény] Budapest: Athenaeum, 1929[1]. 131p. IC NNC GeLU GyBH

2037. *Két lányarc.* [Regény] Budapest: Athenaeum, 1929[1]. 131p. OCl GyBH

2038. *Szakadékok.* Regény. Budapest: Athenaeum, 1929[1] [1927?]. 199p. IC NNC OCl FiHI GyBH

2039. *Vilma három szerelme.* Regény. Budapest: Pesti Napló, 1930[1]. 190p.

2040. *Küszöb.* Kisregények. Budapest: Vajda János Társaság, 1933[1]. 152p. MnU NNC OCl

2041. *Sötétség.* Kisregény. Debrecen: Nagy Károly és Társai, 1934[1] [1933?]. 63p. NNC OCl AsWN

2042. *Feketevíz.* [Regény] Budapest: Athenaeum, 1935[1]. 255p. IC NNC OCl GeLU

2043. *A vas fiai.* [Történelmi regény] I–II. kötet. Budapest: Athenaeum, 1936[1]. [1940, 1961, 1963[7]] C DLC MH NN OCl AsWN FiHU GeLU GyBDS GyBH GyGGaU

2044. *Boldog Margit.* [Történelmi regény] Budapest: Athenaeum, 1937[1]. 362p. [1964[5]] CLU CSf MH MnU NN OCl GeLBM GyBDS GyGNSU

2045. *Pogány tűz.* Történelmi tragédia. [Dráma] Budapest: Globus, 1937[1]. [44]p.

2046. *Suomi, a csend országa.* Útirajz. Budapest: Cserépfalvi, 1937[1] [1936?]. 139p. NN OCl FiHU GyBH

2047. *Julianus barát.* [Történelmi regény] Budapest: Athenaeum, 1938[1]. 711p. [1962[3]] DLC NN NNC OCl AsWN FiHI FiHU GeLBM GyBDS GyBH GyGGaU GyGNSU

2048. *Mit viszel a másvilágra?* Délbaranyai történet. [Elbeszélés] Budapest: Országos Református Szeretetszövetség, 1938[1]. 31p.

2049. *József, az ács.* [Novellák] Budapest: Athenaeum, 1939[1]. 317p. OCl AsWN GyBH

2050. *Ormánság.* Szép Zsuzska, Börtön, Kántor József megdicsőülése. [Három kisregény] Budapest: Athenaeum, 1939 [1940?]. 361p. GeLBM

2051. *Suomi titka.* [Útleírás] Budapest: Magyar Élet, 1939[1]. 146p. NNC FiHU

2052. *Jajgatunk és kacagunk.* [Színművek: *Pogány tűz*, *Vidéki történet* (1st), *Földindulás* (1st), *Végrendelet* (1st)] Budapest: Athenaeum, 1940[1]. 242p. NN NNC

2053. *Süllyedő világ.* [Önéletrajzi regény] I–II. kötet. Budapest: Athenaeum, 1940[1]. NNC OCl PSt

2054. *Baranyai utazás.* [Szociológiai tanulmány] Budapest: Bolyai Akadémia, 1941[1]. 110p. GyBH

2055. *Esti beszélgetés.* [Cikkek] Budapest: Magyar Élet, 1941[1] [1942?]. 253p. NNC GyBH

2056. *Istenek.* [*Emese álma* első része; regény] Budapest: Athenaeum, 1941[1]. 374p. NNC AsWN FiHI GyGGaU

2057. *Művei.* [I–XI.] kötet. Budapest: Athenaeum, 1941. [Series not completed]

[Volumes not numbered; arranged alphabetically]
1. *Boldog Margit.* [Regény] 2. kiadás. 362p.
2. *Börtön, Kántor József megdicsőülése.* [Regények] 3. kiadás. 277p.
3. *Feketevíz.* [Regény] 2. kiadás. 306p.
4. *Futótűz.* [Regény] 2. kiadás. 301p.
5. *Jajgatunk és kacagunk. Pogány tűz, Vidéki történet, Földindulás, Végrendelet.* [Színművek] 242p.
6. *József, az ács.* [Elbeszélések] 317p.
7–8. *Julianus barát.* [Regény] 1–2. kötet.
9. *Tavaszi fagy.* [Regény] 2. kiadás. 282p.
10–11. *A vas fiai.* [Regény] 2. kiadás. 1–2. kötet.
DLC [NNC]

2058. *Cigánylány csókja.* [Kisregény] Budapest: Napsugár, 1942[1]. 64p.

2059. *Csendes órák.* Budapest: Turul, 1942[1]. 256p. MnU NNC AsWN

2060. *Holdvilág völgye.* [*Emese álma* 2. része; regény] Budapest: Athenaeum, 1942[1]. 375p. MnU AsWN GyBH

2061. *Rókatánc.* [Elbeszélések] Budapest: Turul, 1942[1]. 266p. NNC

2062. *Suomi.* [Útirajz] Budapest: Magyar Élet, 1942'. 203p. NNC FiHU

2063. *Zárt tárgyalás.* [Tanulmányok] Budapest: Turul, 1943[1]. 170p. NNC GeLBM

2064. *Esti beszélgetés.* [Tanulmányok; bővített kiadás] I–II. kötet. Budapest: Magyar Élet, 1944[2]. NN GeLBM

2065. *Fekete sátor.* Kisregény. Budapest: Turul, 1944[1]. 112p. MnU

2066. *Vízöntő.* Mese. I–II. kötet. Budapest: Szöllősy, 1948[1]. DLC NN GeLBM

2067. *Éltek, ahogy tudtak.* Válogatott elbeszélések. Budapest: Szépirodalmi Könyvkiadó, 1955. 641p. DLC MiU NN FiHU GeLBM

2068. *Boldog békeidők.* Regény. Pécs: Dunántúli Magvető, 1956[1]. 454p. DLC MnU FiHU GyBDS

2069. *Az égő csipkebokor.* [Regény] I–II. kötet. Budapest: Magvető, 1957[1]. [1965] DLC NN FiHU GyBDS GyGNSU

2070. *Jehuda bar Simon emlékiratai.* [Regény] Budapest: Magvető, 1957[1]. 223p. CtY NNC GyBDS GyBH

2071. *Keserű ifjúkor. Feketevíz, Szakadékok, Futótűz, Tavaszi fagy.* Regények. [Önéletrajzi jellegű írások] Budapest: Magvető, 1958. 817p. DLC MH NN NNC OCl AsWN GeLBM GyBDS GyBH GyGNSU

2072. *Új ég, új föld.* [Regény] Budapest: Magvető, 1958[1]. 677p. CtY DLC OCl AsWN GeLBM GyBDS GyGNSU

2073. *Vízválasztó.* [Regény] Budapest: Magvető, 1960[1]. 698p. DLC IC MnU NNC AsWN FiHI FiHU GeCU GeLBM GyBDS GyBH GyGNSU

2074. *Fellázadt gépek.* [Válogatott elbeszélések] A tanulmányt írta Bodnár György. I–II. kötet. Budapest: Magvető, 1961. DLC NN OCl AsWN GeCU GyBDS GyBH GyGNSU

2075. *Vidéki történet.* Színmű. A rendezői utószót Kemény György írta. Budapest: Népművelési Intézet, 1962[2]. 62p.

2076. *Baranyai utazás.* [Szociologiai tanulmány; also contains *Második baranyai utazás* and *Ormánság. Néptudományi kutatások*, latter by János Kodolányi, ifj.] Budapest: Magvető, 1963. 331p. DLC NNC OCl GeLBM GyBDS GyBH GyGNSU

2077. *Süllyedő világ.* [Önéletrajzi regény; átdolgozott, módosított szöveg] Budapest: Magvető, 1965. 663p. CU DLC MnU GeLBM GyBH GyGNSU

BIBLIOGRAPHY

See no. 2085.

CRITICISM

See also no. 3315 (nos. 69–70).

2078. Németh László. "Kodolányi János: Futótűz," *Készülődés. A Tanú előtt.* I–II. kötet. Budapest: Magyar Élet, 1941. II, 160–165. [Appeared in *Napkelet*, VII (November 1, 1929), 625–628]

Maintains that the novel does not live up to the program of realism announced in the preface and that what he describes is not realistic but a product of his own imagination. InU NNC FiHI GyBH GyGNSU

2079. Móricz Zsigmond. "Két fiatal író arcképéhez (Kodolányi János és Pap Károly)," *Nyugat*, XXV (December 1, 1932), 557–558.

Sketches of the two writers, mainly the effect of World War I on their opportunities and on the characteristics of their writings. MnU NN NNC FiHU GeLBM [GeLU] GyBH

2080. Szabó Lőrinc. "Kodolányi János új könyvéről és naturalizmusáról," *Nyugat*, XXVI (March 1, 1933), 313–315.

A review of *Sötétség* leading to praise of the stylistic qualities and the humanism of his naturalism. MnU NN NNC FiHU GeLBM [GeLU] GyBH

2081. Juhász Géza. "Kodolányi János: Boldog Margit," *Válasz*, IV (1937), 497–499.

A complimentary review of the historical novel in which the subject matter and techniques are compared and contrasted with *A vas fiai*.

2082. Kardos László. "Boldog Margit. (Kodolányi János regénye—Athenaeum)," *Nyugat*, XXX (September, 1937), 205–206.

A review claiming that the work's optimism is a decided departure from his previous works. Not onesided, no programmed resolve, no acceptance of a role with a world outlook. Novel contrasted with *A vas fiai*. MnU NN NNC [FiHI] FiHU GeLBM GyBH

2083. Schöpflin Aladár. "Kodolányi János: Pogány tűz," *Nyugat*, XXX (June, 1937), 454–455.

A review of the première of the play criticizing the author for failing to free himself adequately from the strictures of Hungarian historical dramas of the mid-nineteenth century and noting that it was written by one who does not know how to write drama. MnU NN NNC [FiHI] FiHU GeLBM GyBH

2084. Sőtér István. "A regényíró Kodolányi," *Magyar Szemle*, XXXVI (1939), 146–153.

Examines *A vas fiai* (1936), *Boldog Margit* (1937), and *Julianus barát* (1938) to show that his turning to historical novels as a way of achieving realism has not met with the success expected of him nor helped him to escape the corner into which his espousal of realism forced him in his earlier works. CSt-H CtY ICN MH MnU NjP NN NNC OCl AsWN FiHI FiHU GeCU GeLBM [GeOB] [GyBH] GyGNSU

2085. Domokosné Dóka Etelka. *Kodolányi János*. [Doktori értekezés] Pécs: Kultúra, 1940. 92p.

Purpose to analyze his writings by genres and to discuss the connections within the genres: novels about peasants, autobiographical novels, historical novels, and dramas. Chapters on Kodolányi the man, the art of his writing, the people and land of Baranya in his poetry, and his place in Hungarian literature. Bibliography of his works and studies about him to 1940, pp. 91–92. NNC

2086. Várkonyi Nándor. "Kodolányi János," *Sorsunk*, I (1941), 253–271. [Also a reprint]

The genesis of his writings as they relate to his native capacity and nature, the influence of circumstances, and his desire for recognition. MnU MH [AsWN] GyBH

2087. Keresztury Dezső. "Kodolányi János: Istenek," *Magyar Csillag*, II (April 1, 1942), 238–240.

A review of the historical novel characterizing his art generally and praising the narrative techniques he used in the work. MnU NNC AsWN [FiHI] [FiHU] [GyBH] GyGNSU

2088. B. Nagy László. "Kodolányi történeti regényei. (Jegyzetek)," *Kortárs*, II (October, 1958), 593–604.

Concludes that his historical novels fail to achieve an adequate synthesis between the distant past of their subject matter and the contemporary period: an effort to deepen Hungarian self-recognition by raising a closed, specific world to the level of the universal. Discussion of the roots of the problem in the Horthy period. DLC MH FiHU GeLBM GyBH

KÖLCSEY FERENC

Born August 8, 1790 in Sződemeter, Transylvania; died August 24, 1838 in Cseke. Poet, critic, editor. Descendant of landed gentry. Lost sight in left eye at early age from smallpox. Entered Debreceni Református Kollégium in 1796, where he studied for 13 years. Learned Latin and French, then German and Greek while young. Especially interested in writings of Mihály Csokonai Vitéz, Sándor Kisfaludy, Benedek Virág, Ferenc Kazinczy (qq.v.), Bayle, Fontenelle, Voltaire, Holbach, Kant, and Goethe. Attended Csokonai's funeral, in 1805. Supported Kazinczy's cultural, language, and literary reforms from first letter to him on May 19, 1808, to 1817, the period of their correspondence. Completed law studies at Debrecen in 1809. Went to Pest in 1810 to continue study of law, but interest in literature increased. Returned to Debrecen in 1810. Spent most of 1811 in Sződemeter beginning life of author. Settled on family estate in Álmosd in 1812 to practice farming. Depressed by such activity and isolation. Wanted to move to Pest, but lack of money limited him to visits (1813, 1817, 1826, 1832, 1835). For number of years beginning in 1826 he edited *Élet és Literatúra* with Pál Szemere, with whom he wrote *Felelet*, a reply to *Mondolat*, in the controversy over the reform of the Hungarian language. Became member of circle around Károly Kisfaludy (q.v.). Participated in first session of Academy. Need to take care of brother's widow and children ended possibility of his moving to Pest. Achieved reputation as orator in meetings of Parliament 1833–1836, in which he participated until first part of 1835, when he was barred from delegation, to the regret of Lajos Kossuth and youth of the day. In last years he read literature dealing with political science and law and writings of Byron, Scott, Bulwer, and Hugo. Died after week's illness stemming from severe cold. ¶ Poetry expresses despondency and longing to escape self and immediate reality, the romantic *sich fliehn*. Poems deal with love, patriotism, and philosophical thoughts. His ballads broke new ground in Hungarian poetry. Prose writings and parliamentary speeches express his ethical concept of love of country: he who actively loves his country fulfills human obligation on earth. Form and substance of prose influenced by Latin writers, especially Cicero and Plutarch. Opened new period in Hungarian literary criticism when he sought to separate responsibly the good from the bad literature being written in the period. Equipped well for task by natural taste and by knowledge of aesthetics derived from comprehensive study of theory and practice. ¶ Some of his poems have been translated into Bulgarian, English, French, German, Hebrew, Italian, Japanese, Russian, and Swedish.

FIRST EDITIONS: [Kölcsey Ferenc és Szemere Pál]: *Felelet a mondalatra néhai Bohógyi [Somogyi] Gedeon úrnak*. Pest: Trattner János Tamás, 1815. 94p. – *Munkái*. Kiadta Szemere Pál. I. kötet: Versek. [Only vol. published] Pest: Hartleben Konrád Adolf, 1832. 208p. – See also nos. 2089 (vol. 2–6) and 2090.

EDITIONS

See also nos. 2109, 2112 (letters), and 2124.

2089. *Minden munkái*. Szerkesztik Eötvös József, Szalay László és Szemere Pál. [2. bővített kiadás] I–VI. kötet. Pest: Heckenast Gusztáv, 1840–1848. [C]

1. kötet: Versek. Ifjabbkori versek és töredékek. Töredékek. 1840. 266p.
2. kötet: Elbeszélések és vegyes beszédek. 1840¹. 258p.
3. kötet: Aesthetikai és kritikai dolgozatok. 1842¹. 254p.
4. kötet: Philosophiai, nyelvészeti és vegyes dolgozatok. 1842¹. 225p.
5. kötet: Vegyes dolgozatai. 1844¹. 212p.
6. kötet: Országgyűlési és megyei beszédek. 1848¹. 124p.

[NNC] [GeCU] GeLU GyBH

2090. *Naplója, 1832–1833*. Budapest: Dobrossi, 1848¹. 173p. [C]   NNC AsWN

2091. *Minden munkái*. Toldy Ferenc által. I–VIII. kötet. Pest: Heckenast Gusztáv, 1859–1861. [C]

1. kötet: Lyrai költemények. Románcok, balladák. Vegyesek. Ifjabbkori versek és töredékek. 1859. 200p.
2. kötet: Elbeszélések. Műfordítások. Vegyes beszédek. 1859. 214p.
3–4. kötet: Nyelv, irodalom, széptan. 1–2. kötet. 1860.
5. kötet: Philosophia és história. 1860. 203p.
6. kötet: Törvényszéki és politikai beszédek. 1861. 190p.
7. kötet: *Országgűlési napló, 1832–1833*. 1861. 249p.
8. kötet: *Báró Wesselényi Miklós védelme*. 1838. Levelek, 1813–1838. 1861. 295p.

AsWN AsWU GeLBM

2092. *Minden munkái*. Angyal Dávid által. [The most complete and reliable edition to date] I–X. kötet. Franklin-Társulat, 1866–1887. [B]

1. kötet: Toldy Ferenc: *Kölcsey Ferenc élete*. Tanulmány. Versei. 1886. 304p.
2. kötet: Elbeszélések. Vegyes beszédek. 1886. 227p.
3–4. kötet: Nyelv, irodalom, széptan. 1–2. kötet. 1886.
5. kötet: Philosophia és história. 1886. 272p.

6. kötet: Törvényszéki és politikai beszédek. 1886. 279p.

7. kötet: *Országgyűlési napló, 1832–1833.* 1886. 330p.

8. kötet: *Báró Wesselényi Miklós védelme.* 1887. 453p.

9–10. kötet: Levelek. 1–2. kötet. 1887.

CtY DLC NN GeLBM [GyBH]

2093. *Válogatott prózai munkái.* Sajtó alá rendezte Greguss Ágost. Új kiadás. Budapest: Ráth Mór, [1887 után]. 403p. [C]

2094. *Munkái.* Sajtó alá rendezte és bevezetéssel ellátta Angyal Dávid. Budapest: Franklin-Társulat, 1903. 320p. [C] DLC MnU NNC OCl RP GyBH

2095. *Válogatott szónoki művei.* Budapest: Franklin-Társulat, 1913[5] [1876[1]]. 254p. [C] GeLBM

2096. *Munkái.* Költemények. Tanulmányok és emlékbeszédek. *Parainesis.* Radó Antal bevezetésével. Budapest: Franklin-Társulat, 1928. 224p. [C] AsWU

2097. *Nemzeti hagyományok, 1826.* [Tanulmány] Joó Tibor utószavával. Gyoma: Kner Izidor, 1941. 66p. [C] GyBH

2098. *Összes művei.* Budapest: Franklin-Társulat, 1943. 1513p. [C] DLC MH MnU NNC OCl GeCU GeLBM GyGNSU

2099. *Válogatott művei.* Révai József bevezető tanulmányával. Budapest: Hungária, 1949. 224p. [C] NNC GyGNSU

2100. *Válogatott művei.* Sajtó alá rendezte Barta János, a bevezetőt írta Révai József. I–II. kötet. Budapest: Szépirodalmi Könyvkiadó, 1951. [C]

1. kötet: Versek. Tanulmányok. Emlékbeszédek. 388p.
2. kötet: Politikai beszédek. *Országgyűlési napló* (részletek). Levelek. 303p.

DLC GyBDS

2101. *Összes művei.* Szerkesztette, sajtó alá rendezte, a jegyzeteket készítette Szauder Józsefné és Szauder József. I–III. kötet. Budapest: Szépirodalmi Könyvkiadó, 1960. [B]

1. kötet: Költemények. Műfordítások, átdolgozások. Drámatöredék (*Perényiek*). Elbeszélések. Irodalmi kritikák és esztétikai írások. Nyelvtudományi írások. Filozófiai írások. Erkölcsi és pedagógiai írások. Történettudományi és történetfilozófiai írások. 1339p.
2. kötet: Politikai beszédek. Országgyűlési felszólalások. Utasítások a követeknek és országgyűlési követjelentések. Megyei és országgyűlési írások. *Országgyűlési napló. B. Wesselényi Miklós védelme.* 1060p.
3. kötet: Levelek, 1808. May 19–1838. August 4. 888p.

IC OCl AsWN FiHI FiHU GeLBM GeLU GyBDS GyGNSU

BIBLIOGRAPHY

See nos. 2106, 2107, 2117, and 2123.

2102. Obernyik Károly. "Kölcsey Ferencz házi körében," *Országgyűlési emlék*. Szerkeszti és kiadja Vahot Imre. Budapest: Kozma Vazul és Egyetemi Nyomda, 1848; 149p. Pp. 104–116.

A portrait of his character and personality based on Obernyik's knowledge of Kölcsey during the last years of his life.

2103. Vajda Viktor. *Kölcsey élete*. Budapest: A Szerző, 1875. 325p.

The man through his writings, and an acquaintance with the age and his friends and associates. MnU GyBH

2104. Jancsó Benedek. *Kölcsey Ferenc élete és művei*. Budapest: Aigner Lajos, 1885. 437p.

Deals extensively with his writings: their subject matter and form. AsWN

2105. Vértesy Jenő. *Kölcsey Ferencz*. Budapest: Magyar Történelmi Társulat, 1906. 209p.

A biography aiming to bring the author before the reader and to reconstruct the entire literary and political world which led to his "greatness and Hungarian quality." Bibliographical footnotes. Illustrations and facsimiles. MH NN NNC GeCU GyBH

2106. Kölcsey Dezső. *A Kölcsey, máskép Szente-Mágócs nemzetség. Kölcsey Ferencz. Családtörténeti tanulmány*. Budapest: A Szerző, 1930. 77p.

A history of the Kölcsey family, to show the roots from which he developed. Genealogical tables appended. Bibliographical notes, pp. 73–77. NNC FiHI

2107. Szauder József. *Kölcsey*. Budapest: Művelt Nép, 1955. 263p.

Begins with his school years and gives attention to his writings and to the connections between his views and Kazinczy's and the changes in these views. Bibliography, p. 261. DLC MnU GeLBM

2108. Barta István. "Kölcsey politikai pályakezdete," *Századok*, LXLIII (1959), 252–302.

The beginnings of his political activities, from 1827 to 1832, using new documents and seeking to correct a number of errors in previous studies. Bibliographical footnotes. CU CtY DLC ICU MH NN AsWN GeCU GeLBM GeLU GeOB GyBDS GyBH

2109. Merényi Oszkár. *Ismeretlen és kiadatlan Kölcsey dokumentumok*. Budapest: Akadémiai Kiadó, 1961. 198p.

A collection of documents, with narrative and comment by Merényi, connected with Kölcsey's activities during the first two years of the National Diet, 1832–1836, which, according to Merényi, has come to be recognized as the first true reform session in Hungary. Facsimiles. DLC MH MnU AsWN GeCU GeLBM GeLU GyBDS GyBH

CRITICISM

See also nos. 524, 528, 1908, 1994, and 3100.

2110. Papp Endre. "Kölcsey Ferencz," *Magyar szónokok és statusférfiak. Politikai jellemrajzok.* Kiadja Csengery Antal. Pest: Heckenast Gusztáv, 1851; 561p. Pp. 285–332.

Seeks to show that he was as great a speaker as he was a poet by examining some of his speeches to show the skilful politician and orator at work. MH-L NNC

2111. Szegedy Rezső. "Kölcsey esztétikai dolgozatai," *Egyetemes Philologiai Közlöny*, XXI (1897), 318–334, 436–451, 728–745, 807–821. [Also a reprint]

A study of his aesthetic views based on his essays on Csokonai, Berzsenyi, János Kis, Körner's *Zrinyi*, comedy, his *Nemzeti hagyományok*, and some of his shorter criticisms. Maintains that though not the first Hungarian critic to write on the subject nor the one who caused a revolution in Hungarian aesthetic thought, he refined Hungarian criticism, elevated it to the level of West European criticism, and exercised independent judgment. Shows the extent of his relationship with critics of Western Europe and his Hungarian contemporaries. Also attention to past Hungarian criticism. Bibliographical footnotes. InU MnU OClW OCU AsWN FiHU GyBH

2112. Pap Károly. *Irodalomtörténeti vonatkozások Kölcsey leveleiben. I. Kazinczyhoz írott levelek.* Debrecen: Szabad Királyi Város Könyvnyomda, 1911–13. 55p.

His literary activities and viewpoints of literature, and his ideas on language reform based on materials in his letters to Kazinczy. Bibliographical footnotes. GyBH

2113. Révhegyi Rózsi. *Kölcsey mint aesthetikus.* Budapest: Hornyánszky Viktor, 1912. 77p.

Relates his works to German aesthetics of the 18th century, develops his aesthetic views, individuality, and place in Hungarian aesthetics by examining his treatises on the drama, his critical writings, and other works. Bibliographical footnotes.

2114. Pesthy Pál. *Kölcsey a magyar műkritika és esztétika történetében.* Zalaegerszeg: Unger Antal, 1913. 126p.

A discussion of his critical and aesthetic writings leading to an evaluation of his contribution to Hungarian criticism and aesthetics. FiHU GyBH

2115. Angyal Dávid. *Kölcsey Ferenc.* Budapest: Pallas, 1927. 36p.

Traces his personal and literary development through his writings: lyric poems (mainly), language reform, criticism, learned studies, lectures. NNC GeLBM GyBH

2116. Kincs Elek. *Kölcsey a közéletben.* Szombathely: Martineum, 1931. 59p.

His public activities in behalf of freedom of religion, the Hungarian language, Transylvania, the people, political freedom, and other issues. GeLBM GyBH

2117. Kovács Ernő. *Kölcsey Ferenc klasszikus műveltsége.* Debrecen: Dura Lajos, 1931. 112p.

The influence of the Greek and Latin classical periods on Kölcsey and the extent to which his classical culture affected the flourishing of Hungarian culture, and the gain derived by the Hungarian people from his learning. Attention to all aspects of his literary and linguistic activities. Bibliography, pp. 111–112.

2118. Horváth János. "Kölcsey Ferenc," *Tanulmányok.* Budapest: Akadémiai Kiadó, 1956; 638p. Pp. 154–206. [University lectures, 1935–36]

A three-part examination of his life and writings: (1) his life to 1838, (2) his poetic development, and (3) his studies, critiques, and speeches in relation to his poetic development. DLC MH MnU NNC GeLBM GyBDS GyBH GyGGaU GyGNSU

2119. Kornis Gyula. *Kölcsey Ferenc világnézete.* Budapest: Franklin-Társulat, 1938. 116p.

A three-part discussion of his world outlook: (1) the philosopher, (2) the politician, and (3) the public educator. MnU NNC GeLBM GyBH

2120. Révai József. "Kölcsey Ferenc," *Válogatott irodalmi tanulmányok.* Budapest: Kossuth, 1960; 477p. Pp. 7–52. [Appeared in *Új Hang,* I, no. 11 (November, 1938), 42–54; no. 12 (December, 1938), 27–40]

His literary development and views as a politician and philosopher seen as being very different from the evaluations given to his works by "reactionary" criticism. DLC MnU NN GeLBM GyBDS GyGNSU

2121. Mészöly Gedeon. *Kölcsey Hymnusa és a Hymnus Kölcseyje.* Budapest: Magyar Tudományos Akadémia, 1939. 85p.

Not only an explanation of the origins and meaning of the "Hymnus," but a clarification of his political and literary individuality, especially those national and literary political ideas which prepared the way for the political poem. NNC AsWN GyBH

2122. Riedl Frigyes. *Kölcsey Ferenc.* Budapest: Királyi Magyar Egyetemi Nyomda, 1939. 137p.

After brief chapters on his importance, personality, idealism and life, examines and characterizes his works by genres: his speeches, lyric poetry, prose, studies of aesthetics, memorial addresses, miscellaneous writings, stories. Closing chapters on Pál Szemere and on Kölcsey's world outlook. MnU NNC AsWN

2123. Kerecsényi Dezső. *Kölcsey Ferenc.* Budapest: Franklin-Társulat, 1940. 142p.

Contains much biographical information but stresses the characteristics of his works and his literary development. Bibliographical notes, pp. 139–142. MH MnU NN NNC OCl GeLBM GyBH GyGGaU

2124. Kincs Elek. *Kölcsey, a Himnusz költője.* Budapest: Királyi Magyar Egyetemi Nyomda, 1940. 95p.

A brief biography and study of his works, especially in terms of their importance to youth. Contains selections from his works and a chronological table of important events in his life.

2125. Szauder József. "A romantika útján," *A romantika útján. Tanulmányok.* Budapest: Szépirodalmi Könyvkiadó, 1961; 486p. Pp. 180–223. [Appeared in *A Magyar Tudományos Akadémia Nyelv- és Irodalomtudományi Osztályának Közleményei,* XI (1957), 173–205]

His romanticism, from around 1811 to 1814, as seen in his relations with Pál Szemere, in his views of education, and mainly in the development of his philosophy of fate as climaxed by "Töredékek." Considers the dualism between his fatalism and his longing for the freedom of the people, and takes issue with the views expressed previously by a number of scholars. NNC

2126. Szauder József. "Géniusz száll . . . ," *A romantika útján. Tanulmányok.* Budapest: Szépirodalmi Könyvkiadó, 1961; 486p. Pp. 224–247. [Appeared in *Irodalomtörténeti Közlemények,* LXII (1958), 187–199]

The characteristics and development of his concept of the "poetic genius," mainly from 1812 to 1817, as being romantic and taking on more objective, social, and political direction. Bibliographical footnotes. NNC

2127. Szauder József. "Kölcsey, Kant s a görög filozófia. (Egy nagy író romantikus válságának első esztendeje: 1810)," *A romantika útján. Tanulmányok.* Budapest: Szépirodalmi Könyvkiadó, 1961; 486p. Pp. 163–179. [Also appeared as "Kölcsey, Kant und die griechische Philosophie" in *Annales Universitatis Scientiarum Budapestiensis de Rolando Eötvös Nominatae, Sectio Philologica,* III (1961), 23–36]

An exposition of his philosophical views in 1823 in relation to materialism and idealism, followed by an examination of the period from the middle of 1809 to the middle of 1810 as being important to the development of his world view through his study of Kant's *Critique of pure reason* and Greek philosophy at the time. Based on new primary sources. NNC

KOLOZSVÁRI GRANDPIERRE EMIL

Born January 15, 1907 in Kolozsvár. Novelist, short-story writer, critic, translator, editor. Father a civil servant. Completed schooling in Kolozsvár and Paris. Began studies at University of Budapest and completed them at University of Pécs. Worked in Statisztikai Hivatal, at Franklin-Társulat, and then at Rádió. Writings appeared in *Nyugat* and *Protestáns Szemle.* Contributed regularly to *Magyar Csillag.* Captured by Russians during

World War II. On return to Budapest he became director of Rádió Irodalmi Osztály and later administered Rádió's programs. Edited *Magyarok* 1947–1949. Served as reader for various book publishers 1949–1951. Since 1951 he has devoted time entirely to writing. ¶ Important writer of prose fiction in so-called third generation of Nyugat School. Novels and short stories deal critically and satirically with lives of middle-class and official society. Much psychological analysis of characters.

EDITIONS

See also no. 1726 for an editorial work. Annotated works: nos. 347, 1428, 1751, 3367, and 3528.

2128. *A rosta.* Regény. I–II. kötet. Kolozsvár: Erdélyi Szépmíves Céh, 1931[1]. NNC

2129. *Az olasz ismeretelméleti dráma.* [Doktori disszertáció] Budapest: Gerő Sámuel, 1933[1]. 78p.

2130. *Dr. Csibráky szerelmei.* Regény. Budapest: Franklin-Társulat, 1936[1]. 302p. [1957[3]] IC MH NNC OCl AsWN GeLBM GyBDS GyGNSU

2131. *A nagy ember.* [Regény] Budapest: Franklin-Társulat, 1937[1]. 340p. [1956[3]] IC NNC

2132. *Alvajárók.* [Regény] Budapest: Franklin-Társulat, 1938[1]. 306p. [1941[2]] IC OCl

2133. *A sárgavirágos leány.* [Regény] Budapest: Franklin-Társulat, 1941[1]. 204p. NNC GyGNSU

2134. *Tegnap.* Regény. Budapest: Révai, 1942[1]. 314p. [1955[2]] GeLBM GyBDS GyBH GyGNSU

2135. *Szabadság.* Regény. Budapest: Révai, 1945[1]. 306p.

2136. *Lófő és kora.* [Szatirikus regény] Budapest: Hungária, 1946[1]. 122p. IC

2137. *Az értelem dicsérete.* Vallomás a francia szellemről. Budapest: Budapest Székesfőváros, 1947[1]. 72p. DLC NN

2138. *Lelki finomságok.* Négy elbeszélés. Budapest: Parnasszus, 1947[1]. 64p. IC

2139. *A tőzsdelovag.* Vígjáték Balzac nyomán. Budapest: Budapest Székesfőváros, 1947[1]. 124p.

2140. *Mérlegen.* Regény. Budapest: Szépirodalmi Könyvkiadó, 1950[1]. 370p. AsWN GeLBM GyBDS

2141. *Nem vagy egyedül.* [Kisregény] Budapest: Magyar Dolgozók Pártja Központi Vezetősége Agitációs és Propaganda Osztálya, 1951[1]. 33p. DLC

2142. *A csillagszemű.* Regény. Budapest: Szépirodalmi Könyvkiadó, 1953[1]. 564p. [1956, 1963[5]] DLC NNC FiHI GeLBM

2143. *A csodafurulya.* Magyar népmesék. Válogatta Kolozsvári Grand-pierre Emil, közreműködött Kovács Ágnes és W. Petrolay Margit. Budapest: Ifjúsági Könyvkiadó, 1954[1]. 391p. [4th, enl. ed., 1961] DLC GyBH

2144. *A förgeteges menyasszony.* Vidám játék. Budapest: Művelt Nép, 1954[1]. 32p.

2145. *Elmés mulatságok.* Anekdóták. Budapest: Szépirodalmi Könyvkiadó, 1955[1]. 350p. DLC

2146. *A törökfejes kopja.* Regény. Budapest: Ifjúsági Könyvkiadó, 1955[1]. 314p.

2147. *A bűvös kaptafa.* Regény. Budapest: Szépirodalmi Könyvkiadó, 1957[1]. 226p. DLC AsWN GyBDS GyGNSU

2148. *A tisztesség keresztje.* Elbeszélések. Budapest: Szépirodalmi Könyv-kiadó, 1957[1]. 228p. DLC MH NN NNC GeLBM GyBH GyGNSU

2149. *A boldogtalanság művészete.* (Regény) Budapest: Magvető, 1958[1]. 416p. CU DLC NjN NNC AsWN FiHI GeLBM GyBDS GyBH GyGNSU

2150. *Folton folt király.* [Mesék] Budapest: Móra, 1958[1]. 180p.

2151. *Legendák nyomában.* Irodalmi tanulmányok. Az utószót Horváth Zsigmond írta. Budapest: Szépirodalmi Könyvkiadó, 1959[1]. 380p. DLC MH MnU NB NNC AsWN GeLBM GeOB GyBH GyGNSU

2152. *Csinnadári a királyné szolgálatában.* [Ifjúsági regény] Budapest: Móra, 1960[1]. 233p. GyBDS GyBH GyGNSU

2153. *Egy szereplő visszatér.* [Kisregények és novellák] Budapest: Szépiro-dalmi Könyvkiadó, 1961. 447p. DLC NNC AsWN FiHU GeCU GeLBM GyGNSU

2154. *Párbeszéd a sorssal.* [Regény] Budapest: Magvető, 1962[1]. 299p. NN NNC GeLBM GyBH GyGNSU

2155. *A lóvátett sárkány.* Vidám népmesék. Budapest: Móra, 1963[1]. 269p.

2156. *Csendes rév a háztetőn.* Regény. Budapest: Szépirodalmi Könyvkiadó, 1964[1]. 377p. MnU NNC GeLBM GyGNSU

2157. *Az aquincumi Vénusz.* [Regény és elbeszélések] Budapest: Magvető, 1965[1]. 270p. MnU GyGNSU

CRITICISM

2158. Halász Gábor. "A század gyermekei," *Nyugat,* XXII (August, 1939), 108–112.

Finds his emotional commentary to be the most important element in the art of his novels, and observes that in his *Alvajárók,* as well as in his other works, the essence of love and life is the association of ideas, revived memories, and the contribution of the past to the present. MnU NN [NNC] [FiHU] GeLBM GyBH

2159. Halász Gábor. "Kolozsvári-Grandpierre Emil: Tegnap," *Protestáns Szemle*, LII (1943), 57–58.

A review considering the importance of his role in his generation, surveying his previous novels briefly, commenting on the place of the lyric and the fantastic in his prose, and considering *Tegnap* to be recollection and judgment speaking to the family and beyond that to the middle class and all Hungarians, showing his irony, and evaluating the citizen as lacking maturity. NNC GeLBM GyBH

2160. Ottlik Géza. "Kolozsvári Grandpierre Emil," *Ezüstkor*, 1943 (March), 120–122.

Maintains that his artistry resembles that of the graphic artist in its keenness and irony, that he writes with detachment, and that he draws his characters intellectually, not sentimentally.

2161. Makay Gusztáv. "Kolozsvári Grandpierre Emil," *Diárium*, V (1944), 97–100.

Maintains that he is the most fully developed writer of his generation, that the strong satirical vein of his novels relates him to Rabelais, and that his basic literary traits and style are those of intellectuality, clear intelligence, and logic. FiHU [GyBH]

2162. Nagy Péter. "Kolozsvári Grandpierre Emil: Mérlegen," *Csillag*, IV, no. 2 (January, 1951), 248–252.

A review discussing the surrealism of his earlier works and the development of realism in his writings, noting the tendency to judge his society critically. *Mérlegen* seen as placing the large panorama of society before the reader, and praised for the strengths of its style and particularly the expression given to civic elements. [DLC] MnU [NN] NNC [GeLBM] [GyGGaU]

2163. Nagy Péter. "Kolozsvári Grandpierre Emil elbeszélései," *Irodalomtörténet*, XLVI (1958), 490–492.

A review stating that the thirteen stories are among his best works: their heroes are typical characters from a provincial town, their style is individualistic, they present a faithful picture of the Horthy period, they are passionate writings with valuable portrayals of the spirit, and they show the moral world of a "burned-out level of society." CU DLC MH MnU NN NNC AsWN GeLBM GeLU GyBDS GyBH

2164. Rónay György. "Kolozsvári Grandpierre Emil: Egy szereplő viszszatér," *Vigilia*, XXVI (1961), 493–494.

Review shows that Kolozsvári builds his characters without "fastidiousness and fussiness" by showing how a character moves, lives, behaves and speaks. Maintains that the work's "muscular liveliness" is attributable to the true realism of character delineation. Work seen to be related to Balzac and to draw its inspiration from him. MH NN NNC GyBH

KOMJÁTHY JENŐ

Born February 2, 1858 in Szécsény; died January 26, 1895 in Budapest. Poet. Father a civil servant in Nógrád County. Attended several public schools. Studied with philosophy faculty at University of Budapest but became a teacher in higher elementary school in Balassagyarmat in 1880 before graduation. Married Gizella Márkus in 1882. Taught in Szenic from 1885 until his death. Period of creativity 1888–1894, in isolation from intellectual and social life. His only collection of poems appeared shortly before death. ¶ Important representative of end of 19th century experimentations in Hungarian lyric poetry. Found reality worthless and sought to melt into "life-ocean." His poems, mostly philosophical in character, show influence of Schopenhauer, Spinoza, and Nietzsche; views moved from pessimism to pantheism to doctrine of *Übermensch*. Love poems to wife are generally considered best. ¶ Some of his poems have been translated into English, French, German, Italian, Japanese, and Swedish.

First edition: *A homályból*. Költemények, 1876–1894. Budapest: Neuwald I., 1895. 440p.

EDITIONS

2165. *A homálybol*. Költemények, 1876–1894. Komárom: Özvegy Komjáthy Jenőné, 1910². 383p. [C] GeLBM

2166. *Kiss József, Reviczky Gyula, Komjáthy Jenő válogatott művei*. Sajtó alá rendezte és bevezette Komlós Aladár. Budapest: Szépirodalmi Könyvkiadó, 1955. 620p. [C] DLC MH MnU AsWN GyGNSU

BIBLIOGRAPHY

See nos. 2170 and 2171.

BIOGRAPHY

2167. Sikabonyi Antal. *Komjáthy Jenő. Irodalmi tanulmány*. Budapest: Rákosi Jenő Budapesti Hírlap, 1909. 207p.

In two parts, preceded by a general evaluation: (1) his life and (2) his poetry. Examination of the thought and emotion in his poetry and comparisons with great writers in other countries. MH MiU NNC AsWN GeLBM GyBH

CRITICISM

See also nos. 3149, 3969, and 4624.

2168. Babits Mihály. "Az irodalom halottjai," *Irodalmi problémák*. Budapest: Athenaeum, 1924² [1917¹]; 299p. Pp. 183–209. [Appeared in *Nyugat*, III (May 1, 1910), 606–613]

In criticisms of Sikabonyi's study (no. 2167), develops the view that Komjáthy's poetry is separated from life, that the outer world does not matter to him, and that in this respect he is like Shelley, not Petőfi. Also examines Jenő Péterfy and János Dömötör for their characteristics as well. NNC

2169. Császár Elemér. "Komjáthy Jenő," *Budapesti Szemle*, CL, no. 424 (1912), 124–137.

Maintains that the thought and feeling in his poetry place him among the ranks of eminent Hungarian poets but not among the truly inspired. Takes issue with Sikabonyi's view (no. 2167) that he was destroyed by the social and especially the "evil literary intentions and jealousies around him." CtY DLC NN NNC AsWN GeLBM GyBH

2170. Horváth János. "Komjáthy Jenő," *Irodalomtörténet*, I (1912), 9–22.

Details of his life, an examination of the thought and characteristics of his poetry leading to the view that he is considerably over-rated as a thinker and poet in a "Komjáthy fever" which is already fading. Bibliography of his works and studies about him, pp. 9–10. DLC MnU NNC AsWN AsWU GeLBM GyBH GyGNSU

2171. Varga Béla. *Komjáthy Jenő, az elfelejtett költő*. Győr: Baross, 1941. 32p.

An examination of his poetry and times to show the reason for his being neglected; his struggle for his principles; and his distinguished place in Hungarian poetry. Attention to his thought and modes of poetic expression. Bibliography, p. 32.

2172. Komlós Aladár. "Komjáthy Jenő," *Magyar Tudományos Akadémia Nyelv- és Irodalomtudományi Osztályának Közleményei*, V (1954), 385–459.

Details of his life, character and personality, literary development, the thought and qualities of his poetry, and his subjectivism. Much examination of his poems. Bibliographical footnotes. DLC MnU NNC GeLBM GyBDS GyBH GyGNSU

2173. Komlós Aladár. "Komjáthy Jenő," *Tegnap és ma. Irodalmi tanulmányok*. Budapest: Szépirodalmi Könyvkiadó, 1956; 359p. Pp. 196–218. [Appeared as "A századvég költői" in *Kiss József, Reviczky Gyula, Komjáthy Jenő válogatott művei*, pp. 61–82; see no. 2166]

The major outlines of his life and literary development, and the characteristics of his poetry, with attention to his thought. DLC MH MnU NNC AsWN GeLBM GeOB

2174. Németh G. Béla. "A magyar szimbolizmus kezdeteinek kérdéséhez. (Nyelvi és stílusproblémák)," *Irodalomtörténet*, XLIV (1956), 265–287.

His symbolism as a preparation for Ady. Represents a new development in Hungarian poetry as he searches for a new subjective synthesis of his world outlook in response to the social and political conflicts of his times. Comment on the background of the period and on the characteristics of his symbols. [CU] DLC [MH] MnU NN NNC AsWU GeLBM GeLU GyBDS GyBH

KOSZTOLÁNYI DEZSŐ

Born March 29, 1885 in Szabadka; died November 3, 1936 in Budapest. A poet, critic, translator, and a journalist; also a writer of prose fiction. Between 1895 and 1903 he studied at the gymnasium in Szabadka, which was directed by his father. Attended the University of Budapest 1903–1906, where he specialized in Hungarian and German and formed close friendship with Mihály Babits and Gyula Juhász (qq.v.). Began career in poetry about 1903, and his poems appeared in *Bácskai Hírlap* 1903–1905, *Szeged és Vidéke* 1904–1905, and *Magyar Szemle* 1906. Became staff member of *Budapesti Napló* in 1906. Increased his knowledge of foreign languages. Contributed to *Nyugat* from its founding in 1908, *Élet* 1910–1914, *Népszava* 1907–1908, *A Hét* 1906–1916, and *Új Idők* 1907–1916; major contributor to *Világ* 1910–1919. Married Ilona Harmos in 1913. Troubled by events of World War I. Became member of Vörösmarty Academy. Joined staff of *Új Nemzedék* for short time after failure of Revolutionary Government. Joined editorial staff of *Pesti Hírlap* in 1929. Recognition of his literary works increased at home and abroad. Elected to numerous societies and gained respect of Thomas Mann. Attacked poetry of Endre Ady (q.v.) in 1929. Became member of Kisfaludy-Társaság in 1930 and first president of Hungarian PEN Club in 1931. Sought to increase knowledge of Hungarian intellectual life abroad; visited Holland and England, where he received £1000 from Lord Rothermere for PEN Club, which was awarded to Gyula Krúdy and Zsigmond Móricz (qq.v.) Growth in mouth was first sign of fatal cancer. Underwent numerous painful operations and received radium treatments in Stockholm. Cancer worsened, finally became unable to talk. Died after severe physical and spiritual agony. ¶ Important representative of "art for art's sake" school, but wide-ranging writings and translations show relationship with reality. Poems have impressionistic and symbolist characteristics, some those of decadent poetry. Used great variety of verse forms. Style of poems, novels, and short stories became more economical and direct after World War I. Used free verse in second half of career. Novels contain strong psychological analysis, and his short stories are often considered to be among the best in Hungarian literature. His critical studies shed considerable light on literature of his day. Basically non-political in attitudes. Translated literary works from many languages, and translations belong among best of his generation. ¶ *A rossz orvos* has been translated into German; *Neró, a véres költő* into Croatian, Dutch, English, French, German, Italian, Polish, and Slovakian; *Édes Anna* into Czech, Dutch, English, French, Italian, and Polish; *Pacsirta* into Croatian, Czech, German, and Italian; and some of his poems and short stories into Bulgarian, English, French, German, Italian, Japanese, Polish, Portuguese, Rumanian, Russian, Serbian, and Slovakian.

FIRST EDITIONS: *Négy fal között*. Költemények. Budapest: Pallas, 1907. 185p. – *Boszorkányos esték*. [Elbeszélések] Budapest: Jókai, 1908. 164p. – *Guy de Maupassant összes versei*. Műfordítás. Budapest, 1909. [From Pintér, VIII, 727] – *Lótoszevők*. Mesejáték. Budapest: Országos Községi Nyomda, 1910. 31p. – *A szegény kis gyermek panaszai*. [Versek] Budapest: Sziklai, 1910. 30p. – *Bolondok*. Novellák. Budapest: Athenaeum, 1911. 128p. – *Molière: A szeleburdi*. Vígjáték. Műfordítás. Budapest, 1911. [From Pintér, VIII, 728] – *Őszi koncert. Kártya.* [Versek] Budapest: Politzer Zsigmond és Fia, 1911. 29p. – *Páva*. Elbeszélések. Budapest: Légrády Testvérek, 1911. 173p. – *Calderon: Úrnő és komorna*. Vígjáték. Műfordítás. Budapest, 1912. [From Pintér, VIII, 728] – *Mágia*. Kosztolányi Dezső verseskönyve. Békéscsaba: Tevan, 1912. 79p. – *Beteg lelkek*. Elbeszélések. Budapest: Athenaeum, 1913. 56p. – *Mécs*. [Novellák] Békéscsaba: Tevan, 1913. 72p. – *Rostand: A két Pierrot*. Egyfelvonásos. Műfordítás. Budapest, 1913. [From Pintér, VIII, 728] – *Lánc, lánc, eszterlánc* . . . [Versek] Békéscsaba: Tevan, 1914. 41p. – *Modern költők*. Antológia. Műfordítás. Budapest, 1914. [3-vol. enlarged ed., 1921; from Pintér, VIII, 728] – *Öcsém*. 1914–1915. [Novellák] Békéscsaba: Tevan, 1915. 59p. – *Bűbájosok*. Novellák. Budapest: Franklin-Társulat, 1916. 266p. – *Mák*. Kosztolányi Dezső új versei. Békéscsaba: Tevan, 1916. 81p. – *Tinta*. [Karcolatok] Gyoma: Kner Izidor, 1916. 213p. – *Byron: Mazeppa*. Műfordítás. Gyoma, 1917. [From Pintér, VIII, 728] – *Káin*. Kosztolányi Dezső novellái. Budapest: Pallas, 1918. 144p. – *Katona-arcok*. [Karcolatok] Budapest: Tábori Levél, 1918. 16p. – *Béla, a buta*. Kosztolányi Dezső új elbeszélései. Budapest: Athenaeum, 1920. 84p. – *Kenyér és bor*. Új versek. Békéscsaba: Tevan, 1920. 117p. – *A rossz orvos*. Kisregény. Budapest: Pallas, 1921. 109p. – *A véres költő*. [*Neró*; történeti regény] Budapest: Genius, 1922. 257p. – *A bús férfi panaszai*. [Költemények] Budapest: Genius, 1924. 104p. – *Maupassant Guy de versei és első elbeszélései*. Fordította és a bevezető tanulmányt írta Kosztolányi Dezső. Budapest: Athenaeum, 1924. 139p. [From catalogue of National Széchényi Library] – *Pacsirta*. Regény. Budapest: Athenaeum, 1924. 164p. – *Aranysárkány*. [Regény] Budapest: Légrády Testvérek, 1925. 458p. – *Goethe: A napló*. Műfordítás. Budapest, 1925. [From Pintér, VIII, 728] – *Édes Anna*. [Regény] Budapest: Genius, 1926. 264p. – *Tintaleves papírgaluskával*. [Válogatott hírlapi cikkek gyűjteménye] Budapest: Lampel Róbert, 1927. 63p. – *Meztelenül*. Kosztolányi Dezső új versei. Budapest: Athenaeum, 1928. 67p. – *Oscar Wilde költeményei*. Műfordítás. Budapest, 1928. [From Pintér, VIII, 728] – *Paul Géraldy: Te meg én*. Műfordítás. Budapest, 1928. [From Pintér, VIII, 728] – *Alakok*. [Elbeszélések] Budapest: Királyi Magyar Egyetem, 1929. 144p. – *Shakespeare: Romeo és Júlia*. Tragédia. Műfordítás. Budapest, 1930. [From Pintér, VIII, 728] – *Shakespeare: Téli rege*. Vígjáték. Műfordítás. Budapest, 1930. [From Pintér, VIII, 728] – *Szent Imre himnuszok*. Műfordítás. Budapest, 1930. [From Pintér, VIII, 728] – *Zsivajgó természet* [Gondolatok] Budapest: Genius, 1930. 101p. – *Kínai és japán versek*. Műfordítás. Angolból.

Budapest, 1931. [From Pintér, VIII, 728] – *Bölcsőtől a koporsóig.* [Elbe-szélések] Budapest: Nyugat, 1934. 189p. – *Esti Kornél.* [Regény] Budapest: Genius, 1934. 255p. – *Összegyűjtött költeményei.* [Omits some of his earlier verses] Budapest, 1935. [From Pintér, VIII, 728] – Continued under EDITIONS.

EDITIONS

See also nos. 318 (letters), 2196, and 2213 (letter). Material in edition: no. 1711. Annotated works: nos. 334, 1054, 1747, 2020, 2601, 2637, 2769, 2919, 3256, and 3630.

2175. *Összegyűjtött munkái.* [I–XIII.] kötet. Budapest: Révai, 1936–1940. [C]

[Volumes not numbered; arranged chronologically]
1. *Édes Anna.* Regény. 1936. 264p.
2. *Esti Kornél.* [Regény] 1936. 255p.
3. *Neró, a véres költő.* Történelmi regény. Thomas Mann bevezető leve-lével. 1936. 272p.
4–5. *Összegyűjtött költeményei.* 1–2. kötet. 1936.
6. *Tengerszem.* 77 történet. 1936[1]. 402p.
7. *Bölcsőtől a koporsóig.* 1937. 294p.
8–9. *Idegen költők anthológiája.* Fordította Kosztolányi Dezső. 1–2. kötet. 1937.
10. *Próza.* 1937. 273p.
11. *A rossz orvos. Pacsirta.* [Regények] 1937. 270p.
12. *Szeptemberi áhitat.* Kiadatlan költemények. Sajtó alá rendezte Paku Imre. 1939[1]. 243p.
13. *Aranysárkány.* Regény. 1940. 291p.

[DLC] MnU [NNC] AsWN [GyGNSU]

2176. *A bábjátékos.* Verses játék egy felvonásban. Gyoma: Kner Izidor, 1940[1]. 45p. [C]

2177. *Hátrahagyott művei.* I–XI. kötet. Budapest: Nyugat, 1940–1948[1]. [C]
1. kötet: *Erős várunk a nyelv.* [Tanulmányok] Sajtó alá rendezte és a bevezetőt írta Illyés Gyula. 1940[1]. 315p.
2. kötet: *Lenni, vagy nem lenni.* [Tanulmányok] Sajtó alá rendezte és a bevezetőt írta Illyés Gyula. 1940[1]. 272p.
3. kötet: *Kortársak.* [Tanulmányok] Sajtó alá rendezte és a bevezetőt írta Illyés Gyula. 1940[1]. 301p.
4. kötet: *Lángelmék.* [Tanulmányok] Sajtó alá rendezte és a bevezetőt írta Illyés Gyula. 1941[1]. 343p.
5. kötet: *Ábécé.* [Tanulmányok] Sajtó alá rendezte és a bevezetőt írta Illyés Gyula. 1942[1]. 247p.
6. kötet: *Ember és világ.* [Rajzok] Sajtó alá rendezte és a bevezetőt írta Illyés Gyula. 1942[1]. 310p.

7. kötet: *Elsüllyedt Európa.* [Útinapló] Sajtó alá rendezte és a bevezetőt írta Illyés Gyula. 1943[1]. 301p.

8. kötet: *Ákom-bákom.* [Karcolatok] Sajtó alá rendezte és a bevezetőt írta Illyés Gyula. 1943[1]. 326p.

9. kötet: *Felebarátaim.* [Karcolatok] Sajtó alá rendezte és a bevezetőt írta Illyés Gyula. 1943[1]. 278p.

10. kötet: *Napjaim mulása.* [Karcolatok] Sajtó alá rendezte és bevezette Illyés Gyula. 1947[1]. 257p.

11. kötet: *Színház.* [Kritikák] Összegyűjtötte és bevezette Illés Endre. 1948[1]. 351p.

[DLC] [ICU] [MH] [MnU] [NN] [NNC] [GeLBM] [GyBDS] [GyGNSU]

2178. *Idegen költők.* [Versfordítások] Sajtó alá rendezte és bevezette Illyés Gyula. Budapest: Révai, 1942. 541p. [C] (1947)   NNC AsWN GeLBM

2179. *Novellái.* I–III. kötet. Budapest: Révai, 1943. [C]
1. kötet: *Boszorkányos esték. Bolondok. Beteg lelkek. Bűbájosok. Káin. Páva. Béla, a buta. A rossz orvos.* Hátrahagyott novellák. 545p.
2. kötet: *Esti Kornél.* 275p.
3. kötet: *Végzet és veszély. Esti Kornél kalandjai. Egy asszony beszél. Latin arcélek. Tollrajzok.* 477p.
GyGNSU

2180. *Kínai és japán versek.* [Műfordítások] Budapest: Révai, 1947[4]. 139p. [C]   GeLBM GyBH

2181. *Válogatott novellái.* A bevezető tanulmányt írta Kardos László, a válogatás Réz Pál munkája. Budapest: Szépirodalmi Könyvkiadó, 1954. 531p. [C]   MH NN FiHU

2182. *Válogatott versei.* A verseket válogatta és az előszót írta Vas István. Budapest: Szépirodalmi Könyvkiadó, 1955. 356p. [C]   DLC MH NN FiHU GeLBM GyBDS

2183. *Ábécé.* [Tanulmányok] Az előszót írta Illyés Gyula. Budapest: Gondolat, 1957. 210p. [C]   GeCU GyBDS GyGNSU

2184. *Neró, a véres költő.* Regény. Budapest: Szépirodalmi Könyvkiadó, 1957. 288p. [C]   DLC InU MH MnU NN NNC OCl FiHI GyBDS GyBH

2185. *Novellák.* Sajtó alá rendezte Réz Pál. I–III. kötet. Budapest: Szépirodalmi Könyvkiadó, 1957. [C]
1. kötet: *Korai novellák.* 523p.
2. kötet: *Esti Kornél.* 279p.
3. kötet: *Késői és hátrahagyott írások. Tollrajzok.* 497p.
CtY DLC InU MH NN NNC OCl AsWN FiHI FiHU GeLBM GyBDS GyBH

2186. *Írók, festők, tudósok.* Sajtó alá rendezte és a jegyzeteket írta Réz Pál. I–II. kötet. Budapest: Szépirodalmi Könyvkiadó, 1958. [C]   DLC MH NjN NNC AsWN GeCU GyBH GyGNSU

2187. *Bölcsőtől a koporsóig.* Alakok. Válogatta, az előszót és jegyzeteket írta Szabó György. Budapest: Szépirodalmi Könyvkiadó, 1959. 465p. [C] DLC IC MiD NN NNC GeCU GyBDS GyBH

2188. *Pacsirta. Aranysárkány.* Regények. Budapest: Szépirodalmi Könyvkiadó, 1961. 505p. [C] GeCU GyBH

2189. *Összegyűjtött versei.* Sajtó alá rendezte Vargha Balázs, a bevezető tanulmányt Szauder József írta. [Most complete edition] I–II. kötet. Budapest: Szépirodalmi Könyvkiadó, 1962. [B]

1. kötet: *Négy fal között, A szegény kisgyermek panaszai, Kártya, Mágia, Lánc, lánc, eszterlánc, Tinta, Mák, Kenyér és bor, A bús férfi panaszai.* 487p.

2. kötet: *Meztelenül, Zsivajgó természet, Számadás.* Hátrahagyott versek, zsengék, töredékek, rímjátékok. Verses drámák. 460p.

MH NNC GyBDS GyBH GyGGaU GyGNSU

2190. *Édes Anna.* Regény. Az előszót írta Bóka László. Budapest: Szépirodalmi Könyvkiadó, 1963. 296p. [C] NNC GyGNSU

2191. *Pacsirta.* Regény. Az utószót Szabó György írta. Budapest: Szépirodalmi Könyvkiadó, 1963. 183p. [C]

2192. *Elbeszélései.* Sajtó alá rendezte Réz Pál. [The most complete edition of his stories so far; includes a number published for the first time in book form] Budapest: Magyar Helikon, 1965. 1300p. [B] MH MnU NNC

2193. *Mostoha és egyéb kiadatlan művek.* [Regénytöredék és fiatalkori, kiadatlan versek] A bevezetőt, *Az önképzőkör tagja* című fejezetet és a jegyzeteket Dér Zoltán írta. Novi Sad: Forum, 1965[1]. 162p. [B]

2194. *Idegen költők.* Összegyűjtött műfordítások. Budapest: Szépirodalmi Könyvkiadó, 1966. 1023p. [C] MnU GeLBM GyBDS

BIBLIOGRAPHY

See nos. 2205 and 2206.

BIOGRAPHY

See also nos. 329, 331, and 2020.

2195. Füst Milán. "A nevetésről. (Emlékezés Kosztolányi Dezsőre)," "Még egy emlékezés Kosztolányi Dezsőről," "Megint Kosztolányiról, továbbá egy nagyon sovány fiatalemberről," *Emlékezések és tanulmányok.* Budapest: Magvető, 1956; 539p. Pp. 18–41. [Appeared in *Nyugat*, XXIX (December, 1936), 427–430; *Dunántúl*, V (1956), 72–74, as "Emlékezés Kosztolányi Dezsőre"; third dated January, 1955 in the collection]

Three separate recollections by Füst portraying Kosztolányi's personality and character in reconstructions of visits with him. DLC MnU NNC GyBDS GyBH

2196. Kosztolányi Dezsőné. *Kosztolányi Dezső.* Budapest: Révai, 1938. 366p.

By his wife. Contains parts of his journal and some of his letters. Illustrations and facsimiles. CoU MH MnU NNC OCl AsWN AsWU GeLBM GeLU GyBH GyGNSU

2197. Tolnai Gábor. "Kosztolányiról," *Vázlatok és tanulmányok.* Budapest: Művelt Nép, 1955; 189p. Pp. 99–108. [Appeared in *Budapest*, III (January, 1947), 33–35]

A recounting of Tolnai's visit to Kosztolányi's home during which he spoke of his youth, his reading, Shakespeare, writing, and his style. DLC MH MnU GeLBM

CRITICISM

See also nos. 77, 80, 198, 840, 841, 1485, 1629, 3944, 4322, 4551, 4624, and 4646.

2198. Németh László. "Kosztolányi Dezső," *Készülődés. A Tanú előtt.* I–II. kötet. Budapest: Magyar Élet, 1941. I, 311–320. [Appeared in *Erdélyi Helikon*, II (March, 1929), 184–190]

Maintains that he concerns himself effectively with the smaller questions and subjects of life, not the universal ones; that his writing is an expression of a particular unimportant matter in a symbolic form under the control of wittiness; that he is less of a lyrist than a novelist; and that though he cannot be placed among the greatest writers of his times, he is among the true classical writers of the period. InU NNC FiHI GyBH GyGNSU

2199. Halász Gábor. "Az ötvenéves költő. Kosztolányi Dezső összegyűjtött költeményei," *Válogatott írásai.* Szerkesztette, az utószót és a jegyzeteket írta Véber Károly. Budapest: Magvető, 1959; 801p. Pp. 250–257. [Appeared in *Nyugat*, XXVIII (June, 1935), 494–499]

The tone and characteristics of his poems as they appear in the verses he wrote from his twenties to his fifties. DLC NNC GeLBM GeLU GyBDS GyBH GyGNSU

2200. József Attila. "Kosztolányi Dezső," *Válogatott művei.* Sajtó alá rendezte Szabolcsi Miklós. Budapest: Szépirodalmi Könyvkiadó, 1952; 462p. Pp. 414–417. [Appeared in *A Toll*, VII (July 15, 1935), 149–152]

A review of the 1935 edition of collected poems characterizing his view of the reader through the nature of the poems he writes and delineating their qualities. Discussion of his outlook and thought: nihilism and socialism. DLC NN GyBDS

2201. Karinthy Frigyes. "Az ötvenéves Kosztolányi," *Nyugat*, XXVIII (April, 1935), 265–272.

The thought, characteristics, and merits of his various kinds of writings. MnU NN NNC FiHU GeLBM [GeLU] GyBH

2202. Schöpflin Aladár. "Kosztolányi Dezső novellái. Tengerszem (77 történet)—Révai kiadás," *Nyugat*, XXIX (June, 1936), 463–465.

The qualities and merits of the short stories, his technique, and his thought and psychology. MnU NN NNC [FiHI] FiHU GeLBM [GeLU] GyBH

2203. Babits Mihály. "Kosztolányi," *Összes művei*. Sajtó alá rendezte Török Sophie. Budapest: Franklin-Társulat, 1945; 1152p. Pp. 1086–1096. [Appeared in *Nyugat*, XXIX (December, 1936), 395–401]

Establishes the distinctive characteristics of Kosztolányi's personality and writings mainly by comparing and contrasting them with his own on the basis of their relationship. Written after his death. DLC GeCU GeLBM GeLU GyGNSU

2204. "Kosztolányi Dezső-emlékszám," *Nyugat*, XXIX (December, 1936), 395–449.

Festschrift on various aspects of his life and works. Illustrations. MnU NN NNC [FiHI] FiHU GeLBM [GeLU] GyBH

2205. Baráth Ferenc. *Kosztolányi Dezső*. Zalaegerszeg: Pannonia, 1938. 130p.

Purpose: to explore the phases of his literary development and the connection between his lyric poetry and his prose and to give an account of his work as a reporter, linguist, stylist, and translator. Mainly concerned with his lyric poetry and his prose in chapters giving attention to individual works. Bibliography, pp. 128–130. GeLBM GyBH

2206. Szegzárdy-Csengery József. *Kosztolányi Dezső*. [Bölcsészetdoktori értekezés] Szeged: Magyar Irodalomtörténeti Intézet, 1938. 101p.

His development as a writer, especially the development of his style: his career, inspiration and views of poetry, lyrics as moving toward impressionism, prose as impressionism, and style. Bibliography of his works and studies about him, pp. 96–101. DLC NNC GeLBM

2207. Puskás Elemér. *Kosztolányi Dezső és Itália*. Budapest: Jövő, 1940. 32p.

The effect of Italian and French spirit and thought on his poetry. Influence so significant that his development cannot adequately be understood without it. GyBH

2208. Halász Gábor. "Kosztolányi humora," *Válogatott írásai*. Szerkesztette, az utószót és a jegyzeteket írta Véber Károly. Budapest: Magvető, 1959; 801p. Pp. 698–703. [Appeared in *Magyar Csillag*, III (February 1, 1943), 147–149]

The quality of his humor described as generally that of quiet comment in contrast to surprise or the grotesque gesture, like "sunlight in an impressionistic painting." DLC NNC GeLBM GeLU GyBDS GyBH GyGNSU

2209. Devecseri Gábor. *Az élő Kosztolányi*. Budapest: Officina, 1945. 95p.

Written nine years after Kosztolányi's death, and intended to be a partial examination of his art and works rather than a biography. IC MH MnU NN NNC GeLBM GyGNSU

2210. Kardos László. "Kosztolányi Dezső novellái," *Kosztolányi Dezső válogatott novellái*. A bevezető tanulmányt írta Kardos László, a válogatás Réz Pál munkája. Budapest: Szépirodalmi Könyvkiadó, 1954; 531p. Pp. 5–18.

The characteristics and merits of his short stories, mainly as realism and as political criticisms of the "bourgeois" world. MH MnU FiHU

2211. Vas István. "Kosztolányi költészete," *Kosztolányi Dezső válogatott versei*. A verseket válogatta, sajtó alá rendezte és az előszót írta Vas István. Budapest: Szépirodalmi Könyvkiadó, 1956; 382p. Pp. 5–28.

His poetic development and the characteristics and merits of his poems. DLC MH NN FiHI GeLBM GyBDS

2212. Heller Ágnes. *Az erkölcsi normák felbomlása. Etikai kérdések Kosztolányi Dezső munkásságában*. Budapest: Kossuth, 1957. 143p.

An examination of the ethical questions and problems which appeared in his career, which the nature of his individual leanings in art raised, and which he discussed as principles. Attention to aesthetics only when it is not separable from his ethical thought. From a socialist point of view as a guide to the writers of present day Hungary. DLC GyGNSU

2213. Zolnai Béla. "Kosztolányi, Nietzsche, Juhász," *Irodalomtörténet*, LVI (1958), 389–405. [Also a reprint]

Provides Kosztolányi's letter on Nietzsche and outlines the response to Nietzsche in Europe, particularly in Hungary. Explores Gyula Juhász's and Kosztolányi's views of Nietzsche's political and aesthetic ideas. Bibliographical footnotes. CU DLC MH MnU NN NNC AsWU GeLBM GeLU GyBDS GyBH

2214. Réz Pál. "Thomas Mann és Kosztolányi Dezső. Thomas Mann ismeretlen levelei," *Világirodalmi Figyelő*, V (1959), 390–403. [Also a reprint]

The relations between Mann and Kosztolányi from 1913 to 1935, mainly through a number of previously unpublished letters Mann wrote to Kosztolányi. Letters in both German and Hungarian. Bibliographical footnotes. Summary in German, p. 403. DLC NN NNC FiHI FiHU GeLBM GyBDS GyBH

2215. Szabó György. "Kosztolányi Dezsőről," *Kosztolányi Dezső: Bölcsőtől a koporsóig*. Alakok. Válogatta, az előszót és jegyzeteket írta Szabó György. Budapest: Szépirodalmi Könyvkiadó, 1959; 465p. Pp. 5–47.

Purpose: to study the major points of his life and literary development as a means of understanding the questions within the genre of selections that make up the collection: (1) his beginnings, (2) his impressionism, and (3) the characteristics of the writings in the collection. DLC IC MiD NN NNC GeCU GyBDS GyBH

2216. Bóka László. "Kosztolányi Dezső. (Vázlatok egy arcképhez)," *Irodalomtörténet*, XLIX (1961), 255–275.

His "bourgeois" roots as complicating the development of his life and art by posing barriers which he sometimes fought and other times accepted. Point made on the basis of works published between 1916 and 1926. A lecture with discussion following. Bibliographical footnotes. CU DLC MH MnU NN NNC AsWU GeLBM GeLU GyBDS GyBH

KRÚDY GYULA

Born October 21, 1878 in Nyíregyháza; died May 12, 1933 in Budapest. Novelist, short-story writer, journalist. Father a well-to-do lawyer. Completed schooling in Szatmárnémeti, Nyíregyháza, and Podolin, where he spent one year. First work appeared in *Szabadsajtó* (Nyíregyháza) when 14; became an editorial staff member of *Debreceni Ellenőr* in 1895. Went to Nagyvárad and then to Budapest in 1896; seldom left the capital for any great length of time thereafter. Without help from home he lived in poor economic circumstances. Became intimately acquainted with night life and poor. Married twice, first in 1899. Began to publish extensively and successfully. Led colorful and expensive life in best hotels and coffee-houses. Never formed close friendships, held himself apart from all literary cliques, and seldom received recognition for writings. Became member of Petőfi-Társaság in 1914. Fortunes declined after World War I. Works lost popularity, and he had difficulties finding publishers. Health deteriorated rapidly about 1925, suffered a stroke in summer 1928. Awarded Baumgarten Prize in 1930, but forced by financial problems to give up home on Margitsziget and moved to Óbuda. Frequently hospitalized. Practically disappeared from literary scene; editors cancelled all contracts in 1931. Award of Lord Rothermere Prize in 1932 was insufficient to relieve difficulties. Wrote some of his most enduring works during this period of hardship and neglect. Works attracted attention of young writers around 1940. ¶ One of the most important figures in 20th-century Hungarian prose fiction. Extremely prolific, and many writings which appeared in periodicals are not yet published in book form. Literary characteristics set him apart from other literature of the period. Short stories and novels show various styles in stages of his development: romanticism, impressionism, symbolism, and realism. Influenced by Mór Jókai, Kálmán Mikszáth, and Gyula Reviczky (qq.v.) and by Dickens, Maupassant, Zola, and Turgenev. Recollections of early life and experiences in Budapest form basic materials of his writings. His special quality lies in evocation of moods and sentiment creating dreamworld through which reality is viewed. ¶ *A podolini kísértet* has been translated into Slovakian, and some of his short works into French, German, Italian, Portuguese, Rumanian, Serbian, and Swedish.

FIRST EDITIONS: *Üres a fészek*. Két novella, a mi mégis egy. Budapest: Országos Irodalmi r.t., 1897. 178p. – *Ifjúság*. Rajzok és elbeszélések. [Bevezetéssel] Budapest: Pesti Könyvnyomda, 1899. 244p. – *A víg ember bús meséi.* [Elbeszélések] Budapest: Légrády Testvérek, 1900. 78p. – *Az aranybánya.* Eredeti regény két kötetben. Budapest: Wodianer F. és Fiai, 1901. – *Hortobágy.* Elbeszélés. Budapest: Singer és Wolfner, 1901. 64p. – *Mindenkit érhet baj.* [Elbeszélés] Budapest: Méhner Vilmos, 1901. 8p. [From Kozocsa, *Krúdy világa*, p. 408] – *Utazás a Szepességen.* [Elbeszélés] Budapest: Singer és Wolfner, 1901. 45p. – *Utazás a Tiszán.* Elbeszélés. Budapest: Singer és Wolfner, 1901. 45p. – *A király palástja.* [Elbeszélés] Budapest: Singer és Wolfner, 1902. 46p. – *Kún László és egyéb történetek.* [Elbeszélések] Budapest: Lampel Róbert, 1902. 63p. – *Letűnt századok.* Kilenc történeti elbeszélés. Budapest: Singer és Wolfner, 1902. 44p. – *Sziklazúzó hajók.* Elbeszélés. Budapest: Singer és Wolfner, 1902. 48p. [From catalogue of National Széchényi Library] – *A komáromi fiú.* Történeti elbeszélés. Budapest: Singer és Wolfner, 1903. 90p. – *Nyíri csend.* Elbeszélések. Budapest: Lampel Róbert, 1903. 63p. – *Pogány magyarok s egyéb elbeszélések.* Budapest: Lampel Róbert, 1903. 64p. – *A dévényi fazekas.* Elbeszélés. Budapest: Singer és Wolfner, 1904. 45p. – *Robinzonok a Kárpátok között.* [Elbeszélés] Budapest: Singer és Wolfner, 1904. 44p. [From catalogue of National Széchényi Library] – *Túl a Királyhágón.* [Elbeszélés] Budapest: Singer és Wolfner, 1904. 48p. – *Diákkisasszonyok.* Elbeszélések. [Későbbi címe *Annuska könyve*] Budapest: Singer és Wolfner, 1905. 126p. – *Előre!* Hazafias elbeszélések. Budapest: Singer és Wolfner, 1905. 47p. – *Hazám tükre.* A serdülő ifjúság számára. Függelék. Budapest: Magyar Kereskedelmi Közlöny, 1905. 93, 32p. – *Az álmok hőse.* Öt novella. Budapest: Rákosi Jenő Budapesti Hírlap, 1906. 163p. – *A cirkusz-király.* Ifjúsági regény. [Későbbi címei *A kötéltáncos regénye* (1908) és *Miklós kalandjai* (1910)] Budapest: Franklin-Társulat, 1906. 220p. – *Pajkos Gaálék.* Elbeszélések. Budapest: Rákosi Jenő Budapesti Hírlap, 1906. 176p. – *A podolini kísértet.* [Regény] Budapest: Rákosi Jenő Budapesti Hírlap, 1906. 259p. – *A szakállszárítón.* [Elbeszélések] Budapest: Rákosi Jenő Budapesti Hírlap, 1906. 186p. – *Hét szilvafa.* Elbeszélések. Budapest: Lampel R., 1907. 62p. – *Karácsonyest.* Páros jelenet. Budapest: Singer és Wolfner, 1907. 8p. – *Kék láng.* [Elbeszélés] Budapest: Mozgó Könyvtár, 1908. 60p. – *A szerelem rejtélyei.* [Novellák] Budapest: Mozgó Könyvtár, 1908. 64p. – *Andráscsik öröksége.* Regény. Budapest: Singer és Wolfner, 1909. 159p. – *A bűvös erszény és egyéb elbeszélések.* Budapest, 1909 [1908?]. 237p. – *Gyémánt mesék.* Budapest: Révai, 1909. 124p. [From Kozocsa, *Krúdy világa*, p. 411] – *Gyermekszínház.* Ifjabb és serdültebb gyermekek számára. [Jelenetek] Budapest: Révai, 1909. 80p. [From Kozocsa, *Krúdy világa*, p. 411] – *A lumpok iskolája.* Elbeszélések. Budapest: Schenk Ferenc, 1909. 63p. [From Kozocsa, *Krúdy világa*, p. 411] – *A negyvenes évekből.* [Elbeszélések] Budapest: Kunossy, Szilágyi és Társa, 1909. 110p. – *Pályaválasztás előtt.* Páros jelenet. Budapest: Singer és Wolfner, 1909. 8p. [From Kozocsa, *Krúdy világa*, p. 411] – *A vörös sapkások.* [1st] *Hazám tükre.* [2d] Elbeszélések. Budapest, 1909. [From Kozocsa, *Krúdy világa*, p. 411] – *Falu a nádasban.* Elbeszélések. Budapest: Wodianer, 1910.

N

46p. [From Kozocsa, *Krúdy világa*, p. 411] – *Mihály csizmája*. Elbeszélések. Budapest: Wodianer, 1910. 48p. [From Kozocsa, *Krúdy világa*, p. 412] – *Esti út*. Elbeszélések. Budapest: Nyugat, 1911. 57p. – *A podolini takácsné és a többiek*. [Elbeszélések] Budapest: Singer és Wolfner, 1911. 197p. – *Szindbád ifjúsága*. [Elbeszélések] Budapest: Nyugat, 1911. 193p. – *Francia kastély*. Regény. Budapest: Singer és Wolfner, 1912. 191p. – *Kárpáti kaland*. [Színmű] Budapest: Eke, 1912. 30p. – *A magyar Jakobinusok*. Regény. Budapest: Vári Dezső, 1912. 128p. – *Szindbád utazásai*. [Elbeszélések] Budapest: Singer és Wolfner, 1912. 186p. – *Az arany meg az asszony*. Színmű. Budapest: Országos Monográfia Társaság, 1913. 8p. [From Kozocsa, *Krúdy világa*, p. 416] – *Csurli és társai*. Elbeszélések. Budapest: Athenaeum, 1913. 60p. – *De Ronch kapitány csodálatos kalandjai*. [Elbeszélés] Budapest: Athenaeum, 1913. 60p. – *Piros és a többiek*. Elbeszélések. Budapest: Lampel Róbert, 1913. 61p. – *Az utolsó honvédek*. [Ifjúsági elbeszélés] Budapest: Singer és Wolfner, 1913. 78p. – *Az utolsó vörössapkás és más történelmi elbeszélések*. Budapest: Singer és Wolfner, 1913. 46p. – *A vörös postakocsi*. [Regény] Budapest: Singer és Wolfner, 1913. 238p. – *Zoltánka*. Szomorújáték egy előképben és 3 felvonásban. Budapest: Franklin-Társulat, 1913. 100p. – *Első szerelem*. Elbeszélések. Budapest: Athenaeum, 1914. 52p. – *Mákvirágok kertje*. [Elbeszélések] Budapest: Franklin-Társulat, 1914. 240p. – *Margit története és egyéb elbeszélések*. [Eredeti címe *Ifjúság?*] Budapest: Magyar Kereskedelmi Közlöny, 1914. 190p. – *A próba-bál*. Monológ fiatal lányok számára. Budapest: Singer és Wolfner, 1914. 8p. – *Összegyűjtött munkái*. [1st: *Palotai álmok* (regény), 1914; *Púder* (elbeszélések), 1914; *Őszi utazások a vörös postakocsin* (regény), 1917] I–IX. kötet. Budapest: Singer és Wolfner, 1914–1917. [Series not completed] – *A 42-ős mozsarak*. Regény. Budapest: Singer és Wolfner, 1915. 181p. – *Pest ezerkilencszáztizenötben*. [Tárcák] Budapest: Dick Manó, 1915. 220p. – *A zenélő óra*. Elbeszélések. Budapest: Lampel Róbert, 1915. 48p. – *Aranykézutcai szép napok*. Novellák. Békéscsaba: Tevan, 1916. 208p. – *Petit*. Naplójegyzetek a szomorú napokból. [Novellák] Békéscsaba: Tevan, 1916. 59p. – *Szindbád*. A feltámadás. [Elbeszélések] Budapest: Singer és Wolfner, 1916. 135p. – *Pest 1916*. [Elbeszélések] Békéscsaba: Tevan, 1917. 181p. – *Szindbád ifjúsága és szomorúsága*. [Elbeszélések] I–II. kötet. Budapest: Táltos, 1917. – *Bukfenc*. [Regény] Budapest: Kultúra, 1918. 112p. – *Kánaán könyve*. [Elbeszélések] Budapest: Athenaeum, 1918 [1919?]. 102p. – *A legszebb mesekönyv*. Az ifjúság számára. Budapest: Magyar Kereskedelmi Közlöny, 1918 [1917?]. 96p. – *Napraforgó*. Regény. Budapest: Kultúra, 1918. 364p. – *Asszonyságok díja*. Regény. Budapest: Rácz Vilmos, 1919. 173p. – *Fehérvári könyv*. Termelőszövetkezet Fejérmegyében. Budapest: Közoktatási Népbiztosság, 1919. 24p. [From catalogue of National Széchényi Library] – *Havasi kürt*. [1st] *Ruszka-Krajna kis tükre*. [1st?] Budapest: Ruszka-Krajna Népbiztossága, 1919. 96p. [From Kozocsa, *Krúdy világa*, p. 425] – *A kápolnai földosztás*. [Riport] Budapest: Kultúra, 1919. 61p. – *Pesti album*. Feljegyzések és elbeszélések.

Budapest: Franklin-Társulat, 1919. 150p. – *Tótágas*. [Novellák] Budapest: Pallas, 1919. 139p. – *Az útitárs*. [Regény] Budapest: Franklin-Társulat, 1919. 129p. – *Tizenhat város tizenhat lánya*. [Ifjúsági regény] Budapest: Singer és Wolfner, 192?. 62p. – *Álmoskönyv*. Szerkesztette Krúdy Gyula. Budapest: Athenaeum, 1920. 367p. – *A betyár álma. Kleofásné kakasa és más elbeszélések*. Budapest: Athenaeum, 1920. 194p. – *A Miatyánk évéből*. Pest 1918–1919-ben. Feljegyzések. Budapest: Rácz Vilmos, 1920. 159p. – *Az oltárterítő. Csillag a Kárpátok felett*. Két elbeszélés a kurucvilágból. Budapest: Hajnal, 1920. 64p. – *Magyar tükör*. 1921. [Elbeszélések] Budapest: Athenaeum, 1921. 101p. – *Nagy kópé*. Regény. Wien: Pegazus, 1921. 160p. – *Pesti évkönyv*. Feljegyzések a magányban és a piacon, sóhajtással és reménynyel az évekből, mikor minden rongyos volt Magyarországon. Budapest: Székási Sacelláry Pál, 1921. 141p. – *Ál-Petőfi*. Lehullt csillag fénye. Regény. Budapest: Athenaeum, 1922. 188p. – *Hét bagoly*. Regény. Budapest: Athenaeum, 1922. 222p. – *Egy nemzeti rablóvezér*. Krúdy Kálmán hőstettei. [Elbeszélések] Budapest: Tolnai Világlapja, 1922. 96p. – *N. N*. Egy szerelemgyerek. Regényke. Budapest: Athenaeum, 1922. 134p. – *Az öreg gárdista*. Kisregény. Budapest: Tolnai, 1922. 96p. [From catalogue of National Széchényi Library] – *Őszi versenyek*. [Elbeszélés] Wien: Pegazus, 1922. 77p. [From catalogue of National Széchényi Library] – *Pesti nőrabló*. Kisregény. Budapest: Tolnai, 1922. 55p. [From catalogue of National Széchényi Library] – *Starttól a célig*. [Lóverseny-antológia] Szerkesztik Krúdy Gyula és Pálmay Henrik. Budapest: Légrády, 1922. 200p. – *Szent Margit leánya*. Mesemondás. Budapest: Eisler G., 1922. 104p. – *Álom ábécé. [A szegények mosolya]* I–II. kötet. Budapest: Tolnai, 1923. [From Kozocsa, *Krúdy világa*, p. 430] – *Liga Gida kalandjai Hollandiában és a világ egyéb tájain*. [Ifjúsági elbeszélés] Budapest: Országos Gyermekvédő Liga, 1923. 32p. – *Rózsa Sándor*. A betyárok csillaga Magyarország történetében. Budapest: Béta, 1923. 158p. – *A fejedelem szolgája és egyéb elbeszélések*. Budapest: Magyar Kereskedelmi Közlöny, 1925. 95p. – *Mesemondások Jókai Mórról*. A kislányának írta Krúdy Gyula. Budapest: Franklin-Társulat, 1925. 190p. – Continued under EDITIONS.

EDITIONS

See also nos. 2268 and 2272 (letters). Annotated works: nos. 3858 and 3908.

2217. *Munkái*. Gyűjteményes kiadás. I–X. kötet. Budapest: Athenaeum, 1925.

1. kötet: *A vörös postakocsi*. Regény. 5. kiadás. 189p.
2. kötet: *Őszi utazások a vörös postakocsin*. Regény. 2. kiadás. 202p.
3. kötet: *Szindbád ifjúsága*. Regény. 3. kiadás. 160p.
4. kötet: *Szindbád megtérése*. Regény. 1. kiadás. 208p.
5. kötet: *Napraforgó*. Regény. 3. kiadás. 222p.
6. kötet: *A podolini kísértet*. Regény. 4. kiadás. 220p.
7. kötet: *Aranykézuccai szép napok*. Elbeszélések. 3. kiadás. 170p.

8. kötet: *A hét bagoly*. Regény. 2. kiadás. 250p.

9. kötet: *N. N. Egy szerelem-gyermek regénye*. 2. kiadás. 291p.

10. kötet: *Az utolsó gavallér*. Regény. *Velszi herceg*. 1. kiadás. 255p. [NN] [NNC] MnU

2218. *A szultán rózsája és egyéb elbeszélések*. Budapest: Magyar Kereskedelmi Közlöny, 1925[1]. 126p. [From Kozocsa, *Krúdy világa*, p. 430]

2219. *A tegnapok ködlovagjai*. Emlékezések. [Korrajzok] Békéscsaba: Tevan, 1925[1]. 218p. AsWN GeLBM GyBH

2220. *Aranyidő. A templárius*. Két kis regény. Budapest: Grill Károly, 1926[1]. 307p. NN OCl

2221. *Mohács vagy két árva gyermek vergődése*. [Történeti regény] Budapest: Pantheon, 1926[1]. 235p. OCl GyBH

2222. *Az alispán leányai*. Regény. Budapest: Singer és Wolfner, 1930[1]. 62p.

2223. *Boldogult úrfikoromban* . . . Regény. Budapest: Athenaeum, 1930[1]. 310p. IC NNC OCl GeLU

2224. *Festett király*. Regény. Budapest: Franklin-Társulat, 1930[1]. 228p. IC OCl GyGNSU

2225. *Az élet álom*. Válogatott novellák. Budapest: Az Író, 1931[1]. 254p. GyBH

2226. *Az első Habsburg*. [Regény] Budapest: Franklin-Társulat, 1931[1]. 160p. IC OCl GyBH

2227. *Váciutcai szép napok*. Kisregény. Budapest: Révai, 1931[1]. 22p.

2228. *A magyar sasfiók*. [Életrajzi regény] Budapest: Fővárosi Könyvkiadó, 1944[1]. 187p. NNC

2229. *Rezeda Kázmér szép élete*. Regény a szép Budapestről. Budapest: Grill, 1944[1]. 211p. [From Kozocsa, *Krúdy világa*, p. 439]

2230. *Ady Endre éjszakái*. [Regény] Sajtó alá rendezte és utószóval ellátta Kozocsa Sándor. Budapest: Fehér Holló, 1948[1]. 113p. [C] DLC NNC GeLBM

2231. *Egy pohár borovicska*. [Elbeszélések] Budapest: Budapest Székesfőváros, 1948. 248p. [C] OCl GeLBM

2232. *A kékszalag hőse*. Regény. Sajtó alá rendezte és az utószót írta Petrichevich Horváth János. Budapest: Szépirodalmi Könyvkiadó, 1956[1]. 442p. [C] DLC MH MnU GyBDS GyBH GyGNSU

2233. *Valakit elvisz az ördög és más kisregények*. [*Régi szélkakasok között, Valakit elvisz az ördög, Etel király kincse, Purgatórium*] Válogatta Perepatits Antal, a bevezetőt Szauder József írta. Debrecen: Alföldi Magvető, 1956. 480p. [C] MnU

2234. *Az élet álom.* Elbeszélések. Budapest: Szépirodalmi Könyvkiadó, 1957. 252p. [C] CtY DLC InU MH NN NNC OCl AsWN GyBDS GyGNSU

2235. *Írói arcképek.* Válogatta, az utószót és a jegyzeteket írta Kozocsa Sándor. I–II. kötet. Budapest: Magvető, 1957. [C]
1. kötet: Kármán Józseftől Kiss Józsefig. 519p.
2. kötet: Ambrus Zoltántól Móricz Zsigmondig. 562p.
DLC IC MH MiD NN NNC AsWN FiHU GeCU GeLBM GyBH GyGNSU

2236. *Rezeda Kázmér szép élete. Nagy kópé. Az utolsó gavallér.* [Regények] Budapest: Szépirodalmi Könyvkiadó, 1957. 473p. [C] DLC IC MH MnU NN NNC OCl AsWN FiHI GeLBM GeLU GyBDS GyBH GyGNSU

2237. *Szindbád.* [Elbeszélések] Válogatta és az utószót írta Kozocsa Sándor. I–II. kötet. Budapest: Magvető, 1957. [C] MnU NN NNC OCl AsWN FiHU GeLU GyBDS GyBH GyGNSU

2238. *Válogatott novellák.* Sajtó alá rendezte és az előszót írta Szabó Ede. Budapest: Szépirodalmi Könyvkiadó, 1957. 549p. [C] DLC MH MnU NN NNC GyBDS GyBH GyGNSU

2239. *Aranykézutcai szép napok.* [Elbeszélések] Budapest: Szépirodalmi Könyvkiadó, 1958. 179p. [C]

2240. *Asszonyságok díja. Napraforgó.* Regények. Sajtó alá rendezte Perepatits Antal, az utószót írta Kozocsa Sándor. Budapest: Magvető, 1958. 533p. [C] DLC IC MH NNC OCl AsWN GeLBM GyBDS GyBH

2241. *Bukfenc. Velszi herceg. Primadonna.* [Kisregények] Sajtó alá rendezte Kozocsa Sándor. Budapest: Szépirodalmi Könyvkiadó, 1958. 407p. [C] DLC MH NN NNC OCl GeLBM GyBDS GyGNSU

2242. *Három király: Mohács, Festett király, Az első Habsburg.* Regények. Sajtó alá rendezte és az utószót írta Kozocsa Sándor. Budapest: Magvető, 1958. 743p. [C] DLC IC MH NNC OCl AsWN FiHI FiHU GeLBM GeLU GyBDS GyGNSU

2243. *Pest-budai séták.* [Karcolatok] A válogatás Kozocsa Sándor munkája. Budapest: Magyar Helikon, 1958. 253p. [C] DLC IC MH NN NNC OCl AsWN FiHI FiHU GeLBM GyBDS GyBH GyGNSU

2244. *A fehérlábú Gaálné.* Válogatott elbeszélések, 1894–1908. Kiadja Barta András és Perepatits Antal, a bibliográfiát részben Kozocsa Sándor anyagának felhasználásával összeállította Barta András és Katona Béla. I–II. kötet. Budapest: Magvető, 1959. [B]
1. kötet: 1894–1904. Bibliográfia. 701p.
2. kötet: 1905–1908. Barta András: *Krúdy Gyula pályakezdete*, pp. 613–626. Bibliográfia. 653p.
DLC MH MnU NN NNC AsWN GeCU [GeLBM] GyBDS GyBH GyGNSU

2245. *Magyar tájak.* Válogatta, utószóval ellátta és a jegyzeteket összeállította Kozocsa Sándor. Budapest: Magyar Helikon, 1959. 179p. [C] DLC IC NN NNC AsWN FiHU GeLBM GeLU GyBH GyGNSU

2246. *Az útitárs. N. N.* Regények. Az utószót írta Kozocsa Sándor. Budapest: Szépirodalmi Könyvkiadó, 1959. 213p. [C] DLC MH NNC OCl AsWN GeLBM GyBDS GyGNSU

2247. *Az aranybánya. Régi szélkakasok között. Palotai álmok.* Kisregények. Szerkesztette Barta András. Budapest: Magvető, 1960. 567p. [C] C NN NNC AsWN GyGNSU

2248. *Aranyidő. A templárius.* Két regény. Budapest: Szépirodalmi Könyvkiadó, 1960. 247p. [B] MH NN AsWN GeCU GeLU GyGNSU

2249. *Kárpáti kaland.* [Jelenet] *Egyfelvonásosok.* Budapest, 1960². [From Kozocsa, *Krúdy világa*, p. 444]

2250. *A szerelmi bűvészinas.* Válogatott elbeszélések, 1909–1912. Szerkesztette Barta András. Budapest: Magvető, 1960. 707p. [B] NN NNC AsWN GyBDS GyGNSU

2251. *Éji zene.* [Elbeszélések] Az utószót írta Szauder József: *Szindbád elmulása.* [Bibliography of stories published 1913–1915, pp. 599–621] Budapest: Magvető, 1961. 624p. [B] C IC NN NNC GeCU GeLBM GyBDS

2252. *Mákvirágok kertje.* Öt kisregény. [*Andráscsik örököse, Mit látott Vak Béla szerelemben és bánatban, Rózsa Sándor, Valakit elvisz az ördög, Mákvirágok kertje*] Budapest: Magvető, 1961. 726p. [B] IC NN NNC AsWN GeCU GeLBM GyBDS GyBH GyGNSU

2253. *A tegnapok ködlovagjai.* Rajzok, emlékezések. Válogatta, sajtó alá rendezte, az utószót és a jegyzeteket írta Gordon Etel. Budapest: Szépirodalmi Könyvkiadó, 1961. 683p. [C] NN GeCU GyGNSU

2254. *Ki jár az erdőn?* es[Mék] Szerkesztette Tóth Lajos. Budapest: Magvető, 1962. 195p. [C]

2255. *A lőcsei kakas.* [Elbeszélések] Válogatta és szerkesztette Tóth Lajos és Udvarhelyi Dénes. [Bibliography, pp. 351–354] Budapest: Magvető, 1962. 355p. [B] NN NNC AsWN FiHU GeCU GeLBM GyBDS GyBH GyGNSU

2256. *A magyar jakobinusok. Ál-Petőfi.* Két regény. Sajtó alá rendezte és az utószót írta Barta András. Budapest: Szépirodalmi Könyvkiadó, 1962. 332p. [C] NN NNC AsWN GeLBM GyBDS GyBH GyGNSU

2257. *Hét bagoly. Boldogult úrfikoromban.* [Regények] Az utószót írta Sőtér István. Budapest: Szépirodalmi Könyvkiadó, 1963. 521p. [C] MH NN NNC GeLBM GyBDS

2258. *Pesti levelek.* Publicisztikai írások. Válogatta, szerkesztette, az utószót és a bibliográfiát összeállította Tóth Lajos és Udvarhelyi Dénes. Budapest: Magvető, 1963. 686p. [B] NNC AsWN GeLBM GeOB GyBH GyGNSU

2259. *Vallomás.* [Emlékezések] Válogatta, szerkesztette, az utószót és a jegyzeteket írta Kozocsa Sándor. Budapest: Magvető, 1963. 448p. [C] MH NN NNC GeLBM GyBDS GyGNSU

2260. *A vörös postakocsi. Őszi utazás a vörös postakocsin.* [Regények] Budapest: Szépirodalmi Könyvkiadó, 1963. 453p. [C] (1956) DLC MnU NNC OCl FiHI FiHU GeLBM GyBDS GyBH

2261. *Jockey Club.* Hét kisregény. [*A büvös erszény, Pesti nőrabló, Kleofásné kakasa, Őszi versenyek, Repülj, fecském, Jockey Club, Etel király kincse*] Szerkesztette Barta András. Budapest: Magvető, 1964. 682p. [C] CLU CSf MH MnU NNC GeLBM GyBH GyGNSU

2262. *A kékszalag hőse.* Regény. Budapest: Szépirodalmi Könyvkiadó, 1964. 443p. [C] CLU NNC AsWN GeLBM

2263. *A madárijesztő szeretője.* Válogatott elbeszélések, 1916–1925. Szerkesztette Barta András és Szauder József, az utószót Szauder József írta, a bibliográfiát Barta András állította össze. [Bibliographical data on first publication of stories in volume, pp. 576–599] Budapest: Magvető, 1964. 604p. [B] CSf InU MH MnU OCl GeCU GeLBM GyBDS GyBH GyGNSU

2264. *A podolini kísértet.* Regény. [Bibliography of its editions, p. 243] Budapest: Szépirodalmi Könyvkiadó, 1964. [C] (1957, 1962) DLC InU MnU NN GeLBM GyGNSU

2265. *Utolsó szivar az Arabs Szürkénél.* Válogatott elbeszélések, 1926–1933. Szerkesztette Barta András és Szauder József, az utószót Szauder József írta, a bibliográfiát Barta András állította össze. [Bibliographical data on first publication of stories in volume, II, 567–582] I–II. kötet. Budapest: Magvető, 1965. [B] MnU NNC GeLBM GyBH GyGNSU

BIBLIOGRAPHY

See also nos. 2244 (vol. 1), 2251, 2255, 2258, 2263, 2264, and 2265.

2266. Kozocsa Sándor (összeáll.). "[Bibliográfia] 1896–1963," *Krúdy világa.* Gyűjtötte és írta Tóbiás Áron. Budapest: Fővárosi Szabó Ervin Könyvtár 1964; 729p. Pp. 405–447.

A bibliography of his works published from 1896 to 1963, listing all editions and recording selected reviews for each title. Data: title, genre, place and date of publication, publisher, number of pages; for reviews, name of periodical, year, and number. Quotations from reviews, collected by Tóbiás. DLC MH MnU NNC GeLBM GyBH GyGNSU

BIOGRAPHY

See nos. 2766, 3858, and 3908.

CRITICISM

See also nos. 1158, 1538, 2947, 3151, and 4624.

2267. Mátrai László. "Krúdy realizmusa," *Magyarok*, IV (1948), 22–25.
Maintains that his realism does not develop fully because his novels and characters confront the universe and its problems rather than the actual conditions of society, and that, unlike writers in other nations, he fails to use the characters' facing of psychological problems to portray true realism. DLC MnU NN NNC

2268. Sőtér István. "Krúdy Gyula," *Krúdy Gyula: Hét bagoly. Boldogult úrfikoromban*. Az előszót írta Sőtér István. Budapest: Szépirodalmi Könyvkiadó, 1954; 466p. Pp. i–xxvi. [Also appears in his *Romantika és realizmus*, pp. 573–598; see no. 2570]
His romanticism, his relations with the events of his times, his literary development from the 1910's, and the characteristics and place of these two works among his writings. DLC NN GyBDS GyBH

2269. Kozocsa Sándor. "Utószó," *Krúdy Gyula: Írói arcképek*. Válogatta, az utószót és a jegyzeteket írta Kozocsa Sándor. I–II. kötet. Budapest: Magvető, 1957. II, 535–546.
A summary of his life and literary career, and the characteristics of his literary sketches and their reflection of his interests. IC MH MiD NN NNC AsWN FiHU GeCU GeLBM GyBH GyGNSU

2270. Szabó Ede. "Krúdy Gyula," *Krúdy Gyula: Válogatott novellák*. Sajtó alá rendezte és az előszót írta Szabó Ede. Budapest: Szépirodalmi Könyvkiadó, 1957; 549p. Pp. 7–41.
His life as shaping his nature and writings, the development of his literary characteristics as he became a modern writer, and his treatment of motifs. DLC MH MnU NN NNC GyBDS GyBH GyGNSU

2271. Szauder József. "Szindbád születése," *A romantika útján. Tanulmányok*. Budapest: Szépirodalmi Könyvkiadó, 1961; 486p. Pp. 376–396. [Appeared as the epilogue to *Krúdy Gyula: A szerelmi bűvészinas*, pp. 631–656; see no. 2250]
Traces the characteristics of his fiction mainly from 1906 to 1911, showing developments in themes and form, especially in "deepening condemnatory positions and irony," which prepare the way for the creation of *Szindbád*, a work viewed as the midpoint of his creativity from 1909 to 1912 and as the clearest expression of his world and ironic-nostalgic attitude. NNC

2272. *Krúdy világa*. Gyűjtötte és írta Tóbiás Áron. Budapest: Fővárosi Szabó Ervin Könyvtár, 1964. 729p.
A collection of studies, most of them previously published, dealing with his life and writings. Arranged by periods of his life and literary career. Also contains a collection of letters to and by Krúdy. Numerous illustrations

and facsimiles. See no. 2266 for the bibliography of his works. DLC MH
MnU NNC GeLBM GyBH GyGNSU

LACZKÓ GÉZA

Born December 3, 1884 in Budapest; died December 1, 1953 in Budapest.
Novelist, short-story writer, editor. Illegitimate child of an actress. Spent
childhood and youth in atmosphere of theater. Received teaching certificate
from Eötvös Kollégium, in Budapest, where he developed interests in fine
arts and became especially enamored of French culture. Visited Paris. Became
teacher in women's gymnasium in 1907 and contributor to *Nyugat* in 1908.
Named director of high school and appointed professor at University of
Budapest in 1919. Supported Revolution and lost both positions when
government failed. Wrote numerous introductions to editions in Athenaeum
series; edited works for other series: Pán-Könyvtár, Pesti Napló Könyvek,
and Filléres Klasszikus Regények. Associate editor of *Pesti Napló* 1923–1939.
Also editor with Az Est Publications. Became literary editor of Dante
Publishers in 1940 and helped to edit weekly *Szivárvány* beginning in 1946.
Spent remainder of life in retirement at work on his Rákóczi novels.   ¶ Em-
inent writer of fiction and learned stylist of first generation of Nyugat School.
Themes in novels from Hungarian past and his own youth. His historical
novels generally considered to be the most important. Much influenced by
French literature, especially Flaubert and Maupassant. His short stories treat
intellectual and psychological problems and are characterized by sensitivity
and elegant style. Wrote studies of linguistics and style and is noted for
translations and studies of Molière, Balzac, Daudet, Anatole France,
Maupassant, Renan, Rolland, and Maurois.   ¶ A few of his short stories
have been translated into French and German.

EDITIONS

See also nos. 2600 and 2920 for annotated works.

2273. *Játszi szóképzés.* [Nyelvészeti és stilisztikai tanulmány] Budapest:
Athenaeum, 1907[1]. 53p.

2274. *Solo solissimo.* Versek. Kolozsvár: Stief Jenő és Társa, 1907. 128p.
GyBH

2275. *A tanszűz.* Elbeszélés. Budapest, 1909[1]. [From Várkonyi, p. 283]

2276. *A porosz levél. Madam de Rothe halála.* [Elbeszélések] Budapest:
Nyugat, 1911[1]. 61p.

2277. *Bútorrongálás.* Elbeszélés. Budapest, 1912[1]. [From Várkonyi, p. 283]

2278. *Széphistória Vasverő Deli lovagjáról.* Verses regény. Budapest, 1913[1].
[From Várkonyi, p. 283]

2279. *Noémi fia.* Regény. Budapest: Franklin-Társulat, 1917[1] [1916?]. 320p. [1925[2], 1957] DLC MH NN OCl FiHI GeLBM

2280. *Német maszlag, török áfium.* Regény két részben. Budapest: Franklin-Társulat, 1918[1]. 438p. [1947[2], 1964[3]] MH AsWN FiHU GeLU GyBH

2281. *Sey Tamás levelei.* Regény. Budapest: Kultúra, 1922[1]. 102p.

2282. *William Blackbirth lelke.* Elbeszélés. Budapest: Pán, 1922[1]. 84p. OCl

2283. *Fügefalevél.* Budapest, 1923. [From Várkonyi, p. 283]

2284. *Sátán Trismegistos olvasója.* [Elbeszélések] Budapest: Athenaeum, 1924[1]. 192p. [1926[2], 1927[3]] GyGGaU

2285. *Baruti, a bazokok fejedelme.* [Elbeszélés] Budapest: Kultúra, 1926[1]. 48p.

2286. *Rasputin.* Színmű. Csortos Gyulával és Barabás Lóránttal. Budapest, 1929[1]. [From Várkonyi, p. 283]

2287. *Szent Iván tüze.* Regény. Budapest: Athenaeum, 1932[1]. 368p. IC OCl FiHI GyBH

2288. *Sánta Ámor.* [Novellák] Budapest: Athenaeum, 1936[1]. 146p. IC OCl GyBH

2289. *Királyhágó.* Regény. Budapest: Grill Károly, 1938[1]. 400p. GeLU

2290. *Kőrösi Csoma Sándor.* [Tanulmány] Szeged: Szeged Városi Nyomda, 1942[1]. 72p. DLC AsWN

2291. *Az örök ripacs.* Regény. Budapest: Új Kultúra, 1942[1]. 80p.

2292. *Az őstehetség.* Regény. Budapest: Athenaeum, 1944[1]. 236p.

2293. *Rákóczi.* [Regény] Sajtó alá rendezte és az utószót írta Révay József. I–II. kötet. Budapest: Szépirodalmi Könyvkiadó, 1955[1]. [C] (1963[2]) DLC MH AsWN FiHU GeLBM GeOB GyBDS GyBH

2294. *Mártír és rabszolga.* [Elbeszélések] Összeállította Véber Károly. Budapest: Magvető, 1957. 524p. [C] DLC InU NN GyBDS GyGNSU

2295. *Szerelem és halál árnyékában.* Elbeszélések és tárcanovellák. Összeállította Véber Károly, az előszót írta Benedek Marcell. Budapest: Magvető, 1959. 477p. [C] C DLC IC NN NNC GeLBM GyGNSU

2296. *Nyári feleség.* Válogatott elbeszélések. A kötetet válogatta és sajtó alá rendezte Véber Károly. Budapest: Magvető, 1963. 494p. [C] NN NNC GeLBM GyGNSU

CRITICISM

2297. Kárpáti Aurél. "Laczkó Géza önéletrajzi regényei," *Tegnaptól máig. Válogatott irodalmi tanulmányok.* Budapest: Szépirodalmi Könyvkiadó, 1961; 427p. Pp. 238–245.

A discussion of *Noémi fia* and *Királyhágó* as forms of the autobiographical novel. The first shows his mastery of the novel as a genre and his freeing himself from his childhood complexes; it deviates from Flaubert's naturalism; it paints a true cultural-historical picture of a Hungarian actor's life in the provinces in the 1880's, and it is the first novel of an author's childhood in Hungarian. The second is a further portrayal of an adolescent and represents the peak of his writings to this point in his career. DLC NN NNC AsWN GyBH GyGNSU

2298. Gyenis Vilmos. "Laczkó Géza: Rákóczi," *Irodalomtörténeti Közlemények*, LX (1956), 509–513.

A review of the posthumous work to which Laczkó gave 15 years of effort, considering it to be a classic even in its fragmentary form, stating that it traces truthfully the character of Rákóczi from his boyhood to the end of the War of Liberation, describing its structure as an interweaving of 120 independent occurrences in the action, and praising the style and language (the concentration of every nuance of the language of the Rákóczi era). MnU NN NNC AsWU GeLBM GyBDS GyBH

2299. Keresztury Dezső. "Laczkó Gézáról," *Laczkó Géza: Mártír és rabszolga*. Összeállította Véber Károly. Budapest: Magvető, 1957; 524p. Pp. i–xii.

An introduction discussing the influence of Flaubert on his works, calling him a cultivated and informed writer whose works are always directly connected with life, noting his movement from the writing of affected lyric poetry to the writing of prose, his true area, first in the short story and then the novel, claiming that he has created some monumental autobiographical and historical novels, and praising his style and language. DLC InU NN GyGNSU

2300. Ungvári Tamás. "Jegyzetek Laczkó Gézáról," *Kortárs*, II (October, 1958), 614–617.

Observations on his power to reconstruct past history in living form in *Német maszlag*, on Zrínyi and his age, and *Rákóczi*, on the autobiographical world to be found in his other novels (*Noémi fia*, 1916, and *Királyhágó*, 1938), and on the short story as the form to which he was born. DLC MH FiHU GeLBM GyBDS GyBH

LENGYEL JÓZSEF

Born August 4, 1896, in Marcali. Novelist, short-story writer, poet. Descendant of middle-class family. Completed gymnasium studies in Budapest and studies in philosophy at Universities of Budapest and Vienna. His poems first appeared in *A Tett* in 1915, later in *Ma*. Formed connection with Ervin Szabó's anti-militaristic movement in early years of World War I. Was among first members of Communist party in Hungary. Helped to edit *Vörös Újság* and *Ifjú Gárda*. Arrested at end of February 1919. Carried on many newspaper and party activities. Emigrated to Vienna in August 1919, where he lived for months in barracks in Grinzing. Served on board of Írók Könyvtára series, which published writings of emigrant authors, including those of Lajos Kassák (q.v.) and Béla Balázs (q.v.). Moved to Berlin at beginning of 1927. Worked as journalist and articles appeared in *Rote Fahne* and *Welt am Abend*. Also dramaturge for Prometheus Film Studio and editor of *Film und Volk*. Emigrated to Moscow in 1930. Editorial staff member of *Sarló és Kalapács*. Arrested as supporter of Béla Kun in February 1938. Interrogated continually in prison for three years and exiled to Norilszk Region in Siberia at outbreak of World War II. Later freed from workcamp and exiled to Deleb, Siberia. Again freed in 1953. Rehabilitated in 1955 and returned to Hungary. Numerous works have been published since then. In recent years he has been a publicist in Hungarian literary life. Awarded Attila József Prize for *Visegrádi utca* and *Kulcs* in 1957, Central Council of Hungarian Trade Unions Prize for lifework and *Visegrádi utca* in 1958, and Kossuth Prize for *Igéző* in 1963. ¶ His early writings were influenced by avant-gardism through Kassák. Novels and short stories, more important than poems, express revolutionary themes and social reforms in realistic style. Especially concerned with workers' movement. *Oldás és kötés*, a short story, was produced as a film in 1962.

EDITIONS

2301. *Általános munkakényszer és proletár fegyelem.* Budapest: Közoktatásügyi Népbiztosság Kiadása, 1919[1]. 14p.

2302. *Ó hit Jeruzsálem ... Gábriel Lajos változásai.* [Vers és elbeszélés] Wien: Írók Könyvkiadóvállalat, 1923[1]. 22p.

2303. *Sternekund und Reinekund.* Märchen. Übersetzung von Stefan J. Klein. Dresden: Verlagsanstallt Proletarischer Freidenker Deutschlands, 1923[1]. 43p. [According to András Diószegi, "Lengyel József útja," *Új Írás*, 1965, p. 238] NN

2304. *Visegrádi utca.* [Történelmi riport] Berlin, 1929[1]. [According to András Diószegi, "Lengyel József útja," *Új Írás*, 1965, p. 238] (1932, 1957, 1962) DLC MH MnU FiHU GeLBM GyBDS

2305. *Kulcs.* Elbeszélések. Budapest: Szépirodalmi Könyvkiadó, 1956[1]. 233p.

2306. *Prenn Ferenc hányatott élete avagy minden tovább mutat.* Regény. Budapest: Szépirodalmi Könyvkiadó, 1958[1]. 336p. [1959[2], 1963[3]] DLC NNC GeLBM GyBH

2307. *Három hídépítő.* Elbeszélés egy alkotás előéletéről. [Gróf Széchenyi István, Tierney William Clark, Adam Clark] Budapest: Szépirodalmi Könyvkiadó, 1960[1]. 256p. DLC IC NN AsWN GeLBM GeLU GyBDS

2308. *Igéző.* Elbeszélések. Budapest: Szépirodalmi Könyvkiadó, 1961[1]. 414p. [1962[2]] GyBDS GyBH

2309. *Keresem Kína közepét.* Útinapló. Budapest: Szépirodalmi Könyvkiadó, 1963[1]. 179p. NN GyBH

2310. *Elévült tartozás.* [Novellák] Budapest: Szépirodalmi Könyvkiadó, 1964. 637p. MH NNC GeLBM GeLU GyBDS GyBH GyGNSU

2311. *Mit bír az ember.* (*Újra a kezdet, Trend Richárd vallomásai*) [Kisregények] Budapest: Szépirodalmi Könyvkiadó, 1965[1]. 228p. DLC InU MnU GeLBM GyBDS GyBH GyGNSU

2312. *Mérni a mérhetetlent.* Összegyűjtött munkái. I–II. kötet. Budapest: Szépirodalmi Könyvkiadó, 1966.
1. kötet: *Elévült tartozás.* [*Kulcs, Igéző, Oldás és kötés* (1st ed), *Isten ostora*, Egy filmeposz vázlata] Elbeszélések. *Hídépítők.* Elbeszélés egy alkotás előéletéről. *Mesék.* [*Lusta Jóska, Argonides hajói és a fenyőfácska, Sternekund und Reinekund* című prózai mesék és fordítások a *Sternekund és Reinekund* című 1923-ban megjelent kötetéből] *Születésnap előtt.* [1st] *Miképp járt Kaszáló János és Bulcsú, a királyfi, az igazság emberéhez.* [1st] *Mesék.* Versek. [*Az Ó hit Jeruzsálem* című költeményen kivül az összes többi vers itt jelenik meg először kötetben] 832p.
2. kötet: *Visegrádi utca. Keresem Kína közepét.* Útinapló. *Prenn Ferenc hányatott élete.* Regény. *Mit bír az ember.* [Két kisregény: *Újra a kezdet, Trend Richárd vallomásai*] 765p.
MnU GeLBM GyBH

BIOGRAPHY

2313. Szabó József. *Lengyel József, alkotásai és vallomásai tükrében.* Budapest: Szépirodalmi Könyvkiadó, 1966. 178p.
A portrait based on comments by his contemporaries and on excerpts from his writings. His literary career from its beginnings before World War I through the years of exile to his return to Hungary. Bibliographical data in Appendix. Numerous portraits and illustrations. GyBH

CRITICISM

2314. József Farkas. "Lengyel József két könyvéről," *Párttörténeti Közlemények*, III (1957), 175–179.
A review of *Visegrádi utca* and *Kulcs*. The first characterized as a successful mixture of a report and a recollection of events in which Lengyel shared as editor of a column in *Vörös Újság*, as portraits of Béla Kun, Tibor Szamuely, and Ottó Korvin, and as of limited historical value because of Lengyel's failure to revise adequately some of the views expressed in its first edition. The second viewed as the world of the workers' movement and the descriptive modes of a communist revolutionary writer.

2315. Halasi Andor. "Lengyel József: Prenn Ferenc hányatott élete," *A jövő felé.* Válogatott kritikai írások, 1905–1963. Budapest: Szépirodalmi Könyvkiadó, 1964; 523p. Pp. 216–219. [Appeared in *Élet és Irodalom*, August 1, 1958]

Surveys his life and observes that his works have become known in Hungary only since 1956. Reviews the work as a novelization of his short story "Igy megy ez," and considers it a "period novel" describing the events from 1914 to 1918 and the ensuing occurrences and atmosphere of the dictatorship of the Hungarian proletariat through the life of Prenn, the chief protagonist. CU DLC MnU GeLBM

2316. Diószegi András. "Lengyel József útja," *Új Írás*, V (1965), 236–243.

Traces his course in life and his writings as mirrors of the acceptance of responsibility; summarizes his life, including his years in Russia. Characterizes his first verses as modes of expressionism found in Lajos Kassák and his short stories since 1960 as pure reflections of his own observations of life. DLC MH FiHI GeLBM GyBDS GyBH

MADÁCH IMRE

Born January 21, 1823 in Alsósztregova; died October 5, 1864 in Alsósztregova. Poet, dramatist. Descendant of ancient aristocratic family. Completed first forms of study at home; remainder in Piarist gymnasium in Vác. Wrote and edited *Litteratúrai Kevercs* with younger brother for circulation in family when 15. Entered University of Pest in 1837. After completing course with philosophy faculty, he studied law, and became deputy clerk to sub-prefect of Nógrád County in 1843. Appointed clerk, later high commissioner. His great period of literary creativity was 1843–1845. Marriage to Erzsébet Fráter in 1845 was unhappy; divorced in 1854. Lived on estate in Csesztve. Depression over wife's behavior caused illness in 1848 and he did not recover until after Revolution. Imprisoned in summer 1852 for helping János Rákóczy, Kossuth's secretary, to escape; released in Pest in May 1853. Restricted to Pest on release; did not return to Csesztve till fall 1853. Began work on *Az ember tragédiája* in 1859. Parliamentary representative of Balassagyarmat District in March 1861. In 1861 he showed manuscript of *Az ember tragédiája* to János Arany (q.v.), who praised it and recommended some stylistic and metrical revisions. Became member of Kisfaludy-Társaság in 1862, shortly after publication of *Az ember tragédiája*; member of Academy in 1863. Died of heart trouble, from which he had long suffered. ¶ Wrote many lyric poems, articles, and dramas, but only truly lasting work is *Az ember tragédiája*, a dramatic poem, which became greatest achievement of Hungarian dramatic literature and placed him on level of West European philosophical dramatists. It represents effort on his part to explore the conflict between individualism and collectivism, the survival of individuality in face of reality, through visions of future given to Adam by Lucifer in which Eve is participating character. Resolution of conflict described as that of "tragic idealist." ¶ *Az ember tragédiája* is available in Bulgarian, Czech, Dutch, English, Finnish, French, German, Hebrew, Italian, Japanese, Rumanian, Russian, Serbian, Slovakian, Slovenian, Turkish, and Yiddish; and some of his poems have been translated in Bulgarian and German.

FIRST EDITIONS: *Lant-virágok.* [Versek] Pest: Füskúti Landerer Lajos, 1840. 72p. – *Az ember tragédiája.* Drámai költemény. Pest: Kisfaludy-Társaság, 1861. 218p. – *Országgyűlési beszéde máj. 28.* Pest, 1861. [From Szinnyei, VIII, 204] – *Az ember tragédiája.* Drámai költemény. 2. tetemesen javított kiadás. Pest: Emich Gusztáv, 1863. 218p. – See also nos. 2322 and 2323.

EDITIONS

See also nos. 2329 (letters) and 2331.

2317. *Összes művei.* Kiadta Gyulai Pál. I–III. kötet. Budapest: Athenaeum, 1894–1895² [1880¹]. [C]

1. kötet: Lyrai költemények. 1894. 264p.
2. kötet: Drámai költemények: *Férfi és nő, Mária királynő, Az ember tragédiája.* 1895. 485p.
3. kötet: Drámai költemények és vegyesek. 1895. 486p.

DLC NN NNC GeLBM GyBH GyGNSU

2318. *Az ember tragédiája.* [Drámai költemény] Jegyzetekkel és magyarázatokkal kiadta Alexander Bernát. Budapest: Athenaeum, 1921⁴ [1900¹]. 254p. [B] (1909, 1919) DLC MH MnU OCl FiHI

2319. *Az ember tragédiája.* Drámai költemény. A szerző által végsőűl megállapított szövegnek 2. kiadása. Az előszót Mészöly Gedeon írta. Budapest: Rózsavölgyi és Társa, 1922. 267p. [B]

2320. *Lant-virágok. Pest 1840. Nyomtatta Füskúti Landerer Lajos.* Az átnézés, a javítás s az utószó Wildner Ödön munkája, sajtó alá rendezte Sugár Jenő. Budapest: Korvin, 1922. 91p. [C]

2321. *Az ember tragédiája.* [Drámai költemény] Első kritikai szövegkiadás. Sajtó alá rendezte Tolnai Vilmos. 2. javított és bővített kiadás. Budapest: Magyar Tudományos Társaság, 1924 [1923¹]. 256p. [A] AsWU FiHI GyBH

2322. *A civilizátor.* Komédia Arisztofánesz modorában. A bevezetést írta és a kiadást átnézte Voinovich Géza. Budapest: Magyar Munkaközösség, 1938¹. 61p. [C] NNC GeLBM

2323. *Összes levelei.* Sajtó alá rendezte Staud Géza. I–II. kötet. Budapest: Madách Színház, 1942¹. [B]

1. kötet: [1828]–1853. június 9. 223p.
2. kötet: 1853. június 15–1864. augusztus 15. Bibliography, pp. 201–220. 224p.

DLC InU MnU NNC GeLBM GeOB GyGNSU

2324. *Összes művei.* Sajtó alá rendezte, bevezette és a jegyzeteket írta Halász Gábor. I–II. kötet. Budapest: Révai, 1942. [A]

1. kötet: Színművek, első drámai kísérletek, drámatöredékek. 1064p.
2. kötet: Költemények, elbeszélések, tanulmányok, cikkek, beszédek, vegyes feljegyzések, első kísérletek, levelezés. 1223p.

DLC ICU MnU NNC GeLBM [GyBH] GyGNSU

2325. *Az ember tragédiája.* [Drámai költemény] Kardeván Károly jegyzeteivel és magyarázataival. 2. bővített kiadás. Budapest: Magyar Élet, 1948. 240p. [B]   NNC FiHI GeLBM

2326. *Az ember tragédiája.* Sajtó alá rendezte és bevezette Waldapfel József. Budapest: Szépirodalmi Könyvkiadó, 1954. 268p. [C]   DLC MH MnU NNC AsWN FiHU GeLBM

2327. *Az ember tragédiája.* [Drámai költemény] Sajtó alá rendezte Erdős Magda, az utószót írta Révai József. Budapest: Magyar Helikon, 1958. 222p. [C]   IC AsWN GeLBM GeLU GyBDS

2328. *Válogatott művei.* Sajtó alá rendezte, bevezetéssel és jegyzetekkel ellátta Sőtér István, kiadta a Magyar Irodalomtörténeti Társaság. Budapest: Szépirodalmi Könyvkiadó, 1958. 647p. [B]   DLC MnU GeCU GeLBM GyBDS GyBH

BIBLIOGRAPHY

See nos. 2323 (vol. 2), 2330, 2332, 2342, 2343, 2345, 2348, 2350, and 2358.

BIOGRAPHY

2329. Palágyi Menyhért. *Madách Imre élete és költészete.* Budapest: Athenaeum, 1900. 441p.

A biography and related study of his poetry. Extensive attention to *The tragedy of man.* Appendixes: (1) School documents, (2) 37 letters written to his mother during his youth, (3) 10 letters by Erzsébet Fráter to the poet, (4) 10 of her letters to the imprisoned poet and to her mother-in-law, and (5) 21 miscellaneous letters and documents. Illustrations. GeLBM

2330. Voinovich Géza. *Madách Imre és Az ember tragédiája.* Budapest: Franklin-Társulat, 1922[2]. 596p. [1914[1]]

Major attention to his works, especially *The tragedy of man.* Bibliography, pp. 569–596. CoU ICN MH MnU NN NNC AsWN AsWU FiHI GeLBM GyBH

2331. Balogh Károly. *Madách, az ember és a költő.* Budapest: Vajna György és Társa, 1934. 366p.

Pt. I: a biography, emphasizing the connection between his life and writings; Pt. II: connections between his lyric poems, and other writings and *The tragedy of man,* two essays on his aesthetics, essays on the "Eternal Eve" and the "Eternal Adam," an anthology of his poems, and selections of his thoughts and aphorisms. Bibliographical footnotes. Illustrations. MH MnU NNC AsWN FiHI GeLBM GyBH

2332. Barta János. *Madách Imre.* Budapest: Franklin-Társulat, 1942. 187p. Considerable attention to his character and the literary qualities of his works. Appendix: Chronology of the growth of his reputation through the presentations of *The tragedy of man* in Hungary and abroad and the reception given to them. Bibliographical notes, pp. 184–187. MnU NN NNC OCl AsWN

2333. Krizsán László. *Dokumentumok Madách Imre élettörténetéhez.* Balassagyarmat: Bács-Kiskunm. Nyomda, 1964. 125p.

A collection of documents, mainly from the Nógrád County Archives, covering the events of his life up to 1861. Includes records dealing with the dispute over his estate. Helpful to understanding the problems affecting him at the time of his writing *Az ember tragédiája.* GeLBM

CRITICISM

See also nos. 292, 3009, 3014, 4618, and 4624.

2334. Szász Károly. "*Az ember tragédiájá*"-*ról.* Győr: Gross Testvérek, 1889. 84p. [Appeared as "Az ember tragédiája" in *Szépirodalmi Figyelő,* I (1862), 228–231, 244–246, 260–262, 275–277, 293–295, 308–310, 324–326, 339–342]

Thesis: the tragedy's thought is worthy of the minds of great poets in any country, but Madách frequently attempts more than is within the scope of his poetic imagination. Closes with the question of the possible influence of Goethe's *Faust.*

2335. Morvay Győző. *Magyarázó tanulmány "Az ember tragédiájá"-hoz.* Nagybánya: Molnár Mihály, 1897. 527p.

Provides background for and a history of *The tragedy of man* (antecedents, sources, publication, editions, and other material); examines the work in detail as to substance and form. Bibliographical footnotes.

2336. Gedő Simon. *Madách Imre mint lyrikus.* Budapest: Márkus Samu, 1910. 32p.

His lyric poems studied as an expansion of his intellectual views: his outlook, the nature of his imagination, the way he looks at the world and nature, his manner of reproducing impressions of reality, his style, and the influences upon him. MiU OO

2337. Haraszti Gyula. *Madách Imre.* Budapest: Athenaeum, 1912. 51p.

In three parts: (1) his world view, (2) his concept of woman, and (3) his literary artistry. GyBH

2338. Pais Dezső. "Madách és Lamartine," *Egyetemes Philologiai Közlöny,* XLIII (1919), 107–120.

Advances the view that the concepts in Lamartine's *La chute d'un ange* and *Jocelyn* very possibly influenced *The tragedy of man* not only in its parts but to a certain extent in the genesis of the entire dramatic poem. [CU] IU MnU OClW OCU FiHU GyBH

2339. Alexander Bernát. *Madách Imre.* Budapest: Ethika, 1923. 31p.

Purpose: to show his roots in the intellectual currents of the 19th century as revealed by *The tragedy of man.* Attention to the ideas of Hegel and Schopenhauer and his relation with them. GyBH

2340. "Madách Imre-szám," *Nyugat*, XVI (February 1, 1923), 113–178.

An issue containing several studies of *The tragedy of man.* MH MnU NNC FiHU GeLBM GyBH

2341. Négyesy László. "Egyetemesség, magyarság és egyéniség Az ember tragédiájában," *Budapesti Szemle*, CXCV, no. 561 (1924), 1–19.

Concerned with the extent to which *The tragedy of man*, this "poem of the world," has Hungarian qualities and with the ways in which the drama, having a universal subject and viewpoint, can be individualistic and subjective in character. Greater attention to the first question. CtY DLC AsWN FiHI GeLBM GyBH

2342. Pröhle Vilma. *"Az ember tragédiája" és a Faust.* [Doktori értekezés] Budapest: Kertész József, 1929. 114p.

After discussing the genesis and ideas of each work separately, explores the parallels between the two texts. Finds resemblances to be external. Bibliography, p. 2. AsWU GeLBM

2343. Juhász László. *Un disciple du romantisme française. Madách et La Tragedie de L'Homme.* Szeged: L'Institut Français de L'Université de Szeged, 1930. 60p.

A study of the influence of French romanticism on Madách and *The tragedy of man.* Finds Madách not an imitator but a disciple of French romanticism. Explores, among others: Voltaire, Lamartine, Hugo. List of publications on Madách in France, p. [61]. Bibliography, pp. 59–60. NN GyBH

2344. Barta János. *Az ismeretlen Madách. Tanulmány.* Budapest: Lőrincz Ernő, 1931. 83p.

Develops the thesis that his personality cannot be understood through his philosophical thought or through his poetic creativity, on the grounds that he was born to deal with the life impulse and not with the formal requirements of thought and the artistic demands of poetry. MnU GeLBM GyBH

2345. Németh Antal. *"Az ember tragédiája" a színpadon.* Budapest: Budapest Székesfőváros, 1933. 159p.

An account of the stage presentations of *The tragedy of man* in Hungary and abroad during the fifty years since its première. Bibliographies at opening of each chapter. Illustrations of stage sets. Summaries: German, pp. 139–143; English, pp. 145–152; French, pp. 153–159. DLC MH NN NNC AsWN GyBH GeLBM

2346. Riedl Frigyes. *Madách.* Budapest: Királyi Magyar Egyetemi Nyomda, 1933. 128p.

Details of his Hungarian predecessors in the drama and of his life, and attention to his other works, but mainly an examination of the form and substance of *The tragedy of man.* MoSW AsWN GeLBM

2347. Kardeván Károly. *Az ember tragédiájá-nak magyarázata.* Budapest: Királyi Magyar Egyetemi Nyomda, 1935. 95p.

A scene-by-scene commentary on the drama. FiHI GyBH

2348. Kamarás Béla. *Madách Imre ifjúkori drámái és novellái. Doktori értekezés.* Pécs: Dunántúl Pécsi Egyetemi Könyvkiadó és Nyomda, 1941. 81p.

After characterizing his literary development during his youth, examines his dramas and short stories of this period, mainly the former, as to their subject matter, form, and merit. Bibliography, p. 82.

2349. Lengyel Lajos. "A filozófia alapproblémája 'Az ember tragédiájá'-ban," *Athenaeum,* XXVIII (1942), 142–165.

Finds the basic problem in *The tragedy of man* to be the relation of man to the real and the immanent, and its resolution to be found not in an objective but in a subjective sphere by establishing, through the use of myth and poetry, the concept of a universal spirit latent within the soul of man with which he must create a oneness intuitively. Draws attention to Hegel's view and the way in which Madách's differs from it. NN NNC [GeLBM] GyBH

2350. Kiss Ilona. *Madách és az Éva-probléma.* Budapest: A Szerző, 1943. 60p.

Purpose: through a Jungian examination of Madách's personal life, to show the degree to which his true attitude toward woman follows from the structure of his personality and to emphasize the fundamental significance of the components of his inner life. Closes with a discussion of *The tragedy of man* in connection with the problem. A summary of previous scholarly studies about Madách and their views of his concept of woman, Chapter I. Bibliography, pp. 59–60. GyBH

2351. Waldapfel József. "Madách igazáért," *Irodalmi tanulmányok. Válogatott cikkek, előadások, glosszák.* Budapest: Szépirodalmi Könyvkiadó, 1957; 555p. Pp. 440–466. [Appeared in *Magyar Tudományos Akadémia Nyelv- és Irodalomtudományi Osztályának Közleményei,* II (1952), 240–261]

Concerned with several points about *The tragedy of man:* (1) the reason for the scene in Prague with Kepler, (2) Lucifer's character, (3) the biblical settings of the first and last scenes, and (4) the quality of the poetry. Maintains that its poetry, not its philosophy, is its most important element. Marxist-Leninist point of view. DLC MH NN NNC AsWN GyBDS GyBH GyGNSU

2352. Sőtér István. "Madách Imre," *Magyar Tudományos Akadémia Nyelv- és Irodalomtudományi Osztályának Közleményei,* VIII (1956), 129–180.

The thought in his poetry and *The tragedy of man* with respect to its connections with other figures and political and intellectual currents of his times primarily for the purpose of discussing the problem of pessimism presented by the mystery play. Maintains that one must not see only "the pessimism, the disillusionment, and the despair" in the thought of the Tragedy, but also the "pathos" attending them, and recognize that his belief in national independence drew him from pessimism to the tenets of "strive" and "trust." DLC MnU NNC GeLBM GyBDS GyBH GyGNSU

2353. Horváth Károly. "Madách Imre," *Irodalomtörténeti Közlemények*, LXII (1958), 1–73. [Also a reprint]

His early writings (dramas, short stories, lyrics), with respect to their themes and literary character and the political, social, intellectual and literary forces affecting them, their preparation for *The tragedy of man*, and a discussion of that drama as to the philosophical and learned conceptions and the dialectical philosophy of history that influenced it. Bibliographical footnotes. Summary in French, p. 73. DLC MnU NN NNC AsWU GeLBM GyBH

2354. Waldapfel József. *Gorkij és Madách*. Budapest: Magyar Tudományos Akadémia Irodalomtörténeti Intézete, 1958. 51p.

Seeks to establish the great value and importance which Gorky gave to *The tragedy of man*. Information on Russian translations of the work. Summary in French, pp. 49–50. Illustrations. DLC MH MnU NNC AsWN AsWU GyBDS GyGNSU

2355. Révai József. "Madách Imre: Az ember tragédiája," *Válogatott irodalmi tanulmányok*. A jegyzeteket készítették Bóka László, Pándi Pál, Sőtér István, Szabolcsi Miklós és Szauder József. Budapest: Kossuth, 1960; 447p. Pp. 93–124. [Appeared in *Társadalmi Szemle*, XIII (September, 1958), 13–35]

Examines three questions from a socialistic point of view: (1) Is the work basically pessimistic? (2) What is his view of the role of the people and the masses? and (3) Does the scene of the Phalanstery compromise socialism? DLC MnU NN GeLBM GyBDS GyGNSU

2356. Baranyi Imre. *A fiatal Madách gondolatvilága*. (*Madách és az Athenaeum*) Budapest: Magyar Tudományos Akadémia Irodalomtörténeti Intézete, 1963. 149p.

Purpose: to show the artistic, intellectual, political, and literary influences of the 1840's on the young poet as a way of examining his development and the sources of his political and social outlook and his learning and of revealing the genesis of his thought. Much attention to his reading of the periodical *Athenaeum*. Bibliographical footnotes. MH NNC AsWN GyBH GyGNSU

2357. Barta János. "Történetfilozófiai kérdések Az ember tragédiájában," *Irodalomtörténeti Közlemények*, LXIX (1965), 1–10.

A three-point analysis of the dramatic poem: (1) the forces affecting history, (2) the forces beyond individuality and the condition of man, and (3) historical development as a consequence of the open or closed state of history. Maintains that Madách's philosophy of history views man not merely as an instrument of higher historical forces but as the creator and builder of his own history. DLC MnU NN NNC AsWU GeLBM GyBH

2358. Sőtér István. *Álom a történelemről. Madách Imre és Az ember tragédiá-ia.* Budapest: Akadémiai Kiadó, 1965. 101p.

Shows how the special circumstances of his life are reflected in the creation of *Az ember tragédiája,* how he reaches this philosophical drama in his artistic development, and what place the work and the questions arising in it hold in the historical conditions of the period in Hungary and among the literary and philosophical tendencies of his contemporaries. Bibliography, pp. 99–101: biographies and comprehensive studies, literary treatments, short studies, and the course of the play on the stage. NNC FiHI GeLBM GyBH GyGNSU

MAKKAI SÁNDOR

Born May 13, 1890 in Nagyenyed; died July 19, 1951 in Budapest. Novelist, religious and educational writer, critic. Completed schooling in Enyed, Kolozsvár, and Sepsiszentgyörgy. Studied theology with Kolozsvár Reformed Church Theological Faculty and at the same time pursued studies at University of Kolozsvár. Obtained doctorate in philosophy in 1912. Served as minister in Vajdakamarás 1915–1917. Professor of theology in Sárospatak 1917–1918 and in Kolozsvár 1918–1926. Edited *Az Út* 1915–1921 and *Református Szemle* (Kolozsvár) 1921–1925 and again beginning in 1940. Chosen Bishop in 1926 and served Transylvania District until 1936. Became professor at Debreceni Református Kollégium in 1936 and then professor at Theological Academy. Member of Erdélyi Múzeum-Egylet, Erdélyi Irodalmi Társaság, and Kemény Zsigmond Irodalmi Társaság, in Marosvásárhely. ¶ In addition to a large number of theological, philosophical, and educational studies and sermons, he contributed novels to the period. Represented conservative tradition but was quite modern in outlook. Sought to suggest solutions to contemporary problems in historical novels dealing with past. Defense of Endre Ady (q.v.) on religious and patriotic grounds in *Magyar fa sorsa* created great controversy. ¶ Some of his short stories have been translated into French, German, and Turkish.

EDITIONS

See also no. 67 for annotated work.

2359. *A szabadság vallása.* Kolozsvár, 1910[1]. [From Ványi, p. 549]

2360. *Jézus.* Bousset W. művének fordítása. Kolozsvár, 1911[1]. [From Ványi, p. 549]

2361. *Bevezetés a személyiség pedagogikájába.* Kolozsvár, 1912[1]. [From Ványi, p. 549]

2362. *Számadás.* Versek. Kolozsvár, 1912[1]. [From Pintér, VIII, 1160]

2363. *Hittem, azért szóltam.* Kolozsvár, 1913[1]. [From Ványi, p. 549]

2364. *A nagy személyiségek nevelői jelentősége.* Kolozsvár, 1913[1]. [From Ványi, p. 549]

2365. *Vallásos világkép és életfolytatás.* Kolozsvár, 1913[1]. [From Ványi, p. 549]

2366. *A hit problémája.* Vallásfilozófiai tanulmány. I. rész: *A hit világmagyarázó ereje.* Budapest: Kókai Lajos, 1916[1]. 93p.

2367. *A szekták keletkezésének okai.* Kolozsvár, 1917[1]. [From Ványi, p. 549]

2368. *A halál miszteriuma.* Budapest, 1918[1]. [From Ványi, p. 549]

2369. *Kapu előtt.* Regény. Kolozsvár, 1921[1]. [From Pintér, VIII, 1160]

2370. *A lélek élete és javai.* Philosophia propaedeütika. Cluj-Kolozsvár: Erdélyi Református Egyházkerület, 1922[1]. 64p.

2371. *"Írd meg, amiket láttál"* Beszédek, elmélkedések, előadások. Cluj-Kolozsvár: Minerva, 1923[1]. 185p.

2372. *"Kegyelemből, hit által"* A református keresztyén vallás alapvonalai, tartalma és védelme. [Tanulmány] Kolozsvár: Erdélyi Református Egyházkerület, 1923[1]. 72p. [1929[3]]

2373. *A vallás az emberiség életében.* (A vallás történeti képe) Turda-Torda: Füssy József, 1923[1] [1925?]. 172p. GyBH

2374. *A vallás lényege és értéke.* Vallásfilozófiai előadások. Turda-Torda: Füssy József, 1923[1]. 151p. NNC GyBH

2375. *Élet fejedelme.* Elbeszélések. Cluj-Kolozsvár: Az Út, 1924[1]. 131p. [1934[2]] DLC NN OCl

2376. *Az Eszter padja.* [Elbeszélés] Cluj-Kolozsvár: Az Út, 1924[1]. 17p.

2377. *Az erdélyi református egyházi irodalom 1850-től napjainkig.* [Tanulmány] Cluj-Kolozsvár: Az Út, 1925[1] [1923?]. 60p. NNC GeLBM GyBH

2378. *Megszólalnak a kövek.* Elbeszélések. [*Öntudat király, Hit királyné, Képzelt királyfi;* hősei: Bethlen Gábor, Apácai Csere János, Apafi Mihály] Cluj-Kolozsvár: Minerva, 1925[1]. 125p. [1926] GyBH GyGGaU

2379. *Öntudatos kálvinizmus.* A református magyar intelligencia számára. [Tanulmány] Budapest: Soli Deo Gloria, 1925[1]. 67p.

2380. *Ördögszekér.* Erdélyi regény. I–II. kötet. Cluj-Kolozsvár: Erdélyi Szépmíves Céh, 1925[1]. [1930[4], 47th thousand 1943] NNC OCl FiHU GeLBM

2381. *"Zörgessetek és megnyittatik néktek"* Tanulmányok, előadások, beszédek, elmélkedések, stb. Cluj-Kolozsvár: Az Út, 1925[1]. 332p.

2382. *Aratás.* Előadások, Ecclesia militans, Beszédek, Feltámadunk, Művészet és irodalom. Lucinec-Losonc: Kultúra, 1926[1]. 236p.

2383. *Gyöngyvirág.* Énekes mesejáték. Cluj-Kolozsvár: Erdélyi Református Egyházkerület, 1927[1]. 49p.

2384. *Magyar fa sorsa.* A vádlott Ady költészete. Budapest: Soli Deo Gloria, 1927[1]. 142p.

2385. *Püspöki programmbeszéde és beköszöntő prédikációja.* Cluj-Kolozsvár: Minerva, 1927[1]. 15p.

2386. *Ágnes.* Regény. Cluj-Kolozsvár: Erdélyi Szépmíves Céh, 1928[1] [1929?]. 141p. GyBH

2387. *Az elátkozott óriások.* Nyolc előadás. Cluj-Kolozsvár: Minerva, 1928[1]. 95p.

2388. *Egyedül.* Bethlen Gábor lelki arca. [Tanulmányok] Kolozsvár: Erdélyi Szépmíves Céh, 1929[1]. 117p. [18th–19th thousand after 1940] MH NN NNC OCl OClW FiHI GeLBM GyBH

2389. *A mi útunk.* Elmélkedések, beszédek, előadások, temetési beszédek, cikkek. Cluj-Kolozsvár: Ifjú Erdély, 1929[1]. 300p. GeLBM GyBH

2390. *Magunk reviziója.* [Előadások] Kolozsvár: Erdélyi Szépmíves Céh, 1931[1]. 98p. NNC GyBH

2391. *Erdélyi szemmel.* [Beszédek, esszék, előadások] Kolozsvár: Erdélyi Szépmíves Céh, 1932[1] [1933?]. 179p. NNC AsWN GeLBM GyBH

2392. *"Nem békességet"* Evangélium és humanum, Az evangélium szociális üzenete, Evangélium és egyház. [Tanulmányok] Budapest: Soli Deo Gloria, 1932[1]. 62p.

2393. *Harc a szobor ellen.* Négy tanulmány. Kolozsvár: Erdélyi Szépmíves Céh, 1933[1] [1934?]. 119p. NN NNC GeLBM GyBH

2394. *Evangelium az egyházban.* Három előadás. Sepsiszentgyörgy: Erdélyi Református Férfiszövetség Sepsiszentgyörgyi Tagozata, 1934[1]. 52p.

2395. *Sárga vihar.* [Regény] I–II. kötet. Budapest: Genius, 1934[1]. [1936[2], 32nd thousand 1944] DLC IC NNC OCl FiHU GeLBM GyBH

2396. *Táltoskirály.* [Regény] Kolozsvár: Erdélyi Szépmíves Céh, 1934[1]. 471p. [1936[4], 30th thousand 1942] DLC IC NNC OCl FiHU GeLBM GyBH

2397. *Az élet kérdezett.* Tanulmányok. I–II. kötet. Budapest: Révai, 1935.[1] NN OCl AsWN GeLBM GyBH

2398. *Küzdelem az örökségért.* Ünnepi beszéd. Budapest: Országos Bethlen Gábor Szövetség, 1935[1]. 22p.

2399. *Esztétikum és religiózum.* [Tanulmány] Budapest: Egyetemi Nyomda, 1936[1]. 15p.

2400. *Holttenger.* [Regény] Budapest: Révai, 1936[1]. 405p. [1936[2], 1941[3]] IC NN GeLBM GyBH

2401. *Magyar nevelés, magyar műveltség.* [Művelődéspolitikai tanulmány] Budapest: Révai, 1937[1]. 252p. [1939[2], 1943[3]] NNC OCl AsWN GeLBM

2402. *Magyarok csillaga.* [Regény] Budapest: Révai, 1937[1]. 344p. [1941[2], 1943[3]] NNC OCl GeLBM

2403. *Az egyház missziói munkája.* (*Az egyház történeti képe, élete, tevékenységei, A pásztori misszió, A gyülekezeti misszió, A külmisszió*) [Tanulmány] Budapest: Révai, 1938[1]. 382p.

2404. *Nemzet és kisebbség.* [Tanulmány] Budapest: Királyi Magyar Egyetemi Nyomda, 1939[1]. 19p.

2405. *Tudománnyal és fegyverrel.* (Arte et marte) A nemzetnevelés terve. Budapest: Révai, 1939[1]. 192p. AsWN GeLBM GyBH

2406. *A magyar nő küldetése.* [Tanulmány] Pápa: Főiskolai Könyvkiadó, 1940[1]. 15p.

2407. *A magyar reformátusság egyházi élete.* [Tanulmány] Debrecen: Városi Nyomda, 1940[1]. 84p.

2408. *Mi Ernyeiek.* Regény. I–II. kötet. Budapest: Révai, 1940[1]. [12th thousand 1944] OCl AsWN GeLBM

2409. *Örök Erdély.* [Tanulmány] Budapest: Stádium, 1940[1]. 32p. AsWN

2410. *Ravasz László igehírdetői útja.* [Tanulmány] Budapest: Franklin Nyomda, 1941. 58p. [A reprint]

2411. *Szép kísértet.* Regény. Budapest: Révai, 1942[1]. 436p. [1944[3]] AsWN GyGGaU

2412. *A tiszántúli református egyházkerület jövője.* [Tanulmány] Révész Imre előszavával. Debrecen: Debrecen Város és Tiszántúli Református Egyházkerület, 1942[1]. 39p.

2413. *A fejedelem rózsája.* Történelmi elbeszélések. Budapest: Stádium, 1943[1]. 54p. AsWN

2414. *Szabad vagy.* Regény. I–II. kötet. Budapest: Erdélyi Szépmíves Céh, 1943[1]. NNC GyBH

2415. *Döntő napok.* Evangélizációs hétre. [Egyházi beszédek] Debrecen: Tiszántúli Református Egyházkerület, 1946[1]. 45p.

2416. *Itt és most.* [Egyházi beszédek] Budapest: Országos Református Nőszövetség, 1946[1]. 143p.

2417. *Egymás terhét hordozzátok.* [Egyházi beszéd] Budapest: Református Egyetemes Konvent, 1949[1]. 30p.

2418. *Élő gyülekezet.* Tanulmányok, előadások a gyülekezeti misszió közösségi szolgálatának köréből. Budapest: Református Egyetemes Konvent, 1949[1]. 148p. DLC

See no. 2419.

See also nos. 66 and 841.

2419. Walter Gyula. "Makkai Sándor, az író," *Pásztortűz*, XI (1925), 402–404.

An attempt to locate the psychological threads leading from "Makkai the man" to "Makkai the writer." Discussion by works. Bibliography of his writings, p. 404. GyBH

2420. Oláh Gábor. "Makkai Sándor," *Debreceni Szemle*, II (1928), 133–145.

Sections dealing with characterizations of his lyric poetry, his short stories, the shortcomings of *Ördögszekér*, his success at understanding and delineating the attributes of Endre Ady's poetry. Attention to subject matter and form. MH MnU GyBH

2421. Szerb Antal. "A regény és a történelem. A Táltoskirály alkalmából," *Erdélyi Helikon*, VII (1934), 413–416.

Comments on the inferiority of the Hungarian historical novel as an escape from the present to an imaginary past. Maintains that Makkai's new novel is characterized by a pure, clear, and cold style and a historical feeling and understanding, that it follows in the footsteps of Zsigmond Kemény's novels, that Makkai uses the language of his own times and directs the problems of today to their historical roots, that in his intellectualization of the historical novels he links himself with the biblical trilogy of Thomas Mann, that he is a pioneer of the new genre which alongside the aesthetic experience leads above all to a higher understanding of historical truth. GyBH

2422. Szenczei László. "Makkai Sándor történelmi regényei," *Korunk*, I (1939), 459–464.

A discussion of his historical novels as being his favorite form of expression, as being concerned not with history but with the intellectual and physical storms of puberty, and as searching for instincts in ancient manifestations instead of the exoticism and primitive surroundings of D. H. Lawrence. States that his success is dependent on the selection of the period (as in *Ördögszekér* and not in *Táltoskirály* and *Sárga vihar*), that he describes the lives and actions of his ancient heroes in modern style, probably because of his own situation in Transylvania, that he seeks answers to contemporary problems in history but does not find them, and that his ability predestines him to the writing of lasting works but that he has not created such works as yet.

2423. Jancsó Elemér. "Makkai Sándor, az író," *Protestáns Szemle*, XLIX (1940), 301–303.

An evaluation of his literary productivity: his place in relation to other

Transylvanian writers of his times, his transcending regionalism, the characteristics of his various writings, the sources of his style, etc. NNC GeLBM GyBH

MÁRAI SÁNDOR

Born April 11, 1900, in Kassa. Novelist, short-story writer, journalist. Family name: Grosschmid. Father a lawyer; family of Saxon origin. Completed schooling in Kassa, Eperjes, and Budapest. Articles under pseudonyms began to appear while in gymnasium. Studied law at University of Budapest. As student participated in revolutionary events of 1918–1919. Left Hungary in 1919 and lived in Germany until 1923, studying journalism at University of Leipzig and philosophy at Universities of Frankfurt am Main and Berlin. Continued study of philosophy in Paris 1923–1928. Became staff member of *Tűz*, in Vienna. On return to Budapest followed journalistic career, serving on staffs of *Újság* and *Pesti Hírlap*. During 1930's contributed to many West European periodicals. Became best-selling author. Viewed problems of 1930's humanistically and opposed fascism. *Kaland* presented by Nemzeti Kamara Színház in 1940 for nearly a year, and *A kassai polgárok* premièred by National Theater in 1942. After 1945 he was staff member of *Magyar Nemzet*. Emigrated to Switzerland in 1948 and moved to Italy in 1950. Settled in United States in 1952 and became citizen in 1957. ¶ Most important and influential representative of middle-class literature in period between two World Wars, especially in his novels. Not a reformer but a portrayer of human problems and struggles through psychological examination. Probes innermost parts of human nature. Lyrical and intuitive delineation of characters results in relatively plotless novels. Style symbolic, not realistic. Often praised for ability to rise above narrow nationalism and provincialism. ¶ *Zendülők* has been translated into French; *Csutora* into Czech and German; *Idegen emberek* into Czech, Dutch, and German; *A szegények iskolája*, *A gyertyák csonkig égnek*, *Kassai polgárok*, *A sirály*, and *Kaland* into German; *Válás Budán* into Czech, German, and Spanish; *Féltékenyek* into Dutch, German, and Turkish; *Vendégjáték Bolzanóban* into Czech, Dutch, German, Italian, Spanish, and Swedish; and some of his short stories into Bulgarian, Czech, French, German, Italian, Polish, Russian, Slovakian, and Turkish.

EDITIONS

See also no. 3946 for material in edition.

2424. *Emlékkönyv.* [Versek] Kassa: Kassai Nyomda, 1918[1]. 39p.

2425. *Emberi hang.* [Versek] Kassa: Globus, 1921[1]. 164p.

2426. *Panaszkönyv.* [Karcolatok] Košice: Globus, 1922[1]. 80p.

2427. *A mészáros.* [Regény] Wien: Pegazus, 1924[1]. 59p.

2428. *Istenek nyomában.* [Útirajz] Budapest: Pantheon, 1927[1]. 240p. [1937[2]] NNC OCl GeLBM

2429. *Bébi vagy az első szerelem.* Regény. [Egy öregedő tanár naplója] Budapest: Pantheon, 1928[1]. 250p. [1943[2]] IC NN NNC AsWN GeLBM GeLU GyBH

2430. *Csutora.* Kutya-regény. Budapest: Kazinczy, 1930?[1]. 246p. [1932[2], 1946] IC OCl GeLBM GeLU

2431. *Mint a hal, vagy a néger.* [Versek; gyűjtemény] Budapest: Pantheon, 1930. 58p. NNC GeLBM

2432. *A zendülők.* [Regény] Budapest: Pantheon, 1930[1]. 348p. IC NN NNC OCl GeLBM

2433. *Idegen emberek.* Regény. I–II. kötet. Budapest: Pantheon, 1931[1]. [1935, 1942, 1945, 1946[5]] DLC NN NNC OCl GeLBM GeLU

2434. *Műsoron kívül.* [Cikkek, elbeszélések] Budapest: Athenaeum, 1931[1]. 263p. [1945] GeLBM

2435. *A szegények iskolája.* [Reflexiók] Budapest: Pantheon, 1933[1]. 255p. NNC OCl AsWN GyBH

2436. *Bolhapiac.* [Rajzok] Budapest: Pantheon, 1934[1]. 271p. OCl GeLBM GeLU GyBH

2437. *A sziget.* [Regény] Budapest: Pantheon, 1934[1]. 253p. IC NN NNC OCl GeLBM GyGNSU

2438. *Egy polgár vallomásai.* [Önéletrajz] I–II. kötet. Budapest: Pantheon, 1934–1935[1]. [1940[3], 1946[4]] IC MH [NN] NNC AsWN FiHI GeCU GeLBM

2439. *Naptárcsere.* [Novella] Budapest: Hungária, 1935[1]. 25p. InU MH NN NNC GeLBM

2440. *Válás Budán.* Regény. Budapest: Révai, 1935[1]. 229p. DLC IC NN NNC GeLBM GyGNSU

2441. *Kabala.* [Cikkek, elbeszélések] Budapest: Révai, 1936[1]. 285p. CoU MH NNC AsWN GeLBM

2442. *Napnyugati őrjárat.* Regény. Budapest: Révai, 1936[1]. 226p. NN NNC GeLBM GyBH

2443. *A féltékenyek.* [Regény] I–II. kötet. Budapest: Révai, 1937[1]. DLC IC NNC OCl AsWN FiHU GeLBM GeLU GyBH GyGGaU

2444. *Négy évszak.* [Gondolatok] Budapest: Révai, 1938[1]. 338p. [1943] IC MiD NNC GeLBM GeLU GyBH GyGNSU

2445. *Eszter hagyatéka.* [*Déli szél*] Két kisregény. Budapest: Révai, 1939[1], 223p. [1940] IC NNC OCl GeLBM GyBH GyGNSU

2446. *Válogatott munkái.* [I–XI.]kötet. Budapest: Révai, 1939–1943.
[Volumes not numbered; arranged chronologically]
1. *Csutora.* Regény. 1939³. 211p.
2–3. *A féltékenyek.* Regény. 1–2. kötet. 1939².
4. *Istenek nyomában.* Útirajz. 1939³. 276p.
5. *Kabala.* [Novellák] 1939². 285p.
6. *Napnyugati őrjárat.* Útirajz. 1939². 226p.
7. *Négy évszak.* Írások. 1939². 338p.
8. *A szegények iskolája.* 1939². 210p.
9. *Válás Budán.* [Regény] 1939². 229p.
10. *Eszter hagyatéka. Déli szél.* Két kisregény. 1943⁴. 222p.
11. *Vasárnapi krónika.* [Cikk-gyűjtemény] 1943¹. 385p.
[NNC] [GeLBM]

2447. *Kaland.* Színmű. Budapest: Singer és Wolfner, 1940¹. 122p. [1941²]
DLC MnU NNC GeLBM

2448. *Szindbád hazamegy.* [Regény Krúdy Gyuláról] Budapest: Révai, 1940¹.
216p. [1943] InU NNC OCl GeLBM

2449. *Vendégjáték Bolzanóban.* [Regény] Budapest: Révai, 1940¹. 336p.
[1941, 1943] DLC MH NN NNC OCl AsWN FiHI FiHU GeLBM GeLU

2450. *Az igazi.* [Regény] Budapest: Révai, 1941¹. 373p. [1942, 1945] NN
NNC AsWN FiHI GeLBM GyBH

2451. *Jó ember és rossz ember.* [Esszé] Gyoma: Kner Izidor, 1941¹. 11p.

2452. *Kassai őrjárat.* [Tanulmány] Budapest: Révai, 1941¹. 203p. [1961]
DLC NN AsWN GiHU GeLBM

2453. *Mágia.* [Novellák] Budapest: Révai, 1941¹. 430p. [1946³] GeLBM
GyBH

2454. *Ég és föld.* [Aforizmák] Budapest: Révai, 1942¹. 290p. NN NNC
AsWN GeLBM GyBH

2455. *A gyertyák csonkig égnek.* [Regény] Budapest: Révai, 1942¹. 210p.
[1946] NNC FiHU GeLBM

2456. *A kassai polgárok.* Dráma három felvonásban, hat képben. Budapest:
Révai, 1942¹. 250p. DLC NNC OCl AsWN GeLBM GyBH

2457. *Röpirat a nemzetnevelés ügyében.* Budapest: Révai, 1942¹. 142p.
MH-L GyBH

2458. *Füves könyv.* [Prózai epigrammák] Budapest: Révai, 1943¹. 214p.
GeLBM

2459. *Sirály.* [Regény] Budapest: Révai, 1943¹. 222p. NN NNC OCl GeLBM

2460. *Bolhapiac.* Regény. [A *Bolhapiac* és a *Műsoron kívül* című művek
válogatott rajzai és elbeszélései] Budapest: Révai, 1944². 318p. NNC PP
GyBH

2461. *Napló* (*1943–1944*). Budapest: Révai, 1945[1]. 505p. MiD MnU NNC GeLBM

2462. *Varázs.* Színjáték három felvonásban. Budapest: Révai, 1945[1]. 251p. MiD NN NNC GeLBM

2463. *Verses könyv.* Budapest: Révai, 1945[1]. 83p. DLC MnU NN GeLBM

2464. *Ihlet és nemzedék.* [Tanulmányok] Budapest: Révai, 1946[1]. 343p. IC MnU NN NNC OCl GeLBM

2465. *Nővér.* [Regény] Budapest: Révai, 1946[1]. 301p. DLC IC NN NNC OCl PP GeLBM

2466. *Európa elrablása.* [Útirajzok] Budapest: Révai, 1947[1]. 152p. DLC NN GeLBM GyGGaU

2467. *Medvetánc.* [Elbeszélések] Budapest: Révai, 1947[1]. 160p. MiD NN GeLBM

2468. *Sértődöttek.* [Regény] I–III. kötet. Budapest: Révai, 1947–1948[1].
1. kötet: *A hang.* 1947[1]. 296p.
2. kötet: *Jelvény és jelentés.* 1948[1]. 279p.
3. kötet: *Művészet és szerelem.* 1948[1]. 268p.
DLC [NN] [NNC] GeLBM GeLU GyBH

2469. *Béke Ithakában.* [Regény három énekben] London: Lincolns-Prager, 1952[1]. 256p. DLC MH NN NNC OCl AsWN FiHU GeCU GeLBM GeOB GyBDS GyGGaU GyGNSU

2470. *Vasárnapi krónika.* New York, 1955–1956[1]. [From *Magyar irodalmi lexikon*, II, 185]

2471. *Newyorki naplójegyzetek.* New York, 1957[1]. [From *Magyar irodalmi lexikon*, II, 185]

2472. *Nyugati levelek.* New York, 1957[1]. [From *Magyar irodalmi lexikon*, II, 185]

2473. *Újévi beszámoló.* New York, 1957[1]. [From *Magyar irodalmi lexikon*, II, 185]

2474. *Vasárnapi levél.* New York, 1957[1]. [From *Magyar irodalmi lexikon*, II, 185]

2475. *Das Wunder des San Gennaro.* [Regény] Baden-Baden, 1957[1]. [From *Magyar irodalmi lexikon*, II, 185]

2476. *Ulysses hazatér.* [New York], n.d.[1]. [From *Magyar irodalmi lexikon*, II, 185]

2477. *Napló 1945–1957.* Washington, D.C.: Occidental, *ca.*1958[1]. 235p. DLC MH NN NNC OCl FiHU

2478. *Egy úr Velencéből.* Verses játék. [A verse play of *Vendégjáték Bolzanóban*] Washington, D.C.: Occidental, 1960[1]. 125p. DLC ICU MH NN NNC GeLU

2479. *San Gennaro vére.* Regény. New York: Az Író, 1965[1]. 186p. NNC

CRITICISM

See also no. 4624.

2480. Karinthy Frigyes. "Márai Sándorról 'A sziget' alkalmából," *Nyugat,* XXVII (February 1, 1934), 169–172.

Comments on his eagerness to write, on his already outstanding form of expression, on the "anarchy" of his style with *A sziget* as an illustration of this characteristic, on his use of quotation marks, and on his standing on the "uncertain but more human crossroad of agnosticism" between Dostoevsky and de Sade. MnU NN NNC [FiHI] FiHU GeLBM [GeLU] GyBH

2481. Hevesi András. "Egy polgár vallomásai. Márai Sándor könyve," *Nyugat,* XXVII (July 1–16, 1934), 69–72.

A review of the work critical of his careless use of the elements of time and for his recollections of his surroundings in his youth as if he were documenting or cataloging them; commentary on the quality of his tone and on the frequency with which he fled from problems and circumstances in his youth. MnU NN NNC [FiHI] FiHU GeLBM [GeLU] GyBH

2482. Cs. Szabó László. "Egy polgár vallomásai II. Márai Sándor könyve," *Nyugat,* XXVIII (July, 1935), 47–49.

A review of the work characterizing its treatment of his own problems in becoming and developing as a writer, in order to delineate the bounds faced by most of the young writers who served their apprenticeship in the shaken Europe of the 1920's. MnU NN NNC FiHU GeLBM [GeLU] GyBH

2483. Szerb Antal. "A féltékenyek. Márai Sándor regénye," *Nyugat,* XXX (June, 1937), 439–441.

A review maintaining that the novel, having derived its form from the naturalistic traditions, is a classic of purification, having retained everything important in a middle-class naturalistic novel but having lifted itself out of naturalistic prose to the level of poetry—a development consistent with the character of his preceding works. MnU NN NNC [FiHI] FiHU GeLBM GyBH

2484. Illyés Gyula. "A négy évszak. Márai Sándor könyve," *Nyugat,* XXXI (June, 1938), 468–470.

A review of the work emphasizing the poetic qualities of its prose, a characteristic present in his other prose writings as well. MnU NN NNC [FiHI] FiHU GeLBM [GeLU] GyBH

2485. Kassák Lajos. "Márai Sándor," *Kelet Népe,* VI (August 1, 1940), 4–5. Seeks to characterize his individuality as a writer and the distinguishing traits of his style. *Vendégjáték Bolzanóban* in its form and substance as illustrative of his characteristics to the present time. [NNC] GyBH

2486. Örley István. "Klasszicizálódás vagy útvesztés. Márai Sándor: Sirály," *Magyar Csillag*, IV (February 1, 1944), 175–179.

A review of the novel seeking to explain what caused him to lose his "sincerity" and to inject "dissonant voices" into his works since his first period of creativity as represented by *Egy polgár vallomásai, Négy évszak, Zendülők, Sziget, Válás Budán, Kabala, Csutora,* and *Szegények iskolája.* MnU NNC AsWN [FiHI] FiHU [GyBH]

2487. Lukács György. "Márai Sándor: Sértődöttek I. A hang," *Új magyar kultúráért.* Budapest: Szikra, 1948; 234p. Pp. 221–229. [Appeared in *Forum*, III (February, 1948), 127–133]

Maintains that the novel reveals his true form with outstanding clarity, contains less playfulness and fewer mannerisms, and expresses his essential conceptions very clearly, so that his place in Hungarian literature can be accurately evaluated. DLC MH AsWN GeLBM GeLU GyBH

MÉCS LÁSZLÓ

Born January 17, 1895 in Hernádszentistván. Poet. Father a school teacher. After completing studies at Premonstratensian gymnasium in Kassa studied philosophy and theology at Pázmány University in Budapest. Poems first appeared in 1915 in *Élet.* Entered Premonstratensian Order in 1918 and became teacher in Order's gymnasium in Kassa. After Czech government took over schools he became priest in Nagykapos in 1920 and in Királyhelmec in 1929. Fame spread quickly on publication of *Hajnali harangszó* in 1923. Became member of Petőfi-Társaság, Kisfaludy-Társaság, Janus Pannonius Társaság, and Szent István Akadémia. Acclaimed during visits and lectures in Paris, Lille, and Holland in 1938. Chief editor of *Vigilia* 1941–1942. Wrote anti-Hitler poem in 1942 issue of *Vigilia.* After 1945 lived in Pannonhalma withdrawn from literary life. Imprisoned in 1953 and released in September 1956. Served as chaplain in Budapest. Has lived in Pannonhalma since 1961. ¶ Important voice of Catholicism in imaginative literature, whose ideals and optimism he seeks to sustain. Poems romantic. Uses everyday subjects. Advocates ideals of Christian socialism. Style often highly technical. Religious poems generally considered to be best. Became leader of Hungarian writers in Czechoslovakia for a time. ¶ An edition of his poems is available in French, and some of his poems have been translated into Dutch, English, German, Italian, Rumanian, and Slovakian.

EDITIONS

2488. *Hajnali harangszó.* [Versek] Ungvár: Földessy Gyula, 1923[1]. 157p. [Budapest, 1931[2]] NN GeLBM

2489. *Rabszolgák énekelnek.* Versek. Berlin: Ludwig Voggenreiter, 1925[1]. 151p. [Budapest, 1934[4]] MH NN GyBH GyGGaU

2490. *Vigasztaló.* Versek. Berlin: Ludwig Voggenreiter, 1927[1]. 130p. [Budapest, *ca.* 1936[2]] NN GyBH

2491. *Az ember és az árnyéka.* Versek. Košice-Kassa: Athenaeum Kassai Könyvnyomda, 1930[1]. 149p. [*ca.*1946[2]] NN GyBH

2492. *Bolond Istók bábszínháza.* [Verses mese] Budapest: A Napkelet, 1931[1]. 31p.

2493. *Üveglegenda.* Versek. Budapest: Athenaeum, 1931[1] [1930?]. 133p. GeLBM GyBH

2494. *Legyen világosság!* Versek. Budapest: Athenaeum, 1933[1]. 157p. MH NN GeLBM

2495. *Válogatott költeményei.* Összeállította Just Béla. Budapest: Athenaeum, 1934. 232p. [1936[2]] AsWN GeLBM GeLU

2496. *Megdicsőülés.* Legszebb versei. Budapest: Mécs-Mártoncsik Imre Bibliofil, 1935. 48p. MH

2497. *Fehéren és kéken.* Versek. Budapest: Athenaeum, 1936[1] [1937?]. 156p. MH GeLBM GyBH

2498. *Élőket nézek!* Versek. Budapest: Magyar Katolikus Írók Könyvei, 1938[1]. 146p. NN

2499. *Forgószínpad.* Versek. Budapest: Athenaeum, 1940[1]. 153p. NN GyBH

2500. *Huszonötéves költői munkássága alkalmából, a költő négy kiadatlan írásával Mécs Imre, Semetkay József, stb.* [Versek és próza Mécstől; továbbá tanulmányok és emlékezések Mécsről] Budapest: Danubia, 1941[1]. 63p.

2501. *Összes versei.* 1920–1940. Budapest: Athenaeum, 1941[1]. 760p. DLC AsWN

2502. *Anya kell!* Versek lányokról és anyákról. Budapest: Athenaeum, 1943[1]. 90p.

BIBLIOGRAPHY

See no. 2504.

CRITICISM

See also no. 4624.

2503. Bodor Aladár. "Mécs László," *Debreceni Szemle,* II (1928), 8–20.
Some biographical details but mainly a discussion of his attitudes toward the problems of his society and other questions as providing a basis for his evangelical beliefs, and an analysis of his style, both leading to the establishment of the contemporaneity of his poetry. MH MnU GyBH

2504. Farkas Gyula. *Mécs László.* Budapest: Studium, 1929. 63p.
Attention to the development of his poetry and the characteristics of his poems. Seen as the "prophet" of evangelical belief who made significant and lasting contributions to Hungarian poetry. Much use of materials from his poems. Contains some biographical details. Bibliography of his works and studies about him, p. 62. NNC FiHI GyBH

2505. Just Béla. *Mécs László*. Budapest: A Szerző, 1930. 9p.

In three parts: (1) his view of God and man's relation with Him, (2) his concept of man's life on earth, and (3) his poetic artistry. Much use of quotations from his poetry. GeLBM

2506. Gábor Géza. *Mécs László*. Sopron: Vitéz Tóth Alajos, 1934. 38p.

His concepts of various aspects of man's life and society through evidence from his poems; also some discussion of his poetic methods. Seen as one whose love for Hungary, his countrymen, and mankind stems from his evangelical beliefs in God.

2507. "Mécs László-szám," *Vigilia*, VII (1941), 217–253.

A number commemorating the 20th anniversary of his literary career. Articles include one by Sándor Reményik finding Mécs's essence in the concept of the alternation, the interchange of God and man, and on "Vitatkozás a hírharanggal" as showing his full spirit and character; another by Zsolt Alszeghy on the significant impressions of their first meeting, on Mécs's expressions of his love for Hungary, and on his thought. NNC

MIKES KELEMEN

Born August 1690 in Zágon; died October 2, 1761 in Rodosto, Turkey. Prose writer, translator. Descendant of ancient aristocratic family. Entered Jesuit College in Kolozsvár in 1700. In 1707 joined service of Prince Ferenc Rákóczi (q.v.) as personal aide. Accompanied Rákóczi to Poland in 1711 and through Danzig to France. Lived in France, January 13, 1713–September 15, 1717, where he became acquainted with French culture and literature, and lived afterwards in Rodosto with exiles. Banishment made him a writer. Participated in expedition of József Rákóczi to Transylvania in 1738. Requested pardon from Maria Theresa in 1741, after death of Ferenc Rákóczi, but it was denied (*Ex Turcia nulla redemptio*). Died of plague. ¶ His *Törökországi levelek*, published in 1794, is a landmark in the history of Hungarian literary prose, characterized by unaffected expressions of views, emotions, and persons and by personal interpretive style. He also prepared many translations: Fleury, Benoît van Haeften, Pouget, Antoine de Courtin, Calmet, Gobinet, Mélicque, Le Tourneux, Mme. de Gomez. ¶ An edition of *Törökországi levelek* is available in Turkish, and some of its parts in French, Italian, and Polish.

FIRST EDITION: *Törökországi levelek, mellyekben a II-ik Rákótzi Ferentz fejedelemmel bujdosó magyarok történetei más egyébb emlékezetes dolgokkal együtt barátságossan előadatnak*. Most pedig az eredetképpen való magyar kézirásokból kiadta Kultsár István. Szombathely: Siess, 1794. 490p. – See also nos. 2509 (vol. 1) and 2510.

o

EDITIONS

See also nos. 2518, 2523, 2526, 2532, and 2535.

2508. *Törökországi levelei.* A szerző saját kéziratából életrajzi értekezéssel közli Toldy Ferenc. I–II. kötet. Pest: Heckenast Gusztáv, 1861. [C]
1. kötet: 10. október. 1717–1720.–3. október. 1728. 224p.
2. kötet: 18. április. 1729–20. december. 1758. Mikes Kelemen élete. 246p.
MH AsWN GeLU

2509. *Művei.* Kiadja Abafi Lajos. I–II. kötet. Budapest: Aigner Lajos, 1879–1880. [C]
1. kötet: *Mulatságos napok.* [Beszély-ciklus] Életrajzi bevezetéssel. 1879[1]. 341p.
2. kötet: *Törökországi levelek.* 1880. 436p.
GeLBM

2510. *Kiadatlan kéziratai.* Ismerteti Papp Endre. Budapest: Engelmann Mór, 1895[1]. 59p. [C] NNC

2511. *Törökországi levelek.* Kiadta, bevezetéssel és jegyzetekkel ellátta Császár Elemér. Budapest: Lampel R., 1905. 312p. [C] DLC MnU NNC OCl GeLU

2512. *Törökországi levelei.* A magyar királyi kormány támogatásával, II. Rákóczi Ferencz hamvainak hazaszállítása alkalmából készült emlékkiadása. A bevezető tanulmányokat írták Négyesy László, Thaly Kálmán, Beöthy Zsolt, Szily Kálmán, Erődi Béla. A leveleket az eredeti kézirat alapján kiadja Miklós Ferenc. [Best edition until superseded by critical edition under preparation, no. 2517] Budapest: Franklin-Társulat, 1906. 233p. [B] DLC MB MH MnU NN NNC OCl AsWN GeLBM GyBH

2513. *Törökországi levelei.* Sajtó alá rendezte és bevezetéssel ellátta Erődi Béla. Budapest: Franklin-Társulat, 1906. 378p. [B] DLC NN NNC AsWU FiHI GeCU GyBH GyGGaU

2514. *Válogatott törökországi levelei.* Bevezette és jegyzetekkel ellátta Bánóczi József. Budapest: Lampel Róbert, 1930. 110p. [C] AsWN GeLU GyBH

2515. *Levelek a száműzetésből.* A válogatás, a bevezetés és a jegyzetek Lukácsy Sándor munkája. Budapest: Ifjúsági Könyvkiadó, 1953. 163p. [C]

2516. *Törökországi levelek.* Sajtó alá rendezte Bisztray Gyula, a bevezetést írta s a jegyzeteket összeállította Barta János. Budapest: Szépirodalmi Könyvkiadó, 1958. 386p. [C] MnU NNC GeLBM GyBDS

2517. *Összes művei.* Szerkeszti Hopp Lajos. Eddig I. kötet. Budapest: Akadémiai Kiadó, 1966+. [A]
1. kötet: *Törökországi levelek és misszilis levelek.* Sajtó alá rendezte Hopp Lajos. 1966. 863p.
MnU GeLBM

See nos. 2520 and 2521.

BIOGRAPHY

2518. Abafi Lajos. *Mikes Kelemen*. Budapest: Rudnyánszky A., 1878. 208p.
His life and thought based on his journals and letters. Includes a chapter
on his writings other than the *Letters from Turkey*, and closes with the
texts of five newly uncovered letters. Bibliographical footnotes. MnU
NNC AsWN GeLBM

2519. Imre Antal. *Mikes Kelemen élete és munkái*. Budapest: Rózsa K. és
Neje, 1883. 35p.
Concerned mainly with his period with Rákóczi and with the character
and style of his writings, especially the *Letters from Turkey*. Bibliographical
footnotes. GyBH

2520. Toncs Gusztáv. *Zágoni Mikes Kelemen*. Budapest: Lampel Róbert,
1897. 249p.
Purpose: to provide the background for his activities but, above all, to
portray the man and his literary characteristics mainly on the basis of the
Letters from Turkey in a way more unified and complete than achieved by
previous studies. Attention to his other writings. Bibliography, pp. 236–239.
MnU FiHI

2521. Gálos Rezső. *Mikes Kelemen*. Budapest: Művelt Nép, 1954. 139p.
A three-part study of his life and writings, mainly from the beginning of
his relations with Rákóczi: (1) alongside Rákóczi, (2) the *Letters from
Turkey*, and (3) the twilight. Chronological list of his works and biblio-
graphy, p. 139. DLC MH NNC FiHI GeLBM GyBDS GyBH GyGNSU

CRITICISM

See also no. 1008.

2522. Császár Elemér. *Mikes "Törökországi levelei"-nek keletkezése*.
Budapest: Athenaeum, 1895. 43p.
The circumstances and background from which the *Letters from Turkey*
developed. GyBH

2523. Huttkay Lipót. *Mikes Kelemen Törökországi levelei*. Eger: Rényi
Károly, 1905. 63p.
A brief biography followed by a study of his *Letters from Turkey*: their
authenticity, the question of whether they are actual letters or a literary
form with Mikes, the manner in which the original letters reached Hungary
from Rodosto and the way they became a part of the collection in the
Egri Érsekmegyei Könyvtár, the period of their composition, their subject
matter, Mikes's distinguishing characteristics, and the letters recording the
illness, death, and burial of Rákóczi. Facsimiles of letters dealing with the
illness, death, and burial. GeLBM GyBH

2524. Négyesy László, Thaly Kálmán, Beőthy Zsolt, Szily Kálmán és Erődi Béla. "Bevezető tanulmányok," *Zágoni Mikes Kelemen Törökországi levelei*. A leveleket az eredeti kézirat alapján kiadja Miklós Ferenc. Budapest: Franklin-Társulat, 1906; 233p. Pp. v–lxxiii.

Four individual introductory studies to the memorial edition: (1) his life by Négyesy, (2) historical background by Thaly, (3) the place of the work in Hungarian literature by Beöthy, (4) dictionary of words difficult to understand by Szily, and (5) Turkish elements in the work by Erődi. DLC MB MH MnU NN OCl AsWN GeLBM GyBH

2525. Szily Kálmán. "Mikes Törökországi levelei nyelvi szempontból," *Magyar Nyelv*, II (1906), 337–347.

Explanations of words and expressions in the *Letters from Turkey* believed to require clarification with the aid of historical dictionaries. Alphabetical. CU CtY DLC MH NNC AsWU FiHI GeLBM GyGNSU

2526. Kürti Menyhért. *Mikes Kelemen kiadatlan munkái*. Eger: Érseki Liceumi Könyvnyomda, 1907. 58p. [Reprinted from *Az Ciszterci Rend Katholikus Főgimnáziumának Értesítője az 1906–1907 tanévről*, pp. 3–58]

An examination of nine of his previously unpublished works to draw from them his portrait as a religious writer and a moral teacher. Bibliographical footnotes.

2527. Király György. "A Törökországi levelek forrásaihoz," *Egyetemes Philologiai Közlöny*, XXXIII (1909), 257–277, 334–345. [Also a reprint]

A discussion of letters 172–192, from the *Letters from Turkey*, as being based on a French translation of Paul Richaut's *The history of the present state of the Ottoman Empire* (London, 1669). Maintains that this knowledge does not reduce the individuality of Mikes in the Letters. Appendix: Identification of foreign sources in the *Letters from Turkey* in two categories: (1) short stories and anecdotes and (2) treatises. Bibliographical footnotes. IU MH MnU NNC OClW OCU [AsWN] FiHU GyBH

2528. Király György. "Mikes fordításai," *Egyetemes Philologiai Közlöny*, XXXVI (1912), 21–28.

Division of his translations into three categories (short stories, travelogues, and religious and moral writings) and the French sources of each work in these categories. Bibliographical footnotes. CU MH MnU NNC OClW OCU AsWN FiHU GyBH

2529. Zolnai Béla. "Mikes Törökországi leveleinek keletkezéséhez," *Egyetemes Philologiai Közlöny*, XL (1916), 7–32, 90–106.

A study of the genesis of the *Letters from Turkey*, finding that his borrowing of short stories and educational communications follows literary traditions: Giovanni-Paolo Marana's *Espion turc* (Paris, 1684), the *Lettres politiques, historiques et galantes* (under pseudonym "D.L.C.," Amsterdam, 1743), Jean-Baptiste de Boyer d'Argens's *Lettres juives* (La Haye, 1737), Montesquieu's *Lettres persanes* (Amsterdam, 1721), and the periodical *Spectator* (1711–1712), the latter being the source from which he borrowed short stories. Bibliographical footnotes. CU IU MH MnU NNC OClW OCU FiHU GyBH

2530. Zolnai Béla. "Mikes Kelemen. (Fejezet az irodalmi gondolat történetéből)," *Minerva*, IX (1930), 53–79, 165–198.

Purpose: to learn what influence the literary milieu of his times had on his writings. Finds that the intellectual elements in Transylvania, Paris, and Rodosto predestined him to become a writer, that both *Mulatságos napok* and his literary opinion in the middle of the 18th century were old-fashioned and governed by moral viewpoints, and that the literary form of the *Letters from Turkey* develops from the mental frame of the "gáláns précieux Âge." Bibliographical footnotes. DLC NjP NN NNC FiHI FiHU GyBH GyGNSU

2531. Zolnai Béla. "Mikes eszményei," *Minerva*, XVI (1937), 3–55.

A consideration of the characteristics and sources of his humanism (in a non-classical sense) in his readings, numerous learned men, his relations with Rákóczi at Rodosto, his study and translations of the writings of the Jansenists, his religious outlook coming under the unconscious influence of Jansenism, and the determination of his ideals and philosophical position by the Port Royal. Much discussion of the specific sources and individuals making up his milieu. Bibliographical footnotes. DLC NjP NN NNC [FiHI] FiHU GyBH

2532. Szigeti József. "Mikes Kelemen," *Mikes Kelemen: Törökországi levelek.* A könyvet szerkesztette és a bevezetőt írta Szigeti József. Bukarest: Állami Irodalmi és Művészeti Kiadó, 1956; 452p. Pp. 5–72.

An introduction providing the major details of his life by periods and sections on the origin of the *Letters from Turkey*, on his view of the reigning prince and the war for freedom, on his love of his country and judgments of society, on his relation with the Enlightenment, on his language and style, and on his *Letters* and the responses of succeeding generations to the work (to 1848).

2533. Barta János. "Bevezetés," *Mikes Kelemen: Törökországi levelek.* Sajtó alá rendezte Bisztray Gyula, a jegyzeteket összeállította Barta János. Budapest: Szépirodalmi Könyvkiadó, 1958; 386p. Pp. 5–41.

An introduction which, after providing the political background for the exile and the life of the colony at Rodosto, discusses his development and the course of his career as a man and writer, and examines the substance and form of the *Letters* as to their characteristics, their place in the literary genres of the early 18th century, and the nature of their epical materials. MnU NNC GeLBM GyBDS

2534. Hopp Lajos. "A Törökországi levelek műfaji problémái," *Magyar*

Tudományos Akadémia Nyelv- és Irodalomtudományi Osztályának Közleményei, XV (1959), 129–152.

A critical survey of the attitudes toward his *Letters* and the scholarly critical attention given to the work, especially in regard to the difficulties presented by its literary form. Suggests that the form is found in the letters of Roger de Rabutin and Mme. de Sévigné, at the end of the 17th century —the genre of "letters." Bibliographical footnotes. DLC MnU NNC GyBDS GyBH GyGNSU

2535. Hopp Lajos. "Mikes Kelemen utolsó levelei. Halálának kétszázadik évfordulójára," *Irodalomtörténeti Közlemények,* LXV (1961), 517–532.

A discussion of five letters to his relatives in Transylvania written from 1758 to 1761 showing their connection with the threads of his earlier letters and maintaining that they prove his literary career closed not in 1758, the accepted date, but in 1761. Bibliographical notes. Summary in French, pp. 531–532. DLC MnU NN NNC AsWU GeLBM GyBH

MIKSZÁTH KÁLMÁN

Born January 16, 1847 in Szklabonya; died May 28, 1910 in Budapest. Novelist, short-story writer, publicist. Father a smallholder, tavernkeeper, and butcher. Attended Evangelical and Reformed Gymnasium in Rimaszombat 1857–1862 and Evangelical Gymnasium in Selmecbánya 1863–1866. Studied law at University of Pest 1866–1869 but never took examination. Became counsellor to sheriff in Balassagyarmat in 1870. Resigned in 1871 to become apprentice lawyer and also staff member of *Nógrádi Lapok.* Awarded Prize by *Igazmondó* in Pest for *Ami a lelket megmérgezi,* a short story, in 1871. Returned to family village to try farming. Increased interest in writing and journalistic career. Married Ilona Mauks in summer 1873 in Pest, contrary to her family's wish. Became editor of *Magyar Néplap* in 1874. Sent wife to her parents' home in 1875 because of financial problems, divorced her in 1876, and remarried her on December 31, 1882, when career was established; very happy marriage. Joined staff of *Budapesti Napilap* in 1877. Wrote articles on all major questions of day. Near end of July 1878 moved to Szeged to become regular staff member of *Szegedi Napló.* Returned to Budapest in December 1880. Joined staff of *Ország-Világ* and, in 1881, *Pesti Hírlap,* with which he was associated for nearly 20 years. Publication of *Tót atyafiak* (1881) and *A jó palócok* (1882) brought him fame. Became member of Petőfi-Társaság in 1881, Kisfaludy-Társaság in 1882. Edited *Magyarország és Nagyvilág* 1882–1883 and *Urambátyám* in 1886, both of which failed. Very successful contributions to *Vasárnapi Újság, Magyar Szalon, Képes Családi Lapok,* among other periodicals, and to two publishers' series of novels, Egyetemes Regénytár and Regényújság, brought him fame approaching that of Mór Jókai (q.v.). Was parliamentary representative from

Illyefalva District 1887–1889 and Fogaras District 1892 to end of life. Associate member of Academy in 1889. President of Budapesti Újságírók Egyesülete in 1896. Founded *Országos Hírlap* in 1896, which failed after year. Left *Pesti Hírlap* in 1903 to become principal contributor to *Az Újság*, voice of István Tisza. Spent majority of time on estate in Horpács, which he purchased from Pál Szontagh in 1905. Awarded Grand Prize by Academy in 1908. Had suffered seizures of laryngitis and asthma since 1887. Serious case of pneumonia in 1909. Died suddenly within two weeks after national celebration of 40th anniversary of his literary career, which included his receipt of Order of St. Stephen from Francis Joseph I, distinguished membership in Academy, and honorary doctorate in philosophy from University of Budapest. ¶One of the most important figures in Hungarian prose fiction. His novels and stories treat the life of peasants, people in small towns, landed gentry, and proprietor class in provinces of Upper Northern Hungary; also autobiographical elements. Not really a social critic but humorist portraying individuals satirically and ironically in their Hungarian settings. Especially effective in his use of anecdotal method. The movement of the style in his novels between romanticism and realism opened a new period in the history of Hungarian novel. According to many critics, he established naturalness of conversation mixed with tasteful humor in Hungarian literature. Children's stories are classics. ¶ Many of his novels have been translated into Bulgarian, Chinese, Croatian, Czech, Danish, Dutch, English, Esthonian, Finnish, French, German, Italian, Lithuanian, Polish, Rumanian, Russian, Serbian, Slovakian, Spanish, Swedish, Turkish, and Ukrainian; and editions of his selected works are available in German and Russian.

FIRST EDITIONS: *Elbeszélések*. I–II. kötet. Budapest: Wodiáner F., 1874. – *Tündérvilág*. Válogatott mesék gyűjteménye az ifjúság számára kilenc képpel. Írta Kálmán bácsi. Budapest, 1875. [From Pintér, VII, 403] – *Még újabb fény- és árnyképek*. [Karcolatok] Budapest: Grimm és Horovicz, 1878. 147p. – *Az igazi humoristák*. Cikkek a magyar nép humoráról. Szeged: Endrényi Lajos és Társa, 1879. 110p. – *Szeged pusztulása*. Szeged: Endrényi Lajos és Társa, 1879. 64p. – *Tisza Lajos és udvara Szegeden*. Fény- és árnyképek. [Karcolatok] Budapest: Grimm Gusztáv, 1880. 119p. – *A tót atyafiak*. [Elbeszélések és rajzok] Budapest: Grimm Gusztáv, 1881. 189p. – *Frivol akta. Brézói ludak. A saját ábrázatomról*. [Elbeszélések] Bevezetéssel Jókai Mórtól. Budapest: Révai Testvérek, 1882. 111p. – *Herczeg Eszterházy Miklós kalandjai szárazon és vizen*. [Verses elbeszélés] Budapest: Révai Testvérek, 1882. 23p. – *A jó palócok*. [Tizenöt apró történet] Budapest: Légrády Testvérek, 1882. 160p. – *Az ördög orsója vagy a toplányi boszorkány históriája*. [Elbeszélés] Budapest: Méhner Vilmos, 1882. 32p. – *Herczeg Eszterházy Miklós további kalandjai*. [Verses elbeszélés] Budapest: Révai Testvérek, 1883. 39p. – *Jókai Mór vagy a komáromi fiú, ki a világot hódította meg*. [Elbeszélés] Budapest: Révai Testvérek, 1883. 28p. – *Kavicsok*. Elbeszélések. Budapest: Petőfi-Társaság,

1883. 162p. – *Az apró gentry és a nép.* Harminc kis elbeszélés. Budapest: Révai Testvérek, 1884. 198p. – *Nemzetes uraimék. Mácsik a nagyerejű.* Regény. Budapest: Révai Testvérek, 1884. 356p. – *A titokzatos fekete láda.* Elbeszélés. Budapest, 1884. [From Szinnyei, VIII, 1379] – Mikszáth Kálmán: *A lohinai fű.* Elbeszélés. Welten Oszkár: *Egy éjszakára bezárva.* Víg beszély. Budapest: Singer és Wolfner, 1885. 158p. – *A tekintetes vármegye.* Igaz történetek. Budapest: Révai Testvérek, 1885. 180p. – *Urak és parasztok.* [Elbeszélések] Budapest: Révai Testvérek, 1885. 194p. – *A két koldusdiák.* Mesés történet az ifjúság számára. Budapest: Révai Testvérek, 1886. 226p. – *A tisztelt ház.* [Karcolatok] Budapest: Singer és Wolfner, 1886. 178p. – *A fészek regényei.* [Elbeszélések] Budapest: Singer és Wolfner, 1887. 166p. – *Club és folyosó.* Politikai ötletek és rajzok. Budapest: Révai Testvérek, 1888. 221p. – *Otthon és a zöld mezőn.* [Verses képeskönyv gyermekeknek] Budapest: Légrády Testvérek, 1888. 52 sztl. – *A beszélő köntös.* Regény. Budapest: Révai Testvérek, 1889. 209p. – *Magyarország lovagvárai regékben.* [Elbeszélések] Budapest: Révai Testvérek, 1890. 175p. – *Pipacsok a búzában.* Tizennyolc elbeszélés. Budapest: Révai Testvérek, 1890. 230p. – *Tavaszi rügyek.* Elbeszélések az ifjúságról. Budapest: Révai Testvérek, 1890. 215p. – *Galamb a kalitkában.* [Regény] Budapest: Singer és Wolfner, 1892. 175p. – *A kis prímás.* Történeti elbeszélés. Az ifjúság számára átdolgozva. Budapest: Révai Testvérek, 1892. 108p. – *Országgyűlési karcolatai.* Összegyűjtötték és kiadták Légrády Testvérek. Budapest, 1892. 365p. – *Pernye.* [Novellák] Budapest: Révai Testvérek, 1893. 229p. – *Az eladó birtok. Páva a varjúval.* Két elbeszélés. Budapest: Singer és Wolfner, 1894. 182p. – *Szent Péter esernyője.* [Regény] Budapest: Légrády Testvérek, 1895. 341p. – *Társalgási leczkék.* Az elemi népiskolák számára. Kulcs a magyar nyelv megtanulásához. Budapest, 1895. [From Szinnyei, VIII, 1380] – *Beszterce ostroma.* Egy különc ember története. [Regény] Budapest: Légrády Testvérek, 1896. 297p. – *Kísértet Lublón és egyéb elbeszélések.* Budapest: Légrády Testvérek, 1896. 231p. – *Nagyságos Katánghy Menyhért képviselő úr viszontagságos élete, kalandjai, szerencsétlensége, szerencséje és művei.* [Regény] Budapest: Révai Testvérek, 1896. 288p. – *A gavallérok. Ne okoskodj Pista.* [Elbeszélések] Budapest: Légrády Testvérek, 1897. 98, 104p. – *A keresztmama meséi: A pajkos diák, A varjú esete.* Budapest, 1897. [From Szinnyei, VIII, 1381] – *A keresztmama újabb meséi: A király álma, Hó-király.* Budapest: Légrády Testvérek, ca. 1897. 43p. – *Prakovszky, a siket kovács.* [Elbeszélés] Budapest: Légrády Testvérek, 1897. 168p. – *A demokraták. 1. Szervusz, Pali bácsi! 2. Ugyan eredj a Rákóczyddal!* [Elbeszélések] Budapest: Légrády Testvérek, 1898. 74p. – *Két elbeszélés: Homályos ügy, A táborszernagy halála.* Budapest, 1898. [From Szinnyei, VIII, 1381] – *Új Zrínyiász.* Társadalmi és politikai szatirikus rajz. Budapest: Légrády Testvérek, 1898. 260p. – *Egy választás Magyarországon vagy a körtvélyesi csíny.* [Regény] Budapest: Légrády Testvérek, 1899. 143p. – *Különös házasság.* Regény. I–II. kötet. Budapest: Légrády Testvérek, 1901. – *Öreg szekér, fakó hám.* Újabb elbeszélések.

Budapest: Légrády Testvérek, 1901. 298p. – *A szelistyei asszonyok.* [Regény] *A szökevéynek.* [Novella] *Apró képek a vármegyéből.* Úti élmények. Budapest; Légrády Testvérek, 1901. 334p. – *A fekete kakas.* [Elbeszélések] Budapest: Légrády Testvérek, 1902. 309p. – *Akli Miklós es. kir. udv. mulattató története.* [Regény] Budapest: Légrády Testvérek, 1903. 281p. – *Mikor a mécses már csak pislog.* Elbeszélések. Budapest: Légrády Testvérek, 1903. 299p. – *Az én kortársaim.* [Visszaemlékezések] Budapest: Athenaeum, 1804. 190p. – *A vén gazember.* [Regény] Budapest: Révai Testvérek, 1906. 238p. – *Világít este a szentjánosbogár is.* [Elbeszélések] Budapest: Révai Testvérek, 1906. 264p. – *Jókai Mór élete és kora.* I–II. kötet. Budapest: Révai Testvérek, 1907. –*A Noszty fiú esete Tóth Marival.* [Regény] I–III. kötet. Budapest: Franklin-Társulat, 1908. – Continued under EDITIONS.

EDITIONS

See also nos. 2550 (letters), 2551 (letters), and 2570. Editorial works: nos. 999, 1664, and 1665. Material in editions: no. 705, p. 175, and nos. 3823 and 4090. Annotated work: no. 1553.

2536. *Munkái.* Közrebocsájtotta az író negyvenéves jubileumára alakult bizottság. I–XXXII. kötet. Budapest: Révai Testvérek, 1910. [C]

1–2. kötet: *Különös házasság.* Regény. 1–2. kötet.

3. kötet: *Szent Péter esernyője.* [Regény] 250p.

4. kötet: *Beszterce ostroma.* [Regény] 227p.

5. kötet: *Új Zrínyiász.* [Regény] 214p.

6. kötet: *Akli Miklós császári és királyi mulattató története.* [Regény] 228p.

7. kötet: *A vén gazember.* [Regény] 181p.

8. kötet: Kisebb regények: *A fekete kakas, A beszélő köntös.* 1. kötet. 189p.

9. kötet: Kisebb regények: *A gavallérok, Sipsirica.* 2. kötet. 179p.

10. kötet: Kisebb regények: *Prakovszky, a siket kovács, A kis prímás.* 3. kötet. 179p.

11. kötet: Kisebb regények: *Galamb a kalitkában, A Krúdy Kálmán csínytevései.* 4. kötet. 182p.

12. kötet: Kisebb regények: *Az eladó birtok, Mindenki lépik egyet.* 5. kötet. 155p.

13. kötet: Kisebb regények: *A szelistyei asszonyok, Ne okoskodj Pista.* 6. kötet. 204p.

14. kötet: *A tekintetes vármegye.* Elbeszélések. 257p.

15. kötet: *A tót atyafiak. A jó palócok.* [Elbeszélések] 223p.

16. kötet: *A gyerekek.* [Elbeszélések] 213p.

17. kötet: *Két választás Magyarországon.* [Two works under this new title for the first time: *Nagyságos Katánghy Menyhért képviselő úr viszontagságos élete* and *Egy választás Magyarországon, vagy A körtvélyesi csíny*] 305p.

18–19. kötet: *Jókai Mór élete és kora*. Életrajzi monográfia. 1–2. kötet.

20–21. kötet: *Az én kortársaim*. 1–2. kötet.

22–23. kötet: Nagyobb elbeszélések. 1–2. kötet.

24–28. kötet: Kisebb elbeszélések. 1–5. kötet.

29–30. kötet: Apró vázlatok és rajzok. 1–2. kötet.

31. kötet: *A két koldusdiák*. [Regény] 141p.

32. kötet: A Mikszáth-jubileum története. A jubileumi díszkiadás teljes tartalommutatójával. 63p.

[MH] NN [AsWN] [GyBH]

2537. *A fekete város.* [Regény] I–III. kötet. Budapest: Franklin-Társulat, 1911[1].

2538. *Töviskes látogatóban.* Elbeszélések. [Contains his last stories and fragments not published previously in book form] Budapest: Franklin-Társulat, 1912[1]. 287p.

2539. *Munkái.* Hátrahagyott iratok. Sajtó alá rendezte Rubinyi Mózes. I–XIX. kötet. Budapest: Révai Testvérek, 1914–1917[1]. [C]

1. kötet: *A saját ábrázatomról.* Vallomások, levelek, följegyzések. 1914.[1] 327p.

2. kötet: *Az igazi humoristák.* Olvasmányok, úti jegyzetek, tárcacikkek. 1915[1]. 156p.

3. kötet: *Tudós írások.* Huszonegy előszó, beszédek, tudósítások. 1914[1]. 256p.

4. kötet: *Az én ismerőseim.* Apró jellemrajzok. 1914[1]. 272p.

5. kötet: *Az én halottaim.* Nekrológok. 1914[1]. 240p.

6–7. kötet: *Szeged könyve.* Elbeszélések. 1–2. kötet. 1914[1].

8–11. kötet: *Dekameron.* Elbeszélések. 1–4. kötet. 1917[1].

12–13. kötet: Anekdóták. 1–2. kötet. 1917[1].

14. kötet: *Nemzetes uraimék. Mácsik a nagyerejű.* Regények. 1917[1]. 179p.

15. kötet: *Magyarország lovagvárai regékben.* 1917[1]. 139p.

16. kötet: *A tisztelt ház.* Politikai karcolatok és jellemrajzok. 1886–1890. 1. kötet. 1917[1]. 157p.

17. kötet: *A tisztelt ház.* Politikai karcolatok és jellemrajzok. 1892–1906. 2. kötet. 1917[1]. 131p.

18. kötet: *A vármegye rókája.* Regény. 1917[1]. 280p.

19. kötet: Rubinyi Mózes: *Mikszáth Kálmán élete és művei.* Az összes művek bibliográfiájával. 1917[1]. 129p.

AsWN GyBH

2540. *Írói arcképek.* Sajtó alá rendezte, bevezetéssel és jegyzetekkel ellátta Bisztray Gyula. Budapest: Művelt Nép, 1953. 215p. [C] GyBH

2541. *Válogatott művei.* Szerkesztő bizottság: Barabás Tibor, Illés Endre, Király István, Rubinyi Mózes. Eddig [I–XIII.] kötet. Budapest: Szépirodalmi Könyvkiadó, 1953+. [C]

[Volumes not numbered; arranged chronologically]

1. *Beszterce ostroma. Új Zrínyiász.* Regények. 1953. 433p.
2. *A fekete város.* Regény. 1953. 528p.
3. *Különös házasság.* Regény. 1953. 401p.
4. Elbeszélések, 1871–1887. 1. kötet. 1954. 562p.
5. Kisregények. 1. kötet. 1954. 522p.
6. *A Noszty-fiú esete Tóth Marival.* Regény. 1954. 544p.
7. Elbeszélések, 1887–1899. 1955. 535p.
8. Elbeszélések, 1900–1910. 1955. 572p.
9. *Két választás Magyarországon.* Regény. 1955. 276p.
10. Kisregények. 2. kötet. 1955. 535p.
11. *Szent Péter esernyője. Akli Miklós.* Regények. 1956. 434p.
12. Emlékezések és tanulmányok. 1957. 755p.
13. *A tisztelt ház-ból.* Politikai karcolatok. 1958. 627p.
MnU [NNC] [AsWU] FiHU [GeCU] [GyBH] GyGNSU

2542. *Összes művei.* Szerkeszti Bisztray Gyula és Király István. Eddig I–XXVIII., XXX–XXXI., XXXV., LI–LII. kötet. Budapest: Akadémiai Kiadó, 1956+. [A]

1. kötet: Regények és nagyobb elbeszélések, 1871–1877: *Ami a lelket megmérgezi, A batyus zsidó lánya, A lutri, A vármegye rókája.* Függelék: Vázlatok és változatok. 1956. 307p.
2. kötet: Regények és nagyobb elbeszélések, 1878–1883; *Az apám ismerősei, Nemzetes uraimék, Mácsik a nagyerejű.* Függelék: Vázlatok és változatok. 1956. 404p.
3. kötet: Regények és nagyobb elbeszélések, 1885–1889: *A lohinai fű, A két koldusdiák, A beszélő köntös.* Függelék: A lovak reparálója. 1957. 376p.
4. kötet: Regények és nagyobb elbeszélések, 1891–1892: *Galamb a kalitkában, A kis prímás, Farkas a Verhovinán.* Függelék: A romanticizmus. 1956. 259p.
5. kötet: Regények és nagyobb elbeszélések, 1893; *Kisértet Lublón, Az eladó birtok, Páva a varjúval.* Függelék: Utóiratok a "Kíséret Lublón" című elbeszéléshez. 1957. 281p.
6. kötet: Regények és nagyobb elbeszélések, 1894: *Beszterce ostroma.* Függelék: Nyílt levél Nagy Miklóshoz a "Vasárnapi Újság" szerkesztőjéhez. 1957. 324p.
7. kötet: Regények és nagyobb elbeszélések, 1895: *Szent Péter esernyője.* 1957. 328p.
8. kötet: Regények és nagyobb elbeszélések, 1895–1897: *Ne okoskodj, Pista, Nagy kutya a vicebíró, A zöld légy és a sárga mókus, Prakovszky, a siket kovács, A gavallérok.* 1958. 344p.
9. kötet: Regények és nagyobb elbeszélések, 1896: *Két választás Magyarországon.* Függelék: *Katánghy bejut a pénzügyi bizottságba.* 1958. 328p.
10. kötet: Regények és nagyobb elbeszélések, 1897–1898: *A demokraták,*

Új Zrínyiász. Függelék: "A demokraták" című elbeszélés vázlatai és változatai, Írások az "Új Zrínyiász" című regényről. 1957. 388p.

11. kötet: Regények és nagyobb elbeszélések, 1899: *Apró képek a régi vármegyéből, A Krúdy Kálmán csínytevései, A mi örökös barátunk, Egy éj az Arany Bogárban.* Függelék: *A megromlott "állás."* 1959. 336p.

12. kötet: Regények és nagyobb elbeszélések, 1899–1901: *A fekete kakas, A szökevények, A szelistyei asszonyok.* "A szelistyei asszonyok" jegyzeteinek részletezése. 1959. 364p.

13–14. kötet: Regények és nagyobb elbeszélések, 1900: *Különös házasság.* 1–2. kötet. 1960.

15. kötet: Regények és nagyobb elbeszélések, 1902: *Fili, Mindenki lépik egyet, A sipsirica.* 1960. 303p.

16. kötet: Regények és nagyobb elbeszélések, 1903: *Akli Miklós cs. kir. udvari mulattató története.* 1959. 259p.

17. kötet: Regények és nagyobb elbeszélések, 1904–1905: *A vén gazember, Kozsibrovszky üzletet köt.* 1959. 303p.

18–19. kötet: Regények és nagyobb elbeszélések, 1905–1906: *Jókai Mór élete és kora.* 1–2. kötet. 1960.

20–21. kötet: Regények és nagyobb elbeszélések, 1906–1907: *A Noszty-fiú esete Tóth Marival.* 1–2. kötet. 1960.

22–23. kötet: Regények és elbeszélések, 1908–1910: *A fekete város.* 1–2. kötet. 1961.

24. kötet: Levelezése, 1865–1884. 1. kötet. 1961. 352p.

25. kötet: Levelezése, 1884–1908. 2. kötet. 1961. 296p.

26. kötet: Levelezése, 1909–1910. 3. kötet. 1961. 304p.

27. kötet: Elbeszélések, 1861–1873. 1. kötet. 1962. 340p.

28. kötet: Elbeszélések, 1874–1877. 2. kötet. 1963. 332p.

30. kötet: Elbeszélések, 1878–1880. 4. kötet. 1965. 340p.

31. kötet: Elbeszélések, 1880–1881. 5. kötet. 1966. 266p.

35. kötet: Elbeszélések, 1884. Sajtó alá rendezte Rejtő István. 9. kötet. 1965. 356p.

51. kötet: Cikkek és karcolatok, 1869–1874. 1. kötet. 1964. 311p.

52. kötet: Cikkek és karcolatok, 1874–1875. 2. kötet. 1964. 275p.

[DLC] [MH] MnU [NN] [NNC] [AsWN] FiHU [GeCU] [GeLBM] GyBDS GyBH [GyGNSU]

2543. *Ars poeticája.* Válogatta, sajtó alá rendezte és az előszót írta Illés Béla. Budapest: Szépirodalmi Könyvkiadó, 1960. 300p. [C] DLC ICU InU NNC GeCU GeLU GyBDS GyBH

2544. *Elbeszélések és kisregények.* Válogatta, sajtó alá rendezte és a bevezetést írta Véber Károly. I–II. kötet. Budapest: Szépirodalmi Könyvkiadó, 1960. [B]

1. kötet: Elbeszélések. 483p.

2. kötet: Kisregények: *Galamb a kalitkában, Kísértet Lublón, Prakovszky*

a siket kovács, A gavallérok, A fekete kakas, A szelistyei asszonyok, A sipsirica. 499p.
NN GyBH

BIBLIOGRAPHY

See also nos. 2536 (vol. 32), 2539, 2549, 2550, 2560, and 2966.

2545. Méreiné Juhász Margit. *Mikszáth Kálmán szellemi és tárgyi hagyatéka a Magyar Tudományos Akadémián és tájmúzeumainkban.* Budapest: Bibliotheca Academiae Scientiarium Hungaricae, 1963. 65p.

An account of his literary and material estate to be found in the library of the Hungarian Academy of Sciences and in regional museums. Includes a catalog of his manuscripts and his library at the Hungarian Academy. MH AsWN GeOB GyBDS GyGNSU

BIOGRAPHY

See also no. 4634.

2546. Gyöngyösy László. *Mikszáth Kálmán.* (*1849–1910*) Budapest: Franklin-Társulat, 1911. 105p.

Biographical sketches based mainly on Gyöngyösy's conversations with Mikszáth. Chapters on Mikszáth as a beginning writer, journalist, and author. Illustrations. MH NNC AsWN GeLBM GyBH

2547. Rubinyi Mózes. "Jókai és Mikszáth," *Emlékezések és tanulmányok.* Budapest: Gondolat, 1962; 235p. Pp. 129–141. [Appeared in *Budapesti Szemle*, CLXV, no. 559 (1916), 422–433]

Details of their long relationship and attitudes toward each other as they were linked by the literary and historical events of their times. NNC GeLBM GyBDS GyGNSU

2548. Király István. *Mikszáth Kálmán.* Budapest: Művelt Nép, 1952. 269p. [1962²]

Concentration on the development of realism in his style. Appendix: Five essays on special questions about the art of his works. DLC IC MnU NN NNC AsWN FiHU GeLBM GyBDS GyBH GyGNSU

2549. Nacsády József. *Mikszáth szegedi évei.* (*1878–1880*) Budapest: Művelt Nép, 1956. 158p.

After discussing the role of Mikszáth and the city of Szeged in Hungarian literary history and life in Szeged during the 1870's and 1880's, considers his activities during the years 1878 to 1880: his political views and pamphleteering activities, and the development of his literary art. Bibliography of his works published during his years in Szeged, pp. 145–154; bibliography of studies about him, pp. 155–157. DLC MH MnU NNC GeLBM

2550. *Mikszáth Kálmánné visszaemlékezései.* Sajtó alá rendezte, az előszót és a jegyzeteket írta Király István, a függelék anyagát sajtó alá rendezte és jegyzetekkel ellátta Méreiné Juhász Margit. Budapest: Szépirodalmi Könyvkiadó, 1957. 410p.

The memoirs of his wife, beginning with her youth and detailing her husband's life, which is the central focus of the work. Chronological table of events in their lives and genealogical tables for both families. Appendix: His letters to his wife, with bibliographical notes. Bibliographical notes, pp. 378–381. Illustrations. DLC MH MnU NN NNC AsWN FiHI GeLBM GyBDS GyBH

2551. Rejtő István. *Mikszáth Kálmán, a rimaszombati diák*. Budapest: Akadémiai Kiadó, 1959. 107p.

His years as a student at the Rimaszombat Gymnasium, 1857–1862. Numerous documents on the forms he attended. Chapter on his activities as a member of the school's literary and debating society. Appendix: His four letters to János Fábry. Bibliographical footnotes. Illustrations and facsimiles. DLC MH MnU NNC AsWN GeLBM GyBDS GyGNSU

2552. *Mikszáth Kálmán. 1847–1910*. Szerkesztette, a bevezető tanulmányt írta és a dokumentumanyagot összeállította Bisztray Gyula. Budapest: Magyar Helikon, 1961. 199p.

A picture book of places and persons associated with his life and writings. Numerous illustrations accompanied by quotations from his works. MnU AsWN FiHU GeCU GeLBM GyBH GyGNSU

CRITICISM

See also nos. 715, 1332, 2648, 2947, 3862, 4082, 4513, and 4624.

2553. Réger Béla. *Mikszáth. Herczeg. Ambrus*. (*Ismertető felolvasások*) Szentgotthárd: Wellisch Béla, 1908. 101p.

Separate studies of Mikszáth, Herczeg, and Ambrus characterizing the subject matter and form of their writings and assessing their contributions to Hungarian literature. Works considered most important given special attention.

2554. Kiss Ernő. *Mikszáth Kálmán*. Kolozsvár: Gámán Örököse, 1910. 71p.

A general characterization of his works: their subject matter, plots, characters, and narrative techniques.

2555. Négyesy László. "Mikszáth," *Budapesti Szemle*, CXLII, no. 401 (1910), 219–242.

Establishes his significance as a writer by analyzing the tendencies in the development of Hungarian belles-lettres and the characteristics of his individuality. Much attention to his literary development. Comparisons with Jókai. CtY DLC NN NNC AsWN GeLBM GyBH

2556. Rubinyi Mózes. *Mikszáth Kálmán stílusa és nyelve*. Budapest: Révai Testvérek, 1910. 246p.

Purpose: to analyze in lexical format his style and language repetitions and rhythms, phrases, short sentences, stylistic devices in characterization, and grammatical aspects. Includes an extensive dictionary of frequently occurring words and phrases to describe specific conditions or connotations which show some semantic change or development in their everyday or dialectical use, and important dialectical words and phrases that are not a part of everyday language. MH NNC OCl GeLBM GyBH

2557. Schöpflin Aladár. "Mikszáth Kálmán," *Magyar írók. Irodalmi arcképek és tollrajzok.* Budapest: Nyugat, 1917; 236p. Pp. 30–54. [Appeared in *Nyugat,* III (April 16, 1910), 489–507]

The author as the representative of the generation that shaped Hungarian development following the Compromise of 1867; the preservation of his youthful impressions in his works; his attitudes toward peasants and his "remote portraits" of them; his treatment of the middle class, the village gentry, and the county nobility; his narrative voice close to the living word; his narrative style and techniques; his continuation of the development of the novel from where Jókai left it. InU MnU NNC GeLBM GyBH GyGGaU

2558. Váradi Béla. *Mikszáth Kálmán.* Budapest: Franklin-Társulat, 1910. 190p.

A critical discussion of his writings, with the circumstances surrounding the author essential to an understanding of his works. MH MnU NNC FiHI GeLBM GyBH

2559. Waczulik László. *Népies elemek Mikszáth nyelvében.* Budapest: Markovits és Garai, 1910. 72p.

A study of popular elements in his language: phonetics, accidence, syntax, dialectical words, idioms, folk songs, and superstitions. MiU FiHI GyBH

2560. Rubinyi Mózes. *Mikszáth Kálmán élete és művei. Az összes művek bibliográfiájával.* Budapest: Révai Testvérek, 1917. 129p.

A brief account of his life followed by an examination of his literary career, form and motifs, humor and style, predecessors and followers, value, character, and future. Bibliography of his works, pp. 95–[130]. CoU DLC InU MH MnU NNC OCl AsWN FiHI GeLBM GyBH GyGGaU

2561. Zsigmond Ferenc. *Mikszáth írói egyénisége mint kortörténelmi dokumentum.* Debrecen: Csáthy Ferenc, 1923. 34p.

His poetry as typifying the feelings and attitudes toward life in Hungary prior to World War I. MH NNC AsWN GyBH

2562. György Lajos. *Tárgytörténeti jegyzetek Mikszáth anekdotáihoz.* Budapest: Pallas, 1933. 43p.

Annotates the analogs and sources to 31 of his anecdotes. NNC GeLBM

2563. Rubinyi Mózes. "Huszonöt év Mikszáth Kálmán életéből," *Emléke-zések és tanulmányok*. Budapest: Gondolat, 1962; 235p. Pp. 123–128. [Appeared in *Irodalomtörténet*, XXV (1936), 9–17]

A discussion of the course of his reputation in the 25 years after his death: critical opinion, posthumous publication of his works, and scholarly studies. NNC GeLBM GyBDS GyGNSU

2564. Riedl Frigyes. *Mikszáth Kálmán*. Tanítványaival sajtó alá rendezte Somos Jenő. Budapest: Királyi Magyar Egyetemi Nyomda, 1940. 118p.

A brief treatment of his life in four periods, the characteristics of his works and their place in Hungarian literature (discussions of *A tót atyafiak*, *A jó palócok*, *Szent Péter esernyője*, and *Új Zrínyiász* mainly), his artistic use of regional materials, and the characteristics and structure of *Beszterce ostroma*. AsWN

2565. Kráhl Vilmos. *Mikszáth a jogász*. Budapest: Dr. Vajna és Bokor, 1941. 161p.

Principles of law as they are found in his writings. Chapters on the models of his characters. Bibliographical footnotes.

2566. Schöpflin Aladár. *Mikszáth Kálmán*. Budapest: Franklin-Társulat, 1941. 156p.

A study of the form and substance of his writings and his literary develop-ment. MnU NNC AsWN GeLBM

2567. Karácsony Sándor. *A cinikus Mikszáth*. Budapest: Exodus, 1944. 110p. States the bases on which Mikszáth's ideas are called cynical and disproves the charge by examining *Demokraták* for his system of values and his symbols. Establishes his concepts in various areas: literature, politics, religion, art, society, technology, world outlook, and education. Closes with sections on his Hungarian cast of mind, his concept of Hungarian character, and the Hungarian system of values and the axiology of Karl Böhm; includes a table of the system of values. MnU GeLBM

2568. Scheiber Sándor. *Mikszáth Kálmán és a keleti folklore*. Budapest: Országos Néptanulmányi Egyesület, 1949. 76p. [Parts appeared in *Irodalom-történet*, XXXVI (1947), 48–54, *Magyar Nyelvőr*, LXXI (1947), 63–64, and *Ethnographia*, LIX (1948), 102–110]

A documentation of the use of ten motifs from Middle East folklore in his works. Bibliographical footnotes. MnU GeLBM GeOB

2569. Sőtér István. "Mikszáth Kálmán helye a magyar realizmusban," *Válasz*, IX (1949), 336–343.

Maintains that his successes were great despite the limitations of his anecdotal method and his failure to handle the problems of his society within the framework of national aspirations prior to 1848, but that he would have become a more critical realist had he followed the generation of writers in the Age of Reform and chosen their way of serving the people. DLC

2570. Sőtér István. "Mikszáth Kálmán és a Beszterce ostroma," *Romantika és realizmus. Válogatott irodalmi tanulmányok.* Budapest: Szépirodalmi Könyvkiadó, 1956; 611p. Pp. 551–572. [Appeared as introductory study to *Mikszáth Kálmán: Beszterce ostroma.* Budapest: Szépirodalmi Könyvkiadó, 1952; 226p. Pp. 5–24]

Traces his development prior to *Beszterce ostroma* and maintains that the work develops his realism parallel to his political outlook and reaches the point where he can go on to the height of his art. Frequent comparisons with Mór Jókai, and characterizations of Mikszáth's view of the means by which society can be improved. DLC MnU NNC AsWN FiHI GeCU GeLBM GyGNSU

2571. Bisztray Gyula. "Mikszáth Kálmán 'Irodalomtörténete,' " *Mikszáth Kálmán: Írói arcképek.* Sajtó alá rendezte, bevezetéssel és jegyzetekkel ellátta Bisztray Gyula. Budapest: Művelt Nép, 1953; 215p. Pp. 5–34.

Examination of his studies of literature and writers to show his views of Hungarian literary history and the principles of Hungarian literature and his attitudes toward the place of the authors in Hungarian literature. GyBH

2572. Barta János. "Mikszáth-problémák," *Irodalomtörténeti Közlemények,* LXV (1961), 1–45. [Also a reprint]

Examines his novels as narrative works, his views and attitudes as a writer, the world outlook and ideals in his works, and the aesthetics of his literary composition and techniques, mainly to show that he is not purely realistic in his approach as is commonly believed but also romantic. Closes with a study of *Noszty* manifesting his romantic realism. Summary in German, pp. 44–45. DLC MnU NN NNC AsWU GeLBM GyBH

2573. Mezei József. "Mikszáth és a század 'realizmusa,' " *Irodalomtörténeti Közlemények,* LXV (1961), 448–469.

Using an extensive discussion of the views of István Király (see no. 2548), János Barta (see no. 2572), and István Sőtér (see no. 2569 and 2570) about the problem of realism as a point of departure, discusses the characteristics of romanticism and realism in the second half of the 19th century, and examines Mikszáth's use of anecdote, humor, and themes in order to place him in the realism of his own period. DLC MnU NN NNC AsWU GeLBM GyBH

MOLNÁR FERENC

Born January 12, 1878 in Budapest; died April 2, 1952 in New York. Dramatist, novelist, short-story writer, journalist. Completed schooling at Reformed gymnasium in Budapest. Began study of law at University of Budapest, pursued international aspects at University of Geneva briefly; abandoned law as a career. Joined editorial staff of *Budapesti Napló* in 1896. Articles and short stories gained wide recognition while he was a youth. Worked on staffs of *A Hét*, *Új Idők*, and *Pesti Hírlap*. Soon became professional dramatist and novelist. Named member of Petőfi-Társaság in 1908. Married three times: Margit Vészi, Sári Fedák, and Lili Darvas, an actress living in the United States. War correspondent during World War I; his reports were published by *New York Times* even though he was on opposing side. His real development as a writer lay in drama, and success after World War I became world-wide. Spent increasing amounts of time abroad in 1920's and left Hungary in 1930's because of growing threat of fascism. Went to France and Switzerland and in 1940 settled in New York, after which he made occasional trips to Europe. Lived and worked in Plaza Hotel at literary activities until his death. ¶ His novels, especially *A Pál-utcai fiúk* and *Andor*, are significant expressions of life of his times, but his dramas established real reputation, making him best known Hungarian writer abroad. Early writings much influenced by Oscar Wilde, Maupassant, and modern French comedy. Showed originality in treatment of absurd situations in society. Characters usually violate conventions of society and have difficulty finding reasonable solutions to rational problems. Mixed romanticism and realism in his plays. Tended to be sentimental and cynical. Strong sense of dramatic structure. Introduced many innovations to Hungarian stage. Translated numerous works in early years of career. *Liliom* very successful both as play and as *Carousel*, a musical comedy. Many plays produced as films. ¶ Many of his plays have been translated into Bulgarian, Dutch, English, Esthonian, Finnish, French, German, Italian, Japanese, Polish, Rumanian, Russian, Serbian, Slovakian, Slovenian, Spanish, Swedish, and Turkish, and *A Pál-utcai fiúk* into Bulgarian, English, Finnish, German, Italian, Polish, Rumanian, Serbian, Slovakian, Slovenian, Spanish, and Turkish; and some of his short stories are available in periodicals and anthologies in several foreign languages.

FIRST EDITIONS: *Magdolna és egyéb elbeszélések*. Budapest: Ranschburg Gusztáv, 1898. 155p. – *A csókok éjszakája és egyéb elbeszélések*. Budapest: Kunosy Vilmos és Fia, 1899. 181p. – *Az éhes város*. [Regény] Budapest: Révai és Salamon, 1901. 329p. – *Egy gazdátlan csónak története*. Regény. Budapest: Magyar Hírlap, 1901. 135p. – *A doktor úr*. Bohózat 3 felvonásban. Budapest: Lampel Róbert, 1902. 80p. – *Józsi és egyéb kis komédiák*. [Humoros jelenetek] Budapest, 1902. [From Pintér, VIII, 1284] – *Éva*. Regény. Budapest: Magyar Hírlap, 1903. 150p. – *Józsi*. Bohózat. Budapest: Lampel Róbert, 1904. 92p. – *Gyerekek*. [Rajzok] Budapest: Lampel Róbert, 1905. 68p. – *Egy pesti leány története*. [Regény] Budapest: Magyar Kereskedelmi Közlöny, 1905. 153p. – *Az ördög*. Vígjáték. Budapest: Franklin-Társulat, 1907. 182p. – *A Pál-utcai fiúk*. Regény kis diákok számára. Budapest: Franklin-Társulat, 1907. 242p. – *Rabok*. [Regény] Budapest: Franklin-Társulat, 1908. 249p. – *Ketten beszélnek*. Tárcák, rajzok. Budapest: Franklin-Társulat, 1909. 251p. – *Pesti erkölcsök*. Humoros rajzok. [Jelenetek] Budapest: Lampel Róbert, 1909. 125p. – *Liliom*. Egy csirkefogó élete és halála. Külvárosi legenda hét képben. [Színmű] Budapest: Franklin-Társulat, 1910. 143p. – *A testőr*. Vígjáték. Budapest, 1910. [From Pintér, VIII, 1288] – *Hétágú síp*. Tréfák, karcolatok, tárcák. Budapest: Franklin-Társulat, 1911. 248p. – *A farkas*. Vígjáték három felvonásban. Budapest: Franklin-Társulat, 1912. 184p. – *Ma, tegnap, tegnapelőtt*. Vasárnapi krónikák. [Cikkek] Budapest: Lampel Róbert, 1912. 114p. – *Báró Márczius és egyéb elbeszélések*. Budapest: Lampel Róbert, 1913. 82p. – *Kis hármaskönyv*. Elbeszélések. I–III. kötet. Budapest: Franklin-Társulat, 1914. – *Az aruvimi erdő titka és egyéb szatirák*. Budapest: Légrády Testvérek, 1916 [1917?]. 226p. – *Egy fehér felhő*. Miráklum. Budapest, 1916. [From Pintér, VIII, 1289] – *Egy haditudósító emlékei*. 1914 november–1915 november. [Háborús rajzok] Budapest: Franklin-Társulat, 1916. 560p. – *Farsang*. Színmű. Budapest: Franklin-Társulat, 1917. 288p. – *Ismerősök*. Feljegyzések, krónikák. [Elbeszélések] Budapest: Franklin-Társulat, 1917. 217p. – *Az óriás és egyéb elbeszélések*. Budapest: Franklin-Társulat, 1917. 235p. [1st ed?] – *Úri divat*. Vígjáték. Budapest, 1917. [From Pintér, VIII, 1289] – *Vacsora és egyéb jelenetek*. Budapest: Érdekes Újság, 1917. 47p. – *Andor*. Regény. Budapest: Athenaeum, 1918. 621p. – *Széntolvajok*. Elbeszélés. Budapest: Népszava, 1918. 19p. – *A hattyú*. Vígjáték három felvonásban. Budapest: Franklin-Társulat, 1921. 198p. – *Színház*. Három egyfelvonásos. [*Előjáték a Lear királyhoz, Marsall, Az ibolya*] Budapest: Franklin-Társulat, 1921. 215p. – *Égi és földi szerelem*. Dráma 5 felvonásban. Budapest: Pantheon, 1922. 159p. – *A vörös malom*. Színjáték két részben, 26 képben. Budapest: Franklin-Társulat, 1923. 214p. – *Az üvegcipő*. Vígjáték három felvonásban. Budapest: Franklin-Társulat, 1924. 182p. – *A gőzoszlop*. [Regény] Budapest: Franklin-Társulat, 1926. 126p. – *Játék a kastélyban*. Anekdota három felvonásban. Budapest: Franklin-Társulat, 1926. 139p. – *Riviera*. Vígjáték három felvonásban. Budapest: Franklin-Társulat, 1926. 119p. – *A csók és egyéb elbeszélések*. Budapest: Tolnai, 1927. 160p. – Continued under EDITIONS. See also p. 208.

EDITIONS

2574. *Művei*. I–XX. kötet. Budapest: Franklin-Társulat, 1928.

1. kötet: *Az éhes város*. [Regény] 4. kiadás. 228p.
2. kötet: *A Pál-utcai fiúk*. [Ifjúsági regény] 7. kiadás. 175p.
3–4. kötet: *Andor*. [Regény] 3. kiadás. 1–2. kötet.
5. kötet: *Rabok*. [Regény] 3. kiadás. *Ismerősök*. [Feljegyzések, krónikák] 2. kiadás. 236p.
6. kötet: *Az aruvimi erdő titka és egyéb szatirák. A gőzoszlop*. [Regény] 3. kiadás. 247p.
7. kötet: *Muzsika*. [Novellák] 3. kiadás. *Egy gazdátlan csónak története*. [Regény] 4. kiadás. 227p.
8. kötet: *Ketten beszélnek*. [Tárcák, rajzok] 3. kiadás. *Éva*. [Regény] 4. kiadás. 239p.

9. kötet: *Kis hármaskönyv.* [Apró történetek, rajzok, furcsa figurák] 4. kiadás. *Az óriás.* [Elbeszélés] 2. kiadás. 219p.

10. kötet: *Józsi.* [Humoreszk] 4. kiadás. *Gyerekek.* [Rajzok] 3. kiadás. 173p.

11. kötet: *Hétágú síp.* [Tréfák, karcolatok, tárcák] 3. kiadás. *Pesti erkölcsök.* [Jelenetek] 2. kiadás. 242p.

12. kötet: *Toll.* [Anekdoták] 1. kiadás. *Ma, tegnap, tegnapelőtt.* [Csevegések] 3. kiadás. 213p.

13–14. kötet: *Egy haditudósító emlékei.* [Rajzok] 2. kiadás. 1–2. kötet.

15. kötet: *A doktor úr.* [Színmű] 5. kiadás. *Józsi.* [Színmű] 3. kiadás. *Az ördög.* [Vígjáték] 12. kiadás. 287p.

16. kötet: *Liliom.* [Színmű] 10. kiadás. *A testőr.* [Vígjáték] 5. kiadás. *A farkas.* [Színjáték]. 12. kiadás. 270p.

17. kötet: *A fehér felhő.* [Színmű] 2. kiadás. *Úri divat.* [Vígjáték] 2. kiadás. *Farsang.* [Színmű] 9. kiadás. 242p.

18. kötet: *A hattyú.* [Vígjáték] 2. kiadás. *Színház.* [Három egyfelvonásos életkép: *Előjáték a Lear királyhoz, Marsall, Az ibolya*] 2. kiadás. 226p.

19. kötet: *Égi és földi szerelem.* [Dráma] 2. kiadás. *A vörös malom.* [Színjáték] 2. kiadás. 218p.

20. kötet: *Az üvegcipő.* [Vígjáték] 2. kiadás. *Riviera.* [Vígjáték] 2. kiadás. *Játék a kastélyban.* [Vígjaték három felvonásban] 2. kiadás. *Olympia.* [Vígjáték] 313p.

MnU NN NNC AsWN GeCU

2575. *Olympia.* Vígjáték három felvonásban. Budapest: Franklin-Társulat, 1928[1]. 128p. DLC IC NN GeLBM GyBH

2576. *Egy, kettő, három.* Vígjáték egy felvonásban. Budapest: Franklin-Társulat, 1929[1]. 116p. IC NN OCl AsWU GeLBM GyBH

2577. *A jó tündér.* Vígjáték három felvonásban. Budapest: Athenaeum, 1930[1]. 158p. [1935] GeLBM GyBH

2578. *Harmónia.* Családi idill három felvonásban. Budapest: Athenaeum, 1932[1]. 128p. DLC NN OCl GeLBM GyBH

2579. *Valaki.* Vígjáték. Budapest: Franklin-Társulat, 1932[1]. 114p. DLC NN GeLBM GyBH

2580. *Csoda a hegyek közt.* Legenda négy felvonásban. Budapest: Athenaeum, 1933[1]. 146p. DLC MH FiHI FiHU GeLBM GyBH

2581. *A zenélő angyal.* Egy fiatal szerelem regénye. Budapest: Athenaeum, 1933[1]. 276p. DLC NN NNC OCl GeLBM GyBH

2582. *Az ismeretlen lány.* Dráma. Budapest: Athenaeum, 1934[1]. 124p. DLC MnU NN OCl GeLBM GyBH

2583. *Menyegző.* Jelenetek. Budapest, 1935[1]. [From Várkonyi, p. 343]

2584. *Nagy szerelem.* Budapest: Athenaeum, 1935[1]. 136p. DLC IC NN GeLBM GeLU

2585. *Delila.* Budapest: Athenaeum, 1937[1] [1938?]. 108p. DLC MH NN GeLBM

2586. *A zöld huszár.* [Regény] Budapest: Athenaeum, 1937[1]. 144p. DLC NN OCl FiHI GeLBM GyBH

2587. *Őszi utazás.* Regény. Budapest: Athenaeum, 1939[1]. 269p. DLC OCl GeLBM GeLU GyBH

2588. *Isten veled szivem.* Regény. Budapest: Káldor György, 1947[1]. 241p. NN GeLBM

2589. *Az aruvimi erdő titka.* [Elbeszélések, színművek] Válogatta Vajda Gábor, bevezette Demeter Imre. Budapest: Magvető, 1957. 342p. [C] DLC GyGNSU

2590. *A kékszemű.* [Ifjúsági elbeszélés] Budapest: Magvető, 1957[1]. 41p. DLC NN

2591. *A gőzoszlop és más elbeszélések.* Budapest: Szépirodalmi Könyvkiadó, 1958. 333p. [C] DLC MH AsWN GeCU GeLBM GyGNSU

2592. *Útitárs a száműzetésben.* (*Companion in exile*) Jegyzetek egy önéletrajzhoz. Bevezette Kárpáti Aurél, fordította Stella Adorján. Budapest: Táncsics, 1958[1]. 357p. [C] CU DLC IC MH MiD NN NNC AsWN GeLBM GyBDS GyBH GyGNSU

2593. *Színház.* [Színművek: *Liliom, A testőr, Előjáték a Lear királyhoz, Marsall, Az ibolya, Játék a kastélyban, Olympia, Egy, kettő, három*] Az előszót Hegedüs Géza írta. Budapest: Szépirodalmi Könyvkiadó, 1961. 532p. [C] C IC MH NNC FiHU GeCU GeLBM GyBDS GyGNSU

2594. *Szülőfalum, Pest.* [Novellák, jelenetek: *Toll, Pesti menazséria, Ketten beszélnek, Szülőfalum, Pest*] A kötetet válogatta, sajtó alá rendezte, az utószót írta Vécsei Irén. Budapest: Szépirodalmi Könyvkiadó, 1962. 599p. [C] IC MH NN NNC FiHU GeLBM GyBDS GyGNSU

2595. *A Pál-utcai fiúk.* Ifjúsági regény. Az utószó Vécsei Irén munkája. Budapest: Szépirodalmi Könyvkiadó, 1964. 255p. [C] CoU IC NN FiHU GeLBM GyBH

BIOGRAPHY

2596. Halmi Bódog. *Molnár Ferenc. Az ember és az író.* Budapest: A Szerző, 1929. 80p.

An intimate portrait of his years in Budapest: the social and literary environment in which he lived, his journalism, his dramatic writings and their reception, and his character and problems. By a friend. MH GyBH

2597. Molnár Erzsébet. *Testvérek voltunk.* Budapest: Magvető, 1958. 289p.

The personal memoirs of his sister about their relationships and written directly to him. Illustrations. DLC MH NN AsWN GeLU GyBDS

CRITICISM

See also no. 4624.

2598. Móricz Zsigmond. "Magyarosság és a nemzetietlenség," *Irodalomról, művészetről.* [1899–1942] Sajtó alá rendezte Szabó Ferenc. I–II. kötet. Budapest: Szépirodalmi Könyvkiadó, 1959. I, 289–296. [Appeared in *Nyugat,* V (April 16, 1916), 704–709]

Despite critics' views, Molnár's play, *Az ördög,* is considered both Hungarian and universal in its motif and technique and well within the scope of previous developments in the history of Hungarian drama. DLC MH MnU NB NNC AsWN AsWU FiHI GeCU GyBDS

2599. Kárpáti Aurél. "Molnár Ferenc. Mozaik," *Tegnaptól máig. Válogatott irodalmi tanulmányok.* Budapest: Szépirodalmi Könyvkiadó, 1961; 427p. Pp. 183–220. [Dated from 1922 to 1956 in the text]

Several studies dealing with the characteristics of his dramas and his development as a dramatist. DLC NN NNC AsWN GyBDS GyBH GyGNSU

2600. Laczkó Géza. "Le ruban," *Nyugat,* XX (February 1, 1927), 270–272. Maintains that Molnár and Jenő Heltai's generation discarded the German art forms, expressions, modes and style, and linked Hungarian literature with the English and French West. On the occasion of their receiving the French Legion of Honor. MnU NNC FiHU GeLBM GyBH

2601. Kosztolányi Dezső. "Molnár Ferenc," *Írók, festők, tudósok. Tanulmányok magyar kortársakról.* Gyűjtötte, sajtó alá rendezte, az utószót és a jegyzeteket írta Réz Pál. I–II. kötet. Budapest: Szépirodalmi Könyvkiadó, 1958. I, 278–283. [Appeared in *Új Idők,* XXXIV (December 9, 1928), 702; *A Toll,* VI (November 15, 1934), 255–257]

Two studies of his dramas and his individuality as a dramatist. Finds him recognizing his limitations but creating very successful plays within them. DLC MH NjN NN NNC AsWN GeCU GyBH GyGNSU

2602. Schöpflin Aladár. "Molnár Ferenc," *Nyugat,* XXI (October 16, 1928), 497–500.

Praises him as the only Hungarian writer who has received a qualitative international reputation. Finds that his distinctive concern is with the neuresthenia of modern man, that in literature he creates the type of average man who longs for the great values of life but does not attain them because of his weaknesses, that great tragedies cannot be composed about small men, and that he is the master of dialogue as a means of unravelling his characters by unifying simple subject and simple expression. MnU NN NNC [FiHI] FiHU GeLBM GyBH

2603. Szász Károly. "Molnár Ferenc mint drámaíró," *Irodalomtörténet,* XVIII (1929), 151–160.

The strength and weaknesses of sixteen of his plays, from *A doktor úr*

(1902) to *Olympia* (1928). Maintains that he does not continue the tradition of Hungarian theater because he was affected by foreign influences in the decades prior to World War I. Does not expect him to change this direction. DLC [MH] MnU NjP NN NNC OClW AsWN AsWU GeLBM GyBH GyGNSU

2604. Lukács György. "Egy rossz regény margójára. Molnár Ferenc: Isten veled szivem," *Új magyar kultúráért.* Budapest: Szikra, 1948; 234p. Pp. 189–194. [Appeared in *Forum*, II (June, 1947), 461–465]

Centered on the view that he is a naturalist of small stature but that he has the capacity to discover effective devices, so that the first capacity could make him into a "fair writer if the second would not continuously remove him from true literature." Maintains that those who consider him among the classical writers of Hungary create a "chink" in the unified democratic perception of Hungarian literature and culture. DLC MH AsWN GeLBM GeLU GyBH

2605. Németh Antal. "A 'Liliom' felújítása," *Vigilia*, XIII (1948), 316–317. Finds the play to have lasting appeal. Provides information about the first performance and successive revivals of the play in terms of actors, number of performances, and critical reception. DLC NN NNC

2606. Illés Endre. "A fiatal Molnár Ferenc," *Krétarajzok.* Budapest: Magvető, 1957; 554p. Pp. 316–319. [Appeared as "Az elmúlt ifjúság regénye" in *Béke és Szabadság*, V (January 20, 1954), 17]

Maintains that his novel, *A Pál-utcai fiúk*, preserves its original power after 50 years. Comments on his power of observation, his "untiring gathering" of information for his early prose pieces, and the presence of the "magical" stage dramatist in his short stories and novels. DLC MH GeLBM GeLU GyBDS GyBH GyGNSU

2607. Nagy Péter. "Molnár Ferencről," *Irodalomtörténet*, XLVIII (1960), 377–382.

Commentary on two editions of his prose published in 1958, *Útitárs a száműzetésben* and *A gőzoszlop és más elbeszélések.* Surveys his career and evaluates the qualities of his works and techniques with emphasis on his relations with the society of his times. CU DLC MH MnU NN NNC AsWU GeLBM GeLU GyBDS GyBH

2608. Osváth Béla. "A Molnár-legenda," *Kritika*, I (September, 1963), 40–46. Traces his dramas from their worldwide acceptance excepting opposition by Hungarian communist criticism, through their revival after 1945 and their suppression in 1950, to their reappearance on the Hungarian stage after 1956. Confronts the "legend" by examining the works themselves, including some of his prose writings: their merits, motifs, techniques, and relations with naturalism, impressionism, expressionism, and futurism. Maintains that Molnár made it impossible for a dramatic literature with a substantial subject matter to grow and reach the stage, provided accom-

modations for more inferior writing of plays, and made the audience and
actors insensitive to truly modern theater. (See no. 2609 for reply) CU
CoU DLC MH NN WaU AsWN FiHI GeLBM GyBDS GyBH GyGNSU

2609. Gyárfás Miklós. "Vita a Molnár-legendával," *Új Írás*, III (1963),
1384–1387.

A specific rebuttal to Osváth's article (no. 2608), maintaining that Molnár
belongs among the great writers of Hungarian comedies. DLC MH FiHI
GeLBM GyBDS GyBH

MÓRA FERENC

Born July 17, 1879 in Kiskunfélegyháza; died February 8, 1934 in Szeged.
Novelist, short-story writer, journalist. Father a furrier and farmer. Com-
pleted studies at gymnasium in Félegyháza. Writings first appeared in
Félegyházi Hírlap while a student. Entered University of Budapest in 1897
to become teacher of geography and natural science. Obtained teaching
degree in 1901 and accepted position in Felsőlövő. Sought new position and
arrived in Szeged in May 1902. Abandoned teaching career and became
journalist with *Szegedi Napló*, for which he edited Kossuth section and wrote
lead articles and reports on most important events. Married Ilona Walles-
hausen. Formed friendship with István Tömörkény (q.v.). Became assistant
librarian of Somogyi Könyvtár, which he considered his major responsibility.
Met Lajos Pósa in 1905 and through him became interested in writing
literature for children. More than 1000 children's stories appeared in *Az Én
Újságom* 1905–1922. Became chief editor of *Szegedi Napló* in 1913 and
director of Somogyi Könyvtár and Szegedi Városi Múzeum in 1917. Member
of Petőfi-Társaság in 1915. Also member of Kisfaludy-Társaság and Dugonics
Társaság. Supported Revolutionary Government 1918–1919. Member of
Nemzeti Tanács. Forced to leave *Szegedi Napló* on May 8, 1919, was placed
on blacklist; expected imprisonment but was not arrested. Continued to
publish own works. Contributed to *Világ* 1922–1926 and then to *Magyar
Hírlap*. Despite heavy journalistic, library and museum work, excavations,
and societal responsibilities, his writing career reached highpoint at end of
1920's. Named honorary citizen of Szeged in 1929. Awarded honorary
doctorate by University of Szeged in 1932. Died of cancer. ¶ Began as poet
but became important to the development of Hungarian literature through
novels, short stories, sketches, and newspaper reports. Novels and short
stories blend romanticism and realism successfully. Subject matter frequently
that of peasant life in area of Szeged. Strong ethical outlook. Effective in use
of humor. Writings for children considered to be classics in Hungarian
literature. Also wrote natural science textbooks and edited Egyetemi Nyomda
series for children, to which he also contributed readings in natural history
in story form. ¶ *Daru-utcától a Móra Ferenc-utcáig* has been translated into

Dutch; *Aranykoporsó* into Dutch, German, and Slovakian; *Csilicsala Csalavári Csalavér* into Rumanian; *Dióbél királyfi* into German; *Ének a búzamezőkről* into Czech, Danish, Dutch, English, Finnish, German, Swedish, and Turkish; *Hannibál föltámasztása* into Czech; *Kinvskereső kis ködmön* into German and Slovakian; and some of his short stories into Bulgarian, Czech, French, German, Italian, Polish, Serbian, and Slovakian.

FIRST EDITIONS: *Az aranyszőrű bárány. A betlehemi csillag.* [Verses elbeszélések] Szeged: Szegedi Napló, 1903. 124p. – *Öreg diófák alatt.* [Elbeszélés] *Az ifjúság számára.* Budapest, 1906. [From Pintér, VIII, 1053] – *Falun, városon.* [Elbeszélések] Budapest: Singer és Wolfner, 1907. 45p. – *A Dugonics-Társaság évi jelentése.* Szeged, 1908. [From Várkonyi, p. 289] – *Rab ember fiai.* Elbeszélés a magyar ifjúság számára. Budapest: Singer és Wolfner, 1910 [1909?]. 140p. – *Mindenki Jánoskája.* Elbeszélés. Budapest: Singer és Wolfner, 1911. 121p. – *Csilicsali Csalavári Csalavér.* [Mese] Budapest, 1912. [From Ványi, p. 581] – *Filkó meg én.* Elbeszélés a nagy háborúból a magyar ifjúság számára. Budapest: Singer és Wolfner, 1915. 142p. – *Katóka könyve.* Gyermekmesék, versek. Budapest, 1918. [From Várkonyi, p. 289] – *Kincskereső kis ködmön.* [Ifjúsági regény] Budapest: Singer és Wolfner, 1918. 173p. – *Könnyes könyv.* Versek. Szeged, 1920. [From Ványi, p. 581] – *Emlékkönyv a szegedi kegyesrendi főgimnázium 200. éves jubileuma alkalmából.* Szeged, 1921. [From Várkonyi, p. 289] – *A festő halála.* Regény. [Title of later editions: *Négy apának egy leánya*] Budapest, 1921. [From Ványi, p. 581] – *Dióbél királyfi és társai.* Egy öreg ember emlékei fiatal gyerekeknek. [Regény] Szeged: Délmagyarország, 1922. 153p. – *Az ötvenéves szegedi polgári dalárda.* Budapest, 1922. [From Várkonyi, p. 289] – *Tömörkény.* [Tanulmány] Szeged: Délmagyarország, 1922. 25p. – *A könyvek és virágok embere.* Somogyi Károly emlékezete. Budapest és Szeged, 1923. [From Várkonyi, p. 289] – *Petőfi oltárára.* [Versek és beszédek] Szeged: Dugonics-Társaság, 1924 [1923?]. 60p. – *Georgikon.* Tanyai rajzok. [Elbeszélések] Budapest, 1925. [From Pintér, VIII, 1054] – *Iparosok, császárok, királyok és egyéb céhbeliek.* [Novellák] Szeged: Az Ipar, 1925. 155p. – *Betűország első, második, harmadik virágoskertje.* Voinovich Gézával együtt szerkesztett elemi iskolai olvasókönyvek. Budapest, 1925–1926. [From Ványi, p. 581] – *A Kunágotai sírok.* Régészeti tanulmány. Szeged, 1926. [From Ványi, p. 581] – *Beszélgetés a ferdetoronnyal.* [Olaszországi úti emlékek, elbeszélések] Budapest: Lantos, 1927. 246p. – *Csalavári Csalavér újabb kalandjai.* [Ifjúsági mese] Budapest: Singer és Wolfner, 1927. 48p. – *Ének a búzamezőkről.* Regény. I–II. kötet. Budapest: Genius, 1927. – *Nádihegedű.* [Elbeszélések] Budapest: Lantos, 1927. 206p. – *Sokféle.* [Elbeszélések] Budapest: Lantos, 1927. 210p. – *Véreim.* [Elbeszélések] Budapest: Lantos, 1927. 238p. – *Vasúti kaland.* [Novellák] Budapest: Lantos, 1928. 249p. – *Egy cár, akit várnak.* [Karcolatok] Budapest: Genius, 1930. 209p. – *Hol volt, hol nem volt . . .* Mesék. Budapest: Genius, 1930. 127p. – Continued under EDITIONS.

414 MÓRA

See also nos. 2641 and 2644. Editorial work: no. 3847.

2610. *Munkái.* Jubileumi díszkiadás. [I–XI.] kötet. Budapest: Genius, ca. 1930–1932.
[Volumes not numbered; arranged chronologically]
1. *Beszélgetés a ferdetoronnyal.* [Elbeszélések] ca.1930³. 246p.
2. *Nádihegedű.* [Novellák] ca.1930³. 206p.
3. *Négy apának egy leánya.* [Regény] [After 1930]⁴. 381p.
4–5. *Aranykoporsó.* [Regény] 1–2. kötet. 1932¹.
6. *Egy cár, akit várnak.* [Karcolatok] 1932². 209p.
7–8. *Ének a búzamezőkről.* [Regény] 1–2. kötet. 1932².
9. *Könnyes könyv.* [Versek] 2. javított kiadás. 1932. 197p.
10. *Sokféle.* [Elbeszélések] 1932³. 210p.
11. *Véreim.* [Novellák] 1932⁴. 238p.
[MH] [NNC] GeLU

2611. *Beszéd díszdoktorrá avatása alkalmából.* Szeged, 1932¹. [From Várkonyi, p. 289]

2612. *Néprajzi vonatkozások szegedvidéki népvándorláskori és korai magyar leletekben.* Szeged: Somogyi Könyvtár és Városi Múzeum, 1932¹. 17p.

2613. *Daru-utcától a Móra Ferenc-utcáig.* [Életrajzi regény] I–II. kötet. Budapest: Révai, 1934¹.

2614. *Az ezüstszavú harang.* [Mesék] Budapest: Révai, 1934¹. 108p.

2615. *Hátrahagyott művei díszkiadása.* [I–X.] kötet. Budapest: Genius, 1935. [C]
[Volumes not numbered; arranged alphabetically]
1–2. *Daru-utcától a Móra Ferenc-utcáig.* [Életrajzi regény] (2d) 1–2. kötet.
3. *Elkallódott riportok.* [Elbeszélések] (1st) 271p.
4. *Ezek az évek.* 1914–1933. [Elbeszélések és vezércikkek] (1st) 264p.
5. *Göröngykeresés.* [Elbeszélések] (1st) 296p.
6. *Napok, holdak, elmúlt csillagok.* [Elbeszélések magyar írókról] (1st) 317p.
7. *Parasztjaim.* [Elbeszélések] (1st) 288p.
8. *Túl a palánkon.* [Útirajzok] (1st) 266p.
9. *Utazás a földalatti Magyarországon.* [Novellák] (1st) 290p.
10. *A vadember és családja.* [Elbeszélések] (1st) 261p.
[NNC]

2616. *Szegedi tulipántos láda.* [Elbeszélések] I–II. kötet. Budapest: Révai, 1936¹. [C] (1964) DLC IC NN OCl AsWN GeCU GeLBM

2617. *A fajtám.* Elbeszélések. Budapest: Stádium, 1942. 64p. [C] AsWN

2618. *Válogatott elbeszélések.* Budapest: Révai, 1944. 314p. [C] NNC GeLU GyBH GyGNSU

2619. *Hiszek az emberben.* Válogatott elbeszélések. Válogatta és a bevezető tanulmányt írta Barabás Tibor. Budapest: Révai Könyvkiadó Nemzeti Vállalat, 1950. 144p. [C] MH FiHI

2620. *Válogatott elbeszélései.* A válogatás Joós F. Imre munkája. Budapest: Szépirodalmi Könyvkiadó, 1952. 138p. [C] DLC

2621. *Ismeretlen levelei.* Jegyzetekkel ellátta és bevezette Péter László. Szeged: Csongrádmegyei Nyomdaipar, 1954[1]. 32p. [B] GyGNSU

2622. *Válogatott ifjúsági művei.* Válogatás az ifjúság számára. I–X. kötet. Bukarest és Budapest: Ifjúsági Kiadó és Móra Kiadó, 1955–1958. [C]

1. kötet: *Dióbél királyfi és társai.* Egy öreg ember emlékei fiatal gyermekeknek. Sajtó alá rendezte és bevezette Vargha Kálmán. 1955. 143p.
2. kötet: *Csilicsala Csalavári Csalavér. Csalavári Csalavér újabb kalandjai.* [Mesék] 1955. 195p.
3. kötet: *Rab ember fiai. Mindenki Jánoskája.* [Regények] Sajtó alá rendezte és bevezette Hegedüs Géza és Lengyel Dénes. 1955. 190p.
4. kötet: *Hol volt, hol nem volt.* Mesék. Sajtó alá rendezte Lengyel Dénes. 1956. 184p.
5. kötet: *A dorozsmai varjú.* Elbeszélések. Válogatta, sajtó alá rendezte és az utószót írta Vargha Kálmán. 1956. 244p.
6. kötet: *Királyasszony macskái.* Elbeszélések. Válogatta Madácsy László, bevezette Lengyel Dénes. 1957. 195p.
7. kötet: *Csengő barack.* Mesék. Felkutatta és válogatta Madácsy László. 1957. 180p.
8. kötet: *Nekopogi Kovács.* Elbeszélések. Felkutatta és válogatta Madácsy László. 1957. 146p.
9. kötet: *A honti igricek.* [Elbeszélések] Válogatta és sajtó alá rendezte Vargha Kálmán. 1958. 207p.
10. kötet: *Kincskereső kis ködmön.* [Ifjúsági regény] Sajtó alá rendezte és bevezette Lengyel Dénes. 1958. 174p.

[DLC] [MH] NN NNC

2623. *A világ így megyen.* Válogatott írások. Budapest: Szépirodalmi Könyvkiadó, 1956. 583p. [C] MiD NNC

2624. *Kincsásás halottal.* Elbeszélések. Budapest: Hírlapkiadó, 1957. 295p. [C]

2625. *Összegyűjtött művei.* Eddig [I–XI.] kötet. Budapest: Magvető, 1958+. [B]

[Volumes not numbered; arranged chronologically]

1. *Elkallódott riportok. Napok, holdak, elmúlt csillagok.* Karcolatok. Sajtó alá rendezte, jegyzetekkel ellátta és a magyarázó szótárt összeállította Madácsy László és Vajda László. 1958. 610p.
2. *Sokféle. Egy cár, akit várnak.* [Karcolatok] Függelékkel és jegyzetekkel ellátta Madácsy László. [Bibliographical notes, pp. 369–394] 1958. 421p.

3. *Véreim. Parasztjaim.* [Elbeszélések] Szerkesztette Vajda László. 1958. 486p.

4. *Beszélgetés a ferde toronnyal. Túl a palánkon.* Elbeszélések, olaszországi, franciaországi és spanyolországi útiélmények. Sajtó alá rendezte Vajtai István, jegyzetekkel és magyarázó szótárral ellátta Vajda László. [Bibliographical notes, pp. 439–457] 1959. 482p.

5. *Georgikon. Nádihegedű.* [Karcolatok] Szerkesztette és sajtó alá rendezte Vajtai István, jegyzetekkel ellátta Vajda László, a magyarázó szótár Vajda László és Madácsy László munkája. 1959. 310p.

6. *A fele sem tudomány. Utazás a földalatti Magyarországon.* [Karcolatok] Szerkesztette, jegyzettel és magyarázó szótárral ellátta Vajda László, sajtó alá rendezte Madácsy László. 1960. 582p.

7. *Négy apának egy leánya.* (*A festő halála*) *Hannibál föltámasztása.* (1st ed., 1949) [Kisregények] Az utószót írta és jegyzetekkel ellátta Paku Imre. 1960. 459p.

8. *A vadember és családja. Göröngykeresés és más csöndes történetek.* [Elbeszélések] Szerkesztette és jegyzetekkel ellátta Vajda László. 1960. 556p.

9. *Aranykoporsó.* [Regény] Az utószó és a magyarázó szótár Vajda László munkája. 1961. 553p.

10. *Szilánkok.* [Cikkek] Szerkesztette, felkutatta, utószóval és jegyzetekkel ellátta Vajda László. 1961. 641p.

11. *A Daru-utcától a Móra Ferenc-utcáig.* [Regény] Szerkesztette, a jegyzeteket és a magyarázó szótárt írta Vajda László. [Bibliographical notes, pp. 499–521] 1962. 539p.

[DLC] [MH] [NN] [NNC]

2626. *Ének a búzamezőkről.* [Regény] I–II. kötet. Graz: Akademische Druck- und Verlagsanstalt, 1959. [C]   CU GeLU GyGNSU

2627. *Bolondságok, enyémek is, máséi is.* [Aforizmák] Felkutatta, válogatta, sajtó alá rendezte és az előszót írta Madácsy László. Szeged: Tiszatáj Irodalmi Kiskönyvtár, 1960. 126p. [C]   GyBDS

2628. *Sétálni megy Panka . . .* Gyermekversek. A válogatás Madácsy László gyűjtésének felhasználásával készült. Budapest: Móra, 1960. 57p. [C]   OCl

2629. *Móra Ferenc levelesládája.* Felkutatta, válogatta, sajtó alá rendezte, a bevezetőt és a jegyzeteket írta Madácsy László. Szeged: Tiszatáj Irodalmi Kiskönyvtár, 1961. 329p. [B]   DLC MnU NNC GeLU GyBDS

BIBLIOGRAPHY

See also nos. 2625 (nos. 2, 4, and 11), 2633, 2634, 2642, and 2644.

2630. Csongor Győző (összeáll.). *Móra Ferenc munkássága. Bibliográfia.* Szeged: Szegedi Egyetemi Könyvtár, 1954. 32p.

In two parts: (1) 61 editions of his works, giving place and date of publication, publisher, and total number of pages and (2) an alphabetical list of his short stories, poems and other works, giving the edition or periodical in which they were first published. DLC AsWU GyBDS

2631. *Móra Ferenc vezércikkei. Bibliográfia.* Összeállította Vajda László. Szeged: Szegedi Egyetemi Könyvtár, 1961. 123p.

In two parts: (1) a chronological catalogue of his articles identifying them and locating them in periodicals, giving the title, name of the periodical, date of publication, and the basis on which the authorship was established and (2) a grouping of the articles by time of composition.

BIOGRAPHY

2632. Móricz Zsigmond. "Móra Ferenc," *Irodalomról, művészetről.* 1899–1942. Sajtó alá rendezte Szabó Ferenc. I–II. kötet. Budapest: Szépirodalmi Könyvkiadó, 1959. II, 296–298. [Appeared in *Magyarország*, no. 33 (February 11, 1934)]

His appearance and personality, by one who knew him. DLC MH MnU NB NNC AsWN AsWU FiHI GeCU GyBDS

2633. Gaál Ferike Jolán. *Móra Ferenc. (1879–1934) Bölcsészetdoktori értekezés.* Budapest: Arany János, 1938. 71p.

The man and the writer. Concludes with characterization of him as a narrator. Bibliographical notes, pp. 65–67; bibliography of his works and studies about him, pp. 67–[72]. GeLBM

2634. Földes Anna. *Móra Ferenc.* Budapest: Bibliotheca, 1958. 322p.

His life and writings from a Marxist viewpoint, in order to restore him to a place among the Hungarian classicists. Bibliographical notes, pp. 308–318. CU DLC MH NNC AsWN GyBDS GyGNSU

2635. Takács Tibor. *Móra igazgató úr . . . Kotormány János emlékei Móra Ferencről.* Az utószót írta Vargha Kálmán. Budapest: Móra Ferenc, 1961. 198p.

The recollections about Móra by a very close co-worker at the Szeged excavations. He appears in several of Móra's works. NNC GeLBM GyBDS GyBH GyGNSU

2636. Magyar László. *Móra Ferenc élete.* [Regény] Budapest: Móra, 1966. 207p.

A fictional biography based on reliable data, some previously unknown. MnU GyBDS

CRITICISM

See also no. 4624.

2637. Kosztolányi Dezső. "Móra Ferenc," *Írók, festők, tudósok. Tanulmányok magyar kortársakról.* Gyűjtötte, sajtó alá rendezte, az utószót és a jegyzeteket írta Réz Pál. I–II. kötet. Budapest: Szépirodalmi Könyvkiadó, 1958. II, 269–277. [Appeared in *Új Idők*, XXXIII (October 2, 1927), 370–371]

The music and folk quality of his prose style, the Hungarian quality of his writing and perception, and his mastery of a form with centuries old roots in Hungarian literature. DLC MH NjN NN NNC AsWN GeCU GyBH GyGNSU

2638. Karácsony Sándor. "Móra Ferenc," *Protestáns Szemle*, XXXVII (1928), 26–31.

A portrait containing miscellaneous comments on his life, thought, and works. CtY NjP NNC NNUT GeLBM GeLU GyBH

2639. Vajthó László. "Móra Ferenc," *Széphalom*, II (1928), 361–363. Qualities of his individualistic style, his thought, his humor, and his personality. DLC NN OClW AsWN FiHI GyBH

2640. Alszeghy Zsolt. "Móra Ferenc," *Irodalomtörténet*, XIX (1930), 12–20. His anecdotal humor, the successful use of his learned knowledge of nature, and the nearness of village life and the peasant to his heart. DLC MnU NjP NN NNC OClW AsWN AsWU GeLBM GyBH GyGNSU

2641. *Emlékkönyv Móra Ferenc 30 éves írói jubileumára.* Budapest: Móra Ferenc Emlékkönyv Szerkesztőségének Kiadása, 1933.[2] 64p.

A memorial book containing, besides a number of his short stories, brief studies of his life and writings by Géza Voinovich, Ferenc Herczeg, Gyula Juhász, Béla Turi, and Elemér Czakó. Illustrations.

2642. Goitein György. *Móra Ferenc az író.* Kaposvár: Új-Somogy Nyomda, 1934. 62p.

After a brief biography, discusses his works and his attributes as a writer and man. Chapters on individual genres. Bibliography of his works and studies about him, pp. 59–61, including necrology and reviews of his works. GyBH

2643. Karinthy Frigyes. "Szavak Móra Ferencről," *Kortársak nagy írókról. Második sorozat.* A válogatás és a jegyzetek Lukácsy Sándor munkája. Budapest: Művelt Nép, 1956; 478p. Pp. 363–366. [Appeared in *Pesti Napló*, no. 33 (February 11, 1934)]

Comments on his being a Hungarian writer in "voice, tone, and style," on his possibly unwilling acceptance of his role as a writer, on his being a philosopher, thinker, scholar, and revolutionary, and on his personality. DLC MnU NNC FiHU GyBDS

2644. *Móra Ferenc emlékezete. 1879–1934.* Budapest: Móra Ferenc Emlékbizottság, 1934. 79p.

A memorial book containing five brief studies of his life and writings, including one by Frigyes Karinthy. Also selections of his short stories. List of titles of his works, p. 21.

2645. Preszly Lóránd. *A költő Móra Ferenc.* Szeged: Szeged Városi Nyomda, 1934. 24p.

The thought, emotion, and form of his poetry as a harmonious blend of

the man and the poet whose novels, with their poetic qualities, show him
to have begun his writing as a poet.

2646. Tárnok László. *A költő Móra Ferenc.* Szeged: Szegedi Napló, 1942.
15p.

Brief comments on the characteristics and merits of his various poetical
works.

2647. Vajda László. "Móra Ferenc, a vezércikkíró," *A Szegedi Pedagógiai
Főiskola Évkönyve,* IV (1959), 87–120.

His political views as revealed by the lead articles he wrote from 1903 to
1913. Appendix: Tables of articles established, by various means, as being
from his hand, including those not carrying his name or sign. NNC
GeLBM GeOB

2648. Ortutay Gyula. "Móra Ferenc," *Írók, népek, századok.* Budapest:
Magvető, 1960; 475p. Pp. 107–114. [1st publication; written in 1938]

Maintains that his humanistic inquiry into the problems of man's existence
constitutes the individuality of his writings and denies the established view
which connects him with the Mikszáth-Gárdonyi school or with István
Tömörkény. DLC MB MnU NN NNC AsWN FiHI FiHU GeLBM
GeLU GyBDS

MÓRICZ ZSIGMOND

Born July 2, 1879 in Tiszacsécse; died September 4, 1942 in Budapest. Novelist,
short-story writer, dramatist, publicist, critic. Father a peasant. Studied at
Debreceni Református Kollégium (1891–1893), Sárospataki Kollégium (1894–
1896), and school in Kisujszállás (1896–1898). Entered Debreceni Református
Kollégium in 1899 to study theology but transferred to law after six months.
His first work, "A bécsi bútor," appeared at this time, and he worked for
Debreceni Ellenőr and *Debreceni Hírlap.* Went to Budapest in fall 1900, studied
law for a time, and then pursued philosophy, theology, linguistics, and literary
history at University of Budapest. Plans for literary career kept him from
completing studies leading to teaching career. Worked in Ministry of Culture
and then Office of Statistics. Several of his articles on literary subjects
appeared in *Uránia* in 1902. Became editorial staff member of *Az Újság* in
fall of 1903, with which he remained until 1909. Married Eugénia Holics in
1905. Wide recognition came in 1908 on publication of *Hét krajcár* in
Nyugat. During 1903–1908 he frequently toured villages to collect folk songs
and tales, though he never published any of them. Began close relationship
with Endre Ady (q.v.) in 1909; considered him a major influence on his life
and writings. Member of Petőfi-Társaság in 1912. Generally viewed as a
distinguished writer of prose by 1919. During 1918–1919 he helped to revive
Petőfi-Társaság, served as vice president of Vörösmarty Academy, as an
editor of *Néplap* and as senior member of *Világszabadság,* and contributed

to *Pesti Futár, Vörös Lobogó, Fáklya*, and *Somogyi Vörös Újság*. Member of Kisfaludy-Társaság in 1919. After failure of Revolutionary Government, he was barred from Kisfaludy-Társaság and Petőfi-Társaság; plays were not performed in National Theater until 1928; writings appeared only in *Nyugat* and Az Est Publications. After suicide of first wife he married Mária Simonyi in 1926. Became editor of prose section of *Nyugat* at end of 1929. Named honorary citizen of hometown in same year. Resigned editorship of *Nyugat* at beginning of 1933. Assumed editorship of *Kelet Népe* in December 1939 to provide publication opportunities for populist writers. Divorced second wife in 1939 and lived in Leányfalu, from where he commuted to Budapest. Isolation increased and he turned attention almost exclusively to writing. Funeral attended only by handful of mourners. ¶ Most important realistic writer of his generation; presented condition of Hungarian peasants for first time in full detail. Wrote plays but novels and short stories are most important writings. Dealt acutely with ugliness and poverty of peasant life but often treated lighter aspect of Hungarian scene with genuine humor. Publicist writings and literary criticism vital to understanding of period. ¶ Many of his novels have been translated into Bulgarian, Chinese, Croatian, Czech, English, Esthonian, Finnish, French, German, Italian, Lithuanian, Polish, Rumanian, Russian, Slovakian, Slovenian, Turkish, and Ukrainian; editions of his short stories are available in Bulgarian, Czech, Esthonian, Finnish, German, Hindi, Lithuanian, Persian, Rumanian, Russian, Slovakian, Swedish, and Ukrainian, and an edition of his plays in Russian.

FIRST EDITIONS: *A szép asszony dombja*. Krónikás történet, versekben. Budapest: Méhner Vilmos, 1904. 8p. – *Erdő-mező világa*. Állatmesék. Budapest: Lampel Róbert, 1906. 58p. [From Kozocsa, *Móricz*, p. 5] – *Két biblia*. Elbeszélés. Budapest: Hornyánszky Viktor, 1906. 20p. – *Mikor a part szakad*. Elbeszélés. Budapest: Hornyánszky Viktor, 1907. 22p. – *Szatmár vármegye népe*. Budapest, 1908. 8p. [Reprinted from *Magyarország vármegyéi és városai* sorozat *Szatmár vármegye* című kötetéből; from Kozocsa. *Móricz*, p. 6] – *Hét krajcár*. [Elbeszélések] Budapest: Nyugat, 1909. 142p. – *Csitt-csatt és több elbeszélés*. Budapest: Lampel Róbert, 1910. 64p. – *Munkácsy Mihály*. [Pályarajz] Budapest: Lampel Róbert, 1910. 48p. – *Sári bíró*. Vígjáték. Budapest: Nyugat, 1910. 96p. – *A sasfia, meg a sasfióka*. [Elbeszélések] Budapest: Lampel Róbert, 1910. 48p. – *Tragédia*. Négy elbeszélés. Budapest: Nyugat, 1910. 62p. – *Vas Jankó*. [Elbeszélés] Budapest: Méhner Vilmos, 1910. 16p. [From Kozocsa, *Móricz*, p. 11] – *Falu*. Három színdarab: *Mint a mezőnek virágai, Magyarosan, Kend a pap?* Budapest: Nyugat, 1911. 117p. – *Az Isten háta mögött*. Regény. Budapest: Nyugat, 1911. 199p. – *Sárarany*. Regény. Budapest: Nyugat, 1911. 239p. – *Boldog világ*. Móricz Zsigmond összes állatmeséi. Budapest: Nyugat, 1912. 102p. – *A galamb papné*. [Regény] Budapest: Nyugat, 1912. 246p. – *Harmatos rózsa*. [Regény] Budapest: Nyugat, 1912. 264p. – *Magyarok*. Elbeszélések. Budapest: Nyugat,

1912. 166p. [2d ed?] – *Tavaszi szél*. Elbeszélések. Budapest: Nyugat, 1912. 248p. – *Kerek Ferkó*. Regény. Budapest: Athenaeum, 1913. 377p. – *Szerelem*. [1st, 1913: *Dufla pofon, Kvitt, Az ördög, Aranyos öregek, Tökmag, A kapuban, Politika*; 2d ed, 1917; *Falu, Mint a mezőnek virágai, Magyarosan, Kend a pap?*] Móricz Zsigmond egyfelvonásai. I–III. kötet. Budapest: Nyugat, 1913–1917. – *A kárpáti vihar*. [Elbeszélés] Budapest: Az Érdekes Újság, 1915. 64p. – *Egy leány, több férfi*. Novellák. Békéscsaba: Tevan, 1915. 62p. – *Mese a zöld füvön*. Elbeszélések. Budapest: Athenaeum, 1915. 186p. – *Nem élhetek muzsikaszó nélkül*. [Elbeszélések] Budapest: Légrády Testvérek, 1916. 219p. – *Pacsirtaszó*. [Kisregény] Budapest: Az Érdekes Újság, 1916. 64p. – *Pacsirtaszó*. Színdarab. Budapest: Légrády Testvérek, 1916. 107p. – *A tűznek nem szabad kialudni*. Novellák a háborús időkből. Budapest: Légrády Testvérek, 1916. 189p. – *Karak szultán*. [Elbeszélések] Budapest: Nyugat, 1917. 83p. – *Szegény emberek*. [Elbeszélések] Budapest: Nyugat, 1917. 153p. – *Vidéki hírek és más elbeszélések*. Budapest: Táltos, 1917. 203p. – *Árvalányok*. Regény. [1st] *Tragédia*. Elbeszélések. Budapest: Légrády Testvérek, 1918. 287p. – *A fáklya*. Regény. Budapest: Légrády Testvérek, 1918. 350p. – *Fortunátus*. Történelmi színdarab. Budapest: Az Érdekes Újság, 1918. 95p. – *Szerelem*. [1st: *Csiribiri, Az bétsi Susánna, Groteszk, A báróné gulyása, A tej, Egérfogó*; 2d: *A násztehén, Kvitt, Dinnyék*; 3d: *Mint a mezőnek virágai, Aranyos öregek, Tökmag, Magyarosan, Kend a pap?*; also *Lélekvándorlás, A kapuban, Politika, Sátán*] Móricz Zsigmond egyfelvonásosai. [The most complete edition of his one-act plays published during his life] I–II. kötet. Budapest: Légrády Testvérek, 1918. – *A szerelmes levél*. Kis regény [és egyéb elbeszélések] Budapest: Légrády Testvérek, 1918. 239p. – *Vérben, vasban*. Kis képek a nagy háborúból. [Elbeszélések] Budapest: Légrády Testvérek, 1918. 281p. – *A földtörvény kis kátéja*. Az 1919: XVIII. néptörvény magyarázata és utasítása a földmíves nép földhöz juttatásáról. Budapest: Néplap, 1919. 38p. [From catalogue of National Széchényi Library] – *Népszavazás a földreformról*. [Riport és tanulmány] Budapest: Pallas, 1919. 47p. [Reprinted from *Esztendő*] – *Légy jó mindhalálig*. Móricz Zsigmond regénye. Budapest: Athenaeum, 1921. 281p. – *Tündérkert*. Szépasszonyok hosszú farsangja. [*Erdély*, I. kötet] Történelmi regény. Budapest: Athenaeum, 1922. 445p. – *Egy akol, egy pásztor*. Elbeszélések. Budapest: Athenaeum, 1923. 191p. – *Házasságtörés*. Kisregény. Budapest: Athenaeum, 1923. 125p. – *Jószerencsét*. Regény. Budapest: Athenaeum, 1923. 189p. – *Búzakalász*. Színdarab három felvonásban. Budapest: Athenaeum, 1924. 114p. – *Pillangó*. Idill. Budapest: Athenaeum, 1925. 246p. – *A vadkan*. Színdarab három felvonásban. Budapest: Athenaeum, 1925. 118p. – *Kivilágos kivirradtig*. Regény. Budapest: Athenaeum, 1926. 215p. – *Baleset*. Elbeszélések. Budapest: Athenaeum, 1927. 252p. – *Az ágytakaró*. Kisregények. [*Az ágytakaró, Klärchen, Nemezis, Az asztalos, Kamaszok*] Budapest: Athenaeum, 1928. 284p. [From Kozocsa, *Móricz*, p. 43] – *Arany szoknyák*. Történelmi melódiák. [Elbeszélések és jelenetek] Budapest: Athenaeum, 1928. 276p. – *Uri muri*. Regény. Budapest:

P

Athenaeum, 1928. 268p. – *Forró mezők*. Regény. Budapest: Athenaeum, 1929. 307p. – *Esőleső társaság*. Kisregények, elbeszélések. Budapest: Athenaeum, 1931. 242p. – *Forr a bor*. [Regény] Budapest: Athenaeum, 1931. 287p. – *Barbárok*. Elbeszélések. Budapest: Athenaeum, 1932. 94p. – *Conners*, [*Duer Alice, Miller, Milton Róbert*]: *Darázsfészek*. Átdolgozta és fordította Zágon István. Móricz Zsigmond: *Hány óra, Zsuzsi?* Tréfa. Budapest: Globus, 1932. 31p. – *Mai dekameron*. Az új írók. Szerkesztette Móricz Zsigmond. Budapest: Nyugat, 1932. 201p. [From Kozocsa, *Móricz*, p. 55] – *Rokonok*. Regény. Budapest: Athenaeum, 1932. 323p. – *Az asszony beleszól*. [Regény] Budapest: Athenaeum, 1934. 282p. – *A boldog ember*. Regény. Budapest: Athenaeum, 1935. 318p. – *Erdély*. Móricz Zsigmond történelmi regénytrilógiája. 1. *Tündérkert*; 2. *A nagy fejedelem* [1st]; 3. *A nap árnyéka* [1st]. Budapest: Athenaeum, 1935. 904p. [2d reworking] – *Bál*. Regény. Budapest: Az Est Lapkiadó és a Magyarország Napilap, 1936. 314p. – *Komor ló*. [Elbeszélések] Budapest: Athenaeum, 1936. 153p. – *Rab oroszlán*. Regény. Budapest: Athenaeum, 1936. 320p. – *Betyár*. [Regény] Budapest: Athenaeum, 1937. 245p. – *Míg új a szerelem*. [Regény] Budapest: Athenaeum, 1938. 332p. – Móricz Zsigmond és Boldizsár Iván: *Tiborc*. [Tanulmány] Budapest: Cserépfalvi, 1938. 49p. – *Pipacsok a tengeren*. [Ifjúsági regény] Budapest: Athenaeum, 1938. 127p. – Continued under EDITIONS.

EDITIONS

See also nos. 1920, 2690 (letters), 2699, and 3827. Annotated works: nos. 322, 323, 375, 598, 744, 1263, 1692, 2079, 2598, 2632, 3146, 3435, 3768, 3838, and 3859.

2649. *Művei.* [I–XII.] kötet. Budapest: Athenaeum, 1938–1939.

[Volumes not numbered: arranged chronologically]

1. *A nap árnyéka.* [Történelmi regény; az *Erdély* trilógia 3. része] 1938. 353p.
2. *Az asszony beleszól.* Regény. 1939[2]. 260p.
3. *A boldog ember.* Regény. 1939. 320p.
4. *Életem regénye.* [Önéletrajz] 1939[1]. 372p.
5. *Esőleső társaság.* Elbeszélések. 1939. 225p.
6–7. *Forr a bor.* Regény. 1–2. kötet. 1939.
8. *Forró mezők.* Regény. 1939. 203p.
9. *Míg új a szerelem.* Regény. 1939[2]. 322p.
10. *A nagy fejedelem: A Tündérkert virágbaborul, Bethlen Gábor dicsősége, Zsuzsanna fejedelemasszony szenvedése eljő.* [Regény] 1939. 466p.
11. *Rab oroszlán.* Regény. 1939. 300p.
12. *Tündérkert.* Történelmi regény a XVII. század elejéről. Báthory Gábor erdélyi fejedelemsége, Bethlen Gábor ifjúkora. 1939. 468p.

[MH] [NN] [NNC]

2650. *Elbeszélések.* A bevezetőt Zsigmond Ferenc írta. Budapest: Országos

Református Szeretetszövetség, 1939[1]. 63p. [From Kozocsa, *Móricz*, p. 62]

2651. [*Erdély*]: *Tündérkert, A nagy fejedelem, A nap árnyéka.* [Regény] I–III. kötet. 3. kidolgozás. Budapest: Athenaeum, 1939. DLC OCl GeCU GeLU

2652. [*Összes*] *művei.* [I–XX]. kötet. Budapest: Athenaeum, 1939–1950. [C] [Volumes not numbered; arranged chronologically]
1. *A fáklya.* Regény. 1939[13]. 291p.
2. *A galamb papné.* Regény. 1939[4]. 155p.
3. *Harmatos rózsa.* [Regény] 1939[15]. 204p.
4. *Hét krajcár.* Elbeszélések. 1939[14]. 190p.
5. *Az Isten háta mögött.* Regény. 1939[12]. 165p.
6. *Kerek Ferkó.* Regény. 1939[2]. 232p.
7. *Kivilágos kivirradtig.* Regény. 1939[4]. 186p.
8. *Légy jó mindhalálig.* Regény. 1939[12]. 276p.
9. *Magyarok.* Elbeszélések. 1939[11]. 226p.
10. *Nem élhetek muzsikaszó nélkül.* Regény és elbeszélések. 1939. 213p.
11. *Pillangó.* Idill. 1939[3]. 172p.
12. *Sárarany.* Regény. 1939[14]. 240p.
13. *Szegény emberek.* Elbeszélések. 1939[7]. 196p.
14. *A tűznek nem szabad kialudni.* Elbeszélések. 1939. 270p.
15. *Uri muri.* Regény. 1939[3]. 249p.
16. *A boldog ember.* Regény. 1948. 327p.
17. *Csibe.* [Elbeszélések] 1948[1]. 175p.
18. *A galamb papné.* Regény. 1948. 164p.
19. *Barbárok.* Elbeszélések. 1949. 239p.
20. *Rokonok.* [Regény] 1949. 276p.

2653. *Forr a bor.* Regény. I–II. kötet. 2. kidolgozás. Budapest: Athenaeum, 1940[4]. [From catalogue of National Széchényi Library] GeLU

2654. *Magvető.* A magyar irodalom élő könyve. [Antológia] Összegyűjtötte Móricz Zsigmond. Budapest: Kelet Népe, 1940[1]. 320p.

2655. *Árvácska.* Regény. Budapest: Athenaeum, 1941[1]. 152p.

2656. *Rózsa Sándor a lovát ugratja.* [Regény] Budapest: Athenaeum, 1941[1]. 366p.

2657. *Kapitalista a tanyán.* Hét elbeszélés. Budapest: Stádium, 1942[1]. [From Kozocsa, *Móricz*, p. 67]

2658. *Rózsa Sándor összevonja a szemöldökét.* [Regény] Budapest: Athenaeum, 1942[1]. 378p.

2659. *A fecskék fészket raknak.* Regény. Budapest: Athenaeum, 1943[1]. 126p.

2660. *Házasság a vége.* (*A csillagszemű lány*) [Kisregény] Budapest: Áchim András, 1943[1]. 62p.

2661. *Kisiklott élet.* [Kisregény] Budapest: Áchim András, 1943[1]. 31p.

2662. *Nosza rajta...* [Kisregény] Budapest: Áchim András, 1943[1]. 31p.

2663. *Veszélyes vállalkozás.* [Kisregény] Budapest: Áchim András, 1943[1]. 31p.

2664. *Shakespeare.* Bevezető tanulmánnyal ellátta Németh László. Budapest: Fehér Holló, 1948[1]. 75p. [From Kozocsa, *Móricz,* p. 71] DLC MH GeLBM

2665. *Válogatott elbeszélései.* A bevezetőt írta Nagy Péter. Budapest: Szépirodalmi Könyvkiadó, 1951. 299p. [C] DLC MH GyBH

2666. *Gyalogolni jó.* [Riportok] Válogatta és az előszót írta Illés Endre. Budapest: Szépirodalmi Könyvkiadó, 1952. 431p. [C] DLC

2667. *Válogatott irodalmi tanulmányok.* A kötetet összeállította Vargha Kálmán, az előszót írta Bóka László. Budapest: Művelt Nép, 1952. 380p. [C] DLC MnU NNC AsWN GyBH GyGNSU

2668. *Összegyűjtött művei.* Szerkesztő bizottság: Barabás Tibor, Darvas József, Gimes Miklós, Illés Endre, Nagy Péter. Eddig [I–XLIV.] kötet. Budapest: Szépirodalmi Könyvkiadó, 1952+. [B]
[Volumes not numbered; arranged chronologically]

1. *Rózsa Sándor a lovát ugratja.* Regény. Sajtó alá rendezte Zoltay Dénes. 1952[4]. 432p.
2. *Rózsa Sándor összevonja a szemöldökét.* Regény. Sajtó alá rendezte Zoltay Dénes. 1952[4]. 422p.
3. *Betyár.* Regény. Sajtó alá rendezte Szász Imre. 1953[4]. 227p.
4. *A boldog ember.* Regény. Sajtó alá rendezte Lukácsy Sándor. 1953[7]. 405p.
5. Elbeszélések, 1900–1912. Sajtó alá rendezte Nagy Péter és Vargha Kálmán. 1. kötet. 1953. 544p.
6. Elbeszélések, 1913–1915. Sajtó alá rendezte Illés Endre. 2. kötet. 1953. 550p.
7. Elbeszélések, 1916–1919. Sajtó alá rendezte Illés Endre. 3. kötet. 1953. 417p.
8. *A fáklya.* Regény. [A 13. kiadás utánnyomata] 1953. 337p.
9. *Kivilágos kivirradtig. Uri muri.* [Regények] Sajtó alá rendezte Füsi József. 1953. 445p.
10. *Uri muri.* Regény. Sajtó alá rendezte Füsi József. 1953[6]. 284p.
11. Elbeszélések, 1920–1929. Sajtó alá rendezte Illés Endre. 4. kötet. 1954. 577p.
12–14. *Erdély.* Regény. Sajtó alá rendezte Réz Pál. 1–3. kötet. 1954[4].
15. *Légy jó mindhalálig.* Regény. Sajtó alá rendezte Durkó Mátyás. 1954 [14th ed?]. 310p.
16. *Pillangó. A fecskék fészket raknak.* [Regények] Sajtó alá rendezte Bisztray Gyula. 1954. 231p.
17. *Rokonok.* Regény. Sajtó alá rendezte Czine Mihály. 1954[6]. 303p.

18. *Az asszony beleszól. Rab oroszlán.* [Regények] Sajtó alá rendezte Elek István. 1955. 588p.

19. Elbeszélések, 1930–1933. Sajtó alá rendezte Nagy Péter. 5. kötet. 1955. 608p.

20. Elbeszélések, 1934–1936. Sajtó alá rendezte Oláh László. 6. kötet. 1955. 573p.

21. Elbeszélések, 1937–1942. Sajtó alá rendezte Oláh László. 7. kötet. 1955. 438p.

22. *Forró mezők.* Regény. Sajtó alá rendezte Durkó Mátyás. 1955[3]. 224p.

23. *Kerek Ferkó.* Regény. Sajtó alá rendezte Pilinszky János, az utószót írta Vargha Kálmán. 1955[3]. 210p.

24. *Sárarany. Az isten háta mögött.* [Regények] Sajtó alá rendezte Ungvári Tamás és Bisztray Gyula. 1955. 362p.

25. *Forr a bor.* Regény. Sajtó alá rendezte Falus Róbert. 1956[6]. 591p.

26–27. Kisregények. Sajtó alá rendezte Oláh László. 1–2. kötet. 1956.

28. Színművek, 1909–1913. Sajtó alá rendezte Réz Pál. 1. kötet. 1956. 516p.

29. Színművek, 1913–1923. Sajtó alá rendezte Réz Pál. 2. kötet. 1956. 483p.

30. Színművek, 1924–1926. Sajtó alá rendezte Réz Pál. 3. kötet. 1956. 522p.

31. Színművek, 1927–1928. Sajtó alá rendezte Réz Pál. 4. kötet. 1956. 476p.

32. Színművek, 1929–1933. Sajtó alá rendezte Réz Pál. 5. kötet. 1956. 614p.

33. Színművek, 1934–1940. Sajtó alá rendezte Réz Pál. 6. kötet. 1956. 503p.

34. *Harmatos rózsa. A galamb papné.* [Regények] Sajtó alá rendezte Fekete Gábor. 1957[19]. 352p.

35. Ifjúsági írások. Összeállította és sajtó alá rendezte Vargha Kálmán. 1958. 478p.

36. Riportok, 1910–1942. Sajtó alá rendezte Nagy Péter. 1. kötet. 1910–1919. 1958. 382p.

37. Riportok, 1910–1942. Sajtó alá rendezte Nagy Péter. 2. kötet: 1920–1929. 1958. 606p.

38. Riportok, 1910–1942. Sajtó alá rendezte Nagy Péter. 3. kötet. 1930–1935. 1958. 781p.

39. Riportok, 1910–1942. Sajtó alá rendezte Nagy Péter. 4. kötet: 1936–1940. 1958. 686p.

40. *Életem regénye.* [Önéletrajz] Sajtó alá rendezte Nagy Péter. 1959[3]. 569p.

41. Irodalomról, művészetről, 1899–1923. Sajtó alá rendezte Szabó Ferenc. 1. kötet: 1959. 429p.

42. Irodalomról, művészetről, 1924–1942. Sajtó alá rendezte Szabó Ferenc. 1959. 491p.

43. *Míg új a szerelem.* Regény. Sajtó alá rendezte Nagy Péter. 1959[3]. 338p.

44. Tanulmányok, cikkek. Válogatás. Sajtó alá rendezte Nagy Péter. 1959. 662p.

[DLC] [MH] [MnU] [NB] [NNC] [AsWN] AsWU FiHI [GeCU] GyBDS GyBH GyGNSU

2669. *Életem regénye.* [Önéletrajz] Sajtó alá rendezte Kiss József. Erdei Ferenc: *Móricz Zsigmond pályája.* Budapest: Szépirodalmi Könyvkiadó, 1953. 331p. [C] DLC NNC FiHI

2670. *Új világot teremtsünk.* Gyűjtemény 1918–19-es írásaiból. Az anyagot felkutatta, rendezte, az előszót és a jegyzeteket írta Durkó Mátyás. Budapest: Művelt Nép, 1953. 208p. [C]

2671. *A kis vereshajú.* Elbeszélések. Budapest: Szépirodalmi Könyvkiadó. 1954. 363p. [C]

2672. *Jobb mint otthon.* Regény. Sajtó alá rendezte Nagy Péter. Budapest: Szépirodalmi Könyvkiadó, 1956[1]. 339p. [C] IC GeLU GyGNSU

2673. *Benyus.* Elbeszélések. Sajtó alá rendezte D. Szemző Piroska és Kozocsa Sándor. Budapest: Móra, 1957[1]. 30p. [C]

2674. *Este a tűz mellett.* Elbeszélések, cikkek, rajzok. Összegyűjtötte, bevezetéssel és jegyzetekkel ellátta Szalatnai Rezső. Bratislava: Szlovákiai Szépirodalmi Könyvkiadó, 1957. 338p. [C] DLC NN GyGNSU

2675. *Versei.* A "Nyugat" számaiban megjelent és kéziratban hátramaradt versekből válogatta Gellért Oszkár. Budapest: Magyar Helikon, 1958[1]. 96p. [C] DLC MH NNC AsWN GyBDS GyGNSU

2676. *Az Isten háta mögött. A fáklya.* Regények. Bevezette Vargha Kálmán. Budapest: Szépirodalmi Könyvkiadó, 1959. 510p. [C] MH NN NNC OCl

2677. *Betyár. Árvácska.* Regények. Az utószót írta Nagy Péter. Budapest: Szépirodalmi Könyvkiadó, 1960. 327p. [C] NN NNC GyBH

2678. *Hagyatékából.* Sajtó alá rendezte, a bevezetést és a jegyzeteket írta Réz Pál. Budapest: Magyar Tudományos Akadémia Irodalomtörténeti Intézete, 1960[1]. 486p. [A] MH NNC AsWN GeLBM GeLU GyBDS GyBH GyGNSU

2679. *Kenyéren és vizen.* Publicisztikai gyűjtemény. Szerkesztette és bevezette Balogh Edgár. Bukarest: Irodalmi Könyvkiadó, 1962. 354p. [C]

2680. *Regényei és elbeszélései.* Szerkesztő bizottság: Czine Mihály, Nagy Péter és Vargha Kálmán. Eddig I–IX. kötet. Budapest: Magyar Helikon, 1962+. [C]

  1. kötet: Regények, 1909–1914: *Sárarany, Harmatos rózsa, A galamb papné, Árvalányok, Az Isten háta mögött, Kerek Ferkó, Nem élhetek muzsikaszó nélkül.* Sajtó alá rendezte Erdős Magda. 1962. 778p.
  2. kötet: Regények, 1914–1922: *Jószerencsét, A fáklya, Légy jó mindhalálig, Házasságtörés, A kis vereshajú.* Sajtó alá rendezte Erdős Magda. 1962. 760p.
  3. kötet: *Erdély*, 1921–1923: *Tündérkert, A nagy fejedelem, A nap árnyéka.* Regénytrilógia. Sajtó alá rendezte Erdős Magda. 1962. 1085p.
  4. kötet: Regények, 1924–1928: *Kivilágos kivirradtig, Pillangó, Kamaszok, Uri muri, Az ágytakaró, Forró mezők.* Sajtó alá rendezte Erdős Magda. 1963. 772p.

5. kötet: Regények, 1931–1932: *Forr a bor, Rokonok.* Sajtó alá rendezte Erdős Magda. 1963. 675p.

6. kötet: Regények, 1931–1934: *A fecskék fészket raknak, A boldog ember, Az asszony beleszól, Jobb mint otthon.* Sajtó alá rendezte Erdős Magda. 1963. 813p.

7. kötet: Regények, 1935–1940: *Rab oroszlán, Betyár, Míg új a szerelem, Életem regénye, Árvácska.* Sajtó alá rendezte Erdős Magda. 1963. 1051p.

8. kötet: *Rózsa Sándor,* 1940–1941; *Rózsa Sándor a lovát ugratja, Rózsa Sándor összevonja a szemöldökét.* Sajtó alá rendezte Erdős Magda. 1964. 650p.

9. kötet: Elbeszélések, 1900–1914. Sajtó alá rendezte Erdős Magda. 1964. 805p.

[MH] NN OCl [GeLBM] [GeLU] GyBDS

2681. *Levelei.* Sajtó alá rendezte és jegyzetekkel ellátta F. Csanak Dóra. I–II. kötet. Budapest: Akadémiai Kiadó, 1963[1]. [A]

1. kötet: 1894–1929. 439p.

2. kötet: 1930–1942. 629p.

MH NN NNC AsWN FiHI GyBDS GyBH GyGNSU

BIBLIOGRAPHY

See also nos. 2684, 2688, 2690, 2691, 2692, and 2709.

2682. Pintér József. "Bibliográfia és repertórium," *Móricz Zsigmond ébresztése. Emlékkönyv.* Szerkesztette Darvas József. Budapest: Sarló, 1945; 291p. Pp. 243–291.

In two parts: (1) his works arranged by year of publication, giving the title, place of publication, publisher and total number of pages for books, and the title, periodical, volume, and number of the first page for writings in periodicals, and (2) studies of his life and works arranged by kind of study: (a) articles, (b) periodicals devoting issues to him, and (c) books concerned entirely with him or containing materials on him. Bibliographical data for secondary sources: for books, the author, title, place and date of publication, and inclusive page numbers for those containing materials on him; for articles, the author, title, periodical, date, and number of issue. MH NNC

2683. *Móricz Zsigmond irodalmi munkássága. (Bibliográfia)* Halálának 10. évfordulójára összeállította Kozocsa Sándor. Budapest: Művelt Nép, 1952. 263p.

In three parts, with citations listed chronologically under each: (1) works published as separate editions, (2) those published in periodicals, and (3) studies about the man and his works. Data: for books, author, title, place, and date of publication, publisher, and pages; for periodicals, author, title, name of periodical, date of publication, volume or number, and often inclusive pages. Illustrations and facsimiles. DLC MH MnU NNC

See also nos. 322, 323, and 2632.

2684. Juhász Géza. *Móricz Zsigmond*. Budapest: Studium, 1928. 46p.

A biography and a study of the subject matter and distinguishing characteristics of his works. Bibliography, including translations of his works, pp. 44–[47]. NNC OCl FiHI GeLBM GyBH

2685. Halmi Bódog. *Móricz Zsigmond. Az író és az ember*. Budapest: A Szerző, 1930. 79p.

Purpose: to place before the general reader a complete figure of Móricz as a writer and a man, so that he will know his great strengths and his shortcomings and see that man who stands firmly behind his copious literary creativity. GeLBM GyBH

2686. Németh László. *Móricz Zsigmond*. Budapest: Turul, 1943. 111p.

A collection of Németh's personal recollections of Móricz: his character, personality, and thought. Organized on the basis of their growing relationship. Illustrations. NNC

2687. Móricz Virág. *Apám regénye*. Budapest: Szépirodalmi Könyvkiadó, 1953. 549p. [2d, enl. ed., 1954; 1963]

The story of his life by his daughter bringing the reader into an intimate relationship with the man. Uses materials from the relics of the family. DLC InU NNC FiHI GeLBM GyBDS GyBH GyGGaU GyGNSU

2688. Nagy Péter. *Móricz Zsigmond*. Budapest: Művelt Nép Könyvkiadó, 1953. 416p. [Rev. ed.: Budapest: Szépirodalmi Könyvkiadó, 1962²; 518p.]

Considerable attention to his writings—their individuality, themes and style, and their connections with his times. Bibliography, 1952–1953, pp. 411–413. DLC IC MH MnU NNC AsWN FiHI GeCU GeLBM GeLU GyBDS GyBH GyGNSU

2689. Kiss Tamás. "Móricz Zsigmond ifjúsága (Kisújszállási évek)," *Irodalomtörténeti Közlemények*, LVIII (1954), 176–188.

Details of his youth at Kisújszállás, 1896–1902, and their connection with his development as a writer. Bibliographical footnotes. DLC MnU NN NNC AsWU GeLBM GyBH

2690. Vargha Kálmán. "Adalékok Móricz Zsigmond csehszlovákiai útjaihoz és kapcsolataihoz," *Irodalomtörténet*, XLV (1957), 313–336.

Data on his visits to Czechoslovakia and his personal and literary relations with the Czechs. Texts of letters. Bibliography, pp. 335–336. Illustrations and facsimiles. CU DLC MH MnU NN NNC AsWU GeLBM GeLU GyBDS GyBH

2691. Móricz Miklós. *Móricz Zsigmond indulása*. Budapest: Magvető, 1959. 513p.

A biography, by his brother, covering his early years, detailing the

genealogy and history of his family, his childhood, youth, and his develop-
ment as a writer. Chronological table of his ancestry, family, and the events
in his life to 1910. Bibliography of his writings from 1899 to 1908 with a
name index, collected by Sándor Kozocsa, pp. 495–511. Illustrations and
facsimiles. DLC MnU NN NNC AsWN GeLBM GyBDS GyBH GyGNSU

2692. Czine Mihály. *Móricz Zsigmond útja a forradalmakig.* Budapest:
Magvető, 1960. 611p.

Biographical, but provides mainly an insight into the nature and develop-
ment of his thought and writings between the cultural and intellectual
poles of the East and West, toward an identification with revolutionary
socialism. Closes with 1919. Bibliographical notes, pp. 529–578. DLC MH
NN NNC AsWN GeLBM GyBDS GyBH GyGNSU

CRITICISM   ▾

See also nos. 339, 2785, 2831, 3840, 3842, 4513, 4624, and 4646.

2693. Ady Endre. "Móricz Zsigmond (és egy kötet elbeszélés. A címe 'Hét
krajcár')," *Nyugat,* II (August 16, 1909), 169–171. [Republished in *Nyugat,*
XVII (February 16, 1924), 233–235]

A review of the edition of short stories examining their treatment of the
peasant and village life and maintaining that the author views the most
painful, moral, and Hungarian elements in his writings, that some of the
stories belong alongside the greatest Russian or northern tales of peasants,
and that the edition promises the greatest possibilities in the writer. MnU
NN NNC FiHU GeLBM GyBH

2694. Elek Ilona. *Móricz Zsigmond stílusa és nyelve.* Rákosliget: Boros
Nyomda, 1911. 72p.

Examines his style and language for their sensuous clarity (similes, meta-
phors, adjectives) and their folk qualities (phonetics, morphology, word-
formation, folk syntax and adjectives, dialectical words, verbs, idioms,
proverbs). Materials from the texts of his writings in the analysis.

2695. "Móricz Zsigmond-emlékszám," *Nyugat,* XVII (February 16, 1924),
225–328.

A memorial issue consisting of separate studies of various aspects of his
life, character, and works, by several hands. MH MnU NNC FiHU
GeLBM GyBH

2696. Németh László. "Móricz Zsigmond," *Készülődés. A Tanú előtt.* I–II.
kötet. Budapest: Magyar Élet, 1941. I, 63–71. [Appeared in *Protestáns
Szemle,* XXXV (1926), 419–425]

A summary and evaluation of his literary works and development praising
his capacity, style, and technique. Claims that Móricz misunderstood his
individual ability and ceased writing short stories, his main sphere of
expression, and abandoned his epical view for lyrical excursions, and the

countenance of a commoner patterned after Gábor Bethlen for the pen of a romantic. InU NNC FiHI GyBH GyGNSU

2697. Jancsó Elemér. *Móricz Zsigmond és az új magyar irodalom.* Kolozsvár: Erdélyi Szemle, 1936. 19p.

His relation with the new Hungarian literature at the beginning of the 20th century that characterizes his own writings.

2698. Féja Géza. *Móricz Zsigmond.* Budapest: Athenaeum, 1939. 188p.

Individual essays by Féja dealing with many aspects of Móricz's writings. DLC IC MnU NNC AsWN GyBH GyGNSU

2699. Illés Endre. "Móricz Zsigmond," *Krétarajzok.* Budapest: Magvető, 1957; 554p. Pp. 120–161. [No. 4 appeared in *Nyugat*, XXXIV (January 1, 1941), 8–12; no. 1 in *Magyar Csillag*, III (July 1, 1943), 1–3; no. 5 as introduction, "Az öregedő Móricz," to *Móricz Zsigmond: Árverés a nádason.* Budapest: Szépirodalmi Könyvkiadó, 1951; 226p. Pp. 5–17; no. 2 as introduction to *Móricz Zsigmond: Gyalogolni jó*, pp. 5–19, see no. 2666; no. 3 as "Jegyzetek a Kivilágos kivirradtig új kiadásához" in *Irodalmi Újság*, no. 24 (October 24, 1953), 9]

Five studies dealing with the characteristics of the works and the man and including some accounts based on Illés's personal recollections. Among the works: the reports and *Kivilágos kivirradtig*. Also an article on his creativity during the last ten years of his life. DLC MH GeLBM GeLU GyBDS GyBH GyGNSU

2700. Halász Gábor. "Változatok egy népdalra," *Válogatott írásai.* Szerkesztette, az utószót és a jegyzeteket írta Véber Károly. Budapest: Magvető, 1959; 801p. Pp. 637–645. [Appeared in *Magyar Csillag*, II (October 1, 1942), 195–199]

An analysis of his style in various novels concluding that they delineate the peasant in a realistic mode suitable to the spirit of his times. DLC GeLBM GeLU GyBDS GyBH GyGNSU

2701. "Móricz Zsigmond-emlékszám," *Magyar Csillag*, II (October 1, 1942), 189–225.

A memorial issue on the occasion of his death containing several articles dealing with various aspects of his life and writings. Illustrations. MnU NNC AsWN [FiHI] [FiHU] [GyBH] GyGNSU

2702. *Móricz Zsigmond ébresztése. Emlékkönyv.* Szerkesztette Darvas József. Budapest: Sarló, 1945. 291p.

A memorial volume of individual studies dealing with various aspects of his life and literary works. Illustrations. See no. 2682 for bibliography. MH

2703. Nagy Péter. "Móricz Zsigmond, a novellaíró," *Irodalomtörténet*, XXXVIII, no. 4 (1950), 29–46.

His short stories in relation to the social, economic, and political conflicts and problems of his times, his use of peasant materials, and his themes, characters and style. Seen as a writer who, though he did not deal with the proletariat, raised the short story to be a mirror of the workingman's hopes and struggles, and extended the stylistic boundaries of the genre in Hungary. [CU] DLC [MH] MnU NNC OCl AsWU GeLBM GyBH GyGNSU

2704. Bóka László. "Móricz Zsigmond tanulmányai," *Tegnaptól máig. Válogatott tanulmányok, esszék, cikkek.* Budapest: Szépirodalmi Könyvkiadó, 1958; 580p. Pp. 369–385. [Appeared as introduction to *Móricz Zsigmond: Válogatott irodalmi tanulmányok*, pp. 5–22; see no. 2667]

His development as a writer of literary articles, studies and criticism, and an evaluation of his strength and weaknesses as a writer on literature. DLC MH MnU NNC FiHI GeLBM GyBDS GyGGaU GyGNSU

2705. Rónay György. "Móricz Zsigmond," *Vigilia*, XVII (1952), 462–474.

Discusses his method of presenting first the external and then the internal qualities of his characters and of delineating society not directly but by showing its complexities through his characters; examines his frequent dealing with husband and wife relations in which the first is sincere and the second cold and how their reconciliation is achieved through love and understanding. NN NNC

2706. *Kortársak Móricz Zsigmondról. I. Tanulmányok és kritikák, 1900–1919.* Összeállította és a jegyzeteket írta Vargha Kálmán. Budapest: Magyar Tudományos Akadémia Irodalomtörténeti Intézete, 1958. 500p.

A collection of 135 studies and criticisms of his works from 1900 to 1919 grouped by years. DLC MH NN NNC AsWN GeCU GeLBM GyGNSU

2707. Vargha Kálmán. "Móricz Zsigmond kritikai fogadtatása. Az első évtized 1909–1919," *Irodalomtörténet*, XLVI (1958), 1–22.

A discussion of the studies and criticisms of his writings during the first decade of his creativity. Bibliographical footnotes. CU DLC MH MnU NN NNC AsWU GeLBM GeLU GyBDS GyBH

2708. Vargha Kálmán. "Bevezetés," *Móricz Zsigmond: Az Isten háta mögött. A fáklya.* Szakmailag ellenőrízte Bóka László. Budapest: Szépirodalmi Könyvkiadó, 1959; 510p. Pp. 5–33.

Separate studies of the two novels as to their connections with each other and his other works and as to the nature of their characters. Attention to the philosophical problems in *A fáklya*. MH NN NNC OCl GyBDS

2709. Fülöp János. *Visszatérni jó. Móricz Zsigmond riportjai nyomában.* Budapest: Szépirodalmi Könyvkiadó, 1962. 305p.

Móricz's views of various events and situations in Hungary drawn from his reports and placed within reconstructions of the episodes, based on the knowledge of individuals involved in them. Bibliographical notes, pp. 301–[306]. GyBDS GyGNSU

2710. Vargha Kálmán. *Móricz Zsigmond és az irodalom.* Budapest: Akadémiai Kiadó, 1962. 402p.

A study dealing with the aesthetic principles present in his writings on literature and their effect on his own creativity, with the possible effects of his age's philosophical and aesthetic views on him, with the meaning of his perception of realism, with his views of naturalism and popular tendencies in literature, and with other questions pertinent to the explication of his literary views. Bibliographical footnotes. MH MnU AsWN FiHI FiHU GeLBM GeLU GyBDS GyBH GyGNSU

NAGY ISTVÁN

Born February 22, 1904 in Kolozsvár, Transylvania. Novelist, short-story writer, essayist. Father, a factory worker, killed on front in World War I; mother lost arm in industrial accident. Forced by poor financial circumstances to leave elementary school in fifth form. Became cabinetmaker, tramped through Rumania and Balkans. Educated himself in various trades and with help of Communist party seminars. Served as president of Munkás Segélyegylet. Helped to found *Korunk* in Kolozsvár in 1926, which published works of Attila József, Gyula Illyés, Áron Tamási, Lajos Kassák, and János Kodolányi (qq.v.). Imprisoned a year for participation in railroad strike in 1933. Became provincial secretary of Vörös Segély in Kolozsvár 1934–1935 and then member of its Bucharest office. Imprisoned for these activities 1935–1936. After release became member of Transylvanian and Bánát committee of Communist party until 1938. Awarded Erdélyi Szépmíves Céh Prize for "Özönvíz előtt" in 1936. By this time he was looked upon as a pioneer of realism in Hungarian literature in Transylvania. Persecuted during World War II. Returned to Transylvania from Rumanian internment camp in fall of 1940. Increased activity in Communist party and linked himself with workers' writers, as he had previously associated himself with populist writers through *Kelet Népe*, *Magyar Csillag*, and *Szabad Szó*. Also contributed to *Népszava*. Editor of *Világosság* and then of *Igazság* 1944–1946. Member of Kolozsvár committee of Rumanian Workers' Party in 1945. Became professor and university rector. Parliamentary representative 1948–1952. Named associate member of Rumanian Academy of Sciences in 1954. Managing editor of *Nyelv- és Irodalomtudományi Közlemények* in Kolozsvár. Awarded Rumanian National Prize for revised edition of *A legmagasabb hőfokon* in 1955. Rumanian delegate to UNESCO conference in India in 1956. Member of Nagy Nemzetgyűlés Elnöksége 1957–1961 and its representative since 1961. At present a member of central board of Rumanian Writers' Federation. ¶ Realistic writer dealing with problems of proletariat. Novels and short stories generally considered to be best. Studies also important, especially his sociographic sketches. ¶ *A legmagasabb hőfokon* and *Réz Mihályék kóstolója* have been translated into Rumanian, *A szomszédság nevében* into Rumanian and Serbian, and some of his short stories into Bulgarian, German, Polish, Rumanian, and Russian.

EDITIONS

See also nos. 2946 and 3106 for annotated work.

2711. *Földi Jánost bekapta a város.* [Elbeszélés] Cluj: A Szerző, 1932[1]. 30p. GyBDS

2712. *Mivé lettek?* [Elbeszélés] Cluj-Kolozsvár: A Szerző, 1932[1]. 15p.

2713. *Nincs megállás.* Regény. Kolozsvár: Fraternitas, 1933[1]. 119p. [Budapest, 1948[2]; 3d, rev. ed., Bukarest, 1958]

2714. *Vékony az ajtó.* Novellák. Kolozsvár: Munkás Athenaeum, 1934[1]. 40p.

2715. *Külváros.* [Szociográfiai rajz] Kolozsvár: Erdélyi Enciklopédia, 1939[1]. 70p. [Budapest, 1942[2], 1944[3]] GyBH

2716. *A "Vásárhelyi Hitvallás" nevében.* [Tanulmány] Cluj: Grafica, 1939[1]. 47p.

2717. *Ember a jéghátán.* Regény. Kolozsvár: Józsa Béla Athenaeum, 194?[1]. 38p.

2718. *Oltyánok unokái.* Regény. Kolozsvár: Erdélyi Enciklopédia, 1941[1]. 127p. [Budapest, 1942[2]; Marosvásárhely, 1958[3]; Bukarest, 1963[4]] NNC GyBH

2719. *A szomszédság nevében.* Regény. Budapest: Magyar Élet, 1941[1]. 315p. [1949[2]; Bukarest, 1955[3]] DLC GyBH

2720. *Aki lemaradt a hajóról.* [Kisregény] Budapest: Hungária, 1943[1]. 31p.

2721. *A Boldog-utcán túl.* Elbeszélések. Budapest: Magyar Élet, 1943[1]. 328p. GyBH

2722. *A föld hazahív . . .* [Kisregény] Budapest: Központi Sajtóvállalat, 1943[1]. 32p.

2723. *Miki és a bűntársak.* [Kisregény] Budapest: Könyv-, Szinpadi- és Zeneműkiadó, 1943[1]. 32p.

2724. *Ami mindennél erősebb . . .* [Kisregény] Budapest: Központi Sajtóvállalat, 1944[1]. 32p.

2725. *. . . És csend lett újra.* [Kisregény] Budapest: Központi Sajtóvállalat, 1944[1]. 32p.

2726. *Bérmunkások.* (Munkásjellemek) [Szociográfiai rajz] Kolozsvár: Józsa Béla Athenaeum, 1945[1]. 91p.

2727. *Forgalmi akadály.* [Elbeszélés] Békéscsaba: Magyar Demokratikus Ifjúsági Szövetség, 1945[1]. 34p.

2728. *József Attila új népe.* [Tanulmány] Kolozsvár: Józsa Béla Athenaeum, 1945[1]. 22p.

2729. *A kövérek százada.* [Elbeszélés] Kolozsvár: Móricz Zsigmond Kollégium, 1945[1]. 29p.

2730. *Özönvíz előtt.* Életkép három felvonásban. Kolozsvár: EMKE-könyvek, 1945[1]. 94p.

2731. *Leggonoszabb ellenségünk a sovinizmus.* [Tanulmány] Kolozsvár: Igazság, 1946[2]. 31p.

2732. *Réz Mihályék kóstolója.* Ifjúsági regény. Budapest: Magyar Élet, 1946[1]. 245p. [Kolozsvár, 1947[2]; Bukarest, 1954[3], 1960[4]]

2733. *Erdélyi úton.* [Regény] Budapest: Szikra, 1947[1]. 135p. NN

2734. *A gyár ostroma.* Dráma. Bevezette Gaál Gábor. Kolozsvár: Libro, 1947[1]. 72p.

2735. Nagy István: *Földimogyoró.* (1st) [Novella] Kovács Mária: *Talpas.* [Novella] Hazainé Márjás Magda: *Nőnek a vetések.* [Színmű] Budapest: Népszava, 1949. 83p.

2736. *A legfontosabb ügyosztály.* [Elbeszélés] Bukarest: Állami Könyvkiadó, 1949[1]. 19p.

2737. *Minden jog a szerzőé.* [Kisregény] Bukarest: Állami Könyvkiadó, 1950[1]. 75p.

2738. *Egy év a harmincból.* Regény. Budapest: Szépirodalmi Könyvkiadó, 1951[1]. 155p. [Also Bukarest, 1951] GyBDS GyBH

2739. *A legmagasabb hőfokon.* Regény. Bukarest: Állami Irodalmi és Művészeti Kiadó, 1952[1]. 360p. [2d, rev. ed., 1955; 1962[3]] DLC MH

2740. *Ünnep a mi utcánkban.* Novellák. Budapest és Bukarest: Szépirodalmi Könyvkiadó, 1952[1]. 236p. DLC

2741. *A mi lányaink.* [Regény] Bukarest: Ifjúsági Könyvkiadó, 1954[1] [1955?]. 450p.

2742. *Javíthatatlanok.* [Elbeszélés] Bukarest: Ifjúsági Könyvkiadó, 1955[1]. 62p.

2743. *Huszonöt év.* I–II. kötet. Budapest: Új Magyar Könyvkiadó, 1956.
   1. kötet: Karcolatok, novellák, elbeszélések. 537p.
   2. kötet: Önéletrajzi töredékek, riportok. 274p.

2744. *A harc hevében.* Irodalmi vallomások és észrevételek. Marosvásárhely: Állami Irodalmi és Művészeti Kiadó, 1957[1]. 273p. MH GyBDS GyGNSU

2745. *Hetedhét országon keresztül Indiába.* [Útinapló] Bukarest: Állami Irodalmi és Művészeti Kiadó, 1958[1]. 145p.

2746. *Az asztalos meséje.* Elbeszélések. Bukarest: Ifjúsági Könyvkiadó, 1959[1]. 158p.

2747. *Szivesen máskor is.* Novellák. Bukarest: Állami Irodalmi és Művészeti Kiadó, 1959[1]. 150p. GyBDS

2748. *Ácsék tábort vernek.* Regény. Bukarest: Irodalmi Könyvkiadó, 1961[1]. 431p. NNC

2749. *Íróavatás.* Önéletrajzi vallomások. Válogatta Bonyháti Jolán. Bukarest: Irodalmi Kiadó, 1961. 257p. [C]

2750. *Földi Jánost bekapta a város. Nincs megállás. A szomszédság nevében.* [Regények] Az előszót írta Sőni Pál. Bukarest: Ifjúsági Könyvkiadó, 1962. 630p. [C]

2751. *A jótékony prémeskabát.* [Elbeszélések] Összeállította Szőcs István, az előszót írta Sőni Pál. Bukarest: Ifjúsági Könyvkiadó, 1962. 195p. [C]

2752. *Szépségverseny.* [Ifjúsági regény] Bukarest: Ifjúsági Könyvkiadó, 1964[1]. 186p. MnU

2753. *A Paliék hétfejű sárkánya.* [Ifjúsági elbeszélések] Bukarest: Ifjúsági Kiadó, 1965[1]. 44p.

CRITICISM

2754. Prohászka János. "Faipari regény," *Magyar Nyelvőr*, LXXVI (1952), 27–28.

A review of *Egy év a harmincból* seeing it as a form of the "worker's novel," summarizing its concerns, and commenting on the absence of dialect words, on the appropriateness of omitting identifying names in the underground Communist movement, and on its realism. DLC [MH] NN FiHU GyBH GyGNSU

2755. Czine Mihály. "Nagy István: Ünnep a mi utcánkban," *Csillag*, IX (1955), 2544–2550.

States that the historic appeal to the working class was first and more clearly attempted by poetry than prose and that Hungarian epic poetry is still inadequate in its portrayal of the workers' life. Finds the heroes of the short stories under review struggling with social problems, and Nagy's basic theme to be the uniting of Hungarian and Rumanian workers against "upper-class chauvinism." Appraises his writings as one of the best chapters in Hungarian workers' literature, and considers him a true worker with a Marxist outlook and a descendant of the Székely serfs and Transylvanian proletariats. [DLC] MnU [NN] NNC [GeLBM] GyBH [GyGGaU]

2756. Koczkás Sándor. "A külváros epikusa. Töredékes portré Nagy Istvánról," *Kortárs*, III, no. 11 (1959), 705–712.

His writings as emerging from the agitations of the communist movement; his first short stories as resembling the verses of Mayakovsky and Attila József; his later development as unaffected by the modern "isms" of Lajos Kassák or by naturalism; and the single theme that concerns him: the proletariat battling for victory. Brief evaluations and characterizations of his writings in their order of publication. DLC MH [FiHU] GeLBM GyBH

2757. Sőni Pál. "Nagy István írásművészete," *Igaz Szó*, X, no. 6 (June, 1962), 834–839; no. 7 (July, 1962), 71–86.

An analysis of the aesthetics of his works and literary art. Finds that he always begins from life and seeks to keep the imprint of reality on his works and that the structure dominates the form. Discusses his lack of success in achieving artistic effects outside the structure. NN GyBDS GyBH

2758. Sőni Pál. "Nagy István, az epikus," *Kacsó Sándor, Sőni Pál és Abafáy Gusztáv: Három portré. Asztalos István, Nagy István, Kovács György.* Bukarest: Irodalmi Könyvkiadó, 1963; 233p. Pp. 65–148.

Purpose: to delineate, alongside the circumstances of his life and times, the development of his epical ability in the most important of his literary works and to describe the inner movement and major powers of the development of a writer whose whole life and works show his involvement in socialism and the worker's movement.

NAGY LAJOS

Born February 5, 1883 in Apostag-Tabányitelek; died October 28, 1954 in Budapest. Novelist, short-story writer, publicist. Illegitimate child; mother Júlia Nagy, once servant in Pest, earned living by taking in boarders. Raised by maternal grandparents until six. Then lived in Budapest with mother and completed schooling. Began study of law but did not obtain degree. Worked in various law offices and served as District Administrator in Abaujszántó for time in 1906. Beginning in 1904 served frequently as tutor to Jankovich-Bésán family. From 1912 on generally lived on earnings from writings. Neuresthenic condition exempted him from military service in World War I. Edited *Bolond Istók* in 1918 and then *Borsszem Jankó.* Publicist writings supported Revolutionary Government of 1918–1919, and he served as literary adviser to Szellemi Termékek Országos Tanácsa. No action taken against him after failure of Revolutionary Government, but unrepentant attitude made it difficult for him to obtain positions. Major contributor to *Nyugat* beginning in 1922 and editor of its Arcadia column for a time. Opposed resurgent nationalism and anti-semitism in early 1920's. In mid-1920's he strengthened relations with such Communists as Sándor Gergely, László Gereblyés, and Aladár Tamás. Became acquainted with Attila József (q.v.), who looked upon Nagy as fatherly friend throughout life. His writings began to appear increasingly in *100%* and *Forrás.* Edited *Együtt* 1927–1928. Married Boris Szegedi in 1932. Awarded Baumgarten Prize in 1932, 1935, and 1938. Attended Writers' Conference in Moscow with Gyula Illyés (q.v.) in 1934. Affiliated himself with populist writers in 1935 for a time. Three numbers of his periodical, *Nagy Lajos Különvéleménye,* appeared in 1939. During World War II he opened a small bookstore, worked on autobiography, and contributed to *Magyar Csillag.* After 1945 he joined Communist party and contributed to numerous periodicals, including *Szabad Nép.* Went to Switzerland for health in 1947. Awarded Kossuth Prize in 1948. Numerous works published, but neglected during last years of life. ¶ One of the most important writers of prose fiction between two World Wars. Now being viewed mainly as realistic writer with socialistic outlook who has influenced authors of generation after 1945. Used Freudianism in writings for a time. Effective satirist. ¶ Some of his short stories have been translated into Bulgarian, English, French, German, Polish, Rumanian, and Serbian.

FIRST EDITIONS: *Az asszony, a szeretője, meg a férje*. Novellák. Budapest: Politzer Zsigmond és Fiai, 1911. 51p. – *Mariska és János*. Elbeszélések. Budapest: Athenaeum, 1913. 64p. – *A szobalány*. Novellák. Békéscsaba: Tevan, 1913. 81p. – *Egy leány, több férfi*. Novellák. Békéscsaba: Tevan, 1915. 62p. – *Egy berlini leány*. [Elbeszélés] Budapest, 1917. [From Kardos, *Nagy Lajos*, p. 398] – *Az Andrássy út*. [Novellák] Budapest: Nyugat, 1918. 211p. – *Fiatal emberek*. [Elbeszélések] Budapest: Táltos, 1919. 239p. – *A jó fiú*. Elbeszélés. Budapest: Népszava, 1919. 64p. – *Képtelen természetrajz*. [Karcolatok] Budapest: Kultúra, 1921. 118p. [1949²] – *Találkozásaim az antiszemitizmussal*. Budapest: A Szerző, 1922. [From Kardos, *Nagy Lajos*, p. 398] – *Vadember*. [Regény] Budapest: Az Író, 1926. 156p. – *Lecke*. [Elbeszélések] Budapest: Rácz János, 1930. 62p. – *Bérház*. [Novellák] Budapest: Klein-Grünwald, 1931. 109p. – *Két fiú ült egy padon* . . . Nagy Lajos regénye. Budapest: Pannonia, 1933. 20p. – *Uccai baleset*. Novellák. Budapest: Radó, 1933. 111p. – *Kiskunhalom*. [Regény] Budapest: Pantheon, 1934. 231p. – *Három magyar város*. [Szolnok, Hódmezővásárhely, Győr; társadalomrajz] Budapest: Kosmos, 1935 [1933?]. 70p. – *Budapest nagy-kávéház*. [Szociográfiai regény] Budapest: Nyugat, 1936. 223p. – *A falu álarca*. [Regény] Budapest: Nyugat, 1937. 185p. – *Három boltoskisasszony*. Regény. Budapest: Nyugat, 1938. 230p. – *Június*. Különvélemények. [Publicisztika] Budapest: Radó István, 1939. 24p. [From catalogue of National Széchényi Library] – *A fiatalúr megnősül*. Regény. Budapest: Irodalmi és Színházi K. F. T., 1941. 254p. – *Ruha teszi az embert*. [Kisregény] Budapest: Hungária, 1942. 31p. – *A csúnya lány*. [Elbeszélés] Budapest: Bartl Ferenc, 1943. 47p. – *Fő az illuzió*. [Elbeszélés] Budapest: Áchim András, 1943. 31p. – *Ha pénz van a zsebben*. [Elbeszélés] Budapest: Áchim András, 1943 [1942?]. 31p. – *Hat kocka cukor*. [Elbeszélés] Budapest: Auróra, 1943. 31p. – *János az erősebb*. [Elbeszélés] Budapest: Stádium, 1943. 48p. – *Kalandos szekrény*. [Elbeszélés] Budapest: Fabula, 1943. 31p. – *A süket asszony*. [Elbeszélés] Budapest: Rubletzky Géza, 1943. 31p. – *Szatírvadászat a Tölgyligetben*. [Elbeszélés] Budapest: Rubletzky Géza, 1943. 31p. – *A titokzatos idegen*. [Elbeszélés] Budapest: Áchim András, 1943. 31p. – *Vilma, az uzsorás*. [Elbeszélés] Budapest: Auróra, 1943 [1942?]. 31p. – *Pincenapló*. [Regény] Budapest: Hungária, 1945. 96p. – *A tanítvány*. Regény. Budapest: Hungária, 1945. 313p. – *Falu*. [Kisregény] Budapest: Szikra, 1946. 141p. – *A három éhenkórász*. Elbeszélések. Budapest: Szikra, 1946. 139p. – *Emberek, állatok*. Mese és valóság. [Novellák] Budapest: Budapest Székesfőváros, 1947. 238p.

– *Farkas és bárány*. [Novellák] Budapest: Révai, 1948. 256p. – *Január*. [Elbeszélések] Budapest: Szikra, 1948. 286p. – *A lázadó ember*. Önéletrajz. Budapest: Szikra, 1949. 418p. – *1919 május*. Válogatott elbeszélések. Sajtó alá rendezte Barát Endre. Budapest: Szikra, 1950. 408p. [C] – *Nyitott ablakok*. Elbeszélések. Budapest: Révai Könyvkiadó Nemzeti Vállalat, 1950. 353p. – *Tanyai történet*. Elbeszélések. Budapest: Szépirodalmi Könyvkiadó, 1951. 84p. – *A rémhír*. Négy jelenet. Budapest: Művelt Nép, 1953. 47p. – *A menekülő ember*. Önéletrajz. Budapest: Művelt Nép, 1954. 312p. – *Új vendég érkezett*. Színmű egy felvonásban. Budapest: Népszava, 1954. 29p.

EDITIONS

See also no. 4082 for annotated work.

2759. *Művei*. [I–XI.] kötet. Budapest: Szépirodalmi Könyvkiadó, 1955–1959. [B]

[Volumes not numbered; arranged chronologically]

1. *Kiskunhalom. Három boltoskisasszony. Falu.* [Regények] 1955. 595p.
2. *Egy lány a századfordulón. A fiatalúr megnősül.* [Regények] 1955. 525p.
3. *A lázadó ember.* [Önéletrajz, 1883–1914] 1956. 591p.
4. *A menekülő ember.* [Önéletrajz, 1914–1934] 1956. 483p.
5–7. Válogatott elbeszélések. [1907–1953 anyagából] Válogatta és sajtó alá rendezte Vargha Kálmán. 1–3. kötet. 1956.
8. Válogatott karcolatok. Válogatta, sajtó alá rendezte, jegyzetekkel ellátta és az utószót írta Gordon Etel. 1957. 878p.
9–10. *Író, könyv, olvasó.* [Válogatott cikkek és tanulmányok] Összegyűjtötte, válogatta és sajtó alá rendezte, jegyzetekkel és utószóval ellátta Gordon Etel. 1–2. kötet. 1959.
11. *Vadember. A tanítvány.* [Regények] Sajtó alá rendezte és az utószót írta Kardos Pál. 1959. 477p.

[DLC] [InU] [MH] [NN] [NNC] [AsWN] [FiHI] GyBH [GyGNSU]

2760. *Képtelen természetrajz.* [Karcolatok; bővített kiadás] Budapest: Szépirodalmi Könyvkiadó, 1961⁴. 206p. [C]

2761. *Kiskunhalom.* [Regény] Budapest: Szépirodalmi Könyvkiadó, 1962. 203p. [C] IC FiHU GyBH

2762. *Razzia.* [Elbeszélések] Budapest: Szépirodalmi Könyvkiadó, 1962. 246p. GyGNSU

2763. *Válogatott művei.* Válogatta és sajtó alá rendezte Kardos Pál. [Bibliography, pp. 473–475] Budapest: Szépirodalmi Könyvkiadó, 1962. 487p. [B] NNC FiHU GeLBM GyBDS GyGNSU

2764. *Falu.* [Regény] Budapest: Magyar Helikon, 1963. 244p. MH GyBDS

2765. *A lázadó ember.* Regény. (Önéletrajz) Az utószót Bálint Tibor írta. I–II. kötet. Bukarest: Irodalmi Kiadó, 1963. [C] GyBDS

BIBLIOGRAPHY

See also nos. 2763, 2768, and 2775.

2766. Vasvári István (összeáll.). "Nagy Lajos művei és a róluk szóló irodalom bibliográfiája," *Nagy Lajos. Emlékkönyv és bibliográfia.* Összeállította Vasvári István. Budapest: Fővárosi Szabó Ervin Könyvtár, 1964; 197p. Pp. 135–176.

In several parts: (1) separately published works and their most important reviews in order of publication; (2) his writings as a publicist arranged by date of publication and divided into (a) studies, articles and sketches, (b) sociological studies and articles, (c) portraits of actors and actresses, and drama and theater criticism, (d) book reviews and (e) excerpts from his journal; and (3) studies about him in the Hungarian language arranged by date of publication and divided into (a) separately published studies, (b) those appearing in collections, (c) articles and studies evaluating his works or recollecting the author published in periodicals, (d) reports and anecdotes published in periodicals, (e) poems written in his honor, (f) reports on the evening held in his honor, February 1958, and (g) an article on the Gyula Krúdy-Lajos Nagy memorial exhibition, February 1958. Data: for monographs, author, title, place and date of publication, publisher, and total pages; for articles, author, title, name of periodical, date, volume and/or number, and inclusive pages. MnU FiHU GyBDS

BIOGRAPHY

2767. Füst Milán. "Emlékezések Nagy Lajosról és körüle," *Emlékezések és tanulmányok.* Budapest: Magvető, 1956; 539p. Pp. 129–137. [Appeared in *Csillag*, VIII (1954), 2296–2302]

Accounts of Füst's meetings with Nagy characterizing his personality and his views about himself, literature, and society. DLC MnU NNC GyBDS GyBH

2768. Kardos Pál. *Nagy Lajos élete és művei.* Budapest: Bibliotheca, 1958. 416p.

A study of his life and works giving considerable attention to the characteristics of his writings, his thought, and his connection with the social and political currents and activities of his times. Bibliography of his works and studies about him, pp. 398–409. DLC MH MnU NNC WaU FiHI GeLBM GyBDS GyGNSU

CRITICISM

2769. Kosztolányi Dezső. "Nagy Lajos," *Írók, festők, tudósok. Tanulmányok magyar kortársakról.* Gyűjtötte, sajtó alá rendezte, az utószót és a jegyzeteket írta Réz Pál. I–II. kötet. Budapest: Szépirodalmi Könyvkiadó, 1958. I, 59–64. [Appeared in *Nyugat*, X (October 1, 1917), 557–558; XV (April 1, 1922), 491–492]

Two studies: the first concerns the "austere and puritanical" character of his style and the subject matter of *Egy berlini leány*, "A szép ember és a nem szép ember" and "Az utolsó út," and the second discusses his animal stories as expressing his thoughts about man. DLC MH NjN NN NNC AsWN GeCU GyBH GyGNSU

2770. Tóth Árpád. "Nagy Lajos novellái (Az Andrássy út)," *Nyugat*, XII (April 16, 1919), 570–572.

A review that explains his being neglected because of his naturalism and his link with the short-story writers of the periodical *Nyugat*, and praises the lyricism he achieves with the instruments of naturalism in the edition of stories and their poetic power to impress tragic effects deeply on the reader. MnU NN NNC FiHU GeLBM GyBH

2771. Schöpflin Aladár. "Lecke. Nagy Lajos novellái," *Nyugat*, XXII (March 16, 1930), 472–475.

A review maintaining that he is writing the stories not as an author but as a critic of society who is dissatisfied with its present character and sees both the poor and the rich as unfortunate, with the first poor in body and the second poor in morality. Praises the originality and power of his literary style. MnU NN NNC FiHU GeLBM GyBH

2772. Illyés Gyula. "Nagy Lajos," *Nyugat*, XXIV (September 16, 1931), 371–374.

Maintains that Nagy is a good socialistic writer not because of his criticism of the ruling society and his treatment of the proletariat but because of his "hard teaching" which criticizes the proletariat for enduring and accepting its condition and because of his calling upon the proletariat to take hold of circumstances and to act in its own behalf. Affirms that the instinct of a good writer directed Nagy to this viewpoint. Characterizations of his techniques in relation to his critical purpose. MnU NN NNC [FiHI] FiHU GeLBM [GeLU] GyBH

2773. Illyés Gyula. "Kiskunhalom. Nagy Lajos új könyve," *Nyugat*, XXVII (April 16, 1934), 449–452.

Marks the work as one of the most significant Hungarian novels in its portrayal of the travels of "the writer's conscience in the dark layers of society." States that Nagy knows the form well and is clear in what he wants to develop without intrusions upon the narrative. MnU NN NNC [FiHI] FiHU GeLBM [GeLU] GyBH

2774. Illyés Gyula. "A falu álarca. Nagy Lajos könyve," *Nyugat*, XXX (December, 1937), 446–448.

A review maintaining that he is the first Hungarian writer to use the people as a way of linking learned materials and artistic form. States that the work does not examine the relationships between the materials of the world and those of the inner life of the characters but that the harmony

existing between his thought and style is rare among writers. MnU NN
NNC [FiHI] FiHU GeLBM GyBH

2775. Lukácsy Sándor. "Nagy Lajos," *Csillag*, II (September, 1948), 54–60.
Examines his themes and the characteristics of his genres and literary style
from a Marxist point of view, because "it is time for literary criticism to
correct its past offences against and the negligence of one of the most
important Hungarian prose-writers of the 20th century." List of and brief
comments on his works published since 1945, p. 60. [DLC] MnU NNC
[GyGGaU]

2776. Veres Péter. "A lázadó ember," *Útközben. Ország dolgáról, irodalomról.*
Budapest: Szépirodalmi Könyvkiadó, 1954; 374p. Pp. 59–64. [Appeared as
"Nagy Lajos: A lázadó ember" in *Forum*, IV (June, 1949), 526–529]
Contends that Nagy cannot be connected with naturalism, the school of
the periodical *Nyugat*, or the dominant literary trend of his times because
he is an individualistic author who wrote what he thought and felt and
who expressed the truth; characterizes him as a writer of negation and
rebellion, not of altruism or other kind of naturalism. DLC FiHI GyBH

2777. Barabás Tibor. "Nagy Lajos: A lázadó ember," *Csillag*, III (July–
August, 1949), 85–86.
The autobiography praised as one of the most important and characteristic
writings of the period following World War II. The question of the rela-
tions between substance and form in his writings is examined with the
conclusion that innovation is to be found in this work also. [DLC] MnU
NNC [GeLBM] GyBH [GyGGaU]

2778. Bóka László. "Nagy Lajos ünnepére," *Csillag*, VI (1953), 233–237.
Recognition given to him before and after World War II, and the charac-
teristics of his literary development over three generations of writers (prior
to World War I, the Horthy period, and after World War II). Written on
the occasion of his 70th birthday. [DLC] MnU [NN] NNC [GeLBM]
GyBH [GyGGaU]

2779. Illyés Gyula. "Nagy Lajos," *Kortársak nagy írókról. Második sorozat.*
Budapest: Művelt Nép, 1956; 478p. Pp. 432–439. [Appeared in *Csillag*, VIII
(December, 1954), 2283–2390]
A recollection of 1934 tour of Russia by Illyés and Nagy followed by a
discussion of the elements of Nagy's life and times, especially political
ones, and their effect on his views and fortune. DLC MnU NNC FiHU
GyBDS

2780. "Nagy Lajos-szám," *Csillag*, VIII (1954), 2283–2340.
A memorial issue containing 14 articles dealing with his life and works but
consisting mainly of personal recollections about Nagy. [DLC] MnU
[NN] NNC [GeLBM] GyBH [GyGGaU]

2781. Veres Péter. "Nagy Lajos," *Közös gondjainkról*. Budapest: Magvető,

1955; 243p. Pp. 47–51. [Appeared in *Csillag*, VIII (December, 1954), 2336–2338]

A funeral address describing his independence as a writer, his war in behalf of the poor, the unmetaphysical nature of his opposition to evil, and his acceptance as a man by all in his society. DLC MH GeLBM GyBH

2782. Fehér Ferenc. "Nagy Lajos: A menekülő ember," *Új Hang*, IV (May, 1955), 65–74.

A review delineating his concepts of history in his times, his characteristics as an artist as they emerge from his "confessions," and his views of literary history and authors. DLC NN GyBH

2783. Illés László. "Nagy Lajos, a kritikus és publicista," *Kortárs*, III (1959), 905–913.

A review of selected articles and studies (1959) discussing his concepts of criticism and literature as instruments of reform in Hungary and as support of the protelariat, especially in relation to the "bourgeois elements" of the 1920's. Delineates his conception of the artist and the writing of short stories, again in the 1920's. DLC MH [FiHU] GeLBM GyBH

2784. Goda Gábor. "Nagy Lajosról," *Kortárs*, IV (1960), 757–762.

After commenting on his frank criticism of young writers, defending his style, and noting his fear of death, discusses the problems of his popularity and recognition for his socialist-realist literature. Concludes with a personal recollection illustrating Nagy's sensitivity in word choice. DLC MH [FiHU] GeLBM GyBH

2785. Fehér Ferenc. "Nagy Lajos hagyatéka. 80. születésnapjára," *Kortárs*, VII (1963), 433–437.

Develops the basis for his being considered "the first socialist-realist author in Hungarian literature" by tracing his movement toward distinct Marxist concepts of the proletariat which set him apart from someone like Zsigmond Móricz. DLC MH FiHU GeLBM GyBH

2786. *Nagy Lajos. Emlékkönyv és bibliográfia.* Összeállította Vasvári István. Budapest: Fővárosi Szabó Ervin Könyvtár, 1964. 197p.

Individual recollections, views, and evaluations of him and his writings. His works arranged by genres. Chronological record of the events of his life. See no. 2766 for the bibliography. MnU FiHU GyBDS

NÉMETH LÁSZLÓ

Born April 18, 1901 in Nagybánya. Novelist, dramatist, essayist. Father a geography and history teacher. Family lived in Szolnok briefly, then moved to Budapest. Attended Budapest schools and began to write short stories and poetry. Studied philosophy at University of Budapest for half year beginning in fall of 1919, then entered medical school, obtaining degree in

1923; also training in dentistry. Practiced dentistry for a time and then became school physician, which he remained until 1942. Awarded Nyugat Prize for "Horváthné meghal," a short story, in 1925; other writings appeared in *Nyugat*, *Napkelet*, and *Protestáns Szemle*. Visited Paris. Radical views separated him from conservative connections. He quarreled with Mihály Babits (q.v.) in 1932 and broke relationship with *Nyugat*. In 1932 he founded *Tanú*, which he wrote entirely himself until it ceased in 1936. Through *Tanú* became ideologue of populist writers. Director of literary section of Rádió for short time 1934–1935. Writings appeared in *Válasz*, *Kelet Népe*, *Tükör*, *Híd*, and *Magyar Csillag*. Private tutor in school in Hódmezővásárhely 1945–1950. Silent for political reasons 1949–1953, period in which he turned to translating. Since 1950 has lived on earnings from writings. Received Attila József Prize for translations of Tolstoy and Zakrutykin in 1952. Original works began to appear again in 1954. Supported socialism in 1956 Revolution. Awarded Kossuth Prize for *Égető Eszter* and *Galilei* in 1957. Visited Soviet Union in 1959. ¶ One of the most important prose writers in 20th-century Hungarian literature. Began as writer of studies and treatises, then turned to novels and plays. Independent populist writer. Novels are strongly realistic and use techniques of West European realistic novel. Plays generally influenced by Ibsen, strongly intellectual. Social dramas influenced development of drama between two World Wars. Subject matter that of peasant and village life. Much psychological analysis of crises forced on individual by society. Especially noted for sensitive treatment of problems of women. His translations are also important: Goncsarov, Gorky, Ibsen, Jirásek, Kleist, Lessing, Pushkin, Shakespeare, A. Tolstoy, L. Tolstoy, Wilder, and Zakrutykin. ¶ *A minőség forradalma* has been translated into German; *Bűn* and *Gyász* into Czech; *Égető Eszter* into Bulgarian, French, German, and Serbian; *Galilei* into Russian; *Iszony* into Czech, Finnish, French, German, Norwegian, Serbian, and Spanish; *Kocsik szeptemberben* into Italian; and some of his short stories into English, French, and German.

EDITIONS

See also nos. 1920 and 2664 for material in edition. Annotated works: nos. 195, 199, 529, 941, 1154, 1483, 1485, 2078, 2198, 2686, 2696, 2863, 2886, 2887, 3101, 3103, 3376, 3677, and 3941.

2787. *Ortega és Pirandello*. Két tanulmány. Debrecen: Nagy Károly és Társai, 1933[1]. 64p.

2788. *Ember és szerep*. [Tanulmány] Kecskemét: Tanú, 1934[1]. 164p. GyBH

2789. *Magyarság és Európa*. [Tanulmányok] Budapest: Franklin-Társulat, 1935[1]. 137p. IC NN FiHI GyBH

2790. *Gyász*. [Regény] Budapest: Franklin-Társulat, 1936[1]. 275p. [1957[2]] DLC MH NN OCl AsWN FiHI GyBDS GyBH GyGNSU

2791. *Bűn.* [Regény] I–II. kötet. Budapest: Franklin-Társulat, 1937[1]. [1954[2], 1961] DLC IC NN FiHI GeLBM GyBDS GyGGaU

2792. *Kocsik szeptemberben.* [Regény] Budapest: Franklin-Társulat, 1937[1]. 227p. IC OCl GyBH GyGGaU

2793. *A Medve-utcai polgári.* [Szociográfia] Kecskemét: Első Kecskeméti Hírlapkiadó, 1937. 112p. [A reprint from *Iskola és Egészség*] (1943) MH NN GyBH

2794. *Villámfénynél.* [Dráma] Budapest: Tanú, 1937[1]. 58p. DLC GeLBM

2795. *Alsóvárosi búcsú.* [Regény] I–II. kötet. Budapest: Franklin-Társulat, 1939[1]. OCl GyBH

2796. *Berzsenyi.* [Tanulmány] Budapest: Franklin-Társulat, 1939[1]. 144p. MnU GeLBM GeLU

2797. *VII. Gergely.* Színmű. Budapest, 1939. [From Várkonyi, p. 469]

2798. *Kisebbségben.* [Tanulmányok] Budapest: Első Kecskeméti Hírlapkiadó, 1939[1]. 95p. GyBH

2799. *Papucshős.* Színmű. Budapest, 1939[1] [1938?]. [From Várkonyi, p. 469]

2800. *Szerdai fogadónap.* [Regény] I–II. kötet. Budapest: Franklin-Társulat, 1939[1].

2801. *Magyar ritmus.* [Tanulmány] Budapest: Mefhosz, 1940[1]. 63p. AsWN GyBH

2802. *A minőség forradalma.* [Tanulmányok] I–VI. kötet. Budapest: Magyar Élet, 1940[1]. DLC MnU NN GeLBM GyGNSU

2803. *Szekfű Gyula.* Budapest: Bolyai Akadémia, 1940[1]. 143p. AsWN GeLBM GyGGaU

2804. *Téli hadjárat.* Cikkek, előadások. Kecskemét: Első Kecskeméti Hírlapkiadó, 1940[1]. 113p.

2805. *Készülődés.* A Tanú előtt. [Tanulmányok] I–II. kötet. Budapest: Magyar Élet, 1941[1]. InU NNC FiHI GyBH GyGNSU

2806. *A másik mester.* Regény. I–II. kötet. Budapest: Franklin-Társulat, 1941[1]. GeLBM GyBH

2807. *Cseresnyés.* Színjáték. Karácsony Sándor tanulmányával. Budapest: Exodus, 1942[1]. 72p. GyGNSU

2808. *Kisebbségben.* [Tanulmányok; a teljes kiadás] I–IV. kötet. Budapest: Magyar Élet, 1942. MnU NNC AsWN

2809. *Széchenyi.* Vázlat. Budapest: Bolyai Akadémia, 1942[1]. 189p. GeLBM GyBH GyGNSU

2810. *Lányaim.* [Önéletrajz] Budapest: Turul, 1943[1]. 108p. [Enl. ed., 1962] MnU NN NNC AsWN FiHI GeCU GeLBM GyBDS GyBH GyGNSU

2811. *Magam helyett.* Tanulmány az életemről. Budapest: Turul, 1943[1]. 226p. DLC GeLU

2812. *Móricz Zsigmond.* [Tanulmány] Budapest: Turul, 1943[1]. 111p. MH MnU NNC GeCU GyGNSU

2813. *Emberi színjáték.* [Regény; keletkezési év 1929] I–II. kötet. Budapest: Franklin-Társulat, 1944[1]. DLC NNC GeLU

2814. *Az értelmiség hivatása.* [Tanulmány] Budapest: Turul, 1944[1]. 287p.

2815. *A tanügy rendezése.* [Tanulmány] Budapest: Sarló, 1945[1]. 32p.

2816. *Széchenyi.* Dráma négy felvonásban. Budapest: Misztótfalusi, 1946[1]. 40p. FiHU GyGNSU

2817. *Eklézsia-megkövetés.* Dráma négy felvonásban. [Tótfalusi Kis Miklósról] Budapest: Misztótfalusi, 1947[1]. 43p. GyGNSU

2818. *Iszony.* [Regény] Budapest: Nyugat, 1947[1]. 431p. [1957[2], 1962[3]] IC NjR NN NNC OCl FiHU GeLBM GeLU GyBDS GyGGaU GyGNSU

2819. *Égető Eszter.* [Regény] Budapest: Magvető, 1956[1]. 781p. [1957[2], 1960[3], 1963[4], 1965] CSf DLC IC InU NN NNC OCl AsWN FiHI GeLBM GyBDS

2820. *II. József.* Dráma öt felvonásban. Debrecen: Alföldi Nyomda, 1956. 46p. [A reprint from *Alföld*] GyBDS

2821. *Történeti drámák.* I–II. kötet. Budapest: Szépirodalmi Könyvkiadó, 1956[1]. [1957[2], 1963[3]]
1. kötet: *VII. Gergely, Husz János* (1st), *Galilei* (1st), *II. József.* 360p.
2. kötet: *Apáczai* (1st), *Eklézsia megkövetés, Petőfi Mezőberényben* (1st), *Széchenyi.* 280p.

CSf DLC InU MH MnU NjN NN NNC AsWN FiHI GeLBM GyBDS

2822. *Társadalmi drámák.* Utószóval ellátta a kiadó. I–II. kötet. Budapest: Szépirodalmi Könyvkiadó, 1958. [2d, enl. ed., 1964]
1. kötet: *Bodnárné, Villámfénynél, Papucshős, Cseresnyés, Erzsébetnap* (1st). 436p.
2. kötet: *Győzelem, Mathiász-panzió, Szörnyeteg, Pusztuló magyarok, Sámson.* [All 1st] 469p.

DLC MH MnU NjN NNC OCl AsWN FiHU GeLBM GyBDS GyGNSU

2823. *Sajkódi esték.* [Tanulmányok; bibliography, pp. 431–433] Budapest: Magvető, 1961[1]. 438p. DLC NB NNC AsWN GeCU GeLBM GyBDS GyGNSU

2824. *Változatok egy témára.* (Bolyai Farkas, Bolyai János) Budapest: Szépirodalmi Könyvkiadó, 1961[1]. 424p. [1962] MnU NN NNC AsWN FiHU GeLBM GyBDS GyGNSU

2825. *A kísérletező ember.* [Tanulmányok] Budapest: Magvető, 1963[1]. 558p. DLC IC MH NN AsWN FiHI GeLBM GyBDS GyGNSU

2826. *Mai témák.* (*Az utazás,* vígjáték; *Nagy család,* dráma) Budapest: Szépirodalmi Könyvkiadó, 1963[1]. 416p. MH NN NNC OCl AsWN GeLBM GyBDS GyGNSU

2827. *Irgalom.* Regény. I–II. kötet. Budapest: Szépirodalmi Könyvkiadó, 1965[1]. MH OCl AsWN GeCU GeLU GyBDS GyGNSU

BIBLIOGRAPHY
See no. 2823.

BIOGRAPHY
See no. 2686.

CRITICISM
See also nos. 3532 and 4624.

2828. Babits Mihály. "Könyvről könyvre: Tanú," *Nyugat,* XXVI (February 1, 1933), 187–189.

A review of his periodical commenting on his character and critical faculty and range: his captious egotism, his jeering tone, and his censure of an author rather than the qualities of a work. MnU NN NNC FiHU GeLBM [GeLU] GyBH

2829. Pap Károly. "Németh László és a Tanú," *Nyugat,* XXVI (May 16–June 1, 1933), 646–649.

An effort to explain his attacks on his literary predecessors, especially on Babits, in the periodical *Tanú.* MnU NN NNC FiHU GeLBM [GeLU] GyBH

2830. Török Sophie. "Önéletrajz, generációs probléma, vagy amit akartok," *Nyugat,* XXVIII (March, 1935), 201–212.

An attack on the publication of his *Ember és szerep,* on his egotism, on the book's not fulfilling earlier expectations, on his being a political not a belletristic writer, and on his rejection of the Nyugat School. MnU NN FiHU GeLBM [GeLU] GyBH

2831. Juhász Géza. "Németh László regényei," *Protestáns Szemle,* XLVII (1938), 461–466.

The basic themes and powerful and tragic views of man's state as expressed through the central characters of his novels. Compared and contrasted with Zsigmond Móricz. NNC GeLBM GeLU GyBH

2832. Babits Mihály. "Pajzzsal és dárdával," *Írók két háború közt.* Budapest: Nyugat, 1941; 287p. Pp. 213–239. [Appeared in *Nyugat,* XXXII (August, 1939), 65–72]

A reply to his view in *Kisebbségben* that Hungarian culture, in its new developments since Bessenyei, has become false to true Hungarian qualities and diluted the ancient spirit and that the major bearers of that national culture have left its guiding course and created "a new and weak spirit in which a true Hungarian feels strange and wastes away." NNC

2833. Sőtér István. "Németh László tanulmányai. (Készülődés; A minőség forradalma; Kisebbségben)," *Magyar Csillag*, II (November 15, 1942), 344–350.

A review of the three editions of his studies and treatises discussing the content and special significance of each to an understanding of the character and development of his views and criticism of the literature of his times. MnU NNC AsWN [FiHI] [FiHU] [GyBH] GyGNSU

2834. Sőtér István. "Egy klasszikus regény," *Válasz*, VIII (1948), 441–450. Seeks to determine whether he has moved ahead with this new undertaking, *Iszony*, and whether his world of the novel has widened in the work. Connects it with the European novel, discusses its realism, and contends that it frees itself from the "closed" type of novel by presenting dialectically the conflict between the "decadent Hungarian gentry" and the "assimilating, ambitious peasantry" through the two central characters. [CSt-H] CU DLC NNC AsWN GeLU [GeOB]

2835. Komlós János. "Németh László: Bűn," *Új Hang*, IV (April, 1955), 105–108.

A review of the third edition of *Bűn*, appearing nearly 20 years after the first edition, that examines the characters and thought of the work and Németh's techniques, and states that he confronted problems and concerned himself with the people in ways helpful to today's readers and to today's writers, who have struggled to find answers to questions for the last 10 years in the new literature. DLC NN GyBH

2836. Nagy Péter. "Németh László történelmi drámái," *Irodalomtörténet*, XLV (1957), 179–182.

A review of the two-volume collection of his historical plays (1956) maintaining that they are linked by his tragic but unpessimistic view of the world and that though very presentable on the stage, they are primarily "book" dramas. CU DLC MH MnU NN NNC AsWU GeLBM GeLU GyBDS GyBH

2837. Szabolcsi Gábor. "A 'Magyar műhely' és a történelem parancsa," *Író és valóság*. Szeged: Tiszatáj Irodalmi Kiskönyvtár, 1960; 216p. Pp. 129–140. [Appeared in *Tiszatáj*, XII (February, 1958), 1]

An attack on his concepts in "Magyar műhely" by a member of the younger generation, which he himself had nurtured, maintaining that he is unable to do more than create a new provincialism and that he can accept the "large revolutionary thought of the age only through opposition" in his idea of Hungary's place in literature.

2838. Hopp Lajos. "Németh László és a 'régi magyarság,' " *Irodalomtörténeti Közlemények*, LXIII (1959), 287–306.

Traces the relations of his works, mainly essays, to the early Hungary and its literature, to find the threads interwoven by the concept of race as a contribution to the evolution of his educational outlook. Bibliographical footnotes. Summary in Russian, p. 306. DLC MnU NN NNC AsWU GeLBM GyBH

2839. Rényi Péter. "Németh László: A két Bolyai," *Új Írás*, I (1961), 555–560.

A review of the work commenting on its theme and characters, criticizing it for not speaking clearly about ideology in the fourth act, and tracing its connection with *Galilei* in relation to his views of their two central characters and the difference in his attitudes toward the role men are to play in the continuous war for social progress. [DLC] MH

2840. Rónay György. "A kísérletező ember. Jegyzetek Németh László új könyvéről," *Új Írás*, IV (1964), 242–249.

A review urging him to stop writing about his trials as a writer, his hypertension, and the qualities of his own works, and to leave the judgment of his life and writings to future literary history and to dedicate his existing energies to the creation of new works. DLC MH FiHI GeLBM GyBDS GyBH

NYÍRŐ JÓZSEF

Born July 18, 1889 in Székelyzsombor; died October 16, 1953 in Madrid. Novelist and short-story writer. Completed schooling at Catholic gymnasium in Székelyudvarhely, Catholic seminary in Gyulafehérvár, and Pazmaneum in Vienna. Ordained in 1912. Taught theology in Nagyszeben and became a priest in Kide, Kolozs County, in 1915. Left priesthood in 1919 and married. For a time he earned a living by operating his own grist mill. Following success from publication of his short stories in periodicals, he became staff member of *Keleti Újság* in Kolozsvár at end of 1920. Worked for 10 years as journalist. Began to farm an inherited estate in Alsórákos in summer of 1931. Resumed journalistic activities, became editor of *Keleti Újság*, its head in early 1940's. Served concurrently as parliamentary representative of Transylvania in Budapest and editor of *Magyar Erő* in 1941. Served as member of Parliament in Sopron. Fled to Germany in 1945, then settled in Spain, where he died of cancer. ¶ Novels and short stories were influenced by expressionism. Stories were the first treatment of people living in Székely area. His writings show people living in close relationship with nature, claiming this state to be source of human happiness. Strong in poetic feeling. Vivid descriptions of Transylvanian mountains. ¶ *Isten igájában* has been translated into Dutch, Rumanian, and Slovakian; *Kopjafák* into German; *Az én apám* into Italian; *Uz Bence* into Esthonian, German, Italian, Slovakian, and Spanish; *Havasok könyve* into Czech, Dutch, German, Italian, and Spanish; and some of his short stories into English, French, German, Portuguese, and Rumanian.

EDITIONS

2841. *A Jézusfaragó ember.* [Novellák] Budapest: Minerva, 1924². 165p.

[1st ed., published in Kolozsvár, also dated 1924, but author was connected with the publication of the 2d] (1937, 1941, 1944) NN NNC OCl AsWN GeLBM

2842. *Isten igájában.* [Regény] I–II. kötet. Kolozsvár: Erdélyi Szépmíves Céh, 1926[1]. [1930, 1936, 1939, 1940] IC NN OCl AsWN GeLBM

2843. *A sibói bölény.* Regény. I–II. kötet. Kolozsvár: Erdélyi Szépmíves Céh, 1928–1929[1]. [1934, 1941, 1944] CoU MH NN NNC OCl AsWN FiHI GeLBM GyBH

2844. *Júlia szép leány.* Zenés színmű. Kolozsvár, 1933[1]. [From Pintér, VIII, 1056] (1939) NNC

2845. *Kopjafák.* [Elbeszélések] Kolozsvár: Erdélyi Szépmíves Céh, 1933[1]. 228p. [1941] NNC GeLBM GyGNSU

2846. *Az én népem.* [Regény] Budapest: Révai, 1935[1]. 275p. [1941, 1943] NN OCl AsWN GeLBM

2847. *Uz Bence.* [Regény] Székelyudvarhely: A Szerző, 1935[1]. 158p. [1936, 1939] IC NN NNC AsWN FiHU GeLBM

2848. *Havasok könyve.* [Novellák] Kolozsvár, 1936[1]. [From *Magyar irodalmi lexikon*, II, 384] (1941, 1944) NNC OCl AsWN GeLBM

2849. *Székelyek.* Elbeszélések és rajzok. Cluj: Erdélyi Szépmíves Céh, 1936[1]. 184p.

2850. *Jézusfaragó ember.* [Színjáték] Kolozsvár, 1937[1]. [From *Magyar irodalmi lexikon*, II, 384]

2851. *Mádéfalvi veszedelem.* [Történeti regény] Kolozsvár, 1939[1]. [From *Magyar irodalmi lexikon*, II, 384] (1939, 1940, 1941, 1944) CoU NN NNC OCl AsWN

2852. *Új haza.* [Színmű] Kolozsvár, 1940[1]. [From *Magyar irodalmi lexikon*, II, 384]

2853. *Halhatatlan élet.* Regény. Budapest: Révai, 1941[1]. 271p. CU DLC NN NNC AsWN FiHI GeLBM

2854. *Az elszántak.* [Regény] Budapest: Révai, 1943[1]. 237p. NNC AsWN FiHI GeLBM

2855. *Néma küzdelem.* Regény. Budapest: Révai, 1944[1]. 576p. GeLBM

2856. *A zöld csillag.* Regény. Madrid: A Szerző, 1950[1]. 275p.

2857. *Íme az emberek!* [Regény] Madrid: A Szerző, 1951[1]. 365p. DLC

2858. *Kopjafák.* [Regény] Cleveland: Katolikus Magyarok Vasárnapja, 1956. 196p. [C] IC MH NN OCl

2859. *Uz Bence.* [Regény] Graz: Akademische Druck- und Verlagsanstalt, 1959. 265p. [C] CU

2860. *Mi az igazság Erdély esetében?* Cleveland, ca.1960[1]. [From *Magyar irodalmi lexikon*, II, 384]

BIBLIOGRAPHY

See no. 2864.

CRITICISM

2861. Sárközi György. "A sibói bölény: Nyírő József regénye," *Nyugat*, XXII (December 16, 1929), 743–744.

A review stating that his rhetorical and poetical language "washes out the form of the novel, benumbs its characters, and ruins its immediate effects." MnU NN NNC [FiHI] FiHU GeLBM GyBH

2862. Schöpflin Aladár. "Isten igájában: Nyírő József könyve," *Nyugat*, XXIII (December 1, 1930), 780–782.

A review analyzing the central character and stating that the characters lack unique qualities, that the novel is in the genre of the mémoire-novel, that its richness of atmosphere stems from the excitement pervading it, and that the first-person narrator, the priest, holds all the details together. MnU NN NNC FiHU GeLBM GyBH

2863. Németh László. "Nyírő József: Isten igájában (1930)," *Készülődés. A Tanú előtt*. I–II. kötet. Budapest: Magyar Élet, 1941. I, 177–179. [Appeared in *Protestáns Szemle*, XL (1931), 61–63]

A review considering the novel to be among the "worthwhile bad novels," finding it weak in the handling of its theme and narrative development, and contending that its beauty turns into melodrama when the author becomes poetic, that it is a mixture of the false and the beautiful, and that it shows a poor writer of novels and a genuine poet quarreling with each other. InU NNC FiHI GyBH GyGNSU

2864. Tóth Ervin. *Nyírő József*. Hajdunánás: Katona Ferenc, 1934. 56p.

A study of his works by genres, describing their characteristics and evaluating their qualities. His use of language always in the forefront. Also chapters on the parallels between Ady's and Nyírő's ideas of death and on the similarities and differences between the writings of Áron Tamási and Nyírő. Bibliography, pp. 55–56. NN GyGNSU

ORCZY LŐRINC

Born August 9, 1718 in Tarnaörs; died July 28, 1789 in Pest. Poet. Descendant of landed gentry. Entered army in 1741 and became noted for heroic exploits during 22-year military career. Participated in War of Austrian Succession, Seven Year War, and ransom of Berlin. Retired to estate in Tarnaörs in 1764. Named lieutenant governor of Abauj County in 1764 and was lord lieutenant 1767–1784. Published János Illei's translation of Boethius' meditations. Began writing poems early, stopped in 1765, and resumed in 1772 at urging of György Bessenyei (q.v.). Worked on establishing regulations for control of Felső-Tisza and other rivers 1774–1782 under royal appointment.

Seldom left estate; did not visit Pest and Buda frequently until after 1772. ¶ Had a vast knowledge of world literature. Influenced by Horace, Boileau, and Voltaire. Most at home in French literature, especially the non-revolutionary concepts of Voltaire. Thought in poems touched by Rousseauistic return to nature for happiness. Indebted for verse techniques to István Gyöngyösi (q.v.). Preferred Alexandrines. Basically opposed to ideals of period of the Literary Revival. ¶ Some of his poems have been translated into French and German.

EDITIONS

See also no. 149 (letter).

2865. *Mátra hegyei között mulatozó Nimfáknak éneke* ... Sine loco: n.p., 1761[1]. [42]p.

2866. *Báró Ortzi Lőrinc úrnak* ... *gróf széki Teleki Jósef* ... *Ugotsa vármegyei fő ispányi hivatallyába lett beiktattatása alkalmatosságával el-mondott beszéde, gróf Teleki Jósef arra tett feleletével.* Pest: Eitzenberger Anna, 1782[1]. 37p.

2867. *Költeményes holmi egy nagyságos elmétől.* Közre botsátotta Révai Miklós. Pozsony: Loewe Antal, 1787[1]. 236p. [C] MnU

2868. Barcsay Ábrahám és Orczy Lőrinc: *Két nagyságos elmének költeményes szüleményei.* Közre botsátotta Révai Miklós. Pozsony: Loewe Antal, 1789. 245p. [C] MnU GeLBM

BIBLIOGRAPHY

See no. 2869.

BIOGRAPHY

2869. Böhm Dezső. *Orczy Lőrinc élete és költészete. Bölcsészetdoktori értekezés.* Kolozsvár: Gámán J. Örököse Könyvsajtója, 1909. 94p.

A biography and study of his poetry and translations. A chapter evaluating the poet. Bibliography, pp. 88–94. GyBH

2870. Clauser Mihály. "Báró Orczy Lőrinc," *Irodalomtörténet,* XXIX (1940), 6–10. [Also a reprint]

Orczy seen as "one in whom the fire did not die out." A discussion of his becoming a poet, his friendship with Ábrahám Barcsay, and his relations with the writers of his day, especially Ferenc Kazinczy. Bibliographical footnotes. CU DLC MnU [NjP] NN NNC OCl OClW AsWN AsWU GeLBM GeLU GyBH [GyGNSU]

CRITICISM

2871. Arany János. "Orczy Lőrinc," *Összes prózai művei.* Budapest: Franklin-Társulat, 1938; 1594p. Pp. 460–475. [Appeared in *Koszorú,* II (1863), 289–292, 313–316]

The life of a writer descended from the aristocracy and the characteristics of his poetry. His importance seen in his revival of a stagnant 18th-century Hungarian literature and as the father of Hungarian comical-satirical poetry. Contends that his popular orientation lies not in democracy but in philanthropy. DLC MnU NN FiHI GeLBM GyBDS

2872. Zlinszky Aladár. "Idegen elemek Orczy költeményeiben," *Egyetemes Philologiai Közlöny*, XIII (1889), 625–650.

Shows that 130 pages of his 236 pages of poetry are, to varying degrees, based on the works of Horace, Boileau, and Voltaire. Paralleling of passages. CU IU MnU OClW OCU AsWN FiHU GyBH

PAP KÁROLY

Born September 24, 1897 in Sopron; died January 1945 in Bergen-Belsen. Short-story writer, novelist. Family name: Pollák. Father a literary historian and rabbi. Completed schooling in Sopron. Volunteered for army service in World War I. Welcomed Revolution of 1918–1919. Served in Vörös Hadsereg and became commander of city of Murakeresztúr. Imprisoned in Szombathely for activities after fall of Revolutionary Government. Family broke relations with him. Emigrated to Vienna in 1923. On return to Hungary supported himself with occasional jobs; was traveling actor for a time; also clerk. Settled in Budapest in 1925. Began to write short stories at urging of Lajos Mikes and Ernő Osvát, and gained first notice when he won Nyugat Prize in 1926. Writings appeared in *Nyugat* and Az Est Publications. Nominated for Baumgarten Prize in 1930 but name was removed from list because of his record as a revolutionary. Identified himself increasingly with Jewish people and their problems in 1930's. Silent during World War II; worked on novel of Christ. *Bátséba* produced in 1940 and "Mózes" (still not published) in 1944. Became inmate of forced labor camp; transported to Buchenwald as No. 72.713 on November 2, 1944. Circumstances of his death are not clear to date. ¶ Contributed to development of modern Hungarian prose fiction. His stories, often considered to be better than his novels, are tightly structured, poetic, simple in style. Writings are characterized by conflict between vision and reality, between longing for community and desire for solitude and by fate and desires and beliefs of humanity. Themes relate to problems of Jewish people. Concerned with basic ethical questions. ¶ Some of his stories have been translated into English, French, German, Italian, and Portuguese.

EDITIONS

See also no. 2829 for annotated work.

2873. *Mikáél.* Novellák. Budapest, 1929[1]. [From Pintér, VIII, 1252]

2874. *Megszabadítottál a haláltól.* [Regény] I–II. kötet. Budapest: Nyugat, 1932[1]. [1948[2]] MnU NN NNC GyBH

2875. *A nyolcadik stáció.* Regény. Budapest: Révai, 1933[1]. 220p. GyBH

2876. *Zsidó sebek és bűnök.* Vitairat különös tekintettel Magyarországra. Budapest: Kosmos, 1935[1]. 87p. NN GyBH

2877. *Azarel.* Regény. Budapest: Nyugat, 1937[1]. 231p. [1963[2]] IC MnU NN NNC OCl FiHI GeLBM GyBDS GyBH GyGNSU

2878. *Irgalom.* [Novellák] Budapest: Athenaeum, 1937[1]. 150p. NNC GyBH

2879. *Bátséba.* Drámai játék. Ribáry Géza előszavával. Budapest: Tábor, 1940[1]. 47p. [From catalogue of National Széchényi Library]

2880. *A szűziesség fátylai.* Pap Károly összegyűjtött novellái. Budapest: Athenaeum, 1945[1]. 339p. IC NN OCl GeLU

2881. *A hószobor.* Válogatott elbeszélések. Válogatta és a bevezető tanulmányt írta Keresztury Dezső. Budapest: Szépirodalmi Könyvkiadó, 1954. 259p. [C] NNC GyBH GyGNSU

2882. *Szerencse.* Válogatott elbeszélések. Válogatta és a bevezető tanulmányt írta Galsai Pongrác. Pécs: Dunántúli Magvető, 1957. 237p. [C] DLC MH NN GyGNSU

2883. *A nyolcadik stáció.* [Regény] Az előszót írta Keresztury Dezső. Budapest: Magvető, 1959[2]. 229p. [C] DLC MnU NN NNC GyBDS GyGNSU

2884. *B. városában történt.* Összegyűjtött elbeszélések. Az elbeszéléseket összegyűjtötte és a bevezető tanulmányt írta Szabó József. I–II. kötet. Budapest: Szépirodalmi Könyvkiadó, 1964. [C] CLU CSf MnU NNC GeLBM GyBDS

BIOGRAPHY

2885. Pap Károlyné. "József Attila és Pap Károly," *Új Hang,* VI (June, 1956), 41–43.

An account of her first meeting with József and of the relations between Pap and József. DLC NN GyBH

CRITICISM

See also 2079.

2886. Németh László. "Pap Károly," *Nyugat,* XXII (October 16, 1929), 487–491.

His philosophy of the central ideals of humanity, his "evangelical soul," his way of using biblical motifs, his artistry, and some instances of grotesqueness in his fiction. MnU NN NNC [FiHI] FiHU GeLBM GyBH

2887. Németh László. "Pap Károly," *Nyugat,* XXIV (July 16, 1931), 104–109.

His use of his Jewish heritage and culture openly as symbolic material for the enlightenment of all men, especially the hero Jesus; his becoming a

Q

real writer when he entered the center of the spiritual life of the ideal of Jesus. Other aspects of his narrative art. MnU NN NNC [FiHI] FiHU GeLBM [GeLU] GyBH

2888. Szegi Pál. "Pap Károly (A nyolcadik stáció)," *Nyugat*, XXVII (March 1, 1934), 275–278.

Comments on his combining ethics and artistry, his simple and realistic treatment of the miraculous, and his ability to rise to the greatest heights without losing touch with reality. MnU NN NNC [FiHI] FiHU GeLBM [GeLU] GyBH

2889. Sőtér István. "Pap Károly: Irgalom," *Válasz*, IV (1937), 502–503.

The collection of short stories evaluated as the work of one who while preserving prose style seeks to loosen the bonds of traditional fiction.

2890. Szabó Ede. "Pap Károly poszthumus regénye," *Csillag*, II (September, 1948), 63–64.

A review of *Megszabadítottál a haláltól* examining its characters and thought and claiming that no other Hungarian writer has ever managed to reveal so powerfully the belief-pervaded life of ancient Jewry. [DLC] MnU NNC [GyGGaU]

2891. Keresztury Dezső. "Pap Károly," *Pap Károly: A hószobor*. Válogatott elbeszélések. Válogatta és a bevezető tanulmányt írta Keresztury Dezső. Budapest: Szépirodalmi Könyvkiadó, 1954; 259p. Pp. 5–26.

His unique place in Hungarian literature, his character and personality, details about his life and family, his revolutionary attitude toward his society and his responses to its political issues, his literary career, his role as a prophet, his use of Jewish legends, and the characteristics of his works. NNC GyBH GyGNSU

2892. Nemeskürty István. "Pap Károly: A hószobor," *Irodalomtörténet*, XLIV (1956), 111–112.

A review of the new collection of short stories (1954) characterizing Pap as a supporter of the poor and the humiliated and praising his portrayal of children and their secrets and his clarity and simplicity of style. [CU] DLC [MH] MnU NN NNC AsWU GeLBM GeLU GyBDS GyBH

2893. Galsai Pongrác. "Pap Károly (1897–1944)," *Társtalanok. Írói arcképek.* Pécs: Dunántúli Magvető, 1957; 135p. Pp. 83–112.

The biographical details of a "solitary" writer, his character, literary career, thought, and the characters in and the style of his literary works. DLC GeLBM

2894. Lengyel Balázs. "Pap Károly: A nyolcadik stáció," *Kortárs*, III (October, 1959), 642–645.

A review of the new edition characterizing his wish to improve the condition of suffering mankind, equating the condition of Jewish life with the poverty of Hungarian life. Discusses the ideas related to the fulfillment of that desire, especially as they are revealed in the work being reviewed, and also the art he uses in giving expression to it. DLC MH [FiHI] GeLBM GyBH

PÁZMÁNY PÉTER

Born October 4, 1570 in Nagyvárad; died March 19, 1637 in Pozsony. Prose writer, Catholic prelate. Descendant of aristocratic Protestant family; became Catholic in 1582. Began studies in Kolozsvár in 1585. Joined Jesuit Order two years later. Served probationary years in Cracow and Vienna 1589–1592. Completed studies with philosophy faculty in Vienna and after studying theology was sent to Rome 1593–1597. Assigned to Graz in 1597, where he was superintendent for a year and then taught logic, ethics, and physical science for three years. Began to publish learned works in this period. Devoted nearly 10 years in Graz to attacks on Austrian Protestants; visited Hungary frequently during this time. Sent to Jesuit monastery in Vágsellye in 1601 to undertake analysis of Catholic doctrine. Returned to Graz in 1603 and taught theology for three years. Published *Felelet* (1603), a reply to István Magyari's book. While at Graz published a translation of *De imitatione Christi* (1604) and *Keresztyéni imádságos könyv* (1606). Returned to Hungary permanently in 1607. Joined the court of Ferenc Forgách, Bishop of Esztergom, in Nagyszombat in that year and became leader of the Hungarian Counter-Reformation. In 1609 he wrote *Az nagy Calvinus Jánosnak Hiszekegy-Istene*, a polemic treatise against Protestantism. In 1613 he published his major work, *Isteni igazságra vezérlő kalauz*, an exposition of Catholic beliefs. Became Bishop of Esztergom on September 28, 1616. Efforts in the public interest continued to increase. Established Pazmaneum, a seminary, in Vienna in 1622 and University of Nagyszombat in 1635. Named Cardinal by Pope Urban VIII in 1629. Went to Rome in 1632 to seek support for King Ferdinand. Death caused by aging and overwork. ¶ Best prose writer of Hungarian Counter-Reformation; masterful in use of baroque style. Writings show influence of European cultural and artistic developments. Use of language anticipated future strength of Hungarian literary prose. ¶Some of his writings have been translated into French and Turkish.

FIRST EDITIONS: *Assertiones philosophicae de corpore naturali eiusque principiis et passionibus* ... Graz, 1600. [From *RMK*, III, no. 4813] – *Theses Philosophicae: De ente eiusque passionibus ac speciebus*. Graz, 1600. [From *RMK*, III, no. 4814] – *Felelet a Magyari István sárvári prédikátornak az ország romlása okairól írt könyvére*. Nagyszombat: Esztergomi Főkáptalan Nyomda, 1603. 295p. – *Kempis Tamásnak a Kristus követéséről négy könyvei*. [Fordítás] Bécs, 1604. [From *RMK*, I, no. 388] – *Diatriba theologica. De visibili Christi in terris ecclesia*. Adversus ... Guilielmi Witakeri librum contra ... Bellarminum. Graz: Georg Widmanstetter, 1605. 43p. – *A mostan támadt új tudományok hamisságának tíz nyilvánvaló bizonysága.* Graz: Georg Widmanstetter, 1605. 113p. – *Keresztyéni imádságos könyv.* Graz: Georg Widmanstetter, 1606. 268 leaves. – *Keresztyéni felelet a megdicsőült szentek tiszteletéről.* [Vitairat Gyarmathi Miklós ellen] Graz: Georg Widmanstetter, 1607. 100 leaves. – *Alvinczi Péternek sok tétovázó kerengésekkel és cégéres gyalázatokkal felhalmazott feleletinek rövid és keresztyéni szelídséggel való megrostálása.* Pozsony, 1609. 128p. – *Egy keresztyén prédikátortól . . . Alvinczi Péter úramhoz iratott öt szép levél.* Pozsony: Érseki Nyomda, 1609. 133 leaves. – *A nagy Calvinus Jánosnak hiszek-egy-Istene, azaz a Calvinus értelme szerint való igaz magyarázatja a credonak.* Nagyszombat: Esztergomi Főkáptalan Nyomda, 1609. [152] leaves. – *Peniculus papporum Apologiae Solnensis conciliabuli et hyperaspiates legitimae Antilogiae . . . Francisci Forgách.* Pozsony: Érseki Nyomda, 1610. 102p. – *Pozsonyban lett prédikáció.* Pozsony: Érseki Nyomda, 1610. [16] leaves. – *Logi alogi, quibus baptae calamosphactae Peniculum papporum Solnensis conciliabuli et hyperaspisten legitimae Antilogiae vellicant, veritatis radiis adobruti.* Pozsony: Érseki Nyomda, 1612. 254p. – *Isteni igazságra vezérlő kalauz.* [Also contains 1st ed of *Egy tudakozó prédikátor nevével iratott öt levél* and later printing of *Logi alogi, . . . adobruti*] Pozsony: Érseki Nyomda, 1613. 816, lvi, 126p. – Lethenyei István [pseud.]: *A calvinista predikátorok igyenes erkölcsű tekélletességnek tevkeore.* Bécs, 1614. [24] leaves. [From *RMK*, I, no. 446] – Szyl [pseud.] *Miklós: Csepregi Mesterség, az az Hafenreffernek magyarrá fordított könyve eleiben függesztett leveleknek cégéres czigánysági és orcza-szégyenyítő hazugsági.* Bécs, 1614. [From *RMK*, I, no. 445] – *Az igazságnak győzedelme, melyet az Alvinczi Péter Tükörében megmutatott Pázmány Péter.* Pozsony: Érseki Nyomda, 1614. 96p. – *Csepregi szégyenvallás. Azaz rövid felelet, melyben a csepregi hivságoknak kőszegi toldalékit verőfényre hozza.* Praha: Paulus Sessius, 1616. 283p. – *Falsae originis motuum Hungaricorum, succincta refutatio.* Posonii: n.p., 1619. [16] leaves. – *Rövid felelet két kálvinista könyvecskére . . .* Wien: Gregor Gelbhaar, 1620. 72p. – *Ungerischer Rebellions-Brunn . . .* Augsburg: Sara Mangin, 1620. [19] leaves. – *Vindiciae ecclesiasticae, quibus edita a principe Bethlen in clerum Hungariae decreta divinis humanisque legibus contraria ipso iure nulla esse demonstrantur.* Wien: Wolfgang Schumpen, 1620. 48p. – *Rituale Strigoniense. Jussu et authoritate . . . Petri Pázmány . . . editum.* Pozsony: Érseki Nyomda, 1625. 327p. – *A Sz[ent]írásról és az anyaszentegyházról két rövid könyecskék.* Wien: Gregor Gelbhaar, 1626. 153p. – *A sötét hajnalcsillag után bujdosó lutheristák vezetője . . .* Wien: Matthäus Formica, 1627. 481p. – *Acta et decreta synodi dioecesanae Strigoniensis . . .* Pozsony: Érseki Nyomda, 1629. 152p. – *Bizonyos okok, melyek erejétől viseltetvén egy fő ember az új vallások tőréből kifeslett és az római ecclesiának kebelébe szállot.* Pozsony: Érseki Nyomda, 1631. 47p. – *Dissertatio: an unum aliquid ex omnibus Lutheranis dogmatibus, Romanae Ecclesiae adversantibus Scriptura Sacra contineat.* Pozsony: Érseki Nyomda, 1631. 35p. – *Okok, nem okok.* Pozsony, 1631. [Based on the facsimile edition] – *Cardi-*

nalis Pasmanni ad pontificem Urbanum VIII. anno 1632. legati caesarii oratio, pro suppetiis contra Suecum et Saxonem. Epistola ejusdem ad Borgesium et alios cardinales ... Sine loco: n.p., 1632. 36p. – *Cardinal Paszmans alss Kayserl. Gesandten Anbringen* ... Sine loco, 1632. [6] leaves. [From *RMK*, III, no. 1490] – *A Romai Anyaszentegyház szokásából minden Vasarnapokra ... Predikacziok.* Pozsony: n.p., 1636. 1248p. – See also nos. 2902, 2906, and 2908.

EDITIONS

See also nos. 2913 (letters) and 3177.

2895. *Válogatott egyházi beszédei.* Szerkesztette Bellaagh Aladár. Budapest: Franklin-Társulat, 1889. 204p. [C]   FiHI GeLBM GyBH

2896. *Kalauzának [Isteni igazságra vezérlő kalauz] I. és II. könyve.* Bevezetéssel, magyarázatokkal és szótárral szerkesztette Bellaagh Aladár. Budapest: Franklin-Társulat, 1893. 172p. [B] FiHI

2897. *Összes munkái.* Egybegyűjtötte és sajtó alá rendezte a Budapesti Királyi Magyar Tudományegyetem Hittudományi Kara. I–VII. kötet. Budapest: Magyar Sorozat, 1894–1905. [A]

1. kötet: *Felelet az Magyari István sárvári praedicatornak az ország romlása okairól írt könyvére. Kempis Tamás Krisztus követéséről. Az új tudomány hamisságának tíz bizonysága.* 1894. 588p.
2. kötet: *Imádságos könyv. Rövid tanuság. Keresztyéni felelet a megdicsőült szentek tiszteletirül. Alvinczi Péterhez iratott öt szép levél. Alvinczi feleletinek megrostálása. Calvinus Hiszek egy istene. Posonban lött praedikacio.* 1895. 801p.
3–4. kötet: *Hodoegus. Igazságra vezérlő kalauz. 1–2. kötet.* 1897–1898.
5. kötet: *Csepregi mesterség. Calvinista tükör. Az igazságnak győzedelme. Csepregi szégyenvallás. Rövid felelet két calvinista könyvecskére. Bizonyos okok. A szent írásrul és az anyaszentegyházrul. A setét hajnalcsillag után bujdosó lutheristák vezetője.* 1901. 823p.
6–7. kötet: *Prédikációk. 1–2. rész.* 1903–1905.

MnU [FiHI] [GeLBM] [GyBH]

2898. *Opera omnia.* Ed. per Senatum Academicum Reg. Scient. Univ. Budapestinensis, recensionem accurante collegio professorum theologiae. I–VI. kötet. Budapest: Typis Regiae Scientiarum Universitatis, 1895–1904. [A]

1. kötet: *Dialectica.* 1904. 688p.
2. kötet: *Physica.* 1895. 614p.
3. kötet: *Tractatus.* 1897. 556p.
4–6. kötet: *Theologia scholastica. 1–3. kötet.* 1899–1904.

GeLBM

2899. *Gyöngyök Pázmány Péter összes műveiből.* Gyűjtötte Vargyas Endre. Veszprém: Krausz, 1896. 350p. [C]   FiHI

2900. *Munkáiból.* Sajtó alá rendezte és bevezetéssel ellátta Fraknói Vilmos. [Bibliography of his works in Hungarian, pp. 27–32] Budapest: Franklin-Társulat, 1904. 346p. [C]   DLC MH MnU NNC OCl FiHI GeLU GyBH

2901. *Válogatott munkái.* Szerkesztette Bellaagh Aladár. Budapest: Lampel R., 1906. 302p. [C]   DLC NN NNC GeLU

2902. *Összegyűjtött levelei.* Sajtó alá rendezte Hanuy Ferenc. I–II. kötet. Budapest: Egyetemi Nyomda, 1910–1911[1]. [B]
1. kötet: 1601–1628. 1910. 804p.
2. kötet: 1629–1637. 1911. 790p.

2903. *Prédikációi.* Sajtó alá rendezte Petró József. I–III. kötet. Eger: Egri Egyházmegyei Irodalmi Egyesület, 1931–1933. [B] (No clear division of contents into volumes)   GeLBM GyBH

2904. *Pázmány világa.* Összeállította Brisits Frigyes. Budapest: Királyi Magyar Egyetemi Nyomda, 1933. 184p. [C]   MnU

2905. *Műveiből.* Sík Sándor bevezetésével. Budapest: Franklin-Társulat, 1934. 206p. [C]

2906. *Harminckilenc kiadatlan Pázmány-levél.* Levéltári jegyzetekkel és vonatkozó oklevelekkel kiadta Galla Ferenc. Vác: n.p., 1936[1]. 97p. [C] GyBH

2907. *Ismeretlen magyar könyve. Okok, nem okok. Pozsony 1631.* Hasonmásban közrebocsájtja és ismerteti Sztripszky Hiador. Budapest: Pázmány-Egyetem, 1937. 23, 15p. GyBH

2908. *Kiadatlan levelei.* Körmend: Rábavidék Nyomda, 1943[1]. 45p. [B]

2909. *Újabb kiadatlan Pázmány-levelek.* Budapest: Stephaneum, 1943. 19p. [A] (A reprint from *Regnum Egyháztörténeti Évkönyv Szekfű Gyula Emlékkönyv*)

2910. *Remekei.* Bevezette és sajtó alá rendezte Sík Sándor. Budapest: Ardói, 1944. 351p. [C]

2911. *Válogatott írásai.* Rónay György gondozásában. Budapest: Magvető, 1957. 321p. [C]   AsWN FiHI GeOB GyBDS GyGNSU

BIBLIOGRAPHY

See nos. 2900, 2914, 2915, 2922, and 2924.

BIOGRAPHY

2912. [Fraknói] Frankl Vilmos. *Pázmány Péter és kora.* I–III. kötet. Pest: Ráth Mór, 1868–1872.

Emphasizes his confrontation of the issues of the Hapsburg dynasty and Catholicism without sacrificing his nation's independence, and as pontiff, his influence on his times through his writings and activities. Bibliographical footnotes. Index to each volume. Vol. I, 1570 to 1621; Vol. II, 1622 to 1631; Vol. III, 1632 to 1637. NN AsWN GeLBM GyBH

2913. [Frankl] Fraknói Vilmos. *Pázmány Péter. 1570–1637.* Budapest: Méhner Vilmos, 1886. 344p.

Major attention to his involvement in the historical events of his times and to his relationships with individuals. Appendix: Five letters from or to him, and his Bibornok diploma. Bibliographical footnotes. Illustrations. MH NN AsWN GeCU GeLBM

2914. Sík Sándor. *Pázmány. Az ember és az író.* Budapest: Szent István Társulat, 1939. 449p.

An attempt to find the man in the writer, the environment that shaped and molded him. Details of life used only when they help to complete the picture of the man. Bibliographical notes, pp. 404–449. CoU MH MnU NN NNC AsWN FiHI GeLBM GeLU GyBH GyGNSU

2915. Frideczky József. *Pázmány Péter.* Budapest: Pray Rendtörténetíró Munkaközösség, 1942. 78p.

Deals with his religious and political activities and his characteristics as a writer and orator. Chronological table of his life and important events. Bibliography of the writings of his opponents, p. 76; bibliography, p. 75.

CRITICISM

See also nos. 1212 and 3257.

2916. Huttkay Lipót. *Pázmány Péter magyar irodalmi szempontból. Bölcselet-doktori értekezés.* Eger: Érseki Lyceum, 1897. 49p.

A general characterization of the religious controversies of the age followed by a discussion of his works and use of language. GeLBM GyBH

2917. Patay József. *Pázmány Péter egyetemes történelmi felfogása.* Kolozsvár: Stief Jenő és Társa, 1909. 126p.

The general character of his connected historical writings and his shorter notes on world history. Concluding chapter on his sources. Bibliographical footnotes. GyBH

2918. Szirmai Erika. *Pázmány Péter politikai pályája.* Budapest: Nap, 1912. 36p.

The Jesuit influence on his political views, and his activities. Appendixes: (1) Commentary on his letters, (2) Study of his *Kalauz* and Bellarmin's *Disputatio*, and (3) Commentary on his *Diatriba theologica.* Bibliographical footnotes. FiHU GyBH

2919. Kosztolányi Dezső. "A magyar próza atyja," *Nyugat,* XIII (1920), 911–917.

Examines his style and his views as a writer, and discusses his thought.

Considers him the "father of Hungarian prose." [CSt-H] MH MnU NNC FiHU GeLBM GyBH

2920. Laczkó Géza. "Cardinalis Pázmány (1570–1920)," *Nyugat*, XIII (1920), 905–910.

Examines him as a Jesuit, theologian, Hungarian, and writer, and describes him as the creator of the Hungarian literary language. Maintains that, contrary to scholarly belief, his *Prédikációk* is his best work and shows his individuality as a writer most clearly. [CSt-H] MH MnU NNC FiHU GeLBM GyBH

2921. Kornis Gyula. *Pázmány személyisége*. Budapest: Franklin-Társulat, 1935. 66p.

An analysis of his personality on the basis of his attitudes toward events and ideas of his time. AsWU GeLBM GyBH GyGGaU

2922. Gerencsér István. *A filozófus Pázmány*. Budapest: Élet, 1937. 135p.

His philosophical writings in three parts: (1) the relationship between his philosophical writings and the intellectualism of the 16th century, (2) an examination of his *Dialectica* and *Physica*, and (3) a discussion of the character of these two works and of Pázmány as a philosopher. Bibliography, pp. 130–135. GeLBM GyBH

2923. Kornis, Jules. *Le Cardinal Pázmány*. (*1570–1637*) Paris: Association Guillaume Budé, 1937. 76p.

A study to show (1) his individuality and personality, (2) his view of learning and education, (3) his patriotism, (4) his political concept of the war between the Turks and the Germans, (5) his view of European politics, (6) his knowledge of man and his philanthropy, (7) his sincerity and straightforwardness in politics, (8) his strength of personal character, (9) his political wisdom, and (10) his relationship with Richelieu and Bossuet, and his traits and historical importance. AsWU

2924. Körtvélyesy Ferenc. *Az egyetemes fogalmak tana Pázmány bölcseletében*. Budapest: Korda R. T., 1943. 46p.

The universal precepts found in his philosophy. Chapters on the similarities of his ideas with those of Thomas Aquinas, Aristotle, and the Jesuit School. Bibliography, p. [47].

2925. Klaniczay Tibor. "Pázmány Péter," *Reneszánsz és barokk. Tanulmányok a régi magyar irodalomról*. Budapest: Szépirodalmi Könyvkiadó, 1961; 595p. Pp. 340–360. [Appeared as the epilogue to *Pázmány Péter válogatott írásai*, pp. 281–302; see no. 2911]

A re-examination of him to correct pre-Marxist conceptions. Seen as a servant of his people even though he was a Jesuit supporting the Hapsburgs. Maintains that his works and style show future tendencies in their language and prose. DLC MnU NN NNC AsWN GeLBM GeLU GyBDS GyBH GyGNSU

PETELEI ISTVÁN

Born September 13, 1852 in Marosvásárhely, Transylvania; died January 5, 1910 in Kolozsvár, Transylvania. Short-story writer. Son of a shopkeeper and smallholder. Attended first four forms at gymnasium in Marosvásárhely, next three in Kolozsvár, and last in Székelyudvarhely. Entered University of Budapest in 1872, completed philosophy studies in 1877. Returned to parents' home, where he spent three years gardening, reading, and sending manuscripts to editors of periodicals in Budapest and Kolozsvár. In 1880 he became journalist on *Kelet* in Kolozsvár and member of Petőfi-Társaság. Returned for time to Marosvásárhely in 1881, partly because of heart ailment. Became assistant editor of *Kolozsvári Közlöny* in 1883; editor of *Kolozsvár* 1886–1891. In 1888 he founded Erdélyi Irodalmi Társaság and married Irma Korbuly. Served as president of Kemény Zsigmond Társaság in Marosvásárhely. Withdrew to Marosvásárhely in 1891, unable to carry on editorial work because of nervous condition. Spent last days in psychiatric clinic in Kolozsvár.   ¶ One of the best known and most respected short-story writers at the end of the 19th century. Subject matter that of ordinary people and their everyday lives. Found tragedy in every daily event and believed in biological determinism. Style very realistic, viewpoint highly fatalistic. Particularly influenced by Russian writers, especially Turgenev.   ¶ Some of his short stories have been translated into French, German, and Slovakian.

EDITIONS

2926. *Keresztek.* Tíz rajz. [Elbeszélések] Budapest: Révai Testvérek, 1882[1]. 266p.

2927. *Az én utczám.* [Elbeszélések] Budapest: Pallas, 1886[1]. 280p. OCl

2928. *A fülemile.* [Regény] Budapest: Singer és Wolfner, 1886[1]. 105p. NN FiHI GyBH

2929. *Jetti.* Képek, történetek. [Elbeszélések] Kolozsvár: Singer és Wolfner, 1894[1]. 243p. NN

2930. *Alkonyat.* [Elbeszélések] Budapest, 1896[1]. [From Várkonyi, p. 55]

2931. *Felhők.* Elbeszélések. Budapest: Franklin-Társulat, 1897[1]. 256p. OCl GeLBM

2932. *Vidéki emberek.* Novellák. Budapest: Athenaeum, 1898[1]. 153p. FiHI

2933. *Az élet.* Történetek, képek. [Elbeszélések] I–II. kötet. Budapest: Franklin-Társulat, 1905[1]. [1908] NN OCl GyBH GyGGaU

2934. *Elbeszélések.* Az életrajzot Gyalui Farkas írta. I–II. kötet. Kolozsvár: Erdélyi Irodalmi Társaság, 1912. NN OCl

2935. *Egy asszonyért.* Regény. Cluj-Kolozsvár: Haladás, 1924[1]. 98p.

2936. *A fülemüle.* [Regény] Szentimrei Jenő bevezető tanulmányával. Budapest: Singer és Wolfner, 1943². 231p. [C]

2937. *Lobbanás az alkonyatban.* Válogatott elbeszélések és rajzok. A bevezetés, a válogatás és a jegyzetek Bisztray Gyula munkája. Budapest: Szépirodalmi Könyvkiadó, 1955. 538p. [C] DLC GyGNSU

2938. *Válogatott elbeszélések.* A kötetet összeállította és előszóval ellátta Kéri József. Marosvásárhely: Állami Irodalmi és Művészeti Kiadó, 1955. 245p. [C]

BIBLIOGRAPHY

See no. 2943.

BIOGRAPHY

2939. Gyalui Farkas. "Petelei Istvánról," *Petelei István: Elbeszélések.* Az író arcképével és életrajzával kiadja az Erdélyi Irodalmi Társaság. I–II. kötet. Kolozsvár: Singer és Wolfner, 1912. I, v–li.

Considerable attention to his literary career, the form and content of his works, and the critical reception given to them. NN OCl

2940. Bisztray Gyula. *Petelei István családja.* Budapest: Egyetemi Nyomda, 1949. 24p.

Records data on treatises of his life and literary remains, and provides biographical information about the members of his family beginning with his grandfather.

CRITICISM

2941. Péterfy Jenő. "Egyetemes regénytár. Budapest, 1885–1888. Singer és Wolfner kiadása," *Összegyűjtött munkái.* I–III. kötet. Budapest: Franklin-Társulat, 1901–1903. III, 473–487. [Appeared in *Budapesti Szemle*, LVI, no. 142 (1888), 145–152]

A review of a number of novels from several hands. Comments on his *Fülemüle*, and characterizes him as a writer combining the poetic and the psychological, suffering from excessive analysis and monotony, not yet having given complete expression to his subjective nature, and using a much too mannered style. MH MnU NNC OCl GeLBM GeLU

2942. Schöpflin Aladár. "Petelei István," *Magyar írók. Irodalmi arcképek és tollrajzok.* Budapest: Nyugat, 1917; 256p. Pp. 55–62. [1925²; appeared in *Nyugat*, III (January 16, 1910), 81–86]

Discusses the development of the Hungarian short story in the 1890's and the influences upon it. Establishes the reasons for Petelei's works not being widely known in his times, and examines the nature of his characters, the period he portrays, and the qualities of his writings. InU MnU NNC GeLBM GyBH GyGGaU

2943. Rossmann Magda. *Petelei István.* Budapest: A Szerző, 1932. 37p.

Biographical details followed by a discussion of his novels and narratives and of his place in Hungarian literature. Bibliography of his writings and studies about him, including necrologues, pp. [38–40].

2944. Veégh Sándor. "Petelei Istvánról," *Emlékkönyv: Kristóf György hatvanadik születésnapjára.* Kolozsvár: Minerva, 1939; 330p. Pp. 280–284.

An evaluation of his works, their contemporaneous quality, and their expression of the spirit and attitudes of Transylvania.

2945. Bisztray Gyula. "Petelei István. 1852–1910," *Petelei István: Lobbanás az alkonyatban.* Válogatott elbeszélések és rajzok. A bevezetés, a válogatás és a jegyzetek Bisztray Gyula munkája. Budapest: Szépirodalmi Könyvkiadó, 1955; 538p. Pp. 5–38.

The outlines of his life and career, the effect of his journalism on his narration, his characters as representing the middle class in the provinces and the village people, and the frequent escape of his characters into a Nirvana. DLC GyGNSU

2946. Nagy István. "Egy feledésbe merült erdélyi novellista," *A harc hevében. Irodalmi vallomások és észrevételek.* Marosvásárhely: Állami Irodalmi és Művészeti Kiadó, 1957; 273p. Pp. 221–233.

His short stories considered for their demonstrated opposition to the landed society of the times, the element of hope in his female characters, his use of realistic techniques, and as an evaluation of his attempt to originate the short short story in Hungary. MH GyBDS GyGNSU

2947. Diószegi András. "Turgenyev magyar követői," *Tanulmányok a magyar-orosz irodalmi kapcsolatok köréből.* Szerkesztőbizottság: Bor Kálmán, Czine Mihály, Kemény G. Gábor, Nyírő Lajos, Rejtő István, szerkesztette Kemény G. Gábor. I–III. kötet. Budapest: Akadémiai Kiadó, 1961. II, 84–137.

The influence of Turgenev on his prose as well as on the writings of Lajos Tolnai, Gyula Reviczky, Ödön Iványi, Elek Gozsdu, Kálmán Mikszáth, Zsigmond Justh, István Tömörkény, and Gyula Krúdy, among others. DLC MH MnU NNC AsWN AsWU FiHU GeCU GeLBM GeLU GyBDS GyBH GyGNSU

PETŐFI SÁNDOR

Born January 1, 1823 in Kiskőrös; died July 31, 1849 in Segesvár. Poet. Father a butcher. Family moved to Kiskunfélegyháza in October 1824. Schooling frequently interrupted. Studied in Kiskőrös, Félegyháza, Kecskemét, Szabadszállás, and Sárszentlőrinc; then in Pest at Evangelical and at Piarist gymnasiums, and at Evangelical Gymnasium in Aszód, September 1, 1835, to June 30, 1838. Knew Greek, Latin, English, and French. Entered Evangelical Lyceum in Selmec on August 31, 1838. Father suffered economic difficulties and disowned him. Ran away from Selmecbánya on February

15, 1839 and began long period of wandering. Actor at National Theater in Pest. Spent summer 1839 with relative in Ostffyasszonyfa. Joined army in September 1839 in Sopron. Served with regiment in Austria and Croatia. Discharged in February 1841 because of ill health. Roamed till fall of 1841, visiting parents in Dunavecse and acting in traveling company for three months. In October 1841 entered gymnasium in Pápa, where he met young Mór Jókai (q.v.) and completed seventh form. Poem "A borozó" published in *Athenaeum*, May 22, 1842. Resumed wandering. Worked as actor in Kecskemét for a time. Obtained position as translator in 1843. In fall 1843 again became traveling actor, but illness forced him to stay in Debrecen. Moved to Pest where he successfully published an edition of his poems with help of Mihály Vörösmarty (q.v.). Became assistant editor of *Pesti Divatlap* on July 1, 1844. Resigned position in spring 1845 and lived on income from his writings. In April 1845 went on long tour of provinces, during which he met young Mihály Tompa (q.v.). Spent summer, winter, and spring in Pest, Szalkszentmárton, and Gödöllő. Went to Transylvania with Károly Obernyik near end of August 1846. Met Júlia Szendrey in Nagykároly and married her on September 8, 1847. Began friendship with János Arany (q.v.) in June 1847 in Szalonta. Established Tizek Társasága with other young writers in 1846, among them Mór Jókai, Mihály Tompa, and Károly Obernyik. His political activities attracted attention of Austrian spies. Active in stirring Revolution in March 1848. Entered military service as captain in September 1848, serving in Debrecen October 22–November 16, 1848. Angered by defeat of Hungarian forces. Moved to Transylvania and reported to József Bem for military duty on January 25, 1849. Sent to Debrecen as messenger on February 8, 1849. Disagreed with military authorities and resigned commission. Returned to Bem in Transylvania and rejoined military. Became major and sent as messenger to Lajos Kossuth and György Klapka, minister of war. Quarreled with Klapka and again resigned. Went from Debrecen to Pest with family. Traveled to Mezőberény, Torda, and Marosvásárhely. Left Marosvásárhely on July 30, 1849 to rejoin Bem. Killed following day in clash between Hungarian and Russian forces in Segesvár. Controversy about circumstances of death and place of burial continues. ¶ Poetry received quick and lasting attention. One of the greatest Hungarian poets. The importance of his poems to history of Hungarian literature is equivalent to that of a literary period. Adopted more realistic themes. Believed freedom was greatest part of human happiness. Poems deal with nature and people of Great Plains, with love of family life, of children for parents, and of husband for wife in personal and vivid manner. Extended range of Hungarian poetry on basis of highly active and varied imagination. Depth of Hungarian quality and expression of thought and emotion in character, life, and symbols of folk and peasants beyond those of any predecessor. Folk poetry especially noteworthy for use of native rhythms and introduction of people and mythology of the Great Plains in lyrical synthesis. Among his narrative poems, *János vitéz* considered best for its blending of folk subject matter, outlook, and form. In prose fiction he also made significant contributions to development of Hungarian literature. Accounts of travels are models of genre. Attempted drama, but best known in this genre for translation of Shakespeare's *Coriolanus*. ¶ Editions of his poems are available in Albanian, Arabian, Armenian, Bulgarian, Chinese, Croatian, English, French, German, Hebrew, Italian, Japanese, Kazakh, Kirgizian, Korean, Lithuanian, Moldavian, Mongolian, Persian, Polish, Rumanian, Russian, Serbian, Slovakian, Spanish, Swedish, Turkomanian, Ukrainian, Vietnamese, and Volapük; and some of his poems have also been translated into classical Greek, modern Greek, Icelandic, Latin, Romansch, Malayan, Portuguese, and Turkish.

FIRST EDITIONS: *A koros hölgy.* Francia regény. Írta Bernard Károly. Fordította. Pest, 1843. [From Szinnyei, X, 974] – *A helység kalapácsa.* Hősköltemény négy énekben. Pest: Geibel, 1844. 68p. – *Robin Hood.* Angol regény. Írta James György. Fordította. Pest, 1844. [From Szinnyei, X, 974] – *Versek.* 1842–1844. [Összesen 109 költemény] Buda: Magyar Királyi Egyetem Betűivel, 1844. 192p. – *Czipruslombok Etelke sírjáról.* [Versek] Pest: Beimel József, 1845. 63p. – *János vitéz.* [Verses elbeszélés] Buda: Magyar Királyi Egyetem Betűivel, 1845. 113p. – *Szerelem gyöngyei.* [Költemények] Pest: Landerer és Heckenast, 1845. 70p. – *Versek.* 1844–1845. Pest: Beimel József, 1845. 188p. – *Felhők.* [Versek] Pest: n.p., 1846. 70p. – *A hóhér kötele.* [Regény] Pest: Hartleben Konrád Adolf, 1846. 155p. – *Összes költeményei.* [Öt költői elbeszélés, 452 másféle költemény] Pest: Emich Gusztáv, 1847. 537p. – *Tigris és hiéna.* [Történeti dráma] Pest: Emich Gusztáv, 1847. 106p. – *Coriolanus.* Shakespeare után angolból fordította. Pest, 1848. [From Szinnyei, X, 976] – *Az Egyenlőségi Társulat proclamátiója.* Petőfi Sándor az Egyenlőségi Társulat megbízásából. Pest, 1848. [From Szinnyei, X, 977] – *Készülj hazám.* [Röplap] Pest, 1848. [From Szinnyei, X, 976] – *Király és hóhér.* [Röplap] Pest, 1848. [From Szinnyei, X, 977] – *A királyhoz.* [Röplap] Pest, 1848. [From Szinnyei, X, 976] – *A kis-kunokhoz.* [Röplap] Pest, 1848. [From Szinnyei, X, 977] – *Lapok Petőfi Sándor naplójából.* Első ív. Pest, 1848. [From Pintér, VI, 394] – *A nemzetgyűlési követekhez.* [Röplap] Pest, 1848. [From Szinnyei, X, 977] – *Nemzeti dal.* [Röplap] Pest, 1848. márcz. 15. [From Szinnyei, X, 976] – *Nyílt levél a szabadszállásiakhoz.* Június végén. [Petőfi búcsúszava] Pest, 1848. [From Szinnyei, X, 977] – *Buda várán újra német zászló!* [Röplap] Debrecen, 1849. [From Szinnyei, X, 977] – *Európa csendes, újra csendes . . .* [Röplap] Debrecen, 1849. [From Szinnyei, X, 977] – *Az erdélyi hadsereg.* Petőfi Sándor. Szászsebes. [Röplap] 1849. ápr. 11. [From Szinnyei, X, 977] – *Csatadal.* Petőfi Sándor. Karánsebes. 1849. ápr. 17. [From Szinnyei, X, 977] – *Élet vagy halál.* Petőfi Sándor. Pest, 1849. május végén. [From Szinnyei, X, 977] – *A honvéd.* Petőfi Sándor. [Röplap] Pest, 1849. jún. [From Szinnyei, X, 977] – *Újabb költeményei.* 1847–1849. Pest: Emich Gusztáv, 1851. 480p.

EDITIONS

See also p. 6 and nos. 203 (letters), 225 (letters), 2966, 2969, 2987, and 3001 [nos. 4, 9 (letters)].

2948. *Vegyes művei.* 1838–1849. Kiadta Gyulai Pál. I–III. kötet. Pest: Pfeiffer, 1863. [C]

    1. kötet: Beszélyek. *A helység kalapácsa.* 255p.

    2. kötet: Drámák. 340p.

    3. kötet: Útirajzok. Töredékek. Hírlapi cikkek. Költemények. Levelek. Pótlék: *A fakó leány és pej legény.* 354p.

FiHI GeLBM

2949. *Újabb költeményei.* 1847–1849. 4. javított kiadás. I–II. kötet. Budapest: Athenaeum, 1873. [C]

    1. kötet: Elbeszélő költemények: *Bolond Istók, Szécsi Mária, Lehel vezér.* Kisebb költemények, 1847. 304p.

    2. kötet: Kisebb költemények, 1847–1849. 296p.

AsWN GeLBM GyBH

2950. *Költeményei.* Hiteles kézirat alapján megigazított s hazai művészek rajzaival díszített első teljes kiadás. Budapest: Athenaeum, 1874. 758p. [C]

2951. *Összes művek.* Havas Adolf gondozásában. I–VI. kötet. Budapest: Athenaeum, 1892–1896. [A]

    1. kötet: Elbeszélő költemények. Jókai Mór: *Petőfi Sándor élete és költeményei,* pp. i–xcv. 1892. 423p.

    2. kötet: Kisebb költeményei, 1842–1846. 1892. 576p.

    3. kötet: Kisebb költeményei, 1847–1849. 1893. 719p.

    4. kötet: Vegyes művek. Drámák. 1. kötet. 1895. 431p.

    5. kötet: Vegyes művek. Elbeszélések, úti rajzok és naplójegyzetek. 2. kötet. 1895. 585p.

    6. kötet: Hírlapi cikkek, levelezés, vegyes iratok. 1896. 519p.

MnU [AsWN] GyBH

2952. *Munkái.* Sajtó alá rendezte és bevezetéssel ellátta Badics Ferenc. I–IV. kötet. Budapest: Franklin-Társulat, 1906. [C]

    1. kötet: Kisebb költemények, 1842–1846. 406p.

    2. kötet: Kisebb költemények, 1847–1849. 347p.

    3. kötet: Elbeszélő költemények. Függelék: Ifjúkori kísérletek (1838–1842), A költő által gyűjteményeibe föl nem vett költemények (1842–1849), Félbenmaradt elbeszélő költemények. 398p.

    4. kötet: Beszélyek. *Tigris és hiéna* (történeti dráma). Útirajzok. Naplójegyzetek és hírlapi cikkek. 316p.

DLC IC MnU NN NNC OCl AsWU FiHI GyBH

2953. *Összes költeményei.* Bevezetéssel és jegyzetekkel kiadja Voinovich Géza. [Poems arranged in order of composition; notes on circumstances attending their composition] I–II. kötet. Budapest: Franklin-Társulat, 1921. [B]

    1. kötet: 1838–1847. 381p.

    2. kötet: 1847–1849. 344p.

    MH NNC AsWN GeLBM GyBH

2954. *Összes költeményei.* Bevezetésül a költő életrajzáról és költészetéről szóló tanulmány: Gyulai Pál: *Petőfi és lyrai költészetünk.* Előszóval ellátta Pekár Gyula. [Omits many poems with revolutionary themes] Budapest: Petőfi-Társaság, 1933. 626p. [C]

2955. *Összes művei.* [E kiadásban a versek sorrendje és szövege Petőfi összes költeményeinek két kötetes gyűjteményén alapul, amelyet Voinovich Géza rendezett sajtó alá (1921), a prózai rész a Havas Adolf által hat kötetben kiadott összes művek (1892–1896) szövegét követi] Budapest: Franklin-Társulat, 1941. 1631p. [B] MnU NNC AsWN GeCU GeLBM GyGNSU

2956. *Összes költeményei.* 1838–1844. Sajtó alá rendezte és a szövegkritikai jegyzeteket készítette Varjas Béla. [Only published volume of a planned edition of his complete works] Budapest: Budapest Székesfőváros, 1948. 376p. [A] MnU NNC AsWN GyBDS

2957. *Összes művei.* Eddig I–VII. kötet. Budapest: Akadémiai Kiadó, 1951+. [A]

    1. kötet: Költeményei, 1842–1845. Jegyzetekkel ellátva kiadta Varjas Béla. 1. kötet. 1951. 430p.

    2. kötet: Költeményei, 1846–1847. Jegyzetekkel ellátva kiadta Varjas Béla. 2. kötet. 1951. 407p.

    3. kötet: Költeményei, 1848–1849. Függelék: Ifjúkori versek, 1838–1842. Töredékek. Kétes hitelűek. Jegyzetekkel ellátva kiadta Varjas Béla. 3. kötet. 1951. 383p.

    4. kötet: Szépprózai és drámai művek. 1952. 432p.

    5. kötet: Vegyes művek. Úti rajzok, naplójegyzetek, hírlapi cikkek és egyéb prózai írások. Sajtó alá rendezte és jegyzetekkel ellátta Varjas Béláné. 1956. 280p.

    6. kötet: Prózafordítások (Sue, Macpherson, Dumas père, Seneca, stb). Sajtó alá rendezte Varjas Béláné, V. Nyilassy Vilma és Kiss József. 1956. 489p.

    7. kötet: Levelezése. Függelék: Vegyes feljegyzések, szerkesztői jegyzetek, dedikációk, másolatok, rajzok. Sajtó alá rendezte Kiss József és V. Nyilassy Vilma, a függelék H. Törő Györgyi és a pótlás Kiss József munkája. 1964. 701p.

    [DLC] MH MnU NN NNC FiHU GeLBM GeLU GyBDS GyBH GyGNSU

2958. *Összes művei.* Sajtó alá rendezte és a bevezetést írta Pándi Pál. I–III. kötet. Budapest: Szépirodalmi Könyvkiadó, 1955. [C]

   1. kötet: Versek, 1842–1846. 624p.

   2. kötet: Versek, 1847–1849. Zsengék, töredékek. 691p.

   3. kötet: Prózai és drámai írások. Levelek. 703p.

DLC [MH] NN NNC GeLBM GyBDS GyGNSU

2959. *Összes költeményei.* I–II. kötet. Budapest: Szépirodalmi Könyvkiadó, 1959. [C]

   1. kötet: 1842–1846. 579p.

   2. kötet: 1847–1849. Függelék: Ifjúkori költemények, kisebb töredékek, kétes hitelűek. 659p.

CoU GyBDS

2960. *Összes költeményei.* Az utószót írta Pándi Pál. Budapest: Magyar Helikon, 1960. 1306p. [C]   ICU NNC GeOB GyGGaU

2961. *Összes prózai művei és levelezése.* A kötetet Pándi Pál rendezte sajtó alá. Budapest: Szépirodalmi Könyvkiadó, 1960. 757p. [C]   DLC MH MnU NNC GyBDS

2962. *Útirajzok. Úti jegyzetek.* (1845) Úti levelek. Budapest: Magyar Helikon, 1962. 91p. [C]

BIBLIOGRAPHY

See also nos. 229, 2968, 2972, 2976, 2978, 2981, 2986, 2999, 3017, 3018, 3028, 3030, and 3031.

2963. Ferenczi Zoltán (összeáll.). "Petőfi-kiadások, 1843–1897," *Petőfi-album.* Szerkesztette Bartók Lajos, Endrődi Sándor és Szana Tamás. Budapest: Athenaeum, 1898; 263p. Pp. 256–260.

A chronological list of editions of his works giving the title, place of publication, publisher, pagination, and description of the title page. GeLU

2964. Szinnyei József. *Petőfi Sándor.* Budapest: Hornyánszky Viktor, 1905. 235p.

A separate publication from Szinnyei's 14 volume work, providing, in addition to a brief biography, a list of his works and their editions, translations into other languages, and a catalogue of secondary sources from 1844 to 1904. Chronological organization in each section. GeLBM

2965. *Petőfi napjai a magyar irodalomban. 1842–1849.* Összeállította Endrődi Sándor. Budapest: Petőfi Társaság, 1911. 543p.

Provides complete bibliographical data for all his works in chronological order published from May 22, 1842, to July 1, 1849: his poetry, whether published as an edition or individually, and all his works and all criticism dealing with them to whatever degree. Lists contents of individual editions. Also contains excerpts from articles on him and the texts of poems written about him during the period. Facsimiles. MnU NNC AsWU GeLBM

2966. *Szendrey Júlia levelesládájának kincsei. Szendrey Júlia ismeretlen naplója, Petőfi Sándor, Arany János stb. ismeretlen kéziratai.* Bevezetéssel és magyarázó jegyzetekkel ellátta Mikes Lajos. Budapest: Lantos, 1928. 76p.

A descriptive catalogue of three previously unknown János Arany manuscripts, of ten such Petőfi manuscripts, and of parts of Júlia Szendrey's journal, the 22-page statement she prepared on her deathbed to her mother, and her last message to Petőfi. Appendixes: (1) Descriptive catalogue of materials found in the collection of Hugó Meltzl (1846–1908), 12 translations of Petőfi's works, and six previously unknown and unpublished letters from G. Cassone; and (2) Descriptive catalogue of 119 manuscripts of works or letters of other writers, among them: Endre Ady, János Arany, József Eötvös, Mór Jókai, Margit Kaffka, Ferenc Kazinczy, József Kiss, Kálmán Mikszáth, Gyula Reviczky, Mihály Tompa. Facsimiles. MH NNC

BIOGRAPHY

See also nos. 231, 233, 235, 1560, 3001 (nos. 1–3, 7, 11–12, 15, 16, 22, 24, and 26), and 3879.

2967. Zilahy Károly. *Petőfi Sándor életrajza.* Pest: Emich Gusztáv, 1864. 159p.

Attention to his literary activities. The first biography. NNC

2968. Fischer Sándor. *Petőfi élete és művei.* Előszóval ellátta Jókai Mór és németből fordította Tolnai Lajos. Budapest: Grill Károly, 1890. 639p. [The original: *Petőfis Leben und Werke.* Leipzig: Verlag von Wilhelm Friedrich, 1889; 628p. Contains bibliography, pp. 619–628.]

Both a biography and a study of his works. Chapters on individual works and genres. Illustrations. MH NNC GeLU

2969. Hentaller Lajos. *Petőfi mint követjelölt. Episod a költő életéből.* Budapest: Athenaeum, 1895. 63p.

A recounting of the rejection of his selection as parliamentary representative from Szabadszállás. Use of letters dealing with the episode and of evidence from newspapers in 1848 and from interviews with individuals who had been involved in the matter. NNC

2970. Ferenczi Zoltán. *Petőfi Sándor életrajza.* I–III. kötet. Budapest: Franklin-Társulat, 1896.

Also presents a picture of the literature of his period. Index for each volume. Vol. I, to April, 1844; Vol. II, April, 1844 to August, 1846; Vol. III, September, 1846 to 1849. DLC MnU NN NNC GeLBM GeLU GyBH GyGGaU GyGNSU

2971. Yolland, Arthur B. *Alexander Petőfi. Poet of the Hungarian War of Independence. A literary study. 1823–1849.* Budapest: Franklin-Society, 1906. 62p.

Attention to the nature and characteristics of his poetry. DLC IC ICU MH NN NNC OCl OClW GeCU GeLU GeOB GyBH

2972. Barabás Ábel. *Petőfi*. Budapest: Franklin-Társulat, 1907. 286p.

In three parts: (1) his life, (2) the emergence of his personal character, and (3) the poet (the man of emotion, the man of thought, the artist, his role). Contains his contract with Gusztáv Emich (1847) and an account of his portraits. Bibliography of his works published during his life, the first complete edition of his works (1874), and his smaller verse collections, pp. 279–284. NNC FiHI GeLBM GyBH

2973. Ferenczi Zoltán. *Petőfi élete a főbb adatok szerint*. Budapest: Hornyánszky Viktor, 1909. 46p.

A chronological table of major events connected with him and his family from 1667 to 1908.

2974. Hatvany Lajos. *Feleségek felesége. Petőfi, mint vőlegény*. Budapest: Pallas, 1919. 354p.

His relations with Júlia Szendrey from their first meeting to their marriage —September, 1846, to September, 1847. Illustrations and facsimiles. MH MnU NNC AsWU GeLBM GeLU

2975. Riedl Frigyes. *Petőfi Sándor*. Budapest: Franklin-Társulat, 1923. 236p.

Concerned with his life and works, the effect of his times on his development, and the relationship between his writings and European romanticism and realism. CoU InU MH MnU NNC AsWN GeLBM GyBH

2976. *Szendrey Júlia ismeretlen naplója, levelei és halálos ágyán tett vallomása*. Közzéteszik és feldolgozták Mikes Lajos és Dernői Kocsis László. Budapest: Genius, 1930. 400p.

Contains (1) a biography of Petőfi's wife from 1849 to 1868 by László Dernői Kocsis, (2) a study intended to clear her reputation of the gossip and legends that arose in the 1880's and 1890's, (3) accounts of some of the unknown manuscripts of János Arany and Petőfi, (4) the text of her journal, (5) the text of her deathbed letter and the background of her last letter to her husband, Árpád Horvát, and (6) the texts of the correspondence between her and Mari Térey (1845–1848). Bibliography, p. 394. Illustrations and facsimiles. MH NN NNC GeLBM GyBH

2977. Illyés Gyula. *Petőfi*. Budapest: Szépirodalmi Könyvkiadó, 1963. 681p. [Rev. ed. containing around a third more material than previous editions: 1936, 1939, 1941, 1945, 1948, 1950, 1952, 1954, 1958]

Much attention to the relations between Petőfi and his environment and times, and extensive use of his poems as evidence of his views and attitudes. DLC MH MnU NN NNC OCl AsWN AsWU FiHI FiHU GeCU GeLBM GeLU GyBDS GyBH GyGGaU

2978. Gigante, Silvino. *Alessandro Petőfi*. Milano: L'Eroica, 1938. 292p.

Italian translations of his poems used within chapters to illuminate his thoughts and responses to events and persons. Bibliography, p. [293]. DLC GyBH GyGNSU

2979. Sándor József. *Nemes Petőfi Sándor költőnk Szabadszálláson született és Szibériában halt el.* Budapest: Vitéz Cséka Ferencné, 1939. 160p.

Seeks to prove that Petőfi was born in Szabadszállás and died as a prisoner of the Russians in Siberia. Portraits, facsimiles of documents and letters, maps, and genealogical tables. NNC

2980. Sándor József. *Petőfi Sándor Szabadszálláson született.* Budapest: Bethlen, 1947. 32p.

Maintains that his birthplace was Szabadszállás, not Kiskőrös. Illustrations.

2981. Dienes András. *A Petőfi-titok.* Budapest: Dante, 1949. 187p.

An account of his military career and his involvement in the events of the Revolution of 1848–1849; a retelling of the circumstances prior to and during the battle in which he disappeared; and a reconstruction of the details of his disappearance leading to the conclusion that he died in Segesvár. Author retraced the scenes. Map of the battle showing Petőfi's movements. Bibliography, pp. 185–186. MH NN NNC GyBDS GyGNSU

2982. Szalatnai Rezső. *Petőfi Pozsonyban.* Bratislava-Pozsony: Csehszlovákiai Magyar Könyvkiadó, 1954. 111p.

Deals with the details of his stays and visits in Pozsony beginning in 1840 and with the Petőfi cult in Pozsony and Czechoslovakia. MH NNC

2983. Hatvany Lajos. *Petőfi márciusa.* Budapest: Magvető, 1955. 51p.

A reconstruction of his activities in the beginnings of the agitation for revolution, from the evening of March 14, 1848, to the end of the month. Major attention to March 15. Evidence from his journals. Illustrations and portraits. DLC MH NNC FiHU GyBH

2984. Hatvany Lajos. *Így élt Petőfi.* I–V. kötet. Budapest: Akadémiai Kiadó, 1955–1957.

Previously published scholarship on his life grouped under chronological periods, with additional comments by the author at the close of each selection pertinent to the material covered. Name index for each volume. Illustrations. Vol. I, Family history from 1667 and his life to the beginning of March, 1841; Vol. II, March 10, 1841 to April 1, 1845; Vol. III, April 1, 1845 to June 26, 1847; Vol. IV, July 1, 1847 to September 27, 1848; Vol. V, September 11, 1848 to July 31, 1849. [DLC] MH MnU NN NNC AsWN AsWU FiHI GeCU GeLBM GeLU [GeOB] GyBDS [GyBH] GyGNSU

2985. Dienes András. *A legendák Petőfije.* (*Táj és emlékezés*) Budapest: Magvető, 1957. 278p.

A view of the poet through the legends and stories related about him. Materials arranged chronologically, under period or place names. Maps and illustrations. DLC InU MH NN FiHI GeLBM GyBDS GyBH GyGNSU

2986. Dienes András. *Petőfi a szabadságharcban.* Budapest: Akadémiai Kiadó, 1958. 643p.

His activities and death in the Revolution of 1848–1849. Attention to scholarship on Petőfi. Appendixes: (1) Account of his disappearance on July 31, 1849, by the Hungarian-Rumanian Cooperative Society and (2) Preliminary report on attempts to locate his grave in 1956. Bibliographical notes, chapter by chapter, pp. 447–591. Summary in French, pp. 609–625. Eighty-four illustrations at end of book. DLC InU MH MnU NNC AsWN FiHU GeLBM GeOB GyBDS GyBH GyGNSU

2987. Fekete Sándor. *Petőfi, a segédszerkesztő.* Budapest: Akadémiai Kiadó, 1958. 94p.

An account of his editorial activities from July, 1844, to March, 1845, leading to the view that his work for newspapers was more extensive than previously thought. Appendix: His unknown writings during the period from 1844 to 1845. Bibliographical footnotes. DLC MH MnU NNC AsWN GeLBM GyBDS GyBH GyGNSU

2988. Békés István. *Petőfi nyomában.* Budapest: Gondolat, 1959. 528p.

A picture book about his life and writings containing such materials as letters, newspaper articles, and documents, all arranged by periods of his life. DLC MH MnU NN NNC AsWN GeLBM GyBDS GyBH GyGGaU GyGNSU

2989. Mezősi Károly. *Petőfi családja a Kiskunságban. Kiskunfélegyházi életük.* Budapest: Magyar Tudományos Akadémia Irodalomtörténeti Intézete, 1961. 124p.

An account of the economic and social condition of the Petőfi family during its two decades in Kiskunság, intended as a preparation for the Petőfi biographical studies that remain to be written on the basis of new documents. Section of numerous documents dealing with the affairs of the family, pp. 66–124. Bibliographical footnotes. Facsimiles. DLC MH NN NNC AsWN GyBDS GyBH GyGNSU

2990. Dienes András. *Az utolsó év. Petőfi és a szabadságharc.* Budapest: Móra Ferenc, 1962. 288p.

A reconstruction of his participation in the Revolution from July 27, 1848, to July 31, 1849, concluding with a discussion of the probability of his burial in Segesvár. Table of major occurrences involving Petőfi during the year, pp. 275–[289]. Portraits, illustrations, and pictures of the search for his grave at Segesvár. NNC AsWN GyBDS GyGNSU

CRITICISM

See also nos. 52, 258, 262, 263, 264, 265, 275, 285, 286, 288, 289, 290, 1264, 1486, 1573, 2168, 3001 (nos. 4–6, 9–10, 18, 21–22, 25, and 27–28), 3278, 3280, 3883, 3892, 3896, 3908, 3971, 3973, 3975, 3977, 4344, and 4624.

2991. Erdélyi János. "Petőfi Sándor," *Pályák és pálmák*. Budapest: Franklin-Társulat, 1886; 503p. Pp. 328–354. [Appeared in *Divatcsarnok*, no. 37 (1854), 841–847; no. 38 (1854), 865–873]

His character, creativity as a poet, and connections with the literature of his age. MnU NNC GeLBM GeLU GyBH

2992. Gyulai Pál. *Petőfi Sándor és lyrai költészetünk*. Budapest: Kunossy, Szilágyi és Társa, 1908. 126p. [First published in 1854 in *Új Magyar Múzeum*]

Seeks to supplant the fiction about him with a real picture of the man and the poet and to show the way Hungarian lyrists failed to follow in his footsteps. MnU NNC AsWN GeLBM GeLU GyGGaU

2993. *Petőfi-album*. Szerkesztette Bartók Lajos, Endrődi Sándor és Szana Tamás. Budapest: Athenaeum, 1898. 263p.

Numerous individual studies of his life and works, including one of his wife. Illustrations. GeLU

2994. Somogyi Gyula. *Petőfi Sándor költészete*. Budapest: Athenaeum, 1899. 83p.

An effort to interpret his poetry as a whole and to illuminate his inner life: the development of his individuality, popular trends in his language, form and folk materials, the subject matter and aesthetics of his poetry, his descriptive and narrative poems, and his dramas. MnU NNC AsWN GyBH

2995. Ferenczi Zoltán. "Petőfi és a nő," *Irodalomtörténeti Közlemények*, XII (1902), 129–141. [Also a reprint]

Characterizes his views of women found in his love lyrics, especially as exemplified by those written to Júlia Szendrey. DLC MH MnU NNC AsWN AsWU FiHI GeLBM [GeLU] GyBH

2996. Földessy Gyula. *Petőfi elbeszélő költeményei*. Budapest: Pátria, 1902. 63p.

Examines the narrative poems as to their revelations of his feelings and thoughts, their connection with his literary development, the influences affecting them, and their merits. Chapter on "Az apostol."

2997. Gopcsa Endre. *Az apostol. Irodalmi tanulmány Petőfi Sándor költeményéhez*. Kolozsvár: Stein János, 1902. 133p.

A detailed study of "Az apostol": its historical background, the poet's political viewpoint, its subject matter, the character of Silvester and his tragedy, its structure and verse form, style, editions, etc. Bibliographical footnotes. NNC GeLBM

2998. Szigetvári Iván. *Petőfi költészete*. Budapest: Franklin-Társulat, 1902. 91p.

An effort to characterize his poetry, especially the forces that brought about its creation. Discussion by types: lyrics, political poems, narrative poems, and descriptive poems. Last chapter concerned with foreign influences. Bibliographical footnotes. MnU AsWN

2999. Oravecz Ödön. *János vitéz. Irodalmi tanulmány Petőfi Sándor költeményéhez.* Rozsnyó: Sajó-Vidék, 1903. 77p.

The poem's circumstances of creation, subject matter, characters, verse form and structure, diction and technique, metrics, comparison with *Toldi*, critical reception, recognition abroad, and translations, editions and illustrations. Bibliography, pp. 76–77.

3000. Ferenczi Zoltán. *Petőfi és a socialismus. Székfoglaló értekezés.* Budapest: Magyar Tudományos Akadémia, 1907. 44p.

Thesis: he fought for freedom and the people but was not a Marxist socialist. NNC AsWN GeLU GyBH

3001. *Petőfi-könyvtár.* Szerkesztik Endrődi Sándor és Ferenczi Zoltán. I–XXX. füzet. Budapest: Kunossy, Szilágyi és Társa, 1908–1911.

A series devoted to biographical and literary studies of the poet. Also studies on members of his family; texts of his poems and those of members of his family. Illustrations.

No. 1: Kéry Gyula. *Friss nyomon.* 1908. 171p.

No. 2: Baróti Lajos. *Petőfi adomák.* 1908. 160p.

No. 3: Váradi Antal. *Regényes rajzok Petőfi életéből.* 1908. 126p.

No. 4: Barabás Ábel. *Felhők.* Az eredeti kiadás lenyomatával. 1908. 127p.

No. 5: Gyulai Pál. *Petőfi Sándor és lyrai költészetünk.* 1908[1]. 126p. (See no. 2992).

No. 6: Ferenczi Zoltán. *Szabadság, szerelem.* 1909. 141p.

No. 7: *Petőfiné Szendrey Júlia költeményei és naplói.* Összegyűjtötte és bevezetéssel, jegyzetekkel ellátta Bihari Mór. 1909. 176p.

No. 8: *Petőfiné Szendrey Júlia eredeti elbeszélései.* Összegyűjtötte és jegyzetekkel kísérte Bihari Mór. 1909. 143p.

No. 9: Endrődi Béla. *Petőfi és Arany levelezése.* 1909. 105p.

No. 10: *Meltzl Hugó Petőfi-tanulmányai.* Bevezetéssel és jegyzetekkel ellátta Barabás Ábel. 1909. 223p.

No. 11: Farkas Emőd. *Petőfi élete. Regényes korrajz.* 1909. 243p.

No. 12: Egressy Ákos. *Petőfi Sándor életéből.* 1909. 120p.

No. 13: Palágyi Menyhért. *Petőfi.* 1909. 168p. (See no. 3004.)

No. 14: Somogyi Gyula. *Petőfi Sándor költészete. Tanulmány.* 1909. 101p. (See no. 2994.)

No. 15: Déri Gyula. *Petőfi Zoltán.* 1909. 159p.

No. 16: Krúdy Gyula. *A negyvenes évekből.* 1909. 110p.

No. 17: *Petőfi István versei.* Összegyűjtötte és bevezetéssel ellátta Bajza József. 1909. 239p.

No. 18: Kacziány Géza. *Petőfiről és mestereiről. Irodalmi tanulmányok.* 1910. 175p.

No. 19: Váradi Antal. *Az elzárt mennyország. Rajzok a színészéletből Petőfi korában.* 1910. 134p.

No. 20: *Petőfi a magyar költők lantján. Versek Petőfiről.* Összegyűjtötték Endrődi Sándor és Baros Gyula. 1910. 182p.

No. 21: Lenkei Henrik. *Petőfi és a természet.* 1910. 182p.

No. 22: Baróti Lajos. *Petőfi a ponyván és a népirodalomban.* Péterfy Tamás. *Petőfi-regék.* 1910. 141p.

No. 23: *Petőfi levelei.* Összegyűjtötte s bevezetéssel és jegyzetekkel ellátta Badics Ferenc. 1910. 256p.

No. 24: Ferenczi Zoltán. *Petőfi eltűnésének irodalma.* 1910. 160p.

No. 25: Csernátoni Gyula. *Petőfi-tanulmányok.* 1910. 167p.

No. 26: *A Petőfi-ház története és katalógusa.* Szerkesztette Kéry Gyula. 1911. 182p.

No. 27–28: Lenkei Henrik, Kont Ignác, Baróti Lajos, Körösi Albin, Vikár Béla és Vikár Vera. *Petőfi a világirodalomban.* 1911. 295p.

No. 29–30. *Petőfi napjai a magyar irodalomban. 1842–1849.* Összeállította Endrődi Sándor. 1911. 543p. (See no. 2965.)

[MH] MnU [NN] [NNC] AsWU GeLBM

3002. Kende Ferenc és Gömöri Gyula. *Petőfi világnézete.* Budapest: Világosság, 1909. 124p.

Purpose: to show that he is the product of the economic, social, and political movements of his times and to examine his world outlook in relation to the views developing during the period. An application of historical materialism in the place of historical, biographical, and academic methods. NNC AsWU

3003. Oláh Gábor. *Petőfi képzelete.* Budapest: Franklin-Társulat, 1909. 295p.

A characterization of the qualities and functions of his imagination in three parts: (1) use of materials from nature, (2) use of materials related to man himself, and (3) literary influences. Subject headings under each part. MH NNC GeLBM GyBH

3004. Palágyi Menyhért. *Petőfi.* Budapest: Kunossy, Szilágyi és Társa, 1909. 168p.

His literary development and the literary qualities, merits, and uniqueness of his poetry. MnU NNC AsWU GeLBM GyBDS GyGGaU

3005. Réti Hugó. *Csokonai hatása Petőfire.* Budapest: Fleischmann és Haan, 1909. 48p.

Evidence of his influence on Petőfi's lyrics, epic poetry, and narrative poems and on his diction, style, and verse forms. MH GyBH

3006. Ady Endre. "Petőfi nem alkuszik," *Válogatott cikkei és tanulmányai.* Sajtó alá rendezte Földessy Gyula. Budapest: Szépirodalmi Könyvkiadó, 1954; 503p. Pp. 306–328. [Appeared in *Renaissance,* I (1910), 246–251, 337–340, 428–431, 509–512, 622–624, 745–749]

His portrait as a "true, uncompromising youthful revolutionary poet." Attention to the times, his ideas and feelings, and his marriage. DLC MH AsWU FiHU GeLBM GeLU GyBDS GyBH GyGNSU

3007. Babits Mihály. "Petőfi és Arany," *Összes művei*. Sajtó alá rendezte Török Sophie. Budapest: Franklin-Társulat, 1945; 1152p. Pp. 727–747. [Appeared in *Nyugat*, III (November 16, 1910), 1577–1590]

Maintains that Petőfi is both "a revolutionary and a healthy petty bourgeois with the mask of genius" and that János Arany is "the sick, abnormal genius." DLC GeCU GeLBM GeLU GyGNSU

3008. Riedl Frigyes. "Korhatások Petőfi költészetében," *Kisfaludy-Társaság Évlapjai*, XLV (1910–1911), 21–39. [Also a reprint]

The effect of the intense nationalistic enthusiasm which led to the Revolution of 1848–1849 and of the prevailing democratic spirit of the 1840's on his poetry. NNC AsWN GyBH GyGNSU

3009. Kristóf György. *Petőfi és Madách*. Budapest: Hornyánszky Viktor, 1911. 49p.

Discusses the world outlook of each writer separately with respect to what each values the most, the relationship of each to that value, the significance of that value, and ᵗhe manner of giving literary expression to it. Closes with a comparison of the two viewpoints. GeLBM

3010. Horváth János. *Petőfi Sándor*. Budapest: Pallas, 1922. 597p. [1926²]

Concerned with the character of his lyric poems through all the changes that their course of development reveals. Biographical and aesthetic materials used only to this purpose. Five stages of development: (1) 1838–1842, (2) 1842–1844, (3) the end of 1844 to the fall of 1846, (4) the fall of 1846 to March 1847, and (5) March 1847 to his death. Index of lyric poems discussed, listing poems by other writers as possible influence on each. (See no. 3018) MH MnU NN NNC AsWN FiHI GeLBM GeLU GyBH

3011. Kéky Lajos. *Petőfi. Élet- és jellemrajz*. Budapest: Athenaeum, 1922. 123p.

Some biographical treatment, but mainly a discussion of his views of poetry and a characterization of his poems by genres. NNC

3012. *Petőfi-album. Adatok, okmányok és képek Petőfi Sándor diadalútjáról*. Budapest: Hornyánszky Viktor, 1922. 140p.

Sixteen studies of his life and works, including one of his wife. Illustrations. GeLBM

3013. Szigetvári Iván. *A százéves Petőfi. Jellemrajz*. Budapest: Székasi Sacelláry Pál, 1922. 272p.

In two parts: (1) a detailed examination of his works by genre (lyric poems, descriptive poetry, narrative poetry, dramatic poetry, miscellaneous writings), and (2) a general characterization of his personality and writings (brief biography, his personality and character and the influences affecting them, influences on his poetry, his poetic style, the knowledge of his works in foreign countries, and his followers and his success and effect in Hungary). NN NNC OCl PP

3014. Kristóf György. *Petőfi és Madách. Tanulmányok.* Cluj-Kolozsvár: Minerva, 1923. 192p.

Individual studies of the lives and works of Petőfi and Madách, including a long essay on their *Weltanschauung.* MH NN GeLBM

3015. "Petőfi Sándor-emlékszám," *Nyugat,* XVI (January 1, 1923), 3–46.

A memorial issue containing several articles on his character and poetry, including one on performances of his works on the stage and one on the poet and Shakespeare. MH MnU NNC FiHU GeLBM GyBH

3016. Müller Lipót. *Petőfi politikai költészete és Béranger.* Budapest: Dunántúl, 1924. 55p.

Purpose: to mark the path which took him to Béranger and to delineate the inner connections that link him to his political poetry. Bibliographical footnotes.

3017. Hartmann János. *Petőfi-tanulmányok.* Budapest: Pallas, 1926. 52p.

His literary career, thoughts, attitudes, love and patriotism as themes in his poetry, the landscape in his poems. Closes with a discussion of "Szeptember végén." Bibliography of his works and studies about him, pp. 51–52. NNC GeLBM GyGGaU

3018. Terbe Lajos. *Petőfi és a nép. Mit vett át Petőfi a néptől? Mit vett át a nép Petőfitől?* Budapest: Sárkány, 1930. 59p.

His knowledge of the folk song, its influence upon him, the causes of his composing folk songs, their characteristics, the manner in which Hungarians became familiar with those from his hands, and his influence on later writers of folk songs. An extension of János Horváth's discussion in *Petőfi Sándor* (see no. 3010). Concluding discussion of the importance of popular tendencies in his poetry. Bibliography, pp. 55–57. GeLBM GyBH

3019. Dedinszky Gizella. *Petőfi és Burns. Doktori értekezés.* Budapest: Sárkány, 1932. 63p.

The similarities between the lives, poetry, and beliefs of Petőfi and Robert Burns. DLC MnU GeLBM

3020. Kornis Gyula. *Petőfi pesszimizmusa.* Budapest: Franklin-Társulat, 1936. 102p.

After finding the sources of pessimism in his spirit, discusses evidence of that pessimism in his attitudes toward human emotion, ethics, politics, history, and metaphysics. Closes with a discussion of his alterations between pessimism and optimism, his cosmic optimism, and his optimism about love. Much use of evidence from his poems. NNC GyGNSU

3021. Zlinszky Aladár. *Petőfi és a zseni-elmélet.* (*Székfoglaló értekezés*) Budapest: Magyar Tudományos Akadémia, 1941. 104p.

His views of his literary critics, his concept of himself and his poetic creativity, his bohemianism, and his struggles in behalf of humanity. MnU AsWN GeLBM GyBH

3022. Kornis Gyula. *Nietzsche és Petőfi.* Budapest: Franklin-Társulat, 1942. 46p.

The young Nietzsche's knowledge of his poems and a comparison of their outlooks. Chapter on "Az apostol" and *Zarathustra.* Closing characterization of their prophetic views of man. AsWN

3023. Révai József. "Petőfi Sándor," *Irodalmi tanulmányok.* Budapest: Szikra, 1950; 318p. Pp. 59–102. [No. 1 appeared as "A forradalom költője" in *Szabad Nép,* no. 65 (March 15, 1946); no. 2 as "Petőfi Sándor" in *Szabad Nép,* no. 1 (January 1, 1948); no. 3 a memorial address given at Kiskőrös March 15, 1948, and published in *Csillag,* III (July–August, 1949), 5–7]

Three separate studies from a Marxist-Leninist viewpoint maintaining that the poet did not separate his poetry from the needs and aspirations of the Hungarian people, that the political poet is not separable from his poetry. DLC MnU NN GeLBM GyBDS GyGNSU

3024. Király István. "Petőfi mint vízválasztó," *Irodalomtörténet,* XXXVIII (1949), 169–183.

The distortion of Petőfi's image by the liberal landed gentry in the decade after the Revolution, the liberalism of the nobility and the middle class in the 1890's, and the liberal bourgeoisie in the first decades of the 20th century. [CU] DLC MnU NN NNC OCl AsWU GeLBM GyBH GyGNSU

3025. *A halhatatlan szabadság dala. Írások Petőfiről.* Összeállította, az előszót és a jegyzeteket írta Lukácsy Sándor. Budapest: Ifjúsági Könyvkiadó, 1953. 359p.

A collection of separate studies by many hands dealing with his life, character, and writings.

3026. Sőtér István. "Petőfi a János vitéz előtt," *Romantika és realizmus. Válogatott irodalmi tanulmányok.* Budapest: Szépirodalmi Könyvkiadó, 1956; 611p. Pp. 95–134. [Appeared as "Petőfi tipus-alkotó művészete a János vitéz előtt" in *Irodalomtörténeti Közlemények,* LVIII (1954), 5–20]

Examines his creative period from April, 1842, to November, 1844, from "A borozó" to *János vitéz,* for its characteristic traits and its relation with his later poetry. DLC MnU NNC AsWN FiHI GeCU GeLBM GyGNSU

3027. Sőtér István. "Petőfi a Felhők után," *Romantika és realizmus. Válogatott irodalmi tanulmányok.* Budapest: Szépirodalmi Könyvkiadó, 1956; 611p. Pp. 135–153. [Written in 1954; 1st publication]

His breaking away from European romanticism toward revolution with a program of action as a new element in his poetry after *Felhők* and its development in his poems toward its statement in the poem "Levél Várady Antalhoz." DLC MnU NNC AsWN FiHI GeCU GeLBM GyGNSU

3028. Várkonyi Nándor. *Az üstökös csóvája. Dokumentumok Petőfiről.* Pécs: Dunántúli Magvető, 1957. 259p.

Studies of his life and works. Major part devoted to the problem of his portraits. Other subjects: the mystery of his death, the circumstances surrounding the composition of "Talpra magyar," the number of poems composed in various places and the number of poems written in various years. Chronological table of the major events of his life. Bibliography, pp. 251–258. Closes with numerous illustrations. DLC MH NNC GeLBM GyBDS GyGNSU

3029. Pándi Pál. "Petőfi-képünkről," *Kortárs*, II (April, 1958), 596–607.

Points up the problems to be solved in his poetry to fill the gaps and meet the demands from a Marxist point of view. DLC MH FiHU GeLBM GyBH

3030. Forgács László. *Ünnep után. Petőfi Apostola és a márciusi ifjak világnézete.* Budapest: Gondolat, 1960. 261p.

A Marxist analysis of the reasons for the isolation of Petőfi and the youthful revolutionaries from March 15 to August and September 1848. Based on a linking of the events of the period with the philosophical viewpoints expressed by Petőfi in "Az apostol." Seeks to show the "struggling and fighting Petőfi during the week days of the Revolution." Bibliographical notes, pp. 239–259. GyBDS GyBH GyGNSU

3031. Pándi Pál. *Petőfi. (A költő útja 1844 végéig)* Budapest: Szépirodalmi Könyvkiadó, 1961. 589p.

The development of his thought and poetic art through 1844. Marxist in approach. Bibliographical notes, pp. 517–571. IC MH MnU NN NNC AsWN FiHI GeCU GeLBM GyBDS GyGNSU

3032. Turóczi-Trostler József. "Petőfi világirodalmi jelentőségéhez," *Magyar irodalom-világirodalom. Tanulmányok.* I–II. kötet. Budapest: Akadémiai Kiadó, 1961. II, 479–579. [A shorter version in German: "Zu Petőfis weltliterarischer Bedeutung," *Acta Litteraria Academiae Scientiarum Hungaricae*, II (1959), 3–111, and was published in Hungarian in *Magyar Tudományos Akadémia Nyelv- és Irodalomtudományi Osztályának Közleményei*, VII (1955), 267–370]

The place of his poetry in the European literature of his age, the first German translators of his poetry, and its echoes in German poetry. Also other translators. DLC InU MnU NN NNC AsWN FiHI GeCU GeLBM GyBDS GyBH GyGNSU

3033. *Tanulmányok Petőfiről.* Szerkesztette Pándi Pál és Tóth Dezső. Budapest: Akadémiai Kiadó, 1962. 509p.

Contains nine individual studies of his poetry (with emphasis on his lyric poems) and his prose. MH NNC AsWN FiHU GyBDS GyGNSU

3034. Martinkó András. *A prózaíró Petőfi és a magyar prózastílus fejlődése.* Budapest: Akadémiai Kiadó, 1965. 634p.

A detailed analysis of his prose works in chronological order and his letters to determine their style and place in the development of Hungarian prose style. Attention to his individuality and outlook, the form, and prevailing tastes which affected his style. Concludes that his prose artistry had a democratic function which had a natural connection with the realism of his language and style. Bibliographical footnotes. MH AsWN GeLBM GyBDS GyBH GyGNSU

RÁDAY GEDEON

Born October 1, 1713 in Ludány; died August 6, 1792 in Pécel. Poet. Son of Pál Ráday, a writer and secretary to Ferenc Rákóczi II (q.v.). Went to Odera-Frankfurt in 1732 to complete university studies and began to write poetry. Returned to Ludány in 1733 and pursued literary activities. Assembled large library, established relationships with most famous writers of the day, and encouraged their efforts. About 1740 married Katalin Szentpéteri, who assisted him with library collection. Parliamentary representative of Pest County in 1764. Met Ferenc Kazinczy (q.v.) in 1772 in Sárospataki Református Kollégium and formed a lasting friendship. Named baron in 1782 by Joseph II, count in 1790 by Leopold II. Counseled in publication of *Magyar Museum* and *Orpheus*. ¶ Did not fulfill all his plans to write, but is important for the first deliberate use of West European meters in Hungarian poetry, and those rhymed quantitative meters he used were known by his name ("Ráday vers"). In notes to his poems explored problems of poetic form and versification. Most of his poetry remained in manuscript and was lost. He was the first to see the importance of Miklós Zrínyi (q.v.). His library of approximately 100,000 volumes stood alone among private libraries in 18th-century Hungary; is now housed in Református Theológiai Akadémia, in Budapest. ¶ Some of his poems have been translated into English and German.

EDITION

See also no. 3039 (letters).

3035. *Összes művei.* Összegyűjtötte s bevezette Váczy János. Budapest: Franklin-Társulat, 1892[1]. 186p. [B] AsWU GeLBM

BIBLIOGRAPHY

See no. 3038.

BIOGRAPHY

See also nos. 1759 and 1895.

3036. Kazinczy Ferenc. "Ráday Gedeon," *Kortársak nagy írókról. Második sorozat.* A válogatás és a jegyzetek Lukácsy Sándor munkája. Budapest: Művelt Nép, 1956; 478p. Pp. 7–13. [Written in 1808; appeared in *Kazinczy Ferenc: Magyar Pantheon,* in *Összes munkái,* V, 1–19; see no. 1873]

A series of Kazinczy's personal recollections of Ráday. DLC MnU NNC FiHU GyBDS

3037. Rupp Kornél. "A Ráday-könyvtár," *Magyar Könyvszemle*, V (1897), 173–180.

Mainly a list of 31 of the most notable titles in the Ráday library possessed by the Budapesti Református Theológiai Akadémia, and the sources from which the collection derived. ICJ MiU NNC AsWN AsWU GeLBM GyBH

3038. Vas Margit. *Ráday Gedeon élete és munkássága*. Budapest: Sárkány, 1932. 48p.

A brief survey of his life followed by a discussion of his library, his Péczeli manor house as a center of literature, his influence on Kazinczy, his personality, his poetry, and his importance to Hungarian literature. Bibliography, p. 3.

3039. Gálos Rezső. "Levéltári adatok Ráday Gedeon diákkoráról," *Irodalomtörténeti Közlemények*, LVII (1953), 268–272.

New data concerning his schooling from 1729 to 1732, based on evidence from letters. Bibliographical footnotes. MnU NNC AsWU GeLBM GyBH

CRITICISM

3040. Arany János. "Ráday Gedeon," *Összes prózai művei és műfordításai*. Budapest: Franklin-Társulat, 1938; 2211p. Pp. 500–511. [Appeared in *Koszorú*, II (June 28, 1864), 601–605]

A discussion of the poetry of his times, attention to the poetry written by his father, and an analysis of his verse and techniques. NNC

3041. Váczy János. "Bevezetés: Ráday Gedeon," *Gróf Ráday Gedeon összes művei*. Összegyűjtötte s bevezette Váczy János. Budapest: Franklin-Társulat, 1892; 186p. Pp. 5–46.

The few known details of his life; his desire to establish relations between scholars and writers of his times; his literary development and experiments with rhyme, measures, and strophes; and his relations with and his influence on Kazinczy. Bibliographical footnotes. AsWU GeLBM

3042. Rónay György. "Ráday Gedeon," *Irodalomtörténet*, L (1962), 41–61.

Concerned with his experiments with West European rhymes and measures in his search for forms fully expressive of substance in Hungarian verse. Attention to his character to explain his failure to institute reforms on the basis of his changes in Hungarian versification, and to his relations with the new generation represented by Kazinczy. CU DLC MH MnU NN NNC AsWU GeLBM GeLU GyBDS GyBH

RADNÓTI MIKLÓS

Born May 5, 1909 in Budapest; died November 6–10(?), 1944 in Abda. Poet, translator. Mother died giving him birth. Orphan when twelve. Raised by mother's younger brother. Poems first appeared in youth periodicals 1926–1927. Completed studies at business school in 1927. Studied textile manufacturing in Liberec, Czechoslovakia, 1927–1928. Clerk in private office 1928–1929. Also completed gymnasium in 1929. Entered University of Szeged in fall 1930 to study Hungarian and French. Became acquainted with Sándor Sík (q.v.) and affiliated himself with Szegedi Fiatalok Művészeti Kollégiuma. Publication of *Újmódi pásztorok éneke* in spring 1931 resulted in its confiscation and eight-day sentence, which was lifted upon appeal. Spent few weeks in Paris in summer 1931, where he formed relations with French Communist party. On return to Hungary participated in the activities of illegal Hungarian Communist party. Obtained doctorate in philosophy in 1934. Married Fanni Gyarmati in fall of same year. Participated in literary life of Budapest 1935–1936 and became acquainted with Attila József (q.v.). Obtained teaching certificate in fall 1936 but was unable to secure position. Earnings derived from occasional publications and tutoring, and received help from uncle. Contributed to *Gondolat* in 1936. Awarded grant by Baumgarten Foundation in 1937. Spent several weeks with wife in Paris in summer 1937. Visited France for few weeks in 1939. Served in forced labor camp in Transylvania in 1940. Participated in anti-fascist demonstration at Petőfi statue in Budapest on March 15, 1942. Summoned for forced labor in May 1944 and sent to Bor, Yugoslavia; then sent to concentration camp in Heidenau, where he worked in copper mine and on road construction. Shot with 22 others near Győr and buried in mass grave. Body, with last poems, was not recovered until 1947. ¶ Lyric poet who confronted his own life in relation to his tragic times. Poems show development through numerous modern poetic influences and political concepts. Achieved their distinctive characteristics during World War II when he was confronted by death. Viewed his own situation and experiences as symbol of the unhappy condition of humanity. Eclogues considered to be highpoint of his creativity. His translations, also important and an influence on his literary development, include the works of La Fontaine, Huizinga, Montherlant, Cervantes, and a collection of African Negro folk tales. ¶ Some of his poems have been translated into Bulgarian, Croatian, Czech, English, French, German, Hebrew, Italian, Polish, Rumanian, and Russian.

FIRST EDITIONS: *Naptár*. [Versek] Budapest: Hungaria, 1924. 6 leaves. – *Pogány köszöntő*. [Versek] Budapest: Kortárs, 1930. 48p. – *Újmódi pásztorok éneke*. [Versek] Budapest: Fiatal Magyarország, 1931. 49p. – *Lábadozó szél*. [Versek] Szeged: Szegedi Fiatalok Művészeti Kollégiuma, 1933. 64p. – *Ének a négerről, aki a városba ment*. [Vers] Budapest: Gyarmati Könyvnyomtatóműhely, 1934. [22]p. – *Kaffka Margit művészi fejlődése*. Szeged: Szegedi Fiatalok Művészeti Kollégiuma, 1934. 104p. – *Újhold*. [Versek] Szeged: Szegedi Fiatalok Művészeti Kollégiuma, 1935. 48p. – *Járkálj csak, halálraítélt!* [Versek] Budapest: Nyugat, 1936. 47p. – *Meredek út*. [Versek] Budapest:

Cserépfalvi, 1938. 60p. – *Cervantes: Don Quijote*. Radnóti Miklós átdolgozásában. Budapest: Cserépfalvi, n.d. [From *Magyar irodalmi lexikon*, II, p. 544] – *Guillaume Apollinaire válogatott versei*. Fordítás. Vas Istvánnal. Budapest, 1940. [From Várkonyi, p. 415] – *Ikrek hava*. [Önéletrajzi emlékezések] Budapest: Almanach, 1940. 43p. – *Válogatott versek. 1930–1940*. Budapest: Almanach, 1940. 62p. – *J. de La Fontaine: Válogatott mesék*. [Fordítás] Budapest, 1943. 72p. [From catalogue of National Széchényi Library] – *Orpheus nyomában*. Műfordítások kétezer év költőiből. [Képes Gézával, Szemlér Ferenccel és Vas Istvánnal] Budapest: Pharos, 1943. 191p. – *Karunga, a holtak ura*. Néger népmesegyűjtemény. Budapest: Pharos, 1944. 262p. – *Tajtékos ég*. [Versek] Budapest: Révai, 1946. 114p. – See also nos. 1946 and 3044.

EDITIONS

See also no. 3052 for a translation. Annotated works: nos. 1700 and 1839.

3043. *Versei*. Sajtó alá rendezte Trencsényi-Waldapfel Imre. [1st collection] Gyoma: Kner Izidor, 1948. 230p. [C] GeLBM GyBH

3044. *Tanulmányok, cikkek*. E kötetet sajtó alá rendezte Réz Pál. Budapest: Magvető, 1956[1]. 284p. [C] DLC MH MiD FiHI GeLBM GyGNSU

3045. *Sem emlék, sem varázslat*. Összes versei. Az utószót írta Koczkás Sándor. Budapest: Szépirodalmi Könyvkiadó, 1961. 355p. [C] FiHI GyGNSU

3046. *Válogatott művei*. Sajtó alá rendezte és a bevezetést írta Tolnai Gábor. Budapest: Szépirodalmi Könyvkiadó, 1962. 659p. [C] GyBDS GyGNSU

3047. *Összes versei*. Budapest: Magyar Helikon, 1963. 344p. [C] MH GyBDS

3048. *Összes versei és műfordításai*. A kötetet Koczkás Sándor rendezte sajtó alá. Budapest: Szépirodalmi Könyvkiadó, 1963[3]. 513p. [B] (1956[1], 1959[2]) CtY MnU NN NNC FiHU GeLBM GyBDS

BIOGRAPHY

3049. Ortutay Gyula. "Radnóti Miklós otthona," *Írók, népek, századok*. Budapest: Magvető, 1960; 475p. Pp. 157–165. [Appeared in *Beszélő házak*. Szerkesztette Hatvany Lajos. Budapest: Bibliotheca, 1957; 323p. Pp. 238–245]
Descriptions of his homes in Reichenberg (now Liberec), Szeged and Pest, their contents and atmosphere, and his attitudes toward them, especially the one in Pest (on Pozsonyi út). By one who knew him. DLC MB MnU NN NNC AsWN FiHI FiHU GeLBM GyBDS

3050. *Radnóti Miklós. 1909–1944*. Szerkesztette Baróti Dezső, a bevezető tanulmányt írta Ortutay Gyula. Budapest: Magyar Helikon, 1959. 191p.
A picture book of persons, places, writings, and documents connected with his life. DLC MnU NN NNC FiHI GeCU GeLBM GyBDS GyGNSU

CRITICISM

See also no. 4213.

3051. Tolnai Gábor. "Radnóti Miklós. Levél Radnóti Miklóshoz," *Vázlatok és tanulmányok.* Budapest: Művelt Nép, 1955; 189p. Pp. 109–112. [Appeared in *Független Magyarország*, no. 32 (August 12, 1946), 2]

Written after Radnóti's death in a German concentration camp, records the news heard about him during his imprisonment, and characterizes his poetry as preparing him for death. By a friend. DLC MH MnU NNC GeLBM

3052. Sőtér István. "La Fontaine és Radnóti Miklós," *Romantika és realizmus. Válogatott irodalmi tanulmányok.* Budapest: Szépirodalmi Könyvkiadó, 1956; 611p. Pp. 599–609. [Appeared as introductory study to *Jean de La Fontaine: Válogatott mesék.* Fordította Miklós Radnóti. Budapest: Franklin-Társulat, 1947; 69p. Pp. i–viii]

Maintains that Radnóti drew revolutionary principles in form from La Fontaine's tales and that Radnóti's translation, which was his best work in this medium, helped him to complete his poetic development in a renewal and enrichment of antique forms. (See no. 3053 for a dissenting view) DLC MnU NNC AsWN FiHI GeCU GeLBM GyGNSU

3053. Szabó Lőrinc. "Radnóti Miklós Lafontaine-fordításai," *Válasz*, VIII (1949), 472–475.

Disagrees with István Sőtér's finding so many connections between the two poets (see no. 3052), and maintains that the poet-translator of the 22 tales wanted to introduce poetic elements of the La Fontaine who is so completely faithful to form. Supports the position by noting the qualities and emphases of the translations. DLC

3054. Vargha Kálmán. "Radnóti Miklós versei," *Magyarok*, V (1949), 161–165.

Traces the increasing power of his verses, their thought, the fulfillment of his recurring motifs, pictures, and symbols as he involves himself in opposition to the ruling forces of his times. DLC MnU NN NNC [FiHI]

3055. Vas István. " 'Oly korban éltem én a földön . . .' (Radnóti Miklós, 1909–1944)," *Csillag*, IV (1951), 737–742.

Traces his development from his translations (Apollinaire, Jammes, Goethe, Tibullus) toward a clear and true poetry as expressed in a natural classical voice in *Meredek út* (1938), to his opposition to fascism, especially during World War II. [DLC] MnU [NN] NNC [GeLBM] GyBH [GyGGaU]

3056. Lator László. "Radnóti Miklós költői fejlődése," *Irodalomtörténet*, XLII (1954), 259–274.

Discusses the editions of his poetry to show his gradual opposition to his times and support of socialistic reform for the elevation of the Hungarian people as he himself experienced the sufferings of his times culminating in the ultimate expression of his thoughts and feelings in his last three volumes, which make his poetry of lasting value to Hungarians. Periods of development grouped as follows: (1) *Pogány köszöntő* (1930) and *Újmódi pásztorok éneke* (1931), (2) *Lábadozó szél* (1933) and *Újhold* (1935), and (3) *Járkálj csak, halálraítélt!* (1936), *Meredek út* (1938), and *Tajtékos ég* (1944). CU DLC MH MnU NN NNC AsWU GeLBM GyBDS GyBH GyGNSU

3057. Tolnai Gábor. "Jegyzetek Radnóti Miklósról," *Vázlatok és tanulmányok*. Budapest: Művelt Nép, 1955; 189p. Pp. 113–131. [Appeared as "Radnóti Miklósról" in *Irodalmi Újság*, V, no. 34 (November 6, 1954), 6] Comments on his declared opposition to fascism, his search for the "pure and the good" and the "socialistic humanism" that elevated him to a high example in Hungary, the connection between his poetic development and socialism, and the characteristics of his poetry. DLC MH MnU NNC GeLBM

3058. Rónay György. "Két háború között," *Vigilia*, XX (1955), 183–189. An analysis of his poetry to show the new generation's break with the influence of the first generation of the *Nyugat*. Notes his adoption of pastoral idyll and free verse, his prescience of war in the mid-thirties, the shift in his style as the idyllic quality disappears, his view of integrity and morality in writing, and the expression of the essence of his own life in his verses. NN NNC

3059. Tolnai Gábor. "Radnóti Miklós és a felszabadulás előtti szocialista irodalmunk egyes kérdései," *Kortárs*, II (December, 1958), 871–885. The influence of the "illegal and increasingly strong" Communist party near the end of the 1920's on his early literary development and on the thought and style of his poetry. DLC MH FiHU GeLBM GyBH

3060. Ortutay Gyula. "Radnóti Miklós," *Radnóti Miklós. 1909–1944*. Szerkesztette Baróti Dezső, a bevezető tanulmányt írta Ortutay Gyula. Budapest: Magyar Helikon, 1959; 191p. Pp. 5–33. [Also in Ortutay's *Írók, népek, századok*, pp. 135–156; see no. 3255] Some biographical information, especially about his death and the circumstances attending his last four poems, but mainly the qualities of his poetry. Portrait of a revolutionary, anti-fascist poet. DLC MnU NN NNC FiHI GeCU GyBDS GyGNSU

3061. Kurcz Ágnes. "A szóhangulat Radnóti Miklós költészetében," *Irodalomtörténeti Közlemények*, LXIV (1960), 558–571. His use of words and expressions to evoke emotions concretely. Summary in German, p. 571. DLC MnU NN NNC AsWU GeLBM GyBH

3062. Tolnai Gábor. "Bevezetés," *Radnóti Miklós válogatott művei*. Sajtó alá rendezte Tolnai Gábor. Budapest: Szépirodalmi Könyvkiadó, 1962; 659p. Pp. 5–66. Traces the establishment of the reputation of his works from 1946 to the

R

present and discusses their place in Hungarian literature. Analyzes the characteristics and development of his poetry. By one who knew him. GyBDS GyGNSU

3063. Nemes István. *A képszerűség eszközei Radnóti Miklós költészetében.* Budapest: Akadémiai Kiadó, 1965. 66p.

An analysis of his poetic language, especially his use of imagery. Seeks to show that different kinds of "isms" were present in the development of his imagery and that after he passed beyond symbolism, impressionism, and expressionism, he found his own poetical language and its suitable imagery in lyrical realism. MH MnU AsWN GeLBM GeOB GyBH GyGGaU GyGNSU

II. RÁKÓCZI FERENC

Born March 27, 1676 in Borsi; died April 8, 1735 in Rodosto, Turkey. Prose writer, prince, general. Son of Ferenc Rákóczi I, Prince of Transylvania, and Ilona Zrínyi. He was four months old when his father died; his mother moved to Munkács, returned to Borsi in 1677, and returned again to Munkács in 1680. She married Imre Thököly in 1682. The boy was in Vienna in 1688 and in school at a Jesuit monastery in Neuhaus, Bohemia in April of that year. Completed gymnasium studies in 1690 and was sent to the University in Prague. Arrived in Italy in spring 1693 for a year's stay, mostly in Rome. Married Amália Sarolta in 1694 in Köln. Lived in castles in Sárospatak, Szerencs, Eperjes, and elsewhere. In 1700, at urging of Louis XIV of France, began agitation for war against the Hapsburgs. Was seized in 1701, but escaped to Poland. Entered Hungary on June 15, 1703, to lead War of Independence. Was named Prince of Transylvania in 1705. Directed military, political, and cultural activities during the war. Forced to emigrate in 1711, went first to Poland, where he hoped to obtain help from Russians, and then, in 1713, to France, where he lived at the court of Louis XIV until summer 1715, when he withdrew to a cloister in Grosbois. From 1717 on lived in exile in Turkey: in Jenikő, near Constantinople, 1718–1720, and in Rodosto 1720–1735. His remains, though located in Constantinople in 1886, were not returned to Hungary until 1906, for final interment in Kassa.   ¶ His lifework, mainly baroque in style, is an intense blending of national political issues and Christian piety. The form of *Confessiones* (written 1716–1719), his major literary effort, is based on St. Augustine's *Confessions* and the Catholic confessional. His *Mémoires* (written 1717) recounts events of War of Independence from 1703–1711 in analytical and spare style suffused with strong feeling. Wrote many meditations 1718–1722. Poems also have been attributed to him.

First editions: *Imádsága.* Mellyel az ő Uránaxk Istenének orczáját mindennapon engesztelni szokta. Debrecen, 1703. [From Szinnyei, XI, 472] –

Manifestum Principis Racoczi. Sine loco, 1703. [From Szinnyei, XI, 471] – *Histoire des Révolutions de Hongrie . . . Mémoires du Prince François Rákóczi sur la guerre de Hongrie.* La Haye: Jean Neaulme, 1739. 379p. – *Testament politique et moral du Prince Rakoczi.* [Állambölcseleti tanulmányok] T. 1–2. La Haye: Chez Scheuleer, 1751. – See also nos. 3065 and 3068.

EDITIONS

See also nos. 3074 (letters), 3090, and 3092.

3064. *Emlékirata a magyar hadjáratról.* 1703–1711. Közli Ráth Károly. Győr: Sauervein Géza, 1861. 208p. [C] (Rev. ed., 1872, 1886)

3065. *II. Rákóczi Ferencz és nevezetesebb kortársainak némely kiadatlan eredeti leveleik.* Pest: Ráth Mór, 1861[1]. 135p. [C]

3066. [*Archivum Rákóczianum*]. II. Rákóczi Ferenc levéltára, bel- és külföldi irattárakból bővítve. Szerkeszti Thaly Kálmán. I. osztály: I–XII. kötet; 2. osztály: I–III. kötet. Budapest: Magyar Tudományos Akadémia, 1871–1935. [A]

1. kötet: Had- és belügy: leveles könyvei, 1703–1706. Közli Thaly Kálmán. 1. kötet. 1873. 688p.

2. kötet: Had- és belügy: leveles könyvei, 1707–1709. Közli Thaly Kálmán. 2. kötet. 1873. 656p.

3. kötet: Had- és belügy: leveles könyvei, 1710–1712. Közli Thaly Kálmán. 3. kötet. 1874. 747p.

4. kötet: Had- és belügy: Székesi gróf Bercsényi Miklós . . . levelei Rákóczi fejedelemhez, 1704–1705. Közli Thaly Kálmán. 1. kötet. 1875. 764p.

5. kötet: Had- és belügy: Székesi gróf Bercsényi Miklós . . . levelei Rákóczi fejedelemhez, 1706–1708. Közli Thaly Kálmán. 2. kötet. 1877. 671p.

6. kötet: Had- és belügy: Székesi gróf Bercsényi Miklós . . . levelei Rákóczi fejedelemhez, 1708–1711. Közli Thaly Kálmán. 3. kötet. 1878. 671p.

7. kötet: Had- és belügy: Székesi gróf Bercsényi Miklós . . . levelei Rákóczi fejedelemhez, 1711–1712. Közli Thaly Kálmán. 4. kötet: Pótkötet. 1879. 224p.

8. kötet: Had- és belügy. Székesi gróf Bercsényi Miklós főhadvezér és fejedelmi helytartó leveleskönyvei s más emlékezetreméltó iratok, 1705–1711. Közli Thaly Kálmán. 1882. 448p.

9. kötet: Had- és belügy: Bottyán János vezénylő tábornok levelezései s róla szóló más emlékezetreméltó iratok, 1685–1716. Közli Thaly Kálmán. 1883. 849p.

10. kötet: Had- és belügy: Pótlékok s betűrendes név- és tárgymutató II. Rákóczi Ferenc levéltára, első osztály I–IX. köteteihez. Közli Thaly Kálmán. 1889. 250p.

11. kötet: Had- és belügy: II. Rákóczi Ferenc felségárulási perének története és okirattára, 1694–1703 aug. 2. Közzétette, történeti bevezető tanulmánnyal és jegyzetekkel ellátta Lukinich Imre. 1. kötet. 1935. 486p.

12. kötet: Had- és belügy: II. Rákóczi Ferenc felségárulási perének története és okirattára, 1701 jún. 15–1711 márc. 23. Függelék: II. Rákóczi Ferenc kiadatlan levelei Károlyi Sándorhoz, 1708–1711. Közzéteszi, történeti bevezető tanulmánnyal és jegyzetekkel ellátta Lukinich Imre. 2. kötet. 1935. 640p.

1. kötet: 2. osztály. Diplomatia: Angol diplomatiai iratok II. Rákóczi Ferenc korára, 1703–1705 jan. 21. Angol levéltárakból. Közli Simonyi Ernő. 1. kötet. 1871. 639p.

2. kötet: 2. osztály. Diplomatia: Angol diplomatiai iratok II. Rákóczi Ferenc korára, 1705 jan. 24–1706 máj. Angol levéltárakból. Közli Simonyi Ernő. 2. kötet. 1873. 642p.

3. kötet: 2. osztály. Diplomatia: Angol diplomatiai iratok II. Rákóczi Ferenc korára, 1706 máj. 2–1711/12 feb. 27. Angol levéltárakból. Közli Simonyi Ernő. 3. kötet. 1877. 496p.

ICU [NNC] [GeCU]

3067. *Emlékiratai a magyar háborúról, 1703-tól végéig [1711.]* Közli Thaly Kálmán. 5. javított, történeti jegyzetekkel kísért, Rákóczy végrendeletével és a bujdosók sírfelirataival bővített kiadás. Budapest: Ráth Mór, 1872. 335p. [B] (1861[1]) NN

3068. *Confessiones et aspirationes principis Christiani.* Edidit Commissio Fontium Historiae Patriae Academiae Scientiarum Hungaricae. Budapest: Bibliopolium Academiae Hungaricae, 1876[1]. 589p. [B] DLC FiHI FiHU GeCU GyGNSU

3069. *Önéletrajza.* A latin eredetiből fordította Domján Elek. Miskolc: Szelényi és Társa, 1903. 439p. [C] NNC

3070. *Vallomásaiból.* Latinból fordította Kajlós Imre. 1–2. füzet. Budapest: Lampel Róbert, 1903–1904. [C]

3071. *Elmélkedései és fohászai.* A latin és francia szövegekből válogatta és fordította Várdai Béla. Budapest: Szent István-Társulat, 1946. 79p. [C]

3072. *Emlékiratai.* Fordította Vas István. Bevezette Pach Zsigmond Pál. Budapest: Szépirodalmi Könyvkiadó, 1951. 243p. [B] DLC MH MnU NNC GyBDS

3073. *Válogatott levelei.* Szerkesztette és a bevezető tanulmányt írta Köpeczi Béla. [List of sources, pp. 360–364] Budapest: Bibliotheca, 1958. 367p. [C] NN NNC FiHI GeLBM GeOB GyBDS

BIBLIOGRAPHY

See nos. 3073, 3076, 3079, 3080, 3081, 3088, and 3089.

BIOGRAPHY

See also nos. 1590, 2298, 2300, 2519, 2521, 2523, and 2531.

3074. Thaly Kálmán. *II. Rákóczi Ferenc fejedelem ifjúsága. 1676–1701. Történeti tanulmány.* Második, javított és bővített, jutányos kiadás. Pozsony: Stampfel Károly, 1882?. 376p. [1881[1]]

Purpose: to show the changing phases of his childhood and youth and to depict the surroundings which affected his revolutionary tendencies. Based on original letters and other contemporary sources. Bibliographical footnotes. MH NN NNC OCl

3075. Márki Sándor. *II. Rákóczi Ferencz.* I–III. kötet. Budapest: Magyar Történelmi Társulat, 1907–1910.

An attempt to provide an accurate portrait of the man and the historical events in which he participated. Considerable attention to the times. Bibliographical footnotes. Illustrations and facsimiles. Vol. I, 1676–1707; vol. II, 1707–1708; vol. III, 1709–1735. DLC MH NN NNC AsWN GeCU GyBH

3076. Szekfű Gyula. *A száműzött Rákóczi.* Budapest: Magyar Tudományos Akadémia, 1913. 418p.

His life and activities during his exile, or the last 20 years of his life, beginning with 1715. Bibliographical notes, pp. 338–398. MH NN NNC AsWN GeCU GeOB GyGGaU GyGNSU

3077. Márki Sándor. *II. Rákóczi Ferenc élete.* Budapest: Szent István-Társulat, 1925. 146p.

A simple narrative of his life and historical importance. NN NNC GeLU GyBH

3078. Zolnai Béla. *II. Rákóczi Ferenc könyvtára.* Budapest: Királyi Magyar Egyetemi Nyomda, 1926. 27p.

The 112 titles in his library at Rodosto examined under three subject headings: (1) the books of the saintly man (theology, counter-reformation, religiousness, Jansenism, mysticism, occultism), (2) the books of the courtier (princely pastimes, the education of a courtier, belles-lettres), and (3) the books of the philosopher (history, travel books, natural science, philosophy). A bibliography of the titles, pp. 20–27. GeLBM GyBH

3079. Asztalos Miklós. *II. Rákóczi Ferenc és kora.* Budapest: Dante, *ca.*1934. 492p.

Extensive attention to his times. Critical bibliography, pp. 488–492. Portraits and illustrations. NN NNC OCl GeLBM GyGNSU

3080. Markó Árpád. *II. Rákóczi Ferenc a hadvezér.* Budapest: Magyar Tudományos Akadémia, 1934. 448p.

His activities as a general, as organizer, strategist and soldier-politician, and director of battles. Illustrations and maps of battles. Bibliographical notes, pp. 393–418. NNC AsWN AsWU FiHU GeOB GyBH

3081. Köpeczi Béla és R. Várkonyi Ágnes. *II. Rákóczi Ferenc*. Budapest: Művelt Nép, 1955. 407p.

Major attention to the Kuruc war for freedom, 1703–1711. Bibliographical notes, pp. 397–407. DLC MH NNC AsWN GeLBM GyBDS GyGNSU

3082. Zolnai Béla. "Rákóczi bécsújhelyi olvasmányai," *Irodalomtörténeti Közlemények*. LXIX (1955), 288–295.

Identification of and details about 21 books he read in prison in Wiener-Neustadt and their connections with his other readings. Shows, above all, that in his early years he was already strongly interested in the themes of statecraft, world history, and church history. DLC MnU NN NNC AsWU GeLBM GyBH

3083. Heckenast Gusztáv. "II. Rákóczi Ferenc könyvtára (1701)," *Irodalomtörténeti Közlemények*, LXII (1958), 25–36.

A list of 169 titles in his library in 1701 preserved in the archives of the Pálffy family in Czechoslovakia, and an analysis of their contents to indicate his reading background as a preparation for his life. Shows him to have prepared early for a political career. Bibliographical footnotes. Summary in French, p. 36. DLC MnU NN NNC AsWU GeLBM GyBH

CRITICISM

3084. Karácsonyi János. "II. Rákóczi Ferenc fejedelem vallomásai," *Katholikus Szemle*, XVII (1903), 627–655.

The sources, genesis, and connections between his *Confessiones* and his religious concepts and his view of himself in relation to God. Attention to the influence of St. Augustine's *Confessions* on the *Confessiones*. NNC AsWU GyBH

3085. Dombi Márk. *II. Rákóczi Ferenc a költészetben*. Baja: Kazal József, 1904. 38p. [Reprinted from *A Cisterci Rend Bajai Katholikus Főgimnáziumának Értesítője, 1903/1904* (1904), 3–38]

The treatment and views of him found in Hungarian poetry to Ede Szigligeti's *II. Rákóczi Ferenc fogsága*. Bibliographical footnotes.

3086. Fraknói Vilmos. "II. Rákóczy Ferenc vallásos élete és munkái," *Katholikus Szemle*, XVIII (1904), 321–337, 421–434.

The background contributing to his sense of a religious mission in his life, the details of that religious life, and the concepts of religion and morality expressed in his writings. NNC AsWU GyBH

3087. *Rákóczi. Emlékkönyv halálának kétszázéves évfordulójára*. Szerkesztette Lukinich Imre. I–II. kötet. Budapest: Franklin-Társulat, 1935.

A memorial book containing 18 studies of his life and thought, including his place in Hungarian poetry and in German and French literature, and the background of his period. Illustrations and facsimiles. [No clear division of contents into volumes] NN NNC FiHI GeLBM

3088. Szitás Ilona. *II. Rákóczi Ferenc a magyar irodalomban.* Budapest: Merkantil, 1937. 62p.

A treatise on Rákóczi in Hungarian literature from the 18th century to the 1930's, and the manner in which he is utilized and characterized in each of the periods. Bibliography, pp. 51–61. MH GyBH

3089. Zolnai Béla. *II. Rákóczi Ferenc.* Budapest: Franklin-Társulat, 1942. 224p.

Emphasizes his intellectual ideas in all his activities, his connections with the history and concepts of his times, and his significant role as a pathbreaker for Hungarian intellectualism during the beginning of the 18th century. Chronological table of important events in his life, pp. 6–8. Bibliographical notes, pp. 208–217. NN NNC AsWN GeCU

3090. Vas István. "Rákóczi emlékiratai. Bevezetés," *Évek és művek. Kritikák és tanulmányok, 1934–1956.* Budapest: Magvető, 1958; 478p. Pp. 177–193. [Appeared as introductory study, "Rákóczi," to *II. Rákóczi Ferenc emlékiratai.* Fordította és a bevezető tanulmányt írta Vas István. Budapest: Révai, 1948; 237p. Pp. 5–19]

Provides the background of the composition and the first edition of *Emlékiratok,* and the history of succeeding editions as well as views about Rákóczi. Considers the work as understandable only in the light of present day perceptions. Commentary on his strength as a narrator, his style, the poetical qualities and thought in the work, and his feeling of strangeness among the aristocrats, By the translator of the work. DLC MnU FiHI GeLBM GyBDS GyGNSU

3091. Vas István. "Rákóczi, az író," *Csillag,* VI (1953), 1033–1040.

Explains the delay in publication of his works in Hungary on the basis of his attitudes being unwelcome to officialdom and of their not being written in Hungarian. Analyzes his use of the autobiographical genre in *Önéletrajz* and comments on the novel-like methods of narration in *Emlékiratok.* Some attention to the influence of St. Augustine and Rousseau. [DLC] MnU [NN] NNC [GeLBM] GyBH [GyGGaU]

3092. V. Windisch Éva. "Rákóczi Ferenc ismeretlen hadtudományi munkája," *Irodalomtörténeti Közlemények,* LVII (1953), 29–56.

Provides the background of his involvement in the problems of military science and tactics in his war for the freedom of Hungary and discusses the genesis and details of "Hadakozó embernek tanító scholája," his study of military science. Text of the work provided. Attention to his knowledge of studies of the subject in his times. Bibliographical footnotes. MnU NNC AsWU GeLBM GyBH

3093. Tolnai Gábor. "Rákóczi Ferenc, az író," *Vázlatok és tanulmányok.* Budapest: Művelt Nép, 1955; 189p. Pp. 68–87. [A paper presented to the Language and Literature Section, Hungarian Academy of Sciences, on

October 19, 1953; appeared in *A Magyar Tudományos Akadémia Nyelv- és Irodalomtudományi Osztályának Közleményei*, V (1954), 219–234]

Attacks the "bourgeois method" of analyzing Rákóczi and other writers (especially Babits on János Arany), and discusses the characteristics of a writer from a Marxist-Leninist point of view. Examines the sources and nature of his ideals and beliefs, and discusses his writings of the period of the war for freedom and those he wrote in exile with regard to their ideals, style, and characteristics in each period. (See no. 3094 for reply) DLC MH MnU GeLBM

3094. Zolnai Béla. "Megjegyzések a Rákóczi-kérdéshez," *Irodalomtörténet*, XLV (1957), 1–8.

A reply to Gábor Tolnai's study (no. 3093) and Tamás Esze's researches on the Kuruc period under the following headings: the connections between his intellectual history and Jansenism, the significance of his not having composed his major works in Hungary as affecting the judgment of them, and the questions of viewing him as a warrior for freedom or an exile and as a pious or theological writer. Bibliographical footnotes. CU DLC MH MnU NN NNC AsWU GeLBM GeLU GyBDS GyBH

3095. Köpeczi Béla. "II. Rákóczi Ferenc, a levélíró," *II. Rákóczi Ferenc válogatott levelei*. Szerkesztette és a bevezető tanulmányt írta Köpeczi Béla. Budapest: Bibliotheca Kiadó, 1958; 367p. Pp. 5–35.

The letters considered as the genre of "missives," as revelations of his thoughts and feelings and activities as a politician, general and diplomat, and for their literary qualities and letter-writing techniques. NN NNC FiHI GeLBM GeOB GyBDS

REMÉNYIK SÁNDOR

Born August 30, 1890 in Kolozsvár, Transylvania; died October 24, 1941 in Kolozsvár. Poet. Pseudonym: Végvári. Son of a well-known architect whose bequest of his estate made possible comfortable life for son. Completed studies at Reformed gymnasium in Kolozsvár. Began law studies at University of Kolozsvár but never completed them, partly because of nervous eye disease. Independent income enabled him to devote life to literary activity. Writings first appeared in *Dobsina és Vidéke* and then in *Ellenzék, Kolozsvári Hírlap*, and *Az Újság*. Poems first appeared in 1916 in *Új Idők*. Contributed regularly to *Erdélyi Szemle*. A co-founder, later editor of *Pásztortűz*. Awarded Petőfi-Társaság Prize for poetry in 1926. ¶ Important lyric poet in Rumania between two World Wars. Early poems dealt with injustices to Hungarians living in Rumania. Sought to infuse religious and humanistic ideals through his poems and to show joys and sufferings and moral struggles of humanity. Subject matter that of nature, everyday happenings, and simple human acts.

Later poems concerned with social questions, including criticisms of dominant social classes. ¶ Some of his poems have been translated into Czech, English, French, German, Italian, Polish, Rumanian, Slovakian and Swedish.

FIRST EDITIONS: *Fagyöngyök.* Versek. Kolozsvár: A Szerző, 1918. 78p. – *Rainer Mária Rilke versei.* Fordítás. Kolozsvár: Erdélyi Szemle, 1919. 16p. – *Segítsetek!* Hangok a végekről, 1918–1919. [Versek] Budapest: Magyarország Területi Épségének Védelmi Ligája, 1919. 63p. – *Csak így.* Versek. Kolozsvár, 1920. [From Pintér, VIII, 904] – *Mindhalálig.* Versek, 1918–1921. Budapest: Kertész József, 1921. 55p. – *Vadvizek zugása.* Versek. Radnaborberek, 1921 június-július. Kolozsvár: Minerva, 1921. 46p. – *Versek.* Hangok a végekről, 1918–1921. Budapest: Kertész József, 1921. 120p. – *A műhelyből.* Versek. Budapest: Studium, 1924. 88p. – *Atlantisz harangoz.* Versek. Budapest: Magyar Irodalmi Társaság, 1925. 84p. – *Egy eszme indul.* Versek. Kolozsvár: Az Út, 1925. 234p. – *Gondolatok a költészetről.* [Tanulmány] Arad: Vasárnap, 1926. 62p. – *Fagyöngyök. Csak így. Vadvizek zugása. Rilke fordítások.* [Versek] Cluj-Kolozsvár: Minerva, 1927². 201p. [Earliest known ed] – *Két fény között.* Versek. Cluj-Kolozsvár: Erdélyi Szépmíves Céh, 1927. 79p. – *Szemben az örökméccsel.* Versek. Budapest: Studium, 1930. 74p. – *Kenyér helyett.* Versek. Budapest: Magyar Protestáns Irodalmi Társaság, 1932. 44p. – *Romon virág.* Versek, 1930–1935. Kolozsvár: Erdélyi Szépmíves Céh, 1935. 250p. – *Magasfeszültség.* Versek, 1935–1940. Kolozsvár: Erdélyi Szépmíves Céh, 1940. 103p. – See also no. 3097.

EDITIONS

See also 2507.

3096. *Összes versei.* Budapest: Révai, 1941. 477p. [1944] NN NNC GyBH

3097. *Egészen.* Hátrahagyott versek. [Contains *Korszerűtlen versek*] Kolozsvár: Erdélyi Szépmíves Céh, 1942¹. 162p.

BIBLIOGRAPHY

See nos. 3098 and 3104.

BIOGRAPHY

3098. Jancsó Elemér. *Reményik Sándor élete és költészete.* Kolozsvár: Lyceum, 1942. 44p. [Reprinted from *A Kolozsvári Református Kollégium 1941–42-ik évi Évkönyve*]

Both a biography and a study of the subject matter and form of his poetry, giving attention to the phases of his poetic development, to his roots in literary tradition, and to the forces affecting him. A chronological bibliography of studies about him, from 1920 to 1942, pp. 35–44. FiHI GyBH

CRITICISM

3099. Rédey Tivadar. "Reményik Sándor lírája," *Napkelet*, VI (1925), 286–290.
A review of *Egy eszme indul*, a collection representing five years of literary productivity: the importance of God in his poems; his voice as being that of the Old Testament; his individuality as a lyric poet; the influence of Rilke, János Arany, Endre Ady and Mihály Babits; his use of meters; and his style as placing him nearer to Hungarian classical poetry than to contemporary impressionism. GyBH

3100. Rass Károly. *Reményik Sándor*. Cluj-Kolozsvár: Minerva, 1926. 16p.
Brief analyses of his character and writings: the soul of the prophet as the force reconstructing both the poet and the man; the life-functions of the prophetic soul as differing from those of other men; his being the national poet of Hungary with a Transylvanian patina; his having the true soul of a poet; his artistry; and his similarities to Ferenc Kölcsey. GyBH

3101. Németh László. "Reményik Sándor," *Protestáns Szemle*, XXXVI (1927), 442–446.
A sketch of his poetry and thought, and his place in the expression of a "troubled" Transylvania. Emphasis on his poetry as thought attired in verse form. CtY NjP NNC NNUT GeLBM GeLU GyBH

3102. Tavaszy Sándor. "Reményik Sándor természetszemlélete," *Pásztortűz*, XXVI (1940), 501–503.
A discussion of his views of nature as contrasted with those of Lajos Áprily, finding that not only aesthetic but ethical beauty emerges for him in nature. GyBH

3103. Németh László. "Reményik Sándor," *Készülődés. A Tanú előtt*. I–II. kötet. Budapest: Magyar Élet, 1942. I, 108–113. [1st publication?]
A study maintaining that his later verses merely dress his thought with poetic form, that each verse is a sentence or a germ of thought crumbling into verses, and that, for this reason, the thought is often diluted. Also describes his versification as being as smooth as possible and as using an undistinctive iambus, his rhymes and rhythmic patterns as unostentatious, and his creative strength in language as not being large and as using commonplaces. Believes that in time the reflective character of his poetry may lessen. InU NNC FiHI GyBH GyGNSU

3104. Boross István. *A Jánus-arcú költő*. (*Reményik-Végvári emlékezete*) *1890–1941*. Mezőtúr: Corvina, 1943. 41p.
Miscellaneous questions connected with his writings, artistry, and ideas: the general characteristics of his poetry, the influence of his surroundings on his writings, the Janus in *Vadvizek zugása* and "Végvári versek," Protestantism in his writings, his attitude toward the question of Transylvania, the form and thought of his lyric poetry, etc. Bibliography of his works and studies about him, pp. 3–4.

3105. Kristóf György. "Reményik Sándor," *Erdélyi Múzeum,* XLIX (1944), 21–32. [Also a reprint]

The man and his poetry as "apostolic expressions" of post-Trianon Transylvania. NN GyBH

3106. Nagy István. "Reményik Sándor a magyar polgárság nacionalista költője," *A harc hevében. Irodalmi vallomások és észrevételek.* Marosvásárhely: Állami Irodalmi és Művészeti Kiadó, 1957; 271p. Pp. 112–124.

An evaluation of his writings form the viewpoint of international communism and class. Maintains that when he wrote under the pseud. "Végvári," calling for the return of the "old Hungary," he failed to understand that the Hungarian worker and the Rumanian proletariat were struggling for the same end. States that when he stopped writing chauvinistic verses under that name, he adopted the mask of a passive lyric poet to force the emerging Hungarian factory worker into passivity. MH GyBDS GyGNSU

REMENYIK ZSIGMOND

Born July 19, 1900 in Dormánd; died December 30, 1962 in Budapest. Novelist, short-story writer. Descendant of middle landowning family. Completed gymnasium studies in Eger. Entered law academy in Nagyvárad, interrupted studies after year, and completed them in Budapest. Turned attention to literary career early and, in preparation for it, began extensive world travels before completing university education. Lived in South America 1920–1927 working as cabaret pianist, smuggler, and clothing outfitter. First two works were published in this period: *La tentacion de los asesinos* (Chile, 1922) and *Las tres tragedias del lampero hallucinado* (Peru, 1924). On return to Hungary he entered literary life. Writings first appeared in Hungary in *A Hét, Ma,* and *Nyugat.* With Aladár Tamás and Sándor Bortnyik he founded *Új Föld* (1927) which published works of Communist writers and ceased after three numbers. Prosecuted for anti-religious ideas contained in *Bolhacirkusz* in 1932. Became contributor and member of editorial staff of *Szép Szó.* Associated himself with populist writers. Corresponded with Zoltán Fábry (q.v.) for many years. Lived in United States 1939–1941. Returned to Hungary exhibiting more conservative tendencies 1941–1944. Eighteen works were published after 1945. *Atyai ház* staged in 1943 and *Kard és kocka* in 1955; the latter also produced as film. ¶ Novels draw extensively on vast number of experiences obtained in travels. Picaresque in form. Broke new ground in Hungarian novel by experimenting with its techniques. Free and uncontrolled in organization. Critical of ruling social classes. Strongly critical of inhumanity of capitalism. Historical and philosophical viewpoints influenced by Spinoza and Bernard Shaw.

EDITIONS

3107. *Hetedik hónap. Op. I.* Budapest: Új Föld, 1927[1]. 55p.

3108. *Bolhacirkusz.* Regény. Budapest: Spitzer Aladár, 1932[1]. 231p.]1959[2]]
IC NNC AsWN GeLBM GyBDS GyGNSU

3109. *Mese habbal.* Regény. Budapest: Faust, 1934[1]. 255p. [1959[2]] NNC
AsWN GeLBM GyBDS GyGNSU

3110. *A költő és a valóság.* [Regény] Budapest: Pantheon, 1935[1]. 206p. [1965]
IC FiHU GeLBM

3111. *Bűntudat.* Egy Goethe idézet margójára. [Regényes önéletrajz] Buda-
pest: Pantheon, 1937[1]. 253p. [1954[2]] MH MnU GeLBM GyBH GyGNSU

3112. *Nagytakarítás vagy a szellem kötéltánca.* [Röpirat] Budapest: Viktória,
1937[1] [1936?]. 94p.

3113. *Téli gondok.* [Esszé] Budapest: Pantheon, 1937[1]. 54p. GeLBM

3114. *Sarjadó fű.* [Életrajz és regény] Budapest: Cserépfalvi, 1938[1]. 310p.
[1962[2]] DLC NN NNC OCl GeLBM GyBDS GyGNSU

3115. *Vész és kaland.* [Regény] Budapest: Athenaeum, 1940[1]. 231p. [1960]
MnU AsWN GeLBM GyBH

3116. *Amerikai ballada.* [Útleírás] Budapest: Antiqua, 1942[1]. 240p. GeLU

3117. *Az atyai ház.* Színmű három felvonásban. Budapest: Új Idők, 1943[1].
125p. NN AsWN GeLU

3118. *Pernambucói éjszaka.* Regény. Budapest: Új Idők, 1943[1]. 222p. [1944]
GeLU GyGNSU

3119. *Olivér és az emberi világ.* Regény. Budapest: Athenaeum, 1945[1]. 216p.
GeLU

3120. *Északi szél.* Regény. Budapest: Révai, 1947[1] [1946?]. 260p. [1963[2]]
NN NNC OCl AsWN GeLBM GyGNSU

3121. *Élők és holtak.* Regény. Budapest: Révai, 1948[1]. 337p. [1958[2]] DLC
IC NN NNC OCl GeLBM GyGNSU

3122. *A nagy csata.* Színmű egy felvonásban, három képben. Budapest:
Művelt Nép, 1953[1]. 70p. GeLBM

3123. *Por és hamu.* Korrajz és vallomás. Budapest: Magvető, 1955[1] [1956?].
581p. [1966[2]] IC MH MnU GeLBM GyBH

3124. *Vándorlások könyve.* Példázat és kaland. [Úti élmények] Budapest:
Szépirodalmi Könyvkiadó, 1956[1]. 334p. GeLBM GyBDS GyGNSU

3125. *Bolond história.* Kisregény. Budapest: Magvető, 1957[1]. 147p. DLC
NN GyGNSU

3126. *Könnyű múzsa.* [*A költő és a valóság, Olivér és az emberi világ*] Két
vidám regény. Budapest: Szépirodalmi Könyvkiadó, 1957. 343p. DLC MH
NN GyBDS GyGNSU

3127. *Ősök és utódok.* Krónika. Budapest: Magvető, 1957[1]. 294p. DLC MH NN FiHI GeLBM GeLU GyBDS GyGNSU

3128. *Ebből egy szó sem igaz.* Arckép és történet. [Kisregény] Budapest: Szépirodalmi Könyvkiadó, 1958[1]. 152p. MiD NNC GeLU GyGNSU

3129. *Pernambucói éjszaka.* [*Pernambucói éjszaka, Nem is olyan rettenetes* (1st), *Agrella emléke* (1st)] Három kisregény. Budapest: Magvető, 1958. 231p. NNC GyBDS

3130. *Afrikai románc.* Történetek. Budapest: Szépirodalmi Könyvkiadó, 1960[1]. 339p. NN NNC AsWN GyBDS GyGNSU

3131. *Őserdő.* [1st?] *Vész és kaland.* Életrajz és regény. Budapest: Magvető, 1960. 367p. InU NN NNC FiHI GeCU GeLBM GyBDS GyGNSU

3132. *Az atyai ház.* [*"Vén Európa" Hotel* (1st?), *Az atyai ház, Kard és kocka* (1st?)] Budapest: Szépirodalmi Könyvkiadó, 1961. 290p. NNC GeCU GyBDS GyGNSU

3133. *Jordán Elemér első hete a túlvilágon.* [Elbeszélések] Budapest: Magvető, 1962[1]. 323p. NN AsWN FiHI GeCU GeLBM GyGNSU

3134. *Akár tetszik, akár nem . . .* Színművek. Budapest: Szépirodalmi Könyvkiadó, 1963. 374p. [C] FiHI GyBDS GyGNSU

3135. *Az idegen.* [Kisregény és elbeszélések] Budapest: Magvető, 1963[1]. 237p. [C] NNC AsWN GeLBM GyGNSU

3136. *Bolhacirkusz. Mese habbal.* Regények. Budapest: Magvető, 1964. 500p. [C] MH MnU NNC

CRITICISM

3137. Bóka László. "Remenyik Zsigmond új könyvei," *Szép Szó*, IV, no. 1 (1937), 280–281.

Sees the merger of his art and his view of a "wretched world" in his works as leading to depictions of the ills of his society (*Nagytakarítás*, 1936?) and also to acceptance of his own share of guilt for existing conditions (*Bűntudat*, 1937). MnU GeLBM

3138. Schöpflin Aladár. "Remenyik Zsigmond: Az atyai ház," *Magyar Csillag*, III (1943), 440–443.

A review maintaining that the substance could have been given better expression in a novel and that the play lacks the diction of drama. MnU NNC AsWN [FiHI] FiHU [GyBH]

REVICZKY GYULA

Born April 9, 1855 in Vitkóc; died July 11, 1889 in Budapest. Poet, essayist. Illegitimate child of Slovak maid and Hungarian aristocrat. Attended Catholic gymnasium in Pozsony in 1873. Father's death left family in poor financial circumstances. Tried unsuccessfully to meet schooling expenses by tutoring. Taught himself French and read German poetry and philosophy enthusiastically. His study of Berzsenyi, some translations, and poems appeared in *Erdély* in 1873. Moved to Budapest in 1874 to make poetry known. Obtained position in publishing office of *Figyelő* but quarreled with editors and went to Denta in fall 1875, where he fell in love with Emma Bakálovich, who inspired his best love poems. Love unrequited; moved to Budapest in fall 1877, where inability to earn living by writing made him dependent on friends. In 1878 became member of Petőfi-Társaság and editor on staff of *Hon*. Dismissed from *Hon* by Mór Jókai (q.v.) in 1882, when it merged with *Ellenőr* to become *Nemzet*. Poor critical reception given first edition of poems (1883). Left Budapest and edited *Aradi Hírlap* in Arad (1884) and *Pannonia* in Kassa (1885). Returned to Budapest in December 1885, but circumstances failed to improve. Assumed responsibility for literary and theater section in *Pesti Hírlap* in 1887. Began close friendship with Mari Jászai in 1888. Sent by friends to shores of Adriatic to seek cure for tuberculosis. Nomination for membership in Kisfaludy-Társaság by Lajos Tolnai (q.v.) was rejected. Died in medical division of University of Budapest. ¶ First to give genuine expression to urbane spirit in Hungarian poetry, in deliberate opposition to peasant tradition in Hungarian literature. His subject matter that of everyday situations and occurrences and social outcasts. Strong sense of form and depth of emotion. Poems characterized by brooding over past, complaints about deceptions of life, and painful resignation. His lyric poems have pessimistic tone. Much influenced by Schopenhauer. ¶ Some of his poems have been translated into Bulgarian, French, German, Italian, Japanese, Polish, Rumanian, Russian, Slovakian, and Swedish.

FIRST EDITIONS: *Ifjúságom, 1874–1883; Első szerelem, Emma, Perdita, Változatok.* [Versek] Budapest: Révai Testvérek, 1883. 163p. – *Apai örökség.* [Kisregény] Budapest: Morvay és Mérei, 1884. 103p. – *Edelény, a holtig hű szerető.* Igaz história három énekben. Budapest, 1884. 32p. [From catalogue of National Széchényi Library] – *Kleist Henrik: Heilbronni Katica.* Fordítás. Budapest, 1887. 118p. [From catalogue of National Széchényi Library] – *Magány.* Újabb költemények. Kiadta a Kisfaludy Társaság. Budapest: Révai Testvérek, 1889. 200p. – *Margit szerencséje.* Regény. Győr: Gross Testvérek, 1889. 133p. – *Ibsen Henrik: Nóra.* Színmű 3 felvonásban. Fordítás. Győr, 1892. 119p. [From catalogue of National Széchényi Library] – *Osszes költeményei.* Rendezte és életrajzzal ellátta Koroda Pál. I–II. kötet. Budapest: Athenaeum, 1895. [C] – See also no. 3140.

EDITIONS

See also nos. 2166 and 3143.

3139. *Összes költeményei.* Sajtó alá rendezte és bevezetéssel ellátta Koroda

Pál. Budapest: Franklin-Társulat, 1902. 416p. [C] (1911³) DLC MH MnU NN NNC OCl AsWU FiHI GeLU GyBH

3140. *Prózai dolgozatai.* Sajtó alá rendezte a Vörösmarty-gimnázium Önképzőkörének közreműködésével Horváth Imre. Budapest: Királyi Magyar Egyetemi Nyomda, 1940¹. 106p. [C] GeLBM

3141. *Összegyűjtött művei.* Sajtó alá rendezte Paku Imre. [The most complete edition] Budapest: Athenaeum, 1944. 574p. [B] MnU NNC

3142. *Apai örökség.* Regény. Bevezette Komlós Aladár. Budapest: Szépirodalmi Könyvkiadó, 1955⁵. 131p. [C] DLC MH GeLBM

BIBLIOGRAPHY

See nos. 2966 and 3145.

BIOGRAPHY

3143. Koroda Pál. "Reviczky Gyula," *Kortársak nagy írókról. Második sorozat.* A válogatás és a jegyzetek Lukácsy Sándor munkája. Budapest: Művelt Nép, 1956; 478p. Pp. 192–206. [Parts published as "Epilogue" to *Reviczky Gyula összes költeményei.* Rendezte és életrajzzal ellátta Koroda Pál. I–II. kötet. Budapest: Athenaeum, 1895. II, i–xxxvi]

Details of his family, life, character, expressions of literary aspirations, and literary development. Based on personal recollections. Ranges over his whole life. DLC MnU NNC FiHU GyBDS

3144. Paulovics István. *Reviczky Gyula.* Budapest: Franklin-Társulat, 1910. 239p.

A biography, and a second part concerned with Reviczky the short story writer, aesthetician, and poet. MH GeLBM GyBH

3145. Komlós Aladár. *Reviczky Gyula.* Budapest: Művelt Nép, 1955. 163p. Detailed examination of his writings. Bibliography of his works, pp. 151–163. DLC MH MnU NN NNC AsWN GeLBM GyBDS GyBH GyGNSU

CRITICISM

See also nos. 275, 1674, 2947, 3969, and 4624.

3146. Móricz Zsigmond. "Reviczky Gyula," *Irodalomról, művészetről.* 1899–1942. Sajtó alá rendezte Szabó Ferenc. I–II. kötet. Budapest: Szépirodalmi Könyvkiadó, 1959. I, 12–57. [Appeared in *Uránia,* III (June–August, 1902), 170–193]

Purpose: to make his poetry more understandable by delineating his psychology and the development of his spirit. Examinations of his thought and feeling in various stages of his development. DLC MH MnU NB NNC AsWN AsWU FiHI GeCU GyBDS

3147. Steiner Izidor. *Reviczky költészete.* Nagyvárad: Rákos Vilmos, 1905. 34p.

The form and substance of his love poems, his ability to develop his thought and feeling with the structure of his lyrics, the character of his "gondolati" lyrics and the influence of Schopenhauer on his thought, the effect of other writers on his works, his inability to use materials from nature, and evaluations of his narrative poems and his language and poetic forms.

3148. Vende Margit. *Reviczky Gyula pesszimizmusa. Irodalomtörténeti tanulmány.* Budapest: Minerva, 1906. 97p.

The nature and causes of his pessimism and the influences of 19th-century European thought upon it. Chapter on Schopenhauer. Bibliographical footnotes.

3149. Horváth János. "Újabb költészetünk világnézeti válsága," *Tanulmányok.* Budapest: Akadémiai Kiadó, 1956; 638p. Pp. 466–481. [Appeared in *Irodalomtörténet*, XXIII (1934), 1–9]

Separate treatment of Reviczky's and Komjáthy's world views, differing from the classical Hungarian literary outlook during the last decades of the 19th century. DLC MH MnU NNC GeLBM GyBDS GyBH GyGGaU GyGNSU

3150. Vajthó László. *Reviczky Gyula.* Budapest: Királyi Magyar Egyetemi Nyomda, 1939. 164p.

Separate studies of his views of humor, the influence of Schopenhauer on his thought, the influence of János Arany on his creativity, the characteristics of his works, and his significance in Hungarian literature. Bibliographical footnotes. MH MnU NN NNC AsWN GeLBM GyBH GyGGaU GyGNSU

3151. Vas István. "Reviczky emlékezete," *Évek és művek. Kritikák és tanulmányok, 1934–1956.* Budapest: Magvető, 1958; 478p. Pp. 48–58. [Appeared in *Nyugat*, XXXII (July, 1939), 34–38]

The author reviews the repercussions of Reviczky's critical attention and readership, establishes his significance as a poet who wrote in the tradition of the troubadors, and characterizes his attitude toward life. Likened to Gyula Krúdy's poet-hero, Kázmér Rezeda. DLC MnU FiHI GeLBM GyBDS GyGNSU

3152. Rónay György. "Reviczky Gyula: Apai örökség (1884)," *A regény és az élet. Bevezetés a 19–20. századi magyar regényirodalomba.* Budapest: Káldor György, 1947; 376p. Pp. 131–141.

Depicts the hero of the novel as revealing much about Reviczky himself, and discusses Reviczky's manifesting the pessimism then prevalent in Europe. NN GeLBM GyBDS

3153. Harsányi Zoltán. "Reviczky arcképéhez. (A költő világképe. Kritikai-esztétikai munkássága)," *Irodalomtörténet*, XLII (1954), 428–469.

Purpose: to construct a correct portrait of his world outlook and his critical and aesthetic concepts, and a view of the younger generation of writers of the period. Careful examination of his thought, attention to the "capitalistic" elements of his times. Viewed as a pioneer of later developments in Hungarian literature. Bibliographical footnotes. CU DLC MH MnU NN NNC AsWU GeLBM GyBDS GyBH GyGNSU

3154. Komlós Aladár. "Reviczky Gyula," *Tegnap és ma. Irodalmi tanulmányok.* Budapest: Szépirodalmi Könyvkiadó, 1956; 359p. Pp. 169–196. [Appeared as part of introduction, "A századvég költői," to *Kiss József, Reviczky Gyula, Komjáthy Jenő válogatott művei,* pp. 36–60; see no. 2166]

Outlines his life and literary development; his role in the changing tastes of his times; and the characteristics of his works, especially his lyric poems. DLC MH MnU NNC AsWN GeLBM GeOB

3155. Szalay Károly. "Reviczky humorelmélete," *Irodalomtörténet,* XLIII (1955), 163–177.

Surveys the concepts of humor in Hungary prior to him, and discusses the effect of János Arany on him. Examines Reviczky's studies of humor and his views of historical, social, and geographical conditions in the development of humor. Establishes his concepts of humor and finds an affirmation of the comic and realistic and the belief that the essence of humor lies in a mutual feeling with the downtrodden and the people. Closes with a discussion of his pessimism, humor in his world outlook, and the influences on and importance of his speculations in Hungarian literature. [CU] DLC MH MnU NN NNC AsWU GeLBM GyBDS GyBH

3156. Nacsády József. "Reviczky és a Szegedi Napló," *Irodalomtörténet,* XLVIII (1960), 198–200.

Records five titles of his writings that appeared in the *Szegedi Napló,* but not in Komlós's bibliography (see no. 3145): "A magyar nők lyrája," August 30, 1878; "Jogosult-e a kozmopolita költészet?" November 30, 1878; "Apró dalok ('Webert, Chopint játszod betéve' and 'Ha mosolygasz, mennybe nézek')," May 10, 1881; "Perdita ('Lelkedbe ádáz végzeted,' 'Hiába gyújt szemed sugára,' 'Egyedül állasz,' 'Ez az átkod')," June 11, 1881; "A zugprókátor," January 4, 1882; "A jellemről," January 4, 1882; "Emlékezzünk a régiekről," February 12, 1882; and "Alkotás és rombolás," October 18, 1883. Comments on each to point up the importance of the work to an understanding of the writer, and outlines his relations with the newspaper. Bibliographical footnotes. CU DLC MH MnU NN NNC AsWU GeLBM GeLU GyBDS GyBH

RIMAY JÁNOS

Born 1573(?) in Alsósztregova; died December 9–11, 1631 in Divény. Poet, diplomat. Descendant of Evangelical aristocratic family. Precocity led to unbroken friendship with the much older Bálint Balassi (q.v.), who believed Rimay's poetry would be superior to his own. Attended universities in Graz and Vienna and had basic and wide-ranging knowledge. Corresponded with Justus Lipsius; was a member of the court of István Báthory about 1587 in Transylvania, that of Zsigmond Báthory in 1594. In diplomatic service of István Bocskay beginning in 1605, of Gábor Bethlen, Prince of Transylvania, in 1609, and of King Mátyás II for a time. Envoy to Turkey in 1608, to Pasha in Budapest in 1609, and to Turkey again in 1619. Married Orsolya Ághy when he was 43. Settled on estate in Alsósztregova in 1620 and corresponded with leading public figures of the day, including György Rákóczi and Péter Pázmány (q.v.). His home became a center of intellectual life, and he was looked upon as the chief figure in Hungarian literature. Participated in Hungarian-Turkish peace discussions in 1627 at Szőny. ¶ Next to Bálint Balassi, he is the best lyric poet of the 17th century in Hungary. His poems are considered the classic example of late Renaissance and euphuistic style in the history of Hungarian poetry. He was prolific, but a significant number of his poems are lost; a large number of his love poems have been mistakenly ascribed to Balassi. ¶ Some of his poems have been translated into French and German.

FIRST EDITIONS: *Generosi ac Magnifici Domini Valentini Balassa de Gyarmath* ... Az Nagysagos Gyarmati Balassa Balintnac Esztergam ala valo készületi. Bártfa, 1598 előtt [1595?]. [From Szinnyei, XI, 1005] – *Az Néhai tekintetes és Nagos vitéz Úrnak, Gyarmati Balasi Bálintnak s amaz jó emlekezetű Istenben bóldogul ki-múlt Néhai Nemzetes Rimai Jánosnak az haza fiának, és a Magyar Nyelvnek két ékességének Istenes Éneki.* Mellyet ... egynéhány új énekekkel és Imádságokkal ki bocsátott ... Bártfa, *ca*.1632–1635. [From Szinnyei, XI, 1005–1006] – See also no. 3157.

EDITIONS

See also nos. 383 and 389.

3157. *Államiratai és levelezése.* Szerkesztette Ipolyi Arnold, a bevezetőt Szilágyi Sándor írta. Budapest: Magyar Tudományos Akadémia, 1887[1]. 422p. [B]   AsWN GeLBM GyBH

3158. *Munkái.* A Radvánszky- és a Sajókazai-codexek szövege szerint kiadja báró Radvánszky Béla. [Includes some writings by Gáspár Madách and others by error] *Balassa és Rimay "Istenes énekei"-nek bibliographiája.* Összeállította Dézsi Lajos (see no. 397). Budapest: Akadémia, 1904. 380, 113p. [B]   DLC MH AsWN GeLBM GeLU GyBH GyGNSU

3159. *Összes művei.* Összeállította Eckhardt Sándor. Budapest: Akadémiai Kiadó, 1955. 469p. [A]   DLC NN NNC FiHU GeLBM GeLU GyBH GyGNSU

BIBLIOGRAPHY

See also nos. 397 and 3162.

3160. Eckhardt Sándor. "Bibliográfia és szöveghagyomány," *Rimay János összes művei.* Összeállította Eckhardt Sándor. Budapest: Akadémiai Kiadó, 1955; 469p. Pp. 161–172.

In four parts: (1) location and description of manuscripts, (2) authentication of lost works, (3) bibliographical data and comments on published editions, and (4) studies about him using only Ferenczi's biography (see no. 3162) and the footnotes of the complete edition as reference for sources. DLC NN NNC FiHU GeLBM GyBDS GyGNSU

BIOGRAPHY

3161. Radvánszky Béla. "Balassa és Rimay barátsága," *Budapesti Szemle,* CXIX, no. 331 (1904), 39–63. [Also a reprint]

The relations between Balassa and Rimay, and Rimay's activities in preparing his "master's" works for publication. Bibliographical footnotes. CtY DLC NN AsWN GeLBM GyBH

3162. Ferenczi Zoltán. *Rimay János. (1573–1631)* Budapest: Magyar Történelmi Társulat, 1911. 264p.

Considerable attention to his times, his relations with his contemporaries, and the characteristics of his works. Bibliography of his works and studies about him, pp. 161–172. NN AsWN GeCU GyBH GyGNSU

CRITICISM

See also nos. 413 and 414.

3163. Váczy János. "Rimay János," *Egyetemes Philologiai Közlöny,* XXIX (1905), 737–752.

The thought, characteristics, and merits of his songs. Maintains that the style of his prose does not add to his value as a writer but that some of his poetry is the last representation of 16th-century verse and some preparation for that of the 17th century—his flower, patriotic, and martial songs being in the first category, and his didactic and religious songs in the second. IU MnU OClW OCU AsWN FiHU GyBH

3164. Klaniczay Tibor. "A magyar későreneszánsz problémái (stoicizmus és manierizmus)," *Reneszánsz és barokk. Tanulmányok a régi magyar irodalomról.* Budapest: Szépirodalmi Könyvkiadó, 1961; 595p. Pp. 303–339. [A paper read in Wittenberg on July 5, 1959; appeared in *Irodalomtörténet,* XLVIII (1960), 41–61]

A study of stoicism and mannerism in the late Hungarian renaissance as preparation for the baroque wherein considerable attention is given to Rimay's poetry. [Several articles in the cited collection touch upon Rimay to varying degrees of depth] DLC MnU NN NNC AsWN GeLBM GeLU GyBDS GyBH GyGNSU

RÓNAY GYÖRGY

Born October 8, 1913 in Budapest. Poet, novelist, critic, translator. Name also spelled Rónai. Completed gymnasium studies in Gödöllő. Obtained teaching certificate in Hungarian and French from University of Budapest. Writings most frequently published first in *Nyugat, Magyar Csillag, Vigilia,* and *Ezüstkor,* and then in *Magyarok, Kortárs, Élet és Irodalom,* and *Nagyvilág.* Literary adviser to Révai Brothers' Literary Institute Corporation 1937–1947. Edited *Ezüstkor* in 1943 and *Vigilia* 1950–1960. Now critic on staff of *Vigilia.* ¶ Member of the so-called third generation of Nyugat School. His poems and prose represent Catholic views of modern writers. Poems strongly psychological and intellectual. Criticisms and literary studies important. Translated numerous authors, among them Michelangelo, Apollinaire, Claudel, Jammes, La Fontaine, Ronsard, Novalis, Hölderlin, Rilke, Aragon, France, Gauguin, Goethe, F. Kafka, Malraux, Montesquieu, Pagnol, Sartre, Simenon, Stendhal, Supervielle, Turgenev, and Virginia Woolf. ¶ Some of his poems have been translated into German and Italian.

EDITIONS

See also no. 2911 for editorial work. Material in edition: nos. 835 and 3363. Annotated works: nos. 86, 351, 488, 667, 839, 1364, 1427, 1496, 1538, 1679, 1701, 1750, 1841, 1963, 2164, 2705, 2840, 3042, 3058, 3152, 3206, 3259, 3262, 3332, 3380, 4030, 4180, 4350, 4363, 4379, 4408, 4447, 4472, 4480, 4481, 4487, and 4489.

3165. *A tulipánok elhervadtak.* Versek. Budapest: Genius-Lantos, 1931[1]. 120p.

3166. *Híd.* Versek. Budapest: Merkantil, 1932[1]. 32p.

3167. *Katolikus verses zsoltárfordítások a XIX. században.* [Tanulmány] Kecskemét: Első Kecskeméti Hírlapkiadó, 1934[1]. 23p.

3168. *Szűzek koszorúja.* [Tanulmány] Budapest: Pázmány Irodalmi Társaság, 1936[1]. 65p. GyBH

3169. *Keresztút.* [Regény] Budapest: Révai, 1937[1]. 270p. IC OCl GyBH

3170. *Modern francia líra.* Fordítások. Budapest, 1939. [From Várkonyi, p. 550] (A reprint?)

3171. *Lázadó angyal.* Regény. Budapest: Révai, 1940[1]. 220p. OCl AsWN

3172. *Fák és gyümölcsök.* Regény. I–II. kötet. Budapest: Franklin-Társulat, 1941[1]. AsWN

3173. *Stílus és lélek.* Tanulmány. Budapest, 1941. [From Várkonyi, p. 550] (A reprint?)

3174. *Cirkusz.* Regény. Budapest: Franklin-Társulat, 1942[1]. 164p.

3175. *Te mondj el engem.* Versek. Budapest: Révai, 1942[1]. 82p. AsWN GyBH

3176. *Rimbaud versek.* Műfordítás. Budapest, 1944[1]. [From *Magyar irodalmi lexikon*, II, 628]

3177. *Pázmány ébresztése.* Összeállította, a bevezetőt és a kísérő szöveget írta Rónay György. Budapest: Szent István-Társulat, 1946[1]. 97p.

3178. *Az alkony éve.* [Regény] Budapest: Studio, 1947[1]. 381p. GeLBM

3179. *A regény és az élet.* Bevezetés a 19–20. századi magyar regényirodalomba. Budapest: Káldor György, 1947[1]. 376p. NN GeLBM GyBDS

3180. *Új francia költők.* Versfordítások. [Bevezető tanulmánnyal] Budapest: Révai, 1947[1]. 259p.

3181. *A francia reneszánsz költészete.* Tanulmány és műfordítások. Budapest: Magvető, 1956[1]. 367p. DLC GyBDS

3182. *A nábob halála.* [Regény] Budapest: Magvető, 1957[1]. 264p. GyBDS

3183. *Nyár.* Versek, 1938–1956. Budapest: Magvető, 1957[1]. 205p. GyGNSU

3184. *Petőfi és Ady között.* Az újabb magyar irodalom életrajza. (1849–1899) Budapest: Magvető, 1958[1]. 249p. DLC MH MnU GeLBM GyBDS GyGNSU

3185. *Az ember boldogsága.* [Elbeszélések] *Harmat utca 8.* Kisregény. Budapest: Magvető, 1959[1]. 306p. NNC GeCU GyBDS GyGNSU

3186. *Michelangelo versei.* Fordítás. Bevezető tanulmánnyal. Budapest, 1959[1]. [From *Magyar irodalmi lexikon*, II, 628]

3187. *Képek és képzelgések.* [Regény; antecedent appeared as *A nábob halála*] Budapest: Magvető, 1960[1]. 313p. DLC GeLBM GyBDS GyGNSU

3188. *Fekete rózsa.* Versek. Budapest: Szépirodalmi Könyvkiadó, 1961[1]. 176p. NN GeLBM GyBDS GyGNSU

3189. *Esti gyors.* Regény. Budapest: Szépirodalmi Könyvkiadó, 1963[1]. 345p. MH GyBDS GyGNSU

3190. *A klasszicizmus.* A bevezető tanulmányt írta, a szövegeket válogatta és fordította Rónay György. Budapest: Gondolat, 1963[1]. 297p. FiHI GyBDS

3191. *A város és a délibáb.* Versek. Budapest: Magvető, 1964[1]. 197p. DLC MnU GyBDS GyGNSU

3192. *A szeretet bilincsei.* Elbeszélések. *Születésnap.* Színjáték. Budapest: Szépirodalmi Könyvkiadó, 1965[1]. 321p. CLU MnU NNC GeLBM GyBDS GyBH GyGNSU

BIOGRAPHY

See no. 3262.

CRITICISM

3193. Lovass Gyula. "Rónay György: Fák és gyümölcsök," *Sorsunk*, II (1942), 155–166.

A review calling the work a novel of a family in an untraditional sense, stating that it seeks what lies behind events—the soul's inner meaning and constancy, moods, and memories—and that it addresses itself to the worth of life and to the question of happiness. Maintains that its special quality lies in its leading to a new closed and uncertain world of impulses, desires and memories, that this kind of portrayal is new in Hungarian prose literature, and that the scope and poetic quality of the undertaking alone make the work a significant experiment. MH MnU GyBH

3194. Szerb Antal. "Rónay György: Fák és gyümölcsök," *Magyar Csillag*, II (February 1, 1942), 116–117.

The novel evaluated for the impact of its atmosphere and the simultaneous occurrence of events at several time levels and for its attempt to unravel the enigmatical character of life and circumstances. Contends it expresses a feeling for life closely resembling that of the impressionists, although more hopefully and metaphysically, and that its antecedents lie in the novels of Virginia Woolf in its manifestations of the dissolution of reality and of transcendentalism. MnU NNC AsWN [FiHI] [FiHU] [GyBH] GyGNSU

3195. Vas István. "Rónay György: Te mondj el engem," *Évek és művek*. *Kritikák és tanulmányok, 1934–1956*. Budapest: Magvető, 1958; 478p. Pp. 71–73. [Appeared in *Magyar Csillag*, II (November 1, 1942), 295–296] A review maintaining that among the younger poets he came the closest to French lyric poetry, with Apollinaire influencing his early period and Valéry's *Ars poetica* freeing his true nature. His poetry is characterized as the lyric of thought and as "an enchanting abstraction which can give an ethereal sweep to the most realistic themes." The author suggests he "is essentially a romantic poet as is shown by the innermost melody of his lyric poetry behind the disciplined forms and their aiming at coldness," that he best achieves his potential when he is able to direct the world of romantic experience completely into the world of classical form, and that he uses the forms of Western Europe and Greece with certainty. DLC MnU FiHI GeLBM GyBDS GyGNSU

3196. Rába György. "A regény és az élet. Rónay György tanulmánya," *Újhold*, II (1947), 216–218.

The work considered as significant as Antal Szerb's *Hétköznapok és csodák* but showing the formulation of the new aesthetics of a different period. The author states that the principle of "playfulness" is active in the center of Szerb's work, whereas in Rónay's the certainty of the conscience of realism has arrived, that Rónay sees the mission of the novel as placing a cross section of Hungarian society before the reader, and that he evaluates the material in the light of Pál Gyulai's classical spirit. [DLC] MH

3197. Sík Sándor. "Rónay György," *Vigilia*, XXII (1957), 365–369.

An analysis of *Nyár*, representing a selection of poems written between

1938 and 1956. Maintains that the lyrics show the ripening of his neo-classicism, that they belong to the best Hungarian descriptive poetry, that surrealism often appears in his *Ars poetica*. Sík contends that Rónay can be linked with Dániel Berzsenyi and Paul Valéry, that he is drawn to realism as well as classicism, and that his strongest inspiration is "the rapturous experience with nature." NN NNC

3198. Béládi Miklós. "Fekete rózsa. Rónay György versei," *Élet és Irodalom,* V (December 16, 1961), 6.

A review stating that whereas his earlier poetry was characterized by a post-impressionism in which a propensity for vision also became manifest, the lyric poems in this new edition are more richly concerned with the real world, though he remains the poet of recollections, dreams, and spectacles of nature. This edition shows that his poetry has reached the phase of emotional self-expression more completely than his earlier work, moving nearer to the immediate reality of life, because of his increasing dissatisfaction with a meditative closed and private artistry. DLC DS MH GyBDS GyBH

3199. Bohuniczky Szefi. "Rónay György: Esti gyors," *Jelenkor,* VI (1963), 775–777.

Outlines Rónay's career as a novelist beginning with his *Fák és gyümölcsök,* and states that he describes the condition of individuals who waste away in their obstinate clinging to hereditary modes of life and arrive on "the tragic shoals of their inner world." In *Esti gyors* he analyzes the inner happenings of a psychological turning point, and though it is the story of a hero rising from the mire of the war, the revelation through the psychological truth extends to the eternal man. CU DLC InNd NN GeLBM GyBH

SÁRKÖZI GYÖRGY

Born January 22, 1899 in Budapest; died March 8, 1945 in Balf. Poet, novelist. Descendant of lower middle-class family. Completed schooling in Vác and Budapest. Poems first appeared in 1917 in *Nyugat,* and he became one of most capable pupils of Mihály Babits (q.v.) and formed friendships with Lőrinc Szabó and László Németh (qq.v.). Studied law at University of Budapest for six months in 1918; then became student at Zeneakadémia for short time in 1919, after which he studied philosophy. Became literary adviser to Athenaeum Publishing House in 1919. Helped to edit *Pandora* in 1927. Married Márta Molnár, daughter of Ferenc Molnár (q.v.), in 1933. In 1930's turned attention increasingly to social problems, especially those of peasants. Edited *Válasz* 1935–1938 and founded Magyarország Felfedezése series in 1936, which consisted of important sociographic studies by Ferenc Erdei, Géza Féja, and Zoltán Szabó. One of the leaders of March Front in 1937. Prosecuted in 1938 for publishing summons of March Front in *Válasz.*

Worked for *Kelet Népe* for a time in 1939 and then increasingly withdrew from public activity. Spent early months of 1944 in Mártonhegy Sanitorium and then served in forced labor camp. Transported by Germans to Western Hungary, where he died of starvation. ¶ Important member of the so-called second generation of Nyugat lyric poets and of populist movement. His early poems were affected by Nyugat standards and Catholic ideals. Poems romantic in tone and strong in use of poetic techniques. Used free verse frequently. Later poems are concerned with social problems and become more realistic in tone and tighter in form. Translated some works of Barbusse, Goethe, Julien Green, Thomas Mann, and Mauriac. ¶ Some of his poems have been translated into English, French, German, Italian, Polish, and Rumanian.

FIRST EDITIONS: *Angyalok harca.* Versek. Budapest: Athenaeum, 1926. 104p. – *Váltott lélekkel.* Versek. Budapest: Athenaeum, 1927. 64p. – *Mint oldott kéve.* Történelmi regény. I–III. kötet. Budapest: Pantheon, 1931. – *Szilveszter.* [Elbeszélések] Debrecen: Nagy Károly és Társai, 1934. 60p. – *Thomas Mann: József és testvérei.* Regényciklus. [Fordítás] Budapest, 1934. [From *Magyar irodalmi lexikon*, III, 34] – *Viola.* [Regény] Budapest: Athenaeum, 1935. 223p. – *Goethe: Faust.* I. rész. [Fordítás] Budapest, 1937. [From *Magyar irodalmi lexikon*, III, 34] – *Dózsa.* Történelmi dráma. Budapest: Kelet Népe, 1939. 56p. – *Higgy a csodában.* Versek. Budapest: Athenaeum, 1941. 64p.

EDITIONS

See also nos. 1484, 2861, and 4025 for annotated works.

3200. *Összes verse és kisebb műfordításai.* Budapest: Sarló, 1947. 304p. [C] DLC MnU NN FiHU GeLBM

3201. *Dózsa.* Történelmi dráma. Budapest: Fehér Holló, 1948². 48p. [C] GeLBM

3202. *Válogatott versei.* Válogatta és a bevezető tanulmányt írta Illyés Gyula. Budapest: Szépirodalmi Könyvkiadó, 1954. 135p. [C]   MnU NNC GeLU

3203. *Mint oldott kéve.* [Történelmi regény] Budapest: Zrínyi Kiadó, 1957². 543p. [C]   DLC IC NN NNC OCl AsWN GeLBM GyBDS GyBH GyGNSU

3204. *Válogatott versei.* Válogatta és bevezette Kalász Márton, jegyzetekkel ellátta Szíjgyártó László. Budapest: Móra, 1959. 121p. [C]   DLC NN NNC GyBDS GyBH GyGNSU

CRITICISM

3205. Lengyel Balázs. "Sárközi György," *Magyarok,* I (1945), 90–91.

Contends that Sárközi's literary intentions were not consistent with his emotions, with the result that once he dedicated himself to the service of his people and turned to the translations of Thomas Mann, his later verses never achieved or developed the poetical qualities evident in his first book of poems, *Angyalok harca*. MnU NNC

3206. Rónay György. "A lírikus Sárközi György," *Vigilia*, XII (1947), 371–375.

On the occasion of the publication of his complete poems and shorter translations (1947). Surveys his poetic course and finds that the freshness in his first poems fades as his verses are affected by his participation in the people's movement in the 1930's and his attempting a voice that could never belong to him. Praises him for the nobility of his sacrifice, but states that he denied himself excessively to remain the poet with his own voice and world that had appeared in the first volume. DLC NN NNC

3207. Sarkadi Imre. "Sárközi György költészete. Sárközi György összes verse (1947)," *Magyarok*, III (1947), 717–719.

Discusses his concepts of revolution against the injustices of his times, and sees him as a fighter for but not a poet of the "poor peasant" and as the poet of the great problems of man. [CSt-H] MnU [NN] [NNC]

3208. Szabó Lőrinc. "Sárközi György, a költő," *Válasz*, VII (September, 1947), 256–265.

On the occasion of the publication of his complete poetical works and shorter translations (1947). Traces the characteristics of his poetry through three major stages, and finds that he finally creates an admirable simplicity of style and a strong belief in reality, both of which find their roots in his earlier poems. [CSt-H] DLC [NNC] [FiHI] GeLU [GeOB]

3209. Szigeti József. "Magyar líra 1947-ben," *Irodalmi tanulmányok*. Budapest: Európa, 1959; 241p. Pp. 181–221. [Appeared in *Forum*, II (October, 1947), 737–762]

His poetry and development are examined as an expression of the "isolated I," which is viewed as the basic flaw of contemporary Hungarian poetry. Others measured against this standard: Gyula Illyés, Lőrinc Szabó, István Vas, Sándor Weöres. DLC NN NNC GyBDS GyBH GyGNSU

3210. Illyés Gyula. "Sárközi György," *Csillag*, VIII (1954), 2128–2138.

His literary development, the characteristics of his poems, and some attention to his family background and his life [DLC] MnU [NN] NNC [GeLBM] GyBH [GyGGaU]

3211. Lator László. "Sárközi György Faust-fordítása," *Irodalomtörténet*, XLIII (1955), 235–241.

A review of the translation examining its poetic qualities, comparing it with the original, and stating that though it has shortcomings, it is better than previous Hungarian translations, mainly in its poetic character. [CU] DLC MH MnU NN NNC AsWU GeLBM GyBDS GyBH

3212. Rába György. "Sárközi Györgyről," *Irodalomtörténet*, XLV (1957), 45–49.

His poetic development in two periods with examination of poems from each, the first viewed as "many-colored" and the second as "white-black" in its materials. CU DLC MH MnU NN NNC AsWU GeLBM GeLU GyBDS GyBH

3213. Szabó Zoltán. "Sárközi György," *Új Látóhatár*, II (1959), 417–421.

An estimate of his creativity and contributions to Hungary as viewed fifteen years after his death: his dedication to the welfare of the peasant and worker, his place in his generation and the characteristics of his poetry, and his importance to the periodical *Válasz* and the series Magyarország Felfedezése, both vital to the stirrings of the people's movement of the 1930's. DLC MH [NN] NNC OCl FiHU GeLBM GyGGaU GyGNSU

SÍK SÁNDOR

Born January 20, 1889 in Budapest; died September 28, 1963 in Budapest. Poet, translator, literary historian, religious writer. Completed schooling at Piarist gymnasium in Budapest. Entered Piarist Order in 1903. Obtained teaching certificate and doctorate in philosophy from Pázmány University in 1910. In 1910 taught briefly at Piarist gymnasium in Vác, afterwards at the Order's gymnasium in Budapest. Became a member of Kisfaludy-Társaság and Petőfi-Társaság in 1923. Also a member of Szent István Akadémia. Was professor of modern Hungarian literature at University of Szeged 1930–1944. Opposed nationalism and fascism. Some of his plays were performed. Awarded Vojnits Medal by Hungarian Academy of Sciences for *István király* in 1938. President of Országos Köznevelési Tanács 1946–1947. Edited *Vigilia* from 1946 until his death. Awarded Kossuth Prize in 1948. Became head of Piarist Order in Hungary in 1948. ¶ One of the most important religious lyric poets in 20th-century Hungarian literature. Great influence on writers of Catholic literature. His poems are strongly humanistic and concerned with social problems. Seek to encourage humility, brotherhood, love, morality, and to reassure readers about the human state. Also an important literary historian and translator. His study of aesthetics still considered indispensable. ¶ Some of his writings have been translated into English, French, and German.

EDITIONS

See also nos. 2910, 3848, and 3850 for editorial works. Material in edition: no. 1633. Annotated works: nos. 72, 276, 1133, 1617, 2914, 3197, and 4291.

3214. *Mindszenty Gedeon élete és költészete.* Irodalmi tanulmány. Budapest: Stephaneum, 1910[1]. 109p. NNC FiHU GeLBM

3215. *Szembe a nappal.* Versek. Budapest: Az Élet, 1910[1]. 160p. GeLU GyBH

3216. *A belülvalók mécse.* Versek. Budapest: Az Élet, 1912[1]. 124p.

3217. *Imádságoskönyv a katholikus tanulóifjúság számára.* Budapest, 1913[1]. [From Pintér, VIII, 960]

3218. *Alexius.* Misztérium öt felvonásban. Budapest: Szent István-Társulat, 1916[1]. 222p. [1947[2]]

3219. *Ébredés.* Dráma három felvonásban. Budapest: Szent István-Társulat, 1916[1]. 50p. AsWN

3220. *Költeményei.* [Összefoglaló kötet] Budapest: Az Élet, 1916. 351p. GeLBM GyBH

3221. *Salamon király gyűrűje.* Misztérium. Győr: Családi Könyvtár, 1916[1]. 28p.

3222. *Maradék magyarok!* Versek. [Hazafias líra] Budapest: Szent István-Társulat, 1919[1]. 60p.

3223. *Hét szép história.* [Elbeszélések] Budapest: Szent István-Társulat, 1921[1]. 157p. MnU

3224. *Magyar cserkészvezetők könyve.* Budapest, 1922[1]. [From Pintér, VIII, 960]

3225. *A magyar irodalom rövid ismertetése.* Összeállította Sík Sándor. Budapest: Németh József, 1923[1]. 163p.

3226. *Zrínyi.* Magyar tragédia. Budapest: Franklin, 1923[1]. 168p. NNC GeLBM GyBH

3227. *Zsoltáros könyv.* Budapest, 1923[1]. [From Pintér, VIII, 960]

3228. *Csend.* Versek. Budapest: Pallas, 1924[1] [1923?]. 96p. GeLBM

3229. *Kölcsey Ferenc, az ember, a gondolkodó, az író.* Kölcsey-breviárum. Összeállította Sík Sándor. Budapest: Magyar Középiskolai Tanárok Nemzeti Szövetsége, 1924[1]. 110p. GyBH

3230. *S. Onofrio.* [Költemény] Budapest: Stephenaeum, 1926[1]. 8p.

3231. *Sarlósboldogasszony.* Versek. Berlin: Ludwig Voggenreiter, 1928[1]. 102p. GyBH

3232. *A montecasalei erdő.* Drámai kép. Budapest: Stephaneum, 1929[1]. 15p.

3233. *A boldog ember inge.* [Mese] Budapest: Szent István-Társulat, 1930[1]. 284p. NN GeLU

3234. *A cserkészet.* [Tanulmány] Budapest: Magyar Szemle Társaság, 1930[1]. 79p. DLC NN GyBH

3235. *Fekete kenyér.* [Verses önéletrajz] Budapest: Dom, 1931[1]. 204p.

3236. *Adventi misztérium.* Szavalókórusra. Győr: Győregyházmegyei Alap, 1933[1]. 12p.

3237. *István király.* Tragédia három felvonásban. Budapest: Szent István-Társulat, 1934[1]. 84p. OCl GeLU

3238. *Advent.* Oratorium szavalókórusra. [2., átdolgozott kiadás] Szeged: Szegedi Fiatalok, 1935. 54p. [1935[1]] MnU NN GyBH

3239. *Magányos virrasztó.* Új versek. Budapest: Szent István-Társulat, 1936[1]. 126p. GeLU

3240. *Szent magyarság.* Hat rádióbeszéd az Árpád-házi szentekről. Budapest: Szent István-Társulat, 1936[1]. 74p.

3241. *Dicsőség! Békesség!* Imádságos könyv, egyszersmind kalauz a keresztény életre. Budapest: Szent István-Társulat, 1940[1]. 1149p.

3242. *Az Isten fiatal!* Versek. Budapest: Szent István-Társulat, 1940[1]. 124p. GeLU

3243. *A realista regény a magyar irodalomban.* [Egyetemi előadás] Szeged: n.p., 1940[1]. 62p. [From catalogue of National Széchényi Library]

3244. *A magyar dráma elmélete és története.* Sík Sándor előadásai a szegedi egyetemen. 1941/42. I. félév. Szeged: Árpád, 1941[1]. 82p. [From catalogue of National Széchényi Library]

3245. *Összes versei.* 1910–1940. Budapest: Szent István-Társulat, 1941. 480p.

3246. *Zrínyi Miklós.* [Tanulmány] Budapest: Franklin-Társulat, 1941[1]. 177p. DLC MH MnU NNC AsWN GeLU GyBH GyGGaU GyGNSU

3247. *Esztétika.* [Rendszeres esztétika] I–III. kötet. Budapest: Szent István-Társulat, 1943[1]. [1946[2]]
1. kötet: *A szépség.* 327p.
2. kötet: *A mű és a művész.* 429p.
3. kötet: *A művészet.* 401p.
DLC NN GeLU

3248. *Fejezetek a versolvasás tudományából.* [Tanulmány] Budapest: Stephaneum, 1943. 34p. [A reprint]

3249. *Himnuszok könyve.* A keresztény himnusz-költészet remekei latinul és magyarul. [Műfordítások] Budapest: Szent István-Társulat, 1943[1]. 543p. MnU

3250. *A magyar romantika kérdése.* [Tanulmány] Budapest: Magyar Irodalomtörténeti Társaság, 1943[1]. 21p.

3251. *Győződ-e még?* Versek, 1939–1945. Budapest: Szent István-Társulat, 1945[1]. 126p. GeLU

3252. *Tizenkét csillagú korona.* Versek a Boldogságos Szűz Máriáról. Budapest: Szent István-Társulat, 1947[1]. 40p.

3253. *Őszi fecske.* Versek. [Válogatott és új versek] Budapest: Szent István-Társulat, 1959. 360p. DLC GeLBM GyBDS

3254. *Áldás.* Versek. [Posztumusz versei] Budapest: Szent István-Társulat, 1963[1]. 214p.

3255. Ortutay Gyula. "Sík Sándor," *Írók, népek, századok.* Budapest: Magvető, 1960; 475p. Pp. 123–128. [Appeared as "Az első szegedi évek" in *Vigilia*, XXIV (February, 1959), 73–76]

Ortutay's recollections of Sík's years in Szeged and his friendship with him. DLC MB MnU NN NNC AsWN FiHI FiHU GeLBM GeLU GyBDS

CRITICISM

See also no. 75.

3256. Kosztolányi Dezső. "Sík Sándor," *Írók, festők, tudósok. Tanulmányok magyar kortársakról.* Gyűjtötte, sajtó alá rendezte, az utószót és a jegyzeteket írta Réz Pál. I–II. kötet. Budapest: Szépirodalmi Könyvkiadó, 1958. I, 223–225. [Appeared in *Élet*, no. 50 (December 11, 1910), 746]

A review of the 1910 edition of his poems, *Szembe a nappal*, finding them to be individualistic, not in the beauty and well-formed quality of their verses but in their fire, fever, and total harmony, and calling him the rare voice that can add something of his own to the joy and happiness of life. DLC MH NjN NN NNC AsWN GeCU GyBH GyGNSU

3257. Szerb Antal. "Pázmány Péter: Sík Sándor könyve," *Nyugat*, XXXII (August, 1939), 114–115.

A review stating that the most outstanding characteristic of the study of Pázmány is its manysidedness and the thoroughness with which the subject is covered and that it has clearly been written not only by a scholar but by an artist. MnU NN [NNC] [FiHU] GeLBM GyBH

3258. Semjén Gyula. "Sík Sándor a költő," *Délvidéki Szemle*, II (June, 1943), 248–254. [Also a reprint]

The characteristics of his poetry, particularly its thought, from his first volume, *Szembe a nappal* (1910), through 30 years of productivity: "the living belief, the balanced world outlook, the building of the human personality, the service to his nation" as giving his poetry its positive quality and linking it with the ideals of European humanism. AsWN GeLBM GyBH

3259. Rónay György. "Az 'Alexius'-tól a 'Tizenkét csillagú koroná'-ig," *Vigilia*, XIII (1948), 175–178.

Examines the *Alexius* (1916) in relation to "Zrínyi harmadik éneke" (1916) and *Maradék magyarok* (1919), and connects it with "Éjszaka 1917-ben" and *Tizenkét csillagú korona* (1947), finding in the latter the synthesis of the thought in *Alexius* DLC NN NNC

3260. "Sík Sándor-szám," *Vigilia*, XXIV (1959), 65–99.

A memorial issue for his 70th birthday consisting of several studies of his life, literary development, and poetry. NN NNC GyBH

3261. Ohmacht Nándor. "Sík Sándor rejtett vonásai," *Vigilia*, XXIX (1964), 5–9.

His popularity explained on the basis of his Catholicism, honesty, goodness, faithfulness to friends, and, especially, his mysticism. MH NN GyBH

3262. Rónay György. "Emlékeim Sík Sándorról," *Vigilia*, XXIX (1964), 10–17.

A fragmentary personal recollection of Sík's career in which Rónay tries to place him in modern Hungarian poetry, stating that the classicism of the first half of his career was successfully supplanted by neo-expressionism. MH NN GyBH

SINKA ISTVÁN

Born September 24, 1897 in Nagyszalonta; died June, 1969 in Budapest. Poet, short-story writer. Father a sheepherder. In early childhood worked selling mineral water, shining shoes, and herding sheep. Was servant to various landed families from age 16 to 35 and then became sharecropper. Entered literary life in 1934 as populist writer. Moved to Budapest in 1936, where he was unemployed for long time. Turned increasingly nationalistic during World War II. Was silent for a long period after 1945 except for some writings published in *Válasz* 1946–1947. Resumed publishing in 1961. ¶ Poems characterized by strong sympathy for poor people and intuitive feelings, sometimes shamanistic in mysticism. Critical of ruling classes. Ballads generally considered the best expression of his poetic character. Short stories deal with the life of peasants. ¶ Some of his poems have been translated into French, German, and Italian.

EDITIONS

3263. *Himnuszok Kelet kapujában.* [Versek] Szeghalom: Szeghalmi Református Péter András Reálgimnázium, 1934[1]. 80p.

3264. *Pásztorének.* [Versek] Tornalja-Tornal'a: Kazinczy, 1935[1]. 38p.

3265. *Az élők félnek.* Versek. Budapest: Bolyai Akadémia, 1939[1]. [40]p. AsWN

3266. *Vád.* Versek. [Gyűjtemény] Sajtó alá rendezte Kovách Aladár. Budapest: Magyar Élet, 1939[1]. 262p. [1940[2], 1943[3], 1944[4]] NNC GyBH

3267. *Fütyöri és a hét vadász.* [Elbeszélés] Budapest: Stádium, 1940[1]. 32p. AsWN

3268. *Denevérek honfoglalása.* [Elbeszélő költemény] Budapest: Bolyai Akadémia, 1941[1]. 96p. NNC

3269. *Harmincnyolc vadalma.* [Elbeszélések] Budapest: Magyar Élet, 1941[1]. 224p. [1941[2], 1944[3]] GeLBM GyBH

3270. *Fekete bojtár vallomásai.* [Önéletrajz] I–II. kötet. Budapest: Magyar Élet, 1942–1944[1]. [NNC] [OCl]

3271. *Balladáskönyv,* Budapest: Magyar Élet, 1943[1]. 64p. NNC

3272. *Hontalanok útján.* Versek. Budapest: Magyar Élet, 1943[1]. 148p. GyBH

3273. *Kadocsa, merre vagy?* [Kisregény] Budapest: Somody, 1944[1]. 104p.

3274. *Eltűnik a hóri domb.* (1st) [Novellák] *Kadocsa, merre vagy?* [Kisregény] Budapest: Magvető, 1961. 302p. DLC AsWN GyBDS GyGNSU

3275. *Végy karodra idő.* [Versek 1933-tól 1961-ig és *Éna dalok*] Budapest: Magvető, 1964. 309p. GeLBM

CRITICISM

3276. Erdei Ferenc. "A parasztság költője. Társadalmi észrevételek Sinka István verskötetéhez," *Kelet Népe*, VI, no. 2 (1940), 21–22.

A review maintaining that he is a poet of the peasantry not because his talent comes from that root but because his poetry revives an accurate social reality of peasant life, that he paints a sociologically believable picture of peasant life and of the desire for a better life, that his dissonant voices come from problems in form and are served by the peasant poet's consciousness of the exaggerated importance of mission. [NNC] GyBH

3277. Szíj Gábor. "Vád. Sinka István összegyűjtött versei. II. kiadás," *Sorsunk*, II (1942), 147–149.

A review placing him alongside József Erdélyi in the current of the poetry of the people, stating that the collection is characterized by anguish and accusation, considering his voice to be one with that of his people, and finding therein the sounds and myths of ancient oral poetry as well as its rhythms and rhymes. MH MnU GyBH

3278. Tárkány Szücs Ernő. "Sinka István balladái," *Puszták Népe*, II (1947), 66–68.

A discussion of his ballads describing their subject matter as that of recognized occurrences in his mother country and their characters as his old friends whose individual tragedies correlate with the condition of the entire Hungarian peasantry. Exception is taken to the form of the ballads as not being solely folk genre. Notes that his ancient and folk symbols are related to those in the ballads of other peoples. Concludes that Sinka's ballads will find less acceptance than those of Petőfi.

3279. K. Nagy Magda. "Sinka István: Eltűnik a hóri domb," *Kortárs*, V, no. 12 (1961), 940–942.

A review stating that the collection of stories shows his earlier view of the hopelessness of peasant life resulting from the poison of racial ideology and impulse and his later, more realistic development from impulse toward consciousness. Contends that he stands in opposition to fascism but that his pastoral past still appears in his primitive way of viewing things and in his magical symbolical order. The story "Eltűnik a hóri domb" viewed as especially characteristic of the latter. DLC MH FiHU GeLBM GyBH

3280. Pénzes Balduin. "Végy karodra idő," *Vigilia*, XXIX (1964), 367–370. An attempt to reconstruct the poet's life, feelings and attitudes from his poetry, finding the people's voice in his ballads and some connection between his poetry and that of Endre Ady and, especially, Sándor Petőfi. MH NN GyBH

SINKÓ ERVIN

Born October 5, 1898 in Apatin; died March, 1967 in Zagreb, Yugoslavia. Novelist, short-story writer, dramatist, essayist. Was librarian of Workers' Home in Szabadka while a student in the gymnasium. Left school for military service in 1916. Became member of Munkástanács in Budapest in fall 1918. In charge of Szovjetház and then commander of Kecskemét during period of Revolutionary Government. His writings appeared in *A Tett*, *Ma*, and *Internationale*. Emigrated to Vienna in 1919, where he lived until 1926. Writings appeared in *Magyar Újság*, in Vienna, and in *Tűz*, in Pozsony. Edited and published *Testvér* in 1924. Lived in Yugoslavia 1926–1932. Works appeared in *Korunk*, *Nyugat*, and *Századunk* during this period. Moved to Paris and then to Zürich, where he formed friendships with Mihály Károlyi and Romain Rolland. Lived in Moscow 1935–1937 and in Paris 1937–1939, where his writings appeared in *L'Europe*, *Monde*, and *Ce Soir*. Returned to Yugoslavia in 1939 and lived in Zagreb and then in Drvar. During World War II he withdrew to Dalmatia where he was captured and interned by the Italians. After Italy's capitulation he joined liberating army in area. In 1945 he returned to Zagreb, where his previously unpublished works are still appearing in Croatian translations. In 1946 he began to devote his energies to literary studies and writings on public affairs. Performed a major role in Hungarian literature and life in Yugoslavia. Named associate member of Yugoslavian Academy of Arts and Sciences in Zagreb in 1950, its regular member in 1960. Became professor and director of Hungarian department at Novi Sad University in 1959. ¶ His novels, short stories, and dramas are centered on revolutionary themes in creation of socialistic society. Writings characterized by strong analytical and intellectual bent. Wide interest in world literature reflected in literary studies and treatises. Some of his works are available only in Serbo-Croatian.

EDITIONS

3281. *Éjszakák és hajnalok*. [Versek] Szabadka: Hungária, 1916[1]. 50p.

3282. *A fájdalmas Isten*. [Versek] Wien: Fischer, 1923[1]. 157p. [From catalogue of National Széchényi Library] AsWU

3283. *A vasút.* Riport az ifjúsági vasútvonalról. Szabadka, 1948[1]. [From *Magyar irodalmi lexikon*, III, 65]

3284. *Akik nem tudják, mi fán terem a szerelem, avagy Ecsobár atya látványos feltámadása.* Röpirat. Zágráb, 1949[1]. [From *Magyar irodalmi lexikon*, III, 65]

3285. *A béke védelmében.* Röpirat. Újvidék, 1950[1]. [From *Magyar irodalmi lexikon*, III, 65]

3286. *Tizennégy nap.* Regény. Noviszád: Testvériség-Egység, 1950[1]. 487p. DLC GyGGaU

3287. *Kísértet járja be Európát.* Írások és előadások. Újvidék, 1952[1]. [From *Magyar irodalmi lexikon*, III, 65]

3288. *Elítéltek.* Dráma 3 felvonásban. Újvidék, 1953[1]. [From *Magyar irodalmi lexikon*, III, 65]

3289. *A mi második forradalmunk.* [Tanulmány] Újvidék: Testvériség-Egység, 1953[1]. 100p.

3290. *Optimisták.* Történelmi regény 1918–19-ből. I–II. kötet. Újvidék: Testvériség-Egység, 1953–1955[1]. [1965] DLC GeLBM

3291. *Magyar irodalom.* I. kötet. Szubotica: Forum, 1961[1]. 309p. [1963] GeLBM GyGNSU

3292. *Egy regény regénye.* Moszkvai naplójegyzetek, 1935–1937. I–II. kötet. Novi Sad: Forum, 1961[1]. NNC GeLBM GeLU

3293. *Aegidius útra kelése és más történetek.* [*Aegidius útra kelése* first appeared in *Nyugat*, 1927] Novi Sad: Forum, 1963[1]. 431p. GeLBM GyGNSU

3294. *Epikurosz hervadt kertje.* Tanulmányok. Újvidék, 1964[1]. [From *Magyar irodalmi lexikon*, III, 65]

CRITICISM

3295. Bori Imre. "Napló múltról és jövőről," *A Híd*, XXV (1961), 624–626. A review of *Egy regény regénye* showing the truth of the journal's record of his stay in Russia during the Stalin years from 1935–1937 by the events of the early 1950's. [First published in Serbo-Croatian in 1956] GeLBM

3296. Bán Imre. "Sinkó Ervin: Magyar irodalom," *Irodalomtörténeti Közlemények*, LXVII (1963), 627–629. A review of the first volume of his studies of Hungarian literature taking issue with his view of Hungarian literary scholarship as still being too nationalistic and with his interpretation of Kazinczy's career, to whom Sinkó devotes 150 pages. MnU NN NNC AsWN GyBH

3297. Bosnyák István. "Kísérlet egy irodalomszemlélet körvonalazására. Sinkó Ervin művészeti hitvallása," *A Híd*, XXVII (1963), 648–665, 724–751.

s

Outlines his views of the nature and functions of literature and the writer for the purpose of interpreting and classifying them. Marxist point of view. Bibliographical footnotes. GeLBM

SZABÉDI LÁSZLÓ

Born May 7, 1907 in Sáromberke; died April 19, 1959 in Kolozsvár, Rumania. Poet, literary historian, linguist. Family name: Székely. Descendant of impoverished aristocratic family. Studied Unitarian theology, linguistics, and literary history in Kolozsvár and Strasbourg. Official in Arad; later dramaturge of Kolozsvári Színház. From 1931–1938 was a staff member of *Ellenzék*, in which his poems were first published. Opposing the merger of Transylvania with Hungary in 1940, he withdrew from the public scene and became teacher in Báré, wrote, and collected Rumanian folk songs. In 1945 became staff member of *Világosság* (Kolozsvár). Helped to organize Athenaeum and to establish Hungarian Folk Federation in Sepsiszentgyörgy in 1945; served as its director until 1947. Was professor of aesthetics at Bolyai University in Kolozsvár from 1947 until his death by suicide. ¶ His poems are highly pessimistic, intellectual, and humanistic. Discouraged about future of man. Used traditional poetic forms. His literary and linguistic studies are important. ¶ An edition of his selected poems is available in Rumanian, and some of his poems have been translated into German and Polish.

EDITIONS

3298. *Délia.* Drámai költemény. Cluj: Minerva, 1936[1]. 46p.

3299. *Alkotó szegénység.* Versek. Budapest: Bolyai Akadémia, 1939[1]. 87p.

3300. *Veér Anna alszik.* [Kisregény, elbeszélések] Budapest: Bolyai Akadémia, 1941[1]. 160p.

3301. *Ész és bűbáj.* Tanulmányok. Budapest: Magyar Élet, 1943[1]. 127p.

3302. *Telehold.* Versek. Budapest: Magyar Élet, 1944[1]. 250p.

3303. *A magyar ritmus formái.* [Tanulmány] Bukarest: Állami Irodalmi és Művészeti Kiadó, 1955[1]. 231p. NNC GyBDS GyGNSU

3304. *Válogatott versek.* [Contains some new poems] Bukarest: Állami Irodalmi és Művészeti Kiadó, 1955. 178p.

3305. *Nyelv és irodalom.* Cikkek és tanulmányok. Bukarest: Állami és Művészeti Kiadó, 1956[1]. 291p. GyBDS

CRITICISM

3306. Illyés Gyula. "Szabédi László: Alkotó szegénység," *Nyugat*, XXXIII (August 1, 1940), 398–399.

A review characterizing his poetry as terse, simple and demanding, as moving within and giving form to the traditions of Hungarian narrative poetry and the folk ballad of Székely, and as being the work of a poet who addresses the regionalism of Transylvania with European standards. MnU NN NNC FiHU GeLBM GyBH

3307. Schöpflin Aladár. "Veér Anna alszik: Szabédi László novellái," *Nyugat*, XXXIV (June 1, 1941), 467.

A review critical of the young author's skill and purpose in the collection of short stories but commending his thematic treatment in "A keserves." MnU [NN] NNC FiHU GeLBM GyBH

3308. Vas István. "Telehold: Szabédi László versei," *Magyarok*, I (1945), 142–143.

A review of a collection of his poetry written over 20 years. Criticism of his early poems justified on the basis of their ending weakly despite their roots in strong inspiration. Contends that his didactic poetry places him among the best Hungarian lyrists, and shows that folk versification touches his later prosody. MnU NNC

3309. Grétsy László. "Megjegyzések Szabédi László verseiről," *Magyar Nyelvőr*, LXXXI (January–March, 1957), 285–290.

His poetry is examined for his materialistic world view, characteristic uses of words, enjambment, his ability to draw human types economically, and the quality of his rhymes. CU DLC NN NNC FiHI GyBH

SZABÓ DEZSŐ

Born June 10, 1879 in Kolozsvár, Transylvania; died January 5, 1945 in Budapest. Novelist, short-story writer, publicist, essayist. Descendant of family of lower gentry and small functionaries. Completed gymnasium studies at Református Kollégium in Kolozsvár. After failure of early efforts to gain admission to Eötvös Kollégium in Budapest, he worked for a year as a private tutor and in a law office. Admitted to Eötvös Kollégium and specialized in Hungarian and French. Pursued linguistics; published a study on this subject while he was still a university student. After obtaining teacher's diploma, he taught in Budapest for year; spent 1905–1906 in Paris on a fellowship. Abandoned plans for career in linguistics and accepted teaching post in Székesfehérvár, where he began publicist writings. Because of his clericalism and anti-semitism, he was forced to move from one teaching position to another under administrative surveillance. Taught in Nagyvárad in 1908, where he met Gyula Juhász (q.v.), became acquainted with newly developing principles in Hungarian lyric poetry, changed many of his views, and increasingly associated himself with progressive literary groups. Obtained permanent position in Székelyudvarhely in 1909. Spent two summers in Paris prior to 1914. Participated in agitation for higher wages for teachers in

1910. Received national attention in 1911 through open letter to István Tisza in *Nyugat*. From this time on he contributed regularly to *Nyugat* and later to *Huszadik Század*, first as critic and publicist and then as belletristic author. He taught in Sümeg (1913), Ungvár (1914), and Lőcse (1918), still under administrative surveillance. Went to Budapest during Revolution in 1918. First welcomed establishment of Revolutionary Government but soon turned against it. His open opposition forced him to hide in the provinces until the fall of the Revolutionary Government, when he returned to Budapest. Became supporter of the new government. Established Magyar Írók Szövetsége and served as its president for a time. Abandoned teaching for literary career. Principal contributor to *Ifjak Szava* in 1919, writer of lead articles for *Virradat* 1920–1921, and contributor to *Nép* in 1921. In January 1923 took over *Auróra*, which soon changed title to *Élet és Irodalom* and ceased at end of year. Increased his opposition to Horthy government 1922–1923. Left Hungary in fall 1924 with intention of settling elsewhere; spent a few months in Italy and France; returned to Hungary in early part of 1925 first to Szeged, then to Budapest. Identified himself increasingly with anti-fascist movement and populist writers. Openly opposed Nazis and became pro-Russian. Died of illness and hunger during siege of Budapest. ¶ His writings on current affairs and novels wielded great influence on young intellectuals between two World Wars. His aim was to reform Hungarian society. Strong didacticism found in his imaginative writings; style often volatile. Viewed inner qualities of peasant as basis on which Hungary could be preserved and developed as a nation. ¶ *Az elsodort falu* has been translated into Slovakian and Turkish; *Csodálatos élet* into Italian; *Segítség* into Czech, Italian, and Rumanian; and some of his short stories into English, French, Italian, and Polish.

FIRST EDITIONS: *A vogul szóképzés.* [Tanulmány] Budapest: A Szerző, 1904. 80p. – *Levelek Kolozsvárra.* Budapest, 1913. [From *Magyar irodalmi lexikon*, III, 112] – *Nincs menekvés.* Regény. Ungvár: Ungmegyei Könyvnyomda, 1917. 197p. – *Napló és elbeszélések.* Gyoma: Kner Izidor, 1918. 252p. – *Az elsodort falu.* Regény két kötetben. Budapest: Táltos, 1919. – *Mesék a kacagó emberről és három elbeszélés.* Budapest: Táltos, 1919. 134p. – *Egyenes úton.* Tanulmányok. Budapest: Táltos, 1920. 148p. – *Tanulmányok és jegyzetek.* Budapest: Táltos, 1920. 151p. – *Csodálatos élet.* Regény két kötetben. Budapest: Táltos, 1921. – *Ölj! és egyéb elbeszélések.* Budapest: Táltos, 1922. 248p. – *Panasz.* Újabb tanulmányok. Budapest: Ferrum, 1923. 128p. – *Jaj.* Elbeszélések. Budapest: Stádium, 1924. 251p. – *Feltámadás Makucskán.* Két elbeszélés. Bevezette Csanády György. Budapest: Saturnus, 1925. 128p. – *Segítség!* Regény három kötetben. Budapest: Genius, 1925. – *Tenger és temető.* [Elbeszélések] Budapest: Athenaeum, 1925. 167p. – *A magyar protestántizmus problémái.* [Tanulmány] Budapest: Genius, 1926. 63p. – Continued under EDITIONS. See also no. 56.

EDITIONS

See also nos. 56 and 521 for annotated works.

3310. *Művei.* I–XVI. kötet. Budapest: Genius, 1926–1929.

1–2. kötet: *Csodálatos élet.* 1–2. kötet. 1929³.

3. kötet: *Egyenes úton.* [Tanulmányok] 1927². 213p.

4–6. kötet: *Az elsodort falu.* 1–3. kötet. 1926.

7. kötet: *Jaj.* [Elbeszélések] 1927². 251p.

8. kötet: *Mesék a kacagó emberről.* [Elbeszélések] 1927². 128p.

9. kötet: *Nincs menekvés.* [Regény] 1927³. 141p.

10. kötet: *Napló és elbeszélések.* 1927². 308p.

11. kötet: *Ölj! és egyéb elbeszélések.* [192?]². 235p.

12. kötet: *Panasz.* Tanulmányok. 1927². 250p.

13–15. kötet: *Segítség!* [Regény] 1–3. kötet. [192?]

16. kötet: *Tanulmányok és jegyzetek.* 1927². 213p.

DLC NN

3311. *Kritikai füzetek.* 1–2. füzet. Budapest: Boór Bálint, 1929¹. GyBH

3312. *Megered az eső.* Regénytöredék. [Continuation of *Az elsodort falu*; remained a fragment] Budapest: Bartha Miklós Társaság, 1931¹. 217p. OCl GeLBM GyBH

3313. *Karácsony Kolozsvárt.* Egyszerű kis koldustörténet. Regény. Budapest: Káldor, 1932¹. 174p. OCl GeLBM GyBH GyGGaU

3314. *Füzetek.* I–XXX. füzet. Budapest: Ludas Mátyás, 1934–1937¹.

1. füzet: *A kötél legendája.* 1934¹. 68p.

2. füzet: *Mosolygok.* Elbeszélések. Első sorozat. 1934¹. 66p.

3. füzet: *A magyar irodalom sajátos arca. Korunk nőproblémája. Az ellenforradalom természetrajza.* 1934¹. 64p.

4–5. füzet: *Karácsonyi levél. A nemzetség útja. Debreceni tanulságok. Feltámadás Makucskán* [not 1st]. 1934–1935¹. 102p.

6. füzet: *Életeim: születéseim, halálaim, feltámadásaim. Az új honfoglalás felé: A népképviselet. A kis nemzetek sorsa. Mai jegyzetek.* 1935¹. 66p.

7. füzet: *Március mérlegén: a Gömbös kormány és az "Új Korszak." Életeim: születéseim, halálaim, feltámadásaim.* 1935¹. 66p.

8. füzet: *A húszévesekhez. A magyar nyelv védelme és a kisebbségek. Életeim: születéseim, halálaim, feltámadásaim: III. Búcsú Budagyöngyétől. Mai jegyzetek.* 1935¹. 60p.

9. füzet: *Magyarország helye Európában: Keleteurópa. A falu Budapest. Életeim. Mai jegyzetek.* 1935¹. 59p.

10. füzet: *Nyílt levél Hóman Bálinthoz. A tragédia tragédiája. Az új magyar történetírás feladatai. Mit adott nekem a magyar kálvinizmus? Az idegen. Anyám. Noé utolsó bárkája. Életeim. Mai jegyzetek.* 1935¹. 70p.

11. füzet: *Treuga Dei: A nemzeti egység fogalma, határai, feltételei. A Philadelphia ablakában. Az élet értelme. Életeim. Mai jegyzetek.* 1935[1]. 79p.

12. füzet: *Mussolini. A magyar középosztály megteremtése. A középiskoláról. Az Egyke. Életeim. Mai jegyzetek.* 1935[1]. 71p.

13. füzet: *Kárhozott nemzedékek. Világtörténelem. A kettészakadt magyar irodalom. Zseni és őrület. Mai jegyzetek.* 1935[1]. 71p.

14. füzet: *A mai magyar politikai horizont. Mai jegyzetek.* 1936[1]. 68p.

15. füzet: *Válasz egy katólikus fiatal lánynak. Életeim. Koppány. Egy délután a Luxembourg-kertben. A Baumgarten-curée. Udvari bálon. Isten és az idő. Mai jegyzetek.* 1936[1]. 80p.

16. füzet: *A magyar paraszt és a magyar kultúra. Öt találkozás. Életeim. Apotheózis. Mai jegyzetek.* 1936[1]. 71p.

17. füzet: *Mit izent Kossuth Lajos? Európa. Ének Budapesthez. Életeim. Szilágyi Márta. Mai jegyzetek.* 1936[1]. 68p.

18. füzet: *A választójog reformja. Pro mansardo. Válasz gr. Tisza Istvánnak. Mai jegyzetek.* 1936[1]. 70p.

19–20. füzet: *Toborzó. Levél Máriához. Sugarak. Kultúrfölény és kultúrpolitika. Senkisem múlhatja ezt a vermet. Mirákulum a Barackos-úton. A családom. Az utolsó istentisztelet. Les Misérables . . .* 1936[1]. 88p.

21. füzet: *Az Olympiász tanulságai. Olympiász a temetőben. Mai jegyzetek.* 1936[1]. 68p.

22. füzet: *Az új kereszteshadjárat. A magyarság megszervezése a dalban. Gömbös Gyula. Életeim. Az én karácsonyfáim. A jó lator. Mai jegyzetek.* 1936[1]. 72p.

23–24. füzet: *Patkó István halála. Haláltánc a kisebbségi kérdéssel. A cigánykirály halála. Ars poetica. A Gondviselés útai. Az igazság. A kis Marco megváltása. A Zsuzsika mosolygása. Életeim. Mai jegyzetek.* 1936[1]. 156p.

25. füzet: *A szellemi együttműködés célja, tartalma, határai. Az álomról. Életeim. Mai jegyzetek.* 1937[1]. 71p.

26. füzet: *Virrasztó Koppány.* 1937[1]. 71p.

27. füzet: *A magyar trón problémája és Ausztria. A jó temető. Ecce homo. A szélsőségek rendszere.* 1937[1]. 73p.

28. füzet: *Juhász Gyula. A magyar néphadseregről. Makkai Sándor regénye. Életeim. Mai jegyzetek.* 1937[1]. 72p.

29. füzet: *A magyar néphadseregről,* (2) *A kiválsztás. Életeim. Mai jegyzetek.* 1937[1]. 72p.

30. füzet: *Halleluja! Az elítéltek. A magyar nyelv. Erdély és a kritika. Mai jegyzetek.* 1937[1]. 79p.

[MH] [NN] [GyBH] GyGNSU

3315. *Újabb művei.* XXXI–LXXX. füzet: Budapest: Ludas Mátyás, 1937–1942[r].

31–32. füzet: *Ede megevé ebédem! Milyen Szekfű nyílt Schittenhelm Ede sírján? Szekfű Gyula.* 1937[1]. 145p.

33. füzet: *A jóhiszemű kaoszhoz. Életeim. A magyar református öntudat mozgósítása.* 1937[1]. 79p.

34–35. füzet: *A képzőművészeti nevelés problémái és a magyar művészet. A magyar református öntudat mozgósítása, 2. Életeim. Budapest környéke. Eötvös [József báró] írói egyénisége. Mai jegyzetek.* 1937–1938[1]. 152p.

36. füzet: *Nemzeti állam—politikai nemzet. A bírói tekintély lélektana. A magyar református öntudat mozgósítása, 3. Életeim. Mai jegyzetek.* 1938[1]. 78p.

37. füzet: *A holnap nácionalizmusa.* 1938[1]. 72p.

38. füzet: *A magyar Miniszterelnökhöz. Az Anschluss. A magyar református öntudat mozgósítása, 4. Válasz egy magyar munkásnak. Életeim.* 1938[1]. 72p.

39. füzet: *Az antijudaizmus bírálata. Anatole France. A másik élet. A történelmi regényről. Mai jegyzetek.* 1938[1]. 72p.

40–41. füzet: *Áchim András. A végzet ellen, 1. Hungárizmus és halál. A magyar paraszt. Rokámbol romántika. Mai jegyzetek.* 1938[1]. 156p.

42. füzet: *A végzet ellen, 2. Hungárizmus és halál. A munkásság. Búcsúzások. A vádlottak padjáról. Mai jegyzetek.* 1938[1]. 72p.

43. füzet: *Tántorgó lelkek. Bodor Áronka felesleges. Életeim. Mai jegyzetek.* 1938[1]. 72p.

44–45. füzet: *A magyar jövő alapproblémái, 1. Mai jegyzetek.* 1939[1]. 140p.

46. füzet: *A magyar jövő alapproblémái, 2. [A magyar művelődés politikájának főbb vonalai] A visszatért szökevény. Mai jegyzetek.* 1939[1]. 71p.

47–48. füzet: *A magyar református öntudat mozgósítása, 5. A teológiai nevelés. A magyar jövő alapproblémái, 3. stb.* 1939[1]. 144p.

49–51. füzet: *Életeim. Szabó Dezső. Mai jegyzetek. Miért? Regény.* 1939[1]. 224p.

52–53. füzet: *Számadó. Mai jegyzetek. Miért? Regény, 2.* 1939[1]. 159p.

54. füzet: *Az olvasóhoz. Utazás Erdélybe. Életeim. Szellemi honvédelem. Mai jegyzetek.* 1939[1]. 59p.

55–56. füzet: *Életeim. Lírai történetszemlélet. Lelkek az éjszakában. Hogyan tanítottam én? Mai jegyzetek.* 1939–1940[1]. 111p.

57. füzet: *Ainohoz. A háború és a magyar szellemi élet. Mai jegyzetek.* 1940[1]. 64p.

58. füzet: *Lombik és falanszter: 1. Irányított művészet, 2. A kitűnőek iskolája.* 1940[1]. 63p.

59. füzet: *A bánya mélye felé: 1. A magyar nihilizmus, 2. A magyar öntudat, a magyar élethit tényei.* 1940[1]. 63p.

60. füzet: *Erdély alkalmából. Elkergetett istenek, 1. A magyar nyelvért. Válasz egy magyar fiatalnak. A betű és a lélek. A visszakerült szántóföld. Mai jegyzetek.* 1940[1]. 88p.

61–62. füzet: *Szavak a karácsonyfa alól. Elkergetett istenek, 2. Életeim.*

Ruha és lélek. A Gyöngyösbokréta. A levehetetlen ruha. Magányosság és összeférhetetlenség ... 1940[1]. 111p.

63. füzet: Elkergetett istenek, 3. Életeim. Megtépázott napló. Mai jegyzetek. 1941[1]. 68p.

64. füzet: Az író és a haszon. Elkergetett istenek, 4. Életeim. A Horvát néni sírása. Mai jegyzetek: Az Elsodort Falu filmjéhez. 1941[1]. 64p.

65. füzet: A magyar a viharban. Életeim. A hazára talált próféta. Michelangelo a Farkas-réten. Áront ünneplik. Mai jegyzetek. 1941[1]. 61p.

66. füzet: Teleki Pál. Az ifjúság, mint érték és funkció a nemzet életében. Petőfi [Sándor] és Petőfi. Életeim. 1941[1]. 62p.

67. füzet: A kolozsvári Nemzeti Színház. A magyar református öntudat mozgósítása, 6. Életeim. Mai jegyzetek. 1941[1]. 62p.

68. füzet: A parasztprobléma és az irodalom. A döntő probléma. Aratás. Mai jegyzetek. 1941[1]. 64p.

69–70. füzet: A Kodolányi-eset. Az olvasóhoz. Hogyan tanítottam én? A döntő probléma. Életeim. Mai jegyzetek. Sértő Kálmán és a magyar sorsverkli. 1941[1]. 104p.

71. füzet: Széchenyi évfordulója. Katona dolog. A döntő dolog. Életeim. Mai jegyzetek. 1941[1]. 64p.

72. füzet: A magyar társadalom megszervezése. Béke. Életeim. Mai jegyzetek. 1941[1]. 64p.

73–74. füzet: Az őrült kunyhó. Az Egyke. Tanárok. Életeim. A fordított kukker. Mai jegyzetek. 1941–1942[1]. 116p.

75. füzet: Bölcsők Makucskán. Életeim. Mai jegyzetek. 1942[1]. 68p.

76. füzet: Az Egyke. Életeim. A döntő probléma. Mai jegyzetek. 1942[1]. 64p.

77. füzet: Levél Etelkának. Az Egyke. A tárgyilagosságról. Életeim. Mai jegyzetek. 1942[1]. 64p.

78. füzet: A Mélymagyarhoz. Prométheüsz megelégszik. Életeim. Mai jegyzetek. 1942[1]. 61p.

79. füzet: A Gellérthegyen. Életeim. A bujdosó királyfi. Mai jegyzetek. 1942[1]. 64p.

80. füzet: Kor vagy kór? (A magyar író védelmében) Életeim. Mai jegyzetek. 1942[1]. 64p.

[GyBH]

3316. Az egész látóhatár. Tanulmányok. [Régibb és újabb prózai irásainak gyűjteménye; politikai, társadalmi és irodalmi kérdések] I–III. kötet. Budapest: Magyar Élet, 1939[1]. [1943[3]] DLC MnU NN NNC AsWN FiHI GyBH

3317. Az elfelejtett arc. [Elbeszélés és vers] Budapest: Exodus, 1941[1]. 16p.

3318. Levelek Kolozsvárra és két elbeszélés. Budapest: Keresztes, 1943. 229p. DLC

3319. Megfojtott kakas. Regény. Budapest, 1943[1]. [From Magyar irodalmi lexikon, III, 112]

3320. *A bölcsőtől Budapestig.* [Életeim, születéseim, halálaim, feltámadásaim] Budapest: Pantheon, 1944. 500p. GeLBM

3321. *Az elsodort falu.* Regény két kötetben. Kritikai kiadás. [Prepared as a critical edition by Szabó himself] Budapest: Faust Imre, 1944.

3322. *Ének a révben.* [Regénytöredék] Tolnai Gábor kísérő tanulmányával. Budapest: Körmendy, 1947[1]. 108p. [C]   IC OCl GeLBM

3323. *Feltámadás Makucskán.* [Válogatott írások] Válogatta és az utószót írta Komlós Aladár. Budapest: Magvető, 1957. 332p. [B]   AsWN GeLBM GyBDS

3324. *Életeim.* [Önéletrajz] Szerkesztette, bevezette és jegyzetekkel ellátta Nagy Péter. I–II. kötet. Budapest: Szépirodalmi Könyvkiadó, 1965. [B] CLU MnU FiHU GeLBM GyBH GyGNSU

BIBLIOGRAPHY

See no. 3331.

BIOGRAPHY

3325. Ur György. *Szabó Dezső utolsó napjai.* Budapest: Váradi Béla, 1947. 31p.

An account of his last days, mainly from October 15, 1944 to January 16, 1945, by one who was on the scene.

3326. Bohuniczky Szefi. "Emlékezés Szabó Dezsőre," *Irodalomtörténet,* XLVI (1958), 77–107.

Detailed personal recollections of Bohuniczky's numerous experiences with Szabó. Many accounts of their conversations in dialogue form and of Szabó's views of literature and his contemporaries. CU DLC MH MnU NN NNC AsWU GeLBM GeLU GyBDS GyBH

3327. Nagy Péter. *Szabó Dezső indulása.* Budapest: Akadémiai Kiadó, 1958. 147p.

Biographical discussion followed by an examination of his critical studies and his short stories and novels to 1919. Commentary on his ideology and influence, his qualities as a writer, and his importance in Hungarian literature. DLC MH MnU NNC AsWN FiHI FiHU GeLBM GeLU GyBDS GyGNSU

3328. Nagy Péter. *Szabó Dezső.* Budapest: Akadémiai Kiadó, 1964. 605p.
Purpose: to study his life, the development of his world outlook, and his writings, and to analyze the contradictions in his works and the influence of his writings on his times. Bibliographical footnotes. CU DLC MH MnU NN NNC AsWN FiHU GeLBM GyBDS GyGNSU

CRITICISM

See also nos. 4081 and 4624.

3329. Samu János, ifj. *Szabó Dezső.* Budapest: Mészáros Lőrinc, 1935. 80p.
Describes his literary art and places him in the ranks of Hungarian and world literature.

3330. Varga Károly. *Szabó Dezső mellett vagy ellene?* Debrecen: Bertók Lajos, 1935. 95p.
His major views as showing his intellectual development and ideology in his literary works. Bibliographical footnotes. MnU

3331. Erdély Ernő. *Szabó Dezső regényköltészete.* Pécs: Dunántúl Pécsi Egyetemi Könyvkiadó és Nyomda, 1936. 66p.
A study of the subject matter and style of his novels and his literary development leading to the judgment that he is among the most able writers of Hungary, but that his writings are marred by self-righteous viewpoints, by his prejudices against things and individuals that are non-Hungarian, and by his belief that a new Hungary can be built only on the values of the peasant and his links with ancient Hungary. Bibliography of his works and studies about him, pp. 62–66. NNC

3332. Rónay György. "Szabó Dezső," *Magyarok*, I (1945), 58–61.
An appreciative essay dealing with the erroneous attitude of his contemporaries towards him, his life, the Rabelaisian and modern qualities of his writings. MnU NNC

3333. *Szabó Dezső 1879–1945. A magyar író-géniusz emlékezetére.* Washington, D.C.: Dezső Szabó Committee, 1959. 47p. [Also appeared in *Testvériség,* 1959, published in Washington, D.C.]
Festschrift of his life, thought, and writings expressed by poets and writers, literary historians, and political writers. Includes a study in English by Béla Talbot Kardos: "Dezső Szabó 1879–1945; the works of a Hungarian literary genius; the Hungarian Pasternak affair." MnU

3334. Nagy Péter. *Szabó Dezső az ellenforradalomban.* Budapest: Szépirodalmi Könyvkiadó, 1960. 207p.
An analysis of his counter-revolutionary ideology from 1919 to 1923 throwing light on the societal roots of his downfall as a human being and writer and on the "wretched" condition of the relations between cultural policies and literature during the times. DLC NNC AsWN GeLBM GyBDS GyGNSU

3335. Nagy Péter. "Szabó Dezső ideológiájának forrásai," *Irodalomtörténeti Közlemények,* LXVII (1963), 701–717.
Szabo's ideology during his formative years of the first two decades of the 20th century seen to be rooted in the network of such idealistic and irrational philosophers as August Comte, Marie-Jean Guyau, Gabriel Tarde, Nietzsche, Maurice Barrès, Pierre Lasserre, and Georges Sorel. Bibliographical footnotes. Summary in Russian, p. 717. DLC MnU NN NNC AsWU GeLBM GyBH

CS. SZABÓ LÁSZLÓ

Born May 29, 1905 in Rétság. Essayist, short-story writer, critic. Studied at Sorbonne. Obtained doctorate in economic history but soon turned to literary career. Became secretary to Antal Éber, president of Magyar-Olasz Bank and Kereskedelmi és Iparkamara, 1932–1935. Director of literary section of Magyar Rádió 1935–1944, where he distinguished himself with broadcasts on Hungarian literature. In the meantime, he contributed to *Nyugat* and *Magyar Csillag*. Awarded Baumgarten Prize in 1936. Became professor of literature and art history at Képzőművészeti Főiskola in 1945. Left Hungary in 1949 and lived in Florence until 1952 when he moved to England, where he is working in the Hungarian section of the British Broadcasting Corporation. ¶Writer of poems, short stories, and essays. Has made major contribution to the development of the essay form in Hungary through broadening subject matter and highly cultivated literary style. In some writings he advocates unity between Hungarian and European culture. ¶ Some of his poems have been translated into French, German, and Italian.

EDITIONS

See also nos. 2482 and 3529 for annotated works.

3336. *Búcsú a vándorévektől.* [Tanulmány] Budapest: Radó István, 1935. 24p. [Reprinted from *Apollo*]

3337. *Franklin Delano Roosevelt.* [Tanulmány] Budapest: Válasz, 1935. 51p. [Reprinted from *Válasz*] DLC

3338. *Apai örökség.* [Elbeszélések] Budapest: Franklin-Társulat, 1936[1]. 177p. MnU NNC OCl GeLBM GyBH

3339. *Egy gondolat bánt engemet . . .* [Elbeszélés] Budapest: Magyar Bibliofil Szövetség, 1936[1]. 57p.

3340. *Hét nap Párizsban.* Útikalauz felnőtteknek. Budapest: Nyugat, 1936[1]. 63p.

3341. *Kárpát kebelében.* [Tanulmány] Budapest: Radó István, 1936[1]. 30p.

3342. *Doveri átkelés.* Nyugateurópai helyzetkép. Budapest: Cserépfalvi, 1937[1]. 203p. MnU OCl GeLU GyBH

3343. *Levelek a száműzetésből.* [Tanulmányok] Budapest: Franklin-Társulat, 1937[1]. 204p. MnU NN GyBH

3344. *Szomorú szombat.* Elbeszélések. Békés: A Szerző, 1937[1]. 95p.

3345. *Fegyveres Európa.* Útinapló. Budapest: Nyugat, 1939[1]. 138p. NN OCl GeLBM GyBH

3346. *Latin Európa.* [Tanulmány] Budapest: A Szerző, 1939. 38p. [Reprinted from *Apollo*]

3347. *Magyar néző.* Napló az európai válságról. [Dokumentum] Budapest: Nyugat, 1939[1]. 184p. MH MnU NN OCl GeLBM GeOB

3348. *Erdélyben.* [Útirajz] Budapest: Nyugat, 1940[1]. 120p. DLC NN GyBH

3349. *A kígyó.* [Elbeszélések] Budapest: Franklin-Társulat, 1941[1]. 169p. MnU AsWN GeLBM

3350. *Három költő.* Antológia Byron, Shelley, Keats műveiből. Budapest: Franklin, 1942[1]. 198p. [From catalogue of National Széchényi Library] GyBH

3351. *Haza és nagyvilág.* [Tanulmányok] Budapest: Franklin-Társulat, 1942[1]. 360p. AsWN GeLBM GeLU

3352. *Szerelem.* Három elbeszélés. [*Húsvét Amalfiban, Gyűlölet, A zsámoly*] Budapest: Franklin-Társulat, 1944[1]. 45p.

3353. *Két part.* [Karcolatok] Budapest: Révai, 1946[1]. 297p. MnU GeLBM

3354. *Százhúsz könyv.* Gondolatok egy olcsó egyetemes könyvtárról. [Tanulmány] Budapest: Bokor és Fischer, 1946. 14p. [Reprinted from *Magyarok*; from catalogue of National Széchényi Library]

3355. *Márvány és babér.* Versek Itáliáról. Összeállította és bevezette Cs. Szabó László. Budapest: Officina, 1947[1]. 460p.

3356. *Magyar versek Aranytól napjainkig.* [Antológia] Gyűjtötte, a bevezetést és a jegyzeteket írta Cs. Szabó László. Róma: Anonymus, 1953[1]. 505p. DLC InU MH MiD MnU NN NNC OCl FiHU GeLU GyGNSU

3357. *Irgalom.* Elbeszélések. Róma: Anonymus, 1955[1]. 356p. DLC MH NNC OCl AsWN FiHI GeLBM GeLU GyGGaU GyGNSU

3358. *Téli utazás.* Salzburg, Bécs és Páris, 1955 december 23–1956 január 16. [Napló] München: Látóhatár, 1956[1]. 87p. [From catalogue of National Széchényi Library] DLC InU MH NNC GeLBM GyGGaU

3359. *Félszáz ének és egy játék.* [Versek és az *Aranylakodalom* című rádió-játék] München: Látóhatár, 1959[1]. 125p. MH NNC AsWN GeLU GyGGaU

3360. *Az utolsó éjszaka.* Hangjáték. London, 1959[1]. [From *Magyar irodalmi lexikon*, III, 120]

3361. *Halfejű pásztorbot.* Görög hajónapló és hat történet. London: Magyar Könyves Céh, 1960[1]. 161p. DLC MH NNC GeLBM GeLU GyGGaU GyGNSU

3362. *Ország és irodalom.* Négy tanulmány. Brüsszel: Nagy Imre Politikai és Társadalomtudományi Intézet, 1963[1]. 205p. MH AsWN FiHU GeLBM GeLU GyGNSU

3363. *Az öreg Michelangelo.* A római évek, 1534–1564. [Tanulmány; verseket fordította Rónay György] Róma: Katolikus Szemle, 1964. 30p. [Reprinted from *Katolikus Szemle*] GeLBM

3364. *Három festő.* [Tanulmány] München: Heller és Molnár, 1965. 28p. [Reprinted from *Új Látóhatár*] GeLBM

3365. *A megszabadított száműzött.* Dante politikája. [Tanulmány] Róma: Katolikus Szemle, 1965. 31p. [Reprinted from *Katolikus Szemle*] GeLBM

CRITICISM

3366. Gál István. "Cs. Szabó László: Magyar néző," *Erdélyi Helikon,* XII (1939), 586–588.

A review emphasizing his literary individuality as one of the creators of the Hungarian essay form and a developer of the young Hungarian intellectual class. Cited as a European humanist whose ideals are consonant with those of the Age of Reform in Hungary. GyBH

3367. Kolozsvári-Grandpierre Emil. "Cs. Szabó László," *Protestáns Szemle,* XLIX (1940), 14–18.

A discussion of the individuality of his essay style: his use of structure based on a series of points rather than a continuum—the placement of his materials in isolated relationships to each other. NNC GeLBM GyBH

3368. Sőtér István. "Cs. Szabó László: A kígyó," *Sorsunk,* II (1942), 320–322. A review comparing *A kígyó* with his earlier "Orpheus és Eurydike," finding the form and style of the former to be more stern and stating that "Idegen," a story in the new collection, represents his earlier stories in which he used his "playful" voice. MH MnU [AsWN] GyBH

3369. Bori Imre. "Egy 'nem politikus' író politikai írása a magyar irodalomról," *A Híd,* XXVIII (1964), 325–331.

A review of *Ország és irodalom* (1963) charging that Szabó's judgments of Hungary and its current literature are greatly affected by his strong anti-communistic feelings. GeLBM

SZABÓ LŐRINC

Born March 31, 1900 in Miskolc; died October 3, 1957 in Budapest. Poet, translator. Father a locomotive engineer. Attended gymnasium in Balassagyarmat and entered Reformed College in Debrecen, where he was already writing poetry. Drafted into military service in 1918 and passed examination for infantry officer. Fled from army in fall 1919 in Budapest and entered University. First pursued mechanical engineering and then philosophy but did not complete studies. Submitted poems to editors of *Nyugat* in November 1919; Mihály Babits (q.v.) took notice of him and formed close friendship with him. Became staff member of Az Est Publications in fall 1921 on recommendation of Lajos Mikes and Árpád Tóth (q.v.). Married daughter of Lajos Mikes in 1923. Poems appeared mainly in *Pesti Napló* and *Új Idők*; not again in *Nyugat* until 1929. Left Az Est periodicals in 1926. The following year he became editor of *Pandora,* which he edited with György Sárközi (q.v.). When *Pandora* ceased in October 1927 he returned to staff of Az Est Publications. Increased his journalistic activity and served as assistant editor of *Magyarország* in 1930. Awarded Baumgarten Prize in 1932, 1937, and 1944. Visited Germany, Dalmatia, and Egypt in 1930's. Principal contributor to Az Est Publications beginning in 1936. Served as soldier when Upper Northern Hungary and Transylvania returned to Hungary in 1940. Was official delegate to Weimar Congress of European Writers in 1942. After World War II he was often forced to defend himself against charges of rightist views and activities. Writings appeared only in *Válasz,* for which he also edited poetry section 1946–1949. In 1950's he spent much time in Tihany translating. Awarded Kossuth Prize for lifework in 1957. ¶ His poems show broad range of experimentation with forms and literary principles but are basically representative of the Decadent School. Deeply concerned with struggle of individual in indifferent cosmos, expressing repugnance with what he finds in life around him. Strongly pessimistic in outlook. Prolific translator of Shakespeare, Coleridge, Omar Khayyám, Baudelaire, Molière, Verlaine, Villon, Goethe, Kleist, Tutchev, Pushkin, Mayakovsky, and I. A. Krilov. ¶ Some of his poems have been translated into English, French, German, Italian, Polish, and Slovakian.

FIRST EDITIONS: *Adalbert Stifter: A pusztai falu.* Németből fordította Szabó Lőrinc. Gyoma: Kner Izidor, 1921. 33p. [From catalogue of National Széchényi Library] – *Coleridge: Vén tengerész.* Fordítás. [Gyoma], 1921. [From Várkonyi, p. 381] – *Shakespeare szonettjei.* [Fordítás] Budapest, 1921. [From Várkonyi, p. 381] – *Föld, erdő, isten.* [Versek] Gyoma: Kner Izidor, 1922. 52p. – *Omár Khájjám Rubaiját.* Fordítás. Budapest, 1922. 128p. [From catalogue of National Széchényi Library] – *Baudelaire: A romlás virágai.* Babits Mihállyal és Tóth Árpáddal. [Fordítás] Budapest, 1923. [From *Magyar irodalmi lexikon,* III, 124] – *Kalibán!* [Versek] Budapest: Athenaeum, 1923. 112p. – *Maupassant, Guy de: Amit a nap s az éj mesél.* [*Contes du jour et de la nuit*] Fordította Szabó Lőrinc. Budapest: Athenaeum, 1923. 173p. – *Fény, fény, fény.* [Versek] Budapest: Kultúra, 1926. 87p. – *Paul Verlaine válogatott versei.* Fordította Szabó Lőrinc. Budapest: Pandora, 1926. [From *Magyar irodalmi lexikon,* III, 123] – *A Sátán műremekei.* [Versek] Budapest: Pandora, 1926. 102p. – *Zola Emil: A föld.* [*La terre*] Fordította Szabó Lőrinc. Budapest: Révai, 1927. 503p. [From catalogue of National Széchényi Library] – *A szegény Villon tíz balladája.* Forditás. Budapest, 1931. [From Várkonyi, p. 381] – *Goethe-antológia.* Fordítás. Turóczi-Trostler Józseffel. I–III. kötet. Budapest, 1932. [From Várkonyi, p. 381] – *Te meg a világ.* Versek. Budapest: Pantheon, 1932. 156p. – *Válogatott versei.* Budapest: Nagy Károly és Társai, 1934. 93p. – *Goethe: Werther.* [Fordítás] Budapest, 1935. [From *Magyar irodalmi lexikon,* III, 124] – *Különbéke.* [Versek] Budapest: Athenaeum, 1936. 186p. – *Shakespeare: Athéni Timon.* Fordítás. Budapest, 1936 [1935?]. [From

Várkonyi, p. 381] – *Reggeltől estig*. Egy repülőutazás. [Költemény] Budapest: Magyar Bibliofilek Szövetsége, 1937. 100p. – *Harc az ünnepért*. [Versek] Budapest: Egyetemi Nyomda, 1938. 168p. – *Shakespeare: Ahogy tetszik*. Fordítás. Budapest, 1938. [From Várkonyi, p. 381] – *Kleist, Heinrich von: Amphitryon*. Vígjáték Molière nyomán. Fordította Szabó Lőrinc. Budapest: Singer és Wolfner, 1939. 97p. [From catalogue of National Széchényi Library] – *Shakespeare: Macbeth*. Fordítás. Budapest, 1939. [From Várkonyi, p. 381] – *Válogatott versei*. Budapest: Singer és Wolfner, 1939. 190p. – *Villon Nagy Testamentuma*. Fordítás. Budapest, 1940. [From Várkonyi, p. 381] – *Droste-Hülshoff, Annette von: A zsidóbükk*. Erkölcskép a vestfáliai hegyekből. [*Die Judenbuche, Ein Sittengemälde . . .*] Fordította Szabó Lőrinc. Berlin-Dahlem: Kampmann, 1941. 70p. [From catalogue of National Széchényi Library] – *Keller, Gottfried: Tükör, a cica*. [*Spiegel, das Kätzchen*] Fordította Szabó Lőrinc. Berlin-Dahlem: Kampmann, 1941. 70p. – *Örök barátaink*. Kisebb műfordítások. I–II. kötet. Budapest: Singer és Wolfner, 1941–1948. – *Összes versei*. 1922–1943. Budapest: Singer és Wolfner, 1943. 695p. – *Régen és most*. [Versek] Budapest, 1943. [From *Magyar irodalmi lexikon*, III, 124] – *Tizenkét vers*. Budapest: Singer és Wolfner, 1943. 64p. – *Doyle, A. Conan: Rejtelmes világ a tenger alatt*. Fordította Szabó Lőrinc. Budapest: Antiqua Nyomda, 1947. 144p. [From catalogue of National Széchényi Library] – *Tücsökzene*. Rajzok egy élet tájairól. [Versek] Budapest: Magyar Élet, 1947. 368p. – *Shakespeare: Troilus és Cressida*. [Fordítás] Budapest, 1948. [From *Magyar irodalmi lexikon*, III, 124] – *Válogatott műfordításai*. [Versek] Budapest: Franklin Könyvkiadó Nemzeti Vállalat, 1950. 440p. – *Hardy, Thomas: Egy tiszta nő*. [*Tess of the d'Urbervilles*] Fordította Szabó Lőrinc, bevezette Kéry László. Budapest: Szépirodalmi Könyvkiadó, 1952. 463p. [From catalogue of National Széchényi Library] – *Shakespeare: Vízkereszt*. [Fordítás] Budapest, 1954. [From *Magyar irodalmi lexikon*, III, 124] – *Tjutcsev: Versek*. [Fordítás] Budapest, 1954. [From *Magyar irodalmi lexikon*, III, 124] – *Molière: Embergyűlölő*. [Fordítás] Budapest, 1956. [From *Magyar irodalmi lexikon*, III, 124] – *Molière: Nők iskolája*. [*L'école des femmes*] Fordította Szabó Lőrinc. Budapest: Új Magyar Kiadó, 1956. 83p. [From catalogue of National Széchényi Library] – *Válogatott versei*. 1922–1956. A bevezető és a válogatás Illyés Gyula munkája. Budapest: Magvető, 1956. 527p. – *A huszonhatodik év*. Lírai requiem százhúsz szonettben. Budapest: Magvető, 1957. 142p. – *Puskin: Bahcsiszeráji szökőkút*. [Fordítás] Budapest, 1957. [From *Magyar irodalmi lexikon*, III, 124] – *Storm, Theodor: Aquis submersus*. Fordította Szabó Lőrinc. Budapest: Magvető, 1957. 126p. [From catalogue of National Széchényi Library] – *I. A. Krilov: Mesék*. [Fordítás] Budapest, 1959. [From *Magyar irodalmi lexikon*, III, 124] – See also no. 3372.

EDITIONS

See also nos. 3, 3928, 3929, and 3931 (used in no. 3953 as basis for a critical study) for editorial works. Annotated works: nos. 336, 2080, 3053, 3208, 3939, and 3947.

3370. *Tücsökzene.* Rajzok egy élet tájairól. [Költemények] Budapest: Szépirodalmi Könyvkiadó, 1957[2]. 418p. DLC MH MnU NB NN NNC GeLU GyBDS GyBH GyGNSU

3371. *Összegyűjtött versei.* Az utószót írta Sőtér István. [1st complete edition] Budapest: Magvető, 1960. 1326p. [B] C DLC NN NNC AsWN FiHI GeCU GeLBM GyBDS GyBH GyGNSU

3372. *Kicsi vagyok én . . .* Gyermekversek. Budapest: Móra, 1961[1]. 48p.

3373. *A huszonhatodik év.* Lírai rekviem százhúsz szonettben. Budapest: Magyar Helikon, 1963[3]. 120p. [C] (1957, 1958)   DLC MnU NN NNC OCl GeLBM GeLU GyBDS GyBH GyGNSU

3374. *Válogatott versei.* Válogatta Somlyó György, az életrajzot írta és jegyzetekkel ellátta Szíjgyártó László. Budapest: Móra, 1963[3]. 273p. [C]

BIOGRAPHY

See no. 3939.

CRITICISM

See also nos. 80, 1057, 3209, 4551, and 4624.

3375. Babits Mihály. "Egy fiatal költő," *Írók két háború közt.* Budapest: Nyugat, 1941; 287p. Pp. 40–43. [Appeared as "Egy új költő" in *Nyugat,* XVI (March 16, 1923), 398–399]

His beginning as a virtuoso, the effect of his translations on his poetry, and in view of his learned activities and purpose, his poetry as addressing an intellectual artistic taste. NNC

3376. Németh László. "Szabó Lőrinc," *Nyugat,* XXIV (August 16, 1931), 236–240.

The strengths and weaknesses of his poetry in his early creative period, from 1921 to 1926. Discusses *Kalibán!* and *A Sátán műremekei.* MnU NN NNC [FiHI] FiHU GeLBM [GeLU] GyBH

3377. Moravánszky Ákos. *Szabó Lőrinc lírája 1926-ig.* Debrecen: Lehotai Pál, 1943. 47p.

Surveys his life and analyzes in separate sections the lyric poems he wrote to 1926: *Föld, erdő, isten* (1922), *Kalibán!* (1923), *Fény, fény, fény* (1926), and *A Sátán műremekei* (1926). A chapter on his use of verse forms during this first period of development. Bibliographical footnotes. NNC

3378. Illyés Gyula. "Szabó Lőrinc, vagy: boncoljuk-e magunkat elevenen?" *Alföld,* VII (March–April, 1956), 55–72.

Comments on his entire poetical career by a contemporary on the occasion of the publication of *Válogatott versei.* Traces the morality of his poetry and contends that he is a poet who could be acknowledged by the "progressive intelligentsia." Analyzes *A Sátán műremekei, Te meg a világ, Tücsökzene,* and *A huszonhatodik év,* and claims he is the greatest Hungarian poet since János Arany. [NNC]

3379. Komlós Aladár. "Szabó Lőrinc," *Új Hang,* V, no. 10 (1956), 58–61.

The selected works of Szabó, edited by Gyula Illyés, are the bases for tracing his literary career and for discharging him as a revolutionary or political poet. The qualities and merits of his poetry are outlined, and his lyrics admired because of the "new and deep light he casts on the human soul." DLC NN GyBH

3380. Rónay György. "Szabó Lőrinc: Tücsökzene," *Irodalomtörténet,* XLVII (1959), 296–301.

Tücsökzene considered as recollections of the past and present in which the world becomes the author's home, and as such, is essential to an understanding of his world and to a tracing of his development. CU DLC MH MnU NN NNC AsWU GeLBM GeLU GyBDS GyBH

3381. Katona Béla. "Szabó Lőrinc és Szabolcs-Szatmár," *Irodalomtörténeti Közlemények,* LXVII (1963), 492–509.

His life in Tiszabecs during his school days provides the sources for the experiences in *Tücsökzene,* and his stay in Sóstóhegy in the winter of 1945–1946 throws light on the circumstances of its creation. Bibliographical footnotes. DLC MnU NN NNC AsWN GeLBM GyBH

3382. Simon Zoltán. "Szabó Lőrinc költészetének keleti vonatkozásai," *Irodalomtörténeti Közlemények,* LXVIII (1964), 162–170. [Also a reprint]

The connection between his poems with eastern themes (1931–1943) and their sources in Buddha and the Vedas, the tales of the great Hindu epics, and Dsuang Dszi's reflections. Bibliographical footnotes. Summary in Russian, p. 170. DLC MnU NN NNC AsWU GeLBM GyBH

SZABÓ PÁL

Born April 5, 1893 in Biharugra. Descendant of a cottier family. Novelist, short-story writer, dramatist. Completed only elementary school. Father's death placed burdens of family support on him at age 12. Became apprentice bricklayer, farmed, developed skills in construction work. Served on several fronts during World War I. Did not participate very actively in events of 1918–1919, but after the failure of the Revolutionary Government he was restricted to place of residence for two years. Engaged in political activities, married, and earned living through physical labor. At 37 began to write with intent to pursue a literary career. Discovered by Zsigmond Móricz (q.v.). Moved to Budapest. Helped to found Smallholders' party in early years of 1930's and served as its parliamentary representative at various times. His writings were published regularly. Published *Komádi és Vidéke* with István

Sinka (q.v.) and Dénes Barsi, and after it was banned, he founded *Kelet Népe* in 1935, which he then turned over to Zsigmond Móricz. Edited *Szabad Szó* 1938–1944. President of National Peasants' party 1938–1944. Has served as its parliamentary representative since 1945. Awarded Baumgarten Prize (1949), Attila József Prize for writings after 1945 (1950), and Kossuth Prize for "Felszabadult föld," a scenario (1951), and for *Új föld*, a novel (1954). President of National Council of Patriotic People's Front 1954–1956 and then a member of its secretariat. Continues to write and to serve in Parliament to date. ¶ His novels and short stories present a realistic picture of unfortunate life of peasants. Populist in outlook. Dramas portray differences in views of agricultural workers and intellectuals. ¶ *Emberek* has been translated into Bulgarian and English, *Őszi vetés* and *Lakodalom, keresztelő, bölcső* into German, *Isten malmai* into Czech, German, and Slovakian, *Talpalatnyi föld* into Bulgarian, Chinese, Czech, German, and Slovakian, and some of his short stories into Bulgarian, English, German, Lithuanian, Polish, Russian, and Slovakian.

EDITIONS

See also no. 3435. Annotated work: no. 4496.

3383. *Békalencse.* [Regény] Budapest: Franklin-Társulat, 1930[1]. 181p. [1932] GeLBM GyBH

3384. *Emberek.* [Regény] Budapest: Franklin-Társulat, 1930[1]. 232p. IC MnU NN OCl FiHI GeLBM

3385. *Papok, vasárnapok.* [Regény] Budapest: Franklin-Társulat, 1933[1]. 227p. OCl GeLBM

3386. *Anyaföld.* Szabó Pál regénye. Tornalja-Tornal'a: Kazinczy, 1934[1]. 268p. GeLBM

3387. *Őszi szántás.* Elbeszélések. Debrecen: Nagy Károly és Társai, 1934[1]. 76p.

3388. *Csodavárás.* Regény. Budapest: Franklin-Társulat, 1937[1]. 310p. IC NNC OCl GeLBM GyBH

3389. *A puska.* Falusi történet. Budapest: Stádium, 1939[1]. 32p. AsWN

3390. *Szakadék.* [Regény] Budapest: Mefhosz, 1939[1]. 338p. IC NN NNC OCl AsWN

3391. *Őszi vetés.* Regény. Budapest: Magyar Élet, 1940[1]. 277p. [1943[2]] MnU GyBH

3392. *Vigyázz Jóska!* Kisregény. Budapest: Athenaeum, 1941[1]. 47p.

3393. *Harangoznak.* Regény. Budapest: Magyar Élet, 1942[1]. 336p. [1955[3]] DLC MnU NN GeLBM GyBDS GyGGaU

3394. *Keresztelő.* Regény. Budapest: Turul, 1942[1]. 263p. DLC GyBH

3395. *Lakodalom.* [Regény] Budapest: Turul, 1942[1]. 220p. DLC GyBH

3396. *Legények.* [Kisregény] Budapest: Stádium, 1942[1]. 46p. AsWN GyGGaU

3397. *Álom.* [Kisregény] Budapest: Globus, 1943[1]. 32p.

3398. *Bölcső.* [Regény] Budapest: Turul, 1943[1]. 233p. DLC AsWN GyBH

3399. *Szomszédok.* Kisregény. Budapest: Turul, 1943[1]. 63p. [1957] MH NN NNC

3400. *Tíz esztendő.* Regény. Budapest: Turul, 1943[1]. 253p. NNC

3401. *Politika.* Regény. Budapest: Turul, 1944[1]. 213p. GyGGaU

3402. *Lakodalom, keresztelő, bölcső.* [Regény] Budapest: Magyar Élet, 1946. 568p. [1948, 1958] NN NNC OCl GeLBM

3403. *Leánykérők.* Vígjáték egy felvonásban. Budapest: Misztótfalusi, 1946[1]. 16p.

3404. *Macska az asztalon.* Kisregény. Budapest: Misztótfalusi, 1946[1]. 55p· NNC

3405. *A nagy temető.* Történelmi regény. Budapest: Misztótfalusi, 1947[1]. 490p. [1954[2]] DLC IC NNC FiHU GeLBM

3406. *Szabad népek hazájában.* [Úti napló] Budapest: Valóság, 1947[1]. 157p. CSt-H NN GeLBM

3407. *A két okos meg a bolondos.* [Ifjúsági regény] Budapest: Sarló, 1948[1]. 138p. [1954[2], 1961[3]]

3408. *Most és mindörökké!* Válogatott elbeszélések. Budapest: Püski Kiskönyvtár, 1948. 62p.

3409. *Isten malmai.* [Regény] Budapest: Athenaeum, 1949[1]. 356p. [1950[2], 1955[3], 1964[4]] CSt-H DLC MnU NNC GeLBM GyBDS GyBH GyGNSU

3410. *Egyfelvonásos színdarabok.* Káron György: *A prímás.* Dráma. *Novikova T.: A brigadéros házassága.* Vígjáték. Fordította Földesi Tamás. Szabó Pál: *A kipuffogó.* [1st] Játék. Budapest: Budapest Székesfőváros, 1949. 66p.

3411. *Talpalatnyi föld.* Regény. [Originally the trilogy: *Lakodalom, keresztelő, bölcső*] Budapest: Athenaeum, 1949. 486p. [1957, 1961, 1965[5]] MH NNC FiHI GeLBM GyBDS GyGNSU

3412. *Három hét a Szovjetunióban.* [Útirajzok] Budapest: Művelt Nép, 1950[1]. 196p. DLC NN GyBH

3413. *Nyári zápor.* Színjáték 3 felvonásban. Budapest: Athenaeum, 1950[1]. 95p. DLC MH NN GeLBM GyBDS GyBH

3414. *Őszi szántás.* Összegyűjtött novellák. Budapest: Athenaeum, 1950. 223p. AsWN GyBDS GyGNSU

3415. *Tavaszi szél.* [Regény] Budapest: Athenaeum, 1950[1]. 292p. [1955[2]] DLC MnU NN NNC FiHI GeLBM GyBDS GyBH GyGNSU

3416. *Új föld.* Színjáték. Budapest: Művelt Nép, 1952[1]. 85p. [1954[2]] NNC

3417. *Csendélet a gépállomáson.* [Elbeszélések] Budapest: Szépirodalmi Könyvkiadó, 1953[1]. 63p.

3418. *Hajdú Klári.* Regény. Budapest: Ifjúsági Könyvkiadó, 1953[1]. 255p. [1955[2]] DLC GyBH

3419. *Új föld.* Regény. I–II. kötet. Budapest: Szépirodalmi Könyvkiadó, 1953[1]. [1954[2], 1955] DLC MnU NNC FiHI GeLBM GyBDS GyBH

3420. *Darázsfészek.* Vígjáték három felvonásban. Budapest: Szépirodalmi Könyvkiadó, 1954[1]. 94p. DLC GyBDS GyBH

3421. *Nyugtalan élet.* [Önéletrajzi regény] Eddig I–IV. kötet. Budapest: Szépirodalmi Könyvkiadó, 1954+.
  1. kötet: *Gyermekkor.* 1954[1]. 252p.
  2. kötet: *Legények vagyunk.* 1955[1]. 321p.
  3. kötet: *Nehéz idők.* 1955[1]. 279p.
  4. kötet: *Az írás jegyében.* 1958[1]. 304p.
[DLC] MH [MnU] [NNC] GeLBM GyBDS [GyBH] GyGNSU

3422. *Munkák és napok.* Rajzok, riportok, karcolatok. Budapest: Szépirodalmi Könyvkiadó, 1955[1]. 319p. DLC MH GeLBM GyBH

3423. *Most és mindörökké.* Összegyűjtött elbeszélések. Sajtó alá rendezte Szabó Ferenc. I–II. kötet. Budapest: Szépirodalmi Könyvkiadó, 1956. [C]
  1. kötet: 1931–1940. 514p.
  2. kötet: 1941–1953. 447p.
DLC MH NNC

3424. *Tatárvágás.* Regény. Budapest: Szépirodalmi Könyvkiadó, 1957[1]. 291p. DLC MH GeLU GyBDS GyBH GyGNSU

3425. *Így egész a világ.* [Elbeszélések] Budapest: Magvető, 1958[1]. 279p. DLC NNC GyBDS

3426. *Forog a kerék.* [1st?] *Emberek. Papok, vasárnapok.* [Kisregények] Az előszót írta Z. Szalai Sándor. Budapest: Magvető, 1959. 461p. NN NNC GyBDS

3427. *Tiszán innen, Dunán túl . . .* [Regény] Budapest: Szépirodalmi Könyvkiadó, 1960[1]. 177p. DLC NN NNC AsWN GyBDS GyBH

3428. *Szereposztás.* [Kisregény] Budapest: Magvető, 1961[1]. 236p. NNC AsWN GeCU GyBDS GyGNSU

3429. *Ahogy lehet.* Történelmi regény. Budapest: Szépirodalmi Könyvkiadó, 1962[1]. 370p. IC NN NNC GyGNSU

3430. *Emberek.* Kisregények. [*Emberek, Békalencse, Papok, vasárnapok*] Budapest: Szépirodalmi Könyvkiadó, 1962. 577p. IC NNC FiHI GeLBM GyBDS GyBH GyGNSU

3431. *Anyaföld.* Két regény. [*Anyaföld, Csodavárás*] Budapest: Szépirodalmi Könyvkiadó, 1963. 520p. NNC GyBDS GyBH GyGNSU

3432. *Kék ég alatt.* Három kisregény. [*Kék ég alatt, Tiszán innen, Dunán túl . . ., Szereposztás*] Budapest: Szépirodalmi Könyvkiadó, 1963. 479p. FiHI GeLBM GyBDS GyBH GyGNSU

3433. *Őszi vetés. Szakadék.* [Regények] Budapest: Szépirodalmi Könyvkiadó, 1964. 549p. CLU MnU GyBDS GyGNSU

3434. *Tavaszi szél. Tatárvágás.* [Regények] Budapest: Szépirodalmi Könyvkiadó, 1965. 533p. CLU InU MnU NNC GeLBM GyBH GyGNSU

BIOGRAPHY

See no. 4496.

CRITICISM

3435. Móricz Zsigmond. "Új nagy írót küldött a falu," *Nyugat*, XXIV (February 1, 1931), 163–169.

States that not since Ady's *Vér és arany* has a work affected him more than Szabó's *Emberek* and that Szabó's function is to relate that which no one else can, to draw something from "the living truth that slumbers in the soul and life of the people," and to be "the tongue of the Hungarian soil." Excerpts from the novel, pp. 164–169. MnU NN NNC [FiHI] FiHU GeLBM [GeLU] GyBH

3436. Illés Endre. "Szabó Pál," *Nyugat*, XXVI (September 16, 1933), 258–262.

Maintains that his novels are excessively sociological, that his descriptions of the conflict between the gentry and the peasant are over-simplified, that his efforts to mirror that life are imitative and not truly literary, and that his didacticism impairs the vitality of his portrayal. MnU NN NNC FiHU GeLBM [GeLU] GyBH

3437. Darvas József. "Szabó Pál 60. születésnapjára," *Csillag*, VI (1953), 655–659.

Marks his high place in Hungarian literature today, and describes the opposition he faced prior to the end of World War II, the improvement in his writings after that war, and his constant interest in giving artistic expression to the life of the peasantry. [DLC] MnU [NN] NNC [GeLBM] GyBH [GyGGaU]

SZENCI MOLNÁR ALBERT

Born August 30, 1574 in Szenc; died January 17?, 1634 in Kolozsvár, Transylvania. Translator of psalms, philologist, linguist. Name also spelled

Szenczi. Son of a miller. Began schooling at age 10. Studied in Szenc, Győr 1586, Gönc 1587–1588, and Debrecen 1588–1590. Writing poems in Hungarian by 1588. Was tutored in Kassa for a few months and returned to Szenc. On November 1, 1590, began study tour which took him to Wittenberg 1590–1592, Dresden, Heidelberg 1592–1593, and Strassburg 1593–1595. Baccalaureate, Strassburg, May 21, 1595. After tour of Switzerland and Italy in 1596 returned to Heidelberg to study theology for four years. Much influenced by humanists, historians, and philologists. Returned to Hungary in fall 1599, returned to Germany in February 1600 and studied theology and philology in Frankfurt 1600–1603, Altdorf 1603–1606, Marburg 1607–1611, and finally Oppenheim. Acquainted with Kepler in Prague. Prepared a Latin-Hungarian and Hungarian-Latin dictionary (1604); his major work, a Hungarian translation of 150 psalms of David (1607); a new edition of the Bible (1608); and a Hungarian grammar in Latin (1610). Again tried to establish himself in Hungary 1612–1615. Entered service of Ferenc Batthyány. Became evangelical preacher in Rohonc in 1613 and brought his family to Hungary. Minister in Komárom till fall 1614. Served at Gábor Bethlen's court in Transylvania in 1615. Returned to Germany in fall 1615 for nine years; assistant teacher in Amberg for a short time, choirmaster in Oppenheim 1615–1619, resident of Heidelberg 1619–1622 and of Hanau 1622–1624. Published Hungarian translation of Calvin's *Institutio* in Hanau in 1624, and in that year returned to Kassa at Gábor Bethlen's invitation, via Amsterdam, England, Danzig, and Poland. Moved to Kolozsvár about 1626. Visited Léva in July 1628 and Debrecen in 1633. ¶ Leading writer of Calvinistic literature. He translated numerous works. His works concern matters valued by the late-humanistic culture of the Reformation. His Hungarian dictionary and grammar affected the development of the literary language; his translations of the Psalms mirror the poetry of songs prevailing during the Hungarian Reformation; his pedagogical, learned, and theological writings all reveal individual treatment and wide concern for the development of Hungary.

FIRST EDITIONS:′Αποφθέγματα τῶν ἑπτὰ Σοφῶν *totidem heptastichis distributa...* Heidelberg, 1599. [From Szinnyei, IX, 161] – *Dictionarium latino-ungaricum.* Nürnberg: Elias Hutter, 1604. [327] leaves. [B-variant of 1st ed. of same date] – *Dictionarium ungarico-latinum.* Nürnberg: Elias Hutter, 1604. [164] leaves. [B-variant of 1st ed. of same date] – *Kis katekizmus ...* Herborn: Hollos Christof, 1607. 69p. – *Psalterium ungaricum.* [Fordítás] Herborn: Christoph Corvinus, 1607. 425p. – *Szent Biblia.* Ez második kinyomtatást igazgatta néhol meg is jobbította Szenci Molnár Albert. Hanau: Halbejus János, 1608. 587, 224, 194, 254p. – *Novae grammaticae ungaricae ... libri duo.* Hanau: Thomas Willer, 1610. 202p. – *Lusus poetici excellentium aliquot ingeniorum ...* (Collectore et editore Alberto Molnár) Hanau: Thomas Willer et Johannes Le Clercq, 1614. 193p. – *Postilla Scultetica: Az egész esztendő által való vasárnapokra és fő innepekre rendeltetett evangéliumi textusoknak magyarázata.* Abraham Scultetus után németből forditotta Szenczi Molnár Albert. Oppenheim: Hieronymus Galler, 1617. 1089p. – *Secularis concio evangelica* ... Abraham Scultetus után németből fordította Szenczi Molnár Albert. [Utána]: *De idolo Lauretano.* Oppenheim: Hieronymus Galler, 1618. 103p. – *Imádságos könyvecske.* A Johann Jakob Frisius által szerkesztett imakönyvből magyarra fordította Szenczi Molnár Albert. Heidelberg: Daniel et David Aubrius, 1621. 400p. – *Syllecta scholastica.* Collectore Szenczi Molnár Albert. Heidelberg: Aubrius et Schleichius, 1621. 44, 63p. – *Az kereszténi religiora és igaz hitre való tanítás.* Mellyet deákul írt Calvinus János. Magyar nyelvre fordított Molnár Albert. Hanau: Dániel és Dávid Aubrius, 1624. 1538p. – *Hivséges és üdvösséges tanácsadás az oly házasságról, mely két ellenkező religion való személyek között leszen.* Petrus Molinaeus után fordította Szenczi Molnár Albert. Kassa: n.p., 1625. 16p. – *Discursus de summo bono* ... Magyarrá fordított Szenczi Molnár Albert. Lőcse: Brewer Lőrintz, 1630. 405p. [From *RMK*, I, no. 594] – See also nos. 3438 and 3439.

EDITIONS

3438. *Naplója, levelezése és irományai.* Jegyzetekkel ellátva kiadta Dézsi Lajos. Budapest: Magyar Tudományos Akadémia, 1898[1]. 520p. [A]   MH NN NNC AsWN FiHI

3439. *Levelei Camerariushoz és Leodiushoz.* Közli Dézsi Lajos. Budapest: Athenaeum, 1908. 10p. [B] (Reprinted from *Irodalomtörténeti Közlemények*)

3440. [*Művei*] Áprily Lajos és Árokháty Béla tanulmányával. Budapest: Bethlen, 1939. 320p. [C]   NN NNC

BIOGRAPHY

3441. Dézsi Lajos. *Szenczi Molnár Albert. 1574–1633.* Budapest: Magyar Történelmi Társulat, 1897. 243p.

Stress on his life and learned activities as a means of advancing Hungary's growth. Bibliographical footnotes. Illustrations. CoU NN NNC AsWU FiHI GeLBM GyBH GyGNSU

CRITICISM

3442. Varga Bálint. *Szenci Molnár Albert, a magyar zsoltárénekszerző, élete és írói működése.* Budapest: Sylvester, 1932. 81p.

In two parts: (1) his life and (2) his literary activities, his short verses, learned works, and religious writings. Aim: to widen interest in him. Bibliographical footnotes. MnU

3443. Árokháty Béla. *Szenczi Molnár Albert és a genfi zsoltárok zenei ritmusa. Tanulmány a magyar zsoltárfordító poéta halálának háromszázadik évfordulója alkalmából.* Kecskemét: Első Kecskeméti Hírlapkiadó, 1934. 27p. [A part published in *Protestáns Szemle*, XLIII (1934), 79–87]

A study to establish the extent to which the rhythms of French melodies affected the meters of his translations of the psalms of David. Concludes that the strangeness of French meters was overcome by his native Hungarian spirit. Bibliographical footnotes. MnU

3444. Kerékgyártó Elemér. *Szenci Molnár Albert zsoltárai magyar verstörténeti szempontból.* Budapest: Beke Zoltán, 1941. 88p.

Purpose: to clarify the importance of *Psalterium ungaricum* in the history of Hungarian verse. Concerned with its antecedents, so that its distinctive character and its effect on later verse can be determined. Appendix: Tables of the formal structure of the Psalms. Bibliographical footnotes. MnU GeLBM

3445. Turóczi-Trostler József. "Szenczi Molnár Albert Heidelbergben," *Magyar irodalom, világirodalom. Tanulmányok.* I–II. kötet. Budapest: Akadémiai Kiadó, 1961. II, 109–155. [Appeared in *Filológiai Közlöny*, I (1955), 9–18, 139–162]

Explores the conditions attending his becoming a humanist and Hungarian writer, and seeks, above all, to determine how the major ideal of his life awakens and becomes conscious in him—his aspiration to bring Hungarian and European views into harmony through his activities in Heidelberg. DLC InU MnU NN NNC AsWN FiHI GeCU GeLBM GyBDS GyBH GyGNSU

3446. Gáldi László. *Szenczi Molnár Albert zsoltárverse.* Budapest: Akadémiai Kiadó, 1958. 129p.

Purpose: to place his *Psalterium ungaricum* (1607) in the history of Hungarian verse and to determine the extent to which the verses prepared the way for the implanting of West European versification, especially the iambus, in Hungarian poetry. Metrical analysis of the text, with parallel passages from the French texts by Théodore de Bèze and Clément Marot and from the German text by A. Lobwasser. Bibliographical footnotes. Summary in French, pp. 123–127. DLC MH MnU NNC AsWN GeCU GeLBM GyBDS GyBH GyGNSU

SZENTELEKY KORNÉL

Born 1893 in Pécs; died August 20, 1933 in Ószivác, Yugoslavia. Poet, short-story writer. Family name: Sztankovics. Descendant of Kisfaludys on mother's side. Family was living in Zombor by end of century. Studied at University of Budapest and obtained medical degree in 1916. Writings first appeared in *A Hét* and then in *Új Idők*. Moved to Yugoslavia after World War I and became physician in Gara and then in Ószivác. Despite constant illness he established and directed Hungarian literary activities in the area. First published the works of Yugoslavian Hungarian writers in *Vajdasági Írás* (Szabadka) in 1928, and then in *Kalangya* (Ujvidék), which he founded with Zoltán Csuka in 1932 and edited himself. He made possible the regular publication of works by Hungarians in Yugoslavia. Because of his encouragement of literary activities in Bácska and Bánát, he was given the name "Kazinczy" (q.v.). Turned major attention to such organizational and promotional efforts in 1928 and wrote very little thereafter. ¶ His poems are concerned extensively with pain and longing for beauty. His descriptions of scenes and expressions of mood are considered to be the best aspects of his poetry. Noted for linguistic studies and translations. He was the first to interpret modern Yugoslavian poetry for Hungarians. ¶ Some of his poems have been translated into French.

EDITIONS

3447. *Kesergő szerelem.* Regény. Budapest: Táltos, 1920[1]. 181p.

3448. *Színek és szenvedések.* Emlékezés Pechán Józsefre. Dettre János előszavával. Subotica: Minerva, 1923[1]. 22p.

3449. *Úgy fáj az élet . . .* [Rajzok, novellák] Subotica: Minerva, 1925[1]. 184p. [ca.1942[2]]

3450. *Bazsalikom.* Modern szerb költők antológiája. Debreczeni Józseffel. [Fordítások] Szabadka, 1928[1]. [From Várkonyi, p. 417]

3451. *A fény felgyul és ellobog.* Színpadi játék 14 képben. Subotica: Vajdasági Írás, 1929[1]. 48p.

3452. *Isola Bella.* Regény. Kolozsvár: Erdélyi Szépmíves Céh, 1931[1]. 139p. GyBH

3453. *Holnap-holnapután.* Elbeszélések. Válogatta és az utószót írta Herceg János. Újvidék: Délvidéki Magyar Közművelődési Szövetség, 1942. 178p. [C]

3454. *Útitarisznya.* [Útirajzok] Újvidék: Délvidéki Magyar Közművelődési Szövetség, ca.1942[1]. 144p. [C]

3455. *Irodalmi levelei, 1927–1933.* Sajtó alá rendezte és bevezetéssel ellátta Bisztray Gyula és Csuka Zoltán. Zombor és Budapest: Szenteleky Társaság, 1943[1]. 403p. [B]   NNC GeLBM

3456. *Ugartörés.* Tanulmányok. Újvidék: Délvidéki Magyar Közművelődési Szövetség, 1943[1]. 152p. [C]

3457. *Válogatott írásai.* Válogatta Herceg János. I–II. kötet. Novi Sad: Fórum, 1963. [C]

   1. kötet: *Gesztenyevirágzás.* 185p.

   2. kötet: *Ugartörés.* Elbeszélések, cikkek, tanulmányok. 149p.
GeLBM

3458. "Szenteleky Kornél emlékére," *Kalangya*, II (1933), 577–660.

A memorial issue containing verses and short stories dedicated to him and two articles about his life and works: one by Károly Szirmai (pp. 655–550) surveys his life and the way in which he became the organizer of Hungarian literary life in the Voivodeship; the other by Miklós Kállay (pp. 610–614) emphasizes the breadth of his European culture and its reflection in his writings.

3459. Szegedi Emil. "Szenteleky Kornél, a vajdasági magyarság Kazinczyja," *Láthatár*, V (1937), 112–120.

Maintains that he could not achieve his great literary potential because he dedicated his creative energy to the organization of a regional literature; that he undertook an assignment which till then the wide view of his Europeanism had denied; that he had the view of a "literary aristocrat" but that when Zoltán Csuka and his associates created literary media in northern Yugoslavia, he stepped out of his intellectual isolation, accepted the role of leadership, and dedicated himself to the administration of a literary movement.

3460. Herceg János. "Szenteleky szerepe," *Kalangya*, IX (1940), 301–308.

After comments on the birth of a Yugoslavian Hungarian literature in the 10 years following 1929, maintains that Szenteleky created an organized literary life for Hungarians, with the assistance of the poet Lajos Fekete and the prosewriter Zoltán Csuka as his associates. Reviews his belletristic activities, but contends that his editorial work with *Kalangya* and his correspondence are more important because they gave distinctive form to Hungarian literature in Yugoslavia. GyBH

3461. Majtényi Mihály. "Szenteleky. Részlet," *A Híd*, XXV (1961), 147–156.

His attitudes toward the literature of the Bácska-Bánát region and toward radicalism, his writings as an expression of his world and ideas, and his approval of the writers of the Left. GeLBM

SZÉP ERNŐ

Born June 30, 1884 in Huszt; died October 2, 1953 in Budapest. Poet, novelist, short-story writer, dramatist, journalist. Began schooling in Debrecen. Wrote poetry while still in school and published small volume of poetry in 1902, in Mezőtúr. Moved to Budapest and became a journalist when 19. Appearance of his poems and short stories in periodicals and dailies caught attention of public. He worked for *Az Est* and then *Az Újság*. Spent life at journalistic and creative activity. ¶ Often considered to be the best representative of impressionism and the Decadent School in Hungarian literature. His lyric poems contain reflections on his youth; short stories and novels deal with his life in Debrecen and that of ordinary men and artists in Budapest. Avoided contemporary problems, celebrating nostalgic longings for youthful purity and a better world. Excellent portrayer of everyday life in Budapest. ¶ *Azra and Május* have been translated into English, *Bűneim, Emberszag*, and *Lila akác* into German, *Dali dali dal* and *Október* into Italian, and some of his poems into English, French, German, Hebrew, Italian, Japanese, Portuguese, and Rumanian.

EDITIONS

3462. *Első csokor*. Költemények és műfordítások. [Heinrich Heine] Mezőtúr: Braun, 1902¹. 77p.

3463. *Kabaret-dalok*. [Versek] Budapest: Mozgó Könyvtár, 1908¹. 64p.

3464. *Hetedikbe jártam*. [Regény] *Karacsné nagyasszony*. [Elbeszélés] Budapest: Grill Károly, 191?¹. 280p. [1922², 1926³] DLC MH NN NNC AsWN

3465. *Kucséber kosár*. [Elbeszélések] Budapest: Nyugat, 1911¹. 62p.

3466. *Énekeskönyv*. [Versek] Budapest: Nyugat, 1912¹. 78p. NN NNC GyBH

3467. *Irka-firka*. [Karcolatok] Budapest: Franklin-Társulat, 1913¹. 188p. MH NNC OCl GyBH

3468. *Az egyszeri királyfi*. Mese 9 képben, 3 felvonásban. [Színmű] Budapest: Franklin-Társulat, 1914¹. 166p. DLC NN OCl GyBH

3469. *Sok minden*. [Karcolatok] Budapest: Athenaeum, 1914¹. 207p. NNC GyBH

3470. *Élet, halál*. [Karcolatok] Budapest: Dick Manó, 1916¹. 318p. NNC OCl GyBH

3471. *Emlék*. [Versek] Budapest: Pallas, 1917¹. 210p. NNC GyBH

3472. *A jázminok illata*. [Elbeszélések] Békéscsaba: Tevan, 1917¹. 206p. NNC OCl GeLU GyBH

3473 *Kenyér*. [Karcolatok] Budapest: Légrády Testvérek, 1917¹. 208p. NNC OCl GyBH

3474 *Egy kis színház*. [Jelenetek] Budapest: Dick Manó, 1917¹. 168p. NNC OCl

3475 *Lila ákác*. Egy fővárosi fiatalember regénye. Budapest: Athenaeum, 1919¹. 236p. [1919², 1920³, 1932⁴, 1949⁵] NNC OCl AsWN GyBH

3476. *Október*. [Őszi napló] Budapest: Rózsavölgyi és Társa, 1919¹. 175p. MH NNC GeLBM

3477. *Patika*. Színdarab három felvonásban. Budapest: Athenaeum, 1919¹. 140p. DLC NN NNC GyBH

3478. *Régi kedvünk*. [Krónikás versek] Budapest: Pallas, 1919¹. 228p.

3479. *Palika.* Színmű. Budapest, 1920[1]. [From Várkonyi, p. 223]

3480. *Szilágyi és Hajmási.* Három kis színpadi munka. [*Szilágyi és Hajmási, Gusztinak megjött az esze, Május*] Budapest: Athenaeum, 1920[1]. 140p. MH NN NNC

3481. *Az Isten is János.* [Elbeszélés] Wien: Pegazus, 1921[1]. 64p. [1922[2]] OCl AsWN GyBH

3482. *Magyar könyv.* Egy csapat elbeszélés. Bécs: A Szerző, 1921[1]. 124p. MH AsWN GyBH

3483. *Szegény, grófnővel álmodott.* [Regény] Bécs: Hellas, 1921[1]. 66p. NNC

3484. *A világ.* Versek. Bécs: A Szerző, 1921[1]. 63p. OCl AsWN GeLBM

3485. *Két felől angyal.* Új novellák. Bécs: Új Modern Könyvtár, 1922[1]. 82p. GyBH

3486. *Vőlegény.* Három felvonás. [Vígjáték] Leipzig és Wien: Pegazus, 1922[1]. 131p. NN GeLBM

3487. *Bűneim.* [Karcolatok] Budapest: Athenaeum, 1924[1]. 136p. NN OCl GyBH

3488. *Elalvó hattyú.* Válogatott versek. Budapest: Amicus, 1924. 103p. GeLBM

3489. *Egy falat föld, egy korty tenger.* [Elbeszélések] Budapest: Lampel Róbert, 1927[1]. 80p.

3490. *Valentine.* Regény. Budapest: Singer és Wolfner, 1927[1]. 231p. OCl FiHI GeLBM GyBH

3491. *Jó szó.* Versek. Budapest: Singer és Wolfner, 1928[1]. 96p. GeLBM

3492. *Május.* Színmű egy felvonásban. *Kávécsarnok.* [1st?] Vígjáték. Budapest: Singer és Wolfner, 1928. 52p.

3493. *Azra.* Mese. [Színmű] Budapest: Singer és Wolfner, 1930[1]. 104p. DLC GeLBM

3494. *A Hortobágy.* [Karcolatok] Budapest: Singer és Wolfner, 1930[1] [1929?]. 232p. NNC OCl GyBH

3495. *Aranyóra.* Mese. [Színmű] Budapest: Singer és Wolfner, 1931[1]. 109p. GeLBM

3496. *Dali dali dal.* [Regény] Budapest: Pantheon, 1934[1]. 254p. [1958[2]] DLC OCl GyBH GyGNSU

3497. *Ádámcsutka.* [Regény] Budapest: Athenaeum, 1935[1]. 270p. IC NN NNC FiHI

3498. *Szeretném átölelni a világot.* [Novellák] Budapest: Athenaeum, 1936[1]. 146p. NN GeLBM GyBH

3499. *Édes.* Egy gyerek históriája, aki nagyon szerette a cukorkát. Serdülő fiúknak és lányoknak írta Szép Ernő. [Regény] Budapest: Dante, 1937[1]. 164p.

3500. *Mátyás király tréfái.* Összegyűjtötte Szép Ernő. Budapest: Dante, 1937[1]. 190p. [1940[2], 1958[3], 1961[4]] DLC MiDW NNC OCl

3501. *Ballet.* Elbeszélések. Budapest: Singer és Wolfner, 1938[1]. 96p.

3502. *Összes költeményei.* 1908–1938. Budapest: Athenaeum, 1938. 238p. IC GeLBM GyBH

3503. *A tajtékpipa története.* [Elbeszélés] Gyoma: Kner Izidor, 1938[1]. 14p.

3504. *A negyedik nyúlláb.* [Novellák] Balassagyarmat: Grünberger Adolf, 1940[1]. 48p.

3505. *Úrinóta.* Ötven bánatos és jókedvű chanson. [Versek] Budapest: Rózsavölgyi, 1940[1]. 93p.

3506. *Felnőtteknek.* [Önéletrajzi elbeszélések] Budapest: Hungária, 1941[1]. 297p. [1942[2]]

3507. *Zümzüm.* [Novellák] Budapest: May János, 1942[1]. 103p. [1943[2]] NN NNC

3508. *Emberszag.* [Életkép] Budapest: Keresztes, 1945[1]. 141p. [1948[2]]

3509. *Czüpős Kis János.* [Elbeszélések] Budapest: Szikra Regénytár, 1947[1]. 48p.

3510. *Vétkeztem.* Válogatott elbeszélések. Budapest: Szépirodalmi Könyvkiadó, 1951. 119p. MH GeLBM GyBH

3511. *Hetedikbe jártam.* Regény. Budapest: Szépirodalmi Könyvkiadó, 1957. 201p. [C]

3512. *Úriemberek vagyunk.* Válogatott elbeszélések. Válogatta és az előszót írta Réz Pál. Budapest: Magvető, 1957. 538p. [C] DLC IC InU MiD NjN NN NNC GyBDS GyBH GyGNSU

3513. *Add a kezed!* Összegyűjtött versek. Az előszót írta és a kötetet sajtó alá rendezte Hatvany Lajos. [Most complete edition] Budapest: Szépirodalmi Könyvkiadó, 1958. 305p. [C] DLC MH NN NNC GyBDS GyGNSU

3514. *Gyereknek való . . .* Versek. Budapest: Móra, 1958. 56p. [C] GeLU

CRITICISM

3515. Réz Pál. "Szép Ernő," *Szép Ernő: Úriemberek vagyunk.* Válogatott elbeszélések. Válogatta és az előszót írta Réz Pál. Budapest: Magvető, 1957; 538p. Pp. 5–17.

A study maintaining that Szép did not associate himself with any school of writing, but if his intellectual predecessors must be sought, they are, to some measure, Verlaine and Francis Jammes instead of Ady or Baudelaire. Considers his world to be that of the small joys and sorrows of man. Notes that his first critics considered his verses and short stories to be impressionistic. Marks him as one of the most significant masters of Hungarian poetic prose. DLC IC InU MiD NjN NN NNC GyBDS GyBH GyGNSU

SZERB ANTAL

Born May 1, 1901 in Budapest; died January 27, 1945 in Balf. Essayist, literary historian, translator, novelist, short-story writer. Completed university studies in Budapest and Graz. Specialized in Hungarian, German, and English, and obtained doctorate in 1924. Writings first published in 1921 in *Nyugat* under the name Antal Kristóf Szerb. Visited Paris and Italy and spent 1929–1930 studying in London. Began teaching in Széchenyi István Kereskedelmi Iskola in 1928. Became president of newly founded Magyar Irodalomtudományi Társaság in 1933. Became privat-docent at University of Szeged in 1937. Increasingly persecuted as fascism in Hungarian society developed; sought both refuge and protest in writings. Served in forced labor camps during World War II and died there after long period of illness and starvation. ¶Wrote novels and short stories and developed the detective novel in Hungarian literature, but the essay was his major contribution. Strongly humanistic in outlook. His studies of Hungarian and world literature were significant and utilized method of history of ideas. His writings combined learning and artistic taste. Translated extensively from English, French, and Italian, including works of A. France, J. Huizinga, S. Maugham, E. Knight, J. B. Priestley, R. B. Sheridan, P. G. Wodehouse, H. B. Van Loon, and H. Walpole. ¶ *A Pendragon-legenda* has been translated into Czech and English, *Hétköznapok és csodák* into German, and some of his short stories nto English, French, Italian, and Portuguese.

FIRST EDITIONS: *A magyar újromantikus dráma.* [Tanulmány] Budapest: Pallas, 1927. 31p. – *Az udvari ember.* [Tanulmány] Budapest: Dunántúl Egyetemi Nyomdája, 1927. 63p. [Reprinted from *Minerva*, 1927] – *William Blake.* [Tanulmány] Szeged: Szeged Városi Nyomda, 1928. 23p. [Reprinted from *Széphalom*, 1928] – *Az angol irodalom kis tükre.* Budapest: Magyar Szemle Társaság, 1929. 79p. – *Az ihletett költő.* [Berzsenyi Dániel] Szeged: Szeged Városi Nyomda, 1929. 23p. [Reprinted from *Széphalom*, 1929] – *Magyar preromantika.* [Tanulmány] Budapest: Dunántúl Egyetemi Nyomdája, 1929. 69p. [Reprinted from *Minerva*, 1929] – *Vörösmarty–tanulmányok.* Budapest: Dunántúl Egyetemi Nyomdája, 1929. 69p. [Reprinted from *Minerva*, 1930] – *Magyar irodalomtörténet.* Bevezette Makkai Sándor. I–II. kötet. Cluj-Kolozsvár: Erdélyi Szépmíves Céh, 1934. – *A Pendragon-legenda.* [Regény] Budapest: Franklin-Társulat, 1934. 280p. – *Budapesti kalauz Marslakók számára.* Budapest: Löbl Dávid és Fia, 1935. 30p. [1945²] – *Hétköznapok és csodák.* Francia, angol, amerikai, német regények a világháború után. [Tanulmányok] Budapest: Révai, 1936. 243p. – *Utas és holdvilág.* [Regény] Budapest: Révai, 1937. 295p. – *Don't say . . . but say . . .* Mit hibáznak el a leggyakrabban az angolul tudó magyarok. Kováts Alberttal. Budapest: Cserépfalvi, 1939. 71p. [From *Szerb Antal. Bibliográfia*, p. 12] – *VIII. Olivér.* [Regény] Budapest: Széchényi, 1941. 171p. – *A világirodalom története.* I–III. kötet. Budapest: Révai, 1941. – *A királyné nyaklánca.* Igaz történet. Budapest: Bibliotheca, 1943. 287p. – *Száz vers.* Görög, latin, angol, francia, német, olasz válogatott költemények eredeti szövege és magyar fordítása. Összeállította Szerb Antal. Budapest: Officina, 1943. 311p. – See also nos. 3517 and 3518.

EDITIONS

See also nos. 3526 and 3531. Annotated works: nos. 526, 2421, 2483, 3194, 3257, and 4147.

3516. *Gondolatok a könyvtárban.* A tanulmányokat sajtó alá rendezte és a bevezető tanulmányt írta Kardos László. Budapest: Révai, 1946. 649p. [C] IEN MH NN NNC

3517. *Madelon, az eb.* [Novellák] Budapest: Révai, 1947[1]. 192p. [C] NN

3518. *A varázsló eltöri pálcáját.* [Irodalmi karcolatok] Budapest: Révai, 1948[1]. 206p. [C; enl. ed., 1961] DLC NNC AsWN GeCU GyBDS GyBH GyGNSU

3519. *Száz vers.* Görög, latin, angol, francia, német, olasz válogatott költemények eredeti szövege és magyar fordítása. Összeállította Szerb Antal. Budapest: Magvető, 1957[2]. 345p. NNC

3520. *Magyar irodalomtörténet.* Az előszót írta Sőtér István. Utánnyomat. Budapest: Magvető, 1959. 539p. [C] (1952, 1958) DLC MnU NN NNC OCl AsWN FiHU GeLBM GeOB GyBDS

3521. *A Pendragon-legenda.* [Regény] Az utószót írta Hegedüs Géza. Budapest: Magvető, 1962[4]. 286p. [C] (1957) MH MnU OCl GyBDS GyBH GyGNSU

3522. *A világirodalom története.* Az utószót írta Kardos László. Új kiadás. [Not as complete as 1st ed.] I–II. kötet. Budapest: Magvető, 1962. 1013p; continuous paging. [C] (1957, 1958) DLC IC MH NN OCl GeLBM GyBDS

3523. *A királyné nyaklánca.* Igaz történet. A jegyzeteket írta Lux László. Budapest: Magvető, 1963[3]. 359p. [C] (1957) DLC MH NN GeLBM GyBDS GyBH

3524. *Szerelem a palackban.* [Elbeszélések] A kötetet szerkesztette és az előszót írta Poszler György. [Bibliography, pp. 347–(348)] Budapest: Magvető, 1963. 347p. [C] MnU NNC OCl GyBH GyGNSU

3525. *Utas és holdvilág.* Regény. Budapest: Magvető, 1963[3]. 261p. [C] (1959) CLU CtY InU MnU NN NNC OCl GyBH

BIBLIOGRAPHY

See also no. 3524.

3526. *Szerb Antal.* (*1901–1945*) *Bibliográfia.* Összeállította Tóbiás Áron. Budapest: Fővárosi Szabó Ervin Könyvtár, 1961. 28p., xxxiii.

In three parts: (1) his separately published works arranged by genre, (2) his works appearing in periodicals and dailies arranged by belles-lettres, literary history, and criticism, and (3) 33 pages of his verses, writings, and commentary about him by his contemporaries. DLC MnU AsWN

CRITICISM

See also no. 3196.

3527. Schöpflin Aladár. "Szerb Antal Magyar irodalomtörténete," *Nyugat*, XXVII (August 1–16, 1934), 156–160.

A review stating that he has created a new style in writing about literature, uses the methods of modern history of ideas, has not altered the views of the great poets very much but has made them more human by removing them from their pedestals and placing them among the community of men, reduces the literary importance of Sándor Kisfaludy and Mihály Tompa, adds new traits to the traditional portraits, and, in the main, applies the viewpoint of the Nyugat School to Hungarian literature. MnU NN NNC [FiHI] FiHU GeLBM [GeLU] GyBH

3528. Kolozsvári Grandpierre Emil. "Ellentmondások játéka," *Magyar Csillag*, III (1943), 750–754.

Characterizations of his *Magyar irodalomtörténet*, *A világirodalom története*, and *Királyné nyaklánca*. The second viewed as showing the boundaries of his literary and learned capacities and as shifting in method between Spengler's views and the feelings of the *nostalgie du boulevard* with the structure and the nostalgia constantly battling each other. Maintains that *Királyné nyaklánca* is successful because it results from Szerb's own inclinations, not the views of Spengler. MnU NNC AsWN [FiHI] FiHU [GyBH]

3529. Cs. Szabó László. "Szerb Antal," *Magyarok*, I (1945), 74–77.

A portrait of the "writer and reader" who found the artistic form for his vast reading of literary history by applying the vision of the novel, who learned from his study of history that there is no humanity in reality, who was compelled to think not as a politician or revolutionary but as a literary person, and who embraced his people with love but without having had confidence in them for a long time. MnU NNC

3530. Szigeti József. "Szerb Antal," *Forum*, II (1947), 35–47.

A study of his writings postulating that in his early years he was affected by the history of ideas which produced a synthesis of European and Hungarian qualities; that his stress on the history of ideas hindered his followers from arriving at an interest in human welfare and from examining the connections between society and the development of the arts; and that he was also influenced by Freud and Jung. Subsequently, the conditions in Hungary focused his attention on questions of society, as in *Magyar irodalomtörténet*, which is based on a literary-sociological viewpoint with some apparent contradictions. His aesthetics moves from an endorsement of surrealism to a view nearer to historical reality. [CSt-H] [NN] [FiHI] GeLBM GeLU GyBH

3531. Kardos László. "Szerb Antal," *Vázlatok, esszék, kritikák. Új magyar irodalom.* Budapest: Szépirodalmi Könyvkiadó, 1959; 463p. Pp. 204–226. [Appeared as the epilogue to *Szerb Antal: A világirodalom története.* I–II. kötet. Budapest: Bibliotheca, 1958[2]; 1010p.; continuous paging. II, 961–984]
A Marxist evaluation of his writings in literary history and his essays, in two sections: those of his years as a graduate student from the middle of the 1920's and those of his artistic and learned activities beginning in the 1930's. Maintains that the first period was characterized by objectivity and the second by subjectivity—by the strict methodology of professorial meticulousness, philosophical foundation, and compositions addressed to the initiated but crystal clear in meaning, and then by "sobering originality, ingenuity, lyrical tension, and ironical facility." Attention to individual works. Closes with a brief sketch of his life and literary career. DLC MnU NN AsWN GeLBM GyBDS GyBH GyGNSU

3532. Sőtér István. "Szerb Antal magyar irodalomtörténete," *Szerb Antal: Magyar irodalomtörténet.* Az előszót írta Sőtér István. Budapest: Magvető, 1959; 539p. Pp. 5–27.
An analysis of the development of his art in the essay giving attention to the role of Szerb, Gábor Halász, and László Németh in the evolution of the new form of the Hungarian essay, evaluating Szerb's hypothesis of pre-romanticism and his concept of the history of ideas, and maintaining that he sought to break with the school of literary history through his eclectic use of the history of ideas. States that his hypothesis and the most important traits of his literary history were a dike against the chauvinism, irrationalism, myth of race, and fascism spreading in the 1930's, and that those parts of the literary history are lasting in which his art of the essay emerges freely and in which evidence of his rare aesthetic judgment, his capacity for observation, and his feeling for poetic beauty is apparent. DLC MnU NN NNC AsWN FiHU GeLBM GeOB GyBDS

3533. Poszler György. "Intellektualitás és élmény Szerb Antal pályakezdés-ében," *Irodalomtörténet,* L (1962), 382–397.
An examination of his early productive years, the influence of Trakl, and his search as a member of the young group of writers, the "Barbarians," for new statements and new forms. Posits that his narratives show the influence of the Middle Ages, the Renaissance and, later, folk poetry, and the emergence of the problem of solitude; that György Lukács influenced his beginnings as an essayist most strongly; that in the beginning he was interested in German romanticism, particularly Hölderlin and then George Stefan; and that the first influence of the history of ideas pervades his work on S. George Gundolf. CU DLC MH MnU NN NNC AsWU GeLBM GeLU GyBDS GyBH

T

3534. Poszler György. "Szerb Antal és az angol-amerikai regény," *Világirodalmi Figyelő*, IX (1963), 249–263.

Demonstrates Szerb's opposition to portraits of the deterioration of individuality in the American novel and his turning to Huxley's intellectualism, Lawrence's vitalism, Powys's psychography, Virginia Woolf's playfulness, and Garnett's and Collier's "wonder" as a defense. Maintains that near the end of his life, mainly through his analysis of Steinbeck's works, he recognized the superiority of realism but that by then he was quieted by fascism. DLC NN NNC FiHI FiHU GeLBM GyBDS GyBH

3535. Poszler György. *Szerb Antal pályakezdése*. Budapest: Akadémiai Kiadó, 1965. 165p.

A study of his learned and literary development to the publication of *Magyar irodalomtörténet* (1934), considered to be the apex of his development to that point. Emphasizes the influence of the history of ideas on his writings, and focuses on the emergence of ideas and methods which became strong in his later works. Attention to the role of the periodical *Minerva* in advancing the history-of-ideas approach in Hungary. MH MnU GeLBM GyBH GyGNSU

SZIGLIGETI EDE

Born March 8, 1814 in Nagyvárad; died January 19, 1878 in Budapest. Dramatist. Born József Szathmáry. Father a lawyer and member of landed gentry. Attended schools in Nagyvárad and Temesvár. Completed philosophy section of Academy in Nagyvárad in 1832. Wanted to become physician; parents urged him to enter priesthood. Instead began engineering studies in Pest in 1834; soon decided to become an actor. In same year joined Várszínház Theatrical Company in Buda, which was directed by András Fáy (q.v.) and Gábor Döbrentei. He assumed new name at the command of his father, who disapproved of his theatrical career. Limited success as actor but wrote numerous plays. Contracted to write plays for National Theater in 1837, when it opened. Became member of Academy in 1840. Won award for *Rózsa*, the first of numerous prizes during his lifetime. *Szökött katona* (1843) first great success. Member of Kisfaludy-Társaság in 1845. Hundredth play, *Struensee*, presented in National Theater in 1872. Named director of National Theater in 1873, whose activities he had guided since 1850's as stage manager, dramaturge, and secretary. Became a member of Petőfi-Társaság in 1876. ¶ A very prolific playwright. Plays extremely popular. He established plays about peasants as a dominant form on Hungarian stage for decades. *A dráma és válfajai* was the first handbook on dramatic theory in Hungarian. Important for guidance he gave to National Theater. Also translated dramas from English, French, and German, the most notable being Goethe's *Egmont* and Shakespeare's *Richard III* and *Comedy of errors*. Many of his plays remain unpublished, in manuscript prompt-books in the National Széchényi

Library. ¶ *Szökött katona* has been translated into Rumanian, *Cigány* and *Csikós* into Finnish, *Liliomfi* into Czech and Turkish, *A nőuralom* into Croatian, and some of his poems into German.

EDITIONS

3536. *Április bolondja.* Vígjáték egy felvonásban. Pest, 1836[1]. [From Szinnyei, XIII, 850]

3537. *Dienes, vagy a királyi ebéd.* Szomorújáték 5 felvonásban. Közrebocsátá Pály Elek. Pest: Pály Elek, 1838[1]. 59p. GeLBM

3538. *Gyászvitézek.* Eredeti dráma négy felvonásban. Pest: Füskúti Landerer Lajos, 1838[1]. 100p. AsWN GeLBM

3539. *Eredeti színművek: Pókaiak, Vazul, Aba.* Pest: Füskúti Landerer Lajos, 1839[1]. 356p. AsWN

3540. *Romilda.* Eredeti szomorújáték 3 felvonásban. Buda: Magyar Király Egyetem Bötűivel, 1839[1]. 185–225 col.

3541. *Micbán családja.* Eredeti dráma három felvonásban, előjátékkal. Pest: A Szerző, 1840[1]. 113p. AsWN

3542. *Rózsa.* Vígjáték három felvonásban. Buda: Magyar Királyi Egyetem Betűivel, 1840[1]. 128p. AsWN GeLBM

3543. *Ál-Endre.* Eredeti dráma négy szakaszban. Pest: A Szerző, 1841[1]. 137p. AsWN

3544. *Cillei Fridrik.* Eredeti dráma 3 felvonásban. Buda: Magyar Királyi Egyetem Bötűivel, 1841. 203–246 col.

3545. *Korona és kard.* Szomorújáték. Buda: Egyetemi Nyomda, 1842[1]. 113–174 col. [From catalogue of National Széchényi Library]

3546. *Két pisztoly.* Eredeti színmű három szakaszban. Népdalokkal, tánccal. Pest: Geibel Károly, 1844[1]. 127p. AsWN

3547. *Kinizsi.* Vígjáték 3 felvonásban. Buda, 1844[1]. [From Szinnyei, XIII, 850]

3548. *Szökött katona.* Eredeti színmű három szakaszban. Pest: Geibel Károly, 1844[1]. 116p. MH AsWN

3549. *Zsidó.* Eredeti színmű dalokkal. Négy szakaszban. Pest: Geibel Károly, 1844[1]. 130p. AsWN

3550. *Gerő.* Szomorújáték négy felvonásban, egy előjátékkal. Pest: Eggenberger József és Fiai, 1845[1]. 184p. AsWN GeLBM

3551. *Vándor színészek.* Vígjáték három felvonásban. Pest: Eggenberger József és Fiai, 1845[1]. 118p. AsWN GeLBM

3552. *Összes színművei.* I–VII. füzet. Pest: A Szerző, 1846–1848[1]. [Discontinued]

1. füzet: *Gritti.* Eredeti szomorújáték 5 felvonásban. 1846[1]. 72p.

2. füzet: *A rab.* Eredeti színmű három szakaszban. 1846[1]. 88p.

3. füzet: *Egy szekrény rejtelme.* Eredeti színmű három szakaszban. 1846[1]. 96p.

4. füzet: *Zách unokái.* Eredeti szomorújáték öt felvonásban. 1847[1]. 102p.

5. füzet: *Pasquil.* Eredeti vígjáték három felvonásban. 1847[1]. 87p.

6. füzet: *Mátyás fia.* Eredeti dráma öt felvonásban. 1847[1]. 131p.

7. füzet: *Csikós.* Eredeti népszínmű 3 szakaszban, népdalokkal, táncokkal. 1848[1]. 82p.

AsWN

3553. *Béldi Pál.* Eredeti szomorújáték öt felvonásban. Pest: Heckenast Gusztáv, 1863[1]. 171p. AsWN GeLBM

3554. *Fenn az ernyő, nincsen kas.* Eredeti vígjáték három felvonásban. Pest: Heckenast Gusztáv, 1863[1]. 155p. [1922[8]] NN AsWN FiHI GeLBM

3555. *A mama.* Eredeti vígjáték 3 felvonásban. Pest: Lampel Róbert, 1863[1]. 135p. [192?] NN GeLBM GyBH

3556. *A szent korona.* Ünnepi előjáték egy felvonásban, zenével és kar énekkel. Pest: Emich Gusztáv, 1867[1]. 16p.

3557. *Perényi.* Költői elbeszélés. Pest: A Szerző, 1868[1]. 144p. [1916] GeLBM GyBH

3558. *III. Richard.* Shakespeare után fordította. Pest, 1868[1]. [From Szinnyei, XIII, 852]

3559. *A trónkereső.* Eredeti szomorújáték 5 felvonásban. Pest: A Szerző, 1868[1]. 85p.

3560. *Nemzeti színházi képcsarnok.* Pest: A Társulat, 1870[1]. 128p.

3561. *Goethe: Egmont.* Szomorújáték 5 felvonásban. Fordítás. Pest, 1871[1]. [From Szinnyei, XIII, 852]

3562. *A strike.* Eredeti népszínmű 3 szakaszban. Balázs Sándorral. Pest: Pfeifer Ferdinánd, 1871[1] [1872?]. 62p.

3563. *Struensee.* Tragoedia. Pest: Pfeifer Ferdinánd, 1871[1]. 72p.

3564. *Török János.* Eredeti dráma 5 felvonásban. Pest: Pfeifer Ferdinánd, 1871[1]. 39p.

3565. *Az udvari bolond.* Vígjáték 3 felvonásban. Pest: Pfeifer Ferdinánd, 1871[1]. 61p.

3566. *Az amerikai.* Népszínmű. Pest: Herz János, 1872[1]. 57p.

3567. *Az új világ.* Vígjáték. Pest: Pfeifer Ferdinánd, 1873[1]. 66p. GyBH

3568. *Valéria.* Tragoedia. Pest: Pfeifer Ferdinánd, 1873[1]. 91p. GyBH

3569. *A dráma és válfajai.* [Tanulmány] Budapest: Kisfaludy-Társaság, 1874[1]. 543p. MH NNC GyBH

3570. *IV. Béla.* Eredeti szomorújáték 5 felvonásban. Budapest: Pfeifer Ferdinánd, 1875[1]. 68p. NN

3571. *A czigány.* Eredeti színmű 3 felvonásban, zenével, népdalokkal, tánccal. Pest: Pfeifer Ferdinánd, 1875[1]. 57p. [1923] GeLBM

3572. *Felhívás a keringőre.* Vígjáték egy felvonásban. Dumas Sándor után fordította. Budapest, 1875[1]. [From Szinnyei, XIII, 852]

3573. *A háromszéki leányok.* Jókai Mór után. Népszínmű 3 szakaszban. Budapest, 1875[1]. [From Szinnyei, XIII, 852]

3574. *Liliomfi.* Eredeti vígjáték, népdalokkal, zenével. Budapest: Franklin-Társulat, 1875[1]. 87p. [1916, 1950, 1954] DLC FiHI GeLBM GyBH

3575. *II. Rákóczi Ferenc fogsága.* Dráma öt felvonásban. Budapest, 1875[1]. [From Pintér, VI, 797] GyBH

3576. *A világ ura.* Eredeti történeti szomorújáték öt felvonásban. Budapest: Pfeifer Ferdinánd, 1875[1]. 75p.

3577. *Perényiné.* Eredeti dráma két részben. Budapest: Pfeifer Ferdinánd, 1876[1]. 55p.

3578. *Magyar színészek életrajzai.* [Kántor Gerzsonné, Engelhardt Anna, Megyeri Károly, Szentpétery Zsigmond, Fáncsy Lajos, Bartha János, Lendvay Márton, Egressy Gábor, Szilágyi Pál] Az előszót írta Gyulai Pál. Budapest: Franklin-Társulat, 1878[1]. 159p. [1907] GeLBM GyBH

3579. *Dalos Pista.* Vígjáték. Budapest: Pfeifer Ferdinánd, 1879[1]. 58p. [C]

3580. *A fény árnyai.* Eredeti szomorújáték 5 felvonásban. Budapest: Pfeifer Ferdinánd, 1879[1]. 84p. [C] GyBH

3581. *Házassági három parancs.* Eredeti vígjáték 3 felvonásban. Budapest: Pfeifer Ferdinánd, 1879[1]. 49p. [C]

3582. *A lelencz.* Eredeti népszínmű 4 felvonásban. Budapest: Pfeifer Ferdinánd, 1879.[1] 57p. [C] NN

3583. *A nőuralom.* Vígjáték három felvonásban. Budapest: Pfeifer Ferdinánd, 1879[1]. 55p. [C]

3584. *Színművei.* Sajtó alá rendezte és bevezetéssel ellátta Bayer József. I–II. kötet. Budapest: Franklin-Társulat, 1902–1904. [C]

1. kötet: *Szökött katona.* Színmű három szakaszban. *A lelencz.* Népszínmű négy felvonásban. *A fény árnyai.* Szomorújáték öt felvonásban. *A trónkereső.* Szomorújáték öt felvonásban. 1902. 355p.
2. kötet: *Rózsa.* Vígjáték három felvonásban. *Liliomfi.* Eredeti vígjáték három felvonásban. *Házassági három parancs.* Eredeti vígjáték három felvonásban. *A nőuralom.* Vígjáték három felvonásban. 1904. 294p.

DLC MH MnU NNC OCl AsWU FiHI GyBH

3585. *Munkái.* Színművek. [*A trónkereső, Szökött katona, Liliomfi*] Szász Károly bevezetésével, kiadta a Kisfaludy-Társaság. Budapest: Franklin-Társulat, 1928. 215p. [C] MH NNC

3586. *Három színmű: A csikós, A cigány. Liliomfi.* A kötetet szerkesztette és az utószót írta Gergely Géza. Marosvásárhely: Állami Irodalmi és Művészeti Kiadó, 1956. 242p. [C]

3587. *Színművek.* [*Szökött katona, Csikós, II. Rákóczi Ferenc fogsága, Liliomfi, Fenn az ernyő, nincsen kas, A lelenc*] Válogatta, sajtó alá rendezte, az utószót és a jegyzeteket írta Z. Szalai Sándor. Budapest: Szépirodalmi Könyvkiadó, 1960. 511p. [C]   NN NNC GeLBM GeLU GyBDS GyGNSU

BIBLIOGRAPHY

See nos. 3588 and 3592.

BIOGRAPHY

3588. Osváth Béla. *Szigligeti Ede.* Budapest: Művelt Nép, 1955. 168p.

An account of his life and place in the development of a people's and a national culture in Hungary. Attention to his official activities at the National Theater and the drama with which he was connected. Bibliographical notes, pp. 161–167. DLC MH MnU NNC AsWU GeLBM GyBDS

CRITICISM

See also nos. 718 and 3085.

3589. Gyulai Pál. "Szigligeti és újabb színművei," *Dramaturgiai dolgozatok.* I–II. kötet. Budapest: Franklin-Társulat, 1908. II, 395–442. [Appeared in *Budapesti Szemle*, III, no. 6 (1873), 381–407]

Primarily an examination of his literary development, his relationship with the growth of Hungarian drama, and the characteristics of his plays and their significant contribution to the development of plays about peasants as a genre. Maintains that *A strike* and *Az amerikai*, the plays under review, are less valuable than even his earliest ones, but that the author's use of contemporary themes in his plays not only attracted people to the theater but also advanced the successful struggle for political and literary transformation in Hungary. DLC MnU NN NNC FiHI GeCU GeLBM

3590. Gyulai Pál. "Szigligeti Ede," *Emlékbeszédek.* Budapest: Franklin-Társulat, 1879; 324p. Pp. 131–156. [A paper read to the Kisfaludy-Társaság on February 10, 1879; 1st publication?]

A memorial address noting his inheritance from Károly Kisfaludy and Vörösmarty, his development, dramatic innovations, and the characteristics of his plays. His plays about peasants are considered his most significant creations.

3591. Rakodczay Pál. *Szigligeti Ede élete és költészete.* Pozsony és Budapest: Stampfel Károly, 1901. 48p.

A biographical sketch followed by a discussion of the stages of his literary development and the nature and merits of his writings. GeLBM

3592. Szentgyörgyi László. *Szigligeti népszínművei.* Budapest: Löblovitz Zsigmond, 1910. 61p.

The influence on his plays about peasants and the first plays of the type performed at the National Theater are discussed. His plays examined in the order of presentation as to their subject matter, motifs, and characteristics. Chapter on the critical reception given to his plays about peasants. Bibliography, pp. 60–61.

3593. Czeiner Géza. *Szigligeti társadalmi vígjátékai.* Budapest: Sárkány, 1932. 35p.

A study of the content and style of 22 of his comedies of manners by periods: 1845–1849, 1849–1862, 1862–1872. Closes with a discussion of those comedies having a historical background, and of his significance in the genre. Appendixes: (1) Comments on two plays believed to have been lost, *Április bolondja* (1836) and "Lári-fári" (1853), and (2) Table of the comedies of manners, giving the date of composition, dates of opening and closing performances, first editions, and libraries holding the first edition. GeLBM

3594. Nobl Ilona. *Shakespeare hatása Szigligeti tragédiáira.* Pécs: Dunántúl Pécsi Egyetemi Könyvkiadó és Nyomda, 1932. 73p.

Szigligeti's tragedies analyzed, showing the influence of Shakespeare and the degree to which they merged the "real and ideal" in which the latter excelled. Discussion based on plot, structure, character, tragic solution, means used to affect the audience, and matters of style. Comparative tables. Bibliographical footnotes. NN NNC GeLBM GyBH

3595. Z. Szalai Sándor. "Szigligeti és a magyar dráma," *Szigligeti Ede: Színművek.* Válogatta, sajtó alá rendezte, az utószót és a jegyzeteket írta Z. Szalai Sándor. Budapest: Szépirodalmi Könyvkiadó, 1960; 511p. Pp. 483–495.

Viewed as the dramatist who following his predecessors, primarily Károly Kisfaludy, guaranteed the continuation of Hungarian drama with his succession of plays. Information about his life and literary development; evaluations of his plays and language. NN NNC GeLBM GeLU GyBDS GyGNSU

SZOMORY DEZSŐ

Born June 2, 1869 in Budapest; died November 30, 1944 in Budapest. Dramatist, novelist, short-story writer, journalist. After completing gymnasium studies entered Academy of Music and became staff member of *Nemzet, Pesti Napló,* and *Pesti Hírlap.* Went to Paris in 1890 to escape military service, and lived there until 1906 serving as correspondent for Hungarian newspapers. Became well acquainted with Alphonse Daudet. Visited London. Returned to Budapest in 1906, became journalist and served on staffs of *Pesti Napló* and *Az Újság* for rest of his life. *A nagyasszony* presented by National Theater in 1910. Died during siege of Budapest. Writings of his last years are still unpublished. ¶ Noted for very individual style in dramas, novels, and short stories. Sought to express highly private world in manner unlike those of his contemporaries. Used rich, colorful, and original diction in portraying life in modern Budapest with strong pathos. Early dramas were influenced by Ibsen and French impressionists. ¶ Some of his short stories have been translated into English, German, Italian, Portuguese, and Rumanian.

EDITIONS

3596. *Elbukottak.* Hat novella. Budapest: Singer és Wolfner, 1892[1]. 316p. GeLBM

3597. *Les Grands et les Petits Moineaux.* [Nouvelles] Traduit par Gaston d'Hailly. Paris: Alphonse Lemerre, 1895[1]. 287p.

3598. *Mesekönyv.* [Elbeszélések] Budapest: Grill Károly, 1896[1]. 230p.

3599. *Budapesti Babylon.* Pikáns mese. Budapest: Boros J., 1898[1]. 230p.

3600. *Az isteni kert.* Novellák. Budapest: Nyugat, 1910[1]. 195p. [1918[3]] OCl

3601. *A nagyasszony.* Regényes színmű négy felvonásban és hét képben. Budapest: Nyugat, 1910[1]. 208p. [1927[2]] MH NN NNC GeLBM GyBH

3602. *A rajongó Bolzay-lány.* Színmű. Budapest: Nyugat, 1911[1]. 163p. NN

3603. *Ünnep a Dühöngőn és egyéb szerelmek.* [Elbeszélések] Budapest: Nyugat, 1911[1]. 158p. GyBH

3604. *Györgyike drága gyermek.* [Színmű] Budapest: Nyugat, 1912[1]. 157p. NN NNC GeLBM

3605. *Lőrinc emléke.* Novellák. Budapest: Nyugat, 1912[1]. 88p.

3606. *Bella.* Színmű. Budapest: Singer és Wolfner, 1913. 160p. MH NN NNC AsWN GyBH

3607. *Mária Antónia.* Színmű. Budapest: Singer és Wolfner, 1914[1]. 139p. GeLBM GyBH

3608. *Hermelin.* Színmű. Budapest: Singer és Wolfner, 1916[1]. 150p.

3609. *A pékné.* [Elbeszélések] Budapest: Athenaeum, 1916[1]. 210p. [1917[2]] MH NN NNC AsWN GeLU GyBH

3610. *Az élet diadala.* Novellák. Budapest: Nyugat, 1917[1]. 84p. NNC

3611. *Harry Russel-Dorsan a francia hadszíntérről.* [Elbeszélések] Budapest: Pallas, 1918[1]. 261p. CSt CSt-H NNC AsWN

3612. *II. József.* Színmű. Budapest: Pallas, 1918[1]. 111p. NN NNC GeLBM GyBH

3613. *Matuska.* Színmű. Budapest: Pallas, 1918[1]. 136p. DLC AsWN GyBH

3614. *A selyemzsinór.* [Novellák] Budapest: Genius, 1921[1]. 104p. GeLBM GyBH

3615. *II. Lajos király.* [Dráma] Budapest: Athenaeum, 1922[1]. 110p. NN GeLBM GyBH

3616. *Glória.* Színmű. Budapest: Athenaeum, 1923[1]. 112p. NN GeLBM GyBH

3617. *Szabóky Zsigmond Rafael.* Színmű. Budapest: Athenaeum, 1924[1]. 126p. NN GeLBM GyBH

3618. *A mennyei küldönc.* [Elbeszélések] Budapest: Athenaeum, 1926[1]. 202p. NN NNC GeLBM GyBH

3619. *Levelek egy barátnőmhöz.* [Novellák] Budapest: Athenaeum, 1927[1]. 247p. GyBH

3620. *A párizsi regény.* [Önéletrajzi regény] Budapest: Athenaeum, 1929[1]. 478p. [1957[2]] DLC IC NN NNC OCl GeCU GeLU GyBH GyGNSU

3621. *Térjetek meg végre hozzám.* [Novellák] Budapest: Athenaeum, 1929[1]. 160p. NNC GeLBM GyBH

3622. *Takáts Alice.* Színmű. Budapest: Athenaeum, 1930[1]. 83p. GeLBM GeLU GyBH

3623. *Szegedy Annie.* [Színmű] Budapest: Athenaeum, 1931[1]. 101p. GeLBM GyBH

3624. *Gyuri.* [Regény] Budapest: Athenaeum, 1932[1]. 260p. IC NN NNC GeLBM GyBH GyGGaU

3625. *Horeb tanár úr.* Regény. Budapest: Athenaeum, 1934[1]. 185p. GyBH

3626. *Bodnár Lujza.* Színmű. Budapest: Athenaeum, 1936[1]. 115p. GeLBM GeLU

3627. *Emberi kis képeskönyv.* Budapest: Athenaeum, 1936[1]. 288p. OCl NNC GyBH

3628. *Kamarazene.* [Novellák] Budapest: Athenaeum, 1937[1]. 160p. GeLBM GyBH GyGNSU

3629. *Az irgalom hegyén.* [Elbeszélések] Bevezette Vargha Kálmán. Budapest: Magvető, 1964. 553p. [C] IC MH MnU NNC GeLBM GyBDS GyBH GyGGaU GyGNSU

CRITICISM

See also no. 1060.

3630. Kosztolányi Dezső. "Szomory Dezső," *Írók, festők, tudósok. Tanulmányok magyar kortársakról.* Gyűjtötte, sajtó alá rendezte, az utószót és a jegyzeteket írta Réz Pál. I–II. kötet. Budapest: Szépirodalmi Könyvkiadó, 1958. I, 191–213. [Appeared in *A Hét*, I (January 16, 1910), 47; *Nyugat*, IX (February 16, 1916), 245–250; X (July 1, 1917), 74–77; *Pesti Napló*, no. 43 (February 20, 1918), 1–2; *Nyugat*, XX (July 1, 1927), 59–67]

Five articles on individual works: *Az isteni kert, A pékné, Az élet diadala, Harry Russel-Dorsan a francia hadszíntérről,* and *Levelek egy barátnőmhöz.* Discusses the style of the works and the influences of Balzac, Alphonse Daudet, Jules Renard, Shakespeare, Dickens, Walter Scott, Wilde, etc., on them. DLC MH NjN NN NNC AsWN GeCU GyBH GyGNSU

3631. Illés Endre. "Szomory Dezső alkonya," *Krétarajzok.* Budapest: Magvető, 1957; 554p. Pp. 29–42. [A revision of the article published in *Nyugat,* XXIX (May, 1936), 374–377]

Details of his twilight years, by one who knew him, in two essays. The key to his lifework and behavior seen in his knowledge of the Budapest of the parvenu at the turn of the century—his being a distinguished stranger in the city, a fanatic always brilliantly ridiculing narrowmindedness. Also discussion of his technique, the points of difference between his writings and those of Maupassant, his style, and, despite their flaws, the permanence of his works. DLC MH GeLBM GeLU GyBDS GyBH GyGNSU

3632. Kellér Andor. "Szomory Dezső," *Író a toronyban. Három arckép.* Budapest: Szépirodalmi Könyvkiadó, 1958; 235p. Pp. 5–152. [1st publication]

An account of the years 1920–1924, by a close friend. Materials on the literary and editorial temper of the period, the gap between Szomory and the writers of *Nyugat,* his friendship with Béla Iványi-Grünwald, Lajos Mikes and Árpád Tóth, and the views of János Horváth, Endre Nagy, and others about him. Attention to his environment, his arrogance and isolation, and his behavior during the persecution of the Jews. Data on editions of his works and the circumstances of their publication. DLC InU NNC GeLBM GeLU GyBDS GyGNSU

3633. Vargha Kálmán. "A novellista Szomory," *Szomory Dezső: Az irgalom hegyén.* Bevezette Vargha Kálmán. Budapest: Magvető, 1964; 553p. Pp. 5–39.

The influences on and the stylistic development of his short stories: the inspirational effect of his 15 years in Paris; the naturalism in his early writings and the influence of Balzac and Dickens; his later rejection of naturalism and the period of his Art Nouveau (which is still the most widely known by his readers); the birth of more valuable works in the 1920's and his slight movement toward a decorative realism; the radicalization of his views of society and the freeing of his humor and satirical bent as leading him to the creation of outstanding writings; and his deeper concentration on the Maupassant type of short story and his giving new life to the traditional form and the short short story. IC MH NNC GeLBM GyBDS GyBH GyGGaU GyGNSU

TAMÁSI ÁRON

Born September 20, 1897 in Farkaslaka; died May 26, 1966 in Budapest. Novelist, short-story writer, dramatist. Descendant of a family of agricultural workers. Completed studies in Catholic gymnasium in Székelyudvarhely in 1917. Served on Italian front during World War I. Returned in 1919 to study law at University of Kolozsvár and at Kereskedelmi Akadémia in Kolozsvár, from which he obtained a diploma. Worked in a bank for a time. First story appeared in 1922 in *Keleti Újság*. Lived in United States 1923–1926, mostly in New York, supporting himself by physical work. Returned to Kolozsvár in 1926 and earned living as a journalist. Was affiliated with *Helikon, Korunk, Erdélyi Fiatalok*, and *Válasz*. Supported movements to improve the lot of common people and participated in work of populist writers. Attended Vásárhelyi találkozó, a meeting of progressive writers held by Rumanian People's Front in October 1937. Twice awarded Baumgarten Prize. Associate member of Academy 1943–1949. Parliamentary representative 1945–1947. Awarded Kossuth Prize for *Hazai tükör* in 1955. In 1954 became member of the National Council of Patriotic People's Front and in 1963 member of the secretariat of the National Peace Council. ¶ Uses materials of Székely people in Transylvania in his novels, short stories and plays. Employs a mixture of realism and romanticism, natural and supernatural. Fiction is highly anecdotal, diction highly poetic. Had strong humanistic feelings for the oppressed and was a constant supporter of the rights of man. ¶ *Ábel a rengetegben* has been translated into Dutch, French, German, Italian, and Polish, *Szűzmáriás királyfi* into Czech and German, and some of his short stories into English, French, German, Italian, Polish, and Serbian.

EDITIONS

3634. *Lélekindulás.* [Novellák] Cluj-Kolozsvár: Fraternitás, 1925[1]. 183p.

3635. *Szűzmáriás királyfi.* [Regény] I–II. kötet. Cluj-Kolozsvár: Erdélyi Szépmíves Céh, 1928[1]. IC MH NN NNC OCl FiHI

3636. *Erdélyi csillagok.* Elbeszélések. Cluj-Kolozsvár: Minerva, 1929[1]. 125p. GyBH

3637. *Hajnali madár.* [Novellák] Budapest: Athenaeum, 1929[1]. 162p. NN FiHI

3638. *Címeresek.* Regény. Kolozsvár: A Szerző, 1931[1]. 324p. [1945[2], 1959[3], 1964[4]] DLC MH NN NNC AsWN FiHI FiHU GeLBM GyBDS GyBH GyGNSU

3639. *Helytelen világ.* Novellák. Kolozsvár: Erdélyi Szépmíves Céh, 1931[1]. 147p.

3640. *Ábel a rengetegben.* Regény. Kolozsvár: Erdélyi Szépmíves Céh, 1932[1]. 191p. [1944, 1946, 1953, 1955, 1957, 1966] DLC IC NN NNC OCl FiHI GeLBM GyBDS

3641. *Ábel Amerikában.* Regény. Kolozsvár: Erdélyi Szépmíves Céh, 1934[1]. 248p. [1935, 1957] DLC IC MH NNC OCl GeLBM GyBH

3642. *Ábel az országban.* Regény. Kolozsvár: Erdélyi Szépmíves Céh, 1934[1]. 210p. [1943] DLC IC MH NNC AsWN GeLBM GyBH

3643. *Énekes madár.* Székely népi játék három felvonásban. Budapest: Kazinczy, 1934[1]. 96p. NN FiHI GyBH

3644. *Jégtörő Mátyás.* Regény. Kolozsvár: Erdélyi Szépmíves Céh, 1935[1]. 188p. [1936, 1943] IC MH NNC OCl FiHI GeLBM GyBH

3645. *Rügyek és reménység.* [Elbeszélések] Budapest: Székely Egyetemi és Főiskolai Hallgatók Egyesülete, *ca.*1935[1]. 277p. [1941[4]] DLC IC NN NNC OCl AsWN FiHI GeLBM GyBH

3646. *Ragyog egy csillag.* Regény. Cluj: Erdélyi Szépmíves Céh, 1938[1]. 233p. [1940[2], 1941[3], 1942[4]] DLC IC NN NNC OCl FiHI GeLBM GyBH

3647. *Virágveszedelem.* [Elbeszélések] Budapest: Révai, 1938[1]. 254p. [1942] DLC IC NN NNC AsWN GyGNSU

3648. *Szülőföldem.* [Hazai tudósítás] Budapest: Révai, 1939[1]. 211p. [1944[5]] DLC MH NN NNC OCl OClW AsWN FiHI GeCU GyBH

3649. *Három játék.* [*Énekes madár, Tündöklő Jeromos* (1st), *Vitéz lélek* (1st)] Budapest: Révai, 1941. 269p. [1944] DLC NN NNC OCl GyBH

3650. *Magyari rózsafa.* Regény. Kolozsvár: Erdélyi Szépmíves Céh, 1941[1]. 194p. [1944[3]] NNC GyBH

3651. *Csalóka szivárvány.* [Színmű] Budapest: Révai, 1942[1]. 146p. NN GeLBM GyBH

3652. *Összes novellái.* Budapest: Révai, 1942. 926p. NNC AsWN GyBH

3653. *Téli verőfény.* Elbeszélések. Kolozsvár: Erdélyi Szépmíves Céh, 1942[1]. 200p. NNC

3654. *Virrasztás.* [Tanulmányok] Budapest: Révai, 1943[1]. 457p. DLC NNC GyGGaU

3655. *A legényfa kivirágzik.* [Válogatott elbeszélések] Budapest: Misztótfalusi Közművelődési Szövetkezet, 1945?. 62p.

3656. *Szivbéli barátok.* Ifjúsági regény. Budapest: Révai, 1946[1]. 125p.

3657. *Hullámzó vőlegény.* Színpadi játék. Budapest: Révai, 1947[1]. 160p. NN NNC

3658. *Zöld ág.* [Regény] Budapest: Révai, 1948[1]. 201p. DLC IC OCl GeCU GeLBM

3659. *Kikelet.* Válogatott elbeszélések. Budapest: Révai Könyvkiadó Nemzeti Vállalat, 1949. 366p. DLC OCl NNC AsWN GeLBM GyGNSU

3660. *Bor és víz.* Szüreti játék. Budapest: Népművészeti Intézet, 1951[1]. 18p.

3661. Tamási Áron: *Búbos vitéz.* [1st] Mesejáték. Kiss Károly és Lakatos István: *Kocsis László Egerben.* Bábjáték. Budapest: Művelt Nép, 1952. 114p.

3662. *Kossuth nevében.* Toborzási jelenet. Budapest: Művelt Nép, 1952[1]. 27p.

3663. *Bölcső és bagoly.* Regényes önéletrajz. Budapest: Szépirodalmi Könyvkiadó, 1953[1]. 208p. [1954[2], 1957] DLC NN OCl FiHU GeLU GyBDS GyBH

3664. *Hazai tükör.* Krónika, 1832–1853. Budapest: Ifjúsági Könyvkiadó, 1953[1]. 280p. [1954[2], 1957] DLC IC MH MiD NN NNC FiHI GeLBM GyBDS GyBH

3665. *Szegénység szárnyai.* [Félszáz elbeszélés] Budapest: Szépirodalmi Könyvkiadó, 1954. 425p. [1956[2]] DLC MH FiHU GeLBM GyBDS GyBH

3666. *Kakasok az Édenben.* Két színpadi játék. [*Énekes madár, Ördögölő Józsiás* (1st)] Budapest: Szépirodalmi Könyvkiadó, 1956. 214p. MH MiU NjN NNC OCl GeLBM GyGNSU

3667. *Jégtörő Mátyás. Ragyog egy csillag.* [Regények] Budapest: Szépirodalmi Könyvkiadó, 1957. 469p. [1965] DLC MH NN GyBDS GyGNSU

3668. *Elvadult Paradicsom.* Összegyűjtött novellák, 1922–1936. Budapest: Szépirodalmi Könyvkiadó, 1958. 643p. DLC IC MH NjN FiHU GeLBM GyBH GyGNSU

3669. *Világ és holdvilág.* Összegyűjtött novellák, 1936–1957. Budapest: Szépirodalmi Könyvkiadó, 1958. 511p. C DLC IC InU NN NNC OCl GyGGaU

3670. *Ábel.* [Trilógia] I–III. kötet. Budapest: Szépirodalmi Könyvkiadó, 1960. [1957]

1. kötet: *Ábel a rengetegben.* 260p.
2. kötet: *Ábel az országban.* 246p.
3. kötet: *Ábel Amerikában.* 285p.

C NN NNC AsWN FiHI FiHU GeCU

3671. *Szirom és boly.* [Magyar rege] Budapest: Szépirodalmi Könyvkiadó, 1960[1]. 211p. [1962[2]] DLC NN NNC AsWN FiHI GeLBM GyBDS GyBH GyGNSU

3672. *Játszi remény.* Új novellák [*Virágszál gyökere,* 1st] és egy költői elbeszélés [*Zöld ág,* 2d] Budapest: Szépirodalmi Könyvkiadó, 1961. 375p. DLC AsWN GeLBM GyBDS GyGNSU

3673. *Akaratos népség.* Színpadi művek. I–II. kötet. Budapest: Szépirodalmi Könyvkiadó, 1962.

1. kötet: *Énekes madár, Tündöklő Jeromos, Vitéz lélek, Csalóka szivárvány.* 371p.
2. kötet: *Hullámzó vőlegény, Ördögölő Józsiás, Hegyi patak* [1st], *Boldog nyárfalevél* [1st]. 424p.

NN NNC GeCU GeLBM GyBDS GyBH GyGNSU

3674. *Hétszínű virág.* [Novellák, 1923–1963] Budapest: Magvető, 1963. 516p. FiHI GiHU GeLBM GyBDS GyBH GyGNSU

3675. *Világló éjszaka.* [Novellák] Budapest: Magvető, 1966. 502p. NNC FiHI GeLBM GyBH

CRITICISM

See also nos. 2864 and 4624.

3676. Bóka László. "Tamási Áron novellái," *Magyar Csillag*, II (October 1, 1942), 237–240.

Összes novellái reviewed for their powerful exposition, their staccato-like rhythm and their unstylized folk qualities. His composition seen as a "pretense" that enables him to fulfill his intention of "giving voice to the earth." MnU NNC AsWN [FiHI] [FiHU] [GyBH] GyGNSU

3677. Németh László. "Tamási játékai," *Magyar Csillag*, II (December 1, 1942), 403–407.

Commentary on his positive contributions to Hungarian drama despite the failure of *Énekes madár*, *Tündöklő Jeromos*, *Vitéz lélek*, and *Csalóka szivárvány* on the stage. Expresses the belief that, even as he has succeeded in directing prose forms toward poetry, so he may also bring poetry into the drama. MnU NNC AsWN [FiHI] [FiHU] [GyBH] GyGNSU

3678. Czine Mihály. "Tamási Áron újabb műveiről," *Csillag*, VIII (1954), 516–527.

A review of the novels *Bölcső és bagoly* (1953) and *Hazai tükör* (1953) praising them as the products of one who knows how to write for the people and as indications of new developments in his art and examining their content and style. Also commentary on the development of his writing to the present and the problems of style and outlook in relation to the way he handles reality. [DLC] MnU [NN] NNC [GeLBM] GyBH [GyGGaU]

3679. Poszler György. "Tamási Áron újabb regényei," *Irodalomtörténet*, XLIII (1955), 242–248.

A review of two novels, *Bölcső és bagoly* and *Hazai tükör*, which, in addition to discussing their form and content as literature about the peasantry, traces the current of the peasant in a "people's literature" from the beginning of the twentieth century, and characterizes the place of his writings in the development. [CU] DLC MH MnU NN NNC AsWU GeLBM GyBDS GyBH

TERSÁNSZKY JÓZSI JENŐ

Born September 12, 1888 in Nagybánya; died June 11, 1969 in Budapest. Novelist, short-story writer, and musician. Father was a mining official in relatively good financial circumstances. Was educated in local school. Abandoned desire to become painter; apprenticed as clerk and lawyer. First story appeared in *Nyugat* in 1910, and from this time made living entirely from his writings. Enlisted in World War I, served on Russian and Italian fronts, and was discharged as second lieutenant in 1919. Views his entire life as an extension of happiness, freedom, and wandering of childhood and youth. Pursues music and music composition and painting as well as literary activity. Supported cause of workers and peasants between two World Wars. Also earned living by playing guitar and flute in theaters, cabarets, and taverns. Lived the life of own characters. Found true literary form in 1920's in novelette, especially *Kakuk Marci* cycle. Experimented with drama near end of 1930's, and "Cigányok" (not published?) was presented by Hungarian Theater and National Theater. Received Baumgarten Prize in 1929 and Kossuth Prize for *Kakuk Marci* cycle in 1949. ¶ Important figure in 20th-century Hungarian prose fiction. Very prolific. His early novels and short stories were romantic, later more realistic. Protagonists are wanderers and Bohemians. Strongly sympathetic toward those whose lives are without order and moral links. Characters follow purely private paths; often likened to John Steinbeck's hobo characters and attitudes. Made extensive contributions to children's literature. Translated some of Jack London's novels. ¶ *Egy ceruza története* has been translated into German, *Legenda a nyúlpaprikásról* into Flemish and German, *Misi Mókus kalandjai* into French, and some of his short stories into English, French, German, Serbian, and Slovakian.

EDITIONS

See no. 3936 for annotated work.

3680. *A tavasz napja sütötte* . . . Novellák. Budapest: Nyugat, 1912[1]. 63p.

3681. *Viszontlátásra drága* . . . Regény. Budapest: Nyugat, 1916[1]. 99p. FiHI GyBH

3682. *A kék gondviselés, amelyről csak egy bizonyos.* Regény. Budapest: Táltos, 1918[1]. 226p. OCl

3683. *Kísérletek, ifjúság.* Elbeszélések. Budapest: Nyugat, 1918[1]. 158p. NNC

3684. *A két zöld ász. Buzikán Mátyás, a hamiskártyás emlékiratai.* Regény. Budapest: Franklin-Társulat, 1922[1]. 280p. [1957] DLC IC MnU NNC FiHI GyGGaU

3685. *A Sámsonok.* [Regény] Budapest: Magyarság Szerkesztősége, 1922[1]. 164p.

3686. *Kakuk Marci ifjúsága.* [Regény] Budapest: Amicus, 1923[1]. 134p.

3687. *A repülő család.* Regény. Budapest: Athenaeum, 1923[1]. 123p. OCl GyBH

3688. *Jámbor Óska.* Regény. Budapest: Pallas, 1924[1]. 71p. MnU

3689. Tersánszky Jenő: *Mike Pál emlékei.* [1st] Wallace Edgar: *A hatalom könyve.* [Kisregények] Budapest: Athenaeum, 1924. 95p.

3690. *A céda és a szűz.* [Kisregény] Budapest: Amicus, 1925[1] [1924?]. 81p.

3691. *A havasi selyemfiú.* [Elbeszélés] Budapest: Amicus, 1925[1] [1923?]. 97p.

3692. *Rossz szomszédok.* Regény. Budapest: Grill Károly, 1926[1]. 287p. [1949] NN NNC OCl GeLBM GyGGaU

3693. *Igazi regény.* Regény. Budapest, 1928[1]. [From *Magyar irodalmi lexikon,* III, 342]

3694. *Az őrült szerelme.* [Regény] Budapest: Tolnai, 1928[1]. 128p.

3695. *A margarétás dal.* [Regény] Budapest: Nyugat, 1929[1]. 154p. [1959] DLC IC MH MnU NN NNC OCl GeLBM GyBDS GyBH

3696. *A nevelőkisasszony.* Regény. Budapest: Pesti Napló, 1930[1]. 189p.

3697. *Az elveszett notesz.* Kisregény. Budapest: Világvárosi Regények, 1932[1]. 60p.

3698. *A veszedelmes napló.* Regény. Budapest, 1932[1]. [From Várkonyi, p. 285]

3699. *Kakuk Marci a zendülők közt.* [Regény] Budapest: Nyugat, 1934[1]. 191p. OCl FiHI

3700. *Szerenád.* Regény. Budapest: Révai, 1934[1]. 224p. GyBH

3701. *Kakuk Marci vadászkalandja.* [Regény] Budapest: Franklin-Társulat, 1935[1]. 210p. NNC OCl

3702. *Kakuk Marci szerencséje.* [Novellák] Budapest: Athenaeum, 1936[1]. 151p. NN OCl GyBH

3703. *Legenda a nyúlpaprikásról.* [Regény] Budapest: Dante, 1936[1]. 189p. [1955, 1961] DLC IC MnU NN NNC AsWN FiHI GeCU GeLBM GyGNSU

3704. *Kakuk Marci kortesúton.* [Regény] Budapest: Athenaeum, 1937[1]. 187p. OCl FiHI

3705. *A szerelmes csóka.* [Regény] Budapest: Franklin-Társulat, 1937[1]. 165p. DLC IC NN NNC OCl GyBH

3706. *Az amerikai örökség.* [Regény] Budapest: Nyugat, 1938[1]. 167p. [1941] DLC NN AsWN

3707. *Bűnügy—lélekelemzéssel.* Regény. Budapest, 1938[1]. [From Várkonyi, p. 285]

3708. *A magyarok története.* [Népszerű történelem] Budapest: Cserépfalvi, 1938[1]. 38p. NN

3709. *Majomszőrpárna.* Regény. Budapest, 1938[1]. [From Várkonyi, p. 285]

3710. *A vezérbika emlékiratai.* [Regény] Budapest: Cserépfalvi, 1938[1]. 246p. OCl

3711. *Mese a buta nyúlról.* Budapest: Officina, 1939[1]. [48]p.

3712. *Az én fiam!* [Regény] Budapest: Athenaeum, 1940[1]. 238p.

3713. *Annuska.* Regény. Budapest: Nyugat, 1941[1]. 205p. GyBH

3714. *A bátor nyírőlegény.* Regény. Budapest: Magyar Népművelők Társasága, 1941[1]. 96p. [From catalogue of National Széchényi Library]

3715. *Az ékköves melltű.* Kisregény. Budapest: Centrum, 1941¹. 32p.

3716. *Okos és Oktondi.* Két királyfi kalandjai. [Mese] Budapest: Officina, 1941¹. 78p.

3717. *Az átok.* [Kisregény] Budapest: Stádium, 1942¹. 64p. AsWN

3718. Ligeti Ernő: *Jákob az angyallal.* Kisregény. Tersánszky J. Jenő: *Forradalom a jég között.* [1st] Kisregény. Nagyvárad: Grafika, 1942?. 144p.

3719. *A gyilkos.* [Kisregény] Budapest: Napsugár, 1942¹. 63p.

3720. *Pimpi, a csíz és egyéb elbeszélések.* Budapest: Királyi Magyar Egyetemi Nyomda, 1942¹ [1943?]. 76p.

3721. *Selyemfiú.* [Regény] Budapest: Jelen, 1942¹. 160p. NNC

3722. *A vén kandur.* [Elbeszélés] Budapest: Áchim András, 1942¹. 63p.

3723. *Az ékszer.* Regény. Budapest: Rubletzky, 1943¹. 48p. [From catalogue of National Széchényi Library]

3724. *Az élet titka.* A király bölcsessége. [Kisregény] Budapest: Áchim András, 1943¹. 31p.

3725. *Az elnök úr inasévei.* Regény. Budapest: Bersenyi, 1943¹. 203p.

3726. *Furcsa kísértet.* [Regény] Budapest: Hungária, 1943¹. 32p. [From catalogue of National Széchényi Library]

3727. *Győz a becsület.* [Kisregény] Budapest: Áchim András, 1943¹. 47p.

3728. *Kakuk Marci rendet csinál.* [Kisregény] Budapest: Áchim, 1943¹. 32p. [From catalogue of National Széchényi Library]

3729. *A milliomos kalandjai.* [Kisregény] Budapest: Áchim, 1943¹. 32p. [From catalogue of National Széchényi Library]

3730. *Szerelmi bonyodalom.* [Kisregény] Budapest: Áchim András, 1943¹. 31p.

3731. *Tíz taktus története.* [Novellák] Budapest: Új Hang, 1943¹. 171p. NNC GeLU

3732. *Vadregény.* Regény. Budapest: Királyi Magyar Egyetemi Nyomda, 1943¹. 234p. GyGGaU

3733. *Kaland a villában.* [Regény] Budapest: Aesopus, 1944¹. 96p.

3734. *Új legenda.* [Regény] Budapest: Keresztes, 1944¹. 334p.

3735. *III. Bandika a vészben.* [Regény] Budapest: Studio, 1947¹. 222p. NN

3736. *Én fogom az aranyhalat.* [Gyermekmese] Budapest: Magyar Központi Híradó, 1947¹. 54p.

3737. *A félbolond.* Regény. Budapest: Egyetemi Nyomda, 1947¹. 339p. [1957²] DLC MH MnU NN AsWN GeLBM GyBDS GyBH GyGNSU

3738. Tömörkény István: *Barlanglakók.* Színjáték. Tersánszky Józsi Jenő: *A vízbefúlt csizmája.* [1st] Vígjáték. Joós F. Imre: *Egy zsák búza.* Budapest: Kultúra, 1947. 63p.

3739. *Egy ceruza története.* Regény. Budapest: Révai, 1948[1]. 167p. IC OCl GeLBM

3740. *Egy szarvasgím története.* Ifjúsági regény. Budapest: Révai, 1948[1]. 132p.

3741. *Sziget a Dunán.* Regény. Budapest: Révai, 1948[1]. 176p. NNC GeLBM

3742. *Egy kézikocsi története.* Regény. Budapest: Révai, 1949[1]. 141p. DLC NN

3743. Hárs László: *A menyecske meg a pap.* Tersánszky J. Jenő: *Olga, Gyurka, Lonci.* [1st] Erdődy János: *Bábkormány.* Csorba Győző: *A kopasz farkas.* [Bábszínjátékok] Budapest: Művelt Nép, 1952. 58p.

3744. *A harmadik fiú.* Mesejáték négy felvonásban. Budapest: Művelt Nép, 1953[1]. 54p.

3745. *Misi Mókus kalandjai.* [Mesekönyv] Budapest: Ifjúsági Kiadó, 1953[1]. 80p.

3746. Tersánszky J. Jenő: *Táltos bárány.* [1st] *Meglopott tolvajok.* Fordította és átdolgozta Végh György. *Mileva Leda: Kicsi Lilianka.* Fordította és átdolgozta Kárpáti György. [Bábszínjátékok] Budapest: Művelt Nép, 1953. 80p.

3747. *Két egyfelvonásos.* Tersánszky J. Jenő: *A gyomorerősítő.* [1st] Füsi József: *Szüret előtt.* Budapest: Honvéd, 1954. 55p.

3748. *A síró babák.* [Színmű] Budapest: Népszava, 1954[1]. 72p. GeLBM

3749. *Egy biciklifék története.* [Regény] Budapest: Magvető, 1955[1]. 156p.

3750. *Asszony a szapulóban.* Népi bábjáték. Fordította Jankovich Ferenc. Tersánszky J. Jenő: *Művész Maci az erdőben.* [1st] Szilágyi Dezső: *Mackómukik kirándulnak.* Pálffy Éva: *Cini rendet csinál.* Kós Lajos: *A magyar bábmozgalom tíz éve.* [Tanulmány] Szerkesztette a Népművészeti Intézet. [Bábszínjátékok] Budapest: Művelt Nép, 1955. 87p.

3751. *A vándor.* Válogatott elbeszélések. Sajtó alá rendezte Czibor János. Budapest: Szépirodalmi Könyvkiadó, 1955. 352p. MH NN NNC OCl GyBH

3752. *Makk Marci hőstette.* [Meséskönyv] Budapest: Ifjúsági Kiadó, 1956[1]. 68p.

3753. *A szerelmes csóka és más regények.* [*A szerelmes csóka, A vezérbika emlékiratai, III. Bandika a vészben*] Budapest: Magvető, 1956. 540p. [1965] DLC MH MnU GyBDS GyGNSU

3754. *Kacor Dani csínyjei.* [Verses mese] Budapest: Magvető, 1957[1]. 60p. GyBH

3755. *Viszontlátásra drága . . .* Összegyűjtött kisregények. [*Hitter Lajos, a hetedgimnazista* (1911), *A gyilkos* (1915), *Viszontlátásra drága* (1916), *A Sámsonok* (1922), *A céda és a szűz* (1924), *Mike Pál emlékei* (1924), *A havasi selyemfiú* (1925), *Hát el fog jönni, meglátja* (1927), *A halott bakancsa* (1937), *Az átok* (1940)] Sajtó alá rendezte Czibor János. Budapest: Magvető, 1957. 557p. [C]   NN AsWN GeLU GyBDS GyGNSU

3756. *Illatos levélkék.* [Kisregény] Budapest: Magvető, 1958[1]. 136p. DLC GyBDS

3757. *A tiroli kocsmáros.* Elbeszélések, 1910–1958. Sajtó alá rendezte Czibor János. I–II. kötet. Budapest: Magvető, 1958. [C]   DLC NNC GeCU GeLU GyBDS GyBH

3758. *A kék gondviselés. A margarétás dal.* [Két regény] Az utószót írta Bodnár György. Budapest: Magvető, 1959. 365p.

3759. *Szerenád. Vadregény.* [Két regény] Az utószót írta Bodnár György. Budapest: Magvető, 1959. 467p. DLC MH NN NNC AsWN GeLBM GyBDS GyGNSU

3760. *Rossz szomszédok. Az én fiam.* [Két regény] Budapest: Magvető, 1960. 479p. C NN AsWN GyBDS GyBH GyGNSU

3761. *Egy ceruza története. Egy kézikocsi története.* [Regények] Budapest: Magvető, 1961. 430p. DLC NNC AsWN GeLBM GyBDS GyGNSU

3762. *Kakuk Marci.* Regény. Az utószót Bodnár György írta. I–II. kötet. Budapest: Magvető, 1961[9]. [1950, 1956, 1957, 1960] DLC IC MH MnU NN NNC AsWN FiHU GeCU GeLBM GeLU GyBDS GyBH

3763. *Két zöld ász. Az elnök úr inasévei.* [Két regény] Budapest: Magvető, 1962. 504p. NN NNC AsWN GeCU GeLBM GyBH

3764. *Nagy árnyakról bizalmasan.* [Emlékezések] Budapest: Magvető, 1962[1]. 302p. [2d, enl. ed., 1964] MH NN NNC AsWN GeLBM GyBDS GyBH GyGNSU

3765. *Rekőttes.* [Regény] Budapest: Magvető, 1963[1]. 248p. NNC GeLBM GyBDS GyBH GyGNSU

3766. *Sarkantyúvirág.* [Kisregények: *Gépkocsi baleset, A szerelem és béke madarai, A szerencse fia, A sarkantyúvirág*] Budapest: Magvető, 1963[1]. 289p. IC MH NN GeLBM GyBDS GyBH GyGNSU

3767. *A céda és a szűz.* Válogatott kisregények. [Numerous titles] Budapest: Magvető, 1964. 996p. IC MnU NNC GeLBM GyBDS GyGNSU

BIOGRAPHY

See no. 3936.

CRITICISM

3768. Móricz Zsigmond. "Tersánszky," *Nyugat,* XV (December 1, 1922), 1369–1370.

Sees *Kakuk Marci* as his first complete work and as the only Hungarian work dealing effectively with the life of the beggar; states that it teaches but with enjoyment as no study can and that getting used to its language means becoming accustomed to the characters and participating fully in their experiences; maintains that the work serves as a key to all his previous writings. MH MnU NNC FiHU GeLBM GyBH

3769. Schöpflin Aladár. "Tersánszky. (Tersánszky J. Jenő szerzői estjén tartott előadás)," *Nyugat*, XIX (April 16, 1926), 753–754.

His ability and range as illustrated by *Viszontlátásra drága, Két zöld ász, Rossz szomszédok*, and *Kakuk Marci*. Claims his individuality attained in the last three, wherein he delineates more accurately than any other Hungarian writer the social strata to be found in provincial towns. MnU NNC FiHU GeLBM GyBH

3770. Szegi Pál. "Tersánszky Józsi Jenő," *Nyugat*, XXI (June 16, 1928), 873–882.

His attitude toward life, the nature of his protagonists, his naturalism, and the stages of his literary development to *Kakuk Marci* (1923) and *Céda és a szűz* (1924?). MnU NN NNC [FiHI] FiHU GeLBM GyBH

3771. Schöpflin Aladár. "Tersánszky," *Nyugat*, XXVIII (March, 1935), 179–182.

Summarizes his life during the past 25 years. Examines his writings, finding a strong eroticism, the natural man as their real character, *Kakuk Marci* as the best expression of the type, and his language to be distinctive. MnU NN FiHU GeLBM [GeLU] GyBH

3772. Jankovich Ferenc. "Tersánszky J. Jenőről, 'Az én fiam' című könyve kapcsán," *Nyugat*, XXXIII (September 1, 1940), 426–429.

The nature of his characters, his attitude toward them and life, his literary style and techniques, his humor, and concluding praise of *Az én fiam*. MnU NN NNC FiHU GeLBM GyBH

3773. Illés Endre. "Tersánszky," *Krétarajzok*. Budapest: Magvető, 1957; 554p. Pp. 236–244. [Appeared in *Csillag*, IX (August, 1955), 1669–1673]

Maintains that the outstanding characteristic of his writing is not "the joyous sound of the satyr's pipe" but "the choked, airless, glassed-in cage of a normal society washing itself" in which the reader sees "the secrets of men undressing during their most delicate moments." DLC MH GeLBM GeLU GyBDS GyBH GyGNSU

TINÓDI SEBESTYÉN

Born 1510? in Tinód; died January 31?, 1556 in Sárvár. Minstrel. Parents were peasants. Probably attended Latin school in Pécs. Set sights on literary and music education. After suffering wound in course of continual wars in Transdanubian region (1530–1535), he decided to become a scribe, then chose career of minstrel. Lived in Dombóvár about 1538. Served at courts of Bálint Török, with whom he lived in Szigetvár until 1542, and, in 1544, of Imre

Werbőczi. Attended parliamentary session in Nagyszombat in 1544. Lived at court of András Báthory in Nyirbátor in 1548, thereafter on own estate in Kassa. Raised to noble rank by King Ferdinand in 1553. Went to Transylvania in 1553 to publish poems and visited Debrecen and Bonyha. In Eger in 1555, where he died on estate of Tamás Nádasdy. ¶ The most important minstrel of his time. Developed many epic forms of 16th century. Composed melodies for his own poems. Main theme: Catholic and Protestant quarrels should be eliminated for confrontation of Turks. Wrote many historical songs and celebrated deeds of famous Hungarian soldiers. ¶ His poem "Magyarország siratása" has been translated into Japanese.

FIRST EDITIONS: *Cronica* . . . Kolozsvár: Hoffgreff György, 1554. [156] leaves. – *Sigmond királynak és császárnak chronicaia*. Kolozsvár, 1574. [From *RMK*, I, no. 113] – See also p. 205.

EDITIONS

See also nos. 3784 and 3786.

3774. *Összes művei.* 1540–1555. Szilády Áron gondozásában. [1st collected ed.] Budapest: Magyar Tudományos Akadémia, 1881. 480p. [B] GeLBM GyBH

3775. *Budai Ali basa históriája.* Jegyzetekkel kísérte Szilády Áron. Budapest: Franklin-Társulat, 1899. 36p. [B] AsWU GeLU

3776. *Válogatott históriás énekei.* Rendezte és bevezetéssel ellátta Perényi Adolf. Budapest: Lampel Róbert, [1899–1900 között]. 59p. [C] GyGGaU

3777. *Dallamai.* Közzéteszi Szabolcsi Bence. Budapest: Pesti Könyvnyomda, 1929. 36p. [A]

3778. *Válogatott munkái.* Összeállította és a jegyzeteket írta Bóta László. Budapest: Magvető, 1956. 259p. [C] DLC MnU GyBDS GyBH GyGNSU

3779. *Cronica Tinodi Sebestien szoerzese: Elsoe reszebe Ianos Kiral halalatul fogua ez esztendeig . . . Mas reszebe kueloemb kueloemb idoekbe es orszagokba loet dolgoc Istoriac vannac. Colosvarba. 1554. esztendoebe.* (. . . *nyomtatot Gyoergy Hoffgreff Muehelyebe.*) [Facsimile] Sajtó alá rendezte Varjas Béla, a kísérő tanulmányt írta Bóta László. [Bibliography in supplement, p. 27] Budapest: Akadémiai Kiadó, 1959. 160 leaves; supplement, 29p. CLU CtY DLC ICN ICU MH NN NNC AsWN FiHU GeLBM GeOB GyBH GyGNSU

BIBLIOGRAPHY

See nos. 3779 and 3783.

BIOGRAPHY

3780. Dézsi Lajos. *Tinódi Sebestyén.* Budapest: Magyar Történelmi Társulat, 1912. 229p.

Attention to historical background, to his poetry, and to the verse chronicles of his successors in the 16th century. Numerous illustrations. MH NN AsWN GeLBM GeLU GyBH GyGGaU GyGNSU

3781. Acsády Ignácz. "Tinódi Sebestyén," *Budapesti Szemle*, XCVII, nos. 265 and 266 (1899), 1–24, 181–213.

His life in relation to the difficult historical period in which he lived, and his poetry as being that of a chronicler of contemporary events rather than that of an artistic poet, with the result that his poems become an accurate source of information about the events of his times. CtY DLC NN NNC AsWN GeLBM GyBH

3782. Beöthy Zsolt. *A históriás ének és Tinódi Sebestyén.* Budapest: Csobán András, 1904/05. 72p.

Historical background followed by an examination of his verse chronicles as reflecting the national temper of the 16th century and of the events which created this effect in the poems.

3783. Mészöly Gedeon. *Tinódi Sebestyén.* Nagykőrös: Ottinger Kálmánné, 1906. 157p.

Both a biography and a study of his writings, mainly the latter. Bibliography, pp. 155–157. NNC

3784. Szabolcsi Bence. *Tinódi zenéje.* Budapest: Tipográfiai Műintézet, 1929. 20, 34p.

In two parts: (1) the characteristics of his 24 known songs set to music and their connections with Hungarian music and (2) the lyrics and music for the songs. ICU

3785. Klaniczay Tibor. "Tinódi Sebestyén emlékezete," *Reneszánsz és barokk. Tanulmányok a régi magyar irodalomról.* Budapest: Szépirodalmi Könyvkiadó, 1961; 595p. Pp. 39–53. [An address given at Sárvár on February 1, 1956; appeared in *Tinódi-emlékkönyv*, pp. 11–24; see no. 3786]

Places him in relation to the historical background and literary needs of the period following the defeat at Mohács, emphasizes his concern with and attitudes in his songs toward the events of his times, and finds literary merit in his lyrics despite the fact that his primary interest was in historical comment rather than literary beauty and refinement and experimentation with poetic form. DLC MnU NN NNC AsWN GeLBM GeLU GyBDS GyBH GyGNSU

3786. *Tinódi-emlékkönyv.* Összeállította, bevezetéssel és magyarázó jegyzetekkel ellátta Horváth István Károly és Naszádos István. Sárvár: Sárvári Községi Tanács, 1956. 207p.

A memorial book on the 400th anniversary of his death containing, in addition to selections from his works, four studies: (1) "Tinódi Sebestyén emlékezete" by Tibor Klaniczay (see no. 3785), (2) "A magyar zene Tinódiig" by Dezső Legány, (3) "Sárvár szerepe a XVI. század magyar kultúrájában" by István Károly Horváth, and (4) "Tinódi rövid életrajza és énekeinek történeti háttere" by István Naszádos. Illustrations. DLC MnU GyBDS GyBH

TOLNAI LAJOS

Born January 31, 1837 in Györköny; died March 19, 1902 in Budapest. Novelist, short-story writer, poet. Born Lajos Hagymássy. Son of a village clerk; family originally from Transylvania. Attended school in Gyönk and Reformed gymnasium in Nagykőrös, where he studied under János Arany (q.v.). After completing studies at Reformed Theological College in Pest, taught Hungarian, Latin, and Greek languages at Reformed gymnasium in Pest. His poems and prose writings began to appear in periodicals. Married Fáni Sugár in 1865. Became member of Kisfaludy-Társaság in 1866. Moved to Marosvásárhely, Transylvania, in 1868 to become minister of Reformed Church. Founded Erdély in 1870 and Erdélyi Figyelő, a literary periodical, in 1879, which failed in 1880. Founded Kemény Zsigmond Társaság in 1876. In 1879 received honorary doctorate from University of Kolozsvár and became privat-docent in Hungarian literary history at University of Budapest. Resigned from ministry in 1884 and moved to Budapest to earn living by writing. Efforts to sustain himself by this means were not successful. In 1887 founded Irodalom which failed. Became teacher at one of higher elementary gymnasiums in Budapest in 1889, later its director. Became editor of Képes Családi Lapok in May 1891 for a time. ¶ One of the important figures in Hungarian prose near the end of the 19th century. Stands between Jókai and Mikszáth (qq.v.) in development of the Hungarian novel. A follower of János Arany (q.v.) in poetry, but broke with romanticism of period in his novels and introduced strong social concerns. Novels show hatred for, and mercilessly satirize, Hungarians assimilating evils of capitalism. His picture of Hungarian society in 1860's and 1870's anticipates criticism and evaluations by 20th-century writers of effects of capitalism on Hungarian people. He expected reform of society to be accomplished by changes in moral values. Translated English and French novels and prepared Hungarian textbooks. ¶ A collection of his short stories is available in Russian; some of his short stories have been translated into German and Slovakian, and some of his poems into German.

EDITIONS

See also no. 2968 for a translation. Annotated work: no. 3885.

3787. *Költeményei.* Pest: Kertész József, 1865[1]. 244p. AsWN GyBH

3788. *Beszélyei.* I–II. kötet. Pest: Emich, 1867[1].

1. kötet: *A "Szomorúék," Régi levelek, A paraszt nótárus.* 231p.
2. kötet: *Malvin kisasszony, Az "ötforintos," Andrásffy Henrik magyar író.* 214p.

3789. *Életképek.* [Elbeszélések] Pest: Emich Gusztáv, 1867[1]. 267p.

3790. *A nyomorék.* Rajzok a falusi életből. [Elbeszélések] Kiadta a Kisfaludy-Társaság. Pest: Emich Gusztáv, 1867[1]. 230p. GeLBM GyBH

3791. *Az én ismerőseim.* Beszélyek. Pest: Aigner Lajos, 1872[1]. 295p. GeLBM GyBH

3792. *Az urak.* Regény egy kötetben. Pest: Athenaeum, 1872[1]. 210p. [1909] MnU FiHI GeLU GyBH

3793. *A somvári Fényes Ádám úr.* Elbeszélés. Budapest: Aigner Lajos, 1875[1]. 67p. NNC FiHI GeLBM

3794. *Tompa Mihály költészete.* [Doktori értekezés] Budapest: Franklin-Társulat, 1878. 62p. [Reprinted from *Budapesti Szemle*]

3795. *A báróné ténsasszony.* Regény két kötetben. Budapest: Révai Testvérek, 1882[1]. DLC GeLU

3796. *A nemes vér.* Regény. I–II. kötet. Budapest: Révai Testvérek, 1882[1]. GeLBM GyBH

3797. *Az oszlopbáró.* Regény. Budapest: Aigner Lajos, 1884[1]. 261p. GyBH

3798. *Dániel pap lesz.* Regény. Budapest: Athenaeum, 1885[1]. 155p.

3799. *A polgármester úr.* Regény. I–II. kötet. Budapest: Révai Testvérek, 1885[1]. GyBH

3800. *Gábor Dániel szerencséje.* Elbeszélés. Budapest, n.d.[1]. [From Ványi, p. 801]

3801. *Eladó birtokok.* Regény. I–II. kötet. Budapest: Székely Aladár, 1886[1]. GeLBM

3802. *A falu urai.* Regény. Budapest: Pallas, 1886[1]. 232p. GyBH

3803. *A jubilánsok.* Regény. Budapest: Singer és Wolfner, 1886[1]. 155p. GyBH

3804. *A lutris mester vagy Mi történt Vadason?* [Elbeszélés] Budapest: Méhner Vilmos, 1886[1]. 16p.

3805. *A szép dobogói malom.* [Elbeszélés] Budapest: Méhner Vilmos, 1886[1]. 16p.

3806. *A tinó.* Elbeszélés. Budapest: Méhner Vilmos, 1886[1]. 15p.

3807. *Az új főispán.* Regény három kötetben. Budapest: Székely Aladár, 1886[1]. GyBH

3808. *A jégkisasszony.* Regény. Budapest: Pallas, 1887[1]. 293p.

3809. *A kígyó.* Elbeszélés. Győr: Gross Gusztáv, 1888[1]. 51p. GyBH

3810. *A mai Magyarország.* Kisebb elbeszélései. I–II. kötet. Budapest: Légrády Testvérek, 1889[1]. OCl GeLBM GyBH

3811. *Szegény emberek útja.* Regény. I–II. kötet. Budapest: Légrády Testvérek, 1889[1] [1888?]. GeLBM

3812. *A rongyos.* Regény. Budapest: Hungária, 1890[1]. 159p.

3813. *Csak egy asszony.* Regény. Budapest: Athenaeum, 1891[1]. 132p. [1893] GyBH

3814. *Elbeszélések.* Budapest: Szépirodalmi Könyvtár, 1892[1]. 182p. OCl GeLBM GyBH

3815. Gárdonyi Géza: *A báró lelke.* Regény. Tolnai Lajos: *Borzasztó úr stafirungja.* Elbeszélés. Budapest: Könyves Kálmán, 1893[1]. 172p.

3816. *A mi fajunk.* Regény. Budapest: Képes Családi Lapok, 1894[1] [1893]. 192p.

3817. *A paizs.* Regény. Budapest: Képes Családi Lapok, 1894[1]. 128p.

3818. *A grófné ura.* Regény. Budapest: Athenaeum, 1897[1]. 152p.

3819. *A Kovács-fundáczió.* Elbeszélés. Budapest: Révai Testvérek, 1898[1]. 23p. FiHI

3820. *A nagy gróf komája.* Elbeszélés. Budapest: Révai Testvérek, 1898[1]. 23p. FiHI

3821. *A falu koronája.* Elbeszélés. Budapest: Méhner Vilmos, 1899[1]. 16p.

3822. *A nagy-gyárosék és egyéb elbeszélések.* Budapest: Lampel Róbert, 1899[1]. 64p. FiHU GyBH

3823. *A báróné ténsasszony.* Regény. Bevezette Mikszáth Kálmán. Budapest: Franklin-Társulat, 1905[2]. 346p. [C]   DLC MnU OCl FiHI GyBH

3824. *A Kéry-család.* Regény. Az előszót Féja Géza írta. Budapest: Jövő, 194?[1]. 64p. [C]

3825. *A sötét világ.* Regény. Budapest: Athenaeum, 1942[1]. 245p. [C]   MnU GeLBM

3826. *A megjavult adófelügyelő.* Tolnai Lajos elbeszélései. Kiválogatta és bevezette Komlós Aladár. Budapest: Szikra, 1946. 52p. [C]

3827. *A nemes vér.* Átdolgozta Móricz Zsigmond, bevezette Simó Jenő. Budapest: Szépirodalmi Könyvkiadó, 1951[3]. 124p. [C]   DLC MH NN

3828. *Az új főispán.* Regény. Sajtó alá rendezte, bevezette és jegyzetelte Vajda Miklós. Budapest: Szépirodalmi Könyvkiadó, 1955[2]. 439p. [C]   DLC MH MnU FiHI GyBH

3829. *Jubilánsok. A szentistváni Kéry-család.* Regények. Az utószót és a jegyzeteket írta Teleki László. Budapest: Szépirodalmi Könyvkiadó, 1956. 215p. [C]   MiU AsWN GyGNSU

3830. *Válogatott művei.* Sajtó alá rendezte és jegyzetekkel ellátta Gergely Gergely. Budapest: Szépirodalmi Könyvkiadó, 1958. 464p. [C]   MnU NNC GyBDS GyBH GyGNSU

3831. *A polgármester úr.* Regény. Budapest: Szépirodalmi Könyvkiadó, 1962[2]. 385p. [C]   NNC

BIBLIOGRAPHY

See also nos. 3836 and 3843.

3832. Gergely Gergely. "Függelék: bibliográfiák," *Tolnai Lajos pályája. Egy fejezet a magyar regény történetéből.* Budapest: Akadémiai Kiadó, 1964; 454p. Pp. 419–446.

In four parts: (1) his works arranged chronologically by genre giving the year of publication, the title, name of publication, month and day of publication and then later appearances of the same title (poetry, novels, longer fiction, short stories and sketches, articles, and other writings); (2) his manuscripts in the National Széchényi Library arranged by genre (poetry, fragments of novels, designs of dramas, and other writings); (3) letters to and from the author in the manuscript section of the National Széchényi Library arranged alphabetically by name of person who wrote or received the letter and giving the number of letters and the year(s) written; and (4) studies of the author listed chronologically, giving the name of the author, the title, name of periodical, volume and number. DLC InU MH MnU NNC AsWN GyBDS GyBH GyGNSU

BIOGRAPHY

3833. Förhécz József. *Tolnai Lajos élete és művei.* Budapest: Hollóssy János, 1935. 116p.

A study of his life and works seeking answers to the following questions: (1) Why did he write such somber and untruthful novels? (2) Why, in addition to this gloominess, did he see the joyous life as exclusively somber? (3) Was he a pessimist by nature or did life make him one? Bibliographical footnotes. NN NNC FiHU GeLBM GyBH

CRITICISM

See also no. 2947.

3834. Jakab Ödön. "Tolnai Lajos. (Emlékbeszéd)," *Kisfaludy-Társaság Évlapjai,* XXXVIII (1904), 160–181.

Summarizes his life and comments on the qualities and merits of his ballads, lyrics, and fiction and on his thought and motifs. NNC AsWN GyBH

3835. Elek Oszkár. "Tolnai Lajos balladái," *Irodalomtörténeti Közlemények,* XXVII (1917), 169–180.

Establishes the characteristics of his ballads and finds the influence of János Arany. Concludes that though other Hungarian writers use the form more effectively, Tolnai has created a number of excellent ballads: "A csőszház," "Mostoha leány," "Fehér Sándor," "Egy szegény vándorló legényről," "Szépdombi korcsmárosné," and "Lengyel Józsi." CtY DLC MH MnU NNC AsWN AsWU FiHI GeLBM [FeLU] GyBH

3836. Bíró János. *Tolnai Lajos.* Debrecen-Budapest: Csáthy Ferenc, 1933. 99p.

A brief biography followed by discussions of his works by genres: the poet, the short-story writer, the novelist, and the aesthetician and critic. Bibliography of his works and studies about him, pp. 91–97. MnU FiHI GyBH GyGNSU

3837. Illés Endre. "Tolnai Lajos," *Krétarajzok.* Budapest: Magvető, 1957; 554p. Pp. 43–53. [Appeared in *Nyugat*, XXX (July, 1937), 1–7]

The outlines of his life and creative career in relation to his environment and the events of his times. DLC MH GeLBM GeLU GyBDS GyBH GyGNSU

3838. Móricz Zsigmond. "Zászlóhajtás az elsikkasztott s mégis legnagyobb magyar regényíró elme, Tolnai Lajos előtt," *Irodalomról, művészetről.* 1899–1942. Sajtó alá rendezte Szabó Ferenc. I–II. kötet. Budapest: Szépirodalmi Könyvkiadó, 1959. II, 423–429. [Appeared in *Kelet Népe*, VII (January 1, 1941), 1–3]

An appraisal of the substance of his writing as expressing his view of life and his social concepts which open the way to understanding the great changes that have occurred in the villages since the last decade of the 19th century and which help to explain the slowness of his becoming known as a writer. DLC MH MnU NB NNC AsWN AsWU FiHI GeCU GyBDS

3839. Féja Géza. "Tolnai Lajos ébresztése," *Sorsunk*, III (1943), 169–180.

Summarizes his life, examines his literary development, comments on the characteristics and merits of his individual works, and maintains that his writings as a whole make him deserving of more attention than he has received, contrary to the "literary dictatorship" of Pál Gyulai. MH MnU GyBH

3840. Belia György. "Tolnai Lajos," *Irodalomtörténet*, XL (1951), 275–289.

His works and their anti-capitalistic views of the condition of the Hungarian peasantry. Covers the evaluations of his works by Zsigmond Móricz, Géza Féja, and Ferenc Erdei, and gives attention to his world view and his language. [CU] DLC [MH] MnU NN NNC OCl AsWU GeLBM GyBH GyGNSU

3841. Puruczki Béla. "Tolnai Lajos a mi szemünkben," *Irodalomtörténet*, XLI (1952), 365–403.

Details of his life and literary development by periods: his youth (1837–1860), the beginning of his writing (1860–1868), the years at Marosvásárhely (1864–1868), the height of his literary development (1884–1892), and his twilight (1892–1902). Much attention to his writings and his social and political thought. CU DLC [MH] MnU NN NNC AsWU GeLBM GyBH [GyGNSU]

3842. Simó Jenő. "Tolnai Lajos öröksége. (Tolnai Lajos halálának 50. évfordulója alkalmából)," *Csillag*, V (1952), 588–593, 716–722.

An examination of his writings and literary efforts. Maintains that he is a good writer and one of the originators of Hungarian realism, that his writings oppose "corrupt bourgeois elements," and that he is in the progressive tradition that opposed "the catastrophe that Horthy-fascism" imposed on the Hungarian people. Discusses the "official literary war" against Tolnai during and after his life, including the praise given him by Móricz (see no. 3838). [DLC] MnU [NN] NNC [FiHI] [GeLBM] GyBH [GyGGaU]

3843. Gergely Gergely. "Tolnai Lajos irodalmi nézetei kritikai munkássága alapján," *Irodalomtörténeti Közlemények*, LIX (1955), 436–457.

A two-part examination of his critical views intended to make his own writings more understandable: (1) questions of literature and politics and (2) questions of aesthetics. Bibliographical notes, pp. 456–457. DLC MnU NN NNC AsWU GeLBM GyBH

3844. Gergely Gergely. "Bevezetés: Tolnai Lajos (1837–1902)," *Tolnai Lajos válogatott művei*. Sajtó alá rendezte és a jegyzeteket írta Gergely Gergely. Budapest: Szépirodalmi Könyvkiadó, 1958; 464p. Pp. 5–42.

His opposition to contemporary social and political events and their effect on the substance and form of his writings. Attention to Thackeray's influence. MnU NNC GyBDS GyBH GyGNSU

3845. Barta János. "Egy különös író sötét világa (Számvetés Tolnai Lajos körül)," *Irodalomtörténeti Közlemények*, LXVIII (1964), 133–151, 298–317.

Consideration of his human and literary individuality: view of man, characters, plot, artistic means, narrative technique, and his realism. Also a survey and criticism of evaluations of his writings. DLC MnU NN NNC AsWU GeLBM GyBH

3846. Gergely Gergely. *Tolnai Lajos pályája. Egy fejezet a magyar regény történetéből*. Budapest: Akadémiai Kiadó, 1964. 454p.

An analysis of his literary development and his novels emphasizing their high quality, their significant link with Russian and English realism and Hungarian literature in the second half of the 19th century, and their contribution to an understanding of 20th-century Hungarian literature. See no. 3832 for bibliography. DLC InU MH MnU NNC AsWN GyBDS GyBH GyGNSU

TÖMÖRKÉNY ISTVÁN

Born December 21, 1866 in Cegléd; died April 24, 1917 in Szeged. Short-story writer and ethnologist. Family moved to Szeged in 1869. Attended schools in Szeged and Makó. Became apprentice pharmacist in 1882 for a time. First writings appeared in *Szegedi Híradó* in 1884 under family name, Steingassner. Joined staff of *Szegedi Híradó* in 1886, becoming acquainted with Géza Gárdonyi (q.v.). Conscripted into army in 1888 for three years and served in Bosnia, Szeged, and Vienna. Joined staff of *Szegedi Napló* in 1891. Married Emma Kis in 1894. Collaborated with Kálmán Mikszáth (q.v.) on *Országos Hírlap* in 1897. In 1899 became librarian of Somogyi Library and employee of Városi Múzeum, for which he undertook the collection of ethnographical materials and direction of excavations in the Szeged area. Named director of Városi Múzeum in 1904. Wrote constantly until death from pneumonia. ¶ His short stories portray realistically the life and problems of peasants on isolated farms and of workers in the Szeged area. Early works dealt with peasants in romantic manner, but later ones turned to realistic portrayals of dramatic events in their lives. Writings also express humor of peasants stemming from their grim existence. Was especially effective in delineating their inner life. Also wrote important archeological and ethnological studies and collected several thousand dialect words used in area of Szeged. ¶ Some of his short stories have been translated into Bulgarian, French, German, Russian, and Serbian.

FIRST EDITIONS: *Szegedi parasztok és egyéb urak.* [Elbeszélések] Szeged: Bába Sándor, 1893. 343p. – *Betyárlegendák. Az alföldi rablóvilág történetei. Első könyv.* Szeged: Engel Lajos, 1898. 158p. [No more published] – *Jegenyék alatt.* Elbeszélések. Szeged: Engel Lajos, 1898. 200p. – *Vízenjárók és kétkézi munkások.* [Elbeszélések] Szeged: Engel Lajos, 1902. 203p. – *Gerendás szobákból.* Elbeszélések. Budapest: Singer és Wolfner, 1904. 219p. – *Förgeteg János mint közerő és más elbeszélések.* Budapest: Singer és Wolfner, 1905. 287p. – *Különféle magyarok meg egyéb népek.* [Elbeszélések] Budapest: Singer és Wolfner, 1907. 186p. – *Napos tájak.* [Elbeszélések] Budapest: Singer és Wolfner, 1908. 190p. – *Homokos világ.* Elbeszélések. Budapest: Singer és Wolfner, 1910. 218p. – *Ne engedjük a madarat s más holmik.* [Elbeszélések] Budapest: Franklin-Társulat, 1911. 286p. – *Bazsarózsák.* [Elbeszélések] Budapest: Singer és Wolfner, 1912. 191p. – *Egyszerű emberek.* [Novellák] Budapest: Az Élet, 1914. 300p. – *Margit.* [Kisregény] Budapest: Az Érdekes Újság, 1916. 63p. – *Népek az ország használatában.* [Elbeszélések] Budapest: Táltos, 1917. 284p. – See also no. 3848.

EDITIONS

See also no. 3738.

3847. *Célszerű szegény emberek.* [Elbeszélések] Sajtó alá rendezte és bevezetéssel ellátta Móra Ferenc. Szeged: Délmagyarország, 1922. 181p. [C]

3848. *Három színjáték.* [*Barlanglakók* (1st), *Szelet hevernek* (1st), *Az utas*] Sajtó alá rendezte és bevezetéssel ellátta Sík Sándor. Szeged: Dugonics-Társaság, 1942. 48p. [C]

3849. *Gerendás szobák.* [Elbeszélések] Gulácsy Irén bevezető tanulmányával. Budapest: Singer és Wolfner, 1943. 259p. [C]   NNC

3850. *Rónasági csodák.* [Elbeszélések] Sajtó alá rendezte Sík Sándor. Budapest: Szukits, 1943. 214p. [C]   NNC AsWN GeLBM

3851. *Válogatott elbeszélések.* Válogatta és a bevezető tanulmányt írta Vargha Kálmán. Budapest: Szépirodalmi Könyvkiadó, 1953. 133p. [C] DLC GyBH

3852. *Föltetszik a hajnal.* Tárcák, rajzok, elbeszélések. Sajtó alá rendezte Madácsy László. Szeged: Tiszatáji Magvető, 1955. 323p. [C]   DLC MH GeLBM

3853. *A ravasz Kabók.* Vidám elbeszélések. A kötet anyagát összeállította és az utószót írta Czibor János. Budapest: Szépirodalmi Könyvkiadó, 1955. 293p. [C]   GeLU GyGNSU

3854. *Összegyűjtött művei.* [I–VIII.] kötet. Budapest: Szépirodalmi Könyvkiadó, 1956–1963. [C]

[Volumes not numbered; arranged chronologically]

1. *A tengeri város.* Elbeszélések, 1885–1896. Sajtó alá rendezte Czibor János. 1956. 441p.
2. *A Szent Mihály a jégben.* Elbeszélések, 1897–1900. Sajtó alá rendezte Czibor János. 1957. 451p.
3. *Új bor idején.* Elbeszélések, 1901–1904. Sajtó alá rendezte és az utószót írta Czibor János. 1958. 520p.
4. *Hajnali sötétben.* Elbeszélések, 1905–1910. Sajtó alá rendezte és az utószót írta Czibor János. 1958. 520p.
5. *Barlanglakók.* Elbeszélések, 1911–1913. Sajtó alá rendezte és az utószót írta Czibor János. 1959. 508p.
6. *Öreg regruták.* Elbeszélések, 1914–1915. Sajtó alá rendezte és jegyzetekkel ellátta Czibor János. 1959. 487p.
7. *A kraszniki csata.* Elbeszélések, 1916–1917. Sajtó alá rendezte Czibor János. 1960. 536p.
8. *Munkák és napok a Tisza partján.* Cikkek, riportok, tanulmányok, 1884–1916. Sajtó alá rendezte Péter László. 1963. 542p.

[NN] NNC

3855. *Válogatott elbeszélései.* Válogatta és sajtó alá rendezte Czibor János, a bevezetőt írta Kispéter András. Budapest: Szépirodalmi Könyvkiadó, 1960. 639p. [C]   DLC NN NNC AsWN GyBDS

BIBLIOGRAPHY

3856. Péter László. *Betűrendes mutató . . .* Szeged: Somogyi Könyvtár, 1961. 23p.

An index of the titles in no. 3854.

BIOGRAPHY

3957. Juhász Gyula. *Tömörkény István élete és művei.* Szeged: Dugonics-Társaság, 1941. 76p.

His life and works within the framework of his background and activities in Szeged.

CRITICISM

See also nos. 2648 and 2947.

3858. Krúdy Gyula. "Tömörkény István," *Írói arcképek*. Válogatta, az utószót és a jegyzeteket írta Kozocsa Sándor. I–II. kötet. Budapest: Magvető, 1957. II, 463–469. [Appeared in *Magyarország*, no. 108 (April 25, 1917), 1–2; no. 113 (May 1, 1917), 3–4]

Two studies: one concerned with the subject matter of the writings of the "Szeged peasant" who was a "Petőfi" but wrote prose, and the other providing a portrait of Tömörkény based on personal recollections. DLC IC MH MiD NN NNC AsWN FiHU GeCU GeLBM GyBH GyGNSU

3859. Móricz Zsigmond. "Tömörkény István," *Irodalomról, művészetről*. 1899–1942. Sajtó alá rendezte Szabó Ferenc. I–II. kötet. Budapest: Szépirodalmi Könyvkiadó, 1959. I, 332–334. [Appeared in *Nyugat*, X (May 1, 1917), 829–831]

A portrait of the scholar, collector, and especially the artist. On the occasion of his death. DLC MH MnU NB NNC AsWN AsWU FiHI GeCU GyBDS

3860. Török Gyula. "Tömörkény," *Nyugat*, X (May 1, 1917), 832–833.

Records the absence of artificiality in his works, his recognition as an important writer abroad, his power as a writer independent of regional source materials from Szeged and its surrounding areas, and his lack of literary vanity. Written on the occasion of his death. MnU NN NNC AsWN FiHU GeLBM GyBH

3861. Juhász Gyula. "Találkozások Tömörkénnyel," *Kortársak nagy írókról. Második sorozat*. A válogatás és a jegyzetek Lukácsy Sándor munkája. Budapest: Művelt Nép, 1956; 478p. Pp. 280–283. [Appeared in *Magyarország*, no. 218 (September 29, 1925), 1–2]

A retrospective appraisal of his writings seven years after his death, and accounts of Juhász's visits with him. DLC MnU NNC FiHU GyBDS

3862. Ortutay Gyula. "Tömörkény István," *Írók, népek, századok*. Budapest: Magvető, 1960; 475p. Pp. 25–106. [Appeared separately with same title: Szeged: Magyar Irodalomtörténeti Füzetek, 1934; 114p.]

Outlines his life and the critical reception of his works, his literary development in relation to the currents of his times, his art and creative temperament, his individuality and the composition of his writings, his style, and his relationship with the school of Mikszáth and Gárdonyi. DLC MB MnU NN NNC AsWN FiHI FiHU GeLBM GeLU GyBDS

3863. Keresztury Dezső. "Egy népies kis-mester: Tömörkény István," *Válasz*, VII (August, 1947), 168–170.

His realism, his place in the development of literature dealing with Hungarian peasant life, his connections with and knowledge of the life of the peasants around Szeged, and the significance of his works. [CSt-H] DLC [NNC] [FiHI] GeLU [GeOB]

3864. Vargha Kálmán. "Tömörkény István," *Tömörkény István: Válogatott elbeszélések.* Válogatta és a bevezető tanulmányt irta Vargha Kálmán. Budapest: Szépirodalmi Könyvkiadó, 1953; 133p. Pp. 5–16.

Outlines his life and literary career, his literary isolation in Szeged, his turning toward the people during the period of the Compromise, and his writings as being more than ethnographical works. DLC GyBH

3865. Kispéter András. "Bevezetés," *Tömörkény István válogatott elbeszélései.* Válogatta és sajtó alá rendezte Czibor János. Budapest: Szépirodalmi Könyvkiadó, 1960; 639p. Pp. 5–40.

Consideration of his literary development and the forces that affected him, and an examination of his short stories for their style and the realism of his treatments of the world of the Hungarian peasant. A brief discussion of his times and some of the major events of his life. DLC NN NNC AsWN GeLBM GyBDS

3866. Kispéter András. *Tömörkény István.* Budapest: Akadémiai Kiadó, 1964. 299p.

A study of the development of his works and the forces affecting his individuality as a man and writer (style, language, form), and their connection with the literary currents of his times. Biographical details. Bibliographical footnotes. Illustrations. MH NNC AsWN FiHU GeLBM GyBDS GyGNSU

TOMPA MIHÁLY

Born September 28, 1817 in Rimaszombat; died July 30, 1868 in Hanva. Poet. Son of a bootmaker from impoverished line of aristocrats. Parents' death placed him in care of grandparents. Entered Református Kollégium in Sárospatak in 1832 with help of Szentimrey family. Worked as servant to students. Left school in 1838 to become assistant teacher in Sárbogárd. Returned to Kollégium in Sárospatak in March 1839 and completed studies in theology and law in 1844. Poems appeared regularly from 1840 in *Athenaeum*, *Életképek*, *Pesti Divatlap*, and *Honderű*. Served as tutor in Eperjes, where he began friendship with Sándor Petőfi (q.v.) in 1845. In December 1845 went to Pest, where he became acquainted with József Bajza, András Fáy, Mihály Vörösmarty (qq.v.), and Ferenc Toldy. Considered becoming lawyer and remaining in Pest but accepted ministry in Beje in 1846. Member of Kisfaludy-Társaság in 1847. Moved to Kelemér in 1849 and Hanva in 1851, where he remained until his death. Married Emilia Zsoldos in 1849. Formed close friendship with János Arany (q.v.) in Nagykőrös in 1852.

Visited by Arany and family for month in 1855. Journeyed to Transylvania in 1856. Became member of Academy in 1858. Awarded Academy Prize for memorial poem on Ferenc Kazinczy (q.v.) in 1859 and its Grand Prize for his poems in 1868. Was Arany's guest in Pest in summer 1865. Health began serious decline in 1857. Went to Vienna in 1866 for medical attention to hypertrophy of heart. ¶ Important representative of popular and national tendencies in Hungarian literature. Transitional figure between romantic-sentimental and folk-national poetry. His narrative poetry considered inferior; allegories and elegies effective. Lyric poems often take form of reveries. Often praised for use of materials from nature. Major theme: death and transitoriness of life. First, and possibly greatest, success was achieved by collections of popular legends. ¶ Some of his poems have been translated into Arabian, Bulgarian, English, French, German, Hebrew, Italian, Rumanian, Russian, Slovakian, and Swedish.

FIRST EDITIONS: *Népregék, népmondák.* [Költemények] Pest: Beimel József, 1846. 200p. – Arany János: *Toldi.* Költői beszély. Tompa Mihály: *Szuhay Mátyás.* Költői beszély. Garay János: *Bosnyák Zsófia.* Legenda. Pest: Eggenberger és Fia, 1847. 120p. – *Versei.* I. kötet. Pest: Emich Gusztáv, 1847. 174p. – *Regék, beszélyek.* Miskolc: Deutsch Dávid, 1852. 314p. – *Versei.* Kiadta Friebeisz István. I–II. kötet. Pest: Müller Gyula, 1854. [2d ed.] – *Virágregék.* Pest: Friebeisz István, 1854. 216p. – *Hűség.* Halotti beszéd b. e. özvegy Molnár Károlyné született Dobfeneki Syposs Lidia asszony gyászünnepélyén. Sajó-Kazán, júl. 9. 1855. Miskolc, 1855. [From Szinnyei, XIV, 293] – *Két halotti beszéd: 1. A halál mint az élet bírálata, 2. A nő helye s hivatásának szépsége és fontossága.* Szathmáry Király Pál és Draskóczy Sámuelné felett. Miskolc, 1855. [From Szinnyei, XIV, 293] – *Mit örököl a haza nagy fiai után?* Halotti beszéd boldog emlékezetű Széki gróf Teleki József felett. Miskolc, 1855. [From Szinnyei, XIV, 293] – *Versei.* I–VI. kötet. Pest: Heckenast Gusztáv, 1858–1863. [The 1st collection] – *Egyházi beszédek.* I–II. kötet. Miskolc: Fraenkl B., 1859–1864. – *Dalok és románczok.* Budapest, 1860. [From *Magyar irodalmi lexikon*, III, 381] – *Újabb költeményei.* Pest, 1866. [From Szinnyei, XIV, 293] – *Halotti emlékbeszédek.* Néhány utófohászszal. Miskolc, 1867. [From Szinnyei, XIV, 294] – *Legújabb költeményei.* Pest: Heckenast Gusztáv, 1867. 167p. – *Olajág.* Elmélkedések, fohászok és imák. Pest: Heckenast Gusztáv, 1867. 334p. – See also no. 3876.

EDITIONS

3867. *Összes költeményei.* Rendezték Arany János, Gyulai Pál, stb., Szász Károly bevezetésével: *Tompa Mihály életrajza.* [1st collected ed.] I–IV. kötet. Budapest: Méhner Vilmos, 1870. [C]

1–2. kötet: Dalok, ódák, 1840–1865. 1–2. kötet.

3. kötet: Balladák, beszélyek, 1846–1860. Regék, 1845–1860. 462p.

U

4. kötet: Népregék, 1844–1860. Virágregék, 1844–1858. 404p.
NjR NN GyBH

3868. *Összes költeményei.* Teljes kiadás. Sajtó alá rendezte Lévay József. I–IV. kötet. Budapest: Mehner Vilmos, 1885. [C]

1. kötet: Dalok. Ódák. Tompa Mihály életrajza Szász Károlytól. 379p.
2. kötet: Dalok. Ódák. Románczok. Balladák. 451p.
3. kötet: Balladák. Beszélyek. Regék. 438p.
4. kötet: Népregék. Virágregék. 383p.

3869. *Munkái.* Sajtó alá rendezte és bevezetéssel ellátta Lévay József. I–IV. kötet. Budapest: Franklin-Társulat, 1902–1905. [C]

1. kötet: Dalok. Ódák. 1902. 272p.
2. kötet: Dalok. Ódák. Románczok. Balladák. 1903. 275p.
3. kötet: Balladák. Beszélyek. Regék. 1904. 291p.
4. kötet: Népregék. Virágregék. 1905. 250p.

DLC MH MnU NNC OCl FiHI GyBH

3870. *Művei.* Első kötet: Költemények, 1840–1847. Kiadja és bevezetéssel ellátta Kéky Lajos. Budapest: Franklin-Társulat, 1914. 463p. [A] GeLBM

3871. *Munkái.* Ravasz László bevezetésével. I–III. kötet. Budapest: Franklin-Társulat, 1928. [C]

1–2. kötet: Kisebb költemények: dalok, ódák. 1–2. kötet.
3. kötet: Balladák és elbeszélő költemények. Regék. A népregékből. A virágregékből. 211p.

MH NNC

3872. *Összes művei.* Budapest: Franklin-Társulat, 1942. 1502p. [C] (1947) MnU NNC GeCU GeLBM GyGNSU

3873. *Összes versei.* Vajthó László bevezetésével. Budapest: Aczél Testvérek, 1942. 312p. [C]

3874. *Válogatott versek és levelek.* Összeállította és jegyzetekkel ellátta Bisztray Gyula. Budapest: Magvető, 1955. 191p. [C]

3875. *Válogatott művei.* Válogatta, a jegyzeteket és a bevezetést írta Bisztray Gyula. Budapest: Szépirodalmi Könyvkiadó, 1961. 719p. [B] DLC MnU NB NNC AsWN GeLBM GyBDS

3876. *Levelezése.* Sajtó alá rendezte és a jegyzeteket írta Bisztray Gyula. I–II. kötet. Budapest: Akadémiai Kiadó, 1964[1]. [A]

1. kötet: 1839–1862. 499p.
2. kötet: 1863–1868. 601p.

MH MnU NNC AsWN GeCU GeOB GyBDS GyGNSU

BIBLIOGRAPHY

See nos. 2966, 3878, 3889, and 3895.

BIOGRAPHY

See also no. 233.

3877. Ferenczy József. *Tompa Mihály*. Kassa: Maurer Adolf, 1877. 107p.
Biography; also some attention to his poetry. NNC FiHI

3878. S. Szabó József. *Tompa Mihály, a költő-pap*. Budapest: Hornyánszky
Viktor, 1901. 115p.
Only slight attention to criticism of his works; organized mainly on the
basis of his place of residence. Bibliography of his works and studies about
him, pp. 103–115.

3879. Lengyel Miklós. *Tompa Mihály élete és művei*. Budapest: Athenaeum,
1906. 243p.
Both a biography and a study of his writings. Chapters on his legends and
tales, his relations with János Arany and Petőfi, his allegories, and his
tales of flowers. MnU GyBH

3880. Lévay József. *Tompa Mihályról*. Budapest: Lampel R., 1906. 60p.
A memorial address dealing with his life and surroundings followed by an
account of his personality and character, based on Lévay's personal
recollections and relations with him. GyBH

3881. Kéky Lajos. *Tompa Mihály*. Budapest: Franklin-Társulat, 1912. 192p.
Much attention to his writings: their subject matter and style, their
development, the influences upon them. Closes with a discussion of his
personality and his poetry. MnU NNC FiHI GeLBM GyBH

3882. Váczy János. *Tompa Mihály életrajza*. Budapest: Magyar Tudományos
Akadémia, 1913. 303p.
Both a biography and a study of his writings and literary development.
Attention to influences. Chapters on his allegories, narrative poems, and
lyric poems. MH MnU NN NNC AsWN AsWU FiHI GeLBM GeOB
GyBH

CRITICISM

See also nos. 289 and 3527.

3883. Gyulai Pál. "Szépirodalmi szemle," *Kritikai dolgozatok*. 1854–1861.
Budapest: Franklin-Társulat, 1908; 404p. Pp. 147–161, 165–173. [Appeared
in *Budapesti Hírlap* (1855), nos. 626–629, 641, 643–645, 647, 650, 655–657,
703–704, 706,712–713, 715, 721, 724–725, 751–756, 758]
An evaluation of Tompa's place in relation to his contemporaries. Exam-
ines the form of his poetry, his uses of nature, and his tendency toward
allegory. Considerable discussion of his descriptive poems and their
similarity in form to those of Petőfi and János Arany. DLC MH MnU
NN NNC AsWN AsWU FiHI FiHU GeCU GeLBM GeLU GyBH
GyGGaU

3884. Arany János. "Tompa Mihály költeményei," *Hátrahagyott prózai dolgozatai.* I–IV. kötet. Budapest: Ráth Mór, 1889. II, 290–296. [Appeared in *Koszorú,* I (September 13, 1863), 257–259]

A review of the sixth volume of his poetry, published in 1863, maintaining that it shows more depth, richness, and seriousness than any of his previous poems and that it is ruled by the depth and elevation of the ode and contains thoughts pervading the important values of life and the world. IC ICU MnU [NN] [NNC] [AsWN] [GeLU] [GyBH] GyGNSU

3885. Tolnai Lajos. *Tompa Mihály költészete.* [Doktori értekezés] Budapest: Franklin-Társulat, 1878. 62p. [Reprinted from *Budapesti Szemle*]

A study of the inner world of the poet, searching the origins of his worries and emotions, examining the sources of his clear consciousness of self originating from his love, hope, belief, joy of life, and suffering, and finding the elements that inclined him as a boy toward poetry. Consideration of the age that called him to sing, his views of man, what poets of his generation influenced him, what helped and what arrested his poetic development, and what gave direction to his poetry.

3886. Kerékgyártó Elek. *Tompa Mihály költészete.* Budapest: Aigner Lajos, 1879. 151p.

An examination of the subject, style, and development of his poetry. GeLBM GyBH

3887. Réti József. *Tompa Mihály. Jellemrajz.* Budapest: Ranschburg Gusztáv, 1899. 84p.

A characterization of his spiritual and intellectual viewpoints: friendship, love, family life, women, and religious beliefs.

3888. Szent-Imrey György. *Tompa Mihály.* Budapest: Kókai Lajos, 1907. 82p. The dominant characteristics of "his vigorously developed individuality" and an examination of "his works of lasting value" to learn their contribution to "the intellectual development" of his readers. Begins with 1840. GyBH

3889. Bene Kálmán. *Tompa és a természet. Doktori értekezés.* Budapest: Légrády Testvérek, 1910. 113p.

An analysis of his feelings for and characteristic uses of nature in his poetry. Bibliography, p. [114]. MnU GyBH

3890. Pollák Miksa. *Tompa Mihály és a Biblia.* Budapest: Izraelita Magyar Irodalmi Társulat, 1912. 194p.

A study of the presence of biblical materials in and their influence on his writings, to show the part played by the Bible on the development of his individuality and the effect of its spirit on his personality. MH NNC AsWN FiHI GyBH

3891. Négyesy László. "Tompa," *Budapesti Szemle,* CLXXII, no. 492 (1917), 340–355.

The historical importance of his career in affecting the development of the Hungarian lyric, and the aesthetic value of his poetry. DLC [NN] [NNC] AsWN GeLBM GyBH

3892. Váczy János. *Tompa Mihály emlékezete születésének századik fordulóján.* Budapest: Magyar Tudományos Akadémia, 1918. 27p.

The development of his poetry, especially his epics and his lyrics, from traditional modes in the direction of the poetry of Petőfi and János Arany in relation to the intellectual and political currents of his times; the effect of the failure of the Revolution of 1848–1849 on the writers of the age and his attitudes to the Compromise of 1867. Bibliographical footnotes. MnU GyBH

3893. Hatvany Lajos. "Tompa Mihály. A Fekete könyv írója," *Irodalmi tanulmányok.* I–II. kötet. Budapest: Szépirodalmi Könyvkiadó, 1960. I, 274–287. [Appeared in *Nyugat*, XII (June 16–July 1, 1919), 867–877]

A study of his poetry, personality, and character. MnU NN AsWN GeLBM GyBDS GyGNSU

3894. Császár Elemér. *Tompa Mihály.* Budapest: Bethlen Gábor, 1923. 63p.

The forces that affected his personality and writings, and the character of his literary works, especially his poetry. NNC GyBH

3895. Erdélyi Dezső. *Tompa vallásossága.* Budapest: Radó István, 1940. 69p.

An analysis of his religious beliefs based on an examination of the influences that affected his development, of Tompa as a man and pastor, of his relations with the church and the Bible, and of his writings. Bibliography, pp. 67–69. GeLBM

3896. Horváth János. "Az új ízlés egyéni változatai: Tompa," *Tanulmányok.* Budapest: Akadémiai Kiadó, 1956; 638p. Pp. 334–358. [Part of a university lecture series, 1928–1930; 1st publication]

His relations with Petőfi and the characteristics of his poetry as seen in the light of Petőfi's poetry and the extent to which he advanced the "national classicism" to which Petőfi had given form. Maintains that basically his poetry failed to add to the new development. DLC MH MnU NNC GeLBM GeLU GyBDS GyBH GyGGaU GyGNSU

3897. Bisztray Gyula. "Bevezetés," *Tompa Mihály válogatott művei.* Válogatta és a jegyzeteket írta Bisztray Gyula. Budapest: Szépirodalmi Könyvkiadó, 1961; 719p. Pp. 5–69.

His literary development before and after 1849, the strengths and weaknesses of his writings by type (lyric poetry, narrative poetry, prose), and the details of his illness. DLC MnU NB NNC AsWN GeLBM GyBDS

TÖRÖK GYULA

Born July 16, 1888 in Simánd; died October 20, 1918 in Budapest. Novelist, short-story writer, journalist. Son of a manorial steward. Attended school in Kolozsvár. Prepared for teaching of history and geography at University of Kolozsvár but never completed studies. Became journalist in Kolozsvár in 1906. Moved to Budapest in 1910 and worked for *Magyar Hírlap*, later for *Esti Újság* and *Magyar Kurir*, and from 1916 for *Magyarország*. Numerous other periodicals and dailies published his writings, including *Népszava*, *Nyugat*, *Egyenlőség*, and *Pesti Napló*. Became an able painter, draughtsman, and caricaturist. Died when he was beginning to be acclaimed. ¶ Important to development of realistic fiction in Hungary; one to whom later writers turned for study. Some of his short stories retain interest, but are for the most part dated because they represent currents of naturalism and impressionism dominant at the turn of the century. Novels are concerned with criticism of gentry and turn toward realism with social criticism similar to that of Margit Kaffka (q.v.), especially her *Színek és évek*. Numerous sketches satirize "parasites" of society and World War I. Wrote many criticisms of fine arts. ¶ Some of his short stories have been translated into French.

EDITIONS

See also no. 3860 for annotated work.

3898. *Kis Ferkó.* Történelmi elbeszélés. Kolozsvár: Stief, 1908. 67p.

3899. *A porban.* Regény. I–II. kötet. Budapest: Táltos, 1917[1]. MnU GyBH GyGNSU

3900. *Szerelmes szívünk.* [Elbeszélések] Budapest: Légrády Testvérek, 1917[1]. 222p. IC OCl

3901. *A zöldköves gyűrű.* Regény. Budapest: Táltos, 1918[1]. 332p. OCl GeLBM GyBH

3902. *Fehér virág.* Regényes novellafüzér. Budapest: Táltos, 1919[1]. 130p. [C]   OCl GyBH

3903. *A halszemű három fia.* [Elbeszélés] Budapest: Franklin-Társulat, 1919[1]. 176p. [C]

3904. *A Rozál lánya.* Novellák. Összeállította és előszóval ellátta Féja Géza. Budapest: Stádium, 1944. 64p. [C]

3905. *A zöldköves gyűrű.* [Regény] Sajtó alá rendezte és az előszót írta Domokos Mátyás. Budapest: Szépirodalmi Könyvkiadó, 1956. 387p. [C]

3906. *Ikrek.* Regény és elbeszélések. [1st ed. of novel] Válogatta és az előszót írta Domokos Mátyás. I–II. kötet. Budapest: Szépirodalmi Könyvkiadó, 1957. [C]   DLC InU MH NN NNC GeLBM GyBH GyGNSU

3907. *A porban.* Regény. Az előszó Sőtér István munkája. Budapest: Szépirodalmi Könyvkiadó, 1964. 360p. GeLBM GyBDS

See no. 3908.

BIOGRAPHY

3908. Kováts József. *Török Gyula élete.* Cluj-Kolozsvár: Ardealul, 1930. 59p.
Minimal attention to his writings. Bibliography of unpublished and
published works, pp. 56–57; bibliography of studies about him, pp. 58–59.
GyBH

CRITICISM

3909. Krúdy Gyula. "Török Gyula," *Írói arcképek.* Válogatta, az utószót és
a jegyzeteket írta Kozocsa Sándor. I–II. kötet. Budapest: Magvető, 1957. II,
489–496. [Appeared in *Magyarország,* no. 312 (December 20, 1917), 3]
Deems the novel *A porban* a success despite its flaws and places the author
in relation to the second generation of writers, those who studied Balzac,
Zola, Turgenev, Dickens, and Thackeray and who have Paul Verlaine and
Petőfi as their poetic ideal. Also a sketch of Török's personality, character,
and his unhappy circumstances, based on personal knowledge. DLC IC
MH MiD NN NNC AsWN FiHU GeCU GeLBM GyBH GyGNSU

3910. Gellért Oszkár. "Török Gyula," *Nyugat,* XI (March 1, 1918), 426–429.
A review of *Szerelmes szívünk* and *A porban* marking his style as not
having developed its individuality, Anatole France as an influence on him,
his composition as placing him in the forefront of Hungarian writers, his
characters as to their conventionality, and his novels as being neither of
manners nor adequately psychological. MnU [NN] NNC FiHU GeLBM
GyBH

3911. Vajda János, ifj. "Török Gyula (1888–1938)," *Nyugat,* XXXI (Novem-
ber, 1938), 361–363.
Surveys his ten-year literary career with comment on individual works and
their relation with his development. Written for the 50th anniversary of his
birth. MnU NN NNC [FiHI] FiHU GeLBM [GeLU] GyBH

3912. Lengyel Imre. "Török Gyula, az író," *Pap Károly-emlékkönyv.* Írták
barátai és tanítványai. Debrecen: Lehotai Pál, 1939; 638p. Pp. 224–241.
[1st publication]
Provides the major outlines of his life and literary career, and examines his
writings to determine the characteristics of their subject and form.

3913. Lovass Gyula. *Török Gyula.* Budapest: Magyar Irodalomtörténeti
Társaság, 1941. 10p.
The forces affecting his personality, viewpoints and works, beginning with
his childhood; his relations with his friends and the times; the development
of his literary creativity and its expression of his inner struggles; and the
characteristics of his works.

3914. Thurzó Gábor. "Török Gyula," *Ködlovagok. Írói arcképek.* Szerkesztette Thurzó Gábor, Márai Sándor előszavával. Budapest: Szent István-Társulat, 1942; 347p. Pp. 330–345. [1st publication]

Maintains that among the forgotten writers of his times he is among those most worthy of attention. Compares and contrasts his works with Zsigmond Justh's, and discusses Török's treatment of the traumatic, the distinctive qualities of his style, and his isolation from the events of his times.

3915. Domokos Mátyás. "A halhatatlanság purgatóriumában," *Török Gyula: Ikrek.* Regény és elbeszélések. Válogatta és az előszót írta Domokos Mátyás. I–II. kötet. Budapest: Szépirodalmi Könyvkiadó, 1957. I, 5–18.

Consideration of his ideals expressed in his writings, his feelings for the condition of man, the modernity of his writings, and his lack of success in gaining notice. A discussion of the period from 1896 to World War I to explain the neglect of Hungarian writers in Hungary and the failure to advance their fame in other European cultures. DLC InU MH NN NNC GeLBM GyBH GyGNSU

3916. Galsai Pongrác. "Török Gyula (1888–1918)," *Társtalanok. Írói arcképek.* Pécs: Dunántúli Magvető, 1957; 135p. Pp. 59–81.

Details of his life, character, and literary works. DLC GeLBM

3917. Vargha Kálmán. "Török Gyula arcképéhez," *Irodalomtörténet,* XLV (1957), 34–44.

A summary of the scholarship on the man and his works, a brief biography, treatment of the gentry in *A porban* and *A zöldköves gyűrű,* and a judgment of his short stories as being weaker than his novels. Bibliographical footnotes. CU DLC MH MnU NN NNC AsWU GeLBM GeLU GyBDS GyBH

TÓTFALUSI KIS MIKLÓS

Born 1650 in Alsómisztótfalu; died March 20, 1702 in Kolozsvár. Printer, scholar, linguist, publisher. Name also written: Misztótfalusi Kis. Parents were poor. Studied in Alsómisztótfalu, Nagybánya about 1662, and Nagyenyed about 1666. Became rector of schools in Fogaras 1677–1680. Went to Holland in 1680 to master art of printing. Quickly established reputation in Amsterdam and elsewhere in Europe. Also did printing for the Pope. Was invited to establish shop in Florence but prepared to return to Transylvania. In 1689 published bibliophile edition of the Bible in Hungarian with corrections of translation and printing errors. Returned to Transylvania in 1690. Married Mária Székely. Harassed by religious conservatives who had found his corrections of the Bible offensive, he wrote *Apologia Bibliorum* (1697) to justify what he had done. Opposition did not lessen; in 1698 published *Maga-mentsége,* another reply to opponents. On June 13, 1698, Council of Nagyenyed insisted on public apologies to those offended by this reply, and his most important works were burned. He did not live long after this humiliation. ¶ His lifework represents a large program to develop and popularize Hungarian culture.

FIRST EDITIONS: [*Specimen characterum typographicorum Nicolai Kis*] Amsterdam: Misztótfalusi Kis Miklós, *ca.* 1686. 1 leaf. – *Calvin, Jean: A genevai szent gyülekezetnek catechismussa* ... Magyar nyelvre fordittatott. Kiadta Misztótfalusi Kis Miklós. Kolozsvár: Misztótfalusi Kis Miklós, 1695. 111p. – *Apologia Bibliorum Anno 1684.* Amstelodami impressorum ... Claudiopoli, 1697. [From Szinnyei, XIV, 346] – *Kegyességgel, Betsülettel, közönséges Munkával érdemlett igazság koronája* ... (Bethlen Elek halálára írt gyász versek) Kolozsvár, 1697. [From Szinnyei, XIV, 346] – *Siralmas panasz: Istennek Kolozsváron fekvő nagy haragjáról.* [Vers] Kolozsvár, 1697. [From *RMK*, I, no. 1505] – *Maga személyének, életének és különös cselekedeteinek mentsége.* [Röpirat] Kolozsvár: Misztótfalusi Kis Miklós, 1698. [52] leaves.

EDITIONS

See also nos. 3921 (letters), 3924, and 3926 (a possible translation).

3918. *M. Tótfalusi K. Miklósnak maga személyének, életének, és különös tselekedeteinek Mentsége. Mellyet az Irégyek ellen, kik a közönséges Jónak ezaránt meggátolói, írni kénszeríttetett. Kolosváratt, 1698. Esztendőben.* Mellyet most újjolag kinyomtattak Tolnai Gábor bérekesztő-beszédével. Gyoma: Kner Izidor, 1940. 123p. MnU

3919. *Misztótfalusi Kis Miklósnak, maga személyének, életének és különös cselekedeteinek Mentsége, melyet az irégyek ellen, kik a közönséges jónak ezaránt meggátolói, írni kénszeríttetett Kolozsváratt, 1698, esztendőben.* [Röpirat] Sajtó alá rendezte és magyarázta Bán Imre, bevezette Klaniczay Tibor. Budapest: Szépirodalmi Könyvkiadó, 1952. 170p. [B]   DLC MnU

3920. *Munkáiból.* [Szemelvények: *Siralmas panasz; Mentség;* válogatott levelek; előjáró beszéd az Amszterdamban 1686–ban kiadott zsoltárokhoz; az 1684-ben, Amszterdamban nyomtatott bibliának és az abban található helyes írásnak három részre felosztott védelme] A bevezetőt írta, a szövegeket kiválogatta és jegyzetekkel ellátta Tordai Zádor. Az "Apologia Bibliorum" itt közölt részét latin eredetiből fordította Kiss Géza. Budapest és Bukarest: Művelt Nép Könyvkiadó és Állami Tudományos Kiadó, 1954. 324p. [B] DLC MH GyBDS

BIBLIOGRAPHY

See nos. 3922 and 3924.

BIOGRAPHY

3921. Dézsi Lajos. *Misztótfalusi Kis Miklós. (1650–1702)* Budapest: Magyar Történelmi Társulat, 1898. 208p.

Considerable attention to the background of his times. Appendix: (1) His letter on instruction in the Hungarian language, (2) His letters to Mihály Teleki and Mihály Tofeus, István Pataki, and Mihály Teleki, and (3) His will. Bibliographical footnotes. NNC

3922. Szíj Rezső. *Misztótfalusi Kis Miklós.* Pápa: Főiskolai Könyvnyomda, 1937. 94p.

Attention to his interest in printing and his craft. Appendix: Ferenc Pápai's *Életének könyve,* a poem on bookprinting and Misztótfalusi. Bibliographical notes, pp. 89–90; bibliography, pp. 91–92.

CRITICISM

3923. Tolnai Gábor. "M. Tótfalusi K. Miklós," *M. Tótfalusi K. Miklósnak maga személyének, életének, és különös tselekedeteinek Mentsége. Mellyet az Irégyek ellen, kik a közönséges Jónak ezaránt meggátolói, írni kénszeríttetett. Kolosváratt, 1698. Esztendőben.* Mellyet most újjolag kinyomtattak Tolnai Gábor bérekesztő-beszédével. Gyoma: Kner Izidor, 1940; 123p. Pp. 107–117.

His development as a printer, the problems attending his edition of the Bible, and the tragedy of his life, especially in Transylvania after his return from Amsterdam, under the envy and opposition of a feudalistic society. MnU

3924. Szíj Rezső. *Misztótfalusi Kis Miklós.* Budapest: Turul, 1943. 166p.

An account of his lifework, with attention to his times. Provides a copy of his *Siralmas panasz.* Appendix: Information on *Siralmas panasz.* Bibliography, pp. 133–137. Illustrations. DLC MH NNC AsWN GyBH GyGGaU

3925. Klaniczay Tibor. "Tótfalusi Kis Miklós," *Reneszánsz és barokk. Tanulmányok a régi magyar irodalomról.* Budapest: Szépirodalmi Könyvkiadó, 1961; 595p. Pp. 528–543. [A memorial address presented to the Magyar Írók Szövetsége on December 17, 1950; appeared as introduction to *Misztótfalusi Kis Miklósnak ... Mentsége,* pp. 7–22; see no. 3919]

His career as a printer, his objective of advancing knowledge and the Hungarian language, the obstacles he encountered in Transylvania, his view of printing as improving orthography, and his *Mentség* as his entry into the world of literature and as an account of the difficulties imposed upon him by the Hapsburg régime, the feudal class, and the church. DLC MnU NN NNC AsWN GeLBM GeLU GyBDS GyBH GyGNSU

3926. Országh László. "Misztótfalusi Kis és az első könyv Amerikáról," *Magyar Könyvszemle,* LXXIV (1958), 22–41. [Also a reprint]

Seeks to show that he was the translator and publisher of Increase Mather's *De Successis Evangelii apud Indos in Nova Anglia, Epistola ad cl. virum D. Johannem Leusdenum,* originally published in London in 1688. First American book published in Hungary, with only copy in the library of the

Protestant College, in Debrecen, Bibliographical footnotes. Summary in English, p. 41. CU CtY DLC ICN [ICU] MH NjP NN NNC PU WaU AsWU FiHU GeLBM GeLU GeOB GyBDS

TÓTH ÁRPÁD

Born April 14, 1886 in Arad; died November 7, 1928 in Budapest. Poet, translator, critic. Father a sculptor. Affected by father's hopes and difficult financial circumstances of family. Family moved to Debrecen in 1889. Attended gymnasium in Debrecen in 1904 and then entered University of Budapest in 1905 to study Hungarian and German. Beginning in 1907, his poems appeared in *A Hét, Vasárnapi Újság,* and Debrecen dailies and from 1908 on in *Nyugat.* Without support from home and with low income from poems, he was forced to return to Debrecen and despite several attempts, never obtained teaching certificate. Father's health and family's security ruined by rejection and actual destruction of Freedom Statue by the city as poor work of art. Became dramatic critic for *Debreceni Független Újság* without pay in fall 1909. Joined staff of *Debreceni Nagy Újság* with pay in 1911, and obtained income from criticism and poems being published in *Nyugat.* In 1913 went to Budapest when *Debreceni Nagy Újság* ceased publication. Became tutor to well-to-do family and received some income from writings. Lived under difficult circumstances. Suffered from consumption, worsening condition forced him to seek health at Svedlér Sanitorium in the Tátra Mountains. Thereafter he often spent months in mountains with help from friends. Became assistant editor of *Esztendő.* Married in 1917. Became secretary of Vörösmarty Academy during period of Revolutionary Government. Could not obtain position after failure of Revolution. Circumstances were so desperate he considered suicide. Joined editorial staff of *Az Est* in 1921, and circumstances improved, though he remained poor the rest of his life. Made few contributions to *Nyugat* after 1922. Consumption continued to worsen despite frequent rest periods. ¶ Important as a lyric poet in the first quarter of the 20th century and for his development of views and literary principles of Nyugat School. Themes centered on pain and human tragedy in man's vain expectations of love and happiness. Deeply affected by sense of evanescence of life. Poems characterized by attitude of resignation. Made special use of Alexandrine often by adding an extra syllable in middle and/or at end of line. Noted for skill in structuring images. Critical writings important to illuminating literary developments of his times. One of the best translators of the period; his translations include works of Milton, Wilde, Shelley, Keats, Baudelaire, Flaubert, Gautier, Maupassant, and Chekhov, all accompanied by critical studies. Also translated *Aucassin and Nicolette.* ¶ An edition of his poems is available in Czech, and some of his poems have been translated into Bulgarian, English, French, German, Italian, Japanese, Polish, Rumanian, Russian, Slovakian, and Swedish.

FIRST EDITIONS: *Barrès Maurice: Erzsébet királyné, a magányosság császárnője.* Fordította Tóth Árpád. Budapest: Nyugat, 1911. 59p. – *Hajnali szerenád.* Versek. Budapest: Nyugat, 1913. 72p. – *Lomha gályán.* Versek. Budapest: Nyugat, 1917. 96p. – *Gaston Leroux: A "sárga szoba" titka.* Fordította Tóth Árpád. Budapest: Pallas, 1918. 364p. [From catalogue of National Széchényi Library] – *Bret Harte: Jeff Briggs szerelme.* Fordította Tóth Árpád. Budapest: Athenaeum, 1920. 157p. [From catalogue of National Széchényi Library] – *Aucassin és Nicolete.* Fordítás. [Gyoma], 1921. [From Ványi, p. 809] – *Flaubert: Bouvard és Pécuchet.* Fordította Tóth Árpád. Budapest: Genius, 1921. 359p. [From catalogue of National Széchényi Library] – *Meredith: Az önző.* Fordította Tóth Árpád és Babits Mihály. I–II. kötet. Budapest: Genius, 1921. [From catalogue of National Széchényi Library] – *Milton kisebb költeményei.* Műfordítások. Gyoma: Kner Izidor, 1921. 30p. [From catalogue of National Széchényi Library] – *Wilde: A readingi fegyház balladája.* Műfordítás. Budapest: Dante, 1921. 83p. [From catalogue of National Széchényi Library] – *Gautier Théophile: Baudelaire.* Fordította Tóth Árpád. Budapest: Kultúra, 1922. 137p. [From catalogue of National Széchényi Library] – *Az öröm illan.* [Versek] Budapest: Táltos, 1922. 78p. – *Baudelaire: Romlás virágai.* Műfordítások. Babits Mihállyal és Szabó Lőrinccel. Budapest: Genius, 1923. 240p. [From catalogue of National Széchényi Library] – *Örökvirágok.* Tóth Árpád versfordításai angol, francia és német lírikusokból. Budapest: Genius, 1923. 186p. [From catalogue of National Széchényi Library] – *Maupassant Guy de: Miss Harriet.* Fordította Tóth Árpád. Budapest: Athenaeum, 1927. 229p. [From catalogue of National Széchényi Library] – *Maupassant Guy de: A szalonka meséi.* Fordította Tóth Árpád. Budapest: Athenaeum, 1927. 153p. [From catalogue of National Széchényi Library] – *Lélektől lélekig.* Versek, 1923–1927. Budapest: Athenaeum, 1928. 123p. – See also no. 3927.

EDITIONS

See also nos. 1637 and 3951. Annotated works: nos. 1694 and 2770.

3927. *Bírálatok és tanulmányok.* Debrecen: Debreceni Zsidó Gimnázium Nyolcadik Osztálya, 1939[1]. 111p. [C]

3928. *Összes versei.* Bevezette s a hátrahagyott költeményekkel és töredékekkel együtt sajtó alá rendezte Szabó Lőrinc. [Contains poems published for the first time] Budapest: Athenaeum, 1947[5]. 295p. [B; 1938[2], 1941[3], 1943[4]] DLC MH NN NNC AsWn GeCU GeLBM GyBDS GyBH GyGNSU

3929. *Összes versfordításai.* Sajtó alá rendezte és bevezette Szabó Lőrinc. Budapest: Szépirodalmi Könyvkiadó, 1953[3]. 324p. [B; 1941[1], 1949[2]] DLC GyBDS GyBH

3930. *Válogatott versei.* A verseket válogatta, utószóval és jegyzetekkel ellátta Kardos László. Budapest: Szépirodalmi Könyvkiadó, 1955. 251p. [C] DLC MH AsWU

3931. *Összes versei és versfordításai.* Sajtó alá rendezte Szabó Lőrinc. Budapest: Szépirodalmi Könyvkiadó, 1958. 646p. [B]   CtY DLC MnU NNC OCl AsWU FiHI FiHU GeLBM GeLU GyBDS GyGNSU

3932. *Novellái és válogatott cikkei.* Válogatta, az utószót és a jegyzeteket írta Kocztur Gizella. Budapest: Magyar Helikon, 1960. 110p. [C]   CU NNC AsWN GyBDS GyBH GyGNSU

3933. *Összes versei, versfordításai és novellái.* Sajtó alá rendezte Kardos László, Kocztur Gizella közreműködésével. Budapest: Szépirodalmi Könyvkiadó, 1962. 906p. [B]   DLC MH NN NNC AsWN GeLU GyBDS GyBH GyGGaU

3934. *Összes művei.* Szerkeszti Kardos László. Eddig I–II. kötet. Budapest: Akadémiai Kiadó 1964+. [A]

1. kötet: Költemények. Töredékek. Tréfás hírlapi versek. Rögtönzések. Sajtó alá rendezte Kardos László, Kocztur Gizella közreműködésével. 1964. 770p.
2. kötet: Műfordítások. Függelék: Tanner, James T.: *Az utahi lány* [*The girl of Utah*). [Operettszövegkönyv] Fordította Tóth Árpád és Karinthy Frigyes. A prózafordításokba ékelt versrészletek, töredékek. Sajtó alá rendezte Kardos László, Kocztur Gizella közreműködésével. 1964. 431p. CU DLC MH MnU NN NNC AsWN FiHU GeLBM GyBDS GyBH GyGNSU

BIBLIOGRAPHY

See nos. 3938 and 3948.

BIOGRAPHY

See also no. 3632.

3935. Füst Milán. "Néhány szó Tóth Árpádról," *Emlékezések és tanulmányok.* Budapest: Magvető, 1956; 539p. Pp. 146–149. [Appeared as "Néhány szó" in *Nyugat,* XXI (November 16, 1928), 649–651]

Recollections of a "fastidious and sensitive spirit" and other aspects of his personality and appearance. By one who knew him. DLC MnU GyBDS GyBH

3936. Tersánszky J. Jenő. "Az ifjú Tóth Árpád," *Nyugat,* XXIV (November 16, 1931), 503–511.

Several of Tersánszky's recollections of the poet portraying his gentleness, quietness and healthy discontent, and his learned outlook on literature and life. MnU NN NNC [FiHI] FiHU GeLBM [GeLU] GyBH

3937. Tóth Eszter. "Apsi," *Kortársak nagy írókról. Második sorozat.* A válogatás és a jegyzetek Lukácsy Sándor munkája. Budapest: Művelt Nép, 1956; 478p. Pp. 367–369. [Appeared in *Műveltség,* III (1946), 158–160]

A portrait of the poet by his daughter, who was eight when he died. DLC MnU NNC FiHU GyBDS

3938. Kardos László. *Tóth Árpád.* Második, átdolgozott kiadás. Budapest: Akadémiai Kiadó, 1965. 591p. [1955[1]]

Uses materials discovered since the first edition. Covers his literary, family, and personal relationships, traces the development of his political and artistic views and the enrichment of his themes, and analyzes his comprehension of "decadent" lyric poetry, his methods of composition, the subject matter of his poems, and his poetic forms. Biographical notes, pp. 433–482. Portraits and illustrations. DLC MH MnU NN NNC AsWU FiHU GeLBM GeLU GyBDS GyBH GyGNSU

3939. Szabó Lőrinc. "Tóth Árpád," *Csillag,* IX (1955), 455–458.

A sketch of his life and career from 1919 to November 7, 1928, the day of his death, based on personal recollections. [DLC] MnU [NN] NNC [GeLBM] GyBH [GyGGaU]

CRITICISM

See also nos. 80, 1628, 4322, and 4624.

3940. Babits Mihály. "Új verskötetek. (Tóth Árpád: *Lomha gályán*; Balázs Béla: *Trisztán hajóján*; Kassák Lajos: *Új költők könyve*)," *Nyugat,* X (April 16, 1917), 693–700.

Qualified praise given to the new poems, asserting that Tóth narrowly circumscribes his perspective, permitting nothing extraneous to intrude; that his playing a "single string" may create monotony; and that he shows the kind of borrowing from a teacher (Babits) to be found in a student. Also evaluations of the two works by Béla Balázs and Lajos Kassák. (See no. 3952 for reply). MnU NN NNC AsWN FiHU GeLBM GyBH

3941. Németh László. "Tóth Árpád," *Készülődés. A Tanú előtt.* I–II. kötet. Budapest: Magyar Élet, 1941. I, 301–311. [Appeared in *Erdélyi Helikon,* I (November, 1928), 485–491]

The characteristics of his poetry, the qualities of his translations, the effect of his translations on his own poetry, and the differences between his and Babits's lyrics. InU NNC FiHI GyBH GyGNSU

3942. "Tóth Árpád-szám," *Nyugat,* XXI (November 16, 1928), 635–655.

Several short articles on the occasion of his death dealing with his life and poetry. Also memorial verses and facsimiles of his poems. MnU NN NNC [FiHI] FiHU GeLBM GyBH

3943. Oláh Gábor. "Tóth Árpád költészete," *Nyugat,* XXII (March 16, 1929), 398–405.

The poet of "gentle sorrow": his finding beauty in death, the nature of his imagination, the language and style in which his imagination expresses itself, and the range of his emotional sphere. MnU NN NNC [FiHI] FiHU GeLBM GyBH

3944. Vas István. "Tóth Árpád," *Nyugat,* XXXI (November, 1938), 320–333.

His individuality and detachment from the general attitudes of his times, his feelings toward Hungary, and the development of his poetic style. Frequent comparisons with Endre Ady, Mihály Babits, and Dezső Kosztolányi. MnU NN NNC [FiHI] FiHU GeLBM [GeLU] GyBH

3945. Vajda Endre. "A lírai vers felépítése Tóth Árpádnál," *Pap Károly emlékkönyv.* Írták barátai és tanítványai. Debrecen: Lehotai Pál, 1939; 638p. Pp. 528–534. [1st publication]

Examines his verses to show the characteristic structured framework within which he develops his symbols and builds thought and emotion in his lyrics.

3946. Kéry László. "Tóth Árpád," *Ködlovagok. Írói arcképek.* Szerkesztette Thurzó Gábor, Márai Sándor előszavával. Budapest: Szent István-Társulat, 1942; 347p. Pp. 294–306. [1st publication]

His relations with and attitude toward his surroundings, and the connections of the thought and emotion of his poetry with finding his place in the world he saw around him.

3947. Szabó Lőrinc. "Tóth Árpád, a versfordító," *Tóth Árpád összes versfordításai.* Sajtó alá rendezte és bevezette Szabó Lőrinc. Budapest: Révai, 1942; 324p. Pp. 7–15. [Also appeared in *Magyar Csillag,* II (May 1, 1942), 299–302]

An introduction to the edition of translations discussing their merits and qualities and his contributions through his translations to the nurturing of young Hungarian writers in European literature. By one who knew him. DLC GyBDS GyBH

3948. Tudósy Margit. *Tóth Árpád költészete.* Debrecen: Lehotai Pál, 1943. 78p.

An appraisal of the poet himself through his poetry focused on his European horizons, "Hungarianness," attitudes toward friends and family, and ideas of the nature of the "I." Bibliography of his works and studies about him, pp. 68–77.

3949. Kardos Pál. "Tóth Árpádról," *Irodalomtörténet,* XLI (1951), 218–219. Disputes four points of László Kardos's address to a meeting of scholars in Debrecen (June 3, 1951) and in his introduction to the Magyar Klasszikusok edition of the poet's works: (1) his division of the period 1915–1919 into three lines instead of accepting 1919 as the only sharp boundary in his career; (2) his underevaluation of the poet's development to 1919; (3) his somewhat overevaluation of the period after 1919; and (4) his taking note only of the decadent principles in the love lyrics and neglecting their great positive values. [CU] DLC [MH] MnU NN NNC OCl AsWU GeLBM GyBH GyGNSU

3950. Kardos László. "Tóth Árpád műfordításai," *Magyar Tudományos Akadémia Nyelv- és Irodalomtudományi Osztályának Közleményei,* V (1954), 277–343.

Details about his knowledge of foreign languages and his translations of French, English, and German authors, with frequent comparisons with the original texts. DLC MnU NNC GeLBM GyBDS GyBH GyGNSU

3951. Kardos László. "Tóth Árpád novellái," *Irodalomtörténeti Közlemények*, LVIII (1954), 196–211.

The poet and translator as an author interested in the writing of short stories, the circumstances attending the writing and publishing of his seven short stories, and the full texts of these works: "Együgyű Náthán története" (1917), "Bibendel, a szellem" (1918), "A küstenfelsi gyémánt" (1923), "Tom Shook öngyilkossága" (1923), "Csütörtök" (1923), "A titkár úr frakkja" (1923), and "Ara-Szir király gyógyulása" (1923). DLC MnU NN NNC AsWU GeLBM GyBH

3952. Kardos László. "Tóth Árpád és Babits Mihály," *Csillag*, IX (1955), 2507–2512.

Examines Babits's claim (see no. 3940) that the young poet has done very little more than borrow from the "master" (Babits) and maintains that though there is some basis for the view, Babits has exaggerated the extent of the imitations. Examines poems by both writers. [DLC] MnU [NN] NNC [GeLBM] GyBH [GyGGaU]

3953. Kardos László. "Tóth Árpád alkotásmódja, munkamódszere," *Vázlatok, esszék, kritikák. Új magyar irodalom.* Budapest: Szépirodalmi Könyvkiadó, 1959; 463p. Pp. 128–154. [Appeared in *Filológiai Közlöny*, IV (1958), 552–570]

His work habits and creative methods in composing poetry, and the principles by which he organized the volumes of poems he prepared for publication. Much attention to changes made in poems. Based on materials in the edition of his complete poems and translations published by Lőrinc Szabó (see no. 3931) and on new manuscript materials. DLC MnU NN AsWN GeLBM GyBDS GyBH GyGNSU

VAJDA JÁNOS

Born May 7, 1827 in Pest; died January 17, 1897 in Pest. Poet, publicist. Father a chief forester. Completed schooling in Székesfehérvár and Pest, where he lived for a time with Péter Vajda (q.v.). His first poems were published in *Életképek* in 1844. Became actor in Hungarian traveling company in 1845–1846. Made abortive attempt as tutor, then became apprentice farm manager. Moved to Pest from Alcsut in 1847 to become official in Agricultural Association. Became member of Pilvax Group of Writers, including Sándor Petőfi and Mór Jókai (qq.v.). Participated as youth leader during events of March 1848. Served as soldier in Padua in 1850, then worked in cadastral office in Kiskunhalas and in Buda. In 1853 decided to earn living solely by writing. Became staff member of *Magyar Sajtó* in 1855, its managing editor in 1863. Founded *Nővilág* in 1857; edited it till 1863. Also edited *Csatár* 1861–1862. In 1857 fell in love with Zsuzsi (Georgina) Kratochwill, "Gina" of his poems, who did not return affection. Became member of Kisfaludy-Társaság in 1870. Married Róza Bartos, "Rozamunda" of his poems, in 1880; divorced in 1881. Saw "Gina" in Vienna in 1882; for last time in 1892. ¶ Wrote most powerful and individual poetry in the period after Revolution. Sought to enlarge horizon of Hungarian poetry to equal that of Europe. Diction and tone represented break with traditions of both Petőfi and János Arany and made him predecessor of Endre Ady (qq.v.). Epic poetry, novels in verse, and stories were not as important as lyrical and satirical poetry. Poems were highly subjective and based on self-love and hatred of world about him. Sense of personal desolation recurring theme, but believed life to be most valuable experience available to man. ¶ An edition of his poems is available in German, and some of his poems have been translated into Bulgarian, English, French, German, Italian, Japanese, Rumanian, Russian, Slovakian, and Swedish.

FIRST EDITIONS: *Béla királyfi.* Költői beszély hat énekben. Pest: Emich Gusztáv, 1855. 143p. – *Költemények.* Pest: Emich Gusztáv, 1856. 145p. – *Költemények.* Pest: Heckenast Gusztáv, 1858. 224p. – *Nemzeti lant.* Újabb költőink válogatott versei. I–II. kötet. Pest, 1858. [From Szinnyei, XIV, 756] – *Magyar képek albuma.* A szöveg Vajda János munkája. Pest: Heckenast Gusztáv, 1859. 87p. – *A vadászat mestere.* Önképző gyakorlati útmutatás a vadászat kedvelői számára. Pest: Heckenast Gusztáv, 1859. 277p. – *Vészhangok.* [Versek] Pest: A Szerző, 1860. 157p. – *Önbírálat.* Írta Arisztidesz. [Politikai röpirat] Lipcse: Glück, 1862. 116p. – *Polgárosulás.* Írta Arisztidesz. [Politikai röpirat] Pest: Heckenast Gusztáv, 1862. 168p. – *Perczel Mór merénylete Kossuth ellen.* [Újságcikk] Budapest: Heckenast Gusztáv, 1868. [From *Magyar irodalmi lexikon,* III, 465] – *Egy honvéd naplójából.* [Emlékezések] Pest: Corvina-Társulat, 1869. 128p. – *Polgári szabadság és önkormányzat.* Írta Lieber. Magyarítá. Scholcz Viktorral. Pest, 1869. [From Szinnyei, XIV, 757] – *Kisebb költeményei.* Kiadta a Kisfaludy-Társaság. Pest: Athenaeum, 1872. 250p. – *Tanulmányok a renaissance és reformatió korából.* (Erasmus, Morus Tamás, Melancthon) Írta Nisard Dezső. Fordítás. Budapest, 1875. [From Szinnyei, XIV, 757] – *Magyar bors.* Válogatott magyar és külföldi adomák gyűjteménye. Szerkesztette Vajda János. Budapest: Franklin-Társulat, 1876. 208p. – *Újabb költemények.* [Also *Alfréd regénye*] Budapest: A Szerző, 1876. 114p. – *Találkozások.* Budapesti életkép, versekben. [Verses regény] Budapest: A Szerző, 1877. 172p. – *Elbeszélések.* Budapest: Franklin-Társulat, 1881 [1882?]. 286p. – *Magyar birodalmi politika.* Írta R. Z. A. U. Budapest, 1881. [From Szinnyei, XIV, 757] – *Összes költeményei.* I–II. kötet. Budapest, 1881. [The first collection; from Pintér, VII, 480] – *A szerelem szótára és kalauza.* [Tanácsadások] Hazai és külföldi források után összeállítva V. J. által. Budapest, 1881. [From Pintér,

VII, 480] – *Dal és beszély.* Újabb lyrai költemények. *Ábel és Aranka.* Budapest: Franklin-Társulat, 1883. 92p. – *Újabb munkái.* I–II. kötet. Budapest: Révai Testvérek, 1886–1887. – *Költemények.* 1887–1893. Budapest: Szépirodalmi Könyvtár, 1893. 97p. – *Költeményei.* Budapest: Méhner Vilmos, 1895. 480p. – *Magyarság és nemzeti önérzet.* Kóros áramok. Budapest: Singer és Wolfner, 1896. 180p. – *A jó egészség és hosszú élet titka.* Arany tanácsok és szabályok a testi-lelki erő és egészség fönntartására. Versbe szedte. Budapest: Méhner, 1898. 24p. – *Törzsök Jankó vagy a három erős ember.* Mese három részben. [Költemény] Budapest: Révai Testvérek, 1898. 32p. [C] – See also no. 3955.

EDITIONS

See also nos. 3964 and 3976.

3954. *Kisebb költeményei.* Sajtó alá rendezte és bevezetéssel ellátta Endrődi Sándor. Budapest: Franklin-Társulat, 1903. 276p. [C] DLC MH MnU NNC OCl AsWU FiHI GeLBM GyBH

3955. *Büszkének.* Elbeszélések. Budapest, 1909 [1st?]. [From Szinnyei, XIV, 758]

3956. *Munkái.* Költemények. Pintér Jenő bevezetésével. Budapest: Franklin-Társulat, 1928. 207p. [C] MH NNC

3957. *Összes művei.* Sajtó alá rendezte Kozocsa Sándor. Budapest: Franklin-Társulat, 1944. 1872p. [C] DLC MnU GeCU GeLBM GeLU GyGNSU

3958. *Válogatott művei.* Sajtó alá rendezte és bevezette Komlós Aladár. Budapest: Szépirodalmi Könyvkiadó, 1951. 344p. [C] DLC MH NNC GyBDS GyBH

3959. *Válogatott politikai írásai.* Összeállította és bevezette Komlós Aladár. Budapest: Művelt Nép, 1954. 254p. [B] DLC MnU NN NNC GyBDS GyBH GyGNSU

3960. *Összes versei.* Sajtó alá rendezte Kozocsa Sándor. Budapest: Szépirodalmi Könyvkiadó, 1955. 822p. [B] MH GyGNSU

BIBLIOGRAPHY

See nos. 3962, 3963, 3967, 3968, and 3973.

BIOGRAPHY

3961. Kerekes György. *Vajda János élete és munkái.* Budapest: Országos Irodalmi r.t., 1901. 236p.

Both a biography and a study of his writings in search of the inner man. Chapters on his thought and his literary works by genres. GeLBM

3962. Bóka László. *Vajda János.* Budapest: Franklin-Társulat, 1941. 158p.

Much attention to the subject matter and style of his poetry. Bibliography, p. 158. MH MnU NN NNC GeLBM GeLU

3963. Komlós Aladár. *Vajda János.* Budapest: Akadémiai Kiadó, 1954. 363p. [1956]

Considerable attention to his works to determine his individuality and to provide an understanding of them. Attention to his age. Bibliography of his books, editorships, articles, and poems, pp. 337–354. DLC MH MnU NNC GeLBM GyBDS GyBH GyGNSU

3964. Scheiber Sándor és Zsoldos Jenő. *Vajda János levelei Milkó Izidorhoz.* Budapest: Akadémiai Kiadó, 1958. 48p.

A collection of 26 of his letters to Milkó, 1885–1895, as a means of illuminating the latter's influence on popularizing his poetry and on a critical period of his life. Preface on their relationships and the letters. Bibliographical footnotes. Facsimiles. DLC MH NNC AsWN GyBDS GyGNSU

CRITICISM

See also nos. 66, 275, 292, 2015, and 4624.

3965. Pethő István. *Vajda János lírájáról.* Komárom: Spitzer Sándor, 1910. 95p.

Examines his lyrics to define his inner life, their relation to the writings of the preceding period, the extent to which they reflect the age, the enjoyment to be found in them, and the elements in them that touch the emotions and thoughts in the present day.

3966. Schöpflin Aladár. "Vajda János," *Magyar írók. Irodalmi arcképek és tollrajzok.* Budapest: Nyugat, 1917; 236p. Pp. 130–155. [Appeared in *Nyugat*, V (January 1, 1912), 22–39]

Depicts his difficulties with friends, his alienation from his times, and the weaknesses, disconsolateness, bleakness, and immaturity of his poetry as stemming from his inability to understand men and his surroundings adequately and from his skepticism. Much discussion of the "Gina" songs; attention to his philosophical views. InU MnU NNC GeLBM GyBH GyGGaU

3967. Rubinyi Mózes. *Vajda János.* Budapest: Ethika, 1922. 142p.

An analysis of his world outlook as expressed in his works, and discussion of his techniques, style, and language. Closes with a discussion of his sources, the influences on him, and his successors. Bibliographical notes, pp. 127–137. MH MnU NNC

3968. Kéky Lajos. *Vajda János.* Budapest: Pallas, 1927. 32p.

Separate studies: (1) the man and the poet, (2) a biographical sketch, and (3) brief critical comments on his works by types. Bibliography of his works and studies about him, pp. 30–32. GyBH

3969. Riedl Frigyes. *Vajda, Reviczky, Komjáthy.* Budapest: Királyi Magyar Egyetemi Nyomda, 1932. 140p.

Individual essays on Vajda, Reviczky, and Komjáthy, preceded by an essay on Hungarian literature from 1867 to 1900. Seeks to capture the spirit and qualities in the various writings of each author. MnU AsWN GeLBM GyBH

3970. Simon István. "Vajda János természete," *Csillag*, V (1950), 371–376.

His uses of nature in the expression of his thought and feelings. [DLC] MnU NNC [GeLBM] GyBH [GyGGaU]

3971. Komlós Aladár. "Vajda János," *Csillag*, VI (1951), 754–772. [Also appeared as introduction to *Vajda János válogatott művei*, pp. 5–35; see no. 3958]

His life, literary activities and development, political views of the Revolution and the Compromise, anti-feudalism, position between Petőfi and Ady in poetry, and his poetic style. Begins with 1847. [DLC] MnU [NN] NNC [GeLBM] GyBH [GyGGaU]

3972. Komlós Aladár. "A publicista Vajda János," *Vajda János válogatott politikai írásai*. Összeállította és a bevezetést írta Komlós Aladár. Budapest: Művelt Nép, 1954; 254p. Pp. 3–39.

An analysis of his political writings from 1846 to 1896: their basic principles, his position in relation to social class, his views during various political stages in Hungary, his attitudes toward the workers' movement, and his concept of literature as a means of advancing democratic principles and culture in Hungary. (See no. 3974 for reply.) DLC MnU NN NNC GyBDS GyBH GyGNSU

3973. Bisztray Gyula. "A pályakezdő Vajda János," *Irodalomtörténet*, XLIV (1956), 206–220.

Separate sections dealing with philological matters of his writings from 1844 to 1849, his first period of creativity: corrections of and additions to the chronological catalog of his poems, the light thrown by the catalog on his literary and political activities, the effect of the poetry of Péter Vajda and Petőfi on his feelings about nature and on his love of freedom. [CU] DLC [MH] MnU NN NNC AsWU GeLBM GeLU GyBDS GyBH

3974. Sőtér István. "Vajda János," *Romantika és realizmus. Válogatott irodalmi tanulmányok*. Budapest: Szépirodalmi Könyvkiadó, 1956; 611p. Pp. 295–361. [Written in 1955; 1st publication]

A reply to Aladár Komlós's work (see no. 3972). Discusses Vajda's role in the Revolution of 1848–1849 to indicate what he brought to his works from the period, his world outlook in the 1850's, his role in the development of literary populism, the significance of the 1862 pamphlets, the antecedents of and the philosophical views in his poems of the 1880's and the 1890's. DLC MnU NNC AsWN FiHI GeCU GeLBM GyGNSU

3975. Barta János. "Vajda János pályakezdése," *Irodalomtörténet*, XLVI (1958), 350–359.

The development of his own distinctive voice as he seeks to follow the lead of Petőfi but feels compelled to meet the kind of verse represented by

Arany and required by the age. CU DLC MH MnU NN NNC AsWU GeLBM GeLU GyBDS GyBH

3976. Szabad György. "Vajda János politikai elszigetelődésének történetéből," *Irodalomtörténet*, XLVIII (1960), 129–141.

Evidence from letters shows that his dismissal from his political party and from the editorship of *Magyar Újság* isolated him politically and possibly helped to turn him away from the society around him. Bibliographical footnotes. CU DLC MH MnU NN NNC AsWU GeLBM GeLU GyBDS GyBH

3977. Károly Sándor. "Közös ritmikai elemek Vajda János és Ady költészetében," *Irodalomtörténet*, XLIX (1961), 406–416.

Vajda's poetry scrutinized to illustrate the direction of his tone and meter away from those of Petőfi, especially in his final creative period, to a voice resembling that of Ady. Contends that some of the similarities between Vajda and Petőfi never completely disappeared. CU DLC MH MnU NN NNC AsWU GeLBM GeLU GyBDS GyBH

3978. Barta János. "Gina költője. (Vajda lírája a Bach-korszakban)," *Irodalomtörténet*, L (1962), 19–40.

The development of his lyric poetry during the first period of his creativity, 1849–1859, as it loses its dissonance and reveals his true voice. Attention to the background of the period. CU DLC MH MnU NN NNC AsWU GeLBM GeLU GyBDS GyBH

VAJDA PÉTER

Born January 20, 1808 in Vanyola; died February 10, 1846 in Szarvas. Poet, novelist, short-story writer, publicist, writer on language and science. Descendant of peasant family. Related to János Vajda (q.v.), whose development he influenced. Was an outstanding student at Sopron and Győr where he also tutored. From Győr he toured the Danube, Balaton, Adriatic, Tyrol, and Northern Italy. In 1828 he entered University of Pest as medical student; was expelled for alleged demonstration against professor during cholera epidemic of 1831. His first poem appeared in 1831. Edited *Hasznos Mulatságok* briefly in 1833. Moved to Germany, where he edited *Garasos Tár* January 1 to March 22, 1834, then to Holland and England, returning to Budapest in fall of 1834 to become creative writer and journalist. Helped to edit *Athenaeum* and was acting professor at Lutheran Institute in Pest. Named corresponding member of Academy in 1837. Elected to Kisfaludy-Társaság in 1840. Chosen secretary of newly founded Society of Natural Science in 1842 but resigned when "Royal" added to its name. From 1843 he lectured at gymnasium in Szarvas. ¶ Writer in romantic spirit. While still young, he became acquainted with and was influenced by German romanticism, especially with the ideas of Novalis. His works show passion for nature, pantheism, and strong interest in the Orient. Poems contain patterned, logical reasoning. First developer of prose-verse in Hungary. Prose rhapsodizes beauty of nature and its power to bring happiness to man and expresses sympathy for the oppressed, especially social outcasts in India. Translated Shakespeare, Defoe, and Bulwer-Lytton. ¶ Some of his poems have been translated into French and German.

EDITIONS

See also no. 4009.

3979. *A legszebb leány.* Tréfás elbeszélések. Pest: Trattner és Károlyi, 1834[1]. 156p.

3980. *A nap szakaszai.* Költeményes festések a természet után. [Költemények prózában] Pest: Trattner és Károlyi, 1834[1]. 55p. GyBH

3981. *A tanácsadó orvos mint hű barát.* Oktatás az egészség megtartására ... egyszerű házi szerek által. Lipcse, 1834[1]. [From Szinnyei, XIV, 765]

3982. *A férfiasság.* Oktatás, mint kell a hímerőt vagyis férfiúi erőt kifejteni, gyakorolni s visszaszerezni. Kassa: Literaturai Intézet, 1835[1]. 72p.

3983. *Magyar nyelvtudomány.* Magában foglaló a szónyomozást, szókötést, helyesírást és hangmértéket. Kassa: Literaturai Intézet, 1835[1]. 176p. GyBH

3984. *A szépítés mestersége.* Útmutatás a kellemetességek megszerezésére s kifejtésére. Kassa, 1835[1]. [From Szinnyei, XIV, 765]

3985. *A tapasztalt méhészgazda.* Oktatás a méhészet körül ... Kassa, 1835[1]. [From Szinnyei, XIV, 766]

3986. *Természet história gyermekek számára.* Írta Raff György Keresztély. Fordítás. Kassa, 1835[1]. [From Szinnyei, XIV, 766]

3987. *Pesti levelek.* [Eszmefuttatások] I–II. kötet. Kassa: Literaturai Intézet, 1835–1837[1].

1. kötet: *Szép szavak.* 1835[1]. 135p.

2. kötet: *Őszinte beszédek.* 1837[1]. 179p.

3988. *Joguz vagy a honkeresők.* Színmű öt felvonásban. Pest: Heckenast Gusztáv, 1836[1]. 133p. AsWN GeLBM

3989. *Növénytudomány.* Magyar-latin füvésznyelv és rendszerisme. Orvosok, ... s kiváltképen a füvészetet tanító nélkül tanulni akarók számára. Pest: Heckenast Gusztáv, 1836[1]. 236p.

3990. *Tárcsai Bende.* Román. I–III. kötet. Pest: Heckenast Gusztáv, 1837[1] [1836?].

3991. *Dalhon.* I–IV. kötet. Pest: Eggenberger-Emich, 1839–1843[1].

1–2. kötet: Elbeszélések. 1–2. kötet. 1839[1].

3. kötet: Versek és elbeszélések. 1841[1]. 197p.

4. kötet: Szerelmi költemények, szatírák, elégiák. 1843[1]. 204p.

AsWN [GyBH]

3992. *Magyar-német olvasótár.* V. P. nyelvtudományához. Buda, 1840[1]. [From Szinnyei, XIV, 766]

3993. *Magyar nyelvtan.* I–II. füzet. Buda: Magyar Királyi Egyetem Betűivel, 1840[1].

3994. *Nemzeti ábéczé.* Olvasó és mulattató-könyv magyar szorgalmas fiúk és leányok számára. Nálunk eddig egészen új mód szerint. Pest: Geibel Károly, *ca.* 1840[1]. 87p.

3995. *Az állatország.* Fölosztva alkotása szerint . . . Írta Couvier György· Fordítás. I. kötet. [2d vol. remained in MS] Buda, 1841[1]. [From Szinnyei, XIV, 766–767]

3996. *Ismerettárca a két nembeli ifjúság számára.* Írta Čhimani Lipót. Magyarra tette. Bécs, 1842[1]. [From Szinnyei, XIV, 767]

3997. *Éj és korány.* Írta Bulwer. Fordítás. I–II. kötet. Pest, 1843[1]. [From Szinnyei, XIV, 767]

3998. *Scribe: Láncz.* Vígjáték 5 felvonásban. Fordítás. Nagy Ignáccal. Pest, 1843[1]. [From Szinnyei, XIV, 767]

3999. *Robinson-Crusoe története.* Defoe és Geiger szerint kivonatban adja. Pest, 1844[1]. [From Szinnyei, XIV, 767]

4000. *Buda halála.* Szomorújáték öt felvonásban. Közrebocsátá Zsilinszky Mihály. Pest: Kilián György, 1867[1]. 108p. [C]

4001. *Dalhon.* Szemelvények. [Prózai költemények] Kiadta és bevezetéssel ellátta Nemes Béla. Gyoma: Kner Izidor, 1906. 63p. [C]

4002. *Erkölcsi beszédei.* Levéltári tanulmányok alapján kiadta és jegyzetekkel ellátta Kemény Gábor. Budapest: Szarvasi Öregdiákok, 1931[1]. 288p. [B] GyBH

4003. *Költemények prózában és más írások.* Sajtó alá rendezte Miklós Róbert. [Bibliographical notes, pp. 241–247] Budapest: Magvető, 1958. 254p. [C] DLC NNC GeLBM GyBDS GyGNSU

BIBLIOGRAPHY

See nos. 4003, 4008, and 4009.

BIOGRAPHY

4004. Széchy Károly. *Vajda Péter élete és művei.* Budapest: Eggenberger, 1892. 343p.

Both a biography and a study of his literary development and his writings. Chapters on his literary works by genres. Bibliographical footnotes.

CRITICISM

See also no. 3973.

4005. Bálint Aranka. *Vajda Péter romanticizmusa.* Budapest: Révai és Salamon, 1906. 45p.

Purpose: to show his connection with romanticism, to define the nature of his romanticism, and to determine the sources from which it was derived and which influenced it. First chapter a characterization of Hungarian and West European romanticism. Bibliographical footnotes. FiHI

4006. Bartha Károly. *Vajda Péter nyelvújítása.* Dés: Demeter és Kiss, 1913. 75p.

His use of new words in his writings from 1830 to 1845 and their definitions. Provides sources in his works. Placed in relation to the movement of language reform.

4007. (Turóczi) Trostler József. "Vajda Péter és a német romanticizmus," *Egyetemes Philologiai Közlöny,* XXXVII (1913), 247–255, 304–316. [Also a reprint]

The influence of the thought and style of German romanticism on his writings, especially that of Novalis and Zacharias Werner. Bibliographical footnotes. CU IU MH MnU NNC OClW OCU AsWN FiHU GyBH

4008. Kemény Gábor. "Vajda Péter élete és írói munkája," *Vajda Péter erkölcsi beszédei.* Levéltári tanulmányok alapján kiadta, bevezetéssel és jegyzetekkel ellátta Kemény Gábor. Budapest: Szarvasi Öregdiákok Szövetsége, 1931; 288p. Pp. 9–45.

His relations with his times, his educational mission, his character, his educational activities at Szarvas, the significance of his lectures on morality, his originality and intellectual link with Fichte, and Austrian opposition to his lectures on morality and to the Evangelical Church. Bibliography, pp. 287–288. GyBH

4009. *Vajda Péter. 1808–1846.* Írta és a szemelvényeket válogatta Hanzó Péter. Békéscsaba: Békésmegyei Tanács Végrehajtó Bizottsága Művelődésügyi Osztálya, 1958. 152p.

Contains selections from his writings, a brief biography, and studies of his concept of feudal society and the nature of his pedagogical system. Chronological list of his published works, pp. [155–156]. Illustrations.

VAS ISTVÁN

Born September 24, 1910 in Budapest. Poet, translator. Completed studies at schools in Budapest. Attended Commercial College in Vienna and returned to Budapest in 1929. Writings first appeared in 1928 in *Munka* and then in *Korunk, Pesti Hírlap, Nyugat, Válasz,* and *Magyar Csillag.* Worked as a clerk for various companies 1929–1944. Served as chief accounting counsellor in Ministry of Interior in 1945. Since 1946 has served as literary adviser to various book publishers, to Európa Könyvkiadó since 1956. Visited Italy in 1947, England and Paris in 1959. Awarded Baumgarten Prize in 1948 (originally nominated in 1936); Attila József Prize for translations in 1951, for *Hét tenger éneke* in 1956, for *Rapszódia egy őszi kertben* in 1961; and Kossuth Prize for translations and original writings in 1962. ¶ His poems show influence of Lajos Kassák and later Árpád Tóth, Mihály Babits, and Dezső Kosztolányi (qq.v.). Subject matter is that of love, private feelings, and opposition to fascism; sometimes he shows resignation and pessimism. Influenced by Marx and Freud. Among his translations: works of Villon, Shakespeare, Racine, Schiller, Molière, A. France, Apollinaire, Maeterlinck, Defoe, Thackeray, O'Neill, Somerset Maugham, Steinbeck, and Goethe. ¶ Some of his poems have been translated into English, French, and Rumanian.

EDITIONS

See also nos. 1420, 1424, and 1946, p. 483, and no. 3072. Editorial work: no. 2182. Annotated works: nos. 1056, 1158, 2211, 3055, 3090, 3091, 3151, 3195, 3308, 3944, 4210, and 4470.

4010. *Őszi rombolás.* [Versek] Budapest: Hungária, 1932[1]. 60p.

4011. *Levél a szabadságról.* Versek. Budapest: Nyugat, 1935[1]. 76p. NN

4012. *Menekülő múzsa.* [Versek] Budapest: Cserépfalvi, 1938[1]. 77p.

4013. *Szerelmes versek.* Fordítás. Radnóti Miklóssal és Szemlér Ferenccel. Budapest, 1941[1]. [From Várkonyi, p. 437]

4014. *Kettős örvény.* [Versek] Budapest: Franklin-Társulat, 1947[1]. 216p. MiD NN

4015. *Római pillanat.* Versek és versfordítások. Budapest: Révai, 1948[1]. 200p. GeLBM

4016. *Hét tenger éneke.* Válogatott műfordítások. Budapest: Új Magyar Könyvkiadó, 1955[1]. 394p. [1957[2], 1962[3]] NNC GyBDS

4017. *A teremtett világ.* Válogatott versek, 1930–1956. Válogatta és bevezette Juhász Ferenc. Budapest: Magvető, 1956. 389p. DLC NNC GeLBM

4018. *Elvesztett otthonok.* Elbeszélés egy szerelem környezetéről. Budapest: Szépirodalmi Könyvkiadó, 1957[1]. 151p. NNC GyGNSU

4019. *Évek és művek.* Kritikák és tanulmányok, 1934–1956. Budapest: Magvető, 1958[1]. 478p. DLC MnU NNC FiHI GeLBM GyBDS GyGNSU

4020. *Rapszódia egy őszi kertben.* Versek és úti jegyzetek. Budapest: Magvető, 1960[1]. 107p. NNC GyBDS GyBH GyGNSU

4021. *Római rablás.* Versek és rajzok. Szántó Piroska rajzai. Budapest: Magvető, 1962. 122p. NN NNC GeLBM GyBH GyGNSU

4022. *Összegyűjtött versei.* 1930–1962. Budapest: Szépirodalmi Könyvkiadó, 1963. 830p. ICU MH NN NNC FiHI GeLBM GeLU GyBDS GyBH GyGNSU

4023. *Nehéz szerelem.* A líra regénye. Budapest: Szépirodalmi Könyvkiadó, 1964[1]. 418p. MH MnU FiHI GeLBM GyBDS GyBH

4024. *Földalatti Nap.* Versek. Budapest: Szépirodalmi Könyvkiadó, 1965[1]. 90p. MnU GeLBM GyBDS GyBH

CRITICISM

See also no. 3209.

4025. Sárközi György. "Őszi rombolás: Vas István versei," *Nyugat,* XXV (December 1, 1932), 564.

Posits that as a member of the new generation he expresses himself objectively through the painting of strange figures with the passion of the detailed epic, that this generation has in its complexity a shared anti-individualism, and that his realism appears within a particular romantic atmosphere. MnU NN FiHU GeLBM [GeLU] GyBH

4026. Weöres Sándor. "Menekülő múzsa: Vas István versei," *Nyugat,* XXXII (February, 1939), 123–124.

A review maintaining that the basic individuality of his poetry is its puritanism, both as strength and weakness, that some of his poems provide distinctive experiences for the reader with their structure, subject and method of composition, that their structure and versification are outstanding, and that in writing about the problems of man he hardly introduces any of his own. MnU NN [NNC] [FiHU] GeLBM GyBH

4027. Halász Gábor. "A század gyermekei," *Nyugat,* XXXII (August, 1939), 108–112.

A review of *Menekülő múzsa* stating that his poetry is an escape from reality to "a literary dream" and Hungarian–Latin classicism and that nostalgia is at the root of his poetry, with the Dunántúl region appearing in his "Pest nostalgia." MnU NN [NNC] [FiHU] GeLBM GyBH

4028. Juhász Ferenc. "A költő portréja nyár-alkonyi fényben," *Vas István: A teremtett világ.* Válogatott versek, 1930–1956. Válogatta és a bevezetőt írta Juhász Ferenc. Budapest: Magvető, 1956; 389p. Pp. 5–17.

Recounts an experience with Vas who sought from Juhász a criticism of one of his poems. The poet described as having undertaken creative activity without the usual requisite background it requires and secured it on his own. Praised for his understanding, "his healthy, suffering, avenging, wise love of life," and his harmonizing of earthly subject matter and the poetic spirit. DLC NNC GeLBM

4029. Kabdebó Lóránt. *Vas István lírai fejlődése, mint régi értelmiségünk útjának tükrözése.* Miskolc: Borsod Megyei Nyomdaipar, 1963. [11]p. [Reprinted from *Borsodi Szemle,* no. 4 (1963)]

Links his poems to the lyric poetry of his times, and traces his movement toward humanism and the discovery of his strength during his later years in his modifying attitudes toward life and reality.

4030. Rónay György. "Vas István lírája. Összegyűjtött versei, 1930–1962," *Új Írás*, III (1963), 886–890.

Surveys his development and concludes that the 32 years of poetry in the edition acquaint the reader with both the poet and his society and that the poems show him "leaving a lyrical description for a lyrical understanding of reality." DLC MH FiHI GeLBM GyBDS GyBH

VERES PÉTER

Born January 6, 1897 in Balmazújváros. Novelist, short-story writer, publicist. Descendant of peasant family. Completed fourth form of elementary school. Employed as swineherd when a child; later as a servant, seasonal worker on landed estates, day-laborer, sharecropper, lease-holder, and railroad worker in Hortobágy by age 16. Formed early connection with agrarian-socialist movement by joining Földművelő Egylet. Educated himself by reading. Served one year on Italian front during World War I. Joined Revolutionary Army in November 1918. Became member of land distributing society in early March 1919 in Balmazújváros, member of its Workers' Council on March 21, and then member of the Community Directorate. After the failure of Revolutionary Government, he was captured by Rumanian Army and imprisoned until end of 1920, imprisoned again for a year in Debrecen, then employed as a railroad and field worker. Helped to revive Agrarian Workers' Trade Union and Social Democratic party in 1922 and continued as a member of both until 1944. Often arrested for political activities. His writings first appeared in 1930 in *Századunk, Korunk, Gondolat, A Mi Útunk, Válasz,* and *Kelet Népe.* Imprisoned for a month in 1934 for publication of "Mi lesz a földmunkássággal?" in *Népszava.* Member of populist movement in 1930's and participated in activities of March Front. Served in forced labor camps three times during World War II; escaped further detention by hiding in a Budapest basement. President of National Peasants' party 1945–1949. President of National Council for Arranging Landed Properties 1945–1946(?). Minister of National Defense 1947–1948. President of Hungarian Writers' Federation 1954–1956. Parliamentary representative since 1945 and a member of National Council of Patriotic People's Front. Awarded Kossuth Prize for *Próbatétel* in 1950 and for *Pályamunkások* in 1952. ¶ His novels and short stories portray lives of villagers and peasants. Realistic style sometimes strongly satirical and humorous. Fiction almost plotless, emphasizes characterization. Publicist writings are a record of his involvement in contemporary problems. ¶ *Szűk esztendő* has been translated into Polish; *Próbatétel* into Bulgarian, Chinese, Czech, Finnish, French, German, Italian, Persian, Polish, Rumanian, Russian, and Slovakian; *Szolgaság* into German; *Pályamunkások* into Bulgarian and Polish; *Almáskert* into Rumanian; and some of his short stories into Albanian, Arabian, Korean, Spanish, and Ukrainian.

EDITIONS

See also nos. 2776, 2781, and 4343 for annotated works.

4031. *Menthetetlen-e a magyar földmívesnép?* [Tanulmány] Budapest: Századunk, 1932[1]. 18p.

4032. *Az Alföld parasztsága.* [Tanulmány] Budapest: Oravetz István, 1936[1]. 87p. [1939[2], 1942[3], 1944[4], 1945[5]] MH NN NNC AsWN GyBH

4033. *A parasztság és az értelmiség viszonya.* [Tanulmány] Budapest: Első Kecskeméti Hírlapkiadó, 1936[1]. 20p.

4034. *Számadás.* [Regényes önéletrajz] Budapest: Révai, 1937[1]. 399p. [1943, 1948[6], 1955] DLC NN NNC OCl AsWN FiHI FiHU GeLBM

4035. *Kollektiv világnézet és faji felelősség a szaporodás kérdésében.* [Tanulmány] Kecskemét: Első Kecskeméti Hírlapkiadó, 1938[1]. 24p.

4036. *Gyepsor.* Elbeszélések és versek. Budapest: Bolyai Akadémia, 1939[1]. 157p. [1940[2]; 3d, enl. ed., 1944; 4th, enl. ed., 1950] DLC NN GeLBM GeLU

4037. *Szocializmus, nacionalizmus.* [Tanulmány] Budapest: Mefhosz, 1939[1]. 250p. [1943[2]] NN NNC GeLBM GeLU

4038. *Mit ér az ember, ha magyar.* Levelek egy parasztfiúhoz. [Tanulmány] Budapest: Magyar Élet, 1940[1]. 287p. [1941[2], 1943[3], 1944[4], 1946] DLC MH NN NNC AsWN FiHI GeLBM GeLU GyBH

4039. *Ember és írás.* [Tanulmányok] Budapest: Bolyai Akadémia, 1941[1]. 176p. [1942[2]] AsWN

4040. *Falusi krónika.* [Társadalmi leírás] Budapest: Magyar Élet, 1941[1]. 266p. [1944[2], 1953[3], 1956] DLC MH NN NNC AsWN FiHI GeLU GyBH

4041. *Népiség és szocializmus.* [Tanulmány] Budapest: Magyar Élet, 1942[1]. 45p. [1943[2]]

4042. *Szűk esztendő.* [Elbeszélések] Budapest: Magyar Élet, 1942[1]. 152p. [1949[2]] DLC IC NN NNC AsWN GeLU GyBH

4043. *"Bérharcos" munkásmozgalom vagy "államépítő" szocializmus?* [Tanulmány] Budapest: Magyar Élet, 1943[1]. 16p. DLC

4044. *Parasztsors, magyar sors.* [Tanulmány] Budapest: Magyar Élet, 1943[1]. 84p. [1944[2], 1944[3]] NN NNC AsWN GeLU GyGGaU

4045. *Szabad ország, szabad munka.* [Tanulmány] Budapest: Sarló, 1945[1]. 47p. DLC NN

4046. *A válság éveiből.* Tanulmányok. Budapest: Sarló, 1945[1]. 223p. NN NNC AsWN GeLU

4047. *Veres Péter a nemzetgyűlésben 1945 dec. 4-én.* [Beszéd] Budapest: Nemzeti Parasztpárt Országos Központja, 1946[1]. 26p.

4048. *Húsz év.* Válogatott írások gyűjteménye. A kötetet összeállította Gombos Imre és Ohati Nagy László. Budapest: Misztótfalusi, 1947. 307p.

[C] CU CtY DLC MB MH NjP NIC NN NNC OCl WaU AsWN FiHU

4049. *Kis kondás.* [Elbeszélések; válogatás korábbi műveiből] Budapest: Népi Ifjúsági Szövetség Sajtó és Propaganda Osztálya, 1947. 32p. GeLU

4050. *Mi az agrárolló?* A parasztság harca a jövendőért. [Politikai röpirat] Budapest: Nemzeti Parasztpárt, 1947[1]. 12p.

4051. *Nemzet, egyház, értelmiség.* [Politikai röpirat] Budapest: Nemzeti Parasztpárt Nagybudapesti Szervezete, 1947[1]. 14p.

4052. *Parasztok sorsa, parasztok pártja.* [Politikai röpirat] Budapest: Nemzeti Parasztpárt, 1947[1]. 12p.

4053. *A protestantizmus és a politika.* [Politikai röpirat] Budapest: Nemzeti Parasztpárt, 1947[1]. 12p.

4054. *Szabad parasztság, szabad termelés.* [Politikai röpirat] Budapest: Nemzeti Parasztpárt, 1947[1]. 14p.

4055. *A paraszti jövendő.* [Tanulmány] Budapest: Sarló, 1948[1]. 256p. DLC NNC GeLBM

4056. *Három nemzedék.* I. kötet: *Szolgaság.* Regény. Budapest: Athenaeum Könyvkiadó Nemzeti Vállalat, 1950[1]. 525p. [1951, 1955] DLC MH NN FiHI FiHU GeLBM GyBDS GyBH

4057. *Próbatétel.* [Elbeszélések] Budapest: Athenaeum Könyvkiadó Nemzeti Vállalat, 1950[1]. 154p. [1950[2], 1951[3], 1951[4], 1951[5]] DLC MH GeLBM GyBDS GyBH

4058. *Pályamunkások.* Elbeszélések. Budapest: Szépirodalmi Könyvkiadó, 1951[1]. 187p. [1951[2], 1952[3]] DLC GeLBM GyBDS

4059. *Tél a gyepsoron.* Elbeszélések. Budapest: Szépirodalmi Könyvkiadó, 1951[1]. 96p. DLC MH GyBDS

4060. *Ukrajna földjén.* Napló. Budapest: Szépirodalmi Könyvkiadó, 1951[1]. 135p. DLC NN GeLBM GyBH GyGNSU

4061. *Három nemzedék.* II. kötet: *Szegények szerelme.* [Regény] Budapest: Szépirodalmi Könyvkiadó, 1952[1]. 702p. [1955] MH NN FiHI GeLBM GyBH

4062. *Laci.* [Elbeszélés] Budapest: Szépirodalmi Könyvkiadó, 1953[1]. 79p. DLC MH

4063. *Almáskert.* Elbeszélések. Budapest: Szépirodalmi Könyvkiadó, 1954[1]. 359p. [1957[3]] DLC MH MnU NNC GeLBM GyBDS GyBH

4064. *Gyepsor. Szűk esztendő.* Elbeszélések. Budapest: Szépirodalmi Könyvkiadó, 1954[4]. 307p. DLC

4065. *Rossz asszony.* [Kisregény] Budapest: Szépirodalmi Könyvkiadó, 1954[1]. 231p. DLC NN OCl FiHU GyBDS

4066. *Útközben.* Ország dolgáról, irodalomról. [Cikkek] Budapest: Szépirodalmi Könyvkiadó, 1954[1]. 374p. DLC FiHI GyBDS GyBH

4067. *Közös gondjainkról.* [Cikkek] Budapest: Magvető, 1955[1]. 243p. DLC MH GeLBM GyBH

4068. *Próbatétel* (6. kiadás) *Pályamunkások.* (4. kiadás) [Elbeszélések] Budapest: Szépirodalmi Könyvkiadó, 1955. 341p. MH FiHI GyBDS GyBH

4069. *Asszonyhűség.* Elbeszélések. Az utószót írta Tóth László. Bukarest: Állami Irodalmi és Művészeti Kiadó, 1957. 272p.

4070. *A Balogh család története.* III. kötet: *János és Julcsa.* [Regény; last of trilogy originally titled *Három nemzedék*] Budapest: Szépirodalmi Könyvkiadó, 1957[1]. 447p. [1959] MH NN NNC AsWN FiHI GeLBM GyBDS GyBH GyGNSU

4071. *Az ég alatt . . .* Válogatott elbeszélések. Válogatta és sajtó alá rendezte Fábián Zoltán. Budapest: Szépirodalmi Könyvkiadó, 1957. 551p. [C]   DLC GyBH GyGNSU

4072. *A kelletlen leány.* Regény. Budapest: Szépirodalmi Könyvkiadó, 1960[1]. 354p. DLC NN NNC AsWN FiHU GeLBM GyBDS GyGNSU

4073. *A Balogh család története.* [Regénytrilógia; korábbi címe *Három nemzedék*] I–III. kötet. Budapest: Szépirodalmi Könyvkiadó, 1961[4]. MH NN NNC GeCU GeLBM GyBDS

4074. *Olvasónapló.* [Cikkek] Budapest: Szépirodalmi Könyvkiadó, 1962[1]. 334p. NNC GyBDS GyBH GyGNSU

4075. *Tiszántúli történetek.* [Elbeszélések] Budapest: Magvető, 1962[1]. 437p. NN NNC AsWN FiHU GeLBM GyBH GyGNSU

4076. *Számadás.* Önéletrajz. 2., javított kiadás. Budapest: Szépirodalmi Könyvkiadó, 1963. 517p. FiHU GyBDS GyBH GyGNSU

4077. *Almáskert. Pályamunkások. Rossz asszony.* [Elbeszélések és kisregény] Budapest: Szépirodalmi Könyvkiadó, 1964. 475p. GeLBM GyBDS

4078. *Évek során.* Budapest: Magvető, 1965. 412p. NNC

4079. *Az ország útján.* Önéletírás, 1944–1945. Budapest: Szépirodalmi Könyvkiadó, 1965[1]. 240p. DLC MnU FiHU GeLBM GyBDS GyGNSU

4080. *Való világ.* Válogatott elbeszélések. Budapest: Szépirodalmi Könyvkiadó, 1966. 738p. MnU GeLBM GyBDS

CRITICISM

4081. Illyés Gyula. "Veres Péter útja," *Nyugat*, XXXIV (March 1, 1941), 93–96.

Surveys some of his works and the development of his reputation and concludes that he has become a leader of the people through circumstances, but that in *Mit ér az ember, ha magyar* he misuses that role by indoctrinating instead of teaching. Urges him to equate his development with that of the people in the manner of Ady and Dezső Szabó. MnU [NN] NNC FiHU GeLBM GyBH

4082. Nagy Lajos. "Szűk esztendő: Veres Péter könyve," *Magyar Csillag*, III (1943), 757–759.

Most attention to "Egy földmunkás naplója" (published in 1945?), but both works praised for their verisimilitude, with *Szűk esztendő* claimed to have more power than any one of Mikszáth's writings. MnU NNC AsWN [FiHI] FiHU [GyBH]

4083. Deme László. "Gondolatok a 'Pályamunkások' nyelvéről," *Magyar Nyelvőr*, LXXVII (1953), 182–192.

An application of Russian stylistic principles to the work to determine the beautiful and the artistic in his use of language. Finds that the language suits the subject matter and the characters and that even though it is not a pattern or example of the national literary language, the writer is a very good model for younger writers to follow. DLC NN FiHI GyBDS GyBH GyGNSU

4084. Béládi Miklós. "Veres Péter publicisztikájáról," *Irodalomtörténet*, XLIII (1955), 222–229.

A review of *Útközben* (1954) discussing the subject of the articles and studies, the course he followed in finding and giving expression to "people's realism," and the nature of his efforts prior to and after World War II. [CU] DLC MH MnU NN NNC AsWU GeLBM GyBDS GyBH

4085. Rényi Péter. " 'Közös gondjainkról.' Megjegyzések Veres Péter újabb publicisztikai írásaihoz," *Csillag*, IX (1955), 2111–2119.

A review of his collection of articles examining the principles of his poetics which advocates the centering of Hungarian literature on the life of the people, not only of Hungary but of the world. Defends him against the charge that he is an "inveterate peasant romantic" by contending that this view does not take note of his eventual recognition of the fact that socialism will give "reality to the dreams of the peasant" and that "the people's democracy will attain . . . its ideals of collectivism." [DLC] MnU [NN] NNC [GeLBM] GyBH [GyGGaU]

4086. Benkő László. *A szépirodalmi stílus elemzése. Veres Péter szókincse és mondatfűzése.* Budapest: Akadémiai Kiadó, 1962. 135p.

His use of words, phrases and sentences, and their semantic and expressive meanings. Much discussion of scholarly studies on stylistic analysis and of the modes and forms applied by Benkő in the present study. DLC MH AsWN GeOB GyBDS GyBH GyGGaU GyGNSU

VERSEGHY FERENC

Born April 3, 1757 in Szolnok; died December 15, 1822 in Buda. Poet, linguist, aesthetician, translator. Name spelled "Versegi" till 1794. Son of a minor official in Szolnok treasurer's office. Distinguished himself as a student at Pest and Eger gymnasiums. In 1771 undertook study for priesthood at

Eger Seminary. Spoke German, French, Slovakian, and Latin. Left seminary in 1777 and studied law for half year at University in Buda. Became acquainted with Pál Ányos and also a member of circle of György Bessenyei (qq.v.). Resumed study for the priesthood and became member of the Pauline Order in 1781 under the name of Eugenius. Obtained doctorate at Buda 1783-1784 and lived in Order's cloister in Pest. Known as poet by this time. Was a garrison priest 1786-1788, then army chaplain. Became ill and lived with widowed mother in Eger. Moved to rented house in Buda in 1789, where he supported mother on small pension and income from translating. Confined to monastery in Nagyszombat for three months because of anti-church views in his translation of Millot (3d vol. remained in manuscript). Connected with the Jacobin movement; and imprisoned nearly nine years in Kufstein, Graz, and Spielberg for activities. Released on August 28, 1803, and joined the circle of István Horvát, Mihály Vitkovics, and Benedek Virág (q.v.). Became language teacher of Leopoldina Szapáry in 1804. Publication of *Tiszta magyarság* (1805) brought conflict with Miklós Révai. Commissioned to edit textbook series on languages in 1814. In last years contributed articles to *Egyházi Értekezések és Tudósítások*. Following his mother's death in 1815, he lived with a family in Buda, gradually withdrawing from learned and literary activity. Died after long illness. ¶ His poetry shows mixture of classicism and rococo. Lyrical poems were influenced by Anacreon, Horace, and contemporary German poets. Poetry characterized by use of love motif, descriptions of nature, and expression of liberal political viewpoints. His analyses and use of metrics influenced development of Hungarian rhythms. Was the first to use rhymed dactyls in Hungarian literature. Noted for verse tale, *Rikóti Mátyás*. Novels express spirit of the Literary Revival. As songwriter, influenced by contemporary German composers, especially Mozart. His views of Hungarian language were strongly affected by Herder's concept that language must be built upon laws within a particular language and its living usage. Was the first to translate Horace's *Ars poetica* (1793) and the *Marseillaise* into Hungarian. ¶ Some of his poems have been translated into French and German.

FIRST EDITIONS: *Dusch Erkölcsi leveleinek második része*. Fordítás. Pest, 1786. [From Szinnyei, XIV, 1141] – *Emlékeztető oszlop . . . baronissa Vesselényi Máriának . . . emelt gróf Széki Teleki Ádám*. Költemény. Kolozsvár, 1786 és 1790. [From Szinnyei, XIV, 1141] – *Keresztény ájtatosságok*. Pest, 1786. [From Szinnyei, XIV, 1141] – *A magyar hazának anyai szózattya az ország napjára készülő magyarokhoz*. [Vers] Sine loco: n.p., 1790. [16]p. – *Millot, [Claude François Xavier]: A világnak közönséges történetei*. Fordította Versegi Ferentz. I–II. kötet. Pest és Buda: Weingand Ja. M., 1790–1791. – *Egy jó szívből jött szatíra avvagy Feddő költemény a magyar literaturáról*. Sine loco: n.p., 1791. 16p. – *Rövid értekezések a musikáról*. VI. énekekkel. Béts: n.p., 1791. 20p. – *A le-bilincsezett Prometheus*. Aeschilusból. [Fordítás]

Buda, 1792. [From Szinnyei, XIV, 1141] – *Patikai Lukátsnak.* Egy meglett
és okos szántó-vető embernek oktatásai . . . Buda, 1792. [From Szinnyei,
XIV, 1141] – *A szerelem gyermeke.* Egy nézőjáték öt felvonásban. Kotzebue
Augustus úr után az originális kiadás szerint. [Fordítás] Buda, 1792. [From
Szinnyei, XIV, 1141] – *A formenterai remete.* Egy néző és egyszersmind
énekes játék 3 felvonásban Kotzebue Augustus úr után szabadon fordította
és némely keményebb kifejezésekre nézve megenyhítette. Pest, 1793. [From
Szinnyei, XIV, 1141–1142] – *Mi a poézis? és ki az igaz poéta?* Egy rövid
elmélkedés, mellyben a költésnek mivolta, eszközei . . . előállíttatnak.
*Horatius Pizóhoz és ennek fiaihoz írt Levelével . . . és egynéhány költeményes
enyelgésekkel.* Buda: Landerer Katalin, 1793. 16, 86p. – *Proludium in
institutiones linguae hungaricae, ad systema Adelungianum, genium item
linguarum orientalium, ac dialectum Tibiscanum et Transylvanam exactas.*
[Tanulmány] Pest: Typis et Expensis Trattneriansis, 1793. 88p. – *Rikóti
Mátyás.* Egy nyájas költemény, mellyel e híres magyar versszerzőnek pompás
koszorúzása négysorú ritmusokban előadatik. [Költői elbeszélés] Pest: Kiss
István, 1804. 198p. – *Nagy nevezetű . . . kolomposi Szarvas Gergely . . . uram
bátyámnak víg élete és nevetséges vélekedései . . .* [Regény] I–II. kötet. Pest:
Hartleben Konrád Adolf és Eggenberger József, 1804–1805. – *Eduard
Skócziában, avvagy egy egy szökevénynek az éjszakája . . .* Nézőjáték 3
felvonásban, melyet franczia nyelven írt Duval, németre fordított szabadon
Kotzebue . . . magyarra V. F. Pest, 1805. [From Szinnyei, XIV, 1142] – *Neve
napjára gróf Szapáry János úrnak.* Költemény. Musikára tette Haaz János.
Buda, 1805. [From Szinnyei, XIV, 1142] – *Neuverfasste ungarische Sprach-
lehre . . .* Mit einem Anhange. Pest: Joseph Eggenberger, 1805. 433p. – *A
tiszta magyarság, avvagy a csínos magyar beszédre és helyes írásra értekezések.*
Pest: Eggenberger Jósef, 1805. 176p. – *Háladatos örömdal.* Mellyet Puchói
Marczibány Istvány úrnak . . . énekeltek Szent Erzsébetnek szerzetes leányai
. . . Pest, 1806. [From Szinnyei, XIV, 1142] – *Magyar Aglája, avvagy kelle-
metesen mulató nyájaskodások külömbféle versnemekben.* Buda: Eggenberger
József, 1806. 251p. – *A magyar musának háladatos öröme Herculesnek amaz
öntött képzeténn . . .* [Költemény] Buda: Királyi Magyar Universitás Betűivel,
1806. 18p. – *Tisztelete . . . Marczibány Istvány . . . és Majthényi Mária . . .
ama két jeles fundátiónak alkalmatosságával . . .* [Vers] Buda: Királyi Magyar
Universitás Betűivel, 1806. 8p. – *A hamar és ócsón gyógyító ló-orvos . . .*
Fordította német munkákból. Pest, 1807. [From Szinnyei, XIV, 1143] – *A
magyar hárfásak részént Aglájábul vett, részént újonnan szerzett énekei
fortepianora.* Két szakaszban. Pest, 1807. [From Szinnyei, XIV, 1143] – *Száz
esztendőre szólló . . . Kalendáriom 1805–1905-ig.* Pest, n.d. [From Szinnyei,
XIV, 1143] – *Báró Külneki Gilméta kisasszony, és Aranypataki György.*
Érzékény történet. [Regény] Pest: Eggenberger Jósef, 1808. 296p. – *Gróf
Kaczaifalvi László, avvagy a természetes ember.* Eggy igen mulatságos
tanúságokkal bővelkedő történet. [Regény] Pest: Patzko Ferencz Jósef, 1808,
396p. – *Hiteles előadása a spanyol történeteknek az Aranjuezi nyughatlansá-*

x

goknak fellobbanásátul fogva a Bajoni Juntának befejezéseig. Írta Cevallos Pedro. Fordítás. Magyarországban, 1809. [From Szinnyei, XIV, 1143] – *A magyaroknak hűsége és nemzeti lelke*... Sorz ezredes énekes játéka 2 *Kresznerics Ferencz versei, melyek az* 1809-*iki franczia eseményekre vonatkoznak.* Verseghy Ferencz által énekre téve. Sine loco, n.d. [From Szinnyei, XIV, 1143] – *Halotti tisztelete néh. Nméltgú Marczibányi Istvány úrnak, ki*... *végezvénn drága életét, a t. budai apáczáknak templomába temettett.* Buda, 1810. [From Szinnyei, XIV, 1143] – *Az emberi nemzetnek történetei*... [Történeti tanulmány] I–III. kötet. Buda: Magyar Királyi Universitás Typographiájának Betűivel, 1810–1811. – *Vak Béla a magyarok királlya.* A történetírásbul vontt románns rajzolat. Pest: Eggenberger Jósef, 1812. 122p. – *Almarik erdélyi herczeg, avagy a szebeni erdő.* [Regény] Pest, 1813. [From Pintér, IV, 653] – *Exercitationes idiomatis Hungarici secundum regulas epitomes concinnatae in usum gymnasiorum regni Hungariae.* [Tankönyv] Buda: Typographia Regiae Universitatis Hungaricae, 1816. 174p. – *Magyar ortografia, avvagy írástudomány*... *a nemzeti oskolák számára.* Buda: Magyar Királyi Universitás Betűivel, 1816. 42p. – *Oktatás a marhadögnek megelőzésérül és orvoslásárul*... Buda, 1816. [From Szinnyei, XIV, 1144] – *Analytica institutionum linguae Hungaricae.* I–III. rész. Buda: Typis Regiae Universitatis Hungaricae, 1816–1817. – *Epitome institutionum grammaticarum linguae Hungaricae.* T. I–V. Buda: Typographia Regiae Universitatis Hungaricae, 1816–1820. – *Ungarische Rechtschreibung, als Einleitung in die ungarische Sprachlehre.* Buda, 1817. [From Szinnyei, XIV, 1144] – *Ungarische Sprachlehre zum Gebrauche der ersten Lateinischen und Nationalschulen im Königreich Ungarn und anderen Kronländer.* Ofen: Gedruckt mit königlichen ungarischen Universitätsschriften, 1817. 527p. – *A filosofiának talpigazságira épített felelet*... *a Hazai Tudósításokba iktatott kérdésekre*... *a nyelvmű-velésnek mivoltárul és akadállyairul.* Buda: Királyi Magyar Universitás Betűivel, 1818. 420p. – *Magyar grammatika, avvagy nyelvtudomány.* A magyar nemzeti oskolák számára. Buda: Királyi Magyar Universitás Betűivel, 1818. 518p. – *Dissertatio de versione hungarica Scripturae Sacrae*... Buda: Typis Regiae Universitatis Hungaricae, 1822. 264p. – *Universae Phraseologiae Latinae corpus, congestum a P. F. Wagner.* Editio tertia novissimis curis emendata et auctu. Buda, 1822. [From Szinnyei, XIV, 1145] – *Maradvánnyai és élete.* Sághy Ferencztől. Buda: Királyi Magyar Universitás Betűivel, 1825. 231p. – *Lexicon terminorum technicorum, az az tudományos mesterszókönyv.* Buda: Királyi Magyar Universitás Betűivel, 1826. 520p. – See also no. 4091.

EDITIONS

See also p. 27 and no. 4097 (letters).

4087. *Költeményei.* Összeszedte Toldy Ferenc. Pest: Heckenast Gusztáv, 1865. 228p. [C] MnU AsWN GeLBM

4088. *Szemelvények Verseghy Ferenc nyelvtudományi műveiből.* Összeállította Császár Elemér. Pozsony: Stampfel Károly, 1904. 71p. [B]

4089. *Kisebb költeményei.* Kiadják Császár Elemér és Madarász Flóris. Budapest: Franklin-Társulat, 1910. 408p. [A] GyBH

4090. *Gróf Kaczaifalvi László avagy a természetes ember.* [Regény] Bevezette Mikszáth Kálmán. Budapest: Franklin, 1911. 286p. [C] AsWU FiHI GyBH

4091. *Egy esztendő Verseghy Ferenc életéből.* Kiadatlan levelei 1811–12-ből. Kéziratból közzéteszi Gálos Rezső. Győr: Győri Hírlap, 1935[1]. 30p. [B]

4092. *Rikóti Mátyás.* Pauka Tibor és Kemény László tanárok irányításával sajtó alá rendezte a Szolnoki Állami Reálgimnázium és a Városi Fiú Felső-kereskedelmi Iskola Ifjúsága. Budapest: Királyi Magyar Egyetemi Nyomda, 1935. 180p. [C] GeOB GyBH GyGGaU

4093. *Válogatott versek.* Szerkesztette és a jegyzeteket írta Vargha Balázs. Budapest: Magvető, 1956. 303p. [C] GyBDS GyGNSU

BIBLIOGRAPHY

See nos. 4096 and 4100.

BIOGRAPHY

4094. Sághy Ferenc. "Verseghy Ferencz élete," *Verseghy Ferencz marad-vánnyai és élete.* Buda: Királyi Magyar Universitás Betűivel, 1825; 231p. Pp. 138–231.

Based on materials in the possession of Sághy's father, this provides an understanding of his life and literary and linguistic activities. Bibliographical footnotes. GeLBM

4095. Császár Elemér. *Verseghy Ferencz élete és művei.* Budapest: Magyar Tudományos Akadémia Irodalomtörténeti Bizottsága, 1903. 384p.

Both a biography and a study of his works: his aesthetics, dramas, epics, lyrics, participation in language reform. Bibliographical footnotes. MnU AsWN GeLBM GyBH

CRITICISM

4096. Halmy Gyula. *Versegi Ferencz élete és munkái.* Budapest: Franklin-Társulat, 1891. 102p.

Surveys his life and examines him as a poet, an innovator of verses, aesthe-tician and composer, and as a translator of dramas; discusses his romances and discourses, his historical works, and his treatises on church and religion. Bibliography, pp. [3]–4. NNC GeLBM

4097. Madarász Flóris. "Verseghy és a nyelvújítás," *Budapesti Szemle,* CII, no. 280 (1900), 47–68; no. 281, 194–211. [Also a reprint]

His efforts during the last period of his life to reform the Hungarian language. Greatest part of the materials drawn from his letters in the Zirczi Apátsági Könyvtár. Bibliographical footnotes. CtY DLC NN [NNC] AsWN GeLBM GyBH

4098. Rubinyi Mózes. "Verseghy Ferenc," *Emlékezések és tanulmányok.* Budapest: Gondolat, 1962; 235p. Pp. 25–34. [Appeared in *Pais-emlékkönyv. Nyelvészeti tanulmányok.* Szerkesztette Bárczi Géza és Benkő Lóránd. Budapest: Akadémiai Kiadó, 1956; 711p. Pp. 63–68]

A brief biographical sketch followed by a discussion of his disagreements with Miklós Révai about matters of linguistics and by comment on his published contributions to the linguistic problems of his times. NNC GeLBM GyBDS GyGNSU

4099. Gáldi László. "Verseghy, a szótáríró," *Magyar Nyelvőr*, LXXXI (1957), 261–275. [Also a reprint]

His concepts of the basic principles to be used in preparing dictionaries and his activities in their preparation. Bibliographical footnotes. CU DLC MH NN NNC FiHI GyBDS GyBH

4100. *Verseghy Ferenc. 1757–1822.* Szerkesztette Kisfaludi Sándor. Szolnok: Szolnok Megyei Tanács Verseghy Könyvtára és a Társadalom- és Természettudományi Ismeretterjesztő Társulat, 1957. 63p.

A memorial issue on the 200th anniversary of his birth containing articles on his life and works. Provides the dates for the most important events of his life. Bibliography of his works and letters and of studies about him, pp. 54–62. DLC NNC GeLBM

4101. Szauder József. "Verseghy és Herder," *Filológiai Közlöny*, IV (1958), 700–713. [Also a reprint]

The influence of Herder's philosophy and world view on his thought. Evidence from parallel passages. DLC MH NN NNC [FiHU] GeLBM GeOB GyBDS GyBH GyGNSU

VIRÁG BENEDEK

Born 1754 in Dióskál; died January 23, 1830 in Buda. Poet, translator, historian. Descendant of feudal tenants. Spent boyhood in Nagybajom. Received schooling from Piarists in Nagykanizsa and Pest. Became member of Pauline Order in 1775 and studied philosophy in Pécs and Pest. Taught at gymnasium in Székesfehérvár, where Pál Ányos (q.v.) was a colleague. Resigned post in 1794 and served Batthyány family as tutor in Pest. Soon resigned to pursue literary activity and study of history. Lived in poor economic circumstances for more than 30 years on small pension and support from friends. Regarded by his contemporaries as the father of Hungarian literature and sought out by many young writers including Dániel Berzsenyi, Mihály Csokonai Vitéz, Ferenc Kölcsey, József Bajza, Mihály Vörösmarty, Károly Kisfaludy (qq.v.), Ferenc Toldy, Gábor Döbrentei, and Pál Szemere.

¶ Representative of the Classical School in Hungarian literature. His odes contain patriotic and moral themes. Mastered Latin and Greek meters in giving expression to Hungarian spirit and ideas. Often called "Hungarian Horace" and was the best writer of odes before Berzsenyi. His *Magyar századok*, an incomplete history, was critical of the Hungarian nation and Catholic Church. Translated the works of Horace extensively. ¶ Some of his poems have been translated into English, French, and German.

FIRST EDITIONS: *A székes fejér-vármegyebéli nemességhez* ... [Vers] Buda: Királyi Akadémiának Betűivel, 1790. [7]p. – *Tekéntetes nemes Székes Fejér vármegye öröm-ünnepére írtt versek.* Pest: Trattner Mátyás, 1790. 8p. – *Carmen seren. reg. principi Josepho* ... *sacrum* ... Buda, 1795. [From Szinnyei, XIV, 1241–1242] – *Ének a hazafiakhoz.* Pest, 1797. [From Szinnyei, XIV, 1242] – *Ad nobiles e castris reduces.* Költemény. Sine loco, n.d. [From Szinnyei, XIV, 1242] – *Poétai munkáji.* Pest: Trattner Mátyás, 1799. 174p. – *Oröm ének.* Sine loco, 1800. [From Szinnyei, XIV, 1242] – *Békesség óhajtás.* Költemény. Sine loco, 1801. [From Szinnyei, XIV, 1242] – *Horátzius poétikája.* [Fordítás, prózában] Pest: Trattner Mátyás, 1801. 124p. – *Ft. Dományi Márknak* ... Költemény. Sine loco, 1802. [From Szinnyei, XIV, 1242] – *Lélius vagy M. T. Cicerónak beszéllgetése a barátságról.* Magyarázta Virág Benedek. Pest: Trattner Mátyás, 1802. 133p. – *Carmen Ill. ac Rev. Dno Francisco Miklósi* ... *sacrum* ... Pestini, 1803. [From Szinnyei, XIV, 1242] – *Négy predikátzió az anyaszentegyház négy evangelistáinak ünnepeire és A Salve Regina magyarázattya.* Pest: Trattner Mátyás, 1803. 124p. – *Az üdösb Kátó vagy M. T. Cicerónak beszélgetése az öregségről.* Magyarázta Virág Benedek. Pest: Trattner Mátyás, 1803. 114p. – *Különös letzke a Szűz Mária képéről a magyar aranyon.* [Tanulmány] Miller Jakab Ferdinánd után. Pest: Eggenberger Jósef, 1804. 30p. – *Magyar poéták, kik római mértékre írtak 1540-től 1780-ig.* [Antológia] Kiadta Virág Benedek. Pest: Mossótzi Institóris Gábor, 1804. 72p. – *Második András Arany bullája, melly 1222-dik esztendőben költ.* Kiadta magyarul Virág Benedek. Pest: Eggenberger Jósef, 1805. 38p. – *Négy prédikáczió.* Pest, 1805. [From Szinnyei, XIV, 1242] – *Két elmélkedés Fleury Klaudius apátúr egyházi historiájából.* Buda, 1806. [From Szinnyei, XIV, 1242] – *A hetedik elmélkedés Fleury Klaudius úrnak egyházi historiájból, az egyházi törvényhatóságokról.* Pest, 1808. [From Szinnyei, XIV, 1242] – *Magyar századok. IX. – MCDXXXVII.* [Történelmi tanulmány] I–II. kötet. Buda: Királyi Universitás Betűivel, 1808–1816. – *Jegyzetek a magyar beszédnek részeire.* [Nyelvtudomány] Buda: Landerer Anna, 1810. 54p. – *Memoria Exc. Ill. ac Rev. Dni Nicolai Milassin secundi apud Alba-Regalenses episcopi anno 1811* ... *mortui.* Budae, 1811. [From Szinnyei, XIV, 1242–1243] – *Poémák.* Buda: Királyi Magyar Universitás Betűivel, 1811. 80p. – *Antonio Dréta abbati de Pilis* ... *creato.* Költemény. Weszprimii, 1812. [From Szinnyei, XIV, 1243] – *Baróti Szabó Dávidnak* ... Költemény. Sine loco, 1812. [From Szinnyei, XIV, 1243] – *Thalia.* [Költemények] Pest: Trattner, 1813. 55p. – *Euridice.* [Költemények] Pest: Trattner János Tamás, 1814. 40p.

– *Döme Károlynak Metastásioból tett fordításaira* ... [Költemények] Buda, 1815. [From Szinnyei, XIV, 1243] – *Horatius Flakkus levelei.* Fordította Virág Benedek. Királyi Magyar Universitás Betűivel, 1815. 115p. – *Költemények.* Buda: Királyi Magyar Universitás Betűivel, 1816. 32p. – *Hunyadi László.* Tragédia három játékban. [Bessenyei György tragédiájának versbe szedése] Buda, 1817. [From Szinnyei, XIV, 1243] – *Költemények hatos jambusokban Phaedrusként.* Buda, 1817. [From Szinnyei, XIV, 1243] – *Poesia.* Buda, 1817. [From Szinnyei, XIV, 1243] – *Carmen alcaicum.* Buda, 1819. [From Szinnyei, XIV, 1243] – *Költemények Phaedrusként.* Két szerzelékkel. Buda: Királyi Magyar Universitás Betűivel, 1819. 87p. – *Magyar prosodia és magyar írás, vagy inkább ezen két tárgyról rövid észrevételek.* [Nyelvtudomány] Buda: Királyi Magyar Universitás Betűivel, 1820. 104p. – *Szatirák Horátiusból.* Fordította Virág Benedek. Buda: Királyi Magyar Universitás Betűivel, 1820. 126p. – *Horatius F. Q. ódái.* Öt könyv. Fordította Virág Benedek. Buda: Magyar Királyi Universitás Betűivel, 1824. 216p. – *Magyar lant.* [Versfordítások; 1st ed., pp. 1–20; 2d ed., pp. 21–48] Buda: Landerer Anna, 1825. 48p.

EDITIONS

See also p. 27.

4102. *Magyar századok.* Kiadja Toldy Ferenc. I–V. kötet. Pest: Heckenast Gusztáv, 1862–1863[2]. [B]

1. kötet: IX–XII. század. 1862. 252p.
2. kötet: XIII. század. 1862. 218p.
3. kötet: XIV. század. 1862. 193p.
4. kötet: XIV–XV. század. 1862. 191p.
5. kötet: XVI. század. 1863. 224p.

DLC MH MnU GeLBM GyBH

4103. *Poétai munkái.* Kiadja Toldy Ferenc. 3. teljesebb kiadás. Pest: Heckenast Gusztáv, 1863. 239p. [B]   DLC MnU AsWN GeLBM

4104. *Válogatott költeményei.* Bevezette és jegyzetekkel kísérte Zlinszky Aladár. Budapest: Lampel Róbert, 1899. 65p. [C]   GeLU

BIBLIOGRAPHY

See nos. 4105 and 4107.

BIOGRAPHY

4105. Szalay Gyula. *Virág Benedek élete és művei.* Budapest: Aigner Lajos, 1889. 106p.

Both a biography and a study of the form and substance of his writings. Attention to his translations. Bibliography of his works and studies about him, pp. 98–106. GyBH

4106. Garzó Béla. *Virág Benedek élete és irodalmi működése.* Kecskemét: Részvénytársaság, 1900. 90p.

A study of his life and literary works. Attention to the times. Bibliographical footnotes. GyBH

CRITICISM

See also nos. 528 and 4146.

4107. Kisbán Emil. *Virág Benedek.* (*1754–1830*) Budapest: Sziklatemplom-Bizottság, 1937. 67p.

An analytical study of his writings and literary career: their range and content. Chapters on the age and his relations with it, on Horace and Virág, and on the character of his works. Contains biographical materials. Bibliography, pp. 65–67. GeLBM

VÖRÖSMARTY MIHÁLY

Born December 1, 1800 in Kápolnásnyék; died November 19, 1855 in Pest. Poet, dramatist, critic. Descendant of middle-aristocratic family in difficult financial circumstances. Studied at Cistercian gymnasium in Székesfehérvár and Piarist gymnasium in Pest 1811–1817. Father's death in 1817 created serious financial problems, but he supported his study of philosophy at University of Pest as tutor in Perczel family. Completed university studies in 1820 and moved to Perczel estate in Börzsöny to tutor three sons. Became acquainted with writings of Benedek Virág, Gábor Dayka, Dániel Berzsenyi, and Sándor Kisfaludy (qq.v.) during first years in Pest. Began to compose poems in mid-teens. Became tutor and law student in Pest in 1824 and passed law examination in same year. Publication of *Zalán futása* (1825) brought him immediate fame. Resigned as tutor in August 1826 to devote himself entirely to writing. Lived under hardships in Pest. Contributed regularly to *Aurora* and was a friend of Károly Kisfaludy (q.v.). Became editor of *Tudományos Gyűjtemény* and its literary supplement in 1828 and regular member of Academy in 1830. Awarded Academy Prize in 1833 for *Vérnász* and shared the Academy's First Prize with Sándor Kisfaludy in 1834. Founded Kisfaludy-Társaság in 1836 with József Bajza (q.v.), Ferenc Toldy, and several others. Began *Athenaeum* and *Figyelmező* in 1837 in association with Bajza and Toldy. Awarded Academy Prize for *Marót bán* in 1839 and its first prize for new poems in 1842. Married Laura Csajághy on May 9, 1843. In 1845 visited Felsőtisza and part of Transylvania with Ferenc Deák. After March 1848 he entered political activities. Was named parliamentary representative of Bácsalmás District in summer of 1848. Fled to Debrecen with family in January 1849. Returned to Pest in June 1849 and was named judge by Lajos Kossuth. Fled with government to Szeged, but family remained in Pest. Forced to hide in Arad, Bihar, and Szatmár with Bajza. Reunited with family in Pest in early 1850, having been freed by authorities. Rented land in Baracska to provide support for family. In 1853 returned to family village and engaged in agriculture. Depressed, wrote only occasionally, and drank heavily. In 1855 worsening health forced move with family to Pest, where he died two days after arrival. ¶ The most important writer in Hungarian romanticism. Much of his poetry stems from legends of Hungarian past. Rich in use of imagery and vocabulary. Wrote first in tradition of Hungarian classical and sentimental poetry, which he developed in youthful years to its highest point. Pre-romantic tendencies matured into romanticism. His lyric poems and epics were more successful than his dramas. Dramas, like epics, use materials from legend and historical past of Hungary, and show some influence of Shakespeare, Victor Hugo, Friedrich Schiller, and Spanish baroque dramatists. Imaginative writings touched by concept of death and destruction. In earlier writings he viewed death as something sweet, an escape from reality into dream or solitude; in later works he found significance to life in a rather pantheistic view of Hungary and humanity, but attitude toward both was colored by pessimistic view of possibilities for progress. *Zalán futása* gave importance to Hungarian epic. Among dramas, *Csongor és Tünde*, written under influence of Shakespeare's *Midsummer night's dream*, was most successful: he used the inhabitants in fairyland to symbolize good and bad habits of human nature. Much involved in study of the nature of drama, dramaturgical studies, and dramatic criticism. Editorial and linguistic accomplishments also notable. Translated Shakespeare's *Julius Caesar*, *King Lear*, and part of *Romeo and Juliet*. ¶ Editions of his poems are available in English, German, Rumanian, and Russian, and some of his poems have been translated into Bulgarian, Czech, Esthonian, Finnish, French, Hebrew, Italian, Japanese, Polish, Serbian, Slovakian, Swedish, Turkish, and Wendish.

FIRST EDITIONS: *Zalán futása*. Hősköltemény. Pest: Trattner Mátyás, 1825. 245p. – *Salamon király*. Szomorújáték. Pest: Petrózai Trattner Mátyás, 1827. 154p. – *Ezer egy éjszaka*. Arab regék. Fordította. I–XI. kötet. Pest, 1829– 1833. [From Szinnyei, XIV, 1346] – *A bujdosók*. [Dráma] Székesfehérvár: Számmer Pál, 1830. 196p. – *Csongor és Tünde*. Színjáték. Székesfehérvár: Számmer Pál, 1831. 168p. – *Kurzgefasste ungarische Sprachlehre für Deutsche, nebst einer Auswahl deutsch-ungarischer Uebungsstücke*. Aus der ungarischen Handschrift des M. Vörösmarty. Pest, 1832. [From Szinnyei, XIV, 1346] – *Munkái*. [1. Versei; 2. *Zalán futása*; 3. Kisebb költeményei] I–III. kötet. Pest: Trattner és Károlyi, 1833. – *Vérnász*. Szomorújáték. Buda: Magyar Királyi Egyetem Betűivel, 1834. 159p. – *Árpád ébredése*. Előjáték a pesti Magyar Színház megnyításának ünnepére. Pest: Trattner és Károlyi, 1837. 27p. – *Marót bán*. Szomorújáték öt felvonásban. Buda: Magyar Királyi Egyetem Betűivel, 1838. 102p. – *Újabb munkái*. [1. Versek; 2. Beszélyek és regék; 3–4. Színművek: *Julius Caesar, Árpád ébredése, Kincskeresők* (szomorújáték), *Az áldozat, A fátyol titkai* (vígjáték)] I–IV. kötet. Buda: Magyar Királyi Egyetemnél, 1840. – *Fóti dal*. Zenéje Fáy Andrástól; kiadá Garay

János. Buda, 1842. [From Szinnyei, XIV, 1347] – *Czillei és a Hunyadiak.* Történeti dráma öt felvonásban. Pest: Kilián György, 1845. 223p. – *Minden munkái.* Kiadja Bajza József és Schedel Ferenc. [Most complete ed. to this time] I–X. kötet. Pest: Kilián György, 1845–1848 – *Három rege.* [Versek] Pest: Landerer és Heckenast, 1851. 16p. – *Shakespeare: Lear király.* Fordítás. Pest, 1856. [From Szinnyei, XIV, 1347] – *Szózat.* Német, francia, tót és szerb fordításokkal. Pest, 1860. [From Szinnyei, XIV, 1347] – See also no. 4112.

EDITIONS

See also nos. 4126 (letters), 4130 (letters), and 4155 (letters).

4108. *Minden munkái.* Rendezte és jegyzetekkel kísérte Gyulai Pál. I–XII. kötet. Pest: Ráth Mór, 1864. [B]

1. kötet: Lyrai és vegyes költemények, 1821–1835. 252p.
2. kötet: Lyrai és vegyes költemények, 1835–1855. 318p.
3–4. kötet: Epikai költemények, 1825–1831. 1–2. kötet.
5–8. kötet: Drámai költemények, 1821–1844. 1–4. kötet.
9. kötet: Fordítmányok Shakespeareből, 1839–1855. 406p.
10. kötet: Beszélyek és regék, 1829–1837. 178p.
11–12. kötet: Vegyes prózai dolgozatok, 1826–1848. 1–2. kötet.

GeLU FiHI

4109. *Összes munkái.* Rendezte és jegyzetekkel kísérte Gyulai Pál. I–VIII. kötet. Budapest: Méhner Vilmos, 1884–1885. [B]

1. kötet: Lírai és vegyes költemények, 1821–1855. Gyulai Pál: *Vörösmarty Mihály életrajza,* pp. i–lxxiv. 1884. 468p.
2. kötet: Epikai költemények, 1825–1831. 1884. 490p.
3–4. kötet: Drámai költemények, 1821–1844. 1–2. kötet. 1884–1885.
5. kötet: Drámai költemények, 1821–1844. Köztük a Shakespeare-fordítások. 3. kötet. 1885. 438p.
6. kötet: Beszélyek és regék, 1829–1844. Dramaturgiai dolgozatok, 1826–1848. *Nyelv és irodalom* címen cikkek, tanulmányok. 1885. 391p.
7. kötet: Vegyes prózai dolgozatok. Dramaturgiai dolgozatok, 1837–1842. *Élet és politika,* 1838–1848. 1885. 392p.
8. kötet: Vegyes maradványok, 1830–1850. Szépirodalmi művek, töredékek, ifjúkori versek, 1817–1826. 1885. 414p.

DLC MnU NNC AsWN GyBH GyGNSU

4110. *Munkái.* Bevezetéssel ellátta Gyulai Pál. I–III. kötet. Budapest: Lampel, 1906. [C]

1. kötet: Lyrai és vegyes költemények, 1821–1855. 312p.
2. kötet: Epikai költemények, 1825–1831. 411p.
3. kötet: Drámai költemények. 391p.

DLC IC MH NNC OCl AsWU FiHI GeLU

4111. *Vörösmarty-anthológia.* Válogatott kisebb költemények, legszebb lírai részletek. "Zalán futása" százados ünnepe alkalmából. Kiadta Horváth

János. Budapest: Magyar Irodalmi Társaság, 1925. 192p. [C] NN FiHI GeLU GyGGaU

4112. *Kiadatlan költeményei.* Bevezetéssel és jegyzetekkel ellátta Brisits Frigyes. Budapest: Pallas, 1926[1]. 155p. [B] NN NNC AsWU GeLBM

4113. *A Zalán futásának első kidolgozása.* Az eredeti kéziratból bevezetéssel kiadta Kozocsa Sándor. Budapest: Magyar Tudományos Akadémia, 1937. 106p. [A] MH MnU NNC AsWN GyGGaU GyGNSU

4114. *A Hűség diadalmának első kidolgozása.* Az eredeti kéziratból bevezetéssel kiadta Kozocsa Sándor. Budapest: Királyi Magyar Egyetemi Nyomda, 1940. 83p. [A] NNC GyGGaU

4115. *Összes költői művei.* Budapest: Franklin-Társulat, 1945. 1011p. [C] MnU OCl GeCU GeLBM

4116. *A holdvilágos éj és más elbeszélések.* Kiadta és a bevezető tanulmányt írta Turóczi-Trostler József. Budapest: Székesfővárosi Irodalmi és Művészeti Intézet, 1948. 168p. [C] GyBDS

4117. *Válogatott művei.* Sajtó alá rendezte Waldapfel József. I–II. kötet. Budapest: Szépirodalmi Könyvkiadó, 1950. [C]
  1. kötet: Versek. Hősköltemények. Színművek. 307p.
  2. kötet: Prózai írások. 316p.
DLC MH NN GyBDS GyBH GyGNSU

4118. *Összes drámai művei.* Sajtó alá rendezte Horváth Károly és Tóth Dezső. I–II. kötet. Budapest: Szépirodalmi Könyvkiadó, 1955. [C]
  1. kötet: 1821–1832. 543p.
  2. kötet: 1833–1844. Drámatöredékek, ifjúkori kísérletek. 612p.
CtY IEN MH MnU NNC GyBDS GyGNSU

4119. *Összes versei.* Sajtó alá rendezte Horváth Károly és Tóth Dezső. I–II. kötet. Budapest: Szépirodalmi Könyvkiadó, 1955. [C]
  1. kötet: Kisebb költemények, 1821–1854. Ifjúkori költemények, 1816–1820. 774p.
  2. kötet: Epikus költemények, 1825–1831. 521p.
DLC MnU NNC AsWN FiHU GeLBM GyBDS

4120. *Csongor és Tünde.* [Drámai költemény] Az utószót írta Szauder József. Budapest: Magyar Helikon, 1960. 243p. [C] DLC FiHI GyBDS GyBH

4121. *Összes művei.* Szerkeszti Horváth Károly és Tóth Dezső. Eddig I–IV., VI., VIII., XI., XVII–XVIII. kötet. Budapest: Akadémiai Kiadó, 1960+. [A]
  1. kötet: Kisebb költemények 1826-ig. Sajtó alá rendezte Horváth Károly. I. kötet. 1960. 771p.
  2. kötet: Kisebb költemények, 1827–1839. Sajtó alá rendezte Horváth Károly. 2. kötet. 1960. 726p.
  3. kötet: Kisebb költemények, 1840–1855. Sajtó alá rendezte Tóth Dezső. 3. kötet. 1962. 661p.

4. kötet: Nagyobb epikai művek. *A hűség diadalma* (költemény), *Árpád Zalán ellen* (töredék), *Zalán futása*. Sajtó alá rendezte Horváth Károly és Martinkó András. 1. kötet. 1963. 553p.

6. kötet: Drámák. Ifjúkori drámák és drámatöredékek, 1819–1824. Sajtó alá rendezte Fehér Géza. 1. kötet. 1965. 557p.

8. kötet: Drámák. *A bujdosók*. Színmű öt felvonásban. Sajtó alá rendezte Fehér Géza. 3. kötet. 1962. 905p.

11. kötet: Drámák: *Czillei és a Hunyadiak, Hunyadi László* (töredék, 1844). Sajtó alá rendezte Oltványi Ambrus. 6. kötet. 1966. 611p.

17. kötet: Levelezése, 1816–1830. Sajtó alá rendezte Brisits Frigyes. 1. kötet. 1965. 481p.

18. kötet: Levelezése, 1831–1855. Sajtó alá rendezte Brisits Frigyes. 2. kötet. 1965. 499p.

[DLC] [MH] NNC AsWN FiHU GeCU [GeLBM] GyBDS GyBH GyGNSU

4122. *Összes költeményei.* A 1955-ben megjelent kiadást a már elkészült akadémiai kritikai kiadás alapján Horváth Károly és Martinkó András javították és egészítették ki. I–II. kötet. Budapest: Szépirodalmi Könyvkiadó, 1963. [B]

1. kötet: Kisebb költemények, 1821–1855. Ifjúkori költemények, 1816– 1820. 845p.

2. kötet: *A hűség diadalma, Árpád Zalán ellen, Zalán futása, Cserhalom, Tündérvölgy, Délsziget, Eger, Széplak, Magyarvár, A rom, A két szomszédvár.* 524p.

MH OCl

BIBLIOGRAPHY

See also nos. 4131, 4137, 4140, 4143, 4149, 4153, 4154, and 4155.

4123. "A Vörösmarty-irodalom repertóriuma, 1825–1899," *Vörösmarty emlékkönyve*. Szerkesztette Czapáry László. Székesfejérvár: Vörösmarty-kör, 1900; 382p. Pp. 365–374.

A chronological list of his works and studies about him. Data: for books and editions, the title, place of publication, and publisher; for poems published in periodicals, the title, periodical, volume, number of issue, and page(s); and for articles, the author, title, periodical, volume, number of issue, and page(s). DLC GeLBM GyBH

4124. *A Magyar Tudományos Akadémia Vörösmarty-kéziratainak jegyzéke.* Összeállította Brisits Frigyes. Budapest: Magyar Tudományos Akadémia, 1928. 396p.

A catalogue of his manuscripts in the Library of the Hungarian Academy of Sciences. Describes each manuscript and records the variants between the original and the first two editions of the work. Arranged by types. MH MnU

BIOGRAPHY

4125. Gyulai Pál. *Vörösmarty életrajza.* Budapest: Franklin-Társulat, 1879[2]. 311p. [1866[1]; 3d enl. ed., 1890; 1895[4]; 5th rev. ed., 1900; 6th rev. ed., 1905; 1924; 1942]

An enlarged edition. Considerable attention to the subject matter and form of his writings. CoU MH MnU NN NNC OCl AsWN FiHI GeCU GeLBM GeLU GyBH

4126. *Vörösmarty emlékkönyve.* A költő születésének százados évfordulójára rendezett országos ünnep alkalmából. Szerkesztette Czapáry László. Székesfejérvár: Vörösmarty-kör, 1900. 382p.

A book on the 100th anniversary of his birth containing memorial addresses, accounts of his family and ancestors, documents and papers dealing with Vörösmarty, material on his wife and her family, and, mainly, 285 letters from his correspondence [the best source for his letters before the publication of no. 4121 (vol. 17, 18)]. See no. 4123 for the chronological repertorium of his works and studies about him. Illustrations and facsimiles. DLC GeLBM GyBH

4127. Hajas Béla. *Vörösmarty Mihály és Perczel Etelka.* Budapest: Pallas, 1934. 24p.

Details of the relationship between the poet and Etelka Perczel. His characterizations of her in his poetry. Material on the Perczel family. Bibliographical footnotes. NNC GeLBM

4128. Brisits Frigyes. *Vörösmarty Mihály és az Akadémia.* (*Székfoglaló*) Budapest: Magyar Tudományos Akadémia, 1937. 77p.

His activities and relations with the Hungarian Academy of Sciences. Bibliographical footnotes. NNC AsWN GyBH GyGGaU GyGNSU

4129. Zsigmond Ferenc. *Vörösmarty élete és művei.* Budapest: Királyi Magyar Egyetemi Nyomda, 1940. 77p.

A survey of his life and a chronological examination of his literary works by genre as to their individuality and character. Chapter on *Zalán futása.*

4130. *Vörösmarty Mihály. 1800–1855.* A szövegrész szerkesztése, az összekötő szövegek és a jegyzetek Lukácsy Sándor munkája, a képanyagot Balassa László állította össze. Budapest: Magvető, 1955. 520p.

A biographical album of letters, documents, memoirs arranged chronologically and linked by essays. Illustrations and facsimiles. DLC MnU NNC FiHU GeCU

4131. Fejős Imre. *Vörösmarty arca.* Budapest: Akadémiai Kiadó, 1956. 58p. Aims to sketch his individualistic personality mainly through the use of previous accounts and portraits. Finds preparation for the war for national freedom and thoughts of national unity reflected in his poetry. Catalog of Vörösmarty's portraits, pp. 52–58. Bibliographical notes, pp. 47–51. Portraits. DLC MH NNC AsWN GeLBM GyBDS GyGNSU

4132. Tóth Dezső. *Vörösmarty Mihály.* Budapest: Akadémiai Kiadó, 1957. 631p.

Major consideration given to his works—their characteristics, forms, development, and meaning. Careful scrutiny to the stylistic features of his epics and lyrics. Examines his romanticism and its idealism, and his role in the national life of his times. Viewpoint: "to explain everything as far as possible in terms of the materialism transmitted through conditions in Hungary." Summary in German, pp. 599–614. CoU DLC MH MnU NNC AsWN FiHI FiHU GeCU GeLBM GeLU GyBDS GyBH GyGNSU

CRITICISM

See also nos. 340, 524, 765, 856, 1062, 1994, 3590, 4326, and 4624.

4133. Margalits Ede. *Párhuzam Vörösmarty és Arany mint eposköltők között.* Baja: Paul Károly, 1875. 103p.

A study of the parallels between the two writers of epics, based mainly on Vörösmarty's *Zalán futása, Cserhalom* and *Eger,* and János Arany's *Toldi, Toldi estéje,* and *Murány,* as to their unity, completeness, motivations, interest and greatness, techniques of presentation, and style. MnU GeLBM

4134. Pintér Kálmán. *Irodalmi dolgozatok Vörösmartyról.* Budapest: Hornyánszky Viktor, 1897. 152p. [No. 2 appeared in *Magyar Szalon,* IV (September, 1887), 616–624; no. 1 in *Tudósítmány a Kegyes-tanítórendiek Budapesti Főgimnáziumáról az 1888/89-évi tanévben* (1889), pp. 1–31; no. 3 in *Magyar Szemle,* III (1891), 109–110, 122–123, 136–137, 146–147, 158–159, 170–171, 182–183, 194–195, 206–207]

A collection of previously published essays on Vörösmarty: (1) Philosophical elements in his lyric poetry, (2) Female characters in his works, and (3) His realism.

4135. Vincze József. *Vörösmarty kisebb eposzai.* Kolozsvár: Gombos Ferencz, 1898. 29p.

The subject matter, motifs, and characters of his short epic poems. GyBH

4136. Walton Róbert. *Vörösmarty Mihály mint drámaíró. Irodalomtörténeti és széptani tanulmány.* Győr: Gross Testvérek, 1898. 42p.

His qualities as a dramatist. Attention to his antecedents, the value of his dramas, the influences upon them, and aesthetic evaluations of his dramaturgy. Finds him raising national elements in his dramas, clarifying the concept of the nature of tragedy, and opening his age to European literature and Shakespeare.

4137. Gellért Jenő. *Vörösmarty élete és költészete.* Budapest: Lampel Róbert, 1902?. 193p.

Scrutiny of Vörösmarty as a writer of epics, drama, and lyric poetry. Limited attention to his life and times. Bibliography, by year of publication, pp. 178–193. Portraits and illustrations. MH NNC GeLBM

4138. Kont Ignác. *Michel Vörösmarty.* (*1800–1855*) Paris: F. R. de Rudeval, 1903. 73p.

A brief biography followed by chapters on his works: Les Épopées, Les Poésies, Le Théâtre. Attention to contents of most important works, often accompanied by French translations.

4139. Riedl Frigyes. *Vörösmarty élete és művei.* Budapest: Csoma Kálmán, 1905. 206p. [1937]

A series of lectures on the forces and persons that influenced his development, his ideas and literary activity, and the sources of his writings. DLC MnU GeLBM

4140. Radnai Oszkár. *Vörösmarty mint prózaíró.* Temesvár: Csanád-Egyházmegyei Könyvnyomda, 1909. 76p.

A study of his prose writings, the circumstances that prepared him for writing prose, and an evaluation of them. Covers his short stories, letters, studies of dramaturgy, and writings on language. Closes with a discussion of his prose style. Bibliography, pp. 75–76. MnU

4141. Babits Mihály. "Az ifjú Vörösmarty," "A férfi Vörösmarty," *Írás és olvasás.* Budapest: Athenaeum, 1938; 389p. Pp. 58–124. [Appeared in 1911]

A three-part study tracing the changes in his poetic character from his youth to maturity: from the "abnormally rich and fantastic, deeply sorrowful but calm and motionless soul" to the "mature, tragical, philosophical, feverish Vörösmarty." MnU NNC AsWU GyBH GyGNSU

4142. Weber Arthur. "Shakespeare hatása a vígjáték-író Vörösmartyra," *Magyar Shakespeare-Tár*, IV (1911), 161–193. [Also a reprint]

A fátyol titkai used to illustrate the influence of Shakespeare on Vörösmarty's theory and technique of comedy. MH [NIC] GeLBM GyBDS GyBH

4143. Trombitás Gyula. *Vörösmarty dramaturgiája.* Budapest: Attila, 1913. 92p.

The factors which led him to write studies and critiques of the drama, the sources of his materials, the connections of these works with past and contemporaneous dramatic criticism, and the major problems with which they were concerned. Based on his *Dramaturgiai töredékek* and his dramatic criticism. Bibliography, pp. 89–92. NN GeLBM GyBH

4144. Horváth János. "Vörösmarty. Zalán futása ünnepére," *Tanulmányok.* Budapest: Akadémiai Kiadó, 1956; 638p. Pp. 245–265. [Appeared in *Napkelet* (1925–1926)]

A study of *Zalán futása* showing the universality arising from Vörösmarty's lyrical compassion, delineating his feeling of love transcending the bounds of the world, and analyzing his use of complements as an aspect of the beauty of its poetic language. DLC MH MnU NNC GeLBM GeLU GyBDS GyBH GyGGaU GyGNSU

4145. Alszeghy Zsolt. *A Zalán futása.* Budapest: Stephaneum, 1926. 20p. [A paper presented to a meeting of the Szent István Akadémia on December 4, 1925]

Seeks to show that Vörösmarty's epic is something new in the development of Hungarian literature—in its break with foreign tradition, in its being shaped by a national spirit, and in its individualistic Hungarian artistic style. NNC GeLBM

4146. Bánrévy György. *Vörösmarty "Salamon király"-a és történeti forrásai.* Budapest: Held János, 1929. 71p.

The historical sources of *Salamon király.* Parallels textual materials from the drama with those from several sources: Thuróczi's *Chronica Hungarorum,* Ignác Fessler's *Geschichten der Ungarn,* Benedek Virág's *Magyar századok,* and Gáspár Heltai's *Krónika.* Finds Thuróczi's work to be the major source. Bibliographical footnotes. GeLBM GyBH

4147. Szerb Antal. "Vörösmarty tanulmányok," *Minerva,* IX (1930), 3–32, 199–227, 303–320. [Also a reprint]

Six studies: (1) his style, (2) his graveyard poetry, (3) the "Hungarian Virgil" and the "Hungarian Ossian," (4) the Hungarian bard, (5) his poems with motifs of the underworld, and (6) his mature works. Concerned mainly with revealing his inner workings. DLC [MH] NjP NN NNC FiHI FiHU GyBH GyGNSU

4148. Kiss Ferenc, ifj. *Vörösmarty és Ossian.* Debrecen: Kertész József, 1931. 31p.

A discussion of the knowledge of Ossian and his influence in Hungary, and especially on the subject matter and style of Vörösmarty's writings. Bibliographical footnotes. MH NNC FiHI GyBH

4149. Huszti Mihály. *Vörösmarty az újabb irodalmi ízlés tükrében. A költői világkép Vörösmarty és Ady költészetében.* Budapest: Ádler Mihály és Práder Jenő, 1935. 174p.

A new appraisal of his poetry in the light of standards set, especially by Ady, during the previous thirty years. Delineates Ady's way of viewing the world and his poetic imagination, and finds much similarity between the two poets. Textual analysis. Bibliography, pp. [175–176]. MH GeLBM GyGGaU

4150. Faggyas Jolán. *Vörösmarty pesszimizmusa.* Pécs: Dunántúl Pécsi Egyetemi Könyvkiadó és Nyomda, 1938. 41p.

A study of the psychological configurations of his pessimism based on an examination of his poetry: the "pessimistic soul" and Vörösmarty, the emergence and nature of his feelings of pessimism, and his attitudes toward Hungarian national life which reflect this emotion. NNC

4151. Pados Ottokár. *Vörösmarty természetszemlélete.* Budapest: Királyi Magyar Egyetemi Nyomda, 1938. 66p.

The origins of and his views of nature. His use of materials from nature in his poetry: similes, metaphors and visions based on nature, and the use of realistic and idealistic landscape. Bibliographical footnotes. MnU

4152. Ballai Mihály. "A 'Csongor és Tünde' szimbólizmusa," *Irodalomtörténeti Közlemények*, LI (1941), 113–124, 240–249, 354–373. [Also a reprint]

Discusses the critical reception of the drama and analyzes it as a symbol rather than a representation of characters and events. Bibliographical footnotes. MnU NNC AsWN AsWU GeLBM GyBH

4153. Jakabfi László. *Az angol irodalom és a Vörösmarty-Bajza-Toldy triász.* [Disszertáció] Budapest: A Szerző, 1941. 85p.

The influence of Ossian, Shakespeare, Byron, and Scott on Vörösmarty, and Bajza's interest in English life and institutions and his indebtedness to Shakespeare and other English poets and critics. Bibliography, pp. 84–85. Summary in English, pp. 80–83. MnU

4154. Emhő-Barna Bálint. *Vörösmarty költészetének irodalmi népiessége.* Ungvár: Horváth, 1942. 80p.

After surveying the use of materials from the life of the people in Hungarian literature prior to Vörösmarty and placing him in relation to this development, analyzes such materials in his writings by genre, mainly in his lyrics. Sees him as essential to the growth of this tendency. Bibliography, pp. 78–80.

4155. "Vörösmarty-emlékszám," *Fehérvár*, no. 3 (1955), 215–365.

Articles on his life and works commemorating the 100th anniversary of his death. Also some previously unpublished letters. Bibliography of studies about him published in periodicals in Fejér County from 1855 to 1945, pp. 356–362.

4156. Turóczi-Trostler József. "Vörösmarty mai szemmel," *Filológiai Közlöny*, II (1956), 1–17, 193–206, 343–352. [Also a reprint]

An analysis of the stages of his romanticism concluding that though his works remain essentially romantic, he moved nearer to realism than any of his contemporaries. Much attention to "Tündérvölgy" and *Csongor és Tünde*. Bibliographical footnotes. DLC MH NN NNC AsWN [FiHU] GeLBM GeOB GyBDS GyBH GyGNSU

WEÖRES SÁNDOR

Born June 22, 1913 in Szombathely. Poet, translator. Completed elementary school studies in Pápa and Csönge and gymnasium studies in Szombathely, Győr, and Sopron. Recognized as promising poet when 14. Studied law at University of Pécs for six months, then geography and history for year and a half, and in 1935, philosophy and aesthetics. Obtained doctorate in philosophy. Awarded Baumgarten Prize in 1935 and 1936. Visited Far East in 1937. Worked in libraries in Pécs, Székesfehérvár, and Budapest 1941–1950. Was secretary of Janus Pannonius Társaság and official of Szabadművelődés in Székesfehérvár for a time. Co-editor of *Sorsunk*. Visited Italy 1947–1948. Traveled in China in 1959. Has devoted time to writing since 1951. ¶ One of most important lyric poets in 20th-century Hungarian literature. Member of third generation of Nyugat School. Poems strongly surrealistic and mystical. He uses a great variety of forms and techniques. His structuring of thought and emotion is considered exceptional. Distinguished as a translator of nearly every major European poet. ¶ Some of his poems have been translated into English, French, German, and Italian.

EDITIONS

See also nos. 1535 and 4026 for annotated works.

4157. *Hideg van.* Versek. Pécs: Kultúra, 1934[1]. 59p. GyBH

4158. *A kő és az ember.* Versek. Budapest: Nyugat, 1935[1]. 77p. GyBH

4159. *A teremtés dicsérete.* [Versek] Pécs: Janus Pannonius Társaság, 1938[1] 80p.

4160. *A vers születése.* Meditáció és vallomás. [Tanulmány] Pécs: Dunántúl Pécsi Egyetemi Könyvkiadó és Nyomda, 1939[1]. 39p.

4161. *Theomachia.* Drámai költemény. Pécs: Dunántúl, 1941[1]. 24p.

4162. *Bolond Istók.* Elbeszélő költemény prózában. Budapest: Királyi Magyar Egyetemi Nyomda, 1943[1]. 78p.

4163. *Medúza.* Versek. Budapest: Királyi Magyar Egyetemi Nyomda, 1943[1]. 126p.

4164. *A teljesség felé.* [Aforizmák] Budapest: Móricz Zsigmond, 1945[1]. 152p.

4165. *Elysium.* Versek. Budapest: Móricz Zsigmond, 1946[1]. 92p. NN GeLBM

4166. *Gyümölcskosár.* Versek. Budapest: Új Idők, 1946[1]. 64p.

4167. *A szerelem ábécéje.* Versek. Budapest: Új Idők, 1946[1]. 52p.

4168. *A fogak tornáca.* Versek. Budapest: Egyetemi Nyomda, 1947[1]. 80p. GeLBM

4169. *Testtelen nyáj.* Prózavers ciklus. Budapest: Művészbolt, 1947[1]. 4p. [From catalogue of National Széchényi Library]

4170. *Bóbita.* [Ifjúsági versek] Budapest: Ifjúsági Könyvkiadó, 1955[1]. 78p. [1962[2]]

4171. Weöres Sándor: *Csalóka Péter.* [1st] Szilágyi Dezső: *Ezüstfurulya.* Lukács Antal tanulmányával. *Marsak, S. J.: A tornyocska.* Fordította Földesi Tamás. *Priestley, H. E.: Punch és sárkány.* Fordította Kárpáti György. Székely György: *Az angol bábjátszás története.* [Bábszínjátékok] Budapest: Művelt Nép, 1955. 116p.

4172. *A hallgatás tornya.* Harminc év verseiből. Budapest: Szépirodalmi Könyvkiadó, 1956. 431p. GyBDS GyGNSU

4173. *A lélek idézése.* Műfordítások. Budapest: Európa, 1958[1]. 904p. DLC MH FiHI GeCU GyBDS GyGNSU

4174. *Tarka forgó.* 120 vers az év tizenkét hónapjára [gyermekek számára]. Károlyi Amyval. Budapest: Magvető, 1958[1]. 174p.

4175. *Tűzkút.* Versek. Budapest: Magvető, 1964[1]. 172p. MnU NNC GeLU GyBDS GyBH

4176. *Gyermekjátékok.* [Verses képeskönyv] Kass Jánossal. Budapest: Móra, 1965[1]. 16p. MnU

CRITICISM

See also nos. 840, 3209, and 4447.

4177. Illyés Gyula. "Hideg van. Weöres Sándor versei," *Nyugat,* XXVII (May 16–June 1, 1934), 586–588.

A review of the poems praising his skill as a young poet, his ability to express what he wishes, the range of his writing, and the authenticity of his pictures, but stating that it is still difficult to find the author in the poems. MnU NN NNC [FiHI] FiHU GeLBM [GeLU] GyBH

4178. Jékely Zoltán. "A teremtés dicsérete. Weöres Sándor versei," *Nyugat,* XXXII (February, 1939), 120–121.

A review of the poems claiming that they reveal his direct engagement with the world, a judgment contrary to the general view of his poetry, that he has the gift of finding "eternal matters" in experiences, that he no longer imitates other poets, and that his language is that used by the greatest Hungarian poets. MnU NN [NNC] [FiHU] GeLBM GyBH

4179. Kardos László. "Weöres Sándor új versei," *Magyarok,* II (1946), 799–800.

A review stating that his inner development has been driven by an increasing avidity for artistic qualities, that some of his new poems reveal newer effort to achieve an objective, and that since the poetic expression in "A sorsangyalok" is already beyond the understanding of an audience of authors, it is difficult to predict the course of his future development. Maintains that his otherworldly and ethereal belief sets him apart from the subject matter of other Hungarian poets. DLC MnU NNC

4180. Rónay György. "A teljesség felé? (Jegyzetek Weöres Sándor költészetéről)," *Magyarok,* III (1947), 494–501.

An attack on his view, in *A teljesség felé,* that Nirvana is a fulfillment of life, contending that this view stems from the poet's own character and leads to a loss of the actual and of the belief that artistic creativity can give an adequate expression to the beauty of a personal experience. Concludes that he is a "great, true, clear, and strong poet" when he triumphs over his own bent for "slackening" and does not attempt to adjust this slackening by "philosophical means." [CSt-H] MnU [NN] [NNC]

4181. Szentkuthy Miklós. "Elvek és arcok: Weöres Sándor," *Magyarok*, III (1947), 605–615.

Delineates aspects of his practices in poetry: his showing that realism and surrealism are not opposites, his realism, his extensive use of materials from nature to illuminate man and from man to illuminate nature, his connection with the English "nonsense-rhyme" poets and the English generation represented by W. H. Auden and Dylan Thomas, his moral and philosophical attitudes toward life, the love motif in his poetry, and the rhythms of his verses. [CSt-H] MnU [NN] [NNC]

4182. Sőtér István. "Költő-arcképek: Weöres Sándor," *Válasz*, VIII (1948), 767–768.

Commentary on his creative art and capacity: his artistry begins where that of many other poets ends, his voice can be both primitive and refined at the same time, and the significance of his already published works justifies even greater expectations of him. [CSt-H] CU DLC NN AsWN GeLU [GeOB]

4183. Hajdu András. "A 'Bóbita' ritmikája," *Csillag*, X (October, 1956), 768–778.

Scansion of its lines to show that the rhythmical system is a revival of old Hungarian proportional verse. [DLC] MnU [NN] NNC [GeLBM] GyBH [GyGGaU]

4184. Szabolcsi Miklós. "Weöres Sándor költészetéről," *Irodalomtörténet*, XLV (1957), 183–192.

An examination of the world outlook and philosophy in his poetry showing him, through various stages of his career from the 1930's to 1956, as "an extreme 20th-century rationalist who, in the mid-thirties, had already lost interest in political advancement and in every guiding ideal of the age's social movements, who stood foreign and solitary in his century, and who increased his bad feelings metaphysically and absolutely." CU DLC MH MnU NN NNC AsWU GeLBM GeLU GyBDS GyBH

ZELK ZOLTÁN

Born December 18, 1906 in Érmihályfalva. Poet. Son of a village cantor· Spent childhood in Miskolc and early youth in Szatmárnémeti. Self-educated. Worked as apprentice and physical laborer. Participated in young workers' movement in Transylvania in 1921. Moved to Budapest when 19, where he worked at odd jobs and later became a journalist and publisher's reader. His poems were first published in 1925 in *365*, later in *Dokumentum* and *Munka*. Joined Hungarian Socialist Workers' party in 1925. Was arrested in 1926, exiled permanently, and transported to Rumania. Returned to Hungary secretly in 1928 and lived for years under assumed name. After 1928 his poems were published regularly in *Nyugat*, *Magyar Csillag*, *Szép Szó*, and various kinds of dailies. Arrested again in 1935 but was released at insistence of literary world. Served in forced labor camp 1942–1944. Escaped and lived underground until end of World War II. Joined Communist party in 1945. Began to edit cultural section of *Szabadság* in 1945, contributed to *Népszava*, and became reader for Athenaeum publisher. Awarded Baumgarten Prize for *Kagylóban tenger* (1947), Kossuth Prize for new poems (1949), Attila József Prize for new poems (1951), and Kossuth Prize for *Mint égő lelkiismeret* (1954). Became member of secretariat of Hungarian Writers' Federation in early 1950's. Founded *Kisdobos* in 1952 and edited it until 1956. Sentenced to three-year prison term for his activities during the 1956 Revolution; released on October 15, 1958. Again became a member of Writers' Federation in 1962. ¶ His early poems show influence of expressionism and of Nyugat School. His later works reflect his concern with the problems of workers and peasants. Tales and poems for children important part of lifework. ¶ Some of his poems have been translated into Bulgarian, Czech, French, Italian, Polish, Rumanian, and Russian.

EDITIONS

See also no. 1146 for editorial work. Annotated work: no. 831.

4185. *Csuklódon kibuggyan a vér.* Versek. Budapest, 1930[1]. [From *Magyar irodalmi lexikon*, III, 584]

4186. *Ülj asztalomhoz.* Versek. Budapest: Gyarmati Ferenc, 1932[1]. 41p. MnU

4187. *Kifosztott táj.* Versek. Budapest: Antos és Társa, 1936[1]. 68p.

4188. *A lélek panaszaiból.* [Versek] Budapest: Cserépfalvi, 1942[1]. 74p. MnU

4189. *Teremtés tanúja.* Válogatott versek. Budapest: Cserépfalvi, 1945. 230p. NN

4190. *Az állatok iskolája.* Mesék, versek. Budapest: Új Idők, 1946[1]. 121p.

4191. *Gyermekbánat.* [Versek] Budapest: Hungária, 1947[1]. 32p.

4192. *Kagylóban tenger.* Versek, 1942–1947. Budapest: Dante, 1947. 103p. MnU NN

4193. *Négy vándor és más mesék.* Budapest: Dante, 1947[1]. 80p. [1949[2]]

4194. *Ezen a földön.* Új versek. Budapest: Athenaeum, 1948[1]. 47p.

4195. *Apám könyve.* [Vers] Budapest: Athenaeum, 1949[1]. Pages not numbered.

4196. *A hűség és a hála éneke.* [Költemény] Budapest: Athenaeum Könyvkiadó Nemzeti Vállalat, 1949[1]. 36p.

4197. *A pártos éneke.* 1945–1950. [Versek] Budapest: Athenaeum, 1950[1]. 153p. DLC MH GeLBM GyBDS GyBH

4198. *A három nyúl.* [Mese] Budapest: Ifjúsági Könyvkiadó, 1952[1]. Pages not numbered. [1955[2]]

4199. *A nép szivében.* [Versek] Budapest: Szépirodalmi Könyvkiadó, 1952[1]. 40p.

4200. *Házi állataink.* [Képeskönyv] Győrffy Annával. Budapest: Ifjúsági Könyvkiadó, 1954[1]. Pages not numbered. [1955[2]]

4201. *Kecskére bízta a káposztát.* [Mesék, versek] Budapest: Ifjúsági Könyvkiadó, 1954[1]. 46p. [1954[2]] GyBH

4202. *Mese a kiscsikóról, akinek még nincs patkója.* [Verses mese kispajtásoknak] Budapest: Ifjúsági Kiadó, 1954[1]. 60p.

4203. *Mint égő lelkiismeret.* Válogatott és új versek, 1928–1953. Budapest: Szépirodalmi Könyvkiadó, 1954. 371p. DLC MnU GyBDS GyBH

4204. *Tilinkó.* [Mesék és versek gyermekek számára] Budapest: Magvető, 1955[1]. 120p.

4205. *Alkonyi halászat.* Versek. Budapest: Szépirodalmi Könyvkiadó, 1956[1]. 54p. DLC

4206. *Tűzből mentett hegedű.* Új versek. Budapest: Szépirodalmi Könyvkiadó, 1963[1]. 102p. NN GeLBM GyBDS GyBH GyGNSU

4207. *Erdőben-berdőben.* [Gyermekversek] Budapest: Móra, 1964[1]. 30p. MnU

4208. *Zúzmara a rózsafán.* Válogatott versek. Budapest: Szépirodalmi Könyvkiadó, 1964. 415p. MH MnU NNC GeLBM GyBDS GyBH

CRITICISM

4209. Illyés Gyula. "Ülj asztalomhoz: Zelk Zoltán versei," *Nyugat*, XXVI (February 16, 1933), 252–253.

A review stating that he is one of the most able members of the generation following the third decade of writers, that he is still seeking to find the "strings" that best suit his individual voice, that his voice is unpresuming and cautious, that his poems face the contemporary world and speak of individuals, often by name, that his second book of poetry shows he has still not matured, and that he has reconquered poetic form and uses it with increased certainty. MnU NN NNC FiHU GeLBM [GeLU] GyBH

4210. Vas István. "Kifosztott táj: Zelk Zoltán versei," *Nyugat*, XXIX (March, 1936), 236–237.

A review characterizing his poetry as simple but beautiful and distinguished and as resembling that of English poets such as Thomas Moore, and stating that he handles poverty as a central theme without emotional exaggeration and that his verse form suits his materials well. MnU NN NNC [FiHI] FiHU GeLBM [GeLU] GyBH

4211. Bóka László. "A lélek panaszaiból: Zelk Zoltán versei," *Magyar Csillag*, III (March 15, 1943), 370–371.

Seeks to account for the inadequate attention received from his generation, stating that though his mood is always in a minor key, his poetry is never monotonous nor his rhythms mannered, that he uses materials from the world around him widely, and that he is the poet of music and pictures. MnU NNC AsWN [FiHI] FiHU [GyBH]

4212. Czibor János. "Zelk Zoltán," *Válasz*, VIII (1948), 169–172.

Maintains that he belongs to that generation of authors in whose writings social change is perceptible, that he was first viewed as a poet of temperate harmony and solitary lyricism, and that the poems in *Kagylóban tenger*, the product of the last five years, show his breaking out of his solitude, his acceptance of the world, and the consummation of his poetry. [CSt-H] CU DLC NNC AsWN GeLU [GeOB]

4213. Vargha Kálmán. "Zelk Zoltán: Kagylóban tenger," *Újhold*, III (1948), 122–123.

A review of the poems discussing the changes resulting from experiences related to World War II and stating that he now sees more in the world, would like to draw the world to him and arrange "the entire cosmos in a cloudless harmony," that he expresses his attitudes in pictures, that he is the poet of peace, not sorrow, and for this reason has truly discovered himself in his newest poems, and that he uses nature as his source of individual expression. Some observations on Radnóti's use of nature. [DLC] MH

ZILAHY LAJOS

Born March 27, 1891 in Nagyszalonta. Novelist, dramatist, short-story writer. Father notary public. Attended schools in Nagyszalonta, Erzsébetváros, and Máramarossziget. Obtained doctorate in jurisprudence from University of Budapest and worked in a law office in Nagyszalonta. Wounded in action in World War I. His poems published during World War I brought first fame. Joined staff of *Magyarország* in early 1920's; became its editor 1934–1936. Awarded Vojnits Prize by Hungarian Academy of Sciences for *Süt a nap* (1924), *A tábornok* (1928), and *A szűz és a gödölye* (1937). Became member of Kisfaludy-Társaság in 1925, later of Petőfi-Társaság. Worked as journalist in Paris and London. Elected president of PEN Club in 1926. Staff member of *Budapesti Hírlap* in 1927 and Az Est Publications in 1930's. Edited *Magyarország* 1934–1936; meanwhile founded short-lived Új Szellemi Front, an organization of populist writers. Edited *Híd* 1940–1944. Opposed both fascism and communism. Founded Pegazus for production of motion pictures and directed some of them. One of them, *Fatornyok*, banned in 1944. Gave all assets to government treasury in early 1940's for use in educating youth in world peace, which led to the establishment of Kitűnőek Iskolája. In 1945 he became first president of Hungarian-Soviet Cultural Society and editor of *Irodalom és Tudomány*. Emigrated to United States in 1947, where he continues to write. Some of his plays have been produced on Broadway and filmed in Hollywood. *A szűz és a gödölye* was revived by Jókai Színház in Budapest in 1957. ¶ His plays and novels are the most important part of his writings. Blends romanticism and realism. Delineates the disintegration of Hungarian middle class. Strongly humanistic in outlook. Attacks ruling class for offenses against Hungarian people. Widely read at home and abroad. ¶ Several of his novels have been translated into Bulgarian, Croatian, Czech, Danish, Dutch, English, Esthonian, Finnish, French, German, Italian, Japanese, Polish, Rumanian, Serbian, Slovakian, Spanish (mainly), Swedish, and Turkish, and some of his plays into German, Italian, and Spanish; an edition of his short stories is available in Spanish; and some of his short stories have been translated into Bulgarian, Croatian, English, Esthonian, French, German, Italian, Polish, Portuguese, Slovakian, Spanish, and Swedish, and some of his poems into German.

EDITIONS

4214. *Versei.* 1914–1916. Beöthy Zsolt előszavával. Budapest: Singer és Wolfner, 1916[1]. 128p. CSt CSt-H

4215. *Az ökör és más komédiák.* [Kis színművek] Budapest: Rózsavölgyi és Társa, 1920[1]. 119p.

4216. *Halálos tavasz.* Regény. Budapest: Athenaeum, 1922[1]. 160p. [1933, 1965] IC MH NN NNC OCl FiHI GeLBM GeLU GyBH

4217. *Hazajáró lélek.* Színmű három felvonásban. Budapest: Athenaeum, 1923[1]. 80p.

4218. *A jégcsap.* Bohózat. Budapest, 1923[1]. [From Várkonyi, p. 482; première?]

4219. *Szépapám szerelme.* Regény. Budapest: Kultúra, 1923[1]. 152p. IC GeLBM GeLU

4220. *Az ezüstszárnyú szélmalom.* Novellák. Budapest: Athenaeum, 1924[1]. 156p. IC MH OCl GeLBM GyBH

4221. *Süt a nap.* Vígjáték három felvonásban. Budapest: Athenaeum, 1924[1]. 101p. [1933] MH NN OCl GeLBM GyBH

4222. *Csillagok.* Színmű. Budapest: 1925[1]. [From Várkonyi, p. 482; première?]

4223. *Zenebohócok.* Commedia dell' arte. [Dráma] Budapest: Athenaeum, 1925[1]. 94p. NN GyBH

4224. *A fehér szarvas.* Színmű négy felvonásban. Budapest: Athenaeum, 1927[1]. 101p. MH NN OCl GyBH

4225. *Két fogoly.* [Regény] I–II. kötet. Budapest: Athenaeum, 1927[1]. [1928[3]] IC NN NNC OCl AsWU GeCU GeLBM GeLU GyBH

4226. *A világbajnok.* Bohózat három felvonásban. Budapest: Athenaeum, 1927[1]. 104p. DLC MH NN

4227. *Házasságszédelgő.* Vígjáték egy felvonásban. *Birtokpolitika.* Paraszt-komédia. Budapest: Singer és Wolfner, 1928[1] [1926?]. 32p.

4228. *Szibéria.* Magyar hadifoglyok története. Három felvonásban. [Színmű] Budapest: Athenaeum, 1928[1]. 86p. NN OCl

4229. *A tábornok.* Színmű három felvonásban. Budapest: Athenaeum, 1928[1]. 79p. NN FiHI GeLU

4230. *Munkái.* I–X. kötet. Budapest: Athenaeum, 1929–193?. [Not possible to distinguish clearly from no. 4231]

1. kötet: Versek. 1929. 183p.

2. kötet: *Az ökör és más komédiák.* 1929. 207p.

3. kötet: *Halálos tavasz.* Regény. 5. kiadás. [1929 után]. 175p.

4. kötet: *Az ezüstszárnyu szélmalom.* Novellák. *ca.*1929. 186p.

5–6. kötet: *Két fogoly.* [Regény] 1–2. kötet. 1929.

7. kötet: *Valamit visz a víz.* [Regény] 1929[1]. 162p.

8. kötet: *Szépapám szerelme.* Regény. 193?. 150p.

9. kötet: *Süt a nap.* Vígjáték. 4. kiadás. *Hazajáró lélek.* Színmű. 2. kiadás. *Zenebohócok.* Commedia dell' arte. [Dráma] 2. kiadás. 1929. 103, 80, 94p.

10. kötet: *A fehér szarvas.* Színmű. 4. kiadás. *Szibéria.* Magyar hadifoglyok története. [Színmű] 4. kiadás. *A tábornok.* Színmű. 4. kiadás. 1930. 101, 85, 79p.

[IU] [NNC] GyBH

4231. *Munkái.* I–XII., XIV–XV. kötet. Budapest: Athenaeum, 1929–1935. [Not possible to distinguish clearly from no. 4230]

1. kötet: Versek. *ca.*1930. 183p.

2. kötet: *Az ökör és más komédiák.* [Kis színművek] 3. kiadás. 207p.

3. kötet: *Halálos tavasz.* Regény. 4. kiadás. 1929. 175p.

5–6. kötet: *Két fogoly.* [Regény] 5. kiadás. 1–2. kötet. 1929.

7. kötet: *Valamit visz a víz.* [Regény] 2. kiadás. 1929. 126p.

8. kötet: *Szépapám szerelme.* Regény. 3. kiadás. 150p.

9. kötet: *A szökevény.* Regény. 1931[1] [1930?]. 378p.

10. kötet: *A lélek kialszik.* Regény. 1932[1]. 245p.

11. kötet: *Fehér hajó.* [Elbeszélések] 1935[1]. 162p.

12. kötet: *Süt a nap.* Vígjáték. 6. kiadás. *Hazajáró lélek.* Színmű. 4. kiadás. *Zenebohócok.* Commedia dell' arte. [Dráma] 4. kiadás. [1929 után]. 103, 80, 94p.

14. kötet: *Leona.* Színmű. 2. kiadás. *Tésasszony.* Vígjáték. 2. kiadás. *Úrilány.* Vígjáték. [1st] 1935. 86, 102, 96p.

15. kötet: *Tűzmadár.* Színmű. 1932[1]. *A tizenkettedik óra.* Komédia. 1933[1]. *Az utolsó szerep.* Szímű. 1935[1]. 79, 91, 96p.

[DLC] [NN] [NNC] [OCl]

4232. *Leona.* Színmű három felvonásban. Budapest: Athenaeum, 1930[1]. 86p. GeLBM

4233. *A kisasszony.* Vígjáték. Budapest, 1931[1]. [From Várkonyi, p. 482]

4234. *A fegyverek visszanéznek.* [Regény] Budapest: Athenaeum, 1936[1]. 334p. [1937, 1941, 1946[9]] IC NN NNC OCl AsWN GeLBM GyBH GyGNSU

4235. *A szűz és a gödölye.* Színmű három felvonásban. Budapest: Athenaeum, 1937[1]. 103p. FiHI GeLBM GyBH

4236. *A földönfutó város.* [Regény] Budapest: Athenaeum, 1939[1]. 321p. DLC OCl AsWN FiHU GeLBM GyBH

4237. *Gyümölcs a fán.* Színmű. Budapest: Athenaeum, 1939[1]. 93p.

4238. *Kisebb elbeszélések.* Budapest: Országos Református Szeretetszövetség, 1939[1]. 46p.

4239. *Csöndes élet és egyéb elbeszélések.* Budapest: Athenaeum, 1941[1]. 185p. DLC AsWN

4240. *Fatornyok.* Színmű három felvonásban. Budapest: Athenaeum, 1943[1]. 87p. NN

4241. *Szépanyám.* Színmű három felvonásban. Budapest: Athenaeum, 1943[1]. 89p. NN

4242. *Célunk.* [A Magyar-Szovjet Művelődési Társaság ismeretése] Szent-Györgyi Alberttal és Háy Gyulával. Budapest: Légrády, 1946[1]. 8p. [From catalogue of National Széchényi Library]

4243. *Ararát.* Regény. Budapest: Athenaeum, 1947[1]. 503p. DLC NN OCl GeLBM

4244. *The angry angel.* [Novel] New York, 1953[1]. [From *Magyar irodalmi lexikon*, III, 592] NN GeOB

4245. *Krisztina és a király.* [Regény; az *Ararát* folytatása] London, 1954[1]. [From *Magyar irodalmi lexikon*, III, 592]

4246. *The happy century.* [Novel] New York, 1960[1]. [From *Magyar irodalmi lexikon*, III, 592]

BIBLIOGRAPHY

See no. 4248.

CRITICISM

See also no. 4624.

4247. Schöpflin Aladár. "Két fogoly: Zilahy Lajos regénye," *Nyugat*, XX (February 16, 1927), 362–364.

A review of the novel praising Zilahy for using familiar materials and a romantic vein to make it interesting, for making it deeply intimate by developing its materials through a special incident, and for treating the central female character, Miett, effectively. Maintains, however, that the author has not mastered the transition from writer of short stories to novelist. Notes Zilahy's emphasis on the individuals, not on the events in which they are involved. MnU NNC FiHU GeLBM GyBH

4248. Ruzitska Mária. *Zilahy Lajos*. Budapest: Studium, 1928. 45p.

A study of his literary development and the qualities of his works. Contains biographical materials. Bibliography of his works and studies about him, pp. 43–44. NNC AsWN FiHI GeLBM GyBH

4249. Illés Endre. "A fegyverek visszanéznek: Zilahy Lajos regénye," *Nyugat*, XXX (February, 1937), 139–141.

A review contending that his inability to sustain unity creates a heterogeneity of tastes and layers in his novels and that, as in the novel under review, the development in each new work repeats the stages of his entire literary growth. MnU NN NNC [FiHI] FiHU GeLBM GyBH

4250. Pándi Pál. "Kétes realizmus (Zilahy Ararátjáról)," *Újhold*, III (1948), 106–113.

Summarizes his career and the characteristics of his writings, particularly their concern with the contemporary world. Analyzes the novel, finding that its portrayal of the decadence of the Hungarian aristocracy is inadequate. [DLC] MH

ZRÍNYI MIKLÓS

Born May 1, 1620 in Ozaly or Csáktornya; died November 18, 1664 in Csáktornya. Poet, writer on military science, statesman, general. Descendant of an aristocratic family with large estates. Spent early years in Csáktornya with his brother; was orphaned at 6. His education was entrusted to Péter Pázmány (q.v.) by Ferdinand II. Received excellent education in Graz 1630, Vienna 1634, and Nagyszombat 1635. Went to Italy in 1636 and visited Rome, Naples, Florence, and Venice. Returned to Hungary in February 1637, withdrew to estate in Csáktornya and devoted most of his energy to political questions and military activity because his family estates were always subject to devastation by the Turks. Named general in 1646 and viceroy of Croatia in 1647 by Ferdinand III. These positions gave him continual interest in military science and resulted in works on that subject: "Tábori kis tracta" (after 1646) and "Vitéz hadnagy" (1650–1653), the first evaluating problems of military organization and the second developing his concept of the ideal general; both were first published in 1852 edition by Gábor Kazinczy. Married Euzébia Draskovics in 1646, and after her death in 1651 married Zsófia Lőbl in 1652. Became chief of Hungarian military forces for a time but was removed by the Austrians despite his victories against the Turks. Died from injuries suffered during a boar hunt in Csáktornya (Čakovec). ¶ Towering figure in baroque literature and a major contributor to development of Hungarian literature. Italian baroque style and poetic traditions of the Hungarian Renaissance influenced his writings but did not arrest individual development of style. His many-sided literary efforts were unified by the desire to advance the state of Hungarian culture. His works often express opposition to the Turks and the Hapsburgs as threats to Hungarian independence. Pressing Turkish question resulted in *Török áfium* (1660–1661), a polemic treatise. *Szigeti veszedelem* (1651; written 1645–1646), celebrating his great-grandfather at Szigetvár, is considered to be the greatest epic in Hungarian literature. He also wrote love poetry. ¶ *Szigeti veszedelem* is available in Croatian, German, and Italian, and some of its parts as well as some of his poems have been translated into Bulgarian, English, French, German, Italian, and Russian.

FIRST EDITIONS: *Adriai tengernek Syrenaja.* [*Szigeti veszedelem* és lírai versek] Bécs: Kosmerovi Máté, 1651. [160] leaves. – *Adrianszkoga mora Syrena.* Venezia: n.p., 1660. [169] leaves. – [Zrínyi?]: *Ein gantz wahrhafftes Copey-Schreiben an ihre kays. May* . . . Augsburg: Elias Wellhöffer, [1663?]. [2] leaves. – [Zrínyi?]: *Extract-Schreiben von seiner Gräflichen Gnaden, Herrn Grafen von Serini, an den Ungarischen Ertzbischoff in Ungarn aus der Schütt vom 20. Octob.* Sine loco: n.p., 1663. [4] leaves. – [Zrínyi?]: *Schreiben . . . Niclasens von Serini de dato 18., 28. Novemb. 1663., von seiner . . . Victoria wider den Erbfeind* . . . Sine loco: n.p., [1663?]. [4] leaves. – [Zrínyi?]: *Verba domini comitis Nicolai Zarini ad Ordd. Regni Hungariae* . . . [Latin szöveg német fordítással] Sine loco: n.p., [1663?]. [4] leaves. – [Zrínyi?]: *Copia Schreiben . . . Grafen Serin an de gräntzischen geheimen Regenten* . . . Sine loco: n.p., 1664. [2] leaves. – [Zrínyi?]: *Propositio . . . sacrae caesareae majestati* . . . Sine loco: n.p., 1664. 11p. – [Zrínyi?]: *Treue Vermahnung an die Christenheit* . . . Sine loco: n.p., 1664. [10] leaves. – *Symbolum illustrissimi domini comitis Nicolai Zrinyi.* [*Az török afium ellen való orvosság* . . .] Sine loco: Forgách Simon, 1705. 63p. – See also no. 4260.

EDITIONS

See also nos. 385, 389, 4267 (letters), 4277, and 4289.

4251. *Minden munkáji.* Kiadta Kazinczy Ferenc. I–II. kötet. Pest: Trattner János Tamás, 1817. [C]

1. kötet: *A Zríniász, vagy az ostromlott Sziget.* Hős költemény. 1–10. ének. 189p.
2. kötet: *A Zríniász . . . Sziget.* 11–15. ének. Elegyes versek. Idylliumok. *A török áfium ellen való orvosság, avagy a töröknek magyarral való békessége ellen antidotum.* 204p.

AsWN GeLBM

4252. *Zerinvári Gróf Zrínyi Miklós összes munkái.* Első, a szerző kiadatlan prózai műveivel kiegészített kiadás Kazinczy Gábor és Toldy Ferenc által. Pest: Emich Gusztáv, 1852. 420 col. [B] NN

4253. *Szigeti veszedelme.* A mai nyelvhez alkalmazta s magyarázó név és szótárral ellátta Greguss Ágost. I–II. kötet. Pest: Heckenast Gusztáv, 1863. [C] GeLBM

4254. *Hadtudományi munkái.* Sajtó alá rendezte, bevezette és jegyzetekkel ellátta Rónai Horváth Jenő. Budapest: Magyar Tudományos Akadémia, 1891. 403p. [B] NN NNC AsWN AsWU GeLBM GyBH

4255. *Költői műveiből.* Kiadta és bevezette Négyesy László. Budapest: Franklin-Társulat, 190?. 472p. [A]

4256. *Az török afium ellen való orvosság*... Bevezette és jegyzetekkel ellátta Ferenczi Zoltán. Budapest: Lampel Róbert, 1901. 64p. [C]

4257. *Válogatott munkái.* Bevezetéssel és jegyzetekkel ellátta Négyesy László. Budapest: Lampel Róbert, 1904. 344p. [C] DLC MH NNC OCl AsWU GeLU

4258. *Költői művei.* A költő kéziratai alapján sajtó alá rendezte a jegyzetekkel kísérte Széchy Károly, a bevezetést írta Badics Ferenc. Budapest: Magyar Tudományos Akadémia, 1906. 428p. [B] AsWN FiHU GeLBM GyBH GyGNSU

4259. *Prózai munkái.* Sajtó alá rendezte, bevezette és magyarázatokkal ellátta Markó Árpád. Budapest: Magyar Szemle Társaság, 1939. 378p. [B] ICU NNC GeCU GeLBM GyBH

4260. *Levelei.* Bevezetéssel és jegyzetekkel ellátva közzéteszi Markó Árpád. Budapest: Akadémiai Kiadó, 1950[1]. 172p. [B] DLC MH MnU NN NNC AsWN GyBDS GyBH GyGNSU

4261. *Válogatott művei.* Válogatta és a bevezető tanulmányt írta Klaniczay Tibor, sajtó alá rendezte Bán Imre. [Bibliographical notes, pp. 395–404] Budapest: Szépirodalmi Könyvkiadó, 1952. 436p. [B] DLC NNC GeCU GyBDS GyBH GyGNSU

4262. *A Szigeti veszedelem.* A bevezető Bóta László munkája. Budapest: Szépirodalmi Könyvkiadó, 1953. 198p. [C]

4263. *Hadtudományi munkái.* A bevezető tanulmányokat írták Benczédi László, Perjés Géza, Rohonyi Gábor és Tóth Gyula. Budapest: Zrínyi, 1957. 494p. [C] DLC MH NNC GeLBM GyBDS GyBH GyGNSU

4264. *Összes művei.* Sajtó alá rendezte Klaniczay Tibor és Csapodi Csaba. Budapest: Szépirodalmi Könyvkiadó, 1958. [B]
    1. kötet: Költői és prózai művek. 754p.
    2. kötet: Levelek. 624p.
CtY DLC MnU NN NNC FiHI FiHU GyBDS GyBH

4265. *Szigeti veszedelem.* [Eposz] Sajtó alá rendezte, az előszót és a jegyzeteket írta Klaniczay Tibor. Budapest: Móra, 1959. 307p. [C] NNC WaU AsWN GyBDS GyGNSU

BIBLIOGRAPHY
See nos. 4261, 4268, 4269, 4280, 4288, 4289, 4291, and 4300.

BIOGRAPHY

See also no. 2300.

4266. *Bibliotheca Zriniana. Die Bibliothek des Dichters Nicolaus Zrinyi. Ein Beitrag zur Zrinyi-Literatur.* Wien: Kende, 1893. 88p.

A descriptive catalogue of the remains of the Zrínyi library in the possession of the University of Zagreb Library. DLC MH NNC

4267. Széchy Károly. *Gróf Zrínyi Miklós.* I–V. kötet. Budapest: Történelmi Társulat, 1896–1902.

Emphasis on his life and political and military activities, also attention to his writings (most of Vol. II devoted to *Szigeti veszedelem*). Appendixes: (1) Extracts from two of his military sketches, Vol. II; (2) Letters to György Rákóczi II, Vol. III; and (3) Hungarian letters, Vol. IV. Bibliographical footnotes. Illustrations. Vol. I, From birth to *ca.*1650; Vol. II, 1651 and *Szigeti veszedelem*; Vol. III, 1652 to July 1657; Vol. IV, August 1657 to 1659; Vol. V, 1659 to 1664 (name and subject index to entire work). MnU NN NNC AsWN FiHI GeLBM GyBH

4268. Görög Imre. *Gróf Zrínyi Miklós. A költő mint államférfi. Művelődéstörténeti tanulmány. Bölcsészetdoktori értekezés.* Budapest: Nobel Károly, 1906. 60p.

A discussion of various events in which he was involved as a statesman, among them: the 1655 diet, the fall of György Rákóczi II, Gróf Rajmund Montecuccoli, the fall of János Kemény, the 1663 Turkish campaign, the 1664 campaign. Bibliography, pp. viii–ix.

4269. Markó Árpád. *Gróf Zrínyi Miklós.* Budapest: Magyar Szemle Társaság, 1942. 79p.

Also a chapter on his poetry and learned writings. A critical survey of scholarship on him, pp. 78–79.

4270. Klaniczay Tibor. *Zrínyi Miklós.* Budapest: Akadémiai Kiadó, 1964. 852p. [2d, rev. ed.; 1954[1]]

Considerable attention to his writings and to the historical and literary background prior to and during his times. Bibliographical footnotes. Summary in French, pp. 817–834. DLC IC ICU MH MnU NN NNC AsWN FiHI FiHU GeLBM GyBDS GyBH GyGNSU

CRITICISM

See also nos. 412 and 1212.

4271. Arany János. "Zrínyi és Tasso," *Budapesti Szemle,* VII (1859), 177–212; VIII (1860), 107–143.

Seeks to establish the influence of Tasso on *Szigeti veszedelem*. Also that of Virgil. CtY DLC NN NNC GyBH

4272. Kovács Gábor. *Zrínyi Miklós költői munkássága.* Miskolc: Sártory István Özvegye, 1878. 123p.

An examination of his literary works. Two chapters on "Obsidio szigeti-ana," one concerned with the influence of the times and its basic theme and the other with a song by song comparison with Virgil's *Aeneid* and Tasso's *Jerusalem delivered*. Discussion of the reasons for these resemblances and of the portraits in *Zrínyiász* and its structure and episodes. Closes with comment on his "Idylls." Some biographical material included.

4273. Greksa Kázmér. *A Zrínyiász és viszonya Tasso-, Vergilius- Homeros-, és Istvánffyhoz.* Székes-Fejérvár: Vörösmarty, 1889/90. 158p.

Compares the *Zrínyiász*, song by song from IV to XV, to the writings of Tasso, Virgil, Homer, and Istvánffy; also to those of Ariosto, Voltaire, Klopstock, Milton, and Apollonius. GeLBM

4274. Thúry József. "A Zrínyiász," *Irodalomtörténeti Közlemények,* IV (1894), 129–149, 257–298, 385–411.

An analysis of the meaning, the ideational and historical intentions, and the form of *Szigeti veszedelem*. Bibliographical footnotes. DLC MH MnU NNC AsWN AsWU FiHI GeLBM [GeLU] GyBH

4275. Piszarevics Sándor. *A magyar és a horvát Zrínyiász.* Zágráb: Királyi Országos Könyvnyomda, 1901. 92p.

A study of the connections between the original Hungarian text of *Szigeti veszedelem* and the Croatian translation prepared by Péter Zrínyi, the younger brother of the poet. Bibliographical footnotes.

4276. Kőrösi Sándor. "Zrínyi és Machiavelli," *Irodalomtörténeti Közlemények,* XII (1902), 20–34, 142–161, 272–299, 392–445. [Also a reprint]

His knowledge of Machiavelli's works and their influence on his concepts. Indicates parallels between his ideas in his poetry, political writings, and some of his studies of military science with those of Machiavelli, but emphasizes the individuality of Zrínyi's viewpoint and application of the ideas. Bibliographical footnotes. DLC MH MnU NNC AsWN AsWU FiHI GeLBM [GeLU] GyBH

4277. Kobzy János. *Zrínyiász és régi költészetünk.* Győr: Pannonia, 1903². 101p.

After a discussion of Hungarian epic poetry prior to Zrínyi, provides the text of *Szigeti veszedelem*, sometimes with summaries; then comments on it in a separate chapter. Closes with discussion of the epic from Zrínyi to István Gyöngyösi. NNC

4278. Hajnal Márton. "Karnarutics és a Zrínyiász," *Egyetemes Philologai Közlöny,* XXIX (1905), 119–124, 200–212, 279–296.

Attempts to show that Zrínyi knew Karnarutics's poem on the Siege of Szigetvár (published in Venice, 1584) and actually used materials from it in *Szigeti veszedelem*. IU MnU OCIW OCU AsWN FiHU GyBH

4279. Karenovics József. *Zrínyi Miklós, a szigetvári hős, költészetünkben.* Budapest: Buschmann, 1905. 190p.

Reports on the accounts in Hungarian poetry of Zrínyi and events connected with him. Appendix: A catalogue of historical works devoted solely to the 1566 Siege of Szigetvár, Zrínyi's actions at Szigetvár, and the circumstances of the poet's death. MH GyBH

4280. Biró Bertalan. *Zrínyi Miklós prózai munkái.* Budapest: Nyugat, 1913. 80p.

A portrait of Zrínyi as general and as politician, and, mainly, an evaluation of his qualities as a prose writer. Bibliography, p. 4. AsWN

4281. Sántay Mária. *Zrínyi és Marino.* Budapest: Neuwald Nyomda, 1915. 32p.

Seeks to demonstrate the influence of Marino's eclogues on his idylls. GyBH

4282. Szegedy Rezső. "Zrínyi és a Szigeti Veszedelem a horvát költészetben," *Irodalomtörténeti Közlemények,* XXV (1915), 291–299, 405–430.

Considers how the Siege of Szigetvár and the figure of its hero, Miklós Zrínyi, the poet's great grandfather and the protagonist of *Szigeti veszedelem,* have been treated in Croatian folk poetry. Examines the same questions in Croatian poetry of the 16th and 17th centuries and the problem of "Illyrizmus" in 19th-century Croatian treatments of the Siege of Szigetvár. Bibliographical footnotes. CtY DLC MH MnU NNC AsWN AsWU FiHI GeLBM [GeLU] GyBH

4283. Ferenczi Zoltán. " 'Az török áfium ellen való orvosság' című művének forrásai," *Egyetemes Philologiai Közlöny,* XLI (1917), 329–336.

Recognizes that Busbequius is the major source of the work, but maintains that Zrínyi used materials widely from his other readings, including classical authors. CU IU MH MnU NNC OClW OCU [AsWN] FiHU GyBH

4284. Ferenczi Zoltán. "Zrínyi és Busbequius," *Akadémiai Értesítő,* XXVIII (1917), 34–54.

Seeks to establish that Busbequius's *Exclamatio sive de re contra Turcam instituenda consilium* is one of the sources he used in *A török áfium ellen való orvosság.* [DLC] [NNC] AsWU GeLBM GyBH GyGNSU

4285. Király György. "Zrínyi és a renaissance," *Nyugat,* XIII (1920), 550–556.

Notes the extensive influence of Tasso, Marino, and Petrarch on the young Zrínyi, and of Machiavelli on his political thought. [CSt-H] MH MnU NNC FiHU GeLBM GyBH

4286. Ferenczy Géza. *Zrínyi idilljeinek és életének kapcsolatai.* Pécs: Dunántúl, 1929. 42p.

Maintains that he wrote his idylls under the spirit of Italian idyllic poetry, especially that of Tasso, but that underneath the mythological allegories his personal elements manifest themselves.

4287. Kardos Tibor. "Zrínyi a költő a XVII. század világában," *Irodalom-történeti Közlemények*, XLII (1932), 153–163, 261–273. [Also a reprint]
The effect of the 17th century on him: his experiences in Italy, Marino's influence on the origins of *Szigeti veszedelem*, works dealing with political events. Bibliographical footnotes. MH MnU NNC [OCl] AsWN AsWU GeLBM [GeLU] GyBH GyGNSU

4288. (Csery) Clauser Mihály. *A Zrínyiász sorsa*. (*1651–1859*) Budapest: Élet, 1934. 46p.
A study of the attention given to his epic in Hungary from 1651 to 1859: editions, use of materials from the *Zrínyiász*. Concerned with both literary and historical interest in the work. Bibliography, pp. 42–44. DSI MH NNC AsWU GyBH

4289. *Zrínyi Miklós könyvjegyzetei*. Kiadja és bevezetéssel ellátta Draseno-vich Mária. [Bölcsészetdoktori értekezés] Pécs: Kultúra, 1934. 78p.
After describing his library and commenting on his character and thought, especially as they are revealed by the library and his notes in the books, records the notes found in the books. Appendixes: (1) List of the books containing the notes and the page numbers on which they appear and (2) Parallels of some of the notes with his writings. Bibliography, pp. 77–78. MnU GyBH

4290. Zolnai Béla. "Zrínyi világa," *Magyar Szemle*, XXXII (1938), 191–200.
Seeks to show that he fulfilled the universality of the renaissance-baroque period by synthesizing the poet and the general, the humanist and the practical man, and European and Hungarian culture. CSt-H CtY ICN MH MnU NjP NN NNC OCl AsWN FiHI FiHU GeCU GeLBM GeOB [GyBH] GyGNSU

4291. Sík Sándor. *Zrínyi Miklós*. Budapest: Franklin-Társulat, 1940. 177p.
Three threads: to portray both his outer and, especially, his inner life and the individuality of his artistic and heroic character; to show that as a man and historical figure and as a *vates* and prophet he belongs among the select great names in Hungary; and to help the reader to experience his feelings, thoughts, and deeds. Bibliography, by chapters, pp. 175–177. DLC MH MnU NNC AsWN GeLU GyBH GyGGaU GyGNSU

4292. Klaniczay Tibor. *A fátum és szerencse Zrínyi műveiben*. [Bölcsészetkari értekezés] Budapest: Pázmány Péter Tudományegyetem Bölcsészeti Kara, 1947. 54p.
The concept of fortune in relation to his life and works, and its sources. Maintains that his contradictory concepts of fortune and fate are projec-tions of his personal problems and those of his age. Finds influence of Machiavelli and eventual solution of the problem in his reconciliation of Machiavelli's viewpoint and the Catholic attitude. Bibliographical foot-notes. Summary in English, pp. 53–54.

4293. Kardos Tibor. *A költő Zrínyi Miklós.* Budapest: Magyar Irodalomtörténeti Társulat, 1951. 28p.

Separate brief discussions: the poet and his times, the *Szigeti veszedelem* (mainly), his writings on military subjects, *Mátyás király*, the *Török áfium*, and his political difficulties in his last years.

4294. Klaniczay Tibor. "Bevezető," *Zrínyi Miklós válogatott művei.* Válogatta és a bevezető tanulmányt írta Klaniczay Tibor, sajtó alá rendezte Bán Imre. Budapest: Szépirodalmi Könyvkiadó, 1952; 436p. Pp. 5–66.

A discussion of the *Szigeti veszedelem*: its expression of the age, its connection with earlier Hungarian poetic tradition, its political and military program, its epical structure, and its characters, action, and language. Survey of his life and prose works. DLC NNC GeCU GyBDS GyBH GyGNSU

4295. Benczédi László. "Zrínyi Miklós és kora," *Zrínyi Miklós hadtudományi munkái.* Budapest: Zrínyi, 1957; 494p. Pp. 7–42.

The development of his political program and its contributions to and significance in his own times. DLC MH NNC GeLBM GyBDS GyBH GyGNSU

4296. Perjés Géza. "Zrínyi Miklós, a hadtudományi író," *Zrínyi Miklós hadtudományi munkái.* Budapest: Zrínyi, 1957; 494p. Pp. 43–91.

In two parts: (1) problems of military science from Machiavelli to the time of Zrínyi and (2) his attitude toward the questions of military science during his times. DLC MH NNC GeLBM GyBDS GyBH GyGNSU

4297. Csapodi Csaba. "Zrínyi-levelek, amelyeket nem Zrínyi írt," *Irodalomtörténeti Közlemények*, LXII (1958), 19–24.

Delineates the strong Hungarian quality in those letters written in his own hand in contrast to those he dictated and signed wherein only the subject is traceable to him and the style is more Latin in character. Bibliographical footnotes. DLC MnU NN NNC AsWU GeLBM GyBH

4298. Képes Géza. "Zrínyi Miklós verselése," *Irodalomtörténeti Közlemények*, LXV (1961), 414–444. [Available as reprint]

Seeks to show that his characteristic rhythm as found in *Szigeti veszedelem*, is not the 4–2//4–2 rhythm of István Gyöngyösi and János Arany, but that of 3–3//3–3. DLC MnU NN NNC AsWN GeLBM GyBH

4299. Perjés Géza. "A 'metodizmus' és a Zrínyi-Montecuccoli vita," *Századok*, XCV (1962), 507–533.

A refutation of the view that Hungarian historiography experienced a dispute of military science in the essential differences between Zrínyi and Montecuccoli. Bibliographical footnotes. Summaries: Russian, pp. 533–534; French, pp. 534–535. CtY DLC ICU MH NN NNC AsWN GeLBM GeLU GyBDS GyBH

Y

4300. Perjés Géza. *Zrínyi Miklós és kora.* Budapest: Gondolat, 1965. 390p. A study which contends that Zrínyi wrote his important works as a military historian and soldier sociologist and psychologist and that his methods of analysis derive from these disciplines. Emphasizes that his political, military, and literary activities are integral with the arts of war in his times, a fact deemed significant to both general and literary historians. Bibliography, by chapters, pp. 379–385. AsWN GeLBM GeOB GyBH GyGNSU

II. Authors from 1945 to the Present

In addition to nos. 4579, 4580, 4582, 4583, 4584, 4595, 4598, 4605, 4625 (vol. 6), 4635, 4636, 4637, 4638, 4641 and 4642, the following works are useful sources of information and knowledge about authors and literature since World War II: Lengyel Balázs. *A mai magyar líra*. Budapest: Officina, 1948. 116p. (DLC ICU MH MiD GeLBM); Szigeti József. *Útban a valóság felé. Tanulmányok*. Budapest: Hungária, 1948. 500p. (MH); Horváth Márton. *Lobogónk: Petőfi. Irodalmi cikkek és tanulmányok*. Budapest: Szikra, 1950. 259p. (DLC NN GeLBM); *Vita a magyar irodalom kérdéseiről*. [A Magyar Írók Szövetségében 1950 április 11-én elhangzott előadás és vita anyaga] Budapest: Szikra, 1950. 40p. (GyBDS); *Vita irodalmunk helyzetéről*. [A MDP Központi Előadói Iroda Kultúrpolitikai Munkaközössége 1952 szeptember és október hónapjában . . . vitája irodalmunk időszerű kérdéseiről] Budapest: Szikra, 1952. 143p.; Pándi Pál. *Viták és kritikák*. Budapest: Szépirodalmi Könyvkiadó, 1954. 271p. (GeLBM GyBH); Hermann István. *A magyar drámáért. Tanulmányok*. Budapest: Szépirodalmi Könyvkiadó, 1955. 281p. (DLC MnU GeLBM GyGNSU GyBH); Darvas József. *Új népért, új kultúráért. Tanulmányok*. Budapest: Szépirodalmi Könyvkiadó, 1956. 325p. (DLC MH GeLBM GyBH); Nagy Péter. *Új csapáson. Regényirodalmunk a szocialista realizmus útján. 1948–1954*. Budapest: Magvető, 1956. 150p. (AsWN GeLBM); Szabolcsi Miklós. *Költészet és korszerűség*. Budapest: Szépirodalmi Könyvkiadó, 1959. 266p. (NN NNC GeLBM GyBDS GyBH GyGGaU GyGNSU); Kiss Lajos. *Élet és esztétika*. Szeged: Tiszatáj Irodalmi Kiskönyvtár, 1960. 190p. (DLC GeLBM GyBDS); Szabolcsi Gábor. *Író és valóság*. Szeged: Tiszatáj Irodalmi Kiskönyvtár, 1960. 216p.; Fenyő István. *Új arcok, új útak*. Budapest: Szépirodalmi Könyvkiadó, 1961. 257p. (DLC GeLBM GyBDS GyGNSU); Tóth Dezső. *Életünk, regényeink. Tanulmányok*. Budapest: Szépirodalmi Könyvkiadó, 1963. 229p. (AsWN GeLBM GyBH GyGNSU); Bata Imre. *Ívelő pályák. Tanulmányok és kritikák*. Budapest: Szépirodalmi Könyvkiadó, 1964. 318p. (InU MnU NNC GeLBM GyGNSU); Illés Jenő. *Mai dráma, mai dramaturgia. Tanulmányok*. Budapest: Szépirodalmi Könyvkiadó, 1964. 340p. (MnU NNC AsWN GeLBM); Szabolcsi Miklós. *Elődök és kortársak. Tanulmányok*. Budapest: Szépirodalmi Könyvkiadó, 1964. 315p. (CLU DLC InU MnU AsWN GeLBM GyBDS GyGNSU); Tóbiás Áron. *A mai magyar regény*. [Ismertetések] Budapest: Könyvtártudományi és Módszertani Központ, 1964. 152p. (CU DLC MnU); Béládi Miklós, Czine Mihály és Pálmai Kálmán. *A mai magyar líráról. Arcképvázlatok élő magyar költőkről.* Budapest: Tudományos Ismeretterjesztő Társulat Irodalmi és Nyelvi Szakosztályainak Országos Választmánya, 1965. 78p. (MnU)

ACZÉL TAMÁS

Born 1921 in Budapest. Poet, essayist. Family a member of the intelligentsia. Writings first appeared in *Népszava* in 1940. After World War II he wrote about contemporary social and political questions in Hungary. A volume of poems, *Éberség, hűség,* two novels, and *A szabadság árnyékában* and *Vihar és napsütés,* established his reputation. Left Hungary in 1956 to live in Western Europe, where he continues to write articles and literary works. Editor of *Irodalmi Újság* in Paris since 1962. ¶ Writings reflect various problems undergone by Hungary since World War II.

EDITIONS

4301. *Ének a hajón.* Versek. Budapest: Officina, 1941[1]. 54p.

4302. *Éberség, hűség.* Versek. Budapest: Hungária, 1948[1]. 78p. DLC GeLBM

4303. *A szabadság árnyékában.* [Regény] Budapest: Szikra, 1948[1]. 340p. [1949[2], 1952[3], 1954[4]] DLC NN GeLBM GyBDS GyBH

4304. Kovács Kálmán: *A kakassziki háború.* Aczél Tamás: *Az első élmunkás.* [1st] Reményi Béla: *Guruló csille.* Három egyfelvonásos. Budapest: Budapest Székesfőváros, 1949. 107p.

4305. *Vihar és napsütés.* [Regény] Budapest: Athenaeum Könyvkiadó Nemzeti Vállalat, 1949[1]. 538p. [1950[2], revised edition 1954] DLC NN NNC FiHU GeLBM GyBDS

4306. *Jelentés helyett.* Versek. Budapest: Szépirodalmi Könyvkiadó, 1951[1]. 94p. GyBH

4307. *Láng és parázs.* [Elbeszélés] Kiadta az Országos Béketanács. Budapest: Szépirodalmi Könyvkiadó, 1953[1]. 95p. [1954[2]] DLC GyBH

4308. *Tisztító vihar.* Adalékok egy korszak történetéhez. The revolt of the mind. [Önéletrajz, emlékirat] Méray Tiborral. London: Big Ben, 1960[1]. 395p.

CRITICISM

4309. László Imre. *Aczél Tamás. "A szabadság árnyékában" című regénye.* Budapest: Művelt Nép, 1953. 19p.

The historical and literary circumstances under which the novel was born, a brief discussion of Aczél's life, his handling of the liberation in a socialistic-realistic manner, the plot and special characteristics of the novel, e.g., its maturity of design, its party viewpoint, an experiment in the creation of the worker-hero.

BENJÁMIN LÁSZLÓ

Born December 15, 1915 in Budapest. Poet. Forced by poor financial circumstances to abandon studies in fifth form. Earned living 1931–1940 as ironworker, textile worker, printer, furrier, and by other physical labor. Poems appeared in *Szép Szó, Kelet Népe*, and *Népszava*. Employed as factory official 1940–1945. After 1945 he contributed to numerous Budapest and provincial periodicals. Editor of *Új Hang* in 1952 and 1954. At present senior member of Ervin Szabó Library and staff member of *Kortárs*. Twice awarded Kossuth Prize, for *Örökké élni* and *Tűzzel, késsel*. ¶ Began writing poetry in tradition of Nyugat School but does not belong to any particular group of poets. Poems addressed to problems of contemporary Hungarian society. Political lyric poems often claimed to be best representative of type in contemporary Hungarian poetry. Translated works of Spanish lyric poets, some French fabliaux and Yeats's poems, some of Chaucer's *Canterbury tales*. ¶ Some of his poems have been translated into Bulgarian, Chinese, Czech, German, Rumanian, and Russian.

EDITIONS

4310. *A csillag nem jött.* Versek. Budapest: Szalay Sándor, 1939[1]. 46p. MiD

4311. *A betűöntők diadala.* Versek. Budapest: Népszava, 1946[1]. 98p.

4312. *A teremtés után.* Versek. Budapest: Munkásírók, 1948[1]. 46p.

4313. *Örökké élni.* [Versek] Budapest: Franklin-Társulat, 1949[1]. 175p. [1949[2]] GeLBM

4314. *Tűzzel, késsel.* Versek. Budapest: Szépirodalmi Könyvkiadó, 1951[1]. 72p. [1952[2]] DLC MH NNC FiHI GyBDS GyBH

4315. *Válogatott költemények.* Budapest: Szépirodalmi Könyvkiadó, 1951. 40p. MH GeCU

4316. *Éveink múlása.* Válogatott és új versek, 1939–1953. Budapest: Szépirodalmi Könyvkiadó, 1954. 256p. DLC MH FiHI GyBDS GyBH

4317. *Egyetlen élet.* [Versek] Budapest: Magvető Könyvkiadó, 1956[1]. 74p. [1957[2]] NN GyBDS GyGNSU

4318. *Ötödik évszak.* Versek és fordítások. Budapest: Szépirodalmi Könyvkiadó, 1962[1]. 199p. MH NN NNC GeLBM GyBDS GyBH

4319. *Stendhal.* (*1783–1842*) Bibliográfia. Budapest: Franklin, 1962[1]. 23p.

4320. *Világ füstje.* Versek, 1938–1963. Budapest: Szépirodalmi Könyvkiadó, 1964. 451p. DLC MH MnU NN NNC GeLBM GyBDS GyBH GyGNSU

CRITICISM

4321. Lukácsy Sándor. "Benjámin László költészete," *Új Hang*, III (July, 1954), 91–111.

An examination of his poetic development: the themes, various tones, and experimentations with style in his early poems; the protest in his poems against conditions in Hungary prior to 1945; the heightening effect of 1948 and the Communist Party on the ethical character of his poetry; and the nature of his political poems. Frequent quotations from his poetry. DLC [NN] GyBH

4322. Pándi Pál. "Benjámin László költészete," *Viták és kritikák*. Budapest: Szépirodalmi Könyvkiadó, 1954; 271p. Pp. 199–270.

An examination of his poetic development to 1954; the first stage, to 1945, showing the influence of the *Nyugat* and particularly of Dezső Kosztolányi and Árpád Tóth, the tendencies of so-called working-class poetry, expressionism and surrealism, and the influence of Attila József; the second, 1945–1946, disclosing the formulation of his ideals of social democracy; the third, 1948–1953, showing the broadening perspectives of his socialism in his lyric poems. GeLBM GyBH

4323. Csoóri Sándor. "Benjámin László," *Csillag*, IX (1955), 1500–1504.

Discussion of the stages of his poetic development: his first serious beginnings in 1937; the period of uncertainty from 1945–1948; the emergence of his revolutionary spirit in 1948–1949; and his decreased literary activity during the last two or three years because of the oppression of his "excessively sensitive spirit by errors committed in national political life." [DLC] MnU [NN] NNC [GeLBM] GyBH [GyGGaU]

4324. Somogyi Sándor. "Meditáció köznapi gondjainkról, Benjámin László új verseskötetéről (Egyetlen élet, 1956)," *Irodalmi Újság*, VII (March 24, 1956), 4.

A review examining the subject matter and form of the poems, disparaging the poet for giving a false picture of Hungarian society to his readers. (See no. 4325 for reply) DS [NNC] GyBH

4325. Sarkadi Imre. "Benjámin László költészetéről," *Irodalmi Újság*, VII (March 31, 1956), 4.

A reply to Somogyi's review (see no. 4324) stating that Benjámin has improved the form of his poetry, that Somogyi suffers from a conceited belief in the truth of his own view of Hungarian society, and that the function of the poet is to destroy illusions. DS [NNC] GyBH

4326. Bata Imre. "Benjámin László Ötödik évszaka," *Ívelő pályák*. Budapest: Szépirodalmi Könyvkiadó, 1964; 321p. Pp. 151–160.

A review commenting on the slowness of his response to the new conditions after 1945, on his limited response to the post-1948 period in the early 1950's, on the program of the present work to express the truth and defend moral purity as marking a new course in his development. Observations on the work's calm, classical form and on its showing the characteristics of a Protestant sermon, the diction of Vörösmarty, the orchestration of János Arany, and the lyrical poetry of Gyula Illyés. InU MnU NNC GeLBM GyGNSU

4327. Fehér Ferenc. "Benjámin László," *Valóság*, VIII, no. 3 (1965), 65–78.

An analysis of his literary development: his times as being more conducive to the development of his socialistic poetry than those of his predecessors; his search for the true form by which to express pathos; his use of symbolism; the conflict between his irony and pathos as affecting the socialistic quality of his poetry; the resolution of his style as his responsibility for and acceptance of world socialism evolved; the place of his socialism and his socialist idylls in the literature of the period; and his struggle to create unity in his verse. MH GeLBM GyBH

CSANÁDI IMRE

Born January 20, 1920 in Zámoly. Poet. Family are peasants. Joined leftist movement in 1940 as a member of Győrffy College. Served as soldier; escaped from army near end of 1944 and was prisoner of war in the Ukraine. A journalist since fall 1948 and a publisher's reader since 1951. Edited Magyar Könyvtár series. Now employed as editor by Magvető Publishers. ¶ Themes and outlook in poems link village and traditions of national poets and blend old and folk elements.

EDITIONS

4328. *Esztendők terhével*. Versek, 1936–1953. Budapest: Szépirodalmi Könyvkiadó, 1953[1]. 87p. GeLBM

4329. *Röpülj páva röpülj!* Magyar népballadák és balladás dalok. A bevezető, a válogatás és a jegyzetek Csanádi Imre és Vargyas Lajos közös munkája. Budapest: Szépirodalmi Könyvkiadó, 1954[1]. 587p. DLC MH NNC FiHU GeCU GyBDS GyGNSU

4330. *Erdei vadak, égi madarak*. Versek. Budapest: Szépirodalmi Könyvkiadó, 1956[1]. 167p. GeLBM

4331. *Négy testvér*. [Versek] Budapest: Ifjúsági Könyvkiadó, 1956[1]. 46p.

4332. *Kis verses állatvilág*. Budapest: Magvető, 1958[1]. 174p.

4333. *Ördögök szekerén*. Versek, 1938–1963. Budapest: Szépirodalmi Könyvkiadó, 1963[1]. 492p. NNC GyBDS GyGNSU

CRITICISM

4334. Simon István. "Erdei vadak—égi madarak. (Csanádi Imre új verses könyve)," *Csillag*, X (August, 1956), 401–404.

An analysis of the poems concluding that he is among the best poets of the age because of the timelessness of his thought and the maturity and purity of his form and style. [DLC] MnU [NN] NNC [GeLBM] GyBH [GyGGaU]

4335. Károly Sándor. " 'Erdei vadak, égi madarak' (Csanádi Imre verseinek nyelvéről)," *Magyar Nyelvőr*, LXXXI (April-June, 1957), 192–204.

The roots of his poetry in the atmosphere, rhythms, and regions of Hungarian folk poetry; his distinctive use of dialect and collocations; and his characteristic uses of grammar. Finds all these elements to be within the realm of folk poetry. CU DLC NN NNC FiHI GyBDS GyBH

CSOÓRI SÁNDOR

Born February 1930 in Zámoly. Poet. Family are peasants. Completed gymnasium in Pápa. Became staff member of local periodical, then editor of column in *Veszprémmegyei Népújság*. Entered Lenin Institute in Budapest in 1951 to study translating, but unexpected illness interrupted his studies. Returned to Zámoly after a long stay in a sanitorium and engaged more seriously in literary activity. Joined editorial staff of *Irodalmi Újság* in 1953 and later became contributor to *Új Hang*. Awarded Attila József Prize for *Felröppen a madár* in 1954. His poems have appeared regularly since 1950's. Received fellowship in 1962 which made year available to him for writing. ¶ His poems are concerned with many human experiences and are generally praised for technical excellence. His newspaper reports record progress of socialism in villages.

EDITIONS

See also no. 4341. Annotated work: no. 4323.

4336. *Felröppen a madár.* [Versek] Budapest: Szépirodalmi Könyvkiadó, 1954[1]. 72p. GeLBM

4337. *Ördögpille.* [Versek] Budapest: Magvető, 1957[1]. 89p. MH GeLBM

4338. *Menekülés a magányból.* [Versek] Budapest: Magvető, 1962[1]. 99p. GeLBM GyBDS GyGNSU

4339. *Tudósítás a toronyból.* [Társadalomrajz] Budapest: Magvető, 1963[1]. 212p. GeLBM GyBDS GyBH

4340. *Kubai napló.* [Útirajz] Budapest: Magvető, 1965[1]. 206p. GeLBM

CRITICISM

4341. Nagy Péter. "Új hang, új látás, új tehetség," *Irodalmi Újság*, VI (August 15, 1953), 3. [Also published in his *Mérlegen*. Budapest: Művelt Nép, 1955; 309p. Pp. 99–104]

A review of 14 poems published in the August numbers of *Csillag* and *Irodalmi Újság* praising the "newness, freshness, and exhilaration" of his voice and stating that he is both the people's and a communist poet to whom "there is nothing holier than the people and their prosperity." GyBH

4342. Horváth Zsigmond. "Csoóri Sándor: Menekülés a magányból," *Kortárs*, VII, no. 3 (1963), 456–458.

A review maintaining that the volume of verses is a planned denial of his earlier poems, that the critic seeks the qualitatively new in the language and style, and that the readiness of Csoóri's poetic initiative seems to have grown tired. DLC MH FiHU GeLBM GyBH

4343. Veres Péter. "Csoóri Sándorról szólva," *Új Írás*, III (1963), 750–754.

A discussion of his sketches of peasant social life and conditions praising his "writer's intelligence," his realism as fulfilling the needs of the reader's understanding, his recording of the truth, and his love and understanding of village life. DLC MH FiHI GeLBM GyBDS GyBH

4344. Gyurkó László. "Csoóri Sándor: Ördögpille," *Kortárs*, II (1963), 462–464.

A review maintaining that he is finding his own voice and developing his individual artistry, and therefore can no longer be viewed as an imitator of Petőfi. DLC MH FiHU GeLBM GyBH

4345. Széles Klára. "Csoóri Sándor költészete," *Kritika*, II (March, 1964), 31–34.

A search for the basic materials and roots of his lyric poetry finding his poetic world to be an easy and spontaneous unravelling, his own poetic "zero-setting" to be movement, and his serious limitation to be the mixture of optimism and melancholy resulting from the shallow roots of his confidence in himself and from his failure to confront the alternative provided by the evolution of a socialistic way of life. CU CoU DLC MH NN AsWN FiHI GeLBM ByBDS GyBH GyGNSU

FEJES ENDRE

Born 1923 in Budapest. Novelist and short-story writer. Father a factory worker. On completion of gymnasium worked in tailoring industry and then as lathe operator. Employed as laborer in Western Europe 1945–1949 and as lathe operator in Budapest 1949–1956. His writings began to appear in periodicals in 1955. Awarded prize by Central Council of Hungarian Trade Unions for *A hazudós* in 1958 and Attila József Prize for *Rozsdatemető*, his most successful work so far, in 1963. The latter was presented as a play by Thália Színház in 1963. ¶ A close viewer of workingman's life, a skillful portrayer of character. His writings have been described as bringing poetry to their subject matter through an amalgam of realism and romanticism.

EDITIONS

4346. *A hazudós.* [Elbeszélések] Budapest: Magvető, 1958[1]. 178p. [1963[2]] GeLBM GyBDS

4347. *Rozsdatemető.* [Regény] Budapest: Magvető, 1962[1]. 332p. [Several editions] IC MH OCl AsWN GeLBM GyBDS

4348. *Vidám cimborák.* [Novellák; Irodalmi forgatókönyv: *Mocorgó*] Budapest: Magvető, 1966[1]. 258p. MnU GeLBM GyBH

4349. Kelemen János. "Fejes Endre: A hazudós," *Kortárs*, II, no. 2 (1958), 148–149.

A review maintaining that the short stories strengthen and explain each other because they are all stirred by the passion of the author. Describes the characters as often finding society something to be avoided and living on the boundary between dream and reality. Finds several shortcomings in his art but considers the short stories to be such that they can bear stern criticism. DLC MH FiHU GeLBM GyBH

4350. Rónay György. "Az olvasó naplója," *Vigilia*, XXVIII (1963), 302–305.

A critique of *Rozsdatemető* examining the murder committed by János Hábetler and contending that the members of the petty bourgeois family portrayed by the author cannot change because of the forces that had affected them for 50 years. Praises his ability at portrayal and his style. Flaw in the novel—that Fejes should have felt freer to say more in it. MH NN GyBH

4351. Gyurkó László. "Fejes Endre," *Kritika*, II (April, 1964), 40–46.

A study that sees his writings as a search for answers to the conflict between "an animal existence and a life worthy of man" in the world. Maintains that his works show a development from romanticism to realism and that their true outlook is revealed in *Rozsdatemető*. The novel is examined in some detail with respect to the family's failure to utilize the improved living conditions and the freedom after 1945 for their development. CU CoU DLC MH NN WaU AsWN FiHI GeLBM GyBDS GyBH GyGNSU

GALAMBOS LAJOS

Born 1929 in Kótaj. Novelist, short-story writer. Family are peasants. On completing gymnasium he became an apprentice journalist in 1950, reporter for Magyar Rádió for six years, and script writer at Hunnia Filmstúdió, collaborating in the preparation of numerous film scenarios. His writings first appeared in 1951, but his real development occurred in the 1960's. "Megszállottak," a story composed for the screen, and *Isten őszi csillaga* were made into films. Awarded prize by Central Council of Hungarian Trade Unions for *Gonoszkátyú* and Attila József Prize for writings in 1962. ¶ His works deal with contemporary issues which he tries to solve from the viewpoint of the working class. His style is characterized as colorful and dramatic and aiming at modernity.

4352. *Hét márványplakett.* [Kisregény] Budapest: Ifjúsági Könyvkiadó, 1951[1]. 61p. DLC

4353. *Jurankó Pál hazatér.* Regény. Budapest: Ifjúsági Könyvkiadó, 1955[1]. 147p.

4354. *Dűlőutakon.* [Karcolatok, elbeszélések] Budapest: Kossuth, 1959[1]. 161p. DLC

4355. *Gonoszkátyú.* [Regény] Budapest: Magvető, 1960[1]. 156p. GyBDS

4356. *Hideg van tegnap óta.* [Regény] Budapest: Magvető, 1961[1]. 291p.

4357. *Isten őszi csillaga.* Regény. Budapest: Szépirodalmi Könyvkiadó, 1962[1]. 303p. DLC NN GyBDS GyBH

4358. *Utas a Göncöl szekerén.* [Regény] Budapest: Magvető, 1962[1]. 275p. GyBH

4359. *Keserű lapu.* [Elbeszélések] Budapest: Magvető, 1963[1]. 198p. GyBH GyGNSU

4360. *Mostohagyerekek.* Regény. Budapest: Szépirodalmi Könyvkiadó, 1963[1]. 202p. NNC GyBH GyGNSU

4361. *Zsilipek.* Regény. Budapest: Szépirodalmi Könyvkiadó, 1965[1]. 479p. GeLBM GyBDS GyBH

BIOGRAPHY

4362. Faragó Vilmos. "Látogatóban Galambos Lajosnál," *Élet és Irodalom,* VIII (February 8, 1964), 12.
A summary of his literary career followed by Galambos's answers to questions posed by Faragó during an interview about his life and writings: e.g., his *ars poetica*, the strong pro-and-con reactions to his writings, the sources of his ideas about society, the charge that he borrows themes from others. DLC DS MH GyBDS GyBH

CRITICISM

4363. Rónay György. "Az olvasó naplója. Galambos Lajos: Mostoha-gyerek," *Vigilia,* XXIX (1964), 111–116.
Mostohagyerek and the earlier *Isten őszi csillaga* and *Utas a Göncöl szekerén* are shown to illustrate his qualities as a writer. Concludes that he uses tools ably but does not know the purposes to which he should put them. MH NN GyBH

4364. Illés Lajos. "Galambos Lajos," *Új Írás,* V (1965). 201–205.
A discussion of his literary works from 1951 to 1965 emphasizing their central concern with the reform of society through socialistic principles. Examines the issue of the mixed characteristics of his works (raw natural-ism, strain in developing the inner drama of characters, extreme expres-sionism), and finds his writings turning increasingly, with *A Gonszkátyú* (1960), to the portrayal of the inner, spiritual problems of the chief pro-tagonists. DLC MH FiHI GeLBM GyBDS GyBH

GALGÓCZI ERZSÉBET

Born 1930 in Ménfőcsanak. Novelist, short-story writer. Completed gymnasium in Győr, and worked as lathe operator there for a time. Established literary career in 1950 with award of first prize for short story. Completed studies in dramaturgy at College of Theater and Film Arts and then became staff member of *Szabad Ifjúság* and *Művelt Nép*. Joined Budapest Filmstúdió in 1957. Has devoted energies solely to writing since 1959. Awarded Attila József Prize in 1962 for contributions to literature. ¶ Her fiction is concerned with effects of new socialistic views on village life and with problems in raising children. ¶ Some of her short stories have been translated into Bulgarian, Polish, and Russian.

EDITIONS

4365. *Egy kosár hazai.* Elbeszélések. Budapest: Szépirodalmi Könyvkiadó, 1953[1]. 191p. GyBH

4366. *Félúton.* Regény. Budapest: Magvető, 1961[1]. 207p. [2d, rev. ed., 1962]

4367. *Ott is csak hó van.* Novellák. Budapest: Szépirodalmi Könyvkiadó, 1961[1]. 225p. DLC GeCU GyBDS

4368. *Öt lépcső felfele.* Elbeszélések. Budapest: Szépirodalmi Könyvkiadó, 1965[1]. 325p. CLU DLC MnU GeLBM GyBDS

CRITICISM

4369. Fekete Gyula. "Jegyzetek egy könyvről. Galgóczi Erzsébet: Egy kosár hazai (Elbeszélések)," *Csillag,* VIII (1954), 533–539.
A review stating that she portrays the present faithfully and affectionately, that she confronts conflicts, that the forcing of the "happy-ending" on her stories most greatly affects the quality of her stories, and that her writing is marred by the immaturities usually suffered by young writers. [DLC] MnU [NN] NNC [GeLBM] GyBH [GyGGaU]

4370. Gáll István. "Galgóczi Erzsébet," *Kortárs,* VIII (1964), 1330–1334.
An examination of *Egy kosár hazai, Ott is csak hó van,* and *Félúton,* especially with respect to their presentation of village life, the problems of adjustment faced by those who seek a way of life in the city, and the motifs recurring in her writings. DLC MH FiHU GeLBM GyBH

4371. Gondos Ernő. "Galgóczi Erzsébetről," *Jelenkor,* VII (1964), 980–983.
Finds in her works two methods of delineating contemporary life: one external, from her connections with society, and the other from her own internal examination. Maintains that she will become an epical writer when these two merge, as indicated by her short story "Mínusz." CU DLC InNd NN GeLBM GyBH

GARAI GÁBOR

Born 1929 in Budapest. Poet, translator. Son of Tibor Marconnay, who is a poet. Attended schools in Budapest and completed gymnasium in 1948. Poems first appeared in 1948 in *Új Idők* and *Kortárs*. Awarded prize for short story in 1950. Attended Economics University for one year and then worked for eight years in financial section of Hungarian National Railroad. Resumed university studies in philosophy section in 1955. Received certificate to teach Hungarian in 1960. Was English and German reader for Európa Publishers 1958–1960. Editor of poetry section of *Élet és Irodalom* since 1960. Committee member and one of secretaries of Hungarian Writers' Federation. Winner of Attila József Prize. ¶ His poetry is highly socialistic in viewpoint and is often considered to be in the forefront of post-1956 verse. Recently he began to write criticism and short stories. Has translated many poems by Shelley, Brecht, Rilke, Yeats, Verlaine, and Yevtushenko.

EDITIONS

See also no. 4583 for editorial work. Annotated work: no. 4568.

4372. *Zsúfolt napok.* Versek. Budapest: Szépirodalmi Könyvkiadó, 1956[1]. 51p.

4373. *Ének gyógyulásért.* [Versek] Budapest: Magvető, 1958[1]. 128p.

4374. *Emberi szertartás.* [Versek, műfordítások] Budapest: Magvető, 1960[1]. 178p.

4375. *Mediterrán ősz.* Versek. Budapest: Szépirodalmi Könyvkiadó, 1962[1]. 95p. [1962[2]] FiHI GeLBM GyBH GyGNSU

4376. *Artisták.* Versek. Budapest: Szépirodalmi Könyvkiadó, 1964[1]. 92p. MnU NNC GyBH

4377. *Nyárvég.* Válogatott versek. Budapest: Szépirodalmi Könyvkiadó, 1965. 247p. MH MnU GeLBM GyGNSU

CRITICISM

4378. Oltyán Béla. "Mediterrán partok felé. (Garai Gábor lírája)," *Borsodi Szemle,* VIII, no. 6 (1964), 36–46.

A review judging him as one of the most able writers of the generation after World War II and discusses his idea of the socialistic man, his linking of traditional patterns with objective materials in "Olvasztárok" and "A daru-mester," the emotion linked to his thought, and the close connection between his thought and diction. DLC GeLBM

4379. Rónay György. "Garai Gáborról. A kortárs szemével," *A Könyv,* IV (1964), 1147–1149.

Maintains that to Garai poetry is neither play nor adventure but an instrument serving the needs of the community and that his strict adherence to this principle excessively confines his lyric poetry and prevents the fulfillment of his art.

4380. Szabolcsi Miklós. "Két vers között (Garai Gábor lírája)," *Kritika*, II (October, 1964), 36–39.

Finds that Garai's lyric poetry from "Múlj el már tőlem" to *Artisták* still shows the influence of his predecessors, especially that of Attila József, and expresses the hope that he will develop his potential in the realm of Hungarian socialistic political-communal lyric poetry. CU CoU DLC MH NN AsWN FiHI GeLBM GyBDS GyBH GyGNSU

JUHÁSZ FERENC

Born 1928 in Bia. Poet. Father a bricklayer. Completed gymnasium in Bia, Bicske, and Budapest. In 1947 attended Attila József College in Budapest as "people's student," where he became acquainted with László Nagy (q.v.) and István Simon (q.v.), who, with him, are members of the new generation of poets. Received Kossuth Prize for *Apám* in 1950. Became reader for Szépirodalmi Publishers and member of editorial staff of *Új Írás*. His poems first appeared in *Diárium* and regularly in *Magyarok*, *Valóság*, *Csillag*, and *Új Hang*. ¶ Strong lyrical voice in poems, at first extending epic traditions of Sándor Petőfi, János Arany, and Gyula Illyés (qq.v.) and then assuming highly individualistic expression of humanism in rich imagery and meters with concern reaching beyond his immediate environment to universality. ¶ Some of his poems have been translated into Bulgarian, English, French, Polish, Rumanian, and Russian.

EDITIONS

See also nos. 730 and 4017 for editorial work. Annotated work: no. 4028.

4381. *Szárnyas csikó.* Versek, 1946–1949. Budapest: Franklin Könyvkiadó Nemzeti Vállalat, 1949[1]. 39p. DLC

4382. *Apám.* [Versek] Budapest: Szépirodalmi Könyvkiadó, 1950[1]. 69p. [1953[2]] NNC GyBH

4383. *A Sántha család.* Költemény. Budapest: Hungária, 1950[1]. 89p. DLC MH NN FiHI GeLBM

4384. *Új versek.* Budapest: Szépirodalmi Könyvkiadó, 1951[1]. 170p. MH NNC GeLBM

4385. *Óda a repüléshez.* [Versek] Budapest: Szépirodalmi Könyvkiadó, 1953[1]. 126p. DLC GyBH

4386. *A nap és a hold elrablása.* Verses mesék. Budapest: Ifjusági Könyvkiadó, 1954[1]. 62p. GeLBM GyBH

4387. *A tékozló ország.* [Eposz] Budapest: Szépirodalmi Könyvkiadó, 1954[1]. 82p. DLC FiHI GyBH

4388. *A virágok hatalma.* [Versek] Budapest: Magvető, 1955[1]. 149p.

4389. *A tenyészet országa.* Összegyűjtött versek, 1946–1956. Budapest: Szépirodalmi Könyvkiadó, 1956. 719p. DLC NNC FiHU GeLBM GeLU GyGNSU

4390. *Harc a fehér báránnyal.* [Versek] Budapest: Szépirodalmi Könyvkiadó, 1965[1]. 146p. NNC GeLBM GyBDS GyBH

4391. *Virágzó világfa.* Válogatott versek. Budapest: Szépirodalmi Könyvkiadó, 1965. 416p. CU MH MnU NNC WU FiHI GeLBM GyBH GyGNSU

BIOGRAPHY

See also no. 4028.

4392. Gy. L. "Látogatóban Juhász Ferencnél," *Élet és irodalom*, VIII (February 22, 1964), 11–12.

A brief summary of his literary career followed by Juhász's answers to a reporter's questions about his writings: the controversy over his poetry, the problem of understanding his poetry, the changes in his poetic forms and his views, his world outlook, the place of poetry in political activity, the identity and significance of his poet predecessors, Hungarian culture in relation to the world, and his reaction to his month's stay in Russia. DLC DS MH GyBDS GyBH

CRITICISM

See also no. 4530.

4393. Kónya Lajos. "Az elvarázsolt költő," *Csillag*, VI (1953), 359–360.

This critique confirms the view of contemporary poets that although Juhász is a great poet, his tales written since the narrative poem "A jégvirág kakasa" show no advancement beyond the "dead-end street" of naturalism. [DLC] MnU [NN] NNC [GeLBM] GyBH [GyGGaU]

4394. Nagy Péter. "A tékozló költő. (Juhász Ferenc Dózsa költeményéről)," *Csillag*, VIII (1954), 2400–2415.

A critique of *A tékozló ország*: the inventive use of epic instruments, its unorganized form and complicated structure, and the creation of order in the poem. Commentary on Juhász's literary development and the themes in his poetry from *Sántha család* to *A tékozló ország*, analyzing the poetic method of the latter poem as being surrealistic in style and regretting his surrealism but finding an advance in his poetry in the theme of the war fought for freedom and in the orderliness of his images. Juhász seen as the most romantic in style in the new poetry and at the crossroad of his development between poetic "realism" and poetic "decadence." [DLC] MnU [NN] NNC [GeLBM] GyBH [GyGGaU]

4395. Tamás Attila. "Juhász Ferenc költészete," *Csillag*, IX (1955), 2060–2081.

An analysis of his creative development to *A tékozló ország*: his uses of form, his motifs, his techniques. Considered to be the most promising poet of the new generation with a capacity to give the fullest expression to realism in his future narrative poems. [DLC] MnU [NN] NNC [GeLBM] GyBH [GyGGaU]

4396. Abody Béla. "Juhász Ferenc újabb költeményeiről," *Indulatos utazás. Tanulmányok és cikkek.* Budapest: Magvető, 1957; 274p. Pp. 68–87. [Appeared in *Dunántúl*, V, no. 6 (1956), 80–86]

His sense of mission, his positive attitude toward life, the characteristics and individuality of his poetry, his use of free association, and the sources, significance and problems of his lyrics. (See no. 4398 for reply) DLC GyBDS

4397. Bodnár György. "Az elégedetlenség könyve. (Juhász Ferenc új versei)," *Új Hang*, V, no. 5 (1956), 55–59.

Characterizes *Virágok hatalma* as poems of "dissatisfaction" and explores the nature of the poet's humanism from his first poems to the present work, and finds an abstraction of humanism that gives a dualism to his poetry:— his "painful solitude as the result of his lost harmony which does not allow him to exalt his poetical crisis but which gives him strength always to throw his longing to depict a whole life and a complete human being behind his writings." Believes that his discovery of this loss of harmony through his abstraction of humanism will lead him back to the "world of living man and to that poetry which will assist him in attaining universality by means of its demanding representation of the national life." DLC NN GyBH

4398. Szabó Ede. "A Juhász-legenda. (Válasz Abody Bélának)," *Dunántúl*, V, no. 16 (1956), 74–80.

A reply to Béla Abody's praise of Juhász's poetry (see no. 4396) attacking Abody's extravagant statement that Juhász is a poet with lasting greatness and that before his appearance there was no poet making a great contribution to the Hungarian lyric. Contends that Juhász's poetic expression is confusing, that his poems are full of clear and identifiable recollections of many other poets, that he develops many forced and swollen pictures without any function in the verses, and that at this point his poetic means and his thought are not equivalent. (See no. 4399 for reply) [DLC] NN

4399. Abody Béla. "Még egyszer a Juhász-kérdésből. (Válasz Szabó Edének)," *Indulatos utazás. Tanulmányok és cikkek.* Budapest: Magvető, 1957; 274p. Pp. 88–92. [1st publication]

An answer to Szabó's view that Juhász is not a great poet. (See no. 4398). DLC GyBDS

4400. Kiss Ferenc. "Alkotás vagy öncsonkítás. (Ritmikai problémák)," *Kortárs*, IV (July, 1960), 95–126.

Seeks to determine the new characteristics of Hungarian poetry by examining the nature and significance of the meters in the poems of Juhász and László Nagy and those of the younger generation, with greatest attention to Juhász. DLC MH [FiHU] GeLBM GyBH

4401. Czine Mihály. "Két költő útja. Gondolatok Juhász Ferenc és Nagy László költészetéről," *Valóság*, IV (August 25, 1961), 53–68.

After discussing the problems of the writers of the post World War II era, examines the poems of Juhász and László Nagy mainly to 1956: their outlook and characteristics, and the development and change that occurred in their form and ideas, especially in relation to life and society. Concludes that neither poet is serving the needs of a socialistic society because they have turned within themselves as the result of mistakes made by that society. MH GeLBM GyBH

KAMONDY LÁSZLÓ

Born 1928 in Balatonmagyaród. Short-story writer, dramatist. Wrote at first under family name: Tóth. Obtained teaching certificate from Eötvös Loránd Tudományegyetem and taught in trade school. After nine years as reader for Szépirodalmi Publishers he became a playwright at Vígszínház. First noticed for "Verekedők," a short story, published in *Csillag* in 1954. *Vád és varázslat* presented in 1963 by Madách Színház Kamara Színháza. ¶ His short stories characterized by variety and range of themes, technical skill, and intellectual interests. Has turned to writing dramas in recent years.

EDITIONS

4402. *Fekete galambok*. [Novellák] Budapest: Magvető, 1957[1]. 292p.

4403. *Apostolok utóda*. Regény. Budapest: Szépirodalmi Könyvkiadó, 1960[1]. 205p. DLC

4404. *Megdézsmált örömök*. Elbeszélések, 1953–1963. Budapest: Szépirodalmi Könyvkiadó, 1964[1]. 477p. DLC MnU NNC GeLBM GyBDS GyBH GyGNSU

4405. *Szöktetés albérletbe avagy a szemérmes ateisták*. Komédia. Budapest: Népművelési Intézet, 1965[1]. 52p.

4406. *Vád és varázslat. Lány az aszfalton*. Két dráma. Budapest: Magvető, 1965[1]. 185p. GeLBM

CRITICISM

4407. Fenyő István. "Kamondy Lászlóról," *Új arcok, új utak*. Budapest: Szépirodalmi Könyvkiadó, 1961; 257p. Pp. 115–134.

Shows that at the beginning of his writing career Kamondy did not attempt to follow the schematic and simple modes of description used by the writers of the 1950's. Contends that he strives for detailed psychological analysis in his short stories and seeks the truth of realism and not the common ideal of social realism. Maintains that his writing ability can be best observed in the story "Az utolsó játszma," that he knows every device of the writing craft, and that a single world outlook does not pervade his works. DLC GeLBM GyBDS GyGNSU

4408. Rónay György. "Kamondy László: Apostolok utóda," *Vigilia*, XXVI (1961), 430–432.

An interpretation of the theme of the novel as that of a person caught at the moment when he is tempted to collapse under the pressure of circumstances. Finds the author expressing his own view of life and praises the sparse economy of his creative method. MH NN NNC GyBH

4409. Wéber Antal. "Kamondy László: Megdézsmált örömök," *Kritika*, II (August, 1964), 53–55.

Attention to the narrative style and techniques of his earlier creative years and to the relation of the new collection of short stories with his earlier development. Finds that he has turned to the complex subject matter of intellectual, moral, and psychological problems and is using different forms to give expression to them. CU CoU DLC MH NN WaU AsWN FiHI GeLBM GyBDS GyBH GyGNSU

KÓNYA LAJOS

Born November 2, 1914 in Felsőgalla. Poet. Father a tailor's helper; family lived in Paris for a time. Obtained teacher's certificate but was able to secure only occasional jobs for a long time. Finally obtained teaching position which he held for ten years on mine property in Komárom Province. Poems appeared in *Híd*, *Pásztortűz*, *Magyar Élet*, and *Sorsunk*. Director of reader's department of Hungarian Writers' Federation in 1950 and general secretary of the organization in 1951. Awarded Kossuth Prize in 1950, 1953. Editor of *Csillag* in fall 1956. Silent for a time, but has published regularly since 1958. At present he is teaching library work at Kálmán Könyves Gymnasium in Budapest. ¶ His poems prior to 1945 voice rebellion to injustices in Hungarian society; those after 1945 express confidence in future. Poems since 1954 are more meditative and those since 1958 more introspective than his earlier poems. ¶ Some of his poems have been translated into Bulgarian, German, Polish, Rumanian, and Russian.

EDITIONS

See also no. 4393 for annotated work.

4410. *Úti sóhaj.* Versek. Sopron: Gáspár Zoltán, 1936[1]. 63p.

4411. *Te vagy-e az?* Versek. Sopron: Romwalter, 1937[1]. 52p.

4412. *Hazug éjszaka.* Versek. Felsőgalla: Király, 1939[1]. 71p.

4413. *Honfoglalók.* [Versek] Budapest: Athenaeum, 1949[1]. 64p.

4414. *Fények a Dunán.* [Versek] Budapest: Athenaeum Könyvkiadó Nemzeti Vállalat, 1950[1]. 91p. DLC GeLBM GyGNSU

4415. *Szép Anna lakodalma.* Költemény. Budapest: Révai Könyvkiadó Nemzeti Vállalat, 1950[1]. 38p. [1953[2]] DLC GeLBM GyBDS GyGNSU

4416. *Öröm és gyűlölet.* Versek. Budapest: Szépirodalmi Könyvkiadó, 1951[1]. 154p. MH GyBDS GyBH

4417. *Tavaszi utazás.* Versek a Német Demokratikus Köztársaságról. Budapest: Szépirodalmi Könyvkiadó, 1951[1]. 47p. MH GyBDS GyBH

4418. *Bányászlámpák.* Versek. Budapest: Szépirodalmi Könyvkiadó, 1952[1]. 117p. DLC GyBDS GyGNSU

4419. *Kínai október.* (Napló) Budapest: Szépirodalmi Könyvkiadó, 1952[1]. 155p. GyBH

4420. *Válogatott versek.* Budapest: Szépirodalmi Könyvkiadó, 1953. 164p. DLC GeLBM GyBDS GyBH GyGNSU

4421. *Országúton.* [Versek] Budapest: Szépirodalmi Könyvkiadó, 1954[1]. 127p. DLC GeLBM

4422. *Emberséged szerint.* [Versek] Budapest: Szépirodalmi Könyvkiadó, 1956[1]. 149p. DLC GeLBM

4423. *Hej, búra termett idő!* [Regény] Budapest: Magvető, 1956[1]. 387p. DLC GyBDS

4424. *Emlék és intelem.* [Versek] Budapest: Magvető, 1960[1]. 93p. DLC NNC GyBDS GyGNSU

4425. *Hazai táj.* Versek. Budapest: Szépirodalmi Könyvkiadó, 1961[1]. 119p. DLC NNC GeLBM GyBDS

4426. *Virág Márton boldogsága.* Kisregény. Budapest: Magvető, 1962[1]. 252p. FiHI GeLBM GyBDS GyBH GyGNSU

4427. *Égen-földön.* Versek. Budapest: Szépirodalmi Könyvkiadó, 1964[1]. 159p. NNC GyBDS GyGNSU

CRITICISM

4428. Illés Lajos. "Kónya Lajos költészete," *Csillag*, VIII (1954), 1921–1942. Summarizes the history of his publications, and surveys his literary career. Believes that his participation in the revolutionary events of 1949 was the turning point in his artistic development, contending that his uniting with the people to achieve "the new life" opening before them led to his evaluation of the function of art and the Party. Comments on his poetry as an expression of the history of the People's Democracy and on his experimentations with poetic forms. [DLC] MnU [NN] NNC [GeLBM] GyBDS GyBH [GyGGaU]

MÁNDY IVÁN

Born December 23, 1918 in Budapest. Novelist, short-story writer. Attended five gymnasiums in Budapest. Awarded Baumgarten Prize in 1948. "Mélyvíz," an unpublished musical comedy, was presented by Petőfi Színház in 1961. *Csutak és a szürke ló* was made into a film in 1961. ¶ One of the important members of the generation of writers developing during and after World War II. His early stories and novels treat life in the suburbs; later ones treat writers, intellectuals, and conflicts of youth. His outlook is pessimistic, sometimes showing, according to some critics, the influence of existentialism. Has made major contributions to juvenile literature.

EDITIONS

4429. *A csőszház.* Kisregény. Budapest: Királyi Magyar Egyetemi Nyomda, 1943[1]. 86p.

4430. *Az enyedi diák.* Ifjúsági regény. Budapest: Forrás, 1944[1]. 272p.

4431. *Robin Hood.* [Ifjúsági regény] Budapest, 1945[1]. [From *Magyar irodalmi lexikon*, II, 183]

4432. *Francia kulcs.* Regény. Budapest: Új Idők, 1948[1]. 144p. NN

4433. *A huszonegyedik utca.* Regény. Budapest: Új Idők, 1948[1]. 186p.

4434. *Vendégek a Palackban.* Elbeszélések. Budapest: Új Idők, 1949[1]. 180p.

4435. *Egy festő ifjúsága.* Barabás Miklós diákévei. [Ifjúsági regény; korábbi címe *Az enyedi diák*] Budapest: Ifjúsági Kiadó, 1955[2]. 211p.

4436. *Csutak és a többiek.* Vígjáték. Budapest: Népszava, 1956[1]. 36p.

4437. *Csutak a színre lép.* Regény. Budapest: Móra, 1957[1]. 231p.

4438. *Idegen szobák.* [Novellák] Budapest: Magvető, 1957[1]. 392p. DLC NN NNC GyGNSU

4439. *Három egyfelvonásos.* [Karcsai Kulcsár István]: *A táncoló pohár*; [Mándy Iván]: *Árusok komédiája* (1st), [pp. 17–35]; [Szántó Tibor]: *Mindenkivel.* Budapest: Bibliotheca, 1958. 54p.

4440. *Csutak és a szürke ló.* [Ifjúsági regény] Budapest: Móra, 1959[1]. 196p.

4441. *Fabulya feleségei.* [Kisregény] Budapest: Magvető, 1959[1]. 172p. GeLU GyBDS GyBH

4442. *Csutak a mikrofon előtt.* Ifjúsági regény. Budapest: Móra, 1961[1]. 231p.

4443. *A pálya szélén.* [Regény] Budapest: Magvető, 1963[1]. 232p. GeLBM GyBDS GyBH GyGNSU

4444. *A locsolókocsi.* [Regény] Budapest: Magvető, 1965[1]. 289p. CLU DLC MnU GeLU GyGNSU

4445. *Az ördög konyhája.* [Novellák] Budapest: Magvető, 1965[1]. 354p. MnU GeLBM GyBH

CRITICISM

4446. Lengyel Balázs. "Mándy Iván novellái," *Újhold*, III (1948), 118–119. States that the themes of his short stories are concerned with life on the edge of the city, that the stories are strongly characterized by a sketchy, condensed, at times almost exotic world, that he delineates his pictures like films, that his narrative method is emotional but his voice restrained, and that his method of writing is under strict control. [DLC] MH

4447. Rónay György. "Mándy Iván: Idegen szobák," *Vigilia*, XXIII (1958), 117–123.

Finds Mándy's influence on young writers of narrative fiction as important as that of Sándor Weöres on new Hungarian lyric poets. Believes that Andor Endre Gelléri is Mándy's predecessor and that Mándy's works are permeated by the sorrow of existentialism. Maintains that his style is characterized by broken, strong but never diffuse patches of emotion and that his literary ambition probably is to condense reality through the disorganized way in which it appears to him. MH NN NNC GyBH

4448. Vargha Kálmán. "Mándy Iván novelláiról," *Irodalomtörténet*, XLVII (1959), 307–310.

Surveys his literary career, comments on the lyrical qualities and emotional richness of his short stories, and discusses his recurring themes. States that his mode of writing breaks with the realistic tradition of Hungarian prose, and characterizes that method as elliptical, associative, and swift-moving but at the same time powerful in its effect. Calls attention to his ironic and grotesque portrayals and to his use of characters from the world of art in his newer works. CU DLC MH MnU NN NNC AsWU GeLBM GeLU GyBDS GyBH

4449. Vitányi Iván. "A pálya szélén," *Valóság*, VI, no. 6 (1963), 44–52.

States that the characters in the novel live on the edge of society and reveal "the uncertain existence" of suburbanites and the enthusiasm for soccer that are substitutes for "the grayness of days." Says that the heroes of his works are drawn from the intelligentsia, children, and teenagers, and maintains that their lives show "the pathlessness of the petty bourgeois concentration on the private and personal." Calls his style realistic, and praises him for narrating instead of philosophizing. MH GeLBM GyBH

MOLDOVA GYÖRGY

Born March 12, 1934 in Budapest. Short-story writer, novelist. Parents are workers. In 1957 he left College of Theater Arts, where he studied dramaturgy, to work in canning factory, road construction, and steam fitting. Wrote film scripts for a time. His short stories began to appear in periodicals and anthologies in 1955. Wrote film script, "Szerelemcsütörtök," with János Gantner in 1959. His unpublished "Légy szíves Jeromos" was presented by Petőfi Színház in 1962. ¶ His stories concern central questions of daily life of workers and suburbanites. Strong strain of humor and sympathy.

EDITIONS

See also no. 1150 for editorial work.

4450. *Az idegen bajnok.* [Novellák] Budapest: Szépirodalmi Könyvkiadó, 1963[1]. 436p. GyBDS GyBH

4451. *Sötét angyal.* Regény. Budapest: Szépirodalmi Könyvkiadó, 1964[1]. 281p. MH MnU NNC GeLBM GyBDS GyBH

4452. *Magányos pavilon.* [Regény] Budapest: Szépirodalmi Könyvkiadó, 1966[1]. 215p. NNC GeLBM GyBDS GyBH

CRITICISM

4453. Sükösd Mihály. "Az idegen bajnok. Moldova György elbeszéléseiről," *Élet és Irodalom,* VII (March 30, 1963), 6.

A review seeing short stories as a fulfillment of promise and discussing their hero-type. Finds the stories strong in theme, structure, and scale but requiring further clarity and direction in Moldova's own thought. DLC DS MH GyBDS GyBH

4454. Almási Miklós. "Moldova: világosan és sötéten. (Vita a 'Sötét angyal' sikerével)," *Kortárs,* VIII (1964), 1146–1149.

Critique maintaining that most of his writings, like the novel under review, contain serious purpose and easy realization of it. Believes that two writers appear to be at work—the one engaged with serious problems, the other using the techniques of a pulp-writer on the subject matter uncovered by the other. DLC MH FiHU GeLBM GyBH

NAGY LÁSZLÓ

Born July 17, 1925 in Felsőiszkáz. Poet, translator. Family are peasants. Completed gymnasium studies at kollégium in Pápa. Studied painting at Applied Arts School and at College of Fine Arts in Budapest 1946–1949. Also read philosophy at Eötvös Loránd University. Poems first appeared in 1947 in *Valóság.* Spent 1949–1952 on fellowship to Bulgaria. On editorial staff of *Kisdobos* 1954–1957. Awarded Attila József Prize in 1953 for *Szablyák és citerák,* a collection of translations of Bulgarian folk songs and ballads. Picture editor of *Élet és Irodalom* since 1957. ¶ One of the important members of the new generation of poets after 1945. Poems first showed joy and enthusiasm in life but later turned dark and pessimistic. He has translated works of Robert Burns and García Lorca and is now preparing translations of English and Armenian poetry.

EDITIONS

See also no. 4465. Editorial work: no. 393.

4455. *Tűnj el fájás.* Versek. Budapest: Hungária, 1949[1]. 46p.

4456. *A tüzér és a rozs.* Versek. Budapest: Szépirodalmi Könyvkiadó, 1951[1]. 59p. MH GeLBM GyBH

4457. *Szablyák és citerák.* Bolgár népdalok és népballadák. Fordította Nagy László, a jegyzeteket írta Bödey József. Budapest: Szépirodalmi Könyvkiadó, 1953[1]. 199p. DLC

4458. *A nap jegyese.* Versek. Budapest: Szépirodalmi Könyvkiadó, 1954[1]. 75p. GeLBM GyBH

4459. *A vasárnap gyönyöre.* [Versek] Budapest: Magvető, 1956[1]. 107p. DLC GeLBM

4460. *Deres majális.* Versek, 1944–1956. [Contains poems not previously published] Budapest: Magevtő, 1957. 367p.

4461. *Sólymok vére.* A bolgár népköltés antológiája. Fordította, válogatta és az utószót írta Nagy László, A bolgár nép költészete című tanulmányt és a jegyzeteket írta Bödey József. Budapest: Magvető, 1960[1]. 442p.

4462. *Himnusz minden időben.* Versek. Budapest: Szépirodalmi Könyvkiadó, 1965[1]. 121p. NNC GeLBM GyBDS GyBH

CRITICISM

See also nos. 4400, 4401, and 4530.

4463. Déry Tibor. "Egy fiatal költő (Nagy László)," *Útkaparó.* Budapest: Magvető, 1956; 393p. Pp. 316–319. [Appeared in *Szabad Ifjúság,* no. 235 (October 5, 1954), 2]

A review of *A nap jegyese* quoting verses that define his general view of life, his idea of death, morality, the value of man, and the nature of life, characterizing his style briefly, and stating that the verses promise the preparation of a great work. DLC MH OCl GeLBM

4464. Szabó Ede. "Nagy László: A nap jegyese," *Dunántúl,* III, no. 9 (1954), 92–94.

A review of the poems maintaining that they reveal his love of man, life and creative work and that they show him developing a lyrical poetry with a wide scale and an individual voice embracing the whole of life.

4465. Mesterházi Lajos. "A kritika kritikája," *Kortárs,* I (1957), 295–297.

Maintains that Nagy's criticism of disillusionment in Kálmán Sándor's *Széplányok sisakban* indicates that he does not understand it as a detachment required for the preservation of sanity and that Nagy misconceives the point because he is a writer of the generation after 1939 or 1945 who has a limited concept of the problems posed by capitalism in the 1930's. [The critique of the work is to be found in the same volume, pp. 292–294] DLC MH [FiHU] GyBH

NEMES NAGY ÁGNES

Born January 3, 1922 in Budapest. Poet, translator. Obtained teaching diploma from philosophy faculty of University of Budapest as a specialist in Hungarian and Latin in 1944. Was a regular contributor to pedagogical section of *Köznevelés* 1945–1953; a teacher in Petőfi Gymnasium 1953–1957. Some of her poems appeared in periodicals before 1945 and in *Magyarok, Újhold, Forum,* and *Csillag* after 1945. Awarded Baumgarten Prize for *Kettős világban* in 1946. ¶ Her poems are concerned with fundamental questions about man's place in life and universe, and are often criticized for their "closed world." Translator of Corneille, Racine, Molière, Cocteau, and Brecht. In recent years she has written extensively for children. ¶ A few of her poems have been translated into English.

EDITIONS

See also no. 4473. Annotated work: no. 4486.

4466. *Kettős világban.* Versek. [1942–1946] Budapest: Új Hold, 1946[1]. 31p.

4467. *Szárazvillám.* Versek és műfordítások. Budapest: Magvető, 1957[1]. 206p. DLC GeLBM

4468. *Az aranyecset.* Keleti mese. [Verses részletekkel] Budapest: Móra, 1962[1]. 150p.

4469. *Vándorévek.* [Válogatott műfordítások] Budapest: Magvető, 1964[1]. 382p. CLU DLC MH MnU NNC GeLBM

CRITICISM

4470. Vas István. "Kettős világban," *Magyarok,* III (1947), 153–155.

A review stating that her poems are not easy to characterize, that her statements are puritanical both in outlook and poetic method, that all subjects fit into her puritanism, that her imagery is like John Donne's, and that the poems do not provide a clear basis for a prediction about the direction of her future development. [CSt-H] MnU [NN] [NNC]

4471. Kardos László. "Nemes Nagy Ágnes: Szárazvillám," *Kortárs,* I (October, 1957), 314–316.

Her work after ten years of silence well received, finding that it fulfills the promise of her great ability, that her artistic seriousness is very apparent in it, and that the antithesis between form and substance is reconciled by her deliberate artistic power and her impressive and highly refined calculation, that her poems are occasionally marred by obscurity at certain points, but they are enlivened by splendid plastic and animated pictures. Self-involvement in her people and country would considerably enlarge the horizons of her poetry. DLC MH [FiHU] GyBH

4472. Rónay György. "Nemes Nagy Ágnes: Szárazvillám," *Vigilia,* XXIII (1958), 60–61.

A review which maintains that the poems are strictly molded and sur-realistic, and expresses the hope that she will not eliminate "the warmer, milder, looser voices and emotions" in her lyrics for which she has shown ability in her translations. MH NN NNC GyBH

4473. Ila, Egon. "Agnes Nemes Nagy," *Arena*, November (1962), 47–52.

Considers her to be one of "the most significant and remarkable poets of today." Delineates her life and ideas, especially the problems of evil and faith, on the basis of translations of four of her poems: "To my ancestors," "To liberty," "Ice," and "Towards springtime." NN NNC

OTTLIK GÉZA

Born May 9, 1912 in Budapest. Novelist, short-story writer, translator. Completed upper grades of schooling at military gymnasium. Obtained certificate in mathematics and physics from University of Budapest in 1935. Writings first appeared in 1931 in *Napkelet*. Tried a journalistic career for a time. Beginning in 1939 his stories and book and drama reviews appeared regularly in *Nyugat, Tükör, Ezüstkor*, and *Magyar Csillag*, and from 1945, in *Magyarok, Válasz, Új Idők*, and other periodicals. Dramaturge for Rádió 1945–1946. Secretary of PEN Club 1945–1957. Invited to London for study tour in fall 1960 by the British government in recognition of his English translations. ¶ A member of so-called Fourth Generation, along with János Pilinszky, Ágnes Nemes Nagy, Iván Mándy, (qq.v.), and Miklós Mészöly. First known for his translations of novels, then gained reputation with his own short stories and novels. His genuine style emerged in 1940's. Themes are derived from problems in world of chaos. Among authors he has translated are G. Keller, Dickens, Shaw, E. Waugh, A. Zweig, J. Giraudoux, Hemingway, Osborne, and O'Neill. English translations are of special importance. ¶ *Iskola a határon* has been translated into English, French, and German.

EDITIONS

See also no. 2160 for annotated work.

4474. *Hemingway, Ernest: Az öreg halász és a tenger. (The old man and the sea)* Fordította Ottlik Géza. Budapest: Új Magyar Kiadó, 1956. 119p. [2d., rev. ed., 1956, 1956³, 1959⁴]

4475. *Hajnali háztetők.* Elbeszélések. Budapest: Magvető, 1957¹. 319p. DLC NNC GyGNSU

4476. *Iskola a határon.* Diákregény. Budapest: Magvető, 1959¹. 473p. DLC NNC GeLBM GyBDS GyGNSU

4477. *Mai amerikai elbeszélők.* [Antológia] Válogatta Ottlik Géza, az utószót Ungvári Tamás írta. Budapest: Európa, 1963¹. 674p.

CRITICISM

4478. Fábián Kata. "Ottlik Géza: Hajnali háztetők," *Kortárs*, II (1958), 789–791.

A review claiming that the individual character of his writings is a "flexible and loving informality," and finding that there are no divergent tendencies in the 20 years of his career, that he has deepened the narrow world in which he worked, and that he has made much use of recollection in his writings. DLC MH [FiHU] GeLBM GyBH

4479. Halasi Andor. "Hajnali háztetők. Ottlik Géza elbeszéléskötete," *A jövő felé. Válogatott kritikai írások, 1905–1963.* Budapest: Szépirodalmi Könyvkiadó, 1964; 513p. Pp. 194–197. [Appeared in *Élet és Irodalom* (March 7, 1958)]

Posits that his short stories written prior to 1945 direct the reader to the world of eccentricities, paradoxical situations, bizarre things, and false bohemianism but that in 1945, with *A rakparton*, his characters take on a feeling for the community and social movements. CU DLC MnU GeLBM

4480. Rónay György. "Az olvasó naplója. Ottlik Géza: Hajnali háztetők," *Vigilia,* XXIII (1958), 122–123.

Commentary on the individuality of tone of the short story collection (1939–1948) showing a development toward realism and a growth of an emotional humanism and responsibility toward man and art in his works. MH NN NNC GyBH

4481. Rónay György. "Ottlik Géza: Iskola a határon," *Vigilia,* XXV (1960), 51–54.

Examines the technique of composition which achieves an expression of "complete and true reality" through the interaction of two dimensions— his descriptions and personal recollections. MH NN NNC GyBH

PILINSZKY JÁNOS

Born November 25, 1921 in Budapest. Poet. Completed gymnasium and university studies in Budapest. Became soldier in 1944 and spent that year in several prison camps in Germany. Poems began to appear in 1940 in *Magyar Csillag, Ezüstkor, Válasz, Sorsunk, Vigilia* and *Újhold,* and then later in *Csillag* and *Kortárs.* Awarded Baumgarten Prize for *Trapéz és korlát* in 1947. Silent for time after 1948. Since 1957 he has been an editorial staff member of *Új Ember,* a Catholic weekly. ¶ Member of the so-called Fourth Generation. Style of his poems is difficult to link with that of others of the period. Anti-dogmatic religious views, strongly humanistic attitude. Highly structured and controlled poetic form. Has also written verses for children.

EDITIONS

See also no. 2668 (vol. 23) for editorial work.

4482. *Trapéz és korlát.* Versek. Budapest: Ezüstkor, 1946[1]. 39p. GeLBM

4483. *Aranymadár.* [Verses mesék] Budapest: Magvető, 1957[1]. 94p. IC MiDW

4484. *Harmadnapon.* Versek. Budapest: Szépirodalmi Könyvkiadó, 1959[1]. 112p. GyBDS

4485. *Rekviem.* [Oratórium, filmnovella, versek] Budapest: Magvető, 1964[1]. 117p. CLU MH MnU GeLBM GyBDS

CRITICISM

4486. Nemes Nagy Ágnes. "Trapéz és korlát: Pilinszky János versei," *Újhold,* I (1946), 152.
A brief comment on the economy of his poetic style, his concern with suffering, the vision of "a dark and eddying world," and his uncommitted view and lack of variety as sources of monotony. [DLC] MH

4487. Rónay György. "Trapéz és korlát: Pilinszky János versei," *Magyarok,* II (1946), 402–403.
Critique contending that his individualistic inner world does not sacrifice his artistry for moral, social, or any other ambitions outside poetry. Believes that the dramatic effect of his lyric poems stems from their Christian concern with the relation of man with God and that the "brotherhood of men in sin" is the motif of his poetry. Maintains that the poet has not dealt with his materials in the manner of the romantic *genre frénétique.* DLC MnU NNC

4488. Vidor Miklós. "Pilinszky János: Trapéz és korlát," *Válasz,* VI (1946), 188–189.
Described as the poet of loneliness with the power to involve the reader in his lyrics.

4489. Rónay György. "A 'Rekviem' margójára. Jegyzetek Pilinszky János új könyvéről," *Jelenkor,* VII (1964), 271–276.
Advises Pilinszky to leave the writing of works like *Rekviem* to filmmakers and an oratorio like *Sötét mennyország* to others because such compositions require a kind of creativity outside his real poetic strength. Places him among the great contemporary poets in Hungary, and finds that his poetic development shows a movement from epical elements and lyrical commentary to an increased use of "acts," representation, and concise pictures and symbols in expressing his thought. CU DLC InNd NN GeLBM GyBH

4490. Tótfalusy István. "Pilinszky János: Rekviem," *Vigilia,* XXIX (1964), 316–319.
An analysis of his imagery, concluding that his concrete and economical expression show the poet standing outside the experience and establishing his impressions with the accuracy of a diagnosis, and that these images produce a lasting effect on the imagination and sensitivity of the reader. MH NN GyBH

SÁNTA FERENC

Born September 4, 1927 in Brassó, Transylvania. Novelist, short-story writer. Attended gymnasiums in Kolozsvár and Debrecen but never completed studies. Worked as miner, laborer, hauler, millhand, and lathe operator. Has lived in Budapest since 1951. Librarian at Eötvös Kollégium since 1955. Publication of "Sokan voltunk," a short story, in 1954, brought attention to him. Awarded Attila József Prize in 1956 for *Téli virágzás* and in 1964 for short stories and *Húsz óra*. *Húsz óra* made into a film and awarded prize at the Moscow Film Festival in 1965. ¶ Novels and short stories are realistic in style. Most of his writings are characterised by universality and deep humanistic outlook. ¶ Some of his short stories have been translated into English.

EDITIONS

4491. *Téli virágzás.* [Novellák] Budapest: Magvető, 1956[1]. 153p. MnU GeLBM

4492. *Farkasok a küszöbön.* Elbeszélések. Budapest: Szépirodalmi Könyvkiadó, 1961[1]. 236p. MnU GyBDS GyBH GyGNSU

4493. *Az ötödik pecsét.* Regény. Budapest: Szépirodalmi Könyvkiadó, 1963[1]. 299p. MnU NNC GyBH GyGNSU

4494. *Húsz óra.* Krónika. [Regény] Budapest: Magvető, 1964[1]. 250p. CSf InU MH MnU NNC GeCU GeLBM GeLU GyBDS GyBH

4495. *Az áruló.* [Regény] Budapest: Magvető, 1966[1]. 163p. MnU GeLBM GyBDS GyBH

CRITICISM

4496. Szabó Pál. "Kicsi madár: Sánta Ferenc novellája," *Munkák és napok. Rajzok, riportok, karcolatok.* Budapest: Szépirodalmi Könyvkiadó, 1955; 319p. Pp. 252–254. [Appeared in *Új Hang*, III (May, 1954), 46–47]

Szabó recounts his first meeting with Sánta, provides some information about Sánta's life, and comments on the expression of humanitarianism in his life and "Sokan voltunk" and "Kicsi madár" and on the individuality of his writings. DLC MH GeLBM GyBH

4497. Béládi Miklós. "Sánta Ferenc: Az ötödik pecsét (1963)," *Kritika*, I (December, 1963), 57–60.

Critique placing the novel in the context of his earlier works and analyzing its structure, characters, and thought. Sees it as a search for "the all-embracing moral truth in man's existence" in a universal sense, and believes that it points to a new development of the didactic novel in Hungary. CU CoU DLC MH NN WaU AsWN FiHI GeLBM GyBDS GyBH GyGNSU

4498. Fülöp László. "Erkölcs és történelem (Sánta Ferenc: *Az ötödik pecsét*)," *Studia Litteraria*, II (1964), 105–116. [Also a reprint]

Relates the novel to his previous writings, *Téli virágzás* and *Farkasok a küszöbön*, analyzes it and defends it against charges that it is pessimistic and existentialistic. Views the work as a philosophical novel of the highest kind with "a profound basis in humanistic thought." Summary in Russian, p. 115; in German, pp. 115–116. MnU AsWN FiHI GeOB GyBDS GyBH GyGNSU

SARKADI IMRE

Born August 13, 1921 in Debrecen; died April 12, 1961 in Budapest. Novelist, short-story writer. Completed gymnasium studies in Debrecen in 1939. Employed as a drug-store clerk until 1941, as a printer 1943–1944; also studied law in Debrecen until 1943. Moved to Budapest in 1946, became staff member of *Szabad Szó* and then its managing editor, and programmer of *Falurádió* in 1948. His writings first appeared in *Válasz* and in *Csillag*. Became a reader for Mafilm in 1949 and assistant editor of *Művelt Nép* in 1950. Awarded Attila József Prize for *Gál János útja* (1951), for *Út a tanyákról* (1952), and for short stories (1954). Became a teacher in general school in Balmazujváros in 1953; editorial staff member of *Irodalmi Újság* 1954–1955. Awarded Kossuth Prize for *Veréb dűlő* in 1955. A playwright for Madách Színház 1955–1957. Committed suicide. Controversial articles about his writings have appeared in *Kortárs* and *Új Írás* since 1962. ¶ His short stories and novels deal with life and problems of peasantry and possess a strongly humanistic outlook. He wrote important articles on literary questions and film scripts: "Körhinta" (1955). *Tanyasi dúvad* (1961), and *Elveszett paradicsom* (1962). ¶ Some of his stories have been translated into Bulgarian, Czech, Esthonian, French, German, Polish, Rumanian, and Russian.

EDITIONS

See also nos. 3207 and 4325 for annotated works.

4499. *Holló a hollónak . . .* [Elbeszélés] Budapest: Szikra, 1948[1]. 29p.

4500. *Nehéz esztendő.* [Elbeszélés] Budapest: Kulcsár, 1948[1]. 25p.

4501. *Gál János útja.* [Regény] Budapest: Athenaeum, 1950[1]. 148p. DLC GyBDS GyBH

4502. *Kísértetjárás Szikesen.* [Elbeszélés] Budapest: Athenaeum, 1950[1]. 54p. [1951[2]] GyBH

4503. *Rozi.* [Ifjúsági regény] Budapest: Ifjúsági Könyvkiadó, 1951[1]. 291p.

4504. *Barta Mihály szerencséje.* [Elbeszélés] Budapest: Vörös Csillag, 1952[1]. 24p.

4505. *Tanyasi dúvad.* [Elbeszélés] Budapest: Szépirodalmi Könyvkiadó, 1953[1]. 52p.

4506. *Veréb-dűlő.* Elbeszélések. Budapest: Szépirodalmi Könyvkiadó, 1954[1]. 269p. C DLC NN GyBDS GyBH

4507. *Elmaradt találkozás.* [Elbeszélések] Budapest: Magvető, 1956[1]. 137p.

4508. *Út a tanyákról. Szeptember.* [Színművek] Budapest: Magvető, 1956[1]. 147p. DLC GeLBM GyBH

4509. *A gyáva.* Regény. Budapest: Szépirodalmi Könyvkiadó, 1961[1]. 171p. NN GyBH

4510. *Elveszett paradicsom.* Dráma két felvonásban. Budapest: Egressy G. Klub, 1962[1]. 77p.

4511. *A szökevény.* Összeállította, sajtó alá rendezte és az utószót írta B. Nagy László. I–II. kötet. Budapest: Szépirodalmi Könyvkiadó, 1962. [C]

1. kötet: Drámák: *Út a tanyákról, Szeptember, Oszlopos Simeon* [1st], *Elveszett paradicsom.* Kisregények: *Gál János útja, Tanyasi dúvad, Viharban* [1st], *Bolond és szörnyeteg* [1st], *A gyáva.* 651p.

2. kötet: Elbeszélések, karcolatok. 507p.

CRITICISM

4512. Illés Lajos. "Megjegyzések Sarkadi Imre újabb írásairól," *Csillag,* VIII (1954), 725–729.

Examines his latest short stories, considers him to be among the most able writers of the generation nurtured by the People's Democracy. States that their power of thought and art stems from their timelessness, human depth, social precision, historical perspective, and ideas of the condition and development of the peasantry, especially the dilemma of whether to join the collective farms or not. [DLC] MnU [NN] NNC [GeLBM] GyBH [GyGGaU]

4513. Béládi Miklós. "Epikai hagyományok és a mai 'erkölcsi regény,' " *Kortárs,* VII, no. 5 (1963), 765–767.

A gyáva examined to show that Sarkadi's works have moved from a closed social, geographical, and ethnic world to real life through the intellectualization of themes without breaking with the tradition of Kálmán Mikszáth and Zsigmond Móricz. DLC MH FiHU GeLBM GyBH

4514. Bata Imre. "Sarkadi Imréről," *Ívelő pályák.* Budapest: Szépirodalm, Könyvkiadó, 1964; 321p. Pp. 259–281. [1st publication]

A study of various themes during the phases of his career: anti-fascismi interpretations of myths, and love in his first short stories which dealt with the milieu of the 1940's; the peasant themes from 1948 to 1953; and aesthetics and the individual from 1953. Maintains that the "insoluble" problems with which Sarkadi and his generation concern themselves are the responsibility of intellectuals and philosophers and that Sarkadi's short novels and two dramas, *Oszlopos Simeon* and *Elveszett paradicsom,* from his last period of creativity move in this intellectual sphere. NNC

4515. Illés Jenő. "Vivódó lelkek, nyugtalanító pályakép. Jegyzet Sarkadi Imréről," *Mai dráma, mai dramaturgia.* Budapest: Szépirodalmi Könyvkiadó, 1964; 340p. Pp. 149–164.

An evaluation of his literary contributions focusing on his character as an explanation of his shortcomings as a writer. Contends that he had the writing skill and sensitivity to become a great author but lacked the firmness of character to achieve his promise. Believes that the problem was created by his confusing the disharmony of history with his personal problem. MnU NNC AsWN GeLBM GyBDS

SIMON ISTVÁN

Born September 16, 1926 in Bazsi. Poet, translator, publicist. Family are peasants. Became soldier near end of World War II; held prisoner in the Soviet Union. Returned to Hungary in 1947 and completed gymnasium studies in Sümeg. Became "people's student" in 1948 and received diploma as a specialist in Hungarian and German from the University of Budapest. His poems first appeared in 1949 in *Csillag* and *Új Hang*, while a university student. Awarded Attila József Prize for new poems (1952) and for *Érlelő napok* (1954) and Kossuth Prize for *Nem elég* (1955). Editor of *Új Hang* 1955–1956. Literary editor of *Kortárs* since 1957; its chief editor since 1964. One of the secretaries of Hungarian Writers' Federation and parliamentary representative of Veszprém County. ¶ He is among the important members of new generation of poets emerging after World War II. Writes in folk tradition of Sándor Petőfi and Gyula Illyés (qq.v.). Concerned with everyday events and lives of people. Heroes are shown struggling to achieve better life for themselves. Has translated widely for anthologies and has also prepared editions of selected poems of Luis Fürnberg and Joseph Hora. ¶ An edition of his poems is available in Russian, and some of his poems have been translated into several languages, including Bulgarian, Chinese, French, and Rumanian.

EDITIONS

See nos. 3970 and 4334 for annotated works.

4516. *Egyre magasabban.* Versek. Bazsi: Katolikus Agrárifjúsági Legényegylet, 1944[1]. 63p.

4517. *Tanú vagyok.* Versek. Budapest: Szépirodalmi Könyvkiadó, 1950[1]. 53p. DLC GeLBM GyBH

4518. *Hajnali lakodalmasok.* Versek. Budapest: Szépirodalmi Könyvkiadó, 1952[1]. 59p. DLC

4519. *Érlelő napok.* Versek. Budapest: Szépirodalmi Könyvkiadó, 1953[1]. 56p. GeLBM GyBH

4520. *Nem elég.* [Költemények] Budapest: Szépirodalmi Könyvkiadó, 1955[1]. 63p. DLC GeLBM

4521. *Felhő árnyéka.* [Versek] Budapest: Magvető, 1956[1]. 146p. DLC GyBDS

4522. *Himnusz az értelemhez.* [Költemény] Budapest: Szépirodalmi Könyvkiadó, 1956[1]. 21p. GeLBM

4523. *Februári szivárvány.* Versek. Budapest: Szépirodalmi Könyvkiadó, 1959[1]. 88p. DLC NNC GeLBM GyBDS GyBH

4524. *A Jangce vitorlái.* Versek Kínából, Vietnámból és Koreából. Budapest: Magvető, 1959[1]. 69p. GyBH

4525. *Pacsirtaszó.* Versek, 1949–1957. Budapest: Magvető, 1959. 181p. DLC GeLBM

4526. *Almafák.* Versek, 1959–1962. Budapest: Magvető, 1962[1]. 75p. NN GyBH GyGNSU

4527. *Gyümölcsoltó.* Versek, 1949–1963. Budapest: Magvető, 1964. 398p. MnU NNC GeLBM GyBDS GyBH GyGNSU

4528. *A virágfa árnyékában.* Tanulmányok, kiritikák, cikkek, 1953–1963. Budapest: Szépirodalmi Könyvkiadó, 1964[1]. 297p. DLC MH MnU GeLBM GyBDS GyGNSU

CRITICISM

4529. Kiss Lajos. *Simon István költészete.* Szeged: A Szegedi Tudományegyetem Bölcsészettudományi Kara, 1958. Pp. 111–122. [A reprint]

Analysis of his poetry, particularly in relation to the conditions of his society and socialism, the grasp of his imagination on reality, the simplicity of his forms and techniques, and the sources of his materials in his immediate surroundings, his childhood experiences, and his nostalgia for his village.

4530. B. Nagy László. "Simon István: Gyümölcsoltó," *Kritika,* II (June, 1964), 48–51.

A review of the edition of selected poems examining the phases of his development before and after 1956, relating him to Ferenc Juhász and László Nagy in the concern for the commonplace, and commenting on the unity between the thought and materials of his poetry. CU CoU DLC MH NN AsWN FiHI GeLBM GyBDS GyBH GyGNSU

4531. Várkonyi Nagy Béla. "Vázlat Simon István költői arcképéhez," *Jelenkor,* VII (1964), 972–980.

A summary of his life and literary activities, with attention to those who assisted him (including "the new society"), and a discussion of his poetry and the stages of his development. CU DLC InNd NN GeLBM GyBH

4532. Féja Géza. "Vallomás Simon István költészetéről," *Kritika,* III (January, 1965), 24–28.

A critique of *Gyümölcsoltó.* Simon lauded as a poet of the people and the first poet of the new generation to use genuine humor. Praises the incisiveness of his view that the drama of existing in perilous times provides a basis for orderly movement toward perfection. Commentary on the style and other characteristics of his poetry. CU CoU DLC MH NN AsWN FiHI GeLBM GyBDS GyBH GyGNSU

SZABÓ MAGDA

Born October 5, 1917 in Debrecen. Novelist, short-story writer. Completed gymnasium and university studies in Debrecen, receiving doctorate as specialist in Latin and Hungarian in 1940. Taught school in Debrecen, Hódmezővásárhely, and Budapest 1940–1959. Employed in Ministry of Culture for a time after 1945. Has devoted her time solely to writing since 1959. Awarded Attila József Prize for *Freskó* in 1959. ¶ Began literary career with poems, which appeared in *Magyarok* and *Újhold*, but emerged as writer of short stories and novels. Her writings, concerned with the clash between old and new values, are praised for intellectual analysis, psychological depth, clarity of style, and pertinence of statement. She has contributed to children's literature, written film script, *Vörös tinta* (1959), unpublished radio plays, *A hallei kirurgus* (1963) and *Fanni hagyományai* (1964), and translated works of Alcoforado, Galsworthy (with Tibor Szobotka, her husband), Shakespeare, and Thomas Kyd (*The Spanish tragedy*). ¶ Her novels have been translated into Bulgarian, Czech, Danish, Dutch, English, Finnish, French, German, Italian, Polish, Russian, Serbo-Croatian, Spanish, and Slovakian.

EDITIONS

4533. *A rómaikori szépségápolás.* Tanulmány. Debrecen, 1940[1]. [From *Magyar irodalmi lexikon*, III, 125]

4534. *Bárány.* Versek. Budapest: Egyetemi Nyomda, 1947[1]. 41p.

4535. *Vissza az emberig.* Versek. [1947 szeptember-1948 december] Budapest: Egyetemi Nyomda, 1949[1]. 42p. GeLBM

4536. *Ki hol lakik?* [Verses képeskönyv] Budapest: Móra, 1957[1][1958?]. [From catalogue of National Széchényi Library]

4537. *Bárány Boldizsár.* [Verses mese] Budapest: Móra, 1958[1]. 102p. IC GeLU

4538. *Freskó.* Regény. Budapest: Magvető, 1958[1]. 195p. [1964] IC DLC NNC OCl GeLBM GyBH

4539. *Mondják meg Zsófikának.* Regény. Budapest: Magvető, 1958[1]. 315p. [1960[2]] DLC NNC GyBDS GyBH

4540. *Neszek.* Versek. Budapest: Szépirodalmi Könyvkiadó, 1958[1]. 168p. DLC

4541. *Marikáék háza.* [Verses képeskönyv] Budapest: Móra, 1959[1]. [From catalogue of National Széchényi Library, 1962[2]]

z

4542. *Az őz.* Regény. Budapest: Szépirodalmi Könyvkiadó, 1959[1]. 250p.
[1963[2]] DLC IC MH NN NNC FiHI GeLBM GyBDS GyBH GyGGaU
GyGNSU

4543. *Sziget-kék.* [Ifjúsági regény] Budapest: Magvető, 1959[1]. 213p. DLC
GyBH

4544. *Disznótor.* Regény. Budapest: Szépirodalmi Könyvkiadó, 1960[1]. 258p·
[1964] DLC MH NNC AsWN FiHI GyBDS GyBH GyGNSU

4545. *Álarcosbál.* [Ifjúsági regény] Budapest: Móra, 1961[1]. 259p. [1963[2]]
MH NNC AsWN GyBDS GyBH GyGNSU

4546. *Születésnap.* Regény. Budapest: Móra, 1962[1]. 277p. DLC MnU NNC
FiHI GyBH GyGNSU

4547. *Pilátus.* [Regény] Budapest: Magvető, 1963[1]. 301p. MH NNC GyBDS
GyBH GyGNSU

4548. *A Danaida.* Regény. Budapest: Szépirodalmi Könyvkiadó, 1964[1].
393p. NNC OCl GeLBM GeLU GyBDS GyBH GyGNSU

4549. *Hullámok kergetése.* Útijegyzetek. Budapest: Szépirodalmi Könyv-
kiadó, 1965[1]. 262p. CLU CU DLC MnU OCl GeLBM GyBDS GyGNSU

4550. *Tündér Lala.* Meseregény. Budapest: Móra, 1965[1]. 237p. CLU NNC
OCl GyBH

CRITICISM

4551. Kardos László. "Szabó Magda: Neszek," *Vázlatok, esszék, kritikák.*
Új magyar irodalom. Budapest: Szépirodalmi Könyvkiadó, 1959; 463p.
Pp. 441–446. [Appeared in *Kortárs*, II (1958), 936–938]

An analysis of the poems published after ten years of silence, critical of her
themes as being remote from the struggles of her times and people and
of her vacillation between longings for solitude and nostalgia for a real
union with society. Judges that the formal equivalents of her inner com-
plexity are her leanings toward language and stylistic complications and
mannerisms, and that although clearly influenced by Dezső Kosztolányi,
Mihály Babits, and Lőrinc Szabó, her poetry is original in its certain use of
the iambus, its achievements of form, and its individualistic rhyme tech-
niques. DLC MnU NN AsWN GeLBM GyBDS GyBH GyGNSU

4552. Nagy Péter. "Szabó Magda: Freskó," *Irodalomtörténet*, XLVII (1959),
301–303.

Finds parallels between the author and Margit Kaffka and an interplay
between her techniques and the narrative method of William Faulkner.
The theme seen as the deterioration of a provincial family in the middle of
the 20th century and the introduction of its seed of regeneration. CU DLC
MnU NN NNC AsWU GeLBM GyBDS GyBH

4553. Rába György. "Szabó Magda: Neszek," *Irodalomtörténet*, XLVII
(1959), 504–505.

States that the poems in the collection are permeated by humanism and the ideals of intellectualism and that the lyric poems dealing with the world of nature mark the newest point in her development. CU DLC MH MnU NN NNC AsWU GeLBM GeLU GyBDS GyBH

SZAKONYI KÁROLY

Born October 26, 1931 in Budapest. Short-story writer, dramatist. Began but never completed university studies. Volunteer soldier 1949–1951. Employed in textile and woodworking industries in various parts of Hungary for 10 years. Writings first appeared in *Népszabadság* and *Élet és Irodalom*; has been writing steadily since 1958 and is now devoting time solely to literary career. *Életem, Zsóka* was presented by the National Theater in 1963. Awarded prize by the Central Council of Hungarian Trade Unions for *Középütt vannak a felhők* in 1963. ¶ Considered by some critics to be among the most capable of the newest generation of fiction writers. His works are concerned mainly with moral questions of socialistic society.

EDITIONS

4554. *Középütt vannak a felhők.* [Novellák] Budapest: Magvető, 1961.[1] 149p. GyBH

4555. *Túl a városon.* [Novellák] Budapest: Magvető, 1964[1]. 168p. MH MnU NNC OCl

4556. *Férfiak.* Novellák. *Életem, Zsóka!* Dráma. Budapest: Szépirodalmi Könyvkiadó, 1965[1]. 212p. GeLBM GyBH

CRITICISM

4557. Gáll István. "Szakonyi Károly," *Kortárs*, IX (1965), 143–146.
A discussion of the power of his writings on the basis of three themes: (1) his nostalgic recollections of childhood during World War II, (2) the years of the 1950's he spent in the army, and (3) the problems of the present. DLC MH FiHU GeLBM GyBH

4558. Héra Zoltán. "Szakonyi Károly: Túl a városon," *Új Írás*, V (1965), 119–120.
Appraises his short stories as subjective in conception and elegiac in intonation, with a flaw in presenting analyses of life and destiny instead of unearthing the links among the complexities of life. That flaw is attributed, in part, to the long years of accustoming Hungarian literature to moralizing and illustrating which makes its abandonment difficult even by those who have impugned the schematism of the older forms. DLC MH FiHI GeLBM GyBDS GyBH

4559. Taxner Ernő. "Szakonyi Károly," *Jelenkor*, VIII (1965), 387–392.
An analysis of "A fogoly," *Életem, Zsóka!*, and "Emberi üdvözlet": their

theme of the dependence of human happiness on a balanced relationship between man and society, and the weaknesses of dramatic techniques in *Életem, Zsóka!*. CU DLC InNd NN GeLBM GyBH

VÁCI MIHÁLY

Born December 25, 1924 in Nyíregyháza. Poet, translator, publicist. Completed studies at teacher-training institution and became teacher in school for children from detached farms. Was seriously ill from age 19 to 25. In 1949 he became college tutor, later college director, and lecturer for 18 county colleges. Moved to Budapest in 1950 and worked in Ministry of Education and then at Tankönyvkiadó. His poems were first published in *Új Hang* in 1955. Awarded Attila József Prize for *Ereszalja* (1956) and for *Mindenütt otthon* (1962), Central Council of Hungarian Trade Unions Prize for *Bodza* (1960), and Kossuth Prize for contributions to socialistic literature in Hungary (1965). Joined editorial staff of *Élet és Irodalom* in 1960. Became member of editorial board of *Új Írás* in 1963; its editor since 1964. Parliamentary representative of Szabolcs-Szatmár County since 1963. ¶ His poems continue the traditions of folk realism and are concerned with socialistic expression of all aspects of human and social problems as way of serving the advancement of socialistic society. Uses imagery of village, nature, and folk poetry to give expression to city life and new psychological states. Has also translated some Russian literature.

EDITIONS

4560. *Ereszalja.* Versek. Budapest: Magvető, 1955[1]. 71p. MnU GeLBM

4561. *Nincsen számodra hely.* [Elbeszélő költemény] Budapest: Magvető, 1957[1]. 114p. DLC

4562. *Bodza.* [Versek] Budapest: Magvető, 1959[1]. 115p. NNC GeLBM

4563. *Mindenütt otthon.* Versek. Budapest: Szépirodalmi Könyvkiadó, 1961[1]. 151p. [1962[2]] FiHI GeLBM GyBDS GyBH

4564. *Szegények hatalma.* [Versek] Budapest: Magvető, 1964[1]. 177p. MH MnU GeLBM GyBDS GyBH

4565. *A zsezse-madár.* Tanulmányok, cikkek, vallomások. 1960–1964. Budapest: Szépirodalmi Könyvkiadó, 1964[1]. 319p. CU MnU GeLBM

4566. *Kelet felől.* [Válogatott versek.] Budapest: Magvető, 1965 [1st?]. 406p. DLC MH GeLBM GyBDS GyGNSU

4567. *Akác a forgószélben.* Válogatott versek. Budapest: Kozmosz Könyvek, 1966. 220p. FiHI GeLBM

CRITICISM

4568. Garai Gábor. "Egy 'történelmi alkalmazott.' (Arcképvázlat Váci Mihályról)," *Kortárs*, VIII (1964), 1326–1330.

Garai's recollection of a visit in Váci's home and of his year of work with Váci on *Élet és Irodalom*. Describes the role of the word *heart* in Váci's poetry and activity. DLC MH FiHI GeLBM GyBH

4569. Koczkás Sándor. "Váci Mihály, a plebejus szenvedélyesség költője," *Kritika*, II (September, 1964), 35–42.

Seeks to show that Váci gives voice not only to the larger views of socialism but to the smaller troubles and difficulties of ordinary human beings—to the realization of their dreams. CU CoU DLC MH NN AsWN FiHI GeLBM GyBDS GyBH GyGNSU

4570. Oltyán Béla. "Váci Mihály költészetéről," *Borsodi Szemle*, VIII, no. 4 (1964), 57–66. [Also a reprint]

Traces his poetic development within the sphere of his personal experiences and themes; also a discussion of his mode of forming lyric poems and an examination of his subjective creative expression. DLC

4571. Hegedüs András. "Váci Mihály," *Jelenkor*, VIII (1965), 385–387.

Characteristics of his writings discussed: his power to affect the reader, his discontent, his style in sharpening his thought. CU DLC InNd NN GeLBM GyBH

Appendixes

TREATMENTS OF HUNGARIAN LITERATURE AND ITS STUDY
PUBLISHED FROM JUNE 1, 1960 to AUGUST 1, 1965

This appendix updates the subject headings of no. 4597. That work is to be consulted for data on the volume(s) of a collection, series, or edition published prior to June 1, 1960.

ANTHOLOGIES, SERIES, AND CODEX

4572. *Női szóval.* Magyar írónők antológiája. Szerkesztette a Magyar Nők Országos Tanácsa, az előszót írta Komlós János. Budapest: Magvető, 1960. 297p. [C]   MH NNC

4573. *Régi magyar drámai emlékek.* Szerkesztette Kardos Tibor, sajtó alá rendezte, valamint a bevezetést írta Kardos Tibor és Dömötör Tekla. I–II. kötet. Budapest: Akadémiai Kiadó, 1960. [A] DLC MH NjR [NNC] GeLBM GeLU GyBDS

4574. *Új magyar népköltési gyűjtemény.* Szerkeszti Ortutay Gyula. Eddig I–XI. kötet. Budapest: Akadémiai Kiadó, 1940. [A]

   9. kötet: *Kakasdi népmesék.* 2. kötet: Palkó Józsefné, Andrásfalvi György, Sebestyén Lajosné és László Márton meséi. Bevezető tanulmánnyal és jegyzetekkel kíséri Dégh Linda. 1960. 399p. NN GeLBM GyGNSU

   10. kötet: *Egy somogyi parasztcsalád meséi.* A meséket összegyűjtötte, a bevezető tanulmányt és a jegyzeteket készítette S. Dobos Ilona. 1962. 546p. NN GeLBM GyGNSU

   11. kötet: *Karcsai mondák.* Gyűjtötte, bevezető tanulmánnyal és jegyzetekkel ellátta Balassa Iván. 1963. 626p.

   DLC NN NNC GeLBM GyGNSU

4575. *Magyar irodalmi szöveggyűjtemény.* Szerkeszti Waldapfel József és Bóka László. I+. kötet. Budapest: Tankönyvkiadó, 1951+. [A]

   III/1. kötet: *Szöveggyűjtemény a forradalom és szabadságharc korának irodalmából.* Szerkesztette Pándi Pál. 1962. 1050p.

   III/2. kötet: *Szöveggyűjtemény a XIX. század második felének irodalmából.* Szerkesztette Bóka László. 1961. 1078p.

IV/1. kötet: *Szöveggyűjtemény a XX. század irodalmából*. A *Nyugat* és Ady kora. I. könyv. Szekresztette Bessenyei György és Koczkás Sándor. 1963.
NNC GeLU GyBDS

4576. *Régi magyar költők tára. XVII. század.* Új sorozat. Szerkeszti Klaniczay Tibor és Stoll Béla. I+. kötet. Budapest: Akadémiai Kiadó, 1959+. [A]
   2. kötet: *Pécseli Király Imre, Miskolczi Csulyak István és Nyéki Vörös Mátyás versei.* Sajtó alá rendezte Jenei Ferenc, Klaniczay Tibor, Kovács József és Stoll Béla. 1962. 537p.
   3. kötet: *Szerelmi és lakodalmi versek.* Sajtó alá rendezte Stoll Béla. 1961. 751p.
NNC FiHI FiHU [GeCU] [GeLBM] GyBDS GyGGaU

4577. *A szomszéd népekkel való kapcsolataink történetéből.* Válogatás hét évszázad írásaiból. Összeállította és jegyzetekkel ellátta Kemény G. Gábor, az 1945–1961-ig című fejezet Kemény G. Gábor és Kovács Péter munkája, az előszót írta Vágvölgyi Tibor. Budapest: Tankönyvkiadó, 1962. 1039p.
[A] DLC MnU NNC AsWN GeLBM GyBDS

4578. *Szöveggyűjtemény a régi magyar irodalomból.* Szerkesztette Barta János és Klaniczay Tibor, átdolgozta Klaniczay Tibor, a második kiadás sajtó alá rendezésében közreműködött Károly Sándor és Végh Ferenc. I. rész: Középkor és reneszánsz. Második, javított kiadás. Budapest: Tankönyvkiadó, 1963. 859p. [A] NNC FiHI GeLBM GeLU GyBDS

4579. *Tiszta szigorúság.* Fiatal költők antológiája. Válogatta és szerkesztette Illés Lajos. Budapest: Magvető, 1963. 477p. [C] (1964²) NNC
Contains biographical sketches.

4580. *Fiatal magyar költők.* Válogatás a mai magyar lírából. Válogatta, sajtó alá rendezte, az előszót és az életrajzi jegyzeteket írta Harsányi Zoltán. Budapest: Szépirodalmi Könyvkiadó, 1964. 294p. [C] MnU FiHI

4581. *Képes Krónika.* Hasonmás kiadás. I–II. kötet. Budapest: Magyar Helikon, 1964.
   1. kötet: *Képes Krónika.* 146p.
   2. kötet: Dercsényi Dezső: *A Képes Krónika és kora.* Csapodiné Gárdonyi Klára: *A Képes Krónika miniatúrái. A Krónika latin szövege.* Sajtó alá rendezte Mezey László. *A Krónika magyar szövege.* Fordította Geréb László. 201p.
DLC MH MnU NNC GeLBM GeLU GyBH

4582. *Körkép.* 35 mai magyar novella. Szerkesztette és válogatta Gondos Ernő. Budapest: Magvető, 1964. 667p. DLC MnU NNC GyBH
Contains biographical sketches.

4583. *Mai magyar költők antológiája.* Új válogatás. Válogatta E. Fehér Pál és Garai Gábor. Budapest: Móra, 1964. 479p. [C] FiHI GyBDS
Provides birth dates of authors.

4584. *Fiatal magyar prózaírók.* Válogatta, a bevezetőt és az életrajzokat írta Szilágyi Péterné. Budapest: Tankönyvkiadó, 1965. 250p. [C]   DLC

4585. *Körkép 65.* Harminchárom mai magyar novella. Szerkesztette Rátkai Ferenc és Tóth Gyula. Budapest: Magvető, 1965. 597p. [C]   MnU GeLBM GyBDS GyBH

4586. *A megnőtt élet.* Húsz év magyar elbeszéléseiből. [1945–1965] Válogatta és szerkesztette Illés Endre. Budapest: Szépirodalmi Könyvkiadó, 1965. 1146p. [C]   MnU NNC

4587. *Tavasz Magyarországon.* Húsz év magyar verseiből. [1945–1965] Válogatta és szerkesztette Illés Lajos. Budapest: Szépirodalmi Könyvkiadó, 1965. 630p. [C]   CLU DLC MnU NNC FiHU GyBH

4588. *A történelem futószalagán.* Antifasiszta lírai antológia. A verseket válogatta, az utószót és a jegyzeteket írta Kerékgyártó István. Budapest: Magvető, 1965. 703p. [C]   MnU GyBDS

BIBLIOGRAPHIES

BIBLIOGRAPHIES OF BIBLIOGRAPHIES AND
GUIDE TO REFERENCE WORKS

4589. *A magyar bibliográfiák bibliográfiája 1958–1960.* Összeállította Ferenczyné Wendelin Lidia, Fügedi Péterné és Somogyi Andrásné. Budapest: Orságos Széchényi Könyvtár, 1963. 420p.

This second in a series of bibliography of bibliographies cites 2191 independent or concealed bibliographies published in Hungary 1958–1960, in nearly 100 areas of learning, including Hungarian language and literature. Data: for independent bibliographies, author, title, place and date of publication, and pages; for concealed bibliographies, author, title, name of publication, place and date of publication, and inclusive pages; for both types, number and organization of the items. Cross-references. Concludes with 117 additional items in periodical publications in the following areas of learning: (1) General works and libraries, (2) Statistics, (3) Politics, (4) Political economy, (5) Jurisprudence, (6) Education and instruction, (7) Trade, (8) Natural sciences, (9) Medicine, (10) Technics, (11) Mining, (12) Civil engineering, (13) Agriculture, (14) Industries, (15) Sport, (16) History. Section headings in Hungarian, English, German, French, and Russian. Alphabetical index. MnU NN NNC FiHU GeCU GeOB GyGNSU

4590. Szentmihályi János és Vértesy Miklós. *Útmutató a tudományos munka magyar és nemzetközi irodalmához.* Budapest: Gondolat, 1963. 730p.

A guide to Hungarian and foreign reference books in two parts: (1) General part and (2) Reference sources for 33 special subjects, including language and literature. Occasional brief annotations. Data: author, title, place and date of publication, publisher, and total pages. Contains a subject index and the code numbers of Hungarian libraries in which the cited works are available. DLC ICU MH MnU NNC AsWN GeOB GyBDS

GENERAL BIBLIOGRAPHIES

4591. *Magyar könyvészet. 1961–1962. A magyarországi könyvek, zeneművek és térképek címjegyzéke.* Szerkesztette az Országos Széchényi Könyvtár Bibliográfiai Osztálya. Budapest: Országos Széchényi Könyvtár, 1963. 1138p.

Books and monographs published in Hungary in 1961 and 1962. In two parts: (1) general works, with subdivisions into specific subjects and (2) 11 areas of learning, including language and literature. Also musical compositions and maps. Data: author, title, place and date of publication, and total pages. Provides the call numbers of the National Széchényi Library. (See no. 4593) ICU NNC AsWN FiHU GeCU GeLBM GeOB GyGNSU

4592. *Magyar könyvészet. 1945–1960. A Magyarországon nyomtatott könyvek szakosított jegyzéke.* Közreadja az Országos Széchényi Könyvtár. IV. kötet: Művészetek, irodalom, földrajz, történelem. Budapest: Országos Széchényi Könyvtár, 1964. 615p.

Records publication of books and monographs on fine arts, literature, geography and history in Hungary from 1945 to 1960. Subdivisions into general works and specific subjects. Data: title, place and date of publication, publisher, and total pages. Provides the call numbers of the Országos Széchényi Könyvtár. DLC ICU MnU NNC AsWN FiHU GyGNSU

4593. *Magyar könyvészet. 1963. A magyarországi könyvek, zeneművek, térképek és hanglemezek címjegyzéke.* Szerkesztette az Országos Széchényi Könyvtár Bibliográfiai Osztálya. Budapest: Országos Széchényi Könyvtár, 1964. 736p.

Except for the inclusion of phonograph records, like the one for 1961–1962 (see no. 4591). ICU MnU FiHU GeLBM GeOB GyGNSU

LITERARY AND CULTURAL INFLUENCES AND RELATIONS

4594. *Mark Twain. (1835–1910) Bibliográfia.* Budapest: Fővárosi Szabó Ervin Könyvtár, 1960. 25p.

A bibliography of his works and studies about them published in Hungary in three parts: (1) reviews of works published in 1953, 1956 and 1957, (2) separately published works arranged by genres, and (3) studies of his works. English as well as Hungarian titles for his works. Provides locations in Hungarian libraries for studies about him.

CLASSIFIED AND DETAILED BIBLIOGRAPHIES
OF LITERATURE AND RELATED SUBJECTS

4595. *A magyar irodalom bibliográfiája. 1956–1957.* Összeállította Kozocsa Sándor. Budapest: Gondolat, 1961. 717p.

A bibliography of Hungarian literature by year, further subdivided into

(1) general works, classified by subject, (2) collections, and (3) individual authors. Includes monographs, articles, and original books and original belles-lettres in periodicals. Reviews also. Data: for books, title, genre, place and date of publication, publisher, and total pages; for periodical materials, title, name of periodical, volume or number, and inclusive pages. (See no. 4598) NNC AsWN FiHI FiHU GeLBM GeLU GeOB GyGNSU

4596. *A magyar kéziratos énekeskönyvek és versgyűjtemények bibliográfiája.* (*1565–1840*) Összeállította Stoll Béla. Budapest: Magyar Tudományos Akadémia Irodalomtörténeti Intézete, 1963. 537p.

A bibliography of more than 883 Hungarian song books from 1565 to 1840. Arranged chronologically. Data: title, date of publication, number of pages, place of publication, location, collection of which it is a part. Title page recorded, contents described, and bibliography provided for the item. Appendix: Titles and locations of one- or two-page manuscripts up to 1711, not listed in the major section of the bibliography, to be found in Hungary, Czechoslovakia, Rumania, and Zagreb. NNC FiHU GyGNSU

4597. Tezla, Albert. *An introductory bibliography to the study of Hungarian literature.* Cambridge, Mass.: Harvard University Press, 1964. 290p.

A selected bibliography of books, monographs, and articles basic to the study of Hungarian literature. In two major parts: *Part I*, Annotated secondary sources and *Part II*, Anthologies, series, and selected editions for 101 authors. Location symbols provided for titles to be found in selected United States and European libraries (outside Hungary). Appendixes: (A) Catalogue of scholarly and literary periodicals, (B) Hungarian–English and English–Hungarian dictionaries, and (C) Directory of libraries in which titles were located. CLU CoU DLC IC ICU IaU KMK MH MH-L MiU MnU MoSW MoU NB NN NNC OCl PPiU AsWN AsWU FiHU GeCU GeLBM GeLU GeOB GyBDS GyBH GyGGaU GyGNSU

4598. *A magyar irodalom bibliográfiája. 1958.* Összeállította Kozocsa Sándor. Budapest: Gondolat, 1965. 581p.

Same as the one for 1956–1957 (see no. 4595). GeLBM GeOB GyGNSU

4599. *A magyar néprajztudomány bibliográfiája. 1945–1954.* Szerkesztette Sándor István. Budapest: Akadémiai Kiadó, 1965. 463p.

Articles and books on ethnography (social and cultural anthropology) published in Hungary from 1945 to 1954. Sixty subject headings. Introduction and table of contents in German, pp. 389–405, in English, pp. 407–421, and Russian, pp. 423–438. DLC MnU AsWN FiHU GeCU GeLBM GyGNSU

HUNGARIAN, HUNGARIAN–ENGLISH DICTIONARIES

4600. *A magyar nyelv értelmező szótára.* Szerkesztette Bárczi Géza és Országh László. I–VII. kötet. Budapest: Akadémiai Kiadó, 1959–1962.

Contains some 60,000 learned and common words. Entries also concerned with collocations of words, current usage, idiomatic expressions, synonyms, phrases, and proverbs. Words formed from the root are shown at end of entry. Major purpose is to show the nuances, flexibility, and expressiveness of the Hungarian language. CLL CLU CU CtY CoU DLC DS ICU InU MB MH MiU MnU NIC NN NNC FiHI FiHU GeLBM GyBDS GyBH GyGGaU GyGNSU

4601. Országh László. *Magyar-angol szótár.* Második, teljesen átdolgozott és bővített kiadás. Budapest: Akadémiai Kiadó, 1963. 2144p.

Contains 122,000 entries, an increase of about 34,000 over the first edition, in part because of the natural development of words and in part because of the desire to include words in such areas as botany, zoology, musicology, film arts, and psychology not to be found in technical Hungarian–English dictionaries. Also an increase in word-groups to approximately 116,000. Words are those in most frequent use before the 1960's. DLC ICU MH MnU NN NNC GeLBM GeLU GeOB

GRAMMAR OF AND TREATISE ON THE HUNGARIAN LANGUAGE

4602. *A mai magyar nyelv rendszere. Leíró nyelvtan.* Szerkesztette Tompa József. I–II. kötet. Budapest: Akadémiai Kiadó, 1961–1962.

A descriptive grammar of the Hungarian language: Vol. I, phonetics and morphology; vol. II, syntax. CLU CoU InU ICU MH NNC OU TxU AsWN FiHI FiHU GeLBM GyBDS GyGGaU GyGNSU

4603. Bárczi Géza. *A magyar nyelv életrajza.* Budapest: Gondolat, 1963. 462p.

A study of the major phases of the development of the Hungarian language from its beginnings to the present. Linked with the economic, social and cultural changes which the Hungarian people underwent in the course of becoming a socialistic nation. Bibliography, by chapters, pp. 391–402. NN NNC AsWN FiHI FiHU GeOB GeLU GyBDS GyBH GyGGaU GyGNSU

GENERAL ENCYCLOPEDIA

4604. *Új magyar lexikon.* Szerkesztette az Akadémiai Kiadó Lexikonszerkesztősége. I–VI. kötet. Budapest: Akadémiai Kiadó, 1959–1962.

DLC MH MnU NN NNC AsWU FiHI FiHU GeOB GyGNSU

LITERARY AND FINE ARTS LEXICONS

4605. *Magyar irodalmi lexikon.* Főszerkesztő Benedek Marcell. Szerkesztő bizottság: Bölöni György, Király István, Pándi Pál, Sőtér István, Tolnai Gábor. I–III. kötet. Budapest: Akadémiai Kiadó, 1963–1965.

Articles on authors, individuals connected with literature, periodicals, and literary terms. Information about the languages into which works have been translated. Bibliography of primary and selected secondary sources after each author entry. DLC ICU MH MnU NNC OCl AsWN FiHU GeCU GeLU GyBDS GyBH GyGGaU GyGNSU

4606. *Film kislexikon.* Szerkesztette Ábel Péter. Budapest: Akadémiai Kiadó, 1964. 981p.
A lexicon of the cinematic arts giving special attention to Hungarian films and artists. DLC MnU GeCU GyBDS

4607. *Művészeti lexikon.* Főszerkesztők Zádor Anna és Genthon István. Eddig I. kötet: A–E. Budapest: Akadémiai Kiadó, 1965+.
A lexicon of the visual arts giving special attention to Hungary. Selected bibliographies at ends of articles. MH MnU NNC AsWN GeLBM GyBDS

4608. Szabolcsi Bence és Tóth Aladár. *Zenei lexikon.* Főszerkesztő Bartha Dénes, szerkesztő Tóth Margit. I–III. kötet. Budapest: Zeneműkiadó, 1965. 687p.
A lexicon of music giving special attention to Hungary. DLC MnU NIC NNC GeLBM GyBDS

HISTORICAL AND CULTURAL BACKGROUNDS

HISTORICAL

4609. *Studien zur Geschichte der Österreichischen-Ungarischen Monarchie.* Redigiert von V. Sándor und P. Hanák. Budapest: Akadémiai Kiadó, 1961. 524p.
A collection of studies dealing with the Austro-Hungarian Monarchy from 1848 to 1914: (1) the economic and social structure, (2) the dualistic system, and (3) nationality and the worker's movement. ICU NNC AsWN GeCU GyBDS GyBH GyGNSU

4610. *Magyarország története.* Az első kötetet írta Elekes Lajos, Lederer Emma és Székely György, a 2. kötetet szerkesztette H. Balázs Éva és Makkai László, a 3. kötet szerkesztette Mérei Gyula és Spira György. I–III. kötet. Budapest: Tankönyvkiadó, 1961–1962.
A history of Hungary from ancient times to 1849 for the use of university students. Chronological tables of events and maps in each volume. Vol. I, ancient times to 1526; vol. II, the late feudal period, 1526–1790; vol. III, the transition from feudalism to capitalism, 1790–1849. [DLC] [MH] MnU NNC AsWN FiHU GeLU GeCU GyBDS GyGNSU

4611. Cennerné Wilhelmb Gizella. *Magyarország történetének képeskönyve. 896–1849.* Budapest: Képzőművészeti Alap, 1962. 359p.
A picture book of Hungarian history from 896 to 1849, with brief text. Bibliography, pp. 335–348. NN NNC FiHU GeLBM GyBDS

4612. Macartney, C. A. *Hungary: a short history.* Edinburgh: Edinburgh University Press, 1962. 262p.

A survey of Hungarian history from its beginnings to 1956. Illustrations. MH NN NNC OCl AsWN AsWU FiHU GeCU GeOB GyBDS

4613. *Magyarország története.* Szerkesztették Molnár Erik, Pamlényi Ervin és Székely György. I–II. kötet. Budapest: Gondolat, 1964.

The history of Hungary from before the arrival of the Hungarians to the establishment of the Hungarian People's Democracy. Numerous illustrations and maps. Chronological table of events in Hungary and the world in each volume. Bibliography in vol. II, 585–654. Vol. I, to 1849; vol. II, 1849–1961. NNC GeLBM GyBDS GyGNSU

CULTURAL

4614. Szabolcsi Bence. *A magyar zene évszázadai.* Sajtó alá rendezte Bónis Ferenc. I–II. kötet. Budapest: Zeneműkiadó, 1959–1961.

A collection of Szabolcsi's studies of various aspects of Hungarian music from the Middle Ages to the end of the 19th century. Attention to changes in style. Bibliography, by chapters, in vol. II, 318. Vol. I, Middle Ages to the 18th century; vol. II, 18th and 19th centuries. [DLC] ICN InU MH MnU NIC NNC AsWN FiHU GeCU GeLBM GeOB GyBDS GyGNSU

4615. *A magyar zenetörténet képeskönyve.* Keresztury Dezső, Vécsey Jenő és Falvy Zoltán munkája. Budapest: Magvető, 1960. 335p.

A picture book of the history of Hungarian music from ancient times to Béla Bartók and Zoltán Kodály. Brief texts to many of the illustrations. DLC MH NcU OCl AsWN FiHU GyBDS

4616. Legány Dezső. *A magyar zene krónikája. Zenei művelődésünk ezer éve dokumentumokban.* Budapest: Zeneműkiadó, 1962. 535p.

Documentary account of Hungarian music from the Middle Ages to Zoltán Kodály. Bibliographical notes, pp. 451–516. Illustrations. DLC ICU NN OCl AsWN GeOB GyBDS

FOREIGN LITERARY INFLUENCES AND RELATIONS

4617. Csapláros, István. *Sprawy polskie w literaturze węgierskiej epoki oświecenia.* Warszawa: Uniwersytet Warszawski, 1961. 180p.

The first volume of a work showing the echoes of Polish history in Hungarian literature from 1772 to 1863. Covers the period to 1830. Bibliographical footnotes. Summaries: Russian, pp. 148–154; French, pp. 155–162; Hungarian, pp. 163–169. ICU MH NNC AsWN AsWU GyBDS GyBH GyGGaU

4618. *Tanulmányok a magyar-orosz irodalmi kapcsolatok köréből.* Szerkesztő bizottság: Bor Kálmán, Czine Mihály, Kemény G. Gábor, Nyírő Lajos,

Rejtő István. Szerkesztette Kemény G. Gábor. I–III. kötet. Budapest: Akadémiai Kiadó, 1961.

A collection of individual studies dealing with the connections between Hungarian and Russian literature and the influence of the latter on the former. Begins with the 12th century and closes with the period following World War II. Russian authors receiving attention: Pushkin, Lermontov, Gogol, Turgenev, Dostoevski, Tolstoy, Chekhov, Mayakovsky. Hungarian authors: János Arany, Mór Jókai, Imre Madách, Endre Ady. Index in each volume. Summaries of chapters in Russian in vol. I, 565–579; II, 463–475; III, 467–474. Vol. I–II, to Endre Ady and the *Nyugat*; vol. III, 1917 to after 1945. DLC MH MnU NNC AsWN AsWU FiHU GeCU GeLBM GeLU GyBDS GyBH GyGNSU

4619. Lengyel Béla. *Szovjet irodalom Magyarországon. 1919–1944.* Budapest: Akadémiai Kiadó, 1964. 373p.

A history of the knowledge and opinions of Russian literature in Hungary and a study of the influence of that literature on Hungarian literature. Chapter on Gorky and his effect on Hungarian literary life. Bibliographical footnotes. DLC MH MnU NNC AsWN FiHU GeLBM GeOB GyBH

4620. *Tanulmányok a csehszlovák-magyar irodalmi kapcsolatok köréből.* Szerkesztette Zuzana Adamová, Karol Rosenbaum és Sziklay László. Budapest: Akadémiai Kiadó, 1965. 592p.

A collection of studies relating the literatures of Hungary and Czechoslovakia. Contains bibliographies of works translated from one language to the other since 1945. MnU AsWN GeLBM GyBDS GyGNSU

GENERAL HISTORIES OF HUNGARIAN LITERATURE

4621. Klaniczay Tibor, Szauder József és Szabolcsi Miklós. *Kis magyar irodalomtörténet.* Budapest: Gondolat, 1961. 493p.

A history of Hungarian literature using a Marxist approach and the most recent research and showing the connections between Hungarian and world literature. Bibliography of studies about the authors and periods, pp. 463–468. Illustrations. Also published by Corvina Press, Budapest, in French (1962), Russian (1962), and English (1964). DLC NN NNC AsWU FiHI FiHU GeLBM GeLU GyBDS GyBH GyGNSU

4622. *A magyar irodalom története.* Szerkesztők: Bóka László, Pándi Pál, Király István és Sőtér István. Eddig I–II. kötet. Budapest: Bibliotheca és Gondolat, 1957+.

The first two volumes of a history of Hungarian literature using the Marxist approach. Vol. I treats the subject to 1849; vol. II, published in 1963, covers the period 1849–1905. Each volume delineates the major trends and the lives and writings of the major authors and includes Appendix: a chronological table of Hungarian and world historical and literary events as well as a bibliography for the various movements and for primary and secondary sources for the authors (vol. I [459]–468; vol. II, 441–465). Illustrations. The third, from Endre Ady to the present, is in preparation. DLC ICU MH MnU NNC FiHI FiHU GeLBM GyBDS GyBH GyGNSU

4623. Ruzicska, Paolo. *Storia della letteratura Ungherese.* Milano: Nuova Accademia Editrice, 1963. 830p.

A history of Hungarian literature from its beginnings to 1945. Bibliographical notes, pp. 749–802. FiHU

4624. Reményi, Joseph. *Hungarian writers and literature. Modern novelists, critics, and poets.* Edited with an introduction by August J. Molnár. New Brunswick: Rutgers University Press, 1964. 512p.

A four-part collection of Reményi's essays on Hungarian literature and writers, most of them previously published: (1) A history of Hungarian literature: "A survey of Hungarian literature" and "Hungarian literature during three decades, 1925–1955"; (2) 19th-century Hungarian writers: Ferenc Kazinczy, Zsigmond Kemény, József Katona, Miklós Jósika, Mihály Vörösmarty, Sándor Petőfi, János Arany, József Eötvös, Imre Madách, Géza Gárdonyi, Kálmán Mikszáth, Mór Jókai, János Vajda, Gyula Reviczky, and Jenő Komjáthy; (3) 20th-century Hungarian writers and literature: Endre Ady, Ignotus, Ferenc Herczeg, Gyula Krúdy, Gyula Szini, Ferenc Móra, Dezső Kosztolányi, Zoltán Ambrus, Gyula Juhász, Margit Kaffka, Árpád Tóth, Frigyes Karinthy, Mihály Babits, Zsigmond Móricz, Dezső Szabó, Ferenc Molnár, Zsolt Harsányi, Attila József, Lőrinc Szabó, Gyula Illyés, Lajos Kassák, László Németh, László Mécs, Sándor Márai, Lajos Zilahy, Áron Tamási, and Sándor Reményik; and (4) Essays on Hungarian literature: "Hungarian humor," "Hungarian writers and the tragic sense," and "Modern Hungarian literature in translation." The essays on authors generally provide biographical details and characterizations of their writings. Contains a three-part bibliography of reference works, Hungarian literary history and criticism, and Hungarian prose and verse in translation, pp. 472–479. CoU DLC FTaSU IC ICU MH MnU MoSW NN NNC OCl FiHU GeLBM GeLU

4625. *A magyar irodalom története.* Készült a Magyar Tudományos Akadémia Irodalomtörténeti Intézetében. Főszerkesztő Sőtér István. Szerkesztők Klaniczay Tibor (1–2. kötet), Pándi Pál (3. kötet), Sőtér István (4. kötet), Szabolcsi Miklós (5–6. kötet). I–VI. kötet. Budapest: Akadémiai Kiadó, 1964–66.

A history of Hungarian literature from its beginnings to the present to create a Marxist synthesis of its development. Discussion of each literary period followed by biographical treatment of authors included and an analysis of their works by types. Select bibliographies follow chapters and major sections. Index of abbreviations of periodical titles and name index in each volume. Vol. I, to 1600; vol. II, 1600–1772; vol. III, 1772–1849; vol. IV, 1849–1905; vol. V, 1905–1919; vol. VI, 1919 to the present. DLC [MH] MnU NNC AsWN FiHI FiHU GeCU GyBDS GyBH GyGNSU

HISTORIES OF AND TREATISES ON LITERARY AND RELATED SUBJECTS BY PERIODS

MIDDLE AGES

4626. Gulyás Pál. *A könyv sorsa Magyarországon.* I–III rész. Kézirat gyanánt. Budapest: Országos Széchényi Könyvtár Könyvtártudományi és Módszertani Központ, 1961.

An account of books published in Hungary during the Middle Ages: their forms, preparation of codexes, decoration, binding, circulation, libraries. NN AsWN GeLBM

RENAISSANCE AND REFORMATION (1450–1630)

4627. Soltész Zoltánné. *A magyarországi könyvdíszítés a XVI. században* Budapest: Akadémiai Kiadó, 1961. 195p.

The history of book illustration in Hungary during the 16th century, with 72 pages of illustrations. Chapters on individual printers and presses. Catalogue of the books discussed, for each chapter, pp. 127–147. Chapter summaries in German, pp. 149–172. CU DLC ICN ICU NNC AsWN GeCU GeLBM GeOB GyBDS GyBH GyGNSU

4628. Gerézdi Rabán. *A magyar világ líra kezdetei.* Budapest: Akadémiai Kiadó, 1962. 327p.

The emergence of the Hungarian lyric prior to 1526 discussed in terms of: (1) the "scribe" songs, (2) the religious songs, and (3) the goliardic songs. Bibliographical footnotes. Illustrations. DLC MH MnU NNC AsWN FiHI FiHU GeCU GeLBM GyBDS GyBH GyGGaU GyGNSU

4629. Molnár József. *A könyvnyomtatás hatása a magyar irodalmi nyelv kialakulására 1527–1576 között.* Budapest: Akadémiai Kiadó, 1963. 353p.

An account of printers and the presses during the first 50 years of book printing in Hungary and their effect on the development of a literary language. Numerous tables analyzing the orthography. Bibliography, pp. 346–348. MH NNC AsWN GeLBM GyBDS GyBH GyGGaU GyGNSU

4630. Nemeskürty István. *A magyar széppróza születése. Tanulmány.* Budapest: Szépirodalmi Könyvkiadó, 1963. 305p.

A study of the birth and phases of development of Hungarian prose in the 16th century. Attention to Gábor Pesti, *Nagy Sándor historiája*, Gáspár Heltai, Péter Bornemisza, Mihály Veresmarti, János Baronyai Detsi, Pál Háporthoni Forró, Gábor Mindszenthi, *Mánkóczi István.* Bibliography, by chapters, pp. 297–306. NNC AsWN FiHU GeLBM GyBDS GyGNSU

LITERARY REVIVAL, AGE OF REFORM, AND ROMANTICISM
(1772–1849)

4631. Bodolay Géza. *Irodalmi diáktársaságok. 1785–1848.* Budapest: Akadémiai Kiadó, 1963. 809p.

Student societies in Hungary from 1785 to 1848: their contributions to the development of the Hungarian language, their history, and their various intellectual, learned, political, and literary activities. Bibliography of sources arranged by general subject and by name of society, pp. 765–782. DLC MH NNC AsWN GeLBM GeOB GyGNSU

AGE OF REALISM (1849–1905)

4632. Geréb László. *A munkásügy irodalmunkban. 1832–1907. Tanulmányok.* Budapest: Akadémiai Kiadó, 1961. 171p.

Four studies: (1) Hungarian literature concerned with the worker, 1832–1872, (2) Viktor Darmay's political verses, (3) The 1905 Russian revolution in Hungarian poetical literature, and (4) The first Russian revolution in Hungarian public periodicals. Bibliographical footnotes. Reproductions and facsimiles. DLC MH NN NNC AsWN GeLBM GyBDS GyBH GyGNSU

AGE OF MODERN LITERARY TRENDS (1905–1945)

4633. *Tanulmányok a magyar szocialista irodalom történetéből.* Szerkesztette Szabolcsi Miklós és Illés László. Budapest: Akadémiai Kiadó, 1962. 676p.

Individual studies dealing with the writers and factors that played a part in the development of a socialistic literature in Hungary. Bibliographies and sketches of authors, their lives and writings. Among the writers discussed in separate studies: Aladár Komját, Andor Gábor (see no. 1074), József Révai, László Lukács, and Attila József. DLC NNC AsWN GeCU GeOB GyBDS GyBH GyGNSU

4634. Lengyel Géza. *Magyar újságmágnások.* Budapest: Magyar Tudományos Akadémia Irodalomtörténeti Intézete, 1963. 193p.

A history of Hungarian newspapers at the end of the 19th and in the first half of the 20th century: *Pesti Hírlap, Budapesti Hírlap, Az Est,* and *Budapesti Napló.* Information about the journalistic activities of authors known to the editors: Mór Jókai, Kálmán Mikszáth, and Endre Ady. Bibliographical footnotes. MH AsWN GyBDS GyBH GyGNSU

FROM 1945 TO THE PRESENT

4635. Sivirsky, Antal. *Die ungarische Literatur der Gegenwart.* Bern und München: Francke, 1962. 109p.

A history of Hungarian literature from 1900 to 1956. Discussion by types or authors. Main attention to literary trends and to the literary character of authors and their writings. Brief concluding chapter on Hungarian literature written in foreign countries. ICU MH NNC AsWN FiHU GyBH GyGGaU GyGNSU

4636. Tóth Dezső. *A felszabadulás utáni magyar irodalom története.* Kézirat. Budapest: Magyar Tudományos Akadémia Irodalomtörténeti Intézete, 1963. 146p.

A mimeographed history of Hungarian literature from 1945 to 1963 in the following periods: 1945–1948, 1948–1953, 1953–1956, 1957–1963. Discussion of each period as follows: general state of the literature, the novel and short story, lyric poetry, the drama. GyBDS

4637. Pál Ottó. *Írók és olvasók. Író-olvasó találkozók rendezésének módszertana.* Budapest: Tudományos Ismeretterjesztő Társulat, Könyvkiadók és Terjesztők Tájékoztató Központja, 1964. 102p.

In two parts: (1) An account of the various means used to spread knowledge of Hungarian literature in Hungary and mainly (2) An appendix providing bibliographical notes, to February 29, 1964, on living Hungarian belles-lettristic authors, critics, and translators in alphabetical order by name with data on their lives and works. DLC MnU GyBDS

TREATISES ON LITERARY TYPES

DRAMA AND THEATER

4638. *Magyar színháztörténet.* Szerkesztette és a bevezetést írta Hont Ferenc· Írta a Színháztudományi Intézet színháztörténeti munkaközössége: Cenner Mihály, Dömötör Tekla, Haraszty Árpádné, stb. Budapest: Gondolat, 1962. 331p.

First effort at a complete overview of the Hungarian theater since the works of Béla Váli and József Bayer, but considered by the editor to be a short history filling in gaps, correcting previous errors, and clarifying the major trends in development. Covers periods missing from earlier surveys: the beginnings, the Middle Ages, and the most recent times. Provides results of the research begun in the 1930's. Marxist-Leninist approach. Selective and critical bibliography of both European and Hungarian sources for each chapter, prepared by Géza Staud, pp. 293–[301]. DCL

4639. Staud Géza. *A magyar színháztörténet forrásai.* I–III. rész. Budapest: Színháztudományi Intézet, 1962–1963.

A detailed and critical discussion of sources for the study of the history of the Hungarian theater: (1) playscripts, playbills, and handbooks, (2) the publisher of plays, memoirs and letters, and archival materials, and (3) pictorial materials, legal rules, bequeathed property, and miscellaneous sources. Critical subject bibliography in Pt. 3, pp. 52–118: published sources, bibliographies on the theater, lexicons, history of the drama (surveys, school plays), history of the theater, individual theaters, and individual actors. Bibliographical notes. Facsimiles. DLC

4640. Dömötör Tekla. *Naptári ünnepek—népi színjátszás.* Budapest: Akadémiai Kiadó, 1964. 271p.

A discussion of folk-theater customs attending calendar holidays. Arranged chronologically by holiday periods, beginning with Lent. Materials drawn from sources before the beginning of the 19th century, before more learned accounts were available. Contains a chapter on the historical sources of the customs, and concludes with a chapter evaluating the aesthetic character of the folk theater. Bibliographical notes. Bibliography of sources in Hungarian and other languages, pp. 253–265. Summary in German, pp. 269–[272]. DLC

4641. Hegedüs Géza és Kónya Judit. *A magyar dráma útja.* Budapest: Gondolat, 1964. 251p.

A survey of Hungarian drama from the 16th century to the present focusing on the major figures and the dramas contributing to its development. In essay form with sketches of the authors included. Bibliographical notes, pp. 243–246. CLU DLC MnU NNC AsWN GeCU GeLBM GyBDS GyGNSU

4642. *A Nemzeti Színház.* Szerkesztette Székely György, írta Cenner Mihály, Mályuszné Császár Edit, Osváth Béla és Székely György. Budapest: Gondolat, 1965. 269p.

An illustrated history of the National Theater from 1837 to 1964. The programs of the National Theater for the 127 years, compiled by Géza Staud, pp. 153–[239]. NNC AsWN

POETRY

4643. Gáldi László. *Ismerjük meg a versformákat.* Budapest: Gondolat, 1961. 238p.

A three-part examination of verse forms and rhythms: (1) the origin of verse, (2) the various elements and kinds of Hungarian verse forms and rhythms, and (3) such matters as the sounds of verse and the syntactical considerations in verse. Bibliographical notes, by chapters, pp. 199–209. NNC GeLBM GyBDS GyBH GyGGaU GyGNSU

4644. Tamás Attila. *Költő világképek fejlődése Arany Jánostól József Attiláig.* Budapest: Magyar Tudományos Akadémia Irodalomtörténeti Intézete, 1964. 166p.

Traces the changes in the world views of poets through eight decades from János Arany through Endre Ady to Attila József as revealed by their poems. Bibliographical footnotes. CU DLC InU MH MnU AsWN GeLBM GyBDS GyBH GyGNSU

TREATISES ON HUNGARIAN STYLE

4645. *A magyar stilisztika útja.* Sajtó alá rendezte, a lexikont írta és a bibliográfiát összeállította Szathmári István. Budapest: Gondolat. 1961. 699p.

Purpose: to show the antecedents and traditions of present-day Hungarian style, to assemble previous results and to help researchers to a perspective and to assist them in their work. In two parts: (1) Individual and fragmentary studies on the period from the second quarter of the 16th century to the 1940's, showing the course of the development of style, and (2) A bibliography of articles and studies dealing with style and the style of Hungarian authors, pp. 547–681 (pt. 1, subjects; pt. 2, authors). Contains an extensive lexicon for the subject. DLC InU NNC FiHU GyBDS GyGNSU

4646. *Stilisztikai tanulmányok.* A Kiadói Főigazgatóság stilisztikai előadássorozatának teljes anyaga. Budapest: Gondolat, 1961. 452p.

A collection of studies dealing with questions of style in Hungarian literature. Among them: the styles of Zsigmond Móricz, Dezső Kosztolányi and Attila József, the development of prose style after the revolution in style created by the periodical *Nyugat*, and the stylistic problems of the new poetry. Bibliographical footnotes. NNC GeLBM GyBDS GyGNSU

APPENDIX B

LITERARY AWARDS, SOCIETIES, NEWSPAPERS, AND PERIODICALS MENTIONED IN THE BIOGRAPHICAL SKETCHES

The information in this section was obtained mainly from the following sources: Jenő Pintér's eight volume *Magyar irodalomtörténet* (Budapest: Stephaneum, 1930–1941), Ferenc Ványi's *Magyar irodalmi lexikon* (Budapest: Studium, 1926), and the new three volume *Magyar irodalmi lexikon* (Budapest: Akadémiai Kiadó, 1963–1965; see no. 4605). The information in the subsection on newspapers and periodicals is reported under the titles appearing in the biographical sketches. Those titles for which data are provided in Appendix C are referred to that section. Changes in titles, titles of supplements, and titles of newspapers and periodicals mentioned in but not appearing as main entries are listed in their alphabetical place. Some information is recorded for all important Hungarian newspapers and periodicals. No data on nine Hungarian and ten foreign titles were available in the sources consulted. For the most part, the unreported Hungarian titles are those which were published in the provinces or in countries neighboring Hungary, or which appeared for a very short time.

LITERARY AWARDS

Baumgarten Prize: System of prizes and grants established on October 7, 1923, by the testament of Ferenc Ferdinánd Baumgarten, an aesthetician and critic. First awards made in 1929, last in 1949, always on January 18, the anniversary of his death. Administered by a board of trustees called the Baumgarten Kuratórium. Members were Lóránt Basch and Mihály Babits, and, after the latter's death in 1941, Aladár Schöpflin. According to the terms of the will, the annual award and grant were to be conferred upon those literary or learned writers who were free of all forms of prejudice and pursued their ideals at great material hardship to themselves. Annual awards totaled 3000–8000 pengős; from 1947, 8000–10,000 forints. Trustees were often attacked by leftist writers for selections. The awards served a positive purpose in encouraging the development of Hungarian literature.

József Attila Prize: National literary award for poets, prose-writers, aestheticians, critics, and literary historians. Established in 1950 in the name of the noted poet. Three degrees: 10,000, 8000, and 5000 forints. Awarded each year on April 4, the date of Hungary's liberation in World War II.

Kossuth Prize: Medal conferred annually by the Hungarian People's Republic as its highest distinction in recognition of those who attain distinguished success in the areas of learning, arts, and production. May be awarded to a researcher or a group of individuals. Established in 1948, the 100th anniversary of the Revolution of 1848–1849, and presented on March 15 of each year. Since 1966 awarded every three years. Four awards: grand prize 75,000 forints, first 50,000, second 35,000, and third 20,000 forints. First literary award went posthumously, in 1948, to Attila József for his lifework.

Marczibányi Prize: The first literary prize in Hungary. Named after István Marczibányi (1752–1810), a literary patron and large landowner, whose will established a 50,000 forint foundation for the recognition of learned writings and literature. Presidents of the foundation: László Teleki, József Podmaniczky, Antal Cziráky, and György Mailáth. Prizes awarded by the National Museum. Prize of 400 forints awarded at a ceremonial meeting 1815–1830. Foundation did not function 1831–1845. Granting of awards taken over by the Academy in 1845 and divided into two grants, one of which was awarded annually to a work considered to be second best to the one receiving the Academy's own grand prize. Last awarded in 1944.

Central Council of Hungarian Trade Unions Prize: Established in 1958 to recognize distinguished achievement in each branch of the arts. Individual amounts of 10,000 forints awarded on May 1 of each year. Literary prize awarded to the work of the previous year considered to be the best treatment of a contemporary theme. Priority given to one developing some theme from the life of a worker.

LITERARY AND LEARNED SOCIETIES

Academy: See Magyar Tudományos Akadémia.

Batsányi János Társaság: See Janus Pannonius Társaság.

Dugonics-Társaság: Literary society established in Szeged in 1892. Named after András Dugonics. Main purpose was to support literary life in Szeged and the Alföld and to spread knowledge about Hungarian literature. Held lectures and literary celebrations, and conducted research. Also awarded prizes to its members to help them prepare works for publication. Fifty members. Desired to establish freedom from the literature of Budapest but welcomed visits from writers working in the capital. György Lázár was first president; succeeded by József Szalay. Its best yearbooks include those celebrating the 100th anniversaries of the death of Dugonics and Sándor Petőfi. Also published monographs, including Antal Prónai's biography of Dugonics. István Tömörkény and Ferenc Móra served as secretaries for a time.

Erdélyi Irodalmi Társaság: Literary society established on November 18, 1888 in Kolozsvár, Transylvania, to encourage the development and knowledge of Hungarian literature. Gyula Csernátoni secretary and Géza Kuun president at its founding; Endre Dózsa secretary beginning in 1905. Csernátoni and Zoltán Ferenczi, both Petőfi specialists, played a large role in its activities. Published *Erdélyi Lapok* under the editorship of Dezső Kovács and Ernő Kiss until 1913. Ceased to function for a time after World War I. Resumed its activities in 1921. Membership about 80 in mid-1920's. Dózsa president in 1926. Also published literary works.

Erdélyi Katolikus Akadémia: Formed in 1929 in Kolozsvár to assist the work of Hungarian Catholic writers and scholars in Rumania.

Erdélyi Múzeum-Egylet: Oldest Hungarian learned society in Transylvania. Founded by Imre Mikó in 1859 in Kolozsvár for the major purpose of maintaining the Erdélyi Museum (established in 1860). Its various learned sections (philosophy, language, history; natural sciences; medical science; law and political science) contributed significantly to the stimulation of learning and literature among Hungarians in Transylvania. Arranged lectures, congresses, and exhibitions. Published two periodicals: *Erdélyi Múzeumi Füzetek* and *Orvostudományi Értesítő*. Work of professors at the University of Kolozsvár made its activities flower after 1872. Ceased its activities for a time after World War I but resumed them in 1921.

Hazafiúi Magyar Társaság: Learned society established in 1789 on the basis of György Bessenyei's plan in his *Egy magyar társaság iránt való jámbor szándék*. Failed quickly for lack of support from the government.

Hungarian Writers' Federation: See Magyar Írók Szövetsége.

Írószövetség: See Magyar Írók Szövetsége.

Janus Pannonius Társaság: Literary society established to advance the literary and cultural life of the South Transdanubian region and Pécs. Became the publisher of *Sorsunk* (see Appendix C) in 1941. Published the works of poets and essayists in a series called Janus Pannonius Társaság Könyvtára. Name changed to Batsányi János Társaság in 1946. Ceased in 1948.

Kemény Zsigmond Társaság: Literary society founded in 1878 in Marosvásárhely, Transylvania, in the name of the noted author. Major purpose to cultivate literature and to collect the remains of folk poetry in Transylvania. Lajos Tolnai founder and first secretary; Károly Apor first president. Published *Erdélyi Figyelő* (q.v.) under the editorship of Tolnai 1879–1880. Its lectures, awards, and yearbooks influenced literary life in Transylvania. Secretaries after World War I: Károly Molter, then Mária Berde. Began publishing *Zord Idő* (q.v.) in 1920.

Kisfaludy-Társaság: Literary society established on November 12, 1836, in memory of Károly Kisfaludy with funds obtained from the publication of Ferenc Toldy's complete edition of Kisfaludy's works. Founders were his friends and fellow authors, including József Bajza, Toldy, and Mihály Vörösmarty. Only function at first was to award literary prizes (beginning in 1837) and to criticize odes. Beginning in 1841 its purpose was widened, and it became one of the most important influences on the development of literary taste and literature. Among members during early years: Pál Csató, Gergely Czuczor, Miklós Jósika, Ferenc Kölcsey, Pál Kovács, József Péczely, László Szalay, József Szenvey, Gusztáv Szontágh, and Lőrinc Tóth. Held monthly lectures; its annual meeting on the anniversary of Kisfaludy's birth, February 5. Reported its activities in *Kisfaludy-Társaság Évlapjai* (see Appendix C). Also published *Szépirodalmi Szemle*; two book series, Széptani Remekírók and Külföldi Regénytár; numerous works by individual authors; and the very important collection of Hungarian folk poetry, Magyar Népköltési Gyűjtemény (1872–1914). Turned the attention of writers to the value of folk poetry, classical and world literature. Membership (50 regular, 20 corresponding) drawn from writers, poets, literary historians, aestheticians, critics, and translators. Among officers at one time: János Arany, András Fáy, Pál Gyulai, János Erdélyi, Miklós Jósika, József Eötvös, Zsigmond Kemény, Ferenc Toldy, Móric Lukács, Zsolt Beöthy, Albert Berzeviczy, and Géza Voinovich. Ceased in 1952.

Magyar Írók Szövetsége (in text also: Hungarian Writers' Federation and Írószövetség): Federation of Hungarian writers, poets, critics, and translators who endorse the basic principles of socialism and apply the tenet that literature is to build a socialistic society. Seeks to achieve social realism in literature. Established in February 1945 as Magyar Írók Szabad Szervezete; took its present name in July 1945. Represented a wide range of viewpoints 1945–1949 and often caused political difficulties 1949–1953. Became a forum for the discussion of differing views regarding the nature of socialistic progress in Hungary 1953–1956. At an organization meeting in September 1956 it endorsed the political concepts of Imre Nagy and chose officers supporting that position. At a meeting in December 1956 announced its manifesto, "Gond és hitvallás," which opposed the government of the Hungarian Revolutionary Workers' and Peasants' party. Was banned by the government in early 1957. Communist writers established Irodalmi Tanács in its place in spring 1957, but it became necessary to re-establish Magyar Írók Szövetsége through consolidation in 1959. This consolidation was carried out at a meeting on September 25, 1959. Since that date it has been fulfilling its original purposes. Presidents: Gergely Sándor, Gyula Illyés, and Aurél Kárpáti, 1945–1951; József Darvas, 1951–1953; Péter Veres, 1953–1957; Darvas from 1959. Secretaries-general, including chief secretaries: Elemér Boross, 1945–1946; Tibor Barabás, 1946–1949; Gábor Devecseri, 1949–1951; Lajos Kónya, 1951–1953; Sándor Erdei, 1953–July 1955; Aladár Tamás, July 1955–September 1956; Sándor Erdei, September 1956–1957; Imre Dobozy since 1959.

Magyar PEN Club: Hungarian chapter of the international association of world writers. Established in 1926 in Budapest with Jenő Rákosi as president. Members often engaged in controversies stemming from the social and political situation in Hungary. Tenth Congress held in Budapest in 1932. Officers: Dezső Kosztolányi, Albert Berzeviczy, and Antal Radó. Banned on March 9, 1945; resumed its activities in fall 1945. Officers after that time: Jenő Heltai, György Bölöni; István Sőtér president since 1960.

Magyar Tudományos Akadémia (in text: Academy): Hungarian Academy of Sciences. Formally organized on November 17, 1830, with József Teleki as president and István Széchenyi as vice-president. Began with six sections: linguistics, philosophy, history, mathematics, law, and natural science. Elected members from writers as well as scholars. Among writers first chosen: Károly Kisfaludy, Sándor Kisfaludy, Mihály Vörösmarty, Ferenc Kazinczy, Dániel Berzsenyi, Ferenc Kölcsey, and Ferenc Toldy. Its sections were reduced to three in 1869: language and liberal arts; history, philosophy, and social science; mathematics and natural science. The year 1949 was important as it was forced to merge with Természettudományi Akadémia (established in 1945) and Magyar Tudományos Tanács (established in 1948); its sections expanded to 10: language and literature, society and history, mathematics and physics, agriculture, medicine, engineering, chemistry, biology, economics and law, and earth sciences and mining. Continues to publish such important journals as *Irodalomtörténeti Közlemények, Magyar Nyelvőr* and *Magyar Könyvszemle* and important learned works throughout its history. Has awarded prizes to authors and literary historians since 1832; some named after noted persons (József Teleki, Ferenc Nádasdy, etc.). Presidents: József Teleki, 1830–1855; Emil Dessewffy, 1855–1866; József

Eötvös, 1866–1871; Menyhért Lonyay, 1871–1884; Ágoston Trefort, 1885–1888; Lóránd Eötvös, 1889–1905; Albert Berzeviczy, 1905–1935; Archduke Joseph Hapsburg, 1935–1945; Zoltán Kodály, 1946–1949; István Rusznyák since 1949.

Petőfi-Társaság: Literary society founded on November 23, 1876, to advance literature and aesthetics in Hungary. Mór Jókai president, 1876–1904; Ferenc Herczeg, 1904–1920. Made important contribution by collecting Sándor Petőfi relics and manuscripts, establishing and maintaining the Petőfi House, and publishing the Petőfi-könyvtár (see no. 3001). Published two periodicals: *Petőfi-Társaság Lapja*, 1877–1878, and *Koszorú* 1879–1885 (q.v.). Annually awarded the Petőfi Prize to the outstanding lyric poet and the Jókai Prize to the outstanding author of prose fiction. Ceased in 1944.

Szent István Akadémia. Formed from the learned and literary section of the Szent István Társulat in 1916. Chose its members from the most noted Catholic scholars and literary figures in Hungary.

Szigligeti-Társaság: Established in 1892 in Nagyvárad, Transylvania, for educational lectures and literary evenings. Founded by Ödön Rádl; János Karácsonyi president in 1926. Among noted members at the time of its founding: Sándor Endrődi, Ödön Iványi, Emma Ritoók, and Ede Sas. Did much to preserve the memory of Ede Szigligeti. A theater constructed in 1899 in Nagyvárad was named after him through efforts of members. Endre Ady elected a member in 1898 as a journalist in Nagyvárad. He often read from his poems at lectures.

Vörösmarty Akadémia (in text: Vörösmarty Academy): Literary society formed in December 1918, at the initiative of the writers of the Nyugat School to unite the progressive authors in Hungary. Named after Mihály Vörösmarty. Endre Ady elected president, Mihály Babits and Zsigmond Móricz vice-presidents, and Aladár Schöpflin secretary-general. Among members: Zoltán Ambrus, Sándor Bródy, Miksa Fenyő, Milán Füst, Géza Gárdonyi, Oszkár Gellért, Lajos Hatvany, Jenő Heltai, Ferenc Herczeg, Hugó Ignotus, Gyula Juhász, Margit Kaffka, Frigyes Karinthy, Lajos Kassák, József Kiss, Dezső Kosztolányi, Gyula Krúdy, Géza Laczkó, Ferenc Molnár, Lajos Nagy, Ernő Osvát, Béla Révész, Ernő Szép, Gyula Szini, Dezső Szomory, Józsi Jenő Tersánszky, and Árpád Tóth.

NEWSPAPERS AND LITERARY AND LEARNED PERIODICALS

Akasztott Ember. See *Ma.*

Alkotás. Fine arts periodical. Was published by Művészeti Tanács in Budapest. Edited by Lajos Kassák 1947–1948.

Arad és Vidéke. Arad, December 25, 1880–June 1921/24. Political daily. Official organ of the Arad County Independent and 1848 parties. Edited in

1910's by Elemér Szudy, Jenő Sugár, József Réthy, Géza Kaszab, and Sándor Károly.

Aradi Hírlap. Arad, 1883–1884. Political daily. Edited by Gyula Reviczky.

Athenaeum. Pest, January 1, 1837–1843. Literary and learned periodical which continued the program of *Aurora*, 1822–1837 (q.v.). Its critical articles sought to advance the principles of Károly Kisfaludy. Raised dramatic criticism to a systematic and serious level in Hungary for the first time; Mihály Vörösmarty its regular dramatic critic. Among its contributors: Gergely Czuczor, József Eötvös, János Erdélyi, András Fáy, János Garay, Miklós Jósika, Zsigmond Kemény, Lajos Kuthy, Ignác Nagy, Mihály Tompa, and Péter Vajda. In 1840, there were 120 writers contributing to the periodical. The first to publish, in 1842, a poem of Sándor Petőfi with his name. Appeared three times weekly. Editors: Vörösmarty, József Bajza, and Ferenc Toldy. Péter Vajda was assistant editor for a time. Weekly critical supplement published 1837–1840: *Figyelmező* (q.v.). Principal opposition periodicals: *Szion, Honművész,* and, especially, *Hírnök* (q.v.) and its supplement, *Századok.*

Aurora. Pest, 1822–1837. Károly Kisfaludy's literary and critical almanac. Voice of romanticism. One of the most important instruments in the establishment of Hungarian literature. Introduced new literary forms, including the short story, novel, and folk lyric poetry. Contained illustrations and musical compositions. First published Mihály Vörösmarty's *Szózat* and Ferenc Kölcsey's "Himnusz." Most important contributors: József Bajza, Gergely Czuczor, Kölcsey, Vörösmarty, and, above all, Károly Kisfaludy. Also published the writings of Dániel Berzsenyi, Gábor Döbrentei, János Erdélyi, András Fáy, József Gaál, János Garay, Gáspár Helmeczy, Ferenc Kazinczy, Sándor Kisfaludy, Ignác Nagy, Ferenc Toldy, Lőrinc Tóth, Péter Vajda, and Mihály Vitkovics. Established through request for subscriptions in *Hazai és Külföldi Tudósítások,* a political newspaper begun in 1805 by István Kultsár, which helped Pest become the publishing center of Hungary. First volume appeared in fall 1821 but dated 1822. Eventually appeared semi-annually; the number of copies exceeded 1000. Editors: Károly Kisfaludy, 1822–1832; Bajza, 1832–1837. Superseded by *Athenaeum* (q.v.).

Auróra. Budapest, December 24, 1919–1923. Learned and literary periodical with a progressive outlook. Articles on literature, the arts, social-political questions, religious life, education, the problems of women, personal health, and timely international issues. Among its contributors: Mihály Babits, Marcell Benedek, Imre Csécsy, Gyula Germanus, Kálmán Lambrecht, Máriusz Rabinovszky, Árpád Tóth, and Rusztem Vámbéry. Founded and edited by Sándor Giesswein, taken over by Dezső Szabó in January 1923, then continued by him as *Élet és Irodalom,* 1923 (q.v.). First two numbers appeared weekly, later numbers monthly.

Bécsi Magyar Újság. Vienna, October 31, 1919–October 31, 1923. Political newspaper which expressed the views of Hungarian Communist and radical journalists who emigrated to Vienna when the Horthy régime came to power in Hungary. Among its contributors: Béla Balázs, Lajos Barta, György Bölöni, Tibor Déry, Andor Gábor, Endre Gáspár, Lajos Kassák, Sándor Kémeri (Mrs. György Bölöni), and Béla Kőhalmi. Its staff placed anti-Horthy articles in foreign newspapers. Editorial policy guided by Oszkár Jászi beginning in 1922.

Bolond Istók. Budapest, January 6, 1878–January 1, 1918. Illustrated humor magazine intended to counteract the influence of *Borsszem Jankó* (q.v.) and to develop the strength and influence of the Independence party. Strongly anti-Austrian. Attacked the Hungarian Academy of Sciences and the Kisfaludy-Társaság; belittled Ágost Greguss, Pál Gyulai, Károly Szász, and the supporters of the government and learned men in general; opposed Jews and Catholic priests. Famous characters: General Szakramentovics, a Hungarophobe Austrian general; Flinta and Pecek, personifications of the Hungarian peasant soldier's mentality; Paja Móric, a member of the Tisza political party who is passionately fond of the meat pot; and Kóbi Federvieh, a Jewish journalist. Founded and edited by Lajos Bartók under the pseudonym Don Pedrő. Edited by Lajos Baróti from January 1, 1903; by Lajos Nagy in 1918.

Bolond Miksa. See *Borsszem Jankó*.

Borsszem Jankó. Pest, January 1868–1938. Illustrated weekly humor magazine which represented the views of the Government party and regularly supported the Deák party. Most widely read humor magazine in Hungary after the Compromise of 1867. Subscribers never exceeded 2000, but copies were available in nearly every reading circle and coffeehouse. Popularity based on its characters: Berci Mokány, provincial landowner; Vendel Sanyaró, civil official; András Mihaszna, policeman; and country bumpkins. Among its important contributors: Lajos Abonyi, Kornél Ábrányi, Árpád Berczik, Lajos Dóczy, Lajos Hevesi, Andor Kozma, Jenő Rákosi, and Zoltán Somlyó. Several of Mihály Babits's and Frigyes Karinthy's writings also appeared in it. Begun and edited by Adolf Ágai under the pseudonym Csicseri Bors. Principal opposition humor magazines: Mór Jókai's *Üstökös* (q.v.) and Kálmán Tóth's *Bolond Miksa*.

Budapesti Divatlap. See *Pesti Divatlap*.

Budapesti Hírlap. Budapest, June 16, 1881–1938. Political daily newspaper which aimed at the building of Hungarian patriotism and ideals and claimed to address all Hungarians. Did not support any political party but endorsed the Compromise of 1867. Came to the support of István Tisza near the end of the century. Later opposed Endre Ady and the members of the Nyugat School. Among its contributors: Ivor Kaas, Viktor Rákosi, and Béla Tóth; later Bernát Alexander, Ferenc Herczeg, Benedek Jancsó, Frigyes Karinthy, Andor Kozma, and Zsigmond Sebők. Published Ady's articles from Paris in

1904. Reached 30,000 subscribers around 1890. Begun under the editorship of Jenő Rákosi and József Csukássi. The former wrote numerous lead articles; the latter became chief editor in 1925. Other editors: Ferenc Csajthay, Emil Nadányi, György Ottlik, János Bókay, and Béla Pogány.

Budapesti Közlöny. Pest, March 12, 1867–1944. Official daily newspaper of the Hungarian government. Until 1875 contained articles on political questions and subjects of general interest in addition to laws, decrees, and announcements. During this period Ferenc Salamon, the historian, was editor; Adolf Gyurmán, editor of political columns; and László Arany, the most frequent contributor of articles on literature and the arts. In 1875 became the purely official daily on the grounds that it was unfair for a political party to use a tax-supported newspaper for its own purposes. Editors: Salamon, 1867–October 10, 1892; Károly Vadnay, June 1893–February 1905; Gusztáv Beksics, February 1905–May 1906. Gusztáv Ladik served as temporary editor on two occasions. István Bársony began his long editorship on June 1, 1907. Superseded by *Magyar Közlöny* in 1945.

Budapesti Napilap. Budapest, 1876–1878.

Budapesti Napló. Budapest, August 20, 1896–July 9, 1918. Liberal political daily newspaper which did not support any political party. In addition to József Vészi's lead articles, it was important for the encouragement it gave to Hungarian authors experimenting with the new forms of literary expression current in West European literature. Such contributors came mainly from *A Hét* (q.v.). Endre Ady, whose articles from Paris appeared in it in 1904, became a regular contributor in 1905; many of his poems and prosewritings first appeared in its pages before the founding of *Nyugat* (q.v.). Among its other contributors: Frigyes Karinthy, Dezső Kosztolányi, and Ferenc Molnár. Begun by Vészi and former staff members of *Pesti Napló* (q.v.), who had left that paper when he resigned. Editors: Vészi chief editor and Sándor Braun managing editor, 1896–1905; Ede Pályi editor-owner beginning in 1907. Circulation declined steadily under Pályi but still amounted to 11,000 in 1910.

Buda-Pesti Rajzolatok. See *Rajzolatok a Társas Élet és Divatvilágból.*

Budapesti Szemle. Pest, 1840–July 1841. Literary and learned journal. Purpose to provide a general survey of the national, social, and scientific problems of Hungary and Europe. Contained first-rate articles on literary, historical, and political subjects. First Hungarian journal to publish the studies of young authors and scholars of the time. Patterned after the *revue* of Western Europe. Founded by László Szalay in association with József Eötvös, Móric Lukács, and Ágost Trefort. All served as editors.

Budapesti Szemle. Pest, October 1857–December 1869. Literary, historical, and learned journal. Purpose to provide critical examinations of developments in Hungarian and European literature and learning. Mainly articles on literature and history. Among its contributors: János Arany, József Eötvös, Ágost Greguss, Pál Gyulai, Zsigmond Kemény, Ferenc Salamon, László Szalay, and Ferenc Toldy. Ten numbers annually. Founded by Antal Csengery. Editors: Csengery, 1857–1864; Csengery and Menyhért Lónyay, 1865–1869. Continued by *Budapesti Szemle*, 1873–1944 (q.v.).

Budapesti Szemle. Pest, January 1873–1944. Literary and learned journal supported by the Hungarian Academy of Sciences and considered by the Kisfaludy-Társaság as its own gazette, to which most of its members contributed. Contained academically oriented studies and critiques and original literary works. Reached its highpoint under the editorship of Pál Gyulai, its founder. Contributors prior to the end of the century included the most important authors, literary critics, and literary historians: Zoltán Ambrus, Bernát Alexander, Dávid Angyal, Sándor Baksay, Zsolt Beöthy, Árpád Berczik, Gergely Csiky, Sándor Endrődi, Vilmos Győry, Gusztáv Haraszti, István Hegedüs, Gusztáv Heinrich, Sándor Imre, Gusztáv Jánosi, Andor Kozma, József Lévay, Kálmán Mikszáth, Albert Pálffy, István Petelei, Jenő Péterfy, Antal Radó, Frigyes Riedl, Károly Szász, Gyula Vargha, János Váczy, Antal Zichy, and Géza Zichy. Appeared monthly 1873–1919. Editors: Gyulai, 1873–1909; Géza Voinovich, 1909–1944. Continued *Budapesti Szemle*, 1857–1869 (q.v.).

Cimbora. Kisbacon, Rumania, 1922–1929. Rumanian Hungarian illustrated weekly for children. Original belles-lettres of the highest quality. Important instrument in the development of children's literature in Hungarian. Educational section and editor's letters an important supplement to the formal schooling of children. Among its contributors: Béla Balázs, Jenő Dsida, Gyula Fábián, Jenő Szentimrei, and Áron Tamási. Editorial board in Kisbacon, Rumania; printing press in Szatmár.

Csillag. Budapest, 1947–1956. Literary and critical periodical under the direction of the Hungarian Communist party. Purpose to foster the development of socialist literature in accordance with the party's view of the function of literature. Concerned with all aspects of Hungarian cultural life. Contained reviews and original short stories, poems, and plays by Hungarian and foreign authors. Appeared monthly. Editors: Andor Németh, chief editor and István Király, managing editor, 1947–1950; Tamás Aczél, managing editor, August 1950–1953, when it became a periodical of Magyar Írók Szövetsége; István Király, managing editor, February 1953–1956, with a changing membership on the editorial board; Lajos Kónya became editor, fall 1956.

Debrecen. Debrecen, January 1869–1912, 1915, March 23–April 15, 1919. Political daily representing the official views of the Debrecen and Hajdu County Independence party. Edited in 1910's by Dezső Pósch, István Simon, Zoltán Szathmáry, and Vilmos Neményi. No editor recorded after March 23, 1919.

Debreceni Ellenőr. Debrecen, 1861. Appeared irregularly.

Debreceni Főiskolai Lapok. Debrecen, 1896–1914. Edited by Boldizsár Fél, Béla Kun, Béla Sipos, and Endre Gyökössy. Appeared irregularly.

Debreceni Független Újság. Debrecen, December 12, 1903–1930. Independent political daily. Edited in 1910's by Lóránt Hegedüs.

Debreceni Hírlap. Debrecen, 1912–1931. Newspaper appearing on Mondays. Edited by Sándor Balassa.

Debreceni Magyar Kalendárium. Debrecen, 1819–1856. Annual almanac founded, edited, and written by Mihály Fazekas until his death in 1828. Its strong educational purpose was new in Hungarian almanacs: to promulgate the value of work and to attack superstition among ordinary people. Contained learned information, writings with literary quality, and moral essays; omitted the traditional weather forecasts. Was widely read in Debrecen and the surrounding area.

Debreceni Nagy Újság. Debrecen, January 1911–1915. Political daily. Edited by Móric Perczel 1911–1912, Sándor Hajdu September 1912–1913, and József Szalánczy December 23, 1913–1915. Did not appear July 20–August 31, 1912.

Diárium. See Appendix C.

Diétai Magyar Múzsa. Pozsony, 1796. Mihály Csokonai Vitéz's periodical, in which he collected his poems and translations in the hope of obtaining the financial support of the aristocrats attending the parliamentary session in Pozsony in 1796. Appeared weekly. Ceased with 11th number for lack of support.

Dobsina és Vidéke. Dobsina, 1910–1918. Societal, politico-economic, and literary weekly. Edited by Károly Sztankovics 1910–1915, László Szombathy 1916–1918.

Dokumentum. Budapest, 1926 or 1927. Literary and societal periodical published by Lajos Kassák, with the assistance of Tibor Déry, Gyula Illyés, József Nádass, and Andor Németh.

Egyenlőség. Budapest, 1882–1938. Weekly periodical of Hungarian Jews. Strong editorial opposition to anti-Semitism but did not support Zionism. Editorship assumed by Lajos Szabolcsi in 1915 after the death of Miksa Szabolcsi. Andor Gábor was a staff member for a time.

Egyetértés. Budapest, April 1, 1874–October 1, 1913. Political daily newspaper which served as the organ of the Independence and 1848 parties. Its leftist leanings exerted a great influence on Hungarian society. Later editors continued to support the Lajos Kossuth cult. Edited by Lajos Csávolszky 1874–1899. Other editors: Márton Dienes, Pál Hoitsy, Károly Eötvös, and then Zoltán Pap, who was assisted by Ferenc Kossuth. Continued *Magyar Újság* (1867–1874), which represented the views of the 1848 party and published many of Lajos Kossuth's letters.

Egyházi Értekezések és Tudósítások. Veszprém, 1820–1824. Catholic quarterly intended to magyarize the Latin language of Catholic theology. Aroused the opposition of conservative priests but received support from those with liberal orientation. Ferenc Verseghy among its contributors. Edited by János Horváth, a distinguished canon and theologian. Ceased for lack of subscribers.

Együtt. Budapest, 1927–October 1928. Literary periodical which expressed the views and tastes of leftist writers. Among its contributors: Lajos Barta, Tibor Déry, Gyula Illyés, Pál Justus, and Lajos Kassák. Edited by Lajos Nagy.

Élet. Budapest, January 3, 1909–1944. Illustrated literary weekly with a Catholic viewpoint. Supported national traditions and Christian morality. Widely read by lower middle-class Catholic families in the provinces. Some writings of the representatives of the Nyugat School appeared in its early numbers, those of Dezső Kosztolányi 1910–1914; but eventually it sought to defend the national traditions of Hungarian literature against such influences. Editors: József Andor, 1908–1910; Alajos Izsóf, 1911–1913; Izsóf chief editor and Sándor Pethő editor first half of 1914; Andor, second half of 1914–1917; János Anka, October 27, 1918–1920; Anka and Zsolt Alszeghy, 1921–1922; Alszeghy, 1923–1944.

Élet és Irodalom. Budapest, 1923. Literary and critical periodical which was taken over by Dezső Szabó with the name *Auróra,* 1919–1923 (q.v.). Among contributors to first numbers: Aladár Bodor, Géza Féja, Gyula Juhász, and Árpád Tóth. Later numbers contained only Szabó's own writings and some poems by Endre Ady, Mihály Vörösmarty, and Sándor Petőfi.

Élet és Irodalom. Budapest, 1957+. Literary and critical weekly publishing those authors and critics who have accepted the role of strengthening the power of the people against opposing ideological tendencies. Editors: György Bölöni, 1957–October 1959; Miklós Szabolcsi, October 2, 1959–1961; Imre Dobozy and György Nemes, 1961+. Published by Magyar Írók Szövetsége since October 2, 1959. Mihály Váci became a member of editorial staff in 1960.

Élet és Literatúra. Pest, 1826–1829. First periodical on aesthetics in Hungary. Most important articles are those by Ferenc Kölcsey: his writings connected with the controversy with Ferenc Kazinczy about Ferenc Vályi Nagy's plagiarism of parts of Kölcsey's translation of the *Iliad,* his *Nemzeti hagyományok,* his critique of Körner's *Zrinyi,* and his studies of humor. First number contained the aphorisms of János Kis, Kölcsey's study of literary history, and Pál Szemere's translation of Körner's *Zrinyi.* Among other contributors: Dániel Berzsenyi, Gábor Döbrentei, Kazinczy, Károly Kisfaludy, János Mailáth, and Benedek Virág. Appeared irregularly. Title changed to *Muzárion* in 1827. Editors: Szemere and Kölcsey.

Életképek. Pest, 1843–December 31, 1848. A fashion periodical at its inception with the title *Magyar Életképek*, but name changed to *Életképek* in 1844 and content modified to include original belles-lettres and articles on literature and the fine arts. With *Athenaeum* (q.v.) it was the most important literary periodical in the 1840's. At first Adolf Frankenburg, editor and founder, stood apart from the literary controversy between the progressive *Pesti Divatlap* (q.v.) and the conservative *Honderű* (q.v.). It gained popularity by obtaining outstanding writers as contributors: János Arany, József Bajza, Gergely Czuczor, József Eötvös, András Fáy, József Gaál, Mór Jókai, Miklós Jósika, Zsigmond Kemény, Lajos Kuthy, Ignác Nagy, Sándor Petőfi, Ferenc Toldy, Mihály Tompa, and Gereben Vas. János Vajda's first poems appeared in it in 1844. In 1847, young revolutionary writers, led by Petőfi, who submitted some verses, became regular contributors. In the same year Frankenburg feared government reprisal and turned editorship over to Jókai. Editors: Frankenburg, 1843–July 1847, Jókai, July 1847–1848, with Petőfi's assistance after March 15, 1848.

Ellenőr. Pest, 1869–August 31, 1882. Political daily newspaper founded because of leftist dissatisfaction with the leadership of Kálmán Tisza. Directed sharp attacks against the Deák party. Editors: Lajos Csernátony (owner), 1869–1877; Sándor Palásthy, 1877; Árpád Hindy, beginning of 1878–1881; Lajos Láng, December 15, 1881–1882. Merged with *Hon* to become *Nemzet* (qq.v.).

Ellenzék. Kolozsvár, Transylvania, October 11, 1880–1944. Transylvanian Hungarian political newspaper with the longest and most important history. Also contained articles on literature, criticism, theater, and culture. Founded by Miklós Bartha. Managing editors: Mihály Magyary and then Ferenc Dobó; later László Grois, József Végh, István Sulyok, András Somodi, Jenő Szentimrei, and Imre Szeghő. László Szabédi, whose poems first appeared in its pages, was a staff member from 1931 to 1938.

Az Én Újságom. Budapest, December 15, 1889–1944. Children's illustrated weekly that played an important role in the development of juvenile literature in Hungary. Sought to influence young readers in the manner of *Új Idők* (q.v.). Ferenc Móra was a major contributor from 1905 to 1922. Numerous copies printed. Founded by Singer és Wolfner Publishers. Edited by Lajos Pósa until his death on July 9, 1914, when the editorship was assumed by Mózes Gaál.

Erdély. Marosvásárhely, Transylvania, December 24, 1870–December 30, 1876. Literary and critical periodical which served as the organ of Hungarian writers in Transylvania and Hungary who were opposed to the government. Founded by Lajos Tolnai. Editors: Tolnai, 1870–July 1, 1871; Antal Balás, 1871–May 1, 1872; Sámuel Kerekes, 1872–1876. Superseded by *Maros-Vidék*, which began as a weekly on January 4, 1877, and appeared on Thursdays and Sundays beginning in 1878.

Erdélyi Fiatalok. Kolozsvár (Cluj), 1930–1938. Socio-political periodical which served as the organ of a group of Hungarian writers in Rumania known as "the youth of Transylvania." Sought to initiate a social and cultural revolution which would provide knowledge about village and peasant life and lead to the alleviation of existing conditions. In its last years it followed the conservative and nationalistic views of the Hungarian party. Edited by Dezső László. In 1935 one of its factions founded *Hitel*, a periodical reflecting the views of Sándor Makkai and Gyula Szekfű.

Erdélyi Figyelő. Marosvásárhely, Transylvania, September 1879–1880. Lajos Tolnai's literary weekly. Appeared Sundays. Founded and edited by Tolnai under the auspices of the Kemény Zsigmond Társaság.

Erdélyi Helikon. Kolozsvár (Cluj), Rumania, 1928–1944. Illustrated literary and critical monthly. Became the most eminent organ of Hungarian literature in Rumania, and almost every important Hungarian writer in Transylvania contributed to it. Contained belles-lettres, studies of Hungarian and European literature and fine arts, and book reviews. Similar in format and content to *Nyugat* (q.v.), but occasionally published poems and stories with a more conservative outlook and style. Appeared ten times annually. Editors: Miklós Bánffy, Lajos Áprily; then Aladár Kuncz, László Kovács, and Károly Kós.

Erdélyi Híradó. Kolozsvár, Transylvania, December 29, 1827–November 10, 1848. First political newspaper of Transylvanian Hungarians. During its early years it contained mainly foreign news; beginning in 1841 it reported various kinds of news about Transylvania, Hungary, Pest, and other places. During the 1840's its contributors opposed the conservative views of *Múlt és Jelen*, established in 1841 in Kolozsvár and edited by Ferenc Szilágyi. Writings of Zsigmond Kemény and Lajos Kovács, whose lead articles expressed the views of the reform movement, first appeared in 1842. Pál Gyulai was a contributor 1846–1848. Appeared weekly 1827–1829; twice weekly 1830–1848. Name changed from *Hazai Híradó* on June 28, 1828. Suspended for six months during middle of 1831. Founded by Ferenc Pethe. Editorship taken over by Sámuel Méhes, along with Ferenc Szilágyi and Károly Szász, in October 1831. Edited by Zsigmond Kemény 1842–1843. Two supplements: *Nemzeti Társalkodó*, which contained literary and historical articles, and *Vasárnapi Újság*, which reported on educational matters.

Erdélyi Képes Újság. See *Kolozsvári Élet.*

Erdélyi Szemle. Kolozsvár, Transylvania, November 5, 1915–January 1921. Literary and critical review which supported the traditional forms of Hungarian literature in Transylvania. Sándor Reményik was a regular contributor. Became *Pásztortűz* (q.v.) on January 1, 1921.

Az Erő. Budapest, September 1917–1919. Monthly magazine for young people. Was published by Magyar Evangéliumi Diákszövetség.

Az Est. Budapest, April 16, 1910–1939. Political daily newspaper. Provided good foreign coverage; articles written by competent journalists. Looked upon as a major force in preparing the way for the revolutionary events of 1918–1919, along with *Népszava* and *Világ* (qq.v.). After fall of the Revolutionary Government, an extended bitter campaign was waged against it. Thereafter, efficiently and successfully operated following more moderate policies. Printed 150,000 copies daily; appeared at noon and reached provincial cities on the same day. On the 25th anniversary of its founding, it employed 365 in its editorial and publishing offices and presses. Founded, published, and edited by Andor Miklós. After failure of the Revolutionary Government, Miklós also founded Az Est Publications, the largest printing company in Hungary, by adding *Magyarország* (q.v.), *Pesti Napló* (q.v.), and Athenaeum Publishers to his holdings.

Esti Újság. Budapest, October 13, 1896–1917. First Hungarian penny-press newspaper. Purpose to provide readers with quick and accurate news about world events. Among its contributors: Ferenc Göndör, Sándor Hunyady, Gyula Krúdy, Béla Révész, Gyula Szini, and Gyula Török. Jenő Rákosi publisher and editor.

Esti Újság. Pozsony (Bratislava), Czechoslovakia, 1933–1940. Leftist newspaper which served Hungarians in Slovakia for a short period after Germany assimilated Czechoslovakia. Zoltán Fábry was a contributor.

Esztendő. Budapest, January 1918–February 1919. Literary monthly. Members of the Nyugat School among its contributors. Edited by Lajos Hatvany, with the assistance of Dezső Kosztolányi, Frigyes Karinthy, and Árpád Tóth.

Ezüstkor. See Appendix C.

Fáklya, 1919. See *Világ.*

Fáklya. Short-lived progressive newspaper or periodical published probably sometime in the 1920's by Hungarian writers living in Yugoslavia. Zsigmond Móricz was a contributor.

Der Feldarbeiter. See *Világszabadság.*

Félegyházi Hírlap. Kiskunfélegyháza, 1883–1903, 1919–1929, 1932, 1934–1938. Political daily. Title was *Félegyházi Proletár* 1911–1920, when it appeared weekly. Official organ of the Félegyháza Council of Industrial and Agricultural Workers March 23–June 28, 1919, and of the Kiskunfélegyháza Christian National Union Party from June 6, 1920. Edited in 1910's by József Vesszősi, Károly Mácsay, Sándor Molnár, and János Sallay.

Félegyházi Proletár. See *Félegyházi Hírlap.*

Felsőmagyarország. See *Kassai Napló.*

Felső-Magyarországi Minerva. Kassa, 1825–December 1836. Literary quarterly. Main purpose was to create a cultured reading public for Hungarian literature by publishing literary and learned articles of high quality. Involved in every major literary controversy of the time and followed the literary and learned life of Hungary and Europe critically. Ferenc Kazinczy was the most important contributor. Founded by József Dessewffy, a conservative, and edited by Mihály Dulházy, his secretary. Ceased after 10 volumes.

Fényszóró. Budapest, 1945–1946. Theater and film weekly intended to unify socialistic efforts in these art forms. Edited by Béla Balázs from fall of 1945.

Figyelmező. Pest, July 1, 1837–December 29, 1840. Critical supplement of *Athenaeum* (q.v.). Appeared Tuesdays. Edited by József Bajza, Ferenc Toldy, and Mihály Vörösmarty. Monthly supplement: *Hírdető*, an advertisement section, January 31–May 2, 1837.

Figyelő. Pest, January 1, 1871–June 30, 1876. Literary, fine arts, and critical weekly. Among its important contributors: Emil Ábrányi, Zsolt Beöthy, Sándor Endrődi, Gusztáv Heinrich, László Névy, Károly Szász, Károly Széchy, József Szinnyei, and László Torkos. Appeared Sundays. Published by Tamás Szana and Lajos Aigner. Editors: Szana, 1871–1875; Aigner, 1876.

Figyelő. Budapest, July 1, 1876–1889. First journal of Hungarian literary history and still an important reference. Articles on philology and literary history by the most important scholars of the time. Among its contributors in the early 1880's: Lajos Abafi, Dávid Angyal, Ferenc Badics, Zsigmond Bodnár, Benedek Csaplár, Sándor Endrődi, Zoltán Ferenczi, József Ferenczy, Gyula Haraszti, Adolf Havas, Gusztáv Heinrich, Benedek Jancsó, Virgil Koltai, Tamás Szana, Áron Szilády, József Szinnyei, and Kálmán Thaly. Each number contains Szinnyei's current bibliography. Appeared monthly, except July and August. Edited by Lajos Abafi.

Figyelő. Budapest, January 1905–December 15, 1905. Literary monthly which served as the organ of those young writers who wanted to create a new kind of literature in Hungary. Attacked the Christian-national literature of the time. Became the first center for the most important writers of the later *Nyugat* (q.v.); Endre Ady was a contributor. Edited by Ernő Osvát.

Földművelők Lapja. See *Világszabadság*.

Forum. Budapest, September 1946–1949. Literary, social science, and critical monthly. Addressed the intelligentsia and sought to unite Communists and non-party members for the socialistic revision of Hungarian society and culture. Most of the important writers and critics of the time were among its contributors. Specialists also wrote articles on many significant political, economics, and fine arts questions. Edited by György Vértes.

Fővárosi Lapok. Pest, January 1, 1864–April 5, 1903. Literary daily newspaper. Under the editorship of Kálmán Tóth its contributions came exclusively from members of the literary group opposed to the government. Among contributors to its first volume: János Arany, Mór Jókai, Lajos

Tolnai, Mihály Tompa, János Vajda, and Károly Zilahy. Under the editor-
ship of Károly Vadnay contributions were accepted from all writers in
order to meet the demands of daily publication. Became an organ of true
literary criticism under Vadnay. Zoltán Ambrus was a contributor. Editors:
Tóth, 1864–April 1, 1867; Vadnay, 1867–1892; Tamás Szana, 1893–1894;
Kálmán Porzsolt, 1895–1903.

Független Magyarország. Budapest, March 15, 1902–1919. Daily newspaper
edited by Béla Rónay.

Futár. Newspaper begun on July 1, 1849, by József Bajza in Buda where he
had returned from refuge with the government in Debrecen following its
recapture from Austrian forces. Only one number. Bajza forced to flee to
Szeged the day after its publication.

Garasos Tár. Leipzig, January 1, 1834–March 22, 1834. Weekly periodical
patterned after the inexpensive and popular European fascicles intended to
provide the public with useful information about everyday matters. Edited
by Péter Vajda at the Wigand Press.

Génius. Arad, Rumania, January–August 1924. Leftist periodical founded
by Zoltán Franyó to present a panorama of international events and to
acquaint Hungarians living in Transylvania with the experiments occurring
in modern art.

Gondolat. Budapest, 1936–1937. Literary and learned periodical which
served as the legal organ of the Communist party in Hungary. Its aim was to
oppose fascism and become representative of the people's front. Played an
important role in the establishment of the March Front. Obtained contribu-
tions from progressive and leftist writers, including György Bölöni, József
Darvas, Tibor Déry, Andor Endre Gelléri, Gyula Illyés, Attila József, Erik
Molnár, Miklós Radnóti, Sándor Rideg, György Sárközi, and Zoltán Zelk.
Closed down by police. Edited by György Vértes.

Győri Közlöny. Győr, 1857–1896. Economics and literary newspaper.
Appeared twice weekly.

Háború Krónika. See *Vasárnapi Újság,* 1854–1921.

Hasznos Mulatságok. Pest, 1817–1842. Supplement to *Hazai és Külföldi
Tudósítások* (1808–1839; continued by *Nemzeti Újság,* 1840–1848). Contents
varied from belles-lettres to business news. Begun by István Kultsár. Edited
by Péter Vajda in 1833. See also *Aurora,* 1822–1837.

Hazai és Külföldi Tudósítások. See *Aurora,* 1822–1837, and *Hasznos
Mulatságok.*

Hazai Híradó. See *Erdélyi Híradó.*

Hazánk. Győr, January 3, 1880–September 19, 1889. Political weekly.
Also articles on miscellaneous subjects. Géza Gárdonyi was a contributor.

Helikon. Kolozsvár (Cluj), Rumania, 1936–1937. Title under which

Erdélyi Helikon (q.v.) appeared for the period. Published 10 times annually under the editorship of Károly Kós.

A Hét. Budapest, December 24, 1889–1924. Literary weekly and the most important Hungarian literary periodical before *Nyugat* (q.v.). Aimed to become the center of the new spirit of middle-class literature in Hungary. Widened Hungarian knowledge of West European literature, especially that of France. Mór Jókai and Kálmán Mikszáth were among its early contributors, but its character was determined by the younger generation of writers, including Zoltán Ambrus, Jenő Heltai, Hugó Ignotus, and Tamás Kóbor. Endre Ady published poems in it. Among its other contributors: Sándor Bródy, Andor Gábor, Ferenc Herczeg, Zsigmond Justh, Dezső Kosztolányi (1906–1916), Ferenc Molnár, István Petelei, Dezső Szomory, Lajos Tolnai, and Árpád Tóth. Opposed the policies of *Nyugat* (q.v.) after 1910. Editors: József Kiss until his death in 1921; Árpád Fehér, 1921–1924.

　　Hét Története. See *Képes Családi Lapok.*

　　Híd. Budapest, 1940–1944. Literary and fine arts weekly. Lajos Zilahy, chief editor; Miklós Kállay, editor. János Kodolányi, Zsigmond Móricz, László Németh, and Áron Tamási were among their associates.

　　Hírdető. See *Figyelmező.*

　　Hírnök. Pozsony, July 4, 1837–June 30, 1845. Political newspaper established under Austrian auspices to counteract the influence of *Jelenkor* (q.v.). Conservative, Catholic in outlook. In 1845 literary studies began to appear more frequently in its pages, including one on Sándor Petőfi's poetry. Its literary supplement, *Századunk*, which appeared twice weekly and was edited by Pál Csató, waged a controversy with *Athenaeum* (q.v.). Appeared twice weekly. Editors: József Orosz, 1837–1843; Ákos Birányi, 1844–1845. Subscriptions dropped greatly under Birányi's editorship. János Garay became a staff member in 1838.

　　Hitel. See *Erdélyi Fiatalok.*

　　A Hon. Pest, January 1, 1863–August 31, 1882. Popular left-centrist political daily owned and edited by Mór Jókai. Supported the political views of Kálmán Tisza in opposition to those of Ferenc Deák. Jókai was imprisoned on April 23, 1863, for one month because of an article; also barred from editorship for a time. Many of his novels and stories first appeared in it. Except for the period when György Urházy was editor after Jókai's difficulties with government authorities, the newspaper was edited by Jókai until 1882, when it merged with Lajos Csernátony's *Ellenőr* which then became *Nemzet* (qq.v.).

　　Honderű. Pest, January 7, 1843–April 2, 1848. Literary, fine arts, and fashion weekly. Sought mainly to meet the tastes of the aristocracy and to this end also published an edition in German entitled *Morgenröthe*. Contained poems, stories, travel sketches, fresco illustrations, and short biographies of Hungarians; also followed the activities of salons. Lajos Nádaskay's attack on Sándor Petőfi's poetry created a controversy in which the poet himself was involved. Appeared Saturdays 1843–1846, Tuesdays 1846–1847, and again Saturdays 1848. Editors: Lázár Petrichevich Horváth, 1843–June 1844; Nádaskay, July 1, 1844–1848. Petrichevich Horváth became its publisher on July 1, 1844.

Honművész. See *Athenaeum.*

Huszadik Század. Budapest, 1900–1919. Social science periodical which expressed the radical ideas of the Társadalomtudományi Társaság. Various writers opposing capitalism were found among its contributors who followed the policies of *Népszava* (q.v.) on a more intellectual level. Among its contributors: Gyula Pikler, Oszkár Jászi, Zsigmond Kunfi, Bódog Somló, Dezső Szabó, Ervin Szabó, Pál Szende, and Jenő Varga. Editorial support given to Endre Ady in the controversies attending the appearance of his poetry, especially by Lajos Hatvany. Two volumes annually. Edited by Gusztáv Gratz; finally by Jászi. Superseded by *Századunk* (see Appendix C).

Ifjak Szava. Budapest, September 14, 1919–1922. Pamphlet written for Hungarian youth by István Antal, Géza Bornemisza, and Ödön Mikecz.

Az Ifjú Gárda. Pozsony (Bratislava), Czechoslovakia, October 15, 1920–1921. Bi-weekly periodical for young workers. Published by Szocialista Ifjúmunkások Szlovenszkói Szövetsége. Founded under the editorship of Antal Szvraka.

Igazmondó. Pest, July 1, 1867–March 30, 1879. Political and literary weekly founded by Mór Jókai. At first represented leftist viewpoints and then those of the Government party. Awarded literary prize to Kálmán Mikszáth for "Ami a lelket megmérgezi" in 1871. Appeared Sundays.

Igaz Szó. See Appendix C.

Internationale. Budapest, 1919. Learned and literary monthly. Edited and published by Aladár Komját. Only nine numbers appeared.

Irodalmi Újság. Budapest, November 2, 1950–November 1956. Literary and critical weekly published by Magyar Írók Szövetsége. Besides belles-lettres it contained articles on literature, drama, and the fine arts aiming at the development of a socialist culture in Hungary; also articles on major foreign literary and cultural events. At the end of 1955 it became increasingly opposed to the established Communist régime and supported counter-revolutionary activities. Appeared bi-weekly to 1954; weekly from June 2, 1954. Béla Illés chief editor to September 22, 1956. Managing editors: Miklós Molnár, June 12, 1954–1955; György Hámos from March 5, 1955; Endre Enczi from November 12, 1955; Hámos from September 22, 1956. Also on editorial staff: Sándor Csoóri, 1953; Imre Sarkadi, 1954–1955.

Irodalmi Újság. Name frequently given to literary newspapers published abroad by émigré Hungarian writers and journalists. György Faludy has edited the one in London; Tamás Aczél the one in Paris since 1962.

Irodalom. Budapest, 1887. Literary and critical weekly which severely attacked conservative authors and learned writers, including János Arany, and members of the Hungarian Academy of Sciences and the Kisfaludy-Társaság. Contained some accurate criticisms of the Hungary of the time. Ceased after six months. Founded and edited by Lajos Tolnai, with Menyhért Palágyi as his major assistant. Tolnai wrote most of the articles.

Jelenkor. Pest, January 1, 1832–June 29, 1848. István Széchenyi's political weekly. His articles taking issue with Lajos Kossuth's political viewpoints appeared from 1843 to 1848. Supported the ideals of language reform. First Hungarian newspaper to appear in modern folio form. Appeared Wednesdays and Saturdays; Sundays, Tuesdays, and Thursdays from January 2, 1848. Széchenyi wanted Károly Kisfaludy as its editor; on Kisfaludy's death he chose Mihály Helmeczy. Edited by Pál Királyi from April 18, 1848. János Garay a staff member for a time beginning in 1839. Its "Budapesti Napló" section written by Mór Jókai beginning in 1847.

Jövendő. Budapest, 1903–1906. Literary weekly which expressed Sándor Bródy's criticisms of contemporary Hungarian society. Contributors included some of the most progressive writers of the day. Precursor of the literary revolution stimulated bt *Nyugat* (q.v.). Begun and edited by Bródy, with the assistance of Zoltán Ambrus and Géza Gárdonyi.

Kakas Márton Albuma. See *Nagy Tükör*, 1856–1858.

Kalangya. Szabadka (Subotica), Yugoslavia, 1932–1944. Literary and critical periodical. Became the organ of living Hungarian authors in Yugoslavia and the center of Hungarian culture in that country. Readers mainly the intelligentsia in the Novi Sad region. Helped to develop friendly relations between Hungarians and Yugoslavians by including Hungarian translations of Yugoslavian writers in its pages. Appeared monthly. Founded by Kornél Szenteleky. After his death in 1933 it was edited by Károly Szirmai, Ede Draskóczy, Ferenc Kende, and, from December 1941, by János Herceg. Continued *Vajdasági Írás* (q.v.).

Kassai Munkás. Kassa, 1907–1937. Political newspaper begun as the organ of the Social Democratic party of Upper Northern Hungary, and the longest-lived Communist paper of the period in Czechoslovakia. First to introduce the new Soviet literature and Czechoslovakian socialist literature to Hungarians in Czechoslovakia. Andor Gábor and Béla Illés were the most frequent contributors from among émigré Communist Hungarian writers. Czech-Hungarian contributors: Zoltán Fábry and Árpád Juhász. Appeared weekly; daily 1918–1919; then weekly; daily 1923–1930; then weekly until it ceased. Name eventually changed to *Munkás*. In the 1920's it was edited by Lajos Surányi, János Mácza, Ármin Seiden, and Géza Kassai.

Kassai Napló. Kassa, 1919–1929. Progressive political daily newspaper. Editors in 1910's: Sámuel Morvai, Miksa Szepesi, Zoltán Kendi, József Merényi, Gyula Aczél, László Dzurányi. Ignotus served as editor for a time in early 1920's. Title until January 8, 1919: *Felsőmagyarország* (subtitle: *Kassai Napló*). Title from June 10–28, 1919: *Kassai Vörös Újság.*

Kassai Vörös Újság. See *Kassai Napló.*

Katholikus Tudósító. See *Magyar Kurir.*

Kelet. Kolozsvár, 1871–1882.

Keleti Újság. Kolozsvár, 1919–1944. Political daily. Edited by József Szentmiklósi 1918–1919 and István Zágon from 1920.

Kelet Népe. See Appendix C.

Képes Családi Lapok. Budapest, January 1, 1879–1906. Literary periodical. Quickly became one of the most widely read illustrated magazines in Hungary. Gradually lost its popularity as the new literature developed in Hungary. At first appeared twice weekly; then Sundays from October 1879. Begun under the editorship of Imre Áldor. Edited by Lajos Tolnai for a time beginning in May 1891. Two supplements: *Nővilág* and *Hét Története.*

Képes Világ. Illustrated literary and educational periodical.

2×2. Short-lived art magazine begun in 1923 in Vienna by Lajos Kassák and Andor Németh.

Kisdobos. Budapest, 1952+. Children's periodical. Edited by Zoltán Zelk and Márta Gergely. Suspended October 1956–February 1957.

Kolozsvár. Kolozsvár, Transylvania. Newspaper founded and edited by István Petelei 1886–1898.

Kolozsvári Élet. Kolozsvár, Transylvania. Supplement to *Erdélyi Képes Újság,* both of which were edited by Sándor Bródy for a time in 1889.

Kolozsvári Hírlap. Kolozsvár, September 1908–1919. Political daily. Edited by Emil Nadányi 1908–1915, József Sebestyén November 30, 1915–1919, and Artur Balogh from January 31, 1919.

Kolozsvári Közlöny. Kolozsvár, Transylvania, 1856–1873. Political newspaper. Founded by Áron Berde, with the financial support of Imre Mikó. First edited by Károly Vida, who soon left the post and founded *Magyar Futár.*

Kolozsvári Szemle. See *Pásztortűz.*

Komádi és Vidéke. Komádi, November 5, 1933–June 30, 1935. Weekly published by Kálmán Sebestyén and Ferenc Takáts. Among its contributors: Dénes Barsi, István Sinka, and Pál Szabó. Banned by the police.

Kortárs. Budapest, 1947–1948. Literary, fine arts, and critical periodical. Sought to bring socialist thought in Hungary into line with Western middle-class views. Contributors were Social Democratic writers, artists, and critics.

Contained poems, short stories, studies, and many illustrations of past and contemporary visual arts. Much attention to the successes of modern art. Lajos Kassák chief editor; László Hárs managing editor.

Kortárs. Budapest, September 1957+. Literary and critical periodical. Has become the representative periodical of Hungarian literary life by publishing the works of those authors and critics who seek to build socialism by literary means. Various styles are found therein. Little attention given to earlier authors. Editors: József Darvas and Gábor Tolnai, 1957–1959; Tolnai, 1960; István Király, 1961–1963; István Simon, 1964+, who has also served as literary editor since 1957.

Korunk. Kolozsvár (Cluj), Rumania, 1926–1940, 1957+. Social science and literary monthly established by Hungarian writers who emigrated to Rumania after the fall of the Revolutionary Government in 1919 and by Hungarian writers born in Rumania, for the purpose of advancing the objectives of radical socialism. Although under Communist influence, it published writings of non-party authors. Among its contributors: Béla Balázs, Zoltán Fábry, József Fodor, Gyula Illyés, Attila József, Lajos Kassák, János Kodolányi, Zsigmond Remenyik, Ervin Sinkó, and Áron Tamási. István Nagy one of its founders. Editors: László Dienes, 1926–1928; Gábor Gaál from 1929; Edgár Balogh and Ernő Gáll when publication resumed in 1957.

Kossuth Hírlapja. Pest, July 1–December 31, 1848. Most widely read political daily during the Revolution of 1848. Editorial viewpoint determined *sub-rosa* by Lajos Kossuth, whose most important articles also appeared in it. Its most significant period was September 1848 when Kossuth resigned as minister and publicly identified himself with it. Contained section on special subjects; reported foreign and domestic news. Generally did not concern itself with literature and literary matters. Among important contributors: Emil Ábrányi, János Garay, Adolf Gyurmán, Pál Hunfalvy, and Miklós Wesselényi. Appeared daily except Mondays. Edited by József Bajza. János Garay assistant editor August–September 1848. Ceased when the Hungarian government and its supporters fled from Pest to Debrecen at the advance of the Austrian army.

Koszorú, 1828–1841. See *Tudományos Gyűjtemény.*

Koszorú. Pest, January 4, 1863–June 25, 1865. János Arany's literary weekly. Aimed at the development of interest in and understanding of literary and general cultural matters. Its high quality critiques established its importance but prevented its becoming popular. Arany's *Daliás idők* was first published in it. Edited by János Arany. Most of its contributors came from *Szépirodalmi Figyelő* (q.v.), which it superseded.

Koszorú. Budapest, January 1879–1885, 1938–1944. Literary and fine arts gazette of the Petőfi-Társaság. As the organ of the literary opposition, it attacked the conservatism of the Hungarian Academy of Sciences and the

Kisfaludy-Társaság. Among its leading critics: Emil Ábrányi, Menyhért Palágyi, Gyula Reviczky, and Tamás Szana; praised the writings of Mór Jókai, Lajos Tolnai and János Vajda, and attacked those of Pál Gyulai, Károly Szász, and Zsolt Beöthy. Appeared monthly; became weekly in 1882. First series was begun under the editorship of Szana and ceased under that of Ábrányi. Continued *Petőfi-Társaság Lapja* (January 1, 1877–December 26, 1878).

Kritikai Lapok. Pest, 1831–1836. Literary and critical periodical with the purpose of opposing unscrupulousness, incompetence, self-adulation, partiality, and prejudice toward friends in literary activity and criticism. Expressed the liberal viewpoints of the first generation writers of the Age of Reform. Most of its articles were written by József Bajza. Edited by Bajza. Ferenc Toldy and Mihály Vörösmarty were his most important assistants.

Literariai Csarnok. See *Rajzolatok a Társas Élet és Divatvilágból.*

Ludas Matyi. Budapest, 1945+. Most important humor magazine in the period of the People's Democratic Republic. Views the building of socialism in Hungary for the advancement of the working class. First edited by György Gál; then by Szilárd Darvas, Andor Gábor, Béla Gádor, and László Tabi; by György Földes at present.

Ma. Budapest, November 15, 1916–1919; Vienna, 1920–1925. Lajos Kassák's literary and fine arts magazine. In the beginning it gave equal attention to the writings of radical authors seeking social change in Hungary and those of the avant-garde trying to create a revolution in Hungarian literature. After the Revolution of October 1918 and the departure of its revolution-minded contributors to found their own organ, it turned its attention to modern literary and artistic trends, including expressionism, cubism, dadaism, and surrealism. During the period of its publication in Vienna by Hungarian émigrés, communist writers had difficulties with Kassák and began their own periodical, *Akasztott Ember* (1922–1923). Edited by Kassák. Appeared monthly. Entitled *Kortárs* 1923–1925 for circulation in Hungary and neighboring countries. Continued *A Tett*; superseded by *Dokumentum* and *Munka* (qq.v.), both edited by Kassák.

Magyar Csillag. Budapest, October 1941–April 1944. Literary and critical monthly which continued *Nyugat* (q.v.). Aimed at becoming a writer's encampment in the defense of independent and free literary expression in Hungary. Gyula Illyés chief editor; Aladár Schöpflin associate editor. Entitled *Magyar Csillag* because use of the name *Nyugat* banned by the government.

Magyar Élet. Budapest, 1936–1944. Literary and political periodical which represented the views of the right wing of the Populist Movement. Edited by Károly Csuray, Bálint Magyar, Vilmos Fitos, Jr., and Gábor Szíj.

Magyar Életképek. See *Életképek*

Magyar Figyelő. Budapest, June 1, 1911–October 1, 1918. Political, fine arts, and learned periodical. Sought to defend the conservative-nationalist position by addressing itself to intellectuals; claimed to place national interests above those of class. Founded by István Tisza to counteract the influence of *Huszadik Század* and *Nyugat* (qq.v.). Tisza attacked Endre Ady in articles signed "Rusticus." Appeared semi-monthly. Edited by Ferenc Herczeg.

Magyar Futár. See *Kolozsvári Közlöny*.

Magyar Géniusz. Budapest, 1892–1903. Illustrated social, literary, and fine arts weekly. Originally aimed at becoming the gazette of the most distinguished salons, and during its first years was not very different from typical family weeklies. Contained religious and nationalistic articles supporting the existing social order. Changed its editorial viewpoint in June 1902 under the editorship of Ernő Osvát. Became the organ of the modern literary movement in Hungary. Among its contributors were the writers of the later Nyugat School, including Oszkár Gellért, Margit Kaffka, Simon Kemény, Gyula Krúdy, Viktor Cholnoky, and Gyula Szini. Editors: József Hevesi and Vilmos Karczag, 1892–1902; Osvát, June 1902–end of year; Gellért, Osvát, and Jenő Kovács from January 1903; Gellért from March 1903.

Magyar Hírlap. Budapest, March 21, 1891–1938. Political daily newspaper which served as the organ of Albert Apponyi's National party. Became important 1902–1914 under the editorship of Miksa Márkus, when Hugó Ignotus and Ferenc Móra were among its contributors. Editors: Gyula Horváth, 1891–1902; Márkus (Tivadar Hertzka new owner and chief editor), 1902–1914. Jenő Roóz became editor in 1914. Jenő Heltai was a staff member for a time in the 1890's; Sándor Bródy and Géza Gárdonyi were editorial staff members for a time beginning in 1892. In 1926, it was purchased by *Világ* (q.v.), a banned radical political newspaper.

Magyar Ifjúság. See *Szabad Ifjúság*.

Magyar Közlöny. See *Budapesti Közlöny*.

Magyar Kurir. Budapest, September 11, 1911–1918. Newspaper. Appeared several times daily. Edited by Ödön Beniczky to June 1912, Béla Malcsiner June 27–December 31, 1912, Beniczky 1913, and Malcsiner 1914–1918. Continued *Katholikus Tudósító*.

Magyar Museum. Kassa, July 1, 1788–1792. Literary and critical quarterly established by Kassai Magyar Társaság to cultivate the development of Hungarian language and literature. Among members of the Society: Dávid Baróti Szabó, János Batsányi, and Ferenc Kazinczy. Kazinczy severed his connection with the periodical with its second number. Later numbers contained many articles on education and scientific subjects. Among its contributors: Ábrahám Barcsay, Sándor Báróczi, Gábor Dayka, József Gvadányi, Ádám Pálóczi Horváth, Gedeon Ráday, Kristóf Simai, László Szentjóbi Szabó, and Benedek Virág.

Magyar Nemzet. Budapest, 1938–1944 (when banned), May 1, 1945+. Political daily newspaper. Progressive and anti-fascist in outlook during World War II. Affiliated itself with the People's Front Movement and occasionally published articles by Communists. György Parragi was its leading commentator on current affairs at the time. Also contained literary works and criticism. Begun under the editorship of Sándor Pethő when he left *Magyarság* (q.v.); revived by Gyula Hegedüs; edited by Ernő Mihályfi since 1958. Organ of the People's Patriotic Front since November 1954.

Magyar Néplap. Budapest, December 1891–1914. Illustrated political, societal, and economics weekly of the Independent 1848 party. Edited and published by Aladár Buday 1911–1914.

Magyarok. Debrecen, April 1–June 1945; Budapest, July 5, 1945–April 1949. First literary and critical periodical to be published in Hungary after the end of World War II. For a time it was the only organ in which the reviving literature found expression. Contributors represented widely different views and styles. Did not establish unified character. Different writer's groups left and established their own periodicals, including *Csillag*, *Válasz*, 1946–1949, *Kortárs*, 1947–1948 (qq.v.), *Újhold* (see Appendix C), and *Vigilia* (see Appendix C). Appeared monthly. Editors: Géza Juhász, April–June 1945; László Kéry from July 1945; Emil Kolozsvári Grandpierre, 1947–1949.

Magyarország. Budapest, 1893–November 18, 1944. First evening political daily newspaper in Hungary. Underwent several changes in policy and ownership. During its first years it was the third and largest organ of the Independence and 1848 party. Between 1893–1905 it represented the more moderate views of the Gábor Ugron faction; after 1905 those of Ferenc Kossuth; and around the 1910's those of Gyula Justh. Lajos Holló was owner and chief editor to 1914; Márton Lovászy managing editor, 1899–1914. ¶In 1914 it was purchased by Országos Hírlap Publisher. Supported the political views of Mihály Károlyi, leader of the Independence party. In 1914 Lovászy named chief editor and Andor Szakács managing editor, who was replaced by Elek Magyar in 1917. Publication suspended during the Revolution of 1918–1919.¶After the fall of the Revolutionary Government in 1919, it was purchased by Andor Miklós (see *Az Est*) with Magyar continuing as editor. Edited by Ernő Mihályfi 1936–1939. During his editorship, it served as the organ of the populist writers at the urging of Lajos Zilahy, who had served as its editor 1934–1936. Taken over by the government in 1939, it became a nationalistic paper under the editorship of Pál Szvatkó and Endre Barabás.

Magyarország és a Nagyvilág. Pest, October 1, 1865–June 29, 1884. Illustrated literary and educational weekly. Expressed liberal ideas and encouraged the views of writers opposing the government. Sándor Balázs was first editor. Others: Adolf Frankenburg from December 16, 1867;

Arnold Vértesi from March 2, 1868; Károly Vadnay, January 2–April 23, 1870; Adolf Ágai from November 20, 1870; Antal Molnár from January 4, 1880; Nándor Borostyáni and Kálmán Mikszáth from December 3, 1882; Borostyáni from January 6, 1884. Two supplements: *Pesti Hírlap*, December 16, 1866–December 1867 (edited by Frankenburg; by Imre Áldor from March 4) and *Pesti Hetilap*, January 6, 1868–December 26, 1869 (edited by József Csukássi).

Magyarság. Budapest, December 15, 1920–1944. Political daily newspaper, an important voice of Hungarian Christian intellectuals and a strong advocate of nationalism. Under the editorship of István Milotay it attacked internationalists and the errors of Christian politicians. Milotay was managing editor, 1920–1934. Milotay left post and established *Új Magyarság*, an even more conservative daily; Sándor Pethő, who had founded *Magyarság* with Milotay, continued as its editor.

Magyar Sajtó. Vienna, 1855–1856; Pest, January 6, 1857–December 11, 1865. Political newspaper which was a nationalistic organ opposed to Hungarian aristocrats and the Austrian government. Most important voice of the opposition during the Age of Absolutism. Among its contributors: Miksa Falk, Aurél Kecskeméthy, Ferenc Toldy, and János Vajda. Editors: János Török, 1855–1856; Károly Hajnik, January 6, 1857–1862; Mór Jókai from March 13, 1862; János Vajda from January 1, 1863; Hajnik from April 1, 1865. Taken over by *Magyar Világ* on December 11, 1865.

Magyar Szalon. Budapest, 1883–1936. Illustrated social, literary, and critical monthly. Sought to publish the works of the most important representatives of Hungarian literature and culture in order to force foreign illustrated periodicals out of Hungary. Among its important contributors: Emil Ábrányi, Mór Jókai, József Kiss, Kálmán Mikszáth, Lajos Palágyi, Antal Radó, Gyula Reviczky, Endre Szabó, Károly Szász, Lajos Tolnai, and János Vajda. Among its better known editors: Ede Kabos, Izidor Kálnoki, Iván Hevesi, László Gerő, and Ibolya Jakabos. Continued as *Új Magyar Szalon* (1936–1942).

Magyar Szemle. Budapest, 1927–1944. Cultural periodical. Studies concerned with all important areas of life. Despite its conservative and nationalistic outlook, it endorsed basic progressive ideals. Opposed fascism. Many noted scholars, politicians, and specialists of the 1930's among its contributors. Their historical viewpoints were strongly influenced by the history of ideas approach. Three volumes annually. Owned by Magyar Szemle Társaság, a strong supporter of István Bethlen. Editors: Gyula Szekfű, 1927–1938; Sándor Eckhardt, 1939–1944.

Magyar Szépirodalmi Szemle. Pest, 1847. Weekly of the Kisfaludy-Társaság. Strict criticism by Ferenc Kölcsey and József Bajza enlivened its pages and stirred considerable controversy. Edited by János Erdélyi. Ferenc

Toldy and Imre Henszlmann, members of the editorial board, exerted strong influence on policy.

Magyar Újság, 1867–1874. See *Egyetértés*.

Magyar Újság. See *Nemzet*.

Magyar Újság. Pozsony (Bratislava), Czechoslovakia, 1932–1938. Political daily which served as the organ of leftist Hungarian writers living in Czechoslovakia. Appeared with the support of the Czechoslovakian government. László Dzurányi editor; Dezső Győry managing editor.

Magyar Újság, 1944–1945. See *Új Szó*.

Magyar Vasárnap. See *Prágai Magyar Hírlap*.

Magyar Világ. See *Magyar Sajtó*.

Maros-Vidék. See *Erdély*.

A Mi Útunk. Debrecen, 1933–1934. Social science and literary review. Legal publication of the Social Democratic party in Debrecen; later of the illegal Debrecen Communist Workers' party. Among its contributors: László Gereblyés, Lajos Hollós Korvin, László Kardos, Zsigmond Remenyik, Péter Veres, Ilya Ehrenburg, and Valentin Kataev. Dezső Végh chief editor; Endre Bajomi Lázár literary editor.

Morgenröthe. See *Honderű*.

Múlt és Jelen. See *Erdélyi Híradó*.

Munka. Budapest, 1928–1939. Fine arts and social periodical. Contributors were leftists, mainly those with the views of the Social Democrats who sought to spread knowledge about socialistic culture. Often opposed the directorate of the Communist party. The communistic *100 %* (q.v.) conducted attacks against it to counteract its influence on the working class. Edited by Lajos Kassák.

Munkás. See *Kassai Munkás*.

Munkás Heti Krónika. See *Népszava*.

Művelt Nép. Budapest, March 1950–October 1956. Cultural-political periodical published by the Ministry of People's Education. Appeared monthly 1950–1953; weekly 1954–1956. Edited by Sándor Erdei; then by József Darvas. Imre Sarkadi was an assistant editor in 1950; Erzsébet Galgóczi a staff member for a time.

Muzárion. See *Élet és Literatúra*.

Nagyasszony. See *Prágai Magyar Hírlap*.

Nagy Tükör. Pest, November 1856–February 1858. Mór Jókai's illustrated humor magazine. First humor magazine to be published after the Revolution of 1848–1849. Appeared five times weekly. Continued by *Kakas Márton Albuma*; its only number appeared in May 1858, and was superseded by *Üstökös* (q.v.) in August 1858. Another *Nagy Tükör*, a satirical weekly, published by Jókai and edited by Imre Visi, appeared March 1–June 30, 1879.

Nagy Tükör, 1879. See *Nagy Tükör*, 1856–1858.

Nagyvárad. Nagyvárad, July 1, 1870–1921, 1923–1934, 1940–1944. Political daily. Edited in 1910's by Manó Marton, János Papp, and Sándor Marót, with Nándor Hegedüs as chief editor.

Nagyváradi Napló. Nagyvárad, October 1, 1898–1920, 1931–1934. Political daily. Editors in 1910's: Nándor Hegedüs, Dezső Fehér, Béla Gombos, and Ernő Ligeti.

Nagyvilág. Budapest, December 1946–May 1948. Literary, fine arts, and learned periodical. Begun under editorship of László Gereblyés; ceased under Zoltán Hegedüs.

Nagyvilág. Budapest, October 1956+. Literary and critical monthly, reporting on the most important current literary and fine arts activities in foreign countries. Studies of the relations of Hungarian writers with those of other nations. Contains translations of belles-lettres. Suspended November 1956–March 1957. Published by Magyar Írók Szövetsége. Editors: Emil Kolozsvári Grandpierre, 1956; László Gereblyés, 1957–1959; László Kardos, 1959–1962; Gereblyés, 1963+.

Napkelet. Budapest, January 1923–1940. Literary and cultural periodical which sought to counteract the influence of *Nyugat* (q.v.) by encouraging writers and scholars with a nationalistic outlook. Reported regularly on the literary and visual arts, music, and theater. Sections on literary critiques remain important. First appeared 10 times annually on the first of the month (except July and August); monthly 1923–July 1927; semi-monthly October 1927–1929; monthly 1930–1940. Supported by Magyar Irodalmi Társaság. Cecile Tormay first editor. Others: János Horváth, János Keményfy, Antal Németh, and, finally, Miklós Kállay.

Nemzet. Budapest, September 1, 1882–1899. Political newspaper which served as the organ of the Liberal party. One of the newspapers on which Dezső Szomory began his career. Never had more than 2000 subscribers; 800 in 1898. Formed by merging *Hon* and *Ellenőr* (qq.v.). Began with Mór Jókai as chief editor. Editors: Lajos Láng to 1883; Imre Visi to 1884; Sándor Hegedüs to 1890; Ödön Gajári to 1899. On October 1, 1899 it merged with *Magyar Újság* to become *Magyar Nemzet*, which Jókai edited until his death and which ceased on July 27, 1913.

Nemzeti Hírlap. Budapest, 1874–1879. Newspaper which tended to oppose the establishment. During its last year it supported the Government party. Editors: István Toldy, 1874–1878; István Márkus, 1879. József Kiss was a staff member for a time.

Nemzeti Társalkodó. See *Erdélyi Híradó.*

Nemzeti Újság. See *Hasznos Mulatságok.*

Nemzetőr. See *Pesti Divatlap.*

A Nép. Kassa (Košice), Czechoslovakia, 1921–1932. Political weekly which served as the organ of the National Christian Socialist party in Czechoslovakia. Contributors to the literary section were Slovakian Hungarian writers: István Hajdu, Olga Laczkó, Antal Marék, Árpád Nagy, László Ölvedy, Román Rezek, Ferenc Sziklay, and Lajos Tamás. Dezső Szabó was a contributor in 1921. Edited by János Reinel and Gusztáv Derfinyák.

Népakarat. See *Népszava.*

Néplap. Budapest, January 1894–1920. Weekly paper for agricultural workers. Published by the Ministry of Agriculture. Gyula Krúdy was an editor February 2–March 16, 1919.

Népszabadság. Budapest, November 2, 1956+. Political daily newspaper. Once the organ of the Hungarian Socialist Workers' Party, but on February 1, 1958, became a part of the Communist press when its volume numbers were integrated with those of *Szabad Nép* (q.v.). Contains belles-lettres and literary and cultural articles intended to foster the development of a socialist culture in Hungary. Also includes notices and critiques of literature, theater, film, and fine arts. Edited by János Gosztonyi since June 30, 1965.

Népszava. Budapest, 1877+. Political newspaper. Except for the Communist papers published during 1918–1919, it was the only legal national paper supporting the Hungarian workers' movement published before 1945. In 1880 it became the central organ of the Hungarian General Labor Party as the successor to *Munkás Heti Krónika.* In 1890 it became the central organ of the Social Democratic party. ¶In 1905 it printed 40,000 copies daily. Strongly Marxist. Played a vital role in influencing the working class before World War I. Important literary supplement appeared 1907–1908: *Népszava Olvasótára.* Literary section regularly published the works of important writers, including Endre Ady, Dezső Kosztolányi, Ferenc Molnár, and Gyula Török. Between the two World Wars its columns contained criticisms by leftists. Became the central organ of the National Council of Trade Unions in 1948. Appeared weekly to 1898; twice weekly in 1899; three times weekly to 1905; daily since 1905. Appeared as *Népakarat* December 1956–February 1958. Founded by Viktor Külföldi. Among its most important editors: Ernő Garami, Jakab Weltner, Béla Somogyi, Illés Mónus, Árpád Szakasits, and István Száva. József Timmer assumed editorial post in 1964.

Népszava Olvasótára. See *Népszava.*

Néptanítók Naptára. Győr, 1886–1888. Calendar for village schoolteachers. Published and edited by Géza Gárdonyi.

Nógrádi Hírlap. See *Nógrádi Lapok.*

Nógrádi Lapok. Balassagyarmat, 1873–1906. Political, societal, and economics weekly. Continued in 1906 by *Nógrádi Hírlap*, which became the organ of the Socialist party on April 20, 1919, then of the Communist party on July 29, 1919. Edited in 1910's by Gyula Majtényi.

Nővilág. Pest, January 8, 1857–1864. Literary and fashion periodical. Began with 2000 subscribers, unusually high for the time. Appeared on Wednesdays at first; Sundays from 1858; three times monthly from 1862; weekly from January 1, 1864. Editors: János Vajda, 1857–1863; Győző Dalmady from October 1, 1863; Vajda, 1863–1864.

Nővilág. See *Képes Családi Lapok.*

Nyelv- és Irodalomtudományi Közlemények. Kolozsvár (Cluj), Rumania, 1957+. Scholarly journal of the Hungarian language and literature appearing in Rumania. Published by the Linguistics Institute of the Academy of the Rumanian People's Republic. Edited by Elemér Jancsó; then by István Nagy.

Nyugat. Budapest, January 1, 1908–August 1, 1941. Most important literary and critical periodical in the development of new tendencies in 20th-century Hungarian literature. Encouraged literary qualities present in the 1890's by cultivating the impressionist-symbolist forms of modern West European literature in its pages. Dealt with the problems of contemporary cities and civilization and with new ethical concepts. Transmitted much knowledge of liberalism and contemporary West European literature, especially that of France, to Hungarian culture and literature. Gave its name to those writers who followed its literary tenets and its intellectual and social orientation: the Nyugat School. Endre Ady was an important contributor and influence during its first decade. Its character was determined by Hugó (Veigelsberg) Ignotus and Ernő Osvát. Among its more important contributors: Endre Ady, Zoltán Ambrus, Mihály Babits, Lajos Biró, Viktor Cholnoky, Géza Csáth, Artur Elek, Mihály Földi, Milán Füst, Imre Halász, Lajos Hatvany, Jenő Heltai, Gyula Juhász, Margit Kaffka, Frigyes Karinthy, Lajos Kassák, Simon Kemény, Dezső Kosztolányi, Gyula Krúdy, Aladár Kuncz, Géza Laczkó, Menyhért Lengyel, Zsigmond Móricz, Árpád Pásztor, Béla Révész, Zoltán Somlyó, Aladár Schöpflin, Dezső Szabó, Ernő Szép, Géza Szilágyi, Gyula Szini, Dezső Szomory, Józsi Jenő Tersánszky, and Árpád Tóth. Appeared semi-monthly; monthly, 1935–August 1941. Suspended July 16–October 1919. Founded by Osvát, Ignotus, and Miksa Fenyő, under the editorship of Ignotus. Ignotus chief editor to 1929. Editors: Zsigmond Móricz, Mihály Babits, and Oszkár Gellért to 1933; Babits and Gellért, 1933–1939; Babits, 1939–1941. Superseded by *Magyar Csillag* (q.v.) on the death of Babits.

Orpheus. Kassa, January 1790–September 1791. Ferenc Kazinczy's literary and historical periodical. Purpose to develop reasonable thinking, to perfect the Hungarian language, and to cultivate Hungarian history. Contained mostly poetry, which was contributed by almost every important poet of the time: Pál Ányos, Gábor Dayka, János Földi, Gedeon Ráday, József Rájnis, Miklós Révai, and Benedek Virág. Also contained translations, including those of works written by Anacreon, Catullus, Virgil, Gessner, Klopstock, Helvetius and Rousseau, and a section on the Hungarian language, mainly its orthography. Intended as monthly but only eight numbers appeared. Begun and edited by Kazinczy under the pseudonym Vince Széphalmi when he severed his connection with *Magyar Museum* (q.v.).

Országos Hírlap. Budapest, October 1898–January 1899. Political newspaper founded to advance the concepts of political liberalism. Contained a literary section. Founded and edited by Kálmán Mikszáth, with the assistance of István Tömörkény. On January 26, 1899, it merged with *Pesti Hírlap*, 1878–1944 (q.v.).

Ország-Világ. Budapest, January 1, 1880–1938. Illustrated literary and educational periodical. Noted for its beautiful illustrations. About 1930 its contents became social and economic. Among its contributors: Emil Ábrányi, Sándor Endrődi, Elek Gozsdu, Ödön Iványi, Kálmán Mikszáth, István Petelei, Antal Radó, Gyula Reviczky, Károly Szász, and Lajos Tolnai. Appeared bi-weekly. Editors: Ede Somogyi, Zsolt Beöthy, József Szinnyei, Jr., Kornél Ábrányi, Jr., Alajos Degré, Elek Benedek, Antal Váradi, György Zsigmond Falk, and Iván Hűvös.

Pandora. Budapest, February 25–October 1927. Literary, fine arts, and critical periodical. Among its contributors: György Bálint, József Erdélyi, László Fenyő, Andor Endre Gelléri, Pál Gulyás, Pál Ignotus, Endre Illés, Géza Juhász, László Kardos, Pál Kardos, János Kodolányi, Sándor Márai, Károly Pap, György Sárközi, Kálmán G. Szabó, Lőrinc Szabó, and Antal Szerb. Edited by Lőrinc Szabó. Sárközi assisted with the editing. Also sponsored publication of Lőrinc Szabó's translation of Paul Verlaine's selected poems and Szabó's *A Sátán műremekei*, Ferenc Pákozdy's *Ember-mérleg*, and Andor Simon's *Álomföld*, a volume of poems.

Pannónia. Kassa, 1872.

Panorama. Vienna, November 1921–October 1923. Illustrated weekly. Purpose to give voice to progressive Hungarian writers in Hungary and neighboring countries. Made possible the publication of works of writers with a wide range of characteristics and views. Writings of Lajos Hatvany and Andor Gábor, Béla Révész and Béla Balázs, Lajos Barta and József Nádass, and Lajos Kassák and Frigyes Karikás appeared alongside each other. Writers of the Nyugat School were represented by Milán Füst, Frigyes Karinthy, Gyula Krúdy, Zsigmond Móricz, and Ernő Szép; Social Democratic writers by Béla Bacsó, Győző Gergely, Andor Peterdi, and Zseni Várnai; and Transylvanian writers by Zoltán Franyó, Gábor Gaál, and József Nyírő. Tibor Déry was also a contributor. Ferenc Jankó was publisher and managing editor.

Pásztortűz. Kolozsvár, Rumania, January 9, 1921–1944. Illustrated literary and critical periodical which served as the organ of Hungarian writers living in Rumania. Played an important role in establishing Hungarian literary life. Was the center of Hungarian intellectual life until the founding of *Erdélyi Helikon* (q.v.) in 1928. Also reported the most important literary events occurring in Hungary. Printed 53,150 copies in 1925. Appeared semi-monthly (slightly irregular). Actually founded as *Kolozsvári Szemle* in August 1915 by László Nagy. Name changed to *Erdélyi Szemle* (q.v.) in 1916 and then to *Pásztortűz*. Most important editors: Sándor Reményik (January 1, 1922–August 1, 1923), József Nyírő, Lajos György, Lajos Áprily, Domokos Gyallay, and Jenő Dsida.

Pesti Divatlap. Pest, 1844–December 24, 1848. Weekly newspaper which supported the political viewpoints of Lajos Kossuth and aimed to become the literary organ of the liberal-minded members of the lesser nobility. Reported on the activities of the Nemzeti Kör, a circle of liberal intellectuals in Pest headed by András Fáy (1841, 1843–1845) and Mihály Vörösmarty (1842). Gave space to promising new writers. Mihály Tompa was a frequent contributor. Published 25 poems, four prose translations, and many brief criticisms and observations of Sándor Petőfi. Founded and edited by Imre Vahot. Petőfi served as assistant editor July 1, 1844–Spring 1845. Continuation of *Regélő Divatlap* (q.v.). Name changed to *Budapesti Divatlap*, and its supplement, *Nemzetőr*, begun, near end of June 1848. Major opposition paper: *Honderű* (q.v.).

Pesti Futár. Budapest, April 30, 1908–1915, 1917, 1925–1938. Weekly newspaper. Edited and published by Sándor Nádas.

Pesti Hetilap. See *Magyarország és a Nagyvilág.*

Pesti Hírlap. Pest, January 2, 1841–July 8, 1849. Lajos Kossuth's political newspaper, in which he began agitations through his lead articles. József Eötvös and András Fáy also contributed articles supporting his revolutionary viewpoints. Attention given to foreign and domestic news and the activities of associations and organizations. Number of subscribers quickly grew to 5000. Suspended January 24–April 23, 1849, because of Austrian occupation. Appeared Wednesdays and Saturdays 1841–1845; four times weekly from April 1, 1845; six times weekly from March 7, 1848. Founded under the editorship of Kossuth with the support of Lajos Landerer, publisher and printer. Edited by Kossuth until July 2, 1844, when Austrian authorities removed him. Other editors: László Szalay from July 4, 1844; Antal Csengery from July 1, 1845; Mór Jókai, January 3–5, 1849; Károly Obernyik from April 25, 1849; Jókai from May 1, 1849. Zsigmond Kemény served as a staff member 1847–1848. Continuation of *Sürgöny* (see *Rajzolatok a Társas Élet és Divatvilágból*).

Pesti Hírlap, 1866–1867. See *Magyarország és a Nagyvilág.*

Pesti Hírlap. Budapest, December 25, 1878–December 1944. Political daily newspaper. Independent politically but supported the policies of the Government party. Conservative-liberal in viewpoint between the two world wars. Its supplement, *Pesti Hírlap Vasárnapja*, often published the writings of leftist authors such as Lajos Nagy and Zoltán Zelk, as well as the established writers of the time. The newspaper helped Kálmán Mikszáth, who was a staff member 1881–1903, to establish his popularity. Among other contributors: Mór Jókai, Géza Gárdonyi, János Vajda, Károly Eötvös, Pál Gyulai, Gyula Reviczky, Dezső Szomory, Gergely Csiky, Ferenc Herczeg, Zoltán Ambrus, Ferenc Molnár, Jenő Heltai, Sándor Bródy, István Tömörkény, Gyula Krúdy, Zsigmond Móricz, Dezső Kosztolányi, Ferenc Móra, and Sándor Márai. Circulation reached 8000 during its first year, unusually high for the time. Introduced many innovations in format, structure, style, and subject matter; for example, departed from emphasis on lead articles to the reporting of news. Founded by Károly Légrády. Editors: József Csukássi, Nándor Borostyáni, Géza Kenedy, Károly Légrády, Imre Légrády, József Schmittely, Gusztáv Lenkey, Ottó Légrády, Jenő Bende, and Lajos Berecz. Strongest competitor: *Budapesti Hírlap* (q.v.), which had 30,000 subscribers in 1890 as compared with the 35,000 of *Pesti Hírlap*.

Pesti Hírlap Vasárnapja. See *Pesti Hírlap*, 1878–1944.

Pesti Napló. Budapest, March 9, 1850–1939. Political daily newspaper established as the organ of the middle-aristocracy and its intellectuals by Ferenc Császár. Opposed Austrian absolutism by advocating passive resistance. Simon Bánffay wrote the column on foreign news; he was also editor in 1850 but was removed by police authorities. Among its contributors: Antal Csengery, János Erdélyi, Miksa Falk, Pál Gyulai, and László Szalay. Editors: Bánffay, 1850; József Szenvey, 1851; Emil Récsey, 1851–1853; József Török, February 1853–1855; Zsigmond Kemény, June 1855–December 1856, December 1857–1858; Pál Királyi, 1858–1860; Kemény, 1860–1868. After the Compromise of 1867 it served as the leading organ of the Ferenc Deák party, but opposed him after 1875. In the 1870's the newspaper helped to prepare the way for a settlement between Austria and Hungary. Zoltán Ambrus was a contributor; Dezső Szomory a staff member from 1906 until it ceased. Editors: Lajos Urváry, December 1, 1868–1887; Kornél Ábrányi, Jr., December 10, 1887–1897; Ambrus Neményi, 1897–1901; József Surányi from 1901. Purchased by Lajos Hatvany in 1917 who edited it until the fall of the Revolutionary Government in 1919. ¶Purchased by Andor Miklós in 1920 and made a part of Az Est Publications (see *Az Est*). Liberal in viewpoint from 1920 to 1939. Members of the Nyugat School among its contributors, including Mihály Babits, György Bálint, Frigyes Karinthy, Dezső Kosztolányi, Zsigmond Móricz, and Lőrinc Szabó. Géza Laczkó associate editor 1923–1939. Edited by Mihály Földi from 1930.

Petőfi-Társaság Lapja. See *Koszorú*, 1879–1885.

A Polgár. Budapest, May 16, 1905–1913. Political daily. Edited by Sándor Szerdahelyi 1911–1913.

Politikai Újdonságok. See *Vasárnapi Újság*, 1854–1921.

Prágai Magyar Hírlap. Prague, 1922–1938. Daily newspaper which represented the views of middle-class Hungarians living in Czechoslovakia. Declared itself to be independent politically. Editors: László Dzurányi,

1922–1932; Géza Forgách, 1932–1938. Weekly literary supplement: *Magyar Vasárnap*. This supplement was established by Zoltán Fábry, but he was soon dismissed because of his leftist political activities. Also published an economics supplement bi-weekly and *Nagyasszony* monthly.

Proletár. Vienna, 1920–January 1922. Newspaper of the Hungarian Communist party established by expatriates in Vienna. Émigré Hungarian Communists, including Béla Kun and Jenő Landler, continued their agitations in it. Circulated illegally in Hungary. Also published Andor Gábor's verses and prose writings. Editors: László Rudas, György Lukács, and József Pogány.

Proletárirodalom. See *Sarló és Kalapács*.

Protestáns Szemle. Budapest, 1889–1944. Learned, literary, and critical journal. In addition to theological studies and articles on church history, it gave regular attention to literary questions, especially in its critical section. Also studies of the theater, music, and other fine arts. Provided a good picture of Protestant intellectualism in Hungary. Among its contributors: Lajos Áprily, László Németh, and János Kodolányi. Appeared monthly, excepting July and August. Founded by Magyar Protestáns Irodalmi Társaság. Editors: Béla Kenessey, Farkas Szőts, László Ravasz, Gyula Madai, Jenő Veress, Ferenc Zsinka, Lajos Áprily, and, finally, Dezső Kerecsényi.

Rajzolatok a Társas Élet és Divatvilágból (best known as *Rajzolatok*): Pest, January 3, 1835–June 30, 1839. One of the first literary fashion periodicals in Hungary. Contained news about the social life of Pest-Buda, poems, stories, articles on the arts, education and fashions, and jokes. Its conservative outlook was represented by such contributors as Pál Csató (who was also assistant editor of *Hírnök* [q.v.] from 1837), László Kelmenfy, Endre Kunoss, and Ignác Nagy (who opposed József Bajza, Ferenc Toldy, Mihály Vörösmarty, and the *Athenaeum* [q.v.]), but also published the writings of Adolf Frankenburg, János Garay, and Teréz Karacs. Appeared on Wednesdays and Saturdays. Edited by János Munkácsy. Competed with *Regélő Pesti Divatlap* (q.v.) and German fashion periodicals. From July 2, 1839, continued by Munkácsy as *Buda-Pesti Rajzolatok*, a political weekly, and then, in 1840, changed its title to *Sürgöny*, which also had a literary supplement entitled *Literariai Csarnok*. Lajos Landerer, printer and publisher, purchased *Sürgöny* in 1841 and continued it as *Pesti Hírlap*, 1841–1849 (q.v.).

Református Szemle. Kolozsvár, January 10, 1908–1914, 1920–1926, 1929–1944, 1956–1958, 1960, 1964, 1968+. Weekly published by Erdélyi Református Egyházkerület. Edited by László Ravasz 1919–1921, Sándor Makkai 1921–1925 and again in 1940.

Regélő. See *Regélő Pesti Divatlap*.

Regélő-Honművész. See *Regélő Pesti Divatlap*.

Regélő Pesti Divatlap. Pest, 1833–1844. First Hungarian fashion newspaper. Took fashion pictures from foreign publications. Articles quite ordinary. Contained translations, brief news-notes, anecdotes, biographies of famous women (200 women among 700 subscribers), and poems by new poets. Published some of János Garay's stories, and was the first to publish dramatic criticism regularly. Among other contributors: Pál Gyulai, János Erdélyi, Adolf Frankenburg, Imre Henszlmann, and Péter Vajda. Appeared on Thursdays and Saturdays. First title: *Regélő*. Founded and edited by Gábor Mátray. Edited by Erdélyi January 1, 1842–June 29, 1844. Garay served as assistant editor 1833–1837 and 1842–1844. Continued *Regélő-Honművész*. Superseded by *Pesti Divatlap* (q.v.).

A Reggel. Érsekújvár, Komárom; Pozsony (Bratislava), Czechoslovakia, 1922–1933. Political and literary daily newspaper edited by the politicians and publicists of the Czechoslovakian Agrarian and Social Democratic party. In later years supported the government. Among its contributors: Sándor Antal, Lajos Barta, Ferenc Benjámin, Zoltán Fábry, Sándor Földes, Gyula Morvay, József Sellyei, and Béla Szabó.

Respublica. Pest, June–July 1849. Weekly. Published *A Magyar Nemzeti Függetlenségi Nyilatkozat*, János Arany's "Április 14–ke," and two of Sándor Petőfi's poems urging Hungarians to war. János Erdélyi managing editor; succeeded by István Szokolai.

Sarló és Kalapács. Moscow, December 1929–October 1937. Political and literary periodical established in the Soviet Union by expatriate Hungarian writers and journalists. Mainly concerned with political issues but had a literary section and from 1934 a literary supplement entitled *Proletárirodalom*. Distributed illegally in Hungary. Editors through its years: Dezső Bokányi, László Farkas, Lajos Gavró, Sándor Gergely, Pál Hajdu, Antal Hidas, Béla Illés, Béla Kun, József Lengyel, Lajos Magyar, Ferenc Münnich, Imre Révész, and László Rudas. Published the writings of almost every Hungarian writer and journalist living in the Soviet Union (especially Béla Balázs and Jenő Varga) as well as the works of several living in Hungary and the West (especially Aladár Komját). Periodical also sponsored a series entitled Sarló és Kalapács Könyvtára, 1930–1937, which included the works of Antal Hidas, Béla Illés, Mózes Kahána, Frigyes Karikás, Lajos Kiss, Aladár Komját, József Lengyel, Emil Madarász, János Román, and Máté Zalka. Continued by *Új Hang*, 1938–1941 (q.v.).

Sárospataki Füzetek. Sárospatak, 1857–1869. Protestant learned and literary quarterly. Part of János Erdélyi's "A hazai bölcsészet történelméhez," a study, first appeared in it. Founded by Erdélyi and edited by him 1857–1859 and 1864–1866. Other editors could not sustain the high quality he gave it.

Somogyi Hírlap. See *Somogyi Vörös Újság*.

Somogyi Munkás és Somogyi Vörös Újság. See *Somogyi Vörös Újság*.

Somogyi Vörös Újság. Kaposvár, May 3–June 8, 1919. Evening newspaper of the Somogyvármegye Socialist party. Begun in 1903 with the title *Somogyi Munkás és Somogyi Vörös Újság* as continuation of *Somogyi Hírlap.*

Sorsunk. See Appendix C.

Sürgöny. See *Pesti Hírlap*, 1841–1849, and *Rajzolatok a Társas és Élet Divatvilágból.*

Szabad Ifjúság. Budapest, August 1950–1956. Central organ of the Working Youths Federation. Dealt with topical daily events and the problems of youth. Began as weekly; became daily in August 1951. Edited by Éva Katona 1950–1954; by Imre Csatár 1954–1956. Erzsébet Galgóczi staff member for a time. In 1957 superseded by *Magyar Ifjúság*, the newspaper of the Hungarian Communist Youth Federation.

Szabad Nép. Budapest, February 1–May 1942, September 1944, March 25, 1945–October 1956. Political newspaper which first served as the illegal organ of the Hungarian Communist party. Police seized its press and editors and destroyed its organization in May 1942. Edited by Ferenc Rózsa and Zoltán Schönherz during this period. Reappeared in September 1944 under the editorship of Márton Horváth, this time in printed form, not in its earlier mimeographed format. After the liberation of Budapest, it resumed legally on March 25, 1945, as the organ of the Communist party, under the leadership of József Révai, who served as chief editor until 1950. Edited by a board led by Márton Horváth 1950–1951; by Oszkár Betlen 1951–1953; by Horváth 1953–1956. Became the central organ of the Hungarian Working People's party, and its articles pointed to the errors of the 1950's. Continued by the newly formed Hungarian Socialist Workers' party as *Népszabadság* (q.v.) in November 1956.

Szabadság. Budapest, 1932–1944. Political weekly of the National Radical party. Its literary sections directed by Géza Féja. Published writers with widely divergent viewpoints and styles, including István Sinka and Kálmán Sértő (populists), Lajos Nagy, Andor Gábor, Gyula Illyés, József Füsi, Jenő Katona, János Kodolányi, Zsigmond Móricz, Sándor Sásdi, Pál Simándy, Mihály Tamás, Áron Tamási, and Józsi Jenő Tersánszky.

Szabad Szó. Szentes, 1899–1900; Budapest, 1901–February 1952. Weekly political newspaper. At the beginning of the 20th century it served as one of the organs of the agrarian-socialist movement; by the end of its first decade it was no longer connected with the peasant problem. Pál Szabó became editor in 1938, when the National Peasant party was formed, and served until 1944. Published the writings of leftist populists, including József Darvas, Ferenc Erdei, and Péter Veres and of representatives of the Smallholders' party such as István Dobi. Banned in April 1944. Revived in March 1945 as the central organ of the National Peasant party. Editors during this period: Iván Boldizsár, József Darvas, Sándor Erdei, and, finally, László Nánási. Also published an evening edition 1945–1949.

Századok. See *Athenaeum.*

Századunk. See *Hírnök.*

Századunk, 1926–1939. See Appendix C.

100%. Budapest, August 15, 1927–August 1930. Literary, fine arts, and political periodical begun as a legal organ under the secret direction of Hungarian Communists. At first published mainly articles with cultural themes, poems and stories, and because of police surveillance, some formally and obscurely written articles on political subjects. Sought to acquaint Hungarian readers with revolutionary literature, mainly of the Soviet Union. Among its contributors in Hungary: János Antal, Ferenc Danzinger-Agárdi, László Gereblyés, Sándor Gergely, Sándor Haraszti, József Madzsar, Erik Molnár, Lajos Nagy, József Pápa, Sándor Schönstein, and Ernő Tihanyi. Among émigré Hungarian Communists whose writings appeared under pseudonyms: Elek Bolgár, Andor Gábor, Aladár Komját, Béla Kun, György Lukács, and József Révai. Edited by Aladár Tamás. Ceased, after thirty numbers, when Tamás was seized by police. Last printing totaled 2900 copies.

Szeged és Vidéke. Szeged, 1902–1919. Evening political daily independent of all parties. Edited in 1910's by Ármin Balassa, József Frank, and Lajos Bibó.

Szegedi Híradó. Szeged, May 1, 1859–1925. First daily newspaper in Szeged. Became the official organ of the Government party in Szeged after the Compromise of 1867. Among its contributors: Károly Zilahy and Lajos Tolnai. Appeared twice weekly 1859–1869; three times weekly 1870–1878; daily 1879–1925. Founded by Zsigmond Burger and Győző Kempelen, who was twice imprisoned during 1860–1861 for violations of press laws. Edited by Gárdonyi February 1888–May 5, 1889.

Szegedi Napló. Szeged, January 1878–1922, 1925–March 1944. Daily newspaper in Szeged which at first expressed the ideals of 1848 and independence and later those of liberalism. Begun by Lukács Enyedi. Most important editors: Zsigmond Kulinyi, Antal Békefy, Géza Vass, and István Ortutay. Among major authors beginning their careers on its editorial staff: Kálmán Mikszáth (1878–1880), István Tömörkény (beginning in 1891), and Ferenc Móra (forced to leave the staff on May 8, 1919). Géza Gárdonyi was a staff member, 1890–1891.

Szépirodalmi Figyelő. Pest, 1860–1862. János Arany's aesthetic, literary, and critical periodical. Purpose to scrutinize critically the growing body of Hungarian literature being neglected by other periodicals. Most contributors associated with the Deák party, including Pál Gyulai, Zsigmond Kemény, József Lévay, Ferenc Salamon and Károly Szász, but writers from the opposition also published, including Kálmán Thaly, Lajos Tolnai, Károly Vadnay, Arnold Vértesy, and Károly Zilahy. Superseded by *Koszorú,* 1863–1865 (q.v.).

Szépirodalmi Lapok. Pest, 1853–1854. Pál Gyulai's literary periodical. Among major contributors: János Arany, Antal Csengery, János Erdélyi, Gyulai, Zsigmond Kemény, Károly Szász, and Mihály Tompa. Appeared twice weekly. Edited by Albert Pákh.

Szépliteraturai Ajándék. See *Tudományos Gyűjtemény.*

Szép Szó. See Appendix C.

Szion. See *Athenaeum.*

Szivárvány. Budapest, June 1, 1946–August 14, 1948. Social Democratic weekly. Anna Kéthly was managing editor until February 28, 1948; then Rezső Szirmai. Géza Laczkó assisted with the editing.

Tanítóbarát. Győr, 1886–1888. Géza Gárdonyi's journal intended to inform Hungarians about the wretched conditions under which teachers in the villages had to carry on their work. Appeared monthly.

Tanú. See Appendix C.

Társalkodó. Pest, January 4, 1832–June 30, 1848. Literary supplement to *Jelenkor* (q.v.) with articles on various subjects. Reached apex when István Széchenyi was a contributor. Ferenc Kölcsey was also an important contributor. Appeared Wednesdays and Saturdays; only Fridays in 1848. Editors: József Bajza, 1832–1837; Mihály Helmeczy, 1837–1848; Pál Királyi, April 18–June 30, 1848. János Garay was a staff member for a time beginning in 1839.

Testvér. Vienna, 1924. Periodical published and edited by Ervin Sinkó.

A Tett. Budapest, 1915–1916. Lajos Kassák's literary and critical monthly. First periodical in Hungary which aimed directly at the cultivation of the new literary "isms" developing in West European literature. Advocated socialism as means of reforming Hungarian society. Ceased when banned by the police because of Aladár Komját's anti-war articles. Kassák continued it as *Ma* (q.v.) in the same year.

Tiszántúl. Debrecen, 1941–1942. Political daily representing the viewpoint of the Hungarian Reformed Church. Edited by József Kovács.

A Toll. Budapest, 1914, 1929–1938. Literary and critical weekly. Among early contributors: Sándor Bródy, Andor Gábor, Gyula Juhász, Frigyes Karinthy, Dezső Kosztolányi, Ferenc Molnár, Lajos Nagy, and Zoltán Somlyó. György Bolza edited nos. 1–6, Vilmos Kaczér nos. 7–21, when it ceased because of World War I. Revived by Kaczér in 1929. Became one of the most militant organs of the progressive writers, especially those with an urbane outlook. Among its contributors: Attila József, Gyula Krúdy, György Sárközi, and Béla Zsolt, who also served as chief editor for a time.

Tudományos Gyűjtemény. Pest, January 1817–December 1841. Critical, historical, and literary journal. Pál Szemere and Gábor Döbrentei played leading roles in its early years, especially in its literary supplement, *Szépli-*

teraturai Ajándék (1821–1827), edited by Szemere. Early numbers supported the legitimacy of literary criticism and the need for the reform of the Hungarian language. Soon became the center for the viewpoints of József Bajza, Ferenc Toldy, and Mihály Vörösmarty. Vörösmarty edited the new literary supplement, *Koszorú* (1828–1841), from 1828 to 1832. This supplement, along with *Aurora*, 1822–1837 (q.v.), was the most important periodical of young writers in Pest. The journal turned its attention to educational matters in 1834. Began as monthly; three times annually beginning in April 1834; quarterly beginning in 1837. Founded by György Fejér, with the financial assistance of János Trattner, Jr. Editors: Fejér, 1817; András Thaisz, 1818–1827; Vörösmarty, 1828–1832; László Vass, 1832; István Horvát, 1833–1836; István Károlyi, 1837–1841.

Tükör. Budapest, 1933–1942. Illustrated literary and educational monthly. Begun under the editorship of József Révay, who patterned its content after *Vasárnapi Újság* (q.v.). Contained articles on literature and on a wide range of social questions and numerous pictures. Its contributors included some of the most important writers and scholars of the time, especially those affiliated with its publishing house, Franklin-Társulat.

Tűz. Pozsony (Bratislava), Czechoslovakia, then very soon Vienna, 1921–1923. Literary, fine arts, learned, and critical periodical founded by Hungarian writers who fled after the fall of the Revolutionary Government in 1919 and by young Hungarian writers in Czechoslovakia. Sought to acquaint readers with the literature of neighboring peoples through translations of their belles-lettres. Among its contributors: Lajos Barta, Tamás Falu, Milán Füst, Zoltán Franyó, Sándor Márai, and Ervin Sinkó. In Vienna appeared weekly under the editorship of Jenő Tamás Gömöri.

Új Ember. Budapest, 1945+. Catholic weekly. Actio Catholica publisher. Editors: Baldvin Pénzes and Béla Saád. János Pilinszky a member of its editorial staff since 1957.

Új Föld. Budapest, 1927. Literary and social periodical. Took its name from the movement seeking to advance the principles of modern art. Published the writings of Communist authors such as Sándor Barta, Imre Forbáth, György Lukács, and József Pápa. Only three numbers appeared. Edited by Zsigmond Remenyik, Aladár Tamás, and Sándor Bortnyik.

Új Hang. Moscow, January 1938–1941. Political and cultural periodical established in the Soviet Union by émigré Hungarian writers to support the anti-fascism of People's Front politics and to organize democratic solidarity. First Marxist analyses of Hungarian populist writers appeared in it. Among its contributors: Béla Balázs, Elek Bolgár, György Bölöni, Zoltán Fábry, Béla Fogarasi, Imre Forbáth, Andor Gábor, Sándor Gergely, Béla Lándor, Sarolta Lányi, György Lukács, József Madzsar, József Révai, Endre Sík, and Jenő Varga. Also published some of Attila József's poems. Continuation of *Sarló és Kalapács* (q.v.).

Új Hang. Budapest, February 1952–November 1956. Monthly literary and critical periodical. Organ of the young generation of writers and beginning authors, but the works of the older generation often appeared in its pages, including those of Gyula Illyés and Péter Veres. Published by the Federation of Working Youths and the Hungarian Writers' Federation. Editors: László Benjámin, Sándor Erdei, Ferenc Bajai, György Bodnár, and István Simon (1955–1956).

Újhold. See Appendix C.

Új Idők. Budapest, 1895–1949. Illustrated social, fine arts, and literary weekly. Widely read by middle class. Most popular writers of the time were among its contributors: István Szomaházy, Kálmán Csathó, Zsolt Harsányi, Miklós Surányi, Lajos Pósa, and János Komáromi. Also: Sándor Bródy, Géza Gárdonyi, Dezső Kosztolányi (1907–1916), Kálmán Mikszáth, Ferenc Molnár, Sándor Reményik, and János Vajda. Begun under the editorship of Ferenc Herczeg and edited by him until 1944. Published by Singer and Wolfner Press.

Új Írás. See Appendix C.

Új Magyarság. See *Magyarság*.

Új Magyar Szalon. See *Magyar Szalon*.

Új Magyar Szemle. See Appendix C.

Új Nemzedék. Budapest, December 25, 1913–1944. Political and critical weekly with a clerical and nationalistic outlook. Strong opponent of communism in Hungary. Presses were destroyed by mobs in October 1918, during the Revolution; István Milotay, its editor, forced to flee Budapest to escape imprisonment. Became the chauvinistic and anti-Semitic daily of Központi Sajtóvállalat in October 1919. Edited by Milotay until 1920. Other editors: Aladár Krüger, László Tápay-Szabó, József Cavallier, and then Dezső Saly. Dezső Kosztolányi was a staff member for a short time after 1919.

Az Újság. Budapest, December 16, 1903–1944. Political daily newspaper begun by the supporters of István Tisza to counteract the influence of the political opposition, especially that of the Independence party. Claimed to be independent politically. Among its contributors: Sándor Bródy, Kálmán Mikszáth (a principal contributor beginning in 1903), Ferenc Herczeg, Zsigmond Móricz, Tamás Kóbor, Andor Kozma, Géza Kende, and Frigyes Karinthy. Printed 50,000 copies daily in the 1910's. Liberal in outlook after World War I. Ödön Gajári served as managing editor for a long time. Móricz was staff member 1903–1909; Dezső Szomory from 1906 until his death in 1944. Paper banned in 1925 because of the way it handled the murders of Béla Somogyi and Béla Bacsó. Reappeared in July 1925 as *Újság*. Editors after that date: Béla Ágai and József Keszler and then Lajos Pánczél.

Újság. See *Az Újság.*

Új Szó. Budapest, February 2, 1945–April 4, 1948. Soviet Army's newspaper for Hungarians. Andor Gábor was a contributor. Appeared daily from September 1945. Edited by Béla Illés and Géza Kassai. Established after *Magyar Újság*, also a Soviet Army newspaper, ceased publication. This newspaper was published September 1944–January 29, 1945, first in Lvov, Poland, and then in Munkács, Ungvár, Nagymihály, and Debrecen, respectively.

Urambátyám. Budapest, 1886–1906. Appeared weekly under the editorship of Lajos Bartók and Kálmán Mikszáth. Humor magazine.

Uránia. Pest, 1794–1795. Literary periodical intended to create a larger reading audience for Hungarian literature, especially among women, and to make Pest the literary capital of Hungary. Planned to publish only original works as an encouragement to writers (first published József Kármán's *Fanni hagyományai* and *A nemzet csinosodása*) but also contained many translations, mainly of German literature. Had 289 subscribers. Edited and published by Kármán, Lajos Schedius, and Gáspár Pajor.

Uránia. See Appendix C.

Az Üstökös. Pest, August 21, 1858–1918. Illustrated humorous weekly begun by Mór Jókai as the continuation of *Nagy Tükör*, 1856–1858 (q.v.). Its satire was directed against Austrian absolutism and its officials, police, and supporters. During its first decade it exerted strong influence on its readers and strengthened Hungarian nationalism. Most important comic figure was Márton Kakas, whom Jókai had developed in *Vasárnapi Ujság* (q.v.) and *Nagy Tükör*. Periodical remained popular for a long time after the Compromise of 1867, though its satire was softened considerably. Taken over from Jókai in 1882 by Endre Szabó, who reduced its humorous content considerably. Opposed the Hapsburgs during World War I.

Az Út. Kolozsvár, 1915–1918. Periodical serving the work of Protestant ministers. Edited by László Ravasz 1915–1916 and Lajos Imre and Sándor Makkai 1917–1918. Appeared monthly excepting July and August.

Az Út. Pozsony (Bratislava), Czechoslovakia, 1931–1936. Cultural-political and literary periodical with a Marxist outlook. Played an important role in unifying Hungarian literary efforts in Czechoslovakia and in opposing fascism. Edited by Zoltán Fábry.

Vajdasági Írás. Szabadka (Subotica), Yugoslavia, 1928–1929. Hungarian literary periodical in Yugoslavia which sought to advance progressive ideals. Informed readers about literary events in Hungary and introduced the writings of authors in Hungary, including those of Gyula Illyés, György Sárközi, and Lőrinc Szabó. Among its contributors: Oszkár Bárd, Sándor Haraszti, László Mécs, Pál Sándor, István Tamás, and Nándor Várkonyi. Edited by Kornél Szentelekly. Members of editorial board: Lajos Borsodi,

Zoltán Csuka, Dezső Kohlmann, Ede Draskóczy, and Róbert Szántó. Superseded by *Kalangya* (q.v.).

Válasz. Budapest, 1934–1938. Literary, critical, and socio-political periodical which served as the organ of the populist writers. Began with a definite program to improve the lot of the peasants. Its viewpoint was similar to that of *Nyugat* (q.v.), but it also published the writings of such middle-class authors as László Cs. Szabó and Ferenc Fejtő. Among its contributors: Ferenc Erdei, Géza Féja, Gyula Illyés, János Kodolányi, Imre Kovács, László Németh, István Sinka, Lőrinc Szabó, Áron Tamási, and Péter Veres. First volume appeared in five numbers, thereafter ten times annually. Founded under the editorship of Pál Gulyás. Edited by Imre Németh and by György Sárközi 1935–1938.

Válasz. Budapest, October 1946–June 1949. Literary and socio-political periodical. Articles dealt with divisions of farm land, political life, issues concerned with political coalition and party problems, the communal movement, and problems of administration. Contributors were mainly writers and intellectuals in the National Peasant party. Contained belles-lettres, including dramas and novels of László Németh and poems of Gyula Illyés, Lőrinc Szabó, and Sándor Weöres. Edited by Gyula Illyés 1946–1948; then by Mrs. György Sárközi. Lőrinc Szabó was editor of poetry section, 1946–1949. Successor of the earlier *Válasz* (q.v.).

Valóság. Budapest, 1932. Literary and learned periodical for university students founded by Attila József with the support of the Communist party. Among contributors to its only number: Miklós Radnóti and Zsigmond Remenyik.

Valóság, 1958+. See Appendix C.

Vasárnapi Újság, 1827–1848. See *Erdélyi Híradó*.

Vasárnapi Újság. Budapest, March 5, 1854–1921. Literary and educational weekly begun by Landerer and Heckenast publishers at the urging of Mór Jókai, who was barred from the editorship by government officials because of his opposition to the Hapsburgs. First addressed itself to the general reader but eventually to the landed gentry and intellectuals. Reported on political activities but avoided supporting any particular political viewpoint. Some of the most important writers, poets, scholars, and illustrators were among its contributors. Remains a valuable source for studies and treatises. Lost popularity after the long editorship of Miklós Nagy. Linked itself with the progressive literature of the 20th century under the editorship of Aladár Schöpflin. Pál Gyulai was one of its co-founders. Editors: Albert Pákh, 1854–1867; Miklós Nagy, 1867–1905; Pál Hoitsy and Schöpflin, 1905–1921. Supplements: *Politikai Újdonságok* (1885–1909) and *Háború Krónika* (1877+; later *Világ-Krónika*).

Veszprém. Veszprém, 1875–1880. Independent political weekly newspaper. Continued by *Veszprémi Független Hírlap* in 1881, which was superseded by

Veszprémvármegye on January 5, 1898. The latter became a regular newspaper on January 6, 1918 and ceased in 1919.

Veszprémi Független Hírlap. See *Veszprém.*

Veszprémi Népújság. Veszprém, 1945–1948.

Veszprémvármegye. See *Veszprém.*

Vigilia. See Appendix C.

Világ. Budapest, March 15, 1910–May 1, 1926. Political daily newspaper. One of the most important organs of radical liberalism in Hungary, mainly of its Freemasonry wing. Attacked the remains of feudalism in Hungarian society, clerics, and the existence of large estates. Its liberal ideas had a strong influence on public thought, and during its first eight years, it was a center of interest. Articles characterized by a thorough knowledge of the subject matter. Among its important contributors: Endre Ady, Lajos Barta, György Bölöni, Lajos Biró, Lajos Magyar, Oszkár Jászi, Dezső Kosztolányi (1910–1919), Ferenc Móra (1922–1926), Géza Supka, and Pál Szende. Communist articles began to appear in it after 1918. Among its most important editors: József Nyitray, Ödön Gerő, Lajos Purjesz, Géza Feleky, and Rezső Roóz. Entitled *Fáklya* April 20–May 24, 1919. Editorial board purchased the afternoon *Magyar Hírlap* (q.v.) in 1926 and made it into its morning paper.

Világ-Krónika. See *Vasárnapi Újság,* 1854–1921.

Világosság. Budapest, 1945–1952. Political daily of the Hungarian Social Democratic party from 1945 to 1948. When the Hungarian Workers' party merged with the Social Democratic party in 1948, it became the afternoon daily of the Hungarian Workers' party.

Világszabadság. Budapest, 1897–August 3, 1919. Political weekly founded by the Social Democratic party. One of the most important organs of the Hungarian agrarian-socialist movement. Appeared irregularly 1899–1905. Begun under the editorship of Sándor Csizmadia as the continuation of *Földművelők Lapja.* Zsigmond Móricz was a senior staff member during part of 1918–1919. Two supplements in German for a time: *Der Feldarbeiter;* then *Weltfreiheit.*

Virradat. Budapest, January 23, 1918–1922. Edited by Andor Szakács, then Sándor Lakatos. Appeared twice weekly.

Vörös Lobogó. Budapest, December 1918–June 1919. Political, critical, literary, and fine arts weekly. Contents aimed at those Hungarian workers who had not joined the Communist party or a trade union. Regular contributors: Zsófia Dénes, Iván Hevesi, János Mácza, Sándor Márai, Lajos Nagy, and Vilmos Rozványi; occasionally Zsigmond Móricz. Edited by Zoltán Franyó.

Vörös Újság. Budapest, December 7, 1918–August 3, 1919. First legal Communist political newspaper in Hungary. After the fall of the Revolutionary Government in 1919, it became the official afternoon paper of the Socialist-Communist Workers' party in Hungary. Most important contributors: László Rudas, József Révai, and Tibor Szamuely. Major purpose was to spread Leninist ideology, to analyze the domestic political situation, to inform its readers of the activities of the international workers' movement, to criticize the activities of the government and its political figures, and to organize the party. Strong enough to withstand attacks for a time. Appeared twice weekly at first and then weekly beginning in mid-January 1919. Seized *Budapesti Hírlap* (q.v.) in March 1919. József Lengyel was an assistant editor for a time.

Weltfreiheit. See *Világszabadság.*

Zord Idő. Marosvásárhely (Târgu Mureş), Rumania, September 1, 1919+. Protestant review. One of the first forums of Hungarian writers living in Rumania. Among its contributors: Lajos Áprily, Sándor Farcádi, Domokos Gyallay, Sándor Makkai, Sándor Reményik, László Ravasz, and Mihály Szabolcska. Appears weekly. Became the bulletin of Kemény Zsigmond Irodalmi Társaság on December 18, 1920. Editors: Kálmán Osváth, Mária Berde, Kálmán Dékáni, Károly Molter, and István Hajdu. Awarded prize to Irén Gulácsy for *Förgeteg* in 1925.

APPENDIX C

SCHOLARLY AND LITERARY PERIODICALS FROM WHICH ARTICLES ARE CITED IN THE MAIN ENTRIES

The information about the periodicals and their locations in selected United States and European libraries is reported under the titles used in the main entries, and all changes in titles are recorded in their alphabetical place. Only locations are shown for a number of titles. The student desiring further information about them may refer to *An introductory bibliography to the study of Hungarian literature* (no. 4597). No data are available in that source or the present work for *Filozófiai Évkönyv, Irodalmi Szemle, Irodalom-Tudomány, Párttörténeti Közlemények, Puszták Népe,* and *Vasárnap.*

Acta Universitatis Debreceniensis de Ludovico Kossuth Nominatae. Budapest: Tankönyvkiadó, 1954–1961.

Articles on learned subjects, including Hungarian literature. An occasional treatise in English, German, or Russian. English, French, German, or Russian summaries. Tables of contents in Hungarian, English, and Russian.

NN: 1954–1961, *v*l-7. AsWN: [1955]–[1960], *v*[2]–[6]. FiHI: 1954–1961, *v*1–7. FiHU: 1954–1961, *v*1–7. GeLBM: 1954–1961, *v*1–7. GeOB: 1954–1961, *v*1–7. GyBDS: 1954–1961, *v*1–7. GyBH: 1954–1961, *v*1–7.

Akadémiai Értesítő. Pest: Magyar Tudományos Akadémia, 1840+. CU: *Ser. 4*, 1938–1939, 1942–1943, 1951+, *v*48–49, 52–53, 58+. CtY: *Ser. 3*, 1867–[1871, 1873–1876], *v*1–[5, 7–10]. DLC: *Ser. 1*, 1840–1859, *v*1–20; *Ser. 2*, [1860–1866], *v*[1–7]; *Ser. 3*, 1867–1889, *v*1–23; *Ser. 4*, 1890–[1912–1913]–[1916–1920, 1922]1925–[1930–1932]–1937, *v*1–[23–24]–[27–31, 33] 36–[41–42]. ICN: *Ser. 1*, 1859, *v*20; *Ser. 2*, 1860–1863, *v*1–4. LNHT: *Ser. 3*, [1868–1872], *v*[2–6]. MH: *Ser. 1*, 1856–1859, *v*16–19; *Ser. 3*, 1867–1871, *v*1–5. MiU: *Ser. 3*, 1867–1868, *v*1–2. NN: *Ser. 4*, 1901–[1903]–[1911], *v*12–[14]–[22]. NNA: *Ser. 2*, [1860–1865], *v*[1–6]; *Ser. 3*, 1867–1877, 1885–1889, *v*1–11, 19–23. NNC: *Ser. 4*, 1890–[1917, 1925]1926, 1956–1959, *v*1–[28, 36]37, 63–66. OCl: *Ser. 4*, 1925+, *v*36+. PPAN: *Ser. 1*, 1859, *v*20; *Ser. 2*, 1860–1866, *v*1–7; *Ser. 3*, 1867–1889, *v*1–23. PPAmP: *Ser. 1*, 1859, *v*20; *Ser. 2*, 1860–1866, *v*1–7; *Ser. 3*, 1867–[1873–1874], *v*1–[7–8]. PU: *Ser. 3*, 1867–1874, *v*1–8; *Ser. 4*, 1891–1912, *v*2–23. AsWN: *Ser. 2*, 1860–1865, *v*1–6. AsWU: *Ser. 1*, 1840–1859, *v*1–20; *Ser 2*, 1860–1866, *v*1–7; *Ser. 3*, 1867–1889, *v*1–23; *Ser. 4*, 1890+, *v*1+. GeLBM: *Ser. 1*, 1841–1859, *v*2–20; *Ser. 2*, 1860–1866, *v*1–7; *Ser. 3*, 1867–1889, *v*1–23; *Ser. 4*, 1890+, *v*1+. GeLU: *Ser. 2*, 1860–1862, *v*1–3; *Ser. 3*, 1867–1872, *v*1–6; *Ser. 4*, 1925+, *v*36+. GyBDS: *Ser. 1*, [1840, 1844], *v*[1, 4]; *Ser. 3*, [1878–1880, 1882–1885, 1888–1889], *v*[12–14, 16–19, 22–23]; *Ser. 4*, 1925–[1945]–1951, *v*36–[56]–62. GyBH: *Ser. 1*, 1840–1841, 1847, 1850–1858, *v*1–2, 8, 11–13; *Ser. 2*, 1860–1865, *v*1–6; *Ser. 3*, 1867–1875, 1881–1888, *v*1–9, 15–22; *Ser. 4*, 1890–1943, *v*1–54. GyGNSU: *Ser. 3*, 1867–1889, *v*1–23; *Ser. 4*, 1890–1943, *v*1–54.

Alföld. Debrecen: Magyar-Szovjet Társaság Hajdu-Biharmegyei Titkársága, 1950 (no. 1); Magyar Írók Szövetsége Debreceni Csoportja, 1950 (no. 2), 1956; Debrecen Megyei Jogú Tanács Végrehajtó Bizottsága, 1958–1962; Hajdu-Biharmegyei Tanács, 1963+.
Articles on various aspects of literature, society, and fine arts. Special attention to the Alföld area. Original belles-lettres. Translations. Book reviews. Appears quarterly. Begun summer, 1950. Title *Építünk*. 1950–1954. Editors: István Komjáthy, 1950 (no. 2); Ákos Koczogh, 1951–1956; Sándor Fábián, 1958–1961; Gábor Mocsár, 1962–1963; Imre Baranyi, 1964+. Suspended 1957. NNC: [1955–1956]+, *v*[6–7]+. GeLBM: [1960]+, *v*[11]+. GyBH: 1964+, *v*15+.

Arena. London: P. E. N. Centre for Writers in Exile, 1958+.
Original belles-lettres of writers in exile in foreign languages and English. Occasional studies of literature, notes, and book reviews in French and English. Appears monthly (irregular?). Editorial committee: K. A. Jelenszky, Ivan Jelinek, Magda Kotanyi, Algirdas Landsbergis, Ruth

Speirs, K. G. Werner, and Paul Tabori. Special issues by individual editors. DLC: 1959, v2. NN: 1962+, v5+. NNC: 1962, v8.

Athenaeum. Budapest: Magyar Tudományos Akadémia, 1892–1947.
Articles on philosophical and aesthetical subjects. Book reviews. Bibliography of publications dealing with philosophy and its branches, 1910–1922. Appeared quarterly. Editors: Imre Pauer, 1892–1914; Bernát Alexander, 1915–1920; József Nagy, 1921–1923; Gyula Kornis, 1924–1926; István Dékány, 1927–1931; Lajos Prohászka, 1932–1939; József Révay, 1940–1944; László Faragó, 1945–1946; Frigyes Pozsonyi and György Mihály Vajda, 1947. New series, 1915. NN: N.S. 1915–1919, 1921–1947, v1–5, 7–33. NNC: 1892–[1900, 1902–1906], v1–[9, 11–15]; N.S. 1915–1919, 1921–[1925]–[1939–1940]–[1944], v1–5, 7–[11]–[25–26]–[30]. AsWN: 1892–1914, v1–23; N.S. 1915–1918, v1–4. GeLBM: 1892–1914, v1–23; N.S. 1915–[1936–1937, 1940–[1942]1945/46, v1–[22–23, 26]–[28]31/32. GyBH: 1892–1895, 1897–1914, v1–4, 6–23; N.S. 1915, 1917–1919, 1921–1943, v1, 3–5, 7–29. GyGGaU: [1902], v[11].

Borsodi Szemle. Miskolc: Társadalom és Természettudományi Ismeretterjesztő Társulat Borsod-Abaúj-Zemplén Megyei Szervezete, 1956–1957; Tudományos Ismeretterjesztő Társulat Borsodmegyei Szervezete és Megyei Városi Tanács, 1958+.
Articles on fine arts, literature, history, and general cultural subjects, especially those connected with Hevesmegye. Notes on the various sciences. Original belles-lettres. Book reviews. Appeared quarterly; now bimonthly. Editors: Béla Szabó, 1956–1957; Andor Sárközi, 1958+. DLC: 1960+, v5+. NN: 1965+, v8+. GeLBM: [1961]+, v6+.

Budapesti Szemle. Budapest: Magyar Tudományos Akadémia, 1857–1944.
See Appendix B. CtY: *Ser. 1*, 1857–1864, v1–14, 16–18, 20–21; *Ser. 2*, 1865–1869, v1–4, 7–15; *Ser. 3*, 1873–1934, v1–3, 5–18, 22–85, 87, 89–120, 122–126, 129–131, 133–180, 185–195, 198–200, 205–206, 208–219, 222–223, 230–231, 234–241. DLC: *Ser. 1*, v1–21; *Ser. 2*, 1865–1869, v1–15; *Ser. 3*, 1873+, v1+. NN: *Ser. 1*, 1857–1864, v1–21; *Ser. 2*, 1865–1869, v1–15; *Ser. 3*, 1873–1919, v1–[13–14]–[87, 94–95]–[126, 128]–[170–177]. NNC: *Ser. 1*, 1857–1864, v1–5, 7–21; *Ser. 2*, 1865–1869, v1–15; *Ser. 3*, 1873–1899 [1900]1902–1903[1905–1906, 1908]–[1913–1917]1920–1921, 1925[1926]1931 [1932]1939–1944, v1–100[102–106]109–120[123–136]–[155–172] 181–188, 205[210]229[234]255–270. OCl: *Ser. 2*, 1865–1866, v3–4. AsWN: *Ser. 3*, 1873–1941. FiHI: *Ser. 3*, 1919–1944, v129–130, 195–196, 202–267. GeLBM: *Ser. 3*, 1873–1937, v1–244. GeLU: *Ser. 1*, 1863–1864; *Ser. 2*, 1865–1869, v1–15. GyBH: *Ser. 1*, 1857–1864, v1–21; *Ser. 2*, 1865–1869, v1–15; *Ser. 3*, 1873–1944, v1–267.

Csillag. Budapest: Magyar Írók Szövetsége, 1947–1956.
See Appendix B. DLC: [1947–1956], v[1–10]. MnU: 1947–1956, v1–10. NN: [1951–1956], v[4–10]. NNC: 1947–1956, v1–10. FiHI: [1947, 1952],

v[1,6]. GeLBM: [1949–1956], *v*[2–10]. GyBH: 1949–1955, *v*2–9. GyGGaU: [1947–1956], *v*[1–10].

Debreceni Szemle. Debrecen: Debreceni Egyetem Barátainak Köre, 1927–1944.

MH: 1928, *v*2. MnU: 1927–1944, *v*1–18. FiHI: [1929, 1933], *v*[3, 7]. GyBH: 1927–1944, *v*1–18.

Délvidéki Szemle. Szeged: Horthy Miklós Tudományegyetem Barátainak Egyesülete, 1942–1944.

Articles on various scientific and humanistic subjects, including literature. Special attention to matters related to the area of Délvidék, including theater, music, and visual arts. Book reviews. Appeared monthly. Edited by Jenő Koltay-Kastner. AsWN: 1942–1943, *v*1–2. GeLBM: 1942–1944, *v*1–3. GyBH: 1942–1943, *v*1–2.

Diárium. Budapest: Egyetemi Nyomda, 1931–1947.

Articles on books, learned subjects, and literature. Original belles-lettres. Especially interested in works of authors being published by Egyetemi Nyomda. Book reviews. Appeared quarterly, 1931; eight times annually, 1932–1939; monthly, 1940–1944; irregularly, 1945–1947. Editors: Elemér Czakó to v. 34, no. 6; Károly Máté, v. 34, no. 7; Imre Kenyeres, 1945; Károly Máté, 1947, no. 4. Title to 1939: *Magyar Könyvbarátok Diáriuma*. FiHU: 1931–1947. GyBH: 1940–[1944], *v*1–[5].

Dunántúl. Pécs: Magyar Írók Szövetsége, 1952–1957.

DLC: [1956], *v*[5]. NN: 1956–1957, *v*5–6.

Az Egri Pedagógiai Főiskola Évkönyve. Eger: Egri Pedagógiai Főiskola Tanárai, 1955+.

Articles on questions dealing with education, pedagogy, language, literature, history, and the biological sciences. Appears annually. Editorial board: József Bakos, Tibor Hortobágyi, Lajos Némedi, Imre Szántó, Károly Udvarhelyi. Editors: József Bakos, 1955–1961; Sándor Bende, 1962+. In 1963 title changed to *Az Egri Tanárképző Főiskola Tudományos Közleményei*. New series, 1962. GeLBM: 1956–1957, 1959–1960, 1962+, *v*2–3, 5–6, 8+. GyBDS: 1958–1960, 1962–1964, *v*4–6, 8; N.S. *v*1–2. GyBH: 1957–1961, *v*3–7.

Az Egri Tanárképző Főiskola Tudományos Közleményei. See *Az Egri Pedagógiai Főiskola Évkönyve*.

Egyetemes Philologiai Közlöny. Budapest: Magyar Tudományos Akadémia Nyelvtudományi Bizottsága és Budapesti Philologiai Társaság, 1877–1948.

CSt-H: 1923–1924, *v*47–48. CU: 1881–1883[1885]1889–1890, 1911–[1919]1924, 1926–1928, 1931–[1948], *v*5–7[9]13–14, 35–[43]48, 50–52, 55–[71]. CtY: 1924–[1944]1945[1947–1948], *v*48–[68]–[70–71]. DLC: 1935–[1940], *v*59–[64]. IU: 1877–1911, 1913–1948, *v*1–35, 37–71. ICU: [1877]1879–[1883]–1890[1894, 1938], *v*[1]3–[7]–14[18, 62]. MH: 1882–

1883, 1886, 1888, 1890–1895, 1900, 1902–1903, 1908–1918, 1935, 1937–1943, v6–7, 10, 12, 14–19, 24, 26–27, 32–42, 59, 61–67. MnU: 1877–1948, v1–71. NN: 1924–1948, v48–71. NNC: 1882, 1890–1891, 1894, 1900, 1902–1903, 1908–1918, 1924–1943, [1946–1947]1948, v6, 14–15, 18, 24, 26–37, 32–42, 48–67[69–70]71. NjP: 1924–[1940]–[1944]1947–1948, v48–[64]–[68]70–71. OCl: 1924–1948, v48–71. OClW: 1877–1923, v1–47. OCU: 1877–1948, v1–71. AsWN: 1877–[1908–1910]–[1917–1918, 1923]–1942, v1–[32–34]–[41–42, 47]–66. FiHI: 1929–[1939], v53–[63], v53–[63]. FiHU: 1877–1939, v1–63. GeLU: 1947–1948, v70–71. GyBH: 1877–1943, v1–67.

Élet. Budapest: Élet-Társulat, January 3, 1909–1944.

See Appendix B. MnU: 1909–1944, v1–36. GeLBM: [1909–1914], v[1–6]. GyBH: 1913, 1916–1918, 1924–1933, v5, 8–10, 16–25. GyGGaU: 1918, v10–11.

Élet és Irodalom. Budapest: Lapkiadó Vállalat és Magyar Írók Szövetsége, 1957+.

See Appendix B. CoU: 1957+, v1+. DLC: [1957]+, v[1]+. DS: 1957+, v1+. InU: 1960+, v4+. MH: [1958]+, v[2]+. MiU: 1966+, v10+ MnU: 1961+, v5+. NN: 1964+, v8+. GeLBM: [1957]+, v[1]+. GyBDS: 1957+, v1+. GyGNSU: 1957, v1.

Erdélyi Helikon. Cluj-Kolozsvár: Erdélyi Szépmíves Céh, 1928–1944.

See Appendix B. FiHI: [1931–1933, 1937]1941–[1944], v[4–6, 10] 14–[17]. GyBH: 1928–1944, v1–17.

Erdélyi Múzeum. Kolozsvár és Pest: Erdélyi Múzeum-Egyesület, 1874–1917, 1930–1944.

CU: 1930–[1932–1933]–1938, v35–[37–38]–43. CtY: [1910–1911]–1913–1914], v[27–28]–[30–31]. DLC: 1933–[1937]1938, v38–[42]43. IU: 1930–1932, v35–37. NN: 1936–1944, v41–49. NNM: 1930–1938, v35–43. WU: 1930–1938, v35–43. GyBH: 1884–1907, 1909–1915, 1930–1945[1942, 1944], v1–24, 26–32, 35–45[47, 49].

Ethnographia-Népélet. Budapest: Magyar Néprajzi Társaság, 1890+.

Title of *Ethnographia* from 1926–1944. CLU: 1949+, v60+. CU: 1945+, v56+. CtY: 1905–[1915]1923–[1942]–[1944], v16–[26]34/35–[53]–[55]. DLC: 1890+, v1+. ICU: 1890–[1913–1914], v1–[24–25]. MH: 1890 [1891, 1893–1897, 1907, 1912]–1915[1925–1926, 1931]+, v1[2, 4–8, 18, 23]–26[36–37, 42]+. MH-P: 1890+, v1+. NN: 1890–[1944]1951+, v1–[55] 62+. NNC: 1890–[1894–1895]–1950, 1952+, v1–[5–6]–61, 63+. NNM: [1901, 1903], v[12, 14]. NjP: 1923–1925[1927–1944], v34/35–36[38–55]. OCl: 1923+, v34+. OClW: 1929–1934, 1937–[1939], v40–45, 48–[50]. AsWN: 1923–1942, v34–53. FiHI: 1890–1942, v1–53. GeOB: 1958+, v69+. GyBDS: 1952+, v63+.

Études Slaves et Roumaines. See *Studia Slavica Academiae Scientiarum Hungaricae*.

Ezüstkor. Budapest: Thurzó Gábor, 1943.
Articles on various aspects of literature. Book reviews. Only one number published. Editor: Gábor Thurzó, with the assistance of Gyula Lovass, György Rónay, and István Sőtér.

Fehérvár. Székesfehérvár: Vörösmarty Irodalmi Társaság, 1955+.
Articles on literature and matters connected with Fehérvár. Appears quarterly. Edited by Imre Könczöl.

Figyelő. Budapest: Abafi Lajos, July 1, 1876–1889.
See Appendix B. MnU: 1876–1889, *v*1–26. GeLBM: 1876–[1889], *v*1–[26]. GyBH: 1876–1889, *v*1–26.

Filológiai Közlöny. Budapest: Magyar Tudományos Akadémia Irodalom-történeti Főbizottsága, 1955+.
DLC: 1955+, *v*1+. CLU: 1955+, *v*1+. CU: 1956+, *v*2+. ICU: 1962+, *v*8+. InU: 1956+, *v*2+. MH: 1955+, *v*1+. MiU: [1960], *v*[6]. MoU: 1966+, *v*12+. NNC: 1955–1959, *v*1–5. AsWN: 1955+, *v*1+. FiHU: 1955[1956]–[1958]+, *v*1[2]–[4]+. GeLBM: 1956+, *v*2+. GeOB: 1955+, *v*1+. GyBDS: 1955+, *v*1+. GyBH: 1955+, *v*1+. GyGNSU: 1955–1956, *v*1–2.

Forum. Budapest: Forum Club, September 1946–1949.
See Appendix B. CSt–H: [1947–1948], *v*[2–3]. CU: 1948–1949, *v*3–4. DLC: [1947–1949], *v*[2–4]. ICU: 1948, *v*3. NN: [1946–1948], *v*[1–3]. NNC: 1948–1949, *v*3–4. AsWN: 1948, *v*3. FiHI: [1947–1949], *v*[2–4]. GeLBM: 1946–1949, *v*1–4. GeLU: 1946–1948, *v*1–3. GeOB: [1948–1949], *v*[3–4]. GyBH: 1946–1949, *v*1–4.

Helikon. See *Világirodalmi Figyelő.*

A Híd. Szubotica (1934–1956) és Noviszád (1957+): Fórum, 1934+.
Articles on Hungarian society, literature, and fine arts. Became the periodi-cal of Hungarian literary life in Yugoslavia after World War II. Editors: Sándor Steinfeld, 1946–1948; Mihály Olajos, 1948–1949; János Herceg, 1957; Nándor Major, 1957–1962; József Papp, 1963+. GeLBM: [1957]+, *v*[21]+.

The Hungarian Quarterly. New York: The Hungarian Quarterly, 1961–1965.
Articles on Hungarian history, politics, economics, literature, and fine arts. English translations of belles-lettres. The "voice of the free Hungari-ans." Appeared quarterly. Edited by Imre Kovács and William Juhász. CSt-H: 1961–1965, *v*1–5. CStclU: 1961–1965, *v*1–5. CU: 1961–1965, *v*1–5. CtY: 1961–1965, *v*1–5. DCU: 1961–1965, *v*1–5. DLC: 1961–1965, *v*1–5. FTaSU: 1961–1965, *v*1–5. ICU: 1961–1965, *v*1–5. IU: [1961]1963–1965, *v*[1]3–5. InNd: 1961–1965, *v*1–5. IaU: 1961–1965, *v*1–5. KMK: [1961]–1965, *v*[1]–5. KyU: [1961]–1965, *v*[1]–5. LNHT: 1961–1965, *v*1–5. MdU: 1961–1965, *v*1–5. MH: 1961–1965, *v*1–5. MWalB: 1961–1965, *v*1–5. MiU: 1961–1965, *v*1–5. MnU: 1961–1965, *v*1–5. MoS: 1961–1965, *v*1–5.

MoSU: 1961–1965, v1–5. MoSW: 1961–1965, v1–5. MoU: 1961–1965, v1–5. NjR: 1961–1965, v1–5. NN: 1961–1965, v1–5. NNC: 1961–1965, v1–5. NcU: 1961–1965, v1–5. OCl: 1961–1965, v1–5. OClW: 1961–1965, v1–5. OKU: 1961–1965, v1–5. PU: 1961–1965, v1–5. TxDaM: 1961–1965, v1–5. ViU: 1961–1965, v1–5. WU: 1961–1965, v1–5. GeCU: [1961]–[1965], v[1]–[5]. GeLBM: [1962]–[1965], v[2]–[5]. GeOB: 1961–1965, v1–5. GyGNSU: [1961]–[1965], v[1]–[5].

Huszadik Század. Budapest: Társadalomtudományi Társaság, 1900–1919.
See Appendix B. IU: 1909–[1917]–1918, v19–[34]–38. GeLBM: [1904–1909], v[9–20]. GeLU: 1900–1909, 1917, v1–20, 35–36. GyBH: 1901–1919, v3–40.

Igaz Szó. Marosvásárhely: Román Népköztársaság Írószövetsége Maros-Magyar Autonóm Tartományi Fiókja, 1953+.
Mainly original belles-lettres by Hungarian writers in Rumania but also articles on Hungarian literature. Special attention to Marosvásárhely. Book reviews. Appears monthly. Chief editor: Győző Hajdu. NN: 1957+, v5+. GeLBM: 1965+, v13+. GyBDS: 1959–1964, v7–12. GyBH: 1959+, v7+.

Irodalmi Figyelő. See *Világirodalmi Figyelő.*

Irodalmi Újság. Budapest: Magyar Írók Szövetsége, November 2, 1950–November 1956.
See Appendix B. DS: [1955]–1956, v[6]–7. NNC: [1956], v[7]. GyBH: 1953–1956, v4–7. GyGNSU: [1954]–1956, v[5]–[7].

Irodalomtörténet. Budapest: Magyar Irodalomtörténeti Társaság, 1912–1962.
CU: [1947, 1949–1951]–[1955–1956]+, v[36, 38–40]–[44–55]+. DLC: 1912–1921, 1926–1938, 1940–1943, 1945–1947, 1949–1951, 1953+, v1–10, 15–27, 29–32, 34–36, 38–40, 42+. MH: [1929, 1931] 1938[1947, 1950–1952]–[1956]+, v[18, 20]27[36, 39–41]–[45]+. MnU: 1912+, v1+. NN: [1925–1926]–[1931]–[1939]–[1944–1945, 1947] 1949+, v[14–15]–[20]–[28–29]–[33–34, 36]38+. NNC: 1912–[1921]–[1946–1948]+, v1–[10]–[35–37]+. NjP: 1925–[1939–1940]–[1944]–[1947], v14–[28–29]–[33]–[36]. OCl: 1940–[1944]–1946, 1949–1951, v29–[33]–35, 38–40. OClW: [1924–1926] 1929–[1944]–[1946–1947[, v[13–15]18–[33]–[34–36]. AsWN: 1912–1943, v1–32. AsWU: 1912+, v1+. GeLBM: 1912+, v1+. GeLU: 1937–1947, 1956+, v26–36, 45+. GyBDS: 1953+, v42+. GyBH: 1912–[1944, 1947]+, v1–[33, 36]+. GyGNSU: 1912–[1937–1940]–[1952]–1954, v1–[26–29]–[41]–43.

Irodalomtörténeti Közlemények. Budapest: Magyar Tudományos Akadémia Irodalomtörténeti Állandó Bizottsága, 1891–1955; Magyar Tudományos Akadémia Irodalomtörténeti Intézete, 1956+.
CU: [1906], v[16]. CtY: 1912–1918, v22–28. DLC: 1891–1910, 1912–

1921, 1923+, v1–20, 22–31, 33+. MH: [1891–1893]–[1895]–1897, 1899–
[1916]–[1918]1922–1936, v[1–3]–[5]–7, 9–[26–28]32–46. MnU: 1891+,
v1+. NN: 1954+, v58+. NNC: 1891–1948, 1953+, v1–56, 57+. OCl:
[1921–1930]–[1932], v[31–40]–[42]. AsWN: 1891–1943, v1–53. AsWU:
1891+, v1+. FiHI: 1891–[1926], v1–[36]. GeLBM: 1891+, v1+. GeLU:
[1891–1937], v[1–47]. GyBH: 1891–1943, 1948+, v1–53, 56+. GyGNSU:
1928–1939, v38–49.

Jelenkor. Pécs: Baranyai Megyei Tanács és Hazafias Népfront Baranya
Megyei Bizottság, October 1958+.
Articles on literature and fine arts. Original belles-lettres. Book reviews.
Originally appeared bimonthly; monthly since 1963. Editorial board:
József Gyenis, Ferenc Kolta, Ferenc Mészáros, József Pál, Elemér Paulusz,
Lajos Právicz, Gyula Takács, Béla Simon, Kálmán Vargha. Chief editor:
Tibor Tüskés. CU: 1964+, v7+. DLC: [1959]+, v[2]+. InNd: 1961+,
v4+. NN: 1959+, v2+, GeLBM: 1958+, v1+. GyBH: 1964+, v7+.

Kalangya. Szabadka [Subotica]: Szirmai Károly, 1932–1944.
See Appendix B. CSt-H: [1942]–1944, v[11]–13. AsWN: 1942–1943, v11–12.
GyBH: 1935–[1941]–[1943], v4–[10]–[12].

Katholikus Szemle. Budapest: Szent István Társulat, 1887–1944.
DLC: 1932–1941, v46–55. NNC: 1887–[1921]1922[1925]–1944, v1–
[35]36[39]–58. AsWU: 1887–1944, v1–58. GyBH: 1887–1895, 1897–
[1944], v1–9, 11–[58].

Kelet Népe. Berettyóújfalu (1935), Gyula (1936), Biharugra és Budapest
(1937–1942): Szabó Pál, 1935–1942.
Articles on literature, fine arts, sociological questions, education, and
history. Organ of the populist writers, like *Válasz*, 1934–1938 (see Appendix
B). Appeared biweekly. Begun November, 1935. Editors: Dénes Barsi and
Pál Szabó, 1935; Pál Szabó, 1936–December 1, 1939; Zsigmond Móricz,
December 15, 1939–1942. GyBH: 1938–1942, v4–8.

Kisfaludy-Társaság Évlapjai. Pest: Kisfaludy-Társaság, 1836–1846, 1868–1932.
The record of the discussions, presentations at meetings, literary addresses,
and memorials of the Károly Kisfaludy Society. Beginning with 1841
aimed at the development of national literary taste and the cultivation of
Hungarian literature. Appeared annually. The new series resumes the
chronicle of the Society with the year 1860. NNC: 1868–1932. AsWN:
1868–1918. GyBH: 1868–1900, 1902–1923, 1925–1926, v1–33, 35–56, 58–
59. GyGNSU: 1868–1874, 1876–1878, 1880/81, 1892/93, 1900/01–1902/03,
1905/06–1916/17, v1–9, 11–13, 16, 27, 35, 37, 40–50.

A Könyv. Budapest: Kiadói Főigazgatóság, 1961+.
Critical studies, book reviews, and articles on the history of books, book
arts, literature, fine arts, and other learned subjects. Edited by Tamás Kis.

748 APPENDIX C

A Könyvtáros. Budapest: Népművelési Minisztérium, 1951+.
NNC: 1955–1956, 1960+, *v*5–6, 10+. AsWN: 1952–1954, *v*2–4.

Kortárs. Budapest: Lapkiadó Vállalat, September 1957+.
See Appendix B. CLU: 1965+, *v*9+. CU: 1957–1962, 1964+, *v*1–6, 8+.
DLC: 1957+, *v*1+. ICU: 1965+, *v*9+. InU: 1960+, *v*4+. MH: 1957+,
*v*1+. MnU: 1957+, *v*1+. NN: [1957+], *v*[1]+. FiHU: [1957]–[1959–
1960]+, *v*[1]–[3–4]+. GeLBM: 1958+, *v*2+. GyBH: 1957+, *v*1+.

Korunk. Cluj-Kolozsvár: Dienes László és Gábor Gaál, 1926–1940, 1957+.
See Appendix B. DLC: 1959+, *v*18+. GyBH: 1928–[1930]–1938.
GyGGaU: [1957], *v*[16].

Kritika. Budapest: Magyar Tudományos Akadémia Irodalomtörténeti
Intézete, Magyar Irodalomtörténeti Társaság és Magyar Írók Szövetsége,
1963+.
Originally contained articles on music and sociology but now concerned
mainly with articles on Hungarian literature and theater. Original belles-
lettres. Illustrations and pictures. Supersedes *Irodalomtörténet.* Appears
monthly. Begun September, 1963. Edited by András Diószegi. CU:
1963+, *v*1+. CoU: 1963+, *v*1+. DLC: 1963+, *v*1+. MH: 1963+, *v*1+.
NN: 1963+, *v*1+. AsWN: 1963+, *v*1+. FiHI: 1963+, *v*1+. GeLBM:
1963+, *v*1+. GyBDS: 1963+, *v*1+. GyBH: 1963+, *v*1+. GyGNSU:
1963+, *v*1+.

Láthatár. Budapest, 1933–1944.
Studies and criticisms of Hungarian literature written by Hungarians in
foreign countries, especially in those neighboring Hungary. Ceased in fall
1944. Edited by Zoltán Csuka. [Information not based on direct examina-
tion]

Magyar Csillag. Budapest: Hungária Hírlapnyomda, October 1941–April
1944.
See Appendix B. MnU: 1941–1944, *v*1–4. NN: [1941], *v*[1]. NNC: 1941–
1944, *v*1–4. AsWN: 1941–1944, *v*1–4. FiHI: [1942–1944], *v*[2–4]. FiHU:
[1942]–1944, *v*[2]–4. GyBH: [1941–1944], *v*[1–4]. GyGNSU: 1941–1942,
*v*1–2.

Magyar Könyvbarátok Diáriuma. See *Diárium.*

Magyar Pedagógia. Budapest: Magyar Pedagógiai Társaság, March 1892–
February 1950; Akadémiai Kiadó, 1961+.
Articles on education and related questions. Notices about books and
periodicals. Announcements and conferences of the Magyar Pedagógiai
Bizottság. Appeared monthly; quarterly since 1961. Edited by György
Mihály Vajda in 1949; resumed in 1961 under the editorship of Sándor
Nagy as the organ of the Magyar Tudományos Akadémia Pedagógiai
Bizottság. DLC: 1950+. GeLBM: 1944–1947, 1961+, *v*53–56, 61+.

GyBDS: 1961–1964, v61–64. GyBH: 1892, 1894–1897, 1899–1943, v1, 3–52.

Magyar Nyelv. Budapest: Magyar Nyelvtudományi Társaság, 1905+.
CU: 1905–1938, v1–34. CtY: [1905]–[1944]–[1955]+, v[1]–[40]–[51]+.
DLC: 1905–1944, 1947, 1949, 1951, 1954, 1957+, v1–40, 43, 45, 47, 50, 53+. MH: 1905–1918, 1920–1931, 1933–[1944, 1949]1951–[1954]+, v1–14, 16–27, 29–[40, 45]47–[50]+. NNC: 1905–1916, 1918–[1950–1951]+, v1–12, 14–[46–47]+. NjP: 1924–[1939]–[1942–1944], v20–[35]–[39–40]. OCl: 1924–1938, 1941–1942, v20–34, 37–38. AsWN: 1923–1943, v19–39. AsWU: 1905+, v1+. FiHI: 1905–1951, 1953–1955, 1958+, v1–47, 49–51, 54+. GeLBM: 1905+, v1+. GeLU: 1933–1943, 1956+, v29–39, 52+. GyBDS: 1952+, v48+. GyBH: 1933–1938, v29–34. GyGNSU: 1905–1907, 1909–1949, 1951–1953, 1955+, v1–3, 5–45, 47–49, 51+.

Magyar Nyelvőr. Budapest: Magyar Tudományos Akadémia, 1872+.
CU: 1948–1949, 1954+, v72–73, 78+. DLC: 1948+, v77+. MH: 1872–1939[1950–1952]1955–1957, v1–68[74–76[79–81. NN: 1872–1917, 1919–[1940, 1946, 1949–1951]+, v1–46, 48–[69–70, 73, 75]+. NNC: 1872–[1940]1946–[1949]1956+, v1–[69]70–[73]80+. AsWN: 1873–1940, v2–69. FiHI: 1872+, v1+. FiHU: 1897–[1900]1936, v26–[29]65. GeLBM: 1873–1884, v2–13. GeLU: 1872–1873, 1875, 1879–1880, 1884–1888, 1890, 1899–1902, v1–2, 4, 8–9, 13–17, 19, 28–31. GyBDS: 1953–1956, v77–84. GyBH: 1872+, v1+. GyGNSU: 1952–1956, v76–80.

Magyarok. Debrecen és Budapest: Budapest Székesfővárosi Irodalmi és Művészeti Intézet, April 1945–April 1949.
See Appendix B. CSt-H: [1947], v[3]. DLC: 1946, 1948–1949, v2, 4–5. MnU: 1945–1949, v1–5. NN: [1947]–1949, v[3]–5. NNC: 1945–[1947]–1949, v1–[3]–5. FiHI: [1949], v[5].

Magyar Shakespeare-Tár. Budapest: Kisfaludy-Társaság Shakespeare-Bizottsága, 1908–1922.
MH: 1908–1919, v1–11. MiU: [1908], v[1]. NIC: [1911], v[4]. GeCU: 1912–1914, 1918, v5–7, 10. GeLBM: 1908–1911, v1–4. GyBH: 1908–1916, v1–9.

Magyar Szemle. Budapest: Magyar Szemle Társaság, 1927–1944.
See Appendix B. CSt-H: 1928–[1940–1941, 1943]. CtY: 1928–[1941]. ICJ: 1928–1931. ICN: 1933–1939. IEN: 1940. MH: 1928–1941, v1–46. MnU: 1927–1944, v1–46. NN: 1927–1944, v1–46. NNC: 1927–1944, v1–46. NjP: [1927–1930]–[1941]–1944. OCl: 1927–1944, v1–46. OClW: 1929–1931, 1933, 1935. AsWN: 1927–1944, v1–46. FiHI: 1927–1944, v[1–2]–[4]–[11]–[46]. FiHU: 1927–1944, v1–46. GeCU: 1928–[1941], v4–[41]. GeLBM: 1927–1944, v1–46. GeOB: 1928[1929]–[1939–1941, 1943]. GyBH: [1927–1944], v[1–46]. GyGNSU: 1928–1943.

Magyar Tudományos Akadémia Nyelv- és Irodalomtudományi Osztályának Közleményei. Budapest: Magyar Tudományos Akadémia, 1951+.

DLC: 1951+, *v*1+. ICU: 1951+, *v*1+. InU: 1951+, *v*1+. MnU: 1951+, *v*1+. NNC: 1951+, *v*1+. GeLBM: 1951+, *v*1+. GyBDS: 1951+, *v*1+. GyBH: 1953+, *v*3+. GyGNSU: 1951+, *v*1+.

Minerva. Budapest: Minerva-Társaság, 1922–1942.

CtY: 1923–1942, *v*2–22. DLC: 1922–1937, 1941, *v*1–17, 21. MH: [1931– 1932], *v*[10–11]. NN: 1923–1937, 1941–1942, *v*2–16, 21–22. NNC: 1922– 1942, *v*1–22. NjP: 1922–1937, 1941–1942, *v*1–16, 21–22. FiHI: [1922– 1923]1929–[1937], *v*[1–2]8–[16]. FiHU: 1922–1937, 1939, *v*1–16, 19. GyBH: 1922–1941, *v*1–21. GyGNSU: 1930–1931, *v*9–10.

Nagyvilág. Budapest: Magyar Írók Szövetsége, October 1956+.

See Appendix B. DLC: 1961+, *v*6+. MH: 1961+. MnU: 1961+, *v*6+. NN: 1961+, *v*6+. NNC: 1956–[1962]+, *v*1–[7]+. FiHI: 1956+, *v*1+. GeLBM: 1956+, *v*1+. GyBDS: [1961–1962, 1964], *v*[6–7, 9]. GyBH: 1958+, *v*3+.

Napkelet. Budapest: Magyar Irodalmi Társaság, January 1923–1940.

See Appendix B. DLC: [1923, 1928] 1930–1933, *v*[2, 11]15–18. OCl: 1936–1938, *v*14–16. OClW: 1929–1930, *v*7–8. FiHI: 1929–[1939], *v*7–[17]. FiHU: [1936]–1938, *v*[14]–16. GeLBM: [1940], *v*[18]. GyBH: 1923–1932, 1935–1939, *v*1–18, 21–28.

The New Hungarian Quarterly. Budapest: Corvina Press, 1960+.

DLC: 1960+, *v*1+. IaU: 1960+, *v*1+. MdBJ: [1966]+, *v*[7]+. MBU: [1960]1965+, *v*[1]6+. MiEM: [1966]+, *v*[7]+. MnU: 1960+, *v*1+. MoSW: [1965]+, *v*[6]+. NbU: 1964+, *v*5+. NhU: 1965+, *v*6+. NNC: 1960+, *v*1+. NcRS: 1966+, *v*7+. OC: 1960+, *v*1+. OO: 1962+, *v*3+. OrCS: 1966+, *v*7+. PPiU: 1960+, *v*1+. TxHR: 1966+, *v*7+. FiHI: 1960+, *v*1+. GeLBM: 1960+, *v*1+. GeLU: 1960+, *v*1+. GyBDS: 1960+, *v*1+. GyBH: 1960+, *v*1+. GyGNSU: 1960+, *v*1+.

Nyugat. Budapest: Nyugat, January 1, 1908–August 1, 1941.

See Appendix B. CSt-H: [1920], *v*[13]. MH: 1920–1925, *v*13–18. MnU: 1908–1941, *v*1–34. NN: 1908–[1913]–[1918]1919, 1928–[1941], *v*1–[6]– [11]12, 21–[34]. NNC: 1908–[1916]–[1939]–1941, *v*1–[9]–[32]–34. AsWN: 1916–1917, *v*9–10. FiHI: [1928–1929, 1931, 1934, 1936–1938], *v*[21–22, 24, 27, 29–31]. FiHU: 1908–[1939]–1941, *v*1–[32]–34. GeLBM: 1908–1941, *v*1–34. GeLU: [1931–1936, 1938], *v*[24–29, 31]. GyBH: 1908–1941, *v*1–34.

Pannonhalmi Szemle. Pannonhalma: Pannonhalmi Szent Benedek-Rend, 1926–1944.

Articles on education, literature, and history, serving the needs of Hungarian Catholic culture and the intellectual life of the Benedictines. Concerned particularly with the area of Pannonhalma. Contains a chronicle of the Benedictine schools. Book reviews. Table of contents also in French and German. Appeared quarterly, 1926–1935; five numbers annually,

1936–1944. Begun February 15, 1926; ceased October, 1944. Editors: Victorin Strommer, 1926–1937; Jákó Blazovich, 1937–1944. Vol. IV, no. 1, entitled "Szent Benedek emlékkönyv." KyBgW: 1926–1944, v1–19. NN: 1926[1927]–[1942–1944], v1[2]–[17–19]. FiHU: 1926–1944, v1–19. GyBH: 1926–1934, 1936–1944, v1–9, 11–19.

Pannonia. Pécs (Pécs és Róma, 1936): Egyetemi Könyvkiadó és Nyomda, January 1935–1938; Magyar Királyi Erzsébet-Tudományegyetem Tanácsa, 1939–1943.

Articles on antiquity, language, literature, and natural and physical sciences. Matters connected with Pécs. Viewpoint that of the history of ideas. Studies by numerous noted literary historians, authors, linguists, and aestheticians of the time. Appeared monthly, except July–August, 1935–1937; quarterly, 1938–1943. Years 1935–1937 lack volume numbers. Many issues combined. Vol. VII dated 1941–1942. Editors: Jenő Koltay-Kastner, 1935; Koltay-Kastner and Gyula Prinz, 1936; József Halasy-Nagy, 1937–1942; Sándor Gorka, 1943. NNC: 1935–1937, 1939[1940–1942] 1943, v1–3, 5[6–7]8. GyBH: 1935–1938, 1940–1943, v1–4, 6–8.

Pásztortűz. Cluj-Kolozsvár: Minerva Részvénytársaság, January 9, 1915–1944.

See Appendix B. NN: [1928]–[1941], v[14]–[27]. FiHI: 1941[1942–1944], v27[28–30]. GyBH: 1921–1944, v7–30.

A Petőfi Irodalmi Múzeum Évkönyve. Budapest: Petőfi Irodalmi Múzeum, 1959–1961; Képzőművészeti Alap, 1962+.

Articles on literature and related matters. Reports on manuscript materials acquired by the Petőfi Irodalmi Múzeum. Original belles-lettres. Illustrations. Appears annually. Editors: Balázs Vargha, 1959; Dezső Baróti, 1960–1963; Vilma V. Nyilassy, 1964+. MH: 1963+, v2+. AsWN: 1959–1964, v1–6. GeLBM: 1962, v4. GyBDS: 1959+, v1+. GyBH: 1959+, v1+. GyGNSU: 1959–1964, v1–6.

Protestáns Szemle. Budapest: Magyar Protestáns Szemle Társaság, 1889–1944.

See Appendix B. CtY: 1925–1930, v34–39. NNC: 1890–1899[1901]–1944, v2–11[13]–53. NNUT: 1925–1930, v34–39. NjP: 1925–1930, v34–39. GeLBM: 1889–1944, v1–53. GeLU: 1926–1928, 1934–1936, 1938–1939, v35–37, 43–45, 47–48. GyBH: 1889–1944, v1–29, 31, 33, 35–38, 40–47, 49–[51]–53.

Sorsunk. Pécs: Janus Pannonius Társaság, 1941–1944; Dunántúli Magyar Írók Munkaközössége, 1945; Batsányi János Társaság, 1946–1949.

Main purpose to publish the poems, translations, and fiction of the writers in the Dunatáj. Contains articles on historical and cultural questions of the area, especially Pécs. Also attention given to the literary activity in Budapest and to relations with neighboring peoples. Book reviews. Appeared monthly; quarterly, 1941; eight times, 1942; monthly, 1943–1949. Edited by Nándor Várkonyi. MH: 1941–[1944–1946]1947, v1–[4–6]7. MnU: 1941–1949, v1–9. AsWN: [1941], v[1]. GeLBM: [1946–1947], v[6–7]. GyBH: 1941–1944, v1–4.

Studia Litteraria. Debrecen: Kossuth Lajos Tudomány Egyetem, 1963+. Articles on Hungarian literature and occasionally on questions of literary form and principles. Summaries in English, German, and Russian. Table of contents also in German and Russian. Appears annually. Editors: János Barta, 1963; Barta and Imre Bán, 1964. MnU: 1963–1964, v1–2. AsWN: 1963+, v1+. FiHI: 1963+, v1+. GeOB: 1963+, v1+. GyBDS: 1963+, v1+. GyBH: 1963+, v1+. GyGNSU: 1963+, v1+.

Studia Slavica Academiae Scientiarum Hungaricae. Budapest: Akadémiai Kiadó, 1955+.
Articles on the Slavic world, including literature. Articles in the languages of the area. Four numbers a year (in combined issues). Supersedes *Études Slaves et Roumaines.* Edited by István Kniezsa. CSt: [1962]+, v8+. IU: 1955+, v1+. KU: [1960], v[6]. LU: 1955+, v1+. MH: 1955+, v1+. NjP [1961]+, v[7]+. RPB: 1955+, v1+. WaU: 1955+, v1+. WU: 1955+, v1+. AsWN: 1955+, v1+. FiHI: 1955+, v1+. FiHU: 1955+, v1+. GeCU: 1955+, v1+. GeLBM: 1955+, v1+. GyBDS: 1955+, v1+. GyBH: 1959+, v5+. GyGNSU: 1955+, v1+.

Symposion. Pécs: Dunántúl Könyvkiadó és Nyomda, 1925–1926.
Articles on intellectual questions, philosophy, and poetry as inseparable subjects. Its aim: to deepen the understanding of a philosophical culture, to evaluate the intellectual history of knowledge, and to cultivate the development of poetry. Original belles-lettres. Appeared three times annually. Edited by Jenő Nagyfalusi.

Századok. Budapest: Magyar Történelmi Társulat, 1867+.
CU: 1952+, v86+. CtY: 1868–1871, 1873–1920, 1923–[1941]–[1944]–1952[1955–1956]+, v2–5, 7–54, 57–[75]–[78]–86[89–90]+. DLC: 1867+, v1+. ICU: 1867–[1941, 1948–1949]1957+, v1–[75, 82–83]91+. MH: 1868–1871, 1873–1918, 1920–1937[1939]–[1953]+, v2–5, 7–52, 54–71 [73]–[87]+. NN: 1867–[1924]–[1930–1932]+, v1–[58]–[64–66]+. NNC: 1867+, v1+. NjP: 1922–[1937]–[1939, 1942–1943]1949[1951]–[1953]– [1956], v56–[71]–[73, 76–77]83[85]–[90]. AsWN: 1876–1879, 1881, 1883–1885, 1887, 1889, 1895, 1904–1943, v10–13, 15, 17–19, 21, 23, 29, 38–77. AsWU: 1867+, v1+. FiHI: 1929–[1939], v63–[73]. GeCU: 1954+, v88+. GeLBM: 1867+, v1+. GeLU: 1906–1920, 1923–1948, 1954+, v40–54, 57–82, 88+. GeOB: 1950–1953, 1959+, v84–87, 93+. GyBDS: 1923–1943, 1949+, v57–77, 83+. GyBH: 1867+, v1+. GyGNSU: 1923–1955, v57–89.

Századunk. Budapest: Vámbéry Rusztem és Csécsy Imre, 1926–1939.
Articles on social, political, religious, and economic matters considered to be important to the times. Occasional studies of literature. Book reviews.

Necrology. Registry and summaries of articles in other periodicals, especially foreign. Successor to *Huszadik Század* (see Appendix B). Appeared bimonthly (irregular), 1926; then ten times annually (some issues combined). Ceased September, 1939. Editors: Rusztem Vámbéry, 1926–1938; Imre Csécsy, 1939. DLC: 1934–1935, 1937–1938, *v*9–10, 12–13. MH: 1926–1939, *v*1–14. NN: [1926–1927]–1939, *v*[1–2]–14.

Szegedi Füzetek. Szeged: Magyar Királyi Ferenc József Tudományegyetem és Rothermere-alap támogatásával az Egyetem Barátainak Egyesülete, 1934-1936.

Articles on language, literature, and ethnology. Summaries of articles in German. Appeared ten times annually. Ceased December, 1936. Edited by Gedeon Mészöly. DLC: 1934–1936, *v*1–3. MH: 1934–1936, *v*1–3. MiU: 1934–1936, *v*1–3. AsWN: 1934–1935, *v*1–2. FiHI: 1934–1936, *v*1–3. GeLBM: 1934–1936, *v*1–3. GyGNSU: 1935–1936, *v*2–3.

A Szegedi Pedagógiai Főiskola Évkönyve. Szeged: Szegedi Pedagógiai Főiskola, 1956+.

Articles on all areas of learning growing out of the research of the various departments in the College, including language and literature. Special attention to Szeged and its environs. Summaries in English, French, German, Russian, or Slovakian. Illustrations, diagrams, and tables. Appears annually (in two parts). Editors: Károly Lerner with the assistance of László Benkő, János Megyeri, and László Palásti, 1956–1960; Benkő, István Csukás, and János Megyeri, 1961+. NNC: 1956–1962, 1964+, *v*1–7, 9+. GeLBM: 1958–1959, 1962, *v*3–4, 7. GeOB: 1956–1962, *v*1–7.

Széphalom. Szeged: Szegedi Írók és Tanárok, 1927–1941.

CSt-H: [1927], *v*[1]. DLC: 1927–1941, *v*1–15. NN: 1927–1930, *v*1–4. OCl: 1927–1930, *v*1–4. OCIW: 1928, 1930, *v*2, 4. AsWN: 1927–1930, *v*1–4. FiHI: [1927]–[1929]1930, *v*[1]–[3]4. GeLBM: [1930–1931], *v*[4–5]. GyBH: 1927–1932, 1934–1935, *v*1–6, 8–9.

Szép Szó. Budapest: Cserépfalvi, 1936–August 1937; Pantheon, September, 1937–1939.

Articles on literary matters and sociological problems. Original belles-lettres. Book reviews. Appeared monthly. Editors: Pál Ignotus and Attila József, 1936–1937; Zoltán Gáspár, 1938–1939. MnU: 1936–1939, *v*1–3. GeLBM: 1936–1939, *v*1–3.

Tanú. Budapest: Németh László, 1932–1936.

Purpose to direct the reader to Hungarian social problems through the history and literature of Europe, the culture of the smaller neighboring nations, and the successes of modern learning. Articles concerned mainly with questions of literature, sociology, history, and philosophy. Written mostly by László Németh. MH: 1932[1933]–1936, *v*1[2]–5. GyBH: 1932–1936, *v*1–4.

Társadalmi Szemle. Budapest: Szikra, 1946–1956; Athenaeum, 1957+.

Articles on social, economic, and political matters and the workers' movement. Periodical of the Hungarian Communist party; later of the Hungarian Workers' party. Notices of communist activities in other parts of the world. Book reviews. Appears monthly (slightly irregular, some issues combined). Editors: Béla Fogarasi, 1946–1953; József Révai, 1954; István Friss, 1955; Imre Komor; 1956; Szerkesztő Bizottság, 1957; Gyula Kállai, 1958–1960; Valéria Benke, 1961+. MH: 1954+, *v*9+. NN: [1947–1948, 1951]–[1956], *v*[2–3, 6]–[11]. NNC: 1946–[1964]+, *v*1–[19]+. GeLBM: 1946–[1957]1959+, *v*1–[12]14+. GeOB: [1950]+, *v*[5]+. GyBDS: 1956–1964, *v*11–19. GyGNSU: [1950–1953]–[1956], *v*[5–)]– [11].

Tiszatáj. Szeged: Szegedi Szabadművelődési Tanács, 1947–1949; Tiszatáj Írók Kollektívája, 1950; Magyar Írók Szövetsége Szegedi Csoportja, 1951– 1955; Hazafias Népfront Szegedi Irodája, 1957; Csongrád Megyei Tanács és Szeged Megyei Jogú Város Tanácsa, 1958–1961; Magyar Írók Szövetsége Dél-magyarországi Csoportja, 1962+.

A literary and learned journal. Articles mainly on Hungarian literature from Szeged and its environs, especially of the 20th century. Fine arts, theater, and music only if concerned with Szeged and its area. Seeks to foster Szeged's literary traditions. Ten issues annually, 1947; monthly, 1948; quarterly, 1949–1954; bimonthly, 1955–1956; monthly (some issues combined), 1957+. Editors: Péter Ertsey, 1947–December 1950; László Somfai, 1951; Ferenc Lődi and Leó Dénes, 1952; Gyula Kékesdi and László Somfai, 1953–1954; Endre Dér, 1955; Sándor Nagy, 1955–1956; Lajos Kiss and István Petrovácz, 1957; Gábor Szabolcsi, 1958–1961; Lajos Andrássy, 1961+. Suspended November 1956–August 1957. Volumes not numbered, 1957–1958. DLC: [1947]–[1949–1951], *v*[1]–[3–5]. NN: 1947+, *v*1+. GeLBM: 1947–1956, 1959+, *v*1–10, 13+. GyBDS: 1952+, *v*6+. GyBH: 1960+, *v*14+. GyGGaU: [1953]–1954, *v*[7]–8.

Új Hang. Budapest: Magyar Írók Szövetsége, February 1952–November 1956.

See Appendix B. CU: [1952–1956], *v*[1–5]. DLC: 1953–1956, *v*2–5. NN: [1954]–1956, *v*[3]–5. NNC: 1952–1956, *v*1–5. GyBH: 1952–1956, *v*1–5.

Újhold. Budapest: Antiqua, July 1946–May 1948.

Studies and criticisms of literature, mainly Hungarian. Original belles-lettres. Fine arts. Book reviews. Appeared quarterly. Edited by Balázs Lengyel, with Ágnes Nemes Nagy, György Somlyó, Magda Szabó, and Miklós Szabolcsi as major assistants. DLC: [1946–1948], *v*[1–3]. MH: 1946–1948, *v*1–3.

Új Írás. Budapest: n.p., March 1963+.

Literary and critical periodical. Original belles-lettres, critical studies, reviews of books and dramas. Concerned with contemporary Hungarian literature; also attention to contemporary fine arts and social questions. Appears monthly. Editors: Lajos Illés, 1963–April 1964; Gyula Baranyi and Mihály Váci, 1964+. DLC: [1961]+, *v*[1]+. MH: 1961+, *v*1+. NN: [1964]+, *v*4+. FiHI: 1963+, *v*3+. GeLBM: 1963+, *v*3+. GyBDS: 1963+, *v*3+. GyBH: 1963+, *v*3+.

Új Látóhatár. München: József Molnár, July 1958+.

Articles on world literature and politics. Special aim to serve the ideals of revolution and the development of the Hungarian language and literature. Original belles-lettres. Book reviews. Appears bimonthly. Edited by Gyula Borbándi, with the assistance of Gábor Bikich, Imre Kovács, Zoltán Szabó, Gyula Gombos, and Zoltán Sztáray. DLC: 1958+, *v*1+. MH: 1958+, *v*1+. NN: [1959]+, *v*[2]+. NNC: 1958+, *v*1+. OCl: 1958+, *v*1+. WaU: 1961+, *v*4+. FiHU: 1958+, *v*1+. GeLBM: 1958+, *v*1+. GyGGaU: 1958–1963, *v*1–6. GyGNSU: [1958–1959]+, *v*[1–2]+.

Új Magyar Szemle. Budapest: Új Magyar Szemle Kiadóhivatala, 1900, 1902–1906, 1920–1921.

A political, social, literary, and fine arts journal. Original belles-lettres. Edited by Sándor Blaskovics and Zoltán Ambrus, Sándor Várnai, and, finally, Blaskovics. GyBH: 1900, *v*1–4.

Uránia. Budapest: Uránia Társaság, 1900–1924.

Popular articles on all learned subjects. Appeared monthly. First edited by Viktor Molnár, with the assistance of Károly Szász and Jenő Klupathy; by Szász and Sándor Mikola, 1912–1921; by Szász and Gusztáv Moesz, 1922–1924. Last volume dated 1923–1924. GyBDS: 1914, *v*15.

Útunk. Kolozsvár: Román Népköztársaság Írószövetsége, 1946+.

Reports on Hungarian literary and cultural life in Rumania. Original belles-lettres. Special attention to Hungarian writers of the older and newer generations in Rumania but also to those in Hungary. Appears weekly. Editors: Gábor Gaál, then Pál Sőni, followed by László Földes; Lajos Létay since December, 1958. GeLBM: [1965], *v*[20]. GyBDS: 1959, *v*14. GyBH: 1964+, *v*19+. GyGNSU: 1964+, *v*19+.

Válasz. Budapest: Első Kecskeméti Hírlapkiadó- és Nyomda-r.t., 1934–1938; Válasz Munkaközössége, October 1946–June 3, 1949.

See Appendix B. CSt-H: [1947–1948], *v*[7–8]. CU: 1948, *v*8. DLC: 1947–1949, *v*7–9. NNC: [1947]1948, *v*[7]8. AsWN: 1948, *v*8. FiHI: [1934]–1936[1938, 1947]1948, *v*[1]–3[5, 7]8. GeLBM: 1934–[1936], *v*1–[3]. GeLU: 1947–1948, *v*7–8. GeOB: [1947–1948], *v*[7–8].

Valóság. Budapest: Tudományos Ismeretterjesztő Társulat, 1958+.

Articles on social and world problems and on contemporary learned and fine arts and literary questions. Appeared bimonthly, 1958–1963; monthly since January, 1964. Head of editorial board: András Hegedüs, January 1964–July 1964; Gyula Ortutay, 1965+. Edited by József Körösi. MH: 1958+, *v*1+. GeLBM: [1960]+, *v*[3]+. GyBH: 1960+, *v*3+.

Vigilia. Budapest: Aradi Zsolt, Balla Borisz és Possonyi László, 1935–1938; Possonyi László, Horváth Béla és Just Béla, 1939; Possonyi László, 1940; Possonyi László és Ijjas Antal, June 1940–1941; Mécs László és Possonyi László, 1941–April 1942; Possonyi László, May 1942–1944; Vigilia Munkaközösség, 1946+.

Various learned subjects but emphasis on belles-lettres from a Catholic point of view. Also original belles-lettres. Book reviews. Since 1946, also concerned with questions of theology and the church. Also strives to give notice to Catholic literature abroad. Appeared quarterly, 1935–1938 (irregular); monthly, 1939+. Suspended 1945. Editors: same as publishers to 1945; Vilmos Juhász and Sándor Sík, 1946–1948; Sík, 1949–1963; Vid Mihelics, 1964+. DLC: 1946–1950, *v*12–17. MH: 1958, 1960+, *v*23, 25+. NNC: 1935–1939[1940]–[1943]1946–1961, *v*1–5[6]–[9]11–26. GeLBM: 1965+, *v*30+. GyBH: 1956+, *v*21+.

Világirodalmi Figyelő. Budapest: Magyar Tudományos Akadémia Irodalom-történeti Intézete, 1955–1963.

Articles on world literary history. Literary documents and criticism. Reports on discussions of literary principles abroad. Special attention to the relations of foreign writings to Hungarian literature. Book reviews. Occasional summaries in English, French, German, or Russian. Beginning with 1959, tables of contents also in French and Russian. Appeared quarterly (some issues combined). Editors: Géza Képes, 1958–1959; Béla Köpeczi, 1960–1963. Former title: *Irodalmi Figyelő*, v. 1–3, no. 4. Superseded by *Helikon* in 1964. DLC: 1955–1963, *v*1–9. NN: 1958–1963, *v*4–9. NNC: 1955–1963, *v*1–9. FiHI: 1955–1963, *v*1–9. FIHU: 1955–1963, *v*1–9. GeLBM: 1956[1957]–1963, *v*2[3]–9. GyBH: 1955–1963, *v*1–9.

APPENDIX D
THE AUTHORS ARRANGED BY LITERARY PERIODS

The asterisks identify the most important authors.

RENAISSANCE AND REFORMATION (1450–1630)

*Balassi Bálint
*Bornemisza Péter
Heltai Gáspár

*Janus Pannonius
Rimay János
Tinódi Sebestyén

COUNTER-REFORMATION AND BAROQUE (1630–1772)

Amade László
Apácai Csere János

Apor Péter
Bethlen Miklós

Faludi Ferenc
*Gyöngyösi István
*Mikes Kelemen
*Pázmány Péter
Ráday Gedeon

II. Rákóczi Ferenc
Szenci Molnár Albert
Tótfalusi Kis Miklós
*Zrínyi Miklós

LITERARY REVIVAL, AGE OF REFORM, AND ROMANTICISM (1772–1849)

Ányos Pál
*Bajza József
Baróti Szabó Dávid
*Batsányi János
*Berzsenyi Dániel
*Bessenyei György
*Csokonai Vitéz Mihály
Czuczor Gergely
Dayka Gábor
Dugonics András
*Eötvös József
Erdélyi János
Fáy András
*Fazekas Mihály
Garay János

Gvadányi József
*Jósika Miklós
Kármán József
*Katona József
*Kazinczy Ferenc
*Kisfaludy Károly
*Kisfaludy Sándor
*Kölcsey Ferenc
Orczy Lőrinc
*Petőfi Sándor
Vajda Péter
Verseghy Ferenc
Virág Benedek
*Vörösmarty Mihály

AGE OF REALISM (1849–1905)

*Ambrus Zoltán
*Arany János
Arany László
Bródy Sándor
*Csiky Gergely
Eötvös Károly
*Gárdonyi Géza
*Gyulai Pál
*Herczeg Ferenc
*Jókai Mór
Justh Zsigmond
*Kemény Zsigmond

Kiss József
Komjáthy Jenő
*Madách Imre
*Mikszáth Kálmán
Petelei István
Reviczky Gyula
*Szigligeti Ede
*Tolnai Lajos
*Tömörkény István
*Tompa Mihály
*Vajda János

AGE OF MODERN LITERARY TRENDS (1905–1945)

A. Search for new paths and the progressives of Nyugat (1905–1918)

*Ady Endre
*Babits Mihály
*Füst Milán
*Juhász Gyula

Kaffka Margit
*Karinthy Frigyes
*Kosztolányi Dezső
*Krúdy Gyula

Laczkó Géza
*Molnár Ferenc
*Móricz Zsigmond
Szép Ernő

Szomory Dezső
Tersánszky J. Jenő
Török Gyula
*Tóth Árpád

B. Middle-class, populist, and socialist literature
(1919–1945)

Áprily Lajos
Balázs Béla
*Déry Tibor
Dsida Jenő
*Erdélyi József
Fábry Zoltán
Faludy György
Gábor Andor
Gelléri Andor Endre
Gulácsy Irén
Győry Dezső
Heltai Jenő
Illés Béla
Illés Endre
*Illyés Gyula
Jékely Zoltán
*József Attila
*Kassák Lajos
Képes Géza
*Kodolányi János
Kolozsvári Grandpierre Emil
Lengyel József
Makkai Sándor
*Márai Sándor
Mécs László
Móra Ferenc

Nagy István
*Nagy Lajos
*Németh László
Nyírő József
Pap Károly
*Radnóti Miklós
Reményik Sándor
Remenyik Zsigmond
Rónay György
Sárközi György
Sík Sándor
Sinka István
Sinkó Ervin
Szabédi László
*Szabó Dezső
Cs. Szabó László
*Szabó Lőrinc
Szabó Pál
Szenteleky Kornél
Szerb Antal
*Tamási Áron
Vas István
*Veres Péter
*Weöres Sándor
Zelk Zoltán
*Zilahy Lajos

APPENDIX E
DIRECTORY OF LIBRARIES

The symbols of libraries in the United States are taken from *Symbols used in the National Union Catalog of the Library of Congress* (Washington, D.C.: The Library of Congress, Processing Department, Union Catalog Division,

1965) and their addresses from *1968–1969 American library directory* (New York: R. R. Bowker Company, 1968). Those of European libraries are based on "Proposed location symbols for all countries of the world," by May Gardner, formerly in the National Union Catalog Division, The Library of Congress, and on the compiler's application of the method of the National Union Catalog to the names of European Libraries.

LIBRARIES IN THE UNITED STATES

C: California State Library, Courts Building, Box 2037, Sacramento, California. 95809

CLL: Los Angeles County Law Library, 301 W. First St., Los Angeles, California. 90012

CLSU: Edward L. Doheny Memorial Library, University of Southern California, University Park, Los Angeles, California. 90007

CLU: University Research Library, University of California at Los Angeles, 405 Hilgard Ave., Los Angeles, California. 90024

CSf: San Francisco Public Library, Civic Center, San Francisco, California. 94102

CSt: Stanford University Libraries, Stanford, California. 94305

CSt-H: Hoover Institution on War, Revolution, and Peace Library, Stanford University, Stanford, California. 94305

CStclU: Michel Orradre Library, University of Santa Clara, Santa Clara, California. 95053

CU: University of California Library, Berkeley, California. 94720

CoFS: William E. Morgan Library, Colorado State University, Fort Collins, Colorado. 80521

CoU: University of Colorado Libraries (Norlin Library), Boulder, Colorado. 80302

CtY: Yale University Library, 120 High St. (mailing address: 1603A Yale Station), New Haven, Connecticut. 06520

DCU: Catholic University of America Libraries, Michigan Ave. N.E., Washington, D.C. 20017

DLC: Library of Congress, Washington, D.C. 20540

DS: Department of State Library, Twenty-second and C Sts. N.W., Washington, D.C. 20520

DSI: Smithsonian Institution Libraries, Constitution Ave. at Tenth St. N.W., Washington, D.C. 20560

FTaSU: Robert Manning Strozier Library, Florida State University, Tallahassee, Florida. 32306

IC: Chicago Public Library, 78 E. Washington St., Chicago, Illinois. 60602

ICJ: John Crerar Library, 35 W. 33rd St., Chicago, Illinois. 60616

ICN: Newberry Library, 60 W. Walton St., Chicago, Illinois. 60610

ICU: University of Chicago Library, 1116 E. 59th St., Chicago, Illinois. 60637

IEN: Northwestern University Libraries, 1937 Sheridan Rd., Evanston, Illinois. 60201

IU: University of Illinois Library, Urbana, Illinois. 61801

InNd: Memorial Library, University of Notre Dame, Notre Dame, Indiana. 46556

InU: Indiana University Libraries, Bloomington, Indiana. 47401

IaU: State University of Iowa Libraries, Iowa City, Iowa. 52240

KMK: Farrell Library, Kansas State University of Agriculture and Applied Science, Manhattan and Anderson Sts., Manhattan, Kansas. 66504

KU: University of Kansas Libraries, Lawrence, Kansas. 66044

KyBgW: Margie Helm Library, Western Kentucky State College, Bowling Green, Kentucky. 42102

KyU: Margaret I. King Library, University of Kentucky, Lexington, Kentucky. 40506

LNHT: Howard-Tilton Memorial Library, Tulane University of Louisiana, Audubon Place at Freret St., New Orleans, Louisiana. 70118

LU: Louisiana State University Library, Baton Rouge, Louisiana. 70803

MdBJ: Johns Hopkins University Library, Charles and 34th Sts., Baltimore, Maryland. 21218

MdU: McKeldin Library, University of Maryland, College Park, Maryland. 20742

MB: Boston Public Library and Eastern Massachusetts Regional Public Library System, Coply Square, Boston, Massachusetts. 02117

MBU: Boston University Libraries, 717 Commonwealth Ave., Boston, Massachusetts. 02215

MH: Harvard University Library, Cambridge, Massachusetts. 02138

MH-L: Harvard University Law School Library, Langdell Hall, Cambridge, Massachusetts. 02138

MH-P: Peabody Museum of Archaeology and Ethnology Library, 11 Divinity Ave., Cambridge, Massachusetts. 02138

MiD: Detroit Public Library, 5201 Woodward Ave., Detroit, Michigan. 48202

MiDW: Wayne State University Library, 5210 Second St., Detroit, Michigan. 48202

MiEM: Michigan State University Library, East Lansing, Michigan. 48823

MiU: University of Michigan Libraries, Ann Arbor, Michigan. 48104

MnU: Wilson Library, University of Minnesota, Minneapolis, Minnesota. 55455

MoSU: Pius XII Memorial Library, St. Louis University, 3655 W. Pine Blvd., St. Louis, M8ssouri. 63108

MoSW: Washington University Libraries, Skinker and Lindell Blvds., St. Louis, Missouri. 63130

NbU: Don L. Love Memorial Library, University of Nebraska, Lincoln, Nebraska. 68508

NhU: Ezekial W. Dimond Library, University of New Hampshire, Durham, New Hampshire. 03824

NjN: Newark Public Library, 5 Washington St., Newark, New Jersey. 07101

NjP: Princeton University Library, Princeton, New Jersey. 08540

NjR: University Library, Rutgers—The State University, New Brunswick, New Jersey. 08901

N: New York State Library, Education Building, Albany, New York. 12224

NB: Brooklyn Public Library, Grand Army Plaza, Brooklyn, New York. 11238

NIC: Cornell University Libraries, Ithaca, New York. 14850

NN: New York Public Library, Fifth Ave. and 42nd St., New York, New York. 10018

NNA: American Geographical Society Library, Broadway at 156th St., New York, New York. 10032

NNC: Columbia University Libraries, 535 W. 114th St., New York, New York. 10027

NNM: American Museum of Natural History Library, Central Park West at 79th St., New York, New York. 10024

NNUT: Union Theological Seminary Library, 3041 Broadway, New York, New York. 10027

NcD: William R. Perkins Library, Duke University, Durham, North Carolina. 27706

NcRS: D. H. Hill Library, North Carolina State University at Raleigh, Box 5007, Raleigh, North Carolina. 27607

NcU: Louis Round Wilson Library, University of North Carolina, Chapel Hill, North Carolina. 27514

OCl: Cleveland Public Library, 325 Superior Ave., Cleveland, Ohio. 44114

OClW: Case Western Reserve University Libraries, 11161 East Boulevard, Cleveland, Ohio. 44106

OCU: University of Cincinnati Library, Cincinnati, Ohio. 45221

OO: Carnegie Library, Oberlin College, Oberlin, Ohio. 44074

OrCS: William Jasper Kerr Library, Oregon State University, Corvallis, Oregon. 97331

PLF: Fackenthal Library, Franklin and Marshall College, College Ave., Lancaster, Pennsylvania. 17604

PP: Free Library of Philadelphia, Logan Square, Philadelphia, Pennsylvania. 19103

PPAmP: American Philosophical Library, 105 S. Fifth St., Philadelphia, Pennsylvania. 19106

PPAN: Academy of Natural Sciences of Philadelphia Library, 19th St. and Parkway, Philadelphia, Pennsylvania. 19103

PPL: Library Company of Philadelphia, 1314 Locust St., Philadelphia, Pennsylvania. 19107

PPiU: Hillman Library, University of Pittsburgh, Pittsburgh, Pennsylvania. 15213

PU: University of Pennsylvania Libraries, 3420 Walnut St., Philadelphia, Pennsylvania. 19104

RP: Providence Public Library, 150 Empire St., Providence, Rhode Island. 02903

RPB: Brown University Libraries, Providence, Rhode Island. 02912

TxHR: Fondren Library, Rice University, Box 1892, Houston, Texas. 77001

TxU: Mirabeau B. Lamar Library, University of Texas, Austin, Texas. 78721

ViU: Alderman Library, University of Virginia, Charlottesville, Virginia. 22901

WaU: Henry Suzzallo Memorial Library, University of Washington, Seattle, Washington. 98105

WU: University of Wisconsin Libraries, 728 State St., Madison, Wisconsin. 53706

EUROPEAN LIBRARIES

AsWN: Österreichische Nationalbibliothek, Josefsplatz 1, Vienna 1, Austria

AsWU: Universitätsbibliothek, Dr. Karl Leugerring 1, Vienna 1, Austria.

FiHI: Hungarian Institute, Helsinki, Finland.

FiHU: University of Helsinki Library, Helsinki, Finland.

GeCU: Cambridge University Library, Cambridge, England.

GeLBM: Department of Printed Books, British Museum, Great Russell Street, London, W.C.1, England.

GeLU: Library of the School of Slavonic and East European Studies, University of London, London, W.C.1, England.

GeOB: Bodleian Library, Oxford University, Oxford, England.

GyBDS: Deutsche Staatsbibliothek (formerly Öffentliche Wissenschaftliche Bibliothek), Unter den Linden 8, 108 Berlin, East Germany.

GyBH: Finnisch-Ugrisches Institut, Humboldt-Universität, Clara-Zetkin-Strasse 1, 108 Berlin, East Germany.

GyGGaU: Finnisch-Ugrisches Seminar, Georg-August-Universität, Prinzenstrasse 21, Göttingen, West Germany.

GyGNSU: Niedersächsische Staats- und Universitätsbibliothek, Göttingen, West Germany.

Index

This index includes authors, translators, compilers, and editors of editions, newspapers, and periodicals, and it disregards the diacritical marks in the alphabetization of names. References are to item numbers unless otherwise noted. References to the 162 authors given individual attention in the text are arranged under three headings: *works by*, *works on*, and *other*. The last heading designates references to the biographical sketches, Appendix B, and Appendix C. When first editions of an author's writings precede the numbered entries for that person, they are not shown in this index.